D1728014

Wolfgang Jugel

Das Buch der Sprüche

Wolfgang Jugel

Das Buch der Sprüche

Die Unterweisung des Vaters

ausgelegt in 366 Tageslesungen

Paulus-Verlag Karl Geyer KG, Heilbronn

© 1996 by Paulus-Verlag Karl Geyer KG, 74076 Heilbronn
ISBN 3-87618-099-6
Umschlagentwurf: Wolfgang Jugel
Satz: adelphos
Druck: St.-Johannis-Druckerei, 77922 Lahr
Printed in Germany 1996

Für Irene –

in dankbarer Liebe

VORWORT

Die Spruchweisheit Israels gehört für viele Christen zu einem noch unentdeckten Land. In einem älteren Kommentar zum AT wird abwertend gesagt: »Die Sprüche treten bescheiden auf, sie geben sich nicht als eine Offenbarung von oben, sondern als eine Summe von Lebenserfahrungen und Weisheitsräten, wie sie jedes Glied des Gottesvolks auf der Gasse zusammenlesen kann.« Dem widerspricht nicht nur das Zeugnis der Sprüche selbst, sondern auch die gewichtige Aussage des Auferstandenen an die Emmausjünger: »O ihr Unverständigen und trägen Herzens, zu glauben an alles, was die Propheten geredet haben! Mußte nicht der Messias leiden und (hernach) in Seine Herrlichkeit eingehen? Und von MOSE und von allen PROPHETEN beginnend, erklärte Er ihnen in allen SCHRIFTEN das, was Ihn betraf« (Luk. 24, 25–27 und 32). Wenn den Jüngern dann auf dem Wege »das Herz brannte«, als der Herr ihnen »die Schriften öffnete«, so könnte solches auch uns geschehen, wenn sich uns GESETZ, PROPHETEN und SCHRIFTEN auftun! So finden wir in den 915 Versen des Spruchbuches nicht nur »didaktische Poesie«, eine Fülle gottbezogener Psychologie, Ethik und Pädagogik, sondern auch Symbolik und Prophetie, die auf den Christus Gottes hinweisen: ER selbst ist die WEISHEIT, der GERECHTE, der SOHN, der MENSCH Gottes, wie auch das LICHT und der WEG, um nur einiges zu nennen. Es leuchtet uns der gesamte Christusweg auf: Sein Ursprung von Ewigkeit her (Spr. 8; 30, 4); Sein heilsgeschichtliches Wirken (Spr. 30,18–19); das Werden des Kindes Jesus in dieser Welt (Spr. 4, 1–3; 3, 11–13); die Ausrichtung des Gotteswerkes durch Ihn (Spr. 24, 27; 24, 3–4); Seine Verkündigung und Lehre (Spr.10, 20–21; 18, 4 und 20; 18, 24; 17, 17); Sein Leiden (Spr. 27, 6; 14, 32); Seine Himmelfahrt (Spr. 30, 4) und Sein vorzüglicher Sohnesname (Spr.30, 4b). Wer eine solche symbolisch-prophetische Schriftbetrachtung ablehnt, die oft über das ursprüngliche Verständnis der Schreiber hinausgeht, möge Gal. 3, 16 und 1. Petr. 1, 10–11 bedenken! – Doch werden wir in den vorliegenden Betrachtungen auch nie die natürliche Bedeutung der SPRÜCHE vergessen lassen, in der uns heilsame Arznei aus dem »Kräutergarten Gottes« für unsere vergiftete Zeit dargeboten wird, damit wir »gesund im Glauben« seien, auch was unser Verhalten in unserer alltäglichen Umwelt anbetrifft. Ferner bemühte ich mich, die wunderbare Übereinstimmung zwischen der Spruchweisheit und dem NT aufzuweisen; der Unterschied zwischen den SPRÜCHEN und den Schriften des NEUEN TESTAMENTS besteht nicht in einer verschiedenen Qualität der göttlichen Inspiration, sondern in einem anderen Standort der heilsgeschichtlichen Erfüllung. Als Untertitel habe ich ein Wort aus den Sprüchen selbst gewählt (4, 1), weil gerade dieses uns die Absicht des Buches aufzuzeigen scheint: das Werden des Sohnes und der mit Ihm verbundenen Söhne durch die UNTERWEISUNG DES VATERS, der zugleich unser Lehrer ist. Der Vatergott, der »glückselig in sich selbst« ist, und dessen Fülle und Wohlgefallen in Christo wohnte, will in der Gegenwart »viele Söhne zur Herrlichkeit führen« (Hebr. 2, 10) und schließlich einmal »alles in allen« sein. – Ich habe eine Auswahl in den SPRÜCHEN getroffen, da es ja in ihnen manche Wiederholung gibt, und diese zu 366 TAGESLESUNGEN angeordnet, die im Laufe eines Jahres studiert werden mögen. Die fettgedruckten Wendungen in den Betrachtungen sollen die Beziehung zum besprochenen Text aufrechterhalten.

Das Buch will kein übliches Andachtsbuch sein; es will auch belehren und in seiner übersichtlichen Aufteilung dazu anreizen, »anzuhalten im Lesen und im Vorlesen« (1. Tim. 4, 13). Ich war bei der Auswahl nicht nur auf Weisheitsworte bedacht, die vielgerühmten, prächtigen Gartenblumen gleichen, sondern habe auch die bescheideneren »Wild blumen« gepflückt, deren Schönheit sich dem Liebhaber oft erst nach genauerer Betrachtung erschließt. – Es ist ratsam, die nur indirekt angegebenen Bibelstellen zu lesen; wir leben in einer Zeit, wo das gründliche Erforschen des Wortes Gottes nicht mehr Allgemeingut der Kinder Gottes ist, und wo diese eher zu oberflächlicher, »spannender« oder leicht faßlicher Lektüre geleitet werden. So widme ich dieses Buch den »Liebhabern des Wortes Gottes«. Wenn Sie im Lesen geistlichen Gewinn finden, so empfehlen oder schenken Sie das Buch bitte weiter!

WORTE DER WEISEN

Worte der Weisen, dem Sohne gegeben,
sichern die Wege, verbürgen ihm Leben,
weisen ihn zu dem lebendigen Licht;
sie gleichen Silber in goldnen Gefäßen,
uns von dem Vater zum Heile erlesen,
daß uns auf Erden kein Gutes gebricht.

Wege der Söhne, sie führen gerade, –
gleichend der Sonne hell glänzendem Pfade, –
hin zu dem ewigen, göttlichen Ziel;
doch der Gesetzlosen finstere Bahnen
münden im Nichts, und sie lassen erahnen
finsterer Mächte dämonisches Spiel.

Häuser der Frommen, vom Lichte erhellet,
bergen den Schatz, den die Väter erstellet,
darin man göttliche Siege besingt;
sie sind ein Abglanz der ewigen Hütten,
da auf dem Throne das Lamm in der Mitten
wird von vollendeten Scharen umringt!

Rühmt Gottes Ziele, stimmt an die Lobpreisung!
Dankbar empfanget die Lehrunterweisung,
die uns der Vater in Christo gewährt.
Weisheiten schenkt uns der göttliche Meister,
Züchtigung auch gibt der Vater der Geister
jeglichem Sohn, der das Leben begehrt!

+ + +

Der Übersetzung wurde die nicht revidierte ELBERFELDER BIBEL zugrunde gelegt; deren Fußnoten wurden oft in den Text übernommen, oftmals auch Wendungen aus anderen Übersetzungen.

Es gelten folgende Abkürzungen:

BUB Martin Buber: »Die Schriftwerke«
BA F. H. Baader: »Die Geschriebene«; deren Parallelstellen wurden mit Gewinn eingesehen und zum Teil verwendet
PAR Parallelbibel (Schmoller)
DEL Franz Delitzsch: »Salomonisches Spruchbuch«
LU Luther

Sonstige Abkürzungen:

AT Altes Testament
NT Neues Testament
hebr. hebräisch
griech. griechisch
LXX Septuaginta, griech. Übersetzung des AT

Der Gottesname **JAHWEH** wurde beibehalten und nicht durch HERR ersetzt.

Sprüche SALOMOS, des Sohnes DAVIDS, des Königs von Israel ...

Diese Spruchsammlung der Heiligen Schrift stammt im wesentlichen von Salomo; eine erste Sammlung seiner Worte behandelt allgemein die Suche nach der Weisheit (K. 1–9), eine zweite Sammlung mehr die praktische Sittlichkeit (K.10–22,16) und eine dritte Sammlung das öffentliche Gemeinwohl (K. 25–29). Doch haben auch andere geistbegabte Männer am Buch der Sprüche mitgewirkt: »Weise« (etwa Ethan und Heman? K. 22, 17–24, 34); »Männer Hiskias« (K. 25–29); der König Lemuel (K. 31) sowie der Weisheitslehrer Agur (K. 30). Dabei ist auch aus Salomos Weisheitssprüchen nur eine geringe Zahl ausgewählt; hat er doch (nach 1. Kön. 4, 32) 3000 Sprüche und 1005 Lieder verfaßt und damit sogar Ethan und Heman, wie überhaupt alle Menschen seiner Zeit, übertroffen. »Die Weisheit Salomos war größer als die Weisheit aller Söhne des Ostens und als alle Weisheit Ägyptens.« So ist auch die Weisheit Christi, »die Weisheit von oben«, der »Weisheit von unten« und der Weisheit dieser Welt und ihrer finsteren Fürsten weit überlegen (1. Kor. 2); und dies nicht nur in ihrer triumphierenden Tiefgründigkeit, sondern in ihrem lichtvollen Wesen, wie es uns in Jak.3, 13–18 beschrieben wird. Möge solche Weisheit Gottes auch uns erfüllen! Und wie Menschen aus allen Völkern kamen, um Salomos Weisheit zu hören, so werden einmal die Weltvölker im Reiche des Messias zum Berge Zion strömen, um Unterweisung zu empfangen (1. Kön. 4, 34)! Ist doch **Salomo, der König Israels** und Friedefürst, nur ein schwaches Vorbild der königlichen Herrschaft des Sohnes Gottes! Und wenn er sich in Pred. 1, 1 den »Prediger« (Koheleth) nennt, so läßt das hebräische Wort an die »stimmerhebende« und »zur Versammlung rufende« Gottesweisheit denken, deren Mund er lediglich ist. Diese Weisheit Gottes ist aber nach 1. Kor. 1, 30 der Christus Gottes selbst!

Die **Sprüche** (hebr. mischle) sind Gleichnisworte, also »Bildworte«. In ihnen ist göttliche Weisheit in prophetisch-symbolischen Bildern und Vergleichen niedergelegt. »mischle« kann aber auch von dem Hebräischen »maschal« (herrschen) abgeleitet werden: danach vermitteln uns die Sprüche das »Wort der Herrschaft über das Leben«, Regeln zur Lebensbewältigung. Dabei geht es sonderlich um die geistliche Lebensplanung; sollen wir doch »im Leben herrschen durch den EINEN, Jesum Christum« (Röm. 5, 17). Dazu will uns auch das Weisheitswort der Sprüche befähigen. Aus welcher Quelle aber strömte solche Weisheit dem Salomo zu? Am Anfang seiner Regierung stand sein Nachtgebet um Weisheit und Erkenntnis, um ein einsichtsvolles Herz und um das Vermögen, in der Führung des Volkes Gottes zwischen Gutem und Bösem unterscheiden zu können (1. Kön. 3). Dies sollte auch die Bitte aller geistlich zielstrebigen Menschen sein, daß sie »vermöge der Gewohnheit« (in der Einübung geistlicher Verhaltensweisen) »geschärfte Sinne haben zur Unterscheidung des Guten als auch des Bösen« (Hebr. 5, 14). Auch wir dürfen erwarten, daß Gott uns bereitwillig Weisheit schenkt, wenn wir Ihn im Glauben darum bitten (Jak. 1, 5)!

+ + +

... um Weisheit und Unterweisung zu erkennen, um Aussprüche voller Einsicht zu verstehen, um zu empfangen klugmachende Unterweisung (Gerechtigkeit und Recht und Geradheit), um Einfältigen Klugheit zu geben, dem Jüngling Erkenntnis und Besonnenheit. Der Weise wird hören und an Kenntnis zunehmen, der Verständige wird sich Führung (Steuerungen) **erwerben; um zu verstehen Bildwort und verschlungene Rede, Worte der Weisen und ihre Rätsel.**

Wie sich nach Jes.11, 2–3 der eine Geist JAHWEHs entfaltet als »Geist der Weisheit und des Verstandes, als Geist des Rates und der Kraft, als Geist der Erkenntnis und der Furcht JAHWEHs«, so entfaltet sich nach vorliegenden Versen **die Weisheit Gottes** zu einem wunderbaren Lebensbaum: als dessen STAMM dürfen wir die Weisheit selbst sehen; seine ÄSTE werden von den fünf Zweckbestimmungen des Textes gebildet, eingeleitet durch ein fünfmaliges »um zu«; und die ZWEIGE am Baume der Weisheit sind: **Unterweisung – Verständnis – Klugheit** und **Einsicht, Gerechtigkeit** und **Geradheit – Erkenntnis** zur Lebensplanung – **Mehrung des Wissens** und **Führung** im geistlichen Werden.

Dabei geht es durchaus nicht nur um gedankliches Wissen, sondern um eine planvolle Lebensordnung nach Geist, Seele und Leib, um **Begradigung** krummer Wege, die zum Verderben führen, um Zurechtbringung bei Fehlplanungen des geistlichen Lebens, um **Steuerung und Führung** durch den Heiligen Geist. Wie wohl täte unserem Leben solche Neuordnung in unserer chaotischen und ungeordneten Zeit!
Weisheit ist auch mehr als bloßes Wissen:

- sie eröffnet das Verständnis für das Wesenhafte, wie es Jesus an den Jüngern tat, als Er ihr Verständnis öffnete, um die Schriften zu verstehen (Luk. 24, 45; s. auch 2. Tim. 2, 7);

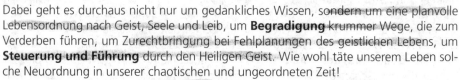

Da öffnete er ihnen das Verständnis, dass sie die Schrift verstanden.

- sie gibt Einsicht in die Zusammenhänge des Lebens und des Gottesplanes, wie es dem Israel der Endzeit nach Jer. 23, 20 verheißen ist; ... _zur letzten Zeit werdet ihr es klar erkennen._
- sie erwächst als Frucht der Lebenserfahrung auf dem Wege der Nachfolge;
- sie gibt Durchblick für ein zielklares Handeln; die **Besonnenheit** ist nach dem Hebräischen die Fähigkeit zur **Planung,** die **Führung** erwächst aus **Steuerungen** (BUB: Lenkungskünsten);
- sie vermittelt Geistesgegenwart und heilige Schlagfertigkeit;
- sie verleiht Erleuchtung für das Eigentliche und Wesentliche.

Wie wir schon sahen, ist **die Weisheit** Jesus Christus, das Wort des Vaters (1. Kor. 1, 30).
Geist und Seele aber dürfen die Geschenke der Weisheit **kennen, verstehen, empfangen** und geistlicherweise **erwerben,** dürfen sie im heiligen Schweigen **hören** und darin **zunehmen.** »Menschliche Dinge muß man kennen, um sie lieben zu können, Göttliches muß man lieben, um es zu erkennen!« (Pascal). Dies gilt für alle Wege der Aneignung.
Der Weise wird an Kenntnis zunehmen ... (BUB: Vernunft mehren; BA: ... hinzufügen). So sagt Spr. 9, 9: »Gib dem Weisen, so wird er noch weiser werden, belehre den Gerechten, so wird er an Kenntnis zunehmen!« Und Spr. 16, 23 fügt hinzu: »... auf den Lippen des Weisen wird die Lehre gemehrt.« Jesus nahm als Kind nicht nur zu an Alter und Größe, sondern auch an Weisheit und Gnade bei Gott und den Menschen (Luk. 2,

52). Dies sollte auch bei Gottesmenschen so sein, die auf dem Wege der Sohnschaft laufen! Das normale geistliche Wachstum kennt nach 1. Joh. 2, 12–14 drei Reifestufen: zum ersten KINDLEIN, die im Glücke der Sündenvergebung »Abba, Vater!« rufen; sie sind begierig nach der »wortgemäßen und unverfälschten Milch« des Gotteswortes, die ihnen weiteres Wachstum vermittelt (1. Petr. 2, 2); sodann JÜNGLINGE, die in geistlicher Kraft das Schwert des Wortes gebrauchen und also den Bösen überwinden; und schließlich zeugungsfähige VÄTER, die den erkannt haben, der von Urbeginn an ist, den Vater, und mit Ihm in liebender Gemeinschaft stehen.

Vergebungsgewißheit – Überwinderleben – Liebesgemeinschaft, so könnten wir diese Wachstumsstufen auch beschreiben. Die Ernährung der JUNGMÄNNER und VÄTER vollzieht sich dann mehr und mehr durch »Brot« und »feste Speise« (1. Kor. 2, 6/3, 1–2/Hebr. 5, 12–14). Sie orientieren sich auf ihrem Wege durch die dunklen Zeiten mit der »Lampe des prophetischen Wortes« (2. Petr. 1, 19). Auch unser Sprüchewort nennt uns **Einfältige** (BA: Zugängliche), **Jünglinge** und gereifte **Weise.** Die Gottesweisheit soll **den Einfältigen Klugheit vermitteln,** damit sie als Weise »die Tage zählen«, »die Zeit auskaufen« und »ein Herz voll Weisheit heimbringen« (Ps. 90, 12/Eph. 5, 16). Solche Einfalt ist keine Dummheit, sondern »Zugänglichkeit« im Sinne der Seligpreisung Jesu: »Glückselig sind die Bettler aufgrund des Geistes, denn ihrer ist die Gottesherrschaft!« Hat unser Herr nicht den Vater dafür gepriesen, daß Er das Geheimnis Seines Planes Weisen und Verständigen verborgen, es aber den Unmündigen enthüllt hat (Mtth. 11, 25–26)? **Dem Jüngling** aber soll **Erkenntnis und Besonnenheit** verliehen werden, die ihn zur geistlichen Planung seines Lebensweges befähigen, wozu nicht nur Berufswahl und Karriere, Eheschließung und Familiengründung, sondern auch wortgemäße Wege zur Verwirklichung geistlicher Ziele gehören. Dazu verhelfen uns in unserer verwirrten Zeit Weisheit und Vaterunterweisung. **Der Verständige wird sich Führung** (Steuerungen) **erwerben,** wo anders als bei dem, der unser Leben plant und den Heiligen alles zum Guten dienen läßt! **Die Weisen** aber, die Väter, **hören** nicht nur das Weisheitswort, sondern **mehren** Leben und Erkenntnisgut der Gottesgemeinde und **fügen Kenntnis hinzu,** Altes und Neues aus dem Schatze ihres Herzens; wer zunächst »in einem dunklen Spiegel Rätselhaftes schaut« (1. Kor. 13, 12), soll durch das Wirken von Lehrern, Weisen und Propheten **Bildwort und verschlungene,** geheimnisvolle **Rede, Worte der Weisen und ihre Rätsel verstehen** (vgl. Mark. 4, 34). Im Anbeten und Zuhören, im Auftun des Herzens durch den Herrn und im Achtgeben und Verstehen wird sich zu allen Zeiten die Erschließung des Wortes Gottes vollziehen, wie es bei Lydia geschah (Apg. 16,14–15).

+ + +

3   GOTTESFURCHT – DIE TÜRE ZUR ERKENNTNIS   (1, 7)

Die Furcht JAHWEHs ist Anfang der Erkenntnis; (nur) **die Narren verachten Weisheit und Unterweisung.**

Nach diesem Gotteswort ist **die Furcht des HERRN** das Fundament von weiterführender **Erkenntnis, Weisheit und Unterweisung** (DEL: Zucht). Weil der greise Simeon aus der Kindheitsgeschichte Jesu »gerecht und gottesfürchtig« war, empfing er vom Heiligen Geist die Offenbarung, daß er noch vor seinem Tode »den Messias des Herrn« sehen werde (Luk. 2, 25–27). Auch Spr. 9, 10 bestätigt uns, daß »die Furcht JAHWEHs der Anfang der Weisheit« ist und zur »Erkenntnis des Allerheiligsten« führe, womit nicht zuletzt die Erkenntnis des Wesens Gottes gemeint ist (Eph. 1, 17–18). In einer Welt, da der Zeitgeist auch in den christlichen Gemeinden solche **Furcht des HERRN** zugunsten einer kreuzlosen Glückspropaganda hinwegzuschwemmen droht, gilt es dies wieder neu zu beachten. Sind es doch nach Spr. 15, 5 »die Narren«, welche »die Unterweisung des Vaters verachten, wer aber die Zucht beachtet, der wird klug!« Die Narren aber sind nach dem hebr. Wort die am Herzen »Verdickten«, die im Denksinn »Dumpfen und Verdummten« (Del.)

Als Voraussetzung dafür, daß »Friede auf Erden in den Menschen des göttlichen Wohlgefallens« wohnt, nennt uns schon die Weihnachtsbotschaft, daß »Gott in der Höhe Ehre« gegeben werden muß. Es gehört einfach zum ABC des Glaubens, daß »jeder, der Gott nahen will, glauben muß, daß ER existiert, und daß Er denen, die Ihn suchen, ein Belohner ist« (Hebr. 11, 6).

Die Ehrfurcht vor dem EWIGEN ist gleich weit entfernt von einem dogmatisch erstarrten Fürwahrhalten wie von einer seichten, gefühlsbetonten Frömmigkeit, die nur das Glücklichsein sucht. Auch das NT kennt solche »eusebeia«, die gute, wahrhaftige und frohe Ehrfurcht vor der Gegenwart dessen, der erhabener Schöpfer und höchste Majestät ist; sie führt zu einem Rechnen mit Seiner Wirklichkeit und Seinem Gericht; sie läßt uns Gottes Wort ernstnehmen, ja, vor ihm zittern , wie es uns Jes. 66, 2 bezeugt: »Aber auf diesen will ich blicken: auf den Elenden und den, der zerschlagenen Geistes ist, und der da zittert vor meinem Wort«. Solche Gottesfurcht gibt dem heiligen Gott den Ihm gebührenden Platz: »Gott ist im Himmel, und du bist auf der Erde, darum seien deiner Worte wenige« (Pred. 5, 2)! Aus dieser Grundhaltung erwachsen **Weisheit und Erkenntnis** und eine »Lehre, die der Gottesfurcht entspricht«, weit entfernt »von aufgeblasenen Streitfragen und vom Wortgezänk« (1. Tim. 6, 3–5). Dem widerspricht nicht die Liebe zu Gott; wir sollten aber beachten, daß Jesus das »Abba, lieber Vater« auch als »heiliger Vater« und »gerechter Vater« gebetet hat (Joh. 17). Freilich ist die wahre Gottesfurcht keine Angst vor Gott, keine panikartige Flucht vor einem »Gott der Rache«! Solche neurotische, qualvolle Angst vor Gott ist mit dem Evangelium Jesu Christi nicht vereinbar. 1. Joh. 4, 17–19 ruft uns zu einem Leben in dieser Welt, das durch jene Freimütigkeit gekennzeichnet ist, wie sie der Sohn Gottes dem Vater gegenüber hatte. Es bezeugt, daß die »zum Ziel gekommene Gottesliebe« die peinigende Angst austreibt. »Furcht« (hier im Sinne der Angst) »ist nicht in der Liebe« und »wer sich noch fürchtet, ist in der Liebe noch nicht vollendet!« Keinesfalls will jedoch dieses Apostelwort die **Furcht des HERRN** ablehnen oder schmälern. Martin Buber schrieb einmal sinngemäß: »Die Gottesfurcht ist die TÜRE zur Weisheit, aber in einer Türe wohnt man nicht; durch sie geht man hindurch, um in der Weisheit zu wohnen«. Und doch ist die **Furcht JAHWEHs** nicht nur **der Anfang,** sondern auch die letzte Entfaltung und Auswirkung des siebenfachen Gottesgeistes in unserem Leben (Jes. 11, 2–3), vielleicht dann in einer Reife, wie sie nur die unlösliche Verbindung mit der Liebe bringt! Dies wird am besten umschrieben in 1. Petr. 5, 5–7, wo wir aufgefordert werden, uns »mit Demut fest zu umhüllen« und uns »zu demütigen unter Gottes mächtige Hand«, weil Gott »dem Hochmütigen widersteht«, aber »dem Demütigen Gnade gibt«!

+ + +

Höre, mein Sohn, die Unterweisung deines VATERS und verwirf nicht die Belehrung deiner MUTTER! Denn sie werden ein Kranz der Gnade deinem Haupte sein und ein Geschmeide deinem Halse!

Die **Vaterunterweisung** ist eine erziehliche, oft mit Züchtigung verbundene Unterrichtung. Das hebr. Wort für **Unterweisung** (musar) meint eigentlich die »Erziehung«. Solche Züchtigung dient der Ertüchtigung (Hebr. 12, 11). So sollten Israels Väter ihren Kindern die Gottesgesetze einschärfen. Erscheint uns dies in einer Zeit »antiautoritärer Erziehung« nicht antiquiert und unannehmbar? Doch auch das NT spricht davon, daß niemand Gemeindedienste versehen soll, der seinem Hause nicht gut vorsteht, und seine Kinder nicht in »Unterordnung« und »würdigem Ernst« und »in der Zucht und Ermahnung zum Herrn« erzieht! Allerdings sollen die Väter dabei ihre Kinder nicht »zum Zorn reizen« und »ärgern«, damit sie nicht mutlos werden (1. Tim. 3, 5/Eph. 6, 4/Kol. 3, 21).

Wie wichtig eine solche Ausgewogenheit in der väterlichen Erziehung ist, mag man daran erkennen, daß sich im kindlichen Verhältnis zum Vater die Grundfähigkeit zum Gehorsam ausbildet, der sich später Gott gegenüber zu erweisen hat; es formen sich erste psychische Grundzüge des Gottesbildes, der ja »der Vater aller Vaterschaften« ist (Eph. 3, 15); das Gottesbild erwächst am Vaterbild! Während nun **der Vater** – stellvertretend für Gott – die **Instruktion** seiner Kinder zu leisten hat, ist es ergänzende Aufgabe der **Mutter,** beispielgebende **Belehrung** zu geben (hebr. thora; BUB: Weisung; BA: Zielgebung). Die mütterliche Wärme in der Erziehung schafft dem Kinde ein psychisches Grundkapital, das sich später als Lebensfreude, seelisches Urvertrauen, als positive Grundhaltung, ja, in Ehetauglichkeit und Liebesfähigkeit auszahlt. Wir sehen, wie wichtig ein Zusammenwirken der **Väterunterweisung** und der **mütterlichen Zielgebung** auch für den späteren Glaubensstand ist, da sich ja auch in Gott ein väterliches und ein mütterliches Verhalten vereint.

Der **Sohn** soll solche **Unterweisung** und **Zielgebung** »hören«. Über das Ohr, als dem Organ des Geistes, bildet sich der »Ge-hor-sam« aus, nach dem griech. »hypakoä« ein »Sich-unter-das-Gehörte-Stellen«. So sagt Spr. 23, 12: »Bringe dein HERZ her zur Unterweisung, und deine OHREN zu den Worten der Erkenntnis!« Die Zunge eines Gottesgelehrten, der die Müden durch seinen Zuspruch aufrichten kann, erhält Vollmacht im heiligen Hörschweigen vor Gott, »der sein OHR jeden Morgen weckt« (Jes. 50, 4–6). Und weil solches **Hören der Vaterunterweisung** zum Gehorsam führt, dem eigentlichen Wesensmerkmal der Sohnschaft, hatte auch der Sohn Gottes »das geöffnete und durchgrabene Ohr« (Jes. 50, 5/Ps. 40, 6). **Das Hören des Sohnes** und der Söhne aber ist – wie auch der verborgene Mensch des Herzens und ein sanfter und stiller Geist – vor Gott wie ein kostbarer Schmuck. Dem Siegeskranz des Lebens (Jak. 1, 12), der Herrlichkeit (1. Petr. 5, 1–4) und der Gerechtigkeit (2. Tim. 4, 7–8) wird im vorliegenden Zusammenhang der Sprüche ein **Kranz der Gnade** (BA) **für das Haupt** und ein **Diademgeschmeide** für den gebeugten Nacken hinzugefügt.

Höre, mein Sohn, die Unterweisung deines Vaters …!

Wenn Jesus seine Bibel las, so mag er sich durch ein solches Wort besonders angesprochen gefühlt haben; das hebr. »beni« (mein Sohn) ist ja das Urwort des »Vaters aller Vaterschaften« an Seinen erstgeborenen Sohn: »**Sohn mein** (bist) DU – heute habe ich Dich gezeugt« (Ps. 2, 7)!

Es ist sicher kein Zufall, daß diese Anrede **mein Sohn** (beni) 22mal im Buche der Sprüche erscheint, weil ja die Zahl 22 in der Bibel den Sohnesweg in Seinem Werden und Leiden zeigt. **Sohnesgehorsam** und **Vaterunterweisung** gehören also, was das Wesen der Sohnschaft und den Sohnschaftsweg anbetrifft, aufs engste zusammen. Es geht in der tiefsten, prophetisch-symbolischen Schau der SPRÜCHE um die **Vaterinstruktion** Gottes für Seinen erstgeborenen Sohn während Seines Weges auf Erden, dann aber auch für die »nachgeborenen Söhne«, die grundsätzlich den gleichen Sohnesweg zu gehen haben. Dem entspricht in der Spruchweisheit die Anrede »ihr Söhne«. So ruft Spr. 4, 1: »Höret, **ihr Söhne, die Unterweisung des Vaters …!**« und Ps. 34, 11 schließt sich dem an: »Kommt, ihr Söhne, höret mir zu: die Furcht JAHWEHs will ich euch lehren!« »Wißt ihr nicht, daß ich sein muß in dem Hause, das meinem Vater gehört?« sagte der zwölfjährige Jesus seinen suchenden Eltern, als Er von ihnen endlich im Tempel gefunden wurde. Trotz dieses starken Bewußtseins Seiner Gottessohnschaft ordnete er sich aber Seinen Eltern wieder unter und ging mit ihnen zurück nach Nazareth (Luk. 2, 49–52); dort aber nahm Er zu an Weisheit und Gestalt, aber auch an Gnade bei Gott und den Menschen – nicht zuletzt auch durch die **Unterweisung** Seines irdischen Vaters und durch die **Zielgebung** Seiner Mutter Maria.

Auch der Sohn Gottes stand ja in Seinen Erdentagen in einem Werden, das im Einklang mit dem Wort der Bibel, mit der Instruktion Gottes und mit der Führung durch den Heiligen Geist geschah. Er ist nicht nur »geworden« aus der Väterreihe Israels, »geworden« aus dem Samen Davids und aus einem Weibe, »geworden« unter der Erziehung des Gesetzes, sondern Er ist auch ein barmherziger Hoherpriester »geworden«; ja, Er wurde vollendet zu völligem Gehorsam« in der Konfrontation mit Sünde und Versuchung. So gesehen war Er der »Unselbständigste, der jemals auf Erden lebte: nichts konnte er aus sich selbst heraus tun, außer dem, was Er den Vater tun sah (Joh. 5, 19–20); Er richtete auch nicht aus sich selbst, sondern in Übereinstimmung mit dem, was Er vom Vater hörte (Joh. 5, 30); Er kam nicht aus eigenem Entschluß in diese Welt (Joh. 7, 28), gab Zeugnis nicht von sich selbst (Joh. 5, 31), verherrlichte nicht sich selbst (Joh. 8, 54) und redete nur, was Ihn der Vater gelehrt hatte (Joh. 8, 28/12, 49/ 14, 10). Er **hörte die Unterweisung des Vaters.**

+ + +

5   LOCKRUF UND WEG DER SÜNDER   (1, 10 + 11–19)

Mein Sohn, wenn Sünder dich locken, so willige nicht ein!

Wird uns hier mit einem »moralischen Zeigefinger« gedroht? Mit Wilhelm Busch haben schon manche gespottet: »Enthaltsamkeit ist ein Vergnügen an Dingen, welche wir nicht kriegen!«, wobei der bekannte Humorist mehr eine frömmelnde Scheinheiligkeit im Auge hatte.

Wie werden im Zusammenhang die **Sünder** oder »die bösen Buben« (Luther) gekennzeichnet? Sie gehen konsequent und ohne jegliche Gewissenshemmung ihren räuberischen Weg; mit brutaler Schläue und ohne jedes Mitleid verfolgen sie ihre verderblichen

Pläne; in maßloser Gier streben sie nach Reichtum; dabei sind sie mitreißende Erfolgsmenschen, die verbrecherische Leitbilder setzen, wobei wir heute auch an die Schreibtischtäter und Wirtschaftsverbrecher großen Stils denken müssen. Und eben darin liegt die gefährliche **Verlockung,** solchen »Führernaturen« zu verfallen; doch auch die politischen Führer, wie Hitler und Lenin, dereinst auch der Antichrist, **locken** mit ihren Ideologien. Das **Gehe mit uns!** aus V. 11 ist der Lockruf aller Kriminalität und religiösen wie politischen Ideologie. Doch ist es »besser, niedrigen Geistes zu sein mit den Demütigen, als Raub zu teilen mit den Hoffärtigen« (Spr. 16 ,19).

Wie stellt sich der **Lockruf der Sünder** im einzelnen dar? Einer dreimaligen Planung (»wir wollen …«) wird eine dreimalige Zukunftsaussicht (»wir werden …«) gegenübergestellt:

– wir wollen auf Blut lauern – wir wollen ohne Ursache den Unschuldigen nachstellen – wir wollen sie lebendig verschlingen wie der Scheol; und dann: **– wir werden allerlei kostbares Gut erlangen– wir werden unsere Häuser mit Beute füllen – wir alle werden nur eine Kasse haben** (V. 11–14).

In Jak. 1, 14–15 wird der Werdegang der Sünde trefflich gezeichnet: 1. Der Versuchte wird von seiner eigenen Lust fortgezogen; 2. er wird von ihr **gelockt,** geködert; 3. die Begierde empfängt (über eine Zeugung in Seele und Willen); 4. nach einem inneren Werden gebiert die Lust die Sünde; 5. die Sünde reift aus, vollendet sich und erreicht ihr Ziel; 6. die Sünde gebiert den Tod. Dem will die Unterweisung des Vaters mit den Worten zuvorkommen:

Mein Sohn, wandle nicht mit ihnen auf dem Wege, halte deinen Fuß zurück von ihrem Pfade; denn ihre Füße laufen dem Bösen zu, und sie eilen, Blut zu vergießen! (V. 15–16).

Wie schnell wird aus dem »Wandeln« im Ratkreise der Gottlosen, also vom bloßen »Spazierengehen« mit der Sünde, das »Stehenbleiben« auf dem Wege der Sünder und schließlich das bequeme »Sich-Niedersetzen« auf dem Sitze der Spötter! Dem können wir nur entgehen, wenn wir »unsere Lust haben an Gottes Wort« und also »Glückselige« werden (Ps. 1, 1–2)! Bei solchem Abweg spielt der Wille als Steuerzentrale unseres Lebens eine bedeutende Rolle, weil er **Einwilligung** und Herzensentschluß hervorbringt. Welches Verhängnis liegt allein darin, daß wir, unserem Wege treu, unserer Entscheidung konsequent nachzufolgen bemüht sind! Und wie es eine Einheit des Reiches der finsteren Mächte gibt (Mtth. 12, 25), so kann man auch auf dem Wege der Sünder so etwas wie eine Gemeinschaft finden, nicht nur schnelle und mühelose Bereicherung, sondern auch gleichberechtigte Kameradschaft! Da ist **ein** Weg, **ein** Plan, **eine** verschworene Clique, **eine** gemeinsame **Kasse, ein** Ziel, aber auch **ein** zukünftiges Geschick; oder aber, wie in vergangenen Zeiten »**ein** Volk, **ein** Reich, **ein** Führer«!

Denn vergeblich wird das Netz ausgespannt vor den Augen aller Flügelwesen; sie aber lauern auf ihr eigenes Blut, stellen ihren eigenen Seelen nach. So sind die Pfade aller derer, welche der Habgier frönen: sie nimmt ihrem eigenen Herrn das Leben! (V. 17–19). Das Ende der Sünder also ist der Lebensverlust; wenn er sich auch nicht immer im wirklichen Sterben vollzieht, dann doch immer im Ersterben der Seele, im geistlichen Tode. Das rätselhafte Wort vom Netz des Vogelfängers deutet Delitzsch so: Wenn schon der Vogel so viel Klugheit besitzt, daß er vor dem offen ausgebreiteten Netz davonfliegt, so wirst du, mein Sohn, dich doch von den verführerischen Vorspiegelungen der Sünder nicht fangen lassen! Wenn wir aber Pred. 10, 20 bedenken und damit Mark. 4, 4 + 15 vergleichen, dann erkennen wir hinter den »Herren eines Flügels« (so hebr.) die ganze unsichtbare Welt der Geister, Engel und Dämonen. Vor ihren

Augen sind die feingesponnenen Netze und Pläne der Sünder **ausgebreitet** – wieviel-mehr vor den Augen Gottes! Wir aber wollen uns von dem Lockruf Jesu zum Leben lei-ten lassen, vom guten Hirten, der Seine Schafe kennt, sie bei Namen ruft und sie auf ewigem Wege zum Ziele führt!

+ ⁺ +

6   DER WEISHEIT HELLER RUF ERTÖNT   (1, 20–23a)

Die Weisheit schreit draußen, sie läßt auf den Hauptstraßen ihre Stimme er-schallen. Sie ruft an den Ecken lärmvoller Plätze; an den Eingängen der Tore, in der Stadt redet sie ihre Worte: bis wann, ihr Einfältigen, wollt ihr Einfältigkeit lieben, und werden Spötter ihr Wohlgefallen haben an Spott, und Toren Er-kenntnis hassen? Kehret um zu meiner Zurechtweisung!

Eigentlich heißt es, daß **die Weisheiten** zur Buße, Umkehr und Heimkehr rufen; es ist »der Weisheit Fülle«, die uns in Christus als der »Weisheit Gottes« zuteil wird (1. Kor. 1, 24–30). Auch Delitzsch sieht in diesem Plural die »absolute, allumfassende, ja, leibhaf-tige, personifizierte« Weisheit und führt aus: »Die Reden der Weisheit im Spruchbuch berühren sich eng mit den Reden des Herrn im Logos-Evangelium« (Joh.-Ev.). So wird sie zur »Quelle der Heilsworte«. **Die Weisheit schreit** (DEL: gellend laut; BUB: klagt; BA: ein helles, lichtes, Rufen, ein Künden im Jubelton); **sie läßt laut ihre Stimme erschal-len** und versieht so ihren Heroldsdienst in der Öffentlichkeit Israels. Der vierfachen Ört-lichkeit **in der Stadt (draußen – auf den Hauptstraßen – an lärmvollen Plätzen – in den Eingängen der Tore)** entspricht ein vierfaches Reden: **sie schreit – läßt ihre Stimme erschallen – ruft – redet Aussprüche** (vgl. Spr. 8, 1–4). In Übereinstimmung damit spricht Jes. 52, 7 von dem Messias: »Wie lieblich sind auf den Bergen die Füße dessen, der Frohe Botschaft bringt, der Frieden verkündigt, die Botschaft des Guten bringt und Heil verkündigt, der zu Zion spricht: Dein Gott herrscht als König!« So er-schallte Gottes Weisheitswort und Bußruf durch Jesus auf den Wiesen und Hügeln Gali-läas und an den Ufern des Sees Genezareth; in den Synagogen Israels und in den Tem-pelhallen zu Jerusalem; auf staubigen Landstraßen, lärmenden Märkten und in den Häusern Seiner Gastgeber; in der einsamen Wüste wie in der lärmenden Hauptstadt Je-rusalem; zu den im Stadttore sitzenden Zöllnern; aber auch zu Priestern und Schrift-gelehrten, Führern Israels und römischen Offizieren; zugleich an den großen Festen Is-raels, etwa, wenn Er festlichen Prozessionen gegenüberstand, wie es uns Joh. 7, 37–39 schildert. Nur als das zur Schlachtbank geführte Lamm verstummte Er (Jes. 53, 7) und »schalt nicht wider, als Er gescholten ward«. Und wenn Jes. 42, 2 davon spricht, daß der Messias Gottes »nicht schreien und nicht rufen und Seine Stimme auf den Straßen nicht erheben wird«, so bezieht sich diese Aussage nicht auf die **Verkündigung der Weis-heit** in der Volksöffentlichkeit; sie weist vielmehr darauf hin, daß Jesus auf jegliche Pro-paganda für Seine Heilungswunder und für das Geheimnis Seiner Messianität verzich-tete (s. Mtth. 12, 16–20)!
Wo erschallte **der Weisheit** klarster, hellster, unüberhörbarster Ruf? **Draußen!** Hat

doch der Christus **außerhalb des Tores** gelitten und **außerhalb des Lagers** Seine Schmach ertragen (Hebr. 13, 12–13). Seitdem erschallt die Botschaft vom Kreuz und vom Gekreuzigten, die das Zentrum des Evangeliums darstellt (1. Kor. 2, 2). Wen aber dieser Ruf getroffen hat, der ist be-rufen zu allerhöchster Herrlichkeit. Diesen Weg aber findet nur der, welcher **umkehrt zur Zurechtweisung** Gottes, der in der Buße **heim-kehrt** zu dem lebendigen Gott! An wen ergeht der Weisheit Ruf?

Die Weisheit Gottes in Christo wendet sich an die **Einfältigen,** die als **Zugängliche** (BA) nicht nur für das Böse und jede Ideologie des Verderbens empfänglich sind, sondern auch gegenüber dem Worte Gottes offenstehen; sie ergeht auch an die zynischen, freigeistigen, intellektuellen **Spötter, die Wohlgefallen an der Spottsucht haben** und nichts als bindende Wahrheit anerkennen (s. Joh.18, 38/ Apg. 2, 13/ 17, 18); kaum ist zu hoffen, daß sie den **Ruf der göttlichen Weisheit** vernehmen! Sie wendet sich aber auch den **Toren** zu, die in Stumpfheit des Herzens, Dummheit des Verstandes, Ver-härtung des Gewissens und Gedankenlosigkeit die Existenz Gottes leugnen (Ps. 14, 1). Oft erklang aus der leidvollen Geschichte Israels der notvolle Ruf zu Gott: »Bis wann …?« (Ps. 6, 3/13, 1–2/79, 5/Jes. 6, 11) – »Wie lange zögerst Du Deine Rettung hinaus?«

Hier jedoch ruft die Weisheit Gottes: Bis wann, wie lange, willst du **Einfältiger, Spöt-ter** und **Narr** dich gegen mein Rufen versperren und das Gottesheil ausschlagen? **Kehre um zu meiner Zurechtweisung!** Dem schließt sich Ps. 4 ,2 an mit den Worten: »Ihr Männersöhne, bis wann soll meine Herrlichkeit zur Schande sein? Bis wann werdet ihr Eitles lieben, Lüge suchen?« Jesus selbst aber klagte: »Jerusalem, Jerusalem … wie oft habe ich deine Kinder versammeln wollen, wie eine Henne ihre Küken unter ihre Flügel sammelt, ihr aber habt nicht gewollt! Siehe, euer Haus wird euch wüste gelassen, bis ihr sprechet: Gesegnet sei der im Namen JAHWEHs Kommende!« (Mtth. 23, 37–39).

+ ⁺ +

7/8   STRÖME LEBENDIGEN WASSERS   (1, 23)

Siehe, ich will euch meinen Geist hervorströmen lassen, ich will euch erkennen lassen meine Worte!

Jesus Christus als die Weisheit Gottes ruft einen jeden an seinem Orte, in seiner jeweili-gen Verfassung. Er ruft **die Einfältigen, die Spötter** und **die Narren.** Er ruft uns alle zur **Umkehr unter Seine Zurechtweisung.** Allen Heimkehrern zu Gott aber gilt die kostbare Verheißung unseres Verses. **Die Weisheit läßt den Geist hervorströmen;** müßte es nicht umgekehrt heißen, daß Gottes Geist – als eine seiner Wirkungen – die Weisheit hervorquellen läßt? Wenn wir aber bedenken, daß der Sohn Gottes selbst **die Weisheit** ist, dann wird es uns klar: Der Heilige Geist ging vom erhöhten Sohn aus, um Ihn durch sein Reden und Wirken zu verherrlichen. Es ist der letzte, große Festtag des Laubhüttenfestes in Jerusalem, wo Israel des Wanderns durch die Wüste, der lichtspen-denden Gotteswolke, der Speisung mit dem Manna und der belebenden Wasserfluten aus dem Felsen gedachte. Da zieht die feierliche Prozession der Priester und Festpilger mit dem goldenen Krüglein voller Wasser vom Teiche Siloah hinauf zum Tempel, um dort die Wasserspende auszugießen. Und siehe – das Leben selbst begegnet der Tradition; Jesus, die **öffentlich rufende Gottesweisheit,** stellt sich dem Festzuge entgegen **und ruft laut:** »Wenn jemand dürstet, dann komme er zu **mir,** und es trinke jeder, der mir vertraut! Gleichwie die Schrift gesagt hat: Aus SEINEM Leibe werden Ströme lebendigen Wassers fließen. Dies aber sagte Er von dem Geiste, den die Ihm Vertrauenden empfangen sollten; denn noch war Geist nicht da, weil Jesus noch nicht verherrlicht worden war« (Joh. 7, 37–39). Vom Leibe Christi, und dies ist die Gemeinde der Glaubenden, sollen nach Seiner Thronerhöhung **Geistesströme** in die Welt fließen und das dürre Land beleben (Apg. 2, 33). ER selbst ist der wasserspendende FELSEN, der das Volk Israel in der Wüste begleitete (1. Kor. 10, 4).

Zweimal ließ der Felsen dem Volke Israel lebendiges Wasser **hervorströmen.** Beim ersten Male mußte Moses als Darsteller Gottes »den Felsen schlagen«, um so das Geschlagenwerden des Messias auf Golgatha vorzubilden, das der Vater zur Quelle uferlosen Heiles machte. Zu Pfingsten wurde der Geistesstrom, der auf Golgatha entsprang, Israel zuteil. – Ein zweites Mal sollte Moses – als Repräsentant Israels – »mit dem Felsen **reden**«, schlug ihn aber im brennenden Eifern um seine Amtsehre zweimal. So hätte Israel nach Pfingsten in Buße und Beugung mit dem »Felsen« reden sollen, um die Fülle des Spätregens des Heiligen Geistes zu empfangen, schlug aber, in der Lästerung des Geistes, Seinen Messias ein zweites Mal (vgl. Hebr. 6, 6). Und doch ließ **die Weisheit** wieder **den Geist hervorströmen** – diesmal aber für die Nationen, beginnend im Hause des Kornelius (s. 2. Mos. 17/4. Mos. 20).

Dürsten wir nach dem »quellfrischen Wasser« des Heiligen Geistes? Kommen wir zu Jesus, dem wasserspendenden Felsen? Vertrauen wir Ihm, wie die Schrift sagt? Dann wird Er uns erquicken und beleben, wie es in Joh.4,13–14 verheißen ist!

+

Siehe, ich will euch meinen GEIST hervorströmen lassen, ich will euch erkennen lassen (kundtun) **meine Worte!**

Wir sahen als erste Aktion der Gottesweisheit ihr **Rufen** in der Öffentlichkeit – Christi Wirken im Fleische im Volke Israel; wir sahen, wie der Sohn Gottes nach Seiner Erhöhung den Geist mitteilte, im Geschehen zu Pfingsten und seither unter den Weltvölkern; wieso ist aber das **Erkennen Seiner Worte** der Ausgießung des Geistes nachgeordnet? Nun, nur durch das Wirken des Geistes der Weisheit und der Offenbarung können wir Gottes Wort lieben und erkennen. So wie heilige Männer allein unter der Leitung des Heiligen Geistes das Wort Gottes und die prophetischen Geheimnisse niederschreiben konnten, so können wir nur durch den gleichen Geist die Heiligen Schriften verstehen. »Was kein Auge gesehen und kein Ohr gehört hat, und was in keines Menschen Herz gekommen ist, das hat Gott denen zubereitet, die Ihn lieben. Uns aber hat es Gott enthüllt durch Seinen Geist, denn der Geist erforscht alles, auch die Tiefen Gottes« (1. Kor. 2, 9–10).

Der Herr selbst hat Seine Jünger darauf hingewiesen, daß Er ihnen noch vieles zu sagen habe, sonderlich »das Himmlische« betreffend, daß sie aber bis zum Kommen des Geistes die Wahrheit noch nicht verstehen und tragen könnten (Joh. 3, 12/16, 12–13). Erst nach dem bleibenden Kommen des Heiligen Geistes zur Innewohnung in den Glaubenden konnte der Vollumfang der göttlichen Wahrheit geoffenbart werden, und konnte der erhöhte Christus durch die Apostel Sein Wort vollenden, wozu besonders der Apostel Paulus als ein auserwähltes Rüstzeug diente (Kol. 1, 25–26). Joh. 14, 26 und 16, 8–13 schildern uns nun im einzelnen das Wirken des Gottesgeistes an der Gemeinde der Erstlinge, denen er Gottes **Weisheitswort kundtun will:**

1. Er lehrt alles und erinnert an alles, was Jesus sagte;
2 Er überführt die Welt von der Sünde des Unglaubens;
3. Er überführt sie von der Gerechtigkeit Gottes, die sich in der Auferstehung und Thronerhöhung Christi darstellte;
4. Er überführt die Welt vom Gericht über Satan, den »Fürsten dieses Kosmos«;
5. Er leitet die Glaubenden in den Vollumfang der Gotteswahrheit;
6. Er verkündigt das Zukünftige der Heilsgeschichte;
7. Er verherrlicht Jesus, den Sohn Gottes.

So ist der eigentliche Lehrer, Evangelist, Apostel, Hirte und Prophet der Heilige Geist selbst, der hinter den elementaren Wortdiensten der Gottesgemeinde steht (Eph. 4, 11). Die Summe alles Seines Wirkens aber ist die Verherrlichung Jesu Christi.
So läßt auch uns die **Weisheit Gottes ihren Geist zuströmen** und **macht uns** so **Gottes Worte kund!**

+ ⁺ +

9   DAS HOHNGELÄCHTER DER WEISHEIT GOTTES   (1, 24–27)

Weil ich rufe, und ihr euch weigert – ausstrecke meine Hand, und niemand darauf achtet – und weil ihr verwerfet all meinen Rat und meine Zurechtweisung nicht wollt: So werde auch ich bei eurem Unglück lachen, werde spotten (hohnlachen), **wenn euer Schrecken kommt; wenn kommt, wie ein Unwetter, euer Schrecken, und euer Unglück hereinbricht wie ein Wirbelsturm, wenn über euch kommen wird Bedrängnis und Angst!**

Welch furchtbares Gerichtswort der Weisheit Gottes, des Christus! Aufs deutlichste wird uns noch einmal Sein Werben und Locken, aber werden uns auch die ernsten Konsequenzen des »Nicht-Wollens« der Menschen gezeigt, wie wir es schon in Mtth. 23, 37–39 sahen. Wie ernst wird darum **der Sohn** in Spr. 3, 11 gemahnt: »Verwirf nicht die Unterweisung JAHWEHs und laß dich Seine Züchtigung nicht verdrießen!«
Die Weisheit **ruft** unüberhörbar – die Menschen jedoch nehmen ihren Ruf nicht an; **sie streckt** werbend **ihre Hand aus** – doch niemand achtet darauf; sie gibt geistgewirkten **Rat** – doch die Zuchtlosen willigen in Gottes Rat nicht ein; sie bietet göttliche Erkenntnis an – doch die Narren und Spötter hassen ihr Angebot; und in einer letzten Maßnahme will uns die Gottesweisheit berichtigen und **zurechtweisen** – doch die Menschen **wollen** dies **nicht** und **verschmähen** ihre Zurechtweisung, wie auch jegliche Gottesfurcht.
»Ihr aber habt nicht gewollt!« rief Jesus weinend über der geliebten Stadt Jerusalem aus. Während eine leichtfertige, oberflächliche Verkündigung die Bedeutungsschwere

des menschlichen Nichtwollens fast verneint, will eine andersartige Verkündigung dem Nichtwollen des Menschen ein solches Gewicht beimessen, daß es den ursprünglichen Heilswillen Gottes ganz außer Kraft setzen und ein endloses Gericht heraufbeschwören könne. Doch währt Gottes Gericht – bei aller Härte und Schwere – nur bis zur Erreichung der heilspädagogischen Gerichtsziele – der Ausschmelzung der Gesetzlosigkeit und der endlichen Umkehr (s. Mtth. 23 ,39).

Schrecken, Unfall, Unglück, Bedrängnis und Angst brechen wie ein **Unwetter,** wie ein **Wirbelsturm** über den Gesetzlosen herein, wenn Gottes liebendes Werben an eine »unüberwindliche« Grenze der Herzenshärtigkeit gestoßen ist. Man muß einmal in 5. Mos. 28 nachlesen, welche »Verfluchung« dem verstockten und abtrünnigen Israel geweissagt wird: Mißernte – Mißgeburt – Mißlingen aller Pläne – Verfluchung – schreckliche Krankheiten – Verderbnis des Erdbodens – Umherirren unter den Weltvölkern – Wahnsinn – Entsetzen des Herzens – Zerstörung der Familien – Verspottung durch Nachbarvölker – ein zitterndes Herz – das Verschmachten der Seele. Wer dächte hier nicht auch an Luk. 21, 26, wonach die Menschen der Endzeit bei den dann hereinbrechenden kosmischen Katastrophen »verschmachten werden vor Furcht und Erwartung der Ereignisse«, oder, wie es wörtlich heißt, »den Geist aushauchen werden«.

Auch an den Verfallsweg des Königs Saul werden wir erinnert, der in erschütternder Weise die Folgen eines eigenwilligen Ungehorsams zeigt: Er wird als König von Gott verworfen – der Prophet Samuel bricht jeden Kontakt mit ihm ab – Gottes Geist weicht von ihm, und ein böser Geist beginnt sein Leben zu beherrschen – schwere Depressionen und grüblerische Angst befallen ihn – plötzliche Aggressionen treiben ihn zu Mordanschlägen gegen den hilfreichen David – er verfolgt den Gottesfreund und Nachfolger im Königsamt – er sucht okkulten Rat bei einer Besessenen – er ermordet sich selbst nach verlorener Schlacht.

Ihr habt meine Zurechtweisung nicht gewollt ... ist mit dieser menschlichen Willensabsage das letzte Wort gesprochen? So wie es ein deutscher Dichter sagte: »Nach dem Gesetz, wonach du angetreten, so mußt du sein, dir kannst du nicht entfliehn!«

Dem würde entsprechen, was in Phil. 2,12–13 geschrieben steht: »Wirket aus eure Errettung mit Furcht und Zittern ...!« Gott aber sei Dank, daß es weiter heißt: »... denn Gott ist es, der in euch beides bewirkt: das Wollen sowohl als auch das Vollbringen!«

+ ⁺ +

10   DAS HOHNGELÄCHTER DER WEISHEIT GOTTES (II)   (1, 28–32)

Dann werden sie zu mir rufen, aber ich werde nicht antworten; sie werden mich frühe (eifrig) **suchen, aber mich nicht finden: darum, weil sie Erkenntnis gehaßt und die Furcht JAHWEHs nicht erwählt, nicht eingewilligt haben in meinen Rat, verschmäht alle meine Zucht. Und sie werden essen von der Frucht ihres Weges, und von ihren Ratschlägen** (Anschlägen) **sich sättigen. Denn die Abtrünnigkeit der Einfältigen wird sie töten, und die Sorglosigkeit der Toren sie umbringen.**

Ist es nicht ein furchtbares Wort, welches wir lasen, die Gottesweisheit werde **spotten** und **hohnlachen,** ja, **sich erheitern** (BA), wenn der Schrecken des Gerichtes wie ein Unwetter über die Gottlosen hereinbricht? Doch finden wir auch in Ps. 2, 1–5, daß »der im Himmel Thronende« über die Rebellion der Erdenkönige gegen Ihn und Seinen Messias »lacht«, ja, »spottet«! Letztlich im Blick auf die Auseinandersetzung zwischen Satan und Christus bezeugt Ps. 37, 12–13: »Der Gesetzlose sinnt wider den Gerechten … der Herr lacht seiner, denn Er sieht, daß sein Tag kommt!« (s. auch Ps. 59 ,7–8). Das **Lachen und Spotten** Gottes ist ein Zeichen Seines Zornes, der die Gesetzlosen nach dem Gesetz von SAAT UND ERNTE ihrem eigenen Wesen und ihren selbstgewählten Wegen überläßt. Dieses Gesetz wird auch in Spr. 1, 31 deutlich: **Und sie werden essen von der Frucht ihres Weges …** Was sie ins Verderben stürzt, sind ihre eigenen **Anschläge, ihre Unbekümmertheit, ihre Abtrünnigkeit.** Wenn in einem »Gebet« der »Losungen« gesagt wird: »Herr, wir danken Dir, daß Du die Schöpfung sehr gut gemacht hast – verhindere, daß wir sie zu einer Wüste machen«, dann ist letzteres einfach töricht. Dem steht das Gebet aus Ps. 5, 10 entgegen: »Laß sie büßen – mögen sie fallen durch ihre Anschläge – stoße sie hinweg wegen der Menge ihrer Übertretungen, denn sie waren widerspenstig gegen Dich!« Und Jer. 17, 10 fügt hinzu: »Ich, JAHWEH, erforsche das Herz und prüfe die Nieren, und zwar, um einem jeden zu geben nach seinen Wegen, **nach der Frucht seiner Handlungen!«** Karl Barth sagte einmal in diesem Zusammenhang: »Darin besteht das Gericht Gottes, daß Gott die Menschen sich selber überläßt und dem in ihrem Inneren anhebenden und von da in böser Tat nach außen brechenden Verderben. Preisgabe des Menschen an sich selbst ist Preisgabe an den Satan. Es gibt ja keine völligere Ohnmacht als die des von Gott sich selbst überlassenen Menschen, keine völligere Tyrannei als die, daß Gott ihn sich selbst überlassen hat«.

Solche Dahingabe kann nach V. 28 sogar zu einem zeitweiligen Verstummen Gottes führen, selbst wenn die Gerichteten schon zu schreien beginnen: **Dann werden sie zu mir rufen, ich aber werde nicht antworten; sie werden mich frühe suchen** (BUB: herbeisehnen), **und mich doch nicht finden!** Der Himmel wird über ihnen »wie Erz« sein, die Erde unter ihren Füßen »wie Eisen« (5. Mos. 28, 23). Als die Gottesweisheit sie rief, haben sie nicht geantwortet, nun aber rufen sie, und Gott antwortet nicht (Spr. 1, 24). Wie furchtbar, wenn Menschen im Gericht zu Gott rufen, und ihr Gebetsruf dringt nicht durch zu Gott, der scheinbar über ihnen verstummt ist; Gottes Schweigen ist Zeichen Seines Zorns (Ps. 22, 1–2/Offb. 8, 1). Haben wir das nicht schon alle einmal schmerzlich erlebt?

Wenn wir auch das Bibelwort vom **lachenden,** über die Empörung seiner Geschöpfe **spottenden** Gott ganz ernst nehmen, so sei es doch erlaubt zu fragen, wie es wohl **im Herzen Gottes** aussehen mag, wenn Er zu solch furchtbarem Gericht greift. Als Jesus in Seinen Erdentagen selbst in der Versuchung gelitten hat, als Er angefochten wurde und so den Menschen im Fleische verstehen lernte, wurde Er zum barmherzigen Hohenpriester, der Mitleid zu haben vermag mit unseren Schwachheiten (Hebr. 2, 17–18/4,14–16/5,7–9). Niemals hat Er in den Tagen Seiner Erniedrigung über die Gerichtsreifen gespottet und gelacht; wir sahen vielmehr, daß Er über Jerusalem, das Sein liebendes Werben abgelehnt hatte, weinte. Doch als Zeichen Seiner Gerichtshoheit schwieg Er in Seinem Leiden vor Seinen Anklägern und Richtern (Mtth. 26, 62–63/ Joh.19, 9).

Ps.107, 10–14 bezeugt uns, daß Gott das Herz der Widerspenstigen durch Mühsal beugt; daß sie dann im Gericht ohne Helfer sind und zu Ihm schreien in ihrer Bedrängnis; doch schließlich errettet Er sie und führt sie heraus aus der Finsternis! Wir dürfen glauben, daß sich das **spottende Lachen der Weisheit** dereinst zum frohlockenden Jauchzen der Vollendung wandelt (Ps. 126, 6)!

+ + +

11   SICHERES WOHNEN   (1, 33)

Wer aber auf mich hört, wird sicher wohnen und wird ruhig sein vor dem Schrecken des Bösen!

Wir sahen in Spr. 1, 24–33, wie das Gesetz von Saat und Ernte auf zweifache Weise wirksam wird: einmal zum Segen für den Gehorsamen, einmal zum Fluch für den Ungehorsamen (s. 5. Mos. 28). »Was irgend der Mensch sät, das wird er ernten. Wer auf das Fleisch sät« (d. h. in Feindschaft gegen Gott), »der wird vom Fleische Verderben ernten, wer aber im Geiste sät, der wird vom Geiste ewiges Leben ernten« (Gal. 6, 7–8). Ohne direktes Eingreifen Gottes vollzieht sich in einem »gesetzmäßigen Automatismus« aus der jeweiligen Saat Wachstum, Ausreife und Ernte. Aber geschieht dies wirklich so offensichtlich und vor aller Augen? Rennt der Gottlose schon hier in dieser Welt ins Verderben, erntet der Fromme schon in seinem irdischen Leben Wohlstand und Heil? An dieser Frage sind schon die Heiligen des Alten Bundes fast zerbrochen (vgl. Ps. 73). Dabei vollzogen sich auf dem Boden Israels der Fluch für den Ungehorsam und der Segen für den Gehorsam oftmals in sichtbarer und fühlbarer Weise schon hier, und nicht erst am Tage des Gerichts. Doch sollten wir unser Wort noch genauer besehen: Dem **Hörenden,** dem **Gehorsamen** wird ein **sicheres und ruhiges Wohnen** verheißen; es ist letztlich die Glaubensstellung, die aus dem »Gehörten« des Wortes Gottes kommt (Röm. 10, 17). Dies kann aber durchaus in gefährdeten, unsicheren Zeiten geschehen, die auch dem Glaubenden nicht erspart bleiben. Doch werden ihm innere Ruhe und Frieden des Herzens verheißen, »der unser Denken, Fühlen und Sinnen unantastbar in Christo Jesu bewahrt« (Phil. 4, 7–8). Doch erfüllt sich diese Verheißung gerade dann, wenn auch ihn der Schrecken des Bösen überfällt! Gott sagt uns in Ps. 91, 5 zu: »Du wirst dich nicht fürchten vor dem Schrecken der Nacht, vor dem Pfeile, der bei Tage fliegt, vor der Pest, die im Finsteren wandelt.« So haben auch wir in dieser Welt Angst, dürfen aber getrost und mutig sein, weil der Herr die Welt überwunden hat! **Die Angst vor dem Unheil, der Schrecken des Bösen** sind im Grunde Einflüsse des Teufels, der als unser Widersacher »wie ein brüllender Löwe einhergeht und sucht, wen er verschlinge«, um so Angst, Mutlosigkeit, Schrecken und geistliche Lähmung zu verbreiten, damit die Beute ihm sicher sei (1. Petr. 5, 8–9). Daß dieses Wort gerade im Kapitel vom Hirtendienst der Gemeinde steht, ist sicher von Bedeutung.
Wie köstlich ist doch die Gottesverheißung vom **sicheren Wohnen im Frieden!** Dies wird die Christusgemeinde in ihren Anfechtungen, aber auch Israel in den Wirren der Endzeit erfahren, wo **der Schrecken des Bösen** auf Erden mächtig wie nie zuvor um sich greifen wird, daß sie, begleitet von diesem Gottesfrieden, durch Sturm und Wellen hindurchgetragen werden. Darum fordert uns Jesus auf, wenn dieses alles sich zu ereignen beginne, die Häupter mutig zu erheben, weil dann unsere Erlösung nahe ge-

kommen ist. In der »Drangsal ohnegleichen« wird den Heiligen Israels die Erkenntnis gemehrt, werden die Lehrer des Wortes leuchten, werden die Ausharrenden glückselig sein (Dan. 12). Dan. 12, 3 + 13 zeigt uns aber noch ein anderes **Ruhen und sicheres Wohnen:** das Ruhen der Gerechten Israels und der Toten in Christo im Warten auf die Auferstehung des Leibes. Es wird gesät in Unehre und Schwachheit, es wird auferweckt in Herrlichkeit und Kraft (1. Kor. 15, 42–44).

So gilt das Wort aus Spr. 8, 34: »Glückselig der Mensch, der auf mich hört, indem er an meinen Türen wacht Tag für Tag …!« Und Ps. 4, 8 bezeugt (nach Luther): »Ich liege und schlafe ganz mit Frieden, denn allein Du, Herr, hilfst mir, daß ich sicher wohne!«

+ ⁺ +

12/13 GEISTLICHE SCHATZSUCHE (2, 1–5)

Mein Sohn, wenn du meine Reden annimmst und meine Gebote bei dir verwahrst, so daß du dein Ohr auf die Weisheit merken läßt, wenn du dein Herz dem Verständnis zuwendest, ja, wenn du nach dem Verstande rufst, deine Stimme erhebst zum Verständnis, wenn du es suchst wie Silber und wie nach vergrabenen Schätzen ihm nachspürst: *dann* **wirst du die Furcht JAHWEHs verstehen und die Erkenntnis Gottes finden!**

Zum vierten Male schon erschallt in den SPRÜCHEN die Anrede **Mein Sohn!** – gleicherweise als Wort des Vaters an Seinen Sohn auf Erden, wie als Instruktion für die durch Christus nachgeborenen Söhne. Gott ruft sie zu königpriesterlicher Würde und will sie zur **Furcht JAHWEHs** und zur **Erkenntnis** Seines Wesens und Seiner Wege führen. Zwar werden diese letztlich durch den »Geist der Weisheit und der Enthüllung« erschlossen (Eph. 1, 17); und doch ist das eifrige Streben nach den göttlichen Zielen eine Grundlage für die Selbstoffenbarung Gottes. Sonst hätten die **»Wenn … dann«**-Aussagen des Textes keinen Sinn. Welche Voraussetzungen nennt er uns nun für die göttliche Offenbarung?

1. **Das Annehmen der Worte der Weisheit.** Apg. 16, 14 berichtet uns vom Heilsweg der Purpurhändlerin Lydia zum Christusglauben: Sie war fromm und gottesfürchtig und betete Gott an; sie hörte der Verkündigung des Paulus zu; der Herr selbst öffnete ihr Herz – sicherlich der entscheidende Heilsvorgang! Nun gab sie gespannt acht auf das, was von Paulus geredet wurde; sie nahm das Zeugnis der Wahrheit an, wurde getauft und als treu befunden.

2. **Das Verwahren der Gebote.** Vielleicht wird uns dies – nach Ps. 119, 67 – erst nach Irrwegen und Demütigung geschenkt: »Bevor ich gedemütigt ward, irrte ich; jetzt aber bewahre ich Dein Wort!« Dabei meint **das Gebot** Gottes nicht nur die 10 Gebote der Thora, sondern ganz allgemein die göttlichen Lebensziele und Weisungen. Durch Christi Versöhnungstod und durch die Wirklichkeit des in uns wohnenden Geistes wurden sie zum »neuen Gebot«, d. h. zur geistlichen Lebenswirklichkeit (1. Joh. 2, 7–8). Welche kostbare Verheißung bezeugt Offb. 3, 10, die dem, der »das Wort Seiner Geduld« bewahrt, eine Bewahrung inmitten endzeitlicher Versuchungen zuspricht! Das **Verwah-**

ren der Gebote ist zugleich ein Bewahren des Wortes der Weissagung im Ausharren auf Christi Wiederkunft! Statt vom Verwahren spricht Buber vom **Speichern** der Gebote – im Herzen. So sagt Spr. 4 ,4: »Dein HERZ halte meine Worte fest, beobachte meine Gebote und lebe!« Und Gott klagt in Jes. 48,18: »O daß du gemerkt hättest auf meine Gebote! Dann würde dein Friede gewesen sein wie ein Strom, und deine Gerechtigkeit wie des Meeres Wogen!«

3. Eine weitere Vorbedingung zum Erlangen der Gottesoffenbarung ist **das Ausrichten des Ohres zur Weisheit hin, das Aufmerken auf sie.** Diese Fähigkeit sahen wir schon bei Lydia. Wo aber bleibt das lesende AUGE? Gott spricht durch Sein Wort so lebendig, daß es des geistlichen OHRES bedarf, des »Hörens, wie ein Jünger hört«, dem der Herr das Ohr öffnet (Jes. 50, 4). Welche feierliche Gottesstunde war es, als das Volk Israel nach seiner Rückkehr aus Babylon beim **Hören** des Gesetzes »die Hände erhob«, als Treueschwur »Amen! Amen!« rief und sich mit dem Antlitz zur Erde vor JAHWEH niederwarf. Wie aber war es zu solcher **Gottesfurcht und Erkenntnis gekommen?** »Die **Ohren** des ganzen Volkes waren auf das Buch des Gesetzes gerichtet!« (Neh. 8, 3 + 6).

4. »… **wenn du dein Herz neigst** (beugst) **zum Verständnis,** oder **dem Verständnis zuwendest.** Also erschließt die Geheimnisse Gottes keineswegs nur das grübelnde Gehirn! Vielmehr eröffnet sich der Zugang vom gebeugten und gedemütigten Herzen aus, dem Gottes Wohlgefallen gilt! Das **Herz** aber ist die persönliche Wesensmitte. Als der Minister aus Äthiopien dem schlichten Diakon der Christusgemeinde zu erkennen gab, daß er das Prophetenbuch des Jesajas nicht verstehen könne, wenn ihn niemand anleite, wurde darin solche Demut sichtbar. »Seid mit Demut fest umhüllt!« »Demütiget euch unter die gewaltige Gotteshand!« »Gott gibt dem Demütigen Gnade!« (1. Petr. 5, 5–6). Könnten wir doch mit Ps. 119, 112 sagen: »Ich habe **mein Herz geneigt,** deine Satzungen zu tun immerdar bis ans Ende«!

5. Aber auch das **Rufen nach dem Verstande** ist Voraussetzung für den Gewinn von Gottesfurcht und Gottesoffenbarung. Es zeigt die Dringlichkeit unseres Anliegens, wenn wir so zu Gott rufen, wie es Moses in der großen Krise Israels tat (2. Mos. 33): »Laß mich doch Deine Wege wissen« (d. h. Deinen Gottesplan erkennen) und: »Laß mich doch Deine Herrlichkeit sehen!« (Ps. 119, 131/145–147/149/169/172 zeigt uns die Bedeutung solchen Rufens). »Wenn aber jemand Weisheit mangelt, so bitte er von Gott, der allen bereitwillig gibt …« (Jak. 1, 5)!

6. Ist nun das **Erheben der Stimme zum Verständnis** lediglich eine Wiederholung des Vorherigen? Es kann auch heißen: **Wenn du dem Verständnis gibst deine Stimme** (BA) – und wir gehen sicher nicht fehl, wenn wir darin die Bereitschaft des Mundes zum Dienst am Worte Gottes sehen. Dabei können wir zuvor erschüttert werden wie der Prophet Jesajas, der angesichts der Gottesherrlichkeit seiner unreinen Lippen innewurde; aber mit »der Feuerkohle vom Altar« kann Gott auch unseren Mund zum Dienste reinigen, so daß wir mit Paulus bekennen können: »Ich glaube, darum rede ich« (Jes. 6, 5–7/2. Kor. 4, 13).

+

Die 7. Station geistlichen Werdens auf dem Wege zur **Gottesfurcht und Gotteserkenntnis** aber ist: **Wenn du** (Verständnis) **suchst wie Silber und wie nach vergra-**

benen Schätzen ihm nachspürst: **d a n n wirst du die Furcht JAHWEHs verstehen und die Erkenntnis Gottes finden!** Auch die geistliche Reife unterliegt also einer Gesetzmäßigkeit, da ja auch wir »nicht ohne Gesetz sind«, und weil der Lebensgeist Christi gesetzmäßig wirkt (Röm. 8, 2/1. Kor. 9, 21). Die Ernsthaftigkeit unserer Suche nach dem Verständnis wird hier im Bilde der Bergmannsarbeit geschildert. Dieser gräbt unter der Erde im Schweiße seines Angesichts nach Silbergängen, nach Gold, wertvollen Erzen oder nach **verborgenen Schätzen.** Hierzu ist eine höhere geistliche Energie nötig, als die oberflächliche Genügsamkeit dessen, der sich mit kleinen Ausschnitten der biblischen Offenbarung oder mit derem konfessionellem Vorverständnis zufrieden gibt! Es gilt, Fleiß anzuwenden bei den »Tiefbohrungen« durch das harte Alltagsgestein des Bakatales, des Tränentals! Aber dadurch werden Quellen für nach uns kommende Pilger erschlossen (Ps. 84 ,6)! Jes.45, 3 verheißt dem »Gottesknecht« Kyrus, aber auch allen anderen »Schatzsuchern«: »… Ich werde dir **verborgene Schätze** und versteckte Kostbarkeiten geben, damit du wissest, daß ich JAHWEH bin …«! Zu solchen **verborgenen Schätzen** gehört auch die Erkenntnis der »im Geheimnis verschlossenen Gottesweisheit« und der »Tiefen Gottes« (1. Kor. 2, 7/10). Wer Gottes Wort wirklich liebt, erstrebt **»allen** Reichtum der Vollgewißheit des Verständnisses in der Erkenntnis des Gottesgeheimnisses – welches ist der Christus, in dem verborgen sind alle **Schätze der Weisheit und der Erkenntnis«** (Kol. 2, 2–3). Denn »Weisheit erwerben ist um vieles besser als Feingold, und Verstand erwerben vorzüglicher als Silber« (Spr. 16, 16).

Nicht der Umgang mit geheimnisvollen Riten oder geheimwissenschaftlichen Büchern und Praktiken erschließt die Erkenntnisschätze Gottes, sondern der fleißige und liebende Umgang mit dem Worte Gottes und damit mit dem Christus. In IHM sind sie verborgen! Immer buntfarbiger enthüllen sich die Juwelen der göttlichen Weisheit den Suchenden, und mehr und mehr wird ihr »Herz« dort weilen, wo sich »ihr Schatz« befindet (Mtth. 6, 21/Kol. 3,1). Dann kann auch ihr Mund »aus der Fülle des Herzens reden«, und sie können als gute Haushalter der Gottesgeheimnisse Altes und Neues aus dem Schatze ihres Herzens hervorbringen (Mtth. 12, 35/13, 52). Welchen Schatz der Herrlichkeit des Evangeliums hat doch der Vater in den schwachen »Tongefäßen« der Glaubenden niedergelegt! – Ein feiner Unterschied sei nicht übersehen: **Gotteserkenntnis** kann man offensichtlich in der kurzen Zeit einer großen Gottesstunde **finden,** die **Furcht JAHWEHs** aber erst in einem Leben der Nachfolge wesenhaft **verstehen lernen.**

+ + +

14   DER HERR SCHENKT WEISHEIT   (2, 6)

Denn JAHWEH gibt Weisheit; aus Seinem Munde strömen Erkenntnis und Verständnis.

Mit der Mühe und dem Fleiß des Bergmannes »unter Tage« suchen die Gerechten als »Liebhaber des Wortes Gottes« die Schätze des unausforschlichen Reichtums Christi und erstreben die »Vollgewißheit des Verständnisses in der Erkenntnis des Geheimnisses Gottes« (Kol. 2, 2). Doch die Quelle der Weisheit, der Erkenntnis und des Verständnisses liegt in dem lebendigen Gott. **ER gibt Weisheit,** weshalb wir Ihn auch darum bitten sollen (Jak. 1, 5). Es ist der **Aushauch Seines Mundes,** der die Grundlage dafür bildet, daß »alle Schrift gottgehaucht« (oder: von Gott eingegeben) ist (2. Tim. 3, 16). Solcher Inspiration der Heiligen Schriften entspricht auch die Inspiration der Knechte Gottes, die durch Gottes Geisthauch Gnadengabe und Charisma empfingen.

Göttliche **Weisheit** schenkt die vollendete **Erkenntnis** menschlicher und göttlicher Sachverhalte und ein **Verständnis** ihrer Ursachen; sie dringt vor zu dem Äußersten an Erkenntnis, das der geisterleuchtete menschliche Verstand erreichen kann. Wozu brauchen wir göttliche Weisheit, die ja die bloße Intelligenz weit überragt? Gott schenkt sie uns,

- um das Verständnis Seines Wesens und Seiner Heilswege zu erlangen; dem geforderten »Bedenken« des Wortes Gottes gilt die Verheißung: »Der Herr wird dir Verständnis geben in allen Dingen« (2. Tim. 2, 7);
- um gottgemäß leben und handeln zu können;
- um Gottes Volk leiten zu können;
- um mit Treffsicherheit Sein Wort zu verkündigen und dabei »ins Schwarze« zu treffen;
- um anderen ein Wort zur rechten Zeit sagen zu können und ihnen seelsorgerlich den rechten Weg zu weisen;
- um Gottes Geheimnisse im Wort zu erforschen;
- um den Feinden des Evangeliums in Weisheit begegnen zu können;
- um Durchblick durch verworrene Verhältnisse zu erlangen;
- um einfallsreich das Leben nach Gottes Willen zu gestalten;
- um den letzten Sinn des Lebens und der Schöpfung zu erfassen.

Was **Weisheit** Gottes ist, mögen auch einige Wortpaare der Bibel zeigen; so spricht sie von »Weisheit und Unterweisung«, »Weisheit und Verständnis«, »Weisheit und Gotteserkenntnis«, »Weisheit und Offenbarung«, »Weisheit und Kraft«, »Weisheit und Erleuchtung«, »Weisheit und Verstand«. **Erkenntnis und Verständnis** sind also Äußerungen der lichtbringenden Gottesweisheit, sie entströmen **Seinem Munde.** So heißt es einmal in »Jesus Sirach«: »Der Brunnen der Weisheit ist Gottes Wort!« Zwar kommt der Glaube aus der verkündigten und gehörten Botschaft, die Verkündigung aber kommt, wo sie recht geschieht, aus Gottes Wort (Röm. 10, 17). Jesus selbst hat als Gottessohn und Vollmensch Spr. 2, 6 in Seiner Wüstenversuchung ausgelebt, als Er die Brotgabe des Teufels mit den Worten abwies: **»Der Mensch** lebt nicht vom Brote allein, sondern von jedem Wort, das **aus dem Munde Gottes hervorgeht!«** Wie anders lesen wir die Bibel, wenn wir sie in diesem Bewußtsein lesen! Darum konnte auch Jesu **Mund** Weisheit aussprechen, Seine **Zunge** das Recht reden; weil das Gesetz Gottes in Seinem Herzen war, wankten Seine Schritte nicht (Ps. 37, 30–31). Spr. 8, 8–10/10,11–14/18, 4/10, 20–21 und 15,1–4 zeigen uns, welch köstlicher Lebensborn und Lebensbaum die »Sprachorgane« Jesu Christi, die Aussprüche Seines göttlichen Mundes sind. Er selbst ist es, »der Erkenntnis lehrt den Menschen« (Ps. 94, 10).

Möchte auch unser fluchbeladenes Menschenwort und unsere verderbte Zunge mehr und mehr zur Weisheitsquelle werden! Dann erfüllt sich Pred. 2, 26 an uns: »Dem Menschen, der IHM wohlgefällt, gibt Er Weisheit und Erkenntnis und Freude!«

+ + +

Er bewahrt klugen Rat (Förderliches) **auf für die Aufrichtigen, Er ist ein Schild denen, die in Vollkommenheit wandeln; indem Er die Pfade des Rechts behütet und den Weg seiner Frommen bewacht.**

Dieses feine Gotteswort verheißt uns göttliche **Bewahrung.** Es ist wahr, was einmal Blumhard gesagt haben soll: »Die Bekehrung ist ein großes Gotteswunder, die Bewahrung ein größeres!« Was wären wir – in der Sichtung Satans, in Anfechtung, Not, Herzensangst, Sünde, Schwachheit und in mannigfachen Nöten –, wenn nicht der Herr selbst für uns gebetet hätte, damit unser Glaube nicht aufhöre, und damit wir, nach unserer Rückkehr aus der Versuchung, unsere Brüder stärken könnten (Luk. 22, 31–32). »Keiner kann euch aus des Vaters Hand reißen!« so hat es Jesus Seinen Jüngern zugeschworen, kurz bevor sie Ihn alle verließen (Joh. 10, 29).

Als der Wächter Israels bewahrt Gott die geistliche Substanz der **Aufrichtigen,** wodurch sie befähigt sind, die Gottesgemeinde durch ihren **klugen Rat zu fördern.** So bekannte Paulus: »… denn ich weiß, wem ich vertraut habe und bin vollgewiß, daß Er Macht genug hat, um das mir Anvertraute auf jenen Tag zu bewahren!« Das »ihm Anvertraute« aber war die Frohe Botschaft von der Herrlichkeit des glückseligen Gottes (2. Tim. 1, 12/1.Tim. 1, 11). Darum konnte er auch seinen Mitarbeiter Timotheus ermahnen, das ihm vom Heiligen Geiste »Anvertraute zu bewahren« und »das Muster gesunder Worte festzuhalten« (2. Tim. 1, 14). Nur weil uns der Herr **behütet, bewahrt und bewacht,** können wir bewahren, was Er uns an Segnungen gab; dies bedeutet aber, daß wir sorgsam damit umgehen, es verständnisvoll bedienen, sorgfältig pflegen und mehren und vor den Fremdeinflüssen des Feindes schützen!

Gott **bewahrt** – einem **schützenden Schilde gleich** – **die in Vollkommenheit Wandelnden,** die zielstrebigen Gotteskämpfer, die nur durch diesen »Langschild des Glaubens« befähigt sind, die »Feuerpfeile des Bösen auszulöschen« (Eph. 6, 16). Diese **Aufrichtigen** wandeln **in Vollkommenheit, in Unschuld** (DEL), **unsträflich** (PAR), **in Vollendung** (BA). Ihre Aufrichtigkeit ist Herzensgeradheit und Lauterkeit, ist ganze, ungeteilte Hingabe, sittliche Reinheit und ein Dienst mit ganzem Herzen. In ihren Herzen sind »gebahnte Wege« (Ps. 84, 5); darum verheißt ihnen Gott in Spr. 10,9: »Wer in Lauterkeit wandelt, wandelt sicher, wer aber seine Wege krümmt, wird erkannt«; dem fügt Spr. 16, 17 hinzu: »Der Aufrichtigen Straße ist: vom Bösen weichen; wer seinen Weg bewahrt, behütet seine Seele!«

Nicht nur das »anvertraute Gut«, sondern auch **die Aufrichtigen** selbst werden bewahrt. »Denn JAHWEH – Gott ist Sonne und **Schild;** Gnade und Herrlichkeit wird JAHWEH geben, nichts Gutes vorenthalten denen, die in Lauterkeit wandeln« (Ps. 84, 11). Darum wird gerade den zielstrebigen und **zur Vollendung strebenden** »Erwachsenen« die Weisheit Gottes in allen ihren Dimensionen verkündigt (1.Kor. 2, 6).

Schließlich wird aber auch **der Weg der Frommen** »felsengleich« beschützt und **bewahrt.** Ist dies der kindgemäße »Laufstall« einer allzeit sicheren Führung, wie sie etwa im Alten Bund durch das Ja-nein-Orakel der »urim« und »thummim« (= Lichter und Vollkommenheiten) geschah? Im Neuen Bund lenkt Gott die Söhne durch die innere Führung des Geistes. Doch auch diese ist **felsengleich:** »Alles muß denen, die Gott lieben, zum Guten dienen« – Gott hat es so angeordnet, daß ihr Weg gegenüber allen Anfeindungen finsterer Mächte bis hin zum Ziel der Vollendung gesichert ist (Röm. 8, 28). Der Friede Gottes bewahrt unsere Herzen und Sinne und unser Denken wie in einer Festung in Christo Jesu (Phil. 4, 7); der treue Herr wird uns vor dem Bösen bewahren (2. Thess. 3, 3); Er wird uns hindurchbewahren für Sein überhimmlisches Königreich (2. Tim. 4, 18). So geben wir unserem Vater die Ehre, der uns ohne Straucheln bewahren und vor dem Angesicht Seiner Herrlichkeit mit Jauchzen darstellen kann (Jud. 24). Ja, Er »bewahrt die Seelen Seiner Frommen«, die »Ihn lieben und das Böse hassen« und »errettet sie aus der Hand der Gesetzlosen« (Ps. 97, 10)!

+ ⁺ +

16 VERSTÄNDNIS DER GOTTESGERECHTIGKEIT (2, 9)

Dann wirst du Gerechtigkeit und Recht und Geradheit verstehen, jedes Geleise des Guten!

Es geht um den Weg zum Ziel, vorgebahnt wie durch **Geleise** für einen Wagen, oder wie durch **Spuren** für die Füße des Wanderers; es sind **Spuren zum Guten,** die der Sohn Gottes hinterlassen hat, der zum ersten Male als der »Anführer der Errettung« den »lebendigen Weg« für uns ging (Hebr. 10, 20). Diesen Fußspuren Jesu dürfen wir nachfolgen (1. Petr. 2, 21).
Immer noch klingt die »Wenn … dann-Beziehung« innerer Vorentscheidungen für die göttliche Wahrheit aus den Versen 1–8 nach. Und doch ist aus dem gesetzlichen »du sollst« bereits das verheißungsmäßige **du wirst …** erwachsen, das uns allein in die gottgeplante Zukunft zu führen vermag. Verständnis Seiner **Gerechtigkeit** und einen Sinn für **Recht und Geradheit** verheißt uns der lebendige Gott. Aber gerade an dieser Gottesgerechtigkeit und an ihrem Nachweis in seinem Leben kann der Heilige verzweifeln und zusammenbrechen unter der Tatsache des »verborgenen Gottes« (Kol. 3,1–3/Jes. 45, 15), daß nämlich vor der Machtoffenbarung des Messias die Gerechtigkeit, Macht und Herrlichkeit des Vaters verborgen ist. Ps. 73 zeigt uns das Ringen eines Glaubensmenschen um die Frage, ob denn Gottes Gerechtigkeit in unserem Leben überhaupt nachgewiesen werden kann. Wer hätte solches nicht auch schon einmal verspürt und durchgekämpft? Erst beim »Eingehen in Gottes Heiligtümer« – in das Allerheiligste Seines Planes, Seines Wesens und Seiner Gedanken – wird dem Zweifelnden Lösung zuteil. Nun spürt er, daß er in seines Herzens Verbitterung vor Gott »dumm« und »wie ein Vieh« war (V. 17 + 22). Er wird aber auch dessen wieder gewiß, daß der Herr ihn bei seiner rechten Hand erfaßt, ihn nach Seinem Gottesrat leiten und in Seine Herrlichkeit aufnehmen wird!
Darum bekennen auch wir mit allen Heiligen: »Er leitet mich **in Geleisen der Gerechtigkeit** – um Seines Namens willen!«(Ps. 23, 3). Dies garantiert einer der acht hochheiligen JAHWEH-Doppelnamen: JAHWEH-ZIDKENU: JAHWEH ist unsere Gerechtigkeit. Was in unserem Erdenleben nur als verworrenes »Fadenwerk« zu sehen war, wird dereinst als herrliches »Lebensmuster« eines Gottesbildes offenbar. An »jenem Tage« der Herrlichkeit werden wir Ihm auf 1000 Fragen nichts antworten, ja, »wir werden Ihn nichts fragen« (Joh. 16, 23). Dann werden wir **Gerechtigkeit und Recht verstehen** und erkennen, wie wir von Ihm schon hier erkannt worden sind, d. h. völlig und um-

fassend. Denn dann werden wir den Christus sehen, wie Er ist, und Ihn – ohne Frage und Antwort – erkennen auf der Ebene von Wesensgleichen. Dann wird zu einem vollen Lob werden, was wir hier oftmals nur unter Tränen bekennen: »Denn den Namen JAHWEH will ich ausrufen: Gebet Majestät unserem Gott: DER FELS, vollkommen ist Sein Tun! Denn alle Seine Wege sind recht. Ein Gott der Treue und ohne Betrug, gerecht und gerade ist Er« (5. Mos. 32 ,3–4)!

Dann wirst du verstehen ... daß alle Geleise zum Guten führen! Gott läßt den Heiligen das All zum Guten zusammenwirken; Er hat alles so geordnet, daß in ihrem Leben **das Gute,** nämlich das Bild des Erstgeborenen der Söhne, ausgestaltet wird (Röm. 8, 28). Diese Verheißung gilt denen, die »nach Gottes Vorsatz berufen sind« und die nun ihrerseits »Gott lieben«.

Wir leben in einer Zeit, da deutliche Zeichen der baldigen Wiederkunft Christi, Signale des endzeitlichen Messias, wahrzunehmen sind; diese nennt der Talmud »ikwoth ha maschiach« – »Fußspuren des Messias«. Diesen **Fußspuren zum Guten,** die Jesus schon in Seinen Erdentagen hinterließ, wollen wir nachfolgen!

+ + +

17 POSITIVE LEBENSZIELE   (2, 10–12a)

Denn Weisheit wird in dein Herz kommen, und Erkenntnis deiner Seele lieblich sein. Besonnene Planung wird über dich wachen, Verständnis dich behüten: um dich zu erretten vom Wege des Bösen ...

Vers 9 sprach von den **Geleisen des Guten,** in denen der Weg des Gerechten verläuft. Gegenüber den »gekrümmten Wegen der Finsternis«, von denen in V. 12–15 noch zu reden sein wird, werden die Wege der Gottesfürchtigen von positiven Lebenszielen bestimmt; so werden sie **vom Wege des Bösen hinweg errettet,** eigentlich **überschattet** (BA) – nämlich von der göttlichen Lichteswolke, wie sie einst dem durch die Wüste wandernden Israel Weisung, Schutz und Führung gewährte. Zu allen Heilszeiten geht es um **Errettung vom Wege des Bösen,** dessen **Geleise** in der Urzeit von Satan vorgezeichnet wurden; der Ungehorsam Adams ergab sich aus dem Fall Satans und seiner Mächte.

Solche **Bewahrung** gilt dem ganzen Menschen nach Geist, Seele und Leib. Soll sich doch die völlige Heiligung durch den Gott des Friedens so auswirken, daß unser ganzer Geist, samt Seele und Leib bei der Wiederkunft Christi unverklagbar bewahrt werde (1. Thess. 5, 23). So verheißt unser Text **Weisheit dem Herzen, liebliche Erkenntnis der Seele** und **besonnene Planung** als **Wächter** dem Geiste; **Verständnis** aber wird dem erleuchteten Verstand zur Bewahrung zugesprochen. Nach 2. Tim. 1, 7 ist uns Gottes Geist als »Geist der Kraft, der Liebe und der Besonnenheit« gegeben; als »Geist der Kraft« verleiht er **dem Herzen Weisheit** und Mut; als »Geist der Liebe« läßt er aus der Gemeinschaft mit Gott eine der Seele **liebliche Erkenntnis** erwachsen; und als »Geist der Besonnenheit« (Selbstbeherrschung, Disziplin) verhilft er dem Geiste, der in unserem Leben der Wächter ist, zu **besonnener Planung.** So können unsere **Herzen** Mut fassen und auf JAHWEH harren (Ps. 27, 14/31, 24); unsere **Seele** schaut die Lieblichkeit des Herrn an und forscht nach Ihm in Seinem Tempel (Ps. 27, 4); unser **Geist** aber schläft nicht, sondern ist wachsam und nüchtern in allem (1.Thess. 5, 6).

Hier sei auch grundsätzlich etwas über das Verhältnis von Seele und Geist gesagt; die Erneuerung durch Gottes Geist beginnt zwar in unserem Geiste und setzt diesen wieder in seine ursprüngliche Hoheitsstellung ein, indem Gott durch Sein Wort Geist und Seele, Geistliches und Seelisches, voneinander scheidet (Hebr. 4, 12). Doch gerade, indem sie sich dem Geiste unterordnet, kann auch unsere Seele die Wohltat der Erlösung erfahren, weil sie ja durch den Gehorsam gegen die Wahrheit gereinigt wird (1. Petr. 1, 22). So steht im »Allerheiligsten des GEISTES« die Bundeslade des Gotteswortes, und über ihr thront die Wolke der Gottesherrlichkeit; im »Heiligtum der SEELE« stehen die goldenen Schaugeräte: Leuchter, Räucheraltar und Schaubrottisch, die das Licht des Wortes, den Altar der Gebete und das Mahl des Herrn abbilden; im »Vorhof des LEIBES« sodann finden im »wortgemäßen Gottesdienst« Reinigung und Opferdienst der Selbsthingabe statt (Röm. 12, 1). Immer aber ist es von höchster Wichtigkeit, »die Lenden des Gemüts«, die Gemütsbewegungen und Zustände der Seele, »zu umgürten«, d.h. zu bewachen und unter die Zucht des Geistes zu stellen (1. Petr. 1, 13). Pastor Mössinger schrieb hierzu: »Bleibt bei einem Gläubigen die Seele mit ihrem Wünschen und Wollen beherrschend, dann wird auch ein erretteter Mensch vom Fleisch beherrscht – und das ist Feindschaft gegen Gott!«

+ + +

18/19 WEGE DER FINSTERNIS – GEKRÜMMTE PFADE (2, 12–15)

… um dich zu erretten von dem Wege des Bösen, von dem Manne, der Verkehrtheiten redet; die da verlassen die Pfade der Geradheit, um auf Wegen der Finsternis zu gehen; die Freude haben am Tun des Bösen, die über Verdrehungen des Bösen frohlocken; deren Pfade gekrümmt sind, und die abbiegen von ihren Wegspuren …

Ja, wir leben, geistlich immerdar gefährdet, »inmitten einer verkehrten und verdrehten Generation«, sollten aber in ihr als Himmelslichter scheinen und das Wort des Lebens darstellen (Phil. 2, 15–16). Wer über die angesprochenen **Verkehrtheiten** (BUB: Verdrehungen) Näheres erfahren möchte, braucht nur einmal in einer Konkordanz nachzulesen: Wie ausführlich wird doch in der Bibel der **gekrümmte** Schlangenweg gekennzeichnet, dem die SPRÜCHE den **geraden Pfad** des Gerechten gegenüberstellen; so heißt es in Spr. 14, 2: »Wer in seiner Geradheit wandelt, fürchtet JAHWEH, wer aber in seinen Wegen verkehrt ist, verachtet Ihn«; und in Spr. 22, 5: »Dornen, Schlingen sind auf dem Wege des Verkehrten, wer seine Seele bewahren will, hält sich ferne von ihnen!«

Wenn wir aber in der gefallenen Welt **den Weg des Bösen** meiden und den **geraden,** vorgebahnten Gottesweg gehen wollen, sind wir auf Seine **Errettung** angewiesen, oder wie es genauer heißt auf das **Überschattetwerden** (nach BA). Daß uns aus dem »Schatten« der göttlichen Wolke Heil zuteil wird, kann uns auch der Segen wirkende Schatten des Apostels Petrus zeigen (Apg. 5, 15). Wer unter diesem Schatten der »Flügel« des Allmächtigen bleibt, wird immerdar jubeln (Ps. 91, 1/63, 7).

Wodurch ist aber **der Weg des Bösen, der gekrümmte Pfad der Finsternis** gekennzeichnet? Ich sehe im Text eine machtvolle Entfaltung des Bösen: Im **Reden des Verkehrten** verwundet man den eigenen Geist und verliert die Selbstkontrolle; man vergiftet sich selbst und zündet in seiner Seele ein höllisches Feuer an (Spr. 15, 4/10, 31–32/Jak. 3, 1–12); dies führt mehr und mehr zum Verlassen des **geraden Pfades** der Wahrheit und Gerechtigkeit, zum **Abbiegen vom vorgebahnten Weg;** statt den Heimweg zu Gott zu finden, wandeln wir hernach auf Wegen der Finsternis, die Umwege, Abwege und Irrwege sind; schließlich leidet man nicht mehr unter der eigenen Sünde, sondern hat **Freude am Tun des Bösen** – der Apostel Johannes sprach in diesem Zusammenhang vom »Tun« der Lüge und der Sünde; ja, man **frohlockt** sogar **über die boshaften Verkehrtheiten** (BUB: bejauchzt die Verdrehungen des Bösen), weil diese eine Rechtfertigung für den eigenen Irrweg darstellen könnten.

Die Gesetzlosen gehen den Schlangenweg, den Abweg Luzifers, wie er uns in Hes. 28 und Jes.14 beschrieben ist. **Ihre Pfade sind gekrümmt,** und wie »Irrsterne« ziehen sie ihre Bahn zum Verderben (Jud.13). Ps. 146, 9 bezeugt, daß Gott selbst den Weg der Gesetzlosen krümmt, denn »das Angesicht JAHWEHs ist wider die gerichtet, welche Böses tun, um ihr Gedächtnis von der Erde auszurotten« (Ps. 34, 16). Und Pred. 7, 13 fragt: »Wer kann gerade machen, was ER gekrümmt hat?« Augustinus war es wohl, der diesen Verfallszustand als den des »in sich gekrümmten Menschen« (incurvatus in se) beschrieben hat. Es gibt wahrlich kein größeres Unheil als das des an sich selbst dahingegebenen Menschen! Dieser ist dann nicht mehr in der Lage, als »Hinaufgewandt-Schauender« (griech: anthropos) sein Angesicht zu Gott zu erheben. Vor diesem Verhängnis möchte der treue Gott uns durch Weisheit, Erkenntnis, Verständnis und Besonnenheit bewahren.

+

Er **will uns erretten** (überschatten und beschirmen) **von dem Wege des Bösen, von dem Manne, der Verkehrtheiten** (BA: Abwendigmachendes) **redet.** Was zunächst böse und gesetzlose Menschen und deren Verführungsmacht meint, hat einen geheimen Hintergrund in der unsichtbaren Welt. Gewiß, es gibt auch inmitten der Gemeinde Gottes Menschen, die von der Wahrheit abgeirrt sind, und deren ungöttliches, inhaltloses und zügelloses Geschwätz um sich frißt wie ein Krebsgeschwür (2. Tim. 2,16–17/ Tit. 1, 10); ihnen sollte man den Mund stopfen (Tit. 1, 11). Doch haben sie alle einen geheimen Drahtzieher – **den** Bösen. Der »prophetische Singular« der SPRÜCHE weist auf Satan hin. Dieser verließ erstmals **die geraden Pfade,** wandelte auf Wegen der Finsternis, worauf seine Wege von Gott **gekrümmt wurden** zum Verderben. Er ist es, der Freude empfindet am **Tun des Bösen** und über jede boshafte Verkehrung göttlicher Wege **frohlockt.** Er ist der »diabolos« (Teufel, Verleumder, Durcheinanderwerfer), der »Menschenmörder von Urbeginn«, der »Vater der Lüge, der in der Wahrheit keinen Bestand hatte«. Er »redet aus seinem Eigenen« (Joh. 8, 44), verführt den ganzen Erdkreis und verklagt die Brüder Tag und Nacht vor dem lebendigen Gott (Offb. 12, 9–10). Als »Geist, der stets verneint«, arbeitet auch er vornehmlich durch das Wort. Und so, wie heilige Gottesmänner unter der Leitung durch den Heiligen Geist geredet haben, was schließlich auch zur Niederschrift des Wortes Gottes führte, gibt es Sprachgefäße Satans, **Männer des Bösen,** die durch ihr Wort Gottes Wahrheit **verdrehen** und von Gott **abwendigmachen** . Doch daran läßt sich der Satan nicht genügen. Er erstrebt eine Fleischwerdung im »Sohne des Verderbens«, zu dem » d i e Antichristen« nur Vorläufer sind. Es wird *der* **Mann** kommen, der **Abwendigmachendes redet.** Ihn, der »in seinem eigenen Namen kommen wird«, wird Israel zunächst annehmen, weil er durch Schmeicheleien die Gesetzlosen Israels zum Fall verleiten wird (Joh.5, 43/Dan. 11, 32). Die Offenbarung schaut diesen Menschen der Sünde im Bilde der Tier-Bestie; diese hat ein Maul wie ein Löwenmaul (Offb. 13, 2), mit dem sie gewaltige Dinge und Lästerungen redet (13, 5); sie lästert Gott, seinen Tempel und die Himmelsbewohner (13, 6) und redet dabei »wie ein Drache« (13, 11). Haben wir dies nicht schon vorbildlich erlebt in der dämonischen Rhetorik eines Hitler und der sophistisch-durchtriebenen Rednermacht seines Propagandaministers Goebbels? Wohl den Schafen des guten Hirten, welche Seine Stimme hören und »die Stimme des Fremden nicht kennen« (Joh. 10, 5)! »Das Volk, welches seinen Gott kennt, wird sich stark erweisen und handeln« (Dan. 11, 32). Gott wird es **erretten von dem Manne, der Abfall redet,** von dem Schlangenweg **des Bösen!** Wir aber wollen nicht zu denen gehören, **die abbiegen von ihren Wegspuren,** die sich zurückziehen zum Verderben (Hebr. 10, 39), wie Demas, der Paulus verließ und diese Welt liebgewann (2.Tim. 4, 10). Das Abirren von der Liebe aus reinem Herzen und gutem Gewissen und vom ungeheuchelten Glauben (1. Tim. 1, 5–6) fällt unter das Urteil aus Jona 2, 9: «Die auf nichtige Götzen achten, verlassen ihre Gnade!«

+ + +

20/21   EHEBRUCH IST BUNDESBRUCH   (2, 16–19)

… um dich zu erretten von dem fremden Weib, von der Ausländerin, die mit glatten Worten umgeht; welche den Altvertrauten ihrer Jugendzeit verläßt und den Bund ihres Gottes vergißt. Denn zum Tode sinkt ihr Haus hinab, ihre Wegspuren führen zu den Hingestreckten (den im Tode Erschlafften). **Alle, die zu ihr eingehen, kehren nicht zurück und erreichen nicht die Pfade des Lebens!**

Auch vor diesem Abweg will uns das weisheitserfüllte Herz, die erkenntnisliebende Seele und der besonnene Geist bewahren! Unter dem **fremden Weibe** muß man zunächst einmal die Frau eines fremden Mannes verstehen. Wir denken hierbei an das Jesuswort: »Ich aber sage euch, daß jeder, der ein Weib ansieht, um sie zu begehren, schon Ehebruch mit ihr begangen hat in seinem Herzen« (Mtth. 5, 27–28). Mit dem »Weibe« meint Jesus die bereits verheiratete Frau eines anderen Mannes. Paulus hat dies aufgegriffen, als er in 1. Thess. 4, 1–7 gefordert hat, daß keiner seines Bruders Rechte übertrete und ihn hintergehe »in dieser Sache« (nämlich der sexuellen Beziehungen). Während nun im NT mehr der Mann als der Werbende, Begehrende, Schuldige im Vordergrund steht, bezeichnen die SPRÜCHE oftmals die verführerische Frau, die den Gerechten **auf den Abweg zum Tode** verleiten will. Dies ist beachtenswert in einer Zeit, da unter dem Zeichen der sexuellen Emanzipation tatsächlich oft die Verführung von der »aus allen neurotischen Bindungen befreiten Frau« ausgeht!

Aber mit der **fremden Frau** meinen die SPRÜCHE auch **die Ausländerin.** War doch Israel der durch das Gesetz isolierte Brückenkopf JAHWEHs. Doch immer wieder versuchten die Götter der Fremdvölker gerade durch Heiraten der Männer des Gottesvolkes mit fremden Frauen oder durch kultische Prostitution, Götterverehrung und Götzendienst in Israel wieder aufzurichten. Darum achteten schon die Väter Israels darauf, daß ihre Kinder sich mit Glaubensmenschen aus ihrem Stamme vermählten, wie beispielsweise Abraham, der seinen Knecht Elieser (= Gotteshilfe) zur Brautwerbung nach Haran sandte, damit sein Sohn Isaak nicht den Frauen und damit den Göttern Kanaans anheimfiel! Nur wenige Ausnahmen unter der Zulassung Gottes führten nicht zum Verderben: Moses – Zippora; Joseph – Asnath; Boas – Ruth. Man muß einmal Esra 9 und 10 oder Neh. 13, 23–27 lesen, um zu sehen, in welch rücksichtsloser Härte diese beiden Gottesmänner die »Reinigung« der Söhne Israels von den fremdstämmigen Frauen forderten, ja, sogar deren Austreibung aus Israel. Neh. 13, 26 bezieht sich ausdrücklich auf das warnende Beispiel des Königs Salomo, der nach 1. Kön. 3, 1 und 11, 1 seinen gottgemäßen Weg verderbte durch Frauen aus sechs Fremdvölkern (ägyptische, moabitische, ammonitische, edomitische, zidonische und hethitische); 700 Fürstinnen und 300 Nebenfrauen »neigten sein Herz anderen« (fremdartigen, dämonischen) »Göttern nach; und sein Herz war nicht mehr ungeteilt mit JAHWEH, seinem Gott«. Dem schloß sich späterhin Israel als Volk an, als es den Bund JAHWEHs, seines Gottes, verließ, sich vor anderen Göttern niederbeugte und ihnen diente (Jer. 22, 9). So gilt auch heute noch für Glaubende in der Frage der Wahl des Ehepartners, was Paulus in 2. Kor. 6, 14–16 bezeugt (bitte lesen)!

+

Das fremde Weib geht mit glatten Worten um; die anderen Göttern dienende **Ausländerin** umwirbt damit den Gerechten, um ihn in ihr Netz zu ziehen. Spr. 22, 14 bestätigt dies: »Der Mund fremder Weiber ist eine tiefe Grube, wem JAHWEH zurnt, der fällt hinein!« Und Spr. 23, 27 fügt hinzu: »Die Hure ist eine tiefe Grube, und die Ausländerin ein enger Brunnen; ja, sie lauert auf wie ein Räuber, und sie mehrt die Treulosen unter den Menschen.«

Wir sahen schon die religiöse Bedeutung, die der Eheschließung, aber auch dem Ehebruch zukommt; während in der ehelichen Einswerdung sogar das prophetische Geheimnis der Einheit zwischen Christus und Seiner Gemeinde dargestellt werden kann, zerstört die personale Einswerdung mit der Hure die Geisteseinheit mit dem Christus (Eph. 5, 31–32/1. Kor. 6, 15–16)!

Unsere Thematik wird nun in Spr. 2, 17 prophetisch erweitert, wenn von dem **fremden Weibe** gesagt wird, daß sie **den Altvertrauten ihrer Jugend verläßt;** im sprachlichen Parallelismus der SPRÜCHE wird dies als **das Vergessen des Bundes ihres Gottes** gedeutet. Hierin wird aufs deutlichste Israels heilsgeschichtlicher Verfallsweg geschaut: Bei seiner Errettung aus Ägypten war Israel die BRAUT JAHWEHs, ihres »Ehemannes« (Hosea 2, 14–22). Zu diesem Brautstand soll es, nach endzeitlicher Drangsal, in der »Hochzeit des Lammes« zurückkehren. Als WEIB JAHWEHs sollte es dem Gott und Heiligen Israels angehören, der darum auch sein »adon« (Eheherr) genannt wurde. Wie ergreifend wird dieser Weg der BRAUT, die zum WEIBE JAHWEHs wurde, in Hes. 16, 1–14 geschildert: Er legte auf sie Seine Herrlichkeit und machte sie so vollkommen! Aber dann wurde Israel im Dienste der **fremden** Götter seines Landes unwürdig und wurde zur **Ausländerin** und **HURE** (Hes. 16, 15–52). Es ward seinem Manne untreu, **verließ den Altvertrauten seiner Jugendzeit** und **vergaß den Bund seines Gottes.** Doch seine neuen Herren und Götter brachten ihm nur Unheil und plünderten es aus; so ward Israel zur WITWE im Gericht Gottes (Klageld. 1, 1–3). In Jer. 3, 4–5 sagt Gott: »… aber du hattest die Stirn eines Hurenweibes, weigertest dich, dich zu schämen. Nicht wahr? Von jetzt an rufst du mir zu: Mein Vater, der Freund meiner Jugend bist Du! Wird Er ewiglich nachtragen, wird Er immerdar Zorn bewahren?« Erst am Ende dieser Weltzeit wird der Herr sich Israel als Braut erneut angeloben und es wiederherstellen (Hes. 16, 60–63/Hosea 2, 19–22). Daß Israel im Zustand der abtrünnigen Hure nicht mehr Verwalterin des Landes und des Wortes Gottes sein konnte, leuchtet ein. Zwar war ihm ursprünglich Gottes Wort anvertraut worden, nun aber verführte es **mit glatten Worten** menschlicher, sophistischer, philosophischer, ja, marxistischer »Weisheit« die Völker dieser Welt. Wird nicht der ganze schreckliche Gerichtsweg des »Hauses Israel« trefflich in den Worten beschrieben: **Zum Tode sinkt ihr Haus hinab, ihre Wegspuren führen zu den im Tode Erschlafften?** Wer dächte hier nicht an das »wüste gelassene Haus«, an die »verfallene Hütte Davids« (Mtth. 23, 38–39/Apg. 15, 16)?

Am achten Halbfeiertag des Laubhüttenfestes wurde Jesus eine im Ehebruch ergriffene Frau zur richterlichen Entscheidung zugeführt. Die Gesetzeslehrer des (abtrünnigen) Volkes Israel klagen sie an. Jesus aber schreibt mit dem Finger auf die Steinplatten der Tempelhalle, Er, der am Berge Sinai »mit Seinem Finger« einstmals die Tafeln des Gesetzes geschrieben hatte. Was mag Er geschrieben haben? Die jeweils ersten Gebote der Tafeln – nach masoretischer Zählung (2. Mos. 32,16)?

1. Ich bin JAHWEH, dein Gott … du sollst keine fremden Götter neben mir haben!
2. Du sollst nicht ehebrechen!

Dieser Hinweis auf die »HURE Israel« führt dazu, daß die Ankläger davongehen. »Wer von euch ohne Sünde ist, der werfe den ersten Stein!« Aber der Gesetzgeber und Richter Israels spricht die Sünderin frei (Joh. 8, 2–11).

+ ⁺ +

22   DER HEILIGE ÜBERREST   (2, 20–22)

Damit du wandelst auf dem Wege der Guten und die Pfade der Gerechten bewahrst. Denn die Aufrichtigen werden das Land bewohnen, die Vollkommenen werden darin übrigbleiben; aber die Gesetzlosen werden aus dem Lande ausgerottet und die (treulosen) Verräter jätet man aus ihm aus!

In der vorigen Betrachtung sahen wir das **zum Tode sinkende Haus** des bundesbrüchigen WEIBES Israel. Jesus sprach es prophetisch aus: »Siehe, euer Haus wird euch verwüstet zurückgelassen, denn ich sage euch: Ihr werdet mich von jetzt an nicht mehr sehen, bis ihr sprechen werdet: Gesegnet sei der im Namen JAHWEHs Kommende« (Mtth. 23, 38–39)! In diesem Jesuswort wird beides, das Gericht wie die endzeitliche Wiederherstellung Israels zur »Braut des Lammes«, angesprochen. Davon redet auch der vorliegende Text. Die Wiedergeburt Israels erfolgt nach schwersten Gerichten und Scheidungen und verläuft in Schüben oder »Geburtswehen«. Wenn wir das Pauluswort aus 1. Kor. 15, 23 einmal auf Israel übertragen, dann ergibt sich folgende »Marschordnung« der Errettung: 1. Die Erstlinge Israels, die heute schon dem Leibe des Christus als Glieder hinzugetan werden; 2. Diejenigen, die dem Herrn während Seiner Parusie (oder: Herrlichkeitsgegenwart) gehören werden; und 3. Der »Rest«, die »Vollendung« oder der »Vollertrag«, in der Heimholung und Errettung Ganz-Israels. Unsere Verse sprechen vom »heiligen **Überrest**« derer, die, wie Noah in der Arche, durch die endzeitlichen Katastrophen ins Reich des Messias hindurchgerettet werden; es sind die **Aufrichtigen** (oder: Herzensgeraden) und **Vollkommenen** (BA: Makellosen). Letzteres ist nicht absolut gemeint; es entspricht dem »Vollkommensein« Hiobs, das sich in Rechtschaffenheit, in Gottesfurcht und im Meiden des Bösen auswies (Hiob 1, 1). Daß solche »Vollkommenheit« und »Zielstrebigkeit« ausreife, dafür sollen nach Jak. 1, 2–4 gerade jene endzeitlichen Versuchungen dienen, die Bewährung und Ausharren fördern!

Die Aufrichtigen (Herzensgeraden) **werden das Land bewohnen ...!** Erinnert uns dies nicht an die Bergrede Jesu, wo es heißt: »Glückselig sind die Sanftmütigen, denn sie werden das Land ererben« (Mtth. 5, 5)? **Das Land** aber ist Israel unter der Friedensherrschaft des Messias. **Die Vollkommenen werden in ihm übrigbleiben;** es ist jener »heilige Wurzelstock«, von dem das AT 18mal berichtet, der »heilige Überrest«. »Der Überrest wird umkehren« – »der Überrest wird errettet«, so bezeugen übereinstimmend Jes. 10, 20–22 und Röm. 9, 27, errettet im Sinne des Hindurchgerettet-werdens durch die endzeitlichen Katastrophen ins messianische Reich. Freilich müssen wir das hinzugefügte »nur« (... der Überrest wird umkehren) in unseren Übersetzungen streichen, weil ja der heilige Überrest Erstling und Anbruch der Erlösung des ganzen Volkes Israel ist (vgl. Röm. 11, 16 mit Jes. 6, 13 und Hiob 14, 7–9). Jene Gerichte der letzten Jahrwoche dieser Weltzeit bewirken jedoch auch, daß **die gesetzlosen Frevler aus dem Lande ausgerottet** (oder: abgeschnitten) **werden,** daß die **treulosen Verräter** wie Unkraut **ausgejätet werden.** Die Scheidung der Geister wird kommen und das Innerste der Herzen offenbaren. Der Herr, der »Sein Sondereigentum schont« an jenem Tage, wird auch bewirken, daß man »den Unterschied sehe zwischen dem Gerechten und dem Gesetzlosen, zwischen dem, der Gott dient, und dem, der Ihm nicht dient« (Mal. 3, 17–18)! Lohn wird denen, die Gottes Namen fürchten, Verderben denen, die das Land und die Erde verderben (Offb. 11, 18). Damit stimmt auch Ps. 37, 9–11 überein: »Denn die Übeltäter werden ausgerottet werden; aber die auf JAHWEH hoffen, diese werden das Land besitzen. Und noch um ein Kleines, und der Gesetzlose ist nicht mehr; und siehst du dich um nach seiner Stätte, so ist er nicht da. **Aber** die Sanftmütigen werden das Land besitzen und werden sich ergötzen an Fülle von Wohlfahrt!«

+ + +

Mein Sohn, vergiß nicht meine Belehrung (BA: Zielgebung; BUB: Weisung), **und dein Herz bewahre meine Gebote! Denn Länge der Tage und Jahre des Lebens und Friedens werden sie dir mehren!**

Wieder spricht der Vater zu Seinem Sohn, der in den »Tagen Seines Fleisches« Seinen Weg nach der Zielsetzung Gottes einzurichten hatte, dessen **Gebote und Weisungen** Seine Speise waren. »Dieses Gebot habe ich von meinem Vater empfangen« (Joh. 10, 18), bezeugte Jesus selbst und gestaltete dieser **Weisung** gemäß Sein Wort und Seinen Weg (Joh. 12, 49). So könnten Ps. 119, 27 + 30 + 133 durchaus von Ihm gesprochen sein: »Laß mich verstehen den Weg Deiner Vorschriften … Den Weg der Treue habe ich erwählt, habe vor mich hingestellt Deine Rechte … Befestige meine Schritte durch Dein Wort!«

Auch den nachgeborenen Söhnen gilt das väterliche **Vergiß nicht!** Können sie doch Gottes Ermahnung vergessen (Hebr. 12, 5), die Gastfreundschaft (Hebr. 13, 1), das Wohltun und Mitteilen (Hebr. 13, 16), die Selbsterkenntnis im Spiegel des Wortes (Jak. 1, 24), ja, sogar die Reinigung von den Sünden der Vergangenheit (2. Petr. 1 ,9). Auch im Rückblick auf die Wunden, die uns die Gottesfeinde in verlorenen Kämpfen zugefügt haben, gilt Gottes nachdrückliche Mahnung: **Vergiß es nicht** (5. Mos. 25, 19)! Gott schenke uns in allem ein gutes Gedächtnis, dessen sich der mahnende Gottesgeist bedienen kann!

Nun aber wird dem Bewährten **eine Mehrung der Tage und der Lebensjahre** verheißen! Sind diese aber nicht durch Gottes formende Hand in unserem embryonalen Werden genetisch festgelegt (Ps. 139, 16)? Ist es nicht so, daß wir mit unseren Sorgen unserer Lebenszeit »nicht eine Elle« hinzufügen können, wie es uns der Herr in Mtth. 6, 27 bezeugte? Wird nicht andererseits mit der Ehrerbietung gegen Vater und Mutter verheißungsvoll »ein langes Leben auf Erden« verbunden (Eph, 6, 3)? Ich verstehe den Sachverhalt so, daß der lebendige Gott uns reichlich an Lebenszeit zugemessen hat, die wir jedoch durch »schleichenden Selbstmord«, in der Zerstörung von Lebenskräften und durch geistliche Zerrüttung verkürzen können (vgl. 1. Kor. 11, 28–30). Gilt es nur dem Volke Israel, wenn Gott nach 5. Mos. 30, 15–20 »Leben und Glück, Tod oder Unglück« zur Wahl stellt, indem Er ihm gebietet, »in Seinen Wegen zu wandeln und Seine Gebote und Satzungen und Rechte zu beobachten«?

Wir sollten im vorliegenden Text auch beachten, daß er **eine Mehrung des Friedens** dem Gehorsamen verheißt; dieser ist ja geradezu ein Fundament der geistig-seelischen und auch körperlichen Gesundheit und damit möglicherweise auch der **gemehrten Lebenszeit. Länge der Tage … Jahre des Lebens** – ist dies eine bloße Wiederholung? F. H. Baader übersetzt Jahre des Lebens mit »Jahre der Lebenden«; meint dieser Plural die uns gewährte **Lebensfülle** oder die von Gottes schöpferischen Impulsen **belebten** Zellen und Leibesorgane, wie es Baader annimmt?

Die Leib-Seele-Einheit wird jedenfalls an keiner Stelle ungestraft verletzt, und nichts fördert Lebenszeit und Lebensqualität so sehr, als die **Bewahrung der göttlichen Gebote** und ein »Gesundsein im Glauben«! Nun ist die gemehrte Lebenszeit an sich kein Gewinn, wenn sie nicht, wie es der unterweisende Vater beabsichtigt, zur »erfüllten Gotteszeit« wird, in der wir »als Weise sorgfältig wandeln und die gottgeschenkte Zeit auskaufen« (Eph. 5, 15–17). »Lehre uns die Tage zählen so, daß wir ein Herz voll Weisheit heimbringen«, so übersetzt ein Jude Ps. 90, 12. Verharren wir in Stillstand und Erstarrung oder wachsen wir im Ergreifen der angebotenen Lebensfülle, so daß der göttliche Segensstrom uns zuerst bis an die »Knöchel«, dann bis zu den »Knien«, letztlich sogar bis zu den »Hüften« reicht und uns durch seine Tiefe schließlich zum Schwimmen zwingt (Hes. 47, 3–5)? Doch dieser Friedensstrom entquillt dem Heiligtum! Mit dem Apostel Petrus bitten wir: »Gnade und Friede **seien euch gemehrt** durch die Erkenntnis Gottes und Jesu, unseres Herrn« (2. Petr. 1, 2)!

+ + +

24   DIE INSCHRIFT AUF DER HERZENSTAFEL   (3, 3–4)

Güte und Wahrheit mögen dich nicht verlassen; binde sie um deinen Hals, schreibe sie auf die Tafel deines Herzens; so wirst du Gnade und gute Einsicht finden – in den Augen Gottes und der Menschen!

»chäsäd« (Gnade, Güte, Huld) und »ämuna« (Wahrheit, Treue, Glaubwürdigkeit, Beständigkeit) sind wesentliche Eigenschaften JAHWEHs, des Christus, der das Volk als »Felsen Israels« begleitete. In Seiner 13fältigen Namensherrlichkeit (2. Mos. 34, 6–7) findet sich auch der Wesenszug: »Großer an **Güte und Wahrheit**« oder: »reich an Huld und Treue«. Als Moses in seinem Liede den JAHWEH-Namen ausrufen wollte, sprach er: »DER FELS: vollkommen ist Sein Tun; denn alle Seine Wege sind recht. Ein Gott **der Treue und ohne Betrug,** gerecht und gerade ist ER« (5. Mos. 32 ,4)! Solche Gottestreue gründet in der unwandelbaren Wahrheit und Selbstverpflichtung Seinem eigenen Wesen gegenüber. So kann Er geradezu als der »Gott des Amen«, d. h. als »Gott der Treue«, benannt werden (Jes. 65, 16). In dem »Einziggezeugten voller **Gnade und Wahrheit**« wurde dies völlig offenbar, denn »das Gesetz wurde durch Mose gegeben; **die Gnade und Wahrheit** aber ist durch Jesus Christus geworden« (Joh. 1, 14/17).
Die Wesenseigenschaften Gottes und Christi werden nun auch dem Frommen auf seinem Sohnesweg verheißen; auch er darf reich werden an Güte und Huld, Wahrheit, Glaubwürdigkeit, Beständigkeit und Treue! Was aber soll es bedeuten, daß er diese köstlichen Christuseigenschaften **um seinen Hals binden** (BA: knüpfen) und **auf die Tafel seines Herzens schreiben** soll? Man wird hier erinnert an den gläubigen Juden, der nach 5. Mos. 6, 8 und 2. Mos. 13, 16 mit den Gebetsriemen Kapseln auf der Stirne und auf dem linken Arm (in Herznähe) befestigte; diese enthielten verschiedene Schriftstellen, wie das Gebet »Höre Israel …« (5. Mos. 6, 4–9/11, 18–21). Durch das **Binden** der »Tefillin« sollte er zeigen, daß sowohl Herz und Handeln, als auch das Denken gottgeheiligt seien (vgl. 2. Kor. 10, 5). Doch **um den Hals** hängte der Hohepriester auch das Amts- und Brustschild mit den zwölf Edelsteinen, welche die Namen der Stämme Israels trugen. In der biblischen Symbolik bedeutet **der Hals** die Dienstbarkeit und das freiwillige Lastentragen, **das Herz** die Zuneigung, die Liebe und das Erbarmen: Beides soll von Güte und Gnade, aber auch von Treue und Wahrheit geprägt sein! Beide Wesenselemente sollen – in der Bindung an Gottes Wort – eng miteinander **verknüpft** sein, so daß wir »die Wahrheit festhalten in Liebe« (Eph. 4, 15).

Schreibe sie auf die Tafel deines Herzens! Während die äußere Gebetshaltung und -kleidung zur inhaltlosen Tradition erstarren kann, gehört es zum Wesen des Neuen Bundes, daß Gottes Gesetz ins Herz geschrieben wird (Jer. 31, 31–34). Auf solche »fleischerne **Tafeln des Herzens«** schreibt Gott »nicht mit Tinte, sondern mit Seinem Geist« (2. Kor. 3, 3–6)! Auf diese Weise können wir zu »Briefen Christi« werden. Wir wissen heute, wie sich Gedächtnisinhalte chemisch und neurophysiologisch dem Gehirn einprägen, und daß die so entstehenden »Engramme« (Gehirninschriften) nicht mehr löschbar sind. Wie viele sind belastet durch solche Gehirnschrift des Bösen, durch Gedanken und Bilder des Fluches! Gott bietet uns an, Seine **Güte und Wahrheit, Huld und Treue dem Herzen** und dem Gehirn **einzuschreiben.** Nur auf diesem Wege kann der Christusfriede unsere Herzen und unser Denken wie in einer Festung bewahren (Phil. 4, 7). Das führt zu einem Wachstum **in Gnade und guter Einsicht** (DEL: feiner Klugheit; BA: Klugheit des Guten), die nicht nur Gott, sondern auch Menschen offenbar wird. Auch Jesus »nahm zu an Weisheit und Größe und Gunst bei Gott und den Menschen« (Luk. 2, 52). Auch wir sollen, angesichts der baldigen Wiederkunft unseres Herrn, unsere Milde und Sanftmut allen Menschen kundwerden lassen (Phil. 4, 5).

Ps. 33, 18 bezeugt: »Das Auge JAHWEHs ist gerichtet auf die, welche Ihn fürchten, welche auf Seine Güte harren!« Und der Apostel Paulus hat darum Vorsorge getragen für das, was ehrbar ist, nicht allein vor dem Herrn, sondern auch vor Menschen (s. 2. Kor. 8, 21). Darum wollen auch wir uns »allezeit üben, ein unanstößiges Gewissen zu haben vor Gott und den Menschen« (Apg. 24, 16)!

+ + +

25   VERTRAUEN VON GANZEM HERZEN   (3, 5–6)

Vertraue auf JAHWEH mit deinem ganzen Herzen und stütze dich nicht auf deinen Verstand. Auf allen deinen Wegen erkenne IHN, und Er wird gerade machen deine Pfade!

Wer **auf den Herrn vertraut mit seinem ganzen Herzen, sich »sichert an Ihm«** (BUB), wird hier dem gegenübergestellt, **der sich stützt auf seinen Verstand.** Welche Lebenshaltung liegt dem letzteren zugrunde? Es ist die eiskalte Logik des Strebens nach Selbstverwirklichung und »Lebensqualität« durch ich-orientierte, eigenverantwortliche Lebensplanung, durch zunehmenden Gewinn an Ehre, Macht, Einfluß und Reichtum. Diese Haltung wird einmal in dem »Menschen der Sünde« ihr Höchstmaß erreichen, wenn er sich selbst als Gott darstellen wird (2. Thess. 2, 4). Es ist der Glaube an das Sichtbare, Hörbare, Meßbare, und an die »ewigen Gesetze der Materie«, dessen volkstümliche Fassung lautet: »Ich glaube, daß ein Pfund Rindfleisch eine gute Suppe gibt!« Der verfinsterte **Verstand,** auf den sich so viele wie auf ein Schilfrohr **stützen,** ist auf die Scheinwirklichkeit dieses Kosmos und auf seine elementaren Grundregeln eingeschworen, auf die Lust des Fleisches, die Begierde der Augen und den Hochmut des Lebens (1. Joh. 2, 16). Der Vertrauende aber **sichert sich** an dem ewigen Gott. Sein Bekenntnis lautet: »Vertrauet auf JAHWEH ewiglich, denn in JAH, JAHWEH, ist ein Fels der Ewigkeiten« (Jes. 26, 4)! Er sucht das, was droben ist, wo der Christus ist (Kol. 3, 1); er lernt es mehr und mehr, das Sichtbare zu übersehen und seinen zielorientierten Blick auf das Unsichtbare und den Unsichtbaren zu richten, »denn das Sichtbare ist zeitlich, das Unsichtbare aber ewig« (2.Kor. 4, 18). Er weiß um die eigentliche, göttliche Wirklichkeit, die alle »Realität« dieses Kosmos begründet hat und trägt. So ist der Glaube »eine Verwirklichung dessen, was man hofft, ein Überzeugtsein vom Unsichtbaren« (Hebr. 11, 1–3).

Doch ist das **Vertrauen auf JAHWEH mit ganzem Herzen** nicht nur ein anderes Wissen und Weltbild; es führt vielmehr den Glaubenden wachstümlich dahin, daß er **Ihn erkennt auf allen seinen Wegen,** auch auf den »krummen Wegen« seines Lebens. Auch wenn ihm dieses oft, wie die Rückseite eines Knüpfteppichs, verworren, musterlos, sinnlos und chaotisch erscheint, sieht der Vertrauende dennoch den Herrn als Weggestalter. Er bekennt mit Jer. 10, 23: »Ich weiß, JAHWEH, daß nicht beim Menschen sein Weg steht, nicht bei dem Manne, der da wandelt, seinen Weg zu richten!«

Darum ermahnt uns Petrus, unsere Leiden nicht als etwas »Fremdes«, Andersartiges, von Dämonen Gewirktes, zu deuten: Auch sie sind von dem Herrn gewirkt, der gerecht und gerade ist, dessen Wege recht sind, und dessen Tun vollkommen ist (5. Mos. 32, 3–4). Er »schreibt auch auf krummen Zeilen gerade«; **Er macht** unsere oftmals gekrümmten **Wege gerade,** so daß sie zum Ziele führen und das Gute bewirken. Der »Knüpfteppich unseres Lebens« wird dereinst, »von der anderen Seite aus besehen«, ein göttliches Kunstwerk enthüllen. Selbst Fehlentscheidungen und Umwege können so noch, wenn Er sie lenkt, zu geplanten Gotteszielen führen! Denken wir nur an die Geschichte Josephs und seiner Brüder. »Denn die Wege JAHWEHs sind gerade, und die Gerechten werden darauf wandeln« (Hosea 14, 9). Und Jes. 26, 7 ergänzt: »Der Pfad des Gerechten ist gerade, DU bahnest gerade den Weg des Gerechten«. Beachten wir den feinen Unterschied, daß »der Pfad **des** Gerechten«, des Christus, von vornherein »gerade ist«, während der Weg derer, die im Glauben Gerechtigkeit erlangt haben, oftmals erst »gerade gebahnt« werden muß!

Noch ein Hinweis sei erlaubt: In der Wendung **Er wird gerade machen deinen Pfad** gebraucht die LXX den griech. Ausdruck »orthotomeo«, welcher das »Wegebahnen« auch durch Gestrüpp und Dickicht meint und im NT nur in 2. Tim. 2,15 verwendet wird – vom »Wege bahnen« durch das Wort der Wahrheit.

In Spr. 22, 19 beschwört der Vater feierlich seinen Sohn: »Damit dein Vertrauen auf JAHWEH sei, habe ich heute dich, ja, dich belehrt!« Wir könnten daraufhin mit dem Sohn bitten: »Leite mich, JAHWEH, in Deiner Gerechtigkeit, um meiner Feinde willen; ebne vor mir **Deinen** Weg« (Ps. 5, 8)!

26 HEILUNG UND LEBENSKRAFT (3, 7–8)

Sei nicht weise in deinen eigenen Augen, sondern fürchte JAHWEH und kehre dich vom Bösen ab: es wird Heilung für deinen Nabel sein und Tränkung (Saft) **für deine Gebeine!**

Wie weit ist doch die Selbsteinschätzung des frommen Pharisäers aller Zeiten von der Einschätzung durch Gott entfernt! **Weise zu sein in den eigenen Augen,** bedeutet nicht, also auch in Gottes Augen dazustehen! »Siehst du einen Mann, der in seinen eigenen Augen weise ist – für einen Toren ist mehr Hoffnung als für ihn« (Spr. 26, 12)! Darum wagte es der Apostel Paulus nicht einmal »sich selbst zu beurteilen«, sondern überließ jegliches Urteil dem Tage der Offenbarung Christi (1. Kor. 4, 3–5). Das »Seid nicht klug bei euch selbst!« aus Röm. 12, 16 steht in einem engen Zusammenhang mit der apostolischen Anweisung, nicht auf Hohes zu sinnen, sich zu den Niedrigen zu halten, und nicht höher von sich zu denken, als es sich nach dem zugemessenen Gnadenteil zu denken gebührt (Röm. 12, 3/16). Eine solche Gesinnung fördert zweifellos die **Heilung für den Nabel** (LXX: Heilung für den Leib),d. h. im übertragenen Sinne die Gesundheit des Leibes Christi und seiner Glieder!

In Spr. 28, 11 heißt es: »Ein reicher Mann ist weise in seinen Augen, aber ein verständiger Armer durchschaut ihn!« Sicherlich gehörte Paulus zu den »verständigen Armen«, als er in 1. Kor. 8, 2–3 geisterleuchtet schrieb: »Wenn jemand sich einbildet, er erkenne etwas, so hat er noch nicht einmal erkannt, **wie** man erkennen soll; wenn aber jemand Gott liebt, der ist von IHM erkannt!« Unser Sprüchewort wendet sich gegen jegliche Selbstüberschätzung und empfiehlt uns **Gottesfurcht und Abkehr vom Bösen,** sicher auch Demut und Treue dem gegenüber, was wir als »Haushalter der Gottesgeheimnisse« zu verwalten haben; dazu gehört allerdings auch eine klare Kenntnis der uns zugewiesenen Wirkungskreise und Begrenzungen. Diese innere Haltung macht uns geistlicherweise unneurotisch; sie reißt uns aus dem zwanghaften Verhalten, »etwas Großes« sein und darstellen zu müssen. Solche innere Verfassung verspricht **Heilung unserem Nabel,** ja, **tränkenden Lebenssaft für die Gebeine.** Delitzsch sieht in dem Nabel das Zentrum des Leibesbestandes, den Mittelpunkt der Lebenskraft. Ob mit dem **Nabel** (hebr. auch: Nerv, Sehne), das nervliche »Sonnengeflecht« angesprochen ist, das ja ein Steuerzentrum der vegetativen Vorgänge ist? Wieder sehen wir, wie geisterleuchtete Gottesmenschen schon vor fast 3000 Jahren die »Leib-Seele-Einheit« psychosomatischer Vorgänge erkannten, die wissenschaftliche Weisheit erst seit kurzem kennt!

David jedenfalls erlebte es, wie durch seine Sünde nicht nur die geistliche Gesundheit schwand, sondern wie durch das Verschweigen der Sünde seine »Gebeine sich verzehrten« und »sein Lebenssaft in Sommerdürre verwandelt ward« (Ps. 32 ,3–4). Wer von uns hätte solches noch nie erfahren? Doch kann andererseits auch ein Bekennen der Schuld, **die Umkehr vom Bösen, die Ehrfurcht vor Gott** zu einer ganzheitlichen Heilung nach Geist und Seele, manchmal sogar dem Leibe nach führen. So jedenfalls bezeugt es Spr. 15, 30: »Das Leuchten der Augen erfreut das Herz; eine gute Nachricht labt das Gebein!« Und Ps. 30, 2 berichtet: »JAHWEH, zu Dir habe ich geschrien, und Du hast mich geheilt!«

Doch sollten wir vorliegendes Sprüchewort auch prophetisch bedenken. Nur noch einmal kommt im AT das Wort **Nabel** vor: In Hes. 38, 12 wird davon gesprochen, daß Israel den **Nabel der Erde** bewohne; und tatsächlich bildet Israel den Zentralpunkt der Kontinente Asien, Europa und Afrika; es ist der empfindliche »nervus rerum«, das »Sonnengeflecht« der Weltgeschichte und Heilsgeschichte! Daß im Kapitel zuvor, in Hes. 37, von den dürren Totengebeinen Israels die Rede ist, die auf den **Lebenssaft** durch die göttliche Geistbelebung harren, ist sicherlich nicht von ungefähr! So dürfen wir in voller Gewißheit glauben, daß auch für den **Nabel** ISRAEL **Heilung sein wird,** und **Tränkung** für Israels Totengebeine. In Jer. 3, 22 spricht der lebendige Gott: »Ich werde eure Abtrünnigkeiten **heilen!«** Die endzeitlichen Gerichte werden nach Offb. 11, 13 dazu führen, daß Israel **Gott wieder fürchtet** und Ihm die Ehre gibt; dann hebt die **Heilung** Israels und Seiner Wunden an!

+ ⁺ +

27   VOM SEGEN DER ERSTLINGSGABE   (3, 9–10)

Ehre JAHWEH von deinem Vermögen und von der Erstlingsgabe all deines Einkommens; so werden deine Scheunen sich füllen bis zum Überfluß, und deine Keltern vom Most überfließen!

Ziel dieser Forderung war nicht nur die Versorgung der Priester und Leviten, letztlich auch nicht die Schönheit des Tempels, sondern **die Verherrlichung des HERRN,** dem durch das Wirken Seiner Diener »die Hände gefüllt wurden«. Ob die verheißene Segensfülle irdischer Lebensmehrung nur den Gliedern des alten Bundesvolkes galt? 5. Mos. 28, 8 jedenfalls verspricht: »JAHWEH wird dir den Segen entbieten in deine Speicher und zu allem Geschäft deiner Hand, und Er wird dich segnen in dem Lande, welches JAHWEH dir gibt!« Mal. 3, 7–12 stellt uns eine Diskussion zwischen dem lebendigen Gott und dem abtrünnigen Volk Israel vor Augen. Erweis einer wirklichen Umkehr Israels wäre es, wenn sie nicht mehr »Gott beraubten«. Worin haben sie Ihn beraubt? Im Vorenthalten des Zehnten und der Hebopfer, so daß der Tempelbau nach der Rückkehr aus der Gefangenschaft nur kümmerliche Fortschritte machte. Aus Appellen an unsere Gebefreudigkeit kennen wir alle V. 10: »Bringet den ganzen Zehnten in das Vorratshaus, damit Speise in meinem Hause sei; und prüfet mich doch darin, spricht JAHWEH der Heerscharen, ob ich euch nicht die Fenster des Himmels auftun und euch Segen bis zum Übermaß ausgießen werde!« Gewiß können wir solches nicht als ein Gesetz auf die Gemeinde Christi legen; und doch hat auch Jesus Seinen Jüngern die ängstliche Zukunftssorge mit einem Worte verwehrt, das ähnliche Züge trägt: »Trachtet aber zuerst nach dem Königtum Gottes und nach seiner Gerechtigkeit, dann wird euch dieses alles« (Essen, Trinken, Kleidung) »hinzugefügt werden« (Mtth. 6, 33). Der Apostel Paulus hat es dem Herrn in anderen Worten nachgesprochen (1. Tim. 6,17–19).
Wie setzen wir die Akzente in unserem Leben? Bringen wir **die Erstlinge von all unserem Vermögen?** Dies meint jedoch nicht nur Geld und Besitztum, sondern auch unsere Kraft, unsere Zeit, unseren Wohnraum, unser Gemüt, die Gaben unseres Geistes. Stellen wir sie nur unserer Berufskarriere zur Verfügung, oder auch dem Dienste Gottes in Seiner Gemeinde? Die **Erstlinge** aber waren das Frische, Unverbrauchte, Starke, Unverletzte, sowie die neue Frucht, während wir oft nur die kümmerlichen Reste und Ruinen unseres Lebens Gott anbieten!
Gott selbst hat **den Erstling Seines Vermögens** gegeben: Seinen geliebten Sohn (Spr. 8, 22–23)! Darum danken wir Ihm »für Seine unaussprechliche Gabe!« und bewundern die »Gnade Jesu Christi«, die darin bestand, »daß Er, obgleich Er reich war, um unseretwillen arm wurde, damit wir durch Seine Armut reich würden« (2.Kor. 9,15/8, 9). Daß Paulus solches in einer »Kollektenpredigt« sagen konnte, zeigt seinen umfassenden heilsgeschichtlichen Horizont! Dabei war es ihm sehr wichtig, daß die »fröhlichen Ge-

ber« zuerst »sich selbst dem Herrn gaben«, und dann erst ihr Vermögen (K. 8, 5). Die Gebefreudigkeit soll nicht als Alibi dafür dienen, daß wir uns Jesus nicht hinzugeben bereit sind!

Israel hatte drei Erntefeste: **Passah** – mit den Erstlingen der Gerste; **Schawuoth** (Pfingsten) – mit den Erstlingen des Weizens; und **Sukkoth** (Laubhütten) – mit der Vollernte an Datteln, Feigen, Oliven und Wein. Um zu bekunden, daß das Land nicht ihm gehöre, sondern ihm von JAHWEH zum Lehen gegeben war, brachte der Israelit seine Erstlinge Gott in einem »gefüllten Korb« (5. Mos. 26, 1–11).

Wir aber danken dem Vater, daß Er uns durch das Wort der Wahrheit gezeugt hat, »damit wir eine gewisse Erstlingsfrucht aller Seiner Geschöpfe« für Ihn darstellen – als Glieder des Erstgeborenen aus den Toten, des Christus (Jak. 1, 18).

+ + +

28/29 WEN GOTT LIEBT, DEN ZÜCHTIGT ER (3, 11–12)

Mein Sohn, verwirf nicht die Zurechtweisung (Unterweisung) **JAHWEHS, und laß dich Seine Züchtigung nicht verdrießen. Denn wen JAHWEH liebt, den züchtigt Er, und zwar wie ein Vater den Sohn, an dem Er Wohlgefallen hat!**

Ist solche **Züchtigung und Zurechtweisung** des »Vaters der Vaterschaften« etwas Angenehmes für Seele und Fleisch? Keineswegs! Vielmehr kann es uns **verdrießen, anwidern** (BUB), ja, verbittern. Das hebr. Wort läßt die Korrekturen Gottes für unser Leben sogar mit dem Fallen in eine »Dornenhecke« vergleichen (vgl. BA). Als Noomi (die Liebliche) aus dem moabitischen Exil nach Bethlehem zurückgekehrt war und dort von ihren Bekannten und Verwandten begrüßt wurde, sprach sie: »Nennet mich nicht Noomi, nennet mich Mara (die Bittere, Betrübte), denn der Allmächtige hat es mir sehr bitter gemacht« (Ruth 1, 20)! Freilich darf solche Bitterkeit des Leidens nicht zur Verbitterung führen, zum **Angewidertwerden** vom Handeln Gottes, so daß die »Wurzel der Bitterkeit« immer neu ihre giftigen Pflanzen und Blüten treibt (vgl. Hebr. 12, 15).

Die göttliche **Zurechtweisung, Unterweisung und Züchtigung** hat es immer mit unserer Heiligung und Reinigung zu tun, »damit wir nicht gemeinsam mit der Welt dem Verdammungsgericht anheimfallen« (1. Kor. 11, 32). Gottes Heilspädagogik wendet sich gerade denen zu, die als **Söhne unter Seinem Wohlgefallen stehen! In Offb. 3, 19 wird das Gotteswort zum Wort Jesu: »Die ich liebe, gerade die überführe und züchtige ich!« Wie züchtigt denn der Vater seinen Sohn, **an dem Er Wohlgefallen hat?** Er züchtigt ihn nur dann, wenn es durch Erweise Seiner Güte, die uns ja zur Buße treibt, keinen Reifefortschritt gibt; Er züchtigt ihn so, daß es Ihn in Seinem Gottesherzen selbst schmerzt. Mit heilsnotwendigen Maßnahmen korrigiert Er unsere Fehlhaltungen, fördert unsere Reife und führt uns zum Ziel. »Er handelt mit uns als mit Söhnen«, die zu höchsten Zielen berufen sind, während Seine Züchtigung den »Bastarden« (Mischlingen) offensichtlich nicht widerfährt (Hebr. 12, 7–8).

Dem schließt sich eng Jak. 1, 2–4 an: »Meine Brüder! Achtet es für lauter Freude, wenn ihr in mancherlei Versuchungen hineingeratet. Ihr wißt ja doch, daß die Erprobung eures Glaubens Ausharren bewirkt. Das Ausharren aber habe ein vollkommenes Werk, damit ihr vollkommen und vollendet seid und in keiner Weise Mangel leidet!«

Die Anrede **Mein Sohn ...!** erinnert uns auch an den Weg des Erstgeborenen Gottes. Er entäußerte sich der Gottesfülle – der Allmacht, Allgegenwart, Allwissenheit und Unversuchbarkeit. Er wurde in allem versucht wie wir und mit denselben Methoden. Er litt in Seinen Versuchungen und lernte in der Konfrontation mit Not, Angst, Drangsal, Anfechtung und Sünde den Gehorsam. Also wurde Er zum barmherzigen Hohenpriester, der Mitleid zu haben vermag mit den Schwachheiten der Brüder. So **vollendete** der Königspriester Gottes Seinen seit Ewigkeiten **vollkommenen** Sohnesgehorsam. Denn in keiner anderen Weise kann die Sohnschaft vor der unsichtbaren Welt klarer erwiesen werden, als im Sohnesgehorsam gegenüber dem Vater, gerade im Leiden!

Das Modell des Sohnesweges finden wir in Mark. 1, 9–15 aufgezeichnet: Bei der Taufe empfängt Jesus die volle messianische Geistesausrüstung; der Vater spricht über Ihm das Zeugnis Seines Wohlgefallens aus; der Heilige Geist treibt Ihn in die Wüste, damit er dort vom Teufel versucht würde; Jesus erweist den Sohnesgehorsam und kehrt mit neuer Vollmacht zum Dienst nach Galiläa zurück. Geistesempfang und Wiedergeburt – Gottes Zeugnis in unserem Geiste, daß wir Söhne Gottes sind – Versuchungen und Anfechtungen – Gehorsam und Vollmacht zum Dienst: das ist der Weg und das Ziel auch unserer **Erziehung** durch den Vater. Dabei dürfen wir dessen gewiß sein, daß Er uns niemals »zum Bösen« versucht, sondern daß »nur gute Gabe und vollkommenes Geschenk vom Vater der Lichter kommt« (Jak. 1, 16–17)!

+

Wen JAHWEH liebt, den züchtigt Er, und zwar wie ein Vater den Sohn, an dem Er Wohlgefallen hat!

Der »Vater der Vaterschaften« erzieht die Söhne. Alle Glaubensproben, Anfechtungen, Trübsale, Versuchungen, Ängste und Spannungen sind nur an diesem Gotteswort zu messen. Dies geht aber noch weiter. Pastor Mössinger hat im Radio einmal das Wort gesagt: »Je mehr du sündigst, um so mehr liebt dich Gott!« Er meinte es so: Gerade dann und um so mehr wendet dir der betrübte Vater Seine Liebe zu; Er stellt dich ins Gericht der **Züchtigung,** damit du dennoch zum Ziele kommst!

Dabei muß Gottes **Züchtigung,** müssen schwere Lebenswege und Lebensumstände keineswegs immer in unserer Sünde begründet sei; sie können uns auch zu höchster Vollendung führen wollen. Wer etwas davon weiß, wie Edelsteine geschliffen werden, damit in ihnen das Licht voll erstrahlen kann, wird dies besser verstehen. Sind wir doch »Edelsteine« auf dem Brustschild des Gerichtes, das auf dem teilnehmenden und barmherzigen Herzen unseres Hohenpriesters ruht! Ein Sinn des Leidens der Gotteskinder besteht darin, daß sie auf eine große Zukunft vorbereitet werden: Sie sollen in kommenden Weltzeiten als Königspriester mit dem Christus herrschen und dienen (2. Tim. 2,11–12/ Röm. 8, 17). Für ein solches Amt müssen wir erzogen und befähigt werden; dies aber geschieht durch Leiden, Ausharren, Not und Sterben.

Freilich führt Gottes **Züchtigung** auch in die Gefahr, daß wir Seinen Weg **verwerfen,** im Geiste ermüden, in Traurigkeit versinken, und im **Verdruß** der Seele ermatten. Wie schnell geraten wir in eine gefährliche Resignation, wenn wir den göttlichen Innensinn Seiner Heilspädagogik nicht mehr erkennen! Lesen wir doch die Worte, die das Zitat von Spr. 3, 11–12 in Hebr. 12 einleiten: »Denn schaut euch den genau an, der einen solch großen Widerspruch der Sünder gegen sich erduldet hat, damit ihr nicht ermüdet, indem ihr in euren Seelen ermattet. Ihr habt im Kampf gegen die Sünde noch nicht bis aufs Blut Widerstand geleistet. Ihr habt die Ermunterung vergessen, die zu euch als zu Söhnen spricht ...« (Hebr. 12, 3–4)!

Die heutigen »pädagogischen« Bemühungen, jede Autorität zu untergraben und das Vaterbild des Kindes zu zerstören, um »antiautoritär« zu »freiheitlicher Selbstverwirklichung« zu führen, können eine gefährliche Spätfolge haben: daß der heranwachsende Mensch diese Haltung auf Gott überträgt und nicht mehr in der Lage ist, spannungsreiche und belastende Wege, als vom Vater geschenkt und mit Sinn erfüllt, zu ertragen! Darum sollen christliche Väter ihre Kinder »in Zucht und Ermahnung zum Herrn hin erziehen« (Eph. 6, 4). Daß in scheinbar negativen, schmerzlichen Wegen höchste Gottesziele verwirklicht werden, sagt uns Hebr. 12, 4–11; dort ist u. a. die Rede davon, daß Gott uns zu unserem Nutzen züchtigt, damit wir Seiner Heiligkeit teilhaftig werden, und daß Er durch die Erziehungsleiden in uns »eine friedsame Frucht der Gerechtigkeit« und königpriesterliche Gesinnung ausreifen läßt, damit wir uns Ihm schließlich willig unterordnen.

»Wer ist ein Sohn, den der Vater nicht erzieht und züchtigt« (Hebr. 12, 7)?

+ + +

30   WEISHEIT BRINGT GLÜCKSELIGKEIT   (3,13–15)

Glückselig der Mensch, der Weisheit gefunden hat, der Mensch, der Verständnis gewinnt! Denn ihr Erwerb ist besser als der Erwerb von Silber, und ihr Gewinn mehr als die (goldene) **Prägemünze. Sie ist kostbarer als Korallen, und alle deine Kleinode** (Kostbarkeiten) **sind ihr nicht gleichwertig.**

Sind die **Weisheitsfinder** und **Verständnisreichen** wirklich einer solchen Seligpreisung wert, wie sie uns achtmal in den SPRÜCHEN begegnet? Genießen sie wirklich unüberbietbare Glückseligkeiten? Sind nicht die unwissenden Toren besser daran, die gedankenlos in den Tag hineinleben und über die Tragik der Welt und die Gefährdung ihres Lebens möglichst wenig nachdenken? Bringt Weisheit, Wissen und Einsicht – auch das Wissen um Gottes Geheimnisse – nicht manchmal »große Traurigkeit« und »unaufhörlichen Schmerz«, wie sie Paulus nach Röm. 9, 2 empfand?

Und doch schafft **die Weisheit, die Einsicht** in Gottes Heilsplan und Wesen, einen unverlierbaren, unantastbaren »Schatz in den Himmeln«, während die irdischen Schätze dem Rost, dem Diebstahl und der Entwertung unterliegen (Mtth. 6, 19–20)! Wer **die Weisheit findet,** hat nämlich nach Spr. 8, 35 **das Leben gefunden!** Wie köstlich wird es sein, wenn man – dem Christus gleich – dereinst das weinend Ausgesäte mit Frohlocken heimbringen darf, wie es uns Ps. 126, 6 verheißt! Mit Ps. 90, 12 wollen wir darum »unsere Tage so zählen, daß wir ein Herz voll Weisheit heimbringen«, wie es eine jüdische Übersetzung wiedergibt.

Nichts ist der Gottesweisheit **an Wert gleich;** ist sie doch das einzige, was wir, auch über das Grab hinaus, heimbringen können! Entstammt sie doch selbst jener göttlichen Welt, so daß wir sie mit dem Christus und Seinem unausforschlichen Reichtum gleichsetzen können. In diesem Lichte sollten wir Hiob 28, 12–22 lesen: Weder im Lande der Lebenden, noch in der Tiefe des Totenreiches, noch im Meere ist die Weisheit zu finden;

sie ist verborgen vor den Augen aller Lebendigen, den »Vögeln des Himmels« (nach Mark. 4, 15: den Dämonen) ist sie verhüllt, und Abgrund und Tod haben von ihr »nur ein Gerücht gehört«. Unvergleichlich ist ihr Wert, worauf die 13 kostbaren Handelsgüter hinweisen, die V. 15–19 zum Vergleich anbietet. Die Frage aus V. 20: »Woher kommt die Weisheit, welches ist die Stätte des Verstandes?« kann erst im Lichte der Christusbotschaft erschöpfend beantwortet werden. Solche **Weisheit ist kostbarer als Silber, als Prägemünzen aus Feingold, Korallen und kostbare Kleinode** (s. Spr. 8, 10–11). Wer dächte hier nicht daran, daß wir auf dem Christusfundament »Gold, Silber und Edelsteine« aufbauen sollten – das **Gold** des Glaubens (in der Münzprägung mit dem Bilde Christi) – das **Silber** der Erlösung und die kostbaren **Korallen** und **Edelsteinkleinodien,** die ein Bild zukünftiger Herrlichkeit sind (1. Kor. 3, 12).

Daß die Prägung der Gottesmünze des Glaubens im Feuer des Leidens erfolgt, darauf weist uns 1. Petr. 1, 7 hin. Als Hiob nach tiefem Leiden von Gott wiederhergestellt wurde, brachten ihm seine Freunde und Verwandten »jeder eine Kesita, und ein jeder einen goldenen Ring« (Hiob 42, 11). Diese »Kesita« war ein Goldgewicht in Münzprägung, welche die LXX als »ein eingeprägtes Lamm« deutet. Welche wunderbare Vorschattung des Passionsweges Christi im Leidenswege Hiobs und aller Glaubenden in der **goldenen Prägemünze der Weisheit!**

Der Gottesmann Mose wußte um den unvergleichlich hohen Wert der Weisheit, weil er die Schmach des Messias prophetisch schaute und darum alle Reichtümer Ägyptens verließ (Hebr. 11, 26); darum hatte er nach 2. Mos. 33, 13 + 18 nur die eine Bitte: Gottes WEGE zu erkennen, d. h. Seinen Heilsplan mit dieser Welt und Israel, und Seine HERRLICHKEIT zu schauen, d. h. Gottes Wesen zu verstehen.

Der Herr gibt auch uns den »Geist der Weisheit und der Enthüllung«, damit wir, »erleuchtet an den Augen unseres Herzens« Sein Wesen erkennen und um Seine Hoffnung, Sein Erbteil und Seine Kraft wissen (Eph. 1, 17–19)! **Heil dem Menschen, der Weisheit gefunden hat!**

+ + +

31 GABEN DER RECHTEN UND DER LINKEN HAND (3, 16)

Länge der Lebenstage ist in ihrer Rechten, in ihrer Linken sind Reichtum und Ehre (Herrlichkeit).

Ein langes Leben in Reichtum und Ehre – ist dies wirklich die Verheißung der **Weisheit** Gottes an den Weisen? Und wenn ja, kann man solches für die Christusgemeinde des Neuen Bundes als Gottesverheißung in Anspruch nehmen? Wie wenig auch die SPRÜCHE an die rein irdische Segnung denken, mag neben K. 3, 14–15 auch Spr. 16, 16 zeigen: »Weisheit erwerben, wieviel besser ist dies als feines Gold, und Verstand erwerben, wieviel vorzüglicher als Silber!« Die geistlichen Gottesgeschenke sind also um vieles wertvoller als äußerer Wohlstand! So könnte man die verheißene **Dauer des Lebens,** verbunden mit **Reichtum und Herrlichkeit,** nach 1. Tim. 6, 17–19 auch im Sinne geistlicher Güter verstehen: »Den Reichen im gegenwärtigen Aeon befiehl, nicht hochmütig zu sein, noch auf den ungewissen Reichtum zu hoffen, sondern auf Gott, der uns alles reichlich zum Genuß darbietet: Gutes zu tun, **reich zu sein in guten Werken,** freigebig zu sein, mitteilsam. So sammeln sie sich selbst einen guten Grundstock für die Zukunft, damit sie **das wirkliche Leben** ergreifen!« Reichtum und Ehre – in guten Werken; die Heilszukunft – im wirklichen, ewigen Leben; so schaut es auch Spr. 8, 18, wenn es »Reichtum und Ehre« als »bleibendes Gut und Gerechtigkeit« deutet. Und Spr. 22, 4 sieht als »Folge der Demut« die »Furcht JAHWEHs« als den wirklichen Reichtum, als wesenhafte Herrlichkeit und »Lebensfülle«.

Überdies müssen wir beachten, daß die **Weisheit** gleichsam zwei Geschenke mit verschiedener Wertigkeit anbietet: als Geschenk **der rechten Hand Länge der Lebenstage,** als Geschenk **der linken Hand Reichtum und Ehre;** Aufgabe des Weisen ist es, Gottes Angebot zu prüfen und vom »Guten« das »Vorzüglichere« zu erwählen (s. Phil. 1, 21–26/Röm. 12, 2/Phil. 1, 10) .

Die **rechte Hand** galt im Altertum als die schaffende, das Gute wirkende, mitteilsame Hand, die Segenshand (s. Offb. 1, 17); **die linke Hand** hingegen war zur Beseitigung unreiner Dinge vorgesehen, weshalb schon die Kinder frühe lernen mußten, die Rechte von der Linken zu unterscheiden (vgl. Jona 4, 11). In diesem Lichte ist auch Pred. 10, 2 zu sehen: »Des Weisen Herz ist auf seine Rechte, des Toren Herz auf seine Linke ausgerichtet.« Dies ist selbstredend nicht anatomisch gemeint; meint doch das »Herz« symbolisch unser Verlangen, unser Sehnen, die Zielrichtung unseres Willens – es ist entweder auf das gute Werk der rechten Hand, oder auf das böse, schändliche Werk der linken Hand ausgerichtet.

Wenn wir aber bedenken, daß **Gottes Weisheit** zutiefst der Christus ist, so gewinnen die Aussagen der Bibel über **Gottes rechte Hand** und über **die Rechte Christi** erst das volle Licht! Gottes rechte Hand wirkt mächtige Taten, stützt die Glaubenden, schafft uns Gerechtigkeit, zerschmettert den Feind, gibt Hilfe in der Not, erhöhte aber auch »den Mann Seiner **Rechten**«! So sitzt der Christus zur Rechten der Majestät in der Höhe, und zu Seiner Rechten im »Himmelsparlament« stehen Myriaden heiliger Engel, während Satan mit seinen Mächten die oppositionelle »Linke« bildet und als Lügengeist aus der »Linken« hervortritt (1. Kön. 22, 19–23). Ob wir annehmen dürfen, daß die beiden mit Christus »zur Linken und zur Rechten« gekreuzigten Verbrecher auch in diesem Lichte stehen, so daß der Schächer »zur Rechten« um Vergebung seiner Sünden und um Teilnahme am kommenden Messiasreich bat? Im großen Völkergericht werden einmal die gerechten »Schafe« zur Rechten, die widerspenstigen »Böcke« aber zur Linken des Messias stehen (Mtth. 25, 33–34 + 41). Ob wohl Mtth. 6, 3 auch prophetisch von Gott gilt, der Seine »Linke« nicht wissen läßt, was Seine »Rechte« tut, d. h. den Mächten der Finsternis keinen Einblick in das Geheimnis Seines Gottesplanes gibt?

Nun steht auch uns das Weisheitsgeschenk **der Rechten und der Linken** zur Wahl. Gewiß wird uns, wenn wir am ersten nach der Herrschaft Gottes trachten, auch »alles andere hinzugefügt«, weil »alles unser ist«; doch wird die Entscheidung unseres Herzens mehr nach **des Lebens ewiger Dauer,** als nach **Reichtum und Ehre** gerichtet sein! Dann wird uns auch der unausforschliche **Reichtum** des Christusgeheimnisses und die **Herrlichkeit und Ehre** der zukünftigen Welt zuteil. Nur die Kleinkinder im Wachstum des Glaubens wissen noch nicht zu unterscheiden zwischen ihrer **Rechten** und ihrer **Linken,** wie es uns Jona 4, 11 von den natürlichen Kindlein zeigte. Laßt uns darum das Vorzüglichere erwählen: **Das ewige Leben,** das uns der Christus, als **die Weisheit Gottes, mit Seiner rechten Hand** anbietet!

+ ⁺ +

Ihre Wege sind Wege der Lieblichkeit, und alle ihre Pfade sind Frieden. Ein Baum des Lebens ist sie denen, die sie ergreifen, und wer sie festhält, ist glückselig!

Alle Wege der Weisheit sind Lieblichkeit, Beistand (BA), **Wonne** (DEL), **Ergötzen** (König), **Mildigkeit** (BUB); ist dies nicht ein allzu idyllisches Wort von der Wirkung der göttlichen Weisheit, dem die Unruhe, das Umgetriebensein, ja, oftmals das Chaos unseres Lebens widerspricht? Nun, die Heilige Schrift weiß sehr wohl um den Kampf, um die Angst und Unruhe unseres Lebens; sie weiß aber auch von dem bergenden Gottesfrieden, den uns Christus als die Weisheit Gottes vermittelt! Es gilt aber auch, daß Unfrieden mit Gott in schwere innere Unruhe und in unstillbare Unzufriedenheit mit dem Leben führt; Friede mit Gott aber bringt der Seele inneren Frieden selbst in äußerem Kampf und Leid. Er ist die Frucht der Übereinstimmung mit dem Willen Gottes. Nur so können **alle Pfade,** die uns Gottes Weisheit führt, zu **Wegen der Lieblichkeit** und zu **Pfaden des Friedens** werden! Als Gerechtfertigte aus Glauben »haben wir Frieden mit Gott durch unseren Herrn Jesus Christus« (Röm. 5, 1). Jesus selbst hat es uns zugesagt: »Dieses habe ich zu euch geredet, damit ihr in mir Frieden habet. In der Welt habt ihr Angst; aber fasset Mut: Ich habe die Welt besiegt!« und: »Frieden lasse ich euch, meinen Frieden schenke ich euch! Ich gebe euch nicht, wie die Welt zu geben pflegt« (Joh.16, 33/14, 27)! Das heißt aber doch: Ich gebe bleibenden Frieden, denn die Welt gibt Geschenke, die sie auf irgendeine Weise wieder »einklagt« und raubt. So gibt Jesus nicht! Darum kann der Friede Gottes, der allen Verstand überragt, unsere Herzen und Gedanken »wie in einer Festung bewahren in Christo Jesu« (Phil. 4, 7).
Nun wird die Gottesweisheit noch dem **Lebensbaum** am Wasserstrom des Gartens Eden verglichen; wäre nicht der »Baum der Erkenntnis des Guten und des Bösen« der Weisheit angemessener? Dies wäre ein tiefes Mißverständnis dessen, was **die Weisheit** ist und meint! Während das neugierige, bohrende, grenzüberschreitende »Wissen« sich zu allen Zeiten die Frucht von jenem Baume im Ungehorsam aneignet, sucht die Weisheit die Frucht **am Lebensbaume Gottes!** Darum überragt sie jegliches Wissen des unerleuchteten Verstandes. Nicht zufällig steht der Lebensbaum aus 1. Mos. 2 im Zeichen der Unteilbarkeit, der Eins (ets ha chajim mit dem Zahlwert 233); der »Baum der Erkenntnis des Guten und des Bösen« (ets ha däath tow wa raa) hingegen deutet mit dem Zahlwert 4 × 233 den kosmischen Verfall und die Wesensverfinsterung durch Ungehorsam an. Christus selbst ist als **die Weisheit Gottes** der **Lebensbaum,** das »grüne Holz« (Luk. 23, 31). Hat Er doch unsere Sünden »auf das Holz getragen« und als die »Schlange am Pfahl« gelitten! Ps. 1 zeigt Ihn als den »glückseligen Mann«, der nicht umhergeht im Ratkreis der Gesetzlosen, nicht auf dem Wege der Sünder stehenbleibt und sich nicht auf dem Sitz der Spötter niederläßt. »ER ist wie ein Baum, gepflanzt an Wasserbächen« (des Heiligen Geistes), »der seine Frucht zu seiner Zeit bringt, und dessen Blatt nicht verwelkt. Alles, was Er tut, wird gelingen«, wird siegreich vollendet (vgl. Jer. 17, 7–8). Mögen auch wir zu solchen glückseligen Menschen und **Lebensbäumen** werden, indem wir die **Weisheit erfassen, festhalten** und **umarmen!** Dann gilt auch uns der Überwinderspruch des erhöhten Herrn aus Offb. 2, 7: »... Ich werde ihm zu essen geben vom Baume des Lebens, der im Paradiese Gottes ist!« denn »die Frucht des Gerechten ist ein Baum des Lebens, und der Weise gewinnt Seelen« (Spr. 11, 30).

+ + +

JAHWEH – in Weisheit hat Er die Erde gegründet, in Einsicht die Himmel zubereitet. Durch Seine Erkenntnis wurden die Tiefen aufgebrochen, und die Wolken träufelten Tau herab.

Im hebräischen Text erscheint es so, als würde der Name JAHWEH ausgerufen und in Seinem Schöpferwirken gepriesen – ähnlich, wie wir es in 2. Mos. 34, 6–7 und in Sach. 12, 1 finden; auch in Jes. 48, 13 stellt sich der Herr in feierlicher Weise selbst vor: »Ich bin der ewig Seiende, der Erste ich, ich auch der Letzte. Auch hat meine Hand die Erde gegründet, und meine Rechte die Himmel ausgespannt; ich rufe ihnen zu: allesamt stehen sie da!« Dabei meint das Wirken der »Gotteshand« ein Wirken in »Kraft, Weisheit und Einsicht« (Jer. 10, 12).

In Weisheit hat Er die Erde gegründet, d. h. ihre Gesetzmäßigkeiten und ihren wunderbaren Funktionsmechanismus begründet. Das hebr. Wort für **gründen** (jasad) meint, daß ein bereits vorhandenes Grundmaterial künstlerisch gestaltet und vollendet wird. Erinnert uns das **In Weisheit ...** (bechokmah) nicht an die ersten Worte des biblischen Schöpfungsberichtes: **Im Anfang ...** (bereshit)? Ist doch der Christus, in dem alles erschaffen ward, beides: die Weisheit Gottes und der Anfang, das Haupt aller Schöpfung; sowohl der Bauplan des Universums als auch der Zeitenplan der Heilsgeschichte ist in Ihm niedergelegt.

Heute staunt man darüber, wieviele Tausende Gegebenheiten zusammenwirken mußten, um die Biosphäre des blauen Planeten Erde zu ermöglichen! Von allen Planeten des Sonnensystems liegt allein unsere Erde in jener engen Sphäre mittlerer Temperaturen, die eine Lebensentfaltung zuläßt! Es gibt Astronomen, welche die Lebensbedingungen der Erde für so einmalig halten, daß sie Ähnliches im Kosmos kaum noch einmal für möglich halten, ja, die das Weltenall als eine große »Versuchsanordnung« betrachten, die der Hervorbringung der irdischen Lebensmöglichkeiten vorausging. Welche göttliche **Weisheit** liegt dem allen doch zugrunde!

In Einsicht (BA:Verständnis) **hat Er die Himmel zubereitet.** Mit den **Himmeln** sind nicht nur die unermeßlichen Weiten des Universums, die sichtbaren und meßbaren Sternenwelten gemeint, sondern auch die »unsichtbaren Dimensionen« des Weltenalls, die uns Kol. 1, 16 bezeugt. Diese aber schließen alle Himmelswesen des Lichtes und der Finsternis, und damit auch deren Pläne, Ratschlüsse, Irrwege und Unheilsgedanken ein! Welche **Einsicht Gottes** war vonnöten, auch die Pläne und Wege der Bosheitsmächte so in Seinen Weltenplan einzuordnen, daß letztlich »das All« eine Heilsveranstaltung Gottes »zum Guten« ist (vgl. Röm. 8, 28). Er selbst aber bewohnt nicht **die** Himmel, ja, »auch der Himmel Himmel können Ihn nicht fassen« (1. Kön. 8, 27); Er wohnt in einem unzugänglichen, unerschaffenen Licht, wohin niemand gelangen kann.

Durch Seine Erkenntnis wurden die Tiefen aufgespalten (PAR: spalteten sich die Fluten; DEL: brach auf der Wasserschwall; BUB: die Flutwirbel). Die **Tiefen** (tehomot) sind die brausenden, tosenden Urfluten, die aus Abgrundstiefen hervorquollen (s. Ps. 104, 6–8/Hiob 38,8 ff.). Diese **Tiefen** werden in der Schrift oftmals auch mit dem Totenreich gleichgesetzt. Karel Claeys sah in ihnen die »Wirbelflut« der innerirdischen Magmaströme, auf denen die reliefreiche Erdkruste »schwimmt«. Wir wissen heute von jenem **Zerspaltenwerden** der »Tiefen«, welches die Bruchzonen zwischen den Kontinentalplatten und das Auseinandertriften der Erdteile zur Folge hatte, aber auch die Auffaltung der Gebirge. Nach göttlicher **Erkenntnis** bildeten sich aus dem Urkontinent die heutigen Kontinente, deren »Nabel«, also Mittelpunkt, das Land Israel ist. Das glut-flüssige Erdinnere aber schuf überdies durch seinen »Drehimpuls« jenen Magnetschirm um unseren Planeten, der diesen vor den tödlichen Strahlungen der Sonne und des Kosmos schützt. Doch gedenken wir auch dessen, daß der Christus, der Schöpfer der Welt, in Seinem Tode »drei Tage und drei Nächte im Herzen der Erde«, also in jenen Abgrundstiefen weilte (Mtth. 12, 40)!

Die Wolken meinen den Wolkenhimmel, die oberste Atmosphäre, die »dünne und fein zerriebene« Materie der »Ätherhöhen« (DEL). Diese **Wolkenhöhen träufeln den Tau herab.** Der **Tau** ist ein Bild göttlicher Segnungen, bildet aber auch das natürliche Existenzminimum der belebten Natur in Steppen und Wüsten. In den »schechakim« (Wolkenhöhen; wörtl. »Zerriebene«) sah Claeys die Zonen und Elektronen der Lufthülle, die dem Wunder der Wolkenbildung zugrundeliegen (»Die Bibel bestätigt das Weltbild der Naturwissenschaft«). Elihu fragte Hiob: »Verstehst du dich auf die Schwingungen der Wolke, auf die Wundertaten des an Wissen Vollkommenen?« (K. 37, 16). Es sind jene energiereichen Vorgänge gemeint, die zur Wolkenbildung führen, ohne die ein Leben auf unserem Planeten unmöglich wäre.

> »Wenn ich, o Schöpfer, Deine Macht, die Weisheit Deiner Wege,
> die Liebe, die für alle wacht, anbetend überlege,
> dann weiß ich, von Bewunderung voll, nicht, wie ich Dich erheben soll,
> mein Gott, mein Herr und Vater!«

Durch Seine Weisheit, durch den Christus, hat der Vater alles erschaffen, was je ins Dasein getreten ist; Er wird es auch durch Ihn vollenden. Dies aber ist der Weisheit Anfang: »Wer Gott naht, muß glauben, daß Er existiert, und daß Er denen, die Ihn suchen, ein Belohner ist« (Hebr. 11, 6)!

+ + +

34   SICHERER WANDEL OHNE STRAUCHELN   (3, 21–23)

Mein Sohn! Laß sie nicht von deinen Augen abschweifen, bewahre klugen Rat und besonnenen Plan: sie werden Leben für deine Seele sein und Huld für deinen Hals. Dann wirst du in Sicherheit deinen Weg gehen, und dein Fuß wird nicht anstoßen.

Zum siebten Male erschallt der Mahnruf des Vaters an seinen Sohn! Er soll **sie,** das sind Verstand, Weisheit und Erkenntnis der vorausgehenden Verse, **nicht aus den Augen verlieren.** Doch können unsere **Augen** auch in einer reizüberfluteten Welt von der göttlichen Weisheit zum Bösen hin **abschweifen!** Die »Lust der Augen« kann uns nach 1. Joh. 2, 16 von der Liebe des Vaters trennen! So sollten wir mit Hiob »einen Bund mit den Augen schließen«, gerade im Blick auf die sexuellen Bildangebote und im Bedenken dessen, daß der Allmächtige unsere Wege sieht und unsere Schritte zählt (Hiob 31, 1–4)! Zum Achten auf die Weisheit Gottes bedarf es jedoch nicht nur der zuchtvollen Selbstbeschränkung im **Umherschweifen unserer Augen,** sondern »erleuchteter Augen des Herzens«, als der geistlichen Erkenntnisorgane der Gottesschau. »Laß meine Worte nicht von deinen Augen weichen ... denn Leben sind sie denen, die sie finden ...«

sagt Spr. 4, 21. Indem wir Christi Herrlichkeit anschauen und widerspiegeln, werden wir, von Klarheit zu Klarheit, in Sein Bild verwandelt (2. Kor. 3, 18)! So wird das Auge wirklich zum »Lichte des Leibes«, wie es Jesus sagte, zur »Menorah des Leibestempels«. Dann **bewahren wir** auch, geleitet durch Gottes Wort, **klugen Rat und besonnenen Plan** und »tragen das Ziel unseres Glaubens, die Errettung der Seele, davon« (1. Petr. 1, 9); Gottes **Plan** für unser Leben und Sein **Rat** auf unserem Wege werden **Leben für die Seele sein.**

Was aber ist gemeint, wenn als Glaubensertrag auch **Huld** (Gnade, Anmut) **für unseren Hals** verheißen ist? In Spr. 1, 9 werden die Vaterunterweisung und die Mutterbelehrung, in Spr. 3, 3 Güte und Wahrheit als »kostbares Geschmeide für den Hals« gesehen. Doch läßt das hebr. Wort auch an den gebeugten **Nacken** wiederkäuender Tiere denken. Das »Wiederkäuen« des Geistesmenschen aber ist nach Ps.1, 2 das Nachsinnen über Gottes Wort und Plan, mitsamt der Fähigkeit, die Zeugnisse der Gottesmänner »in die Erinnerung zurückzurufen und eigenständig zu verarbeiten« (nach 2. Petr. 1,13–15). Zu solchem Nachsinnen bei der Wiedererweckung des Wortes Gottes brauchen wir den **gebeugten Nacken** und vermehrte **Gnade!**

Dürfen wir aber wirklich einen **sicheren Weg** durch diese Welt erwarten, wenn wir der Gottesweisheit folgen? Ist nicht auch dem Leben der Glaubenden viel Not und Nacht und Unsicherheit beigeordnet? Nun, einen »Automatismus des sicheren Weges« kennt auch unsere Spruchweisheit nicht! Sie spricht nur vom **sicheren Gehen** ohne einen **Anstoß für den Fuß,** das heißt, ohne Straucheln und Liegenbleiben! Unser Weg durchs Bakatal der Tränen und durchs Tal der Todesschatten ist von Gott **gesichert** und von Ihm überwacht; und so dürfen wir im Glauben **als Gesicherte gehen** (BA). Dabei werden wir oftmals erst nach dem rechten Weg im Sinne Gottes suchen müssen, was nicht frei von innerer Not und Anfechtung ist (Phil. 1, 22–26). **Du wirst in Sicherheit *deinen* Weg gehen,** das meint nicht den Weg des anderen. Hat doch jeder Glaubende seine eigene geistliche Biographie und seinen eigenen Glaubensweg, der unübertragbar und unnachahmlich ist, aber kostbar vor dem lebendigen Gott.

Auch **dem Sohne** Gottes gilt unser Wort vom **unanstößigen Wandel.** Versuchte Ihn nicht der Satan über die Lust der **Augen,** als er Ihm in einem Augenblick Macht und Reichtum der Weltreiche zeigte, um Ihn zur Huldigung vor sich selbst zu verlocken? Versuchte er Ihn nicht durch ein »geteiltes« Gotteswort und eine mißverständliche Verheißung zum demonstrativen Sprung von der Tempelzinne? »Denn Er wird Seinen Engeln über Dir befehlen, Dich zu bewahren auf allen Deinen Wegen. Auf den Händen werden sie Dich tragen, damit Du Deinen Fuß nicht an einen Stein stoßest« (Ps. 91, 12)! V. 13 aber unterschlug der Satan, wo es heißt: »Auf Löwen und Ottern wirst Du treten, junge Löwen und Schlangen wirst Du niedertreten«, d. h. den Sieg über die Mächte des Bösen davontragen. Noch genauer deutet Spr. 4, 11–12 das vorliegende Textwort: »Im Weg der Weisheit **gebe ich dir Ziel,** schnurgerade Wegspuren lasse ich dich betreten; wenn du gehst, **wird dein Schritt nicht verformt werden,** wenn du läufst, **wirst du nicht straucheln!«** Welche Verheißung für den Sohn und für die Söhne! Gott sei Dank, daß Er uns auf den Christusweg geleitet hat, so daß wir Seinen »Fußspuren« nachfolgen können! Er ist mächtig genug, auch dich zu bewahren vor jedem Fall und dich unsträflich darzustellen vor dem Angesicht Seiner Herrlichkeit mit Jubel (nach Judas 24)!

+ + +

Wenn du dich niederlegst, wirst du nicht erschrecken, und liegst du, so wird dein Schlaf süß sein; nicht fürchte urplötzlichen Schrecken, noch die Verwüstung der Gesetzlosen, wenn sie hereinbricht! Denn JAHWEH wird deine Zuversicht sein und wird deinen Fuß vor der Verstrickung bewahren.

Man könnte vereinfachend sagen: die von Gott gewirkte Sicherheit ersetzt die Schlaftablette (V. 23)! Aber damit ist den vielen von Schlaflosigkeit Geplagten, die oftmals in durchwachten Stunden von den »Schrecken der Nacht« überfallen werden, kaum geholfen (s. Ps. 91, 5)! Freilich können krankhafte Ursachen eine Schlafstörung herbeiführen, was es abzuklären gilt; und doch ist es oft wirklich die Angst vor der »großen Katastrophe«, vor dem **urplötzlichen Schrecken,** der wie eine berstende Wand über uns **hereinbricht** (DEL), und vor der **kommenden** endzeitlichen **Verwüstung der Gesetzlosen,** die uns nicht zur Ruhe kommen und schlafen läßt. Sagt nicht Luk. 21, 26, daß die Menschen in der Endzeit »verschmachten werden, vor Furcht und Erwartung der Ereignisse, die über den Erdkreis kommen sollen«? Viele leiden in unseren schreckenerfüllten Tagen unter der Last der Angst! Berufsangst, Lebensangst, Todesangst, Versagensängste, Kriegsangst beherrschen heute oft schon junge Menschen. Welche Drogen- und Tablettensucht löst diese geistig-seelische Lähmung aus, und wie sehr bedient sich Satan als »der brüllende Löwe« der Methode der Angsteinflößung. Auch in Kindern Gottes wächst dann das Gefühl, Jesus könne mit ihnen nicht zum Ziele kommen, und eines Tages werde sich der große Zusammenbruch ereignen, das Versagen in der Katastrophe. Unser Text spricht ja von der drohenden **Verwüstung** als von einem über uns **hereinbrechenden Sturm** oder **Unwetter** (PAR/DEL).

Petrus sagt einmal ein eigenartiges Wort über die »Glaubenskinder Sarahs« – sie würden daran erkannt werden, daß sie »Gutes tun und keinerlei Schrecken fürchten« (1. Petr. 3, 6). Zu solcher Bewahrung vor entnervenden Ängsten inmitten zunehmender endzeitlicher Katastrophen aber gehört die geistliche Disziplin, daß wir »die Lenden unseres Gemüts umgürten« (1. Petr. 1, 13), das heißt, unser Gemütsleben unter die Kontrolle dessen stellen, der **unseren Schlaf süß sein läßt** (oder wörtlich: verbürgt), weil Er, als »der Wächter Israels nicht schläft noch schlummert« (Ps. 121, 4). Dazu gehört aber auch die Einsicht in den Liebesplan des ewigtreuen Gottes; als Jeremias im Nachtgesicht die wunderbaren Segensverheißungen Gottes für die Heilszukunft Israels geschaut hatte, sprach er: »Darüber erwachte ich und sah, und mein Schlaf war mir süß!« (Jer. 31, 26).

Ps. 127, 2 bezeugt vom Herrn: »Er gibt Seinem Geliebten im Schlaf!« Gab Er nicht Adam im Tiefschlaf die ersehnte Gefährtin? Schenkte Er nicht Abraham im tiefen Schlafe Offenbarung über das künftige Geschick Seines Volkes (1. Mos. 15, 12)? Ließ er nicht Jakob auf seiner Flucht im Schlafe die »Himmelsleiter« mit den himmlischen Boten schauen, die Brücke zwischen Gott und den Menschen? So darf sich im Schlaf auch unsere Seele erneuern und alles, was unser Gefühlsleben im Tagesbewußtsein nicht aufarbeiten konnte, zur Gesundung führen. Während wir schlafen »wacht das Herz«, die Zentrale aller unserer Gefühle, und steuert über das Gehirn alle psychohygienischen Vorgänge im Schlaf und im Traum (vgl. Hohesld. 5, 2). Die überreizten Nerven »entladen sich«; viele halbgelösten Probleme, Denkansätze, Lebensfragen, aber auch »unverdaute« Tageserlebnisse werden im Schlaf einer Lösung und Entspannung zugeführt (s. auch Hiob 33, 15–18: Gott besiegelt im Schlaf die Unterweisung und hält die Seele vom Verderben zurück). So darf **JAHWEH unsere Zuversicht sein, Er, der unseren Fuß vor Verstrickung bewahrt** (BUB: vor dem Fangeisen – des Fürsten der Finsternis). »Der Hüter Israels schläft noch schlummert nicht!« Wie oft hat Jesus gewacht, wenn Seine Jünger, etwa in Gethsemaneh, schliefen! Doch wenn diese ängstlich wachten, dann schlief Er sorglos, wie in jenem Seesturm auf dem See Genezareth auf der harten Ruderbank. Hatte Er doch selbst den Seesturm zu Seiner Verherrlichung und zur Schulung Seiner Jünger »bestellt« (Ps. 107, 23–30). Allein in Seiner Passion galt: »Mein Gott, ich rufe des Tages und Du antwortest nicht, und des Nachts, und mir wird keine Ruhe« (Ps. 22, 2). Dieser Herr, der für uns gestorben und auferstanden ist, nimmt uns die quälende Angst. **Er verbürgt unseren Schlaf.**

Freilich **der urplötzliche Schrecken** wird für die **Gesetzlosen** kommen, **die Verwüstung wird über sie hereinbrechen.** Dazu gehört auch »der Greuel der Verwüstung an heiliger Stätte«, der noch einmal aufgerichtet wird (vgl. dazu die Prophetie von Ps. 74). Und selbst wenn sie sagen: »Friede und Sicherheit« und mit verhärtetem Gewissen und in trügerischem Scheinfrieden schlafen, »wird plötzliches Verderben sie überfallen, wie die Wehen die Schwangere, wie ein Dieb in der Nacht« (1. Thess. 5, 3). Doch die Heiligen »erheben ihr Haupt«. Ihnen gilt, sowohl im Blick auf den allnächtlichen Schlaf, als auch im Hinblick auf ihr »Entschlafen« im Tode unser Verheißungswort, wie eine Brücke bis zur Auferstehung; sie dürfen mit David bekennen, der vor Absalom floh: »Ich legte mich nieder und entschlief; ich erwachte, denn JAHWEH stützt mich« und: »In Frieden werde ich mich niederlegen und auch schlafen, denn Du, JAHWEH, allein lässest mich in Sicherheit wohnen« (Ps. 3, 5 + 4, 8).

+ + +

36   GUTESTUN VERGESST NICHT!   (3, 27–28)

Enthalte kein Gutes vor, dem, der darauf Anspruch hat, wenn es in der Macht deiner Hand steht, es zu tun. Sprich nicht zu deinem Nächsten: »Geh hin und komm wieder, und morgen werde ich dir geben« – während du es jetzt schon hast!

»Was du heute kannst besorgen, das verschiebe nicht auf morgen!« sagt auch der Volksmund. So gebot das Gesetz Israels, daß dem Tagelöhner sein mühsam verdienter Lohn schon am Abend und nicht erst am folgenden Morgen ausgezahlt werden sollte (3. Mos. 19, 13); und der gepfändete Mantel mußte am Sonnenuntergang zurückgegeben werden, weil er zur Schlafdecke in der Nacht diente (5. Mos. 24, 13). Und Paulus ermahnt uns, wenn wir zürnen, »die Sonne nicht untergehen zu lassen über unserem Zorn«, weil sonst dem Teufel Raum gegeben werde (Eph. 4, 26). Dies erfordert geistlicherweise ein schnelles Handeln! Die Gunst der Stunde (der göttliche kairos, der Handlungsspielraum) kann schnell verspielt werden; birgt sie doch Gottesgnade für den **Mitmenschen.** Ist es nicht der Wille Gottes, daß wir »Gutes tun und reich sind in guten Werken« (1. Tim. 6, 18)? Der Apostel Johannes fragt mit großem Ernst, ob die Liebe Gottes in einem Menschen bleiben kann, der weltliche Güter besitzt, seinen Bruder

Mangel leiden sieht und doch sein Herz vor seiner Not verschließt (1. Joh. 3, 17). »Wer dem Armen gibt, wird keinen Mangel haben, wer aber seine Augen (vor der Not) verhüllt, wird mit Flüchen überhäuft werden!« sagt Spr. 28, 27. Wie warnt uns auch Jakobus vor der frommen, vertröstenden Phrase, die Gott zuschieben will, was man selbst an Liebeserweisen tun kann, wenn er sagt: »Wer nun weiß, Gutes zu tun, und tut es nicht, dem wird es zur Sünde gerechnet« (Jak. 2,14–17). Wir sind ja darum als »Siegelring« an des Geliebten »Herz und Arm« gelegt, weil uns von Seinem priesterlichen Herzen Barmherzigkeit zufließt und von Seinem Arm die Handlungsvollmacht, damit wir Sein Werkzeug würden! »Alles, was deine Hand erreichen mag, das tue mit aller deiner Kraft«, denn im Totenreich ist keine Zeit mehr dazu, sagt uns Pred. 9, 10. **Es steht in der Macht deiner Hände, das Gute zu tun!** Der hebr. Text kann hier sogar von dem »El deiner Hände« sprechen, von dem **Macht** verleihenden **Gott,** der unsere **Hände** zum Guten stärkt!

Dieser Gott handelt an uns so, wie Er es von uns fordert: Er eilt zu unserer Hilfe, gibt uns freiwillig und erhebt dabei keine Vorwürfe, und Er »enthält nichts Gutes vor«. Er schenkt Weisheit, Gnade und Herrlichkeit (vgl. Jak. 1, 5–6 mit Ps. 84, 11)! Wenn schon wir, die wir böse sind, unseren Kindern statt eines Brotes keinen Stein, statt eines Fisches keine Schlange und statt eines Eies keinen Skorpion geben werden, wievielmehr wird der Vater in den Himmeln Gutes, ja, den Heiligen Geist, denen geben, die Ihn darum bitten (vgl. Mtth.7, 7–12 mit Luk. 11, 10–13)!

Enthalte kein Gutes dem vor, der darauf Anspruch hat (DEL: dem Berechtigten; PAR: dem Bedürftigen, Würdigen; BA: seinem Eigner). Dies klingt wie eine Einschränkung; freilich dürfen wir prüfen, ob nicht Lüge und Betrug hinter einer Bitte um Hilfe steht.

Nun gilt dieses Sprüchewort im prophetischen Sinne ja auch dem Sohne Gottes, der, Segen spendend, durch diese Welt schritt! Stand nicht jegliche Wohltat, Zeichenspende und Machtwirkung **in der Macht Seiner Hand?** Und doch **verweigerte** Er das Wunder je und dann! Wir sollten fragen, aus welchem Anlaß Er sich so verschloß:

– Wenn Er im eigenen Interesse handeln und Macht als Beweis für Seine Messianität demonstrieren sollte – wie in der satanischen Wüstenversuchung;
– wenn die Führer Israels im Unglauben Zeichen forderten, wieder im Sinne eines Gottes- und Sohnschaftsbeweises;
– wenn Kranke im Unglauben verharrten und ihren Genesungswillen nicht deutlich kundgaben.

Und doch gilt es: »Er hat nur Gutes getan« (Luk. 23, 41)!

> Wo ist solch ein Herr zu finden, der, was Jesus tat, mir tut,
> mich erkauft von Tod und Sünden mit dem eignen teuren Blut?
> Sollt' ich dem nicht angehören, der Sein Leben für mich gab?
> Sollt' ich Ihm nicht Treue schwören, Treue bis in Tod und Grab?

+ + +

Schmiede nichts Böses gegen deinen Gefährten, während er doch vertrauensvoll bei dir wohnt! (V. 29)

Der Vertrauende ist arglos und öffnet sich ungeschützt dem Mitmenschen. Solches Vertrauen erfordert die Treue dessen, dem man vertraut! Dies gilt nicht zuletzt im Verhältnis zwischen Brüdern, sonderlich dort, wo persönliche und seelsorgerliche Probleme und Fragen des Dienstes an-ver-traut werden! Wieviel Geschwätz hat schon zum Bruch der Treue, zu Mißtrauen und Aushöhlung der Bruderschaft geführt! **Schmiede nichts Böses ...** das **Schmieden** meint eine planvolle Zubereitung des vorhandenen Grundmaterials über längere Zeit. Gott selbst befolgt das Gesetz der Vertrauenswürdigkeit, wenn Er Seine Verheißungen »bei sich selbst beschwört« und selbst dann noch »treu (vertrauenswürdig) bleibt, weil Er sich selbst nicht verleugnen kann«, wenn wir untreu sind (2. Tim. 2, 13). Weil bei Ihm keines Lichteswechsels Schatten noch eine Wesensveränderung ist (Jak.1, 17), brauchen wir Ihm, dem Vater der Lichter, nicht zu mißtrauen; wir dürfen **vertrauensvoll bei Ihm wohnen!** Er **schmiedet nichts Böses,** sondern bewirkt uns alles zum Guten; der Satan jedoch wird, als Gottes Gerichtswerkzeug, im Bilde des Waffen **schmiedenden** und verderbenbringenden Kohlenschmiedes geschaut; doch wird auch er einmal hungrig und kraftlos niedersinken (Jes. 44, 12/54, 16). Der heillose Belialsmensch, der »zu aller Zeit **Böses schmiedet** und Zwietracht sät«, ist sein irdisches Werkzeug; doch wird er »ohne Heilung in einem Augenblick zerschmettert werden«, wie es auch einmal allen Mächten der Finsternis widerfahren wird (Spr. 6, 12–16). Wie schmerzlich mußte es Paulus berühren, als »der **Schmied** Alexander ihm viel Böses erwies«; ob er den Apostel selbst und seine Arbeit schmähte? Paulus überlieferte ihn dem Satan, damit er durch Zucht unterwiesen würde, nicht zu lästern. »Der Herr wird ihm nach seinen Werken vergelten«, urteilte er (2. Tim. 4, 14/1. Tim. 1, 20).

Wie köstlich ist es, wenn Brüder einträchtig beieinander wohnen und sich gegeneinander vertrauensvoll öffnen können!

Streite nicht mit einem Menschen ohne Ursache, wenn er dir nichts Böses angetan hat! (V. 30)

Im Alten Bund wird also **Hader und Streit** noch für möglich gehalten, wenn der andere uns **Böses angetan hat.** Und doch kennen auch die SPRÜCHE einen vorzüglicheren Weg, wenn sie in 20, 3 sagen: »Ehre ist es dem Manne, vom Streit abzustehen, wer aber ein Narr ist, fletscht die Zähne!« Es gibt aber keine wirkliche Vergebung ohne Bereinigung. Jesus hat für die Schlichtung des Streites zwischen Brüdern bestimmte Regeln aufgestellt, die auch das unterschwellig weiterglühende Feuer auslöschen und zugleich die Gesinnung der Herzen offenbaren sollen (Mtth. 18, 15–17). Doch letztlich möchte Er in uns die Gesinnung Gottes ausgestalten, die auch den Feind zu lieben vermag. Im Gutestun können wir auch persönliche Feinde zum Verstummen bringen; es kann »feurigen Kohlen auf ihrem Haupte« gleichen, die das Böse ausbrennen (Spr. 25, 21–22/Röm. 12, 20). »Laß dich nicht vom Bösen überwinden, sondern besiege das Böse mit dem Guten« (Röm. 12, 21)! Gerade angesichts der nahen Christuswiederkunft sollte der Streit zwischen Brüdern begraben werden! Der »Gott der Geduld« sollte uns – im Bilde des beharrlichen Ackermannes – dazu Vorbild sein (Jak. 5, 7–9).

Beneide nicht den Mann der Gewalttat, und erwähle keinen von seinen Wegen! (V. 31)

Warum könnte man **Menschen der Gewalttat,** des Bösen und der Gesetzlosigkeit (Spr. 24, 1 + 19) **beneiden?** Ihre **Wege** sind ihre Methoden, die wir nicht als unsere eigenen **erwählen sollten.** Die Menschen des harten Ellenbogens sind in dieser Welt die Erfolgreichen! Was ist ihr methodisches Konzept auf der »Leiter« zur schnellen Karriere? Sie nutzen andere aus und arbeiten mit Hinterlist und Lüge; sie streben rücksichtslos nach Erweiterung der Lebensqualität, indem sie den Lebensraum der Mitmenschen und Mitarbeiter mehr und mehr einengen. Ist nicht wirklich oftmals die »Mühe und Geschicklichkeit in der Arbeit« nur »Eifersucht des einen gegen den anderen«, wie es Pred. 4, 4 sagt? Gott sei es geklagt, daß es dies auch in der Arbeit für Jesus gibt! Doch führen **Neid und Ehrgeiz** zur »Brunnenvergiftung« und zur Minderung des göttlichen Segens. Nach Spr. 23, 17 bringt das »Beneiden der Sünder« eine Beschränkung unserer Frömmigkeit mit sich; wer sich jedoch »jeden Tag um die Furcht JAHWEHs bemüht«, wird erleben, daß der Neid in ihm erlischt! Wie verhängnisvoll aber ist es, wenn die Methoden **des Gewalttäters** auf die Arbeit in der Gemeinde Jesu übertragen werden; wenn durch Flüsterpropaganda, Gruppenbildung und »Aufblähen des einen gegen den anderen« die Durchsetzung der eigenen Ideen zum Zwecke persönlicher Machterweiterung angestrebt wird. Vielleicht erwählte Demas einen solchen **Weg,** als er »den jetzigen Aeon liebgewann«. Paulus hingegen wollte »geistliche Wirklichkeiten« immer nur »mit geistgemäßen Methoden« vermitteln (1. Kor. 2, 13). Spr. 3, 32 will uns warnen vor dem Demas-Weg, »denn der Abschweifende ist JAHWEH ein Greuel …!« Wie solches aussehen kann, beschreibt uns 3. Joh. 9–11 im Bericht über Diotrephes (dem »von Zeus Genährten«), der »gerne in der Gemeinde der Erste sein wollte« (bitte lesen).

38 WEM GOTT SEIN GEHEIMNIS ANVERTRAUT   (3, 32–33)

Denn der Abschweifende ist JAHWEH ein Greuel, aber Sein Geheimnis ist bei den Aufrichtigen. Der Fluch JAHWEHs ist im Hause des Gesetzlosen, doch die Wohnung der Gerechten segnet ER!

Der Abschweifende ist der **Verkehrte** (ELB/PAR), der **Abwegige** (DEL) und **Schiefe** (BUB). Wir sahen in ihm schon den Abtrünnigen, der »seine Wege krümmt« und sogar Gottes Wort und Wahrheit zu seinem eigenen Verderben verdreht (2. Petr. 3, 16). Dazu führt Spr. 14, 2 aus: »Wer in seiner Geradheit wandelt, fürchtet JAHWEH, wer aber in seinen Wegen verkehrt ist, verachtet Ihn!«
Bei den **Aufrichtigen** (den Herzensgeraden) aber ist Gottes **Geheimnis;** mit ihnen hat Er **vertrauten Umgang** und **persönliche Konsultation,** wie man das hebr. Wort auch wiedergeben kann. So ist das Geheimnis der Weisheit Gottes zwar den Weltweisen, ja, den »Fürsten dieser Weltzeit« verborgen, aber denen, die Gott lieben, geoffenbart (1. Kor. 2, 6–9). »Das Verborgene ist JAHWEHs, unseres Gottes; aber das Geoffenbarte ist unser und unserer Kinder ewiglich …« (5. Mos. 29, 29). Das **im vertrauten Umgang**

enthüllte **Geheimnis JAHWEHs** »ist für die, welche Ihn fürchten, und Sein Bund, um ihnen kundgetan zu werden« (Ps. 25, 14). So »tut der Herr, JAHWEH, nichts, es sei denn, daß Er Sein Geheimnis Seinen Knechten, den Propheten, enthüllt habe« (Amos 3, 7). Auch gute Diener Jesu Christi »bewahren das Geheimnis des Glaubens in einem reinen Gewissen« (1. Tim. 3, 9)!

Wie solcher **vertrauter Umgang** mit dem Herrn aussieht, kann uns Hiob 29, 1–5 bezeugen: Es sind Tage der geistlichen Reife, da Gott uns bewahrt, und die Leuchte Seines Geistes über unserem Haupte scheint; so gerüstet wandern wir mit dem Licht Seines Wortes durch das Dunkel unseres Lebens, und die Gegenwart des Allmächtigen zeichnet unsere Tage aus.

Nichts aber kann die **Geradheit** und **Aufrichtigkeit** des Herzens stärker zerstören als das Gift der Lüge, mehr noch die Lüge in Leben und Wesen als im Wort allein! Dann kann **der Fluch** (BA: die Verdammung) **des Herrn im Hause des Gesetzlosen** wohnen und es im Wesen zeichnen, so daß ein geheiligter Mensch, der ein solches Haus betritt, davon etwas spüren kann! Ein solcher **Fluch** ist »Aberkennung« statt »Anerkennung«, Lebensminderung statt göttlicher Lebensmehrung; er äußert sich in Unrast und Gewissensqualen, in neurotischer Angst, fluchbeladenem Wort und dämonischen Zwangsgedanken und kann oft ganze Familien und Generationen belasten! Und doch gibt es für die, die in Christo Jesu sind, kein Verdammungsurteil, weil Gott ihnen Fluch in Segen, Nacht in Licht, Tod in Leben gewandelt hat. Der **Fluch** ihres einstigen gottfernen Lebens, der okkulte oder erbbiologisch begründete Fluch ihrer Vorfahren, vermag sie nicht zu erreichen. Ihr geistliches Leben ist und bleibt gesichert, ja, es wird **gesegnet** und gemehrt! **Die Wohnung des Gerechten segnet ER!** Darauf dürfen wir uns berufen; es gilt so umfassend, daß selbst die ungläubigen Kinder einer Ehe, in der nur einer der Partner an Jesus glaubt, »geheiligt«, d. h. in den Lichtesbereich Christi einbezogen sind (1. Kor. 7, 14). »Dem Haupte des Gerechten werden Segnungen zuteil!« Wie froh kann uns diese Zusage aus Spr. 10, 6 machen!

Was aber ist zutiefst die **Wohnung, das Haus des Gesetzlosen?** Nach Mtth. 12, 29 und Luk. 11, 21–22 ist es das **Haus** und der Machtbereich des Satans! Bei aller zeitweiligen Einigkeit des Reiches der finsteren Mächte herrscht doch in ihm **der Fluch,** droht ihm **die Verdammung!** Satan als der starke Hausherr wurde von Christus »gebunden und seines Hausrats und seiner Waffenrüstung beraubt«, durch Ihn, den »Stärkeren«, der in sein Haus »eingedrungen ist«, um es auszurauben (vgl. dazu Kol. 2, 14–15). Steine aus diesem Hause **des Gesetzlosen** werden nun zu »lebendigen Steinen«, aus denen der Christus Seinen Tempel, die »Behausung Gottes im Geiste« baut. Wohl uns, daß wir zum **gesegneten Haus des Gerechten** gehören dürfen, und daß Er uns Barmherzigkeit, Frieden und Liebe segnend mehrt (Jud. 2)!

39   GOTT SPOTTET ÜBER DIE SPÖTTER   (3, 34–35)

Gilt's den Spöttern, so spottet auch ER, den Gedemütigten aber gibt Er Gnade! Die Weisen ererben Herrlichkeit, aber die Narren tragen Schande davon!

Wie wirkt sich **der Fluch JAHWEHs im Hause des Gesetzlosen** aus? so fragten wir; eine weitere Antwort geben die vorliegenden Verse: als **Spott Gottes über die Spötter,** als **Schande** und **Entehrung für die Narren.** Wie viele Zusammenhänge der Bibel könnte man hierzu anführen! Denken wir nur an den kosmischen Aufstand »gegen JAHWEH und Seinen Messias«, wie er uns in Ps. 2 geschildert wird. Nach vorbedachtem Plan wollen die »Fürsten dieser Weltzeit« durch ihre Handlanger, die »Könige auf Erden« »ihre Bande und Seile zerreißen« – das vollkommen bindende Band der Liebe und das ordnende Band des Friedens (Kol. 3,14/Eph. 4, 3). Doch »der im Himmel Thronende lacht und spottet ihrer« (Ps. 2, 4). Dies gilt auch im Blick auf die Urrevolution Satans und seiner Mächte. Aber auch uns trifft das ernste Wort: »Irret euch nicht, Gott läßt seiner nicht spotten, denn was der Mensch sät, das wird er auch ernten« (Gal. 6, 7).

Viele **Spötter** nennt die Heilige Schrift: ISMAEL, der den nach Verheißung geborenen Isaak verspottete; den riesenhaften GOLIATH, der JAHWEH und Seine Kampfreihen samt dem Gotteskämpfer David verhöhnte; SIMEI, der David lästerte, als er vor Seinem aufrührerischen Sohne Absalom floh; die HALBSTARKEN Bethels, die Elisa mit der Entrückung Elias höhnten; das abtrünnige ISRAEL verspottete Jeremias um des Wortes Gottes willen; RABSAKE lästerte Hiskia, den Heiligen Israels und die Stadt Jerusalem; SANBALLAT, TOBIJA und GESCHEM verhöhnten die »ohnmächtigen Juden« beim Wiederaufbau Jerusalems unter Nehemia; Hiob wurde von seinen theologischen »FREUNDEN« wohl zehnmal geschmäht; die ATHENER PHILOSOPHEN verlachten den Apostel Paulus wegen seiner Botschaft; die endzeitlichen SPÖTTER werden lästern wegen der Verzögerung der Christuswiederkunft; welchen »Widerspruch der Sünder« aber hat unser Herr selbst ertragen müssen, den die SCHRIFTGELEHRTEN Israels als »Obersten der Dämonen« lästerten!

Aber: **Gott spottet der Spötter,** und zu **Narren** geworden, **tragen sie Schande und Entehrung davon** – nach dem Hebräischen wie eine »Opferhebe« und »Erhöhung«, weshalb Baader übersetzt: ... **aber was die Narren erhöht, ist Entehrung.** Auch in solcher eingebildeten »Selbsterhöhung« wirkt sich der Spott Gottes aus. In Phil. 3, 19 werden die »Feinde des Kreuzes« so beschrieben, daß sie »auf das Irdische sinnen«, daß »ihr Gott der Bauch ist«, und daß »ihre Ehre in ihrer Schande ist«! Fürwahr, »für die **Spötter** sind Gerichte bereit, und Schläge für den Rücken der Toren« (Spr. 19, 29). Das Gericht aber hebt in ihnen selbst an; sind doch **Spott** und Zynismus, die sich gegen alles Heilige, gegen die Glaubenden und gegen den heiligen Gott richten, letzten Endes nur die Verschleierung innerer Hohlheit und Unsicherheit, die schließlich nach außen durchbricht und sich als **Entehrung** offenbaren wird.

Den Gebeugten (BA: Gedemütigten; E: Demütigen) aber **gibt ER Gnade! Die Weisen ererben Herrlichkeit und Ehre!** In diesen beiden Verheißungen wird eine Übereinstimmung deutlich: **die Weisen** sind zugleich **die Demütigen!** Sie sind nicht bei den Mächtigen und Triumphierenden, sondern bei den Ohnmächtigen und Niedergebeugten zu finden. Was vor den Weltweisen verborgen ist, hat der Vater »Unmündigen« als Gottesweisheit enthüllt (Mtth. 11, 25–26). Der in der Höhe und im Heiligtum ist, spottet derer nicht, die zerschlagenen und gebeugten Geistes sind, sondern wohnt bei ihnen (Jes. 57, 15); Er gibt ihnen als den **Gebeugten GNADE,** als **den Weisen HERRLICHKEIT.** Gnade ist das Fundament ihres Glaubenslebens, **Herrlichkeit** ihr krönendes Ziel. Darum »erwirb die Weisheit, ... halte sie hoch, und sie wird dich erhöhen, sie wird dich **zu Ehren bringen,** wenn du sie umarmst« (Spr. 4, 7–8).

Gott »gibt größere Gnade ... denn Er widersteht den Hochmütigen«, die ihm ein Greuel sind und nicht für schuldlos gehalten werden (Jak. 4, 6/1. Petr. 5, 5–7/Spr. 16, 5).

Herr, beuge mich! Wie Du das Korn,
das gold'ne, beugst im Morgenhauch;
vor Deines Heil'gen Geistes Wehn,
da beuge mich in Demut auch.

Herr, beuge mich! Mach aus dem Ton,
der doch zu nichts sonst für Dich wert,
ein Dir gebräuchliches Gefäß,
das Dich gebeugt, gereinigt ehrt!

+ + +

40/41   DIE UNTERWEISUNG DES VATERS   (4,1–3)

Höret, ihr Söhne, die Unterweisung des Vaters, und merket auf, um Verständnis kennenzulernen! Denn ich gebe euch gute Instruktion, verlasset meine Weisung nicht! Denn Sohn wurde ich meinem Vater – ein zarter und einziger – angesichts meiner Mutter.

Wir haben schon mehrfach auf den zweifachen Sohnesweg hingewiesen: den des Erstgeborenen der Söhne und den der »nachgeborenen« Söhne; diese haben ihren Weg grundsätzlich nach den gleichen Grundnormen und Wegzeichen zu vollziehen, wie es der Sohn Gottes tat.

Im vorliegenden Text werden zum ersten Male **die Söhne** aufgerufen, die **Unterweisung,** die **Zurechtweisung** des Vaters willig anzunehmen, indem sie »hören, wie ein Jünger hört«; der Herr selbst »erweckt ihnen jeden Morgen das Ohr«, damit sie »eine Zunge von Belehrten erlangen, um zu wissen, wie man den Müden durch ein Wort aufrichtet« (Jes. 50, 4–5). Solches **Hören** aber führt zum Ge-hor-sam (griech. hypakoä), der sich »unter das Gehörte stellt«. **Der Sohn** selbst ruft im Text **die Söhne** zum willigen **Hören** auf, weil Er »in den Tagen Seines Fleisches« auch die **Unterweisung, Zielgebung** und **wohlannehmbare Instruktion** Seines Vaters erfuhr und auf diese Weise **Sohn wurde.** »Dieses Innenziel (griech.: entolä) habe ich von meinem Vater empfangen« sagte Er nach Joh.10,18; es war das Sohnesprogramm – Seine »Programmierung« im Sinne der Ziele des Vaters durch den Heiligen Geist. Darum gilt Jes. 50, 5–6 dem Sohne Gottes selbst: »Der Herr, JAHWEH, hat mir **das Ohr geöffnet,** und ich, ich bin nicht widerspenstig gewesen, bin nicht zurückgewichen. Ich bot meinen Rücken den Schlagenden dar und meine Wangen den Raufenden; mein Angesicht verbarg ich nicht vor Beschimpfungen und Speichel!«

Auch beim Sohne Gottes führte **das Hören** zum **Gehorsam** in der Tat und im Leiden. Wenn es von Ihm in Ps. 40, 6 heißt, daß der Vater Ihm »die Ohren durchgraben« habe, so weist dies auf den Sklaven zurück, der nach 5. Mos.15, 17, in der zeichenhaften Bekundung seines freiwilligen und fortdauernden Gehorsams, von seinem Herrn mit einem Ohr an den Türpfosten des Hauses geheftet wurde. Hebr. 10, 5–6 greift dies Psalmwort auf, ändert es aber nach der LXX ab in »einen Leib hast Du mir bereitet«. Während die

OHREN die Organe des werdenden Gehorsams sind, ist der LEIB das Werkzeug des Tatgehorsams.

Sohn wurde Ich meinem Vater ...! Dies ist nicht im Sinne eines Erwerbs der Sohnschaft durch Adoption zu verstehen! Und doch betont auch das NT das **Werden des Sohnes Gottes:** Er ist ein barmherziger Hoherpriester **geworden;** Er hat, an dem was Er litt, den Gehorsam gelernt! Wie haben wir das zu verstehen? Vor Seiner Menschwerdung stand der Christus in solcher Gleichheit mit Gott, daß Er allmächtig, allwissend, allgegenwärtig und unversuchbar vom Bösen war; Er diente dem Vater im vollkommenen Sohnesgehorsam. Aber erst, nachdem Er sich der göttlichen Wesensqualitäten entäußert hatte und vom Bösen versucht werden konnte, war Er fähig, den ewig **vollkommenen** Sohnesgehorsam in Versuchungen und Leiden **zu vollenden.** Er erreichte **das Ziel** des Vaters. »Weil Er Sohn war, hat Er an dem, was Er litt, den Gehorsam gelernt und ist also vollendet worden« (Hebr. 5, 8–9).

+

Sohn wurde ich meinem Vater – ein zarter und einziger – angesichts meiner Mutter.

Das Werden des Sohnes Gottes für Seinen Vater hat absoluten Vorrang; es vollzieht sich **angesichts Seiner Mutter;** Maria mußte als »des Herrn Magd« beiseitetreten. Man mag dies als eine patriarchalische Vorstellung der Antike bezeichnen, daß der Sohn mehr dem Vater als der Mutter zugehört, so daß dieser auch für dessen **Unterweisung** hauptverantwortlich ist; doch gewinnt diese Aussage höchsten Rang im Blick auf den **einzigartigen und erstgeborenen Sohn Gottes;** so übertrugen die alten Übersetzer des AT (Aquila, Theodotion, Symmachus) das Wort **einziger** mit **Erstgeborener** (monogenäs), die nachfolgende LXX mit **»Geliebter«** (agapoomenos). Jesus Christus ist der »Einziggeborene« aus dem Vater, voller Gnade und Wahrheit; als das »Wort Gottes« wurde Er Fleisch und zeltete unter uns (Joh. 1, 14). Sein **Werden** aus der Väterreihe Israels und aus dem Samen Davids, Sein Werden bis hin zum vollendeten Gehorsam, Sein Werden auch zum barmherzigen Hohenpriester, doch auch Sein Werden »zur Sünde« am Kreuz, vollzog sich allein **für Seinen Gott und Vater.** Nur Ihm wußte Er sich verantwortlich, denn **Unterweisung, Instruktion, Zielgebung** empfing Er nur von Ihm, ohne den Er nichts redete und tat. Der Vater hatte absolute Priorität in Seinem Leben, auch vor allen völkischen und familiären Bindungen.

Wie aber vollzog sich Sein Werden **angesichts Seiner Mutter** Maria, die es lernen mußte, vor dem Gotteswillen im Leben ihres Sohnes zurückzustehen? Alle Worte Gottes und der Engel bei Seiner Geburt »behielt sie in ihrem Herzen«; doch als sie dem Zwölfjährigen Vorwürfe darüber machte, daß Er Seine Eltern auf dem Rückweg von Jerusalem nach Nazareth nicht begleitet hatte, so daß sie Ihn angstvoll suchen mußten, antwortete Er ihnen: »Wißt ihr nicht, daß ich sein muß in dem (Hause), das meinem Vater gehört?« Und als Maria Ihn auf der Hochzeit zu Kana zu einem verfrühten Handeln der Weinbereitung drängen wollte, gab ihr Jesus die harte Antwort: »Welche Verbindung besteht zwischen dir und mir, Frau? Meine Stunde« (die Gottesstunde) »ist noch nicht gekommen« (Joh. 2, 4). Dann aber kam die erste Konfrontation mit den Kontrollorganen der Jerusalemer Priesterschaft; als diese Ihn bezichtigten, Er wirke in satanischer Wunderkraft, wollten Ihn Seine Angehörigen retten, indem sie Ihn als »nicht voll verantwortlich« erklärten. »Er ist von Sinnen« (Mark.. 3, 21)! Daß auch Seine Mutter diesen kläglichen Rettungsversuch stützte, zeigt der Zusammenhang mit Mark. 3, 31–35. »Wer ist meine Mutter, wer sind meine Brüder? Wer irgend den Willen Gottes tut, der ist mir Bruder und Schwester und Mutter!« Und doch gedachte Er noch am Kreuz in zärtlicher Fürsorge Seiner Mutter Maria und empfahl sie der Betreuung Seines Jüngers Johannes. **Sohn wurde Ich meinem Vater ... angesichts meiner Mutter!** Dies wird uns nun verständlich.

Höret, ihr Söhne! Das gilt nun auch uns als ein Aufruf zum Glaubensgehorsam; es war ja höchstes Ziel des Apostels Paulus, »Glaubensgehorsam unter allen Nationen aufzurichten« (Röm. 1, 5). Zeigt sich doch das Wesen der Sohnschaft in nichts deutlicher als im Gehorsam gegenüber dem Vater des Lichtes! Zum Gehorsam aber führt das geistliche **Hören,** das im heiligen Hörschweigen gelernt werden will! In Gottes **Belehrung** gilt es nun, mehr und mehr **Verständnis kennenzulernen,** oder, wie es Paulus sagte, »Einsicht zu gewinnen darüber, was der Wille des Herrn sei« (Eph. 5, 17). Der Heilige Geist verleiht uns zu solchem Wachstum **Weisung und Zielgebung.** Er vermittelt uns im Wort eine **gute Instruktion,** die zur »Vollausrüstung des Gottesmenschen dient« (2. Tim. 3, 16–17). Nach dem Hebräischen ist diese **Instruktion** das **Wohlannehmbare.** Dazu gehört zweifellos das anerkanntermaßen große Geheimnis der Gottseligkeit (1. Tim. 3, 16), die freudige Annahme des Evangeliums (1. Kor. 15, 1), die willige Aufnahme des Vaterwortes im Zeugnis des Sohnes (Joh. 3, 33), wie die Annahme der Liebe zur Wahrheit (2. Thess. 2, 10). Auch wir dürfen es festhalten und bezeugen: »Das Wort ist glaubwürdig und aller Annahme wert, daß Christus Jesus in die Welt gekommen ist, Sünder zu erretten« (1. Tim. 1, 15)!

+ ⁺ +

42/43   VÄTERLICHE WEISUNGEN   (4, 4–8)

Und er (der Vater) **wies mir das Ziel** (lehrte mich) **und sprach zu mir ...**

Wie wichtig ist die göttliche **Belehrung,** die väterliche **Zielgebung** für den Weg der Söhne! »Wer das Ziel nicht weiß, wird auch den Weg nicht wissen!« Darum ist biblische Lehre keine bloße Wissensvermittlung und dogmatisch-philosophische Erkenntniserweiterung, sondern **Weisung** (BU) und **Zielgebung** (BA). Wir wiesen schon darauf hin, daß auch Jesus Seinen Weg nach der »Programmierung« des Vaters vollzog, weil Er »nichts von sich selbst tun konnte«. Das »Gebot«, das Er vom Vater empfing, war das »Innenziel«, die innere Weisung des Geistes (entolä) . Wievielmehr benötigen wir auf unserem gefährdeten Weg inmitten einer »verdrehten und verkehrten Generation« göttliche Weisung, damit wir, vom Siege Christi her und zum Ziele hin leben und kämpfen können! – Im vorliegenden, umfangreichen Text vernehmen wir acht Weisungen des Vaters für den Sohn und für die Söhne:

1. **Dein Herz halte meine Worte fest** (V. 4)! Der hebr. Text spricht genauer vom **Umarmen** der Worte Gottes. Denken wir da nicht an den ringenden Jakob, der den gottgesandten Engel mit dem Ruf umklammerte: »Ich lasse dich nicht los, es sei denn, du

segnest mich« (1. Mos. 32, 26)!? So dürfen auch wir entschlossen zupacken, um Gottes Wort **festzuhalten;** dies ist dann freilich keine Sache der kraftvollen Arme und Hände, sondern des Herzens als des personalen Zentrums einer klaren Willensentscheidung! Das Herz ist unseres Wesens Mitte und die Schaltzentrale geistgewirkter Entschlüsse. Dazu gehört nach dem NT auch das Festhalten der apostolischen Lehrüberlieferung und Wortverkündigung, wie sie sonderlich durch Paulus geschah (1. Kor. 11, 2/ 15, 1–2). Wir sollten allerdings immer »die Wahrheit festhalten in Liebe«, und mit dem Haupt des Leibes der Gemeinde auch die »Hauptsache« und Summe des Gotteswortes (Eph. 4,15/Kol. 2, 19). 2. Tim. 1, 13 aber nennt uns als den Generalnenner: »Halte fest das Muster gesunder Worte« – die Wortprägungen und Gedankengrundrisse des Geistes Gottes in der Heiligen Schrift!

2. **Beobachte meine Gebote und lebe** (V. 4)! **Lebe!** Das braucht man wohl keinem Menschen zu sagen – oder ist es nicht doch so, daß unser Tun und Handeln oft Leben zerstörend wirkt? Nur die göttliche Erziehung kann uns dahin führen, daß wir Seine **Gebote beobachten,** die ja eine Grundlage für das wirkliche, ewige **Leben** bilden. **Hüte meine Gebote** (BA)! Worin besteht denn die Tätigkeit eines Hirten, der seine Schafe hütet? Er gibt ihnen Nahrung – er pflegt und bewacht sie – er verteidigt die anvertrauten Tiere und setzt sein Leben für sie ein – er mehrt das Leben der Herde und die Zahl der Tiere – er heilt das Kranke. Leicht läßt sich dies auf unseren Umgang mit Gottes Wort und Gebot übertragen. Für die Gemeinde Christi ist aus vielen **Geboten** nur eines geworden: Liebe Gott und den Nächsten, sonderlich den Bruder! Das »alte Gebot« wurde »neu«, indem es durch Christi Erlösung auch in uns zur Wirklichkeit wurde, weil die Finsternis entschwindet und das wesenhafte Licht schon leuchtet (1. Joh. 2, 7–8)!

3. **Der Weisheit Anfang ist: Erwirb Weisheit; und in allem, was du erwarbst, erwirb Verstehen** (V. 5 + 7)!
Kann man **Weisheit und Verstehen erwerben?** Welches ist der Preis dafür? Denn alles hat seinen Preis, auch der Gewinn der Weisheit und der Zugewinn an Verständnis des Erworbenen! Wir haben zu »zahlen« mit Zeitopfern und Lebenskraft, aber auch mit einem Verzicht auf »die zeitliche Ergötzung der Sünde« (Hebr. 11, 25). Der das Wort studierende Jude war für gewöhnlich kein reicher Kaufmann, sondern einer, der sich mit dem Existenzminimum zufrieden gab. Jesus belehrt uns, im Hinblick auf den Weg der Nachfolge, wie ein kluger Baumeister »die Kosten zu überschlagen, ob man es habe hinauszuführen«, damit der Hohn der Feinde uns nicht treffe, wenn die geistliche Lebensplanung in kümmerlichen Anfängen steckenbliebe (Luk. 14, 28). Ergänzend sagt dazu Spr. 16, 16: »Weisheit erwerben ist um vieles besser als Feingold, und Verständnis erwerben um vieles vorzüglicher als Silber!« Und Pred. 7, 12 bezeugt: »Denn im Schatten der Weisheit ist's wie im Schatten des Silbers, aber der Vorzug der Erkenntnis ist dieser, daß die Weisheit ihren Besitzern Leben gibt!« Dies sollte uns die Wahl erleichtern! Doch auch hierin gibt es ein Wachstum: die erste Stufe ist ein **Gewinn an Weisheit,** eine weitere Stufe ist es, **Verständnis zu erlangen** in dem, was uns an Weisheit, Wissen und Erkenntnis zugewachsen ist. Mit dem **Verständnis** eignen wir uns persönlich an, was uns Weisheitslehrer vermittelten. »Die gut gedient haben, **erwerben sich** eine schöne Ehrenstufe und viel Freimütigkeit im Glauben, der in Christo Jesu ist« (1. Tim. 3, 13)!

+

4. **Vergiß nicht!** (V. 5). Ganz gewiß ist das Auswendiglernen von Stellen der Heiligen Schrift hierfür wichtig, doch ist die innere Aneignung wichtiger! Mehr als zu einem guten Gedächtnis werden wir zur inneren Aufgeschlossenheit und Wachheit aufgerufen, die der Heilige Geist gebrauchen kann, wenn Er uns an Jesu Worte erinnern will (Joh.14, 26). So spricht der verheißene Messias in Ps. 40, 8: »Dein Wohlgefallen zu tun, mein Gott, ist meine Lust; und Deine Weisung ist im Inneren meines Herzens!« Dies meint auch der tiefste Sinn des Wortes Er-innerung; es ist Verinnerlichung. Auch der Apostel Petrus wollte die Glaubenden »durch Erinnerung aufwecken«, damit sie nach seinem Sterben befähigt seien, sich das Erinnerte »eigenständig ins Gedächtnis zurückzurufen« (2. Petr. 1, 12–14). Wie ernst ermahnt 5. Mose 4, 9 das Volk Israel: »Nur hüte dich und hüte deine Seele sehr, daß du die Ereignisse nicht vergessest, die deine Augen gesehen haben, und daß sie nicht aus deinem Herzen weichen alle Tage deines Lebens!«

Wie gut ist es, wenn »das Wort Christi« – zum Abruf bereit –»uns reichlich innewohnt« (Kol. 3, 16)! Der Geist wird es uns dann jederzeit und allerorten lebendigmachen!

5. **Nicht weiche ab von den Aussprüchen meines Mundes** (V. 5).

Dies könnte ein irdischer Vater wohl kaum fordern; aber der »Vater aller Vaterschaften« bittet uns darum. Lebte doch auch Gottes erstgeborener Sohn »nicht vom Brot allein, sondern von einem jeden Wort, das aus dem Munde Gottes hervorgeht« (Mtth. 4, 4)! Indem Er dieses »Schwert des Geistes« zu gebrauchen wußte, konnte Er der teuflischen Versuchung in der Wüste widerstehen. So ist auch eine gebrochene Haltung zur göttlichen Inspiration der Heiligen Schriften nicht ungefährlich, wie sehr sie auch unserem verfinsterten Verstand naheliegt; führt sie doch über kurz oder lang zu einem Abweichen zur Rechten (zur Gesetzlichkeit) oder zur Linken (zur Gesetzlosigkeit), zu einem Hinzufügen zum Worte Gottes oder zu einem Hinwegtun, wovor wir ja ausdrücklich gewarnt werden. Darum brauchen wir für unseren Glaubenskampf auch »Waffen der Gerechtigkeit gegenüber der Rechten und gegenüber der Linken« (2. Kor. 6, 7)! **Das Abweichen von den Aussprüchen des Mundes Gottes** mag zunächst nur eine geringfügige Weichenstellung sein; aber schon nach kurzer Strecke in der Zeitwanderung unseres Lebens werden Verirrung und Ziellosigkeit offenbar!

6. **Verlaß sie** (die Weisheit) **nicht, und sie wird dich bewahren!** (V. 6).

Das **Verlassen** ist das Endergebnis des **Abweichens.** Spätestens jetzt werden uns und anderen die verborgenen Wirkungen des Verderbens offenbar. »Wollt ihr etwa auch weggehen?« fragte Jesus Seine Jünger, so fragt die Weisheit Gottes immerdar auch uns (Joh. 6, 67). Doch wir möchten gerne entschlossen mit Petrus antworten: »Herr, zu wem sollten wir gehen? DU hast Worte des ewigen Lebens; und wir haben geglaubt und wissen es nun auch, daß Du der Heilige Gottes bist« (V. 68–69)! »Niemand stand mir bei meiner ersten Verantwortung bei, alle verließen mich« mußte der angeklagte Apostel ausrufen (2. Tim. 4, 16)! Und Petrus spricht von den »Kindern des Fluches«, die den geraden Weg verlassen haben und abgeirrt sind auf den Weg Bileams, d.h. zu einer Mischung zwischen Licht und Finsternis (2. Petr. 2, 15). Gehören wir zu denen, »die sich nicht zurückziehen zum Verderben« (Hebr. 10, 39)? Gott schenke es!

7. **Liebe sie** (die Weisheit), **und sie wird dich bewahren!** (V. 6)

Die Liebe zur Weisheit ist die Liebe zu Christus, der Weisheit Gottes. Durch Ihn aber lieben wir den Vater! Dies geht weit über die Weisheitsliebe der Philosophen aller Zeiten hinaus! Ist doch die Liebe zu Gott, die in unsere Herzen ausgegossen wurde durch den

Heiligen Geist, Grundlage aller göttlichen Weisheit und Erkenntnis! »Was kein Auge gesehen und kein Ohr gehört hat, was auch in keines Menschen Herz emporgestiegen ist, eben das hat Gott denen zubereitet, **die Ihn lieben**« (1. Kor. 2, 8–9)! Welche köstlichen Verheißungen stehen dem offen, der Jesus Christus, und durch Ihn den Vater, liebt!

– ihm wird Güte und Bund bewahrt (Dan.9,4);
– er wird sein wie die machtvoll aufgehende Sonne (Richt. 5, 31);
– wer Jesus liebt, wird vom Vater geliebt werden (Joh.14, 21–23);
– wer Gott liebt, der ist von Ihm erkannt (1. Kor. 8 ,3);
– ihm wirkt Gott alles, ja, das All, zum Guten (Röm.8,28);
– er empfängt eine unaussprechbare und verherrlichte Freude (1. Petr.1, 8);
– ihm winkt der Siegeskranz der Gerechtigkeit (2. Tim. 4, 8), – ja, der Siegeskranz des Lebens (Jak. 1, 12);
– er ist Erbe des Reiches Gottes (Jak. 2, 5).

Sollten uns solche göttlichen Verheißungen nicht das Herz öffnen für die Liebe zu Gott, der uns liebte, als wir noch Feinde waren?
In Spr. 8 ,21 heißt es:»… die mich lieben, sollen Wirkliches (Wesenhaftes) ererben!« und V. 17 fügt hinzu:»Ich liebe, die mich lieben, und die mich frühe suchen, werden mich finden!«

8. **Halte sie hoch** (Wirf sie dir auf zum Schutzwall), **und sie wird dich erhöhen; sie wird dich verherrlichen, wenn du sie umarmst** (V. 8).
Erhöhung und **Verherrlichung** stehen am Endes des Weges, den ein Mensch mit der Gottesweisheit geht – ein Miteinanderwandern, das zur bleibenden Freundschaft und schließlich zur **liebenden Umarmung** und zur Einswerdung führt.

+ ⁺ +

44 HERRLICHKEITSKRONE UND SIEGESKRANZ (4, 8–9)

Halte sie (die Weisheit) **hoch, und sie wird dich erhöhen; sie wird dich verherrlichen, wenn du sie** (liebend) **umarmst. Sie wird deinem Haupte einen Kranz der Gnade verleihen, eine Krone der Pracht dir darreichen!**

Erhöhung und **Verherrlichung,** nicht Erniedrigung und Entehrung, ist der Weisheit Ziel, ist Christi Vollendungswunsch für die Söhne. »Ohne Flecken und Runzeln und dergleichen etwas« will Er Seine Gemeinde dereinst vor dem Thron Seines Vaters darstellen (Eph. 5, 27). Nicht wie ein »aus dem Feuer gerettetes Brandscheit« will Er uns am Ziele sehen, sondern als Verherrlichte, die »Gold, Silber und Edelsteine« auf dem Fundament des Heils aufgebaut haben (1. Kor. 3, 11–15). Ein biblisches Bild für diese Verherrlichung sind **Krone** und **Siegeskranz:** Könige wurden gekrönt, siegreiche Sportler **bekränzt.** Die Schrift nennt folgende Kronen und Kränze:

1. den KRANZ DER GNADE (BA) für die, welche Gottes Weisheit liehen (Spr. 1, 9/4,9);

2. die KRONE DER PRACHT für die, welche sie hochhalten (Spr. 4, 9);

3. die KRONE DER GÜTE UND ERBARMUNGEN für solche, die der Not entronnen sind (Ps. 103, 4);

4. den KRANZ DER FREUDE – für Paulus: die ersehnten Brüder (Phil. 4, 1);

5. den SIEGESKRANZ DER GERECHTIGKEIT für alle, die Christi Erscheinung lieben (2. Tim. 4, 8);

6. den KRANZ DER HERRLICHKEIT, den der Hirtenfürst treuen Ältesten und Hirten verleihen wird (1. Petr. 5, 4), und

7. den SIEGESKRANZ DES LEBENS für den in der Versuchung Bewährten, der Gott liebt und Ihm die Treue hält (Jak. 1, 12/Offb. 2, 10).

Ob wir zwischen den einzelnen **Ehrungen** Christi streng unterscheiden müssen oder ob unsere künftige **Verherrlichung** alle Gottesgaben einschließen wird, wissen wir nicht; doch sicher stellen **Krone** und **Siegeskränze** Gnade, Pracht, Güte, Freude, Gerechtigkeit, Herrlichkeit und Leben in ihrer Fülle und Vollendung dar! Weder Makel und Schwachheit, noch Begrenzung werden dann diese Lebensqualitäten der von Gott Gekrönten tragen!

Doch werden auch die Vorbedingungen klar genannt; nicht ein jeder wird **gekrönt** und **bekränzt,** sondern nur die, welche »gesetzmäßig gekämpft und die Regeln der Wettspiele eingehalten haben«! Und wenn wir nicht festhalten, was wir in Christo Jesu haben, dann kann uns die Krone auch genommen werden (2.Tim. 2,5/Offb. 3, 11); unser Sprüchewort nennt als Bedingung, daß wir die Weisheit Gottes **hochhalten** (oder: sie als Schutzwall aufwerfen), und daß wir sie **liebend umarmen,** um mit ihr eins zu werden (s. Hohesld. 2, 6 und 8, 3, wonach der Geliebte seine Braut umarmt).

Eigentlich ist Jesus Christus selbst der Kronenträger, in dem sich alle Vollendungsgeschenke der Herrlichkeit vereinigen. Auch dies könnte uns im Text der SPRÜCHE aufleuchten, wenn er sagt: **Deinem HAUPTE wird sie einen Kranz der Gnade verleihen!** Ist doch Jesus Christus als »das Haupt Seines Leibes« der Erstgekrönte des Vaters, damit Er in allem den Vorrang habe! Er, der im Leiden die Dornenkrone trug, wird bei Seinem Erscheinen auf Seinem Haupte eine Diademenkrone tragen (Offb. 19, 12)! Mit Herrlichkeit und Pracht hat Gott Seinen Weltenherrscher gekrönt (Ps. 8, 5).

Darum werden auch wir, wie die Ältesten des Himmels, dereinst unsere Kronen niederwerfen vor dem Thron, wenn wir Christus als das Lamm schauen und Ihn als den allein Würdigen preisen werden (Offb. 4, 10)!

45   GOTT BAHNT UNS DEN WEG UND WEIST UNS DAS ZIEL   (4, 10–13)

Höre, mein Sohn, und nimm meine Reden an, und des Lebens Jahre werden sich dir mehren! Ich unterweise dich im Wege der Wahrheit, ich leite dich auf gerade Wegspuren. Während du gehst, wird dein Schritt nicht beengt werden, und wenn du läufst, wirst du nicht straucheln! Halte fest an der Unterweisung, laß sie nicht los; bewahre sie, denn sie ist dein Leben!

Wie schon in Spr. 3, 23–26 wird auch im achten Aufruf an den Sohn der vorgebahnte, sichere, zielstrebige und **gerade Weg** verheißen, auf dem es keinen **eingeengten** (DEL: verformten) **Schritt** und **kein Straucheln** gibt. Nach dem Hebräischen ist die ungehemmte Freiheit des Schrittes gemeint, ein Weg, der nicht determiniert und »in eine Form gepreßt« ist. Der Vater verheißt: **Ich unterweise dich im Wege der Weisheit,** oder wie Baader übersetzt: **Im Weg der Weisheit gebe ich dir Ziel!** Dürfen auch wir dies als Gottesverheißung für unser Wandern zur ewigen Heimat annehmen? Ist aber der **schnurgerade Weg** ohne **wankenden Schritt,** neutestamentlich gesehen, überhaupt haltbar? Sagt nicht Jak. 3, 2: »Wir alle straucheln oftmals«? Wissen wir nicht von vielen Irrwegen, Abwegen und Umwegen unseres Lebens? Und doch glauben wir, daß der lebendige Gott diese schließlich zum gnadenvollen Heimweg umgestaltet!

Das Adventskapitel des Propheten Jesajas (K. 40) führt uns den Bau des »Hochweges« Gottes zur Offenbarung Seiner Herrlichkeit vor Augen; dieser bringt gewaltige Umstürze mit sich: Berge müssen zertrümmert und eingeebnet werden, das Krumme muß begradigt, Schluchten müssen aufgefüllt werden! Haben wir das nicht auch persönlich schon einmal erlebt? Und doch gibt es den verheißenen **schnurgeraden Weg** zum göttlichen Ziel! In Jer. 31, 9 weissagt der Prophet die endzeitliche Erschütterung Israels in der Buße so: »Mit Weinen kommen sie, und unter Flehen leite ich sie; ich führe sie zu Wasserbächen auf einem ebenen Wege, auf dem sie nicht straucheln werden!«

Eines der wunderbaren »Ich-bin-Worte«, mit denen Jesus den JAHWEH-Namen auf sich überträgt, lautet: »Ich bin ER – der **Weg** und die Wahrheit und das Leben« (Joh. 14, 6)! Als **WEG** gibt der Herr uns Richtung und Ziel, als WAHRHEIT die Orientierung auf dem Wege, und als LEBEN des Weges Vollendung; darum heißt es: **Bewahre die Unterweisung, denn sie ist dein Leben!** und in Spr. 8, 35: »Wer mich (die Weisheit) findet, hat das Leben gefunden und Wohlgefallen erlangt von JAHWEH!«

Als »Urheber unserer Errettung« und »Anfänger und Vollender des Glaubens« will der Sohn Gottes »viele Söhne zur Herrlichkeit führen« (Hebr. 2,10/12, 2). Darum wurden auch die ersten Christen solche genannt, »die des Weges sind« (Apg. 9, 2), und wir singen:

> »Du gingst, o Jesu, unser Haupt, durch Leiden himmelan
> und führest jeden, der da glaubt, mit Dir die gleiche Bahn!«

Doch gilt die Verheißung von den **geraden Wegspuren** und dem **Ziel auf dem Weg der Weisheit** im letzten Sinne dem Sohne Gottes selbst. Er klärte Seinen Willen und Weg in dieser Welt beständig am Willen des Vaters und koordinierte **Seine Schritte** mit dem Worte Gottes. Er selbst war »der junge Mann«, der Seinen Weg »in Reinheit ging«, wie keiner von uns, indem Er sich »bewahrte nach Gottes Wort« (Ps. 119, 9). Darum war der **Weg** des Christus **schnurgerade, sein Schritt ungehemmt** und **nicht verformt,** Sein Gang aber **zielstrebig und ohne Straucheln.**

Doch auch wir gehen auf dem Christusweg und dürfen Seinen »Fußspuren« nachfolgen (1. Petr. 2, 21); diese »Fußspuren des Messias« sind aber nach der jüdischen Deutung von Ps. 89, 51 die »Signale des endzeitlichen Messias«, Seine Spuren in der Welt- und Heilsgeschichte. Auch uns will Gott von »krummen Wegen« auf **den gerademWeg** Jesu Christi leiten, uns **im Weg der Weisheit Ziel geben.** Am leichtesten wird Ihm dies bei Menschen gelingen, »in deren Herzen gebahnte Wege sind« (Ps. 84, 5), und die sich von Jesus, dem Licht der Welt erleuchten lassen. Denn »wenn jemand am Tage wandelt, stößt er nicht an, weil er das Licht dieser Welt sieht; wenn aber jemand in der Nacht wandelt, stößt er an, weil das Licht **nicht in ihm ist«** (Joh. 11, 9–10)! Gottesmenschen gilt die Verheißung, daß sie, wenn sie ihre Berufung und Erwählung festmachen, dann doch letztlich »niemals straucheln werden« (2. Petr. 1,10), jedenfalls, was die Erreichung des Zieles anbetrifft, dem Er selbst uns entgegenträgt! Grundbedingung dafür ist jedoch das **Annehmen der Aussprüche Gottes,** der uns **im Wege der Wahrheit unterweist, uns das Ziel weist.** Als einmal eine jüdische Frau Maria wegen ihrer Schwangerschaft und Mutterschaft mit Jesus glückselig pries, verwies sie der Herr auf eine »Schwangerschaft höherer Art«, auf das Werden des Wortes Gottes in uns: »Glückselig sind vielmehr die, welche das Wort Gottes hören und bewahren« (Luk.11, 28)!

+ + +

46   AUF DEM WEGE DER BÖSEN (4, 14–16)

Begib dich nicht auf den Pfad der Gesetzlosen, und schreite nicht einher auf dem Wege der Bösen. Löse dich von ihm, gehe nicht auf ihn hinüber, laß ihn abseits liegen und gehe vorüber! Denn sie schlafen nicht, wenn sie nichts Böses taten, und ihr Schlaf wird ihnen geraubt, wenn sie nicht zu Fall gebracht haben!

Mit eindringlichen Worten warnt der Vater den Sohn, »vom geraden Weg abzuirren und dem Wege Bileams nachzufolgen« (s. 2. Petr. 2,15). Dieser BILEAM (= Volksverderber) war der Sohn BEORS (der Fackel), des Sohnes BALAKS (des Verwüsters); wenn ihn Jos. 13, 22 »Zauberer« nennt, so verrät es damit seine okkulte Finsternisbindung. So wie der Weg der Kinder Gottes dem Wege des erstgeborenen Sohnes Gottes gleicht, ist der **Weg der Gesetzlosen** von jener Spur gezeichnet, die der Satan, als der Urheber aller Gesetzlosigkeit, hinterlassen hat. Die **gesetzlosen Frevler** wollen **Böses tun, indem sie zu Fall bringen;** ist dies nicht auch das Begehren des Feindes Gottes, der wie ein brüllender Löwe umhergeht und sucht, wen er verschlinge (1. Petr. 5 ,8)? »Simon, Simon, siehe, der Satan hat dich begehrt, um dich wie den Weizen zu worfeln!« eröffnete der Herr dem Petrus. Wir alle wären verloren und wären längst **dem Wege des Bösen** verfallen, wenn Jesus nicht für uns beten würde, damit unser Glaube nicht aufhöre, so wie Er es bei Seinem Apostel getan hat (Luk. 22, 31–32)!

Gibt es nicht geradezu eine »Magie des bösen Weges«, des Urweges der Schlange? Es ist der Weg Luzifers, der ursprünglich »vollkommen war in seinem Wege vom Tage seiner Erschaffung an – bis Unrecht in ihm gefunden ward, und sein Inneres mit Gewalttat erfüllt wurde« (Hes. 28, 15–16); einen großen Teil der Engelwelt riß er mit sich auf diesen Weg des Verderbens, **des Bösen.**

Dabei ist dieser Weg nicht von vornherein mit Angst und Schrecken, Fluch und Verderben belegt; die darauf **schreiten,** sind darin sogar **glückselig,** wie das Hebräische nahelegt. Sie haben den ruhigsten **Schlaf** gerade dann, wenn sie andere **zum Straucheln brachten und Böses taten,** welcher nach Spr. 3, 24 eigentlich nur dem Gerechten verheißen ist. Selbst im Schlafe brütet ihre Seele Böses aus, und auch bei Schlaflosigkeit ersinnen sie Untaten. Nach Ps. 36, 4 »ersinnt der Gesetzlose Frevel auf seinem Lager«, und Jes. 57, 20 bezeugt von den Gesetzlosen, sie seien »wie das aufgewühlte Meer; denn es kann nicht ruhig sein, und seine Wasser wühlen Schlamm und Kot auf. Kein Friede den Gesetzlosen …!« Doch aufs letzte gilt ihnen Micha 2, 1: »Wehe denen, die Unheil sinnen und Böses vorbereiten auf ihren Lagern! Beim Morgenlicht führen sie es aus …!« Delitzsch führt dazu aus: »Ihr Schlaf wird ihnen geraubt, wenn sie nicht fortwährend Böses tun und anderen Unglück bringen; eine Unterbrechung dieser ihnen zur anderen Natur gewordenen Handlungsweise wäre ihnen wie Störung ihrer Diät, die sie krank macht.« Nicht immer wird man durch den Weg der Sünde sogleich unglücklich, sondern findet vielleicht sogar eine »zeitliche Ergötzung der Sünde« (Hebr. 11, 25).

Wie gut, wenn wir **den Weg des Gesetzlosen** gar nicht erst **beschreiten!** Doch wer von uns könnte dies von sich sagen? Erst in der Heimkehr zu Gott entscheiden wir uns, **vom Pfad des Bösen abzubiegen** und uns vom Bösen **zu lösen.** »Er-lösung« ist »Entfesselung« und Loslösung; eine hervorragende Anschauung für diesen Prozeß der Heiligung bietet uns der Bericht über die Auferweckung des Lazarus. Er war tot und strömte Verwesungsgeruch aus, und auch wir waren »tot in Sünden und Übertretungen« (Eph. 2, 1). Dann aber traf Lazarus der Ruf des Gottessohnes, wie uns alle der Ruf Jesu im Evangelium traf, und er wurde lebendig und schwebte aus der Grabeshöhle heraus. So wurden auch wir »mit dem Christus lebendiggemacht« (Eph. 2, 5). Doch damit Lazarus überhaupt laufen konnte, mußte er zuvor aus den Leichenbinden »gelöst« werden (Joh. 11, 44)! Erst dann werden auch wir »marschbereit« für den Gottesweg, wenn wir von Todesverhaftung, Sündengebundenheiten und vom magischen Schlangenweg gelöst wurden. Dies ist vornehmlich die Aufgabe der Gemeindehirten. Dann **lösen wir uns vom Wege des Bösen, lassen ihn abseits liegen, gehen an ihm vorüber** und wechseln über zum Wege des Lichtes und des Lebens; dann sind wir solche, die »vom Tode zum Leben übergelaufen sind« (Joh. 5, 24).

+ + +

47   DAS »ABENDMAHL« DER FREVLER   (4, 17)

Denn sie essen Brot der Gesetzlosigkeit und trinken Wein der Gewalttaten.

Was erwarten wir von den **Frevlern** anderes, als die »Werke des Fleisches«, zu denen auch »Trunkenheit und Gelage« zählen, da sie ja nach der atheistischen Devise leben: »Lasset uns essen und trinken, denn morgen sind wir tot« (Gal. 5, 21/1. Kor. 15, 32)? Zwar ist »das Brot der Falschheit einem Manne süß, aber hernach wird sein Mund voll Kies«, sagt Spr. 20, 17. Und »die Helden im Weintrinken« stehen nach Jes. 5, 22 unter dem »Wehe« des Fluches Gottes. Darum »ist es besser, in ein Trauerhaus zu gehen, als in das Haus des Gelages, weil jenes das Ende des Menschen kündet; und der Lebende nimmt es zu Herzen«, und wird in solchem Nachsinnen weiser als zuvor (Pred. 7, 2). Unser Vers spricht von der Tischgemeinschaft der **Frevler** und **Gesetzlosen,** die in den Zeichen von **Brot und Wein** ein Gegenstück zum »Herrenmahl« der Gemeinde Jesu Christi bildet, dem »Schaubrottisch« des Neuen Bundes.

1. Kor. 10, 16 sagt hierzu: »Der Kelch der Segnung, den wir segnen, ist er nicht Anteilhabe am Blute Christi? Das Brot, das wir brechen, ist es nicht Anteilhabe am Leibe Chri-

sti?« Solche heilige Tischgemeinschaft verkündigt allen unsichtbaren Mächten den Tod und damit den Sieg des Herrn, aber auch die Einheit der Gemeinde des Leibes Christi (1. Kor. 11, 26). Darum fährt 1. Kor. 10, 17 fort: »Denn ein Brot, ein Leib sind wir, die Vielen, denn wir haben alle Anteil an einem Brote!«

Gibt es eine solche Einheit auch bei den Mächten der Finsternis und des Bösen, deren Werkzeuge die Gesetzlosen auf Erden sind? Mtth. 12, 24–26 bejaht diese Frage. Dies ist beschämend für die Glieder des Leibes Christi, die oft die Einheit des Geistes verleugnen und sie, trotz ihrer Bekundung am Tisch des Herrn, nicht wirklich darstellen! Die Einheit der Finsternismächte ist eine Konsequenz aus ihrer Empörung gegen den lebendigen Gott, die Einheit eines Zweckverbandes, der durch das Interesse am Bösen zusammengehalten wird. Wirkliche Gemeinschaft gibt es nur auf der Grundlage der Liebe Gottes. Doch beabsichtigen die Mächte des Bösen eine Verkörperung und Darstellung ihrer dämonischen Macht im Irdischen. Der Apostel Paulus hat darum eine Teilnahme von Christen an der Opfermahlzeit im heidnischen Tempel nicht auf die leichte Schulter genommen. Er wußte, daß hinter der Nichtigkeit der **Götzenbilder** kosmische »Götter und Herren« mit dämonischer Wirklichkeit stehen, und daß es nur für die Glieder der Christusgemeinde »**einen** Gott und Vater« und »**einen** Herrn Jesus Christus« gibt (1. Kor. 8, 1–6). Es ist erstaunlich, wie er mit dem »Tisch des Herrn« das satanische Gegenstück vergleicht: »Was die Nationen opfern, opfern sie den Dämonen und nicht Gott! Ich will aber nicht, daß ihr Gemeinschaft habt mit den Dämonen. Ihr könnt nicht zugleich des Herrn Kelch trinken und **der Dämonen Kelch;** ihr könnt nicht teilhaben am Tisch des Herrn und **am Dämonentisch«** (1. Kor. 10, 20–21)!

So gilt für die Bösen in dieser Welt und ihre satanisch inspirierten »Gemeinschaftsformen«: **Das Brot,** das *sie* brechen, ist es nicht Darstellung der Einheit mit dem Satan, der Anteilhabe an seiner **Gesetzlosigkeit? Der Wein,** den sie aus dem »Kelch des Fluches« trinken, ist er nicht die Darstellung ihrer Anteilhabe an den **Gewalttaten** des »Mörders von Urbeginn«? **Denn sie essen Brot der Gesetzlosigkeit und trinken Wein der Gewalttaten!** Sie werden dereinst vom »Wein des Zornes Gottes« trinken müssen (Offb. 14, 10)!

Wir aber lassen uns gerne von der Weisheit Gottes zu ihrem Tische einladen: »Esset von meinem **Brote** und trinket von dem **Wein,** den ich gemischt habe!« (Spr. 9 ,5) und dürfen ihren geistlichen Rat vernehmen: »Geh: Iß dein Brot mit Freude und trinke deinen Wein mit frohem Herzen; denn längst hat Gott Wohlgefallen an deinem Tun. Deine Kleider seien weiß zu aller Zeit, und das Öl mangle deinem Haupte nicht« (Pred. 9, 7–8)!

+ ⁺ +

48 IMMER HELLER LEUCHTET DES GERECHTEN PFAD (4, 18–19)

Aber der Pfad der Gerechten ist wie das Erglänzen des Morgenlichts, das immer heller leuchtet, bis bereitet ist der Tag (bis zur vollen Tageshelligkeit). **Der Weg der Gesetzlosen ist wie das Tiefdunkel; sie erkennen nicht, worüber sie straucheln.**

Diesem zweifachen Ausgang des **Weges der Frommen** und **der Gesetzlosen** entspricht das Wort aus Richt. 5, 31: »Also mögen umkommen alle Deine Feinde, JAHWEH! Aber die Ihn lieben sind, wie die Sonne aufgeht in ihrer Kraft!« Dies wird uns in Hiob 5,14 bestätigt, wo von den Weltweisen, die »Gott erhascht in ihrer List« bezeugt wird: »Bei Tage stoßen sie auf Finsternis, und am Mittag tappen sie wie bei der Nacht!« Ps. 97, 11 aber zeigt uns als des Gerechten Zukunft: »Licht ist gesät dem Gerechten, und Freude den von Herzen Aufrichtigen!«

Man muß einmal, etwa im Hochgebirge, die erste Morgendämmerung und den Sonnenaufgang erlebt haben, um das rechte Empfinden für die Aussage zu haben, **der Pfad des Gerechten** sei **wie das glänzende Morgenlicht** (BA: wie des Lichtes Erglänzen; DEL: wie die Helligkeit des Morgenglanzes; PAR: wie das Leuchten des Morgenglanzes; BUB: wie der Lichtschein).

Man könnte meinen, der strahlende Aufglanz des Morgenlichtes gleiche der kraftvollen Jugendzeit des Gerechten, die **volle Tageshelligkeit,** welche die Sonne im Zenit verbreitet, hingegen seiner vollen Manneskraft; dann aber wäre das Alter **des Gerechten,** als der »Untergang der Sonne«, verschwiegen. Vielmehr ist das **Aufstrahlen des Morgenglanzes** dem Beginn des Lebens mit Gott zuzuordnen, wo Er »in unsere Herzen geleuchtet hat, damit in ihnen entstünde der Lichtglanz der Erkenntnis der Herrlichkeit Gottes auf dem Angesicht Christi« (2. Kor. 4, 6); dieses neue Leben aber will sich mehr und mehr zum vollen Glanz, in des Lebens Reife und im Heimgang zu Gott, entfalten. **Tiefdunkel** gibt es nur für den **Weg der Gesetzlosen;** für Glaubende gibt es keinen »Sonnenuntergang«. **Sie gehen vorwärts und leuchten, bis bereitet ist der Tag,** so überträgt es die LXX. **Immer heller** – das meint nicht: immer gesünder, reicher, mächtiger, berühmter, einflußreicher; es ist vielmehr das Erstrahlen des Gotteslichtes in der Schwachheit, wie es Paulus so fein in 2. Kor. 4, 16 sagt: »Darum werden wir nicht müde; vielmehr, wenn auch unser äußerer Mensch verfällt, so wird doch der innere Tag für Tag erneuert!« In »tönernen Gefäßen«, in unansehnlichen Öllämpchen, erstrahlt Gottes Licht.

Bei allem Lichtglanz, der auch unser geistliches Leben durchdringt, geht es um **die Bereitung des Tages** Christi, Seines kommenden Reiches. Auf diesen Gottestag gehen wir zu; und nur darum ist **unser Weg hell,** weil »die Sonne der Gerechtigkeit mit Heilung unter ihren Flügeln«, Jesus Christus selbst, unseren Weg erleuchtet (Mal. 4, 2). Von Ihm, dem »Herrscher in Gottesfurcht, dem Herrscher über die Menschen, dem Felsen Israels« sagte der greise David: »Er wird sein wie das Licht des Morgens, wenn die Sonne aufgeht, ein Morgen ohne Wolken …« (2. Sam. 23, 3–4). Denn »Sein Hervortreten« aus der Verborgenheit des unzugänglichen Lichtes »wird so sicher sein wie das Kommen der Morgendämmerung« (Hosea 6, 3). Also gilt unser Sprüchewort prophetisch *dem* **Gerechten,** dem Christus Gottes, und Seinem **Weg.** Ist Er doch **WEG** und **GERECHTER** und **SONNE** und **TAG** zugleich. Während es in der von Gott gelösten Welt immer dunkler wird, und **das Tiefdunkel** der Nacht weit vorgerückt ist (Röm. 13, 12), vollzieht der Christus Seinen heilsgeschichtlichen Weg **bis zur Bereitung des Lichtes** und des Gottestages Seines Reiches. Dabei wird das Licht bei denen gemehrt, die »Söhne des Lichtes« sind, denn »die Finsternis vergeht, und das wesenhafte Licht leuchtet schon jetzt« (1. Joh. 2, 8). Dieser göttliche Tagesanbruch wurde modellhaft auf dem Berge der Verklärung vorgebildet, als Jesus im Lichtglanz erschien, und Sein Angesicht wie die Sonne in ihrer Vollkraft leuchtete. Was wird es sein, wenn unser Herr als »die Sonne der Gerechtigkeit« strahlend über dieser gequälten Welt aufgehen wird; dann werden alle Bestien in ihren unterirdischen Höhlen verbannt, und der »Mensch« Christus Jesus wird ausgehen an Sein »Tagewerk« (Ps. 104, 19–23). Dann wird auch »die Gerechtigkeit« des erneuerten Israel »hervorbrechen wie Lichtglanz und ihr Heil wie eine lodernde Fackel« (Jes. 62, 1)!

Aber eines sieht auch unser Wort aus den SPRÜCHEN nicht, was allein »die Sonne wußte: ihren Untergang«! In den Stunden am Kreuz wurde der Christus abgeschnitten von den Augen des lebendigen Gottes und damit von Seinem Licht, Seinem Geist, Seinem Leben; als der »zur Sünde Gemachte« nahm Er teil am **Tiefdunkel des Gesetzlosen** – fern vom Angesicht des Herrn!

Gleichen wir dem Gottesmanne Moses, auf dessen Angesicht der Lichtschein der Gottesherrlichkeit erglänzte, wenn er mit dem Herrn gesprochen hatte und Ihm begegnet war?

+ ⁺ +

49   DAS HERZ – QUELLZENTRUM DER PERSON   (4, 20–23)

Mein Sohn, merke auf meine Worte, neige dein Ohr meinen Aussprüchen zu! Laß deine Augen nicht von ihnen abschweifen, bewahre sie im Innersten deines Herzens. Denn Leben sind sie denen, die sie finden, und Heilung ihrem ganzen Fleisch. Behüte dein Herz mehr als alles, was zu bewahren ist: denn von ihm aus sind die Ausgänge des Lebens.

Das geöffnete **Ohr** und geöffnete **Augen** werden oftmals vom Worte Gottes erwähnt; sind sie doch die Organe eines inneren Wahrnehmungsvermögens unseres Geistes – mehr noch als die leiblichen Augen und Ohren. Den **Aussprüchen** Gottes sollen wir unser **Ohr zurecken** (BA), seine Weisungen mit den **Augen intensiv betrachten** und **in der Mitte des Herzens bewahren.** Daß hier ein inneres Schau- und Hörvermögen angesprochen wird, zeigen zwei Stellen aus dem NT; in Apg. 7, 51 werden die Führer Israels als »halsstarrig und unbeschnitten an Herz und Ohren« bezeichnet; und in Eph. 1, 18 erbittet der Apostel Paulus für die Glieder der Christusgemeinde, daß sie »erleuchtet seien an den Augen ihres Herzens«, damit sie zu einem klaren Wissen in der Offenbarung des Wesens und Planes Gottes kämen. Während unsere leiblichen Augen das Sichtbare erblicken, schauen die geöffneten **Augen des Herzens** auf das Unsichtbare der ewigen und göttlichen Wirklichkeit (2. Kor. 4, 18)!

Mit dem Bewahren der göttlichen Aussprüche wird unserem Leibe, und gewiß auch unserer Seele, **Heilung** verheißen. »Dein Wort bewegt des Herzens Grund, Dein Wort macht Leib und Seel gesund, Dein Wort ist's, das mein Herz erfreut, Dein Wort gibt Trost und Seligkeit« – so singen wir gerne. Wenn unser Leben von den Weisungen des Wortes Gottes geordnet ist, dann wird sich dies auch über den Frieden der Seele wohltuend auf unseren Leib auswirken; hat doch die Gottseligkeit sowohl die Verheißung dieses als auch des zukünftigen Lebens (1. Tim. 4 ,8). Schon Spr. 3, 8 verhieß als Folge der Gottesfurcht »Heilung für den Nabel, Tränkung für die Gebeine«, und Spr. 12, 18 sagt: »Da ist einer, der unbesonnene Worte redet gleich Schwerthieben, aber die Zunge der Weisen ist Heilung!«

Bewahre die Aussprüche des Vaters **im Innersten deines Herzens** (BUB: in deiner Herzensmitte)! Mit dem Herzen ist sicher nicht der Blut pumpende Muskel gemeint, sondern die geistig-ethische Mitte unserer Person, die Schaltzentrale unserer Willensbewegungen, Vorentscheidungen und Entschlüsse, das Quellzentrum unseres Seelenlebens und Selbstbewußtseins. Warum sollen wir nun unser **Herz mehr behüten als alles, was es zu bewahren gilt?** Die SPRÜCHE sehen im Herzen ein **Quellzentrum des Lebens,** von dem die Lebensströme **ausgehen.** Wie man nun eine Quelle sauber hält, weil sie über die Wasserqualität der von ihr gespeisten Bäche und Flüsse entscheidet, und ihr die Richtung weist und den weiteren Verlauf bahnt, so sollen auch wir **das Innerste** unserer Person reinigen und klären. Von Natur aus ist nämlich unser Herz keineswegs eine »Lebensquelle«. Jesus sagt uns in Mtth. 15, 19, was eigentlich unserem Herzen entströmt: böse Gedanken, Mord, Ehebruch, Hurerei, Diebstahl, Lügenzeugnis, Lästerungen. Auch »die Verkehrtheit des Mundes und die Verdrehtheit der Lippen« entspringen den »Gedanken im Herzen eines Mannes« (vgl. Spr. 4, 24 mit 19, 21). Könnte man also nicht eher sagen: »Dem Herzen entspringen die Quellen des Todes«? Man lese nur Jak. 1, 14–15, wonach die QUELLE der Lust zum FLUSSE der Sünde und schließlich zum STROM des Todes anschwillt!

Nein – Lebensströme aus der Mitte der Person kommen letztlich nur vom **Sohne** Gottes, der Gottes Wort **im Innersten Seines Herzens bewahrt,** und »aus dessen Leibe Ströme lebendigen Wassers fließen« (Ps. 40, 8/Joh. 7, 38). Von Seinem **Herzen aus sind die Ausgänge des Lebens.** Doch von Ihm her und durch Seine Gnade kann auch unser Herz genesen. Während der böse Mensch aus dem bösen Herzensschatz nur Böses hervorbringt, kann der gute Mensch aus dem guten Schatze seines Herzens Gutes hervorbringen (Mtth. 12, 35). Darum gilt es, **das Herz** als das **Quellzentrum** unseres Wollens und Tuns über alles **zu bewahren.** Gegenüber allen buntschillernden und »fremden« Einflüssen gibt uns die Gnade Jesu ein »festes Herz«. Dies ist köstlich vor Gott (Hebr .13, 9).

+ + +

50   GERADER KURS – FÜR AUGEN, MUND UND FUSS!   (4, 24–27)

Lege von dir ab die Verkehrtheit des MUNDES, die Verdrehtheit der Lippen entferne von dir! Laß deine AUGEN geradeaus blicken, und richte deine Augenlider geradeaus auf das Ziel vor dir! Ebne das Geleise deines FUSSES, und alle deine Wege seien befestigt! Biege nicht ab zur Rechten noch zur Linken, wende ab vom Bösen deinen Fuß!

Die Gottesweisheit ermahnt uns zur rechten Blickrichtung der **Augen,** zum geraden Wort des **Mundes** und zum zielgeraden Weg unseres **Fußes.** Gottes Wort richtet sich gegen jede **Verdrehtheit** im Wort und wider alle »gekrümmten« Wege und Maßnahmen. Das Erziehungsziel des Heiligen Geistes ist der geradlinige Mensch, der durch seine Treue gegenüber dem Worte Gottes, aber auch in der Treue zu seinem eigenen geistlichen Kurs, »durchsichtig« und geistlicherweise »berechenbar« wird. Dabei muß der »Herzensgerade« die Gefahr vermeiden, daß seine innere Wesenstreue zu einer sturen Starrheit führt, die anderen als untragbares Gesetz aufbürden will, wozu sie noch gar nicht reif sind.

Über den **geraden, befestigten Weg** mit klaren **Wegspuren** und den unbehinderten **Fuß** wurde schon manches ausgeführt. Von hohem Wert ist es, daß wir **weder zur Rechten noch zur Linken** vom geraden Kurs geistlicher Treue abweichen. Gefährlich an solchen Weichenstellungen ist ja, daß die Kursänderung oft erst nach geraumer Zeit zu erkennen ist. Was aber bedeutet in der Symbolsprache der Schrift das **Abbiegen zur Rechten** oder **zur Linken?** So wie im »himmlischen Parlament« die Rechte von den Lichtesmächten, die oppositionelle Linke aber von den Finsternismächten gebildet wird, meint **die Rechte** die fromme Gesetzlichkeit und Überheblichkeit, **die Linke** aber Sünde und Gesetzlosigkeit. In diesem Lichte ist die Sünde wirklich »Zielverfehlung«. Beide Gefahren drohten der Gottesgemeinde immer wieder auf ihrem Wege durch die Zeit. Für sie ist **der gerade Weg** das Bekenntnis zur Mitte des Evangeliums Jesu Christi. Wer diesen Pfad beschreitet, »hält das Haupt fest« und läßt sich nicht »ablenken durch verführerische Philosophie und inhaltlosen Betrug, durch Menschentradition und die Elementarmächte des Kosmos« (Kol. 2, 8 + 19). Darum hat uns der Herr mit »Waffen der Gerechtigkeit gegenüber der **Rechten** und gegenüber der **Linken**« ausgerüstet (2. Kor. 6, 7).

Unser Text spricht auch von der **Verkehrtheit des Mundes** und der **Verkrümmung der Lippen** (DEL: der Lippen-Schiefheit). Gemeint ist die Falschheit des listenreichen, diplomatischen, Fallen stellenden und sich selbst verbergenden Wortes. Während in Gottes Aussprüchen nichts Verkehrtes und Verdrehtes ist, wie es Spr. 8, 8 bezeugt, »verdrehen Unwissende und Unbefestigte« das Wort Gottes, sonderlich die paulinischen Briefe, »zu ihrem eigenen Verderben« (2. Petr. 3, 16). So kam es, daß aus der Gemeinde selbst Männer aufstanden, die »verkehrte Dinge redeten« (Apg. 20, 30). Es waren Männer, die wie Bileam in der Mischsituation lebten und darum auch mit ihrer Zunge segneten und fluchten – segneten im Wort und fluchten in der Tat. Ihr Wort erzeugte eine gefährliche Vernebelung der Geister (Jak. 3, 9–12).

Laß deine Augen geradeaus blicken, und deine Augenlider richte geradeaus auf das Ziel!

Was will unser Text hiermit sagen? Ganz gewiß, daß wir zielorientiert wandern und alle Hindernisse auf unserem Wege erkennen und umgehen! Darum fährt er fort: **Ebne die Wegspur deines Fußes, und alle deine Wege seien befestigt!** Auch unser Herr wollte, daß ein heiliger Orientierungssinn unseren geistlichen Wandel bestimme: »Wenn jemand am Tage« (d. h. im Lichte) »wandert, stößt er nicht an; wer aber in der Nacht wandert, stößt an, weil das Licht nicht in ihm ist« (Joh. 11, 9–10). Das **Geradeausschauen der Augen** ist ein Aufmerken auf Geländemarken und landschaftliche Orientierungspunkte – geistlicherweise auf die Denkzeichen der Treue Gottes in unserem Leben und die Marksteine künftiger Führungen, wozu wir erleuchtete Augen eines prophetischen Geistes brauchen. Von solchen »trigonometrischen Punkten« auf dem Wanderweg der Geistesmenschen und des Gottesvolkes spricht auch Jer. 31, 21: »Richte dir Wegzeichen auf, setze dir Steinmale, richte dein Herz auf die Straße, auf der du gezogen bist!« Diese Wegmarken dürfen dann auch anderen, die nach uns das unwegsame Gelände dieser Welt erwandern, als Orientierungshilfe dienen!

Dabei kann das **Geradeausschauen der Augen** sich in einem »Erheben der Häupter«

und einem Emporschauen vollenden, das die nahende Vollerlösung wahrnimmt; Menschen hingegen, die wie Kain aus dem Bösen sind, senken ihr Antlitz zur Erde (1. Mos. 4, 6).

Über die rechte Blickrichtung wäre manches zu sagen:

1. Der **Anblick** der uns umgebenden Welt kann die Sehnsucht der schauenden Seele nicht stillen.
2. Der **Einblick** in unser gottfeindliches Wesen kann uns in tiefe Belastung und Schwermut führen. »Selbstbeobachtung ist eine tödliche Krankheit« (Nee)! Es kann uns aber auch zur Erkenntnis unserer Sünde bringen.
3. Die **Einsicht** in Gottes Herz, in Seinen Plan und Seine Gedanken, belebt unseren Geist und erleuchtet unsere Seele.
4. Der **Durchblick** durch das Wort und die Schau seiner Offenbarungslinien öffnet uns den Blick für Gottes Handeln in der Weltgeschichte und offenbart uns Seine Wesensherrlichkeit.
5. Der **Rückblick** auf dunkle Schuld der Vergangenheit lähmt unsere Dienstbereitschaft und verdunkelt uns Gottes vollkommenes Heil.
6. Der **Ausblick** in die kommenden Aeonen göttlicher Heilsvollendung stärkt unsere Hoffnung und befestigt unseren Glauben.
7. Der **Aufblick** zu Jesus als dem Urheber und Vollender des Glaubens löst uns aus lähmender Müdigkeit und gibt im Kampfe neuen Mut.

> »Nun aufwärts froh den Blick gewandt und vorwärts fest den Schritt!
> Wir gehn an unseres Meisters Hand, und unser Herr geht mit!«

In »einem Augenblick« wird der Herr uns in Seine Herrlichkeit verwandeln; ob dieser »Anblick der Augen« ein Schauen Seiner selbst bei Seiner Wiederkunft sein wird, durch den wir Ihm gleichgestaltet werden, wie es H. Langenberg vom Grundtext her deutete?

51   VERFÜHRERISCHE LIPPEN   (5, 1–6)

Mein Sohn, merke auf meine Weisheit, neige dein Ohr zu meinem Verständnis, um besonnenen Plan zu beobachten, und daß deine Lippen Erkenntnis bewahren. Denn Honigseim träufeln die Lippen der Fremden, und glätter als Öl ist ihr Gaumen; aber ihr Ende ist bitter wie Wermut, scharf wie ein zweischneidiges Schwert. Ihre Füße steigen hinab zum Tode, am Scheol haften ihre Schritte. Weitab davon, daß sie den Weg des Lebens einschlage, schwanken ihre Wegspuren, doch sie erkennt es nicht!

Immer wieder warnen die SPRÜCHE den auserwählten Sohn vor der **Ausländerin,** dem **fremden Weib** (BUB: der Fremdbuhle); doch geschieht dies nicht aus Rassenhaß, sondern aus der Erfahrung, daß durch Frauen anderer Völker und ihre sexuell geprägte

»Religion« der Götzendienst in das Volk Israel einströmte. Grundsätzliches haben wir hierüber schon bei Spr. 2, 16–19 ausgeführt. Die Sexualität kann in der Ehe eine gottgewollte Bereicherung des Menschen darstellen, weshalb es auch in Spr. 5, 18 heißt: »Deine Quelle sei gesegnet, und erfreue dich an der Frau deiner Jugend, die liebliche Hindin und anmutige Gemse ...«, doch birgt sie auch große Gefahren. So können Glieder des Leibes Christi nicht mit der Hure einswerden, ohne die geistliche Einheit mit ihrem Herrn und ihren Leib als den »Tempel des Heiligen Geistes« zu gefährden! Sie können nicht in Jochgemeinschaft mit einem Ungläubigen stehen, ohne tiefen Schaden am geistlichen Leben zu nehmen. Doch liegt es in der menschlichen Natur, das Anvertraute und Gewohnte zu verachten und das Neue, Ungewohnte zu begehren. Der »Reiz des Neuen« erscheint auch in den Symbolen unseres Textes, die sonst im Worte Gottes höchste Güter abbilden: **Honigseim** – die Freude an der Süßigkeit des Wortes Gottes und an Seiner Freundlichkeit; **Öl** – die Salbung mit dem Heiligen Geiste; **Öl des Gaumens** – geistgesalbte Rede; **Wermut** – ein Bild der bitteren, aber von Gott geheiligten Leiden; und das **zweischneidige Schwert** – als das göttliche Wort, das in uns Geist und Seele scheidet und uns zu geistlicher Gesundheit führt (Hebr. 4, 12). Bei der **Hure** aber sind diese Begriffe ins Dämonische verkehrt: den **Lippen der Erkenntnis,** die der Vater dem Sohne wünscht, stehen die verführerischen Lippen der Hure gegenüber; der **Honigseim ihrer Lippen** meint ihre »süßen«, einschmeichelnden, verführerischen Reden; so gibt es ja Bienen in Südamerika, die aus dem Nektar von Wolfsmilchgewächsen einen krebserzeugenden **Honig** zusammentragen. **Das Öl des glatten Gaumens** der Hure meint, daß sie sich dem Verführten mit ihrem werbenden Wort heuchlerisch anpaßt; wie oft stiften die Schmeicheleien eines »geistreichen« Wortes die ersten verlockenden Kontakte zu Sünde und Untreue. So heißt es beispielsweise von dem Verräter des Messias in Ps. 55, 21: »Glatt sind die Milchworte seines Mundes, und Krieg ist sein Herz; geschmeidiger sind seine Worte **als Öl,** und sie gleichen gezogenen Schwertern!« Delitzsch führt hierzu aus: »Der Dichter malt die Liebe und Liebenswürdigkeit«, welche die Hure heuchlerisch zur Schau stellt, »mit den Farben des Hohenliedes«, welches ja die Gottesbraut abbildet (Hohesl. 4,11/5, 16).

Der Hure **Ende,** d. h. das, **was sie am Ende darreicht, ist wie bitterer Wermut,** wie Gift; es gleicht **dem zweischneidigen Schwert,** womit die harte Zucht tödlicher Gerichte für die Verführerin und den Verführten, wohl auch die bleibenden Schäden für Leib und Seele gemeint sind.

Es darf noch einmal daran erinnert werden, daß es die **Ausländerinnen** waren, die mit ihren mitgebrachten **fremden** Gottheiten den König Salomo und hernach auch Israel verderbten. Und dabei hatte ihm der Geist Gottes noch vor seinem inneren Verfall diese Versuchung aufs klarste gezeigt, so daß er niederschrieb: »Und ich fand, was bitterer ist als der Tod: das Weib, welches Netzen gleicht, dessen Herz Fanggarne, dessen Hände Fesseln sind. Wer Gott wohlgefällt, wird ihr entrinnen: aber der Sünder wird durch sie gefangen werden« (Pred. 7, 26)!

Die **schweifenden Wegspuren** des gekrümmten Schlangenweges, auf den das hurerische Weib auch **den Sohn** verführen kann, mögen wohl irgendwann einmal den **Lebensweg** berührt haben, **weichen** aber letztlich **zum Tode hin ab.** Trefflich hat dies Jakobus beschrieben, wenn er in K. 1, 14–15 von der Versuchung sagt: Die Begierde zieht den Sünder hinweg aus dem Bergungsort; sie ködert ihn durch die kurzfristige »Ergötzung der Sünde«; die Begierde empfängt, was aus dämonischem Geist in ihr »gezeugt« wurde; sie gebiert – nach einer Zeit der inneren Ausreife – die Sünde; die Sünde kommt völlig zum Ziel; schließlich gebiert sie den Tod.

Welche Tragik, daß der im Sinnenrausch befangene Mensch, sei er nun Verführer oder Verführter, den Abweg **noch nicht einmal erkennt!** Gott bewahre uns auf dem geraden Weg der Treue, den wir erwählen, wenn wir **auf die väterliche Weisheit aufmerken, Seiner Einsicht vertrauen,** geistlicherweise **planvoll handeln** und **die Erkenntnis bewahren!**

+ + +

52   TODGEWEIHT – INMITTEN DER GEMEINDE   (5, 7–14)

Nun denn, ihr Söhne, höret auf mich, weicht nicht ab von den Aussprüchen meines Mundes! Halte fern von ihr deinen Weg, und nahe der Türe ihres Hauses nicht: damit du nicht anderen deine Majestät gebest, und dem Grausamen deine Jahre! Damit nicht Fremde sich sättigen an deiner Kraft (deinem Vermögen), **und deines Fleißes Erwerb nicht in eines Ausländers Haus komme; damit du nicht stöhnest bei deinem Ende, weil dein Fleisch und dein Leib dahinschwinden!** (V. 7–11)

Die Prostituierte, die aus der Unzucht ein Gewerbe macht, sammelt des Abtrünnigen **Vermögen in des Ausländers Haus,** der offensichtlich ihr »Zuhälter« ist. Diesem Abweg will der Aufruf des Vaters zur Reinheit widerstehen; doch geht es um mehr als um Vermögensverlust – um den drohenden Verfall von Geist, Seele und Leib im sexuellen Götzendienst! Wie tief war doch das von Bileam als »unüberwindlich« geschaute Volk Israel im hurerischen Götzendienst des Baal-Peor gefallen (4. Mos. 25)! Und in unseren Tagen bietet eine »freiheitliche Demokratie« der schrankenlosen »Selbstverwirklichung« des modernen Menschen jegliche Spielart der Hurerei an; wie gefährdet ist hierdurch auch der Glaubende! 1. Kor. 6, 15–19 schildert die umfassende Gefährdung des ganzen Menschen in der Hurerei. »Der Herr für den Leib, der Leib für den Herrn!« so lautet die Parole des Glaubens. »Wie können Glieder Christi zu Gliedern der Hure werden?« muß ernstlich gefragt werden. »Wer mit einer Hure Gemeinschaft hat, wird mit ihr zu einem Leibe« (griech. sooma, auch »Person«), er, der doch »mit dem Herrn ein Geist« sein sollte! »Fliehet die Hurerei! Jede Sünde, die ein Mensch auch begehen mag, geschieht außerhalb des Leibes, wer aber hurt, sündigt gegen seinen eigenen Leib!« Er zerrüttet seine Persönlichkeit. »Wißt ihr denn nicht, daß euer Leib ein Tempel des Heiligen Geistes ist?« – Das sind überaus deutliche Worte.
Worin aber besteht die **Zielverfehlung,** der unwiderbringliche Verlust des Mannes auf solchem Abweg? Nur im Verlust **des mühselig erworbenen Vermögens?** Nein, es droht auch ein **Dahinschwinden des Fleisches und Leibes,** vielleicht gar eine Auslieferung an Satan »zum Verderben des Fleisches« (1. Kor. 5, 5). Dieser ist wohl letztlich **der Grausame,** Erbarmungslose, der solches als Gerichtswerkzeug Gottes vollzieht. **Gib nicht dem Grausamen deine Jahre!** Sollen wir doch »die im Fleische noch übrige Zeit nicht mehr den Begierden der Menschen, sondern dem Willen Gottes leben. Denn die vergangene Zeit ist genug, da wir den Willen der Nationen vollbracht haben« (1. Petr. 4, 3–4)!
Wie schmerzlich hat David solches **Dahinschwinden** nach dem Ehebruch mit Bathseba

erfahren müssen! »Als ich schwieg, zerfielen meine Gebeine durch mein Stöhnen den ganzen Tag. Denn Tag und Nacht lastete auf mir Deine Hand; verwandelt ward mein Saft in Sommerdürre« (Ps. 32, 3–4; s. auch Ps. 51).

Gib nicht anderen deine Majestät, dem Grausamen deine Jahre!

Das hebr. »hod«, welches wir mit **Majestät** wiedergeben, kann auch die Pracht eines Bauwerkes, die Fülle eines Lichtglanzes oder Klanges bedeuten (E: Blüte; DEL: Jugendfrische).
Mit dieser Aussage wird die **Würde** und **Hoheit** des Mannes aufgezeigt, die ihm in seiner Erschaffung von Gott mitgegeben wurde, wie in den folgenden Versen 15–20 die andersartige, aber gleichwertige Würde der Frau. Von beidem spricht Gottes Wort. »Das Weib ist des Mannes Herrlichkeit« und »Es ist weder die Frau ohne den Mann etwas, noch der Mann ohne die Frau in dem Herrn« (1. Kor. 11, 7 + 11). Welche Selbstpreisgabe und welcher Substanzverlust begleiten doch den Weg des Ehebrechers! Hurerei ist eben nicht ein »wertneutraler Vorgang«, der dem Trinken eines Glases Wassers gleicht, sondern vor Gott ein Verlust **der Manneshoheit an den Grausamen,** den Satan.
Dabei ist nicht der Leib der Ursprungsort der Sünde, wie man es im Pietismus meinte; vielmehr geht die Sünde von der Mitte unserer Person aus, vom Herzen, vom Willen, vom sündenvergifteten Geist und Gedanken! Der Leib ist immer nur Ausführungsorgan des Willens, entweder als ein »Werkzeug der Ungerechtigkeit«, oder als ein für Gott brauchbares »Werkzeug der Gerechtigkeit« (Röm. 6, 13). Dies zeigen auch deutlich die Verse 12–14 mit der ergreifenden Klage dessen, dem **Fleisch und Leib** unter Gewissensqualen im Tode **dahinschwinden:**

Und du sprichst: Ach, wie habe ich die Unterweisung gehaßt, wie hat mein Herz die Zurechtweisung geschmäht! Und ich habe nicht auf die Stimme derer gehört, die mir das Ziel gewiesen haben, und habe mein Ohr nicht meinen Lehrern zugeneigt. Nur wenig hat gefehlt – so wäre ich in jeglichem Bösen gewesen, inmitten der Versammlung und Gemeinde!

Das verkündigte **Lehrwort** trifft als **Unterweisung und Zurechtweisung das Ohr** des Sohnes und möchte in seinem **Herzen** den Gehorsam erwecken; denn dort ist die personale Schaltstelle, wo zum Guten oder zum Bösen die Vorentscheidungen getroffen, die Weichen gestellt werden. Darum ermahnen uns die weisen Lehrer, wie Barnabas, der »Sohn des Trostes«, »mit festem Herzensentschluß bei dem Herrn zu verharren« (Apg. 11, 23). Wie schmerzlich muß es dem Schüler sein, die Lehre »guter Männer voll Heiligen Geistes und Glaubens« gehört und doch das Sohnschaftsziel verfehlt zu haben! Wie schmerzlich muß es auch für den gottgesandten Lehrer sein, den Abweg **des Sohnes** oder Schülers mitverfolgen zu müssen! Daß solches Salomo schrieb, ist erschütternd; was er als Lehrweisheit klar erkannt und ausgesprochen hatte, verfehlte er am Ende seines gesegneten Lebens selbst!
Der beschriebene Abweg kann, unbemerkt von anderen Menschen, **inmitten der Versammlung und Gemeinde** (BA: Zeugenschar) geschehen! Man kann durch geheime Sünde in einer Gemeinde, die Menschen »aus der Welt« zu retten sucht, verlorengehen. Das tausendfach gehörte Wort kann uns nutzlos sein, wenn wir es nicht »mit dem Glauben vermischen« (Hebr. 4, 2). **Wenig hätte gefehlt** (oder: um ein Haar wäre es ge-

schehen), **und ich wäre in allem Bösen gestrandet,** so lautet das Selbstzeugnis des Verfassers. Doch sein **Stöhnen** (hebr. auch: Fauchen, Heulen) in Reue und Buße wendete das drohende Verderben, und er wurde »wie ein Brand aus dem Feuer gerettet« (Sach. 3, 2).

+ ⁺ +

53   ERFREUE DICH AN DER FRAU DEINER JUGEND!   (5, 15–20)

Trinke Wasser aus deiner Zisterne, reiche Zuflüsse aus deinem Brunnen! Sollen deine Quellen sich nach draußen ergießen, die Wasserbäche auf die Straßen? Dir allein sollen sie gehören, und keinesfalls den Fremden neben dir. Dein Born wird gesegnet sein, und erfreue dich an der Frau deiner Jugend – die liebliche Hindin, die anmutige Gemse! Mögen ihre Brüste dich berauschen allezeit, mögest du stets taumeln in ihrer Liebe! Warum denn, mein Sohn, solltest du an einer Fremden taumeln, und der Ausländerin Brust umschlingen?

Welche Werbung für die Freuden irdischer Liebe! Sollte dies dem Worte Gottes angemessen sein? Lautet nicht das, was Paulus in 1. Kor. 7 und 11 ausführt, wesentlich anders? Erhebt sich nicht ein starker Widerspruch zwischen dem »diesseitsbejahenden« AT und dem »weltfremden«, ideell ausgerichteten NT? Hätten wir nicht vorliegenden Text verkürzt wiedergeben sollen? So könnte man in oberflächlicher Betrachtung meinen!

Und doch spricht gerade der Apostel Paulus überaus hoch von der ehelichen, körperlichen Einswerdung! Er sieht im Vollzug der Schöpfungsordnung der Ehe geradezu ein »mysterion«, ein Geheimnis; und dies nicht aus einer romantischen Verklärung heraus, sondern weil er in der Stiftung der Ehe durch den Schöpfer eine prophetische Vorbildung der Einswerdung zwischen dem Christus und Seiner Gemeinde sieht. Dieses »große Geheimnis« wird im Vollzug der Ehe christusgläubiger Menschen zur Darstellungsprophetie gegenüber der unsichtbaren Welt (Eph. 5, 25–33). Wenn er in den Korintherbriefen die Akzente anders setzte, dann um der »gegenwärtigen Not« der verfolgten Gemeinde willen und im Hinblick auf die Zeitverkürzung einer nahe erwarteten Endzeit. An keiner Stelle wertet das Wort Gottes die Ehe moralisch ab (man lese nur Pred. 9, 9)!

Deine Zisterne, dein Brunnen, dein Born – die lebendiges, erfrischendes, belebendes Wasser spenden – so rühmt der Verfasser der SPRÜCHE **die Frau der Jugend,** welcher der Mann lebenslang die Treue halten soll, auch wenn sie im hohen Alter ihm nicht mehr als **liebliche Hindin und anmutige Gemse** erscheint, wie einst in seiner ersten Liebe. Der treue Mann orientiert sich nicht **nach draußen,** sucht Liebesfreude nicht **an der Fremden;** wir erinnern uns daran, wie oft im Worte Gottes **das Fremde,** das »Andersartige«, das Dämonische meint (2. Kor. 11, 4). Die Bilder des **Brunnens, der Zisterne** und **des Borns** schildern uns die Frau durchaus nicht nur als die Empfangende, sondern auch als Gebende. Sie ist »ihres Mannes Krone« (Spr. 12, 4) und »des Mannes Herrlichkeit« (1. Kor. 11, 7), die ihn nach Geist, Seele und Leib reich beschenken kann. So darf sich der Freudenruf Adams beim Manne wiederholen, der ausrief, als der Herr ihm die

»Gehilfin zur Ergänzung« schenkte: »Endlich diese« (1. Mos. 2, 20 + 23)! Matthias Claudius schrieb seiner Frau zur Silberhochzeit:

> Ich danke Dir mein Wohl, mein Glück in diesem Leben.
> Ich war wohl klug, daß ich Dich fand.
> Doch ich fand nicht, Gott hat Dich mir gegeben.
> So segnet keine andre Hand!

Schon in 1. Mos. 3, 16 wurde mit dem Gotteswort »Nach **deinem** Manne wird dein Verlangen sein!« der Grund zur lebenslangen Einehe gelegt.

Erfreue dich an der Frau deiner Jugend …! … denn unmittelbar vor den Augen JAHWEHs sind die Wege des Mannes, und alle seine Wegspuren wägt Er ab (5,18 + 21).

Hinter der Aufforderung zu solch treuer und andauernder Freude steht mehr als nur ein moralischer Anspruch, etwa zum Schutze der Frau. Sie ist Ausdruck von Gottes eigener **Freude** auf die Zeit der Wiederherstellung Israels zur **Braut,** da es »wieder singen wird wie in den Tagen ihrer Jugend, wie an dem Tage, da es aus dem Lande Ägypten heraufzog« (Hosea 2, 15). Auch das Hohelied schaut die »Braut JAHWEHs«, als einen »verschlossenen Garten, einen verschlossenen **Born,** eine versiegelte **Quelle«,** als eine »Gartenquelle, einen **Brunnen** lebendigen Wassers, wie Bäche, die vom Libanon herabfließen« (Hohesl. 4, 12 + 15).

Darum sind **die Wege des Mannes,** gerade auf dem so heiß umkämpften sexuellen Gebiet, **unmittelbar konfrontiert mit den Augen JAHWEHs.** Weil Gott die Menschen »von Anfang an« männlich und weiblich erschuf, bekannte sich Jesus zur Unantastbarkeit der Ehe und stellte sich schützend vor die Frau: »Was nun Gott zusammengefügt hat, das soll der Mensch nicht scheiden« (Mtth. 19, 3–12).

Es gibt ein eigenartiges Kapitel im Propheten Maleachi, das in diesem Zusammenhang steht (2, 10–17): JAHWEH selbst liebte Sein Heiligtum in Jerusalem; doch nun ist es mit der »Tochter« (der Hauptstadt) eines **fremden** Gottes »vermählt«. Die Frommen Israels aber fragen nach der Ursache, warum der Herr ihre Opfergaben nicht mehr annimmt und ihre Tränen und ihr Seufzen übergeht. Die prophetische Antwort lautet: »Weil JAHWEH Zeuge gewesen ist zwischen dir und **dem Weibe deiner Jugend,** an welchem du treulos gehandelt hast, da sie doch deine Gefährtin und das Weib deines Bundes ist.« Dieser irdische Ehebund aber ist nur ein schwaches Abbild der »Vermählung« JAHWEHs mit Seinem »Weibe« Israel! Er jedoch ist Seinem Bunde getreu, auch wenn Israel im Bündnis mit **fremden Göttern** zur abtrünnigen »Hure« wurde. Das umfassende »Eheprogramm Gottes« wird auch deutlich an der Aussage: »Und hat nicht der EINE sie« (als Mann und Frau) »geschaffen? Und Sein war der Überrest des Geistes« – was sicher den »glimmenden Docht« des Geistes im gefallenen Menschen meint. »Und was wollte der EINE?« (mit der Institution der Ehe): »Er suchte einen Samen Gottes!« Er wollte durch Menschenkinder die Väterreihe des Volkes Israel aufbauen, damit »aus dem Samen Davids« der »Weibessame«, der Messias, käme. In Gottes Plan stellt die menschliche Geburt die biologische Basis der Wiedergeburt dar. Nun verstehen wir erst recht die Mahnung: »So hütet euch in eurem Geiste, treulos zu handeln gegen **das Weib deiner Jugend!** Denn ich hasse Entlassung, spricht JAHWEH, der Gott Israels.«

Die Untreue des Mannes beginnt »im Geiste«. **Alle seine Wegspuren wägt ER ab!** Wenn Männer ihre Frauen nicht als »Miterben der Gnade des ewigen Lebens ehren«, können sogar ihre Gebete von Gott verhindert werden (1. Petr. 3, 7). So sehr identifiziert sich der Herr selbst mit dem Wege der Treue zwischen Mann und Frau. Darum steht in Hebr. 13, 4 das ernste Wort: »Die Ehe sei geehrt in allem, und das Bett unbefleckt; Hurer aber und Ehebrecher wird Gott richten!«

+ + +

54   AUGE IN AUGE MIT GOTT (5, 21)

Denn unmittelbar vor den Augen JAHWEHs sind die Wege des Mannes, und alle seine Wegspuren wägt Er ab!

Unser Weg liegt offen vor den Augen Gottes. Der hebr. Wortlaut spricht von einer **Konfrontation** (BA), einer **Gegenüberstellung.** »Auge in Auge« mit Gott und mit Christus Jesus beschwor der Apostel seinen Mitarbeiter Timotheus, den »schönen Kampf des Glaubens zu kämpfen« (1. Tim. 6, 12–13 nach dem Grundtext). Und in Jer. 16, 17 heißt es: »Denn meine Augen sind auf alle ihre Wege gerichtet, sie sind vor mir nicht verborgen, und ihre Ungerechtigkeit ist nicht verhüllt vor meinen Augen!« Dies gilt auch von unserem **Lebensweg:** Schon unseren Keim, den ersten »zusammengerollten« Zellbestand nach der Befruchtung, »sahen Seine Augen«, mitsamt den Tagen, die da werden sollten. Der lebendige Gott, der uns erforscht und erkennt, weiß um unser Sitzen und Aufstehen, Liegen und Wandern; Er versteht unsere Gedanken von ferne und ist mit allen unseren Wegen vertraut; selbst das noch ungesprochene Wort »weiß Er ganz« (Ps. 139, 2–3/13–16). Dies bestätigen auch die SPRÜCHE: »Die Augen JAHWEHs sind an jedem Orte, sie schauen aus auf Böse und Gute« (15, 3) und: »Scheol und Abgrund sind JAHWEH gegenwärtig, wievielmehr die Herzen der Menschenkinder« (15, 11)! Darum können auch wir Seinem Geiste nicht entgehen! Wohl uns, wenn wir aus solchem Wissen heraus beten: »Erforsche mich, Gott, und erkenne mein Herz, prüfe mich und erkenne meine Gedanken! Und sieh, ob ein Weg, der zur Betrübnis führt, bei mir ist, und leite mich auf ewigem Wege« (Ps. 139, 23–24)!

Die Ihn fürchten, sind sich immer dessen bewußt, daß sie vor **Gottes Augen** stehen und leben! Dies führt sie nicht zu einer unfreien, neurotischen Zwangshaltung, zu geistlichem »Pulszählen« und Gewissensangst, die bestenfalls Türe zum Licht und zur Freiheit sein können; jedoch »in einer Türe wohnt man nicht«! Das Wissen, daß Er unsere Wege kennt, soll zur Beglückung führen, weil Er uns trägt, die wirren Fäden unseres Lebens entwirrt und uns freie und fröhliche Schritte lehrt! Wie verzweifelt hätte Joseph, der Sohn Jakobs, über die scheinbar planlose Verwirrung seines Lebensweges sein können! Doch hernach erwies es sich, daß alle Schritte **seiner Wegspuren** geplant und zum Guten geordnet waren. Dies geschieht allen, die bekennen: **»Den Weg** der Treue habe ich erwählt, habe vor mich hingestellt Deine Rechte« (Ps. 119, 30)! So kann es geschehen, daß sie, wie Henoch, »mit Gott wandeln«, Schritt halten mit dem Plan und Willen des Vaters, der Seine unmündigen Kinder an die Hand nimmt und sie wandern läßt in den **Wegspuren** Seines Sohnes. Jesus selbst ist der lebendige **Weg,** und wir dürfen solche sein, »die des Weges sind« (Apg. 9, 2). Doch auch dieses gilt in allem Ernst: Wege der Sünde sind den Flammenaugen Gottes offenbar! »Kein Geschöpf ist vor Ihm unsichtbar, sondern alles bloß und aufgedeckt vor den Augen dessen, mit dem wir es zu tun haben« (Hebr. 4, 12–13). Gottes Wort mahnt uns »als Kritiker und Richter« immer neu an diesen Tatbestand.

Wir denken noch einmal daran zurück, daß im vorliegenden Textzusammenhang gerade **der Weg des Mannes** mit der **Frau seiner Jugend** offen vor den **Augen des Herrn** liegt. Darum singen und beten wir:

> Geist der Liebe, Kraft und Zucht,
> wenn mich Fleisch und Welt versucht,
> o dann unterstütze mich,
> daß ich ringe ritterlich!

+ + +

55 GEFANGEN IN EIGENEN FESSELN (5, 22–23)

Die eigenen Verfehlungen werden ihn, den Gesetzlosen, fangen, und in der Umstrickung seiner Sünde wird er festgehalten werden. Sterben wird er, weil er keine Zucht hat, und in der Fülle seiner Torheit wird er dahintaumeln.

Unser Text hat eine zweifache Bedeutung; einmal läßt er uns an den gottlosen und **zuchtlosen** Menschen denken und an das Gericht, das ihm bevorsteht; zum anderen weist er hin auf *den* **Gesetzlosen,** den Satan, als den Urheber aller Gesetzlosigkeit im Universum. Kann man nun aber von **Fesseln** sprechen, in denen die Mächte der Finsternis **sich umstricken,** so daß sie auf ihrem Wege **dahintaumeln** und schließlich **zu Fall kommen?** Ist nicht unbeschränkte Freiheit ihr Teil, nachdem sie »die Stricke und Seile JAHWEHs« zerrissen haben – das vollkommen bindende Band der Gottesliebe und das Ordnungsgefüge des Gottesfriedens (Ps. 2, 3/Eph. 4 ,3/Kol. 3, 14)? Dies ist nur scheinbar so, denn auch der gottlose Mensch genießt nur eine fragwürdige Freiheit in der angestrebten »Selbstverwirklichung«! »Es gibt kein größeres Verderben als die Selbsthingabe des Menschen an sich selbst, keine völligere Tyrannei als die, daß Gott den Sünder sich selbst überläßt und dem aus seinem Inneren in böser Tat hervorströmenden Verderben« (nach Karl Barth). Ebenso hat Gott aus dem Inneren Luzifers, des »Sohnes der Morgenröte«, Feuer ausbrechen lassen, das ihn verderbte, nachdem er es zuvor mit Gewalttat angefüllt hatte (Hes. 28, 16–18).

Demgegenüber führt die **Bindung** durch die Liebe und den Frieden Gottes und ein Leben in dieser **»Fessel«** zu wirklicher Freiheit, – einer Freiheit zur Verwirklichung jenes königpriesterlichen Adels, den Adam verspielt hat. Denken wir nur an Paulus, »den Gefangenen Jesu Christi«! Seit Adam sich von Gott lossagte, mußte er »sterbend sterben« (1. Mos. 2, 17). Nun verlosch die Fülle des Gottesgeistes in ihm zum »glimmenden Docht«, und **in der Größe seiner Torheit** (E) **taumelte er dahin.** Wer von uns hätte das totgeweihte Leben in der Nachfolge Adams noch nicht empfunden und in den Notschrei des Saulus von Tarsus eingestimmt: »Ich elender Mensch! Wer wird mich erretten aus dem Leibe dieses Todes«? Ihm wurde die göttliche Antwort: »Gnade!« (Röm. 7, 24–25 nach guten Handschriften).

So sind zwar die Mächte der Dämonie in gewisser Weise eins in ihrem Tun und doch innerlich zerrüttet: **Die Fesseln,** die sie binden und **verstricken,** sind Haß, Lüge, Tod und Mord, Unfriede und Wut. Auch ihnen gilt: »Wer immer ins Gefängnis führt, wird selbst gefangengenommen« (Offb. 13, 10/20, 1–3). »Das Licht der Gesetzlosen wird erlöschen … die Schritte seiner Kraft werden eingeengt werden, sein eigener Ratschluß wird ihn stürzen, denn durch seine eigenen Füße **wird er ins Netz getrieben** … der Erstgeborene des Todes wird fressen die Glieder seines eigenen Leibes« (Hiob 18, 5–18; s. auch 15, 17–35).

Der Gesetzlose ist Satan mit seinen Mächten. Fängt Gott wirklich »die Weisen« in ihrer eigenen List, wie es Hiob 5, 13 sagt? Das Kreuz Christi, als der Mordanschlag auf den Fürsten des Lebens, macht dies offenbar! Der größte Triumph der Mächte der Finsternis wurde zu ihrer totalen Niederlage! Am Kreuze hängend entkleidete der Christus sie ihrer Rüstung: Er entwaffnete sie und triumphierte über sie (Kol. 2, 15)! Sie können, im Bewußtsein, daß ihnen nur noch kurze Zeit verbleibt, planen und wirken, was immer sie wollen, Gott ordnet es den Glaubenden zum Guten an, wie es schon Joseph und seine Brüder erfuhren (1. Mos. 50, 20). Die Weisheit Gottes triumphiert über die Intelligenz aller Seiner Widersacher, so daß all ihr Tun letztlich Seinem Willen dienen muß. Nur darum kann Gott jenen Finsternisgewalten noch Zeit gewähren; sie werden sich **in den eigenen Fesseln fangen** und darin straucheln.

Doch gilt unser Text auch allgemein jedem **zuchtlosen Sünder,** wie uns auch der Zusammenhang mit den vorigen Versen lehrt. Er rennt in das eigene, selbstgeschaffene Verderben. In der Trennung von Gott gibt es auch für die Gesamtmenschheit keine ewige Weltherrschaft und unbegrenzte Naturbewältigung. Sie muß alle »Errungenschaften« nach dem Gesetz von Saat und Ernte bezahlen, und die mißhandelte Natur schlägt zurück, weil der Mensch die Schöpfungsgesetze nicht ungestraft übertritt. Keiner kann dem Schöpfer und Richter der Welt entgehen!

Was tragen wir für **Fesseln** und geheime **Umstrickungen?** Die »Fesseln der Sünde und des Todes«? Jesus will uns, wie einen Lazarus, aus dem Tode in ein neues Leben auferwecken. Doch tragen wir oftmals noch die »leinenen Leichenbinden« und den Verwesungsgeruch des gefallenen Menschen an uns. Es ist Aufgabe der Hirten in der Gemeinde Christi, diese »zu lösen«; erst dann sind wir er-löst, in der freiheitlichen Bindung an Christus allein. Dann kann ein »Geruch des Lebens zum Leben« von uns aus gehen.

+ + +

56   GIB KEINE BÜRGSCHAFT! (6, 1–5)

Mein Sohn, wenn du Bürgschaft geleistet hast für deinen Nächsten, für einen Fremden deine Hand eingeschlagen hast; verstrickt bist durch die Worte deines Mundes, eingefangen durch die Worte deines Mundes: Tue denn dieses, mein Sohn, und reiße dich los, weil du in deines Nächsten Gewalt gekommen bist; geh hin, wirf dich ihm zu Füßen nieder, und bestürme deinen Nächsten; gestatte deinen Augen keinen Schlaf, und keinen Schlummer deinen Wimpern; reiße dich los, wie eine Gazelle vom Zugriff der Hand, und wie ein Vogel, aus dem Zugriff des Vogelstellers!

Mit eindringlichen Worten warnt der Vater seinen Sohn, eine Bürgschaft gegenüber seinem **Nächsten** oder Freund einzugehen, eine unbedachte, vorschnelle Verpflichtung, die er später bitter bereuen könnte. Was damals, einem Eidschwur gleich, **mit Handschlag** vor Zeugen vollzogen wurde, geschieht heute mit der rechtskräftigen Unterschrift unter einem Vertrag. Ja, »ein unverständiger Mensch ist, wer in die Hand einschlägt, wer Bürgschaft leistet gegenüber seinem Nächsten« (Spr. 17, 18)! Nun könnte man fragen, ob diese eindringliche Warnung nicht gegen das Gebot der Nächstenliebe verstoße! Doch muß man bedenken, daß man durch ein solches Entgegenkommen, wobei man oft noch den Charakter des Schuldners falsch einschätzt, in bitterste Not geraten kann: »Sehr schlecht ergeht's einem, wenn er für einen anderen Bürge geworden ist; wer aber das Handeinschlagen haßt, ist sicher« (Spr. 11, 15)! So mancher hat schon durch die Übernahme einer Bürgschaft Haus und Hof, Freiheit und Wohlstand für sich und seine Familie verloren, weil er, **gefangen im Wort, in seines Nächsten Gewalt geriet.** Dabei konnte er in früheren Zeiten sogar Kleidung und Bett verlieren (Spr. 20, 16/22, 26–27).

Was scheinbar hartherzig erscheint, ist eine nüchterne Lebensregel, die auch in unserer Zeit Beachtung finden muß, wo die gefährlichen Klippen eines Vertrages oft im kaum lesbaren »Kleingedruckten« verborgen werden. Mit David sollten wir lieber wünschen in die Hände des richtenden Gottes, als in die **Hände der Menschen** zu fallen (2. Sam. 24, 14)!

So ermahnt der Vater seinen voreiligen, unbedachten **Sohn,** mit allen Mitteln zu versuchen, die Bürgschaft rückgängig zu machen, natürlich nicht beim Gläubiger, was zwecklos wäre, sondern beim befreundeten Schuldner, dem er diese geleistet hat: Er solle ihn **inständig bitten,** ihn mit eindringlichen Worten **bestürmen,** ja, **sich ihm zu Füßen werfen,** und auch **des Nachts nach einer Ablösung suchen;** vielleicht könne es ihm dann gelingen, sich **wie die Gazelle der Tatze** des Raubtiers **zu entreißen, sich loszureißen, wie der Vogel** von den Leimruten und Fangnetzen **des Vogelstellers.** Mit Ps. 124, 7 könnte er dann aufatmend sagen: Meine »Seele ist entronnen wie ein Vogel aus der Schlinge des Vogelstellers, die Schlinge ist zerrissen, und ich bin entronnen«!

Diese Lebensregel gilt für den **Schüler und Sohn,** hier jedoch einmal nicht vom Sohne Gottes! Hätte der Vater Ihn davor warnen sollen, sich **als Bürge** für eine verlorene Welt zur Verfügung zu stellen? Dann hätten die Frommen umsonst gebetet: »Sei Bürge für deinen Knecht zum Guten; laß die Übermütigen mich nicht bedrücken« (Ps. 119, 122)! Oder, wie es Hiskia in der größten Todesnot tat: »Schmachtend blickten meine Augen zur Höhe: O Herr, mir ist bange! Tritt als Bürge für mich ein« (Jes. 38, 14)!

Statt Seinem **Sohne** zu sagen: **Reiße Dich los von der Bürgschaft!** sprach der Vater aller Vaterschaften: »Ich suchte einen Mann unter ihnen, der die Mauer zumauern und vor mir in den Riß treten möchte für das Land, damit ich es nicht verderben müsse, aber ich fand keinen« (Hes. 22, 30)!

Keinen – unter den Menschensöhnen! Doch der einziggezeugte Gottessohn Jesus Christus »ist eines besseren Bundes Bürge geworden« und ist in den Riß getreten, der durch die Sünde zwischen dem Schöpfer und Seiner Schöpfung entstanden ist (Hebr. 7, 22). Vor aller Zeit und Welt hat Er sich für Seine Schöpfung gegenüber dem Vater **zur Bürgschaft** bereiterklärt, nicht durch einen **Handschlag** vor Zeugen, sondern durch einen göttlichen Eidschwur »bei sich selbst«, der nicht gebrochen werden kann (Hebr. 6, 11–20). Und wenn wir Sein Leiden am Kreuz und im Tode bedenken, dann müssen wir wirklich sagen: »Sehr schlecht ergeht's einem, wenn er für einen anderen Bürge geworden ist …« (Spr. 11, 15)!

Das Christusleiden an unserer Statt finden wir aufs schönste dargestellt in der Bürgschaft des Apostels Paulus für den entflohenen Sklaven Onesimus, die er dessen Herrn Philemon (= der Liebende) gab: »Wenn du mich nun für deinen Gefährten hältst, so nimm ihn auf wie mich. Wenn er dir aber irgendein Unrecht getan hat, oder dir etwas schuldig ist, so rechne dies mir an! Ich, Paulus, habe dies mit meiner eigenen Hand geschrieben, ich will bezahlen« (Philem. 17–19)!

> Wenn der Kläger mich verklagt,
> Christus hat mich schon vertreten;
> wenn er mich zu sichten wagt,
> Christus hat für mich gebeten,
> Daß **mein Bürge** für mich spricht,
> das ist meine Zuversicht!

+ + +

57   GEH HIN ZUR AMEISE!   (6, 6–8)

Geh hin zur Ameise, du Fauler, sieh ihre Wege an und werde weise! Sie, die keinen Richter, keinen Aufseher und Herrscher hat, sie bereitet im Sommer ihr Brot, speichert in der Erntezeit ihre Nahrung.

In Naturkundestunden sang ich gerne mit meinen Schülern den Kanon: »Wie groß ist Gott im Kleinen!« Vom Größten bis zum Kleinsten, von der unermeßlichen Galaxie bis in die atomaren Teilchen offenbart sich Gottes Schöpferweisheit in den Bauplänen der Natur. So wie nach Ps. 19, 1–3 das Sternenfirmament Kunde von der Weisheit des Schöpfers gibt, so tut dies auch **die Ameise,** die von Zoologen als die »Krone des Insektenreiches« angesehen wird. **Der Faule,** auch der geistlicherweise Träge und Schlafende, sollte von ihrem Fleiß lernen und durch das **Beschauen ihrer Wege weise werden!** Ob bei diesen **Wegen** an die »Ameisenstraßen« gedacht ist, welche die Ameisen als Transportbahnen durch Wald und Wiese bahnen, und zu deren Schutz sie sogar »Bauten« mit »Ameisensoldaten« erstellen? Oder wird mit den **Wegen** auf die Methoden und Arbeitsweisen dieses Tierleins hingewiesen? Wissenschaftliche Bücher lehren uns Erstaunliches über die ca. 6000 Arten dieses Lebewesens, das eigentlich einer tropischen Sphäre angehört. Darum erbaut z. B. die rote Waldameise einen Haufen aus Tannennadeln und Erde, um in ihm die spärliche Besonnung zu speichern und zu verstärken, wobei die Anlage gleichzeitig dafür sorgt, daß starke Regenfälle schnell abströmen, ohne die Gänge zu überfluten. Bei Sonnenwetter tragen die »Arbeiterinnen« die Larven zur »Sommerung« nach draußen; wenn sie, Stunden im voraus, Gewitter oder Unwetter spüren, verschließen sie alle Öffnungen des Baus. Alle Bauten der Ameise sind so angelegt, daß sie vor dem Nordwind geschützt und zur Sonne hin orientiert sind. **Die Ameise** ist eigentlich nur im Volke lebensfähig (das der Waldameise zählt etwa 100 000 Individuen) und wird nicht durch **Richter, Aufseher und Herrscher** zusammengehalten, sondern durch einen Nestgeruch. Von Instinkten und chemischen Reizen geleitet, ordnet sie alles eigene Interesse dem Volksganzen unter, welchem ein geheimnisvoller

Bauplan zugrundeliegt. Sollte dies nicht auch beim Volke Gottes, dem Leibe Christi, so sein? Freilich geschieht dies bei Menschen des Glaubens nicht wie bei den Insekten roboterhaft und instinktgesteuert, sondern nach dem freiheitlichen Bauplan des Geistes, der die Söhne führt!

Auch folgende Tatsachen können den **Faulen** zur **Weisheit** und damit zum Fleiß führen:

Es gibt Ameisenarten (z. B. die Blattschneiderameise), die auf zerkautem Blattwerk kotgedüngte unterirdische Pilzgärten anlegen, um sich in ihnen »Pilzgemüse« zu ziehen. – Die »Soldaten« und »Arbeiterinnen« halten sich bei einzelnen Arten sogar »Sklaven« aus Nachbarvölkern. – Die Einzelameise kann riesige Lasten schleppen, die ihr Körpergewicht weit übertreffen. Die Verständigung der Ameisen geschieht durch eine »Trillersprache« mit den Fühlern. – Es gibt Arten, die sich Blattläuse als »Kühe« halten, deren süßen Saft sie »melken« und wie Zucker genießen und speichern. Neben Pflanzenresten, Samen, Pflanzensäften und Insekten gehört dieser zu ihrer Nahrung, ja zum Wintervorrat, den sie **im Sommer und in der Erntezeit speichern;** so kann ein einziges Volk bis zu 10 kg solchen Blattlaushonigs im Sommer sammeln.

Hat aber Gottes Wort auch darin recht, wenn es behauptet, die Ameisen hätten weder **Richter,** noch **Aufseher,** noch **Herrscher?** Haben sie nicht eine »Königin«? Doch ist hierin die biologische Bezeichnung und nicht die Bibel irreführend; die »Königin« herrscht, verwaltet und führt das Volk nicht; sie ist lediglich eine riesige, roboterhafte »Eierlegemaschine« und »Fabrik« chemischer Reize, mit denen ihr Volk zusammengehalten wird. So dürfen auch wir Menschen von den **Ameisen** lernen, die **als ein nicht starkes Volk zu den Kleinen der Erde gehören** und doch **mit Weisheit wohl versehen sind** (Spr. 30, 24–25)!

+ + +

58   FAULHEIT UND SCHLAF   (6, 9–11; s. auch 24, 33–34)

Bis wann willst du liegen, du Fauler? Wann wirst du von deinem Schlafe aufstehen? ‹Ein wenig Schlaf nur, ein wenig Schlummer, ein wenig Händeverschränken im Ruhen!› Deine Armut wird kommen wie ein rüstig Zuschreitender, dein Mangel wie ein schildbewehrter Mann!

Der da »die Däumchen dreht«, hat von der Ameise nicht gelernt! Ob aber Gottes Wort nur vom nimmermüden Schaffen spricht, das den Lohn des Reichtums sucht? Gewiß: »Wer nicht arbeitet, soll auch nicht essen« (2. Thess. 3, 10)! Aber um wieviel mehr gilt dieser Aufruf zum Fleiß dem Zuwachs an geistlichem Vermögen und innerem Reichtum! Hören wir nur, wie der Apostel Paulus mit einem Liede mahnt, das die ersten Christen sangen: »Wache auf, **du Schläfer,** und stehe auf aus Toten, dann wird dir der Christus leuchten« (Eph. 5, 14)! Der »Geist der Schlafsucht« droht nach Röm. 11, 8 nicht nur dem verstockten Israel, sondern auch der Gemeinde Jesu Christi, sonderlich in der Zeit ihrer Altersreife, die wir Endzeit nennen. Dabei kann man, wie der vor Gott fliehende Prophet Jona, mit scheinbar gutem Gewissen und trotz eines tobenden Seesturms »im

Tiefschlaf liegen« (Jona 1, 5)! Vielleicht brauchen wir dann die ernste Mahnung treuer Hirten, wie die der Seeleute an Jona: »Was ist mit dir, **du Schläfer? Stehe auf,** rufe deinen Gott an« (Jona 1, 6)! Oft ist es jedoch so, daß wir diese nicht als Gotteshelfer, sondern als Störenfriede betrachten und ausrufen: **Nur noch ein wenig Schlaf, nur noch ein wenig Schlummer, ein wenig Händefalten im Ruhen!**

Wir müssen jedoch fragen, ob der Appell an den geistlichen Fleiß nicht der Tatsache widerspricht, daß uns alles Heil in Gnaden geschenkt ist! Dazu wollen wir einige Stellen des NT hören:

Paulus rühmte die Korinther, daß sie in allem überströmend seien: im Glauben, im Wort der Erkenntnis, in der Gnade und in der Liebe und in allem Fleiß (2. Kor. 8, 7); die Vorsteher ermahnte er, mit Fleiß ihr Amt auszuüben und darin nicht lässig zu werden, vielmehr inbrünstig im Geiste zu sein (Röm. 12, 8–11); seinen Mitarbeiter Timotheus ermunterte er, sich zu befleißigen, als ein Gott bewährter Arbeiter dazustehen, der sich nicht zu schämen braucht, weil er das Wort der Wahrheit recht »zuschneidet« und austeilt (2. Tim. 2, 15); der »nutzbringende« Onesiphorus schämte sich der Ketten des Apostels nicht, sondern suchte ihn fleißig in Rom, bis er ihn fand, und erquickte ihn (2. Tim. 1, 16–18); Judas bemühte sich mit allem Fleiß, über das Heil zu schreiben, das Juden und Heiden gleichermaßen zuteil wird (Jud. 3), – auch schriftstellerische Arbeit darf also nicht lässig und »mit der linken Hand« betrieben werden! Gerade in unserer sturmbewegten Zeit löst sich uns der scheinbare Widerspruch auf, daß wir darum »ringen« müssen, »stille zu sein« und daß wir »allen Fleiß anwenden müssen«, um in die Ruhe Gottes eingehen zu können (Hebr. 4,11/6, 11/1. Thess. 4, 11). Auch die gottgeschenkte »Einheit des Geistes« verwirklicht sich nicht automatisch; sie muß vielmehr mit Fleiß festgehalten werden (Eph. 4, 3). Die wachstümliche Entfaltung des Glaubens, das Festmachen der Berufung, wie das »Erfundenwerden ohne Flecken« sind allesamt vom Fleiß und von geistlicher Energie abhängig (2. Petr. 1,5 + 10 + 15/3, 14).

Gott selbst aber verheißt uns: »Die Seele des Faulen begehrt, und nichts ist da, aber die Seele des Fleißigen wird reichlich gesättigt« (Spr. 13, 4)!

+ + +

59   DER BELIALSMENSCH (6, 12–13)

Ein Mensch Belials, ein heilloser Mann ist es, wer in Verkehrtheit des Mundes umhergeht, der mit seinen Augen blinzelt, der mit seinem Fuße scharrt und mit seinen Fingern deutet (auf andere zielt).

Welch treffende Beschreibung eines zwangsneurotischen Verhaltens gibt unser Text, das leider oft auch fromme Menschen haben: der **schief verdrehte, gekrümmte Mund** als Zeichen der **Verkehrtheit,** das **blinzelnde, zusammengekniffene Auge** als Zeichen der scharfen Beobachtung und des Ausspähens, der **scharrende Fuß** und der auf andere **zielende Finger** als Zeichen der Verachtung und der Verleumdung. Wer die Mimik und Körpersprache eines Menschen zu lesen vermag, kann auch diese heimlichen Signale deuten! »Ein Belialsmensch gräbt nach Bösem, und auf seinen Lippen ist es wie brennendes Feuer« (Spr. 16, 27); Haß und Feindschaft tun sich kund im »Zwinkern der

Augen« (Ps. 35, 19), denn »wer mit den Augen zwinkert, verursacht Kränkung« (Spr. 10, 10). Und der schief verzogene, verächtlich gekrümmte Mund ist »voll Fluchens und Truges und Bedrückung, unter seiner Zunge ist Mühsal und Unheil« (Ps. 10, 7).

Belial heißt zu deutsch: Nichtsnutziger, Verderbter, Wertloser, Gesetzloser, Ruchloser. Kein Christ kann jemals das Merkmal dieses Namens tragen! Wie hat Paulus darum gerungen, daß die Glieder der Christusgemeinde »Gefäße zur Verherrlichung« Gottes seien, »geheiligt und **nutzbringend** dem Hausherrn, zugerüstet zu jedem guten Werk«! Jedoch in einem »großen Hause« gibt es nun einmal neben goldenen und silbernen Gefäßen »zur Ehre« auch hölzerne und tönerne »zur Unehre« (2. Tim. 2, 20–21)! Von den letzteren gilt es sich »hinwegzureinigen« – nicht in frommer Überheblichkeit, sondern in einer inneren Distanzierung, damit wir nicht in das Unheil der götzendienerischen Ichverehrung und damit in die Lebenseitelkeit hineingerissen werden. Waren es doch immer **die Söhne Belials,** die »zum Götzendienst verleiteten« (5. Mos. 13, 13)! ONESIMUS bietet in seiner Lebensgeschichte als »Bruder NÜTZLICH« ein feines Beispiel; er, der als Sklave durch seine Flucht für PHILEMON (= der Liebende) »unnütz« geworden war, empfing im Gefängnis zu Rom durch seinen Zellengenossen Paulus göttliches Leben und wurde dann wirklich ein ONESIMUS, d. h. »nützlich zum Dienst« (Philem./Kol. 4, 7–9).

Das hebräische »adam belial / isch awen« **(Mensch Belials, Mann des Frevels, der Heillosigkeit)** ist auch zahlensymbolisch ein Bild der »menschlichen Bedürftigkeit« und der »seelischen Verstrickung«, aber auch der möglichen »Gottesgnade«, die unserem Elend begegnet (so die Bedeutungen der Zahl 5); ergibt doch der Zahlwert des Doppelnamens das Zahlenmonogramm 555 (man vergleiche hierzu den Zahlwert der Neuschöpfung in JESUS = 888, und den der ausgereiften Sünde im Antichristen = 666). **Isch awen** ist **der Mann der Nichtigkeit, des** götzendienerischen **Frevels, des Ichhaften** (BA), der **Nichtswürdigkeit** und **Heillosigkeit** (E/PAR). Der Kirchenvater Augustin hat einmal den ichbezogenen Menschen, der nur der Lebenseitelkeit huldigt, als »incurvatus in se«, als »in sich hineingekrümmt« bezeichnet, wahrlich eine scheinbar unentrinnbare Gefangenschaft, die nur die überfließende göttliche Barmherzigkeit zu beenden vermag! Der Name **Belial** erscheint im NT in der Form von **Beliar** als Eigenname Satans: »Was für eine Übereinstimmung hat der Christus mit dem Beliar« (2. Kor. 6, 15)? So gesehen ist Satans aeonenlanger Weg ein Inbegriff der Nichtsnutzigkeit, der Ruchlosigkeit, Vergeblichkeit und Wertlosigkeit!

Gott bewahre uns davor, **ein Mensch Belials, ein Mann des Frevels** zu werden! Er ermahnt uns in väterlicher Liebe: »Du aber, o Mensch Gottes, kämpfe den guten Kampf des Glaubens« (1. Tim. 6, 11–12)!

+ + +

60   EIN SCHMIED DES BÖSEN   (6, 14–15)

... Verdrehungen (Verkehrtheiten) **sind in seinem Herzen; er schmiedet Böses zu jeder Zeit, Rechtsstreitigkeiten streut er aus. Darum wird urplötzlich sein Verderben kommen; augenblicklich wird er zerschmettert werden, und da ist keine Heilung mehr!**

Noch immer ist vom **Menschen Belials** die Rede; Gottes Wort nennt auch Söhne und Töchter Belials, Ströme Belials, das »Belialsstück« einer Untat, ja, einen Belialszeugen, der das Recht verspottet (Spr. 19, 28). Während nun im vorigen Text mehr das Neurotisch-Zwanghafte des **Nichtsnutzigen** gezeichnet wurde, sprechen vorliegende Verse von der bewußten, kunstvollen **Planung des Bösen** im Bilde **des Schmiedes.** Der Kunstschmied bearbeitet ja das glühende Eisen in einer künstlerischen Formgebung. Die **Verdrehungen,** die aus seinem **Herzen** kommen, werden vom **Ränkeschmied** ausgeformt. Es ist ihm eine Freude, andere in die **Zwietracht eines Rechtsstreites** hineinzuziehen und ihren Frieden zu stören. So beklagte der Apostel Paulus in 1. Kor. 6, 1–8, daß Brüder vor weltlichen Gerichten Prozesse austrugen, ohne überhaupt zu versuchen, ihren Streit mit geistlichem Beistand in der Gemeinde zu lösen, sie, die berufen sind, einmal »die Welt, Menschen und Engel zu richten«!

Paulus hat auch persönlich die friedensstörende Wühlarbeit eines solchen **Belialsschmiedes** erlebt. In 1. Tim. 1, 19–20 erwähnt er Mitchristen, die das gute Gewissen von sich gestoßen und auf diese Weise im Glauben Schiffbruch erlitten haben. Zu diesen zählte er Hymenäus und Alexander, die er »dem Satan überlieferte, damit sie durch Zucht unterwiesen würden, nicht mehr zu lästern«. Um welche Lästerung es dabei ging, zeigt uns 2. Tim. 4,14: »Alexander, **der Schmied, hat mir viel Böses erwiesen;** der Herr wird ihm vergelten nach seinen Werken. Vor ihm hüte auch du dich, denn er hat unserer Wortverkündigung sehr widerstanden!« Welche Tragödie ist es doch, wenn Auserwählte Gottes, nachdem ihr Glaube zerbrochen ist, Gottes Wort und Werk zu lästern beginnen und so zu **Waffenschmieden des Bösen** werden! Unter dem, was JAHWEH haßt, ist »ein Herz, welches heillose Anschläge schmiedet« (Spr. 6,18)!

Wir sahen schon, daß **Belial** oder **Beliar** letztlich der Satan ist, der die Werkzeuge des Verderbens lenkt, ja, als Gerichtsorgan Gottes sie **schmiedet.** Jes. 54, 16 läßt uns das Geheimnis schauen, daß selbst solche zerstörerischen Mächte den Gerichtsabsichten und Plänen Gottes dienen müssen: »Siehe, ich habe **den Schmied** geschaffen, der das Kohlenfeuer anbläst und die Waffe hervorbringt, seinem Handwerk gemäß; und ich habe den Verderber geschaffen, um zu zerstören!« Von daher konnte Martin Luther den Satan »den Teufel Gottes« nennen.

Doch weiß der Satan, daß er wenig Zeit zur Ausübung seines verderblichen Handwerks hat, und daß »neben ihm ein Tag der Finsternis bereitet ist« (Hiob 15, 23–25/18, 17–18). Zum göttlichen Heilstermin der Machtergreifung Christi wird ihn **urplötzliches Verderben und ein Zerbrochenwerden ohne Heilung** überfallen: Er wird mit all seinen Engeln im Feuersee gebunden. Daß der »Eisenschmied« in seinem Wirken »hungrig und kraftlos wird, weil er kein Wasser getrunken hat« (Jes .44, 12), ist Zielsetzung des göttlichen Gerichtes.

Doch auch ein Mensch, »der, oft zurechtgewiesen, seinen Nacken verhärtet, wird plötzlich zerschmettert werden ohne Heilung«, wie es uns Spr. 29, 1 bezeugt. »Denn wo Neid und Streitsucht ist, da ist Zerrüttung und jede schlechte Tat« (Jak. 3, 16)! Weil aber Jesus gekommen ist, »um die Werke des Teufels aufzulösen«, wollen auch wir dessen entsagen, daß wir **Böses schmieden und Streitigkeiten ausstreuen!**

+ + +

Sechs sind es, die JAHWEH haßt, und sieben sind Seiner Seele ein Greuel: Hohe Augen (1), **eine Lügenzunge** (2), **Hände, die des Schuldlosen Blut vergießen** (3), **ein Herz, welches heillose Pläne schmiedet** (4), **Füße, die schnell dem Bösen zulaufen** (5), **wer als falscher Zeuge Lügen einbläst** (6), **und wer Zwietracht zwischen Brüdern ausstreut** (7).

Diese »Werke des Fleisches« (Gal. 5, 19–21) bilden eine deutliche Entsprechung zum Verhalten Belials in den Versen 12–14; auch dort sind es sechs Verhaltensweisen der Sünde, die sich in einer siebenten vollenden wollen:

die **Lügenzunge** hier entspricht den »Verkehrtheiten des Mundes« beim »Menschen Belials«;

die **hohen** (oder: hochmütigen) **Augen** entsprechen dem »Zusammenkneifen der Augen«;

die **eilig dem Bösen zulaufenden Füße** gleichen dem »Füßescharren«;

die **Lügen des falschen Zeugen** dem »Hinweis des deutenden Fingers«;

dem **Herzen, das heillose Pläne schmiedet** (BA: Berechnungen des Ichhaften; DEL: Gedanken des Unheils), entspricht bei dem Manne Belials »das Schmieden des Bösen zu jeglicher Zeit«;

die **Hände** aber, **die des Schuldlosen Blut vergießen,** werden gelenkt von dem »verkehrten Herzen«, welches nach dem Worte Jesu eine Quelle des Bösen ist (Mtth. 15, 19). Weil das Fleisch Feindschaft wider Gott ist, wundern wir uns nicht, daß alle unsere Glieder an dieser Entartung des sittlichen Verhaltens beteiligt sind: Unsere Augen, die Zunge, die Hände, das Herz, die Füße, der Mund – die wir dem Feind als »Werkzeuge der Ungerechtigkeit« zu Verfügung stellen (Röm. 6, 13). Wenn wir dann auch »des Betens viel machen«, verhüllt doch der Herr Seine Augen vor uns, wenn unsere Hände voll Blutes sind (Jes. 1, 15); und Jes. 59, 7 bezeugt: »Ihre Füße laufen zum Bösen und eilen, unschuldiges Blut zu vergießen; ihre Gedanken sind Gedanken des Unheils, Verwüstung und Zertrümmerung ist auf ihren Bahnen.«

Die **6** drängt auf die **7** zu – die Sünde (zahlensymbolisch: die **6**) strebt einem Ziel und einer Ausreife zu, so wie der Saat die Ernte folgt (**7** = die Zahl der Vollendung eines Werdens).

So zielt in beiden Texten (6, 12–14 und 16–19) alles, was so typisch »menschlich« und fleischlich ist, auf eine satanische Ausreife hin – auf **die Zwietracht, ausgesät zwischen Brüdern.**

Solche **Zwietracht** hat das geistliche Wachstum des Volkes Gottes zu allen Zeiten empfindlich gestört; sie gehört damit zu den Praktiken aus der Giftküche des größten Methodikers aller Zeiten, des Teufels! Dabei kann er sich unserer ichhaften Seele, unseres bösen Herzens und unseres korrupten Handelns bedienen. Der Praktiker unter den Aposteln gibt uns in Jak. 4, 1–2 geradezu eine psychologische Verlaufsstudie des Streites: »Woher kommen Kriege und woher Streitigkeiten unter euch? Nicht daher, aus euren Begierden, die in euren Gliedern streiten? Ihr gelüstet und – habt nicht; ihr tötet und neidet und – könnt nicht erlangen, ihr streitet und krieget und – habt nicht, weil ihr nicht bittet …« Heute würde der Psychologe von »verdrängten« Trieben und Leidenschaften sprechen, die sich doch nicht für immer unterdrücken lassen, sondern in anderer Form, nämlich der **Zwietracht,** hervorbrechen.

Es ist doch beschämend, wie der Einheit des Reiches der Finsternis (Mtth. 12, 25) die innere Zerrissenheit der Christusgemeinde gegenübersteht! Hierin sind wir alle schon schuldig geworden!

Der Herr haßt darum die **Drachensaat der Zwietracht** in der Gemeinde und zwischen Brüdern, die Er doch um den hohen Preis Seines Blutes erkauft hat (s. auch Spr. 16, 5/12, 22 und Ps. 11, 5). Wenn anders wir in der Furcht JAHWEHs wandeln, werden auch wir mit Ihm »das Böse hassen« (Spr. 8, 13). Der ganze Zauber der frommen Selbstverherrlichung, und sei es durch die Herabsetzung des Bruders und durch die Selbsterhöhung auf seine Kosten, ist Gott **ein Greuel,** wie schlimmster Götzendienst! Hingegen achtet Er es für »gut und lieblich, wenn Brüder einträchtig beieinander wohnen«, welches ein Erweis des »Geistesöles« ist, das vom Haupte des Hohenpriesters Jesus bis »auf den Saum Seiner Kleider«, also bis zu den letzten Gliedern Seines Leibes herabfließt! »Dort hat JAHWEH den Segen verordnet, Leben bis in Ewigkeit« (Ps. 133). – Man muß einmal den 3. Johannesbrief lesen, um das Werden der **Zwietrachtsaat** schon in den ersten Gemeinden zu schauen: Da ist der einflußreiche Diotrephes, ein Liebhaber des ersten Platzes, der die Apostelbriefe abwies, mit bösen Worten gegen die Apostel schwatzte, deren Mitarbeiter verachtete, seine ungeistliche Haltung der ganzen Gemeinde aufzwingen wollte, und solche, die sich geistlich verhielten, aus der Gemeinde stieß. Der Herr bewahre uns davor, Träger der **bösen Saat** des Feindes und **Schmiede des Bösen** zu werden!

+ ⁺ +

62/63   DAS GEBOT IST EINE LEUCHTE   (6, 20–24)

Mein Sohn, bewahre das Gebot deines Vaters, und verlaß nicht die Belehrung (Zielgebung) **deiner Mutter; binde sie stets auf dein Herz, knüpfe sie um deinen Hals! Wenn du einhergehst, wird sie dich leiten; wenn du** (im Schlafe) **liegst, wird sie über dich wachen; und sobald du erwachst, wird sie mit dir reden. Denn das Gebot ist eine Leuchte, und die Belehrung ein Licht; und die Zurechtweisungen der Zucht sind der Weg des Lebens: um dich zu bewahren vor dem bösen Weibe, vor der Glätte der Zunge einer Fremden.**

Das **Vatergebot** und die **Mutterlehre** sind Mittler der Gotteslehre; sie schenken nie verstummende Wegweisung im **Wandel,** im **Schlafe** und schon beim **Aufwachen.** Sie wirken ebenso im tageshellen Bewußtsein, wie im nächtlichen Unterbewußtsein, da es ja der Herr »den Seinen im Schlafe gibt« (Ps. 127, 2).

Unser Text steht in einem großen Zusammenhang – der Warnung vor dem **fremden Weib,** vor Ehebruch und Hurerei; es empfiehlt sich, K. 6, 20–7, 27 erst einmal ganz zu lesen, da wir in der vorliegenden Betrachtung nicht alle Verse berücksichtigen können. Ich habe schon darauf hingewiesen, wie stark in der Antike die sexuellen Sünden mit fremden Götterkulten verbunden waren und darum immer wieder zum Götzendienst verleiteten. So hatte Bileam, der Prophet zwischen Licht und Finsternis, Balak geraten, die Söhne Israels durch die hurerischen Töchter Moabs zum Götzendienst des Baal-Peor verführen zu lassen, was Gottes schweres Gericht heraufbeschwor (4. Mos. 25, 1–4/31, 8 + 16). Auch das NT warnt mit großem Ernst vor den sexuellen Sünden; unter denen, die nach Paulus »das Reich Gottes nicht ererben werden«, sind auch Hurer, Götzendiener, Ehebrecher, zuchtlose Weichlinge und Knabenschänder (1. Kor. 6, 9). In dieser Beziehung sollten wir uns »nicht selbst täuschen«!

Um bewahrt zu bleiben, müssen wir Gottes **Gebot auf unser Herz binden;** wir sollten es **um unseren Hals knüpfen** und **um unseren Finger binden** (7, 3). Dies erinnert uns wieder an die jüdische Gebetskleidung, wo Riemen von den Fingern aus um den linken Arm gewickelt werden, um Kapseln mit Texten der Thora in der Nähe **des Herzens** und auf der **Stirne** festzubinden; dies sollte den gläubigen Juden daran erinnern, daß **Gottes Gebot** sowohl **unser Herz** als auch **unsere Gedanken** bewahren will, damit wir **den Weg des Lebens finden** und gehen. Wenn wir **Gottes Zielsetzung wie unseren Augapfel bewahren** (7, 2), werden wir vor dem Unheil drohender Erblindung des inneren Menschen bewahrt! Was in der Gebetskleidung Israels zur leeren, traditionellen Form erstarren kann, ist in vorliegenden Texten in des Wesens Fülle gemeint.

Wir könnten dies neutestamentlich so zusammenfassen: Die Glieder unseres Leibes sollen nicht mehr Werkzeuge der Ungerechtigkeit, sondern solche der Gottesgerechtigkeit sein (Röm. 6, 13). Da genügt es freilich nicht, daß Gottes Gebot auf Steintafeln geschrieben ward; vielmehr will es Sein Heiliger Geist »auf die fleischernen Tafeln unseres Herzens« schreiben (2. Kor. 3, 3–6). Dies wußte schon der Verfasser von Spr. 7, 1–3: **Mein Sohn, bewahre meine Worte, und birg bei dir meine Gebote; bewahre meine Gebote und lebe, und meine Belehrung wie deinen Augapfel. Binde sie um deine Finger , schreibe sie auf die Tafel deines Herzens!**

Wenn Jesus uns dann noch sagt, daß selbst das begehrliche Anschauen der Ehefrau eines anderen Mannes schon Ehebruch darstellt (Mtth. 5, 27–28), dann erkennen wir, wie sehr wir auf Seine durchtragende und vergebende Gnade angewiesen sind, die mehr vermag als das fest eingeprägte Gebot; denn allein Seine Gnade vermag das Herz fest zu machen! Auch in diesem Stück warnt uns Gottes Wort vor dem Spiel mit dem Feuer: **Scharrt ein Mann Feuer in seinen Busen, ohne daß seine Gewänder verbrennen? Wandelt ein Mann über Glutkohlen, ohne daß seine Füße versengen? So ist der, welcher zur Frau seines Nächsten eingeht: keiner, der sie berührt, wird für schuldlos gehalten werden! – Wer mit einer Frau Ehebruch begeht, ist unsinnig; wer seine Seele verderben will, tut solches** (6, 27–29 + 32).

Doch erweist sich **Gottes Gebot als Leuchte** an einem dunklen Ort, als Licht, das uns den **Weg des Lebens** erkennen läßt; es wird wirksam über den Geist des Menschen, der als Leuchte JAHWEHs alle Kammern des Leibes durchforscht (Spr. 20, 27). Darum heißt es im zweiten Teil des Priestersegens; »JAHWEH lasse Sein Angesicht über dir leuchten und sei dir gnädig!«

+

Seit Jahrtausenden sind die Attribute **der verführerischen Frau** die gleichen geblieben, mit denen sie auf »Männerfang« ausgeht (wie auch die blinde Gier des verführten Mannes): ihre verlockende **Schönheit** und ihr **verführerischer Blick** (6, 25), ihr **unverschämtes, dreistes Angesicht** (7, 13), die **Kleidung einer Hure** (7, 10), aber auch die **Glätte ihrer Zunge,** also ihrer verlockenden Worte (6, 24/7,5 + 21); alles an dieser Frau ist auf sexuelle Werbung grober und feiner Art eingestellt, und was damals eher der Ausnahmefall war, ist heute fast schon die Regel.

Erinnert uns dies nicht an das Gerichtswort aus Jes. 3, 16–23, wo die Töchter Zions als solche geschildert werden, die »hochmütig mit gerecktem Halse und blinzelnden Augen trippelnd einhergehen und mit ihren Fußspangen klirren«; sie sind »gepflegt« und über und über geschmückt mit Fußspangen und Stirnensönnchen, Halbmonden und Ohrgehängen, Armkettchen und Schleiern, mit Schrittkettchen, Gürteln, Riechfläschchen, Amuletten, Fingerringen, Nasenringen, Prachtkleidern, Überröcken, Umhängen, Beuteln und Handspiegeln. Die glaubende Frau sollte darauf achten, daß sie sich in diesen Dingen Zurückhaltung auferlegt und mehr Wert legt auf den »verborgenen Menschen des Herzens und den unverweslichen Schmuck eines sanften und stillen Geistes«, als auf äußere Attraktivität und »Werbewirksamkeit«. Weil sie sich am moralischen Niedergang nicht mitschuldig machen will, setzt sie den Akzent auf das Bleibende und Wesenhafte – den Schmuck des Herzens, der vor Gott kostbar ist; das schließt ein geordnetes und gepflegtes Äußere nicht aus (1. Petr. 3, 3–4).

In Spr. 7, 13–21 wird etwas von den **dreisten Worten** der verführerischen Frau wiedergegeben; dabei scheut sie sogar vor dem religiösen »Anstrich« ihrer sexuellen Absichten nicht zurück, indem sie vorgibt, gerade **vom Friedensopfer und vom Bezahlen der Gelübde** zu kommen. Daß ihr Mann nicht im Hause weilt, sondern auf Geschäftsreisen ist, schafft ihr unerwartete Gelegenheit, »auf ihre Kosten zu kommen« (7, 16–20). Es gibt wahrlich »nichts Neues unter der Sonne«! Auch in diesem Abschnitt sind die Rollen vertauscht: Die Werbung geht nicht vom besitzergreifenden Manne aus, sondern von der begehrlichen Frau; es ist, als habe der Verfasser der SPRÜCHE etwas von den verheerenden Folgen der sexuellen Emanzipation der Frau in unserer Zeit geahnt! Doch will Gottes Wort damit **den jungen Mann** nicht etwa als den »unschuldig Verführten« hinstellen! Weil ihm **Verstand und Herzensfestigkeit mangelt** (7, 7), füllt er die Leere seiner Tage damit aus, daß er, scheinbar ziellos, zu allen Tages- und Nachtzeiten auf den Straßen der Stadt umherflaniert, bis endlich die Dunkelheit sein Vorhaben verbirgt (7, 7–9). Dabei könnte seine innere Leere geistlich erfüllt werden, wenn er **die Weisheit zu seiner Schwester und den Verstand zu seiner Verwandten** machen würde (7, 4). Nun aber treibt ihn seine Begierde dem Ziele der Sünde zu. Er ist nicht mehr Herr seines Willens. Drastisch schildert uns dies K. 7, 22: **Wie ein Stier zur Schlachtung kommt er, wie ein Narr zur Züchtigung in Fußfesseln, bis ein Pfeil seine Leber zerschlitzt; wie ein Vogel, der ins Fangnetz fliegt und nicht weiß, daß es sein Leben gilt!** Er ist Gefangener seiner Lust, »gefesselt in Elend und Eisen« und keineswegs frei, wie er meint. Am Ende seines Weges aber steht der Tod: Der Hure Haus **sind Wege zum Scheol, die hinabführen zu den Kammern des Todes** (7, 27). Es geht wirklich um das Kostbarste, das wir haben, um unsere **Seele** (6, 26 + 32). Wie viele **Erschlagene** und **Ermordete** mögen es sein, die auf Wegen der Hurerei geistlicherweise ihr Leben verderbt und den Kampfpreis des Sieges eingebüßt haben (7, 26)! Wie groß ist »der Friedhof der Gestrandeten«, wie es Wilhelm Busch einmal sagte.

Wir alle sind abhängig von der Gnade und Bewahrung dessen, der das Gebot gab: »Du sollst nicht ehebrechen!« Dies ist zugleich eine Verheißung, die sich an uns vollziehen möge und sich einmal prophetisch auch an Israel erfüllen wird: »Du **wirst** nicht ehebrechen!«

+ + +

Ist es nicht die Weisheit, die ruft, und erhebt nicht die Einsicht ihre Stimme?

So leitet das **8.** Kapitel der SPRÜCHE auch zahlensymbolisch den »Neubeginn« und die »Neuschöpfung« ein. Wie anders könnte die Erneuerung beginnen, als durch **die Stimme** Christi, der **ja die Weisheit Gottes** ist?! Der natürliche Mensch jedoch hört die **Weisheitsstimme** nicht, sondern tappt im Dunkel der Gottesferne und im Nebel der Philosophie herum! Hat doch Gott »die Weisheit verschlossen im Geheimnis« (1. Kor. 2, 7) und sie dadurch den Mächten der kosmischen Weisheit verborgen! Dem entspricht Hiob 28, 12–22, wonach die Gottesweisheit weder im »Lande der Lebendigen«, noch in der »Tiefe« und im »Meer«, noch im »Abgrund des Todes« gefunden werden kann. »Denn sie ist verborgen vor den Augen aller Lebendigen, und vor den Vögeln des Himmels ist sie verhüllt« (dies sind, symbolisch gesehen, die Dämonen); selbst Abgrund und Tod »haben nur ein Gerücht von ihr gehört«. Gott jedoch »versteht ihren Weg«, den Weg des Christus durch die Heilsgeschichte.

Es ist das Wunder der göttlichen Offenbarung, daß in Christus Jesus **die Weisheit ihre Stimme erhoben hat,** um Gottes Wesen und Plan zu enthüllen! Wie oft verkündeten die Propheten des Alten Bundes ihre Botschaft als »Ausspruch JAHWEHs«; doch in Christus erschallte Gottes **Weisheitsstimme** am reinsten und klarsten! »Nachdem Gott vielfältig und in mannigfacher Weise in der Vergangenheit geredet hat in den Propheten, hat Er am Ende der Tage zu uns geredet in einem, der SOHN ist!« So beginnt Hebr. 1 die unüberbietbare Offenbarung Gottes in Christo zu preisen. Zur **Stimme** der Gottesoffenbarung gehören die stimmbildenden Organe des Mundes, der Zunge, der Lippen und des Gaumens. Man sollte hierzu einmal Spr. 8, 6–8/10, 11–14 + 20–21/15, 1–4 und 18, 4 lesen, um daran die ganze Lieblichkeit und Fülle des offenbarten **Weisheitswortes** Christi zu erkennen! Mit Johannes dem Täufer ist man dann als »Freund des Bräutigams« hocherfreut, wenn man Jesu **Stimme** hört (Joh. 3, 29).

Zwar ist es Kennzeichen des »seelischen Menschen«, daß er die **Stimme der Weisheit** und des Geistes Gottes nicht verstehen kann; Jesu »Schafe« jedoch kennen Seine **Hirtenstimme,** sie hören und verstehen sie (1. Kor. 2, 14/Joh. 10, 4 + 16 + 27). Sie sind befähigt, sie von den Stimmen menschlicher, kosmischer und dämonischer Weisheit zu unterscheiden und laufen darum keinem »Fremden« nach, der sich als Hirte ausgibt und doch nur ein Verführer ist (Jak. 3, 15). Weil sie Gott lieben, sind ihnen Geheimnisse geoffenbart, die kein Auge gesehen und kein Ohr gehört hat, und die in keines Menschen Herz gekommen sind (1. Kor. 2, 9). Wie gewaltig und majestätisch **die Stimme JAHWEHs** ist, vermag uns die siebenfache Aussage über sie in Ps. 29 zu lehren. »Die Stimme JAHWEHs erschüttert die Wüste …« (V. 8), sie erschüttert aber auch gebeugte Menschenherzen! Welches Wunder der Offenbarung ist es, daß wir durch die Fleischwerdung Christi Gottes **Stimme** ertragen und vernehmen können – als Stimme der werbenden Liebe und des Trostes! Wenn auch die Stimme der »Rufer« nach Jes. 40, 6–8 die Vergänglichkeit alles Irdischen künden muß, so besteht doch ihre eigentliche Verkündigung darin, zu bezeugen, daß Gottes Wort in Ewigkeit bleibt und sich heilsgeschichtlich verwirklicht. Durch die **Stimme der Weisheit** errichtet Gott inmitten eines universalen »Friedhofs und Totenackers« das Zeichen der Hoffnung!

+ + +

Auf Erhöhungen am Wege ruft die Weisheit, **sie hat sich am Treffpunkt der Pfade hingestellt; zur Seite der Tore, am Eingang zur Stadt, am Einlaß der Pforten ruft sie laut: Euch Männern rufe ich zu, und meine Stimme gilt den Söhnen Adams!**

Es sind fünf erhöhte, hervorgehobene und zentrale Positionen im Gewoge der Öffentlichkeit, wo die göttliche Weisheit **hell und laut ihre Stimme erschallen läßt,** damit sie von jedermann gehört werden kann:

1. **Sie ruft auf den Erhöhungen am Wege.** Dürfen wir dies auch sinnbildlich verstehen? Gott gibt auf dem **Weg** der Gemeinde, aber auch auf dem Lebensweg der Glaubenden, nicht nur Demütigungen, sondern auch **Erhöhung.** »Gnade und Herrlichkeit wird JAHWEH geben« bezeugt Ps. 84, 11; und nach Röm. 2, 4 führt Seine Güte uns zur Buße, und Er erfüllt uns hier und da sogar den »Wunsch unseres Herzens« (Ps. 21, 2). So dient nach Jes. 40 nicht nur die »Erniedrigung der Berge«, sondern auch die »Erhöhung der Schluchten« dazu, daß die Offenbarungsstraße JAHWEHs gebaut werden kann, die zur Enthüllung Seiner Herrlichkeit führen wird. Wer solche Freundlichkeit Gottes erfährt, dem »brennt das Herz auf dem Wege« durch die Zeit, sonderlich dann, wenn der Herr selbst ihm Sein Wort öffnet, wie es den Jüngern auf dem Wege nach Emmaus geschah.

2. **Die Weisheit** hat sich auch **am Treffpunkt der Pfade,** am Kreuzweg der vielen Möglichkeiten, zum Zeugnis **aufgestellt.** Will sie uns doch »in die ganze Wahrheit führen« und »Wegweisung in das Zukünftige geben« (Joh. 16, 13). In der Nachfolge Jesu gibt es oft viele gute Möglichkeiten der Heilsaneignung und Lebensgestaltung, und wir wissen nicht immer, was wir erwählen sollen (Phil. 1, 22–26). Dann will uns Gottes Weisheit »auf rechter Straße führen um Seines Namens willen« (Ps. 23, 3). Wie erlangen wir die Fähigkeit, zu prüfen, was der »gute, wohlgefällige und vollkommene Gotteswille« sei? Wohl nur als Geheiligte, die sich mit Leib und Leben dem Vater »zum wortgemäßen Gottesdienst« zur Verfügung stellen (Röm. 12, 1–2)!

3. **Auch zur Seite der Tore** steht die göttliche Weisheit, dort, wo auch schon im Altertum Handel und Verkehr aus- und einströmte. **Das Tor** galt als Mittelpunkt des öffentlichen Lebens, hier hielten die Ältesten Gericht, hier wurden Rechtsverträge abgeschlossen. Adolf Heller deutete das **Tor** als Symbol der richterlichen Würde und Gewalt. Für Gericht und Verwaltung, Wachbereitschaft über den Ausgang und Eingang, wie für jegliche Ausübung gottgegebener Autorität, brauchen auch die Glieder der Gemeinde Christi beständig den **Rat der Weisheit.** Sie will uns im **Tore zur Seite stehen.** Salomos Weisheit in der Ausübung des Rechtes erwuchs ihm aus seinem Gebet um ein »verständiges Herz, um Gottes Volk zu richten, um unterscheiden zu können zwischen Gutem und Bösem« (1. Kön. 3, 9). Auch uns gibt Gott **Weisheit,** wenn wir Ihn darum bitten (Jak. 1, 5).

4. Die Tore waren zugleich **Eingang in die Stadt.** Auch dort erschallt **der Weisheit lauter, heller Ruf** (BA: Lichtruf). Hierin dürfen wir die »aufschließende«, Eingang gewährende, »Aufschluß« gebende und Türen öffnende Weisheit schauen. Hat nicht Jesus Christus selbst den »Schlüssel Davids«, um Türen zu öffnen und Eingang zu gewähren, aber auch, um Türen zu schließen (vgl. Jes. 22, 20–25 mit Offb. 3, 7)? In Seinem Auf-

trag durfte Petrus mit den »Schlüsseln des Himmelreichs« zweimal aufschließen und den heilsgeschichtlichen Zugang zu Gott eröffnen: Einmal zu Pfingsten in Jerusalem für Israel, zum anderen im Hause des Kornelius für die Weltvölker. Wenn wir unsere Berufung und Erwählung festmachen und nicht träge und fruchtleer bleiben, so wird uns »ein reichlicher **Eingang** in das ewige Königtum unseres Herrn und Retters Jesus Christus« gewährt werden (2. Petr. 1, 11), **in die Stadt,** die Grundlagen hat, deren Baumeister und Schöpfer Gott selbst ist (Hebr. 11, 10)!

5. Auch **am Einlaß der Pforten** steht und **ruft die Gottesweisheit.** Während **das Tor** den Eingang in die Stadt eröffnet, erschließen **die Pforten** den Zugang zum Hause, auch zum Hause Gottes. Über die **Höhen** des Gottesweges und den **Kreuzweg der Pfade** finden wir durch die **Tore** Eingang in die Stadt und durch die **Pforten** Einlaß in Gottes Haus. Ist nicht die Christusgemeinde »die Behausung Gottes im Geiste«, der »Tempel« und die Offenbarungsstätte des unsichtbaren Christus in dieser Welt? Durch Ihn, der selbst **die Türe** ist, haben wir freien Zugang zu dem Allerheiligsten des Vaters! Daß für alle Wege der Christussuche und der Heilsaneignung die »offenen Türen« **der Gottesweisheit** vonnöten sind, die uns berät, führt und erleuchtet, spüren wir, je länger, desto mehr. Ohne sie, d. h. ohne den Christus, der uns von Gott zur Weisheit gemacht ist, wären wir alle verloren! »Nichts hab' ich zu bringen, alles, Herr, bist Du!«

Der Weisheit **lauter Offenbarungsruf** ergeht an die Letzten unter den Gottesgeschöpfen, **an die Menschenkinder, die Söhne Adams.** »Denn Gott nimmt sich fürwahr nicht der Engel an, sondern des Samens Abrahams nimmt Er sich an« (Hebr. 2, 16), was wohl auf alle Adamskinder ausgeweitet werden darf; darum mußte Christus, als die Weisheit Gottes, den Brüdern gleich werden. Die schöpfungsmäßig »Ersten« (die Engel- und Geistermächte) werden in der Heilsverwirklichung »die Letzten« sein; jedoch die zuletzt erschaffenen und tief gefallenen **Menschenkinder** sind »die Ersten« im Ergreifen des Heils (Mtth. 20, 16). Nun schauen die Mächte der unsichtbaren Welt die »buntfarbige Weisheit Gottes« an der Gemeinde der Erstlinge; die »Fürsten der Finsternis« werden gefesselt, und die »Ältesten« des Himmels lernen Gottes Weisheit (Eph. 3, 10/Ps. 105, 22). **Euch Männern rufe ich, die Weisheit, zu, meine Stimme gilt den Menschensöhnen!**

+ + +

66   FÜRSTLICHES VOLLMACHTSWORT   (8, 5–7)

Lernet, ihr Einfältigen, Klugheit verstehen, und ihr Toren, lernet das Herz verstehen! Höret! Denn Vollmachtswort rede ich, und das Auftun meiner Lippen ist Geradheit. Denn Wahrheit spricht mein Gaumen aus, und Greuel ist meinen Lippen die Gesetzlosigkeit.

Die **Männersöhne** und **Menschenkinder** hören der Weisheit Ruf. Wer aber hört ihn wirklich? Wer weiß um das Vorrecht, so vollmächtig angesprochen zu werden? **Vollmachtsworte** (DEL: Fürstliches; BA: Herzogliches; BUB: führerisch) redet die Weisheit zu unserem Herzen; ist es doch der »Herzog unserer Errettung«, der die Menschen in Vollmacht belehrte und nicht wie die Schriftgelehrten! Er will »viele Kinder zur Herrlichkeit **führen**« (Hebr. 2, 10), während die Verführer, »die in die Welt ausgegangen sind«, zu Tod und Verderben leiten (2. Joh. 7).

Nicht die Weltweisen, Schriftgelehrten und Diskussionsredner dieses Zeitlaufs öffneten sich **dem hellen Ruf der Weisheit,** sondern die »Bettler aufgrund des Geistes«, die Unmündigen, Törichten, Armen und Schwachen. Die **Einfältigen** unseres Textes sind **die Zugänglichen** (BA), zugänglich für das Christuswort! »Zu jener Zeit erhob Jesus die Stimme und sprach: Ich preise Dich, Vater, Herr des Himmels und der Erde, daß Du dies vor Weisen und Verständigen verborgen hast und hast es Unmündigen enthüllt. Ja, Vater, denn also war es wohlgefällig bei Dir« (Mtth. 11, 25–27)! Wie stimmt dies doch mit 1. Kor. 1, 26–29 überein, wonach Gott das »Törichte, Schwache, Unedle und Verachtete« erwählt hat.

Aber die Törichten sollen keine Toren bleiben, sondern dürfen durch Gottes Geist **Einsicht gewinnen, Klugheit verstehen,** ja, die Tiefen Gottes erkennen! Dies beginnt damit, daß der Heilige Geist uns von der Sünde überführt, so daß wir **Einsicht gewinnen in unser Herz** (Joh. 16, 8–9/1. Kor. 2, 9–11). Dann aber eröffnet sich uns **das Herz** aller Dinge, und wir dringen ein **in den Herzsinn** (BUB), d.h. in das Wesenhafte hinter allem geschöpflichen Schein; dann enthüllt sich uns sogar **das Herz** und Wesen Gottes als des Vaters allen Lichtes!

Die Stimmbildung der rufenden Weisheit vollzieht sich mit dem **Mund,** mit den **Lippen** und dem **Gaumen.** Eigentlich heißt es im Text, ihr **Gaumen murmele Wahrheit,** ein Wort, das auch vom »Knurren« der Tiere über einer Beute und vom geheimnisvollen »Raunen« gebraucht wird; letztlich bedeutet es ein »feierliches Aussprechen dessen, was der Hörende sich einprägen soll« (BA). Während nun die »Führer« und Philosophen dieser Welt meist zu Unheil und Ungerechtigkeit verführen, Unwahrheit reden, Untreue praktizieren und Frevel und Gesetzlosigkeit inszenieren, vermittelt Gottes Weisheit **fürstliches Vollmachtswort, geradlinige Führung, Wahrheit und Treue.** So viele Gottesverheißungen es auch gibt, in Christo ist das JA und das AMEN (d.h. die volle Garantie und Bürgschaft), und sie werden Gott zur Verherrlichung durch uns ausgeführt (2. Kor. 1, 20). Nach dem Johannesevangelium beschwor Jesus 25mal durch ein doppeltes AMEN Sein heiliges Wort. Sollten wir Seinen Verheißungen nicht glauben, auf Seine Stimme nicht hören? Der Chor der Stimmen in dieser Welt ist gewaltig und übermächtig; Jesu Stimme allein bringt uns Führung, Rettung und Heil! »Er hat die Gesetzlosigkeit gehaßt«, **sie ist ein Greuel Seinen Lippen.** Der »Gott des Amen« (der Treue) bürgt in Christo für die Erfüllung Seines Wortes (Jes. 65, 16)!

+ + +

67   DIE WORTE DER WEISHEIT SIND GERECHT (8, 8)

In Gerechtigkeit sind alle Worte meines Mundes, es ist nichts Verdrehtes und Verkehrtes in ihnen!

Welcher Mensch könnte dies von seinen Worten sagen, was der Christus als **die Weisheit Gottes** hier von sich bezeugt? **Gewunden und gekrümmt, verdreht, falsch und verschroben** ist nicht Gottes Wort, wie so viele meinen, sondern das Wort und die Logik der Menschen. Als solche, die von Natur aus »verfinstert sind im Verstand« erkennen wir das Offenbarungslicht in Gottes Wort nicht mehr. Wie vernichtend ist das Urteil des Apostels Paulus über unser Denken und Wort: »Gott ist wahrhaftig, jeder Mensch aber ein Lügner« (Röm. 3, 4)! Daraus erwächst aber das Mißtrauen, mit dem der natürliche Mensch, selbst bei aller noch vorhandenen Religiosität, der Bibel als dem Worte Gottes gegenübersteht! »Unserer Seele ekelt vor dieser elenden Speise«, dem Manna Gottes, ruft er mit dem murrenden Israel aus – »müde geworden auf dem Wege« und im zweifelnden Fragen nach dem »Warum« der Führung Gottes (4. Mos. 21, 4–5).

Die Weisheit Gottes aber spricht: *Alle* **Worte meines Mundes** bestehen und ergehen **in Gerechtigkeit!** Darum lebte Jesus als der »letzte Adam« in Seinen Erdentagen »von einem jeden Wort, das aus dem Munde Gottes geht« (Mtth. 4, 4); Er schalt Seine Jünger als Menschen mit einem trägen Herzen und ohne Verstand, weil sie dem Messiaszeugnis der Propheten und Schriften des Alten Testaments nicht glaubten (Luk. 24, 25–27). Auch Paulus verrichtete seinen segensreichen Dienst als Apostel der Völker, »indem er allem glaubte, was im Gesetz und in den Propheten geschrieben steht« (Apg. 24, 14).

Nichts Verdrehtes und Verkehrtes, nichts Krummes und Verschrobenes ist in den Worten aus dem Munde der Weisheit, aber auch in den schriftlichen Urkunden, die der Geist Christi gegeben hat! »Die Worte JAHWEHs sind reine Worte, Silber, geläutert im Schmelztiegel zur Erde fließend, siebenmal gereinigt« (Ps. 12, 6); das bedeutet doch wohl, daß sie in einem langen Prozeß der Niederschrift und Kanonbildung, von allen Schlacken befreit, zum »Silber der Erlösung« wurden! Daß auch die menschlichen Mittler des Offenbarungswortes einen ähnlichen Prozeß der Läuterung durchlaufen mußten, ehe sie **das Wort der Gerechtigkeit** als »Griffel eines kunstfertigen Schreibers« verfassen konnten, zeigt Ps. 105, 17–22; dort heißt es von Joseph: »Man preßte seine Füße in den Stock, seine Seele kam in das Eisen, bis zu der Zeit, da Sein Wort eintraf; das Wort JAHWEHs ihn geläutert hatte« (s. auch Ps. 45, 1). Darum begegnen wir dem Worte Gottes mit großer Ehrfurcht, weil wir »dieses eine zuerst beachten: daß keine Prophetie der Schrift eigenmächtig ausgedeutet werden darf; denn die Prophetie wurde niemals durch den Willensentschluß der Menschen hervorgebracht, sondern heilige Menschen Gottes redeten, getrieben vom Heiligen Geist« (2. Petr. 1, 20–21). Nur auf diesem Grunde können wir in dem, worin uns treue Zeugen unterrichtet haben, volle Gewißheit und »untrügliche Sicherheit« gewinnen (Luk. 1, 1–4).

Dabei geht es um mehr als um die Feststellung bloßer Richtigkeit, es geht um die Übermittlung göttlicher **Gerechtigkeit** und **Wahrheit** im Sinne der göttlichen Wirklichkeit.

Mögen wir solche sein, welche die Schriften kennen und erforschen und Gottes Kraft aus ihnen gewinnen, weil wir in ihnen Christuszeugnis finden (Joh. 5, 39)!

+ +
+

Sie alle (die Worte aus dem Munde der Weisheit) **sind aufrichtig dem Verständigen, und gerade denen, die Erkenntnis gefunden haben.**

Die Worte der Weisheit sind **gerade** wie eine Meßschnur und **aufrichtig** (E: richtig; BA: redlich; BUB: ebenhin; DEL: zum Ziele führend); in Gottes Wort braucht also nicht erst planiert, abgetragen und aufgeschüttet zu werden, wie dies zum Bau der »Offenbarungsstraße« nach Jes. 40 nötig ist! Es bietet **geebnete** Wege, auf denen man nicht strauchelt, und die zum Ziele führen. Aber erscheint uns das göttliche Weisheitswort nicht oftmals wie mit einem Geheimcode »verschlüsselt«, worauf auch das griech. Wort »mysterion« (Geheimnis) hinweist, welches eigentlich »das fest Verschlossene« bedeutet? »Fern ist das, was (ewig) ist, und tief, tief: wer kann es erreichen?« mag da mancher mit dem pessimistischen »Prediger« Salomo sprechen (7, 24). So sind »die Worte aus dem Munde eines Mannes« zwar »ein sprudelnder Bach und ein Born der Weisheit«, aber auch unergründlich wie »tiefe Wasser« (Spr. 18, 4)! Brauchen wir nicht vielerlei Verständnishilfen für das Wort Gottes: gute Auslegungen und Konkordanzen, eine Kenntnis der Ursprachen, Bibellexika, tiefgründige brüderliche Belehrung … ? So hilfreich diese auch sein mögen, so sind sie doch nicht entscheidend für unser Erkennen der Gedanken Gottes; so mancher einfache Bauer war darin gebildeter als der wissenschaftlich gelehrte Theologe! Durch Gottes guten Geist kann es geschehen, daß wir den »unausforschlichen Christusreichtum« erforschen, die »alle Erkenntnis übersteigende Gottesliebe« erkennen, wenn auch nur »in der Gemeinschaft aller Heiligen« (Eph. 3,8/18–19).

Dies bezeugt auch unser Text: Nicht den Weltweisen und den Fürsten dieser Weltzeit, sondern den **verständigen** Geistesmenschen offenbart sich das »Gewebe« göttlicher Wahrheit, das »Webmuster« der Gottesgedanken, ist ihnen doch der Schlüssel zur Entzifferung der im Geheimnis verhüllten Gottesweisheit gegeben: der die Tiefen Gottes erforschende Heilige Geist und das Erkenntnisorgan der Liebe zu Gott (1. Kor. 2, 9/ 12–16). Von Pascal stammt der Ausspruch:»Menschliche Dinge muß man erkennen, um sie lieben zu können; göttliche Dinge muß man lieben, um sie erkennen zu können!«

Die »Geometrie« des in sich verflochtenen Gotteswortes öffnet sich uns nach verschiedenen Verfahrensweisen: **Punktuell** lese ich das Wort, als an mich persönlich gerichtet, erbaulich; ich eigne mir das »Fettgedruckte« an, die Kernsprüche der Losungen. Dieses Verfahren muß durch **die Fläche** ergänzt werden, durch das Erfassen ganzer Bücher und Briefe der Bibel und deren Auslegung nach exegetischen Zusammenhängen. Worin bestehen aber die **geraden Linien?** Mit ihnen verfolge ich das heilsgeschichtliche Wachstum der biblischen Begriffe und Offenbarungswahrheiten, indem ich, etwa anhand einer Konkordanz, »Schnitte« durch die Bibel mache und so eine wunderbare Übersicht und Durchblick gewinne. Das »Wort der Wahrheit gerade zu schneiden« und also »austeilen« zu können, macht einen guten Diener aus (2. Tim. 2, 15). Das nur einmal im NT vorkommende griech. Wort »orthotomeo« stammt aus der Handwerker- und Zeltmachersprache und bedeutet »zuschneiden«, um das Zugeschnittene hernach wieder zu einem Ganzen zusammenzufügen. Während der Lehrling ungeschickt und krumm über die vorgegebenen Linien hinausschnitt und so einen Schaden am Zeltstoff anrichtete, führte der Meister einen sicheren und geraden Schnitt. »Diese Kunst verstehen leichtfertige, unerfahrene Geister nicht, da hierzu ein gesammelter Sinn, ein erfahrenes

Auge und ein starkes Herz erforderlich sind. Sehr häufig kann man christliche Worte hören, die zerstückelt, verdorben und mit Fremdem vermengt sind, als hätte eine Kinderhand mit der Schere ein kostbares Tuch zerschnitten« (Adolf Schlatter).

Scheinbar »gekrümmte« **Linien** »verworrener« Aussagen des Wortes Gottes, die sich dem unerleuchteten Menschen als unlogisches Durcheinander darbieten, erweisen sich **dem Verständigen** als **schnurgerade** und **zum Ziele führend.** Wenn wir dann auch in manchem Detail noch »wie in einem dunklen Spiegel schauen«, so wird doch bald »das Vollkommene« erscheinen, wo wir erkennen, »wie wir erkannt worden sind«, und schauen werden von Angesicht zu Angesicht (1. Kor.13, 11–12)!

+ + +

69   DIE WEISHEIT ÜBERTRIFFT ALLE SCHÄTZE   (8, 10–11)

Nehmt an meine Unterweisung und nicht Silber, und Erkenntnis lieber als auserlesenes Feingold. Denn Weisheit ist besser als Korallen, und alle Kleinode (Kostbarkeiten) **sind ihr nicht gleichwertig!**

Wie wird in diesem Sprüchewort doch der Reichtum dieser Welt, im Vergleich mit dem wesenhaften, unvergänglichen Reichtum der Weisheit Gottes, geringgeschätzt! Das »ewige Vollgewicht an Herrlichkeit« (2. Kor. 4, 17) ist noch nicht einmal wert verglichen zu werden mit den Schätzen dieser Welt, die von Dieben geraubt, von Motten und Rost gefressen und vom Wertverfall aufgezehrt werden! »Wem wird gehören, was du dir aufgehäuft hast?« so wird der reiche Kornbauer im Angesicht des Todes von Gott gefragt. Dies sollte den Glaubenden dazu führen, in der Werteskala des Lebens eine Neubewertung zu treffen.

Nehmet nicht Silber an ...! Wer dächte hier nicht an Juda, der für 20 Silbermünzen seinen Bruder Joseph nach Ägypten verkaufte, und an Judas Ischarioth, der für 30 Silberschekel den Sohn Gottes der Gewalt Seiner Feinde auslieferte. »Denn er war ein Dieb und trug die (gemeinsame) Kasse.« Ob er wohl das gestohlene Geld der zelotischen Untergrundbewegung zur Verfügung stellte, der er wahrscheinlich angehörte? Jedenfalls öffnete die Silberliebe sein Herz für den Einfluß Satans. »Denn die Geldliebe ist eine Wurzel alles Bösen«, weshalb ein Gottesmensch sie fliehen sollte (1. Tim. 6, 10–11). »Ist es erlaubt, dem Kaiser Steuer zu entrichten, oder nicht?« so versuchten die Schriftgelehrten Jesus. Er aber wies auf das Kaiserbildnis des römischen Silberdenars hin, den sie ihm zeigten, und sprach: »Gebet dem Kaiser, was dem Kaiser gehört, aber Gott, was Gott gehört« (Mtth. 22, 15–21); Er nahm durch diese Antwort dem Geld seinen pseudoreligiösen Charakter, den ihm der Götzendiener verleiht. Wir Menschen jedoch sind – einer Münze gleichend – von Gott in Sein Bild geprägt und gehören Ihm.

Wieviel mehr als nach **Silber, Münzgold, Korallen und kostbaren Kleinodien** sollten wir im Auskaufen unserer Lebenszeit danach trachten, »ein Herz voll Weisheit heimzubringen« und nach diesem Lebenskonzept »unsere Tage zu zählen« (Ps. 90,12)! Denn »es gibt Gold und Korallen die Menge; aber ein kostbares Gerät sind Lippen der Erkenntnis« (Spr. 20, 15). Und wenn Spr. 21, 20 davon spricht, daß »in der Wohnung des Weisen ein **kostbarer Schatz** und Öl« zu finden sei, ist wohl nicht an den irdischen

Reichtum gedacht, sondern an das **Silber** der Erlösung und das **Feingold** des im Leid bewährten Glaubens, welches durch die Prägung Gottes zum **Münzgold** wurde und das Bildnis Christi trägt; ferner an die **Korallen** des »unverweslichen Schmuckes eines sanften und stillen Geistes, welcher vor Gott sehr kostbar ist« (1. Petr. 3, 4), und an die **Kleinodien** mit den Edelsteinen der Herrlichkeit. Möchten wir doch, als Mitarbeiter Gottes, Gold, Silber und Edelsteine auf dem Christusfundament bauen! Holz, Heu und Stoppeln werden im Feuer des Gerichts vergehen (1. Kor. 3, 12–13)!

Wie kommen wir zu einer geistgemäßen Lebensgestaltung und Neubewertung aller Werte? Indem wir die **züchtigende Unterweisung** der Gottesweisheit annehmen, und indem wir Gotteserkenntnis und Weisheitsschätze der Berufskarriere, dem Reichtum und äußeren Ansehen vorziehen.

DEMETRIUS (= der Göttin Diana geweiht), der antichristliche **Silberschmied** von EPHESUS (= Luststadt; alles ist erlaubt), trieb eine ganze Stadt zum Aufruhr gegen die Christusverkündigung des Paulus, weil er um seinen Reichtum fürchtete (Apg. 19, 24–38); ob er später ein Jünger Jesu wurde, den der »Älteste von Ephesus«, Johannes, in 3. Joh. 12 nannte? Daß man auch als ein Reicher »eine gute Grundlage auf die Zukunft sammeln und das wirkliche Leben ergreifen kann«, lehrt 1. Tim. 6, 17–19.

+ + +

70 WOHL DURCHDACHTE ENTSCHLÜSSE (8, 12)

Ich, Weisheit, ich bewohne die Klugheit, und ich finde die Erkenntnis der wohl durchdachten Entschlüsse.

Die Weisheit **bewohnt die Klugheit** wie ein Bewohner sein Haus. Das Lebendige und Belebende ist also **die Weisheit** – ihr »Haus«, ihre Form, ihr Ausdrucks- und Gestaltungsmittel, ist **die Klugheit.** Durch ein betontes Ich stellt sich die Weisheit als eine göttliche Person vor, ähnlich, wie es Jesus in Seinen gewichtigen Ich-bin-Worten tat.

Klugheit ohne göttliche **Weisheit** ist also ein leeres Haus, eine bloße Schachtel ohne Inhalt. Selbst wenn dieses »Haus« gefegt und von der Unreinheit und Herrschaft böser Geister gereinigt worden ist, können die Finsternisdämonen, siebenfach verstärkt, dorthin zurückkehren, einfach, weil der neue **Bewohner** und Hausherr fehlt: Christus als die Weisheit Gottes und Sein guter Heiliger Geist (Mtth. 12, 43–45)!

Dennoch kann **Klugheit** und **List,** ohne Heimtücke, auch den Jüngern Jesu angeraten sein, denen der Herr sagte: »Seid nun klug wie die Schlangen und ohne Falsch wie die Tauben« (Mtth. 10, 16)! Solche **Klugheit,** der die **Weisheit innewohnt, findet die Erkenntnis wohl durchdachter Entschlüsse** (E: besonnene Erwägungen; DEL: Wissen der rechten Entschließung; fein durchdachte Entwürfe). Das **Finden** setzt eine Zeit des **Suchens** voraus. Im Leben der Glaubenden geschieht die Führung des Geistes nicht automatisch, so daß sie gleichsam wie unter Hypnose handeln könnten. Wir dürfen mißtrauisch sein gegenüber allen, die immerdar und sofort um »Gottes Führung« wissen und jeden ihrer Schritte einem staunenden frommen Publikum also deuten. Auch ein Paulus mußte auf der Suche nach dem rechten Weg die Strecke zwischen dem »ich weiß nicht« und dem erlösenden »nun weiß ich« zurücklegen. Er wußte zunächst nicht, was er erwählen sollte und wurde von zwei Möglichkeiten bedrängt; er hatte Lust, das für ihn »Bessere« zu erwählen – nämlich abzuscheiden und bei Christo zu sein; da erkannte er das »Nötige«, Notwendige, Not wendende: im Fleische zu bleiben zugunsten der Gemeinden. So gelangte er zu einem zuversichtlichen Wissen, zu einem **wohl durchdachten Entschluß** (Phil. 1, 22–26).

Was **findet** die Weisheit? **Die Erkenntnis besonnener Planungen und wohl durchdachter Entschlüsse.** Dies ist wohl das Gegenteil zu einem medial geleiteten und unbesonnenen, emotionalen Handeln, welches oft ein Zeichen mangelnder Weisheit ist und zu einem Scherbenhaufen für uns und andere führen kann! Schwerwiegende Entscheidungen betreffen ja selten nur uns selbst, sondern immer auch andere, die mit uns verbunden sind; wir dürfen ihnen unseren selbstgewählten Weg nicht einfach wie ein gesetzliches Joch aufhalsen! Bei jeder Entscheidungssuche sind wohl auch die natürliche Vernunft, aber schon gar der Rat des Wortes Gottes und bewährter Brüder, sowie die Bitte um das Erkennen des Willens Gottes nötig!

Es gehört zu einer »jugendlichen« Reifestufe im Glauben, daß man sich selbst »gürtet« und marschbereit macht und zielbewußt dem eigenen Willen folgt; der gereifte Christ wird – wie Petrus – abhängiger von Jesus; als »Gebundener« wird er oftmals in Gang gesetzt auf Ziele, die er nicht will (Joh. 21, 18)!

Ich, die Weisheit, … ich finde die Erkenntnis wohl durchdachter Entschlüsse – galt dies nicht auch von dem Sohne Gottes, als Er in Gethsemaneh Seinen Willen in Übereinstimmung mit dem Willen des Vaters brachte? (Hebr. 10, 5–7). Eröffnete sich Ihm doch eine neue Leidenstiefe – daß Er zur Sünde gemacht und im Tode von Gott abgeschnitten würde!

71   DER GOTTESFÜRCHTIGE HASST DAS BÖSE   (8, 13)

Die Furcht JAHWEHs ist: das Böse hassen. Stolz und Hochmut und den Weg des Bösen und den Mund der Verdrehungen hasse ich!

Der erste Satz dieses Textes erscheint uns wie eine Gleichung. Wer wirklich Gott in Ehrerbietung **fürchtet,** wird auch **das Böse hassen** und in dieser Gesinnung sogar »dem Bösen entgehen« (Spr. 16 ,6). Wenn der Heilige oftmals auch der Sünde in Schwachheit erliegt, so liebt er doch die Sünde und **das Böse** nicht; mehr und mehr wird er sie hassen, weil auch Gott die Sünde und **den Weg des Bösen haßt,** wenngleich Er den Sünder liebt. Der Apostel Johannes ermahnt uns eindringlich, daß wir »die Welt« nicht lieben sollen. Damit meint er jedoch nicht die wunderbare Gottesschöpfung, sondern das von Satan beherrschte Weltsystem mit seinen widergöttlichen Grundprinzipien. Diese stellen sich im menschlichen Bereich als »Begierde des Fleisches, als Lust der Augen und als **Hochmut** des Lebens« dar (1. Joh. 2,14–17).

Die Weisheit selbst ist es, die da spricht: **Stolz und Hochmut und den Weg des Bösen hasse ich!** Wie sehr Gott gerade den Hochmütigen widersteht, kann uns 1. Petr. 5, 5–7 zeigen. Darum sollten wir uns »mit Demut fest umhüllen«, wie mit einem warmen Mantel gegen die bittere Kälte. Denn Gott »gibt den Demütigen Gnade«. Manches

Versagen und mancher Sündenfall in unserem Leben wird vom Herrn dazu benutzt, um uns von der größeren Sünde **des Hochmuts** zu heilen. Beachtenswert ist es auch, daß sich ein »Demütigen unter die gewaltige Hand Gottes« gerade darin erweist, daß wir »alle unsere Sorge auf Ihn werfen, der um uns besorgt ist«. Unser Gott wohnt in der Höhe und im Heiligtum des unzugänglichen Lichtes, aber auch bei dem, der zerschlagenen und gebeugten Geistes ist (Jes. 57, 15).

Warum aber **haßt** Gott gerade **den Hochmut,** die Sünde des ungebrochenen GEISTES? Auch der **Mund der Verdrehungen** (E: der Verkehrtheit; DEL: der falschrednerische Mund) dient ja der hochmütigen Selbsterhöhung durch die lügenhafte Erniedrigung des Nächsten! Weil **Stolz und Hochmut** die Ursünde dessen ist, der als Geist die Gesetzlosigkeit und das Verderben in den Kosmos eingeführt hat, jenes Cherubs und Lichtträgers, der im Aufruhr gegen Gott zum Satan wurde. Auf dem Wege der Selbsterhöhung über alle »Sterne und zum Throne Gottes«, dem er sich gleichmachen wollte, »erfüllte er sein Inneres mit Gewalttat« (Jes. 14/Hes. 28). »Wie bist du vom Himmel gefallen, du Glanzstern, du Sohn der Morgenröte!« klagt der lebendige Gott (Jes. 14, 12); und der Christus »sah den Satan vom Himmel fallen wie einen Blitz« (Luk. 10, 18). Als »Vater der Lüge« und als »diabolos« (Teufel, Verleumder, Durcheinanderwerfer) ist er nun *der* **Mund der Verdrehungen.** Verstehen wir jetzt in der tiefsten Bedeutung, warum Gott **den Weg *des* Bösen haßt?** Es ist der Weg der Sünde, Dämonie, Finsternis und Gottesfeindschaft! Luzifers Wesensverfinsterung in der Trennung von Gott führte zum Entzug der göttlichen Charakterzüge des Lichtes, des Lebens, des Geistes und der Liebe. Keinesfalls hat Gott den Satan »als Satan« erschaffen: Weil in Gott keine Finsternis, ja nicht einmal eines Lichteswechsels Schatten ist, kann Er keine Gemeinschaft mit der Finsternis haben; und so konnte auch aus Ihm keine Finsternis entstehen (1. Joh. 1, 3–5/Jak. 1, 13–17/2. Kor. 6, 14–16)! **Er haßt den Weg des Bösen,** und »der Thron des Verderbens, der aus Frevel eine Satzung macht«, ist nicht mit Ihm vereint (Ps. 94, 20).

So haßt Er auch das Böse, die Sünde, in unserem Leben, weil sie »unser Verderben ist« (Spr. 14, 34). Daß Er uns dennoch lieben konnte, schon zu einer Zeit, »als wir noch Feinde waren«, ist der wunderbaren Tatsache zu verdanken, daß der Richter sich selbst gerichtet hat, als Christus am Kreuz für uns zur Sünde gemacht wurde! Die Liebe Gottes »rechnet **das Böse** nicht zu«, weil Er alles Böse Jesus Christus angerechnet hat (1. Kor. 13, 5)!

+ + +

72   WEISE REGENTEN UND RICHTER   (8, 14–16)

Mein ist Rat und Besonnenheit, ich bin das Verstehen, mein ist die Tatkraft; durch mich regieren Könige, verordnen Machthaber Gerechtigkeit (gerechte Entscheidungen); **durch mich herrschen Fürsten und Edle, alle Richter der Erde.**

Fast erscheint uns dieser Text wie ein frommer Wunsch des Verfassers: »O mögen doch die Könige in Weisheit regieren, die Machthaber gerechte Entscheidungen treffen! Möchten doch die Richter der Erde in Weisheit richten!« Aber so lautet der Text nicht!

Man könnte noch der Fassung ausweichen, daß **alle Richter der Erde in Weisheit richten,** indem man die andere Lesart des Hebräischen bevorzugt, die davon spricht, daß nur die Richter mit Weisheit begabt seien, die **Richter in Gerechtigkeit** sind.

Weisheitsvolle **Regierung, gerechte Entscheidungen, weise Richtersprüche** – wenn dem doch wirklich so wäre! Wenn der Mensch noch den Adel des königpriesterlichen Berufes hätte, den Adam vor dem Fall besaß, dann bliebe er sicherlich vor der Entartung der Macht zu Willkür und brutaler Gewalt bewahrt! Das **Herrschen** und Dienen **in Weisheit** war nach Ps. 8 und 1. Mos. 1, 26–28 sein ursprünglicher Beruf.

Freilich hat es bei den wenigen Weisen und wenigen Edlen, die diese Erde sah, Ansätze zu solchem Handeln in **Rat und Besonnenheit und Tatkraft, Gerechtigkeit und Weisheit** gegeben. Solches Handeln schwächte ihre Regierung nicht, sondern stärkte sie im Ansehen der Menschen, denn »die Weisheit macht den Weisen stärker als zehn Machthaber in der Stadt« (Pred. 7, 19).

Als der junge Salomo noch nicht »wußte aus- und einzugehen« und sich von Gottes beratender Weisheit abhängig fühlte, bat er Gott: »So gib denn Deinem Knechte ein verständiges Herz, um Dein Volk richten zu können, um zu unterscheiden zwischen Gutem und Bösem«; und der Herr gab ihm »ein weises und einsichtsvolles Herz«, gab ihm »Weisheit und sehr große Einsicht und Weite des Herzens, wie der Sand am Ufer des Meeres« (1. Kön. 3, 9/4, 29).

Wer jedoch die Weltgeschichte und Herrscherchroniken ein wenig kennt, weiß, daß dies eine Ausnahme war! Herrschaft in Unweisheit und Ungerechtigkeit, Königtum in brutaler Willkür und zur Befriedigung der ungezügelten Eigenliebe, ja, die Knechtung der Untertanen bestimmen die Geschichte in den »Zeiten der Nationen«. Nur wenige Herrscher, wie Salomo als das Vorbild des messianischen Friedenskönigs, waren begabt mit dem »Geist JAHWEHs, dem Geist der Weisheit und des Verstandes, des Rates und der Kraft, der Erkenntnis und der Gottesfurcht« (Jes. 11, 1–3; ein Wort, das eigentlich von der Geistesfülle des Messias spricht)! So dürfte unser Text den »Gottesspiegel« und das Idealbild der gesetzestreuen Könige in Israel bilden.

Wenn unser Text von **Königen und Machthabern** und, in scheinbarer Wiederholung, von **Fürsten, Edlen und Richtern** *der Erde* spricht, so hat er die sichtbaren und zugleich die unsichtbaren Regierungsmächte der Völker im Auge (s. Ps. 2, 1–3/Jes. 24, 21/ Dan. 10, 13 + 20/Eph. 3, 10/Kol. 1, 16)! Ist doch alle Ungerechtigkeit und Unterjochung auf Erden nur die Auswirkung von Ratschlüssen jener unsichtbaren Fürstentümer, die letztlich über die Nationen der Erde herrschen! Gewiß, auch sie **herrschen durch IHN,** weil es nach Röm. 13 ,1 keine Autorität gibt, die Gott nicht unterstellt wäre und Seinem Ratschluß dienen müßte! Doch sollte man einmal Ps. 82 lesen, um zu erkennen, wie Gott in der »Götterversammlung« über die »Götter« und **Richter der Erde** Gericht hält (V. 5–7!). Dann kann man auch den Gebetsabschluß des Psalms verstehen: »Stehe auf, o Gott, **richte DU die Erde!** Denn Du wirst zum Erbteil haben alle Nationen!«

Letztlich wird sich Spr. 8, 14–16 erst im Friedensreich des Messias erfüllen, wenn Er mit den Seinen 1000 Jahre in **Weisheit und Gerechtigkeit** herrschen wird – richtend und rettend. Dann werden die **Richter der Erde** endlich auch **Richter der Gerechtigkeit** sein! Solche, die hier schon **königlich herrschten** über die Sünde, die sich selbst **richteten** und priesterlich den Brüdern dienten, dürfen in kommenden Weltzeiten als Königspriester regieren und die Stämme Israels, aber auch die Weltvölker, durch Gericht zur Wiedergeburt führen (Mtth. 19, 28/1. Kor. 6, 2)!

+ † +

Ich, ich liebe, die mich lieben; und die mich frühe suchen, werden mich finden!

Der erste Satz ist ein ichbetontes, personales Selbstzeugnis der Weisheit Gottes; dies ist eine der Stellen, wo überaus deutlich der werbende Ruf der Liebe Christi erschallt. Er selbst wirbt um unsere Liebe und versichert uns Seiner Gegenliebe, und dies ist weit mehr als die Weisheitssuche und Weisheitsliebe (philosophia) des forschenden Geistes der Kinder dieser Welt. Denken wir nur an das wunderbare Wort Jesu in Joh. 14, 21: »Wer meine Gebote hat und sie hält, der ist es, der mich liebt, wer aber mich liebt, wird von meinem Vater geliebt werden, und **ich werde ihn lieben** und mich selbst ihm offenbaren!«

Liebe ist Vertrauen in den Geliebten, ist Geborgensein in Seiner Liebe, ist die Erwartung letzter Erfüllung und Vollendung in der Liebe, ist Hingabebereitschaft und Wille zur Einswerdung. Die Heilige Schrift gibt denen, **die IHN lieben,** kostbare Verheißungen, von denen einige genannt seien:

- der Siegeskranz der Gerechtigkeit wird denen verliehen werden, die Jesu Erscheinung lieben (2. Tim. 4, 8);
- wer Gott liebt, ist von Ihm erkannt; er hat tiefste Gemeinschaft mit dem Vater und dem Sohn (1. Kor. 8, 1–3);
- denen, die Gott lieben, dienen alle Dinge, dient das ganze All, zum Guten (Röm. 8, 26–30);
- was kein Auge gesehen, kein Ohr gehört, und was in keines Menschen Herz gekommen ist, hat Gott denen bereitet, die Ihn lieben (1. Kor. 2, 9);
- jedem, der Gott liebt, wird Einsicht in Gottes Weisheit, Wesen und Plan verliehen (Phil.1, 9–11);
- die zum Ziel gekommene Gottesliebe treibt die peinigende Angst aus und schenkt Gott gegenüber Freimütigkeit (1. Joh. 4, 15–19).

»Die Gott lieben, müssen sein, wie die Sonne aufgeht in ihrer Kraft!« bezeugt Richt. 5, 31.

Uns allen gilt die Frage, die Jesus dreifach Seinem Jünger Petrus stellte: »Simon, Sohn Jonas, hast du mich lieb?« Auch wir werden wohl mit ihm nur antworten können: »Herr, du weißt alle Dinge, du weißt, daß ich Dich liebhabe!« (Joh. 21, 17).

Und wir müssen bekennen:

> »Ach, daß ich Dich so spät erkennet, Du hochgelobte Schönheit Du,
> und Dich nicht eher mein genennet, Du höchstes Gut und wahre Ruh!
> Es ist mir leid, ich bin betrübt, daß ich so spät geliebt.«

Darum gilt: **Die mich frühe suchen, werden mich finden!**

Abraham, der in der **Frühe** des Morgens »Holz spaltete« und in seinem Herzen seinen Sohn Isaak opferte, erhielt ihn am dritten Tage auf dem Morijah zum »Gleichnis der Auferstehung Christi« wieder, wie es uns 1. Mos. 22 berichtet.

Überhaupt hat die **frühe** Morgenzeit im Worte Gottes eine besondere Segensverheißung; so heißt es in Ps. 5, 3: **»Frühe** wirst Du, JAHWEH, meine Stimme hören, **frühe** werde ich Dir mein Anliegen vortragen und harren!« Und in Ps. 63, 1 bekennt der Beter, dessen Seele nach Gott dürstet: »Gott, Du bist mein Gott, **frühe** suche ich Dich!«

Die **frühe Suche nach der Gottesweisheit** dürfen wir aber auch auf die Morgenzeit des Lebens beziehen; wie schön ist es, wenn schon Kinder und Jugendliche Jesus mit ganzem Herzen suchen, sie werden Ihn **finden** und **lieben** lernen, selbst wenn die letzte Willensübergabe erst in späterer Zeit vollzogen wird! Uns allen aber gilt der Aufruf aus Jes. 55 ,6: »Suchet JAHWEH, während Er sich finden läßt, rufet Ihn an, während Er nahe ist!« Die Weisheit verspricht und verheißt ihre Liebe dem, der sie zuvor liebte! Aber ist dies überhaupt möglich, ohne daß uns Gottes Geist erneuert hat? Das NT gibt uns als Antwort: Er hat uns geliebt und versöhnt, als wir noch Feinde waren (Röm. 5, 10), und: »Wir lieben, weil Er uns **zuerst** geliebt hat« (1. Joh. 4, 19)! Ja, es ist wahr: »Der Freund liebt zu aller Zeit« (Spr. 17, 17)!

»Welch ein Freund ist unser Jesus …!« Und Spr. 29, 3 spricht davon, daß wir Gottes väterliches Herz erfreuen, wenn wir Jesus lieben: »Ein Mann, der **die Weisheit liebt,** der erfreut seinen Vater!«

+ ⁺ +

74   GEFÜLLTE SCHATZKAMMERN   (8, 18–21)

Reichtum und Ehre sind bei mir, bleibendes Gut und Gerechtigkeit (Rechtferti-gung). **Meine Frucht ist besser als feines und gediegenes Gold, und mein Ertrag** (besser) **als auserlesenes Silber. Ich gehe auf dem Pfade der Gerechtigkeit** (Recht-fertigung), **mitten auf den Stegen des Rechts: um die mich Liebenden Wirkliches** (Bleibendes) **erben zu lassen, daß ich ihre Schatzkammern fülle.**

Wiederum bietet uns die Weisheit Gottes ihre Schätze an. Bei oberflächlicher Betrach-tung könnte man meinen, Weisheitssuche sei ein Weg, um auf Erden Wohlstand und Reichtum zu erlangen; doch erwachsen solche irdischen Früchte eher dem Wissen und Können, oft sogar der skrupellosen Raffgier! Meist waren die Träger der Weisheit arme und geringe Menschen.

Ein Siebenfaches verheißt die Weisheit ihren Kindern:

Reichtum – Ehre (Herrlichkeit) – bleibendes Gut (dem Zugriff anderer »entrücktes« Vermögen) – Gerechtigkeit (BA: Rechtfertigung) – Weisheitsfrucht, besser als Feingold – Ertrag der Weisheit, besser als auserlesenes Silber – Wirkliches (Reelles, Wesenhaftes) – gefüllte Schatzkammern.

Genau besehen sind dies alles innere, geistliche Reichtümer und Herrlichkeiten! Die Weisheit schenkt uns ein **Erbteil** auf der Grundlage der **Rechtfertigung.** Und ihre eigentliche **Erbgabe** ist das **Bleibende, Beständige, Wesenhafte** der göttlichen Wirklichkeit; dies meint auch das Wort für »Wahrheit« im NT (alätheia), und dies ist weit mehr als die gedankliche »Richtigkeit«. Wenn wir wirklich Kinder Gottes sind, gerechtfertigt durch das Blut Christi, dann sind wir auch **Erben,** ja, »Miterben Christi« und aller Seiner Herrlichkeiten und zukünftigen Aufgaben (Röm. 8, 17)! »Sollte uns

Gott mit IHM nicht auch das All schenken?« fragt Röm. 8, 32. Freilich kommt uns die Weisheit mit ihrem unermeßlichen Angebot auf dem **Pfade der Gerechtigkeit** und der **Rechtfertigung, auf den Stegen des Rechts** entgegen. Gott muß die Rechtsfrage lösen und Seiner Heiligkeit und Gerechtigkeit Genüge tun, ehe Er uns in Christo so reich beschenken kann – so wie auch einer Erbschaft im Irdischen klare Rechtsabsprachen zugrundeliegen. Und diese Seine **Gerechtigkeit** hat Er in dem gekreuzigten Christus erwiesen und uns durch Sein Blut die **Rechtfertigung** aus Glauben geschenkt. Das ist die »notarielle Grundlage« Gottes. Darum sagt Tit. 3, 7: »… damit wir, nachdem wir gerechtfertigt worden sind durch Seine Gnade, **Erben würden,** entsprechend der Hoffnung des ewigen Lebens!« Dem schließt sich in feiner Weise 1. Petr. 1, 3–4 an mit der Aussage, wir seien »wiedergeboren zu einer lebendigen Hoffnung durch die Auferstehung Jesu Christi zu einem unverweslichen und unbefleckten und unverwelkbaren **Erbteil,** welches in den Himmeln aufbewahrt ist«. Dies aber ist **das Bleibende, Wesenhafte** und im eigentlichen Sinne **Wirkliche.** – Wenn wir nun berufen sind, an Christi Erbe teilzunehmen, dann sollen wir es uns auch aneignen, es ergreifen und verwalten, damit sich unsere geistlichen **Schatzkammern füllen.** Selbst der verweltlichten Gemeinde zu Laodicea, die nur einen eingebildeten geistlichen Reichtum besaß, obgleich sie doch arm war, sagte der erhöhte Herr: »Ich rate dir, Gold von mir zu kaufen, das im Feuer geläutert ist, damit du (wirklich) reich werdest!« (Offb. 3, 18) .

Was bedeutet es nun, am **Erbe Christi** teilzuhaben?

– Es ist Teilhabe an Seiner Berufung, da auch wir Könige und Priester für Seinen Gott und Vater sind;
– es ist Teilhabe an Seiner Hoffnung, denn wir werden Ihm gleich sein in Herrlichkeit;
– es ist Teilhabe an Seinem Wesen, weil wir die Charakterzüge dessen verkündigen sollen, der uns berief aus der Finsternis in Sein wunderbares Licht;
– es bedeutet, teilzuhaben an Seinem Geist, der uns in Christo zur Fülle führen will;
– als Sein Leib nehmen wir teil an allen Seinen Zukunftsaufgaben, weil Er »durch uns« alle Gottesverheißungen ausführen will;
– wir werden teilnehmen an Seinem Reich und an Seiner königlichen Herrschaft;
– und an Seinem Gericht, weil wir einmal Menschen und Engel richten sollen (Kol. 3, 4/2. Kor. 1, 20/1. Kor. 6, 3/1. Petr. 2, 9).

Mit IHM sind wir gekreuzigt, gestorben, begraben; mit IHM sind wir lebendig gemacht, auferstanden und erhöht; mit IHM sind wir verherrlicht und erhöht über alle Mächte und Gewalten. Da kann man jedem Gotteskind nur sagen: »Ergreife das ewige Leben, zu dem du berufen worden bist« (1. Tim. 6, 12)! Bis zum Tage der Volleinlösung des erworbenen **Erbbesitzes** aber tragen wir als »Anzahlung« und »Handgeld« Gottes Heiligen Geist (Eph. 1, 14); dieser ist die Garantie für die volle Verwirklichung dessen, was wir hier erst im Glauben besitzen!

Während nun das **Füllen** der irdischen **Schatzkammern** und Vorratsscheunen vom Geschick des reichen Kornbauern bedroht ist (Luk. 12), sind wir geistlicherweise zur »Anhäufung göttlichen Reichtums« geradezu aufgerufen. »Das Haus des Gerechten ist eine **große Schatzkammer;** aber im Einkommen des Gesetzlosen ist Zerrüttung« sagt Spr. 15, 6, und in Spr. 21, 20 heißt es: »Ein kostbarer Schatz und Öl ist in der Wohnung des Weisen …« – wer dächte hier nicht an den unausforschlichen Reichtum Christi, die bleibenden Schätze des Wortes Gottes und an das Öl des Geistes? Gott möge es uns schenken, daß uns dereinst »ein reichlicher Eingang in das Reich Gottes« geschenkt werde (2. Petr. 1, 11); sind wir doch als »Bettler des Kosmos« berufen, »reich zu sein im Glauben und zu **Erben** des Reiches Gottes« (Jak. 2, 5)!

+ ⁺ +

75   DIE WEISHEIT – ANFANG DES WEGES GOTTES   (8, 22–23)

JAHWEH erwarb (besaß) **mich als Anfang Seines Weges, als frühestes Seiner Werke von jeher. Von Urzeit an bin ich eingesetzt, von Anbeginn, von den Uranfängen der Erde an.**

Dies ist das achte der zwölf Ichworte der **Weisheit** in diesem Kapitel. Wir würden es in seiner Offenbarungstiefe nicht erfassen, wenn wir in ihm nur eine Aussage über die »ewige Weisheit Gottes«, als einer Idee und einem Urbild der Schöpfung, sähen; dies war den Lehrern Israels ohnehin selbstverständlich. Vielmehr tritt **die Weisheit** als redende und handelnde PERSON hervor, als beratender Mitschöpfer Gottes. Dies wußten schon die jüdischen Ausleger, wenn sie davon sprachen, daß der EWIGE durch Sein WORT die Welten erschaffen habe, und diesem WORT göttliche Qualitäten zusprachen. Sie fragten sich allen Ernstes, warum die »Thora« (das Wort des Gesetzes in 2. Mos. 20, 2) mit dem Buchstaben »aleph« (dem ersten Buchstaben des hebr. Alphabeths, der 1) begänne, der Schöpfungsbericht in 1. Mos. 1, 1 jedoch mit dem Buchstaben »beth« (dem zweiten Buchstaben, der 2)! Und sie gaben als Antwort: Weil das WORT von Ewigkeit an ist, und weil Gott durch Sein WORT die Welten erst erschuf! Dies stimmt mit dem apostolischen Zeugnis in Joh. 1 überein, wo bezeugt wird, daß das WORT, der LOGOS, das All erschaffen habe; dieses WORT aber ist, ebenso wie die Weisheit in Spr. 8, unser Herr Jesus Christus; Er ist die »Logik« und der »Bauplan« alles dessen, was jemals geschaffen ward.
Er war, als das **früheste Seiner Werke,** bei dem Vater. Dies darf nicht mißverstanden werden in dem Sinne, als ob auch der Christus ein Geschöpf Gottes gewesen sei, weshalb auch die »Elberfelder« übersetzt … ***vor* allen Seinen Werken.** Wenn wir in V. 24 und 25 weiterlesen, werden wir erfahren, daß Er aus dem Vater **geboren wurde.** So bezeugt das Glaubensbekenntnis zu recht, daß der Sohn »gezeugt und nicht geschaffen« sei. Er selbst betete in Joh. 17, 5: »Vater, verherrliche mich bei Dir selbst mit jener Herrlichkeit, die ich bei Dir hatte **vor** Grundlegung des Kosmos!« Ja, Er ist der **Anfang** (der Erstling und das Haupt) **des Gottesweges,** d. h. der gesamten göttlichen Schöpfertätigkeit und Heilsgeschichte, des göttlichen Erlösungsplans von Ewigkeit zu Ewigkeit. Und weil in Ihm, dem »Vater der Aeonen« vor der Materieschöpfung »die Aeonen erschaffen worden sind« – die Zeit vor dem Raum –, kann Er bezeugen: **Von Urzeit** (von Ewigkeit, vom Aeon an) **bin ich!** (s. Jes. 9, 6/Hebr. 1, 2: Grundtext). Wie wunderbar, daß schon hier in den SPRÜCHEN ein erstes **ICH-BIN**-Wort aus dem Munde der Gottesweisheit erschallt, wie wir es später in vielen Selbstbezeugungen Christi finden! Mit Moses wollen darum auch wir »die **Wege Gottes**« wissen, Seinen Heilsplan kennenlernen, um auch auf diese Weise die Herrlichkeit Seines Wesens schauen zu können (2. Mos. 33, 13 + 18).

Und wenn wir als ersten Satz unserer Bibel lesen: »Im Anfang« (b'reshit; auch: im Haupt) »erschuf Gott die Himmel und die Erde«, so ist dieser »Anfang«, in welchem der Vater das All erschuf, **der Anfang Seines Weges,** der Christus als die Weisheit Gottes. Lesen wir nicht in Offb. 3, 14 als Selbstzeugnis Christi: »Dieses sagt der AMEN, der treue und wahrhaftige Zeuge, **der Anfang** der Schöpfung Gottes«?! (s. auch 1. Joh.1, 1–3/Kol. 1, 15–17: In IHM ist das All erschaffen; Er ist vor allem; das All hat seinen Fortbestand durch IHN).

Dieser Zusammenhang wird uns auch durch das neutestamentliche Zeugnis von dem **Erstgeborenen** verdeutlicht, das achtmal von dem Christus abgelegt wird. Die bedeutendsten Stellen seien genannt (s. auch Mtth. 1, 25/Luk. 2, 7/Hebr. 1, 6 + 12, 23):

Röm. 8, 29: Wir werden IHM gleichgestaltet, damit ER der Erstgeborene unter vielen Brüdern sei.

Kol. 1, 15: Er ist das Bild des unsichtbaren Gottes, der Erstgeborene vor aller Schöpfung.

Kol. 1, 18: Er ist **der Anfang,** der Erstgeborene aus den Toten.

Wie wunderbar ist es, daß Jesus als der Mittler der Schöpfung schon **von Ewigkeiten her** »eingesetzt« oder »inthronisiert« wurde. Das hebr. Wort »nasach«, das auch in Ps. 2, 6 verwendet wird, kann bedeuten: Metall in eine Form gießen – den König mit heiligem Öl **salben,** und: **als Trankopfer ausgießen.**

So könnten wir auch übersetzen, daß die Weisheit von Ewigkeit an **zum König gesalbt wurde,** oder: **als Trankopfer ausgegossen wurde** (s. auch BA). Das letztere aber ist nach Phil. 2, 17 und 2. Tim. 4, 6 der Weg in den Tod – der Weg des Schöpfers ans Kreuz. Gott hätte niemals etwas erschaffen, wenn Er nicht die volle Deckung für allen Sündenschaden durch das Blut Jesu gehabt hätte (s. Luk. 14, 28–30).

+ + +

76 DIE WEISHEIT – GEBOREN VOR ALLER SCHÖPFUNG (8, 24–26)

Noch ehe Flutwirbel waren, wurde ich geboren, noch ehe Quellen waren, des Wassers schwer. Noch ehe die Berge eingesenkt wurden, vor den Hügeln, wurde ich geboren. Als ER noch nicht das Erdland und die Fluren gemacht hatte – das Erste von den Staubschollen des Erdkreises.

In diesem Text wird rückblickend Gottes Schöpfertätigkeit geschaut. Diese wird in den hebräischen Texten mit drei verschiedenen Wörtern gekennzeichnet: »bara« = aus dem Nichts harmonisch erschaffen; »asah« = vorhandenes Material bearbeiten, modellieren und aufrichten; »jatzar« = vervollkommnen, verschönen, vollenden. Wie köstlich, daß auch jeder, der mit dem Namen Gottes genannt ist, zu Seiner Ehre geschaffen (bara), von Ihm gebildet (asah) und in Ihm vollendet ist (jatzar)! Teuer und wertvoll ist er in den Augen des liebenden Vaters (Jes. 43, 1 + 4 + 7)

Die **Flutwirbel** (tehomot) werden als »chaotische Urgewässer« von den **wasser-schweren Quellen** unterschieden; nach Karel Claeys (»Die Bibel bestätigt das Weltbild der Naturwissenschaft«) könnten damit auch die zähflüssigen Magmaströme des Erd-inneren gemeint sein; in sie wurden die Gebirge und **Berge** buchstäblich **eingesenkt.** Auf den zähflüssigen Magmaströmen des Erdmantels schwimmen aber auch die Konti-nente wie **Staubschollen,** die nach tektonischen Gesetzmäßigkeiten aus einem ur-sprünglich geschlossenen Urkontinent auseinandertrifteten. Wieder erweist sich das überragende Schöpfungszeugnis der Bibel, Jahrtausende vor der modernen Natur-wissenschaft, als vollgültige Wahrheit!

Doch **lange vor** diesen ersten Schöpfungsakten zur Gestaltung des Planeten Erde **war die Weisheit** bei Gott. So sieht unser Text den Christus als den Augenzeugen und Mit-schöpfer, der zurückschaut in die Aeonen der **Urzeit** und zugleich Seine vorweltliche Existenz bezeugt. Auch in Seinen Erdentagen legte Er von sich selbst Zeugnis ab: »Nie-mand ist emporgestiegen zum Himmel, als nur der, welcher aus dem Himmel herab-gestiegen ist, der Sohn des Menschen, der im Himmel **ist«** (oder: Seine ewige Existenz hat). Und Johannes der Täufer bestätigte es Ihm: »Der von oben kommt, steht über dem All« (Joh. 3, 13 + 31)!

Überaus beachtenswert aber ist es, daß schon in den SPRÜCHEN zwischen Erschaffenem und **Geborenem** deutlich unterschieden wird! So sind nicht nur Materie und Energie geschaffen, sowie Pflanzen, Tiere und Menschen, sondern auch alle Engel und Geister-mächte, bis hin zu den höchsten Fürstentümern und Würdenträgern im Unsichtbaren. Auch Luzifer in seiner vormaligen Herrlichkeit war Gottes Geschöpf. So fragt Eliphas Hiob in K. 15, 7–8: »Bist du als erster zum Menschen gezeugt **und vor den Hügeln ge-boren?** Hast du im geheimen Rate Gottes zugehört und die Weisheit an dich gerissen?« Allein der SOHN, der Christus, ist aus Gott **gezeugt und geboren** und darum Gott gleich: Er ist allmächtig, allwissend, allgegenwärtig, unversuchbar vom Bösen und un-sterblich; Er ist Geist und Licht und Leben wie Gott und Ihm darum wesensgleich. Hebr. 1 zeigt uns deutlich, daß der Christus als **Einziggezeugter vom Vater** alle Engel überragt. So erschließt auch die Aussage, daß Er **vor den Hügeln geboren** sei, einen zusätzlichen symbolischen Sinn: Ist Er doch DER FELSEN Israels, die **Hügel** hingegen sind Abbilder von Geistermächten (vgl. 5. Mos. 32, 4 + 13 + 15 + 18 + 30 + 31). Doch wer-den »alle Berge und Hügel« Ihn einmal loben (Ps. 148, 9)!

»DU bist mein Sohn, **heute habe ich Dich gezeugt!«** war das Urwort Gottes – Ewig-keiten vor Seinen ersten Schöpfungsworten ausgesprochen! Joh. 1 bezeugt uns, daß Er als das »Wort Gottes« bei Gott **war,** daß aber das All durch Ihn **geworden** ist. Erst in Seiner Erniedrigung nahm Er am »Werden« der Geschöpfe teil. Hören wir es aus Seinem eigenen Mund: »Wahrlich, wahrlich, ich sage euch: Ehe Abraham **wurde, bin ich«** (Joh. 8, 59)!

+ + +

77 MOMENTAUFNAHMEN DER SCHÖPFUNG (8, 27–30a)

Als ER die Himmel ausbreitete, war ich dort; als ER den Kreis bemaß (ausmeißelte) **über der Fläche der Wirbelflut; als ER von oben her den Luftraum festigte; als**

ER fest werden ließ die Quellen der Wirbelflut; als ER dem Meere seine Satzung (Gesetzmäßigkeit) **auferlegte, damit die Wasser Seinen Befehl nicht überschritten; als ER die Fundamente der Erde bemaß** (ausmeißelte) **– da war ich ... an Seiner Seite ...**

Von **der Weisheit,** dem Christus als dem Augenzeugen der Schöpfung, werden hier gewaltige Vorgänge bei der Erschaffung des Kosmos berichtet:
Das **Zubereiten der Himmel** meint die Gestaltung der unermeßlichen Weiten des Universums mit all seinen Galaxien, Sonnensystemen und zugehörigen Planeten; das göttliche Wirken ordnete und **gestaltete** die Energie und Materie des Kosmos, seinen Raum und seine Zeit. Jes. 40, 21–22 berichtet »höchst wissenschaftlich«, wenn auch in einfachen Bildern: »Habt ihr nicht Einsicht erlangt in die Grundfesten der Erde? ER ist es, der da thront über dem **Kreise der Erde** und ihre Bewohner sind wie Heuschrecken; **der die Himmel ausspannt** wie einen (hauchdünnen) Flor, sie ausbreitet wie ein Zelt zum Wohnen ...« Auch in diesem Prophetenwort offenbart sich die göttliche Sicht **von oben;** zum anderen wird schon etwas deutlich von der ständigen Ausdehnung des Weltalls und seiner Materie, wie es auch die heutige Astronomie beschreibt.
Diese »**Himmel** der Himmel« mit der unzählbaren Schar der Geistermächte – den »Wassern oberhalb der Himmel« – sollen einmal JAHWEH loben, wie es Ps. 148, 4 in Aussicht stellt.
Mit dem **Bemessen des Kreises,** oder seinem **Ausgemeißeltwerden,** ist die Zubereitung des Planeten Erde gemeint; der »Urkontinent« hebt sich aus den glutflüssigen Magmaströmen, der **Wirbelflut** (hebr.: tehom), die klar von den **Wassern der Meere** unterschieden wird; aus ihr gestaltet Gott den kontinentalen **Erdkreis:** ihre unterirdischen **Quellen** brechen mit Macht hervor, wölben die Gebirge auf und **erstarren** (oder: werden fest, und dadurch: gebändigt).
Von oben her festigt Gott sodann den Luftraum. Das hebräische »schechakim« meint »fein zerriebene«, also feinstverteilte »Stäubchen« oder Materieteilchen, den »Äther« höchster Luftschichten (DEL: **die Ätherhöhe droben**). Ist doch die Erde umgeben von der »Atmosphäre«, der eigentlichen Lufthülle, von der »Troposphäre« mit den Wettererscheinungen und höchsten Wolken (bis zu einer Höhe von 15 km), von einer »Stratosphäre« in 15 bis 80 km Höhe, der »Ionosphäre« bis zu 800 km, der »Suprasphäre« zwischen 800 und 1000 km, der »Exosphäre« über 1000 km und der alleräußersten »Magnetosphäre« – allesamt mit jeweils verschiedenen Eigenschaften. Dies alles dürfen wir zur **Ätherhöhe** rechnen.
Den **Wassern** der Weltozeane und **Meere** wurde durch die Gesetzmäßigkeit von Ebbe und Flut und mit der Wasserverdunstung, die den »Kreislauf des Wassers« bewirkt, **Gottes Satzung** auferlegt (Hiob 26,10/38, 8–11). Allein die zur Wolkenbildung führenden elektronischen Vorgänge sind staunenswert (Näheres in: Karel Claeys: »Die Bibel bestätigt das Weltbild der Naturwissenschaft«)!
Alle diese Schöpfungsvorgänge aber dienten dazu, daß der Planet Erde zum Lebensraum von Pflanzen, Tieren und Menschen werden konnte, und zugleich zum »kosmischen Vorhof«, der Schaubühne des göttlichen Heilshandelns, mit dem »Altar« des Kreuzes Christi. Alles, was geschah, wurde von Gott **bemessen, ausgemeißelt, abgezirkelt, gefestigt** und durch göttliche Energie aus dem Zustand der Unordnung in den Zustand der Ordnung überführt (Entropiegesetz der Physik).
Wer aber war Augenzeuge, ja, Mittler aller dieser schöpferischen Vorgänge? **Die Weis-**

heit Gottes, das WORT, der LOGOS, der allem Erschaffenen Baupläne unterlegte und seine gesetzmäßige Ordnung bewirkte. **ICH war dort – an Gottes Seite!** so lautet der Augenzeugenbericht der Weisheit. Joh. 1, 1–3 greift dies auf: »Im Anfang **war** das WORT, und das WORT **war** Gott zugewandt, und das WORT **war** Gott. Dieser **war** im Anfang auf Gott zugewandt. Das All ist durch IHN **geworden,** und ohne IHN ward auch nicht eines, das **geworden** ist!« Dem zehnmaligen **»war«** der gottgezeugten Sohnschaft steht (im Grundtext von Joh. 1) ein zehnmaliges **»geworden«** der Schöpfung gegenüber. Überaus anbetungswert aber ist es, daß der ewige Sohn Gottes am Werden Seiner Schöpfung teilgenommen hat: »Und das WORT ist Fleisch **geworden** und schlug Sein Zelt in unserer Mitte auf« (Joh. 1, 14)!

So gilt das Jesajawort vom »Kreislauf des Wassers« nicht nur naturgesetzlich, sondern bezeugt in diesem Bilde auch das Ausgesandtwerden und die Erniedrigung des WORTES, also des Sohnes Gottes, und Seine »fruchtvolle« Heimkehr in der »Ernte der Welt«: »Denn gleichwie der REGEN und der SCHNEE vom Himmel herabfällt und nicht dorthin zurückkehrt, er habe denn die Erde getränkt und befruchtet und sie zum Keimen gebracht, und dem Säemann Samen gegeben und Brot dem Essenden: also **wird mein WORT sein,** das aus meinem Munde hervorgeht; es wird **nicht leer zu mir zurückkehren,** sondern es wird ausrichten, was mir wohlgefällt und durchführen, **wozu ich es ausgesandt habe«** (Jes. 55, 10–11)! Christus wird als das Wort Gottes diesen Auftrag gemäß Ps. 126, 6 erfüllen!

+ ⁺ +

78/79   GOTTES WERKMEISTER   (8, 30–31)

... da war ich an Seiner Seite ein Werkmeister, und ich war Ihm zu Erquickungen Tag für Tag, spielend (mich ergötzend) **vor Seinem Angesicht allezeit, spielend auf dem bewohnten Teil Seiner Erde; und meine Erquickungen waren die Söhne Adams!**

Der geheimnisvolle Text läßt uns in die Urzeit des Kosmos hineinschauen, wo das göttliche Schöpfungswerk in Christo nur **Glückseligkeit, Ergötzen, Wonne und Erquickung** war – einherströmend zwischen dem Vater und dem Sohn. Das Mitschaffen der göttlichen Weisheit, des Sohnes Gottes, aber war wie ein beglücktes, freiheitliches Spiel der Freude. Noch waren Tod und Fluch, Sünde und Verderben in Gottes Urschöpfung nicht eingebrochen. Erst die Selbstverfinsterung Satans in seinem Aufruhr gegen Gott verursachte die Unterwerfung der Schöpfung unter das »Gesetz der Sünde und des Todes«.

Unser Text bezeugt das schöpferische Geschehen als Wechselspiel zwischen dem Vater und dem Sohn, der Gottes Weisheit und **Werkmeister** ist. Hiob 38, 6–7 läßt uns ahnen, daß auch die lichten Himmelsmächte als Zuschauer lobpreisend beteiligt waren: »Worauf sind eingesenkt der Erde Grundfesten? Wer hat ihren Eckstein gelegt? Da jubelten vereint die Morgensterne, da jauchzten alle Gottessöhne!«

Mit der Übertragung ... **da war ich an Seiner Seite Werkmeister** schließe ich mich

Franz Delitzsch an, ohne dessen sorgfältige sprachwissenschaftliche Begründung hier wiedergeben zu können (siehe auch: Kautzsch-Weizsäcker). Manche Bibelübertragungen übersetzen das hebr.Wort »amon« auch als »Pflegling« (BUB) oder »Schoßkind« (E). Doch die Grundbedeutung von »amon« sind »Beständigkeit« und »Vertrauenswürdigkeit«, »Sicherheit« und »Festigkeit«, wie sie **der Werkmeister und Künstler** aufgrund seines großen Wissens und der Geschicklichkeit seiner Hände eben besitzt (so ist »jamin«, die rechte Hand, mit »amon« verwandt). Die Schönheit der »Braut JAHWEHs« wird in Hohesld. 7, 1 auch auf die **künstlerische** Arbeit des **Werkmeisters** zurückgeführt. Und im apokryphen »Buche der Weisheit« heißt es in 7, 21: »Alles, was es nur an offenbaren und verborgenen Dingen gibt, erkannte ich, denn der kunstgeschulte Meister von allem, die Weisheit, lehrte es mich!«

Delitzsch führte dazu sinngemäß aus:

Die Weisheit setzte – als Assistentin Gottes – in die Wirklichkeit um, was an schöpferischen Ideen in Gottes Schöpferwillen begründet war und durch Sein Schöpferwort in Bewegung gesetzt wurde; sie führte die Entwürfe der einzelnen Geschöpfe künstlerisch aus. Diese Mittlertätigkeit am Schöpfungswerk gewährte ihr Freude und Ergötzen!

Christus war **der Künstler und Werkmeister an Gottes Seite;** Er errichtete den Weltenbau der Schöpfung nach Gottes Bauplänen; Er verlieh jedem Atom, jedem Molekül, jeder Zelle, jedem Wesen Beständigkeit, Lebenskraft und Zeitdauer. Durch Sein »dynamisches Wort« trägt und erhält Er bis heute das All (Hebr. 1, 3). In künstlerischer Freude, in schöpferischer Phantasie, in **glückseligem Spiel** erschuf Er die Lebenskonzepte, deren Ziel und Krone **der Adam** sein sollte. Nicht die mühevolle Qual und Eitelkeit der Arbeit »im Schweiße unseres Angesichtes«, der wir unterworfen sind, zeichnete Sein schöpferisches Wirken aus, sondern die mühelose Freiheit, die ungezählte Gestaltungen aus der Quelle des Lebens hervorströmen ließ! Wenn aber **Seine Erquickungen** (oder: der Gegenstand Seiner Wonnen) schon damals **die Söhne Adams** waren, dann geschah dies ungeachtet Seines Vorherwissens um Sünde und Verderben! Als der Sohn des »Gottes der Hoffnung« schaute Er sie bereits als vollendet und in göttlicher Schönheit! Aus der **spielerischen Schöpfung** jener Urzeit mag es herrühren, daß die der Eitelkeit unterworfene Schöpfung sich mit »vorgerecktem Haupte sehnt nach der Freiheit der Herrlichkeit der Söhne Gottes« (Röm. 8, 19–21).

+

Auf die **Werkmeister**-Tätigkeit des Sohnes Gottes, die Er in künstlerischer und schöpferischer Freiheit ausübte, weist als geringes irdisches Abbild BEZALEEL, der Sohn URIs hin (zu deutsch: im Schatten Gottes, Sohn meines Lichtes). Mit dem Geiste Gottes erfüllt, voller Weisheit, Verstand und Erkenntnis, schuf er das »Zelt der Begegnung«, die Stiftshütte, sowie alle ihre heiligen Geräte, die Priesterkleider, die Teppiche und Vorhänge der Gotteswohnung und allen ihren Schmuck. Ihm zur Seite aber stand OHOLIAB, der Sohn ACHISAMAKS (= im Zelt des Vaters, Sohn der Bruderhilfe, Unterstützung); in ihm können wir das Wirken des Heiligen Geistes sehen, der den Sohn und Sein Werk verherrlichen will, während alles Wirken des Sohnes der Verherrlichung des Vaters dient (s. 2. Mos. 31, 1–11/35, 30–35). Doch während die Arbeit jener Männer am Heiligtum sicher auch von Mühe und Druck, Sorge und Schweiß geprägt war, stand das Wirken **des Werkmeisters Gottes** bei der Urschöpfung im Zeichen des **heiteren, wonnevol-**

len, erquickenden »Spiels«; manche Übersetzer sehen darin eine Bestätigung des spielenden Kindes, des »Pfleglings«; doch entsprach das **Spielen der Weisheit vor dem Angesichte Gottes** eher dem Verhalten Davids, der bei der Heimführung der Bundeslade nach Jerusalem »vor dem Angesicht JAHWEHs spielen wollte« und darum musizierte, hüpfte und sprang (2. Sam. 6,21). Delitzsch weist auch auf die Kampfspiele jugendlicher Krieger hin, wie sie in 2. Sam. 2, 14 berichtet werden.

Gott war von Urbeginn »**glückselig** in sich selbst« (1. Tim. 1, 11/6, 15); dann strömte Seine göttliche Glückseligkeit über auf den Sohn, der, auf Gott hingewandt, **glückselig war vor Seinem Angesicht;** doch will Er in der Vollendung der Aeonen auch »die Menschenkinder mit dem Strome Seiner Wonnen tränken« (Ps. 36, 7–8), weshalb der Christus als der »Anführer der Errettung« schon jetzt »viele Söhne zur Herrlichkeit führen will« (Hebr. 2, 10). Der zentrale Gottesgedanke in der Schöpfung durch den Christus war das **Erdenrund, der bewohnte Teil SEINER Erde,** die Schaubühne Seiner Heilsgeschichte. Das NT übersetzt diesen Begriff mit »ökumenä« (Wohnerde); so bezeugt Hebr. 1, 6: »Wenn Gott den Erstgeborenen zum zweiten Male in die Wohnerde einführen wird, spricht Er: Alle Engel Gottes werden Ihn anbeten!«

Die Erde mit ihren einzigartigen Lebensbedingungen war der Weisheit liebstes, beseligendes Werk im ganzen Universum; Christi wesentlichstes Programm aber war der Königspriester, der zum Dienste der Erde bestellt war: **Adam, der Mensch** und mit ihm **die Söhne und Töchter Adams,** die **Menschenkinder. Seine Erquickungen** (DEL: Sein Ergötzen; der Gegenstand Seiner Wonne) waren sie; sie wurden im »Bilde Gottes«, d. h. »in Christo« erschaffen.

Dies kann so, von den Menschen nach dem Fall, versunken in Tod, Sünde und Verderben, geknechtet von den Mächten der Finsternis, nicht mehr gesagt werden! Was als schöpferisches, **glückseliges Spiel** begann, sollte nun andere Dimensionen annehmen. Wenn aber schon bei der Projektierung des Universums, aller kosmischen Gesetzmäßigkeiten und des Planeten Erde gesagt werden konnte, daß **die Menschenkinder Gegenstand der Wonne der Weisheit** seien, dann nur im Blick auf das Ziel der Erlösung: die Heimführung, Errettung und Beseligung aller! Nachdem aber Sünde und Tod in die Gottesschöpfung eingebrochen waren, und die Mächte Satans ihre schauerliche Herrschaft über diese Erde antraten, wandelte sich **das Spiel der Weisheit vor Gottes Angesicht** zu tödlichem Ernst: der **künstlerisch schaffende Werkmeister** wurde zum geschlachteten Lamm und litt, abgeschnitten von den Augen des lebendigen Gottes, fern von Seinem Angesicht! Das Lachen der Wonne wurde zum Angstschrei in Gethsemaneh. Warum aber erniedrigte Er sich so tief? Weil **Seine Wonne bei den Menschenkindern** war!

Schritt für Schritt geht nun der Vater mit Ihm den Weg der Heimführung. Glaubende sind schon jetzt dem Vater »angenehm gemacht in dem geliebten Sohn« (Eph. 1, 6). Es erfüllt sich an ihnen Ps. 16, 3: »Du hast zu den Heiligen gesagt, **die auf Erden sind,** und zu den Herrlichen: An ihnen ist **all meine Lust!**« Die ganze Gottesgemeinde aber ist »Sein **Kunstwerk,** geschaffen« – von Gottes **Werkmeister** – »zu guten Werken« (Eph. 2, 10). Der Christus wird sie vollendet vor dem Throne Seines Vaters mit den Worten darstellen: »Siehe, ich und die Kinder, die Du mir gegeben hast!« (Eph. 5, 27/Hebr. 2, 13). Doch das Ziel der Wege Gottes ist erst dann erreicht, wenn nach der Neuschöpfung von Himmel und Erde der Ruf erschallt: »Siehe da, die Hütte Gottes bei den Menschen« (Offb. 21, 3)!

Christi Würde und Hoheit ist gut vertreten bei den Engelmächten, deren Herr Er ist; Seine **Wonnen, Erquickungen und Beseligungen** aber erfährt Er bei den **Men-**

schenkindern, die nach Seinem Bilde berufen sind und gestaltet werden, Königspriester zu sein in einer neuen Schöpfung des Lichts!

> »Freuet euch der schönen Erde, denn sie ist wohl wert der Freud;
> o, was hat für Herrlichkeiten unser Gott da ausgestreut!

> Und doch ist sie Seiner Füße reichgeschmückter Schemel nur,
> ist nur eine schön begabte, wunderreiche Kreatur.

> Wenn am Schemel Seiner Füße und am Thron schon solcher Schein,
> o, was muß an Seinem Herzen erst für Glanz und Wonne sein!«

+ + +

80   EINE SELIGPREISUNG   (8, 32–34)

Und nun, ihr Söhne, höret auf mich: Glückselig sind, die meine Wege bewahren! Höret Unterweisung und werdet weise und seid nicht widerspenstig! Glückselig der Mensch, der auf mich hört, indem er Tag für Tag an meinen Türen wacht, indem er die Pfosten meiner Tore behütet!

Vom Zeugnis über die Schöpfung werden wir nun zu den Grundlagen der Erlösung geführt: **Söhne ADAMS** sollen zu Söhnen Gottes werden, durch den Christus, der nicht nur Mittler der Schöpfung, sondern auch Mittler der Erlösung und Weltvollendung ist.

Gott ist »glückselig in sich selbst« und glückselig zugleich in dem Sohn Seines Wohlgefallens (1. Tim. 6, 15/3, 16); Sein Wohlgefallen ruht aber auch auf den Söhnen, die Er zur Herrlichkeit führen will. Er wirbt um ihr **Ohr,** um ihren Gehorsam: **Höret die Unterweisung, die Zurechtweisung!** Dies tönt auch im NT weiter fort, etwa in dem Wort aus Hebr. 13, 22: »Ich bitte euch aber, Brüder, ertraget das Wort der Ermahnung!« Und in der Präambel der »Offenbarung« heißt es: **»Glückselig,** der da liest und die da **hören** die Worte der Weissagung und **bewahren,** was in ihr geschrieben ist: denn die Zeit ist nahe!« (Offb. 1, 3).

Auch die nachgeborenen Söhne sollen im Tun des Gotteswillens in Christo zur **Glückseligkeit** gelangen; mehr und mehr sollen sie mit dem Sohne Gottes sagen können: »Dein Wohlgefallen zu tun, mein Gott, ist **meine Lust;** und Deine Zielgebung ist im Inneren meines Herzens« (Ps. 40, 8).

So spricht die Weisheit schon im Alten Bunde »Seligpreisungen« aus, noch ehe sie dies auf Erden tat: **Glückselig sind, die meinen Weg bewahren! Glückselig der Mensch, der auf mich hört!** »Glückselig der Mensch, der Weisheit gefunden und Verständnis erlangt hat« (Spr. 3, 13)!

Freilich ist dies bei uns oftmals noch durch Sünde, Schwachheit, Resignation, Irrtum, Unwissen und Ungehorsam getrübt. Es kann sogar dahin kommen, daß wir uns mit den Galatern fragen lassen müssen: »Wo ist denn nun eure Glückseligkeit« (Gal. 4, 15)? Darum ermahnt uns die Weisheit: **Werdet weise und seid nicht widerspenstig!** Denn die Widerspenstigkeit gegenüber der göttlichen Erziehung und Ermahnung kann zum Betrüben des Heiligen Geistes führen (Eph. 4, 30)!

Es ist erstaunlich, daß solche **Glückseligkeit, im Bewahren des Gottesweges** und im **Gehorsam gegenüber der göttlichen Unterweisung,** schon unter dem Gesetz möglich war! Sehen wir dieses nicht oft als einen beengenden, die »glückselige Freiheit« zerstörenden Kerker an? Meinen wir nicht oft, der Gehorsam gegenüber dem Worte Gottes würde uns zu orthodoxer Starrheit und Wesensverfinsterung führen? Doch schon im Alten Bund gab es Heilige, die, vom Geiste Gottes geleitet, in das »vollkommene Gesetz der Freiheit« hineinschauten und prophetisch das Wesen der Weisungen Gottes erkannten! So feierte Moses »im Glauben« das Passah, indem er dabei »den Unsichtbaren« und das »Leiden des Messias«, als des wahren Passahs, schaute (Jak. 1, 25/Hebr. 11, 27–28). Menschen, die im glückseligen Gehorsam stehen, sind zum Wächterdienst befähigt; sie **wachen an den Türen,** sie **hüten die Pfosten der Tore,** sie sichern also die Eingänge zum Tempel und zum Volke Gottes. Diese Wächter warten auf den kommenden Gottesmorgen und deuten seine Vorzeichen (Ps. 130, 6); sie begehren, die Heilszeiten des göttlichen Planes zu erkennen (Jes. 21, 11–12); sie stehen »auf den Mauern Jerusalems« in treuer Fürbitte für Israel, bis der Herr Sein Volk errettet und wiederbringt (Jes. 62, 6–7); sie erheben laut ihre Stimme und dürfen »Auge in Auge« die Erlösung Israels schauen (Jes. 52, 8–9). Nicht nur die »heiligen Wächter« in der Engelwelt (Dan. 4, 13), sondern auch **gehorsame** und **glückselige Söhne** dürfen solchen Wächterdienst verrichten! Auch von uns sollte gelten, was einer der »Söhne Korahs« in Ps. 84, 10 ausruft: »Ich will lieber (als Türhüter) an der Schwelle stehen im Hause meines Gottes, als wohnen in den Zelten der Gesetzlosen!« Möge doch auch die Welt an uns erkennen, was die Königin von Saba an den Beamten und Dienern Salomos, des Friedenskönigs, schaute; sie rief aus: **»Glückselig** sind deine Leute, **glückselig** diese deine Knechte, die beständig vor dir stehen, die deine Weisheit hören!« (1. Kön. 10, 8).

+ + +

81   WÄCHTER AN DEN GOTTESTOREN   (8, 34)

Glückselig der Mensch, der auf mich hört, indem er Tag für Tag an meinen Türen wacht, indem er die Pfosten meiner Tore behütet!

Türen und **Tore** sind Zugänge; sie eröffnen, symbolisch gesehen, den Zutritt zu »Welten und Wahrheiten«. In Joh. 10, 7–9 bezeichnet sich Jesus in einem Seiner Ich-bin-Worte und mit einem Doppelschwur (Amen, amen) als »die Türe« zu den Schafen Seiner Herde. Er selbst ist es auch, der in göttlicher Schlüsselvollmacht die **offenen Türen** des Wortes gibt und damit dem Evangelium Wirkungsmächtigkeit und Durchbruch verleiht; wenn ER öffnet, wird niemand schließen, wenn ER zuschließt, niemand öffnen können (Offb. 3, 7).

Türen und **Tore** sind aber auch Einbruchsmöglichkeiten für den Feind Gottes! Darum ist der **Wächterdienst** der **glückseligen Gottesmenschen** so überaus wichtig! An welche Türen und Tore könnte hierbei gedacht sein? An die Türen zum Hause des Gerechten? An die Tore zur heiligen Stadt Jerusalem? Gewiß auch an die Tore zum Tempel, dessen Vorhof für Heiden ausdrücklich verschlossen war! Schließlich auch an den Zugang zur Gemeinde des lebendigen Gottes, der »Behausung Gottes im Geiste«; wie im Tempel heißen in ihr die **Pfosten der Tore,** die »Säulen der Wahrheit«, BOAS (= in IHM ist Stärke) und JAKIN (= ER gibt Beständigkeit), – vgl. 1. Tim. 3, 15.

Letztlich geht es um den Einbruch feindlicher Mächte in das Volk Gottes, der verhindert werden muß! In einem anderen Bilde wird darum auch die Braut JAHWEHs »ein verschlossener Garten, ein verschlossener Born, eine versiegelte Quelle« genannt (Hohesld. 4, 12). Gottes Stadt, Gottes Haus und Tempel, Gottes Volk und Braut müssen **bewahrt** und **bewacht** werden. Darum ermahnt uns der Apostel Johannes: »Geliebte, glaubet nicht jedem Geiste, sondern prüfet die Geister, ob sie aus Gott stammen; denn viele Lügenpropheten sind in die Welt ausgegangen« (1. Joh. 4, 1)!

Nun könnte man einwenden, daß doch der Herr selbst nach Mtth. 16, 18 verheißen hat, daß die »Pforten« (d. h. nach Ps. 24, 7 die Herrschermächte) »des Totenreiches« die Gemeinde nicht überwältigen können. Doch geht dies nicht ohne unser Zutun und Mitwirken, da ja die Christusgemeinde, sonderlich in der Endzeit dieses Aeons, stark gefährdet ist. Darum wurde ihr die »Salbung des Heiligen Geistes« gegeben, damit sie »alles wisse« und den antichristlichen Geist erkennen könne (1. Joh. 2, 18–20). Schon Jesus sprach in Seinen Endzeitreden von den falschen Propheten, die »in Schafskleidern«, das heißt, in vollkommener Anpassung an die Gemeindefrömmigkeit, kommen und viele verführen würden. Paulus hat dies aufgegriffen, als er auf Irrlehrer hinwies, die »als greuliche Wölfe« in die Herde einbrechen und sie nicht schonen würden (Apg. 20, 29). Wie Satan sich »verkleidet in einen Lichtesengel«, werden seine Diener, die Lügenapostel und betrügerische Arbeiter sind, als Diener Christi auftreten (2. Kor. 11, 13–15). Sogar der Antichrist wird in apostolischer Verkleidung, nämlich »mit Machttaten, Zeichen und Wundern« erscheinen (vgl. 2. Thess. 2, 9 mit Hebr. 2, 4)! Und wenn der Heilige Geist mit Nachdruck davon spricht, daß in der Endzeit verführerische Geister mit Dämonenlehren kommen werden, so ist dies für die **Wächter an den Gottestoren** ein eindringliches Alarmsignal (1. Tim. 4, 1–2).

Dieser gefährlichen Vermischung von Licht und Finsternis, Weltweisheit und Gottesweisheit, Evangelium und Gesetz, Christusgeist und »andersartigem Geist« haben **die Wächter** mit der Gabe der Geisterunterscheidung entgegenzutreten (2. Kor. 11, 4). Gott schied zwischen Licht und Finsternis und benannte beide klar, indem Er ihr Wesen kennzeichnete! Dies dürfen auch wir tun, indem wir wie Elisa in prophetischem Geist einen »Radarwarngürtel« um das Volk Gottes legen (2. Kön. 6, 8–13).

Wohl uns, wenn wir solche sind, die **glückselig sind im Hören des Wortes Gottes,** die nicht wie der Lahme an der schönen Tempeltüre bettelnd sitzen, sondern ihren Wächterdienst erfüllen (vgl. Apg. 3, 1–2)!

+ † +

Denn wer mich findet, hat das Leben gefunden und erlangt Wohlgefallen von JAHWEH. Wer mich aber verfehlt (an mir sündigt), **tut seiner Seele Gewalt an; alle, die mich hassen, lieben den Tod.**

Wieder wirbt die Weisheit, als eine göttliche Person, um unser Herz. Wer sie als Gottsucher **findet,** findet damit **das** »wirkliche« **Leben** (1. Tim. 6, 19). Dieses Leben aber ist letztlich Jesus Christus, der Sohn Gottes, die Quelle allen Lebens . Er ist »der Weg, die Wahrheit und **das Leben**« (Joh. 14, 6). Am Jakobsbrunnen sprach Er mit einer Samariterin darüber, daß Er des Lebens unerschöpfliche Quelle ist (Joh. 4); und angesichts des toten Freundes Lazarus bezeugte Er der Martha: »Ich bin die Auferstehung und **das Leben**«; Er verhieß dem Glaubenden Leben auch durch Sterben hindurch (in der Auferstehung und Leibesverherrlichung), oder aber ohne die »Entkleidung« im Tode (durch Entrückung und Verwandlung; Joh. 11, 25–26).

Darin gründet alle Heilsgewißheit: Wer den Sohn Gottes hat, der **hat das Leben,** und er ist vom Tode zum Leben hinübergegangen (1. Joh. 3, 14/5, 12). Glaubensmenschen stehen in Christo unter dem **Wohlgefallen** Gottes, das die Erfüllung Seiner Vorsätze ist, die Er vor Grundlegung der Welt gefaßt hat; diese Bekundung Seines Willens enthüllt uns Sein göttliches Wesen und geht darum über Seinen, die Welt lenkenden und richtenden Ratschluß weit hinaus. »Dies ist mein lieber Sohn, an dem ich Wohlgefallen habe« kann dann, abgeleitet von dem Christus, auch uns zugesprochen werden.

Man kann aber **das Leben** und die göttliche Weisheit auch **verfehlen.** Sünde ist **Zielverfehlung;** sie besteht vor allem darin, daß wir nicht an den Sohn Gottes glauben (Joh. 16, 9). So können wir durchaus »eine solch große Errettung vernachlässigen«, indem wir die Botschaft Gottes verachten, und dann wie ein führerloses Schiff am Ziel vorbeigleiten (Hebr. 2, 1–3). Wie viele Mißachtung des göttlichen »Radars« und »Kompasses«, wie große Kursabweichungen gibt es doch auch in unserem Leben! Wohl uns, wenn uns dann der Vater Kurskorrekturen setzt! Denn wer Jesus **verfehlt,** verfehlt letztlich auch sich selbst und das höchste Ziel seiner Seele, die volle Erfüllung seiner Person. **Er tut seiner Seele Gewalt an.** »Was hülfe es dem Menschen, wenn er die ganze Welt gewänne und nähme doch Schaden an seiner Seele!« bezeugte unser Herr (Mtth. 16, 26). Schon »jeder, der seinen Bruder haßt, ist ein Menschenmörder«, von dem gesagt werden muß, daß er »kein ewiges Leben in sich bleibend hat« (1. Joh. 3, 15).

So gibt es nicht nur ein Verderben des Fleisches, also des Leibes (1. Kor. 5, 5), sondern auch eine »Verwundung des Geistes« (Spr. 15, 4) und eine **Vergewaltigung der Seele,** die, zu Höchstem berufen, hinuntergezogen wird in den **Tod.** Dabei sollte sie der Lichtesklarheit des durch Gottes Geist erneuerten Geistes teilhaftig werden; das Christusheil gilt auch der Seele, die sich dem Geiste wieder unterordnet. Das den Seelen eingepflanzte Wort errettet und heilt die Seele (Jak. 1 ,21); das Ziel des Glaubens ist die Rettung der Seele (1. Petr. 1, 9), denn Geist, Seele und Leib sollen am Tage Jesu unverklagbar sein. Dies kann der Gott des Friedens in Seiner Treue an denen bewirken, die Jesus und damit **das Leben lieben** (1. Thess. 5, 23). Denn **wer Jesus haßt, der liebt den Tod!**

+ ⁺ +

Die Weisheit hat ihr Haus gebaut, hat ihre sieben Säulen ausgehauen ...

Der hebr. Text spricht eigentlich von **den Weisheiten;** Buber übersetzt diesen Plural als die **hohe Weisheit** – gemeint ist jedenfalls die Weisheit in der Fülle ihrer Eigenschaften, worauf auch die **sieben Säulen ihres Hauses** hinweisen.

Daß der Text nicht nur ein weise gebautes Wohnhaus meint, zeigen die folgenden Verse 2–6, die von der Einladung zum Opfermahl im **Tempelhaus** der Weisheit Gottes sprechen.

Wie deutet nun die Heilige Schrift **das Haus,** welches die Weisheit Gottes **gebaut** und dessen »Statik« sie mit **sieben Säulen** gesichert hat? Sie gibt uns eine achtfache Antwort:

1. Der Himmel, das unzugängliche Licht, ist Gottes Wohnung (Jes. 57, 15/1. Tim. 6, 16);
2. die Schöpfung ist Gottes Haus (Hebr. 3, 1–6/Luk. 14, 28–29);
3. Israel mit Tempel und Priesterschaft ist das »Haus JAHWEHs« (Hebr. 3, 6/1. Petr. 2, 5/2. Mos.19, 5–6);
4. der Tempel zu Jerusalem ist Gottes Haus und die Wohnung Seines Namens (Ps. 74, 7/ Luk. 2, 49);
5. Christi Erdenleib war der Tempel Gottes (Kol. 2, 9/Hebr. 10, 5/Mtth. 26, 60–61/Joh. 2, 19–21);
6. der Leib glaubender Menschen ist Tempel des Heiligen Geistes (1. Kor. 6, 19);
7. die Gemeinde ist, als Leib des erhöhten Christus, Gottes Tempel (1. Kor. 3, 16/2. Kor. 6, 16/Eph. 2, 21–22);
8. die Tempelidee vollendet sich in der neuen Schöpfung mit dem himmlischen Jerusalem (Offb. 21, 3).

Wir sehen, wie der Gottesgedanke des Tempelhauses, in kosmischer Weite beginnend, im Laufe des Heilsplans immer konkreter und individueller Gestalt annimmt (s. 5. und 6.), um sich hernach wieder universell auszuweiten. Der Tempelgedanke erfüllt sich am tiefsten in dem Christus und in Seiner Gemeinde, die in Eph. 2 »Bau«, »heiliger Tempel« und »Behausung Gottes im Geiste« genannt wird. Tief beschämend für uns alle ist es, daß sogar unser Körper, der »Leib der Sünde und des Todes«, zum »Tempel des Heiligen Geistes« werden kann, weil dieser ihm innewohnt.

Die Vorbestimmung unseres Leibes zum Tempel Gottes können wir auch aus Joh. 2, 20–21 ersehen: So wie am Herodianischen Tempel 46 Jahre lang gebaut wurde, erbaut der Schöpfer des Menschenleibes diesen aus 46 Chromosomen (Erbbausteinen), zu denen sowohl der Mann als auch die Frau bei der Zeugung je 23 beitragen. Als JAHWEH aus dem Adam die Eva bauen wollte, entnahm er ihm, während er im »Tiefschlaf« lag, die »Zelle« mit diesem Chromosomenbestand (fälschlicherweise oft mit »Rippe« wiedergegeben). So erscheint auch das Wort »Tempel« (naos) 46 mal im NT.

Der salomonische Tempel hatte die beiden **Säulen** BOAS (= in IHM ist Stärke) und JAKIN (= ER gibt Beständigkeit), die lediglich charakterisierende Schmucksäulen waren; demgegenüber sind die **sieben Säulen des Weisheitshauses** offensichtlich als tragende Säulen gedacht. Die **7** ist die Zahl der Fülle und Vollkommenheit und der vollendeten Einheit; denken wir nur an das Licht, das im Spektrum des Friedensbogens zu siebenfacher Farbenfülle aufgefächert wird, oder an den goldenen, siebenflammigen

Leuchter im Tempel, gespeist vom heiligen Öl. Worin können wir nun die sieben Säulen sehen, die dem Hause Gottes Bestand und Statik verleihen?

- Es ist dies die siebenfach entfaltete Geistesfülle (Jes. 11, 1–3), der das siebenfache Wirken des Heiligen Geistes in der Gemeinde Christi entspricht (Joh. 16, 8–14);
- es ist das siebenfach geläuterte Wort mit seinem siebenfachen Gehalt (Ps. 12, 6); dieses gliedert sich auch in sieben Teile: Gesetz – Propheten – Schriften – Evangelien – Aposteltaten – Briefe – Offenbarung;
- wie sich die Weisheit zur Fülle entfaltet, zeigt auch die siebenfach gegliederte Einheit der Gottesgemeinde, wie sie in Eph. 4, 4–6 beschrieben ist: Dies sind die tragenden **Säulen des Hauses Gottes!**

Daß die **Weisheit** selbst von sieben Säulen getragen ist, zeigt Jak. 3, 17: »Die Weisheit von oben ist aufs erste rein (1), dann friedensbereit (2), maßvoll (3), lenkbar (4), voller Barmherzigkeit und guter Früchte (5), nicht schwankend (6) und ungeheuchelt (7).« Auch wir sind gerufen, »Bauleute am Tempel Gottes« zu sein! Sollen wir doch auf dem Christusgrund »Gold, Silber und Edelsteine« aufbauen (1. Kor. 3, 12). Möge von uns nicht gelten, was die SPRÜCHE vom möglichen Gesinnungswandel der Bauleute sagen: »Der Weiber Weisheit baut ihr Haus, doch ihre Narrheit reißt es mit eigenen Händen nieder« (14, 1)!

+ + +

84 DIE WEISHEIT RUFT ZUM GOTTESMAHL (9, 2–4a)

(Die Weisheit), **sie hat ihr Schlachtvieh geschlachtet, hat ihren Wein gemischt, sie hat auch ihren Tisch zubereitet; sie hat ihre Mägde ausgesandt, sie ruft auf den Höhenrücken der Stadt: »Wer ist einfältig** (zugänglich)? **Er wende sich ab – hierher!«**

Die Weisheit lädt zum Freudenmahl und Opferfest in dem Hause ein, das sie gegründet hat. Sie selbst handelt, bereitet, rüstet zu, schlachtet, ruft herbei; in den Versen 1–5 sind uns acht Tätigkeiten der zum Neubeginn rufenden Gottesweisheit genannt. Wer würde hierbei nicht erinnert an Jesu Gleichnisse von der königlichen Hochzeit und vom großen Abendmahl (Mtth. 22, 1–14/Luk. 14, 16–24)? Beide stimmen darin überein, daß die Festvorbereitungen überaus kostspielig und prächtig sind, daß aber die ursprünglich Eingeladenen nicht erscheinen; darauf werden die Bösen und Guten gleicherweise, die Armen, Krüppel, Blinden und Lahmen von den »Kreuzungen der Straßen, von Landstraßen, Zäunen und Gassen« herbeigeholt, um deren Stelle einzunehmen. Gott entscheidet sich für das »Lumpengesindel« dieser Welt, weil der »geistliche Adel« Seine Einladung zum Reiche Gottes ausschlägt. So sind es auch in unserem Text **die Einfältigen** vom Umfeld der Stadt, den begrenzenden **Höhenrücken,** die durch die Mägde der Weisheit zum Festmahl Gottes gerufen werden. Nach dem Hebräischen sind dies aber nicht die Törichten, sondern **die Zugänglichen** (BA); sie sind zugänglich für jede Verführung, offen für jede Werbung des Bösen, aber eben auch zugänglich für den Liebesruf Gottes!

Der **zugerüstete,** reichgedeckte **Gottestisch** ist der Tisch des Gemeinschaftsmahles der Gottesweisheit mit bußfertigen Sündern. Wie schön wird er uns in Ps. 23, 5 geschildert: »DU rüstest mir zu einen Tisch angesichts meiner Feinde; DU hast mein Haupt mit Öl gesalbt, mein Becher fließt über!« Er fließt über vom WEIN der Gottesfreude; vom ÖL des Geistes läßt Er unser Angesicht erglänzen, und das BROT des Wortes Gottes stärkt unser Herz (Ps. 104, 15). Geladen zum Tisch des großen Königs hört man, wie uns die Weisheit mit Pred. 9, 7–8 an der Pforte ihres Hauses begrüßt: »Geh, iß dein BROT mit Freude und trinke deinen WEIN mit frohem Herzen; denn längst hat Gott Wohlgefallen an deinem Wirken; deine KLEIDER seien weiß zu aller Zeit, und das ÖL mangle deinem Haupte nicht!«

Der Christus selbst hat auf der Hochzeit zu Kana die endzeitliche »Hochzeit des Lammes« vorgebildet, die Vereinigung zwischen dem Bräutigam, dem Christus und Seinem Leibe, und der Braut JAHWEHs, dem erneuerten Israel (s. Offb. 19, 6–9). Das Wasser zur kultischen Reinigung in sechs großen Krügen wandelt Er zum besten Freudenwein. Der »dritte Tag«, an dem dies geschah, darf uns prophetisch an den dritten Gottestag (das 3. Jahrtausend nach Christi Erdenwirken) erinnern, der das messianische Reich mit der Hochzeit des Lammes einleitet.

Wer ist zugänglich (einfältig), **er wende sich ab** (vom Bösen) **hierher!** so ruft die Gottesweisheit noch heute. »An dem letzten, dem großen Tage des Festes aber stand Jesus und rief und sprach: Wenn jemand dürstet, so komme er zu mir, und es trinke, wer an mich glaubt …!« (Joh. 7, 37–39). Haben nicht auch wir die Stimme der Gottesweisheit in unserem Leben vernommen? Sind wir ihrem Worte zugänglich und öffnen wir ihr das Herz und das Ohr? Wenn wir aber ihre Stimme hören, dann sollten wir unser Herz nicht verhärten, solange es »heute« ist (Hebr. 4, 7–8)!

Von den maßgeblichen Frommen Israels wurde der Ruf der Weisheit im Munde Jesu abgewiesen; von der Entschuldigung und Ausrede bis hin zum Mord reagierten sie darauf, wie es uns die Gleichnisse Jesu schildern. So wurde ihnen ein »Geist der Schlafsucht« gegeben, und ihr **Tisch,** so reich von Gott in Christo gedeckt, wurde ihnen »zur Schlinge, zum Fallstrick, zum Anstoß und zur Vergeltung«. Mit verfinsterten Augen und gebeugtem Rücken gehen sie nunmehr ihren Weg (Röm. 11, 8–10).

+ + +

85   ESSET BROT! TRINKET WEIN!   (9, 4–5)

»Wer ist einfältig (zugänglich)? **Er wende sich ab – hierher!« Sie spricht zu dem, der am Herzen Mangel leidet: »Kommt her, esset Brot von meinem Brot, trinket von dem Weine, den ich gemischt habe! Lasset ab von der Einfalt und lebet – glückselig schreitend auf dem Wege der Einsicht!«**

Wieder lädt uns Gottes Weisheit ein – an ihren reichgedeckten Gabentisch. Sie selbst hat das Brot gebacken und den Wein gemischt. Dem Hungrigen und Dürstenden wird sie statt des Brotes keinen Stein, statt des Fisches keine Schlange, statt des Eies keinen Skorpion geben, so wie der lebendige Gott Seinen Geist denen verleiht, die Ihn darum bitten (Luk. 11, 11–13)! Dabei wird Gottes Gnadengeschenk völlig kostenfrei gegeben (Eph. 2, 8); wie in der Öffentlichkeit eines orientalischen Basars bietet uns die Gottesweisheit ihre Waren an: »He! ihr Durstigen alle, kommet zu den Wassern; und die ihr kein Geld habt, kommet, kaufet ein und esset! Ja, kommet, kaufet ohne Geld und ohne Kaufpreis Wein und Milch! Warum wäget ihr Geld dar für das, was nicht Brot ist, und euren Erwerb für das, was nicht sättigt? Höret doch auf mich und esset das Gute, und eure Seele labe sich an Fettem« (Jes. 55, 1–2) . Eindringlicher kann uns Gottes reiche Gnadenfülle nicht angeboten werden, weshalb es gilt, in Weisheit die »gelegene Zeit auszukaufen« (Eph. 5, 16).

Wer wird nun von der Weisheit Gottes aufgefordert, **das Brot** des Wortes Gottes zu essen, das uns Stärke vermittelt, und den **Qualitätswein** Seiner göttlichen Freude zu trinken? Es sind die **Einfältigen, die Zugänglichen,** die oftmals **unbesonnen sind** (PAR) und **am Herzen,** d. h. in ihrer Person, einen entscheidenden **Mangel leiden** (BUB: denen es an Herzsinn mangelt). Gerade das Essen des Gottesbrotes und das beständige Trinken Seines Freudenweins soll solchen Mangel ausgleichen.. »Wie Kraut ist verdorrt und versengt mein Herz«, so klagt der Beter in Ps. 102, 4. Woraus entstand solcher Mangel, solche seelische Versteppung und Verwüstung? »Weil ich vergessen habe, **mein Brot zu essen!«** Grundsätzlich aber gilt: »Wem Weisheit mangelt, der bitte Gott, der freiwillig und ohne Vorwürfe gibt, und sie wird ihm geschenkt werden« (Jak. 1, 4–5)!

Wer sich aber beständig vom Brote des Wortes Gottes nährt, ist **zugänglich** dem Heiligen Geiste, aber verschließt sich dem Bösen, wie es der Christus in der Wüste tat. »**Der** Mensch lebt nicht vom **Brot** allein, sondern von einem jeden **Wort,** das aus dem Munde Gottes hervorgeht!« Mit diesem Bekenntnis wies Er den Satan von sich (Mtth. 4, 4).

Nun aber gilt es **von der Einfalt abzulassen,** die **Zugänglichkeit** für das Böse zu verschließen. Törichte, Schwache, Unedle, Verachtete dürfen »zum Lobpreis der göttlichen Herrlichkeit« Weise, Kraftvolle, Edle und Würdige werden (vgl. 1. Kor. 1, 26–28 mit Eph. 1, 6 + 12)! Sie dürfen nun »weise sein dem Guten gegenüber, aber einfältig dem Bösen gegenüber« (Röm. 16, 19). Paulus ermahnt uns: »Ihr Brüder, seid nicht Kinder im Denken, sondern in der Bosheit seid unmündig. Im Denken aber werdet zielstrebig« (1. Kor. 14, 20). Dies ist gottgewollte Kindlichkeit und **Einfalt.** Wer aber **abläßt von der Zugänglichkeit,** vom Offenstehen dem Bösen gegenüber, **wird leben** und, im Bilde des wahren Gottmenschen Jesus Christus, **glückselig schreiten auf dem Wege der Einsicht.**

Die Einladung der Weisheit erinnert uns aber auch an die Einladung unseres Herrn zum Mahl des Neuen Bundes an Seinem Tisch: »Mit Sehnsucht habe ich mich gesehnt dieses Passahmahl mit euch zu essen, ehe ich leide« (Luk. 22, 15)! Und wie sich in Spr. 9, 1–5 das Opfermahl zum Mahle mit **Brot** und **Wein** wandelt, gab der Herr der Passahmahlzeit den tieferen Sinn in der Tischgemeinschaft des Neuen Bundes. Nicht von ungefähr ergibt die Summe der Zahlwerte von **Brot** (lächäm: 78) und **Wein** (jajin: 70) den Zahlwert des Wortes »Passah«, nämlich 148; dem entspricht die Zahl des Namens JESUS (6mal 148) und des Namens CHRISTUS (10mal 148). Angesichts der Feinde »bereitet Er ihnen einen Tisch« (Ps. 23, 5). Alle »Unwürdigen«, die »sich selbst prüfen und richten«, sind von Jesus selbst zu Seinem Tisch geladen, um »in würdiger Weise zu essen und zu trinken«. Indem sie den »Kelch der Segnung« trinken, nehmen sie »Anteil am Blute Christi«, und das gebrochene Brot vermittelt ihnen »Teilhabe am Leibe Christi«. Das Wort der Weisheit: **Esset Brot von meinem Brote!** wandelt sich im

Munde Jesu zu: »Nehmet, esset, dies ist mein Leib!« (Mtth. 26, 26). Dieses Gottesmahl wird gefeiert bis zu Christi Wiederkunft (1. Kor. 11, 26), indem wir ausschauen auf die Vollendung des Gottesreiches, wo wir mit Ihm und allen Heiligen neu an Seinem Tische essen und trinken werden (Mtth. 26, 29).**Kommt her ... nehmet ... esset ... trinket!** So werden alle Gotteskinder eingeladen zur Verkündigung des Todes und des Sieges Christi an die unsichtbare Welt des Lichtes und der Finsternis!

+ ⁺ +

86   WEISE DEN SPÖTTER NICHT ZURECHT! (9, 7–9)

Wer den Spötter zurechtweist, zieht sich Entehrung zu; und wer den Gesetzlosen straft, dem wird es zu einem Schandmal. Weise den Spötter nicht zurecht, damit er dich nicht haßt! Den Weisen weise zurecht, und er wird dich lieben. Gib dem Weisen, so wird er noch weiser; dem Gerechten vermittle Erkenntnis, so wird er an Kenntnis zunehmen.

Kann man diesen Ausspruch im Lichte des ganzen Gotteswortes wirklich bejahen? War nicht gerade die Frömmigkeit der Pharisäer dadurch geprägt, daß sie das »gemeine Volk« verachteten und nur mit den frommen »Eingeweihten« rechneten? Nun, zunächst einmal wird uns hier eine schlichte Erfahrungsweisheit mitgeteilt: So reagiert normalerweise der Spötter und der Gesetzlose, wenn ihnen **Zucht und Zurechtweisung** widerfährt, anders aber **der Weise,** der die göttliche Züchtigung **in Liebe annimmt.** Spr. 23, 9 ergänzt: »Rede nicht zu den Ohren des Toren, denn er wird die Einsicht deiner Worte verachten!« Er schüttet **Haß, Verachtung und Entehrung** über dem Weisen aus, der ihn mahnt; seinen Namen aber macht er zu einem **Schandmal** (DEL: Schandfleck; BA: Gebrechen). Unsere antiautoritäre Zeit, welche die »Selbstverwirklichung des Menschen« auf ihre Fahnen geschrieben hat, bestätigt dies eindrücklich; Gehorsam, Fleiß, Zurechtweisung, Treue, Lernwilligkeit, Sauberkeit und Selbstdisziplin werden als »faschistische Tugenden« verschrien und lächerlich gemacht. Auch dem Weisen ist es schwer, solche Verachtung zu ertragen. Darum ermutigte Jesus Seine Jünger in der Bergrede: »Glückselig seid ihr, wenn die Menschen euch hassen werden, und wenn sie euch beiseitestellen und schmähen und euren Namen als böse verwerfen werden um des Sohnes des Menschen willen; freuet euch an selbigem Tage und hüpfet, denn siehe, euer Lohn ist groß in dem Himmel« (Luk. 6, 22–23)!
Unser Textwort will alle die heilsam ernüchtern, die Welterrettungsillusionen pflegen und meinen, man müsse den Mitmenschen nur mit den richtigen Methoden ansprechen, dann würde er sich dem Worte Gottes schon öffnen. Auch Jesus, der Freund der Zöllner und Sünder, erklärte: »Gebet das Heilige nicht den Hunden; werfet auch nicht eure Perlen vor die Schweine, damit sie diese nicht mit ihren Füßen zertreten, sich umwenden und euch zerreißen« (Mtth. 7, 6)! Und Jes. 26, 10 bezeugt: »Wird dem Gesetzlosen Gnade erwiesen, so lernt er nicht die Gerechtigkeit«! Wie sich der **Haß der Spötter und Frevler** gegen JAHWEH und Seinen Messias entfaltet, weil sie in maßlosem Freiheitsdrang die »Fesseln« göttlicher Zucht zu zerreißen suchen, schildert uns

Ps. 2. Doch »der im Himmel Thronende lacht, der Herr spottet« der Spötter und redet zu ihnen – im Zorn Seiner Gerichte!

Der Weise allein ist es, der **Zurechtweisung liebt** und göttliche **Zucht annimmt:** Seine Liebe wird dadurch nicht eingeschränkt, sondern **gemehrt;** seine Freiheit wächst, sein Erkennen des Wesens und der Wege Gottes **nimmt zu.** Der Dichter von Ps. 141 war ein solcher Weiser, als er in V. 5 bat: »Der Gerechte schlage mich: es ist Güte, und er strafe mich: es ist Öl dem Haupte; nicht wird mein Haupt sich weigern …«; er kannte die Mehrung des Geistes durch göttliche Zucht!

Auch Jesus wußte um diese Gesetzmäßigkeit: »Denn wer da hat, dem wird hinzugetan werden, und er wird Überfluß haben; wer aber nicht hat, von dem wird selbst das, was er zu haben meint, genommen werden« (Mtth. 13, 12)!

Weise den Spötter nicht zurecht, damit er dich nicht haßt! Diese individuelle Lebensregel will uns jedoch nicht zur Gleichgültigkeit dem Mitmenschen gegenüber verführen; sonderlich wer von Gott zum Propheten und Wächter der Gemeinde bestellt ist, muß auch den abtrünnigen Bruder **warnen,** damit er sich keine Blutschuld auflade (Hes. 3, 16–21).

Auch der Christus, der Gesetzlosigkeit und Sünde haßte, hat **den Spott und die Verachtung der Spötter und den Haß der Gesetzlosen** auf sich gezogen! Die Lästerungen derer, die Gott schmähen, sind über Ihn hereingestürzt (Röm. 15, 3)! Doch nicht durch harte und drohende Zurechtweisung, sondern durch die Barmherzigkeit und »Menschenfreundlichkeit Gottes«, die aus Ihm strahlten, gewann er beide: Zöllner und Sünder und – wenige Weltweise! Doch die Spötter entzogen sich Seiner Liebe, zuletzt auch einer der Schächer, der mit Fluchen und Lästern in den Tod ging!

+ + +

87   DER WEISHEIT ANFANG   (9, 10)

Der Weisheit Anfang ist die Furcht JAHWEHs, und die Erkenntnis des Allerheiligsten ist (bringt) **Verständnis.**

Schon bei Spr. 1, 7 habe ich Grundlegendes zu dem Thema der Gottesfurcht ausgeführt. Noch einmal sei darauf hingewiesen, daß **die Furcht JAHWEHs** nicht eine Form der Angst vor Gott ist; vielmehr ist es die heidnische Dämonenverehrung, die Angst einflößt und »Pein auslöst«. Die Dämonen selbst, die um die Existenz Gottes wissen, »glauben und zittern« (Jak. 2, 19). Wenn 1. Joh. 4, 17–19 bezeugt, daß »Furcht nicht in der Liebe ist«, meint es die peinigende und neurotische Angst; die »zum Ziel gekommene Liebe treibt die Furcht aus, denn die Furcht hat Peinigung. Wer sich aber fürchtet, ist nicht zum Ziel gekommen in der Liebe!«

Die Angst dämonischer »Religionen« vor dem »unbekannten Gott« unterscheidet sich grundlegend von der **Furcht JAHWEHs.** Ich las einmal das feine Wort: »Wir sollen Gott nicht lieben, weil wir Ihn fürchten, sondern wir sollen Gott fürchten, weil wir Ihn lieben!« Als eine Frucht des Geistes wohnte die **Furcht des Herrn** auch in dem Messias Jesus; war Er doch ausgerüstet mit dem »Geist des Herrn«, der sich entfaltet und auswirkt als »Geist der Weisheit und des Verstandes, als Geist des Rates und der Kraft und als Geist der **Erkenntnis und der Furcht JAHWEHs«** (Jes. 11, 1–3). Die Furcht des Herrn ist also nicht etwa ein anfänglicher geistlicher Stand, der zu überwinden wäre, sondern letzte Erfüllung in dem geistlichen Wachstum, das der siebenfache Gottesgeist bewirkt. Bedenken wir nur, daß Jesus Seinen Vater nicht nur als »Abba, lieber Vater« ansprach, sondern auch als »gerechter Vater« und »heiliger Vater« (Joh. 17). Die Erfüllung mit dem Geiste der **Furcht JAHWEHs** eröffnet erst den vollen Zugang **zur Weisheit und zur Erkenntnis des Allerheiligsten;** sie ist deren **Anfang.**

Was aber heißt es, **Ihn zu fürchten?** Gott fürchten heißt, daß man nicht im Widerspruch zum Willen Gottes stehenbleiben kann und will; Ihn fürchten, bedeutet, mit Seiner Gnade sorgfältig umzugehen; es heißt ferner, daß wir Sein Wort ernst nehmen und nicht mit ihm spielen.

In Jes. 11, 1–3 sind die **Furcht JAHWEHs** und **die Erkenntnis des Allerheiligsten** miteinander verbunden; so, wie die Gottesfurcht die Türe zur Weisheit erst aufschließt, so eröffnet sie – auf einer höheren Wachstumsebene – durch die Erkenntnis des Allerheiligsten das **Verstehen** des Wesenhaften. Delitzsch übersetzt statt »Erkenntnis des Allerheiligsten« **»Erkenntnis des Allheiligen«** und meint damit Gott selbst. Damit würde 1. Joh. 5, 20 übereinstimmen: »Wir wissen aber, daß der Sohn Gottes gekommen ist und uns **ein Verständnis** gegeben hat, damit wir den Wahrhaftigen erkennen!« Andererseits mehrt eine tiefere Erkenntnis des Wesens und der Heiligkeit Gottes, ein tieferes Verständnis Seiner Gedanken, Seines Heilsplanes und Seiner Gerichtswege die Gottesfurcht! Dieses **Verständnis** Gottes aber ist außerordentlich wichtig für unseren Glaubensweg; sollen wir doch Gott lieben »aus ganzem Herzen, aus der ganzen Seele, dem ganzen Verstehen und aus unserer ganzen Kraft« (Mark. 12, 30).

Es gibt einen »Segen des Vorhofs, des Heiligen und des **Allerheiligsten«;** eine Erkenntnis der Kindlein in Christo, im Vorhof derer, die empfangen wollen; eine Erkenntnis der Jünglinge, die im Heiligtum als Priester dienen und sich durch ein Überwinderleben auszeichnen; schließlich aber eine **Erkenntnis** der Väter **im Allerheiligsten,** die »den erkannt haben, der von Urbeginn ist« – den Vater (vgl. 1. Joh. 2, 12–14). Im Allerheiligsten erschließt sich durch den Geist der Weisheit und der Enthüllung die Erkenntnis des göttlichen Wesens, ja, der Tiefen Gottes (Eph. 1, 17).

So wollen wir mit dem Psalmisten »eines vom Herrn erbitten und danach trachten: zu wohnen im Hause JAHWEHs alle Tage unseres Lebens, um anzuschauen die Lieblichkeit JAHWEHs und nach Ihm zu forschen in Seinem Tempel!« (Ps. 27, 4).

+ + +

88 LEBENSERWARTUNG UND LEBENSQUALITÄT (9, 11–12)

Denn durch mich werden deine Tage sich mehren, und Jahre des Lebens werden dir hinzugefügt werden. Wenn du weise bist, so bist du weise für dich; und spottest du, so wirst du allein es tragen!

Gott selbst bietet in diesem Worte **durch Seine Weisheit eine Lebensverlängerung** an; es erscheint fast so, als sei die Weisheit selbst das göttliche Alterstherapeutikum. Ist es nicht wirklich so, daß der sorgenreiche, selbstzerstörerische Streß unserer Tage das Leben verkürzt? Darauf weist auch Spr. 10, 27 hin: »Die Furcht JAHWEHs mehrt die Tage, aber die Jahre der Gesetzlosen werden verkürzt!« Könnte nicht wirklich der innere Friede des **Weisen,** das unneurotische Lebensverhalten dessen, der »in die Ruhe Gottes eingegangen ist«, lebensverlängernd wirken? Moderne medizinische Erkenntnisse bestätigen dies.

Aber widerspricht dem nicht Mtth. 6, 27 mit der Frage Jesu: »Wer unter euch könnte mit Sorgen seiner Lebenszeit auch nur eine Elle hinzufügen?« Doch beachten wir: Dies können wir mit all unseren Sorgen nicht bewirken, wohl aber vermag es die Weisheit Gottes, die in uns wohnt!

Wir betonen meist nur die eine Seite, daß die Stunde unseres Sterbens von Gott fest bestimmt, unabänderlich determiniert sei; das ist wohl auch richtig so. Hatte es doch der Herr dem Petrus kundgetan, daß das Ablegen seines Leibeszeltes unmittelbar bevorstehe (2. Petr. 1, 14); auch Paulus wußte darum, daß die Zeit seines Abscheidens nahegekommen sei, und daß er als Trankopfer ausgesprengt würde (2. Tim. 4, 6). Allerdings kennen wir auch die schreckliche Möglichkeit, die zugemessene Lebenszeit durch einen selbstgewählten Tod zu verkürzen: dies ist dann nicht die Stunde Gottes! Es gibt auch einen »Selbstmord auf Raten« durch Raubbau an der Gesundheit, durch unsinnigen Lebensgenuß und lebensverkürzende Drogen. Unsere Texte bezeugen auch, daß wir durch Spott und Gesetzlosigkeit unsere Tage verkürzen können. Andererseits verheißt uns die Heilige Schrift auch eine mögliche Lebensverlängerung durch Gott; ist nicht die Ehrerbietung gegenüber den Eltern mit der Zusage eines »langen Lebens im Lande« verbunden? Gilt dies nicht auch, nach 5. Mos. 6, 2, durch die Gottesfurcht und das Halten der göttlichen Gebote ganz allgemein? **Lebensjahre wachsen dir zu** (BUB), so verheißt Gott dem Gerechten, der vermöge der Weisheit in einem innerlich geordneten Leben steht. So birgt die Weisheit ihren Lohn in sich selbst: **Wenn du weise bist, so bist du weise dir zugute** (BUB); aber auch das Gericht ergeht nach dem Gesetz von Saat und Ernte: **Spottest du, so wirst du allein es tragen.** Göttliche Weisheit und Erkenntnis gilt zuerst einmal der eigenen geistlichen Ernährung, ehe wir sie als »Brot« für andere weitergeben. Röm. 14, 22 bezeugt Ähnliches hinsichtlich des Glaubens: »Hast du Glauben? Habe ihn für dich selbst vor Gott. Glückselig, wer sich selbst nicht richtet in dem, was er« (in der Prüfung des Gewissens vor dem Herrn) »für gut heißt!« So gesehen wächst jeder für sich allein.

Eine Lebensverlängerung von 15 Jahren durfte der König Hiskia nach Gebet und Tränen erfahren; man lese die erschütternde Aufzeichnung, die er nach seiner Genesung niederschrieb (Jes. 38, 9–20). Was aber brächte uns eine **Zeitverlängerung** allein, wenn sie nicht mit der Lebensqualität gefüllt würde, die Gott verleiht: einem Wachstum an Gnade, Erkenntnis und Weisheit, so daß wir schließlich »ein Herz voll Weisheit heimbringen«, weil wir unsere Tage »richtig zählten«, in sorgfältigem Wandel Verständnis des Willens Gottes erlangten und die Heilstermine Gottes auskauften (Ps. 90, 12/Eph. 5, 15–16)? Dann erst wird ein langes Leben sinnvoll.

Der Spötter aber zerstört seine innere seelisch-geistige Ordnung selbst und zerrüttet sein ganzes Wesen und Leben. Dabei wird es immer so sein, daß Ismael, »die Frucht des Fleisches«, den Isaak als die »Frucht der Verheißung« verspottet, weshalb er aus der Familie Gottes ausgetrieben werden muß (1. Mos. 21, 8–10)!

+ + +

Frau Torheit ist leidenschaftlich; sie ist lauter Einfältigkeit und weiß gar nichts. Und sie sitzt am Eingang ihres Hauses, auf einem Thron auf den Höhen der Stadt, um einzuladen, die des Weges vorübergehen, die ihre Pfade gerade halten: »Wer ist einfältig? Er wende sich ab – hierher!« Und zu den Unverständigen spricht sie: »Gestohlene Wasser sind süß, und Brot der Heimlichkeit ist lieblich!« Und er weiß nicht, daß dort die Toderschlafften (die Hingestreckten) **sind – in den Tiefen des Scheols ihre Eingeladenen.**

Die SPRÜCHE stellen der **Weisheit Gottes,** dem Christus, die **Frau Torheit** gegenüber, **die Einfaltsdame, die nie was erkannt hat** (BUB); diese ist ein dämonisches Zerrbild und in ihren Worten eine fast wortgetreue Nachäffung der göttlichen Weisheit und ihres Werbens (vgl. Spr. 8, 1–6/9, 1–6)! Beide lassen ihren Ruf in der Öffentlichkeit erschallen; beide laden **von hochgelegenem Orte** aus zu ihrem Gastmahl ein; beide rufen **die Einfältigen,** denen es **an Herzsinn mangelt** (BUB), mit dem gleichen Worte: **Wer ist einfältig? Er wende sich ab – hierher!** (V. 9, 4 + 16). Dies erinnert uns daran, daß auch der Satan bei der Versuchung Jesu in der Wüste mit dem Worte der Bibel argumentierte. Allein die Weisheit aber will die dem Bösen **Zugänglichen** auf die **Wege des Verstandes** führen.

Wie stark erinnert uns auch das Auftreten der **leidenschaftlichen** Frau Torheit an die närrischen Werbemethoden dieser Welt, an die sexistische Reklame unserer Zeit, auch an werbewirksam vorgetragene Ideologien vieler Sekten! Möge doch die Gemeinde Christi davor bewahrt bleiben, in der Verkündigung des Evangeliums in ähnlicher Weise aufzutreten!

Bezeichnenderweise wird **die Torheit** als eine **Frau** dargestellt, nicht etwa, weil Männer weiser wären als Frauen, sondern aus einem ganz anderen Grunde; war doch der verlockende Götzendienst in Israel, der **auf Höhen** geschah, fast immer mit religiöser Sexualität verbunden; die ägyptische ISIS wandelte sich in Israel zur ASTARTE (Astharot), in Griechenland zur DIANA (oder: Artemis), in Germanien zur OSTARA; und immer waren in diesen Religionen okkulte Frauen als Medien tätig. Ließ nicht der Herr der Gemeinde in Thyatira (= Opfertor) schreiben: »Ich habe wider dich, daß du das Weib Jesabel wirken lässest, welche sich eine Prophetin nennt, und sie lehrt und verführt meine Knechte, Hurerei zu treiben und Götzenopfer zu essen« (Offb. 2, 20). Es ist nicht von ungefähr, daß **der Thron** der **Frau Torheit auf den Höhen der Burgstadt** geschaut wird; denn in Offb. 2, 12–13 wird die Stadt Pergamon (= Höhenburg) als »Thron« und »Wohnung« des Satans bezeichnet.

Die Weisheit Gottes wünscht, daß **die Einfältigen, denen es an Herzsinn ermangelt,** und die darum **unverständig sind,** zu Menschen des geraden Herzens und des geraden Weges werden, die »einfältig sind, was das Böse anbelangt, weise jedoch dem Guten gegenüber« (Röm. 16, 19). Die Werbedame **Narrheit** jedoch will die Menschen des geraden Gottesweges dem Bösen **zugänglich** machen. Paulus aber ermahnt uns in 1. Kor. 14, 20: »Brüder, werdet nicht Kindlein am Verstande, sondern in der Bosheit seid Unmündige, was das Denken anbetrifft aber werdet zielstrebige Erwachsene!«

Leidenschaftlichkeit (E), **Lärmen** (BUB) und Anfachen von **Tumult** (BA) sind die Attribute, welche die Werbemethoden der **Frau Torheit** kennzeichnen; ihr »Wirtshausschild« lockt zur Stillung des Durstes – **mit gestohlenem Wasser** –, zur Sättigung mit

heimlichem Brot, so als fordere sie keine Bezahlung! Und doch wird denen, die ihrem Rufe folgen, die Rechnung aufgemacht! Sie trinken aus löchrigen Brunnen, die kein Wasser geben (Jer. 2, 13), essen Brot, das nicht sättigt (Jes. 55, 2). Am Ende steht Enttäuschung und Resignation der dürstenden und hungernden Seele, die von Genuß zu Genuß taumelt und doch nie zum Frieden findet. Gott allein bietet in Christus, Seiner Weisheit, wahrhaftiges Brot des Lebens und Wasser des Lebens als Geschenk an (Jes. 55, 1/Joh. 4, 1–14/7, 37–39/6, 32–33).

Wir sahen bei Spr. 9, 1–6 im Lockruf der Weisheit das »Haus des lebendigen Gottes« vorgebildet und den »Tisch des Herrn« mit Brot und Wein. Können wir in der Einladung der **Frau Torheit und Einfaltsdame** nicht das wiederfinden, was Paulus in 1. Kor. 10, 20–22 bezeugt, daß wir nämlich am »Tische der Dämonen« im Götzentempel den »Kelch der Dämonen« genießen und auf diese Weise »Gemeinschaft mit den Dämonen« haben können? Von dort aus eröffnen sich die Wege **zu den Tiefen des Scheols,** wo die **Toderschlafften** (BA), die **schattengleichen Rephaim** sind; Buber übersetzt sogar mit **Gespenster,** weil das hebr. Wort auch auf die gefallenen Geister anspielen könnte (1. Mos. 6; Jud. 1, 6), nicht nur auf die Seelen im Totenreich. Da jene aber ihre Geistleiblichkeit verließen, wirken sie nunmehr – ohne Leib – als Dämonen. Wer sich aber »der Gemeinschaft der Dämonen« verschreibt, darf nicht teilnehmen am »Tisch des Herrn«; sein Endgeschick ist **in den Tiefen des Totenreichs,** wohin **Frau Narrheit** alle versammelt, die sie so werbewirksam geladen hat!

+ ⁺ +

90 DIE GIER DES GESETZLOSEN, DER HUNGER DES GERECHTEN (10, 1–3)

SPRÜCHE SALOMOS: **Ein weiser Sohn erfreut den Vater, aber ein törichter Sohn ist seiner Mutter Kummer. Schätze der Gesetzlosigkeit nützen nichts, aber Gerechtigkeit errettet vom Tode. JAHWEH läßt die Seele des Gerechten nicht hungern, aber die Gier der Gesetzlosen stößt Er hinweg.**

Es gab wohl kaum eine Zeit wie die unsrige, wo durch Betrug und rücksichtslosen Wettbewerb, durch Tricks und Praktiken der übelsten Art in solcher Fülle **Schätze der Gesetzlosigkeit** gesammelt wurden! So wachsen einflußreiche Familien und mächtige Wirtschaftsimperien heran; die **Gier des Gesetzlosen** (BUB: die Sucht der Frevler) erstrebt mit dem unermeßlichen Reichtum eine Mehrung von Ansehen, Macht und Genuß. Und wirklich »ist die Geldliebe eine Wurzel alles Bösen« (1. Tim. 6, 10)!

Nützen solche – oft betrügerisch und verbrecherisch erworbenen – Reichtümer wirklich **nichts?** Was den kurzfristigen Lustgewinn anbetrifft, so kann man das kaum behaupten; doch endet letztlich alle **Gier** im **Nichts** der Hoffnungslosigkeit; denn die Welt mit ihren Grundstrukturen »vergeht«, welches sind »die Begierde des Fleisches, die Begierde der Augen und der prahlerische Hochmut des Lebens« (1. Joh. 2, 15–17). Allein, wer den Willen Gottes tut, bleibt in Ewigkeit!

Jesus selbst warnte uns davor, Schätze auf Erden zu sammeln und sie zur Grundlage unserer Hoffnung zu machen, sie werden zerstört und geraubt; unverlierbar aber sind **die Schätze,** die wir uns »im Himmel sammeln«; denn »wo unser Schatz ist, dort ist auch unser Herz«, unser ganzes Sinnen und Trachten (Mtth. 6, 19–21). Was mögen dies für **Schätze des Gerechten** sein? Nach unserem Text ist es **die Gerechtigkeit** (BA: die Rechtfertigung), **die vom Tode errettet.** Schon dem König Kores wurden in Jes. 45, 3 Schätze und versteckte Kostbarkeiten in der Erkenntnis des Herrn verheißen; und nach Kol. 2, 3 stehen die in Christo verborgenen Schätze der Weisheit und der Erkenntnis, samt der Erschließung göttlicher Geheimnisse jedem Glaubenden offen! Wenn auch sein Leben nach außen hin nur ein armseliges »tönernes Gefäß« darstellt, so ist es doch erfüllt mit dem »Lichtglanz der Erkenntnis der Herrlichkeit Gottes« (2. Kor. 4, 7). So bringt **der Gerechte** »aus dem guten Schatze seines Herzens« immer wieder »Altes und Neues hervor«, als ein treuer Verwalter der Geheimnisse Gottes (Mtth. 12, 35/13, 52/ 1. Kor. 4, 1).

Der im Nichts endenden **Gier des Gesetzlosen** wird im Text **der Hunger der Seele des Gerechten** gegenübergestellt, den auch Jesus im Blick hatte, als Er ausrief: »Glückselig sind, die da hungern und dürsten nach der Gerechtigkeit, denn sie sollen satt werden« (Mtth. 5, 6)! Das Verlangen seiner **Seele** wird gestillt, seine Hoffnung auf Heil und Herrlichkeit wird nicht zuschanden! »Junge Löwen darben und hungern, aber die JAHWEH suchen, ermangeln keines Guten« (Ps. 34, 10)! Grüne Auen – stille Wasser – Erquickung der Seele – Führung und Gottesnähe – ein Segenstisch im Angesicht der Feinde sind Erweise dessen, daß der Herr unser Hirte ist, der es uns an nichts mangeln läßt (Ps. 23).

Prophetisch gesehen aber weist **die Gier des Gesetzlosen** auf den Satan; geht er nicht umher wie ein nach Raub brüllender Löwe, der gierig sucht, wen er verschlinge (1. Petr. 5, 8)? Hatte er nicht auch einen Petrus **begehrt,** ihn zu sichten wie den Weizen? Doch **seine Gier** wurde **hinweggestoßen,** weil Jesus für Seinen Jünger betete; und Er betet auch für uns, damit unser Glaube nicht aufhöre! Der gierige Griff Luzifers nach dem Throne Gottes wird einmal im Gericht des Feuersees enden.

Der Gerechte, dessen heilige **Seele nach Rechtfertigung hungerte,** ist letztlich der Christus Gottes. Als **weiser Sohn erfreute Er allezeit Seinen Gott und Vater** (s. auch Spr. 23, 24). Ps. 16, 8–11 zeigt, wie Gott Seine gerechte Seele aus der Umklammerung des Totenreiches heraufführte, zu einer »Fülle«, ja, »Sättigung« mit Freuden vor Seinem Angesicht; darum konnte Sein Herz sich freuen, und Seine Seele frohlocken. Nach Joh.16, 8–10 stellte die Auferstehung und Thronerhöhung Christi wirklich eine **Rechtfertigung** des Gekreuzigten durch den Vater dar!

Auch wir dürfen es immer wieder erfahren, daß Gott die **Seele des Gerechten nicht hungern läßt!**

+ + +

91   SCHLAFEN IN DER ERNTEZEIT?   (10, 4–5)

Wer mit lässiger Hand schafft, wird arm; aber die Hand des Fleißigen macht reich. Wer im Sommer einsammelt, ist ein einsichtsvoller Sohn, wer zur Erntezeit in tiefem Schlafe liegt, ist ein Sohn, der Schande bringt.

Widerspricht nicht die Empfehlung, fleißig nach Reichtum zu streben, den Versen 1–3? Es zeichnet die Nüchternheit des biblischen Zeugnisses aus, daß es einerseits vor dem **gesetzlosen Reichtum,** andererseits aber auch vor frommen Müßiggängern warnt: »Wer nicht arbeitet, soll auch nicht essen« (2. Thess. 3, 10/1. Thess. 4, 11)! Und in Eph. 4, 28 sagt der Apostel, der »mehr gearbeitet hat als alle sonst«: »Wer gestohlen hat, stehle nicht mehr, sondern arbeite vielmehr und wirke mit seinen Händen das Gute, damit er dem Bedürftigen mitzuteilen habe!«

Doch ist unser Text nicht nur eine simple Bauernregel und »Binsenweisheit«, über die wir kein Wort mehr verlieren brauchten; neben dem Fleiß in der beruflichen Arbeit spricht er auch ein geistliches Lebensgesetz an: Wachstum im Geiste und in Werken der Liebe gehen mit der Trägheit der Seele niemals zusammen! Auch Jesus sah »die Felder – **weiß zur Ernte**« und mußte im Vergleich zur »großen Ernte« die »wenigen Arbeiter« beklagen. Die Jünger wies Er an, darum zu beten, daß »der Herr der Ernte« Arbeiter in Seine Ernte entsende; gewiß hat der Vater sie beim Wort genommen! »Schon empfängt der Schnitter Lohn und sammelt Frucht zum ewigen Leben, so daß der Säende zugleich sich freut mit dem Erntenden« (Joh. 4, 35–36/Mtth. 9, 37–38).

Wenigstens dreißigmal spricht das NT von der Notwendigkeit **geistlichen Fleißes;** einige Stellen seien genannt: der Vorsteher einer Gemeinde soll seine Arbeit mit Fleiß verrichten (Röm. 12, 8); in allem waren die Korinther überströmend, in Glauben, in Wort und Erkenntnis, in der Liebe, aber auch in allem Fleiß (2. Kor. 8, 7); um in Gottes Ruhe eingehen zu können, muß man Fleiß anwenden (Hebr. 4, 11/6, 11); die Energie des Heiligen Geistes wirkt sich aus im Fleiß; nur durch ihn kann sich aus dem Glauben die Charakterstärke, die Erkenntnis, die Enthaltsamkeit, das Ausharren, die Gottseligkeit, die Bruderliebe und die allgemeine Menschenliebe entfalten, wie dies beim Wachsen einer Pflanze geschieht (2. Petr. 1, 5–8); Eph. 4, 3 ermahnt uns, die in Christo geschenkte Geiseseinheit mit Fleiß festzuhalten und zu bewahren; und als Mitarbeiter am Worte des Lebens muß man sich schon »befleißigen«, um sich selbst Gott als bewährt darzustellen (2. Tim. 2, 15); denn ohne geistlichen Fleiß wird es uns nicht gelingen, »die Berufung festzumachen« und »ohne Flecken und unverklagbar vor Ihm in Frieden erfunden zu werden« (2. Petr. 1, 10/3,14).

Diese Auswahl mag zeigen, daß auch Gotteskinder nicht **im Tiefschlaf** liegen, sondern in fleißiger Arbeit stehen sollen, »bis daß Er kommt«! Denn **die Ernte** ist, prophetisch gesehen, der Gerichtsabschluß dieser gegenwärtigen bösen Weltzeit. Der »Geist der Schlafsucht« aber ist Kennzeichen eines göttlichen Verstockungsgerichtes (Jes. 29, 10/Röm. 11, 8). Gerade wenn wir in prophetischem Geist die Zeit erkennen, daß die Nacht weit vorgerückt ist, und die Morgenstunde sich genaht hat, sollten wir **vom Schlafe aufwachen** (Röm. 13, 11–14). Nicht frommer Rausch und seelische Selbstnarkose, sondern nüchterne Wachsamkeit und ruhiger Fleiß im Werke Gottes sind das Gebot der Stunde.

Letztlich ist der Christus selbst **der einsichtsvolle Sohn, der »im Sommer sammelt«** und bei Seiner Wiederkunft zum Gericht die überreife **Ernte** der Welt »mit der Sichel« Seines Zornes einbringen wird, damit die Scheidung von Weizen und Unkraut beginnen könne (Offb. 14, 15). Seine Gemeinde aber wird mit Ihm, dem vom Vater alles Gericht übergeben ist, alle Gottespläne ausführen. Laßt uns die Gnadenzeit nicht durch Lässigkeit versäumen!

>»Gott ließ der Erde Frucht gedeihn,
>wir greifen zu, wir holen ein,

wir sammeln Seinen Segen;
Herr Jesu, laß uns gleichen Fleiß
an Deiner Liebe Ruhm und Preis
mit Herzensfreude legen!«

+ + +

92   SEGNUNGEN FÜR DAS HAUPT DES GERECHTEN   (10, 6)

Dem Haupte des Gerechten werden Segnungen zuteil, aber der Mund des Gesetzlosen verhüllt die Gewalttat.

Die natürliche Bedeutung dieses Wortes mögen wir in Spr. 11, 26 finden, wo ein Beispiel dafür gegeben wird, daß »einem treuen Manne viele Segnungen zuteil werden« (Spr. 28, 20): »Wer Korn zurückhält« (um in Teuerungszeiten den Preis hochtreiben zu können), »den verflucht das Volk; aber Segen wird dem Haupte dessen zuteil, der Getreide verkauft!«
Wir denken aber auch an das Zeugnis Davids in Ps. 23, 5: »Du hast **mein Haupt** mit Öl gesalbt.« Er hat dies selbst erlebt, als er von Samuel mit dem heiligen Salböl, welches ein Bild des Heiligen Geistes ist, zum König gesalbt wurde. Dürfen wir uns seinem Zeugnis anschließen, die wir »christianoi«, d. h. »dem Gesalbten Zugehörige« sind, als Könige, Priester und Propheten?
Noch eine weitere Dimension gewinnt das Sprüchewort, wenn wir in ihm den Christus als *den* **Gerechten** und als das geistgesalbte **Haupt** Seiner Gemeinde erkennen! In Ihm wohnt die Fülle des siebenfachen Gottesgeistes (Jes. 11, 1–3); vom Haupte Christi als des wahren Hohenpriesters, fließt das köstliche Öl des Geistes bis zum Saum Seiner Gewänder, bis zu den letzten Gliedern Seines Leibes (Ps. 133)! Daß dieses sich vor allem dort erfüllt, wo Brüder »einträchtig« beieinander wohnen, durften wir alle wohl schon erfahren! Ja, **dem Haupte des Gerechten werden Segnungen zuteil!**
Nachdem der Sohn sich selbst entäußerte, Menschengestalt annahm, gehorsam war bis zum Tode, ja, bis zum Kreuzestod, hat der Vater Ihn überaus hoch erhöht. Er gab Ihm **Segnungen** ohnegleichen und den Namen, der alle Namen überragt. Es sollen und werden sich einmal alle huldigend und lobpreisend vor Ihm beugen! Eph. 4,7–11 belehrt uns, wie der Herr bei Seiner Himmelfahrt das ganze All durchmessen hat und **als das Haupt** über alles **die Segnungen** Gottes empfing, die Er seither als Geistesgaben den Heiligen zu ihrer Vollendung weiterreicht, wozu auch die Wortdienste der Apostel, Lehrer, Propheten, Hirten und Evangelisten gehören. Aus Ihm, **dem gesegneten Haupt,** wächst der ganze Leib der Gemeinde. Die Kraft Seiner Auferstehung reicht Er »durch Gelenke und Glieder« weiter und wirkt als »lebendigmachender Geist« in uns. Wie schön kündigt auch der Beter von Ps. 27, 4–6 diesen Sachverhalt an: **Mein Haupt** ist erhöht über alle Feinde; ich bin mit Ihm geborgen und verborgen in Gott; ich wurde auf einem FELSEN erhöht; ich schaue die Lieblichkeiten JAHWEHs und erforsche Sein Geheimnis im Allerheiligsten Seines Tempels; darum bringe ich dem Herrn Opfer des Jubelschalls.

Wie aber der Christus **das Haupt** Seines Leibes, der Gemeinde, ist, so ist der Satan das Haupt aller Finsternismächte. Doch wurde durch Christi Kreuzessieg der Kopf der Schlange zertreten, das Haupt der Feinde zerschmettert (Ps. 68, 21/1. Mos. 3, 15/5. Mos. 32, 42). Nehmen auch wir teil an den **Segnungen des Hauptes,** die von Ihm allen Gliedern zuströmen? Während nun **der Mund des Gerechten** ein **Born** des Lichtes und des Lebens ist (Spr. 10, 11), und Sein Geist von der Sünde überführt, ist **des Gesetzlosen Mund** allezeit bemüht, **Sünde und Gewalttat zu verhüllen.** Unter dem Motto der Selbstverwirklichung des Menschen macht Satan als der große Methodiker und Medienpropagandist in unseren Tage die Sünde zum »Kavaliersdelikt«; er verschleiert durch Wort und Geist der Finsternis die Wahrheit in den »Söhnen des Ungehorsams«, bis hin zur Herzensverhärtung. Doch ist nichts verborgen, was nicht schließlich doch offenbar werden wird (Mtth. 10, 26). Zwar geschehen die »unfruchtbaren Werke der Finsternis« heimlich; »alles aber, was bloßgestellt wird, wird durch das Licht offenbar gemacht; alles aber, was offenbar gemacht wird, ist Licht« (Eph. 5, 11–13). Darum beten und singen wir:

> »Entdecke alles und verzehre,
> was nicht in Deinem Lichte rein;
> wenn mir's gleich noch so schmerzlich wäre,
> die Wonne folget nach der Pein.
> Du wirst mich aus dem finstern Alten
> in Jesu Klarheit umgestalten!«

(Tersteegen)

+ + +

93   SEGENSVOLLES GEDENKEN   (10, 7)

Das Gedächtnis des Gerechten ist zum Segen, aber der Name der Gesetzlosen verwest.

Wie viele Gotteskinder zehren von **Segnungen,** die sie durch treue Gottesknechte und Väter in Christo empfangen haben, und die sich deutlich von aller inhaltlosen Vätertradition unterscheiden. So sollen wir unserer Führer gedenken, die uns das Wort Gottes verkündigt haben, und ihren Glauben nachahmen, indem wir den Ausgang ihres Wandels anschauen (Hebr. 13, 7); wir dürfen vom Wasser aus den Brunnen trinken, die sie unter Versuchungen und Leiden im Bakatal der Tränen gegraben haben (Ps. 84, 6). Und wenn die Gottesfeinde die Väterbrunnen mit Kot, Steinen und Sand zugeschüttet haben, sollen wir sie wieder aufgraben, um ehemalige Gottessegnungen neu zu erschließen (vgl. 1. Mos. 26, 14–18). Wenn wir aber prophetisch in **dem Gerechten** den Christus Gottes sehen, so ist Sein **Gedächtnis** in besonderer Weise **ein Segen,** nicht nur für die Gemeinde, die am Tisch des Herrn versammelt ist, sondern auch für die Zuschauer in der unsichtbaren Welt; »dies tut zu meinem Gedächtnis!« sagte der Herr (eigentlich: um mich in Erinnerung zu bringen). Bei wem aber sollen wir Ihn »in Erinnerung bringen«? Paulus deutete es so: »Denn jedesmal, wenn ihr dieses Brot esset und den Kelch trinket, verkündiget ihr den Tod des Herrn bis zu Seiner Wiederkunft« (1. Kor.

11, 25–26). Wer von uns kann ermessen, welcher Segensstrom durch die permanente Feier des Herrenmahls, der Siegesfeier der Erlösung, in aller Welt ausgelöst wird? **Der Name** Jesu wird hoch erhoben, gerühmt, gesegnet und in seiner Ausstrahlung gemehrt; und so verwirklicht sich das Wort aus Hohesld. 1, 3, wo vom Namen des Bräutigams bezeugt wird, er sei »ausgegossenes Salböl«!

Unser Sprüchewort kann auch lauten: **Das Gedenken des Gerechten ist zur Segnung** (BA); auch das hat einen tiefen Sinn. Wie oft wurde bei dem Apostel Paulus durch die Erinnerung an Mitarbeiter und Gemeinden ein anhaltendes Gebet ausgelöst und durch dieses ein Segensstrom der Gnade; er erinnerte sich an die Tränen der Glaubenden, an ihren ungeheuchelten Glauben, an die Mühe der Liebe, das Ausharren in der Hoffnung und an ihre Teilnahme am Evangelium; da flehte er für sie, indem er das Gebet mit Freuden verrichtete (2. Tim. 1, 3–5/Phil. 1, 3–4/1. Thess. 1, 2/Eph. 1, 15–17/ Röm. 1, 9). Darin war er ein Abbild des Gottes, der unsrer in Treue gedenkt (Hebr. 6,10). Welch ausführliche Namenslisten **zum Gedächtnis der Gerechten** finden wir allein in seinen Briefen verzeichnet; doch sind die Namen der Mitarbeiter am Evangelium nicht nur in seinen Briefen, sondern, was viel wichtiger ist, »im Buche des Lebens verzeichnet« (Phil. 4, 3). – Aber auch der »Friedhof der Gestrandeten« ist im NT genannt, wie Pastor Wilhelm Busch einmal die Abtrünnigen nannte: der Blutschänder von Korinth – Alexander der Schmied, der heftigen Widerstand gegen die apostolische Verkündigung leistete – Demas, der die Welt liebgewann und sich von Paulus trennte – Diotrephes, der im Kampf gegen die Apostel den ersten Platz in der Gemeinde anstrebte – Nikolaos, der wahrscheinlich die Sekte der Nikolaiten ins Leben rief – Hymenäus und Philetus, deren Irrlehre wie ein Krebs um sich fraß; dies sind einige der »Grabkreuze des Todes«. Wenn es nun heißt: **Der Name des Gesetzlosen verwest,** so meint dies, daß sein Name vor Gott wie ein Aas ist, das den »Todesgeruch« verbreitet. Dies gilt von den irdischen **Frevlern und Gesetzlosen,** aber auch von *dem* **Gesetzlosen,** der hinter ihnen steht! Was trug er doch einst für Namen: Glanzstern (Luzifer = Lichtträger oder Morgenstern), Sohn der Morgenröte, Siegel der Vollendung, Vollkommener an Schönheit, schirmender und gesalbter Cherub, Baum im Gottesgarten Eden, erfüllt mit Weisheit (Jes. 14, 3–17/Hes. 28 und 31); doch wie ist auch **sein Name verwest** und verfallen! Offb. 12, 8–10 nennt ihn: den großen Drachen – die uralte Schlange – den Teufel (Verleumder) – den Satan (Widersacher) – den Verführer des ganzen Weltkreises – den Verkläger der Brüder; und im übrigen NT wird er als der »Mörder von Urbeginn«, als der »Fürst des Kosmos« und »Gott dieses Aeons«, als »Vater der Lüge« und »Machthaber des Todes« bezeichnet. Wir aber dürfen auf der Seite dessen stehen, vor dem sich einmal aller Knie beugen werden. Wenn um Seinetwillen unser guter **Name** als böse verworfen und gelästert wird, so sollten wir uns freuen und segnen statt zu fluchen (Luk. 6, 22–23/Röm. 12, 14)!

+ + +

94   DER HERZENSWEISE UND DER LIPPENNARR   (10, 8–10)

Wer weisen Herzens ist, nimmt Gebote (willig) **an; aber ein Lippen-Narr kommt zu Fall. – Wer in Lauterkeit wandelt, wandelt sicher; wer aber seine Wege**

krümmt, wird durchschaut. – Wer mit den Augen zwinkert, verursacht Kränkung; und ein Lippen-Narr kommt zu Fall.

Der Herzensweise und **der Lippen-Narr** werden in diesen Versen einander gegenübergestellt. Dabei werden Weisheit und Torheit nicht in erster Linie mit Fähigkeiten des Gehirns, wie Intelligenz, Wissen, Gedächtnis und Logik in Verbindung gebracht, die ja der gottlose Mensch auch besitzen kann – sondern mit Entscheidungen **des Herzens** und **der Lippen,** die im Wesen der Person gründen; so ist Narrheit nicht nur Dummheit, sondern Torheit und Verfinsterung des ganzen Wesens. Wie eng **Herz** und **Lippen** miteinander verbunden sind, zeigen folgende Gottesworte:

»Aus der Fülle des Herzens redet der Mund« (Mtth. 12, 34); und:
»Was aber aus dem Munde hervorgeht, kommt aus dem Herzen hervor, und eben das verunreinigt den Menschen« (Mtth. 15, 18).

Der Herzensweise nimmt Gebote und Weisungen an, weil die Weisheit von oben »lenkbar« ist (Jak. 3, 17). Er ordnet sich gerne dem höheren Wissen und Willen unter und läßt sich Ziele und Schranken setzen.
Ist das aber wirklich so, daß **der Lippen-Narr** (der närrische Schwätzer; DEL: das Narrenmaul) **zu Fall kommt** oder **abgleitet** (BUB)? Ist er nicht höchst aktiv, indem er durch böse Nachrede, durch hämisches **Augenzwinkern** und höhnendes **Fingerdeuten** Leid und Kränkung anderer verursacht? Könnte er durch sein Handeln nicht manchen Schwachen und Elenden zum Ausgleiten und Straucheln bringen, der die Bosheit seines »Mitmenschen« nicht verkraften kann? Denken wir nur an Asaphs Selbstzeugnis in Ps. 73, 2: »Ich aber – wenig fehlte, so wären meine Füße abgewichen, um nichts wären ausgeglitten meine Schritte!« Doch aufs Ende gesehen trifft es ein, was uns der Text gleich zweimal sagt: **Der Lippen-Narr kommt zu Fall!** Und auch Asaph erfuhr, wie es alle angefochtenen Frommen einst erfahren werden: »Fürwahr, Gott ist Israel gut, denen, die reinen Herzens sind« (Ps. 73, 1)!
Wer in Lauterkeit wandelt, wandelt sicher (BA: als Gesicherter)!
Welche wunderbaren Gottesverheißungen werden ihm in Jes. 58, 6–11 gegeben, wenn er (im Verzicht auf die Lust des Fleisches) das »wahre Fasten« vollzieht, indem er sich dem vielfachen Elend seiner Mitmenschen zuwendet:

– sein Licht wird hervorbrechen wie die Morgenröte;
– seine Heilung wird eilends sprossen;
– seine Gerechtigkeit wird vor ihm herziehen, die Herrlichkeit JAHWEHs seine schützende Nachhut sein;
– er wird rufen, und JAHWEH wird antworten;
– sein Licht wird ihm aufstrahlen in der Finsternis;
– sein Dunkel wird sein wie der Mittag;
– beständig wird JAHWEH ihn leiten;
– Er wird seine Seele sättigen in Zeiten der Dürre;
– er wird wie ein bewässerter Garten sein, dessen Gewässer nicht trügen.

Dies alles aber widerfährt ihm unter einer Bedingung: »Wenn du das (verhöhnende) Fingerausstrecken und unheilvolle Reden aus deiner Mitte hinwegtust!« (V. 9).
Wie sehr verkürzt sich also der **Lippen-Narr, das Narrenmaul,** mit bösem Wort und übler Nachrede, mit dem höhnischen Augenzwinkern und hämischem Fingerzeig auf die Schwachheit des anderen, um die Verheißungen Gottes für sein Leben! Letztlich

kommt er zu Fall und **gleitet ab** vom gottgesegneten Weg eines lichtvollen Lebens!

Zwei **Wege** stehen uns offen: Einmal ist es der Weg dessen, **der in Lauterkeit** (Unschuld, Vollkommenheit) **wandelt,** und das ist letztlich Jesus Christus selbst, der uns Seinen Weg zur Nachfolge anbietet; wer diesen Weg **wandelt,** ist von Gott aus **gesichert,** weil ihn nichts von Seiner Liebe trennen kann, wie es uns Röm. 8, 38–39 feierlich bezeugt. »Der Weg JAHWEHs ist eine Festung für die Vollkommenheit ...« (Spr. 10, 29). Der andere **Weg** ist **der gekrümmte** Schlangenweg Satans, den er vor Urzeiten einschlug, und den seither alle Gesetzlosen gehen, auch der **Lippen-Narr.** Er führt »zum Untergang« (10, 29b). Zwar sollen die **Krümmungen** dieses »Schleichweges« (DEL) ihn vor aller Augen verbergen, und dennoch **wird er durchschaut.** Ein Beispiel hierfür bietet uns Apg.13, 6–12; dort tritt ein falscher Prophet mit dem Namen Bar-Jesus (Sohn des Jesus) auf, der in Wirklichkeit ein Zauberer und Magier ist, um den Prokonsul Sergius Paulus vom Heil abzubringen. Paulus aber entlarvt ihn mit den Worten: »O du, voll aller List und aller Bosheit, Sohn des Teufels, Feind aller Gerechtigkeit. Willst du nicht aufhören, **die geraden Wege des Herrn** zu verkehren?« und er schlägt ihn mit Blindheit.

Mögen wir statt mit der »irdischen, seelischen und dämonischen Weisheit« mit der »Weisheit von oben« ausgerüstet sein, die rein, friedfertig, maßvoll, lenkbar, voller Barmherzigkeit, ohne Parteinahme und ungeheuchelt ist (Jak. 3, 13–18)! Dann wird sich auch an uns bewahrheiten: »Wer in Lauterkeit wandelt, wird gerettet werden, wer aber heuchlerisch auf zwei Wegen geht, wird auf einmal fallen« (Spr. 28, 18)!

+ ⁺ +

+ $^+$ +

95   GESICHERTER WANDEL (10, 9)

Wer in Vollkommenheit (Lauterkeit) **wandelt, wandelt sicher; wer aber seine Wege krümmt, wird erkannt werden.**

Das **Wandeln in Vollkommenheit** wird verschieden wiedergegeben; Buber übersetzt **in Schlichtheit,** Baader **in Vollendung,** andere **in Lauterkeit** und Delitzsch **in Unschuld;** er deutet es als eine **völlige Hingabe und Lauterkeit.** Man könnte auch frei umschreiben, um die Absicht des Textes besser zu verstehen: Der gerade, zielstrebige Weg führt sicher zum Ziele der **Vollendung,** der durch lügenhafte Schleichwege gekennzeichnete Lebenskurs wird schließlich **durchschaut.**

Gibt es aber nicht wirklich viele Umwege und Irrwege in unserem Leben? Wer sich in jungen Jahren einen »schnurgeraden Lebenskurs« vornahm, mußte oftmals, vielfach enttäuscht, Lebensziele aufgeben und einen verschlungenen Weg gehen! Doch spricht unser Text von einer klaren **geistlichen** Orientierung und Zielstrebigkeit. Wenn wir Jesu Fußstapfen nachfolgen und Seinen schmalen Pfad und geraden Weg beschreiten, dann sind wir durch Ihn »vollkommen und vollendet« – **vollkommen** durch die Wiedergeburt aus Gottes Geist, **vollendet** oder zielstrebig durch die Gnade, die das Herz festmacht (Jak. 1,4/Hebr. 13, 9). Der zweifelnde und doppelherzige Mensch hingegen ist wie eine vom Sturm hin- und hergetriebene Meereswoge – »unstet in allen seinen Wegen« (Jak. 1, 6–7).

Wie konnte sich Paulus freuen, wenn er »im Geiste« die Kolosser sah und ihre »geschlossene Marschordnung«, sowie die »Festigkeit ihres auf Christus ausgerichteten Glaubens« (Kol. 2, 5)!

Wer in Vollkommenheit, in Lauterkeit, wandelt, wandelt gesichert! Gemeint ist wohl nicht die Sicherheit in den äußeren Lebensumständen! Wie verheerend können Katastrophen, Unglücksfälle und Krankheiten doch auch über die Heiligen hereinbrechen und ihr Lebenskonzept durchkreuzen, wie es einem Hiob geschah! So sagt Spr. 10, 15: »Der Wohlstand des Reichen ist seine feste Stadt, der Unglücksfall der Geringen ihre Armut!«

Nein, es ist eine **geistliche Sicherheit** und Gewißheit, die uns vom Herrn dafür geschenkt wird, daß wir **zielstrebig und in Vollendung** Seinen Weg gehen!

Bei dem **gekrümmten Weg** dürfen wir an eine polizeiliche Verfolgungsjagd denken, der sich der fliehende Verbrecher entziehen will, indem er immer neue Wege und Winkel sucht, um sich zu verbergen. Welche Kraft kostet dieser Weg der Flucht! Ja, es ist schwierig und kraftraubend, den »Schein der Gottseligkeit« nach außen hin aufrechtzuerhalten, ohne wirklich deren Kraft zu besitzen!

Wie wir schon sahen, ist der **krumme Weg** der Weg der Schlange. »Den Weg des Friedens kennen sie nicht, und kein Recht ist in ihren Geleisen, ihre Pfade **machen sie krumm;** wer irgend sie betritt, kennt keinen Frieden.« Dieses Wort aus Jes. 59, 8 gilt gleicherweise von den Frevlern auf Erden als auch von den Gesetzlosen in der unsichtbaren Welt: Welch **gekrümmten Pfad** gingen sie, als sie ihre geistleibliche Behausung verließen, andersartigem Fleische nachgingen, die Trennschwelle zwischen unsichtbarer und sichtbarer Welt überwanden, zu Menschenfrauen eingingen und in ihnen »Giganten« zeugten; seither sind sie –als leiblose Geister – »in Ketten der Finsternis im Tartarus verwahrt« oder als Dämonen wirksam (1. Mos. 6, 1–4/2. Petr. 2, 4/Jud. 6–7). Ernst spricht das Wort aus Ps. 125, 5 zu uns: »Die aber auf ihre krummen Wege abbiegen, die wird JAHWEH dahinfahren lassen mit denen, die Frevel tun!« Ihr krummer und heimlicher Lügenweg **wird erkannt,** wird durchschaut und schließlich allen offenbar, wie lange sie auch im Geheimen ihr Werk trieben!

»Unter der Sonne« beschaut, gilt Pred. 1, 15: »Das Krumme kann nicht gerade werden!« Aber schon die Frage aus Pred. 7, 13 läßt Hoffnung aufkommen: »Wer kann gerade machen, was ER gekrümmt hat?« Jes. 40, 3–5 und Luk. 3, 5 geben die Antwort in der Frohen Botschaft: Der Messias Gottes macht das Krumme zum geraden Wege!

96 DER MUND DES GERECHTEN UND DER GESETZLOSEN (10, 11+13–14)

Ein Quell des Lebens ist der Mund des Gerechten, aber der Mund der Gesetzlosen verhüllt Gewalttat. – Auf den Lippen des Verständigen wird Weisheit gefunden; aber der Stock gebührt dem Rücken des Unverständigen. – Die Weisen bewahren Erkenntnis auf, aber der Mund des Narren ist ein drohender Unglücksfall.

Wie so oft in den SPRÜCHEN werden in vorstehenden Versen **Zunge, Mund und Lippen des Gerechten** – als die Sprachorgane des Wortes – denen **des Narren und Gesetzlosen** gegenübergestellt. Das Wort des Gerechten dient der Offenbarung und Belebung, das des Gesetzlosen der **Verhüllung** von Lüge und **Gewalttat.** Der Mund des Gerechten vermittelt **Wasser des Lebens,** bewirkt die Weitergabe der Weisheit und **die Aufbewahrung der Erkenntnis** über Generationen hinweg, so wie die göttlichen Gebote in der Bundeslade »durch die Zeiten hindurch transportiert wurden«. Darum darf nach Jesu Rede ein jeder »glückselig sein, der Gottes Wort hört und **bewahrt**«, so wie Maria »alle Worte« der göttlichen Botschaft »in ihrem Herzen bewahrte und erwog« (Luk. 2, 19/11, 28).

Das **Narrenwort** jedoch ist wie eine **drohende Katastrophe,** ein **nahender Einsturz** (BUB) des wohl ausbalancierten, empfindlichen Gleichgewichts im Zusammenleben einer Gemeinschaft. Auch ihm selbst droht der **Unglücksfall** durch die Rückwirkung seines Wortes, wie Spr. 18, 7 bezeugt: »Der Mund des Toren wird ihm zum Untergang«, und »seine Lippen sind der Fallstrick seiner Seele!« Wir singen gerne: »Ach, daß ich tausend Zungen hätte und einen tausendfachen Mund …!« und meinen, wir würden dann »ein Loblied nach dem andern anstimmen«. Ob uns nicht die Disziplinierung unserer einen Zunge und deren Dienst in der Weitergabe des Lebenswortes ein ganzes Leben lang beschäftigen könnte? »Laßt uns Gott stets ein Schlachtopfer des Lobes darbringen, das ist die Frucht der **Lippen,** die Seinen Namen segnen« (Hebr. 13, 15)!

Sind wir nicht oftmals eher ein **Narrenmund** statt einer **Lebensquelle?** »Aus demselben **Mund** geht Segen und Fluch zugleich hervor? Dies, meine Brüder, sollte nicht also sein! **Die Quelle** sprudelt doch nicht aus derselben Öffnung Bitteres und Süßes zugleich hervor« (Jak. 3, 10–11)! Jak. 3 spricht die Lehrer der Gemeinde Gottes an, als solche, die »größere Verantwortung tragen«; nicht von ungefähr wird gerade in diesem Kapitel die fluchbringende Wirkung der ungezähmten **Zunge** beschrieben: Sie ist zwar nur ein kleines Glied, rühmt sich aber gewaltiger Dinge; sie ist ein kleines Feuer, das einen großen Wald (oder: Holzstoß) anzündet; ja, sie ist »ein Kosmos (oder: Weltsystem) der Ungerechtigkeit«: sie befleckt, rückwirkend, den ganzen Leib; selbst von der Hölle entzündet, zündet sie den Kreislauf des Lebens an; sie ist »ein unstetes Übel voller tödlichen Giftes«. Welch vernichtendes Urteil! Wahrlich: **Der Mund des Gesetzlosen** löst **eine drohende Katastrophe** aus; denken wir nur an die »Holzstöße«, auf denen in den Zeiten der Inquisition Menschen verbrannten, die von anderen denunziert worden waren!

Aber welche **Lebensquelle** strömt **aus dem Munde des Gerechten!** Was zunächst von Gott selbst bezeugt wird (Ps. 36, 9/Jer. 2, 13/17, 13), erfüllte sich im Sohne Gottes: **Die Quelle** der Offenbarung und Seines geisterfüllten Wortes wurde zum sprudelnden Bach, ja, zum tiefen Wasser eines Stromes, bis schließlich die Erkenntnis des Herrn die Erde bedecken wird, wie Wasser den Meeresgrund (Jes. 11, 9/Hes. 47, 1–12). Für alle Dürstenden fließen vom Leibe Jesu Ströme lebendigen Wassers, des Geistes und des Wortes, in die Welt (Joh. 7, 37–39). So schließen auch wir uns dem Petrusbekenntnis an: »Herr, zu wem sollen wir gehen? Du hast Worte des ewigen Lebens, und wir haben geglaubt und erkannt, daß Du der Heilige Gottes bist« (Joh. 6, 68)!

Über dieses Lebenswasser sprach der Herr mit der Samariterin am Jakobsbrunnen: »Wer immer von dem Wasser trinken wird, das ich ihm geben werde, den wird keineswegs mehr dürsten in Ewigkeit; im Gegenteil: Das Wasser, das ich ihm schenken werde, wird in ihm selbst **zu einer Wasserquelle werden,** die ins ewige Leben quillt« (Joh. 4, 14)! Welche Wirkungen hat das Wasser aus dem **Quell des Lebens,** das Wort aus dem **Munde des Gerechten?** Aufs erste dürfen wir uns allezeit reinigen im Wasserbad des

Wortes (Eph. 5, 26); es belebt und erfrischt uns auch und stillt den Durst der Seele und des Geistes; es läßt das Land ergrünen und bildet die Grundlage aller zur Frucht führenden Lebensprozesse. Nur an dem Wort aus dem **Munde des Gerechten,** dem Munde Jesu Christi, kann auch unser Wort gesunden und heilbringend für andere werden, so daß wir als **Weise Erkenntnis bewahren!**

+ ⁺ +

97 AUFDECKEN ODER ZUDECKEN? (10, 12)

Haß erregt Zwietracht, aber Liebe deckt alle Übertretungen zu.

Als Luzifer »sein Inneres mit Gewalttat erfüllt hatte«, machte er »seine Weisheit zunichte« und wurde »wie ein Blitz« aus der Gemeinschaft mit Gott hinweggeschleudert (Hes. 28, 16–17/Luk. 10, 18). Dieser äußere Vorgang war von einem Wesensverfall ohnegleichen begleitet: Die Trennung von dem Gott der Liebe, des Geistes, des Lebens und des Lichtes erfüllte sein Inneres mit Finsternis, Tod und **Haß;** er wurde zum »Geist, der stets verneint«. Seitdem richtet sich **der Haß** der Satansmächte gegen den Christus und gegen alle, die Ihm im Glauben zugehören, und die unsichtbare Welt ist **entzweit,** liegt in der **Zwietracht** zwischen den Lichtesmächten und den Finsternisgewalten. **Haß** ist kein Wesenszug Gottes; er ist eine ziellose, zwecklose Feindschaft der Gefühle, mit der keinerlei positive Absicht verbunden ist. Der Haß **deckt auf,** um bloßzustellen, wie es Spr. 11, 13 sagt: »Wer als Verleumder umhergeht, deckt das Geheimnis auf; wer aber treuen Geistes ist, deckt die Sache zu!« Dies gilt auch von **dem** Verleumder, dem »diabolos« oder Teufel. Und Spr. 17, 9 ergänzt: »Wer Liebe sucht, deckt Übertretung zu; wer aber eine Sache immer wieder anregt, entzweit Vertraute.« Welche Tragödien spielen sich im zwischenmenschlichen Bereich ab, wenn Menschen, getrieben vom Haß, mit dem Spürsinn des Detektivs das Verborgene des Nächsten entlarven wollen, um ihn bloßzustellen; das erlangte »Material« dient seiner Vernichtung im **Rechtsstreit** (BA). Solches Verhalten gründet im verleumderischen Haß Satans, so wie die **Gottesliebe** in dem Christus **die Zwietracht** zerstört, indem sie alle **Übertretungen** (PAR: Vergehungen; BUB: Missetaten; BA: Ausschreitungen) **zudeckt.**

Der Zorn Gottes im Gericht ist in keiner Weise mit dem **Haß** gleichzusetzen, denn er ist die Glut Seiner göttlichen Liebe (Hohesld. 8, 6), die den Gerichteten zu positiven Heilszielen führen will. Die Aussage »Jakob habe ich geliebt, Esau gehaßt« (Mal. 1, 2–3) hat einen völlig anderen Sinn, nämlich den der »Beiseitestellung« in der Erwählung.

Alle Missetaten deckt die Liebe zu! Welch frohmachendes Evangelium ist dies für jeden, der vor Gott »seine Ungerechtigkeit nicht zudeckt« (Ps. 32, 5); darum **deckt** Gott das **zu,** was er vor Ihm an Schuld ausgebreitet hat, und er darf »glückselig« sein (Ps. 32, 1). Die zudeckende Gottesliebe kann man am klarsten im Spiegel von 1. Kor. 13, 4–7 erkennen; gemeint ist nicht in erster Linie unsere Liebe, sondern Gottes Liebe, so daß wir durchaus lesen könnten: »Gott sucht nicht das Seinige, Er läßt sich nicht erbittern, Er rechnet das Böse nicht an; Er freut sich nicht über die Ungerechtigkeit, sondern freut sich mit der Wahrheit; Er erträgt alles, Er glaubt alles, Er hofft alles, Er erduldet alles« – in Christo Jesu, dem Gekreuzigten, der für uns wirklich »alles erduldet hat« und dem Gott alles Böse, alle Sünde, an unserer Stelle »angerechnet hat«, als Er Ihn zur Sünde machte!

Die zudeckende Liebe hat auch der zweite Teil des hohepriesterlichen Segens im Auge: »Der HERR lasse Sein Angesicht über dir aufleuchten ...« (was zum Aufdecken der Sünde führt), und »Er sei dir gnädig« (in Seiner bedeckenden Liebe).

Wir dürfen darin handeln wie Gott. Jak. 5, 20 sagt uns: »Wer einen Sünder von der Verirrung seines Weges zurückführt, hat eine Seele vom Tode errettet und **bedeckt** (damit) eine Menge von Sünden!« Und 1. Petr. 4, 8 ermahnt uns: »Vor allen Dingen habt untereinander eine inbrünstige Liebe, **denn die Liebe bedeckt** eine Menge von Sünden!« Hiermit könnte das Bedecken fremder Sünde gemeint sein, aber auch das Bedecken eigener Sünde durch die Barmherzigkeit, die wir anderen erweisen. Denn »die Barmherzigkeit triumphiert über das Gericht« (Jak. 2, 13).

Wie wunderbar wird in Hohesld. 5, 9–16 der Messias-Bräutigam in Seiner Schönheit geschaut und geschildert; von »Seinem Leibe« heißt es, er sei »ein Kunstwerk von Elfenbein, **bedeckt** mit Saphiren« – worin wir die Gemeinde Seines Leibes schauen dürfen als ein Gotteswerk, das mit den »Saphiren Seiner Liebe« bedeckt ist (vgl. Eph. 2, 10)!

+ + +

98 DER ERWERB DES GERECHTEN   (10,16)

Der Erwerb des Gerechten gereicht zum Leben, das Einkommen des Gesetzlosen zur Sünde.

Klingt dies nicht wie eines der von Gott verworfenen Worte der Freunde Hiobs, deren »Theologie« in dem Satz zusammengefaßt werden kann: Dem Gerechten geht es allezeit wohl, den Frevler aber ereilt das Unglück!? Dies verursachte die eigentliche Not Hiobs, die auch Asaph in Ps. 73 anspricht, dessen Füße fast gestrauchelt wären, als er die Wohlfahrt der Gesetzlosen sah (V. 3). In V. 12 ruft er aus: »Siehe, diese sind Gesetzlose, und, immerdar sorglos, **erwerben sie sich Vermögen!**« In dieser Seelenqual litt er, »bis er hineinging in die Heiligtümer Gottes und deren Ende gewahrte« (V. 17). Auch Ps. 92, 7 spricht die endgültige Regelung der Gerechtigkeitsfrage an, die unser Sprüchetext im Auge hat: »Die Gesetzlosen sprossen wie Kraut, und alle Freveltäter blühen auf ... damit sie vertilgt werden für Dauer (oder: in eschatologischer Zeit).«

Im Blick auf jenen Gottestermin aber gilt es: **Der Gerechte ererbt** das ewige, aeonische **Leben,** das Leben der kommenden Heilszeit; dies wird uns auch in Spr. 21, 21 bekräftigt: »Wer der Gerechtigkeit und der Güte nachjagt, wird **Leben** finden: Gerechtigkeit und Ehre« (BA: Rechtfertigung und Herrlichkeit)! **Der Gesetzlose** aber erntet **den Ertrag der Sünde;** er verfehlt das göttliche Ziel. Man denke nur an den Verräter Judas, der mit 30 Silberdenaren »den Lohn der Ungerechtigkeit **erwarb«,** dieses »Blutgeld« den Hohenpriestern vor die Füße warf und sich erhängte (Mtth. 27, 3–4/Apg. 1, 18–19). Man vergleiche damit 1. Tim. 6, 17–19, wo den Reichen ein Weg gezeigt wird, sich »eine gute Rücklage für die Zukunft« zu schaffen durch Werke der Barmherzigkeit, »da

mit sie **das wirkliche Leben ererben.**« Und 1. Tim. 3, 13 verheißt allen, »die gut gedient haben, eine schöne Ehrenstufe und viel Freimütigkeit im Glauben.« Alle, die Jesus
wirklich lieben, werden dereinst »mit dem Siegeskranz **des Lebens**« geehrt (Jak. 1, 12).
Wie sollte uns das anreizen, solche Heilsgüter **zu erwerben,** die uns letztlich in Christo
Jesu geschenkt sind, weshalb es in 1. Tim. 6, 12 heißt: »Ergreife das **ewige Leben**, zu
welchem du berufen worden bist!«

Nun dürfen wir auch an **den Erwerb** *des* **Gerechten,** des Sohnes Gottes, und an **das
Einkommen** *des* **Gesetzlosen,** also Satans, denken. Was hat Christus **erworben,**
nachdem Er die Gottesherrlichkeit verlassen und sich selbst zu nichts gemacht hatte?
Hat der Gottesknecht sich nicht »umsonst abgemüht« (Jes. 49, 4)? Dan. 9, 26 sagt
prophetisch vom Ertrag Seines Wirkens auf Erden: »Der Messias wird ausgerottet werden und **nichts** haben!« Aber, nachdem Er gehorsam war bis zum Tode am Kreuz, erhielt Er in der Auferstehung und Thronerhöhung den Namen über alle Namen; Er
setzte sich in der Kraft des **unauflöslichen Lebens** zur Rechten der Majestät Gottes in
der Höhe nieder, um als Gotteskönig der Feinde Niederlage und aller Welten Heil her-
beizuführen!

Auch bei **dem Gesetzlosen** gibt es ein »zunächst« und ein »dereinst«: Zunächst scheint
er den Sieg errungen zu haben; die Geistermächte und Menschen auf der Seite der Fin-
sternis mehren sich, und der Feuersee füllt sich im endzeitlichen Gericht. Wem wird am
Ende der Sieg, die Schöpfung, das All gehören? Aber Jesus ist als »der Stärkere« in das
»Haus des Starken« eingedrungen und beraubt ihn aller seiner Beute, plündert sein
Haus aus. **Das Einkommen des Gesetzlosen ist Sünde** (BUB: Sündenpein). Sünde ist
Zielverfehlung; der Gesetzlose verfehlt am Ende das Ziel, das er sich gesetzt hat!

Zum **Erwerb des Gerechten** aber gehört auch die Gemeinde der Erstlinge, »die Gott
sich erworben hat durch das Blut Seines eigenen Sohnes« (Apg. 20, 28)!

Wir dürfen glauben, was in 2. Sam. 3, 1 von David und Saul vorbildhaft auf Christus und
Satan gesagt wird: »David wurde immer stärker, während das Haus Sauls immer
schwächer wurde!«

+ + +

99   HEIMWEG UND IRRWEG   (10, 17)

**Es ist der Pfad zum Leben, wenn einer Unterweisung beachtet; wer aber Zu-
rechtweisung unbeachtet läßt, geht irre.**

Das Weisheitswort läßt uns wählen zwischen dem Heimweg zu Gott und **zum Leben**
und dem Abweg und **Irrweg** ins Verderben. Wer dächte hierbei nicht an Jesu Worte
über den »schmalen Weg zum Leben«, den »nur wenige finden«, weil er durch eine
»enge Pforte« beschritten werden muß, und über den »breiten Weg zum Verderben«,
den »die Vielen« gehen (Mtth. 7, 13–14)! Darum wurden die ersten Christen solche genannt, »die des Weges sind« (Apg. 9, 2); laufen doch die Kinder Gottes »auf dem neuen
und lebendigen Wege«, den Jesus durch Sein Blut ins Allerheiligste der Gottesnähe
erschlossen hat (Hebr. 10, 20).

Freilich ist uns dieser Gottesweg von Natur aus fremd, und wir finden den Zugang nicht, wenn er uns nicht vom Vater selbst in Christo erschlossen wird! Darum benötigen auch Menschen des Glaubens immer wieder göttliche Kurskorrekturen und Wegmarkierungen. Dazu setzt der Vater Seine Maßnahmen der Erziehung, Züchtigung und **Zurechtweisung** der Söhne ein. Die enge Pforte, die den Lebensweg eröffnet, ist **die Unterweisung** des Vaters; diese kann man **beachten** – wie ein Verkehrsteilnehmer das Verkehrssignal, das ihn vor drohenden Gefahren warnt – oder aber auch, bis zur Gewissensverhärtung, unbeachtet lassen und übersehen.

Hierzu sollten wir einmal den wichtigen Abschnitt aus Hebr. 12, 4–13 lesen. Vers 11 lautet: »Alle Erziehung (Zucht, Züchtigung) aber erscheint uns für den Augenblick nicht als Freude, sondern bewirkt Traurigkeit; zukünftig aber bewirkt sie die friedvolle Frucht der Gerechtigkeit für jene, die durch sie geübt sind!« Selbst wenn der Herr uns – beispielsweise bei unwürdigem Genuß des Abendmahls – durch Krankheit, Schwachheit oder gar den Tod richten muß, dann geschieht dies, »damit wir nicht zusammen mit der Welt verurteilt werden« (1. Kor. 11, 28–32). Und selbst »das Verderben des Fleisches«, das durch Satan dem Blutschänder von Korinth widerfuhr, diente dazu, daß sein Geist am Tage des Herrn Jesus errettet würde (1. Kor. 5, 5).

Wer aber die Zurechtweisung Gottes **unbeachtet läßt, geht in die Irre.** Diese Möglichkeit, daß Gott uns »dahingibt« und uns »unsere eigenen Wege gehen läßt«, ist erschreckend! Denn es gibt kein größeres Verderben, als daß Gott uns an uns selbst dahingibt! Dreimal spricht Röm. 1 von der »Dahingabe« der Völker ins Gericht: V. 24 nennt die Preisgabe an seelische Begierden und inneren Wesensverfall, V. 26 die Auslieferung an Leidenschaften des Leibes und V. 28 die Dahingabe des Denkens in eine zunehmende Verfinsterung.

Der Herr »richte unsere Füße auf den Weg des Friedens« (Luk. 1, 79), auf dem unser Herz vor Freude »brennt«, weil Er selbst mit uns redet auf dem Wege zum Ziel, indem Er uns die Schriften öffnet (Luk. 24, 32). Mit Ps. 139, 24 beten wir: »Sieh, ob ein Weg des Schmerzes bei mir sei und leite mich auf ewigem Wege!« Und mit dem Liederdichter singen wir:

> »Erhalte mich auf Deinen Stegen und laß mich nicht mehr irre gehn;
> laß meinen Fuß in Deinen Wegen nicht straucheln oder stille stehn;
> erleucht mir Leib und Seele ganz, Du starker Himmelsglanz!«

+ + +

100   NARRENLIPPEN UND HIRTENWORT   (10, 18–21)

Wer Haß verbirgt, hat Lügenlippen; und wer Verleumdung aussprengt, ist ein Tor. – Bei der Menge der Worte fehlt Übertretung nicht; wer aber seine Lippen zurückhält, ist einsichtsvoll. – Die Zunge des Gerechten ist auserlesenes Silber, das Herz der Gesetzlosen ist wenig wert. – Die Lippen des Gerechten weiden viele, aber die Narren sterben durch Mangel an Verstand (Herzsinn).

Wieder geht es um das **Wort unserer Lippen,** das segensvolles Offenbarungswort, aber auch fluchbringendes **Lügenwort** sein kann. Daß dieses Thema in den SPRÜCHEN so oft behandelt wird, ist nicht verwunderlich; teilt sich doch die Weisheit Gottes in ihrer Selbstoffenbarung nur durch das Wort mit (Röm. 10, 17).

»Meine Worte sind Geist und Leben« konnte Jesus, als **der Gerechte,** sagen (Joh. 6, 63). **Seine Zunge** bietet wirklich **auserlesenes Silber** der allerfeinsten Qualität! Während GOLD in der Heiligen Schrift ein Bild für den Glauben und seine Bewährung ist, schattet **das SILBER** die Erlösung ab. Alles, was zur Erlösung des einzelnen und der ganzen Schöpfung zu wissen nötig ist, hat uns **der gerechte** Sohn in Seinem Worte mitgeteilt, wozu wir alle Schriften der Bibel rechnen dürfen, da sie alle vom »Geiste Christi« eingegeben worden sind (1. Petr. 1, 11). Bei der Sammlung dieser Schriften aber hat der Vater durch den Geist eine strenge Auswahl getroffen; die Geschichte der Kanonbildung zeigt uns, wie Er darüber gewacht hat, daß keinerlei »Holz, Heu und Stoppeln« Seiner Offenbarung beigemischt wurde, sondern nur »Gold, **Silber** und Edelsteine« (Glaube, Erlösung und Herrlichkeit). So besitzen wir heute ein »untrügliches Wort«, eine schlackenlose Offenbarung, **auserlesenes Silber** (vgl. Luk. 1, 1–3).

Doch geht es im vorliegenden Text mehr um das gesprochene, als um das geschriebene Wort. Mit dem **Wort Seiner Lippen** und **mit Seiner Zunge weidet der Gerechte** das Volk Seiner Herde, wie es mit Ps. 23 und Hes. 34 auch Joh. 10 bezeugt. Sein Hirtendienst ist Wortdienst in der Kraft und Vollmacht des Heiligen Geistes. Noch heute gehören »die Hirten« mit ihrem Charisma zu den fundamentalen Wortdiensten, durch die der Christus Seine Gemeinde **weidet** und leitet (Eph. 4, 11). Statt der **Wortmenge, die Übertretung hervorruft,** wird von uns geistliche Disziplin in der **Zurückhaltung der Lippen** gefordert; dann sind wir befähigt zu einem Worte, das gnadenvoll und salzgewürzt für einen jeden die rechte Antwort zur notwendigen Erbauung weiß (Eph. 4, 29/Kol. 4, 6). Wohl den guten Hirten der Christusgemeinde, die als »Vorbilder der Herde« wirken! Der »Hirtenfürst« wird sie dereinst mit dem »unverwelkbaren Siegeskranz der Herrlichkeit« belohnen (1. Petr. 5, 2–4)!

Demgegenüber entströmt das Verderbenswort dem Geiste der Finsternis und ihres Fürsten. Die **Lügenlippen** heucheln Zuneigung und verbergen den heimlichen Haß; sie werden vom »Vater der Lüge« bewegt, der »in großer Wut« gegen die Menschen entbrannt ist, ihnen aber im Sohn des Verderbens, dem Antichristen, Heil und Rettung verheißt! Der Text nennt uns auch **die Narrenlippen, die Verleumdung ausstreuen;** welchen heillosen Schaden haben doch schon böse Gerüchte angerichtet! Selbst die Apostel mußten »durch böses und gutes Gerücht, durch Ehre und Unehre« hindurchgehen (2. Kor. 6, 8). Auch hinter solcher Verleumdung steht der »diabolos«, der Teufel und Verleumder. Als »Verkläger der Brüder« versucht er, wie bei Hiob, diese Tag und Nacht bei Gott anzuklagen (Offb. 12, 10).

Die Menge der Worte erinnert an die Wortflut der Propagandarede, die einmal als Medium der Verführung dem Antichristen die Bahn bereiten wird. Wahrlich: **In vielen Worten** ist **Ausschreitung** (BA), **Übertretung** (E) und **Missetat** (BUB)! Darum pflegt der Weise viele und reiche Gedanken, aber wenige Worte; der Narr hingegen hat nur eine geringe gedankliche Substanz, die sich aber in einer Flut von Worten ergießt! Was hat der **Verstand** des unerleuchteten Menschen eigentlich hervorgebracht, als nur wörterreiche Todesphilosophie! So rügt der Text beim **Narren** einen **Mangel an Verstand** als Ursache seiner inneren Hohlheit; diese erzeugt einen »Minderwertigkeitskomplex«, den der Narr mit großsprecherischen Worten überspielen will. Dabei weist er nicht nur gedankliche Armut auf, sondern einen tiefen Mangel in seiner Persönlichkeit,

einen **Mangel an Herzsinn** (BUB), der sicher mit dem »Mangel an Weisheit« verknüpft ist, den Jakobus in K. 1, 5 seines Briefes nennt.
Auf welcher Linie laufen wir? Geht aus unserem Munde das segensvolle Hirtenwort Christi hervor, oder das verleumderische Lügenwort **des Gesetzlosen?**

+ + +

101 WEISHEIT ÜBEN – WIE EIN SPIEL (10, 23)

Dem Narren ist es wie ein Spiel, Schandtat zu verüben, und Weisheit (zu üben) **dem verständnisvollen Mann.**

Unser Text legt uns eine Gleichung vor: So wie es dem **Narren wie ein heiteres Spiel ist, eine Schandtat** (DEL: Untat; BUB: Zuchtlosigkeit; BA: Anschlag) **auszuführen,** so ist es dem **Manne der Einsicht ein Spiel,** Weisheit zu erlernen und auszuführen! In der Pädagogik bewertet man das kindliche Spiel positiv als eine Vorübung des Lebens; ja, man möchte gerne, daß auch der Erwachsene von diesem spielerischen Vermögen etwas in sich aufbewahrt. Es wird als erstrebenswert geschildert, daß er zum »homo ludens« (zum spielerischen Menschen) wird, und daß er nicht nur stumpf und triebhaft seiner Arbeitsfron nachgeht und das kindliche Wesen völlig abtötet. **Das Spiel** ist durchaus schöpferisch und zeugt von entspannter Freude. Selbst die Arbeit kann ohne ein spielerisches Moment und kreatives Experiment zur Qual werden und unerträglichen Streß bereiten. Vielleicht verstehen wir in diesem Lichte Spr. 10, 22 recht: »Der Segen JAHWEHs, er macht reich, und Anstrengung fügt neben ihm nichts hinzu!« Demgemäß sagten unsere fleißigen und frommen Vorfahren: »An Gottes Segen ist alles gelegen!«
Auch in diesem Stück sehen wir, wie die WEISHEIT dem bloßen VERSTAND überlegen ist; während dieser auf mühevollen Wegen um das Rätsel und Geheimnis des Lebens ringt, **spielt** und »ergötzt sich« die Weisheit vor Gottes Angesicht, wie wir in Spr. 8, 30 lasen (vgl. Ps. 73, 16); **dem verständnisvollen Manne** eröffnet sich **spielerisch,** was die göttliche Weisheit an Glückseligkeit anbietet. Dem steht derjenige gegenüber, der nur »einen Schein der Gottseligkeit hat« und seine Frömmigkeit heuchelt; ihm wird zur unerträglichen Last, den Anschein aufrechtzuerhalten. Jesus hat zur »glückseligen Frömmigkeit« gerufen, als Er zu den Mühseligen und Belasteten sagte: »Nehmet auf euch mein Joch und lernet von mir …, und ihr werdet Ruhe finden für eure Seelen; denn mein Joch ist sanft und meine Last ist leicht« (Mtth. 11, 28–29)! Dies gilt auch im Blick auf die Erkenntnis Gottes; was dem resignierenden »Prediger« Salomo als gedankenschweres Werk galt, das »zur Ermüdung des Leibes« führt, trifft zwar für den unerleuchteten Philosophen zu, der im Schweiße seines Angesichts um Gotteserkenntnis ringt (Pred. 12, 12); wer aber durch Gottes Geist erneuert ist, darf die Wahrheit von Ps. 119, 107 erfahren, daß der Herr uns durch Sein Wort belebt!
Weisheit zu üben ist dem einsichtigen Manne wie ein erheiterndes Spiel! Das bedeutet jedoch nicht, daß er die großen Welträtsel und Heilsfragen flach und oberflächlich behandelt oder ihnen ausweicht, und daß er sich der rauhen Lebenswirklichkeit nicht stellt; auch er erforscht in gründlichem Durchdenken die Tiefen Gottes und die Ge-

heimnisse Seines Wortes und Weges – aber in der heiteren Ruhe und Glückseligkeit des Friedens Gottes. Er »singt« und **spielt** dem Herrn in seinem Herzen (Eph. 5, 19); er erlebt die Errettung aus der Angst, »indem er auf IHN hinblickt und – erheitert wird« (Ps. 34, 5).

Das gleiche **spielerische** Moment eines flüssigen Funktionsablaufes des **Geübten** gibt es aber auch auf dem Wege des Verbrechens; der im Gewissen verhärtete **Narr** wird angetrieben von negativer »Kreativität«, vom Erfindungsreichtum des Bösen. Die vielen »Krimis« in den Medien unserer Zeit legen ja den Gedanken des **Spiels** in der **Gewalttat** nahe, was sonderlich für Kinder und Jugendliche unheilvolle Folgen seelischer Verbiegung birgt. – Wir aber wollen es mit Debora und Barak halten, die in ihrem Ruhmeslied sangen: »Höret, ihr Könige; horchet auf, ihr Fürsten! Ich will, ja, ich will JAHWEH singen, will **singspielen** JAHWEH, dem Gotte Israels!« (Richt. 5, 3).

+ + +

102   DIE ERWARTUNG DER GERECHTEN   (10, 24–25/27–28)

Wovor dem Gesetzlosen graut, das wird über ihn kommen, und das Begehren der Gerechten wird gewährt. – Sowie ein Sturmwind daherfährt, so ist der Gesetzlose nicht mehr; aber der Gerechte ist ein ewig fester Grund. – Die Furcht JAHWEHs mehrt die Tage, aber die Jahre der Gesetzlosen werden verkürzt. – Die Erwartung der Gerechten wird Freude, aber die Hoffnung der Gesetzlosen wird zu nichts.

Ist dem gesetzlosen Übeltäter wirklich **bange?** Hat er nicht oftmals ein »verhärtetes Gewissen« bei allem, was er tut; betrachtet er die Sünde nicht als »Kavaliersdelikt«? Und doch haben auch die Gottlosen ein unbewußtes Erahnen des kommenden Gerichts, eine heimliche Angst, daß dennoch ein Gott sei, dem sie Rechenschaft ablegen müssen! Auch die Dämonen glauben an die Existenz Gottes und zittern (Jak. 2, 19)! Die Gier nach Ersatzbefriedigungen, nach chemischen Drogen und jeglicher Selbstberauschung, sowie die Flucht vor der Stille, reden eine deutliche Sprache. So entsteht ein »circulus vitiosus« – ein in sich geschlossener und scheinbar unentrinnbarer Kreis; nach dem Gesetz von Saat und Ernte läuft der Gottlose ins eigene Geschoß und verscheidet ohne Erkenntnis (Hiob 36, 12). Ja, **die Hoffnung der Gesetzlosen wird zunichte.**

Die Gesetzlosen auf Erden sind aber nur Spiegelbilder *des* **Gesetzlosen** und seiner Mächte in der unsichtbaren Welt. Welche Folgen hatte er zu tragen, welcher **Sturmwind brach über ihn herein,** dafür, daß er »seine Hand gegen Gott ausgestreckt hat und gegen den Allmächtigen trotzte«? Er vernimmt die Stimme von Schrecknissen in seinen Ohren; er glaubt nicht an eine Rückkehr aus der Finsternis; er schweift umher nach Brot, ohne es zu finden; er weiß, daß neben ihm ein Tag der Finsternis bereitet ist; Angst und Bedrängnis schrecken ihn und überwältigen ihn: er entweicht nicht der Finsternis, seine Schößlinge versengt die Flamme des Gerichts; er muß weichen durch den Hauch des Mundes Gottes (Hiob 15, 20–30; vgl. 2. Thess. 2, 8)!

Dies ist eine Beschreibung dessen, **wovor dem Gesetzlosen graut,** aber auch ein prophetisches Gemälde vom Wege Satans und seinem »Sohne des Verderbens«, dem Antichristen – aber auch von allen Gottlosen, die auf Erden »Söhne des Ungehorsams« und Träger satanischen Geistes sind (Eph. 2, 2). **Die Hoffnung der Gesetzlosen** auf den Thron Gottes und die Herrschaft über das Universum **wurde zunichte,** beginnend mit der Erlösungstat Christi auf Golgatha; **die Jahre der Gesetzlosen** und ihrer Machtausübung **werden verkürzt,** während **die Furcht JAWEHs die Tage des Gerechten mehrt** (vgl. Jes. 53, 10 mit Mtth. 24, 22). Daß der Satan mit seinen Mächten ein klares **Wissen** um das Ende seines Wirkens hat, bezeugt auch Offb. 12, 12, wo es von seinem Sturze auf die Erde heißt: »… der Teufel ist zu euch hinabgekommen und hat große Wut, **weil er weiß, daß er wenig Zeit hat.**« Aus diesem Wissen um das Ende seiner Herrschaft, um sein **Nicht-mehr-sein,** nachdem **der Sturmwind** des Gerichtes über ihn hereingefahren ist, erwächst auch sein neurotisches Fehlverhalten; Haß, Wut, Lüge und Zerstörung, Mordsucht und Chaos sind dessen Symptome.

Dem steht nun **das Begehren,** das Sehnen, Hoffen und **Erwarten der Gerechten** gegenüber. Mit der ganzen Schöpfung Gottes seufzen sie in sich selbst, indem sie die Vollverwirklichung der Sohnschaft in der Erlösung ihres Leibes **erwarten** (Röm. 8, 23). Sie warten darauf, daß sie in der Gleichheit Christi zur »Freiheit der Herrlichkeit« erhoben werden, wonach sich letztlich auch die ganze Schöpfung sehnt, deren Erstlinge sie sind. Doch geht es ihnen nicht nur um sich selbst, sondern um die Sache Gottes und Seines Messias; darum **warten sie** auch auf einen neuen Himmel und eine neue Erde, in denen Gerechtigkeit wohnen wird. Ihre Hoffnung wird nicht zuschanden, weil die Liebe Gottes in ihre Herzen ausgegossen ist (Röm. 5, 5). Ihr **Begehren wird gewährt, ihre Erwartung wird Freude werden.** »Aber freuen werden sich die Gerechten, sie werden frohlocken vor dem Angesicht Gottes und jubeln vor Freude!« sagt Ps. 68, 3. Schon jetzt »jubelt der Gerechte und ist fröhlich« (Spr. 19, 6) – im Blick auf den Tag der Vollendung.

Darum **ist der Gerechte ein ewig fester Grund.** Weil sein Lebenshaus auf den Felsen Christus gebaut ist, kann es vom **Sturmwind** des Gerichtes nicht zertrümmert werden (Mtth. 7, 24–25)! Diese Aussage aber findet ihre tiefste Erfüllung in dem Christus Gottes, **dem Gerechten,** der als der Fels der Ewigkeiten Baugrund, Fundament und Eckstein Seiner Gemeinde ist – der »Behausung Gottes im Geiste«. Nicht Simon Petrus war dieser Felsen, vielmehr wurde er mit seinem Christusbekenntnis zu Cäsarea-Philippi, wie es sein Ehrenname sagt, »der zum Felsen Gehörende«!

Gibt es nun auch ein Begehren, Sehnen, Hoffen und Warten *des* Gerechten? Worauf wartet der Sohn Gottes?

Er wartet in Geduld darauf, daß alle zur Buße kommen (1. Petr. 3, 20); Er wartet auf die Frucht des Feigenbaumes Israel bei dessen Erlösung, und Er wird sie auch essen (Spr. 27, 18); Er wartet – mehr noch als wir – auf die Vollendung der Gemeinde, damit Er durch sie, als durch »Seine Fülle«, alle Gottesverheissungen ausführen könne; Er wartet darauf, daß der Vater Ihm alle Feinde zum Schemel Seiner Füße lege (Hebr. 1, 13). Auch **Sein Begehren wird gewährt, Seine Erwartung wird Freude werden!**

Das hoffnungsvolle Begehren und die Erwartung der Gerechten und des Gerechten ist ein spannungsvoller Zustand zwischen dem Heil des »schon jetzt« und dem Unheil des »noch nicht«. Ein Bild dafür kann der greise Gottesknecht Simeon sein, der im Tempel das Kindlein Jesus auf seine Arme nahm und ausrief: »Nun, o Herrscher, entlässest Du Deinen Sklaven aus der Spannung, denn meine Augen haben Dein Heil gesehen« (Luk. 2, 29 32)! Das **Warten und Harren** selbst ist keine Freude; aber es wird zur Freude werden im Augenblick des Schauens. Diesen Weg aus der Spannung des Wartens zur Entspannung der Erfüllung beschreibt V. 28: **Die Erwartung der Gerechten *wird* Freude, aber die Hoffnung der Gesetzlosen wird zu nichts!**

+ + +

103 EINE TRUTZFESTE FÜR DIE VOLLKOMMENHEIT (10, 29–30)

Der Weg JAHWEHs ist eine Trutzfeste für die Vollkommenheit, aber Absturz für die, welche Frevel tun. – Der Gerechte wird nicht wanken in Ewigkeit, aber die Gesetzlosen werden das Land nicht bewohnen.

Der gesicherte **Weg zur Vollendung** (BA), **ohne** Schwanken und **Wanken:** Gibt es das überhaupt in dieser unsicheren Welt, wo alles der beständigen Veränderung unterworfen ist – auch unser Denken und unsere Gefühle? Ganz gewiß ist dies nur möglich in Ihm und durch Ihn, *den* **Gerechten!** Wenn wir, wie Henoch, »Schritt halten mit Gott« und unseren Weg »in den Fußspuren des Christus« gehen, kann uns als Sein Gnadengeschenk solche Klarheit und Unerschütterlichkeit zuteil werden, die einer **Schutzwehr und einem Bollwerk** (DEL) und einer **Trutzfeste** (BA) zu vergleichen ist. Dabei ist der **Weg JAHWEHs** zunächst Sein eigener Weg, wie uns 5. Mos. 32, 3–4 wissen läßt: »Er ist ein FELS, vollkommen ist Sein Tun; denn **alle Seine Wege sind recht.** Ein Gott der Treue und ohne Betrug, gerecht und gerade ist Er!« Doch kann Gottes Weg zum Wege derer werden, die ihn **in Unschuld** (PAR/DEL), und **zur Vollendung** (BA) beschreiten! Mir erscheint es so, daß Jakobus dieses Wort seinem ersten Briefkapitel zugrundegelegt hat. Dort beklagt er den »zweifelnden und wankelmütigen Mann«, der »gleich einer Meereswoge vom Winde hin- und hergeworfen wird und unstet in allen **seinen Wegen** ist«. Er rühmt aber auch den **Gottesweg** derer, die in Christo, durch den Empfang des neuen Lebens, **»vollkommen«** sind; durch ihre Bewährung in der Versuchung aber werden sie zielstrebig und vollendet (V. 2–7).
Geborgenheit, **Trittfestigkeit,** Sicherheit und Unerschütterlichkeit gibt es aber nur in Christo Jesu! Wer da weiß, wie sehr er von Jesu Gnade abhängig ist, wird einer falschen und gefährlichen Heilssicherheit nicht verfallen. Nur »in Christo« ist die Liebe Gottes offenbar geworden, von der uns nichts und niemand zu scheiden vermag (Röm. 8, 38–39). Aus Seiner mächtigen Hand kann uns niemand rauben (Joh. 10, 28). Wenn wir an Jesu Sieg die Vollmacht der Feindesmächte messen, dann sollten wir in der rechten Weise reagieren: Im Blick auf unsere Schwachheit werden wir sie in ihrer Gefährlichkeit nicht unterschätzen, im Blick auf unseren Herrn aber niemals überschätzen! Die Höllen- und Todesmächte können die Gemeinde nicht überwältigen, weil sie auf Ihm, dem Felsen, auferbaut ist (Mtth. 16, 18–19).
Trutzfeste zur Vollendung (BA) **ist der Weg des Herrn!** Wie oft bezeugen dies die Psalmen und rühmen den Christus als »Burg« und »Festung der Rettungen«, als »Fels der Zuflucht« und »Fels zur Wohnung«, als »Höhenfestung« und »Fels unseres Heils«. Dem schließen sich die SPRÜCHE in 18, 10 mit dem feinen Wort an, das schon vielen Glaubenden zum Ausweg aus Not und Versuchung geworden ist: »Der Name JAHWEHs ist ein starker Festungsturm; der Gerechte läuft dorthin und ist in Sicherheit!«

Sein ist auch der »unumstößliche Thron« (Ps. 93,2/Spr. 29, 14), ein »unerschütterliches Reich« (Hebr. 12, 28), ein »unauflösliches Leben« (Hebr. 7, 16) und ein ungeschmälerter Sieg. Nur auf diesem Felsengrunde kann das Wort Wahrheit werden: **Der Gerechte wird nicht wanken in Ewigkeit!** Dabei dürfen wir auf Christus selbst schauen, welcher »derselbe ist, gestern, heute und in Ewigkeit« (Hebr. 13, 8); wenn wir es aber auf *die* Gerechten anwenden, können wir in diesem Wort schon Auferstehungshoffnung aufleuchten sehen; weist doch der Text selbst klar auf das kommende Reich des Messias, wo Er Sein Volk und Land regiert und von ihm aus alle Welt. **Die gesetzlosen Übeltäter** (BA: die Wirker des Ichhaften) **werden Gottes Land nicht bewohnen,** wohl aber werden nach Jesu Seligpreisung »die Sanftmütigen das Land ererben« (Mtth. 5, 5).

Wir aber beten mit dem Psalmisten: »Laß mich verstehen den Weg Deiner Vorschriften!« »Tue mir kund den Weg, den ich wandeln soll, denn zu Dir erhebe ich meine Seele« (Ps. 119, 27/143, 8)!

Wohl uns, wenn wir den Christusweg **ohne Wanken** gehen!

+ + +

104   EINE WAAGE DES BETRUGS (11, 1)

Waagschalen des Betrugs sind JAHWEH ein Greuel, aber ein vollkommener Gewichtstein ist Sein Wohlgefallen.

Macht denn der allmächtige Gott auch die Probleme des Wochenmarkts zu Seinen eigenen? Viele, die einen abstrakten, »philosophischen Gott« bekennen, verneinen es, daß Er die Fragen unseres Alltags und der zwischenmenschlichen Beziehungen beachte. Und doch gebietet uns Gottes Gesetz in 3. Mos. 19, 36: »Gerechte Waagen sollt ihr haben!«

Auch dieses Problem darf man nicht vom Wesen Gottes ablösen. So sagt Spr. 16, 11: »Gerechte Waage und Waagschalen **sind JAHWEHs, Sein Werk** sind alle Gewichtsteine des Beutels!« Gerade weil Er selbst »ein Gott der Treue und **ohne Betrug**« ist, haßt Er Lüge und Betrug bei den Menschen Seines Volkes, weil diese letzten Endes auf Satan, als den »Vater der Lüge«, zurückgehen. Welche Gemeinschaft aber könnte das Licht mit der Finsternis, der Christus mit dem Satan, die Wahrheit mit der Lüge haben? (2. Kor. 6, 14–16). Unserem Gott und Vater ist alles Lügenwesen fremd und wird darum in Seinem Worte scharf zurückgewiesen, seien es nun falsche Zeugen, falsche Propheten, falsche Schwüre, falsche Apostel, falsche Brüder, ja, ein falscher Messias!

Wer die »kleinen Propheten« kennt, weiß um den ganzen Ernst jenes »Gottes-Sozialismus«, der sich aus Seinem Wesen ergibt und sich gegen Machtwillkür und Fälschung, gegen die Bedrückung des Armen, der Witwe und Waise und des Rechtlosen richtet. So wird in Hosea 12 ,8–9 Ephraim als reichgewordener Kaufmann angeklagt, in dessen Hand **eine Waage des Betrugs** ist (s. auch Mich. 6, 11). Die Taschenspielertricks des geschickten Betrügers sind dem Herrn auch heute noch verhaßt. »Zweierlei Gewichtsteine **sind JAHWEH ein Greuel,** und **betrügerische Waagschalen** sind nicht gut« (Spr. 20, 10 + 23).

Gott haßt die Lüge schlechthin, weil sie Wesensmerkmal Seines Feindes und unvereinbar mit Seinem eigenen Wesen ist. So fordert auch Jesus von Seinen Jüngern Treue im Irdischen. Nur der kann in großen Dingen des Dienstes Gottes treu sein, der auch in den geringsten Dingen des Irdischen treu ist (Luk. 16, 10/19, 17). Solche Treue fordert Gottes Wort nicht nur von dem Kaufmann und Arbeitgeber, sondern auch von den »Knechten«, d. h. den Arbeitnehmern; Paulus ermahnt sie, »nichts zu unterschlagen, sondern alle gute Treue zu erweisen« (Tit. 2, 10).

So wird **die Waage** zum Bilde des »Gottes des Maßes« und Seines gerechten Gerichts. In einem großartigen Schöpfungspanorama stellt uns der Prophet in Jes. 40, 12 ff. den Weltenbaumeister **mit der Waage** vor, wie Er die Himmel und die Erde, das Wasser und den Staub genauestens auswiegt, abmißt und begrenzt; die Nationen der Erde aber sind vor Ihm nur »wie ein Sandkorn **auf der Waagschale«,** Ihm verantwortlich im Gericht. Bekannt ist auch das Gesicht des babylonischen Königs Beltsazar, der in einem orgiastischen Festmahl vor seinem Untergang die Tempelgefäße entweihte und voller Entsetzen sehen mußte, wie »Menschenhandfinger« auf die Wand des Festsaales schrieben: Mene, mene, tekel, upharsin (gezählt, gezählt, **gewogen** und zerteilt). Die Tage seines Königtums waren gezählt, er selbst war von Gott **gewogen** und »zu leicht erfunden worden«, und sein Weltreich wurde geteilt und den Medern und Persern übergeben. In derselben Nacht fand er den Tod (Dan. 5).

Wir alle werden einmal im Gericht vor Christi Thron stehen, oder, wenn wir nicht glauben, vor dem großen weißen Gottesthron. Mit **untrüglichen Waagschalen und vollkommenen Gewichtsteinen** werden wir gewogen werden! Ob wir dann mit Hiob sagen können: »ER wäge mich auf der Waage der Gerechtigkeit, und Gott wird meine Unsträflichkeit erkennen« (K. 31, 6)? Keiner von uns wird dies wohl zu sagen wagen! Wenn nicht das volle Gewicht des Sühnopfers Jesu Christi als **vollkommener Gewichtstein Gottes** auf unserer Waagschale läge, dann würden wir wohl alle als »zu leicht« erfunden werden!

+ + +

105   DIE UMKEHRUNG ALLER WERTE   (11, 4–6 + 7–8)

Vermögen nützt nichts am Tage des Zornes, aber Gerechtigkeit errettet vom Tode. – Des Unsträflichen (Vollkommenen) **Gerechtigkeit macht seinen Weg gerade, aber der Gesetzlose fällt durch seine eigene Gesetzlosigkeit. – Der Aufrichtigen Gerechtigkeit errettet sie, aber die Treulosen** (Verräter) **werden gefangen in ihrer Gier.**

Welches Geschick wird dem **gesetzlosen Frevler**, dem **treulosen Verräter** vorhergesagt? Er fällt in den Schlingen seiner eigenen Gesetzlosigkeit, gerät in die Gefangenschaft seiner **Gier** (BA: Sucht) und steht ohne Hilfe und Bürgschaft da am **Tage des Zorns.** Dieser Tag endzeitlicher Gerichte bringt die Umkehrung aller Werte und Verhältnisse: **»Der Gerechte wird aus der Drangsal befreit, und der Gesetzlose tritt an seine Stelle«** (V. 8)! Es ist die innere Not vieler Gottesfürchtigen, daß sich solches in diesem Leben nur selten ereignet! Israel feiert eine solche Ausnahmesituation zum Feste Purim, wo es der Ereignisse gedenkt, die uns im Buche Esther geschildert werden, etwa in K. 7, 10: »Und man hängte Haman an den Baum, welchen er für Mordokai bereitet hatte!«

Fast meinen wir in den vorliegenden Texten ein Bild unserer Tage zu schauen, wo viele Menschen – in einem Ausgleich des inneren Vakuums der Gottlosigkeit – **den Fesseln der Sucht** verfallen sind! – **Der Tag des Zornes** ist in der Heiligen Schrift der Tag der endzeitlichen Abrechnung, sonderlich des Gerichtes über alle Menschen vor dem »großen weißen Thron«, wo alle vom göttlichen Richter »nach ihren Werken« beurteilt werden (Offb. 20, 12). So bezeugt Röm. 1, 18: »Es wird geoffenbart Gottes Zorn vom Himmel her über alle Gottlosigkeit und Ungerechtigkeit der Menschen, welche die Wahrheit in Ungerechtigkeit aufhalten.« Nur die Erstlinge Israels und die Gemeinde sind diesem Gericht entnommen!

An jenem Tage ist der Geringe dem Mächtigen gleich, der Arme dem Reichen: **Vermögen nützt nichts im Tage des Zorns;** es kann uns weder Bürgschaft noch Verteidigung gewähren! So führt Hes. 7, 19 im Blick auf das Gericht über Israel aus: »Ihr Silber werden sie auf die Gassen werfen, und ihr Gold wird als Unflat gelten; ihr Silber und ihr Gold wird sie nicht erretten können am Tage des Grimmes JAHWEHs!« Darum ermahnte der Apostel die Reichen, »nicht hochmütig zu sein und ihre Hoffnung vertrauensvoll auf die Ungewißheit des Reichtums zu setzen«, sondern im Blick auf das wirkliche Leben »Gutes zu tun, reich zu sein in guten Werken, und sich freigebig und mitteilsam ein **gutes Fundament der Zukunft** zu bauen« (1. Tim. 6, 17–19). Weil wir nichts in die Welt hereingebracht haben, werden wir auch nichts hinausbringen (1. Tim. 6, 7).

In einer Vorwegnahme kann sich der »Tag des Heils« schon heute ereignen, wenn Menschen Jesus als ihren Retter annehmen; so kann auch **der Tag des Zorns** schon heute geschehen! Ob der Herr an unseren Text gedacht hat, als Er von dem reichen Kornbauern erzählte, der sich Vorräte anhäufte und seine Seele sicher wähnte, dem aber Gott verkündete: »Du Narr, in dieser Nacht wird man deine Seele fordern …!«? Und Jesus beschließt das Gleichnis mit den Worten: »Also ist jeder, der für sich Schätze sammelt und ist nicht reich in Gott« (Luk. 12, 16–21). Hierzu führt Spr. 11, 7 aus: **»Wenn ein gesetzloser Mensch stirbt, wird seine Hoffnung zunichte, und die Erwartung der Ichhaften ist zunichte geworden!«** Welch schreckliches Sterben ist ein solches Versinken »im Nichts«! Die Gerechten aber beten:

> »Wenn ich einmal soll scheiden, so scheide nicht von mir;
> wenn ich den Tod muß leiden, so tritt Du dann herfür!
> Wenn mir am allerbängsten wird um das Herze sein,
> so reiß mich aus den Ängsten, kraft Deiner Angst und Pein!«

Diese Hoffnung eröffnet Spr. 14, 32: »In seinem Unglück wird der Gesetzlose umgestürzt, aber der Gerechte vertraut auch in seinem Tode!«

Was bewirkt die **Gerechtigkeit des Unsträflichen** und **Aufrichtigen** ferner nach unserem Text?

1. **Sie errettet,** eigentlich: sie **überschattet,** gibt Bergung in der Gerichte Glut. So kann gelten: »Wer im Verborgenen des Höchsten sitzt, wird bleiben im Schatten des Allmächtigen« (Ps. 91, 1/121, 5/36, 7/57, 1/63, 7).

2. Sie macht **den Weg** zum Ziel – durch ein oftmals verwirrendes Leben – **gerade;** sie begradigt und ebnet das unheilige Chaos der Seele zur heiligen »Schlichtheit«.

3. Sie errettet sogar **vom Tode.**

Dies alles kann im Vollsinn nur von dem **vollkommenen und makellosen** Sohne Gottes gelten, so wie es von Ihm auch Ps. 16 und 24 bezeugen! Wie hat der Vater Ihn **überschattet und gerettet** – buchstäblich sogar durch die Gotteswolke der Herrlichkeit (Mtth. 17, 5); wie hat Er Seines Sohnes **Weg geradeaus** zum Ziele geführt! Und schließlich **errettete** Er Ihn **aus dem Tode,** worum der Christus den Vater flehentlich gebeten hatte (Hebr. 5, 7)!

Können diese göttlichen Auswirkungen nun auch unserer **Gerechtigkeit** zugeschrieben werden, die doch letztlich vor Gott »nur ein unflätiges, unreines Kleid« ist (Jes. 64, 6)? Buber bietet statt des Wortes »Gerechtigkeit« die Übersetzung **Bewährung** an, Baader gar **Rechtfertigung.** Dies führt uns völlig in die Wahrheit des Neuen Bundes ein: Als in Christo Gerechtfertigte dürfen wir es erleben, daß auch unser Lebensweg begradigt wird, und daß wir huldvoll **überschattet** und schließlich **von jedem Tode errettet** werden!

+ ⁺ +

106   DIE GESEGNETE UND DIE VERFLUCHTE STADT   (11, 10–11)

Die Stadt frohlockt beim Wohlergehen der Gerechten, und beim Untergang der Gesetzlosen ist Jubel. – Durch den Segen der Aufrichtigen kommt eine Stadt empor, aber durch den Mund der Gesetzlosen wird sie niedergerissen.

Was die **Burgstadt** (BA) in alter Zeit war, sind die Großstädte unserer Tage – die »Pestbeulen am Leibe der Menschheit«! Ist es heute nicht umgekehrt – daß **die Stadt** sich freut beim Untergang der Gerechten, aber beim Wohlstand der Gottlosen triumphiert? Doch wird sie letztlich durch **den** lästernden **Mund der Gesetzlosen niedergerissen!** Scheinbar übermächtig ist die Hetze der Medien gegen die »heile Welt«, gegen die gesunde und geordnete Familie und ihre Erziehung, gegen begründete Autorität, Leistung, Ordnung und Moral! Auch in den Städten Sodom und Gomorra jauchzten die Frevler über sexuelle Exzesse und brutale Gewalt, wie die Narren auf einem versinkenden Schiff. In Spr. 28, 12 lesen wir:»Wenn die Gerechten frohlocken, ist die Pracht groß; wenn aber die Gesetzlosen emporkommen, verstecken sich die Menschen!«

V. 11 berichtet vom **Segen des Aufrichtigen,** der **die Stadt erhöht.** Ob wir noch an die Kraft des segnenden Gebetes als einer aufhaltenden Macht inmitten eines »verdrehten und verkehrten Geschlechts« glauben (Phil. 2. 15)? Im Blick auf die kommende Gefangenschaft und das Exil in Babylon gab Jeremias den Juden das Leitwort mit: »Suchet der Stadt Bestes« (Jer. 29, 7)! Im Gericht der Vertreibung stehend, sollten sie selbst der heidnischen Städte der Feinde segnend gedenken, in denen sie gefangengehalten wurden! Sie suchten **ihr Wohl** auch durch eigene Mitarbeit, wie es uns der Staatsmann und Prophet Daniel bekundet. Sie trugen den Schatz des Wortes, die Thora, mit sich in die Fremde, wo sie »im Schatten des Gesetzes« leben sollten (Klagel. 4, 20); auch in der »Nacht« des Gerichtes ging »das Licht des Weibes Israel« nicht aus (Spr. 31, 18). Im babylonischen Exil entstand als »kleines Heiligtum« die Synagoge (Hes. 11, 16); in ihr wurde das Zeugnis von dem einzigeinen Gott aufrechterhalten, und viele Proselythen aus den Völkern schlossen sich ihr an. Auch in der Zerstreuung erlebte es Israel dann und wann, daß **die Stadt beim Wohle der Gerechten frohlockte, weil sie durch den Segen der Aufrichtigen erhöht wurde.** So berichtet Esth. 8, 15–16 nach der Niederschlagung der antisemitischen Pläne Hamans: »Und Mordochai ging von dem König hinaus, in königlicher Kleidung von purpurblauer und weißer Baumwolle, und mit einer großen goldenen Krone, und in einem Mantel von Byssus und Purpur; **und die ganze Stadt Susan jauchzte und war fröhlich.** Den Juden war Licht und Freude und Wonne und Ehre zuteil geworden!«

Sollten nicht auch die Glieder des Leibes Christi für alle, die in Hoheit sind, für alle Obrigkeit, ja, für alle Menschen fürbittend eintreten, statt sich der allgemeinen Beschimpfung anzuschließen? Der Glaube, daß Gott »ein Erretter aller Menschen ist« kann uns in besonderer Weise dazu bewegen (1. Tim. 2, 1–4)! **Segen** und Fluch sind wirksame Kräfte. Vielleicht wird auch heutigentags manche **Stadt,** manches Volk bewahrt um der 50 (45, 40, 30, 20 oder 10) Gerechten willen, die in ihr wohnen und sie **segnen** – wie es der Herr dem fürbittenden Abraham versicherte (1. Mos. 18). 2. Thess. 2, 5–8 deutet in geheimnisvoller Weise an, was die Enthüllung des heimlich wirkenden Geheimnisses der Gesetzlosigkeit im »Sohne des Verderbens« wie ein Schutzdamm »aufhält«: der Geist der Wahrheit und die Gemeinde des lebendigen Gottes, als die Grundfeste der Wahrheit, bis sie aus der Mitte dieser Welt hinweggenommen wird. Dann erst wird *der* Gesetzlose offenbarwerden.

Die Stadt frohlockt und wird erhöht durch den Segen der Aufrichtigen. Ob dies nicht in besonderer Weise für die »heimliche Hauptstadt aller Glaubenden«, Jerusalem, gilt? Gerade weil wir wissen, daß Jerusalem nach Sach. 12, Offb. 11 und Dan. 12 immer mehr zum Brennpunkt der Endzeitereignisse werden wird, dürfen wir sie nach der Anleitung der Psalmen 122 und 137 lieben und segnen; ist sie doch »die Stadt des großen Königs«, des Messias (Mtth. 5, 35)! Wird doch einmal von den Bewohnern Jerusalems die große endzeitliche Erneuerung ausgehen (vgl. Sach. 12, 7 ff.). Dabei sind wir der messiasgläubigen Juden eingedenk, die schon heute in Israel und in Jerusalem wohnen: »Um meiner Brüder und meiner Genossen willen will ich sagen: Wohlfahrt sei in dir! Um des Hauses JAHWEHs, unseres Gottes, willen will ich dein Bestes suchen« (Ps. 122, 8–9)! So suchen auch wir **das Beste der Stadt, das Wohlergehen der Gerechten** und **segnen** sie in unseren Gebeten!

Wer seinen Nächsten verachtet, hat keinen Verstand; aber ein verständiger Mann schweigt still. – Wer als Verleumder (mit Klatschkram) **umherzieht, deckt das Geheimnis auf; wer aber treuen Geistes ist, deckt die Sache** (das Wort) **zu.**

Was ist **Verachtung** oder **Lästerung** (BUB) des Mitmenschen? Luk. 18, 9 vermag es uns zu deuten: »Jesus sprach aber zu einigen, die **sich selbst vermaßen,** daß sie gerecht seien, und **die anderen verachteten ...«;** hiernach legt jeder, der seinen Nächsten verachtet, einen falschen Maßstab an sich selbst an. Er will in seinem Selbstwertgefühl über dem anderen stehen und legt sich darum selbst »eines Hauptes Länge zu«, was doch nach Jesu Aussage in Mtth. 6, 27 unmöglich ist. So steht letztlich hinter allem Hochmut ein Gefühl der Minderwertigkeit, das man dadurch ausgleichen will, daß man den Mitmenschen **durch Verachtung** erniedrigt, um sich selbst zu erhöhen; indem man den Wert des anderen in den Schmutz zieht, hofft man, daß der eigene geringe Wert um so leuchtender erstrahle! Bei solchen Ausgleichsversuchen aber unterliegt man der Täuschung – wer sie vollzieht, **hat keinen Verstand,** kein **Verständnis** der wahren seelischen Zusammenhänge. Das beste Mittel zum Vollzug dieser Selbsttäuschung ist **das Gerücht, der Klatschkram** (BUB/BA), der die Schwächen, Geheimnisse und Worte des anderen gierig **aufdeckt** und weitergibt. Nur kurz ist dabei die Reststrecke, zum **Verleumder** zu werden. Spr. 1, 7/1. Mos. 25, 34/Esth. 1, 17/2. Sam. 6, 10/Mtth. 18, 10/4. Mos.15, 31/2. Kor. 10, 10/2. Petr. 2, 10/1. Tim. 8, 2/1. Tim. 4, 12/1. Kor. 11, 22 und Röm. 2, 4 zeigen Beispiele der Menschen- und Gottesverachtung. 1. Thess. 4, 8 aber warnt uns ernstlich: »Wer aber verachtet, verachtet Gott!«

In 1. Mos. 9, 21–27 lesen wir, wie Noah seinen Sohn Ham und mit ihm Kanaan verfluchte; was war der Grund? Ham hatte die Blöße seines trunkenen Vaters seinen Brüdern offenbart, statt diese **zuzudecken.** Dies ist ein warnendes Beispiel für alle, welche »die Blöße« ihres Nächsten anderen gegenüber enthüllen! Wer aber Christi Weg geht, ist **treuen Geistes;** er **deckt** das verfängliche **Wort** und die anfechtbare **Sache zu,** oder klärt sie ins Angesicht hinein in einem offenen Gespräch. Dazu gehört allerdings die Fähigkeit, **schweigen** zu können, so sehr uns auch das Fleisch und mangelnde geistliche Disziplin zur Weitergabe des **Klatschkrams** drängen.

Gott selbst verachtet niemanden (Hiob 36, 5)! Er verachtet das Gebet derer nicht, die von allen Eigenmöglichkeiten entblößt sind (Ps. 102, 17). Er verachtet Sein Volk Israel auch im Gericht nicht (3. Mos. 26, 44). Ja, Er verachtet keinen Seiner Gefangenen (Ps. 69, 33)!

Aber **enthüllt** Gott nicht auch, **deckt Er nicht auf** durch Seinen Geist, der nach Joh. 16, 8–9 »überführt von der Sünde, von Gerechtigkeit und vom Gericht«? Gilt in diesem Zusammenhang nicht das Christuswort aus Mtth. 10, 26: »Es ist nichts verborgen, was nicht offenbar wird«? Aber das kann und darf nur der lebendige Gott! Er deckt unsere Schuld auf, indem Er Sein Angesicht über uns aufstrahlen läßt, und deckt sie dann gnädig zu (s. 1. Petr. 4 ,8). Ihm selbst stehen wir »Auge in Auge« gegenüber! Ehe Joseph sich seinen Brüdern zu erkennen gab, ihre schwere Schuld **enthüllte** und schließlich gnädig **bedeckte,** hat er alle anwesenden Ägypter aus dem Raum gewiesen (1. Mos. 45, 1). Er war **ein Mann des Verständnisses und treuen Geistes!**

Alles, was wir vor dem heiligen Gott enthüllen, was wir an Sünde, Schuld und Verderbtheit ans Licht bringen, wird im Augenblick der Enthüllung Licht (Eph. 5, 11–13).

»Es gibt Schwätzer, die sind wie Durchbohrungen des Schwertes, aber der Weisen Zunge ist Heilung« sagt Spr. 12, 18. Ja, **wer treuen Geistes ist, verhüllt die Sache, das Wort;** aber im Blick auf Gottes Selbstoffenbarung gilt das Gegenteil: Er, **der** im Vollumfang **treuen Geistes ist, enthüllt Sein Wort** und Seine herrlichen Pläne dem Liebenden!

+ + +

Wo keine Führung ist, verfällt ein Volk, aber Heil ist bei einer Fülle von Ratgebern.

Die Geschichte der Menschheit hat verschiedene Formen der **Volksführung** hervorgebracht: die führungslose ANARCHIE, die absolute MONARCHIE (königliche Alleinherrschaft), die Macht der CÄSAREN, KAISER und ZAREN (mit oder ohne Reichstag), verschiedene DIKTATUREN in alter und neuer Zeit (die braune NS-Herrschaft, wie die rote »Diktatur des Proletariats«), schließlich aber die DEMOKRATIE (die »Volksherrschaft«, die sich aber meist nur im Wahlrecht äußern kann). Von der Demokratie kann man sagen, daß sie »die beste unter allen schlechten Regierungsformen« dieser alten Welt ist; allerdings droht auch ihr **der Verfall** durch eine mißverstandene, zügellose Freiheit des Menschen, durch korrupte Parteien und die **Führungsschwäche** von Politikern, aber auch durch die bösen Früchte einer »antiautoritären Bewegung« und Erziehung. Diesen **Verfall** gab es auch schon im gerichtsreifen Israel, wie uns Jes. 3, 1–5 zeigt; die Stütze durch wahre **Ratgeber** mit verschiedenen Funktionen wurde hinweggetan, »halbstarke« Buben herrschten als Fürsten, Knaben traten mit Frechheit auf gegenüber dem Greis, Verachtenswerte gegen Ehrenwerte. Diesem Abbau echter Autorität können wir uns als Christen nicht anschließen, wenn wir Röm. 13, 1–4 ernstnehmen!

Ohne **Führung, Steuerung und Lenkung** und ohne **strikte Weisungen** (BA) droht auch unseren europäischen Völkern der angedrohte Verfall, ob er sich nun auf moralischer, bevölkerungspolitischer, gesellschaftlicher oder wirtschaftlicher Ebene darstellt! Wie verheerend ein solcher Absturz verlaufen kann, zeigt uns der Verfall des Römerreiches, das unter den späten Cäsaren durch Luxus und Verweichlichung von innen her ausgehöhlt wurde, und schließlich unter dem Germanensturm zusammenbrach. Dabei muß ein Regierungs-**Steuermann** durchaus kein Diktator sein, sondern kann sich mit einem werteorientierten Programm und einer klaren Gesetzgebung durchaus in die Demokratie einfügen.

Wenn unser Volksmund sagt: »Viele Köche verderben den Brei!«, so bezeugt uns Gottes Wort: **Heil** (BUB: Befreiungssieg; BA: Rettung) **ist bei einer Fülle von Ratgebern!** Vorliegender Text hat Gesetze und Beschlüsse des Friedens im Auge, die aus der sorgfältigen Beratung vieler urteilsfähiger und weiser **Ratgeber** hervorgehen.

Eine **Menge guter Ratgeber,** eine **Fülle weisen Rates** braucht auch unser Volk, aber auch das Volk Gottes, die Gemeinde Christi. So ist Jerusalem für die Zeit seiner Erneuerung von Gott verheißen, daß Er »seine Richter wiederherstellen werde wie zuerst, und seine Räte wie im Anfang« (Jes. 1, 26). Auch 1. Kor. 12, 28 erwähnt **die Steuerungen,** und zwar als eine Gnadengabe; es verwendet dabei die LXX-Wiedergabe von Spr. 11, 14. Hirten, Lehrer und Älteste haben gerade in der endzeitlichen Verwirrung für **klaren Rat** und eine »feste Marschordnung« zu sorgen (Kol. 2, 5); dabei muß die »prophetische Posaune« einen klaren Ton hervorbringen, damit sich Gottes Volk an der richtigen Front »zum Kampfe rüstet« (1. Kor. 14, 8). »Denn mit weiser Überlegung wirst du glücklich Krieg führen, und bei der Ratgeber Menge ist Sieg« (Spr. 24, 6).

Wie geschah im Volke Israel **der Verfall?** Zuerst verwarf es die THEOKRATIE, das Königtum Gottes mit Seinen Weisungen, und erwählte sich einen irdischen König (1. Sam. 8, 7); dann verwarf es Gottes Sohn und Seinen Heiligen Geist (Mtth. 12). Sach. 11 bezeugt in V. 13, wie Israel den guten und wahren Hirten ablehnte; V. 7–8 zeigt uns die falschen Hirten, V. 15–17 schließlich den Antichristen als den falschen Hirten und Messias. Seine **Steuerungen** leiten zum Verderben. Doch schließlich erscheint der Christus und König Gottes, um mit dem »Geiste **des Rates** und der Kraft«, aber auch mit eisernem Zepter die »Menschenherde« zu weiden. Sein Name aber lautet: **Wunderbarer Ratgeber,** starker Gott, Vater der Ewigkeiten, Fürst des Friedens (Jes. 9, 6).

+ ⁺ +

109 WAHRHAFTIGER LOHN (11, 16–19)

In den vorliegenden Versen geht es um das Echte und Wesenhafte, im Gegensatz zum bloßen Schein; das gottgemäße Handeln trägt einen Lohn in sich selbst davon.

Eine anmutige Frau erlangt Ehre, und Gewalttäter erlangen Reichtum (V.16).

Anmut und Liebenswürdigkeit kann eine Frau als natürliche Gabe mitbringen; wievielmehr aber sollte die Gnade Gottes ihr zu solcher Anmut verhelfen; spricht doch der hebr. Text eigentlich von einer **Frau der Gnade.** 1. Petr. 3, 3–4 rühmt, im Gegensatz zum äußerlichen Schmuck, die inneren Werte der glaubenden Frau – »den verborgenen Menschen des Herzens im unverweslichen Schmuck eines sanften und stillen Geistes, der vor Gott sehr kostbar ist«! So kann **die Frau** durch ein **anmutiges** Äußeres und **liebenswertes, gnadenvolles** Verhalten bewirken, daß man ihren Umgang sucht und ihre wohltuende Erscheinung rühmt, und daß sie Menschenherzen durch ihren Liebreiz gewinnt; dies »bringt auch dem Manne Ehre ein«, fügt die LXX hinzu.
Die zweite Zeile des Spruchs scheint hierzu gar nicht zu passen. Ihr grundlegender Gedanke ist, daß **der Reichtum, den der Gewalttäter gewinnt,** kein wahres und wirkliches Gut ist, und sie erwähnt ihn darum nur verächtlich. Beide Zeilen werden wohl am besten mit Spr. 22, 1 »auf einen Nenner gebracht«: »Ein guter Name« (und damit ein gutes, ehrendes Ansehen) »ist vorzüglicher als großer Reichtum, Anmut besser als Silber und Gold!«

Spr. 11, 17 stellt neben die **Frau der Gnade** den »isch chäsäd«, **den Mann der Gnade** – den **Mildtätigen und Barmherzigen:**

Seiner eigenen Seele tut der Mann der Gnade (der Mildtätige) **wohl, der Unbarmherzige aber zerrüttet sein eigenes Fleisch!**

Zwar gilt auch, daß Menschen, die gegen sich selbst hart und rücksichtslos sind, oft auch andere hart und rücksichtslos beurteilen und behandeln; doch das ist hier nicht gemeint. Vielmehr geht es um die **wohltuende** Rückwirkung **der Barmherzigkeit,** die man anderen erweist, **auf die eigene Seele,** während die **Unbarmherzigkeit** nicht nur die Seele, sondern auch **das Fleisch** (LXX: den Leib) **des Hartherzigen zerrüttet.** Wir sprechen heute von der »Leib-Seele-Einheit« und von »psychosomatischen« Erkrankungen. Einer der alten Ausleger sagt hierzu: »Wer gegen andere Liebe übt, erzeugt in sich eine Stimmung, die mit wohltuender Wärme sein ganzes Wesen durchdringt, wie umgekehrt die Gesinnung des Hasses das Herz des Hassenden der wahren Lebensquelle beraubt« (Elster, nach DEL).

Spr. 11, 18 faßt den Sinn der Verse 16 und 17 zusammen:

Der Gesetzlose schafft sich trügerischen Gewinn, wer aber Gerechtigkeit sät, wesenhaften Lohn (Lohn der Treue, wahren Lohn)!

Im ungerecht erworbenen Reichtum liegt kein Segen: »Schätze der Gesetzlosigkeit nützen nichts, aber Gerechtigkeit errettet vom Tode« sagt Spr. 10, 2; und Spr. 10, 16 fügt hinzu: »Der Erwerb des Gerechten gereicht zum Leben, der Ertrag des Gesetzlosen zur Sünde!« Ja, noch mehr: dem **Reichtum** wohnt generell **Betrug inne;** er gaukelt uns Sicherheit, Fülle, Lebensqualität und Macht über Menschenherzen vor, was er doch in Wirklichkeit nicht bieten kann; deshalb fordert Paulus die Reichen auf, »ihre Hoffnung nicht auf die Unsicherheit des Reichtums zu setzen«, sondern »das wirkliche, wesenhafte Leben zu ergreifen« (1. Tim. 6, 17–19). Nach Jesu Aussage in Mtth. 13, 22 kann »der **Betrug des Reichtums«** sogar das Wort Gottes im Menschenherzen ersticken. Wir sind aufgerufen zum **Säen der Gerechtigkeit,** womit das Judentum immer auch das Wohltun meint, damit wir dadurch **den wesenhaften Lohn der Treue erwerben,** der »groß ist in den Himmeln« (Luk. 6, 23), und den der wiederkommende Herr uns mitbringt (Offb. 22, 12)!

Aufs klarste faßt Gal. 6, 8 den vorliegenden Grundgedanken zusammen: »Wer auf sein eigenes Fleisch **sät,** wird vom Fleische Verderben ernten; wer aber auf den Geist **sät,** wird vom Geiste ewiges Leben ernten!«

Spr. 11,19 schließt sich dem unmittelbar an:

Wie die Gerechtigkeit (BA: Rechtfertigung) **zum Leben, so gereicht es dem, der dem Bösen nachjagt, zum Tode.**

Der hebräische Text legt auch den Sinn nahe, daß *echte* Gerechtigkeit uns **zum Leben führt.** Wieder geht es um das Wesenhafte im Gegensatz zum bloßen Schein, der das innere Leben nur vortäuscht. Diese **echte Gerechtigkeit** strömt aus der Fülle des Herzens und folgt dem inneren Antrieb des Heiligen Geistes. Man könnte vereinfachend sagen: Liebe ist Leben, Lieblosigkeit bringt nicht nur andere, sondern sich selbst um das wahre Leben! »Denn der Lohn der Sünde **ist der Tod,** die Gnadengabe Gottes aber ewiges Leben in Christo Jesu, unserem Herrn«, lautet die neutestamentliche Fassung in Röm. 6, 23.

So wollen wir **der Gerechtigkeit nachjagen,** mitsamt der Gottseligkeit, dem Glauben, der Liebe, dem Ausharren und der Sanftmut (1. Tim. 6, 11); ferner lasset uns dem Guten **nachjagen** (1. Thess. 5, 15), dem Frieden gegen jedermann und der Heiligung, ohne die niemand den Herrn sehen wird (Hebr. 12, 14) – kurz: dem »Kampfpreis der himmlischen Berufung« in Christo Jesu (Phil. 3, 14)! Dann wird auch uns Spr. 15, 9 gelten: »Wer der **Gerechtigkeit nachjagt,** den liebt der Herr« und Spr. 21, 21: »Wer der **Gerechtigkeit und Güte nachjagt,** wird **Leben finden,** Rechtfertigung und Herrlichkeit!«

+ + +

Die verkrümmten Herzens sind, sind JAHWEH ein Greuel; aber Sein Wohlgefallen sind die im Wege Vollkommenen. – Die Hand darauf! Der Böse wird nicht ungestraft bleiben, aber der Same der Gerechten wird entrinnen.

Warum ist dem Herrn das **verkehrte, gekrümmte** (DEL: schlangenkrumme) **Herz ein Greuel?** Weil Er selbst »ein Gott der Treue und ohne Betrug, gerecht und gerade« ist (5. Mos. 32, 4). Darum ist auch Sein Wort gerade (Ps. 33, 4). Seine Gerichte sind gerade (Ps. 119, 137), und darum kann durch die Wirksamkeit Seines Geistes auch der Pfad der Gerechten gerade sein (Jes. 26, 7).

Greuel für JAHWEH sind im Alten Bund alle Betätigungen des Götzendienstes; so ist auch das **schlangenkrumme Herz** im Labyrinth des Götzendienstes gefangen und scheinbar rettungslos **verkrümmt** (BUB). Es ist der verhängnisvolle Götzendienst der Ichvergottung und das beständige Bemühen, die Wahrheit in Lüge zu verwandeln, was zur permanenten Heuchelei und Lebenslüge führen kann; letzten Endes aber ist es das **Gekrümmtsein** in die **schlangengleichen** Wege Satans. Bezeugt nicht Gottes Wort, daß »alles Gebilde« der menschlichen »Herzensgedanken nur böse ist den ganzen Tag« (1. Mos. 6, 5)? Welche »bösen Gedanken« nach Christi Urteil »aus dem Herzen des Menschen« kommen können, bezeugt neben Mtth. 15, 19 und Mark. 7, 21–22 auch unsere eigene Sündengeschichte!

Und doch gab es je und dann Menschen, die **im Wege Vollkommene** (PAR: Unsträfliche; BA: Makellose) waren; denken wir nur an Noah, der nach 1. Mos. 7, 1 als »gerecht vor Gott« erfunden wurde, an Henoch, der »mit Gott wandelte«, oder an Hiob, der »vollkommen und rechtschaffen, gottesfürchtig und das Böse meidend« war (Hiob 1, 8). Zwar sind diese Wesensmerkmale von Gottesfürchtigen des Alten Bundes nicht absolut zu sehen, weil im Lichte Gottes kein Fleisch vor Ihm bestehen kann, und doch gilt Spr. 12, 22 von ihnen: »Die Lippen der Lüge sind JAHWEH ein Greuel, die aber, die Wahrheit üben, Sein Wohlgefallen!«

Gottes Wohlgefallen sind die im Wege Vollkommenen. Im allumfassenden Sinne kann dies nur einer sein – der einziggezeugte Sohn, an dem der Vater Wohlgefallen hatte. Jesus Christus ist **der im Wege Vollkommene,** ja, Er selbst ist **der Weg.** Darum können wir im Lichte des Neuen Testaments sagen: Die **im WEGE Vollkommenen** sind alle die, die »in Christo« vollkommen und **makellos** sind, dem Vater angenehm gemacht in dem geliebten Sohn (Eph. 1, 6)! Geboren aus Wort und Geist sind sie »vollkommen« wie ein neugeborenes Kind, und doch dürfen sie reifen und auch »vollendet« werden (Jak. 1, 1–3). Zu diesem Reifeweg gehört eine beständige **Begradigung unseres Herzens und Weges** durch die Erziehung Gottes. Denn ohne das Wirken Gottes, vor dem nichts unmöglich ist, gilt für uns alle Pred. 1, 15: »Das **Krumme** kann nicht gerade werden!« Jene Frau, die einen Geist der Schwachheit hatte, der sie 18 Jahre ihres Lebens **gekrümmt hatte,** so daß sie gänzlich unfähig war, sich aufzurichten, ist ein Bild für das Wunder des neuen Lebens aus Gott. Der Herr Jesus legte ihr die Hände auf, und alsbald **wurde sie gerade** und verherrlichte Gott. Möge sich dies auch bei uns mehr und mehr verwirklichen, damit in uns nicht **ein böses Herz** sei, im Abfall begriffen von dem lebendigen Gott (Hebr. 3, 12)!

Wie ein Schwurgelöbnis Gottes mutet es uns an, wenn es nunmehr heißt: **Die Hand darauf! Der Böse wird nicht ungestraft bleiben, nicht für schuldlos gehalten werden.** Damit übereinstimmend sagt Gott in 2. Mos. 23, 7: »Ich werde den Gesetzlosen (den Schuldigen) nicht rechtfertigen!« In allem Ernst gilt es das Gotteswort festzuhalten, daß für den Unbußfertigen nur noch »ein gewisses furchtvolles Erwarten des Gerichtes« bleibt »und der Eifer eines Feuers, das die Widersacher verschlingen wird« (Hebr. 10, 27)!

Wir spüren auch, daß **das Strafgericht für den Bösen** und die **Errettung des Gerechten und seines Samens** nicht schon in dieser Lebenszeit, sondern für den endzeitlichen Gottestermin verheißen ist! Wie viele **gottesfürchtige Gerechte** gibt es, die es nicht mehr erleben, daß **ihr Same,** daß ihre Kinder **errettet werden und** dem Gericht **entrinnen.** Und dennoch wird der Gott der Barmherzigkeit in den kommenden Weltzeiten auch für sie diese Zusage erfüllen!

Der Böse wird nicht straffrei bleiben. Können wir diese Aussage in Übereinstimmung mit 1. Kor. 13, 5 bringen, wonach Gottes Liebe »das Böse nicht zurechnet«? Letzteres kann nur Gültigkeit erlangen bei dem **Samen des Gerechten,** der darum **entrinnen wird,** weil er die Schuldbefreiung und Erlösung durch den gekreuzigten Christus erhielt; IHM hat Gott alles Böse, alle Schuld und Sünde angerechnet, damit Er unsere Anklageschrift aus der Mitte der Prozeßakten nehmen und an das Kreuz nageln könne, wie es Kol. 2, 14 bezeugt. 2. Mose 23, 7 (»Ich werde den Gesetzlosen nicht rechtfertigen«) wird nun abgelöst von Röm. 4, 5, welches davon spricht, daß der »Glaube an den, der die Gottlosen rechtfertigt« die Glaubensgerechtigkeit bewirkt. So ist der **Same *des* Gerechten** die Frucht Seines Kreuzessieges (Ps. 22, 30/Jes. 53, 10/Joh. 12, 24)! Jeder Glaubende wird durch seinen Glauben zum »Sohne Gottes« und damit auch zum **Samen** Abrahams (Gal. 3, 15–20 + 29).

Ps. 22, 30 bezeugt auch von uns: **»Ein Same** wird IHM dienen; er wird dem Herrn als Geschlecht zugerechnet werden!«

+ + +

111 EINE SCHÖNE FRAU OHNE ANSTAND (11, 22)

Ein goldener Ring im Rüssel eines Schweines, so ist ein schönes Weib ohne Schicklichkeitsgefühl.

Wahrlich ein drastisches, aber wahres Wort! Dem gesetzestreuen Juden galt **das Schwein** als unreines Tier, sein **schnaubender Rüssel** als Bild der hemmungslosen Gier (3. Mos. 11, 7). Es war höchste Frivolität, ja, »Greuel der Verwüstung an heiliger Stätte«, als Antiochus Epiphanes, der »alttestamentliche Antichrist«, im Tempel zu Jerusalem ein **Schwein** opferte. Die gläubige Frau ist mit ihrem Leibe berufen, Tempel des Heiligen Geistes zu sein! Auch wenn sie eine makellose Schönheit besäße, jedoch ohne **Anstand** und **Schicklichkeitsgefühl** und **entartet in der Urteilsfähigkeit** (nach BA), wäre sie einem **Schwein** vergleichbar, durch dessen **Rüssel** man einen **Goldreif** gezogen hätte! Die Erfahrung aber zeigt, daß oftmals der Mangel innerer Werte durch einen um so größeren äußeren Aufputz wettgemacht werden soll – durch den **Goldring** in der gierig schnaubenden **Nase!** In Jes. 3, 16–24 wird uns das Bild einer solchen Frau gezeigt, das uns sehr »modern« anmutet; äußerlich geschmückt wie ein Christbaum, aber innerlich hohl und leer, kommt sie uns entgegen mit gerecktem Hals, blinzelnden Augen und trippelndem Schritt; sie trägt klirrende Fußspangen, Stirnbänder und Halbmonde, Ohrgehänge und Armketten, Schleier und Kopfbund, Schrittkettchen und modische Gürtel, Fingerringe und **Nasenringe;** in ihrem Handtäschchen hat sie Handspiegel und Parfümfläschchen; Amulette sollen sie vor Unglück schützen; der neuesten Mode huldigt sie mit Prachtkleidern, Oberröcken, Hemden, Umhängen und Überwürfen; ein Turban krönt ihr Lockenwerk.

Dem entspricht auf der anderen Seite, wenn Männer »Augen voll der Ehebrecherin haben« (wie es der Grundtext von 2. Petr. 2, 14 sagt). Daß wir uns recht verstehen: Auch Menschen des Glaubens sollen sich nicht in Säcke kleiden; ihrem geordneten Inneren sollte auch eine saubere, geordnete und ansprechende Kleidung im Äußeren entsprechen. Doch beachten wir, wie sich nach 1. Petr. 3, 1–5 die Frauen der Glaubensväter schmückten: »Mit dem unverweslichen Schmuck eines sanften und stillen und vor Gott sehr kostbaren Geistes«! Sie waren jedenfalls nicht der Modediktatur unterworfen, »emanzipierten« sich nicht um jeden Preis, sondern ordneten sich ihren Männern im Glauben unter. Sie besaßen **die Urteilsfähigkeit,** das Rechte, Zweckdienliche und Schickliche, das Reine, Edle und Feine zu erwählen, während eine Frau, **die in der Urteilsfähigkeit entartet ist,** der Rohheit, Unreinheit und Schamlosigkeit verfällt. Selbstbeherrschung und geistliche Disziplin ist nach Gal. 5, 22 ein Teil der neunfachen Geistesfrucht (vgl. Phil. 4, 8).

In 2. Petr. 2, 22 wird ein Mensch, der nach gutem Glaubensanfang in frühere Sünden zurückfällt, mit einer **Sau** verglichen, die, einmal gewaschen, »sich wieder im Kote wälzt«. Begehrt doch dämonischer Geist, wenn nicht in Menschen, dann doch »in die Säue zu fahren« und in ihnen zu wohnen (Mtth. 8, 30–32). Und so mancher entlaufene Sohn des göttlichen Vaters endete am **Schweinetrog** und wünschte, seinen Bauch mit dem Fraß der Schweine zu füllen. Doch als er bußfertig zum Vater zurückkehrte, empfing ihn dieser mit dem Kuß der Liebe, schlachtete ihm das gemästete Kalb zur Freudenfeier, gab ihm die Sandalen eines Freien, das Festkleid der Herrlichkeit und den Siegelring der Vollmacht. Ist ein solcher Gott es nicht wert, daß wir Ihm in der Neuordnung des Geistes dienen? Denn auch Gott will »die Perlen« Seiner Offenbarung in Wort und Geist »nicht vor die Säue werfen« (Mtth. 7, 6)!

+ ⁺ +

112 DAS BEGEHREN DER GERECHTEN (11, 23)

Das Begehren der Gerechten ist nur Gutes, die Hoffnung der Gesetzlosen ist Vermessenheit (Zorngericht).

Fast möchte man meinen, hier seien zwei Begriffe miteinander vertauscht; müßte es nicht heißen: **die Hoffnung** der Gerechten … das **Begehren** der Gesetzlosen? Dabei denken wir an das ernste Wort aus 1. Joh. 2, 15–17, wonach »alles, was in der Welt ist«, geprägt ist durch das »Begehren des Fleisches, die Begierde der Augen und den Hochmut des Lebens«; »und die Welt vergeht mit ihrer Begierde«! Machtgier, Habgier,

Geldgeiz, Ehrgeiz sind die »Treber am Schweinetrog« dieser Welt, mit denen so viele verlorene Söhne »ihren Bauch zu füllen begehren« und dann auch »ihrem Bauche als Gott« dienen (Luk. 15, 16/Phil. 3, 19). Dazu sagt Pred. 6, 7: »Alle Mühe des Menschen ist für seinen Mund, und dennoch wird seine Begierde nicht gestillt« (oder: seine Seele nicht gefüllt)!

Und doch hat der Tausch der Begriffe einen guten Sinn: Selbst wenn sich das Begehren der Gesetzlosen als scheinbar begründete **Hoffnung** darstellt, so ist deren Frucht letztlich nur **Vermessenheit** (DEL), ein **Überwallen** (BUB) wie bei einem siedenden Topf, das nur verletzen kann, und am Ende das göttliche **Zorngericht** (Kautzsch-W). **Vermessenheit** ist Maßlosigkeit in Weg, Methode und Ziel auf Kosten anderer. Das von Gott gelöste, gottlose **Begehren** kann zum überströmenden Gefäß für die Begierden des »Mörders von Urbeginn« und »Vaters der Lüge« werden (Joh. 8, 44). Neid, Streit, Haß, Zorn, **Grimm** (E) und Lüge sind die kosmischen Methoden zur Selbsterhöhung der Gesetzlosen und zur Unterdrückung des Nächsten. Am Ende aber steht Gottes Gericht.

Das **Begehren des Gerechten** jedoch drückt die Intensität seiner Hoffnung aus, sei es nun das »Verlangen der Lippen« im Gebet (Ps. 21, 2/Ps. 145, 19), das Harren auf den kommenden Messias und das völlige Hoffen auf die Gnade, die Er bei Seinem Erscheinen mitbringt (Mal. 3, 1/1. Petr. 1, 13), das Begehren eines Dienstes in der Gemeinde Christi (1. Tim. 3, 1) oder das Begehren, in allem ehrbar zu wandeln, um Jesus zu verherrlichen (Hebr. 13, 18). Jedenfalls gilt von denen, »die auf Gottes Güte harren«, daß Sein Auge stets auf sie gerichtet ist (Ps. 33, 18)!

Das Begehren der Gerechten bewirkt nur Gutes, das heißt, es wird niemals andere verletzen, ihre Rechte verkürzen und ihre Lebensgrundlagen zerstören, sondern sich allezeit heilsam für sie auswirken. Gewiß erfüllt sich diese Idealvorstellung vollkommen nur in dem Christus, der selbst nach dem Zeugnis des mitgekreuzigten Schächers »nichts Ungeziemendes getan hat« (Luk. 23, 41). Letztlich aber ist **das Gute,** das im Leben derer ausgestaltet wird, die Gott lieben, die Ausformung des Wesens Christi als des Erstgeborenen der Brüder in ihrem Leben; dazu müssen »alle Dinge ihnen zum Guten dienen« (Röm. 8, 28–30). Die **Hoffnung,** Jesus gleich zu werden und zur Freiheit der Herrlichkeit zu gelangen, reinigt unser Leben (1. Joh. 3, 3).

Die Nationalhymne Israels heißt »ha tikwa« – **die Hoffnung.** Daß aus der **Hoffnung von Gesetzlosen** das **Begehren der Gerechten** werde, darum beten wir für Israel, in Übereinstimmung mit dem Gottesplan des prophetischen Wortes. Es wird sich einst erfüllen, was Jes. 26, 8 bezeugt: »Ja, wir haben Dich, JAHWEH, **erwartet** auf dem Pfade Deiner Gerichte; nach Deinem Namen und nach Deinem Gedächtnis ging **das Verlangen der Seele.** Mit meiner Seele verlangte ich nach Dir in der Nacht …!«

Ob unser **Verlangen** nach der Wiederkunft Christi, oder Sein Verlangen nach den Gliedern Seines Leibes, größer ist? Röm. 15, 23/1. Thess. 2, 8 + 17 und 2. Tim. 1, 4 zeigen uns Christi Verlangen, zu uns zu kommen und uns von Angesicht zu sehen, im Vorbilde des Apostels Paulus als des »Darstellers Jesu Christi«. So wird auch **das Begehren *des* Gerechten** Wirklichkeit werden!

Wir aber dürfen mit der Braut des Hohenliedes sprechen: »Ich bin meines Geliebten, und nach mir ist *Sein* **Verlangen«** (Hohesl. 7, 10).

+ + +

Da ist einer, der ausstreut, und er bekommt noch mehr; und einer, der mehr spart als recht ist, und es führt nur zum Mangel. – Die segnende Seele wird reichlich gesättigt, und der Tränkende wird auch selbst getränkt. – Wer Korn zurückhält, den verflucht das Volk; aber Segen wird dem Haupte dessen zuteil, der Getreide verkauft!

Zwei Charaktertypen treten in unser Blickfeld: **Der Geizige,** der **Mangel, Einbuße, Verlust** erleidet und letztlich verarmt; **der Freigebige,** der nicht verliert, sondern vielmehr hinzugewinnt! In Spr. 28, 27 heißt es darum: »Wer dem Armen gibt, der wird keinen Mangel haben; wer aber seine Augen« (vor dem Elend anderer) »verhüllt, wird mit Flüchen überhäuft werden!« Dies bestätigt uns der Apostel in 2. Kor. 9, 6: »Wer sparsam sät, wird auch kärglich ernten, und wer segensreich sät, wird auch segensreich ernten!« Wieder dürfen wir an den »reichen Kornbauern« im Gleichnis Jesu erinnern, der **das Getreide zurückhielt** und es in neugebaute Scheunen speicherte, damit er in der Zeit der Hungersnot Wucherpreise verdienen könne; doch noch in der Nacht der Planung wurde er als ein »Narr« in die Ewigkeit abgerufen. Hätte er seine Pläne verwirklichen können, hätte ihn **der Fluch des Volkes** zu Recht getroffen. 1. Kön. 17 berichtet uns von **einer segnenden Seele, die mehr zurückerhielt, als sie ausstreute;** die Witwe zu Zarpath (zu deutsch: Schmelzhütte, Ort der Läuterung) bereitete dem hungrigen Propheten Elia aus einer letzten Handvoll Mehl und wenigem Öl einen Kuchen zu, um dann selbst mit ihrem Sohne Hungers zu sterben; doch durch Gottes gnädiges Handeln nahm das Mehl im Topf und das Öl im Krug nicht ab, solange die Hungersnot währte! Ja, durch die Segnung der Hände Jesu kann das Wenige, das wir mitbringen, und seien es nur fünf Brote und zwei Fische, zu einer solchen Fülle gemehrt werden, daß 5000 Menschen gesättigt werden (Mtth. 14).

Doch soll nicht nur unser Hab und Gut **gemehrt** werden, wenn wir freigebig sind, sondern auch die **segnende** *Seele* soll **reichlich gesättigt werden.** Dem entspricht ein unbekanntes Jesuswort, das Paulus in Apg. 20, 35 wiedergibt, und das alle sozialen Weltprobleme lösen könnte: »Geben ist glückseliger als Nehmen!« Fragen wir uns da noch, warum Gott »der glückselige Gott« genannt wird? In der »Kollektenpredigt« des Apostels Paulus (2. Kor. 9) wird bezeugt, wie durch ein segensreiches **Säen** in der Gabe für die Brüder überströmender **Segen** gewirkt wird, aber auch Gottes vorbildliches Handeln in der Sendung Seines Sohnes wird gerühmt: »Gott sei Dank für Seine unaussprechliche Gabe« (V. 15)!

Zwei Schriftworte sollen uns das Gesetz **der Bereicherung durch freudiges Geben** noch verdeutlichen. In Mal. 3, 10 heißt es:»Bringet den ganzen Zehnten in das Vorratshaus, auf daß Speise in meinem Hause sei; und prüfet mich doch dadurch, spricht JAHWEH der Heerscharen, ob ich euch nicht die Fenster des Himmels auftun und euch Segen ausgießen werde bis zum Übermaß.« Dies haben schon viele Glaubensmenschen erfahren. Der Herr bestätigt es in Luk. 6, 38: »Gebet, und es wird euch gegeben werden: ein gutes, gedrücktes, gerütteltes und überlaufendes Maß wird man in euren Schoß geben; denn mit demselben Maße, mit dem ihr messet, wird euch wieder gemessen werden!«

Die segnende Seele wird reichlich gesättigt. Segen wird dem Haupte dessen zuteil, der Getreide verkauft! So sagt Ps. 112 ,9 von dem Aufrichtigen: »Er streut aus und gibt dem Armen; seine Gerechtigkeit besteht ewiglich, sein Horn wird erhöht werden in Herrlichkeit!« Wer würde hierbei nicht an Joseph, den Brotverwalter Gottes, erinnert, der durch seine kluge Vorratswirtschaft ganz Ägypten und viele umliegende Völkerschaften, darunter die eigene Familie, rettete! Die Ägypter gaben ihm den Ehrennamen ZAPHNATH-PANEACH; dieser Name kann bedeuten: Spender aus der Lebensfülle – Speise der Lebenden – Brot des Lebens – Erretter der Welt. Wo immer er mit der Staatskarosse durch die Städte und Dörfer Ägyptens fuhr, beugte man huldigend die Knie vor ihm und segnete ihn. Doch weist er vorbildlich auf einen Größeren hin, auf den Christus, der das »Brot Gottes« und damit »das Brot der Welt« ist. Was wird dies für eine »wunderbare Brotvermehrung« sein, wenn Gott durch Ihn alle Welten und Wesen speisen wird, Er, der »dem Hungrigen Sein Brot bricht« (Ps. 146, 7) und sogar Seine Feinde speist (Spr. 25 ,21/Röm. 12, 20).

Doch ehe der Christus zum BROT wurde, wurde Er als SAME ausgesät. **Da ist *einer* der ausstreut, und Er bekommt mehr** – gilt dies nicht wiederum *dem* Gerechten, dem Sohne Gottes (vgl. Gal. 3,16)? Ist Er doch der Säemann, der Gottes Wort auf das vierfache Ackerfeld dieser Welt ausstreut (Mark. 4, 14–15). Aber noch mehr: Nach Ps. 126, 6 hat Er »den Samen« aller Welten und aller ihrer Geschöpfe, im klaren Vorherwissen um das Verderben durch die Sünde, »mit Weinen zur Aussaat getragen«; Er wußte, daß Er für die gefallene Schöpfung in den Tod gehen müsse. Und doch wird Er einmal »mit Jauchzen« die ernteschweren Garben der vollendeten Welt Seinem Gott und Vater »heimbringen«. Dafür mußte Er den edlen Samen Seines Leibes unter Schweiß und Tränen in die verfluchte Erde betten, die Ihm nur Dornen und Disteln trug; denn nur als das »sterbende Weizenkorn« konnte Er »viel Frucht bringen« (Joh. 12, 24), »Samen sehen« (Jes. 53, 10) und zum Brote Gottes werden, das der Welt das Leben gibt. Dafür wird schon jetzt millionenfacher **Segen dem Haupte** zuteil!

Über diese Tränensaat und Freudenernte dichtete Adolf Heller:

> Korn und Traube werden Brot und Wein.
> Doch sie müssen unter vielen Wehen
> durch die Mühle, durch die Kelter gehen,
> ehe sie des Menschen Herz erfreu'n.

> Christus ist das wahre Weizenkorn.
> Als Er starb, ward Er zum Brot des Lebens.
> Alles Heilsverlangen wär' vergebens,
> sühnte nicht der Heiland Gottes Zorn.

> Durch das Kreuz ward Er zum Lebensbrot,
> ward zum Weinstock, der uns Freude spendet.
> Alles Weltenelend einmal endet
> durch des Vaters Gnadenangebot!

+ + +

Wer nach Bösem trachtet, über den wird es kommen (27b); **wer auf seinen Reichtum vertraut, der wird fallen** (28a); **wer das Gute eifrig** (frühe) **sucht, sucht** (Gottes) **Wohlgefallen** (27a); **die Gerechten werden sprossen wie das Laub** (28b).

Ich habe die Texte einmal im Wechsel der Verse angeordnet, um die Parallelität des Sinns nachzuweisen.

»Geld macht nicht glücklich, aber es beruhigt« sagt die sogenannte Volksweisheit. Kommt darin aber nicht schon **ein Vertrauen auf Geld, ein Sich-Sichern im Reichtum** (BUB) zum Ausdruck, das Gott mißachtet? Jesus hat ernst darauf hingewiesen, daß man nicht gleichzeitig Gott und dem Mammon »wie ein Sklave dienen kann«; wenn man den einen »liebt«, wird man den anderen »verachten« (Mtth. 6, 24). Das Selbstgespräch des »reichen Kornbauern« mit seiner Seele zeigt uns, wie sehr er seinem **Reichtum vertraute** (Luk. 12, 19); plötzlich aber **kam das Böse über ihn, und er fiel**, als Gott in der Nacht seine Seele von ihm forderte! Ohne **Sicherung** bei Gott, ohne **Vertrauen** auf Ihn mußte er in die Ewigkeit eingehen!

Von dem Gesetzlosen sagt Ps. 7, 16, daß die Mühsal, die er anderen verursachte,«auf sein eigenes Haupt zurückkehren«, und daß »die Gewalttat«, die er verübte, »auf seinen Scheitel herabstürzen« werde. Dies mag uns an den **Fall** eines anderen **Reichen** erinnern, von dem Jesus sagte: »Ich sah den Satan vom Himmel stürzen wie einen Blitz« – hinweggeschleudert aus der Nähe Gottes (Luk. 10, 18). **Vertraute** nicht auch er auf die ihm eigene Weisheit, vollkommene Schönheit, glänzende Herrlichkeit und Macht, so daß er sich selbst Gott gleichmachen wollte (Jes. 14/Hes. 28)? »Wer sich selbst erhöht, der wird erniedrigt werden!« Der Christus aber, der sich selbst erniedrigte, wurde erhöht; Er ward arm um unseretwillen, damit wir durch Seine Armut reich würden (2. Kor. 8, 9)!

Nun gibt es auch in der Gemeinde Gottes **Reiche** – reich an Geld, Macht, Weisheit, Intelligenz, Schönheit oder Tugend. Gott wendet sich jedoch nicht gegen den Reichtum an sich, sondern gegen **das Vertrauen auf den Reichtum!** Noch einmal sei 1. Tim. 6, 17–19 zitiert (nach Menge):

»Denen, die Reichtum in der jetzigen Weltzeit besitzen, schärfe ein, daß sie sich nicht überheben und ihre Hoffnung nicht auf die Unsicherheit des Reichtums setzen, sondern auf Gott, der uns alles reichlich zum Genuß darbietet. Schärfe ihnen ein, Gutes zu tun, reich an guten Werken zu sein, Freigebigkeit und Mildtätigkeit zu üben und sich dadurch ein gutes Grundvermögen für die Zukunft anzulegen, damit sie das wirkliche Leben erlangen«!

Gottes Verheißungswort aber spricht: **Wer das Gute frühe sucht, sucht** Gottes **Wohlgefallen; die Gerechten werden aussprossen wie das** junge **Laub!** Wie im Frühling die Bäume wieder neu ausschlagen, so ist dies ein Bild für das neue Leben aus dem Geist inmitten einer Welt des Todes. Solches gilt zunächst *dem* Gerechten und glückseligen Mann Jesus Christus, wie Ihn Ps. 1 schaut. Er ist wirklich wie ein Lebensbaum, gepflanzt an den Wasserquellen des Heiligen Geistes; Sein **Blatt** verwelkt nicht, und Er bringt Frucht zu Seiner Zeit; alles, was Ihm wohlgefällt, das tut Er (Ps. 135 ,6), und alles, was Er tut, wird gelingen (Ps. 1, 3)! Jer. 17, 5–8 greift das schöne Bild auf und bezieht es auf alle Gottesfürchtigen; im Zusammenhang des Textes wird der Mann verflucht, **der auf Menschen vertraut,** der Fleisch zu seinem Arm macht, und dessen

Herz von JAHWEH weicht. Wie oft geschieht dies auch in der sogenannten Reichsgottesarbeit, wo man auf Erfolgsbilanzen, erfolgreiche Redner und weltliche Methoden vertraut! Auch Israel muß es in der Endzeit noch lernen, sich nicht auf die eigenen Waffen und auf den Beistand der USA zu verlassen, sondern auf Gott allein! Dann aber wird uns in V. 7 der gesegnete Mann vorgestellt, **der auf JAHWEH vertraut.** »Und er wird sein wie ein BAUM, der am WASSER gepflanzt ist und am Bache seine WURZELN ausstreckt und sich nicht fürchtet, wenn die Hitze (der Drangsal und Anfechtung) kommt; und **sein Laub ist grün,** und im Jahre der Dürre ist er unbekümmert, und unaufhörlich trägt er Frucht!« Solches ist dem Gerechten auch noch für das Greisenalter verheißen (Ps. 92, 12–15); denn wenn auch sein äußerer Mensch verfällt, so wird doch der innere Mensch des Geistes Tag für Tag erneuert! Glückselig jeder, der da **reich ist** – in Gott!

+ ⁺ +

115 DIE FRUCHT AM LEBENSBAUM (11, 30–31)

Die Frucht des Gerechten ist ein Baum des Lebens, und der Weise gewinnt Seelen. – Siehe, dem Gerechten wird auf Erden vergolten, wieviel mehr dem Gesetzlosen und Sünder!

Wieder werden wir an den **Lebensbaum** im Garten Eden und an seine **Frucht** erinnert, in der wir die Gabe des ewigen Lebens erkennen dürfen; wir sahen schon in Ps. 1 und Jer. 17, daß dieser **Baum** im tiefsten Sinn der Christus Gottes ist, von dem es in Spr. 3, 18 heißt: »Die Weisheit ist ein Baum des Lebens!« Wie nun der Gerechte selbst **ein Lebensbaum** ist, so bringt **seine Frucht** nach dem Gesetz der Fruchtbarkeit neue Bäume des Lebens hervor, wie es unser Text bezeugt; demnach sind auch die Gerechten Lebensbäume Gottes! Als Gott am dritten Schöpfungstag die Pflanzen, Büsche und Bäume erschuf, verlieh er ihnen eine durch Erbmerkmale festgelegte, artdifferenzierte Fruchtbarkeit. Sie sollten sich vermehren »ein jegliches auf seine Art«. Das Gesetz von Saat und Ernte, **Baum und Frucht,** ist es auch, wonach **dem Gerechten auf Erden** schon **vergolten wird, aber auch dem Gesetzlosen und Sünder!** Nicht erst der kommende Gerichtstag, sondern oft schon das Leben selbst bringt Lohn und Vergeltung. »Nach dem Gesetz, wonach du angetreten, so mußt du sein, dir kannst du nicht entfliehn!« sagte der Dichter. Und der Apostel bezeugt in 1. Petr. 4, 17–18: »Das Gericht fängt an beim Hause Gottes; wenn aber zuerst bei uns, was wird das Ende derer sein, die dem Evangelium nicht gehorchen! Und wenn der Gerechte mit Not errettet wird, wo will der Gottlose und Sünder erscheinen?« Mtth. 7, 15–17 unterrichtet uns über die göttliche Vergeltung nach dem Gesetz von Saat und Ernte, sonderlich im Blick auf die falschen Propheten: »An ihren **Früchten** werdet ihr sie erkennen … also bringt **jeder gute Baum gute Früchte,** aber der faule Baum bringt schlechte Früchte!« Nur die heilbringende Gnade Jesu kann dieses unheimliche Gesetz der innewohnenden Vergeltung durchbrechen!
Jesus Christus selbst ist **der Lebensbaum Gottes** mit der vollen Frucht des Heiligen Gei-

stes; Er ist »das grüne Holz« (Holz und Baum ist im Hebr. das gleiche Wort; Luk. 23, 31). Wir aber, die wir von Natur aus tot sind in Sünden und Übertretungen, sind »dürres Holz« und »spätherbstliche Bäume, **fruchtleer,** zweimal erstorben und entwurzelt« (Jud. 12). Welches verheerendes »Waldsterben«, das in Adam begann und sich seither individuell fortsetzt!

Beide Bäume aber standen im Gottesgarten: **Der Baum des Lebens** und »der Baum der Erkenntnis des Guten und des Bösen«. Was aber geschah am »Holz« des Kreuzes, auf das der Sohn Gottes unsere Sünden getragen hat? Er, das »grüne Holz Gottes«, wurde – abgeschnitten von den Augen des lebendigen Gottes – zum »dürren Holz« und Sündenträger, aber gerade dadurch, nach vollbrachter Erlösung, zum **fruchttragenden Lebensbaum.** Nach Offb. 22, 1–2 werden einmal auf der neuen Erde **die Früchte des Lebensbaumes** den Vollendeten zur Speisung dienen, seine Blätter aber zur Therapie der noch unerneuerten Völker (s. auch Offb. 2, 7)!

Wie der **Lebensbaum** nun **Früchte** bringt, die zu neuen **Bäumen** werden, **so gewinnt der Weise Seelen.** Der Rabbi des Alten Bundes scharte Schüler um sich; so darf nun auch der Jünger Jesu das Evangelium des Lebens fruchtbringend weitergeben und Menschen für Ihn gewinnen; mehr noch als mit Worten und Handzetteln wird er wirksam durch die ihm innewohnende **Weisheit;** die »Wesensmission«, welche die Frucht des Heiligen Geistes sichtbar werden läßt, zieht Menschen an und erweckt auch in ihnen das Begehren, **vom Lebensbaume Gottes** zu essen. So dürfen die Gerechten zu »**Bäumen**« werden, »von denen man ißt« (Hes. 47, 12). Durch innere Lauterkeit und Unanstößigkeit sind sie »erfüllt mit der Frucht der Gerechtigkeit, die durch Jesus Christus gewirkt wird, zur Verherrlichung und zum Preise Gottes« (Phil. 1, 11). Viele krampfhafte Bemühungen um »Seelenrettung« sollten durch ein inneres Leuchten und Wesenszeugnis abgelöst werden!

> »Mach in mir Deinem Geiste Raum, daß ich Dir werd ein guter Baum,
> und laß mich Wurzel treiben; verleihe, daß zu Deinem Ruhm
> ich Deines Gartens schöne Blum' und Pflanze möge bleiben!«

116 DIE WURZEL DER GERECHTEN (12 ,2–3)

Der Gütige erlangt Wohlgefallen von JAHWEH, aber den Mann der Ränke spricht Er schuldig. – Ein Mensch wird nicht bestehen durch Gesetzlosigkeit, aber die Wurzel der Gerechten wird nicht erschüttert werden.

Wenn wir die Vollerfüllung dieser Aussage schon in diesem Leben erwarten, könnte es uns wie Asaph ergehen, dessen Schritte fast strauchelten, als er sah, daß es dem Gottlosen oft gut ergeht, während der Fromme leidet. »Siehe, diese sind **Gesetzlose,** und, immerdar sorglos, erwerben sie sich Vermögen«, so klagte er in Ps. 73, 12 und meinte sogar, er habe »vergebens sein Herz gereinigt und seine Hände in Unschuld gewaschen« (V. 13). Erst in der prophetischen Sicht des Allerheiligsten Gottes gewahrte er der Frevler Ende: »Wie einen Traum nach dem Erwachen wirst Du, Herr, beim Aufwachen«, d. h. in der Auferstehung der Toten, »ihr Bild verachten« (Ps. 73, 20)! Hiob aber bekannte auch im tiefsten Leid: »Und ich, ich weiß, daß mein Erlöser lebt, und als der Letzte«, der das Schlußurteil spricht, »wird Er sich über dem Staube erheben« (Hiob 19, 25). So ist unser Sprüchewort aus dem Blickwinkel der Ewigkeit gesprochen, im Bewußtsein, daß die Finsternis und die Welt mit ihrer Lust vergehen werden (1. Joh. 2, 8 + 17). **Frevelhafte Ränke, Pläne und Anschläge** werden jedoch nicht nur auf Erden gefunden; nach Ps. 2 »ratschlagten« auch die Fürstentümer und Gewalten Satans »gegen JAHWEH und Seinen Messias«! Ps. 31, 13 läßt prophetisch als Wort des leidenden Messias erklingen: »Denn ich habe die Schmähung vieler gehört; Schrecken ringsum; indem sie **gemeinsam wider mich ratschlagten,** sannen sie darauf, mir das Leben zu nehmen!« Doch werden auch ihre **Pläne** vereitelt, sie haben nur kurzfristig **Bestand** und laufen ins Leere (Jes. 8,10); Gott aber setzt sie ein zur Erfüllung Seines geheimen Liebeswillens und »fängt« so »die Weisen in ihrer List« (Hiob 5, 13). In einmaliger Weise zeigt dies das Kreuz Jesu! **Die Gesetzlosen** aber und **Ränkeschmiede** werden in ihrer Gesetzlosigkeit **nicht Bestand haben.** »Sie werden essen von der Frucht ihres Weges und von ihren Ratschlägen sich sättigen«, wenn Gott sie **verurteilt** im Gericht (Spr. 1, 31).

Trotz aller Leiden, Anfechtungen und Drangsale aber gilt, daß **der Gütige Wohlgefallen von JAHWEH erlangt,** so wie Gott auch über Seinem Sohn das Zeugnis Seines Wohlgefallens aussprach. In Christo sind auch wir dem Vater »angenehm gemacht« (Eph. 1, 6). Mehr noch als der Gesetzestreue erlangt **der Gütige Gottes Wohlgefallen,** weil die Liebe des Gesetzes Erfüllung ist. Dem Barmherzigen wird von Gott Barmherzigkeit erzeigt; ja, die Barmherzigkeit triumphiert über das Gerichtsurteil, das möglicherweise noch gegen ihn vorliegt, wie es uns Jak. 2, 12–13 klar bezeugt.

Wir lasen im vorhergehenden Textabschnitt vom **Lebensbaum,** von seinem grünen **Blatt** und seiner heilenden **Frucht;** hier wird uns seine **Wurzel** vorgestellt, die so tief im »Grundwasserstrom des Heiligen Geistes« verankert ist, daß **der Gerechte unerschütterlich** ist und nicht entwurzelt werden kann. Bestand des Gerechten und **Haltlosigkeit** des Gesetzlosen werden uns auch in Spr. 10, 25 beschrieben: »Wie ein Sturmwind daherfährt, so ist der Gesetzlose nicht mehr; aber der Gerechte ist ein ewig fester Grund!« **Die Wurzel** versinnbildlicht Ursprung, Festigkeit und Lebensvermittlung, weil sie den Saftstrom des Baumes bewirkt. So kann Röm. 11, 16 sagen: »Wenn **die Wurzel** heilig ist, dann sind es auch die Zweige«, und nur darum kann auch »die Wurzel der Gerechten Frucht geben« (Spr. 12, 12). Menschen einer religiösen Augenblickserregung »haben keine Wurzel in sich selbst« und »verdorren« in der Hitze der Anfechtung. Sie sind »geistliche Eintagsfliegen« (Mtth. 13, 6/21). Doch der in Christo Jesu Gerechtfertigte ist »in Ihm **gewurzelt** und wird aufgebaut und befestigt im Glauben« (Kol. 2, 7); die Liebe Gottes ist seine **Wurzel** und sein Baugrund (Eph. 3, 17).

Aber auch für die »Entwurzelten«, sonderlich des Volkes Israel, gibt es göttliche Verheißung; der heilige Überrest und »Wurzelstock« wird schließlich »nach unten **Wurzeln treiben** und nach oben Frucht tragen« (Jes. 37, 31). Ja, »in Zukunft wird Jakob **Wurzeln schlagen«** (Jes. 27, 6)!

+ + +

Eine tüchtige Frau ist ihres Gatten Krone, aber wie Wurmfraß in seinen Gebeinen ist eine schändlich Handelnde.

Statt **ihres Mannes Krone** würden wir heute wohl sagen »ihres Mannes ganzer Stolz«. Aber vermuten emanzipierte Frauen hierin nicht wieder etwas von einem Besitz- und Eigentumsverhältnis, dessen sich der Mann rühmt? Doch geht es nicht um eine absolute Vorrangstellung, auch wenn der hebräische Text vom Manne als vom **Eigner** spricht (baal; nach BA). Jeder Mann, der sich dem Worte Gottes verpflichtet weiß, wird sich bemühen, seine Frau zu lieben, wie Christus die Gemeinde liebt, auch wenn er weit hinter diesem Gottesideal zurückbleiben wird; und jede glaubende Frau wird sich freudig einem solchen Manne unterordnen um des Herrn willen, zumal dies ein Weg ist, um zur Fülle des Geistes zu gelangen (Eph. 5, 21). Und welche Frau, die ihre Weiblichkeit bejaht, würde es nicht befriedigen, **Krone,** Herrlichkeit und Ruhm **ihres Mannes** zu sein? Hierin liegt heute eine große Chance der Gemeinde, daß sie inmitten einer neuheidnischen Umwelt Modelle eines wortgemäßen Ehe- und Familienlebens aufrichtet! Wie viele dämonisch »Gezeichnete« beiderlei Geschlechts prägen doch unsere Zeit! Dazu gehört auch der entwürdigte Mann, dem die Frau – oft ohne jedes schlechte Gewissen – **Schande und Beschämung** durch ihr Handeln bereitet! Daß mancher Mann sich selbst seelisch zerstört, indem er dies **wie einen Wurmfraß in seinen Gliedern** empfindet und »in sich selbst hineinfrißt«, ist leider auch eine traurige Wirklichkeit. Wie Karies und Knochenkrebs kann eine unglückliche Ehe Berufsfreude und Eheglück des Mannes zerstören!

Paulus sagte einmal das schöne Wort: »Die Frau ist des Mannes Herrlichkeit«, und infolgedessen »ist weder die Frau ohne den Mann, noch der Mann ohne die Frau etwas« (1. Kor. 11, 7 + 11). Was drückt dies anderes aus, als gegenseitige Bereicherung!

Die Frau ist ihres Mannes Krone; welche Bedeutung gewinnt dieses Wort, wenn wir es prophetisch auf Christus als den **Mann** Gottes und letzten Adam und auf Sein **Weib,** das wiederhergestellte Israel, deuten! In Ps. 45 wird uns der Messiaskönig in Seiner göttlichen Herrlichkeit vorgestellt, aber auch Sein Weib Israel: »Die Königin steht zu Deiner Rechten in Gold von Ophir« sagt V. 9, und V. 11: »Der König wird deine Schönheit begehren, denn Er ist dein Herr!« V. 13 aber bezeugt: »Ganz herrlich ist des Königs Tochter inwendig, von Goldwirkerei ihr Gewand!« In Jes. 62, 2 wird Zion zugesichert: »Und du wirst **eine prachtvolle Krone** sein in der Hand JAHWEHs und ein königliches Diadem in der Hand deines Gottes!«

Ein Anbruch geschieht heute in der Gemeinde, die da ist Sein Leib, weil auch sie dem Christus »als eine reine Jungfrau zugeführt wird« (2. Kor. 11, 2). Sagt nicht Paulus und durch ihn der erhöhte Christus: »Denn wer ist unsere Hoffnung und Freude oder **Krone der Herrlichkeit?** Nicht auch ihr vor unserem Herrn Jesus Christus bei Seiner Ankunft? Denn ihr seid unsere Herrlichkeit und Freude« (1. Thess. 2, 19–20). Wenn schon der Apostel seine »geliebten und ersehnten Brüder« seine »Freude und Krone« nennen konnte, wieviel mehr der Christus, heute schon und am Tage Seines Erscheinens!

+ + +

Besser, wer gering angesehen und sein eigener Knecht ist, als wer vornehm tut und Mangel an Brot hat.

Der hebräische Text bietet noch eine andere Übersetzungsmöglichkeit: **Besser, wer gering ist und einen Knecht hat ...** Delitzsch sieht darin den »Preis des Mittelstands mit seinen stillen Vorzügen«, der nicht so arm ist, daß er nicht wenigstens einen Sklaven aufweisen könnte.

Wir entscheiden uns für die andere Deutung und sehen **den wenig Geachteten,** der **sein eigener Knecht ist** und mit seiner Hände Arbeit das Brot als seine tägliche Nahrung schafft. Denn »wer nicht arbeitet, der soll auch nicht essen!« sagt Paulus in 2. Thess. 3, 10. Leute, die durch eigener Hände Arbeit gerade ihr Auskommen finden, sind in dieser Welt nicht hoch angesehen; doch sie haben eines: **Brot!** Den Gegenpol bildet der »playboy«, der ein Leben des vornehmen Scheins führt, sich **brüstet** (PAR), sich aufspielt und **wichtig macht** (DEL), sich **selbst verherrlicht** (BA) und **vornehm tut.** Er täuscht Werte vor, weil er kein wirkliches Vermögen und keine wahre Größe hat, vielmehr **des Brotes ermangelt.** Unser Textwort behandelt also das Verhältnis von Sein und Schein, Wahrheit und Vortäuschung, Übermut und Bescheidenheit. So sagt Spr. 11, 2: »Kommt Übermut, so kommt auch Schande; bei den Bescheidenen aber ist Weisheit!«

Dies gilt auch im Hinblick auf geistig-geistliche Werte; da gibt es die »Stillen im Lande« mit einer oft teuer bezahlten, selbst erarbeiteten Wesensgröße und inneren Substanz; demgegenüber steht der Mann des frommen Scheins und der Vortäuschung der Weisheit; mit Dingen, die er, halb verstanden und »unverdaut« von anderen übernommen hat, will er sich Geltung verschaffen und **brüstet sich** als Weisheitslehrer, weist aber einen tiefen Mangel an **Brot des Lebens** auf. Gott bewahre uns davor, einen geistlichen Zustand nur vorzutäuschen!

Auch unser schlichter Text hat eine prophetische Erfüllung in dem gefunden, der **sein eigener** und Gottes **Knecht** war, wie Ihn der Prophet Jesajas in seinen Ausführungen über den »Sklaven JAHWEHs« zuvorverkündigte. Mtth. 4, 8–10 und Luk. 4, 5–8 zeigen uns, wie Satan Ihn zur **Selbsterhöhung** und **Selbstverherrlichung,** unter Umgehung des Kreuzes, verführen wollte. »Alle Reiche des Erdkreises, ihre gesamte Rechtsvollmacht und Herrlichkeit« wollte der Fürst dieser Welt dem Christus geben, wenn Er nur ein einziges Mal vor ihm huldigend niederfallen würde. »Denn«, so sprach er, »mir sind sie übergeben!« Dies ist, was diese gegenwärtige böse Weltzeit anbetrifft, ein wahrer Tatbestand, der jedoch keine »göttliche Wirklichkeit« hat; denn satanische Fakten sind im Sinne Gottes irrealer Schein, dem keine Ewigkeitssubstanz innewohnt. »Das Schema dieses Kosmos vergeht« (1. Kor. 7, 31); »die Finsternis vergeht« (1. Joh. 2, 8); »die Welt vergeht mit ihrer Lust«, wozu auch **die Prahlerei** des natürlichen Lebens gehört (1. Joh. 2, 17).

Jesus wies die satanische Versuchung zur illusionären Selbsterhöhung ab und blieb **Knecht;** Er erniedrigte sich als **Sklave Gottes** bis zum Kreuz und hatte darum **Brot.** Seine Speise war es ja, allezeit den Willen Seines Vaters zu tun (Joh. 4, 34), und Er selbst wurde auf dem Wege der Selbsterniedrigung zum **Brot des Lebens.** Nach Jes. 53, 11 entstand die Frucht Seines Leidensweges aus der »mühseligen **Arbeit** Seiner Seele«. Der Gesetzlose jedoch **»schweift umher nach Brot und findet es nicht.** Er weiß, daß neben ihm ein Tag der Finsternis bereitet ist«, weil er seine Hand wider Gott ausgestreckt hat und wider den Allmächtigen trotzte (Hiob 15, 23–25).

Wir aber wollen uns **»zu den Niedrigen** halten« und den »hohen Dingen« des Scheins und der Vortäuschung absagen (Röm. 12, 16)!

+ + +

119 BIBLISCHER TIERSCHUTZ (12, 10)

Es erkennt der Gerechte die Seele seines Viehs, aber das Gemüt der Gesetzlosen ist grausam.

Die Übersetzungen schildern als Wesensmerkmal des **Gerechten, daß er sich kümmert um das Leben seines Viehs** (E), daß **er sich seines Viehes erbarmt** (Luther), daß er **weiß, wie es dem Vieh zumute ist** (DEL; Kautzsch); aber eigentlich heißt es: Er kennt, ja, **erkennt die Seele seines Viehs** (BA: seines Getiers). Dies erinnert uns an Adam, den Königspriester Gottes, dem JAHWEH-Gott die Tiere zuführte, damit er sie in ihrem Wesen **erkannte** und mit dem wesenstreuen Namen benannte (1. Mos. 2, 18–20). Etwas von dieser innersten Teilnahme am Leben und Wesen der Tiere sollte in jedem Gerechten wohnen! Jesus hat sich, als der letzte Adam, auch darin wunderbar erwiesen; wie sollte es bei Ihm auch anders sein, der alles geplant und erschaffen hat, und der das Ziel aller Welten und Wesen ist? Er **erkannte,** daß der Fisch im See Genezareth einen »Stater« im Maul trug – für Petrus, der um die Begleichung der Steuern bemüht war; Er **wußte** darum, daß am hellen Mittag ein Fischschwarm zur Oberfläche des Sees Genezareth schwimmen würde, was, gegen alle Fischerregeln, zum »wunderbaren Fischzug« des Petrus führte; Er **erkannte** in sich selbst, daß im Nachbardorfe von Bethanien ein Esel mit seinem Füllen stehen würde, der Ihn hernach zum Einzug in Jerusalem tragen sollte; Er rühmte die Herrlichkeit der Anemonen über alle Herrlichkeit Salomos und sprach davon, daß kein Spatz tot vom Dache falle ohne den Willen Gottes, der väterlich auch die Vögel nährt (Mtth. 6, 26); und bei der Tempelreinigung vergaß Er im heiligen Zorne nicht, die Tauben zu schonen, indem Er befahl, sie wegzutragen!

Nach 1. Mos. 9, 9–10 hat Gott einen Lebensbund mit allen Wesen dieser Erde geschlossen. So gebietet das Gesetz Israels, daß der Sabbath auch für das **Vieh** heilig sei, und daß auch Ochse und Esel an ihm rasten sollen (2. Mos. 20,10/23, 12). Dem Ochsen aber, der unermüdlich den Dreschschlitten zieht, durfte das Maul nicht verbunden werden, damit er bei seiner Arbeit fressen könne (5. Mos. 25, 4). Und wenn die fromme Volkstradition Ochs und Esel zu Gästen an der Krippe des Welterlösers machte, so hat dies einen schönen Sinn. »Sollte ich mich nicht Ninives erbarmen und es verschonen?« fragt **der gerechte** Gott den zürnenden Jona und nennt als Begründung ausdrücklich die 120 000 Kleinkinder Ninives und »die Menge **an Vieh«**! (Jona 4, 11). Ja, **der Gerechte erbarmt sich seines Viehs!**

Doch bei dem **Gesetzlosen** birgt **das Innerste** (sonst in der Bibel der Sitz der innersten Erbarmungen) **nur Grausamkeit.** Dies zeigt seine ganze Pervertiertheit: sein Herz, das herzliches Erbarmen zeigen könnte, ist verroht; sein **Gemüt,** das Quelle des Mitleids sein könnte, ist auch den Tieren gegenüber **gefühllos;** seine Seele ist seelenlos und kennt

Tiere nur nach Nutzen und Stückzahl. Die skrupellosen Tierverkäufe, Tiertransporte und Tierversuche unserer Zeit reden eine deutliche Sprache und zeigen die schreckliche Fratze der entarteten »Bestie Mensch«!

Es wird Aeonen brauchen, bis einmal die Gottesbarmherzigkeit gegenüber der Tierwelt erwiesen und vollendet ist! Die göttliche Wiedergutmachung führt über die Befriedung der Tierwelt im tausendjährigen Messiasreich (Jes. 11, 6–9) bis hin zu jenem Stande, wo auch sie »erhoben wird zur Freiheit der Herrlichkeit der Söhne Gottes«, wie es uns Röm. 8, 19–21 lehrt; vielleicht geschieht dies so, daß die Tiere die Herrlichkeitsgestalt und das helle Bewußtsein der Cherubim erlangen; diese sind ja jetzt schon die Repräsentanten der Kreatur in der Geisterwelt, weshalb sie auch vier Angesichter haben: des Menschen, des Adlers, des Stiers und des Löwen.

In dieser noch dunklen und **grausamen,** verrohten Welt möge es sich erweisen, daß die **Gerechten,** die den Schöpfergott rühmen und Seine wunderbare Schöpfung lieben, auch **die Tiere kennen,** sie **in ihrer Seele erkennen** und sich ihrer **erbarmen!**

+ + +

120   DIE FRUCHT DES MUNDES (12,13–14)

In der Übertretung der Lippen ist ein Fallstrick des Bösen, aber der Gerechte entgeht der Drangsal. – Von der Frucht seines Mundes wird ein Mann mit Gutem gesättigt, und das Tun der Hände eines Menschen kehrt zu ihm zurück.

Der Lippen **Ausschreitung** (BA), **Übertretung** (E), **Frevel** (BUB) oder **Vergehen** (PAR) kann zu einem **bösen Fallstrick,** zu einer **Verstrickung des Bösen** werden – wie ein ausweglöses Spinnennetz für das gefangene Insekt. Wie schnell sich eine einzige Lüge zu einem ausweglosen, unentrinnbaren Lügengewebe verdichten kann, haben wir alle wohl schon einmal erlebt! Letztlich ist es **der Böse** als »der Vater der Lüge«, der solches kunstvoll bereitet. Für wen aber wird der bösen Lippen Wort zur **Verstrickung,** zum **Fallstrick?** Für den, der es ausspricht, oder für den, der es hört? Den Redenden hat wohl Ps. 59, 12 im Auge, wenn er sagt: »Sünde ihres Mundes ist das Wort ihrer Lippen; so laß sie gefangen werden in ihrem Hochmut und wegen des Fluches und wegen der Lüge, die sie aussprechen!«

Doch gilt wohl beides, auch die Auswirkung auf den, der das **Frevelwort** hört! Denken wir nur an die Wirkung, welche Adolf Hitler durch seine Reden ausübte! Welche Verwirrung und Verblendung, welche Verirrung und **Verstrickung** wurde daraus geboren, bis hin zum schrecklichen Fall.

In der Ausschreitung der Lippen (BA) **ist eine Verstrickung des Bösen** (BUB) – wird in diesem Wort nicht die ausweglose Situation des Bösen sichtbar, welcher, der Lüge verfallen, in der **Ausschreitung** die »Flucht nach vorn« antritt? Doch kann ihn diese nur ins Nichts führen! **Der Gerechte** hingegen steht in mancherlei **Drangsal** und Not, doch hat »das Tal der Trübsal« für ihn eine »Türe der Hoffnung«, die ihm der Gott eröffnet, der zusammen mit der Versuchung den Ausweg schafft (Hosea 2, 15/1. Kor. 10, 13). So **entgeht er der Drangsal,** nicht zuletzt auch dadurch, daß er sich vor der Verstrickung in die Lüge hütet. Das Pauluswort »allenthalben bedrängt, aber nicht eingeengt; keinen

Ausweg sehend, aber doch nicht ohne Ausweg« können viele Gotteskinder bestätigen; es wird aber auch eine prophetische Erfüllung haben, wenn die Christusgemeinde aus endzeitlicher **Drangsal** entrückt wird! Dann erfüllt sich vollkommen, was Ps. 34, 19 verheißt: »Viele sind der Widerwärtigkeiten des Gerechten, aber aus allen denselben errettet ihn JAHWEH!«

Den Gegenpol zur Lügenlippe, zur **Lippe der Übertretung,** bildet **die Frucht der Lippen eines Mannes;** diese **Frucht** besteht im positiven, segnenden, geistlichen Hunger sättigenden Wort. Damit steht der Gerechte dem Wesen des wahren Wortes Gottes nahe, das, vom Vater ausgesandt, nicht leer zu Ihm zurückkehrt, sondern zuvor die Erde, wie ein Segensregen, sprossend und **fruchtbar** macht (Jes. 55, 10–11). Die **Frucht der Lippen eines Mannes** steht in enger, unmittelbarer Beziehung zu dem, was **seine Hände reifen lassen** (BUB); Letztlich ist dieser **Mann** Jesus Christus als der »letzte Adam«; Sein gesegnetes und segensreiches Wort und Sein fruchtvolles Handeln führen den Heilsplan Gottes zum Ziel!

Daß der gerechte **Mann von der Frucht seines Mundes** selbst **mit Gutem gesättigt wird,** kann jeder bezeugen, der Gottes Wort verkündigt; die segensvolle Rückwirkung wird auch deutlich in der Aussage, daß das **Wirken seiner Hände zu ihm zurückkehrt.** Der Segen, den er anderen vermittelt, kommt ihm selbst zugute. Dies wird auch in Spr. 12, 5–6 deutlich, wo von den Überlegungen und Worten der Gesetzlosen gesagt wird, daß sie auf eine Bluttat abzielen; die Gedanken und der Mund der Gerechten jedoch sind richtig, weil sie die Aufrichtigen retten, deren Leben durch die Gottlosen bedroht ist; doch kann man in der Aussage »der Mund der Aufrichtigen errettet sie« auch eine segensvolle Ausstrahlung auf sie selbst sehen! So bringen Fluchwort und Lügenrede Fluch und Verstrickung über andere Menschen, aber in einer unheimlichen Rückwirkung auch für den Sprechenden selbst; wieviel mehr gilt dies von der heilbringenden Auswirkung des Segenswortes! Nach dem Gesetz von Saat und Ernte läßt der Herr **das Werk unserer Hände** und **das Wort unseres Mundes zur Frucht ausreifen.**

> In eisigem Schweigen wohnt Finsterniswesen,
> doch herzliche Worte erwärmen und lösen.
>
> Verbittertes Drohen muß Feindschaft entfachen,
> doch liebender Zuspruch kann glücklich uns machen.
>
> Ein grausames Wort kann ein Leben vernichten,
> doch freundliches Bitten hilft Spannungen schlichten.
>
> Ein Trost des Erbarmens gereicht uns zum Heile,
> doch Worte voll Haß sind wie giftige Pfeile.
>
> Verstehn und Verzeihn kann Verbitterte rühren,
> die Botschaft vom Kreuz wird zu Christus sie führen.
>
> Die Macht unsrer Worte zum Guten und Bösen
> kann teuflisch zerstören und göttlich erlösen.
>
> O möchte die Saat unsrer Worte auf Erden
> zu bleibender Frucht für die Ewigkeit werden!
>
> (Adolf Heller)

+ + +

Wer Wahrheit ausspricht, berichtet Gerechtigkeit, aber ein Lügenzeuge nur Trug. – Da ist ein Schwätzer (der unbesonnene Worte redet) **gleich Schwertstichen; aber die Zunge der Weisen ist Heilung. – Die Lippe der Wahrheit besteht ewiglich, aber nur ein Augenzwinkern die Lügenzunge.**

Worte der Wahrheit sind ein entscheidender Beitrag zu **Gerechtigkeit** und Rechtsfindung; dies gilt schon für irdische Gerichtsprozesse, mehr noch aber in geistlicher Beziehung: Die **Treue und Wahrheit** Christi macht uns frei und schenkt uns die Gerechtigkeit, die vor Gott gilt! Das **besonnene,** weise begründete und wohl durchdachte Zeugniswort ist einer erfrischenden Quelle vergleichbar; dem stehen die **unbesonnenen Worte** (E) des **Plappermauls** (BUB) gegenüber, das durch eine Wörterflut den wahren Tatbestand verschleiern will und einem alleszerstörenden Wasserfall und einem vernichtenden **Schwerthieb** gleicht. Pred. 5, 2 fordert uns darum auf: »Sei nicht vorschnell mit deinem Munde, und dein Herz eile nicht, ein Wort vor Gott hervorzubringen; denn Gott ist im Himmel, und du bist auf der Erde; darum seien deiner Worte wenige … der Narr wird laut durch viele Worte!« **Der plappernde Schwätzer** wird mit seiner **Lügenzunge** zum **falschen Zeugen;** so bewahre uns Gott auch davor, fromme Schwätzer zu werden! Dies gilt sogar hinsichtlich des Gebets; wie stark unterscheidet sich die Anweisung Jesu von den heute empfohlenen Praktiken des »Kettengebets«: »Wenn ihr aber betet, so sollt ihr nicht **plappern** wie die von den Heidenvölkern, denn sie meinen, ihrer vielen Worte willen erhört zu werden! Seid ihnen nun nicht gleich; denn euer Vater weiß, was ihr bedürfet, bevor ihr Ihn darum bittet« (Mtth. 6, 7–8)! Auch ein klares und kurzes Gebet kann ernstlich sein (Jak. 5, 16).

Max Picard hat ein Büchlein mit dem Titel »Wort und Wortgeräusch« geschrieben und darin zur gottgewollten Selbstdisziplin des Wortes aufgerufen, damit aus den vielen »Wörtern« fruchtbares »Wort« werden könne. Statt: **Wer Wahrheit ausspricht …** heißt es eigentlich: **Wer Wahrheit** (Treuliches, Vertrauenswürdiges) **einhaucht** (BUB) … Damit wird das feine Innenwirken des guten Gottesgeistes abgegrenzt vom Lügengeist, das »Einhauchen« Gottes von den Einflüsterungen der Schlange! Wir erinnern daran, daß JAHWEH-Gott dem Adam Lebensodem in seine Nase hauchte, daß er zur lebendigen Seele ward; der auferstandene Christus aber »hauchte Seine Jünger an«, um ihnen mit diesem Handeln den Heiligen Geist zu verleihen (Joh. 20, 22).

Das Lügenwort des Schwätzers ist Schwertstichen gleich; es verletzt gerade mutlose, depressive und labile Menschen und zerstört durch lieblose Kritik ihr gutes, aber oftmals noch unvollkommenes Wollen. **Das Weisheitswort, die Zunge der Weisen** jedoch baut auf und **heilt** seelisch-geistliche Krankheiten und Wunden. Wenn wir die positiven und negativen Aussagen von Spr.10, 31–32 zusammenfassen, ergibt sich als Text: »Der Mund des Gerechten läßt Weisheit sprossen, die Lippen des Gerechten verstehen sich auf Wohlgefälliges; der Mund der Gesetzlosen ist Verkehrtheit, die Zunge der Verkehrtheit aber wird ausgerottet werden!«

So werden wir von dem Apostel aufgefordert, »die Wahrheit festzuhalten in Liebe und alles zum Wachsen zu bringen auf Christus hin, der das Haupt ist« (Eph. 4, 15)! Gerade dies aber bewahrt uns vor der »Betrügerei der Menschen und vor ihrer Verschlagenheit zu listig ersonnenem Irrtum«.

Aber können wir wirklich behaupten, daß **die Lippe der Wahrheit ewiglich besteht, aber nur ein Augenzwinkern lang die Lügenzunge?** Ist nicht die Lüge eine dauerhafte, allumfassende Weltmacht? Gottes Wort spricht immer vom Gesichtspunkt der Ewigkeit aus! Und wenn wir wie Paulus unsere Bibel »mit der grammatischen Lupe« lesen (s. Gal. 3, 16), so dürfen wir in der **Lippe der Wahrheit, die Treuliches einhaucht,** das heilende Segenswort Christi sehen, der selbst die Wahrheit ist! Dieses geistgehauchte Wort Christi bleibt in Ewigkeit, wenn auch alles sonst zerfällt; das allein garantiert alle Gottesverheißungen und bildet damit das Fundament unserer Hoffnung (Jes. 40, 7–8).

Die Zunge der Weisen, die Lippe *der* Wahrheit ist Heilung!

Dies dürfen auch wir erfahren, weil uns der Same des Wortes Gottes **zur Heilung** in unsere Seelen gepflanzt ist, wie es Jak. 1, 21 bezeugt!

+ + +

122 RÄNKESCHMIEDE UND FRIEDENSPLANER (12, 20)

Trug ist im Herzen derer, die Böses schmieden; bei denen aber, die Frieden planen, ist Freude.

Alles Irdische wurde den Propheten zum Gleichnis; so, wie Jeremias in der Töpferwerkstatt die Prinzipien der Auserwählung Gottes kennenlernte (Jer. 18), gibt uns vorliegender Text einen Anschauungsunterricht in der Werkstätte des **Schmiedes.** Dieser ist in der Heiligen Schrift fast immer ein Bild des Bösen und seiner Planungen und Ratschlüsse. Wie er das glühende Eisen formt, werden »in der Kohlenglut des Bösen«, **im Herzen der Gottlosen,** Bosheiten ersonnen. Ps. 140, 2–3 beschreibt uns den Weg vom planenden Gedanken über das lügnerische Wort zur heimtückischen Untat: » Sie ersinnen Bosheiten im Herzen, erregen täglich Krieg. Sie schärfen ihre Zunge wie eine Schlange; Otterngift ist unter ihren Lippen!«

In Spr. 6, 12–15 sahen wir den »Belialsmenschen«, in dessen Herzen Verkehrtheiten sind, und der zu aller Zeit Böses und heillose Anschläge **schmiedet.**

Beim Bilde **des Eisenschmiedes** steht der Gedanke der planenden Vorbereitung und der verarbeitenden Gestaltung des Bösen im Vordergrund (s. Jes. 44, 12). Sogar die Molekularstruktur des Eisens wird in der Kohlenglut verändert, damit es dem Gestaltungswillen des Schmiedes zu folgen vermag, der es zurechthämmert, formt, feilt und kühlt; eine Fülle von Werkzeugen dient dem Produktionsprozeß. Unser Sprüchewort hat also nicht die Schwachheitssünde, sondern **die geplante Sünde** des Urbösen im Auge. Auch unsere deutsche Sprache nennt einen Menschen, in dessen Herzen Betrug und Hinterlist wohnen,und der das Böse plant, einen »Ränkeschmied«. Wir wiesen schon auf Eph. 4, 14–15 hin, wo eine endzeitliche Gefährdung der Christusgemeinde im »Wind der Lehre« und »in der **Betrügerei** durch Menschen mit Verschlagenheit und listig ersonnenem Irrtum« geschaut wird. Im Vergleich mit Eph. 6, 11 aber wird deutlich, daß hinter dem »Wind der Lehre« dämonischer Geist, und hinter den betrügerischen menschlichen Ränkeschmieden unsichtbare Finsternismächte stehen; diese **planen** das ganze **trügerische** Spiel weltweit und versuchen es durch menschliche »Medien« durchzusetzen. Hauptmedium aber ist die propagandistische **Lügenlippe.**

Es gibt ein Reich der Finsternis, das zur möglichen Vereitelung des Gottesplanes welt-umfassende **Pläne des Bösen schmiedet;** das **Herz** dieses Reiches ist »der Vater der Lüge«, der Satan. Jes. 54, 16 aber belehrt uns, daß »die Waffen dieses Kohlenschmie-des«, ja, **»der Schmied«** selbst von Gott geschaffen sind und letztlich dazu dienen müs-sen, daß Gottes Gerichts- und Liebesziele durchgeführt werden! So fängt Gott die Wei-sen in ihrer List! »Seinem Handwerk gemäß« darf »der Verderber zerstören« – aber nur im Rahmen der göttlichen Heilsplanung.

Diese **Planung** aber läuft auf einer anderen Linie: **Bei denen, die Frieden planen, ist Freude!** Friedensplanung ist jedoch weit mehr als nur ein friedliches Gefühl; es fordert unseren Herzensvorsatz und klaren Willen, der Mittel und Wege ersinnt, um Frieden zu schaffen. »Glückselig sind die Friedensstifter, denn sie werden Söhne Gottes heißen«, sagte unser Herr (Mtth. 5, 9). In ihrem Herzen wird – im Rückstrom ihres Tuns – **Freude** ausgelöst! In wieviel tieferer Weise gilt dieses Grundgesetz von dem lebendigen Gott, der in Seinem Heilsplan den **Friedensschluß** durch das Blut des Christus ersonnen und durchgeführt hat (Eph. 2, 14/Kol. 1, 20). So ist »der Gott **des Friedens«** in vollkomme-ner **Freude** auch »der glückselige Gott« (1. Tim. 1, 11/6, 15)! Mögen doch auch in un-serem Herzen und Leben **Friede** und **Freude** vereint sein, wie es uns so unübertrefflich Phil. 4, 1–9 kundtut! Denn das Königtum Gottes ist nach Röm. 14, 17 »Gerechtigkeit, **Friede** und **Freude** im Heiligen Geiste«!

+ + +

123 DIE WAHRHEIT REDEN UND – TUN   (12, 22)

Die Lippen der Lüge sind JAHWEH ein Greuel, die aber, welche Wahrheit üben, (finden) **Sein Wohlgefallen.**

Diese Aussage trifft uns wohl alle, weil nach Ps. 116, 11 »alle Menschen Lügner sind«, und sei es auch »nur« im Gebrauch der Scheinwahrheit, Halbwahrheit und »Notlüge«. Daß die **Lüge dem Herrn ein Greuel ist,** hat mit unserer bürgerlichen Moral nichts zu tun; es ist vielmehr in Seinem göttlichen Wesen begründet. Gott ist die absolute Wahr-heit; Er, der gebot: »Du sollst kein falsches Zeugnis reden …!« befolgt Sein eigenes Ge-setz in vollkommenster Weise. Er ist so sehr Seinem eigenen Wesen, also auch der Wahr-heit, verpflichtet, daß hierin Seine göttliche Allmacht begrenzt ist: Gott »kann nicht lü-gen« (Hebr. 6, 18); »Er ist treu und kann sich selbst nicht verleugnen« (2. Tim. 2, 13); und »Seine Gnadengaben und Berufungen sind unbereubar« (Röm. 11, 29). Nach Hebr. 6, 11–19 gibt Er uns in Seinem Wort nicht nur die kostbarsten Verheißungen, die Er durch die Erfüllung Seines Ratschlusses unwandelbar macht; vielmehr stellt Er sie durch einen göttlichen Eidschwur um unseretwillen überschwenglich unter Beweis. Wer es an-gesichts solcher Aussagen noch wagt, Gottes Wort zu bezweifeln, was ja bedeutete, Ihn zum Lügner zu machen, begeht Majestätsbeleidigung (1. Joh. 1, 10). Somit ist der le-bendige Gott Quelle und Garant aller **Wahrheit,** der Satan jedoch »Vater«, d. h. Quelle und Ursprung **der Lüge.** Ebensowenig, wie Gott den Satan als böse erschuf, so ist »keine Lüge **aus der Wahrheit«,** das heißt – aus Gott. Eine solche Aussage wäre auf unserer zwischenmenschlichen Ebene selbstverständlich und inhaltlos, sie erstrahlt aber im prophetischen Licht und beleuchtet den Charakter unseres Gottes und Vaters! Doch lesen wir 1. Joh. 2, 21–22 ganz: »Ich habe euch nicht geschrieben, daß ihr die Wahrheit nicht kennet, sondern daß ihr sie kennet, und **daß keine Lüge aus der Wahrheit ist.** Wer ist *der* Lügner, wenn nicht derjenige, welcher leugnet, daß Jesus der Messias ist? Dieser ist der Antichrist, der den Vater und den Sohn leugnet!«

Nun verstehen wir, warum dem Herrn die **Lügenlippen,** also nicht nur die Lüge als End-produkt, sondern alle, die sie hervorbringen, **ein Greuel** sind. **Die aber, welche Wahr-heit** (Treue, Beständigkeit) **üben, stehen unter Seinem Wohlgefallen!** Eigenartiger-weise ist hier nicht vom Reden, sondern vom **Ausüben** und **Tun der Wahrheit** die Rede, so wie die Heilige Schrift auch ein »Tun«, Ausüben und Praktizieren der Lüge nennt (1. Joh. 1, 6/2, 21/Offb. 21, 27/22, 15). **Die Lügenrede** kann unser Wesen so stark durchdringen und bestimmen, daß wir sie tun, und daß unser Leben insgesamt zu einer einzigen Lüge wird. Die Wortlüge gebiert die Lebenslüge. Auch das Reden und Tun der Wahrheit gehört zusammen. »Wo nicht Wahrheit wohnt im Herzensgrund, ist das ganze Wesen nicht gesund« dichtete Karl Geyer. Unser Wesen kann durch das Wirken des Heiligen Geistes mehr und mehr von **Treue und Wahrheit** geprägt werden, so daß wir die Wahrheit leben, tun und **ausüben.** Weil dies dem Sohne Gottes so vollkommen innewohnte, hatte der Vater »an Ihm **Wohlgefallen«,** und Er selbst konnte sich als **die Wahrheit** bezeichnen.

Gott löse uns von der wesenszerstörenden Lebenslüge und von aller scheinheiligen, frommen Schauspielerei und führe uns wesentlich in Seine Treue, Wahrheit und Wirk-lichkeit ein! »Wenn wir behaupten, Gemeinschaft mit Ihm zu haben, und dabei doch in der Finsternis wandeln, so lügen wir und praktizieren nicht die Wahrheit« (1. Joh. 1, 6)!

+ + +

124   WEGWEISUNG ZUR FREUDE   (12, 25–26)

Kummer im Herzen eines Mannes beugt es nieder, aber ein gutes Wort erfreut es. – Der Gerechte weist seinem Nächsten einen Weg, aber der Weg der Ge-setzlosen führt sie irre.

Was kann Herz und Gemüt eines Menschen **niederbeugen? Kummer** (E), **Besorgnis** (BUB) und **Bangigkeit** (BA) können durch begründete Sorgen hervorgerufen werden, aber auch durch unbegründete Ängste und Depressionen, an denen unsere Zeit so reich ist. »Vor **Kummer** schwindet mein Leben dahin!« kann mit Ps. 31, 10 oftmals auch der Glaubende rufen, wenn seine Seele von Resignation und Müdigkeit wie gelähmt ist. Und weil »bei **Kummer des Herzens** der Geist zerschlagen ist« (Spr. 15, 13), kann allein schon ein Nachlassen der seelischen Spannkraft zur »Ermüdung des Geistes« und des geistlichen Lebens führen, wie es Hebr. 12, 3 zeigt! Wie notwendig ist es, daß in solche Seelenlage hinein ein **gutes,** freundliches, ermutigendes **Wort** gesagt wird, das lösen, **erfreuen,** ja, **erheitern** kann. »Das Leuchten der Augen **erfreut das Herz, eine gute Nachricht** labt das Gebein!« ergänzt Spr. 15, 30. In solcher belebenden Wirkung unterscheidet sich die frohe Botschaft des Evangeliums von der »Drohbotschaft« gesetzlicher Verkündigung, weshalb das Grundtextwort »parakaleoo« nicht nur »warnen« und »ermahnen«, sondern auch »ermutigen, trösten und ermuntern« bedeutet.

So hat Paulus einmal seinen furchtsamen Mitarbeiter Timotheus mit dem Wort ermuntert: »Fache an die Gnadengabe Gottes, die in dir wohnt, denn Gott hat uns nicht einen Geist der Furchtsamkeit gegeben, sondern der Kraft und der Liebe und der Besonnenheit« (2. Tim. 1, 7)!

Solch ein **gutes Wort,** am rechten Ort und zur rechten Zeit in die innere Situation eines Menschen hineingesprochen, wird aus drei Vorbedingungen geboren:

1. aus dem Geiste der Weissagung, der in der Seelsorge ein Geist der **Wegweisung** ist;
2. aus einer beständigen Disziplin des Wortes, die dann auch im konkreten Fall »Gnadenwort« zur Verfügung stellt, wie es Kol. 4, 6 sagt: »Euer Wort sei allezeit mit Salz gewürzt« (d. h. konkret, gehaltvoll, treffsicher), »damit ihr wisset, wie ihr jedem einzelnen antworten sollt«, weshalb wir auch »Salz in uns selbst haben« sollten (Mark. 9, 50);
3. aus dem heiligen Hörschweigen eines Jüngers vor Gott, der das »geöffnete Ohr« des Gehorsamen besitzt, und dem der Herr »eine gelehrte Zunge gibt, damit er wisse, den Müden durch ein Wort aufzurichten« (Jes. 50, 4–6). Daß ein solches verständnisvolles Wort der priesterlichen Gesinnung und eigenen Leiden erwächst, zeigt der Hinweis in Jes. 50, 5–7 auf die Messiasleiden.

Das gute Wort eines wahren Hirten – ein Wort der Ermahnung, Ermunterung und des Trostes – **weist den Weg** aus der Not der Bedrückung, so wie auch der Heilige Geist als der »Tröster« wegweisend »das Kommende verkündigt« (Joh. 16, 13). Die Übersetzungen geben die **Wegweisung** (E) auch mit **Ausschwärmen** (BUB), **Erkunden** (BA), ja, mit dem **Ausspähen** eines Kundschafters wieder, der selbst **den Weg aufspürt,** um hernach **den Nächsten auf die Spur führen** zu können (Tur-Sinai). Dieser Kundschafterfunktion liegt die eigene, oft in Leiden und Anfechtungen erworbene Erfahrung zugrunde, die das priesterliche Verständnis für die Nöte und Schwachheiten der Brüder schenkt. So war es bei Jesus, so ist es bei uns, sagt uns der Hebräerbrief. Wer selbst das Ziel nicht kennt, wird auch den Weg nicht wissen (Morgenstern)! Auch der Herr lernte in Versuchungen und Anfechtungen den völligen Gehorsam und vermag nun als barmherziger Hoherpriester Mitleid mit den Brüdern zu haben. Er weist **den Weg** zum vollkommenen Ziel der Ruhe Gottes, ja, Er ist selbst der Weg zum Vater. Auch wir können nur auf dem Wege Christi **Kundschafter** und **Wegweiser** geistlicher Hilfe werden!

Die Übertragung von Baader: **»Bangigkeit im Herzen eines Mannes macht es sich hinwerfen«** läßt uns an Jesu Leiden, Gebeugtwerden und Weinen im Garten Gethsemaneh denken, wo Er vor Gott auf Sein Antlitz fiel (Hebr. 5, 7–8).

Der Gerechte weist seinem Nächsten einen Weg übersetzt Schmoller (PAR) mit: **Der Gerechte erspäht sich** (und seinem Nächsten) **eine Weide;** dies steht nicht im Widerspruch zur ersten Fassung; Wege, die der Heilige Geist durch gute Hirten und ihren Dienst **weist,** führen nicht in trostlose Wüsten, sondern auf grüne Weiden und zum frischen Quell (vgl. Ps. 23).

Esth. 9, 22 schildert den Ursprung der Gedenktage des jüdischen Purimfestes, wo sich dem Volke Israel **Kummer in Freude** verwandelte, als Gott ihnen Ruhe gab vor ihren Feinden. Aber **der Weg des gesetzlosen** Judenfeindes Haman und seiner Söhne, ihre List und ihre Anschläge, **führten in die Irre** und zu ihrem Untergang. Von der endzeitlichen Rückkehr der »Befreiten JAHWEHS« sagt Jes. 35, 10, daß sie »Wonne und Freude erlangen, und daß Kummer und Seufzen entfliehen werden«. Diese Verheißung gilt heute schon allen gebeugten Herzen, wie auch die Zusicherung der besonderen Nähe Gottes (Jes. 57, 15/Ps. 34, 18/Ps. 51, 17/Jes. 61, 3)!

+ ⁺ +

125   KEIN TOD AUF DEM WEGE DER GERECHTIGKEIT!   (12, 28)

Auf dem Pfade der Gerechtigkeit ist Leben, und kein Tod ist der Weg ihres Steiges!

Statt **auf dem Pfade der Gerechtigkeit** übersetzt Baader: **im Pfade der Rechtfertigung** (hebr.: zedakah), wodurch eine Brücke zum neutestamentlichen Heilsgeschehen geschlagen wird. Im Alten Bund erschloß **die Gerechtigkeit** im Sinne der **Bewährung** (BUB) **das Leben** auf dem Wege des Gesetzes – Leben, vorwiegend im Sinne irdischer Segnungen und einer künftigen Teilnahme am Messiasreich. So sagt Hes.18, 9: »Wer in meinen Satzungen wandelt und meine Rechte hält, um nach Wahrheit zu handeln, der ist gerecht«, und diese Gerechtigkeit ist es, die nach Spr. 10, 2 »vom Tode errettet«. Der Neue Bund hingegen zeigt uns **den Weg** zum wahren **Gottesleben** durch die **Rechtfertigung,** die aus dem Versöhnungstod Christi erwächst und in der Wiedergeburt durch Gottes Geist besiegelt wird. Nach Röm. 5, 18 ist durch Christi **Gerechtigkeit** die Rechtfertigung des Lebens gekommen. Freilich war für den »wahren Israeliten ohne Falsch« mit dem Tun des Gesetzes immer auch der Glaube verbunden, so daß »der Gerechte seines Glaubens leben« konnte (Hab. 2, 4), wie auch für den in Christo Gerechtfertigten das Wandeln in gottverordneten Werken eine selbstverständliche Pflicht ist (Eph. 2, 10). **Leben** und **Unsterblichkeit** sind jedoch für die Auserwählten zu allen Heilszeiten Gottes Ziel. Auch für uns gilt, daß wir »den Tod nicht sehen werden ewiglich«, wenn wir Christi Wort bewahren (Joh. 8, 51). Wer aber Gottes Heilsangebot ausschlägt, bleibt **im Tode,** der auch den geistig-geistlichen Tod während des irdischen Lebens einschließt. **Der Pfad der Rechtfertigung zum Leben** wird klar in Eph. 2, 1 + 4–5 beschrieben:
»Auch euch, die ihr **Tote waret** in euren Vergehungen und Sünden … hat Gott, der da reich ist an Barmherzigkeit, zusammen mit dem Christus **lebendig gemacht!«**
Kein Tod (PAR: Unsterblichkeit) **ist der Weg des Steiges** der Gerechten! Im Hinblick auf das uns allen verordnete kreatürliche Sterben kann man diese Aussage nicht aufrechterhalten; denn schon der »Prediger« wußte darum, daß »Geborenwerden, Leben und Sterben seine Zeit hat« (Pred. 3, 2). Dr. Maier-Gerber hat diesen scheinbaren Widerspruch in seinem Buche »Sterben – der Höhepunkt des Lebens« so aufgelöst:
Sterben ist das physische Erlöschen beim »Ablegen des Leibeszeltes« und ein kurzes Übergangsstadium zur Vollendung des Gotteslebens, das der Glaubende schon hier auf Erden in sich trägt; vom Sterben zu unterscheiden sei jedoch **der Tod,** der die aeonenlange Gottesferne nach dem Sterben dessen darstellt, der schon in seinem irdischen Leben »tot in Sünden und Übertretungen« war.
Dem schließt sich Spr. 11, 19 an, wenn es bezeugt: »Wie die Gerechtigkeit zum Leben, so gereicht es dem, der Bösem nachjagt, zu seinem Tode!« Darum sagt Gott in Hes.

18, 32: »Denn ich habe kein Wohlgefallen am **Tode** des **Sterbenden!**« Erst in diesem Lichte wird auch das Jesuswort an Martha verständlich: »Ich bin die Auferstehung und das Leben; wer an mich glaubt, wird leben, auch wenn er gestorben ist; und jeder, der da lebt und an mich glaubt, er wird keineswegs sterben im (kommenden) Aeon« (Joh. 11, 25–26)! Er wird also den »zweiten Tod« in der Gottesferne nicht erleiden müssen. Prälat Hartenstein sagte einmal: »Wir Christen haben den Tod hinter uns und das Leben vor uns! Das Sterben des Leibes ist nur noch der Aufbruch und der Auszug zum Herrn, die große Heimkehr!«

Doch darf man gewiß das Doppelwort Jesu aus Joh. 11, 25–26 auch prophetisch so verstehen: Während Seine erste Aussage auf die »Toten in Christo« hinweist, die bei Seiner Wiederkunft auferstehen werden, gilt die zweite Aussage denen, die verwandelt und zu Ihm entrückt werden, ohne erst sterben zu müssen – der letzten Gemeindegeneration vor Christi Erscheinen! Ob Paulus an die Worte Jesu an Martha dachte, als er dies »aufgrund eines Herrenwortes« an die Thessalonicher schrieb (1. Thess. 4, 13–18)?

»Ewiges **Leben**« aber ist das Gottesleben in den kommenden Heilszeiten der Vollendung, das der in Christo **Gerechtfertigte** schon jetzt – in einer Vorwegnahme der Heilszukunft – in sich tragen darf!

+ + +

126 SOHNESGEHORSAM (13, 1)

Ein weiser Sohn hört auf die Unterweisung des Vaters, aber ein Spötter hört das Schelten nicht.

Wieder spricht der Text von der **Vaterunterweisung,** die zugleich väterliche **Erziehung,** ja, **Zucht** ist. Wenn wir dieses Gotteswort ernst nehmen, dann gibt es in unserer Zeit des Aufruhrs gegen jegliche Autorität kaum noch **weise Söhne!** In diesen gefährlichen Strudel werden selbst die christlichen Gemeinden hineingerissen, denen der Fürst dieser Welt aus der »altertümlichen« Mauer der Gottesoffenbarung Stein um Stein herauszubrechen versucht. Eigentlich heißt unser Text: **Ein weiser Sohn ist die Unterweisung des Vaters ...,** d.h. ist Ziel und Ergebnis der väterlichen Zucht, ist, was er geworden ist, durch des Vaters Unterweisung; die Elberfelder Übersetzung hat die Gedankenlücke mit dem **hört** der zweiten Zeile ergänzt, was sinngemäß durchaus richtig ist: **der weise Sohn hört ... der Spötter hört nicht.**

Hören führt zum Gehorsam. Noch immer »kommt der Glaube aus der gehörten Botschaft« und nicht aus der Pantomime, dem »christlichen« Beat und Verkündigungsspiel und was dergleichen an »harmlosen christlichen Vergnügungen« aufgeboten wird! Glauben weckende Verkündigung aber kommt aus dem Worte Gottes (Röm. 10, 17). Je weniger diese Bedingung erfüllt ist, um so mehr muß man zu Ersatzformen der »Menschenverlockung« greifen.

Kann aber **ein Sohn** schon **weise** sein? Ist Weisheit nicht ein Kennzeichen der Reife und des Alters? Nein, Weisheit gibt es auf jeder Glaubens- und Reifestufe, wenn anders wir die Aussage aus Jak. 1, 4 ernstnehmen, daß bereits das Kindlein in Christo »vollkommen« ist, weil es alle geistlichen Grunddispositionen und Wesenszüge des Christusbildes in sich trägt. Freilich muß es nun heranwachsen zur »Vollendung« der Erwachsenenreife, und dazu dient entscheidend **das Hören auf die Vaterunterweisung.** »Gehorsam« (hypakoä) bedeutet eigentlich, daß man sich »unter das Gehörte stellt«, was nur auf dem Wege der Demut möglich ist. Darum bittet der Apostel in Hebr. 13, 22: »Ertraget das Wort der Ermahnung!«

Der **dreiste Spötter** aber **hört nicht auf das Schelten** des Vaters, auf die Warnung Gottes. Über solche »Dummheit« sagt Spr. 12, 1: »Wer Unterweisung liebt, liebt Erkenntnis; und wer Zucht haßt, ist dumm!«

Wenn 1. Kor. 4, 15 beklagt, daß es »nur wenige Väter«, wohl aber »10 000 Erzieher« in der Christusgemeinde gäbe, dann will es keinen Gegensatz zwischen »väterlichem Evangelium« und »gesetzlicher Erziehung« aufrichten; vielmehr beklagt es das absurde Mißverhältnis, daß Zucht und Erziehung sinnlos ist, wenn es keine Vaterschaft, d. h. kein neues Leben gibt. **Söhne** aber müssen göttlich erzogen werden, und ein guter Vater ist zugleich ein guter Pädagoge, was Hebr. 12 aufs klarste auf Gott selbst bezieht. Darum gehört auch **das Schelten,** die Warnung vor dem kommenden Gericht, zur vollen Botschaft des Wortes Gottes!

Kindlicher Gehorsam im **Hören der Vaterunterweisung** und väterliche Lebensautorität bedingen einander. Dies ist schon im Natürlichen so. Zwar fordert Paulus von den Kindern: »Gehorchet euren Eltern in allem, denn das ist recht (richtig, gerecht) und im Herrn wohlgefällig«; er fordert aber auch die Väter auf, ihre Kinder nicht bis zur Mutlosigkeit »zu ärgern« und sie nicht »zum Zorn zu reizen« (Eph. 6,1–4/Kol. 3, 20–21). So ausgewogen sollte auch das geistliche Verhältnis der Generationen in der Gemeinde Jesu sein! Wie solche gottgemäße **Vaterunterweisung** aussieht, mögen die beiden Timotheusbriefe zeigen, worin Paulus als Vater »sein echtes und geliebtes Kind im Glauben« in vortrefflicher Weise ermahnt und ermuntert. Gewiß hat Timotheus (als »der Gott Fürchtende«) einem solchen Vater **zugehört** und gehorcht und so den Weg zur vollkommenen **Weisheit** gefunden.

Die gründlichste **Unterweisung** und **Erziehung** gibt Gott als der »Vater aller Vaterschaften« selbst; in einer vollkommenen Pädagogik »behandelt er uns wie Söhne«. Während uns unsere irdischen Väter »nach Gutdünken«, also keineswegs immer fehlerfrei erzogen, ist Gottes Erziehung ohne Fehl. »Sollten wir uns dem Vater der Geister nicht unterordnen und leben? Er erzieht uns zum Nutzen, damit wir Anteil gewännen an Seiner Heiligkeit. Alle Erziehung aber scheint für die Gegenwart nicht Freude, sondern eher Traurigkeit zu bewirken; zukünftig aber bewirkt sie die friedvolle Frucht der Gerechtigkeit denen, die durch sie geübt sind« (Hebr. 12, 4–11). **Der weise Sohn ist das Ziel der Vaterunterweisung!**

+ + +

127 DIE SEELE DES FLEISSIGEN WIRD GESÄTTIGT (13, 4)

Die Seele des Faulen begehrt, und nichts ist da; aber die Seele der Fleißigen wird reichlich gesättigt.

In holzschnittartigem, plakativem Schwarz-Weiß-Kontrast stellen uns die SPRÜCHE immer wieder Paare vor Augen: den Gerechten und den Gesetzlosen, die Weisheit und die Narrheit, die Lüge und die Wahrheit, und oftmals auch den **Fleißigen** und den **Faulen.** Was ist nun die Quintessenz aller ihrer Aussagen über Fleiß und Faulheit? Etwa die volkstümliche Feststellung: »Von nichts kommt nichts«? In Romanform lautete dann der Titel: »Vom Tellerwäscher zum Millionär«! Ist das die Absicht unseres Textes?

Es ist ja eine Tatsache, daß die calvinistischen Erstbesiedler der USA ihre »Prädestination zum Heil« im äußeren Erfolg, Glück und Wohlstand bestätigt fanden, was schließlich zum extremen Kapitalismus führte. »In God we trust« (auf Gott vertrauen wir) stand nicht über ihren Haustüren, sondern auf ihren Geldscheinen! Freilich ist es eine schlichte Lebensregel, daß bloßes träumerisches **Draufloswünschen** (BUB) der Seele zum **Nichts** führt, während der Fleißige nicht nur eine Sättigung seines Leibes erzielt, sondern durch erfolgreiche und befriedigende Arbeit auch **eine Sättigung seiner Seele.** Im Bilde der Treibjagd sagt hierzu Spr. 12, 27: »Nicht erjagt der Lässige sein Wild; aber **kostbares Gut eines Menschen ist es,** wenn er fleißig ist!«

Dürfen wir nun den Aufruf zum Fleiß auch auf das geistliche Leben übertragen? Spricht sich nicht das NT deutlich gegen alle Leistungs- und Werkgerechtigkeit aus? Denken wir nur an Eph. 2, 8–9: »Denn durch die Gnade seid ihr errettet vermittelst des Glaubens, und das nicht aus euch, Gottes Geschenk ist es; nicht aus Werken, damit niemand sich rühme!« Und doch kennen wir die Schriften des Neuen Testaments schlecht, wenn wir in ihnen eine Bestätigung geistlichen Nichtstuns und frommer Beschaulichkeit zu finden meinen. Unübertrefflich faßt Phil. 2, 12–13 geistlichen Fleiß und Gottes Gnadengeschenk als kooperativ zusammen: »Wirket aus eure eigene Errettung mit Furcht und Zittern; **denn** Gott ist es, der in euch beides bewirkt: sowohl das **Wollen** als auch **das Vollbringen** – nach Seinem Wohlgefallen!« Auf dieser Grundlage aber wird in etwa 30 Zusammenhängen des NT geistlicher Fleiß gefordert. Was sind seine Ergebnisse?

Ein Dienst in brennendem Geiste (Röm. 12, 11); treue Vorsteherschaft in der Gemeinde (Röm. 12, 8); gottgemäße Buße und Betrübnis (2. Kor. 7, 11); echte Liebe (2. Kor. 8, 7); das Eingehen in die Ruhe Gottes (Hebr. 4, 11); Vollgewißheit der Hoffnung bis ans Ziel (Hebr. 6, 11); Wachstum und Entfaltung im Glauben (2. Petr. 1, 5–8); ein Festhalten der Einheit des Geistes im Bande der Liebe (Eph. 4, 3); Bewährung im Dienst am Wort (2. Tim. 2, 15); das Festmachen der Berufung, damit wir ohne Flecken erfunden würden (2. Petr. 1, 10 + 2. Petr. 3, 14).

Möchten wir doch nicht zu den »Kretern« (den »Fleischlichen« und »Lügenhaften«) gehören, deren eigener Dichter über sie gesagt hat, sie seien »Lügner, böse Raubtiere und faule Bäuche« (Tit. 1, 12)! Sonst würden wir, die wir vom Herrn zu allerhöchsten Aufträgen »gesandt« sind, nicht wie eine Wohltat auf unsere Nächsten und Mitgläubigen wirken, sondern,«wie Essig den Zähnen, und wie Rauch den Augen«, das heißt zerstörerisch, beißend und blendend (Spr. 10, 26).

Das fleißige Mitwirken auf dem Grunde der geschenkten Gnade ist mehr als ein **Draufloswünschen, das zum Nichts führt,** mehr als fromme Träumereien; vielmehr **sättigt** es Geist und Seele mit dem Brote des Lebens!

Eine Verheißung zukünftiger Herrlichkeit dürfen wir in Spr. 12, 24 sehen, wonach »Lässige« nur »fronpflichtige Knechte« sein werden, »die Fleißigen« aber mit Christus »königlich herrschen« werden.

+ + +

Da ist einer, der sich reich stellt und hat gar nichts, und einer, der sich arm stellt und hat doch viel Vermögen!

Eine zweifache Verstellung berichtet der Text; hält Gottes Wort solches für erwähnenswert oder gar empfehlungswürdig? Es treten gleichsam zwei Schauspieler auf, die ihre »Rolle spielen«: der eine **täuscht Reichtum vor, ohne etwas zu besitzen;** dabei dürfen wir an jegliche Form des Reichtums denken, also auch an Wissen, Macht, Weisheit, Einfluß, aber auch an geistlichen »Reichtum« in Heiligung, Dienstvollmacht und Freude des Heiligen Geistes. Doch kann man dies alles nur **vortäuschen** und damit **ein Nichts,** etwa ein geistliches Vakuum, verhüllen, um durch eine »Vorspiegelung falscher Tatsachen« in der Gottesgemeinde eine Rolle spielen zu können. So kann man eine »Form der Gottseligkeit haben und deren Kraft verleugnen« (2. Tim. 3, 5). Der Gemeinde zu Laodicea mußte der Herr androhen, er werde sie »aus seinem Munde ausspeien«, weil sie behauptete: »Ich bin reich und bin reich geworden und bedarf nichts« und nicht wußte, daß sie in Wirklichkeit »elend, jämmerlich, arm, blind und bloß« war (Offb. 3, 17).

Wozu aber **stellt sich ein Reicher arm?** Vielleicht, weil er von Bedürftigen nicht angebettelt werden will? Was könnte dies im geistlichen Leben bedeuten? Jesus hatte den Nachfolger im Auge, der den gottgeschenkten, zur Verwaltung und Mehrung bestimmten Reichtum – etwa die Gnadengaben des Heiligen Geistes zum Dienste in der Gemeinde – »verbirgt«, sich mit seinen Gaben nicht in den Dienst einordnet und sich **arm stellt** (Mtth. 25, 14–30)! In einer Beziehung aber hat der Herr eine »geistliche Verstellung« sogar geboten; wer da fastet, was nicht nur die Speise meint, sondern jedes Gebiet menschlicher Erfüllung einschließen kann, solle in der Gemeinde der Frommen »nicht erscheinen als ein Fastender« – etwa mit düsterem Gesicht und überfrommem Ernst und im »Rollenspiel besonderer Heiligung«; vielmehr solle er sein Haupt salben, sein Angesicht waschen und überhaupt alles tun, damit man ihm seinen Verzicht nicht ansieht! Warum? Weil er sonst seinen Lohn als Bewunderung von Menschen empfängt und damit seinen Lohn bei Gott verliert, »der im Verborgenen sieht« (Mtth. 6, 16–18). Fasten kann zu geistlichem **Reichtum** verhelfen, zur Mehrung der Vollmacht, des Friedens und der Kraft; doch sollte sich **der Reiche** nach Jesu Mahnung ins gleiche Glied mit den anderen Gotteskindern und ihrer »normalen Frömmigkeit« stellen. So wird er **einer, der sich arm stellt, und der doch** – bei Gott – **viel Vermögen hat.**

Unser Text darf sich uns auch in seiner prophetischen Weite öffnen. Wer ist **der eine,** der im Streben nach Selbsterhöhung bis zu Gottes Thron, im räuberischen Griff nach Macht, Einfluß, Herrschaft und Gottgleichheit **sich reich stellte?** Ist es nicht der Satan, der Gott dieses Aeons und Fürst dieses Kosmos? Ist er nicht wirklich »reich«, wenn er von sich sagte, ohne den Widerspruch Christi zu erregen, ihm seien die Königreiche dieser Welt mit ihrer Macht »übergeben«? Doch ist alle satanische »Wirklichkeit« letztlich hohl und wesenlos und vom **Nichts** bedroht, da sie keinen Anteil an der göttlichen Wirklichkeit hat! Am Ende aller Zeiten wird er **gar nichts haben,** noch nicht einmal die Schöpfung mit ihrer Kreatur. Denn die Macht »Sauls« wird immer geringer, das Reich und der Einfluß »Davids« hingegen immer größer, bis Jesus, dem König aller Könige, alles gehört! Dann erfüllt sich Spr. 12, 7: »Man kehrt die Gesetzlosen um, und sie sind nicht mehr; aber das Haus der Gerechten bleibt bestehen!«

Wer aber ist **der Reiche,** der sich nicht nur **arm gestellt hat,** sondern der »reich war und um unseretwillen arm wurde, damit wir durch Seine Armut reich würden«? Dies war die besondere Gnade Jesu (2. Kor. 8, 9), die Ihn befähigte, die Gottgleichheit beim Vater nicht wie einen Raub festzuhalten, sondern sich selbst zu entäußern und zu erniedrigen bis hin zur totalen »Armut« am Kreuz (Phil. 2, 5–11). Er ist in Wahrheit »der Mensch«, der »einen Schatz im Acker« dieser Welt fand und »ihn verbarg«. Vor Freude darüber aber »ging er hin und verkaufte **alles,** was Er hatte, und kaufte jenen Acker« (Mtth. 13, 44). Mit dem teuren Lösegeld Seines Blutes erwarb der Christus den ganzen Kosmos und damit, als ersten Ertrag des Freikaufs, den »Schatz im Acker«, Seine Gemeinde.

In Christi Nachfolge konnte sich Paulus mit seinen Mitarbeitern bezeichnen als **»Arme, die aber viele reich machen,** als Habenichtse, die das All besitzen« (2. Kor. 6, 10). Abschließend sei Spr. 13, 23 genannt: »Der Neubruch (das urbar gemachte Land) der Armen gibt Speise in Fülle, aber mancher wird hinweggerafft durch Unrechtlichkeit!«

+ + +

129   DAS LICHT DER GERECHTEN   (13, 9)

Das Licht der Gerechten brennt fröhlich, aber die Leuchte der Gesetzlosen erlischt.

Ein **fröhlich brennendes Licht** (BUB: **ein Licht, das frohlockt**) – was soll dies bedeuten? Zunächst meint es ein Öllämpchen, das, reichlich mit Öl und einem guten Docht versehen, hell und ohne Flackern, beständig und klar brennt, welches nicht Ruß, sondern ein ruhiges Licht verbreitet. Wie konnte eine Öllampe im Altertum die dunklen, bedrohlichen Abende aufhellen, vielleicht wohltuender als unsere grellen Neonröhren oder fluoreszierenden Bildschirme! Doch mußte man die Lampe zurüsten, um solches Licht zu erhalten. Im Gegensatz dazu steht die **erlöschende, verschwelende** (BUB), Brandgeruch, Ruß und Funken verbreitende **Leuchte der Gesetzlosen.** Wie ernst mahnt uns Spr. 20, 20: »Wer seinen Vater oder seine Mutter verflucht, dessen Leuchte wird erlöschen in tiefster Finsternis!«

Das ÖL, welches das LICHT nährt, ist ein Bild für den im Menschen wirkenden Gottesgeist. So wohnt in jedem Menschen, der geboren wird, noch ein »Überrest des Geistes«, ein **verglimmender** Docht. Anders wäre es für Gott gar nicht möglich, in uns einen Neuanfang Seines Lebens zu bewirken! Unser Geist ist der Ort, in dem »die Zeugung von oben« stattfindet; und der Heilige Geist bezeugt »in Zusammenarbeit mit unserem Geiste, daß wir Kinder Gottes sind« (Röm. 8, 16). Darum ist der Messias nicht gekommen, um »den glimmenden Docht auszulöschen«, der in dem »Adam« als eine »Leuchte JAHWEHs« wohnt (Spr. 20, 27/Jes. 42, 3/57, 15–16/Mal. 2, 15); vielmehr möchte Er durch »die Gabe neuen Öles« in der Sendung des Heiligen Geistes den verglimmenden Docht wieder zu heller Flamme anfachen (2. Tim. 1, 6). So baten die törichten Jungfrauen ihre klugen Mitschwestern zu Recht: »Gebet uns von eurem Öl, denn unsere Lampen erlöschen« – aber sie baten es zu spät. Nur durch die Gabe des Gottesgeistes erstrahlt in unserem Leben wieder neues **Licht,** das der Hohepriester Jesus an der »menorah« (dem Leuchter) unseres Geistes zu siebenfacher Fülle anzünden will; Er selbst ist das Licht der Welt, und Sein Geist »erleuchtet die Augen unseres Herzens«. »Unser Wissen und Verstand ist mit Finsternis umhüllet, wo nicht Deines Geistes Hand uns mit hellem Licht erfüllet …!« so singen wir. Das geistgehauchte Wort Gottes ist Licht auf unserem Wege; und **die Leuchte** des prophetischen Wortes gibt der Gemeinde Orientierung auf ihrem Wege durch eine dunkle Welt und Zeit. – Dem **Gerechten** stehen **die Gesetzlosen** gegenüber, die als »Feinde des Lichts Gottes Wege nicht kennen und nicht auf Seinen Pfaden weilen« (Hiob 24, 13). Wohl auch im Blick auf die Feinde Christi in der unsichtbaren Welt bezeugt Hiob 18, 5–6 + 18: »Doch **das Licht der Gesetzlosen wird erlöschen,** und nicht leuchten wird die Flamme seines Feuers. Das Licht wird finster in seinem Zelte, und seine Lampe erlischt über ihm. Man wird ihn aus dem Licht in die Finsternis stoßen und aus der Welt ihn verjagen!« Welche Hoffnung eröffnet sich hier dem Glaubensauge, das prophetisch die Beseitigung des Gesetzlosen, also Satans, schaut. »Der Gott des Friedens aber wird in kurzem den Satan unter eure Füße zertreten!« verkündet Paulus in Röm. 16, 20.

Doch des Glaubenden **Licht brennt fröhlich!** Kann dies nicht auch bedeuten, daß ein Geist der Freude in ihm wohnt, wie er als »Öl des Frohlockens« den Messias erfüllte, und worin Er alle Engel übertrifft (Hebr. 1, 9)? Der wirklich freie Christ brütet nicht über der Finsternis angsterzeugender Pseudofrömmigkeit, sondern verbreitet, **dem Lichte gleich,** Freude und Helligkeit! So beten wir mit Ps. 4, 6: »Erhebe, JAHWEH, über uns das Licht Deines Angesichts!«

+ + +

130   EIN EINGETROFFENER WUNSCH (13, 12)

Lange hingezogenes Harren macht das Herz krank, aber ein Baum des Lebens ist ein eingetroffener Wunsch.

Während die kurzfristige Erwartung auf die Erfüllung eines Herzenswunsches eine positive Spannung in unserem Leben erzeugen kann, ist **lange hingezogenes Harren** krankmachend; es erzeugt mehr und mehr negative Spannungen, die eine **Erkrankung des Herzens,** d. h. der Seele, verursachen können, manchmal sogar körperliche Krankheit, deren Symptome Alarmrufe und Notrufe der erkrankten Seele sind. Dies war auch David nicht unbekannt, der in Ps. 143, 7 betete:

»Eilends erhöre mich, JAHWEH, es verschmachtet in mir mein Geist. Verbirg Dein Angesicht nicht vor mir! Sonst werde ich denen gleich sein, die zur Grube hinabfahren!«

Das ist auch die Gefahr sowohl des physischen, als auch des geistlichen Alters: Unerfüllte **Lebenswünsche** und durchkreuzte Lebenskonzepte führen oftmals zur Müdigkeit und Resignation unseres Geistes, zum Verlassen »der ersten Liebe«. Dann ist es gut, wenn uns das widerfährt, was der Erzvater Jakob mit 130 Jahren erlebte, als er erfahren hatte, daß sein Sohn Joseph noch lebe; sein Geist »lebte wieder auf« (1. Mos. 45, 27–28).

Auch die prophetische Erfüllung kann »**verziehen«;** dann gilt es, »ihrer zu **harren, denn kommen wird die Erfüllung, sie wird nicht ausbleiben«!** Zielt doch die Prophetie »auf die bestimmte Gotteszeit und strebt auf die Zeit des Endes hin« (Hab. 2, 1–3). Es war »das Verziehen des Bräutigams«, das sowohl die törichten, als auch die klugen Jungfrauen ermüden und einschlafen ließ (Mtth. 25, 5).

Ein eingetroffener Wunsch jedoch **ist ein Baum des Lebens** – ein Baum mit schattenspendender Krone, mit herrlich grünendem Laub und einer Fülle von Früchten. Welcher »Kosmos im Kleinen« ist doch ein Baum; welcher Segensreichtum kann ein **erfüllter Wunsch,** ein erhörtes sehnliches Gebet sein! Zwar vertraut der Glaubende fest darauf, daß Gott »ein Hörer des Gebets« ist; aber er weiß auch darum, daß bei weitem nicht jedes Gebet in unserem Sinne erfüllt wird, sondern daß der Heilige Geist es nach Gottes Willen umgestaltet, der es oftmals in anderer Weise erhört, als wir es wünschen und ahnen! Und doch kann uns auch die Gnade widerfahren, die Ps. 10, 17 verheißt: »Den Wunsch der Sanftmütigen hast Du gehört, JAHWEH; Du befestigst ihr Herz ...!« Und Ps. 21, 2 bezeugt von dem gesalbten Gotteskönig: »Den Wunsch seines Herzens hast Du ihm gegeben, und das Verlangen seiner Lippen nicht verweigert!« Ja, »ein erfülltes Begehren ist der Seele süß«, doch kann der »Tor« wohl kaum damit rechnen, weil »es ihm ein Greuel ist, vom Bösen zu weichen« (Spr. 13, 19).

In Jes. 1, 5 heißt es, daß Israels »ganzes Haupt krank und sein ganzes Herz siech ist«; ob wohl außer dem Ungehorsam, der solches Gottesgericht nach sich zog, auch **lange hingezogenes Harren** dieser Krankheit des Gottesvolkes zugrundeliegt, sonderlich das Warten auf das Kommen des Messias, gerade in Zeiten des Gerichts? Jes. 25, 9/26, 8–9 und 16 bejahen dies in bewegender Weise. In Klageld. 1, 22 seufzt »die Witwe Israel« angesichts ihrer vielen Feinde: » ... denn viele sind meiner Seufzer, und **mein Herz ist siech!«** Freilich weiß sie auch, daß ihr Herz darum krank geworden ist, und ihre Augen verdunkelt sind, weil sie gesündigt hat (Klageld. 5, 16–17).

Wir können die Apostel schon verstehen, wenn sie den Herrn vor Seiner Himmelfahrt fragten: »Herr, stellst Du zu diesem Zeitpunkt dem Israel die Königsherrschaft wieder her?« Errichtest Du bald das messianische Friedensreich, das Israel erwartet? Hätte der Herr ihnen gesagt, daß dies noch 2000 Jahre **verziehen** werde, so wäre sicherlich ihr Glaubensmut erloschen. Doch auch wenn Er ihnen den gottbestimmten Zeitpunkt nicht offenbarte, wurde **ihr Herz durch lang hingezogenes Harren** nicht **krank.** »Ihr werdet die Kraft des Heiligen Geistes empfangen und werdet meine Zeugen sein ...!« Diese Kraft trägt die Christusgemeinde durch die Zeiten hindurch, und noch immer ist ihre **Erwartung** des wiederkommenden Herrn und Seines Reiches nicht erloschen! Aber sie singt auch:

> »Es harrt die Braut so lange schon, o Herr, auf Dein Erscheinen!
> Wann willst Du kommen, Gottes Sohn, zu stillen all ihr Weinen
> durch Deiner Nähe Seligkeit? Wann bringst Du die Erquickungszeit?
> O komme bald, Herr Jesu!«

Welch ein **Lebensbaum** wird sich entfalten, wenn **ihr Wunsch eintreffen wird!** Ja, »das Ersehnte« Israels und »der Nationen wird kommen« (Hagg. 2, 7)!

+ + +

Die Belehrung des Weisen ist ein Born des Lebens, um zu entgehen den Fallstricken des Todes. – Die Furcht JAHWEHs ist ein Born des Lebens, um zu entgehen den Fallstricken des Todes.

Die THORA der Weisen ist ein Born der Lebensfülle (im Hebräischen steht »Leben« in der Mehrzahl); **Thora** aber ist als **Weisung** (BUB) und **Zielgebung** (BA) von der väterlichen »Unterweisung« oder »Züchtigung« zu unterscheiden. Während es die Unterweisung mehr mit dem einzuschlagenden WEG und mit den dafür geeigneten Methoden der Erziehung zu tun hat, meint **Thora** das Aufzeigen der ZIELE dieses Weges durch den **Weisheitslehrer** und geht darum auch weit über das formale Gesetz Israels hinaus. Beides aber gehört wesentlich zusammen. »Wer das Ziel nicht kennt, kann auch den Weg nicht wissen!« Sollen wir doch als »Ziel unseres Glaubens die Errettung der Seelen davontragen« (1. Petr. 1, 9)!

Endziel und Ergebnis aller **Belehrung durch den Weisen** ist die **Furcht JAHWEHs,** was auch ein jeder »Lehrer« in der Christusgemeinde bedenken sollte, dessen Dienst ja besonders eng mit dem des »Hirten« verbunden ist (Eph. 4, 11). In Pred. 12, 13 heißt es hinsichtlich der »Worte der Weisen«, die »von einem Hirten gegeben sind«: »Das Endergebnis des Ganzen laßt uns hören: **Fürchte Gott** und halte Seine Weisungen, denn das ist der ganze Mensch. Denn Gott wird jedes Werk, es sei gut oder böse, in das Gericht über alles Verborgene bringen!« Damit aber der Mensch Gottes »vollkommen und zu jedem guten Werke völlig ausgerüstet« sei, braucht er das ganze Wort Gottes, das ihm durch **Lehrer der Weisheit** dargeboten wird und eine **Quelle von Lebenswirkungen** erschließt (2. Tim. 3, 14–16/Jak. 1, 4). Nicht von ungefähr haben die Ausdrücke **der Weise** (chakham) und **Lebensfülle** (chajim) den gleichen Zahlwert 68 (= 4×17; 17 – die Zahl der geistlichen Vollendung).

Bei den vorliegenden Texten dürfen wir an die gesegnete Lehrtradition denken, die im Judentum zwischen Rabbi und Schüler bestand. So galt in Israel das 5. Buch Mose als Lehrunterweisung des »rabban« (Lehrerfürsten) Mose. Doch auch er »redete nicht aus seinem Eigenen«, sondern die Aussprüche, die er von Christus als dem Felsen Israels gehört hatte; er war ein von Gott »Angesprochener« und darum von Menschen »zur Hilfe Herbeigerufener«. Diese beiden Bedeutungen hat aber auch das Wort »paraklätos«, womit der Herr den Heiligen Geist benannte (sonst mit »Tröster«, »Fürsprecher« wiedergegeben). Auch der Heilige Geist »redet nicht aus seinem Eigenen«, sondern das, »was er von Jesus gehört hat«. Er weist uns die Ziele unseres Glaubensweges, indem er uns in den Vollumfang der Wahrheit führt, das Zukünftige verkündigt, Jesus verherrlicht und »alles lehrt« (Joh. 14, 26/16, 7–15). Er selbst steckt unseren Weg ab und sichert ihn vor gefährlichen Abgründen und **Todesfallen.** Jak. 1, 14–15 nennt uns sechs von den **Fallstricken des Todes:**

1. Das Fortgezogenwerden von Christus durch die Begierde;

2. ein Geködertwerden durch die Sünde;

3. die Empfängnis der Sünde in der allzu willigen Lust;

4. das Werden und die Ausgeburt der Sünde;

5. die Zielerreichung der Sünde in der bösen Tat;

6. die Vollendung der Sünde **im Tode.**

Den **Fallstricken des Todes** entgeht man nicht durch gesetzliche Reinigung und bloße moralische Vorsicht; wenn das von Dämonen gereinigte und geschmückte Lebenshaus nicht von Christus und Seinen **Lebenskräften** durchdrungen ist, kehren die Mächte siebenfach verstärkt zurück (Mtth. 12, 43–45). Grundsätzlich aber gilt, daß der Glaubende »aus dem Tode ins Leben übergegangen ist und ewiges Leben bleibend in sich trägt« (1. Joh. 3, 14–15).

Jesus selbst wurde als der Menschensohn durch die »Innenziele« des vom Vater erstellten Sohnesprogramms geleitet (Joh. 10, 18/12, 49–50/13, 34/15, 12/14, 15/14, 21/15, 10: statt »Gebot« lies »Innenziel«). Seit Seiner Erhöhung zum Vater fließen von Ihm, dem »Felsen« und **weisen Lehrer,** Ströme lebendigen Wassers für jeden Dürstenden – Weisung, Zielgebung und **Lebensfülle** des Geistes (Joh. 7, 37–39). »Von Seinem Leibe werden Ströme lebendigen Wassers fließen«, dies gilt seit Seiner Erhöhung zum Vater nun auch von »Seinem Leibe«, der Gemeinde. Der Trinkende wird selbst zur Wasserquelle für andere (Joh. 4, 14). Der **Weisheitslehre** entströmen immer neue **Lebensfluten.** Wir sind dankbar für alle **weisen Gotteslehrer,** die der Gemeinde geschenkt sind als solche, die »nicht aus dem Eigenen reden«, sondern Gottes Wort weitergeben (1. Thess. 2, 13).

Auch die Buchstaben des Wortes **Thora** sind ein prophetisches Gottesprogramm: taw = Kennzeichen, Kreuz; waw = der Pfahl (des Kreuzes); rosh = das Haupt; he = der Geisthauch, das Leben. So ist in der **Zielgebung** das GOTTESZEICHEN des KREUZES aufgerichtet, und nach vollbrachter Erlösung fließen von Christus, dem HAUPT der Gemeinde im LEBENSHAUCH des Geistes Ströme lebendigen Wassers.

$$+ \; {}^{+} \; +$$

132 BESONNENHEIT UND UNBESONNENHEIT (13, 16)

Jeder Kluge handelt mit Bedacht, ein Tor aber breitet Narrheit aus.

Ich habe diesen Leitvers gewählt, um eine Reihe von SPRÜCHEN zusammenzufassen, die sich mit besonnenem und unbesonnenem Reden und Handeln befassen (12,15 + 16 + 23/13, 3/14, 33/15, 2).

Das **bedächtige Handeln des Einsichtigen** entspringt einer Grundhaltung des Geistes, in der man erst sorgfältig und selbstkritisch die Worte und Taten erwägt, ehe man sie ausspricht oder vollbringt. **Der Narr** hingegen **breitet** unverzüglich und ohne nachzudenken **seine ganze Narrheit aus,** wie ein Kaufmann seine schlechte und verderbte Ware auf dem Markt. Dieser Narrengesinnung entspricht es auch, wenn nach Spr. 12, 15 **sein Weg immer richtig ist in seinen eigenen Augen,** während **der Weise den Rat** anderer **sucht und auf ihren Rat auch hört.** Auch in unseren Tagen gibt es einen Frömmigkeitstyp, der sich in überspannter Frömmigkeit immer und allezeit darauf beruft, »von Gott geführt« zu sein; darum findet er alle seine **Wege,** auch die törichtesten, **richtig,** und indem er sie mit höchster Autorität legitimiert, erregt er natürlich allgemeine Bewunderung, wie **der Narr mit seiner ausgebreiteten Narrheitsware.** Es widerspricht der göttlichen Führung nicht, wenn man auch einmal zögert und abwartet, wenn man den Rat des Wortes, aber auch bewährter Brüder sucht und Gott darum bittet, einen Weg zu verbauen, wenn er nicht Seinem Willen entspricht.

Auch unsere Worte sollten bedachtsam und sorgfältig erwogen sein und erst nach einer inneren Ausreife kundgetan werden; dies bezeugen die ersten Zeilen von SPRÜCHE 12, 23/13, 3 und 14, 33:

Ein kluger Mensch hält die Erkenntnis verborgen (12, 23). **Wer seinen Mund** vor allzu schnellem Reden **bewahrt, behütet seine Seele** (13, 3); und: **Die Weisheit ruht im Herzen des Verständigen** – wie ein fest verschlossener Schatz, aus dem man nur bei wirklichen Anlässen Geld oder Schmuckstücke entnimmt (14, 33).

Was aber sagen die erwähnten Verse in ihrem Nachsatz von dem Narren? **Das Herz der Toren ruft Narrheit aus** (12, 23); **wer seine Lippen** vorschnell **aufreißt, dem wird's zum Untergang** ausschlagen (13, 3); und: **Was im Inneren des Toren ist, tut sich kund** (14, 33). Der Einsichtige hingegen hält seine Weisheit zurück, ohne sich anderen aufzudrängen, er wartet, bis er zur rechten Zeit und am rechten Ort seine Erkenntnis an den rechten Mann bringen kann, wozu es freilich der göttlichen Leitung bedarf. Das Warten auf die gottbestimmte Gelegenheit, den göttlichen »kairos«, ist durchaus im Sinne des Heiligen Geistes und macht unser Wort und Handeln erst fruchtbar.

Hier kann uns Nehemia ein Vorbild sein, der bei Nacht das verwüstete Jerusalem mit wenigen Getreuen erkundete, um Pläne für seinen Wiederaufbau ins Auge zu fassen; aber er »hatte keinem Menschen kundgetan, was sein Gott ihm ins Herz gegeben hatte, für Jerusalem zu tun«, auch nicht den Edlen und Priestern und Vorstehern (Neh. 2, 11–16).

Im übrigen ist diese dreitägige Episode in der Zeit des Wiederaufbaus Israels eine wunderbare prophetisch-symbolische Vorschattung des göttlichen Heilshandelns; auch unser Gott und Vater hat die Weisheit Seines Erlösungsplans »verborgen in einem Geheimnis« (1. Kor. 2, 6–8) – bis der Termin des Handelns und der Offenbarung dessen käme, was »dem Wohlgefallen Seines Herzens« entspricht, nämlich die Enthüllung Seines göttlichen Wesens und Seiner Liebesabsichten. Auch von IHM gilt: **Die Weisheit ruht im Herzen des Verständigen ... ein kluger Mensch hält die Erkenntnis verborgen** (14, 33 + 12, 23). Wenn aber die Zeit der Offenbarung gekommen ist, dann **spricht** auch **die Zunge der Weisen tüchtiges Wissen, vortreffliche Erkenntnis aus** (15, 2).

Während **die Weisheit im Herzen des Verständigen ruht, ruft das Herz der Toren die Narrheit aus;** das marktschreierische »Ausposaunen« kann auch den Frommen zu eigen sein; so berichtet Jesus nach Mtth. 6, 2 von pharisäerhaften Almosengebern, die ihr Tun in Synagogen und auf den Straßen mit Posaunenton ankündigen ließen, um von den Menschen geehrt zu werden. Der »Heiligenschein« der frommen Schauspieler kann schnell zur »Scheinheiligkeit« werden! Das **Ausposaunen** der Geheimnisse **des Herzens** kann aber auch so geschehen, daß **der Narr** vorgibt, Weisheit zu predigen, aber im Grunde nur Unsinn von sich gibt und sich auf diese Weise lächerlich macht. »Auch ein leerer Topf kann klappern!« Letztlich wird sich immer **kundtun, was im Inneren des Toren ist** (14, 33). Im Bilde der reichen Quelle sagt dazu Spr. 15,2: »**Die Zunge der Weisen spricht tüchtiges Wissen aus, aber der Mund des Toren sprudelt Narrheit!**«

Das unbesonnene und vorschnelle Wort wird auch in Spr. 12, 16 gerügt: **Der Unmut** (PAR: Ärger) **des Narren tut sich am selben Tage kund, aber der Kluge verbirgt den Schimpf.** Zwar sollen wir nach Eph. 4, 26 »die Sonne nicht untergehen lassen über unserem Zorn«, sondern Versöhnung und Vergebung suchen vor der Nacht, damit »dem Teufel nicht Raum zum Wirken gegeben werde«; doch ist hier etwas anderes gemeint – das unverzügliche **Ausposaunen des erlittenen Ärgers,** dem **der Unmut des Narren** entspringt. Statt einer vorschnellen und unbedachten emotionalen Reaktion sollte man in diesem Falle wirklich erst »eine Nacht darüber schlafen«, oder noch länger abwarten, weil dann der ruhige Geist statt der aufgewühlten Seele, nach einer Zeit der inneren Klärung, entscheiden kann.

Wir preisen den Vater aller Vaterschaften, »den allein **weisen** Gott« (Röm. 16, 27), daß Er uns durch den Heiligen Geist geoffenbart hat, **was an Weisheit in Seinem Herzen ruht** (14, 33), und daß Er, Seinem Plan gemäß, **mit Bedacht handelt** (13, 16), so daß nun auch **die Zunge der Weisen** in Seinem Auftrag **tüchtiges Wissen** (E) und **gute Erkenntnis** (PAR) aussprechen kann!

+ + +

133   MIT WEM HAST DU UMGANG?   (13, 20)

Wer mit Weisen umgeht, wird weise, wer aber zu Toren sich gesellt, wird schlecht.

In vereinfachender Weise sagt der Volksmund: »Sage mir, mit wem du umgehst, und ich sage dir, wer du bist!«

Nun, so ist es wohl: Wer mit Schmutz umgeht, wird schmutzig; wer mit der Welt beständigen Umgang hat, wird weltlich; wer sich zu Spöttern gesellt, wird zynisch; wer mit Gott Gemeinschaft hat, wird göttlich; wer sich dem Heil öffnet, wird heilig; wer im Lichte wandelt, wird licht; wer mit Brüdern umgeht, wird brüderlich; und **wer mit Weisen Umgang hat, wird weise.** Doch gilt auch der Nachsatz: **Wer sich zu Toren gesellt** (PAR: die Toren wie ein Hirte weidet), **wird schlecht** und sicherlich auch töricht. Spr. 22, 24–25 ergänzt vorliegenden Text. »Geselle dich nicht zu einem Zornigen, und geh nicht um mit einem überaus hitzigen Manne, damit du seine Pfade nicht lernst und einen Fallstrick für deine Seele davonträgst!«

Paulus erinnert in 1. Kor. 5, 9–11 die Glaubenden zu Korinth: »Ich habe euch in meinem Briefe geschrieben, nicht mit Hurern **Umgang zu haben;** nicht generell mit den Hurern dieser Welt oder den Habgierigen und Räubern und Götzendienern, sonst müßtet ihr ja aus der Welt hinausgehen. Nun aber habe ich euch geschrieben, **keinen Umgang zu haben,** wenn jemand, der Bruder genannt wird, ein Hurer, Habsüchtiger, Götzendiener, Lästerer, Trunkenbold oder Räuber ist, mit einem solchen noch nicht einmal zu essen!« Solches Meiden eines engeren Umgangs aber darf nicht in feindlicher Absicht geschehen, sondern soll als brüderliche Zurechtweisung zur Beschämung führen (2. Thess. 3, 14–15). Ob die Mahnung, jemanden »nicht zu schnell die Hände aufzulegen« nicht in einem engen Zusammenhang mit dem folgenden »und habe nicht Anteil an fremden Sünden« steht? (1. Tim. 5, 22). Wir meinen es.

Das paulinische »keinen Umgang haben« bedeutet nach dem griech. Grundtext eigentlich »sich nicht vermischen«. Es ist also eine Aufforderung des Gottes, der das Licht von der Finsternis schied, weil Er die Mischung verabscheut und Trennung, Absonderung und Ent-Mischung gebietet, was die Sünde anbetrifft (2. Kor. 6, 14–16). Vielmehr sollen

wir uns dem Lichte Gottes aussetzen und im Lichte wandeln, weil dies gemeinschafts-
fähig macht und zur Reinigung von jeglicher Übertretung führt (1. Joh. 1, 7). Denn alles, was ans Licht gebracht wird, ist Licht (Eph. 5, 13)! Gestörte Gemeinschaft zwischen
Brüdern hat nichts mit verschiedenartiger Erkenntnis zu tun, sondern mit einem Defizit
im Lichteswandel!

Die SPRÜCHE empfehlen uns den **Umgang mit den weisen Lehrmeistern** des Wortes, wodurch wir der prägenden Kraft ihres geheiligten Wesens innewerden und des
Geistes, der in ihnen wohnt; wenn Gott uns versichert, daß solcher **Umgang** uns **weise
mache,** so ist offenbar, daß hierdurch nicht allein der forschende Intellekt gefördert
wird, sondern, was viel wesentlicher ist, Verständnis, innere Einsicht, Weisheit und geistliches »Fingerspitzengefühl«. Modell eines solchen **Umgangs** ist das Rabbi-Schüler-Ver-
hältnis alter Zeiten, das auch Jesus mit Seinen Jüngern verband.

Wie die Ströme Pison, Gihon, Hiddekel und Phrat den Gottesgarten EDEN bewässerten
und fruchtbar machten, so stehen auch der Gottesgemeinde vier Segensströme zur Verfügung: Das Bleiben in der Lehre der Apostel, in der Gemeinschaft, im Brechen des Brotes und in den Gebeten (Apg. 2, 42)!

+ + +

134 ARME, DIE VIELE REICH MACHEN (13, 23)

Der Neubruch (das Pflügen) **der Armen gibt Speise in Fülle, aber mancher** (der ver-
mögend ist) **wird durch Unrechtlichkeit hinweggerafft!**

Da steht nun **der Arme** im Spannungsfeld zwischen der Resignation, die alles aufgeben
will, oder einem Neubeginn, der das »Dennoch des Glaubens« wagt. Von Hoffnung bewegt **pflügt er einen »Neubruch«,** er lichtet, rodet und entsteint das brache und wüste
Gelände, das noch niemand bebaut hat, und erhält durch den Segen Gottes eine reiche
Ernte, **Speise in Fülle.** Ihm geschieht nach Spr. 12, 11: »Wer sein Land bebaut, wird mit
Brot gesättigt werden; wer aber dem Nichtigen« (der Illusion und Einbildung unerfüll-
barer Träume) »nachjagt, ist unverständig!« Zu recht wählten die Augustiner als Ordensregel: »Ora et labora! – Bete und arbeite!« Dieses Vorbild des **armen** Bauern, der
wider Hoffnung auf Hoffnung glaubt und einen Neubeginn wagt, sollte auch unser geistliches Leben bestimmen. Dem Resignierenden und Ermüdeten droht die Gefahr einer inneren Verarmung, weil er nur noch, der Vergangenheit zugewandt, eine tote Tradition
pflegt. Dabei könnte die Tradition gesegneter Brüder oder Bewegungen durchaus Positives bewirken, wenn man nicht nur von ihrer »Asche«, sondern von ihrem »innewohnenden Feuer« lebt. So standen Isaak und Jakob in der Tradition ihres Vaters Abraham und des »Gottes Abrahams« – des Felsens aus dem sie gehauen waren (Jes. 51, 1);
doch mußte in ihrem eigenen Heilserleben **ein Neues gepflügt werden,** so daß der
»Gott Abrahams« zum »Gott Isaaks« und »Gott Jakobs« wurde (s. 2. Mos. 3, 6). Auf
der Grundlage der Apostel und Propheten kann uns eigenes Gotteserleben geschenkt
werden, so daß wir mit Paulus sagen dürfen: »Mein Gott!« (Phil. 1, 3/4, 19).
Wieviel **Speise in Fülle** geht der Gottesgemeinde verloren, wenn sie sich dem Empfin-

den der eigenen Armut und Ohnmacht preisgibt und darauf verzichtet, bewegt von den großen Taten Gottes in der Heilsgeschichte, **einen Neubruch zu pflügen;** dies sollte freilich nur im Wegräumen des traditionellen Dornengestrüpps und Gesteins und im Schaffen einer **Lichtung** (BA) geschehen, indem man in enger Bindung an das unabänderliche Gotteswort »gerade Ackerfurchen« zieht, um die Dornen und Disteln der Sünde zu beseitigen und neues, keimendes Leben zu ermöglichen (vgl. Jes. 55, 10–11/ Hebr. 6, 7–9). So mahnt uns Jer. 4, 3 mitsamt dem Volke Israel: **»Pflüget einen Neubruch** und säet nicht unter die Dornen!« Und Hosea 10, 12 fügt hinzu: »Säet euch zur Gerechtigkeit, erntet der Güte gemäß; **pflüget einen Neubruch:** denn es ist Zeit, JAHWEH zu suchen, bis Er komme und euch Gerechtigkeit regnen lasse!« Dabei gilt es, entschlossen die göttlichen Segenszeiten wahrzunehmen.

Als Elisa von Elias zum Nachfolger berufen wurde, während er mit zwölf Joch Rindern pflügte, konnte er sich erst nach einem festlichen Abschied von seiner Familie zur Nachfolge entschließen; Jesus gewährte solches nicht, weil Er darum wußte, wie schnell geistliche Entschlüsse zunichte gemacht werden können. Er sagte: »Niemand, der seine Hand an den Pflug legt und zurückblickt, ist tauglich für das Königtum Gottes« (Luk. 9, 62).

Der Herr verheißt dem **Armen,** der **einen Neubruch pflügt, Speise in Fülle** – für sich selbst und für andere. Ist es doch die Gottesregel für den Arbeiter am Evangelium, daß »der Pflügende auf Hoffnung pflügen soll …, um der erhofften Ernte teilhaftig zu werden« (1. Kor. 9, 10). Können wir mit Paulus sagen, daß wir **»Arme** sind, die aber viele reich machen, Habenichtse, die das All besitzen« (2. Kor. 6, 10)?

In unserem Sprüchewort wird dem hoffnungsvollen **Armen** der Vermögende gegenübergestellt, der zu **Unrecht und Ungerechtigkeit** neigt und sich nicht von Gott »berichtigen« läßt; **wie ein Wirbelwind** (DEL) kommt Gottes Gericht über ihn und **rafft ihn** mit seinem Vermögen **hinweg.** In seiner Unverständigkeit ist er »nichtigen Dingen nachgejagt« (Spr. 12, 11); statt ein Vermögen allmählich und solide aufzubauen, versuchte er es durch gefährliche Spekulationen »nichtig zu erwerben«, wie es auch Spr. 13, 11 bezeugt. So kann es eben doch geschehen, daß »der Gute auf Kindeskinder hin vererbt«, während »des Sünders Reichtum dem Gerechten anheimfällt« (Spr. 13, 22); denn »das Böse verfolgt die Sünder, aber dem Gerechten wird man mit Gutem vergelten« (Spr. 13, 21). Freilich müssen wir uns davor hüten, eine solche Aussage absolut zu setzen, weil wir sonst der »Theologie der Freunde Hiobs« verfallen, die Hiob mit der Aussage zur Verzweiflung trieben: »Dem Gerechten geht es immer gut, dem Gesetzlosen ergeht es schlecht!« Und doch haben es Tausende Gerechte in Israel und Fromme der Völker erfahren, daß »JAHWEH Güte bewahrt auf Tausende hin« und den Segen frommer Voreltern viele Generationen überdauern läßt; aber auch, daß »die Ungerechtigkeit der Väter« sich als Erbe auswirken kann bis zur dritten und vierten Generation (2. Mos. 34, 7). Ja, es ist wahr:

»Gute Einsicht verschafft Gunst, aber der Treulosen Weg ist hart« (Spr. 13, 15). Das auf Sand gebaute prächtige Haus des Ungerechten wird letztlich und endlich durch Platzregen, Sturm und Wasserströme hinweggerissen (Mtth. 7, 27)!

+ ⁺ +

Wer seine Rute spart, haßt seinen Sohn; aber wer ihn liebt, sucht ihn frühe heim mit Züchtigung.

Wieder einmal spricht die Gottesweisheit das Thema der Zucht, die Rolle der Züchtigung in der väterlichen Erziehung an (vgl. 3, 12/23, 13). **Der Stecken, die Rute** ist ein Bild der strengen väterlichen Autorität. »Die pädagogische Regel Gottes gilt auch für die Menschen« sagt Delitzsch. Väter, die in modernem antiautoritären Geist die **Züchtigung** als überholt ansehen, vernachlässigen in Wirklichkeit ihr Kind an entscheidender Stelle. In scheinbarer Liebe und **Zurückhaltung** (BA) huldigen sie einem passiven Egoismus und schonen das eigene, verwundbare Gefühl. Dies aber führt wissentlich oder unwissentlich zum **Hassen** des eigenen Sohnes, der eigenen Tochter, zu deren Vernachlässigung und Zurücksetzung (vgl. den biblischen Sprachgebrauch von »Hassen«: »Esau habe ich gehaßt« – d. h. im Sinne der Auserwählung verworfen und zurückgesetzt – »Jakob habe ich geliebt«, – d. h. im Sinne der Auserwählung vorgezogen).

Während im engen Körperkontakt zur mütterlichen Wärme das »Urvertrauen« im Kinde wächst, und damit die spätere Liebes- und Bindungsfähigkeit, führt die strenge Erziehung durch die väterliche Autorität zur Erkenntnis, Einprägung und Anerkennung der »Grenze«; diese Erkenntnis ist außerordentlich wichtig für das Kind, das im Willenstest erproben will, ob denn die umgebende Welt grenzenlos, beherrschbar und willkürlich benutzbar sei. Zwar gilt es, die Freiheitsgrenze für das Kind weit zu setzen, aber in konsequenter Erziehung auf deren unbedingte Anerkennung zu achten. Die Frucht wird die spätere Fähigkeit sein, sich in die Gesellschaft einzuordnen, im Team zu arbeiten, Autorität des Wissens und Könnens anderer anzuerkennen und die eigene persönliche Freiheit in ein übergeordnetes Ganzes einzubringen; letztlich wird hierdurch sogar der Grundstein für das künftige Vater- und Gottesbild gelegt, freilich in aller Schwachheit, da ja irdische Väter »nach Gutdünken züchtigen« (Hebr. 12, 10). Die **frühe Heimsuchung** bezieht sich nicht auf die Morgenzeit (etwa im Sinne von »Prügeln auf Vorrat«), sondern auf die **Frühe** der Lebenszeit; solange der Charakter biegsam und formbar ist, sollen prägende Normen gesetzt werden. Darum sagt Spr. 29, 15: »Rute und Zucht geben Weisheit, aber ein sich selbst überlassener Knabe macht seiner Mutter Schande.« Das bestätigt uns auch die Kinderpsychologie, wenn sie lehrt, daß in einer «Trotzphase« des dritten Lebensjahres die Willenserprobung und Grenzfindung des Kindes, in der Auseinandersetzung mit seiner Umwelt, geschieht.

Doch ist **die Heimsuchung,** auch in der göttlichen Züchtigung, nicht nur Strafgericht, sondern gnädiges und liebendes Heim-suchen (vgl. Jes. 24, 21–22/2. Mos. 34, 7). Wenn der Vater Zucht übt, darf er dieses Liebesziel nicht aus dem Auge verlieren. Die Strafe sollte der Sachlage angemessen sein; sie darf nicht zum Liebesentzug führen oder gar von Verachtung und Verhöhnung des gezüchtigten Kindes begleitet sein; sie sollte die Kinder »nicht zum Zorn reizen« (Eph. 6, 4). Kinder, die ein Unrecht begangen haben, warten oft auf die Regelung der Gerechtigkeitsfrage, um die »offene Situation« gefühlsmäßig beenden zu können. Nicht die maßvolle und gerechte Züchtigung, sondern die eisige, schweigende Kälte richtet einen kaum wiedergutzumachenden Schaden an! Doch ist **die Rute,** die Strafe, nicht an und für sich positiv, sondern die im Geiste der Liebe angestrebte Konfliktlösung. So ist es bei unserem Gott und Vater, wie es Hebr. 12 klar lehrt, so sollte es auch bei glaubenden Vätern sein, die den »Vater aller Vaterschaften« ehren und lieben.

In diesem Lichte erschließt sich uns auch der Doppelsinn des seelsorgerlichen Wortes »parakaleoo«; einmal bedeutet es: aus der Menge herausrufen, an die Seite stellen, Auge in Auge warnen, strafen, ermahnen; aber dann eben auch: trösten, ermuntern, ermutigen. Daß der Heilige Geist dieses väterliche Amt an uns wahrnimmt, zeigt uns die Bezeichnung, die das NT für ihn verwendet: Er ist der »paraklätos«, der zur Hilfe »herbeigerufene« Ermahner, Warner und Tröster. Was Spr. 12, 1 ausspricht, vermögen Kinder kaum zu leisten. Gotteskinder aber sollten es von Herzen bejahen: »Wer Zurechtweisung liebt, liebt Erkenntnis, doch wer Zucht haßt, ist dumm!«

+ ⁺ +

136 WANDEL IN GERADHEIT   (14, 2)

Wer in seiner Geradheit einhergeht, fürchtet JAHWEH, wer aber in seinen Wegen verkehrt (verbogen) **ist, verachtet Ihn.**

Der **gerade** und der **krumme, verbogene** Weg ist ein Lieblingsthema der SPRÜCHE. Wenn der Geist der **Furcht JAHWEHs** Grundlage unseres Glaubens ist, wie auch das Ziel der geistlichen Entfaltung, wie es Jes. 11, 1–3 zeigt, dann werden wir auch durch Ihn in das Charakterbild Gottes hineingestaltet, weshalb Paulus uns auffordert: »Werdet Nachahmer Gottes« (Eph. 5, 1)! Als Lebensvermächtnis gab Mose dem Volke Israel weiter: JAHWEH ist »ein Gott der Treue und ohne Betrug, gerecht und **gerade** ist Er« (5. Mos. 32, 4). Darum ist auch Sein Wort gerade, und ein fleißiger Arbeiter Christi sollte in der Lage sein, die geraden Linien des Lebenswortes zu entfalten und in der rechten Weise auszuteilen (2. Tim. 2, 15). **Das Einhergehen** (oder: Wandeln) **in Geradheit** meint eine Lebensgestaltung nach göttlicher Norm und Geistesführung, ein konsequentes Suchen nach der Übereinstimmung mit der Richtschnur des Wortes Gottes. Solches rechte, richtige, **gerade Wandeln** ist eine Frucht der Unterweisung Gottes, die wir im Geiste Seiner Furcht auch als Züchtigung und Korrektur annehmen.
Wortpaare der Bibel können uns den Begriff der Geradheit füllen: Güte und **Geradheit** (Ps. 25, 8); Lauterkeit und Geradheit (Ps. 25, 21); Wahrheit und Geradheit (Ps. 111, 8); Gerechtigkeit und Geradheit (Spr. 1, 3); Frieden und Geradheit (Mal. 2, 6); ja, »frohlockende Nieren« (d. h. ein gutes, Gott lobendes Gewissen) »durch Lippen, die Geradheit reden ohne Trug« (Spr. 23, 16). Vielleicht haben auch wir schon Menschen kennengelernt,die in konsequenter Glaubenstreue und Beharrlichkeit ihren Lebensweg gestalteten und in wahrhaftigem Geiste und ungeheuchelter Liebe der Gottesgemeinde dienten! Sollte dies nicht auch in uns den tiefen Wunsch erwecken, »den **geraden Weg** in Übereinstimmung mit der Wahrheit des Evangeliums zu wandeln« (Gal. 2, 14)? Es ist wohl nicht zufällig, daß Saulus von Tarsus von seinem **verkehrten** und **verbogenen** Schlangenweg auf den Gottesweg in der »geraden Gasse« von Damaskus geführt wurde!
Wie nun ein **Wandel in Geradheit** zur **Gottesfurcht** führt, wie es unsere Textfassung nahelegt, gilt auch, daß die Gottesfurcht erst einen Wandel in Geradheit ermöglicht; so übersetzt Delitzsch: »In seiner Geradheit geht dahin, **wer JAHWEH fürchtet,** und abgebogen in seinen Wegen ist, wer IHN verachtet.«

Wie die Gottesfurcht die Fähigkeit verleiht, den geraden Weg zu gehen, führt die **Verachtung Gottes** zu verkehrten, verbogenen Wegen; diese aber führen mehr und mehr zur Verneinung und Verspottung Gottes. Je mehr ein Mensch in den krummen Wegen der Sünde wandelt, um so mehr sucht er sich durch eine Verachtung und Lästerung Gottes selbst zu rechtfertigen und die bohrende Selbstanklage zu dämpfen.

2. Petr. 1, 5–7 zeigt uns solche **Geradheit** im Bilde des Wachstums des Lebenskeimes zur voll entfalteten »Gottespflanze«, wozu auch festigende Wachstumsknoten und Wachstumsschübe gehören; vom Glauben ausgehend entfalten sich Charakterstärke, Erkenntnis, Selbstdisziplin, Ausharren, Gottseligkeit, Bruderliebe und allgemeine Menschenliebe. Und der Apostel Paulus rühmt als Tugenden des **geraden Weges** und Geistes: das Wahre, das Würdige, das Gerechte, das Reine, das Liebliche, das Wohllautende, die Charakterstärke und alles, was lobenswert ist. Wer dieses ernstlich in Betracht zieht und zu verwirklichen sucht, mit dem ist der Gott des Friedens (Phil. 4, 8)!

+ + +

137 VIEL ERTRAG KOMMT DURCH DES STIERES KRAFT (14, 4)

Wo keine Rinder sind, ist der Futtertrog rein; Fülle des Ertrags aber kommt durch des Pflugstieres Kraft.

»Wo gehobelt wird, fallen Späne!« Mit dieser deutschen Redensart könnte man unser Weisheitswort verdeutlichen. Zwar kann eine **reine** (E), **klare** (BA) und zugleich **leere** (DEL) **Futterkrippe** dem Sauberkeitsfanatiker imponieren, aber sie ist das Merkmal eines bettelarmen Bauern, denn dort sind **keine Rinder,** welche **die Ertragsfülle** des Getreides sicherten und damit die Existenz des antiken Bauern. Darum »kümmerte er sich um das Leben seines Viehs«, während »das Herz des Gesetzlosen« den Tieren »Grausamkeit erwies« (Spr. 12, 10).

Dem Geistesmenschen erwächst die göttliche **Ertragsfülle** in der Geistesfrucht durch eine Erfüllung mit dem Geist und mit dem Wort. Wir werden hier an Mtth. 12, 43–45 erinnert; dort erzählt Jesus von einem geheilten Besessenen, der nach der Befreiung von den Dämonen das Haus seines Lebens und Leibes »gefegt, gereinigt und geschmückt« hat; doch weil er es **leer** und **rein** stehen und sich von Gottes Geist und Wort nicht erfüllen läßt, kann der ausgetriebene Satansgeist siebenfach verstärkt zurückkehren und wiederum das Leibeshaus des Geheilten bewohnen. Das Werk des Gesetzes (Ausfegen, Reinigen, Schmücken) genügte nicht, um ihn gänzlich vor dem Zugriff des Feindes zu sichern. Welch ernstes Wort! Wohl uns, wenn die **Krippe** unseres Lebens nicht **leer und rein** bleibt, sondern mit der Kraftnahrung des Wortes gefüllt ist, damit wir Ihm die gewünschte Geistesfrucht bringen können! »Und wäre Christus tausendmal in Bethlehem geboren und nicht in dir – du wärest ganz verloren!«

Reichen Ertrag gibt es durch des Pflugstieres Kraft (DEL)! Wenn dies eine »Binsenwahrheit« darstellt, gleichsam einen »Bauernspruch an des Hauses Dachbalken«, so ist es jedenfalls eine »göttliche Binsenweisheit«! Dieser **Pflugtier,** der das Joch zu schwerer Arbeit trägt und Furchen in den Gottesacker dieser Welt zieht, ist kein Abbild des ägyptischen Apisstiers oder gar des phönizischen Baalsstieres! Nach Hes. 1 tragen die

Cherubim als die göttlichen Schöpfungsrepräsentanten vier Angesichter – das des LÖWEN, des MENSCHEN, des ADLERS und des **STIERES.** Während der Löwe königliche Hoheit darstellt, der Mensch das Königspriestertum Adams, der Adler Höhenflug und Zielblick, so **der Stier** die unter das Sklavenjoch gebeugte Lebenskraft. In diesem vierfachen Bild dürfen wir mit der alten Kirche auch die Wesensart der vier Evangelien erblicken: MATTHÄUS zeigt uns im Bilde des Löwen Christi Königtum und Reichsherrlichkeit, MARKUS im Bilde **des Stiers** die dienende Kraft des »Sklaven JAHWEHs«, LUKAS im Zeichen des Menschen die Menschensohnschaft und Heilandsmission Jesu und JOHANNES im Bilde des Adlers die allumfassende Gottessohnschaft (beachte die Abfolge in Offb. 4, 7)! So lag das Gottesjoch auf Jesus, dem Knechte Gottes, wie es auch als »sanftes und leichtes Joch« allen »Sklaven Jesu Christi«, die sich im Dienste mühen, auferlegt wird.

Welche weltweite Erfüllung wird es einmal finden, was so schlicht prophetisch angekündigt wird: **Viel Ertragsfülle kommt durch des Pflugstieres Kraft!**

> »In des Stiers gewalt'ger Stärke zeigst Du Deine Lebenskraft,
> welche alle Deine Werke einst durchdringt und neu erschafft.
> Was im Tode liegt gefangen, durch der Sünde Fluch verbannt,
> reißest Du aus Not und Bangen, weil Du zeugend es erkannt!«
>
> (F. H. Baader)

+ ⁺ +

138 DER LÜGENZEUGE UND DER WAHRHEITSZEUGE   (14, 5 + 25)

Ein treuer Zeuge lügt nicht, aber ein Zeuge der Falschheit spricht Lügen aus. – Ein Zeuge der Wahrheit errettet Seelen; wer aber Lügen ausspricht, ist lauter Trug.

»Du sollst kein falsches Zeugnis ablegen gegen deinen Nächsten!« Dieses Gottesgebot liegt unseren Sprücheworten zugrunde, die dem **treuen** und **wahrhaftigen Zeugen** den **Lügenzeugen** gegenüberstellen, der **Lügen ausspricht, einbläst** (BA), **ausatmet** (PAR) oder **aushaucht** (DEL). Diese Wiedergaben zeigen die feine und geheime Wirksamkeit der Lüge, die ja nur selten in grober und leicht zu durchschauender Weise auftritt. Der Satan selbst ist ja als »der Fürst des Vollmachtsbereiches der Luft von innen her wirksam in den Söhnen des Ungehorsams« (Eph. 2, 2). Der Grundtext legt ein Wirken in »feindosierten Energien« nahe.

Schon im Alten Bunde standen vielfach den Wahrheitszeugen und Gottespropheten falsche Propheten gegenüber; denken wir nur an die 450 Baalspropheten und die 400 Propheten der Astarte, die Elias am Berge Karmel tötete (1. Kön. 19). Wir werden auch erinnert an 1. Kön. 22, 19–23, das uns einen Blick in das himmlische Ratsparlament gibt, wo sich »der Geist« der Lüge dazu bereiterklärt, »Lügengeist im Munde der falschen Propheten« zu sein, wodurch der Herr das Gericht über die gottlosen Könige Israels einleiten wollte. Auf Erden stellte sich dieser Beschluß im Konflikt zwischen dem Gottespropheten Micha und dem Lügenpropheten Zedekia dar. Oder denken wir an den verzweifelten Kampf, den der einsame Jeremias mit den falschen Propheten führen mußte, die dem Volke Israel eine **Lügenbotschaft** des falschen Friedens verkündigten. Dabei werden durchaus nicht immer, wie bei Elia auf dem Karmel, die falschen Propheten an ihrer Ohnmacht, die JAHWEH-Propheten an ihrer Wundermacht erkannt! 5. Mos. 13, 1–5 weist auf die Möglichkeit hin, daß auch Lügenpropheten der Finsternis mit Wundern und Zeichen begabt sind. In aller Klarheit hat darauf auch Jesus hingewiesen, als er von der Verführung am Ende dieser Weltzeit sprach (Mtth. 24, 4–5/ 10–12). Die Kraftwirkung (dynamis) in Wunderzeichen (sämeia) und Machtwirkungen (teras) **der Lüge,** die der Satansmessias nach 2. Thess. 2, 9 vollbringen wird, sind Nachahmungen der Aposteltaten, die in Hebr. 2, 4 mit den gleichen Wörtern beschrieben werden. Fremdartiger (dämonischer) Geist, ein andersartiges Evangelium, ein fremdartiger Jesus (2. Kor. 11, 4) werden, begleitet von einer Pseudocharismatik des Feindes, Kennzeichen der endzeitlichen Gemeinde sein! Taten und Wunder als solche beweisen eben noch nichts über göttliche Herkunft! Weder ein bloßes »Herr-Herr-Sagen«, noch Wunder und Dämonenaustreibungen sind klare Zeichen für die Wirkung des Heiligen Geistes (Mtth. 7, 22–23)! Wir haben die Tatsache ganz ernst zu nehmen, daß in der letzten Zeit eine »teuflische Dreieinigkeit« – des DRACHENS (des Vaters der Lüge), des TIERES (des Sohnes des Verderbens) und des **falschen PROPHETEN,** wirken wird. Schon jetzt sind »viele Antichristen geworden« und »viele falsche Propheten in die Welt ausgegangen«, die vom »Geiste des Antichristen« getrieben werden (1. Joh. 2, 18/4, 1–3).

Unter den Begriffen des griechischen NT, die aus dem Wortstamm »pseudos« hergeleitet sind, finden sich neun zusammengesetzte Wörter, von denen sich sechs auf Personen der Lüge beziehen:

pseudadelphoi   –   falsche Brüder (2. Kor. 11, 26);
pseudapostoloi   –   Lügenapostel (2. Kor. 11, 13);
pseudodidaskaloi   –   Lügenlehrer (2. Petr. 2, 1);
pseudomartyres   –   Lügenzeugen (Mtth. 26, 60/1. Kor. 15,15);
pseudoprophätäs   –   Lügenpropheten (1. Joh.4, 1/Offb. 19, 20);
pseudochristoi   –   Lügenmessiasse (Mtth. 24, 24).

Sie alle reden **Lügenworte** (pseudologoi – 1.Tim. 4, 2) und **Lügenzeugnis** (pseudomartyria – Mtth. 15, 19) und tragen **Lügennamen** (pseudonymos – 1. Tim. 6, 20).

Dieser geballten Lügenmacht steht **der treue und wahrhaftige Zeuge** aus Spr. 14, 5 + 25 gegenüber. Daß dieser letztlich der Christus ist, »der AMEN, der treue und wahrhaftige Zeuge«, ist beachtenswert (vgl. Offb. 1, 5 + 3, 14)! Der Vater selbst und Sein geliebter Sohn erfüllen ihr eigenes Gesetz: »Du sollst nicht Lügenzeugnis reden …!« So sind alle Gottesverheißungen JA und AMEN in dem Christus, und sie werden ausgeführt durch uns (2. Kor. 1, 20). »Gott kann nicht lügen!« ist das Fazit von Hebr. 6, 12–19, wo uns Gottes Wort, Gottes Ratschlüsse und Verheißungen, Gottes treuer, wahrhaftiger und unwandelbarer Charakter und Sein zusätzlicher Eidschwur als »Ende allen Widerspruchs« und als Grundlage der »Vollgewißheit in der Hoffnung« genannt werden.

Und wenn **der Lügen aushauchende und einblasende falsche Zeuge** satanischen Geist vermittelt, so »hauchte der Christus in Seine Jünger« und schenkte ihnen als der **treue und wahrhaftige Zeuge** den heiligen Geist der Wahrheit (Joh. 20, 21–22). Es ist derselbe Herr, der schon dem Adam Odem des Lebens **eingehaucht** hatte.

Von Ihm, wie von jedem treuen **Wahrheitszeugen** in Seinem Dienste, gilt: **Ein wahrhaftiger Zeuge errettet Seelen!** oder (nach BA): **er überschattet** und **be-**

schirmt Seelen. Möchten doch auch wir solche Wahrheitszeugen sein, die, weniger durch ihre Worte als durch ihr Wesen, im **Aushauchen von Treue und Wahrheit Menschenseelen retten** und, dem erquickenden Schatten gleich, **beschirmen.** Dann kann sich durch uns Spr. 13, 17 erfüllen: »Ein gottloser Bote stürzt ins Böse (ins Unglück), aber ein Bote der Treue ist Heilung!« Dabei kann es geschehen, daß wir wie Antipas, der treue Zeuge Jesu, ganz allein stehen, wie es auch sein Name besagt, und unser Zeugnis mit dem Leben besiegeln müssen (Offb. 2, 13).

+ ⁺ +

139 LEICHTER ZUGANG ZU TIEFEM WISSEN (14, 6)

Der Spötter sucht Weisheit, und sie ist nicht da; aber für den Verständigen ist Erkenntnis leicht.

Auch der **Spötter sucht Weisheit,** Wissen und Erkenntnis, doch will er dafür den gottbestimmten Preis nicht zahlen; er sucht sie, in der Ablehnung jeglicher Autorität, ohne die Leitung des Gewissens und ohne die Gottesfurcht, welche den Zugang zur Weisheit erst eröffnet. Er sucht die Weisheit dieser Welt und verfällt in seinem Geiste der »lügenhaft so genannten Erkenntnis« (griech.: gnosis; 1. Tim. 6, 20). Gottlose Wissenschaft, wesenlose Philosophie und sektiererische Religion laufen weithin auf dieser Verfallslinie! So spricht Röm. 1 sehr ernst von einer dreifachen Preisgabe der Völker ins Gericht, weil sie die Wirklichkeit des Schöpfers und die Deutung des Universums als Schöpfung nicht anerkennen: »Sie verfielen in ihren Schlußfolgerungen in Narrheit, ihr unverständiges Herz wurde verfinstert; indem sie sich als Weise ausgaben, sind sie zu Narren geworden« (V. 21–22). Gott aber hat sie dahingegeben – in die Schändung ihrer LEIBER – in den Verfall ihrer PSYCHE durch schändliche Leidenschaften und – in das verwerfliche Denken eines verfinsterten GEISTES (V. 24, 26, 28).
Der Einsichtige und Verständige jedoch geht durch die »Türe der Gottesfurcht« auf geradem Wege zur lichtvollen Erkenntnis und göttlichen Weisheit. Es ist für ihn **eine leichte Sache.** Zwar sind Gottes Gedanken »sehr tief«, aber Er selbst offenbart, was »tief und verborgen ist« (Ps. 92,5/Dan. 2, 22). Gottes »unausforschliche Gerichte« und »unausspürbare Wege« erschließen sich dem, der von Gottes Geist erleuchtet ist! Denn der Geist erforscht auch die »Tiefen Gottes« (Röm. 11, 33/1. Kor. 2, 10). »Schwere Dinge zu erforschen« ist ihm »eine Ehre« (Spr. 25, 27). Was grüblerische Philosophen der Weltweisheit nicht ergründen können, erschließt sich den »Unmündigen«, die das »leichte Joch« Jesu tragen, im Lichte des Geistes Gottes zu herrlicher Klarheit (Mtth. 11, 25–29). Lieben sie doch Gott nicht nur aus ganzem Herzen und mit aller ihrer Kraft, sondern auch **aus ganzem Verständnis** (Mark. 12, 33). Denn »das Herz des Verständigen erwirbt Erkenntnis, und das Ohr der Weisen sucht nach Erkenntnis« (Spr. 18, 15). Im Gegensatz zur Redeweisheit, Menschenweisheit und Weltweisheit, wozu auch die Weisheit der unsichtbaren Fürsten dieses Aeons und die »dämonische Weisheit« gehört, kann dem »Zielstrebigen« Gottes Weisheit in ihrer ganzen Tiefe verkündigt werden (1. Kor. 1, 17 + 20/2, 5–7/Jak. 3, 15). Die **verständnisvolle Einsicht** in Gottes Wege und Wesen ist Grundlage für alles weitere Nachdenken über die göttliche Offenbarung,

aber auch für weisheitsvolles Wandeln. Wie der Gottesknecht Jesus werden **die Verständigen** nicht nur weise denken, sondern auch »einsichtig handeln« (Jes. 52, 13). Schon als Zwölfjähriger wurde der Herr von den theologischen Fachgelehrten im Tempel wegen Seines **Verständnisses** der heiligen Schriften bewundert (Luk. 2, 47); der Auferstandene aber öffnete Seinen Jüngern **das Verständnis** der prophetischen Schriften des Alten Bundes (Luk. 24, 45). Ist doch der Sohn Gottes in die Welt gekommen, um uns **ein Verständnis** des wesenhaften Gottes zu geben (1. Joh. 5, 20). Der Heilige Geist aber führt in der Gegenwart diese Aufgabe fort, weshalb Paulus seinem Mitarbeiter Timotheus verheißen kann: »Der Herr wird dir **Verständnis geben** in allen Dingen« (2. Tim. 2, 7)!

In 2. Petr. 3 wird uns eine Beschreibung wissenschaftlicher Torheit in religiösem Gewande gegeben, die ganz unserem Sprüchewort entspricht; Petrus nennt **Spötter,** die in der Endzeit die Gottesverheißung der Christuswiederkunft bezweifeln. Ihr Denken, das dem Eigenwillen und der Selbstverwirklichung dient, verneint alle Gerichtskatastrophen, die jemals die Erdgeschichte (Geologie) und die Weltgeschichte (Historie) auf diesem Erdenrund veränderten. Ihr »wissenschaftlicher« Glaube bekennt sich zur Unveränderlichkeit einer »ewigen Materie«, zur gottlosen »Zufallsgeschichte« der Menschheit und zu einer atheistischen Evolution (Selbstentstehung) aller Lebewesen. Sie leugnen Gott als Schöpfer und Richter, der in gewaltigen Gerichtskatastrophen des Kosmos Seine Heilsgeschichte gestaltet. **Vergebens sucht der Spötter Weisheit, dem Einsichtigen aber wird das Wissen leicht** (DEL). Suchen wir Gottes Weisheit und Erkenntnis? Der Apostel Paulus schildert uns **den leichten Zugang** zu ihr so:

»Gott hat Seine Gnade gegen uns überströmen lassen in aller **Weisheit und Einsicht,** indem Er uns das Geheimnis Seines Willens offenbarte« (Eph. 1, 8–9); unsere Liebe soll »mehr und mehr überströmen in **Erkenntnis und aller Einsicht,** damit wir prüfen können, was das Vorzüglichere sei« (Phil. 1, 9); darum bittet er auch, daß die Glaubenden »erfüllt sein mögen mit der Erkenntnis Seines Willens **in aller Weisheit und geistlichem Verständnis«** (Kol. 1, 9).

+ + +

140 NARRENMUND UND WEISHEITSLIPPEN (14, 3 + 7–9)

Im Munde des Narren ist eine Gerte des Hochmuts; aber die Lippen der Weisen bewahren sie (vor dem Abweg). (14, 3)

Es ist ein drastisches Bild von dem **Hochmut,** der dem **Narren** »zum Halse herauswächst«! Sein Hochmut wird zur **Zuchtrute** für andere, die der Narr schmäht und verhöhnt, aber schließlich auch zur Zuchtrute für ihn selbst. Der den Narren charakterisierende Größenwahn und seine geradezu pathologische Selbstüberschätzung bringen ihn letztlich zu Fall, wie es uns am Beispiel von Nebukadnezars Selbsterhöhung und Wahnsinn so drastisch vor Augen gestellt wird; er wurde »von den Menschen ausgestoßen, aß Gras und Kraut wie die Rinder, sein Leib wurde vom Tau des Himmels benetzt, sein Haar wuchs Adlerfedern gleich, und seine Nägel glichen Vogelkrallen« – bis er dann endlich Gott die Ehre gab und wiederhergestellt wurde (Dan. 4, 28–33).

Oftmals wird **die Zunge** im Bilde der Zuchtrute und des richtenden Schwertes geschaut, positiv sogar in der Vision vom erhöhten und wiederkehrenden Herrn (Offb. 1, 16), der »durch den Hauch Seines Mundes« den vernichten wird, der Gott lästerte, wie nie ein Mensch zuvor, den Antichristen (2. Thess. 2, 8). Könnte der zweite Teil von V. 3 als Mahnung an den Leser gedacht sein: **Der Weisen Lippen** (oder: Wort) **mögest du bewahren** – um dem Abweg des hochmütigen Narren zu entgehen? Es gilt aber auch, daß das gütige, hilfreiche, gnadenvolle und heilende Wort **des Weisen** in einer segensvollen Rückwirkung **ihn selbst bewahren wird.** Wird es doch aus der »Weisheit von oben« geboren, die gelinde und lenkbar ist, unparteiisch und ungeheuchelt, friedsam und voller Barmherzigkeit (Jak. 3, 17). Daraus kann nur »Frucht der Gerechtigkeit« erwachsen, niemals aber kritiklose Selbstüberhebung (V. 18).

Im Sinne einer Definition läßt uns Spr. 14, 8 eine praktische Auswirkung der Weisheit sehen: **Die Weisheit des Klugen ist es, auf seinen Weg zu merken, aber die Narrheit des Toren ist Betrug!**

Das beständige Überprüfen des Wandels und **Weges** am Kompaß des Wortes Gottes schenkt Bewahrung vor dem Abweg zum Bösen. »Und ich sah, daß die Weisheit den Vorzug hat vor der Torheit, gleich dem Vorzug des Lichtes vor der Finsternis: der Weise hat seine Augen in seinem Kopfe, der Tor aber wandelt in der Finsternis« berichtet Pred. 2, 13–14 zu recht. **Die Narrheit des Toren** besteht aber nicht nur darin, daß er andere, sondern daß er sich selbst betrügt und irreführt! Doch Gottes heiliger Geist führt uns in die allergrößte Ernüchterung und Klarheit über uns selbst; er überführt uns von Sünde, Gerechtigkeit und Gericht. So erfahren Gottesmenschen, die sich dem Wirken des Geistes öffnen, die Wahrheit über sich selbst, was sie zur Buße treibt, die den Heimweg zu Gott eröffnet.

Die Buße aber lehnt der Narr ab, wie es Spr. 14, 9 bezeugt:

Der Narr spottet seiner Schuld, aber unter den Aufrichtigen ist gutes Einvernehmen und darum auch **gegenseitiges Wohlgefallen.** Eigentlich spricht der hebr. Text vom **Schuldopfer,** dessen der Narr spottet, weil er seine Schuld verleugnet und verdrängt und jede Buße und Wiedergutmachung strikt verweigert. Es waren vor allem Vergehen am Eigentum anderer und an der Ehre der Frauen, die durch das Schuldopfer gesühnt werden mußten (DEL), »hervorragende« Tatbestände auch in unserer bösen Zeit! Ist es nicht schrecklich, wenn ein Mensch in **Hohn und Spott** um sich schlägt, statt wie der verlorene Sohn »in sich zu schlagen«, weil er erkannt hatte, daß ihn »Gottes Güte zur Buße führte« (Röm. 2, 4)!

Von solchen zynischen Narren aber gilt es sich abzusondern, wie es Spr. 14, 7 befiehlt:

Geh aus der Gegenwart des Mannes, der ein Narr ist, bei dem du Lippen der Erkenntnis nicht bemerkt hast!

Der Weise sollte sich zu Weisen, der Einsichtige zu Einsichtigen, **der Aufrichtige zu Aufrichtigen und Rechtschaffenen gesellen,** wie es uns Spr. 14, 9 empfiehlt, weil **unter Aufrichtigen gutes Einvernehmen herrscht.**

Wenn alle Spaltungen vermeiden, und im Denken, Meinen und Reden »harmonisch zusammengefügt sind«, wie es uns 1. Kor. 1, 10 als Gebetswunsch des Apostels sagt, dann kann sich an ihnen Ps. 133 erfüllen: »Siehe, wie gut und lieblich ist es, wenn Brüder einträchtig beieinander wohnen!« Dort fließt das Öl des Geistes vom Haupte des Hohenpriesters Jesus bis zu den letzten Gliedern Seines Leibes; dort hat der Herr »den Segen verordnet«!

+ I +

Das Herz allein weiß um die Bitterkeit seiner selbst, und kein Fremder kann sich in seine Freude mischen. – Auch mitten im Lachen empfindet Leid das Herz, und ihr, der Freude, Ende ist Traurigkeit.

Das Herz ist nach der Bibel die Schaltstelle unserer Person, wo auch die geheimen Motive und Vorentscheidungen unseres Denkens, Wollens und Gefühls entstehen. Vers 10 will uns sagen, daß man, bei aller Übereinstimmung in einer engen Freundschaft oder in einer harmonischen Ehe, doch die tiefsten Lebenserfahrungen und komplexen Gefühle anderen nicht vollständig und unmißverständlich mitteilen kann. Dazu gehören auch tiefe und kaum vernarbte Wunden, die wir in uns tragen: **Das Herz allein weiß um die eigene Bitterkeit!** Ja, noch mehr: Wir erkennen noch nicht einmal uns selbst völlig; denken wir nur an die unbegreiflichen Kräfte des Unterbewußtseins unserer Seele! **Seelenschmerz** und **Seelenfreude** sind unaustauschbare Kennzeichen unserer unverwechselbaren Individualität und ihrer Lebensgrundstimmung. Delitzsch schrieb hierzu: »Ein jeder Mensch ist eine kleine Welt für sich, die nur Gott völlig durchschaut und versteht. In seinen, dem innersten Leben angehörigen Schmerz und in seine Freude vermag sich ein anderer nie völlig hineinzuversetzen. Ja, die allerschmerzlichsten Erfahrungen, die allerinnigsten Freuden haben wir ganz allein, ohne Teilnehmer!«

Dabei kann der von anderen wahrgenommene Augenschein oft anderes kundtun, als das, was unser Herz wirklich erfüllt: **Auch mitten im Lachen empfindet Leid** (E: Kummer; BA: Schmerz) das **Herz** ... Ist dies wirklich nur der Weltpessimismus eines Verdrießlichen, oder entspricht dies den Tatsachen? Pred. 2,1–2 führt hierzu aus: »Ich sprach in meinem Herzen: Wohlan denn, ich will dich prüfen durch Freude und sieh: schaue das Gute! Aber siehe, auch das ist Eitelkeit! Zum Lachen sprach ich, es sei unsinnig; und zur Freude, was sie denn bewirke!«

Wenn Röm. 12, 15 uns gebietet: »Freuet euch mit den Fröhlichen, weinet mit den Weinenden!« so ist dies gewiß eine brüderliche Haltung voller Mitleid und Barmherzigkeit; aber auch solches Bemühen hat enge Grenzen. Mit der Aussage »nur der Geist des Menschen weiß, was im Menschen ist« beschreibt 1. Kor. 2,11 die selten erreichte Höchstleistung unseres Geistes in Seelsorge oder Psychoanalyse. **Kein Fremder kann sich in des Herzens Freude mischen** und die der Freude beigemengte **Bitterkeit** erkennen! Allein der lebendige Gott ist ein Herzenskenner (Apg.1, 24/15, 8). »ER sieht nicht auf das, worauf der Mensch sieht; denn der Mensch sieht auf das Äußere, JAHWEH aber sieht **in das Herz!«** (1. Sam. 16, 7). Da können wir nur dankbar bekennen: »JAHWEH, Du hast mich erforscht und erkannt« (Ps. 139, 1)! Vor den Augen des Richters der Gesinnungen und Gedanken des Herzens ist kein Geschöpf unsichtbar, sondern alles bloß und aufgedeckt (Hebr. 4, 12–13).

Auch mitten im Lachen empfindet Leid, Schmerz und Kummer das **Herz, und ihr, der Freude, Ende ist Traurigkeit.** Einerseits wissen wir um die Wohltat eines frohen, befreienden, glücklichen und lösenden Lachens, andererseits verdunkelt der Schmerz der Trennung und der Lebensbegrenzung auch die Freude. Der Kirchenvater Augustinus hat einmal gesagt: »Unser Herz ist unruhig in uns, bis daß es ruhet in Dir, o Gott!« und: »Du siehst das Zittern meines Herzens, und ich erkenne, daß meine Wunden von Mal zu Mal mehr Deine heilende Hand finden, als daß sie mir nicht mehr zugefügt werden!«

Im Blick auf die endgültige Regelung all unseres Erlebens aber gilt: »Glückselig, die ihr jetzt weinet, denn ihr werdet lachen!« und: »Wehe euch, die ihr jetzt lachet« – in Übermut, Frevel, Trotz und Spott – »denn ihr werdet trauern und weinen« (Luk. 6, 21 + 25). **Auch inmitten des Lachens empfindet Kummer das Herz …** könnte es im Lichte des NT auch gelten, daß **mitten im Leid** die **Freude** erwachen kann, bewirkt durch den Heiligen Geist? Der mitternächtliche Lobpreis der gefolterten und gefesselten Gottes-zeugen Paulus und Silas im Kerker zu Philippi weist auf die Möglichkeit einer Freude hin, die vom körperlichen und seelischen Befinden unabhängig ist (Apg. 16, 22–25). Nur so kann es gelten, daß man sich »allezeit in dem Herrn freut«, sogar »in den Leiden«, und daß wir »als die Traurigen immerdar fröhlich sind« (Kol. 1, 24/Phil. 4, 4/2. Kor. 6, 10).

> »In Dir ist Freude in allem Leide, o Du süßer Jesu Christ,
> durch Dich wir haben himmlische Gaben, Du der wahre Heiland bist!
> Hilfest von Schanden, rettest von Banden;
> wer Dir vertrauet, hat wohl gebauet, wird ewig bleiben, Hallelujah!«

+ + +

142 DAS HAUS DES GESETZLOSEN, DAS ZELT DES GERECHTEN (14, 11)

Das HAUS der Gesetzlosen wird vertilgt werden, aber das ZELT der Aufrichtigen wird emporblühen.

Im vorliegenden Text fällt auf, daß den **Gesetzlosen** (Gottlosen, Frevlern) **ein Haus** zu-gesprochen wird, den **Aufrichtigen** (Geraden, Rechtschaffenen) jedoch ein wandel-bares, flüchtiges, für die Wanderung bestimmtes **Zelt.** Vielleicht hängt dies damit zu-sammen, daß die Gottlosen meinen, sie hätten ihr Hauswesen »auf Ewigkeit hin« ge-gründet; der Gerechte aber weiß um die Vergänglichkeit seiner Lebenszeit und um die Vorläufigkeit aller Lebenswerte; »sein Haus ist nicht in dieser Zeit«. Der Pilgerweg der Gerechten, die »ihr Sinnen und Denken auf das richten, was droben ist«, wird unüber-trefflich in Hebr. 11, 9–10 und 16 beschrieben: »Durch Glauben hielt Abraham sich auf in dem verheißenen Lande, als wäre es ein fremdes, und **wohnte in Zelten** mit Isaak und Jakob, den Miterben der gleichen Verheißung; denn er erwartete die Stadt, die Fun-damente hat, deren Architekt und Werkmeister Gott ist … jetzt aber trachten sie nach einem besseren Vaterland, das ist, einem himmlischen. Darum schämt sich Gott ihrer nicht, ihr Gott genannt zu werden, denn Er hat ihnen eine Stadt bereitet!« So vollziehen wir mit ihnen den Christusweg, der auch nur für kurze Zeit »unter uns **zeltete«** (Joh. 1, 14). Trotz aller Vorläufigkeit ist aber **dem Zelte der Aufrichtigen** verheißen, daß es mit ihm vorwärts und **aufwärts** gehe, ja, daß es unter Gottes Segen **blüht** und gedeiht, während das »auf Ewigkeit« konzipierte Gottlosenhaus letztlich **vertilgt wird.**
Diese Aussage gewinnt prophetische Züge, wenn wir anhand von 2. Sam. 3, 1 und 5, 10 in dem Hause Davids das Haus und Reich Christi und in dem Hause des verworfenen Königs Saul das finstere Reich Satans sehen: »Und der Streit war lang zwischen dem Hause Sauls und dem Hause Davids; David aber wurde immerfort stärker, während das Haus Sauls immerfort schwächer wurde!« Der Christussieg über seinen verworfenen Feind wurde bei Seiner Menschwerdung eingeleitet, wo Er als »der Stärkere« in das Haus »des Starken« eindrang, diesen besiegte, ihm seine ganze Waffenrüstung weg-

nahm und seine Habe als Beute austeilte (s. auch Eph. 4, 8–11/Kol. 2, 15/Mtth. 12, 29). Eine andere prophetische Seite wird beleuchtet, wenn wir an **das Leibeszelt** der Glaubenden denken. Die sechs Wörter des NT, die auf den Wortstamm »Zelt« zurückgehen, weisen, mitsamt dem »Zeltmacher« Paulus, auf unsere menschliche Vergänglichkeit hin. Und doch verheißt uns 2. Kor. 5, 1–9, daß wir nach der Zerstörung unseres irdischen **Zelthauses** einen **Wohnbau** (oikodomä), ein ewiges, nicht mit Händen bereitetes **Haus** (oikia), ja, eine geistleibliche **Wohnstätte** (oiketärion) von Gott erhalten werden. Darum konnte der Apostel Petrus getrost die Offenbarung Jesu annehmen, daß das Ablegen seines »Zeltes« bald bevorstehe (2. Petr. 1, 13–14). Bei aller Freude über **das Aufblühen** unseres irdischen **Zeltes** unter dem Segen Gottes dürfen wir uns doch danach sehnen, mit unserer Behausung, die aus dem Himmel ist, überkleidet zu werden (2. Kor. 5, 2)! Dann erfüllt sich, was auch Spr. 12, 7 verheißt: »Man kehrt die Gesetzlosen um, und sie sind nicht mehr; aber das Haus der Gerechten bleibt bestehen!«

+ + +

143 WEGE UND SCHRITTE (14, 14–18)

Von seinen Wegen wird gesättigt, wer abtrünnigen Herzens ist, und von dem, was in ihm ist, der gute Mann. (V. 14)

Es ist der Irrweg der Gottentfremdung, der zum Verderben und **zum Tode führt** (14, 12), den der geht, **der abtrünnigen Herzens** von Gott abweicht; dieser Weg trägt nach dem Gesetz von Saat und Ernte in sich selbst – bis zur **Sättigung** und Übersättigung – den Lohn des Verderbens davon, wie es auch Paulus in Gal. 6, 7–8 bestätigt. Der **gute Mann** jedoch **wird gesättigt** von dem, was an Liebe und Barmherzigkeit **in ihm ist** und durch ihn anderen zufließt. Aber widerspricht unser Text nicht der Aussage in Röm. 3, 12, daß da »keiner ist, der Gutes tut, auch nicht einer«? Dann wäre **der gute Mann,** in dem keine Sünde war, der von keiner Sünde wußte, und der keine Sünde tat, allein Jesus Christus, der »letzte Adam«! Ja, es ist unmöglich, durch gutes Werk die Rechtfertigung vor Gott zu erlangen! In diesem Sinne gilt in jedem Falle, was Paulus von sich selbst bezeugt: »In mir, das ist in meinem Fleische, wohnt nichts Gutes« (Röm. 7, 18)! Auf einer anderen Ebene jedoch können auch »Heiden« »mit Ausharren in gutem Werke Herrlichkeit und Unverweslichkeit suchen und ewiges Leben ererben« (Röm. 2, 7); wieviel mehr gilt dies von allen, die den Heiligen Geist als **das Gute in sich tragen** und durch ihn ewiges Leben ernten (Gal. 6, 8)! Von ihnen wird das Tun des Guten nachdrücklich gefordert (Röm. 12, 9 + 21/15, 2/16, 19/Gal. 6, 6 + 9/Eph. 4, 28/1. Thess. 5, 15/2. Thess. 3, 13/1. Petr. 3, 11/Jak. 4, 17).
Sie werden »beim Erwachen« in der Auferstehung an Seinem Bilde **gesättigt werden,** wenn sie Sein Angesicht schauen (Ps. 17, 15). Darum bekennen sie allezeit: »Nicht ist **unser Herz zurückgewichen,** noch sind unsere Schritte **abgebogen von Deinem Pfade«** (Ps. 44, 18); und auch wir wollen nicht »von denen sein, die sich zurückziehen zum Verderben, sondern von denen, die da glauben zur Errettung der Seele« (Hebr. 10, 39).
Wenn man solche festen Schritte auf dem Gottesweg gehen will, gilt es freilich zu be-

achten, was Spr. 14, 15 sagt: **Der Einfältige** (allem Zugängliche) **glaubt jedem Worte, aber der Kluge achtet auf seine Schritte!**

Es ist im höchsten Grade naiv und gefährlich, **jedem Wort,** jeder Lehre, Ideologie, Sektiererei und Menschenphilosophie **zu glauben,** weil man dann »umhergetrieben wird von jedem Wind (oder: Geisthauch) der Lehre«, die oftmals dämonischen Ursprungs ist. Auch heutigentags gibt es die frommen Bileam-Verführer, die in der Mischung zwischen Licht und Finsternis stehen, »ihrem Bauche« und dem Gewinn dienen und »durch süße Worte und schöne Reden die Herzen **der Arglosen** verführen« (Röm. 16, 18). Da gilt es wahrlich **auf die Schritte zu achten,** damit man nicht die Orientierung verliert und auf den Weg des Todes und Verderbens gerät! Der Geistesmensch prüft alles daraufhin, ob es wahr, heilsam, förderlich und im Sinne Gottes ist und »behält nur das Gute« (1. Thess. 5, 21). Er ist sogar aufgerufen, »die Geister zu prüfen, ob sie aus Gott sind, weil viele falsche Propheten in die Welt ausgegangen sind« (1. Joh. 4, 1). Er prüft, »was dem Herrn wohlgefällig ist« und hat damit einen zuverlässigen Kompaß für seinen Weg (Eph. 5, 10).

Bedachtsam setzt er seine Schritte; in heiliger Scheu und Ehrfurcht vor Gott mißtraut er sich selbst und den Emotionen seiner Seele und handelt und wandelt behutsam und bedächtig.

Der Weise fürchtet sich und meidet das Böse, aber der Narr braust auf und ist (dabei noch) **sorglos!** sagt Spr. 14, 16.

Nach seiner tödlichen Erkrankung und wunderbaren Lebensverlängerung zog Hiskia eine beachtliche Folgerung: »Ich will vorsichtig wandeln alle meine Jahre wegen der Betrübnis der Seele. O Herr! Durch diese Haltung lebt man, und in jeder Hinsicht besteht darin das Leben meines Geistes!« Fast wörtlich klingt Jes. 38, 15–16 in Eph. 5, 15–16 wieder auf, wo uns der Apostel ermahnt: »Achtet nun darauf, wie ihr sorgfältig wandelt, nicht als Unweise, sondern als Weise, die gelegene Zeit auskaufend, denn die Tage sind böse!« Das bedeutet nicht, daß man zum geistlichen Neurotiker wird, der sich beständig »den frommen Puls fühlt« und ängstlich, unnatürlich und gehemmt durch diese Welt geht; vielmehr ist es eine männlich-entschlossene Gesinnung, die sich »fernhält von jeder Art des Bösen« (1. Thess. 5, 22) und »die Errettung auswirkt mit Furcht und Zittern« (Phil. 2, 12–13).

Der Narr jedoch **braust** leidenschaftlich **auf** und ist dabei **sorglos** über die Auswirkungen seines Tuns. **Der Jähzornige begeht Narrheit, und der Mann von Ränken wird gehaßt** (Spr. 14, 17).

Der **unbekümmert aufbrausende Jähzornige** wirkt in seiner Wut eher lächerlich und wird vielleicht wirklich ausgelacht, wenn er in aller Öffentlichkeit seinen Ärger, Zorn und Unwillen **ausschnaubt.** Viel gefährlicher allerdings und wirklich zu fürchten ist **der Ränkeschmied,** der das Böse hinterhältig, kalt und berechnend plant und ausführt (s. Ps. 37, 7). Diesen lacht man nicht aus, sondern fürchtet ihn und **haßt ihn** sogar.

Wenn wir solche sind, die ihre **Wege** zum Ziele Gottes führen und auf ihre **Schritte** achten, so gilt uns die Verheißung von Spr. 14, 18: **Die Einfältigen** (Dummen, Naiven, allem Zugänglichen) **erben Narrheit, die Klugen aber werden mit Erkenntnis gekrönt!**

+ + +

Die Bösen beugen sich vor den Guten, und die Gesetzlosen stehen an den Toren der Gerechten.

Dieses Wort eröffnet uns die Dimension der Ewigkeit; höchst selten gibt es eine Verwirklichung schon auf Erden, etwa wie es Israel nach dem Buche Esther widerfuhr! Wir brauchen nur einmal den Asaphpsalm 73 zu lesen, um die ganze Not der Heiligen zu erkennen, die auf Erden den Weg der Erniedrigung zu gehen haben; scheinbar vergeblich weihen sie sich Gott, während die gottlosen Frevler ihr Leben in frechem Stolz, Gesundheit und Reichtum zubringen. So lag ja auch der arme Lazarus, um Wohltaten bettelnd, **an den Toren** des reichen Mannes, der ihm noch nicht einmal seine Küchenabfälle gewährte; nach dem Tode beider jedoch wechselte die Situation: Während Lazarus im Schoße der Verheißungen Abrahams weilte, schrie der reiche Mann in den Qualen des Gerichts nach barmherziger Kühlung und Linderung; nun lag er **vor den Toren** der glaubenden Väter Israels und **beugte sich vor ihnen** (Luk. 16, 19–31).

Im Altertum wurde das Gericht durch die Ältesten einer Stadt an den Stadttoren gehalten, so daß **die Tore** generell zum Bilde für die Gerichte und Gerichtsstätten Gottes wurden. **Die Gesetzlosen werden stehen an den Toren der Gerechten** deutet der jüdische Targum so: »Sie werden gerichtet in den Toren durch die Gerechten« (DEL). Damit stimmt überein, daß die gerechten Richter »saßen«, während die Angeklagten vor ihnen **standen.**

Der Messias Jesus hat die leidvolle Gegenwart mit den Frommen geteilt, um in kommenden Weltzeiten mit ihnen zu herrschen und zu richten. »Wir, wir hielten IHN für einen von Gott Bestraften, Geschlagenen und **Niedergebeugten**« bekennt rückblickend das endzeitliche Israel mit Jes. 53, 4. Doch ist Er der kommende Richter, wie Er es auch dem Hohenpriester Kaiphas und dem Tribunal des Hohen Synedriums bezeugte; durch Ihn wird der Vater alles Gericht ausführen. Weil aber alle Gottesverheißungen in Ihm JA und AMEN sind, werden sie auch ausgeführt, »durch uns« – die Glieder des Christusleibes (2. Kor. 1, 20). Hat nicht der Herr Seinen Aposteln verheißen, sie würden in der Zeit der »Wiedergeburt Israels«, wenn Er selbst den Thron Seiner Herrlichkeit einnehmen werde, auf zwölf Thronen sitzen, um die zwölf Stämme Israels zu richten (Mtth. 19, 28)? Dann werden »die Brüder Josephs« vor dem »Herrn des Landes« mit dem Antlitz zur Erde **niederfallen** (1. Mos. 42, 6)! Dann wendet sich »das Blatt der Geschichte«: Die »Synagoge Satans«, die in den ersten Jahrzehnten die Christusgemeinde verfolgte, wird sich »vor den Füßen« der Verfolgten **»niederwerfen«** und erkennen, daß der Christus Seine arme und schwache Gemeinde geliebt hat. »Siehe, dies werde ich bewirken« sagt der Herr nach dem Grundtext von Offb. 3, 9. Im übrigen sei den wenigen Jahrzehnten, in denen das Judentum die Gemeinde verfolgte, die Verfolgung des Judentums durch das Christentum gegenübergestellt, die fast 1700 Jahre währte!

Was in der Geschichte wohl nur einmal geschah, daß sich ein König (Nebukadnezar) vor dem Gottespropheten (Daniel) **niederbeugte** und den »Gott der Götter« als den »König der Könige« und »Offenbarer der Geheimnisse« rühmte (Dan. 2, 46–47), wird am Ende aller Zeiten allumfassend geschehen: Die »Hochwohnenden« werden **niedergebeugt** (Jes. 26, 5); vor dem Gekreuzigten werden **sich niederbeugen** alle Generationen der Völker (Ps. 22, 27), ja, »alle Fetten der Erde« werden niederfallen (Ps. 22, 29) – alle Könige (Ps. 72, 11) und alle »Götter« (Ps. 97, 7), sowie alle, die Jerusalem schmähten, wie es Jes. 60, 14 verheißt: »Und **gebeugt** werden zu dir kommen die Kinder deiner Bedrücker, und alle deine Schmäher **werden niederfallen** zu den Sohlen deiner Füße, und sie werden dich nennen: Stadt JAHWEHs, Zion des Heiligen Israels!« Paulus faßt alle diese Hinweise kühn zusammen und spricht davon, daß alle Himmelsbewohner, alle Erdenbewohner und alle Unterirdischen dereinst huldigend **ihre Knie beugen** werden, während ihre Zungen freudig bekennen: »Allherr (kyrios) ist Jesus, der Messias!« (Phil. 2). Dann wird auch der finstere »Kerkermeister Licht fordern« und heilsbegierig und zitternd – wie einst vor Paulus und Silas sein irdisches Abbild – vor dem Sohne Gottes niederfallen (vgl. Apg. 16, 29)! Dient doch letztlich **das Stehen der Bösen und Gesetzlosen in den Toren des Gerichts,** wie auch das Gericht selbst als heilspädagogische Maßnahme der Liebe Gottes, dazu, daß sich die **Frevler angesichts der »Guten« niederwerfen werden.** Dann werden alle, die wider Gott entbrannt waren, beschämt werden, wenn sie am Tage der Machtergreifung Christi IHN »in Seinen Heiligen verherrlicht sehen« und das Werk Seiner Gnade »in den Glaubenden bewundern werden« (Jes. 45, 23–25/2. Thess. 1, 10)!

+ + +

145 VERACHTUNG UND ERBARMEN   (14, 21 + 31)

Wer seinen Nächsten verachtet, sündigt; wer aber der Elenden sich erbarmt, ist glückselig! – Wer den Armen bedrückt (erpreßt), **verhöhnt seinen Schöpfer; wer aber des Dürftigen sich erbarmt, ehrt Ihn.**

Hinter diesen Aussagen steht die Erfahrung, daß **der Elende** (E), **Gedemütigte** (BA), **Zerbrochene und Niedergebeugte** (DEL) leicht **verachtet** und **unterdrückt** werden kann, weil er weder Kraft noch Einfluß zur Selbstverteidigung besitzt; der Stolze und Einflußreiche hingegen wird hochgeachtet, mit ihm »muß man sich gut stehen«. »Selbst von seinem Nächsten wird der Arme gehaßt; aber derer, die den Reichen lieben, sind viele!« stellt Spr. 14, 20 fest.
Wer seinen Nächsten verachtet, sündigt; er verfehlt das Ziel, weil er vergißt, daß sowohl der Hochstehende als auch **der Niedergebeugte und Dürftige** im Bilde Gottes erschaffen ist. Darum ist sein Handeln **eine Verhöhnung,** die Barmherzigkeit hingegen, die **dem Elenden** erwiesen wird, **eine Verherrlichung des Schöpfers.** Dies ist auch der tiefe Sinn der Antwort Jesu auf die Frage der Pharisäer, ob man dem Kaiser in Rom Steuer zahlen dürfe oder nicht. Jesus läßt sich von ihnen einen Denar zeigen, den sie ohne Bedenken in der Tasche mitführen, obwohl er das Münzbildnis des Cäsars Tiberius trägt, und antwortet ihnen: »Gebet dem Kaiser, was des Kaisers ist, aber Gott, was Gottes ist!« Die Münze trägt das Bildnis des Kaisers, wieso sollte das Geld also nicht dem Kaiser gehören? Was aber »ist Gottes«? Das Geringe, was dann noch übrigbleibt? Keineswegs! Es ist der ganze Mensch nach Geist, Seele und Leib, der **das Bildnis Gottes trägt,** also völlig Gott gehört! So sagte Hiob: »Wenn ich das Recht meines Knechtes und meiner Magd mißachtete, als sie mit mir stritten: was wollte ich dann tun, wenn Gott sich erhöbe; und wenn er untersuchte, was Ihm erwidern? Hat nicht ER, der mich im

Mutterleibe bereitete, auch ihn bereitet, und hat nicht EINER im Schoße uns gebildet« (Hiob 31, 13–15)?

Darum wendet sich auch der Apostel Jakobus so scharf dagegen, mit der Zunge einerseits den Herrn und Vater zu segnen, mit derselben Zunge aber dem Menschen zu fluchen, der nach dem Bilde Gottes geworden ist (Jak. 3, 9)!

Wer selbst die Barmherzigkeit erfahren will, die über das Gericht triumphiert, muß auch **Barmherzigkeit üben** (Jak. 2, 12–13). **Verachtung und Unterdrückung** stehen zum **Erbarmen** im absoluten, nicht zu vereinenden Gegensatz! »Werden nicht in die Irre gehen, die Böses schmieden, aber Güte und Treue erfahren, die Gutes schmieden?« fragt uns Spr. 14, 22.

Die Pharisäer sprachen geringschätzig von dem »Volk des Landes, welches das Gesetz nicht kennt«. Sie »vermaßen sich selbst, daß sie gerecht seien und **verachteten** die anderen« (Luk. 18, 9–14); Verachtung besteht also darin, daß man einen falschen Maßstab an sich selbst anlegt, um wenigstens in den eigenen Augen über dem Mitmenschen zu stehen. Paulus empfiehlt uns: »Einer gehe dem anderen in Ehrerbietung voran und achte den anderen höher als sich selbst« (Röm. 12, 10/Phil. 2, 3). Wie vieles haben wir doch alle hierin noch zu lernen! Das Fleisch will seine Minderwertigkeit vor Gott damit verdecken, daß es sich eine künstliche Überwertigkeit in der Selbsterhöhung schafft, um wenigstens auf diesem Wege der Täuschung vor sich selbst gerechtfertigt zu sein! So steht hinter allem Hochmut eine tiefe Minderwertigkeit, die den Nächsten durch **Verachtung und Erpressung** erniedrigt, um sich selbst zu erhöhen. Doch »wer sich selbst erhöht, der wird erniedrigt werden!« Dies aber ist der Weg Satans und seiner Mächte und Knechte.

Gott selbst verachtet niemanden (Hiob 36, 5); Er verachtet das Gebet der Zerbrochenen nicht (Ps. 102, 17); Er verachtet Sein gerichtetes Volk nicht (3. Mos. 26, 44); ja, Er verachtet keinen Seiner Gefangenen (Ps. 69, 33)! Vielmehr rettet Er, die zerschlagenen Geistes sind und ist denen nahe, die zerbrochenen Herzens sind (Ps. 34, 18). »Die Opfer Gottes sind ein zerbrochener Geist, ein zerbrochenes und zerschlagenes Herz wirst Du, o Gott, nicht verachten« (Ps. 51, 17–18)! Gott wohnt bei dem, der zerschlagenen und gebeugten Geistes ist (Jes. 57, 15); Er gibt ihm statt des verzagten Geistes ein Ruhmesgewand, einen Leib der Herrlichkeit (Jes. 61, 3); Er spricht: »Auf diesen will ich blicken: **auf den Elenden** und auf den, der zerschlagenen Geistes ist, und der da zittert vor meinem Wort« (Jes. 66, 2).

So beugt sich Gott herab **zu dem Niedergebeugten.** Auch wir erfuhren Ihn als den Gott, der da reich ist an Barmherzigkeit, und singen: »Mir ist Erbarmung widerfahren, Erbarmung, deren ich nicht wert!« »Ein zerschlagener Geist – wer richtet ihn auf?« ist nun Gottes Frage an uns (Spr. 18, 14). Aus solchem barmherzigen Handeln strömen **Glückseligkeiten** (BA) zu uns selbst zurück, die uns zutiefst entspannen und uns teilnehmen lassen am Wesen des »glückseligen Gottes«. Das »gottgemäße Fasten« von Jes. 58, 6–10 zeigt uns sowohl Gottes eigenes Wesen und Tun, als auch das von uns geforderte Handeln in **Barmherzigkeit,** das uns rückwirkend Heilung und **Glückseligkeit** verleiht. Wieviel gelöster könnte unser Leben sein, wenn wir solches »Fasten« (zu dem auch eine Enthaltung von Anmaßung, Hochmut, Verachtung und Geringschätzung gehört) praktizierten, und wenn wir den Rat des Apostels befolgten: »Haltet euch herunter zu den Niedrigen« (Röm. 12, 16)! Oder wie es Spr. 16, 19 sagt: »Besser niedrigen Geistes sein **mit den Demütigen,** als Raub teilen mit den Hochmütigen!«

+ + +

In der Furcht JAHWEHs ist ein starkes Vertrauen, und seine (des Gottesfürchtigen) **Kinder haben eine Zuflucht.**

Schon mehrmals haben die SPRÜCHE das Thema der Gottesfurcht angesprochen – der **Furcht JAHWEHs** als der Türe zur Weisheit, aber auch als den krönenden Abschluß in der Erfüllung mit dem Geist des Herrn (Jes. 11, 1–3). In vorliegendem Spruch wird sie als **starkes Vertrauen** (E), als **mächtige Sicherung** (BUB), als **feste Sicherheit** (PAR) oder als **starker Vertrauensgrund** (DEL) beschrieben. Dabei ist weniger gemeint, daß die Gottesfurcht selbst die Quelle solchen Vertrauens ist, als vielmehr der Gott, dem man in Ehrfurcht dient! So ist auch nicht unser Glaube der Felsengrund, der uns sichert in Ewigkeit, sondern das Objekt des Glaubens: der Vater und Jesus Christus, Sein Sohn! Wer so vor Gott steht, dessen **Kinder** (eig. Söhne) **haben eine Zuflucht, eine Zufluchtsstätte und einen Bergungsort.** Dies bedeutet nicht nur, daß der Gottesfürchtige durch seine Unterweisung den kostbaren Schatz der Furcht des Herrn seinen Kindern mitteilt, so daß sie in ihr einen Bergungsort finden, wie es uns Ps. 71, 5–7 verheißt; vielmehr wird durch die Atmosphäre der Gottesfurcht in einer Familie schon den heranwachsenden Kindern **Geborgenheit** geschenkt; denn solche Gottesfurcht bedeutet keineswegs eine Erziehung zur Angst, sondern sie schafft gerade erst jenes elementare Urvertrauen, das ein gesundes psychisches und geistliches Wachstum ermöglicht und sich in notvollen Krisen des Glaubens bewährt. Denn Angst ist nicht in der Liebe, sondern die zum Ziel gekommene Liebe treibt die Angst aus, die Qual bereitet (1. Joh. 4, 16–19). Hier gilt das Wort: »Wir sollen Gott nicht lieben, weil wir Ihn fürchten, sondern wir sollen Ihn fürchten, weil wir Ihn lieben!« Welche Ungeborgenheit müssen doch Kinder erleben, die in einer Atmosphäre familiärer Zwistigkeit, Frevelhaftigkeit, Gottlosigkeit, Ehrfurchtslosigkeit und Zerrüttung aufwachsen müssen und im Vater nie jene segensvolle Mischung von Autorität, Gottesfurcht und Liebe erleben! Doch selbst, wenn nur ein Elternteil im Glauben steht, so sind sowohl der ungläubige Ehepartner als auch die gemeinsamen Kinder »heilig«, d. h. in den Lichtesbereich Jesu einbezogen (1. Kor. 7, 14).
Dies gilt nun erst recht von den »Kindern im Glauben« (vgl. 1. Joh. 2. 12–14), deren **Glaubensgrundlagen** nur dann solide sind, wenn sie in einer Gemeinschaft aufwachsen, in der sie »durch die wortgemäße, unverfälschte Milch des Wortes Gottes« ernährt werden (1. Petr. 2, 2); dort werden sie dann durch die **Furcht des Herrn** in die ganze Weisheit Gottes eingeführt, um schließlich auch das »Brot für Erwachsene« zu genießen; dort ist dann für sie in allen notvollen Anfechtungen und Glaubenskrisen **ein starker Zufluchtsort und Vertrauensgrund.**
Was verheißt nun Gottes Wort denen, die Ihn fürchten, die in der einzigen Herzensgesinnung stehen, die Gott gebührt?
Das Geheimnis Seines Herzens (Ps. 25, 14) – Seine Güte (Ps. 31, 19) – das Offenstehen Seiner Augen (Ps. 33, 18) – Schutz und Bewahrung (Ps. 34, 7) – Ausgleich allen Mangels (Ps. 34, 9) – die Nähe Seiner Rettung (Ps. 85, 9) – den gewaltigen Erweis Seiner Güte (Ps. 103, 11) – Gottes Erbarmen (Ps. 103, 13) – die Erfüllung ihres Herzensverlangens (Ps. 145, 19) und – Sein göttliches Wohlgefallen (Ps. 147, 11).

ı + +

In der Menge des Volkes ist die Herrlichkeit eines Königs, aber im Schrumpfen der Bevölkerung des Fürsten Untergang.

In unserer Zeit ist die Sorge der Regierenden eher eine rapide »Bevölkerungsexplosion«, die, wenn sie nicht begrenzt werden kann, die ökonomischen und ökologischen Grundlagen unseres Planeten zerstören könnte. In alter Zeit jedoch bestand **die Herrlichkeit** (E), **die Pracht** und **der Schmuck** (DEL) eines Königs wirklich in der **Volksmenge,** die aus der Fruchtbarkeit der Familien erwuchs. Nur so erlangte er ein gewaltiges Heer und damit Einfluß über mächtige Feinde, sowie ein großes Steueraufkommen und mit ihm die Möglichkeit der architektonischen Repräsentation, Ansehen und Wirtschaftsmacht. Jesus selbst stellt uns diesen Sachverhalt in Seinem Gleichnis über eine gut bedachte Nachfolge vor Augen: »Welcher König, der mit seinem Heere auszieht, um mit einem anderen König Krieg zu beginnen, setzt sich nicht zuvor nieder und berät« (mit seinen Ministern und Offizieren), »ob er imstande sei, dem mit 10 000 entgegenzutreten, der wider ihn mit 20 000 (Kriegern) heranzieht« (Luk. 14, 31)?

Das **Schwinden der Bevölkerung** (E), das **Schrumpfen der Nation** (BUB) jedoch führte schnell zum **Sturz des Fürstentums** (PAR), zum **Untergang** seines **erlauchten Potentaten** (BA/BUB).

So war Israel in seinen besten Zeiten wie der SAND am Ufer des Meeres (1. Kön. 4, 20), wie der unzählbare STAUB (4. Mos. 23, 10) und wie die Menge der STERNE des Himmels (5. Mos. 1, 10). Welche Befriedigung und **Herrlichkeit** stellte dies für Israels Könige dar, aber auch für Gott als dem eigentlichen König des Volkes, der auf diese Weise den Mehrungssegen Abrahams erfüllte (1. Mos. 22, 16–18)!

Als SAND AM UFER DES MEERES wird Israel geschaut in seiner **Volksmenge** am Rande des stürmischen Völkermeeres; in der unzählbaren Menge des STAUBES wird der Toten Israels gedacht, die »in den Staub des Todes gelegt sind« (Ps. 22, 15), aber dereinst auferstehen werden, damit »ganz Israel gerettet werde« (Röm. 11, 25–26/Jes. 26, 19); und in den STERNEN DES HIMMELS sieht das prophetische Wort die Gerechten und Propheten Israels, aber auch die Glaubenden aus den Völkern, die ihm als »Same Abrahams« zugerechnet werden; sie »scheinen als Himmelslichter im Kosmos, darstellend das Wort des Lebens« (Dan. 12, 3/Phil. 2, 15–16/1. Kor. 15, 41–42).

Welche **Herrlichkeit und Pracht** besitzt doch **der König aller Könige,** JESUS, in der unzählbaren **Menge Seines Volkes,** das Ihm jetzt schon dient und Ihm dereinst hinzugetan wird! Wie Moses um das Kommen JAHWEHs in der Gotteswolke bat, so bitten wir heute, auch im Hinblick auf die baldige Wiederkunft des »Königs der Juden« zur Erneuerung Israels: »Kehre wieder, JAHWEH, zu den Myriaden (Zehntausenden) der Tausende Israels!« (4. Mos. 10, 36).

Wie viele Millionen, oder gar Milliarden Geschöpfe gehören schon Jesus, dem gekreuzigten »König der Juden« – im Himmel und auf Erden, während der finstere **Potentat,** Satan, **im Schwinden der Bevölkerung** seines Reiches seinen baldigen **Sturz und Untergang** voraussehen muß!

Eine »unzählbare Schar aus jeder Nation und aus Volksstämmen, Völkern und Sprachen« gehört jetzt schon dem **»König,** welcher Blut und Leben dem Leben Seiner Völker weiht« (Offb. 7, 9); »Zehntausende mal Zehntausende und Tausende mal Tausende« an Himmelswesen, »Myriaden von Engeln in der Allfestversammlung« (Hebr. 12, 22–23) dienen dem »Herrn der Heerscharen«, womit in der antiken Rechenkunst sicher auch eine unzählbare Schar gemeint ist (Off. 5, 11). Aber das Ziel der Heilswege Gottes ist es, daß »jedes Geschöpf, im Himmel, auf Erden, unter der Erde und im Meere« **den König** preisen wird, der zugleich »das Lamm« ist – preisen zur Verherrlichung Gottes des Vaters (Offb. 5, 13–14/Phil. 2, 10–11).

In der Menge des Volkes ist die Herrlichkeit des Königs! Wer wird der Sieger sein, dem **alle** gehören, Jesus oder Satan? Gottes Wort gibt uns darüber unanfechtbare Klarheit!

> »Beleb', erleucht', erwärm', entflamme doch bald die ganze, weite Welt,
> und zeig' Dich jedem Völkerstamme als Heiland, Friedefürst und Held!
> Dann tönen Dir von Millionen der Liebe Jubelharmonien,
> und alle, die auf Erden wohnen, knien vor dem Thron des Lammes hin!«

+ ⁺ +

148   EIN GELASSENES HERZ   (14, 29–30)

Ein Langmütiger hat viel Verständnis, aber ein Jähzorniger erhöht die Narrheit. Ein gelassenes Herz ist des Leibes Leben, aber Ereiferung ist Fäulnisfraß in den Gebeinen.

Der Langmütige ist der »Langsame zu schnaubendem Gefühlsausbruch«, der »den Zornesausbruch in die Länge dehnt« (DEL); sein **Verstand,** der ihm auch **Einsicht** in psychologische Zusammenhänge gibt, ist befähigt, sein Gefühls- und Seelenleben zu kontrollieren und zu beherrschen. **Der Jähzornige** aber gibt durch sein Handeln **Torheit** zu erkennen und **erhöht** und vermehrt so **die Narrheit** auf Erden. Sein Weg zum Zorneserguß, zum »Aufbrausen des **schnaubenden Zorngeistes«** (DEL) ist zu kurz; rasch, jählings und ohne Bedacht redet und handelt er.

Jakobus nimmt dieses Sprüchewort auf, wenn er fordert, daß ein jeder »schnell zum Hören, aber langsam zum Reden und langsam zum Zorn« sein sollte, denn der schnelle Zornesausbruch und das unbedachte Zorneswort gehen meist Hand in Hand; und er fügt hinzu: »Eines Mannes Zorn wirkt nicht die Gottesgerechtigkeit!« Wir sollten vielmehr »mit Sanftmut das Wort Gottes empfangen«, damit es in unserem Geiste neues Leben zeugen könne (Jak. 1, 19–21). Auch beim Hören des Wortes Gottes kann also Ereiferung, Widerstand, Neid und Streit, schnelles Gegendenken und zorniges Aufbrausen in uns wirksam werden und auf diese Weise Gottes Reden zunichte machen! Selbst das Beten kann von **Zorn und Ereiferung** oder von zweifelnden, kritischen Überlegungen verhindert werden, was besonders den Männern zu eigen ist (1. Tim. 2, 8). Darum gilt uns allen das Apostelwort: »Strebe eifrig nach der Sanftmut des Geistes« (1. Tim. 6, 11)! Kann doch die »Verkehrtheit der Zunge« im Zorneswort »eine Verwundung des Geistes« bewirken, wie es Spr. 15, 4 bezeugt.

Wenn die SEELE sich an einer Stelle der Persönlichkeit die Herrschaft anmaßt, die eigentlich dem GEISTE gebührt, kann dies verderbliche Auswirkungen sowohl auf den Geist als auch auf unseren **Leib** haben. Auch in diesem Stück sieht die Bibel die enge Verflochtenheit der menschlichen »Dreieinigkeit« aus Geist, Seele und Leib. Es gibt Verwundungen des Leibes (in psychosomatischen Erkrankungen), aber auch »Verwundungen des Geistes« (in psycho-pneumatischen Erkrankungen). – Unser Sprüchewort sieht wieder **das Herz** als die entscheidende Lebensmitte; vom **gelassenen (E), milden** (BA) oder **heilen Herzen** (BUB) gehen **Lebensimpulse** (BA) **für die Gesamtheit des Leibes mit allen seinen Funktionen** aus, wie die Parallelbibel die hebr. Mehrzahl von »Fleisch« im vorliegenden Text deutet. Andererseits kann die Dauerhaltung vorschneller **Ereiferung Fäulnisfraß der Gebeine des Leibes** verursachen. Die moderne Medizin sieht in einem seelischen Dauerstreß die Ursache vieler organischer Erkrankungen. Der König David hat solches nach eigenem Bericht in Ps. 32, 1–4 und 38, 1–10 erlebt. Gott schenke uns eine heilige Disziplin und **Gelassenheit** der Seele, die sich willig dem erneuerten Geiste unterstellt! Das ist wohl gemeint, wenn Petrus uns auffordert, daß wir »die Lenden unserer Gesinnung umgürten« sollten (1. Petr. 1, 13).

Nun gibt es aber auch einen heiligen **Zorn und Eifer,** wie er sich etwa bei Jesus in der zweimaligen Tempelreinigung zeigte, wobei die Jünger an das Psalmwort erinnert wurden: »Der Eifer um Dein Haus, o Gott, hat mich verzehrt!« Doch sollten wir uns nicht allzuschnell solch heilige Zornglut zurechnen, die ER verantworten konnte, der ohne Sünde war, und uns prüfen, welchen Motiven unsere Erregung entspringt. So muß Eph. 4, 26 wohl nach dem Grundtext lauten: »Ihr zürnet? Sündiget (dabei) nicht! Die Sonne gehe nicht unter über eurem Zorn! Gebet nicht Raum dem Teufel!«

+ + +

149 AUCH IM TODE GETROST   (14, 32)

In seinem Unglück wird der Gesetzlose umgestoßen, aber der Gerechte vertraut noch in seinem Tode.

Im Blick auf sein unausweichliches Sterben ist der Mensch normalerweise »durch Todesfurcht das ganze Leben der Sklaverei unterworfen« (Hebr. 2, 15). Daran ändert sich auch nichts, wenn wir den Gedanken an den Tod verdrängen, die Sterbenden in Intensivstationen und Sterbeheime abschieben und uns allenfalls ihrer Beerdigung aussetzen. Wenn dem Gottlosen **Unglück** widerfährt, ihm **Böses** zustößt, etwa weil ihm der Arzt eine unheilbare Krankheit offenbart, dann bricht die Todesfurcht wie eine Sturzflut über ihn herein, und er erwartet den endgültigen »Todesstoß«; er wird **umgestoßen (E), gestürzt** (BA), **fortgestoßen** (PAR), wie er meint, ins bodenlose Nichts. »Es ist dem Menschen gesetzt, einmal zu sterben, danach aber (kommt) das Gericht«, so faßt Hebr. 9, 27 die Namen der ersten Generationenfolge zusammen: ADAM (der Mensch) – SETH (gesetzt ... zur) – ENOSCH (Vergänglichkeit, Sterblichkeit). Dem entspringt alle Lebensangst und Todesfurcht und alle »Todesphilosophie« der Weltweisheit. Manch einer versucht, wie der von SAUL gefangene Amalekiterkönig AGAG, den Gedanken an den Tod durch eine permanente Selbstbetäubung und Lebenslust zu überspielen, um hernach um so bitterer den Schmerz des Todes zu erfahren! »Und Samuel sprach: Bringet Agag, den König der Amalekiter, zu mir her! Und Agag kam lustig zu ihm; und Agag sprach: Fürwahr, die Bitterkeit des Todes ist gewichen!« Doch Samuel hieb Agag in Stücke vor JAHWEH in Gilgal (1. Sam. 15, 32–33).

Der Gerechte vertraut auch in seinem Tode (E); er ist **auch in seinem Tode geborgen** (BUB); er ist **auch in seinem Tode getrost** (Luther). Er **birgt sich** an Seinem Gott. Wer von uns würde nicht als ein solcher **Gerechter** in den Tod gehen wollen? Wir können dies nur als solche, die durch den Gekreuzigten von aller Schuld befreit sind und darum dem Verdammungsgericht Gottes nicht entgegenzugehen brauchen! Nur im Glaubensblick auf den Erlöser und Bürgen Jesus kann ich als Gerechter im Sterben **getrost und gesichert** sein. Er selbst hat es beschworen: »Amen, Amen, ich sage euch: Wer mein Wort hört und dem vertraut, der mich gesandt hat, hat ewiges Leben und kommt nicht ins Gericht, sondern er ist (schon jetzt) aus dem Tode ins Leben übergegangen« (Joh. 5, 24). Weil unser Herr am Kreuz den Teufel zunichte gemacht hat, der bis dorthin die Autorität des Todes innehatte, konnte Er uns von der lebenslangen Todesfurcht befreien (Hebr. 2, 14). Wohl dem, der in dem Bedenken, daß er sterben muß, so seine Tage zählt, daß er dereinst »ein Herz voller Weisheit heimbringt«!(Ps. 90, 12 nach einer jüdischen Übersetzung).

Freilich bringt das kreatürliche Sterben auch dem Glaubenden noch Not, wenn er auch darum weiß, daß er in die Heimat zu Seinem geliebten Herrn geht! So betete der fromme König Hiskia in seiner Todesnot: »Dem Löwen gleich, also zerbrach Er alle meine Gebeine. Vom Tage bis zur Nacht wirst Du ein Ende mit mir machen! Wie eine Schwalbe, wie ein Kranich, also klagte ich; ich girrte wie eine Taube. Schmachtend blickten meine Augen zur Höhe: O Herr, mir ist bange! Tritt als Bürge für mich ein« (Jes. 38, 13–14)! Bei der Schilderung des Todes Jesu in der Matthäuspassion von J. S. Bach erklingt der Choralvers: »Wenn ich einmal soll scheiden, so scheide nicht von mir, wenn ich den Tod muß leiden, so tritt DU dann herfür, wenn mir am allerbängsten wird um das Herze sein, so reiß mich aus den Ängsten, kraft Deiner Angst und Pein!«

Ja, im Tode erlöschen alle irdischen Unterschiede zwischen arm und reich, Mann und Frau, jung und alt, zwischen Freien und Knechten – nur ein Unterschied bleibt bestehen: Während **der Gesetzlose umgestürzt und fortgestoßen wird,** um das Gericht zu erleiden, »fern vom Angesicht des Herrn« (2. Thess. 1, 9), gibt es Leute, die **gesichert, vertrauensvoll und getrost** in den Tod gehen, weil Gott sie um Jesu willen gerecht gesprochen hat und sie »um Seines in ihnen wohnenden Geistes willen auferwecken wird« (Röm. 8, 11). Während um 15 Uhr am Rüsttag zum Passah ganz Israel das Abendgebet sprach: »In Deiner Hand sind die Seelen der Lebendigen und der Toten. In Deine Hände übergebe ich meinen Geist, Du hast mich erlöset, Herr, Du Gott der Treue … Im Namen des Herrn, des Gottes Israels: Zu meiner Rechten Michael, zu meiner Linken Gabriel, vor mir Uriel, hinter mir Raphael und über meinem Haupte die Schechina Gottes!«betete es Jesus, **der Gerechte,** in der Form, wie es Ihn Maria in Seinen Kindertagen gelehrt hatte, wenn Er abends in seinem Bettlein lag: »Abba, in Deine Hände befehle ich meinen Geist!« Im **Vertrauen** zu Seinem Gott und Vater neigte Er das Haupt und verschied.

+ + +

150 STILLE WEISHEIT – SCHREIENDE DUMMHEIT   (14, 33)

Die Weisheit ruht (still, verborgen) **im Herzen des Verständigen, aber was im Inneren des Toren ist, tut sich kund.**

Wir leben in der Heilszeit der Verborgenheit Gottes und Seines Christus. »Wir sehen Jesus das All noch nicht unterworfen« (Hebr. 2, 8). Auch der Sohn Gottes selbst ist »verborgen in Gott«, und unser Leben ist es mit Ihm. Was wir unter dem Einfluß des Heiligen Geistes innerlich geworden sind, bleibt letztlich ein Geheimnis, das man nur wenigen Vertrauten offenbaren kann. Daran ändert auch eine große Willigkeit zum Zeugnisgeben nichts. »Erst, wenn der Christus, unser Leben, enthüllt werden wird, werden auch wir, gemeinsam mit Ihm, enthüllt werden in Herrlichkeit« (Kol. 3, 1–4). Auch **»Gottes Weisheit«,** samt den Tiefen des göttlichen Wortes, **»ist verborgen** (oder: verschlüsselt) in einem Geheimnis«, wenn auch der göttliche Geist es denen enthüllt, die Ihn lieben (1. Kor. 2, 7 + 10).

»Es glänzet der Christen **inwendiges Leben,** obgleich sie von außen die Sonne verbrannt. Was ihnen der König des Himmels gegeben, ist keinem, als ihnen nur selber bekannt. Was niemand verspüret, was niemand berühret, hat ihre erleuchteten Sinne gezieret und sie zu der göttlichen Würde geführet!«

So **ruht** auch **die Weisheit,** einem verborgenen Schatze gleich, **im Herzen,** im Lebenszentrum **des Verständigen.** Dies dürfen wir jedoch nicht so mißverstehen, als ob wir »das Pfund« der göttlichen Gabe in uns »vergraben« sollten, wovor uns ja das Gleichnis Jesu warnt. Freilich sollte man nach Jesu Weisung »die Perlen« auch nicht »vor die Säue werfen«, denn der »seelische Mensch kann nicht erfassen, was aus dem Geiste Gottes stammt, denn es ist ihm eine Torheit, und er kann es auch nicht erkennen« (Mtth. 7, 6/1. Kor. 2, 14); doch »reden wir Gottes Weisheit unter den Zielstrebigen«, Erwachsenen oder Gereiften (1. Kor. 2, 6)!

Gleicht der **Verständige** hierin nicht dem Zelte der Begegnung, das von außen durch unansehnliche Decken verhüllt war, im **Inneren** aber kostbarste Goldgeräte barg, im Allerheiligsten über der Bundeslade sogar die Gottesgegenwart der Schekhina? So **ruht** im Allerheiligsten unseres **GEISTES** die Bundeslade des Wortes als der Thronort JAHWEHs und Seiner »Geistesgegenwart«, und im Heiligtum der **SEELE** erstrahlt das Licht des Wortes, nährt uns die Fülle des Lebensbrotes und steigt der Weihrauch des Gebetes empor.

Die Weisheit im Inneren aber ist die Hoffnung, welche die unruhige Seele im Allerheiligsten verankert, wo die Quelle des Friedens entspringt und der Ruheort des göttlichen Geistes ist. Wer um Jesu willen leidet und geschmäht wird, auf dem **ruht** der Geist der Herrlichkeit (1. Petr. 4, 14).

Was aber tut sich **aus dem Inneren des Toren kund,** so daß es für jedermann **erkennbar wird?** Es ist das Geplapper inhaltsloser Rede, ist die aus dem Nichts strömende Wörterfülle, die der Tor für Weisheit hält. Wie vieles an solchem »Wortgeräusch« wird heute auch von einflußreichen Personen produziert! Indem man ihnen Beifall zollt, bekundet man die eigene Torheit. 1. Kor. 1, 20 spricht von den »Diskussionsrednern dieses Aeons« und von der »Weltweisheit«, die vor Gott zur Torheit geworden ist! Von solcher Illusion einer »Erfüllung« spricht Jes. 29, 8 als von einer »Weisheit«, die wie eine aufgeblähte Seifenblase zerplatzt: »Und es wird geschehen, gleichwie der Hungrige träumt, und siehe, er ißt – und er wacht auf, und **seine Seele ist leer;** und gleichwie der Durstige träumt, und siehe, er trinkt – und er wacht auf, und siehe, er ist matt, und seine Seele lechzt …« (vgl. mit 1. Kor. 8, 1). Das Plappern der **Toren** wird vom Talmud mit dem Geldstück in einer Flasche verglichen, das, wenn man die Flasche schüttelt, »kisch, kisch« schreit (DEL)! Wie viele Worte gibt es doch, die eigentlich nichts besagen und nur eine innere Leere verdecken wollen. So werden Philosophie und Menschentradition oftmals als inhaltloser Betrug erwiesen (Kol. 2, 8). »Niemand verführe euch durch inhaltlose Worte!« mahnt Paulus in Eph. 5, 6. Auch aus unserem **Herzen** und Mund sollte »kein faules Wort hervorgehen, sondern das, was irgend gut ist zur notwendigen Auferbauung« (Eph. 4, 29). Der Apostel ermahnt uns: »Euer Wort sei allezeit in Gnade, mit Salz gewürzt, damit ihr wisset, wie ihr jedem einzelnen antworten könnt« (Kol. 4, 6). So bringt der »gute Hausvater« **aus dem Schatze seines Herzens** und aus der Tiefe der in ihm wohnenden **Weisheit** stets Altbewährtes, aber auch immer wieder Neues hervor (Mtth. 13, 52).

+ + +

151 GERECHTIGKEIT ERHÖHET EIN VOLK (14, 34)

Gerechtigkeit erhöht eine Nation, aber Sünde ist der Völker Schande!

Nach vorliegendem Gotteswort besteht die wahre Größe eines Volkes in seiner sittlichen und ethischen Gesinnung, in der **Gerechtigkeit** (BUB: Wahrhaftigkeit). Nicht seine zivilisatorische und kulturelle Größe (wie des antiken Griechenlands), nicht global-politische Macht (wie sie Babylonien, Medopersien besaß, und heute die USA und Rußland besitzen), noch eine juristisch-militärische Größe (wie sie das Imperium Romanum hatte und Europa hinterließ), sind für Gott maßgebend, sondern **Recht und Gerechtigkeit, Wahrhaftigkeit,** Barmherzigkeit und sozialer Sinn. Darin **wird eine Nation erhöht** und kann sich damit auch ihre Zukunft sichern! Wie viele Völkerschaften und Weltreiche sind schon in der Menschheitsgeschichte, oft innerhalb kurzer Zeit, durch eine innere moralische Aushöhlung und sittliche Degeneration dahingesunken und dem Ansturm sittlich gefestigter Völkerschaften erlegen! Denken wir nur an das Geschick der Römischen Weltmacht im Zusammenprall mit den germanischen Völkern!
Wie die Volkszukunft aussieht, kann auch nicht der Wahrsager oder Astrologe künden, den seit dem König Saul, der die Hexe zu Endor besuchte, bis in die heutige Zeit viele einflußreiche Politiker befragen. Wir erinnern nur an das Buch einer in Bonn bekannten und von vielen Politikern und Wirtschaftsführern begehrten Wahrsagerin, das den lästerlichen, aus der Bergpredigt entwendeten Titel trägt: »Ich aber sage euch …!« Nein, die Zukunft eines Volkes wird an höherer Stelle entschieden: **Gerechtigkeit erhöhet ein Volk,** wodurch es sich erhebt, mehrt, aufblüht und gedeiht, wenn es die göttlichen Grundnormen beachtet. Solange die Volkskirchen sich noch dem Worte Gottes verpflichtet fühlten und nicht »mit hängender Zunge« jeder sinnlosen und verderblichen Modernität nachjagten, waren die Gottesgebote wenigstens äußerlich als Normen des Verhaltens anerkannt und bildeten einen Damm gegen die Gesetzlosigkeit. Nicht ohne die Mitschuld der Kirchen ist dieser Damm in unserer Generation gebrochen, und eine Sturzflut der Gottlosigkeit, der Freveltaten, des Obszönen, des Okkultismus und Satansdienstes und der ungehemmten Lebensgier ergießt sich über die europäischen und amerikanischen Völker!
Ja, **die Sünde ist der Völker Schande** (Luth.: Verderben; LXX: Abstrich, Minderung, Abnahme, Verlust). Man könnte die hebräische Aussage auch so übertragen: **Die Huld der Völker wendet sich der Sünde zu.**
Auch das »Monarchienbild«, von dem Nebukadnezar träumte, macht uns in seinen Me-

tallen diese Verfallslinie deutlich: Der Kopf aus GOLD stellt das Babylonische Weltreich dar, Brust und Arme aus SILBER weisen auf das folgende Medopersische Reich, der Bauch und die Lenden aus KUPFERERZ meinen das griechische Weltreich Alexanders des Großen und seiner Nachfolger, die Schenkel und Beine aus EISEN das Imperium Romanum, und ein EISEN-TON-Gemisch weist auf den endzeitlichen Staatenbund hin: **Degeneration** statt Evolution! Der Endpunkt wird nach 2. Tim. 3, 1–5 in den »schweren Zeiten der letzten Tage« erreicht sein; dort schildert Paulus mit der Zahl der Sünde die 18 Prädikate der Endzeitmenschen; sie werden gekennzeichnet als selbstliebend, geldliebend, prahlerisch, überheblich, als Lästerer und den Eltern Ungehorsame, als undankbar, heillos und ohne natürliche Zuneigung, als unversöhnlich, verleumderisch, unbeherrscht, gewalttätig, dem Guten abgeneigt, verräterisch, verwegen, aufgeblasen und mehr das Vergnügen liebend als Gott. Wie sehr dieser Sittenverfall auch in die Gemeinde Christi hereinbrechen wird, zeigt die abschließende Aussage: »Diese haben zwar eine Form der Frömmigkeit, verleugnen aber deren Kraft!« Was von den **Völkern** im allgemeinen gilt, trifft noch mehr auf das **»Volk** Gottes«, die Gemeinde, zu: **Gerechtigkeit erhöht sie** und verstärkt ihre aufhaltende Kraft (2. Thess, 2, 5–7), ehe sie aus dieser Welt herausgenommen und zum Throne Christi und Gottes **erhöht und erhoben** wird, worauf eine neue »Sintflut« globaler Dämonie die Erde überschwemmt (Offb. 12). Darum gilt es: »Alles, was wahr, alles, was würdig, **alles, was gerecht,** alles, was rein, alles, was lieblich ist, alles, was wohllautet, wenn es irgend eine Tugend und irgend ein Lob bewirkt, dieses erwäget … und tut, dann wird der Gott des Friedens mit euch sein« (Phil. 4, 8–9)!

+ + +

152 WEM GILT DES KÖNIGS WOHLGEFALLEN?   (14, 35)

Des Königs Wohlgefallen wird dem einsichtigen Knechte zuteil; aber den Schändlichen wird sein Grimm treffen.

Bezüglich des Verhältnisses zwischen einem Herrscher und seinen Bediensteten ist diese Aussage wohl selbstverständlich und brauchte in Gottes Wort nicht enthalten zu sein; doch weist sie letztlich auf die Beziehung zwischen dem Herrn, als dem **König aller Könige,** und Seinen Knechten und Dienern hin! Auch Jesus hat dieses Grundmodell für Seine Gleichnisse verwendet, denken wir nur an das Gleichnis von den anvertrauten »Talenten« (Mtth. 25, 14–30). Es stellt auch uns vor die Frage, wie wir mit den von Gott anvertrauten Gaben und Geistesgeschenken umgehen – ob wir »träge und fruchtleer sind bezüglich der Erkenntnis unseres Herrn Jesus Christus«, oder ob wir »einen reichlichen Eingang in das ewige Königtum unseres Herrn Jesus Christus« finden (2. Petr. 1, 8 + 11)! Welcher Spannungsbogen liegt zwischen der Würdigung dessen, der mit seinem »Pfund« gewuchert und das Vermögen Seines Herrn gemehrt hat: »Wohl, du guter und treuer Knecht!« und dem Tadel: »Du böser und fauler Knecht!« für den **Schändlichen** und Nachlässigen. Eines ist sicher, daß der Herr, der »nach langer Zeit« aus Seinem »fernen Lande« wiederkehrt, Rechenschaft fordern wird. Auch Paulus bestätigt dies, wenn er alle Diener Christi auffordert, auf dem Fundament des Christusheils »Gold, Silber und Edelsteine« aufzubauen und nicht »Holz, Heu und Stoppeln« (1. Kor. 3, 12–13). Und in 1. Kor. 4, 1–2 bezeugt er: »Dafür halte man uns: für Diener Christi und für Hausverwalter (Ökonomen) der Geheimnisse Gottes. Im übrigen sucht man hier an den Verwaltern nur, daß einer treu erfunden werde!« Die Heils- und Segenswirkung des treuen Dieners bestätigt uns auch Spr. 13, 17: »Ein frevelhafter Bote verfällt dem Bösen, aber ein Gesandter der Treue bedeutet Heilung!«

Welch geistliche Tragödie ist es doch, wenn ein Gottesknecht um den Willen seines Herrn weiß und ihn nicht tut; wenn er die »Verzögerung« der Christuswiederkunft zum Anlaß nimmt, seine Mitknechte und -mägde zu schlagen und sich zu berauschen (Luk. 12, 45–47)! »Jedem aber, dem viel gegeben worden ist, viel wird von ihm gefordert werden« (Luk. 12, 48)! Aber **der einsichtige, kluge** (PAR), **achtsame** (BUB) und dienstwillige **Knecht** steht unter dem **Wohlgefallen** Seines Herrn und **Königs.** Dies sollten wir doch alle erstreben!

»Der Herr ist gut und teilt sich willig mit; Sein Wesen ist ein Brunnen guter Gaben. Er geht uns nach und fragt bei jedem Schritt, ob wir nicht was von Ihm zu bitten haben. Wo ist ein Herr, der so mit Knechten tut? Der Herr ist gut!«

Dies erfuhr auch Sauls Enkel Mephiboseth (zu deutsch: Schandbild), als David »Güte Gottes an ihm erwies«; er berief ihn dazu, beständig an Seinem Tische zu essen und erstattete ihm allen verlorenen Besitz wieder. Mit Mephiboseth werden wir wohl alle sprechen, die wir durch Gottes Güte zur Buße geführt worden sind: »Was ist dein Sklave, daß du dich zu einem toten Hunde gewandt hast, wie ich einer bin« (2. Sam. 9, 8)? Selbst wenn wir alles getan hätten, was uns der Herr befohlen hat, können wir dereinst nur eines sagen: »Wir sind unnütze Knechte, wir haben getan, was wir zu tun schuldig waren« (Luk. 17, 10)! Und doch ist in einem solchen Leben des Dienstes Glückseligkeit, weil es **unter dem Wohlgefallen Gottes** steht. »Mit der Glückseligkeit des Für-Ihn-Fruchtbarseins ist keine Erdenwonne zu vergleichen« (Karl Geyer), dürfen wir Ihm doch »mit fröhlichem Herzen dienen« (5. Mos. 28, 47)! In Spr. 16, 15 finden wir eine feine Verheißung: »Im Lichte des Angesichtes des Königs ist Leben, und **Sein Wohlgefallen** ist wie eine Wolke des Spätregens!«

Sind wir wie Paulus »Sklaven Jesu Christi«, oder dienen wir als »Feinde des Kreuzes Christi« unserem »Bauch«, suchen wir »das Irdische« und sehen »Herrlichkeit in unserer Schande« (Phil. 3, 18–19)? Dann stehen wir **unter dem Grimm des Königs,** dessen **überwallender Zorn** über die ungehorsamen Söhne hereinbricht, wie es Kol. 3, 6 so ernst bezeugt.

+ + +

153 DIE LIPPEN DER WEISEN (15, 1–2 + 7)

Eine gelinde Antwort wendet die Zorneshitze ab, aber ein kränkendes Wort erregt den Zorn. – Die Zunge der Weisen verkündet gute Erkenntnis, aber der Mund der Toren sprudelt Narrheit hervor. – Die Lippen der Weisen streuen Erkenntnis aus, aber das Herz der Toren Haltlosigkeit.

Die häufige **Torheit** menschlicher Erkenntnis und Philosophie kommt nach diesen Aussagen **aus dem Herzen des Toren.** So sah auch Jesus im Herzen die Quelle aller Unreinheit (Mtth. 15, 18–19). »Was aus dem Munde ausgeht, kommt **aus dem Herzen hervor,** und das verunreinigt den Menschen!« Und in Mtth. 12, 34–35 heißt es: »Otternbrut! Wie könnt ihr Gutes reden, da ihr böse seid? Denn aus des **Herzens** Fülle redet der Mund. Der gute Mensch bringt aus dem guten Schatze Gutes hervor, und der böse Mensch bringt aus dem bösen Schatze Böses hervor!«

Der Apostel Paulus schließt sich dem in Röm. 1 an, wenn er von der dreimaligen »Dahingabe« des Menschengeschlechts durch den lebendigen Gott spricht, die darum erfolgte, weil die Menschen dem in der Schöpfung erkennbaren Schöpfer keinen Dank entgegenbrachten. Es ist eine Dahingabe nach Geist, Seele und Leib. Dazu gehört auch nach V. 21–22, daß der Menschen unverständiges **Herz** verfinstert wurde; auch wenn sie sich für **Weise** ausgaben, sind sie doch **zu Narren** geworden. **Das Herz der Toren ist bestimmt von Haltlosigkeit** (BUB), **dem Herzen der Toren fehlt die Richtung** (DEL). Wieviel Geschwätz und törichtes Wortgeräusch wurde doch schon von Menschen erzeugt! Ihre Sprachorgane sind allesamt verderbt: Ihr SCHLUND ist ein offenes Grab, ihre ZUNGEN sind voller Betrug, Otterngift ist zwischen ihren LIPPEN (Röm. 3, 13–14)! Ja, es ist wahr: **Der Mund der Toren sprudelt** unaufhörlich **Narrheit hervor,** gleich einer nie versiegenden Quelle. Ps. 59, 7 schließt sich diesem Urteil an: »Siehe, aus ihrem Munde sprudeln sie Böses hervor, Schwerter sind auf ihren Lippen – denn (sie meinen): Wer hört's?« Wir haben schon mehrfach auf das vernichtende Urteil von Jak. 3 hingewiesen, wo es in V. 5–6 heißt, die Zunge sei »ein kleines Glied, das sich großer Dinge rühmt, ein kleines Feuer, das einen großen Holzstoß anzündet« (denken wir nur an die Scheiterhaufen des Mittelalters, auf denen verleumdete Ketzer verbrannten). Ja, »die Zunge ist ein Kosmos (ein System) an Ungerechtigkeit«! In dieser Betrachtungsweise ist der Wunsch: »O daß ich tausend Zungen hätte und einen tausendfachen Mund …!« zunächst einmal kaum begehrenswert. Zuvor muß durch den Heiligen Geist eine Wandlung in uns vorgehen, **ehe die Lippen des Weisen eine gelinde Antwort geben und gute Erkenntnis** (E: tüchtiges Wissen) **ausstreuen** können. Als Jesajas zum Dienst des Propheten berufen wurde, rief er aus: »Wehe mir, ich vergehe, denn ich bin ein Mann mit unreinen Lippen …!« (Jes. 6, 5). Aber durch eine Glutkohle vom himmlischen Räucheraltar wurde sein Mund gereinigt, so daß er Dienstorgan des Höchsten werden konnte. Welche Fülle an Offenbarung Gottes ist dann durch diesen hochbegabten Mann gegeben worden!

Als Jesus den Taubstummen heilte, »wurden seine Ohren geöffnet, wurde die Fessel **seiner Zunge** gelöst, und er **redete recht**« (Mark. 7, 31–37). Dies kann auch uns geistlicherweise widerfahren! »Herr, tue meine Lippen auf, dann wird mein Mund Dein Lob verkündigen!« sollte unser Gebet sein! Dann könnte es uns geschehen, daß unser **Herz** »von gutem Worte summt«, so daß unsere Zunge zum Griffel eines kunstfertigen Schreibers werden kann (Ps. 45, 1). Mit geöffneten Ohren des Gehorsams und einer geistbegabten »Gelehrtenzunge« sind wir dann befähigt, den Müden durch ein Wort aufzurichten (Jes. 50, 4). So ermahnt uns auch der Apostel Paulus: »Kein verderbtes Wort gehe **aus eurem Munde hervor,** sondern alles, was irgend gut ist zur notwendigen Auferbauung« (Eph. 4, 29)! Denn »die Worte des Mundes **eines Weisen** sind Gnade, aber die Lippen **eines Toren** verschlingen ihn« (Pred. 10, 12).

Zunge und Lippen des Weisen sprechen zart (BA), **sanft und gelinde gute Erkenntnis, treffliches Wissen aus,** ja, **sie säen sie aus,** so daß sie sich nach dem Gesetz von Saat und Ernte mehren. Welche gewaltige Ernte hat doch schon das Wort Jesu gebracht, das sich in der Offenbarung vom Himmel her durch Seine Apostel fortsetzte, überall dort, wo die Saat des Wortes auf »gutes Land« fiel. Dem Säemann wurde der gute Same des Wortes Gottes gegeben, und Brot vom Himmel wurde allen Hungrigen dargereicht; die Erde wurde getränkt, befruchtet und zum Sprossen gebracht durch den Segensregen des Heiligen Geistes; und als der Christus zum Vater zurückkehrte, kam Er »nicht leer« zu Ihm zurück. Er »hatte ausgerichtet, wozu Er gesandt war« (Jes. 55, 10–11). Wer würde in Ihm nicht den wahren **Weisen** erkennen, dessen **Lippen gute Erkenntnis ausgestreut haben!** Dabei war Sein Wort wirklich geprägt von **Sanftmut, Gelindigkeit** und Menschenfreundlichkeit; und doch war es »mit Salz gewürzt«, so daß Er auch entschieden, klar und scharf reden konnte; Ihm gelang die Synthese zwischen Liebe und Wahrheit, die uns so schwer fällt! »Die Liebe freut sich mit der Wahrheit« (1. Kor. 13, 6); auch **die gelinde Zunge** kann vollmächtig sein, wie es uns Spr. 25, 15 sagt: »Ein Richter wird überredet durch Langmut, und eine **gelinde Zunge** zerbricht Knochen!«

So sollten auch wir das Wort Gottes in **»Sanftmut** des Geistes« weitergeben und damit viele schwelende **Feuerbrände des Zorns** und der seelischen Erregung löschen helfen. Daß dieses Wort aus 1. Tim. 6, 11 auch mit »Leidenssanftmut« übersetzt werden kann, weist darauf hin, daß diese Tugend vornehmlich in den Belastungen des Leidens reift.

+ + +

154 AUGEN WIE FEUERFLAMMEN (15, 3)

Die Augen JAHWEHs sind an jedem Orte, sie schauen aus auf Böse und Gute.

Damit stimmt das Zeugnis des Propheten Sacharja überein, der auf dem »Eckstein« Christus sieben **Augen** erblickt, die mit Freuden die heilsgeschichtlichen Fortschritte in Israel sehen, und von denen er weiter sagt: **»Die Augen JAHWEHs** durchlaufen die ganze Erde« (Sach. 3, 9/4, 10). Dem entspricht Offb. 5, 6; dort sehen wir »das geschlachtete Lamm« – als gewürdigt die Siegel der endzeitlichen Gerichte zu eröffnen – ausgestattet mit sieben HÖRNERN (vollkommener Vollmacht), mit sieben **AUGEN** (vollkommener Allwissenheit) und mit der Fülle der sieben GEISTER Gottes. Diese **Augen** des wiederkehrenden Christus »sind wie eine Feuerflamme« (Offb. 1, 14). Von IHM, als von dem »Worte Gottes«, spricht auch Hebr. 4, 11–13 und schließt mit der Aussage: »Kein Geschöpf ist vor IHM unsichtbar, sondern alles ist bloß und aufgedeckt vor den Augen dessen, mit dem wir es zu tun haben« (oder nach BA: ... vor den Augen dessen, zu dem hin uns das Wort führt).

Welchen Sinn hat da noch die mühevolle Verschleierungstaktik unserer Seele, die heuchlerische Kulissenschieberei, die Maskierung unseres Ichs in der Lebenslüge? Nach Mtth. 10, 26 ist nichts verborgen, was nicht enthüllt werde; sogar das in der Finsternis Verborgene wird der Christus an Seinem Tage ans Licht bringen und die Ratschläge und Willensmotive unseres Herzens enthüllen (1. Kor, 4, 5)! Wohl dem, der schon jetzt bereit willig alles vor Ihm ans Licht bringt, weil alles, was wir Ihm offenbaren, zu Licht wird, wie es Eph. 5, 13 verheißt.

> »Entdecke alles und verzehre, was nicht in Deinem Lichte rein,
> wenn es gleich noch so schmerzlich wäre, die Wonne folget nach der Pein!
> Du wirst mich aus dem finstren Alten in Jesu Klarheit umgestalten!«

So ist das **Ausspähen des Herrn auf Böse und Gute** für uns nicht schreckenerregend, sondern im Lichte von 2. Chr. 16, 9 verheißungsvoll: »Denn d**ie Augen JAHWEHs** durchlaufen die ganze Erde, um sich mächtig zu erweisen an denen, deren Herz ungeteilt auf Ihn gerichtet ist!«

Schon unseren Keim und Embryo »sahen **Seine Augen«,** samt den »kommenden Tagen«, die uns zugemessen sind, wie uns der Psalm von der Allwissenheit und Allgegenwart Gottes bezeugt (Ps. 139).

Auch alle Wege und Schritte des Menschen sind nach Hiob 34, 21 allezeit von **Seinen Augen** erfaßt! Wenn wir aber in unserem Tun, in unserem Fühlen, Wollen und Denken von Menschen mißverstanden werden, so darf uns ein beseligender Trost sein, was nach 1. Sam. 16, 7 gesagt wurde, als der junge Kleinhirte David bei der Königssalbung seinen favorisierten und mächtigen Brüdern gegenüberstand: »Der Mensch sieht, was vor Augen ist, **JAHWEH aber sieht in das Herz!«** Er schaut in das Herz aller Menschen, aber auch aller rätselhaften Dinge und Geschehnisse! Was dem Gottlosen zum Schrecken werden kann, schenkt dem Gottesfürchtigen Beseligung!

Unser Sprüchewort kann aber auch Not bereiten, angesichts der vielfachen Niederlagen **der Guten und des Guten** in der Weltgeschichte und Lebensgeschichte und des Jahrtausende währenden Triumphes **des Bösen und der Bösen!** Könnte man nicht meinen, daß Gott die Tragödien und Katastrophen der Menschheitsgeschichte, sowie die Unglücksschläge auch unseres Lebens, gar nicht bemerkt? Noch ist und bleibt es das Geheimnis des Glaubens, daß dem Sohne Gottes das All untergeordnet ist; die sichtbare Offenbarung dieser Wirklichkeit steht noch aus bis zu Seiner Wiederkunft und Machtergreifung! »Noch sehen wir Ihm das All nicht unterworfen; wir sehen aber JESUM« – den Gekreuzigten und Erhöhten (Hebr. 2, 8–9).

In Seinem kommenden Reiche aber wird es sich verwirklichen, was wir hier erst im Glauben erfassen, und was uns Ps. 66, 7 bezeugt: »ER herrscht durch Seine Macht in Weltzeit; **Seine Augen** beobachten die Nationen, damit sich nicht eigenmächtig erheben die Widerspenstigen!«

+ + +

155 VERWUNDUNGEN DES GEISTES (15, 4)

Lindigkeit der Zunge ist ein Baum des Lebens, aber Verkehrtheit in ihr ist eine Verwundung des Geistes.

Wieder wird das Thema von der »Sanftmut des Geistes« angesprochen (1. Tim. 6, 11), die sich in der **Lindigkeit** und **Milde der Zunge** (BA) äußert, oder, wie es Buber überträgt, in der **heilen Zunge.** Welcher Spannungsbogen besteht doch zwischen der »Geißel der Zunge« (Hiob 5, 21) und der »frohlockenden Zunge« (Apg. 2, 26)! Wenn unsere Zunge zum Sprachorgan des sanftmütigen Geistes wird, statt zur Peitsche der unbeherrschten, erregten Seele, dann kann sie wirklich **ein Lebensbaum** voller geistlicher Früchte sein, die zur Nahrung vieler Hungernder dienen. »Da ist einer, der unbesonnene Worte redet gleich Schwertstichen, aber die Zunge der Weisen ist Heilung« (Spr. 12, 18); und in Spr. 18, 21 heißt es gar: »Tod und Leben stehen in der Gewalt der Zunge, und wer sie liebt, wird ihre Frucht essen!«

Die Verkehrtheit (E), **Verdrehung** (BA) oder **Verzerrung** (BUB) der gottgewollten Funktion unserer Zunge verletzt jedoch – »Schwertstichen gleich« – nicht nur andere, indem sie ihren Geist **verwundet** (E), **zerbricht** (BA) oder **zertrümmert** (PAR); vielmehr lehrt die psychologische und seelsorgerliche Erfahrung, daß das scharfe, zornerfüllte, unbarmherzige, geißelhafte Wort auf uns selbst zurückschlägt und unser Gewissen und unseren eigenen **Geist verletzt!** Noch mehr aber könnte der Heilige Geist betrübt werden, der in uns ist! Wie viele **Verwundungen des Geistes** werden so auch unter Glaubenden verursacht, wenn sie andere schmähen, verspotten und mit Worten hinrichten! »Die segnende Seele« jedoch »wird selbst reichlich gesättigt« (Spr. 11, 25). Doch auch die Wunden, die wir uns selbst geschlagen haben, kann der Herr heilen, wie Er auch den Schaden Seines Volkes Israel heilen wird (Hosea 6, 1)! Denn der Rettung unseres GEISTES in der Wiedergeburt muß die »sooteria«, die Rettung und Heilung unserer SEELE folgen (1. Petr. 1 , 9).

Der Lebensbaum mit seinen lieblichen und heilbringenden Geistesfrüchten ist jedoch nicht nur der gerechte Mensch, der unter der Führung des Heiligen Geistes Aussprüche Gottes redet; es ist letztlich wiederum der Christus, als der Lebensbaum des Vaters, dessen fruchtvolles Wort Millionen Menschen rettete und heilte, wie es dereinst die Lebensbäume auf der neuen Erde tun werden, deren Blätter »zur Therapie der Völker« dienen werden (Offb. 22, 1–2). Von dem Sohne Gottes gilt im Vollsinn: »Die Frucht **des** Gerechten ist ein **Baum des Lebens,** und **der** Weise gewinnt Seelen« (Spr. 11, 30)! So dürfen wir die acht biblischen Verheißungen vom Lebensbaum an Jesus verwirklicht sehen:

– Er ist gepflanzt an Wasserbächen des Heiligen Geistes;
– er streckt am Bache seine Wurzeln aus;
– sein Blatt verwelkt nicht, sein Laub ist grün:
– im Jahre der Dürre ist er unbekümmert;
– seine Schößlinge treiben über die Mauer (Eph. 2, 14–15);
– er bringt Frucht zu seiner Zeit und hört nicht auf, Frucht zu tragen;
– alles, was er tut, wird gelingen, wird zur Vollendung geführt (1. Mos. 49, 22/Ps. 1/Jer. 17, 8).

Ja, alles, was Gott will, das tut Er auch, und alles, was Er tut, gelingt! Welche Kurzfassung des göttlichen Heilsplanes ist dies doch! An diesem Lebenssieg aber hat das überaus fruchtbringende Wort des Christus in den beiden »Testamenten« einen entscheidenden Anteil. Seine **heile** und **milde Zunge** richtet auf, richtet und rettet, reinigt und beseligt!

Auch Israel wird oftmals unter dem Bilde des fruchtbaren Feigenbaumes geschaut, sonderlich der Stamm Juda:

– der Herr fand an ihm keine Frucht;
– Er verfluchte ihn, und er verdorrte »gar plötzlich« auf Weltzeit;

- er wurde abgehauen (Luk. 13, 6–9), jedoch 1948 wieder im Lande der Väter eingepflanzt;
- er gewann seither wieder Saft und trieb Blätter (Mtth. 24, 32–34);
- er trägt schon einige Früh- oder Vorfeigen – Glaubende an den Messias Jesus – als
  »Propheten« der künftigen Ernte;
- er wird schließlich in der Kraft des Geistes volle Frucht bringen für den Messias, der
  »seine Frucht begehrte« – Frucht des Wortes aber auch für die Völker dieser Welt im
  Reiche des Christus!

Der lebendige Gott, der in großer Geduld »des Feigenbaumes wartet, wird seine Frucht
essen« (vgl. Spr. 27, 18 mit Jak. 5, 7)!

+ + +

156   EIN HAUS MIT VERMÖGEN   (15, 6)

**Das Haus des Gerechten ist eine große Schatzkammer; aber im Einkommen des
Gesetzlosen ist Zerrüttung.**

Das Haus oder die Wohnung wird oftmals in den SPRÜCHEN erwähnt. Sie nennen die
Naturwohnung der Klippdächse, das Haus des Nachbarn wie des Bruders, das Zelt des
Aufrichtigen wie das Haus des Habsüchtigen, das Haus der Sünder und des »fremden
Weibes«, das des Ausländers und des Diebes, die Wohnung der Weisheit, am häufigsten
aber **das Haus** des Gesetzlosen und **des Gerechten.**
Wer ein geistliches Gespür hat, empfindet schnell den spezifischen »Geist« einer Wohnung, er verspürt, ob sie unter dem Einfluß Christi und Seines Geistes oder unter dämonischem Wirken steht. Wenn wir das vorliegende Wort in seinem natürlichen Sinn
fassen, so könnte es für den Glaubenden, der sich der Wirklichkeit stellt, eine starke Anfechtung bedeuten; ist nicht gerade der Fromme und **Gerechte** oft bitterarm, der **Gesetzlose** und Habsüchtige aber reich, bei blühenden Geschäften und gesunder Familie?
Die »Wohlfahrt des Gesetzlosen«, der stolz, gesund und wohlgenährt durchs Leben
geht, kann den Frommen dahin bringen, daß »seine Füße abweichen«, »seine Schritte
ausgleiten«, und daß er meint, »vergebens sein Herz gereinigt zu haben«; quälend und
mühevoll ist ihm die gedankliche Aufarbeitung dieses heilsgeschichtlichen Rätsels Gottes, »bis er hineingeht in das Allerheiligste Gottes« und in prophetischer Schau »der
Gottlosen Ende gewahrt« (Ps. 73).
Auch im Alten Bund war es keineswegs die Regel, daß der Gottesfürchtige von Gott mit
Gesundheit, Wohlfahrt und Reichtum gesegnet wurde; dies als Frucht der Auserwählung zu sehen, stellte zu allen Zeiten vor ungelöste Schwierigkeiten und Fragen ohne
Zahl. So sahen die Anhänger Calvins ihre »Prädestination zum Heil« auch im ständig
wachsenden Wohlstand bestätigt, was letztlich zum Kapitalismus amerikanischer Prägung führte. Ps. 112, 2–3 könnte mit der Aussage »Das Geschlecht des Aufrichtigen
wird gesegnet werden, Vermögen und Reichtum wird in seinem Hause sein« diese Auf-
fassung bestätigen; doch wenn wir weiterlesen, erkennen wir seine eigentliche Seg-

nung: »… und seine Gerechtigkeit besteht ewiglich. Den Aufrichtigen erstrahlt das Licht in der Finsternis, er ist gnädig, barmherzig und gerecht!« Wenn wir vergleichsweise Spr. 21, 20 heranziehen: »Ein **kostbarer Schatz** und Öl ist in der Wohnung des Weisen …«, so leuchtet auch darin eine geistliche Bedeutung auf; ist doch das Öl der Salbung ein Bild des Heiligen Geistes.

So ist wohl auch in Spr. 15, 6 mehr an einen **Glaubensschatz** und an **Weisheitsreichtum** gedacht! Ist doch **das Haus des Gerechten** im tiefsten Sinne die Gemeinde Jesu Christi, »die Behausung Gottes im Geiste« (Eph. 2, 22) – erbaut von der göttlichen Weisheit, dem Christus Gottes selbst, der auch ihre Stabilität durch »sieben Säulen« des Heiligen Geistes bewirkt (s. Spr. 9, 1–5/Jes. 11, 1–3). So besehen ist sowohl die Gemeinde **des Gerechten** insgesamt, als auch der einzelne **Gerechte** in Christo **eine große Schatzkammer** – »vereinigt in Liebe und zu allem Reichtum der Vollgewißheit des Verständnisses, zur Erkenntnis des Gottesgeheimnisses, in welchem verborgen sind **alle Schätze** der Weisheit und der Erkenntnis« (Kol. 2, 2–3). Der »unausforschliche Christusreichtum« (Eph. 3, 8) erfüllt des Gerechten und aller Gerechten **Haus,** während **das Einkommen des Gesetzlosen** mehr und mehr **zerrüttet** wird. Die Sünder- und Diebesparole: »Du sollst dein Los in unserer Mitte werfen, wir alle werden einen Beutel haben, wir werden allerlei kostbares Gut erlangen, **unsere Häuser** mit Beute füllen« (Spr. 1, 10–15) sollte den Frommen nicht verlocken; denn »die Habsucht (oder: Geldgier) ist eine Wurzel alles Bösen« (1. Tim. 6, 10). Gilt nicht letztlich das gleiche Grundgesetz vom Hause DAVIDS und vom Hause SAULS, wie auch vom **Hause Christi** und dem Hause Satans, **des Gesetzlosen?** »Und der Streit ward lang zwischen dem Hause Sauls und dem Hause Davids; David aber **wurde immerfort stärker,** während das Haus Sauls **immerfort schwächer wurde«** (2. Sam. 3, 1)!

Wohl uns, wenn wir als »lebendige Steine« miteingebaut sind in das **Christushaus** und die Gotteswohnung, die mit einem unergründlichen **Schatz** des Wortes und dem **Reichtum** des Geistes erfüllt ist! Wir wollen uns durch den Apostel dazu ermuntern lassen, »das Wort des Christus reichlich in uns«, aber auch »unter uns wohnen zu lassen« (Kol. 3, 16)!

+ + +

157 HEUCHLERISCHER UND AUFRICHTIGER GOTTESDIENST (15, 8–9+29)

Das Opfer der Gesetzlosen ist JAHWEH ein Greuel, aber das Gebet des Aufrichtigen (findet) **Sein Wohlgefallen. – Der Weg des Gesetzlosen ist JAHWEH ein Greuel; wer aber der Gerechtigkeit nachjagt, den liebt Er. – JAHWEH ist fern von den Gesetzlosen, aber das Gebet der Gerechten hört Er.**

Dies sind allgemeingültige Worte, die zu allen Heilszeiten gelten. Die Summe dessen, was Paulus vom Charakter der Endzeitmenschen weissagt, lautet: »Sie haben eine FORM der Gottseligkeit, verleugnen aber deren KRAFT!« Die »inhaltlose« (leere, eitle) religiöse »Vätertradition« ist Gott ein **Greuel,** weshalb wir durch das Blut Christi auch von ihr befreit werden müssen (1. Petr. 1, 18). Unter dem Mißfallen Gottes steht der rein formelhafte **Opferdienst der Gesetzlosen** ebenso wie ihr **Weg,** ihre Lebensgestaltung, und ihre traditionellen **Gebete.** Nur in diesem Lichte können wir die Kritik der alttestamentlichen Propheten am Opferkultus Israels recht verstehen! »Durch Glauben brachte ABEL Gott ein vorzüglicheres **Opfer** dar als KAIN, durch welchen er Zeugnis erlangte, daß er **gerecht** war, indem Gott Zeugnis gab zu seinen Opfergaben ...« (Hebr. 11, 4).

So bezeugt uns Ps. 40, 6–8, daß Gott an Schlachtopfern, Speisopfern und Brandopfern kein **Wohlgefallen** haben könne, wenn nicht im Herzen der Opfernden Seine göttliche Weisung wohnt (vgl. mit Hebr. 10, 5–6 + 8). Erst auf der Grundlage des Lobopfers der Lippen, eines in der Buße zerbrochenen Geistes und zerschlagenen Herzens sind Ihm auch die Opfer angenehm (Ps. 51, 15–19)!

Mehr als an Brandopfern und Schlachtopfern hat Gott **Wohlgefallen** an der Frömmigkeit und Gotteserkenntnis **der Aufrichtigen** (Hos. 6, 6). **Gerechtigkeit,** nämlich Barmherzigkeit gegenüber dem Nächsten und Liebe zu Gott, bedeuten ihm mehr als viele **Opfer** und geben diesen erst den rechten inneren Sinn (Mark. 12, 33/Mtth. 9, 13)! Die Gerechtigkeit JAHWEHS besteht nach Ps. 11, 7 darin, daß Er »Gerechtigkeitserweise der Aufrichtigen liebt«, wofür Er sie »Sein Angesicht schauen läßt«. Weil Israel im Abfall des Götzendienstes Recht und Gerechtigkeit, Gesetz und Satzung JAHWEHs verwarf, was zu einer Flut sozialer Mißstände führte, haßte der EWIGE Israels Festversammlungen, den Lärm der Lieder, wie den Klang der Tempelmusik, und konnte an allen seinen Opfern **kein Wohlgefallen** haben (Amos 2, 4–5 + 8/5, 21–23/Jes. 1, 11).

Demgegenüber stehen die **Aufrichtigen** oder **Geraden** (BA), die **Gerechten;** sie **jagen der Gerechtigkeit,** der **Bewährung** (BUB) oder der **Rechtfertigung** (BA) nach, und die **Liebe des Herrn** wendet sich ihnen darum in besonderer Weise zu. Wer würde hier nicht an das Mahnwort aus Hebr. 12, 14 erinnert, das auch den Gliedern der Christusgemeinde gilt: »Jaget nach der Heiligung, ohne die niemand den Herrn schauen wird!«

Das Gebet, das Opfer und **der Weg des Aufrichtigen** stehen unter dem **Wohlgefallen des Vaters;** »denn die Augen des Herrn sind gerichtet auf die Gerechten, und Seine Ohren auf ihr Flehen; das Angesicht des Herrn aber steht denen entgegen, die Böses tun« (1. Petr. 3, 12)! Wie hat sich dies im Leben, im Gebet und im Selbstopfer Jesu Christi erfüllt, dem der Vater vom Himmel her wiederholt Sein **Wohlgefallen** bekundete. Hat sich der Sohn doch selbst durch den ewigen Geist ohne Flecken Gott geopfert! Wie ruhte des Vaters Wohlgefallen auf Ihm, als Er im Garten Gethsemaneh den Samen Seines heiligen Leibes betend in die Erde bettete und sich selbst Gott aufopferte! »Er hat in den Tagen Seines Fleisches Bitten und Flehen, verbunden mit starkem Geschrei und Tränen, dem dargebracht, der Ihn aus dem Tode zu erretten vermochte (und Er wurde **um Seiner Frömmigkeit willen erhört)** – und also hat Er, weil Er Sohn war, an dem, was Er litt, den Gehorsam gelernt und ist also vollendet worden« (Hebr. 5, 7–8)! **Das Gebet des Gerechten hört ER!** Dies gilt auch für uns, auch wenn Gott unsere Gebete nicht immer so erhört, wie wir es gerne wünschten, immer aber so, wie es zu unserer Ausreife und Vollendung dient!

+ + +

Schlimme Züchtigung wird dem zuteil, der den Pfad verläßt; wer Zurecht-weisung haßt, wird sterben. – Der Spötter liebt es nicht, daß man ihn zurecht-weise, zu den Weisen geht er (darum) **nicht.**

Solche **Zurechtweisung,** ja **Züchtigung** bis hin zur Todesstrafe, hat das heilige Gesetz JAHWEHs – als der »Pädagoge auf Christus hin« – verordnet, damit Israel überführt werde »von Sünde, Gerechtigkeit und Gericht«, wie es seit Christi Erhöhung der Heilige Geist an der Welt tut (Gal. 3, 24/Joh. 16, 8).

Nach dem Gesetz Israels wurden zur Todesstrafe der Steinigung verurteilt: der Mörder – der Abfallsprediger – wer Vater oder Mutter flucht oder schlägt – wer sexuellen Umgang mit der Stiefmutter, der Schwiegertochter oder mit Tieren pflegt – wer gleich-geschlechtlicher Sexualität verfallen ist – wer den Sabbath durch Arbeit entheiligt – wer einen Totenbeschwörergeist hat – wer den hochheiligen JAHWEH-Namen lästert.

Diese Härte gilt zum Teil sogar noch im Neuen Bunde; hat nicht Paulus in apostolischer Vollmacht, vereint mit der Gemeinde zu Korinth, einen Blutschänder dem Satan zum Verderben des Fleisches überliefert, damit sein Geist errettet werde am Tage des Herrn Jesus (1. Kor. 5, 3–5)? Sogar die unwürdigliche Teilnahme am Herrenmahl kann Schwachheit, Krankheit oder Tod verursachen, wenn auch das Ziel dieser göttlichen **Züchtigung** ist, »… daß wir nicht zusammen mit der Welt dem Verdammungsurteil an-heimfallen« (1. Kor. 11, 32)!

Ja, es ist geistlicherweise gefährlich, **vom Wege abzuirren,** der letzten Endes Jesus Christus selbst ist! 2. Petr. 2, 15–17 sagt über »die Kinder des Fluches«, daß sie **den ge-raden Weg verlassen** haben und abgeirrt sind, »weil sie dem Wege Bileams, des Soh-nes Beors nachfolgten, der den Lohn der Ungerechtigkeit liebte, aber eine Zurechtwei-sung seiner eigenen Verkehrtheit empfing« – durch die Stimme seiner Eselin! Solches **Abweichen** beginnt aber fast immer mit einer unmerklichen »Weichenstellung«. Dies bezeugt auch Davids Seligpreisung in Ps. 40, 4: »Glückselig der Mann, der JAHWEH zu seiner Zuversicht macht und sich nicht hinwendet zu den Übermütigen und zu denen, die zur Lüge hin **abweichen!**« Wie ernst spricht auch der Apostel Paulus von solchem **Abirren** »von der Liebe aus reinem Herzen und gutem Gewissen und ungeheucheltem Glauben hin zu eitlem Geschwätz« (1. Tim. 1, 5–6; s. auch Hebr. 2, 1). Ja, es ist zu allen Zeiten wahr: **Der Spötter liebt es nicht, daß man ihn zurechtweise, und zu den Weisen geht er darum nicht!** Denn »ein weiser Sohn hört auf die Zurechtweisung des Vaters, aber ein Spötter hört nicht auf Schelten« (Spr. 13, 1)!

Leider herrscht in den Kreisen der Glaubenden vielfach eine völlig falsche Schau der Gnade Jesu; doch nach Tit. 2, 11–12 »erzieht uns die heilsame Gnade Gottes, damit wir, die Gottlosigkeit und die weltlichen Begierden verleugnend, besonnen, gerecht und gottselig leben im jetzigen Zeitlauf«. Und nach Hebr. 12 ist es geradezu ein Kennzeichen echter Sohnschaft, daß der Vater einen jeden Sohn, den Er annimmt, **erzieht** und **züch-tigt,** weil Er an uns »als an Söhnen handelt und nicht als an Bastarden«! Darum hat Er Leiden und Anfechtungen in unser Leben verordnet. Seine göttliche **Züchtigung** aber geschieht uns zum Nutzen, damit wir Teilhaber Seiner Herrlichkeit würden; ihr erwächst »die friedsame Frucht der Gerechtigkeit« (Hebr. 12, 11).

Widerspricht es dem bisher Ausgeführten, wenn Jesus, als der Gesetzgeber und Richter Israels, die ertappte Ehebrecherin mit den Worten lossprach: »Gehe hin, sündige von nun an nicht mehr« (Joh. 8, 1–11)? Nein, denn sie hat **die Rüge** und **Zurechtweisung** Christi angenommen. Ihre Ankläger gingen alle beschämt hinaus, weil der Herr mit Seinem Finger auf die Steinplatten der Tempelhalle die beiden ersten Gebote der steinernen Gesetzestafeln geschrieben hatte, so wie es der jüdischen Zählung entspricht: »Ich bin JAHWEH, dein Gott, du sollst keine anderen Götter neben mir haben!« und: »Du sollst nicht ehebrechen!«

So wurde die zeitgenössische Generation Jesu des religiösen Ehebruchs überführt. Der Richter aber, der die Frau zur Steinigung hätte bestimmen können, sprach sie frei. Nun ist sie der heilsamen, heilbringenden Gnade übergeben, die sie fortan **erzieht!**

Auch wir wollen uns dem Geiste Gottes öffnen und – anders als die **Spötter – zu den Weisen gehen,** die uns Gottes Offenbarung vermitteln, und ihre **Zurechtweisung** annehmen. Denn »besser ist offener Tadel als verborgene, verheimlichte Liebe« (Spr. 27, 5).

+ ⁺ +

159 VOR GOTTES AUGEN IST ALLES OFFENBAR (15, 11)

Totenreich (scheol) **und Abgrund** (abbadon) **sind JAHWEH gegenwärtig, wieviel mehr** (sind es) **die Herzen der Menschen!**

In Rußland gab es ein Sprichwort, der Verzweiflung der Ärmsten entsprungen: »Der Himmel ist hoch, und der Zar ist weit!« Viele denken solches auch von dem lebendigen Gott. »Seit Adam sich hinter den Büschen vor Gott verkrochen hat, versuchen wir dauernd, uns Gottes Blick zu entziehen« (Past. W. Busch)! In vorliegendem Sprüchewort wird die Welt mit den Augen Gottes geschaut, der uns in Seiner Allmacht, Allgegenwart und Allwissenheit begegnet. Ihm sind wir offenbar! Trotz Seiner Erniedrigung bedurfte auch der Christus nicht, »daß jemand Zeugnis gebe von dem Menschen; denn Er selbst wußte, was in dem Menschen war« (Joh. 2, 25). Ps. 139, 1–12 berichtet von unseren vergeblichen, kräftezehrenden Fluchtbemühungen; selbst die Flucht mit Lichtgeschwindigkeit (V. 9), die Flucht »zum Himmel« oder in das **Totenreich** (V. 8) kann nur zu der Erfahrung führen: »DU bist da!« – als der »Erste, der Letzte und der Lebendige«, wie es uns die drei Buchstaben des hebräischen Wortes »DU« (atah) zeigen. Da kann man nur noch sagen: »Wohin sollte ich gehen vor Deinem Geiste, und wohin fliehen vor Deinem Angesicht?« Wohl uns, wenn unsere Flucht vor Gott zur Zuflucht zu Ihm wird! Dann wird das »DU bist da« zum tiefsten und letzten Trost – selbst beim Gang durchs Todesschattental (Ps. 23, 4)! Die Angst des Gottlosen wird zur Gottseligkeit des Gottesfürchtigen!

Totenreich (scheol) **und Abgrund** (abbadon) **sind bloß und aufgedeckt vor Gottes Augen!** Das hebr. »abbadon« meint die tiefste Unterwelt und die äußerste Verlorenheit mitsamt dem finsteren Engelkönig gleichen Namens (Offb. 9, 11). So bezeugt Hiob 26, 5–6: »Die Hingestreckten beben unter den Wassern und ihren Bewohnern. Der **Scheol** ist nackt vor Ihm, und keine Verhüllung hat **der Abgrund**«. Während dem EWIGEN alles **offenbar** und **gegenwärtig** ist, ist Er selbst vielen Wesen, die sich von Ihm abwandten, verborgen: »Die Weisheit« (Christus) »ist verborgen vor den Augen aller Lebendigen, und vor den Vögeln des Himmels ist sie verhüllt. **Der Abgrund** und **der Tod** sagen: Mit unseren Ohren haben wir ein Gerücht von ihr gehört« (Hiob 28, 21–22; s. auch 1. Kor. 1, 6–9. Nach Mark. 4, 4 + 15 und Offb. 18, 2 sind die »Vögel des Himmels« Satan und seine Mächte). Allerdings wurden die sechs notvollen Fragen aus Ps. 88, 10–12 über die Toten, die »Schatten« der Hingeschiedenen, über das Grab, den Abgrund, die Finsternis und »das Land der Vergessenheit« in wunderbarer Weise beantwortet; nachdem der Christus im Tode selbst »abgeschnitten« war, ging Er nach Seiner Auferstehung in die Totenwelt, um dort das Evangelium des Heils zu verkündigen (1. Petr. 3, 18–22 + 4, 6). Wie wird es Ihn getröstet haben, als Er selbst Gefangener des Todes war, daß **Totenreich und Abgrund Gott gegenwärtig sind,** der Ihn dann auch aus den Toten wiederbrachte. Nunmehr ist der Christus, die Gottesweisheit, auch in jener tiefsten Verlorenheit bekannt! »Um des Blutes Seines Bundes willen« sind die »Gefangenen in der wasserlosen Grube Gefangene auf Hoffnung«, die einst die Wiedererstattung Gottes und die »Rückkehr« zum Hort und Felsen Israels erfahren werden (Sach. 9, 11–12)!

Wenn aber schon die Totenwelt und ihre äußerste Verlorenheit im **Abbadon** dem lebendigen Gott und Seinem Geiste **gegenwärtig** sind, um wieviel mehr ist es **das Menschenherz** mit allen seinen Willensmotiven, Beweggründen und Gefühlsregungen! Er sieht uns klarer, als wir uns selbst jemals sehen können, und auch **der Abgrund** unseres Unterbewußtseins **ist Ihm offenbar!** Bei Seinem Erscheinen in Herrlichkeit wird Er »auch das Verborgene der Finsternis ans Licht bringen und die Ratschläge **der Herzen enthüllen«,** damit einem jeden sein Lob werde von Gott (1. Kor. 4, 1–5).

So sollten wir uns Ihm schon jetzt stellen, uns Ihm offenbaren und öffnen! Dann läßt Er sich von uns schauen, wie es die Hagar mit ihrem Sohne Ismael am Brunnen BEER-LACHAI-ROI in der Wüste erlebte, am »Brunnen des Lebendigen, der mich sieht«, oder: »der sich schauen läßt« (1. Mos. 16, 13–14).

+ + +

160   EIN FROHES HERZ – EIN BESTÄNDIGES FESTMAHL   (15 , 13 + 15)

Ein frohes Herz erheitert das Antlitz; aber bei Trübsal des Herzens ist der Geist zerschlagen. – Alle Tage des Elenden sind böse, aber wer fröhlichen Herzens ist, das ist ein beständiges Festmahl!

Wie klar offenbart doch die göttliche Weisheit auch Sachverhalte, die der Wissenschaft erst in jüngster Zeit klar wurden; hier ist es die enge Beziehung von Seele und Leib, die sich oftmals auch in »psychosomatischen« Leiden ausdrückt, die auf eine Ausstrahlung der kranken Seele auf den Leib, aber auch des kranken Leibes auf die Seele zurückgehen (s. auch Spr. 15, 30 + 16, 24). Gottes Wort nennt uns außerdem noch die Verflechtung des Geistes und der Seele: Wir können in unserem Geiste allein dadurch ermüden, daß wir in unserer Seele ermatten (Hebr. 12, 3). **Bei Trübsal** (E: Kummer) **des Herzens ist der Geist zerschlagen** (BUB: geknickt).

Wir wiesen schon darauf hin, daß die Bibel im **Herzen** das Zentrum der Persönlichkeit sieht und die Seele als Quellort des Denkens, Fühlens und Wollens. Aber auch der Gesichtsausdruck des Menschen ist ein Spiegel seines jeweiligen Herzenszustandes, und so graben sich die »Runen des Lebens« dauerhaft ins Antlitz ein. **Ein frohes Herz erhei-**

tert das Antlitz, Freude und Zufriedenheit der Seele bewirken die Entspannung einer »geistlichen Kosmetik«, während der Griesgram von Unzufriedenheit und Murren gekennzeichnet ist. Aber Entmutigung und Depressionen können das Denken, Fühlen und Wollen so stark lähmen, daß auch unser **Geist** niedergeschlagen oder gar **zerschlagen** ist. Dies kann – unabhängig von den äußeren Lebensumständen – selbst dem widerfahren, der mit Reichtum ausgestattet ist; der Arme jedoch kann trotz bescheidener Lebensumstände **heiter** und zufrieden sein. Während der Tor seine seelische Leere in Narrenworten offenbart und sich sogar »an ihnen weidet«, ohne wirklichen inneren Reichtum zu besitzen, darf der »Verständige« **sein Herz** mit dem Reichtum der Erkenntnis Gottes und Seines Wortes und mit den Segnungen Seines Geistes erfüllen lassen, wie es uns Spr. 15, 14 bezeugt. Dies ist dann auch die Quelle seiner **Heiterkeit, Herzensfreude** und -wärme, die nicht nur für ihn selbst **ein beständiges Festmahl** ist, sondern auch für die, welche sein Leben begleiten; es sei nur an das Leben des Dichters Matthias Claudius oder Paul Gerhards erinnert.

Dies ist die psychologisch-menschliche Seite. Gibt es aber auch einen geistlichen Gewinn, wenn **alle Tage des Elenden** (BA: des Gedemütigten) **böse sind,** wenn **Herzenskummer,** Betrübnis und Schwermut auch Glaubensmenschen befällt? Diese andere, geistliche Seite zeigt uns Pred. 7, 3: »Besser Bekümmernis als Lachen; denn bei traurigem Angesicht ist es dem Herzen wohl« – ein scheinbarer Widerspruch zu unserem Sprüchewort. In Ps. 34, 18 wird uns der wunderbare Zuspruch geschenkt: »Nahe ist JAHWEH denen, die zerbrochenen Herzens sind, und die zerschlagenen Geistes sind, rettet Er!« Dies kann dann nach V. 5 des gleichen Psalms dazu führen, daß alle, »die auf Ihn blicken, erheitert werden, und daß ihre Angesichter nicht beschämt werden«!

So gilt es immer wieder, von unseren Nöten und Problemen »hinwegzuschauen auf JESUS, den Urheber und Vollender des Glaubens« (Hebr. 12, 1–3)! Denen, die nicht das Sichtbare anschauen, sondern mit dem Zielblick ihres Glaubens das Unsichtbare und Wesenhafte, ist ein »ewiges Gewicht an Herrlichkeit« bereitet (2. Kor. 4, 18).

Bei der Umkehr zu dem lebendigen Gott, die wir »Buße« nennen, der Hebräer aber »Heimkehr« (teschua), gilt: »Die Opfer Gottes sind ein zerbrochener Geist; ein zerbrochenes und zerschlagenes Herz wirst Du, o Gott, nicht verachten« (Ps. 51, 17). ER »heilt, die zerbrochenen Herzens sind, und verbindet ihre Wunden« (Ps. 147, 3). Gott, der in der Höhe und im Heiligtum des unzugänglichen Lichtes wohnt, wohnt auch bei dem, der zerschlagenen und gebeugten Geistes ist, um zu beleben den Geist der Gebeugten und zu beleben das Herz der Zerschlagenen (Jes. 57, 15).

So wird die **psychologische** Grundwahrheit in den SPRÜCHEN ergänzt vom **geistlichen** Zuspruch für die, welche auf einem anderen Wege zum gleichen Ziele geführt werden (Hebr. 11, 32–35).

+ + +

161 GEMÜSE PLUS LIEBE   (15, 16–17)

Besser wenig (verbunden) **mit der Furcht JAHWEHs, als ein großer Schatz und Unruhe dabei; besser ein Gericht Gemüse und Liebe dabei, als ein gemästeter Ochse und Haß dabei!**

Oftmals werden wir vom Worte Gottes aufgefordert, **das Bessere** zu erwählen, indem wir Gottes guten, wohlgefälligen und vollkommenen Willen erkennen (Röm. 12, 2)! Allein der Hebräerbrief nennt uns sieben »bessere« Heilsgüter: eine bessere Hoffnung (7, 19), einen besseren Bund (7, 22/8, 6), bessere Verheißungen (8, 6), ein besseres Schlachtopfer (9, 23), eine bessere, weil bleibende Habe (10, 34), ein besseres Vaterland (11, 16) und eine bessere Auferstehung (11, 35). Auch unsere Spruchweisheit lehrt uns, eine Entscheidung zu einem »alternativen Lebensstil« zu treffen, die auf der **Furcht JAHWEHs** beruht. Diese ist ja nicht nur die »Türe zur Weisheit«, sondern auch die letzte der Erfüllungen mit dem Gottesgeist (Jes. 11, 1–3). An ihr hatte selbst der Messias Jesus Wohlgefallen.

Wie sind doch gerade unsere endzeitlichen Tage gekennzeichnet von innerer und äußerer Unruhe, vom streßgenährten Unfrieden, der nur darauf bedacht ist, den **großen Schatz** vorhandenen Vermögens ständig zu mehren! Der **gemästete Ochse** steht als Bild für Völlerei, Trinkgelage und überschwengliche Parties unserer Zeit; sie sind nicht nur verbunden mit Unzucht und Ausschweifungen, sondern – durch das Medium der Klatschsucht – mit **Haß,** Neid, Streit und **Verwirrung** (BUB). Gotteskinder, die sich »mit den Waffen des Lichtes ausrüsten«, sollten sich dessen enthalten (Röm. 13, 11–14). Die »Habsucht« aber »ist eine Wurzel alles Bösen«, sowohl im Makrokosmos weltweiter Probleme, als auch im Mikrokosmos der Persönlichkeit; sie kann »durchbohrende Schmerzen« verursachen (1. Tim. 6, 10–11). Wie der Glaubende, der mit Vermögen und Reichtum gesegnet ist, dennoch der verzehrenden **Unruhe** entgehen kann, zeigt 1. Tim. 6, 17–19. Und 1. Tim. 6, 6–8 bezeugt: »Die Gottseligkeit, verbunden mit Genügsamkeit, ist ein **großer Gewinn;** denn wir haben nichts in die Welt hereingebracht, so ist es offenbar, daß wir auch nichts hinausbringen können. Wenn wir aber Nahrung und Kleidung haben, so wollen wir uns daran genügen lassen!«

Wie viele **gemästete Ochsen** (BA: wohlgefütterte Stiere), die mit **Haß** zubereitet und verzehrt werden, vergiften doch die Atmosphäre in den Familien! Die einfachste Mahlzeit hingegen – **grünes Gemüse** oder »Rohkost« –, die mit Liebe, Freundlichkeit und Güte zubereitet und verzehrt wird, ist sicher dem Magen bekömmlicher, wie auch der Seele und dem Geist! »Wenn ich allen meinen Besitz zur Speisung Hungernder austeilen würde ... aber keine Liebe hätte, so wäre es mir nichts nütze« (1. Kor. 13, 3)! Noch einmal klingt unser Thema in Spr. 17, 1 auf: »Besser ein trockener Bissen (Brot) und Friede dabei, als ein Haus voller Opferfleisch mit Zank!«

Wie war doch das Festmahl durch Güte, Liebe und Erbarmen gekennzeichnet und vom Frieden Gottes erfüllt, das der liebende Vater seinem »verlorenen Sohn« mit dem **gemästeten Kalbe** zubereitet hatte! Oder denken wir an die Tischgemeinschaften Jesu und Seiner Jünger! Fünf Brote nur und zwei Fische bekam Er aus der Hand eines kleinen galiläischen Jungen zur Speisung von 5000 Hungrigen. Welcher Reichtum entstand aus dem **Wenigen,** das Er **in der Furcht des Herrn** segnete und mehrte, so daß alle gesättigt wurden! Auch der letzten Abend- und Passahmahlzeit mit Seinen Jüngern sei gedacht, die der Evangelist Johannes in K. 13, 1 mit den Worten einleitet: »Da Er sie zu lieben begonnen hatte, liebte Er sie bis zur Vollendung.« Er band sich die Sklavenschürze um und wusch den Jüngern die Füße, um ihnen ein Modell der göttlichen Liebe zu geben.

Wie hebt sich hiervon das Gastmahl des Herodes ab, wo seine Mächtigen im Weingenuß bis zur Besinnungslosigkeit, in Völlerei und Prassen zusammen feierten und sich vom Tanz der jungen Salome sexuell berauschen ließen. Als diese dann um das Haupt Johannes des Täufers bat, willigte der schwache König ein. Der fromme König David je doch hatte die Gottesregel erkannt: »Besser das Wenige der Gerechten, als der Überfluß vieler Gesetzlosen! Denn die Arme der Gesetzlosen werden zerbrochen werden, aber JAHWEH stützt die Gerechten!« (Ps. 37, 16–17). Uns aber gilt das Wort des Apostels Paulus: »Berauschet euch nicht mit Wein, in welchem Ausschweifung ist, sondern werdet erfüllt mit dem Geist« (Eph. 5, 18)!

+ + +

162 DER WEG DES GERECHTEN IST GEBAHNT (15, 19–21)

Der Weg des Faulen ist wie eine Dornenhecke, aber der Pfad der Aufrichtigen ist gebahnt. – Ein weiser Sohn erfreut den Vater, aber ein törichter Mensch verachtet seine Mutter. – Die Narrheit ist dem Unverständigen Freude, aber ein verständiger Mann wandelt geradeaus.

Der Aufrichtige (BA: Gerade) und **Verständige** geht auf dem von Gott bereiteten **geraden Weg.** Der Herr selbst führt ihn »auf Geleisen der Gerechtigkeit« und ist auch »auf dem Todesschattenweg« bei ihm, wie es uns Ps. 23 verheißt. Ist doch Gott selbst »ein Gott der Treue und ohne Betrug. Er ist gerecht und **gerade**« (5. Mos. 32, 4). Darum sind auch Seine WEGE gerade (Hosea 14, 9). Sein WORT ist gerade (Ps. 33, 4), und auch Seine GÜTE ist gerade, das heißt, sie steht nicht im Widerspruch zu Seiner göttlichen Gerechtigkeit (Ps. 25, 8). Der gekrümmte Schlangenpfad des Feindes Gottes steht dem entgegen, weshalb auch Paulus den Zauberer Elymas mit den Worten strafte: »O du, voll aller List und aller Bosheit, Sohn des Teufels, Feind aller Gerechtigkeit! Willst du nicht aufhören, **die geraden Wege** des Herrn zu verkehren?« (Apg. 13, 10).

Zum **geraden Weg des verständigen Mannes** gehört es auch, daß er die Gebote Gottes beachtet, daß er **den Vater erfreut** und **die Mutter ehrt.** Wie wir schon sahen, ist die gute Beziehung zum Vater Grundlage für den späteren Gehorsam gegenüber dem »Vater aller Vaterschaften«, die harmonische Beziehung zur Mutter jedoch schafft das so wichtige »Urvertrauen« dem Leben gegenüber, wie uns die Psychologie lehrt. Viele Umwege, Irrwege und Abwege werden doch allein durch das Halten der Gebote Gottes vermieden, weshalb sie alle Apostel Christi als unverzichtbar beibehielten. Die jugendliche Endzeitgeneration hingegen ist »den Eltern ungehorsam« und darum auch »ohne natürliche Liebe«, ausgenommen eine übermächtige Eigenliebe (2. Tim. 3, 1–5). Hat nicht unser Herr dieses Wort vollerfüllt, indem Er als **ein weiser Sohn Seinen Vater** im Himmel allezeit **erfreute, seine Mutter niemals verachtete?** Er ging den **geraden Weg** des Wortes und Willens Gottes in allem, ja, Er wurde selbst für alle Glaubenden zum »Weg«.

Nun gibt es aber auch im Leben der Glaubenden manchen Umweg, Irrweg und Abweg, der durch mißliche Umstände, durch Sünde, Ungehorsam und Unklarheit in der Erkenntnis hervorgerufen wird. Da mag »unter der Sonne betrachtet« – das heißt nach allgemeinen menschlichen und psychologischen Gesetzmäßigkeiten – »das Krumme nicht gerade werden« (Pred. 1, 15). Doch bezeugt Jes. 26, 7 nicht nur, daß »der Pfad des Gerechten gerade ist«, sondern auch, daß der Herr »den Weg des Gerechten gerade macht«, ihn begradigt. So verheißt uns die Frohe Botschaft, daß das Krumme zum **ge-raden Wege** wird, daß also aus allen Abwegen des Lebens der Heimweg zum Vater werden kann (Luk. 3, 5). **Der Weg des Aufrichtigen ist** von Gott in wunderbarer Weise **gebahnt,** was sicherlich nicht auf ein schnelles irdisches, wohl aber auf ein geistliches Vorwärtskommen und Wachstum hinweist. Wie viele durften es schon erfahren, was Jes. 57, 14 dem endzeitlichen Israel verheißt, das zum Herrn seine Zuflucht nimmt: »Man wird sagen: Machet Bahn, machet Bahn; bereitet einen Weg, hebet aus dem Weg meines Volkes jeden Anstoß hinweg!«

Aber **der Weg des Faulen, Törichten, Unverständigen** (BUB: dem es an Herzsinn mangelt) **ist wie mit Dornengestrüpp** verbaut. **Er hat** sogar **Freude an seiner eigenen Narrheit.** Symbolisch weisen die **Dornenbüsche** auf entschlossenen Widerstand gegen Gott und auf Ungehorsam und Sünde hin. Das Gottesland, das trotz reichlichem Segensregen Gottes nur Dornen und Disteln hervorbringt, ist nach Hebr. 6, 8–9 »dem Fluche nahe, und sein Ziel ist die Verbrennung!« Allein die 18 Wesenszüge des Endzeitmenschen in 2. Tim. 3 sind solche **Dornen** der Sünde, die letztlich auch die **Dornenkrone** des Messias mitgeflochten haben. Wie oft sind auch wir durch solche Dornen gekennzeichnet, sind **Unverständige, denen es an Herzsinn mangelt.** »Es ist die große Gefahr der Zeitenwende, daß die Gotteskinder unverständig sind« schrieb Heinrich Langenberg. Auch der Apostel ermahnt uns in Eph. 5, 17: »Darum seid nicht Törichte, sondern **Verständige** dessen, was der Wille des Herrn sei!«

Wie dankbar dürfen wir sein, daß »der Gott, der im Dornbusch wohnt« diesen nicht verbrennt, was sowohl dem Volke Israel als auch uns gilt! (Vgl. 5. Mos. 33, 16/ 2. Mos. 3.)

+ + +

163 PLÄNE UND RATGEBER (15, 22)

Pläne scheitern, wo keine Besprechung ist, aber durch viele Ratgeber kommen sie zustande.

Müssen wir nicht fragen, ob nicht vielmehr die Volksweisheit gilt, daß »viele Köche den Brei verderben«? Heißt es doch auch im Volksmund: »So viele Köpfe, so viele Sinne«! Doch kann diese gelegentliche Erfahrung nicht zur allgemeinen sittlichen Regel erhoben werden! Sonst bliebe nur noch der Weg des »Einzelkämpfers«, der »starrsinnig dem eigenen Herzen folgt, hartnäckig auf seinem Eigenwillen besteht und im Weisheitsdünkel die eigenen Entwürfe für unverbesserlich hält – erhaben über jeder Prüfung und taub für den Rat guter Freunde« (so nach DEL). In 1. Chr. 13, 1–4 wird uns von einem Volksentscheid berichtet, den David durchführte, indem er sich zuerst mit Offizieren und Fürsten beriet , sodann die Volksversammlung befragte und schließlich die letzte Bestätigung vom Gottesorakel der Bundeslade (den »Urim und Thummim«) erwartete. Also konnte es geschehen, daß »die Sache recht war in den Augen des Volkes«.

Der Grundstein zur klaren Willensbildung ist es, auf das ungestüme Zufahren zu verzichten, das aus einer eigenwilligen Entscheidung entsteht, und zunächst mit sich selbst zu Rate zu gehen, wie es Jesus im Bilde des klugen Baumeisters jedem Nachfolgewilligen empfiehlt; er solle sich zuerst »niedersetzen und die Kosten berechnen, ob er das Nötige zur Ausführung habe«, damit er nicht wegen des unvollendeten Bauwerks verspottet werde; in einem zweiten Bild vom Feldherrn empfiehlt er diesem sorgfältige **Beratungen,** ehe er einen Krieg gegen den mächtigen Feind beginnt (Luk. 14, 28–32). So heißt es auch in Spr. 20, 18: »Pläne kommen durch Beratung zustande, und mit weiser Überlegung führe Krieg!« Und Spr. 24, 6 ergänzt: »Mit weiser Überlegung wirst du glücklich Krieg führen, und **bei der Menge der Ratgeber** ist Rettung!« Dies gilt sonderlich für die geistliche Kriegsführung des Gotteskämpfers, der neben der »Vollwaffenrüstung Gottes« auch den Rat der Brüder nicht entbehren kann!

Das Gleichnis Jesu und das vorliegende Sprüchewort gilt auch von der **Planung,** dem Vorsatz und Ratschluß Gottes als des Weltenbaumeisters; hat Er doch vor Grundlegung der Welt Seinen wunderbaren Erlösungsplan in Christo ersonnen und zur Deckung aller »Kosten«, die als Konsequenz einer mit Freiheit begabten Schöpfung entstehen würden, den kostbaren Preis des Blutes Christi eingeplant und Ihn zum Opferlamm zuvorbestimmt! Will doch unser Vatergott alles, was Er jemals erschuf, in Christo zur Vollendung bringen! Gilt aber nicht, hinsichtlich der Gerichtswege und Heilsziele Gottes, die Er in Seinem Willensvorsatz konzipiert hat, das Wort aus Röm. 11, 33–34: »Wie unausforschlich sind Seine Gerichte und unausspürbar Seine Wege! Denn wer hat des Herrn Denken erkannt, oder wer ist Sein **Mitberater** gewesen?« Das »Teamwork« der **Besprechung** (DEL. deutet das hebr. Wort als ein »Zusammengedrängtsein für den Zweck **geheimer** Mitteilungen«) war für Gott vor der Weltschöpfung nur mit einem möglich: mit dem Sohn Seiner Liebe, der als IMMANUEL sowohl der »wunderbare **Ratgeber«** als auch der »Vater der Aeonen« ist (Jes. 9, 6)! Von Ihm gilt Spr. 8, 12: »Ich, Weisheit, bewohne die Klugheit und finde die Erkenntnis **wohl durchdachter Entschlüsse!«** Doch keines der Geschöpfe konnte Gottes Ratgeber sein! Gottes **Pläne** aber **scheitern** (BA: zerbröckeln) nicht!

Ziel jeder **Besprechung der Ratgeber** ist das gute **Einvernehmen** (BUB). Ps. 133 rät uns, daß wir als »Brüder einträchtig zusammensein« sollten, damit wir das Öl des Geistes empfangen, das vom Haupte unseres Hohenpriesters über alle Seine Glieder bis zu den Füßen fließt. Dort hat Gott den Segen verordnet, Leben bis in Ewigkeit! Nach dieser goldenen geistlichen Regel handelten auch die Missionare der ersten Christenheit. Apg. 13, 1–4 berichtet uns vom Zusammensein von fünf Brüdern, die in Antiochien die Führung des Geistes suchten; es waren dies Barnabas, Simeon-Niger, Lucius von Kyrene, Manaen und Saulus (zu deutsch: der Trostsohn, der Empfänger von Erhörung, der Erleuchtete, der Trostgebende, der Begehrende). Im Fasten, Dienen und Beten empfingen sie **die Weisung,** Barnabas und Saulus zum Werke auszusondern, und erkannten darin eine »Aussendung vom Heiligen Geiste«. Wie hebt sich dieser brüderliche **Ratkreis** vom **Ratkreis der Gesetzlosen** ab (Ps. 1, 1)! Der Ratkreis der Erdenkönige und Himmelsfürsten »gegen JAHWEH und Seinen Messias« steht nicht unter dem Verheißungswort der SPRÜCHE! Auch wenn sie sich nach sorgfältiger Planung unter der Parole zusammenscharen: »Lasset uns zerreißen ihre Bande und von uns werfen ihre Seile!« so spottet der Herr über sie alle; Er behält den Sieg! Ihre **Pläne** aber werden zunichte werden, ihr Reich wird **zerbrechen,** ihre Herrschaft wird enden, das Haus der Finsternis **zerbröckelt** und zerbricht (Ps. 2, 1–5/Kol. 2, 14–15)!

+ + +

Ein Mann hat Freude an der Antwort seines Mundes; und ein Wort zu seiner Zeit – wie gut! – Das Herz des Gerechten überlegt, um zu antworten; aber der Mund der Gesetzlosen sprudelt Bosheiten.

Wie entbrannte der Zorn in Elihu, als er bemerkte, daß im Munde der drei anderen Freunde Hiobs **keine Antwort war,** weil sie Hiob ohne Grund verdammten (Hiob 32, 3 + 5). Wieviel besser ist eine **wohlbedachte,** angemessene Entgegnung, die aus dem heiligen Hörschweigen geboren wird. Sie trifft nicht nur »den Nagel auf den Kopf« und verstopft den Mund der Feinde und Ankläger, sondern ist wie ein heiliger Kuß der Liebe: »Die Lippen küßt, wer richtige **Antwort** gibt« (Spr. 24, 26)!

Dem **zeitgemäßen Wort,** das den Heilstermin Gottes beachtet, geht allerdings eine **Herzensüberlegung** zuvor, ein **Nachsinnen** (BUB) oder **Murmeln** (BA); letzteres wird im Hebräischen auch vom »Knurren« eines Löwen über seiner Beute gebraucht und meint ein meditierendes Erwägen vor Gottes Angesicht (Ps. 1, 2); eingeübt im beständigen Nachsinnen über dem Worte Gottes wird es auch zur beständigen Haltung im seelsorgerlichen Gespräch. Das in 1. Kor. 14 angesprochene »Weissagen« ist ein Reden in die innerste Situation des Hörenden hinein, im Sinne des Tröstens, Ermahnens, Ermunterns und Überführens von Sünde (V. 23–25). Nur wer sich, dem Messias gleich, jeden Morgen erwecken und das Ohr öffnen läßt, um in solchem heiligen Hörschweigen von Gott belehrt zu werden, hat dann auch die Zunge eines Gottesgelehrten, der da weiß, die Müden durch **ein Wort** aufzurichten (Jes. 50, 4–6). So ermahnt uns der Apostel Paulus: »Kein faules Wort gehe aus eurem Munde hervor, sondern was irgend gut ist zur notwendigen Auferbauung!« (Eph. 4, 29), und in Ps. 37, 30 heißt es: »Der Mund des Gerechten spricht Weisheit aus, und seine Zunge redet das Recht; die Weisung Seines Gottes ist in seinem Herzen, seine Schritte werden nicht wanken!«

Dem **zeitgemäßen,** fruchtbaren Wort des **weisen Mannes** wird der **gesetzlose** Dauerschwätzer gegenübergestellt; wie eine Quelle unablässig Wasser hervorströmen läßt, so **sprudelt** beständig »Wortgeräusch« **aus seinem Munde,** oft noch erfüllt mit offenbaren oder geheimen **Bosheiten.** Wenn Paulus die Heiligen um Gebetsunterstützung bat, »damit ihm Rede verliehen würde beim Auftun seines Mundes«, so war es damit nicht getan. Wie viele können im Schwätzen inhaltloser Nichtigkeiten ganze Stunden füllen! Worum ging es dem Apostel eigentlich? »... damit ich mit Freimütigkeit kundtun könne das Geheimnis der Frohen Botschaft ... damit ich in demselben freimütig rede, wie ich beauftragt bin zu reden« (Eph. 6, 18–19)!

Wie kann der Gottesmann und **Gerechte an seiner eigenen Antwort Freude haben?** Das Gegenteil kann es uns klarmachen: die Gewissensbelastung und den bitteren Nachgeschmack, den eine **vorschnelle, unbedachte,** emotionale Gegenrede in der Diskussion auslöst (wobei »Diskussion« eigentlich »Zerschneidung« bedeutet)! Jesus verband in Seinen Worten Liebe und Erbarmen mit ungeschmälerter Wahrheit, weil Er »die Wahrheit festhielt in Liebe«, und weil sich »die Liebe mit der Wahrheit freut« (Eph. 4, 15/1. Kor. 13, 6). Denken wir nur an Sein heiliges Schweigen und Reden im Prozeß vor Kaiphas und Pilatus; da fiel kein Wort zu wenig, erging kein Wort zuviel! Wir erinnern uns an Sein schönes Bekenntnis vor Pontius Pilatus – an entscheidender Stelle und **zur entscheidenden Zeit** (1. Tim. 6, 13/Joh. 18, 37). Selbst der Apostel Paulus steht darin hinter dem Herrn zurück, daß er vor dem Hohen Rat dem Hohenpriester entgegenrief: »Gott schlage dich, du getünchte Wand!«, was er hernach entschuldigen und zurücknehmen mußte (Apg. 23, 3).

Wenn schon ein **gerechter und weiser Mann Freude an seiner besonnenen Antwort haben kann,** wieviel mehr konnte dies Jesus, der »Sohn Adams«, der durch Seinen Geist über heilige Männer Gottes Sein Offenbarungswort als **Antwort Gottes** der Menschheit mitteilte; »als aber die Zeit erfüllt war«, kam Er selbst als das Wort Gottes zu uns (Gal. 4, 4). **Ein Wort – geredet zu seiner Zeit – wie gut!** Ist es nicht letztlich Christi Bekenntnis, was in Ps. 119, 111 steht? »Deine Zeugnisse habe ich mir als Erbteil genommen auf ewig, **denn meines Herzens Freude** sind sie!« Jesus war »der Mensch, der nicht vom Brote allein, sondern von einem jeden Worte lebte, das aus dem Munde Gottes hervorgeht« (Mtth. 4, 4)! Er selbst ist **das Wort** und damit auch die **zeitgemäße Antwort** Gottes (Offb. 19, 13)!

Wir aber sollten darum beten, daß wir die von Gott gewirkte **Zeit** und Stunde erkennen, wo wir, **nach sorgfältiger Überlegung,** reden sollten, die Zeit aber auch, da wir schweigen müssen. Denn sowohl »Schweigen als auch Reden hat seine« – vom Herrn bestimmte – »Zeit« (Pred. 3, 7)!

+ + +

165 KANN MAN DEM TODE ENTGEHEN? (15, 24)

Der Weg des Lebens führt den Einsichtigen aufwärts, damit er dem Scheol unten entgehe.

Welch leuchtende Hoffnung erglänzt hier schon im Alten Bunde! Gelangte doch der königliche Philosoph, der alles »unter der Sonne« betrachtete, in diesem Stück nur zu offenen Fragen und vorläufigen Antworten. Pred. 3, 18–21 setzt scheinbar einen »Kontrapunkt« zur keimenden Auferstehungshoffnung: Die Menschen sind »getrennt von Gott« (oder: auf sich allein gestellt) »an und für sich Tiere« (V. 18). Mit den Tieren haben sie in ihrem kreatürlichen Dasein einen Lebensodem und, was das Sterben anbetrifft, einerlei Geschick. In dieser skeptisch-wissenschaftlichen Sicht gibt es »keinen Vorzug des Menschen vor dem Tiere« (man vgl. Mtth. 10, 31: die Menschen in der Beurteilung Jesu!). Menschen und Tiere sind gleichermaßen aus Staub geworden und gehen wieder zum Staube hin. »Wer weiß vom Lebensodem des Menschen, **ob er aufwärts fährt,** und vom Odem der Tiere, ob er niederwärts zur Erde hinabfährt?« fragt Salomo in V. 21.

So blieben – trotz der Entrückung Henochs und des Elias – viele im Alten Bunde fragend vor dem Sterben stehen: »Wirst Du an den Toten Wunder tun? Werden die Toderschlafften auferstehen, um Dich zu preisen? **SELAH!** Wird Deine Güte erzählt werden im Grabe, im Abgrund Deine Treue? Werden in der Finsternis bekannt werden Deine Wunder, Deine Gerechtigkeit im Lande des Vergessens« (Ps. 88, 10–12)? Und doch erscheint inmitten dieser sechs notvollen Fragen das Wörtlein **Selah, empor!**

Spr. 15, 24 stellt uns vor die Frage, ob **der Einsichtige** auf dem **Lebensweg empor** ins Licht wirklich **dem Scheol, dem Totenreich, entgehen** kann! Ist es doch allen Menschen gesetzt, einmal zu sterben und danach das Gericht zu erleiden (Hebr. 9, 27)! Und doch gilt von Gott als von dem »Wiederbringer aus Toten«: »JAHWEH tötet und macht lebendig; Er führt in den Scheol **und führt wieder herauf«** (1. Sam. 2, 6/Hebr. 13, 20). Hebr. 13, 20 spricht zwar von der Machttat der Auferstehung, die der Vater an dem Christus im Totenreich erwies, doch ist ER »der Erstling der Entschlafenen« und somit der Bahnbrecher für die Totenauferstehung aller. »Wie in dem Adam alle sterben, also werden in Christo alle lebendig gemacht« (1. Kor. 15, 22)! Also ist **der Einsichtige** unseres Textes zunächst einmal der Sohn Gottes, der aus der Haft des Totenreiches **den Weg des Lebens empor** zum Vater ging! An Ihm hat sich Ps. 16, 10–11 erfüllt: »Denn meine Seele wirst Du dem Scheol nicht lassen, wirst nicht zugeben, daß Dein Frommer die Verwesung sehe! Du wirst mir kundtun **den Weg des Lebens:** Sättigung mit Freuden ist vor Deinem Angesicht, Lieblichkeiten zu Deiner Rechten immerdar!« Aber als der Erstling aus den Toten ist der Christus selbst zum **Weg des Lebens** geworden, der **nach oben führt!** Wer nunmehr an den Sohn Gottes glaubt, hat bereits ewiges Leben – das Leben der kommenden Heilszeiten der Vollendung; er wird »den Tod nicht sehen«, ja, er wird leben, ob er gleich stürbe; wird er doch durch das kreatürliche Sterben hindurch unmittelbar zum Leben bei Christus geführt, so daß im Grunde von ihm gilt: »Wer an mich glaubt, der wird nimmermehr sterben« (Joh. 5, 24/6, 39–40/11, 25–26). Sein Weg auch durch das Tal des Todes **führt empor** ins Licht, so daß er auch beim Sterben **Selah – empor!** rufen kann!

Weil Gott im Blick auf den gestorbenen Christus sagen konnte: »Mein Leichnam wird wiedererstehen!« kann es nun auch von dem »kollektiven Leichnam Israel« gelten: »Deine Toten werden aufleben … Wachet auf und jubelt, die ihr im Staube lieget … Das Land wird die Toderschlafften gebären!« Diese Auferstehung und Wiedergeburt Israels aber wird bewirkt durch den nächtlichen »Tau der Lichter« – d.h. in einer Belebung durch mehrfache Erleuchtungen in der Endzeit. Darum dürfen alle Toten »in der wasserlosen Grube«, zu denen auch die Millionen Juden des Holocaust zählen, »um des Blutes des Messias willen Gefangene auf Hoffnung« sein , denen der lebendige Gott in der Auferstehung alles Geraubte und Verlorene »wiedererstattet« (Sach. 9, 11–12/Jes. 26, 19)!

+ ⁺ +

166 FORTBESTAND UND VERFALL   (15, 25–27)

Das Haus der Hochmütigen reißt JAHWEH nieder, aber die Grenze der Witwe stellt Er fest. – Böse Anschläge sind JAHWEH ein Greuel, aber huldreiche Worte sind rein. – Wer der Habsucht frönt, zerrüttet sein Haus, wer aber Bestechungsgeschenke haßt, wird leben.

Es entspricht nicht unserer Erfahrung, daß **des Hochmütigen Haus,** also seine Familie, vom Herrn **wie Unkraut ausgejätet wird** (BA), ja, daß **der habsüchtige Ausbeuter** selbst **sein Haus zerrüttet;** auf dem Boden der gesetzlosen Nationen und in der Zeit der Verborgenheit Gottes und Seiner Gerechtigkeit müssen wir oft das Gegenteil feststellen! Wie niederdrückend ist diese Erfahrung für den Frommen, der nach der Gerechtigkeit hungert und dürstet, und dem erst für die Zeit der Vollendung des Reiches

Gottes verheißen ist, daß er »satt wird« (Mtth. 5, 6)! Aber auf dem Boden Israels vollzog sich machtvoll die Vergeltung für Sünde und Missetat, solange das Volk Gottes heiliges Gesetz beachtete.

Die vorliegenden Verse stehen in einem inneren Zusammenhang: Es ist **der Hochmütige,** der mit berechnenden **bösen Plänen und Anschlägen** den sozial Schwachen unterdrückt und seiner Rechte beraubt, weil er sich von unersättlicher **Habsucht** (BUB: Ausbeutung) leiten läßt; zur Verwirklichung seiner Pläne bedient er sich auch der **Bestechungsgeschenke,** die er denen zuwendet, die das Land verwalten und beherrschen. Dadurch ist der äußere Verfall **seines Hauses,** seiner Familie, und der innere Verfall seines Herzens und Wesens geradezu programmiert. »Denn die Erpressung macht den Weisen toll, und das Bestechungsgeschenk richtet **das Herz** zugrunde« sagt Pred. 7, 7. Einen Hinweis darauf, wie der Herr das Gericht vollzieht, finden wir in Spr. 15, 29: »JAHWEH ist **fern** von den Gesetzlosen, aber das Gebet der Gerechten hört Er!« Die Entfernung aus der Nähe Gottes, aus der Fülle Seines Lichtes, Seines Lebens, Seines Geistes und Seiner Liebe führte schon bei der Selbsterhöhung Luzifers zu dessen Wesensverfall und damit zur Entstehung des Bösen **in ihm,** so daß er zum Brennpunkt von Finsternis, Haß und Tod wurde. Solches geschieht in ähnlicher Weise allen Gesetzlosen, wie es uns so bildhaft auch Jer. 17, 11 beschreibt: »Ein Rebhuhn, das Eier brütet, die es nicht gelegt hat, so ist, wer Reichtum erwirbt und nicht mit Recht: in der Hälfte seiner Tage wird er ihn verlassen, und an seinem Ende wird er ein Narr sein!«

JAHWEH stellt den Grenzstein der Witwe fest (DEL). Wie leidenschaftlich haben doch die Propheten Israels das soziale Recht der Armen, der **Witwen** und Waisen, der Fremdlinge und Entrechteten verteidigt, was selbst noch im Briefe des Apostels Jakobus seinen Nachklang fand! Wie sehr litt schon Hiobs Seele unter der Gesetzlosigkeit der »Feinde des Lichts«, zu der Gott scheinbar schweigt (Hiob 24, 1–17)! Dazu gehörte auch ein »Verrücken **der Grenzen**« (s. auch Hosea 5, 10). Weil dem Herrn das Land Israel zu eigen ist, hat er sich selbst in Seinem Gesetz zum Schirmherrn des Grenzrechts erklärt (5. Mos. 19, 14). »Verflucht sei, wer die Grenze seines Nächsten verrückt! Und das ganze Volk sage: AMEN!« (5. Mos. 27, 17). Neben seiner eigentlichen Bedeutung sehen wir im weiteren Sinne »das Gesetz der Grenze« im ordnungsgemäßen »Abstecken des Freiheitsraumes« – im ausgewogenen Verhältnis von Autorität und Freiheitswillen.

Die SPRÜCHE zeigen uns immer wieder auch den guten Gegenweg zur Gesetzlosigkeit. **Huldreiche Worte** (BA: Sprüche des Beistandes; BUB: Sprüche der Mildigkeit), die sich sicher auch in milden Taten äußern werden, auch der Haß gegenüber allen **Plänen der Bosheit und Bestechungsgeschenken,** werden das Fortbestehen eines Hauses sichern, auch den Wesensbestand im Herzen des Gerechten bewahren. Jes. 58, 6–8 führt dies im einzelnen aus: »Ist dies nicht ein Fasten, an dem ich Wohlgefallen habe: daß man löse die Schlingen der Bosheit, daß man losmache die Knoten des Joches und gewalttätig Behandelte als Freie entlasse, und daß ihr jedes Joch zersprenget? Besteht es nicht darin, dein Brot dem Hungrigen zu brechen, und daß du verfolgte Elende ins Haus führest? Wenn du einen Nackten siehst, daß du ihn bedeckst und deinem Fleische dich nicht entziehst? **Dann** wird dein Licht hervorbrechen wie die Morgenröte, und deine Heilung wird eilends sprossen …!« Was im Vollsinn nur der Christus erfüllen konnte, gilt als »messianisches Gesetz« auch für uns, die wir einander die Lasten tragen sollen (Gal. 6, 2)!

+ + +

Das Leuchten der Augen erfreut das Herz; eine gute Nachricht erquickt das Gebein.

Auch dieses Wort der SPRÜCHE nimmt Bezug auf die unlösbare Verflechtung zwischen Geist, Seele und Leib – jener »dreifach geflochtenen silbernen Schnur« aus Pred. 4, 12 und 12, 6. Wer wüßte nicht, wie sehr eine **gute, frohmachende Nachricht** die Seele entspannen, befreien und **erquicken** kann, aber auch **Mark und Bein** (DEL), das heißt, den ganzen Leib. Die moderne Medizin weiß zu berichten, daß die Widerstandskraft unseres Immunsystems durch ein frohes und harmonisches Gemüt gesteigert, durch eine negative, bedrückende und resignierende Seelenstimmung aber deutlich geschwächt wird! Wieviel mehr müßte doch **die gute Nachricht,** das Evangelium Gottes, neben unserem Geiste auch Seele und Leib erfreuen und beleben! Denn »huldvolle Worte sind eine Honigwabe, Süßes für die Seele und Gesundheit für das Gebein« bezeugt Spr. 16, 24. Wenn unsere Seele schmachtet, und wir »über die Maßen gebeugt sind«, kann uns Gottes Güte durch Sein Wort beleben (Ps. 119, 81–82/88/107).

Was aber ist es um das **Leuchten der Augen,** welches **das Herz erfreut?** Das hebräische »maor« kann auch »die Leuchte« bedeuten, die den Lichtglanz vermittelt. Was meint der Text? Ist es das eigene Augenlicht, welches uns selbst erfreut, oder vielmehr der frohe, gütige, freundliche Lichtglanz, der uns aus dem Auge eines anderen entgegenstrahlt? Im letzteren Sinn gebrauchen es 4. Mos. 6, 25/Ps. 31, 16/67, 1/80, 3 + 7 + 19/119, 135, die vom Leuchten des göttlichen Angesichtes sprechen, das uns erstrahlen möge.

Der jüdische Ausleger Raschi meinte mit der griech. Septuaginta, es belebe uns jedweder freundliche Anblick, der uns wie ein grünender Garten mit einem schimmernden Fluß erscheine. Dann könnten wir uns der Dichtermahnung anschließen: »Trinkt, ihr Augen, was die Wimper hält, von dem gold'nen Überfluß der Welt …!« Dem schließt sich auch Franz Delitzsch mit der Aussage an: »Nicht Lichthelle der **eigenen** Augen kann gemeint sein, von der umgekehrt zu sagen wäre, daß sie die WIRKUNG, nicht daß sie die URSACHE eines fröhlichen Herzens ist – sondern die uns in **anderen** entgegentretende Lichthelle der Augen …«.

Und doch ist auch jene Deutung nicht auszuschließen, die vom Leuchten der eigenen Augen spricht; wie **das Leuchten der Augen unser Herz erfreut,** so bewirkt die Freude des Herzens rückwirkend ein Leuchten der Augen. Ps. 19, 7–8 sagt vom Gesetz JAHWEHs, also letztlich vom Worte Gottes, es erquicke die Seele, erfreue das Herz und erleuchte die Augen.

Um wie vieles mehr gilt dies, wenn man es mit einer alten jüdischen Auslegung auf die **Augen des Herzens** deutet. Paulus, der gesandt war, die Augen der Nationen zu öffnen (Apg. 26, 18), bittet in Eph. 1, 17–18 darum, daß der Geist der Weisheit und der Offenbarung die Augen unseres Herzens **erleuchte,** damit wir um die Christushoffnung, um das Erbe Christi und um die Gotteskraft wissen, die uns zur Verfügung steht. Wie sehr **erfreut** dieses **Leuchten der inneren Herzensaugen das Herz!**

Auch Jesus wußte darum, daß unser **Auge** selbst »maor«, das heißt **Lichtquelle** für unser Herz, ja, für unseren ganzen Leib ist! Wieviel medizinische, psychologische und göttliche Weisheit ist doch in Seiner Aussage enthalten: **»Das Licht des Leibes ist das Auge.** Wenn nun dein Auge lauter ist, wird dein ganzer Leib voller Licht sein; wenn aber dein Auge böse ist, wird dein ganzer Leib finster sein. Wenn nun das Licht, das in dir ist, Finsternis ist, wie groß wird dann die Finsternis« – deines Leibes und deiner Seele – »sein« (Mtth. 6, 22–23/Luk. 11, 34–36)!

Dies ruft uns zur Verantwortung auf für alles, was wir mit unseren Augen aufnehmen, denn auch die »Begierde der Augen« gehört zu den Grundstrukturen der gefallenen Welt. Darum ermahnt uns Gott: »Laß deine Augen geradeaus schauen ...« (Spr. 4, 25)! Wir aber bitten: »Öffne meine Augen, damit ich Wunder schaue aus Deinem Gesetz« (Ps. 119, 18) und: »Wende meine Augen ab, daß sie Eitles nicht sehen, belebe mich in Deinen Wegen« (Ps. 119, 37)! Wie Hiob aber sollten wir einen Bund machen mit unseren Augen, damit wir aller Selbstverfinsterung entgehen (Hiob 31, 1)!

+ + +

168 SEELENVERÄCHTER (15, 31–32)

Ein Ohr, das auf Zurechtweisung zum Leben hört, wird beständig im Kreise der Weisen weilen. – Wer Zucht verwirft, verachtet seine Seele; wer aber Zurechtweisung hört, erwirbt Verstand (Herz; Herzgesinnung).

Wie oft ist in Gottes Wort von der verhängnisvollen Wirkung der Zuchtlosigkeit die Rede! Ist doch auch der uns geschenkte Gottesgeist kein Geist der Mutlosigkeit, sondern ein Geist der Kraft und der Liebe und **der Zucht** (2. Tim. 1, 7)! Und selbst die heilsame Gnade Gottes »**erzieht uns,** damit wir, die Gottlosigkeit und die weltlichen Begierden verleugnend, besonnen, gerecht und gottselig leben« (Tit. 2, 11–12)! Wir haben schon mehrfach auf Hebr. 12 hingewiesen, worin uns die tiefe Bedeutung der göttlichen **Züchtigung, Zurechtweisung und Erziehung** vor Augen gestellt wird. Auch die **Unterweisung** (E) gehört zu diesen Einzelaspekten der Pädagogik Gottes, die nur den Söhnen widerfährt. Wer sie **ablehnt und verwirft,** beweist damit, daß er zu den »Bastarden« gehört, die in einer verhängnisvollen Mischung zwischen Licht und Finsternis leben! Gottes Erziehung ist eine **Zurecht-Weisung des Lebens** oder **zum Leben,** wie es auch Spr. 4, 13 bestätigt: »Halte fest an der Unterweisung, laß sie nicht los; bewahre sie, denn sie ist dein Leben!« Wer sie **verwirft,** schafft sich nicht den erwarteten Raum zu einem Leben in ungezügelter Freiheit, sondern erwählt den Weg zur Unfreiheit, wie es uns das Gleichnis vom verlorenen Sohn zeigt. Bindung an den lebendigen Gott und an Seine Weisungen führt in die Freiheit, Lösung aus der Erziehung Gottes in die Gefangenschaft; der Wille zur absoluten Grenzenlosigkeit verkettet uns, die Anerkennung der gottgesetzten Grenzen befreit uns innerlich. Wer in antiautoritärem Aufruhr **die Zurechtweisung zum Leben verwirft, verachtet** damit nicht nur seine weisen Lehrer sowie Gott und Sein Wort, sondern **seine eigene Seele,** die ihre Rettung und Heilung erstreben will, indem sie sich dem Geist des Lebens unterordnet. Dies ist nach 1. Petr. 1, 9 ein »Ziel des Glaubens«.

Das für Gottes Erziehungsmaßnahmen geöffnete **Ohr** aber führt uns in das innerste Geheimnis der Weisheit, so daß wir – wie Nikodemus in seinem denkwürdigen Nachtgespräch mit Jesus – **im inneren Kreise der Weisen verweilen,** ja, **nächtigen** können (DEL/BA/BUB). **Das Hören auf die Zurechtweisung** erinnert an jenen altertümlichen

Brauch Israels, wo sich ein Sklave, statt die angebotene Befreiung zu erwählen, in freiwilligem Gehorsam zur weiteren Knechtschaft bereiterklärte; zum Zeichen dafür wurde er mit einem Pfriem, der sein **Ohr** durchbohrte, für kurze Zeit an den Balken der Haustüre genagelt. Das »durchbohrte Ohr« kennzeichnet daher in der Schrift den freiwilligen Gehorsam der Knechte Gottes. Jes. 50, 4–8 zeigt uns, daß auch Jesus, als der »Sklave JAHWEHs« diesen Weg des Gehorsams ging: Mit dem »durchgrabenen Ohr« ließ er sich an jedem Morgen vom Vater belehren und konnte so mit einer »Zunge des Belehrten« Müde aufrichten. Dieser vollendete Gehorsam bildete dann die Grundlage dafür, daß Er auch im Leiden nicht widerspenstig war, sondern sich schlagen, schmähen und bespeien ließ. Entschlossen ging Er den gottverordneten Weg zum Kreuz.

Der Weg des **Gehorsams,** der sich dem **gehörten** Gotteswort unterstellt und nicht an ihm vorbeihört, sollte auch unser Weg sein, denn **er führt zum Leben** (vgl. Röm. 10, 17). Dies ist auch der Weg, auf dem wir, **im innersten Ratkreise der Weisen, Verstand und Herzgesinnung erwerben,** oder, wie es wörtlich heißt: **ein Herz.**

+ ⁺ +

169 ALLE ENTSCHEIDUNG KOMMT VOM HERRN   (16, 1 + 9 + 33)

Die Entwürfe des Herzens sind des Menschen, aber die Antwort der Zunge kommt von JAHWEH. – Das Herz des Menschen erdenkt seinen Weg, aber JAHWEH lenkt die Schritte! – Das Los wird im Gewandbausch geworfen, aber alle seine Entscheidung kommt von JAHWEH.

Wie wichtig sind die **Vorentwürfe** und Grundsatzentscheidungen **unseres Herzens** für Aufgaben, Aussagen und Handlungen, die zuvor ein gründliches Nachdenken erfordern! Wer hätte es noch nicht erlebt, wie schnell uns ein unbedachtes Wort in Not bringen kann, das nicht zuvor in der Seele ausreifen konnte! Barnabas (der »Sohn des Trostes«) war ein guter Mann und voll Heiligen Geistes; als er in Antiochien erfreut die Frucht der Gnade Gottes sah, ermahnte er die ersten Christen aus den Nationen »mit Herzensentschluß bei dem Herrn zu verharren« (Apg. 11, 22–24). Wie gut ist es, wenn wir das Schifflein unserer sturmbewegten Seele im Allerheiligsten Gottes verankern können (Hebr. 6, 19)! Dennoch gleicht solche Vorarbeit **des Herzens** und der Seele oft dem Chaos vor der Gottesschöpfung; die Gedanken, die wir erwägen und vergleichen, die sich jagen und verklagen, lagern sich wie geologische Schichten übereinander und zerbrechen in mancherlei »Verwerfungen«. Dem entspricht auch das Bild der »Losetrommel« in V. 33, wo tausendfache Möglichkeiten erst einer gründlichen Durchmischung bedürfen, ehe **eine Entscheidung** erfolgt.

Wer sich aber im Glauben der Führung Gottes anbefiehlt, sonderlich wenn er das Wort Gottes verkündigt, kann es immer wieder erleben, wie sich **das Entworfene** zum vollendeten Ausdruck in der Mitteilung ordnet, wie das ausgesprochene Wort zur Antwort, ja zur treffenden und wirksamen »Weissagung« wird. Dies bewirkt der Herr selbst, der **die Antwort der Zunge** gibt. Jesus hat Seinen Jüngern empfohlen, wenn sie vor Gericht gestellt würden: »Seid nicht besorgt, wie oder was ihr reden sollt; denn es wird euch in jener Stunde gegeben werden, was ihr reden sollt. Denn nicht ihr seid die Redenden, sondern der Geist eures Vaters, der in euch redet« (Mtth. 10, 19–20). Wer solches erlebt, darf bezeugen: »Solches Vertrauen aber haben wir durch den Christus Gott gegenüber: nicht, daß wir aus uns selbst heraus tüchtig sind, etwas zu denken, als stamme es aus uns selbst, sondern unsere Tüchtigkeit ist von Gott …« (2. Kor. 3, 4–5/s. auch: 2. Tim. 4, 16–18).

Nun müssen wir unser Sprüchewort noch nach der Aussage von Mtth. 15, 19 bedenken, wo der Herr bezeugt, daß »aus dem Herzen des Menschen böse Gedanken, Mord, Ehebruch, Hurerei, Diebereien, falsche Zeugnisse und Lästerungen hervorkommen«. Ist es so, wie es Br. Arthur Muhl beschrieben hat, daß der Mensch letztlich nur für das gerichtet wird, was an Bosheit, bösen Plänen und Gedanken **in seinem Herzen** ist, daß aber nur das sich als Tat verwirklichen darf, was Gott ausdrücklich in seinem Ratschluß gebilligt hat? So sagt Spr. 19, 21: »Viele Gedanken sind in dem Herzen eines Mannes, aber der Ratschluß JAHWEHs kommt zustande!« Gewißlich wurde Simei für den Haß seines Herzens gegen David gerichtet, doch was er dann an Fluchworten tatsächlich hervorbrachte, **hatte JAHWEH ihm geheißen,** wie es David demütig anerkannte (2. Sam. 16, 10–11). »Es gibt demnach ein Gebiet, wo der Mensch mit dem, was ihm von Gott gegeben ist, schalten und walten kann, wie er will: in **den Entwürfen seines Herzens.** Sobald sich aber ein Gedanke in die äußere Tat umsetzen will, bedarf dies der Bewilligung oder der Zensur Gottes« (A. Muhl: »Die Entwürfe des Herzens«). Weil sich im bösen Werk die böse Gesinnung offenbart, werden wir alle gerichtet für das, was wir getan haben im Leibesleben, es sei gut oder böse (2. Kor. 5, 10). Dies steht nicht im Widerspruch zu der Tatsache, daß Gott das Böse und den Bösen, den Satan, in Seinen Heilsplan eingeordnet hat. Nur darum konnte Joseph seinen Brüdern sagen: »Ihr zwar, ihr hattet Böses wider mich im Sinne; Gott aber ersann es zum Guten, damit Er vollbringe, wie es an diesem Tage ist, um ein großes Volk am Leben zu erhalten« (1. Mos. 50, 20). Für uns aber gilt, daß alles bloß und aufgedeckt vor Jesus ist, was an **Gedanken und Gesinnungen des Herzens** uns bewegt und treibt, und daß wir immerdar im Gericht des Wortes stehen (Hebr. 4, 12–13). Und wenn wir aufgefordert werden, unsere Errettung auszuwirken mit Furcht und Zittern, dann können wir dies nur darum, weil Gott in uns beides bewirkt: »das Wollen und auch das Vollbringen, nach Seinem Wohlgefallen« (Phil. 2, 12–13).

Das Herz des Menschen erdenkt seinen WEG, aber JAHWEH lenkt die SCHRITTE (V. 9). Das haben wir doch alle schon einmal in kleinen oder großen Entscheidungen unseres Lebens verspürt, daß wir Pläne machten und **Wege erdachten,** daß aber der Herr unseren Weg verbaute und **unsere Schritte** in eine andere, Ihm wohlgefälligere Richtung lenkte! Um solches Handeln sollten wir Ihn, an mancherlei unsicheren Kreuzwegen des Lebens, sogar bitten! Daß dann mancher **Weg,** Plan und Gedanke »durch-kreuzt« wird, erlebte schon Joseph beim Segen Jakobs über seinen Söhnen Ephraim und Manasse. Jakob »kreuzte seine Hände«, so daß der jüngere Ephraim den Erstgeburtssegen statt seines erstgeborenen Bruders Manasse bekam. Als Joseph protestieren wollte, sprach Jakob: »Ich weiß es, mein Sohn, ich weiß es!« (1. Mos. 48, 14–19). Dies ist auch Gottes Antwort, wenn Er uns Wege versperrt, und wir Ihm dieses klagen. »Des Mannes **Schritte** kommen von JAHWEH, und der Mensch, wie sollte Er Seinen **Weg** verstehen?« sagt Spr. 20, 24.

Auch Paulus mußte dies im Dienst erfahren, als ihm vom Heiligen Geist mehrfach eine geplante Missionsreise verlegt wurde, damit das Evangelium nach Europa käme (Apg. 16, 6–7). Paul Gerhardt aber dichtete:

»Befiehl du deine Wege und was dein Herze kränkt
der allertreusten Pflege des, der den Himmel lenkt!
Der Wolken, Luft und Winden gibt Wege, Lauf und Bahn,
der wird auch Wege finden, da dein Fuß gehen kann!«

+ + +

170 DER HERR WÄGT DIE GEISTER (16, 2/21, 2)

**Alle Wege eines Mannes sind rein in seinen Augen, aber der die Geister wägt,
ist JAHWEH. – Jeder Weg eines Mannes ist gerade in seinen Augen, aber der die
Herzen wägt, ist JAHWEH.**

Durch unaufhörliche Trauer um den gefallenen König Saul hatte Samuel zeitweilig sein
prophetisches Wahrnehmungsvermögen verloren (1. Sam. 16, 1). Als er nun unter den
Söhnen Isais den König Israels erwählen und salben sollte, schaute er nur nach einem
»Abziehbild« Sauls aus und verfehlte jedes Mal sein Ziel. »Aber JAHWEH sprach zu
Samuel: Blicke nicht auf sein Aussehen und auf die Höhe seines Wuchses, denn ich habe
ihn verworfen; denn nicht das, worauf der Mensch sieht, ist von Bedeutung; denn der
Mensch sieht auf das Augenscheinliche, aber JAHWEH **sieht in das Herz«** (1. Sam.
16, 7).
Über die Selbstaussage **des Mannes,** der in völliger Unkenntnis der eigenen Seele
meint, **sein Weg sei rein und gerade,** sagt Franz Delitzsch: »Das Urteil des Menschen
über die Lebensrichtung, welche einzuschlagen er für gut befunden hat, unterliegt gro-
bem und feinem Selbstbetrug ... Gottes Kritik bei der Abwägung der Geister geht auf
den Grund und schließt alle Täuschung aus.« Dem Herzenskündiger steht das Innerste
und Geheimste offen, auch das Unterbewußte der Seele, ihre verborgensten Willensbewegungen und **Herzensgesinnungen** (so nach BA). Der »Gott des Maßes« (2. Kor. 10,
13) **wägt sie ab, mißt** und **ermißt sie** und bewertet sie recht. Sollte ER uns nach einem
falschen Maße beurteilen, dem falsche und trügerische Waagschalen und Gewichtsteine ein Greuel sind (Spr. 11, 1/20, 23)? Ihn täuschen weder die fehlerhaften menschlichen Selbstbeurteilungen, noch ihre **Lebenswege** und Lebensgestaltungen; vielmehr
bestimmen die Gesinnungen **der Geister und Herzen** Sein Urteil. Das »Mene, mene,
tekel, upharsin« (gezählt, gezählt, gewogen und zerteilt), das eine geheimnisvolle Hand
an die Palastwand Beltsazars schrieb, gründete auf der göttlichen Beurteilung: »Du bist
auf **der Waage gewogen** und zu leicht erfunden worden« (Dan. 5, 25–28)! Damit war
der Untergang des babylonischen Weltreiches besiegelt. Doch nicht nur Beltsazar unterlag solchem göttlichen Urteil, auch uns gilt, was Hebr. 4, 12–13 bezeugt: »Denn das
Wort Gottes ist lebendig und wirksam und schärfer als jedes zweischneidige Schwert. Es
dringt hindurch bis zur Trennung von Seele und Geist ... und ist ein Richter der Gedanken und Gesinnungen **des Herzens;** und kein Geschöpf ist vor Ihm unsichtbar, sondern
alles bloß und aufgedeckt vor den Augen dessen, zu dem hin uns das Wort führt« (der
letzte Halbsatz nach BA). Wie »der Schmelztiegel für das Silber und der Ofen für das
Gold« so ist »JAHWEH der Prüfer der Herzen« (Spr. 17, 3). Wohl dem, der die mühevolle
Arbeit der »Kulissenschieberei« und Selbsttäuschung, auch der Täuschungsversuche

Gott gegenüber, aufgibt und bekennt: »JAHWEH, Du hast mich erforscht und erkannt. Du kennst mein Sitzen und mein Aufstehen, Du verstehst **meine Gedanken** von ferne. Du sichtest mein Wandeln und mein Liegen und bist vertraut mit allen **meinen Wegen«** und: »Erforsche mich, Gott, und **erkenne meine Herz;** prüfe mich und **erkenne meine Gedanken!** Und sieh, ob ein Weg des Schmerzes bei mir ist und leite mich auf ewigem Wege« (Ps. 139, 1–3/23–24)!

Noch einmal bedenken wir die in der vorigen Abhandlung gestellte Frage: Wonach werden wir gerichtet? Nach der **Gesinnung unseres Geistes und Herzens,** oder nach unseren Handlungen und **Wegen,** die sich ja beide entsprechen wie Saat und Ernte!?

Jer. 17, 10 gibt uns die ausgewogene Antwort: »Ich, JAHWEH, erforsche **das Herz** und prüfe die Nieren, und zwar um einem jeden zu geben **nach seinen Wegen,** nach der Frucht seiner Handlungen!« Daß die Beweggründe dabei eine wesentliche Rolle im Gericht Gottes spielen werden, dürfte jedem klar sein, der das Wort Gottes kennt. So können wir dem »Gott des Wissens« (1. Sam. 2, 3) nur mit der Bitte gegenübertreten: »Prüfe mich, JAHWEH, und erprobe mich; läutere meine Nieren und mein Herz« (Ps. 26, 2)!

+ ⁺ +

171 GEDANKENVERWIRKLICHUNG   (16, 3)

Wälze auf JAHWEH deine Werke, und deine Gedanken werden zustande kommen!

Ist Gott wirklich der Erfüller unserer **Gedanken, Pläne** und Wunschvorstellungen? Selbst der Fromme des Alten Bundes hat dies nicht so erfahren, daß es ihm zu einer beständigen Lebenswirklichkeit geworden wäre! Hierauf kann sich auch nicht jene sektiererische »charismatische« Bewegung berufen, die von der »positiven Kraft« der Gedanken spricht und Gott zur okkulten Schaltstelle bei der Verwirklichung von »Glaubenskräften« machen möchte, die sich oft nur in irdischen Wünschen erschöpfen!

Im Vollsinn ist nur der Christus jener »glückselige Mann« aus Ps. 1, der wie ein Baum des Lebens ist, gepflanzt an Wasserbächen des Heiligen Geistes, der »Seine Frucht bringt zu Seiner Zeit« und dem **»alles gelingt, was Er tut«.** Ja, alles, was Er will, das tut Er auch; und alles, was Er tut, gelingt!

Daß im vorliegenden Sprüchewort an eine notvolle Belastung durch **Lebenswerk und Lebensplanung** gedacht ist, samt den damit verbundenen **Gedanken** (E), **Plänen** (BUB) und **Berechnungen** (BA), dürfte der Aufforderung zu entnehmen sein, daß wir sie **auf JAHWEH abwälzen sollen,** auf den Herrn, der unsere Lasten trägt. Er wird sie als seine eigenen Lasten übernehmen und nach Seinem Willen **zubereiten** (so nach BA); ob Er unsere Werke dann zubereitet im Sinne unseres Herzenswunsches, daß sie Bestand haben und **glücken** (DEL), oder in einer anderen Weise, die zwar nicht unserem Wunsche, aber Seiner göttlichen Planung entspricht – in beiden Fällen droht kein Mißlingen, kein Zuschandenwerden und Scheitern! Es gehört zur Demütigung unter die mächtige Gotteshand, wenn wir »alle unsere Sorge auf IHN werfen, weil Er um uns besorgt ist« (1. Petr. 5, 6–7)! Im Sinne der apostolischen Aussage ist es Hochmut, wenn wir unsere Sorge nicht loslassen wollen. Aber sowohl **das Abwälzen der Werke,** als auch **das**

Werfen der Sorge auf den Herrn bedarf einer geistlichen Energie! Gott aber kann alle Schwierigkeiten überwinden, alle Verwicklungen lösen, so daß unsere **Gedanken und Pläne** letztlich nicht unverwirklicht bleiben; sie werden im Sinne der Gottesgedanken realisiert, die höher sind als die unsrigen. »Denn **meine Gedanken** sind nicht eure Gedanken, und eure Wege sind nicht **meine Wege,** spricht JAHWEH. Denn wie der Himmel höher ist als die Erde, so sind meine Wege höher als eure Wege und meine Gedanken als eure Gedanken« (Jes. 55, 8–9). Wenn wir dieses anerkennen, so dürfen wir mit dem Gottesknecht Moses beten: »Und die Huld des Herrn, unseres Gottes, sei über uns! Und befestige über uns **das Werk** unserer Hände; ja, das Werk unserer Hände, befestige es!« (Ps. 90, 17).

Noch einmal sei Spr. 16, 9 erwähnt: »Das Herz des Menschen erdenkt seinen Weg, aber JAHWEH lenkt seine Schritte!« Wie mühevoll kann solches **Überdenken, Planen und Berechnen** sein, welche gedanklichen Kämpfe im Blick auf die Zukunft werden von Menschen, oftmals bis in durchwachte Nächte hinein, ausgetragen! Und doch werden viele Planungen und Lebenskonzepte »durchkreuzt«, wie wir schon sahen. *Aber der Herr lenkt unsere Schritte* – in die rechte, Ihm wohlgefällige Richtung!

Wenn wir **dem Herrn unsere Werke befehlen** (Luth), dann kann es auch geschehen, was Ps. 37, 3–6 bezeugt: **»Vertraue** auf JAHWEH und tue Gutes; wohne im Lande und weide dich an Treue; und ergötze dich an JAHWEH: so wird Er dir geben **die Bitten deines Herzens.** Befiehl JAHWEH deinen Weg und vertraue auf Ihn, und Er wird handeln; und Er wird deine Gerechtigkeit hervorkommen lassen wie das Licht, und dein Recht wie den Mittag!«

+ + +

172 HAT DER HERR DEN GESETZLOSEN GESCHAFFEN? (16, 4–5)

JAHWEH hat alles zu Seiner Absicht gemacht, und auch den Gesetzlosen für den Tag des Unglücks. – Jeder Hochmütige des Herzens ist JAHWEH ein Greuel: die Hand darauf! Er wird nicht für schuldlos gehalten werden!

Will dieses Wort aussagen, der Herr habe *die* Gesetzlosen und Satan als *den* Gesetzlosen von Anfang an böse und gesetzlos erschaffen? Dies kann nicht sein! Denn das ist die Summe der Botschaft, welche die Apostel von Jesus hörten und getreulich weitergaben: »… daß Gott Licht ist, und keinerlei Finsternis in Ihm ist!« Wir dürfen darum auch aus dem Gesamtzeugnis der Bibel folgern, daß aus Gott keinerlei Finsternis kommen kann (vgl. 1. Joh. 1, 5 mit Jak. 1, 13–17)! Finsternis ist Abwesenheit des Lichtes; wenn Gott »Finsternis schafft, so daß es Nacht wird« (Ps. 104, 20), dann ist das nichts anderes als der »Entzug Seines Lichtes«. Vorliegende Spruchweisheit will sagen, daß alles – auch das Böse, die Bösen und der Böse – Gottes Zielen und Seinem Heilsplan dienen müssen, ob sie wollen oder nicht. Alles ist ausnahmslos diesem eingeordnet und dienstbar gemacht. **Auch der Gesetzlose dient** – wider Willen – **der Absicht, dem vorbedachten Zweck** (DEL) **Gottes – für den Tag des Unglücks.** Dabei ist jedoch V. 5 voll zu würdigen: *Alle* **Hochmütigen** – auch der Satan und seine Mächte, und mit ihm alle Frevler und Gesetzlosen auf Erden – **sind JAHWEH ein Greuel und werden nicht** schuldlos gehalten oder: **ent-schuldet** (BA). Sie haben »keine Entschuldigung« (Röm. 1, 20). Wie Alexander, der Schmied, der Paulus viel Böses erwies und seiner Verkündigung widerstand, verfallen sie an jenem Tage dem Gericht (2. Tim. 4, 14–15). Wenn Gott Geschöpfe dazu zwingen würde, böse zu sein und zu handeln, wenn ihre Sünde Gottes Herrlichkeit nur mehren würde – »wie könnte Gott dann der Richter der Welt sein« (Röm. 3, 5–8)? Nein, »ihr Gericht ist gerecht«! »Denn JAHWEH der Heerscharen hat einen Tag festgesetzt über alles Hoffärtige und Hohe und über alles Erhabene, und es wird erniedrigt werden … Und der Hochmut des Menschen wird gebeugt und die Hoffart des Mannes erniedrigt werden« (Jes. 2, 12–17).

Auch 2. Mos. 9, 16 und Röm. 9, 21–22 wollen nicht besagen, daß Gott den Pharao, der ja ein Typus der Gesetzlosigkeit und des Satans ist, zum Bösen »vorherbestimmt« habe, wie es Calvin glaubte; verstockte doch der Pharao selbst sein Herz, ehe Gott es verhärtete! Vielmehr wollen diese Stellen bezeugen, daß Gott die Widerspenstigkeit und Herzenshärtigkeit Seiner Feinde – in Voraussicht ihres bösen Handelns – so eingeplant hat, daß sie wider Willen der Verherrlichung Gottes dienen müssen. Gott, der in Seinem Sohn den Erlösungsplan der Aeonen erdacht hat, wird durch die Entscheidungen Seiner Geschöpfe in keiner Weise überrascht!

Der Tag des Unglücks (BA: des Bösen) kann in zweifacher Weise geschaut werden: einmal als Tag der Abrechnung, da Gott als der Richter des Alls das Böse an dem Bösen richtet; zum anderen als den »Tag JAHWEHs«, die »Drangsal Jakobs« in der letzten Jahrwoche, an dem Satan ohne Wissen und Wollen Gerichtsdienste ausführen und durch sie **Gottes Absichten** erfüllen muß. Daß diese Gerichte den heilspädagogischen Maßnahmen Seiner Liebe dienen, sagt uns auch Jak. 5, 11: »Vom Ausharren Hiobs habt ihr gehört und das Endziel des Herrn habt ihr gesehen: Daß der Herr voll innigen Mitgefühls und barmherzig ist!«

Dies gilt auch im Blick auf **die bösen Tage** unseres Lebens, wie wir schon in 2. Sam. 16, 5–12 sehen konnten, wo der König David das Toben und Fluchen Simeis auf Gottes Willen zurückführte, als dienlich für seine Prüfung und Erziehung; er erwartete Gottes Erstattung für das erlittene Unheil. In diesem Sinne sagt auch Pred. 7, 14: »Am Tage der Wohlfahrt sei guter Dinge; aber **am Tage des Unglücks** (des Bösen) gedenke: auch diesen hat Gott gemacht wie jenen …!« So dürfen wir uns an den bösen Tagen unseres Lebens üben, indem wir die Waffenrüstung Gottes zum Kampfe des Glaubens anziehen, damit wir »an dem bösen Tage« (der endzeitlichen Versuchung) »widerstehen und alles überwältigen können«, was es an Feindesmacht und -verführung gibt, »und zu stehen vermögen« (Eph. 6, 13). Wissen wir doch, daß Gott denen, die Er nach Seinem Vorsatz berufen hat, und die Ihn lieben, alles zum Guten angeordnet hat, damit sie das Bild des Erstgeborenen der Söhne tragen (Röm. 8, 28–29)!

+ ⁺ +

173 HOCHMUT – DEM HERRN EIN GREUEL   (16, 5 + 18–19/18, 12)

Jeder Hochmütige des Herzens ist JAHWEH ein Greuel; die Hand darauf! Er wird nicht für schuldlos gehalten werden. – Hoffart (Erhabenheit) **geht dem Zusammenbruch, und Überhebung des Geistes dem Falle voraus. – Besser niedrigen**

Geistes sein mit den Demütigen, als Raub zu teilen mit den Hoffärtigen. – Vor dem Sturze wird hoffärtig des Mannes Herz, aber der Herrlichkeit geht Demut voraus.

Der Ausdruck ein **Greuel ist für JAHWEH ...** erscheint zwölfmal im Sprüchebuch; unter Vernachlässigung einer Wiederholung sind es 18 Verhaltensmuster und Persönlichkeitsstrukturen, die der Herr haßt (18 aber ist die Zahl der Sünde):
den Verkehrten (3, 32); den, der hoher Augen ist; die Lügenzunge; Hände, die unschuldiges Blut vergießen; ein Herz, das heillose Anschläge schmiedet; Füße, die eilends zum Bösen hinlaufen; den Lügenzeugen; den, der Zwietracht zwischen Brüdern ausstreut (6, 16–19); trügerische Waagschalen (11, 1); solche, die verkehrten Herzens sind (11, 20); Lippen der Lüge (12, 22); das Opfer der Gesetzlosen (15, 8); den Weg des Gesetzlosen (15, 9); böse Anschläge (15, 26); jeden Hochmütigen (16, 5); den, der die Gesetzlosen rechtfertigt (17, 15); den, der den Gerechten verdammt (17, 15); zweierlei Gewichtsteine (20, 10).
Doch warum sind Ihm **der im Herzen Hochmütige, der im Geiste Überhebliche,** der sich über alles **erhaben** fühlt, so sehr verhaßt? Wird doch immer wieder im Buche der SPRÜCHE das Thema von Hochmut und Demut angesprochen! Der »Hochmut des Lebens« gehört zu den kosmischen Prinzipien der Selbstverwirklichung im Widerstand gegen Gott und ist, wie auch die Fleischeslust und Augenlust, nicht aus dem Vater (1. Joh. 2, 15–16). **Hochmut des Herzens** und **Überhebung des Geistes** sind ein Aufgeblähtsein ohne wirkliche Substanz (1. Kor. 8, 1); die Selbsterhöhung wird betrieben mit Mitteln der Intrige und der Unterdrückung der Mitmenschen mit angemaßter Macht; Hochmut bildet eine Leiter zur schnellen Karriere, bewirkt aber auch eine Selbstrechtfertigung vor dem Tribunal der eigenen schwachen und hohlen Seele; sie ist eine gekonnte schauspielerische Darstellung vor dem »niederen Publikum« und letztlich das Verleugnen einer höheren Macht, also auch Gottes. **Hochmut geht** aber **dem Zusammenbruch, dem Fall und Zerbruch voraus.** Das unkritische Verhalten sich selbst und seinen Fehlern und Schwachheiten gegenüber führt um so schneller zum Straucheln; Gottes wunderbare Gnade kann aber selbst einen solchen **Zerbruch** zu einer Heilung vom Hochmut umgestalten.
Doch steht hinter der Aussage, daß **der Hochmut** – wie der scheußlichste Götzendienst – **dem Herrn widerlich und ein Greuel ist,** ein dramatisches heilsgeschichtliches Geschehen, wodurch das Böse in die Schöpfung eingeführt wurde: die Wandlung des »Lichtträgers« (Luzifer) zum Sammelpunkt des Bösen, die von einem Abfall in der Engelwelt begleitet wurde; auch diesem kosmischen Abweg lag **der Hochmut des Herzens, die Überhebung des Geistes** und der Wille zur Selbsterhöhung zugrunde. Nach Jes. 14, 12–14 hatte er sich folgende Ziele gesetzt: Zum Himmel will ich emporsteigen! Hoch über die Sterne (Engel) Gottes will ich meinen Thron erheben! Ich will mich niedersetzen auf dem Gottesberg! Ich will hinauffahren auf Wolkenhöhen! Ich will mich dem Allerhöchsten gleichmachen! – Daß diesen äußeren Plänen und Zielen ein innerer Wesensverfall vorausging, vermag uns Hes. 28, 11–18 zu zeigen: Er wurde verleitet durch die Größe seines Handelns; sein Inneres wurde mit Gewalttat und Unrecht erfüllt; er sündigte (oder: verfehlte das Ziel); wegen seiner Schönheit erhob sich sein Herz; seine Heiligtümer wurden durch eine Fülle von Missetaten und durch die Unrechtlichkeit seines Handelns entweiht. – Sein Wille zur Gottgleichheit vollzog sich nach der Weise **des Raubes. Dem Hochmut und der Selbstüberhebung folgte der Fall** (E), **der Sturz** (E) und **Zerbruch** (BA); Luzifer wurde aus der Nähe Gottes, Seines Geistes, Seines Le-

bens, Seines Lichtes und Seiner Liebe hinweggeschleudert, wurde »entweiht vom Berge Gottes hinweg« (Hes. 28, 16); und der Christus sah ihn »vom Himmel fallen wie einen Blitz«, als Er noch beim Vater weilte und Augenzeuge dieses Geschehens wurde (Luk. 10, 18).

Wenn sich unser Weg nach dem Verhaltensmuster des Hochmuts vollzieht, so laufen auch wir auf dem urzeitlichen Weg des Bösen und werden nach dem Bilde Satans gestaltet! Denken wir nur an den Wesensverfall des Königs Saul nach seiner Verwerfung durch Gott! In Spr. 12, 12 heißt es: »Den Gesetzlosen gelüstet **nach dem Raube der Bösen,** aber die Wurzel der Gerechten trägt ein!« Gott aber bezeugt in Jes. 61, 8: »Ich, JAHWEH, liebe das Recht; ich hasse frevelhaften **Raub ...!«** Was der Thronräuber Luzifer sich auf dem Wege des Raubes aneignen wollte, hielt der Christus »nicht wie einen Raub fest«, als Er sich aus der Gottesgleichheit in das Fleisch und Blut Seiner Geschöpfe erniedrigte (Phil. 2, 6/Hebr. 2, 14). So können wir wählen, ob wir den Christusweg der **Demut,** der Selbstentäußerung und des Dienstes gehen wollen, oder aber den Weg des Aufbegehrens, der Forderung, des schnellen Raubes und der Selbsterhöhung. Letztlich gilt, persönlich wie heilsgeschichtlich: »Wer sich selbst erhöht, der wird erniedrigt werden, wer sich selbst erniedrigt, wird erhöht werden« (Mtth. 23, 12)! Denn **vor dem Sturze wird hoffärtig des Mannes Herz, aber der Herrlichkeit geht die Demut voraus.** Darum ist es **besser, niedrigen Geistes zu sein mit den Demütigen** (BUB: Gebeugten), **als Raub zu teilen mit den Hoffärtigen,** deren Weg dem sicheren Straucheln und Zusammenbruch entgegenführt. Welch köstliche Verheißung gilt dem, der sich »demütigt unter die gewaltige Hand Gottes«; der Gott, der bei dem wohnt, der zerschlagenen und gebeugten Geistes ist, »wird ihn erhöhen zu Seiner Zeit« und den **Demütigen zur Verherrlichung führen** (1. Petr. 5, 6/Jes. 57, 15)!

174 SÜHNUNG DER MISSETAT – FLUCHT VOR DEM BÖSEN (16, 6)

Durch Güte und Wahrheit wird die Missetat gesühnt (bedeckt), **und durch die Furcht JAHWEHs entgeht man dem Bösen.**

Dieses Wort kann man auf zweifache Weise verstehen, einmal als Beschreibung des Handelns Gottes, einmal im Blick auf unser Tun. Betrachten wir zunächst das erstere. Ist eine **Sühnung** (Bedeckung, Beschirmung) **der Missetat und Verfehlung** nicht mehr eine Sache der Gerechtigkeit Gottes, als Seiner **Güte und Wahrheit,** Seiner **Huld und Treue?** Fordert doch die im Gesetz geoffenbarte Gottesgerechtigkeit Seinen Zorn im Gericht über die Sünde! Der Gedanke, daß *wir* Gott »versöhnen« müßten, durch gute Werke oder einen Opferdienst, ist durch und durch heidnisch; er war auch dem gesetzestreuen Judentum und dem Opferdienst des Alten Bundes fremd! Vielmehr geht es darum, daß *Gott* uns mit sich selbst versöhnt.

Röm. 3, 24–26 zeigt uns die doppelte Erfüllung der göttlichen Gerechtigkeit: Einmal darin, daß Gottes Langmut alle Sünden, die vor der Erlösung am Kreuz geschahen, »unter Seine Nachsicht stellte« und – bis zur endgültigen Lösung der Sündenfrage – **bedeckte.** Dies wurde vorgebildet durch den Deckel der Bundeslade, der als »Gnadenthron« die

Gesetzestafeln in seinem Inneren und damit ihre Anklage **zudeckte;** am hohen Feiertage »Jom kippur« (Tag der Bedeckung) wurde er mit Blut besprengt. Bis zur Erlösungstat am Kreuz stand also alle Sünde **unter der Bedeckung** durch Gottes Langmut und Geduld, durch Seine **Huld, Güte, Treue und – Wahrheit.** Denn die göttliche Liebe, die Gnade erweisen will, muß mit der Wahrheit aufs engste verbunden bleiben, einer Wahrheit, welche die Gerechtigkeit und Heiligkeit Gottes nicht einfach außer acht lassen kann! Darum heißt es in 1. Kor. 13, 6: »Die Liebe (Gottes) freut sich nicht über die Ungerechtigkeit, sondern sie freut sich mit der Wahrheit!« Man kann sie aus dieser engen Verbindung nicht herauslösen. So gibt es auch für uns nur dann ein geistliches Wachstum, wenn wir »die Wahrheit festhalten in Liebe« und »die Liebe festhalten in Wahrheit« (Eph. 4, 15). Zwar bezeugt 1. Kor. 13, 5: »Die Liebe (Gottes) rechnet das Böse nicht an«, doch konnte dies nur so geschehen, daß der lebendige Gott alles Böse, das es im ganzen Universum gibt, Seinem Sohn Jesus Christus anrechnete und an Ihm das ganze Gericht vollzog, damit Er am Kreuz »das All mit Gott versöhnte« (Kol. 1, 19–20). Welche wunderbare **Güte Gottes,** aufs engste verbunden mit Seiner Gerechtigkeit, **Treue und Wahrheit,** wird uns also in Christo zuteil, der für uns zum wahren »Gnadenstuhl« und »Sühnedeckel« wurde (Röm. 3, 25)!

Nur wenn wir aus dieser unerschöpflichen Gottesquelle schöpfen, können auch wir **in Güte und Wahrheit Sünde zudecken** und Vergebung gewähren, wo man sie von uns erbittet. Als der große König David dem Krüppel Mephiboseth um seines Vaters Jonathan willen »Güte erweisen« wollte, obwohl er die Krüppel und Lahmen haßte, konnte er dies nur so tun, daß er ihm **»Güte Gottes«** erwies (2. Sam. 9, 1–3). Das Jesuswort »Selig sind die Barmherzigen, denn sie werden Barmherzigkeit erlangen« (Mtth. 5, 7), das in der Bitte des Vaterunsers so erklingt: »Und vergib uns unsere Schuld, wie auch wir unseren Schuldigern vergeben«, steht nicht im Widerspruch zu Eph. 4, 32 und Kol. 3, 13, wonach Gottes Vergebung die Grundlage unserer Vergebungsbereitschaft bildet! »Wir lieben, weil ER uns zuerst geliebt hat« (1. Joh. 4, 19)! Dies wird auch in Jesu Gleichnis vom »Schalksknecht« deutlich (Mtth. 18, 21–35). Das ganze NT fordert uns auf, die erfahrene Gottesbarmherzigkeit dem Nächsten weiterzugeben und damit Gottes Wohlgefallen immer wieder neu zu erlangen. Die Liebe, die des Nächsten **Missetat zudeckt,** hat eine, unsere eigene Schuld deckende Rückwirkung bei Gott! Eine hartherzige Gesinnung, die nicht vergeben will, führt uns mehr und mehr in einen Mangel an Gnade hinein (1. Kor. 1, 7/Hebr. 12, 15). »Denn das Gericht wird erbarmungslos gegen den ergehen, der nicht Barmherzigkeit geübt hat; die Barmherzigkeit aber triumphiert über das Gericht« – dies gilt gewiß von Gottes Barmherzigkeit, aber auch von der Barmherzigkeit, die wir erweisen, wie es Jak. 2, 13 eigentlich meint.

Durch die Furcht JAHWEHs entgeht man dem Bösen: dieser Weg der Flucht vor dem Bösen und der Zuflucht zu Gott ist uns durch die Sühnung unserer Schuld durch **Gottes Gnade und Wahrheit** in Christo eröffnet; es ist ein Weg, den wir aus Dankbarkeit gehen. »Wir lieben Gott nicht, weil wir Ihn fürchten, sondern wir fürchten Ihn, weil wir Ihn lieben!«Und so können wir »unsere Errettung mit Furcht und Zittern ausgestalten«, eben darum, »weil Gott es ist, der in uns beides bewirkt: das Wollen als auch das Vollbringen« (Phil. 2, 12–13). **»Die Furcht JAHWEHs** ist die Unterordnung unter den Gott der Offenbarung und unter Seinen Willen und das Eingehen in die geoffenbarte Heilsordnung« (DEL). **Güte und Wahrheit, Huld und Treue** können nun auch unsere Liebe bestimmen.

+ ⁺ +

Wenn eines Mannes Wege JAHWEH wohlgefallen, so läßt Er selbst seine Feinde mit ihm Frieden schließen.

Die Wege eines Mannes meinen die von ihm erstrebten Ziele, als auch die Mittel, die er zu deren Erreichung einsetzt; wenn diese **dem Herrn wohlgefallen,** gibt Er ihm Segen und Gedeihen, so daß auch seine **Feinde** erkennen, daß Gott mit ihm ist. In 1. Mos. 39, 1–6 lesen wir, daß Josephs Sklavendienst bei Potiphar dadurch ausgezeichnet war, daß ihm »alles, was er tat, gelang«, weil »JAHWEH mit ihm war«. »Wenn es offenbar wird, daß Gott sich zu einem Menschen segnend bekennt, so liegt darin eine Macht der Überzeugung, welche auch seine gehässigsten Gegner entwaffnet« (DEL). Lassen wir das zunächst einmal so gelten, wie es offenbar geistliche Regel im Alten Bund war, wo auch die persönlichen Feinde oftmals von einer gewissen Gottesfurcht geleitet wurden und ansprechbar waren von Gottes offensichtlichem Wirken. 1. Mos. 26, 26–31 berichtet uns, wie die Feinde Isaaks mit ihm einen **Friedensbund schlossen.** Sie bekannten: »Wir haben deutlich gesehen, daß JAHWEH mit dir ist … du bist nun einmal ein Gesegneter JAHWEHs!« Auch in der Auseinandersetzung zwischen dem verworfenen König Saul und dem gesalbten Gotteskönig David gab es einen Punkt, wo Saul ernüchtert und innerlich überwunden wurde. Gott selbst hatte Saul in eine Höhle geführt, in deren hinterem Teil bereits David mit seinen Männern weilte. Während die Männer Davids ihn drängten, Saul im Schlafe zu töten, schnitt David ihm nur einen Zipfel seines Obergewandes ab, den er dann später Saul zeigte und ihm vom Geschehen jener Nacht berichtete. »Und es geschah, als David diese Worte zu Saul ausgeredet hatte, sprach Saul: Ist das deine Stimme, mein Sohn David? Und Saul erhob seine Stimme und weinte. Und er sprach zu David: Du bist gerechter als ich! Denn du hast mir Gutes erzeigt, ich aber habe dir Böses erzeigt …« (1. Sam. 24, 17–18).

Im Neuen Bund, wo es oftmals nicht um **persönliche Feinde,** sondern um Feinde Gottes, des Kreuzes Christi und des Evangeliums geht, liegen die Dinge etwas anders: Wie viele unversöhnliche Feinde hatte doch der Apostel Paulus, wie jenen Schmied Alexander (2. Tim. 4, 14–15); schon damals gab es Brüder, die von Neid und Eifersucht getrieben »aus Streitsucht« das Evangelium verkündigten, weil Gott den Dienst des Apostels besonders gesegnet hatte! Wenn man nun den Maßstab von Spr. 16, 7 in falscher Weise anlegt, so könnte man daraus schließen, daß **die Wege** des Apostels Paulus Gott nicht **wohlgefallen** hätten! Im übrigen will das Sprüchewort nicht besagen, daß nur dann, wenn des Mannes Feinde **mit ihm Frieden schließen,** Gott Wohlgefallen an ihm habe! In jedem Falle aber gilt für uns: »Wenn möglich, so viel an euch liegt, lebet mit allen Menschen in Frieden« (Röm. 12, 18/Hebr. 12, 14)! Dann dürfen wir getrost glauben, daß auch **unsere Feinde,** die **Feinde des Evangeliums** ebenso wie »falsche Brüder«, uns von Gott »zum Guten verordnet« sind, dazu, daß Christi Bild in uns ausgestaltet wird (Röm. 8, 28).

Wunderbar leuchtet unser Wort auf, wenn wir es auf Christus, **den Mann Gottes** und letzten Adam deuten! War es doch Sein erklärter Wunsch beim Kommen in diese Welt, Gottes wohlgefälligen Willen zu tun, weshalb der Vater Ihm auch wiederholt bezeugte, daß Er **an Ihm, dem geliebten Sohn, Wohlgefallen habe** (Luk. 3, 22). Christi heilsgeschichtliche **Wege** und Ziele stehen allezeit unter dem Wohlgefallen des Vaters; sie werden schließlich dazu führen, daß **alle Gottes- und Christusfeinde** sich vor Ihm beugen und bekennen werden: »Allherr (kyrios) ist Jesus, der Messias!« – zur Verherrlichung Gottes des Vaters (Phil. 2, 9–11). Sie werden **zum Frieden geführt** durch den, der das All mit Gott versöhnt und **Frieden geschlossen hat** durch das Blut Seines Kreuzes (Kol. 1, 19–20/Eph. 2, 14–17). Eine Erstlingsfrucht dieses endzeitlichen Friedensschlusses war der Christusfeind Saulus von Tarsus, der sich selbst »den größten der Sünder« nannte. Gott aber ließ ihm Seine ganze Barmherzigkeit zuteil werden, so daß er zum Heilsmodell für alle wurde, die das ewige Leben erlangen werden (1. Tim. 1, 12–17). Ja, wir dürfen es glauben: Weil Christi **Wege** Seinem Vatergott **wohlgefallen, führt Er auch Seine Feinde dazu, daß sie mit Ihm Frieden schließen** (DEL: söhnt Er Seine Feinde mit ihm aus)!

Wenn Gott uns befiehlt, wir sollten uns beim Fall unseres Feindes nicht freuen (Spr. 24, 17), ja, ihn speisen, wenn es ihn hungert (Spr. 25, 21/Röm. 12, 20), ferner, daß wir unsere Feinde lieben sollen, damit wir uns als rechte Söhne des Vaters im Himmel erweisen (Mtth. 5, 44) – dann wird Er in Christo Jesu nicht nur ähnlich handeln, sondern »über alles hinaustun, was wir bitten oder erdenken« (Eph. 3, 20)! Der letzte Feind aber, der entmachtet wird, ist der Tod (1. Kor. 15, 26). Es geht Gott nicht um die Vernichtung Seiner Feinde, sondern um deren innere Überwindung durch alle Gerichte hindurch!

> »Es kann nicht Friede werden, bis Christi Liebe siegt,
> bis dieser Kreis der Erden zu Seinen Füßen liegt;
> bis Er im vollen Leben die ausgesöhnte Welt
> dem, der sie Ihm gegeben, vors Angesicht gestellt!«

+ + +

176/177   DER IDEALE KÖNIG   (16, 10–14)

Ein Orakelspruch ist auf den Lippen des Königs; sein Mund vergeht sich nicht in der Rechtsprechung. – Gerechte Waage und Waagschalen sind JAHWEHs; sein Werk sind alle Gewichtsteine des Beutels. – Der Könige Greuel ist es, Gesetzloses zu tun; denn durch Gerechtigkeit steht ein Thron fest. – Der Könige Wohlgefallen sind gerechte Lippen; und wer Aufrichtiges redet, den liebt er. – Des Königs Grimm gleicht Todesboten; aber ein weiser Mann versöhnt ihn.

Welcher Sittenspiegel für die Könige Israels, welch hoher Anspruch an theokratische Regenten! Ist es »der Spiegel des Wortes«, in dem sie sich beschauen und prüfen sollen – ein Spiegel, den ihnen die Propheten immer wieder unnachgiebig vorhielten? Was wird nicht alles vom Gotteskönig gefordert: **Weissagendes Urteil in der Rechtsprechung,** welche die Person des Frevlers nicht ansieht und den Gerechten im Gericht nicht beugt (Spr. 18, 5) – **gerechte** und soziale »Marktwirtschaft« ohne Betrug – **Gerechtigkeit** als Damm gegen alle Gesetzlosigkeit – **Liebe zu denen, welche die Wahrheit reden,** sowie **Zorn gegen die Gesetzlosen.** Durch solches Handeln wird **der Thron des Königs befestigt.** Dies alles bildet nun das Gegenstück zur Diktatorenherrschaft und zu orientalischen Schmeicheleien, die den autoritären Regenten gewogen stimmen sollen (s. 1. Kön. 3, 9/3, 16–28/4, 29–30). Unterstand doch in Israel der König letztlich dem gleichen Gottesgesetz wie das Volk und war insofern nicht absolutistisch; sowohl das Wort der Glieder des Volkes als auch der Propheten war frei. Schon MELCHISEDEK galt als **»König der Gerechtigkeit«** und »König des Friedens« und wurde darum zum Vorbild unseres Herrn Jesus Christus, wie es uns Hebr. 7 lehrt. Auch David und Salomo entsprachen – trotz aller Vergehungen – doch grundsätzlich diesen göttlichen Anforderungen, wobei David sogar ein König »nach dem Herzen Gottes« war, und Salomo erst im Alter von Gottes Wegen abwich, was den Verfall des Königtums in Israel einleitete. Wenn die Rede des Königs Herodes-Agrippa vom Jubelruf des Volkes bestätigt wurde: »Eines Gottes Stimme und nicht eines Menschen!« so war dies die heuchlerische Schmeichelei eines verängstigten und gepeinigten Volkes für den charakterlosen Regenten (Apg. 12, 22). »Zu schön, um wahr zu sein!« könnte man bei der Betrachtung der vorliegenden Texte meinen, wenn man auf die Geschichte der »Könige von Gottes Gnaden« in Europa schaut, nicht minder auf die Regierenden in Diktatur und Demokratie! Welcher Niedergang ereignet sich in unserer Zeit – in der Verachtung des Volkswohls, im Abbau jeglicher Moral und Gottesfurcht, in der Duldung einer kriminellen Grundströmung, im Betrug und Erkaufen eigener Vorteile, oftmals auch im betrügerischen und unwahren Kampf um Wählerstimmen! Und doch ist noch ein Abglanz der göttlichen Forderungen in Röm. 13, 1–10 zu erkennen, wo die Obrigkeit so beschrieben wird, daß sie »das Böse bestraft und das Gute belohnt«, was offensichtlich im römischen Staatswesen der Apostelzeit noch gegeben war. Dies ist auch der Grenzstein für den geforderten Gehorsam gegenüber der Obrigkeit; der Staatsmann und Prophet Daniel beachtete ihn in seiner politischen Tätigkeit in Babylon aufs genaueste! Das Wort aus Apg. 5, 29: »Man muß Gott mehr gehorchen als den Menschen!« gilt gegenüber den Ansprüchen aller gottfeindlichen und menschenverachtenden Diktaturen, die einmal in der Weltherrschaft des »Sohnes des Verderbens« ihre Ausreife haben werden, der absoluten Gehorsam fordern wird, als wäre er Gott selbst.

Wenn wir unsere Königsideale weiter bedenken wollen, so müssen wir beachten, daß es nach der Bibel sowohl »Könige der Höhe in der Höhe« als auch solche »auf Erden« gibt (Jes. 24, 21–23), weshalb auch unsichtbare Fürstentümer **»Throne«** genannt werden; von beiderlei Königen fordert Gott **Gerechtigkeit und Wahrheit als Stütze ihres Thrones.** Man möge sorgfältig Ps. 82 lesen, um zu sehen, wie Gott »inmitten der Götter«, also der »Fürsten dieses Aeons« richtet, ihnen Ungerechtigkeit, Gesetzlosigkeit und Unwissenheit vorwirft, sowie ein »Wandeln in der Finsternis«, und ihnen als Gericht verkündet: »Wie ADAM werdet ihr sterben, wie einer der Fürsten werdet ihr fallen!« Die über die Weltvölker herrschenden »Götter« und Fürstentümer der Finsternis sind in dieses Urteil ebenso einbezogen wie ihre irdischen Marionetten.

+

»Seid nicht in einem ungleichen Joche mit den Ungläubigen. Denn welche Genossenschaft hat **Gerechtigkeit** und **Gesetzlosigkeit?** Oder welchen Anteil hat das Licht an der Finsternis? Und welche Übereinstimmung besteht zwischen dem Christus und Beliar (dem Satan)? Oder welches Teil hat ein Glaubender mit einem Ungläubigen? Und welchen Zusammenhang hat der Tempel Gottes mit Götzenbildern« (2. Kor. 6, 14–16)? Dieser **Königsspiegel** für die »Könige und Priester« der Gemeinde Christi ist der Widerschein des Sprüchewortes vom idealen König! Es weist aber noch darüber hinaus und spiegelt prophetisch das Wesen des Königs aller Könige, des Herrn aller Herren! Was Er von den theokratischen Königen Israels forderte, ist Sein eigener Wesensspiegel! »Gott regiert als König über die Nationen; Gott hat sich auf den Thron Seiner Heiligkeit gesetzt« heißt es in Ps. 47, 8. Die Frage aus Ps. 94, 20: »Sollte mit Dir vereint sein der Thron des Verderbens, der aus Frevel eine Satzung macht?« beantwortet sich von selbst. Auch die Forderung **der gerechten und aufrichtigen Rede, wie des gerechten Richterspruchs** (V. 13) setzt voraus, daß Jesus Christus, der wahre Gotteskönig, dieses Gebot selbst aufs Wunderbarste erfüllt – sowohl in Seinem gesprochenen wie Seinem geschriebenen Wort –, während alle Menschen »Lügner« sind und dem harten Gericht von Jak. 3 über ihre Zunge verfallen. Als Jesus vor Pilatus stand, ging es um die Königsfrage, weshalb in Joh. 18 + 19 auch zwölfmal von Ihm als von dem »König«, darunter sechsmal als vom »König der Juden« gesprochen wird. Dann aber erfolgt »das schöne Bekenntnis« Jesu: »Du sagst es, **daß ich ein König bin!** Ich bin dazu geboren und dazu in die Welt gekommen, daß ich von der Wahrheit Zeugnis gebe. Jeder, der aus der Wahrheit ist, hört meine Stimme« (Joh. 18, 37)! So ist Er letztlich der einzige, der den königlichen Wesensspiegel aus Spr. 16 erfüllt, wie es auch Hebr. 1, 8–9 von Ihm bezeugt: »Dein Thron, o Gott, besteht in die Zeitalter der Zeitalter, und ein **Zepter der Aufrichtigkeit** ist das Zepter Deines Königtums; Du hast **Gerechtigkeit geliebt und Gesetzlosigkeit gehaßt;** darum hat Gott, Dein Gott, dich gesalbt mit Öl der Freude über Deine Genossen hinaus!« Über allen »Thronmächten« erhebt sich der Thron des Sohnes Gottes (vgl. Jes. 14, 9/Amos 6, 3/Offb. 13, 2/Offb. 2, 13). Freilich steht das Offenbarwerden der königlichen Gerechtigkeit Gottes und Christi noch aus; sie ist in der gegenwärtigen Welt mit all ihren dämonischen Verzerrungen des Königtums nicht nachweisbar. Zwar *glauben* wir in voller Gewißheit, daß dem Christus »das All untergeordnet ist«, jedoch *schauen* wir dies noch nicht. Wir sehen aber im Geiste Jesus, den Gekreuzigten, »mit Ehre und Herrlichkeit **zum König gekrönt«,** auch wenn Er Seine Herrschaft noch nicht angetreten hat. So sind Glaubende keine Illusionisten, sondern Realisten. **Der Orakelspruch** (BA: die Wahrdeutung) **auf den Lippen des Königs** – das prophetische Wort der Weissagung – steht ihnen zur Verfügung, samt der **aufrichtigen Rede Seines Mundes.** Beides nährt ihre Hoffnung.

Gegenüber allen gottfeindlichen und christusfeindlichen Gewalten in der sichtbaren und unsichtbaren Welt, die sich in dieser letzten Zeit noch einmal zu einer Einheit satanischen Hasses zusammenrotten werden, gilt: »Der Herr lacht ihrer, der im Himmel sitzt, spottet ihrer« (Ps. 2)! Wie bald mag es geschehen, daß **der König Jesus** »auf dem Thron Seiner Herrlichkeit sitzen wird«, um die Völker zu richten und Israel zur Wiedergeburt zu führen (Mtth. 25, 31–46/19, 28)! Dann erfolgt Sein **gerechtes Gericht,** die Erweisung Seines **Zornes** durch die **Todesboten** (die »Beauftragten« oder »Engel« des Todes). Wie wunderbar aber heißt es in V. 14: **Ein weiser Mann versöhnt ihn.** Das Wort **versöhnen, beschirmen** oder **bedecken** bedeutet nach Baader: »durch Beschwichtigung einen Schutz schaffen; ein Abschirmen der aufgrund der Schuld entstandenen Rechtsansprüche und Gerichtsfolgen«. Auch in dem **weisen Mann** sehen wir Christus, der uns mit Gott **versöhnte;** nun ist der Dienst und das Wort der Versöhnung in uns als Geschenk der Offenbarung niedergelegt (2. Kor. 5, 18–19).

Als solche, welche die Versöhnung erfahren haben, die der Sohn als Könige und Priester für Seinen Gott und Vater erkauft hat, und die schon jetzt im Geiste auf Seinem Throne niedergesetzt sind, dürfen wir bekennen und singen:

> »Dem König, welcher Blut und Leben dem Leben Seiner Völker weiht,
> dem König werde Preis gegeben! Erzählt Sein Lob der Ewigkeit!
> Singt alle Wunder, die Er tut; doch über alles rühmt Sein Blut!«

+ + +

Im Lichte des Angesichtes des Königs ist Leben, und sein Wohlgefallen ist wie eine Wolke des Spätregens.

Während V. 14 von der dunklen Seite im Wesen des Königs berichtet, seinem Zorn, der sich in der Entsendung von Todesboten äußert, erglänzt im vorliegenden Sprüchewort **das leuchtende Königsantlitz.** Auch Spr. 19, 12 faßt beide Seiten zusammen – sein Gericht und seine Gnade: »Des Königs Zorn ist wie das Knurren eines jungen Löwen, aber sein Wohlgefallen ist wie Tau auf das (dürre) Gras!«

Die heitere Stimmung des Königs, die **im Leuchten seines Angesichtes** deutlich wird, läßt auf kommende Huldbeweise hoffen, die das **Leben** ermöglichen und erfreuen, so wie das Licht der Sonne Wachstum, Leben, Wärme und Bewegung schafft. »Mein **Leben** erfreut sich **des Lichts**« sagte schon Hiob (K. 33, 28), und aufs schönste wird dies in Joh. 1, 4–5 + 9 auf Christus als den König gedeutet: »In Ihm war das Leben, und **das Leben war das Licht** der Menschen. Und das Licht scheint in der Finsternis, aber die Finsternis hat es nicht erfaßt. Dieses war **das wesenhafte Licht,** welches, in die Welt kommend, jeden Menschen erleuchtet!«

Welcher Durchbruch des Lichtes war es, als über dem Leben des Krüppels MEPHI-BOSETH aus dem Hause Sauls die Sonne der Güte Gottes aufleuchtete, die David an ihm erwies, als er ihm seinen Besitz zurückgab, ihn in seinen Palast holte und an seinem Tische wohnen ließ. Doch Mephiboseth bekannte, er sei der ihm erwiesenen Güte nicht würdig, er sei »wie ein toter Hund«; dies dürfte auch unser Bekenntnis sein, wenn wir **das Leuchten des Angesichtes unseres Königs** Jesus und Sein **Wohlgefallen** erfahren haben (2. Sam. 9, 5–8)! »Licht ist gesät dem Gerechten« (Ps. 97, 11), aber durch Gottes unfaßbare Gnade auch dem Sünder; es ist **das Licht des Angesichtes JAHWEHs,** von dem letztlich unser Sprüchewort redet (vgl. Ps. 4, 6/44, 3/89, 15/90, 8). So erfüllt sich der zweite Teil des aaronitischen Segens: »JAHWEH lasse Sein Angesicht leuchten über dir und sei dir gnädig!« Sind wir doch erfaßt von dem Lichtglanz der Herrlichkeit des Christusevangeliums! »Derselbe Gott, der aus der Finsternis Licht erstrahlen ließ, Er ist es auch, der in unsere Herzen geleuchtet hat, damit in ihnen entstünde **der Lichtglanz** der Erkenntnis der Herrlichkeit Gottes **auf dem Angesicht Christi**« (2. Kor. 4, 6)! Als Glaubende sind wir heute schon berufen aus der Finsternis in Sein wundesbares Licht (1. Petr. 2, 9). Dies wird einmal dem ganzen Volk Israel widerfahren, das jetzt noch in der Finsternis und im Lande des Todesschattens wohnt (Jes. 8, 22–9, 2)! Als auf dem Berge der Verklärung die Gotteswolke der Herrlichkeit erschien und Jesus in den Lichtglanz Seiner kommenden Königswürde verwandelt wurde, erglänzte **»Sein Angesicht wie die Sonne«.** Auch Offb. 1, 16 schildert die herrliche Glorie des kommenden Christus, der als der König Israel **Licht und Leben von Seinem Angesicht** zuströmen läßt. –

Des Königs Wohlgefallen ist wie eine Wolke des Spätregens (BA: wie ein Wolkendickicht des Spätregens). Israel hat ja zwei Regenzeiten, die durch einen heißen, trockenen Sommer voneinander getrennt sind: einmal den FRÜHREGEN (moräh), der im Oktober, nach dem israelischen Jahresanfang »rosh ha schana« beginnt und die Pflug- und Saatzeit ermöglicht; zum anderen den allesbelebenden SPÄTREGEN (malkosh), der im März/April das Frühjahr einleitet; er ermöglicht die Fruchtbarkeit des kommenden Jahres, sein Ausfall aber bringt eine Hungersnot. Wenn **die Wolken des Spätregens** den Regen auf das dürre Land entsenden, dann sprießt alles neubelebt empor, und es ereignet sich eine Explosion von Farben und Blüten. Es ist auch ein Zeichen Gottes, daß dieser Spätregen dem Lande Palästina lange versagt blieb und erst mit der Rückkehr der Juden ins Land der Väter wieder einsetzte! Früh- und Spätregen aber sind ein Bild des Heiligen Geistes – einmal in seiner ersten Entsendung zu Pfingsten (Hes. 34, 26), dann aber als endzeitlicher Spätregen des Geistes über Israel (Joel 2/Sach. 12, 10/Hes. 37); er bewirkt »Leben aus den Toten«, und es wird sich prophetisch Jak. 5, 7 erfüllen: »Habt nun Geduld, Brüder, bis zur Ankunft des Herrn! Siehe, der Bauer wartet auf die köstliche Frucht des LANDES und hat Geduld ihretwegen, bis es den **Früh- und Spätregen** empfange!«

Was wird es sein, wenn **der König** nach schweren Gerichten **in Seinem Licht** und mit der Flut **des Spätregens** Israel begegnen wird – angekündigt von der **Wolke** der Herrlichkeit, dem »Zeichen des Menschensohns«! Dann wird sich die prophetische Hoffnung aus Hosea 6, 1–3 erfüllen: »Er wird uns nach zwei Tagen wiederbeleben, am dritten Tage uns aufrichten; und also werden wir **vor Seinem Angesicht leben.** So laßt uns JAHWEH erkennen, ja, laßt uns jagen nach Seiner Erkenntnis! Sein Hervortreten« – aus der unsichtbaren Gotteswelt in die Sichtbarkeit – »ist so sicher wie die Morgendämmerung, und Er wird für uns kommen wie der Regen, **wie der Spätregen,** der das Land benetzt!« So erfüllt sich für uns persönlich, aber auch prophetisch für Israel und schließlich für alle Welt, was im Vorbilde der Worte Hiobs dargestellt wird: »Und sie harrten auf mich wie auf den Regen und sperrten ihren Mund auf **wie nach dem Spätregen.** Ich lächelte ihnen zu, wenn sie kein Vertrauen hatten, und **das Licht meines Angesichtes** konnten sie nicht trüben. Ich wählte für sie den Weg aus und saß als HAUPT und thronte **wie ein König ...** gleichwie einer, der Trauernde tröstet« (K. 29, 23–25)!

+ ⁺ +

179 WEISHEIT – BESSER ALS FEINES GOLD   (16, 16)

Weisheit erwerben, wieviel besser ist dies als feines Gold, und Verstand erwerben, vorzüglicher als Silber!

Gold und Silber kann man ererben – dies gilt aber nicht von den Heilsgütern des Glaubens, wie schon manche gläubige Eltern an ihren Kindern schmerzlich erleben mußten! **Weisheit und Verständnis** hingegen muß man **erwerben,** so wie es auch Spr. 4, 7 bezeugt: »Der Weisheit Anfang ist: Erwirb Weisheit; und um alles, was du erworben hast, erwirb Verstand!« Wie nun **das Gold** dem **Silber** im Wert noch überlegen ist, so die **Weisheit** dem **Verstand.** Weisheit ist nicht nur ein Erkennen irdischer, sondern ewiger Wirklichkeiten, sowie die Fähigkeit, schnell, sicher und zielklar zu handeln; im Reden erweist sie sich als »heilige Geistesgegenwart«, und sie bildet, vereint mit der Einsicht, das Vermögen, den Willen Gottes zu erkennen. **Das Verstehen** ist mehr das Werkzeug der Weisheit und stellt sich dar als Einsicht, Verständnis und Unterscheidungsvermögen. Die Nationen, deren »Verstand verfinstert ist«, ermangeln auch der Weisheit (Eph. 4, 18). Nun müssen wir uns allerdings fragen, ob man **Weisheit** überhaupt **erwerben** kann; ist sie nicht, wie auch der erleuchtete Verstand, ein reines Gnaden- und Gottesgeschenk? Keinesfalls kann man sie erwerben wie »Simon, der Zauberer«, der von den Aposteln für Geld die Fähigkeit erkaufen wollte, den Heiligen Geist durch Handauflegung zu vermitteln; er war zwar »gläubig« und getauft, lebte aber in der Mischung wie Bileam (Apg. 8, 9–24). Ist nicht der Christus »uns geworden … zur Weisheit«, was allen unseren Eigenruhm zunichte macht (1. Kor. 1, 30)? Ist es nicht »der Geist der Weisheit und der Enthüllung«, der uns »an den Augen des Herzens erleuchtet« und uns aus Gnaden zur Wesenserkenntnis Gottes und zur völliger Gewißheit führt (Eph. 1, 17–18)? Entfaltet sich doch die siebenfache Fülle des Gottesgeistes nach Jes. 11, 1–2 auch als »Geist der Weisheit und des Verstehens« und führt uns hinein in das Ganze der göttlichen Wahrheit und Wirklichkeit (Joh. 16, 13)!

Und doch gilt es, das Gottgeschenkte **zu erwerben!** »Ergreife das ewige Leben, zu dem du berufen worden bist«, schrieb Paulus seinem Mitarbeiter Timotheus (1. Tim. 6, 12). Der Apostel Jakobus fordert uns auf, wenn uns Weisheit mangelt, Gott darum zu bitten, weil Er bereitwillig gibt und keine Vorwürfe erhebt (Jak. 1, 5). Letztlich ist auch dieses »Bitten« **ein Erwerben,** weil wir im Grunde alle »Bettler aufgrund des Geistes« sind (Mtth. 5, 3). Beides ist eng miteinander verbunden: das göttliche Darreichen und das menschliche Empfangen und Annehmen. »Bedenke, was ich sage, denn der Herr wird dir Verständnis geben in allem!« ermahnte Paulus Timotheus (2. Tim. 2, 7). So gilt es wirklich, »Fleiß anzuwenden«, um Glaubensgüter **zu erwerben** und auszugestalten, denn sie werden ohne unser Mitwirken nicht einfach aufgezwungen (vgl. 2. Petr. 1, 5–8)! Vieles läuft dabei über die Vorentscheidung unseres Herzens.

Schon mancher verlor das mühsam **erworbene** Hab und Gut in Konkurs oder Inflation, die zum Zusammenbruch der Firma und der familiären Existenzgrundlage führten, wie uns auch das warnende Wort über den reichen Kornbauern zeigt: »… also ist, wer für sich Schätze sammelt und ist nicht reich in Gott« (Luk. 12, 21)! Der Herr aber ermahnt uns, »Schätze im Himmel zu sammeln …, denn wo dein Schatz ist, da wird auch dein Herz sein« (Mtth. 6, 19–20)! Dem schließt sich der Apostel Paulus in 1. Tim. 6, 17–19 an, wo er »die Reichen des jetzigen Zeitlaufs« auffordert, »das wirkliche Leben« zu ergreifen.

Wie geistlich entschied sich darin der junge Salomo, als er im Höhenheiligtum zu Gibeon Gott nicht um hohes Alter, um Reichtum und Sieg über seine Feinde bat, sondern »um ein verständiges Herz, um Dein Volk zu richten, um unterscheiden zu können zwischen Gutem und Bösem«, ferner »um **Einsicht,** um das Recht zu verstehen«. So gab der Herr ihm »ein weises und einsichtsvolles Herz«, das in der Weltgeschichte seinesgleichen sucht, so daß »Weisheit Gottes in ihm war, Recht zu üben« (1. Kön. 3, 9; 11–12; 28/4, 29–34).

Erwirb Weisheit und Verständnis … mehr als Gold und Silber! Freilich birgt auch die göttliche Weisheit GOLD und SILBER in sich: **Das Gold** des im Feuer des Leidens geläuterten Glaubens und **das Silber** der Erlösung, das uns im Worte Gottes dargeboten wird (Ps. 19, 10/12, 6/119, 72 + 127). »Die Worte JAHWEHs sind reine Worte, Silber, geläutert im Schmelztiegel, zur Erde fließend, siebenmal gereinigt!«

Wenn wir die Prioritäten unseres Lebens auf solchen **Erwerb** ausrichten, dann »zählen wir unsere Tage so, daß wir ein Herz voller Weisheit heimbringen« (Ps. 90, 12).

+ + +

Der Hochweg der Aufrichtigen ist es, vom Bösen zu weichen; und seine Seele behütet, wer seinen Weg bewahrt.

Gebahnte Wege stehen bereit! Es sind **Hochwege,** die gerade, aufgeschüttet, wohlgebahnt und unbehindert zum Ziele führen. Allein der Prophet Jesajas spricht neunmal von solchen Hochwegen (messiloth). In Jes. 40, 3–4 beschreibt er ein umwälzendes »Straßenbauprojekt« Gottes, das den **Hochweg** für die Offenbarung des kommenden Messias bereiten soll; da werden alle hochstehenden Hindernisse – die Berge und Hügel des Hochmuts – weggeräumt, aber auch alle Täler und Schluchten der Schwermut und der Angst aufgefüllt. Beachtenswert ist auch die endzeitliche Autobahn, die nach Jes. 19, 23 die künftigen »Gottesvölker« Syrien, Israel und Ägypten im Reiche des Messias verbinden wird.

Hier jedoch geht es um unsere **Seele. Das Abweichen vom Bösen** führt unmittelbar auf diesen göttlichen **Hochweg,** auf den »schmalen Weg«, den allerdings nach dem Worte Jesu nur wenige finden. Das **Abweichen** wird in Spr. 22, 5 so beschrieben: »Dornen, Schlingen sind auf dem Wege des Verkehrten; wer seine Seele bewahrt, hält sich von ihnen fern!«

Es geht in unserem Leben oftmals um solche **Weichenstellungen,** die darüber entscheiden, ob wir auf geradem Wege zum göttlichen Ziele finden, oder über schmerzlichste Umwege und Irrwege, die zu Abwegen werden können. Wenn ein Zug über eine Weiche rollt, so merkt der Reisende zunächst kaum eine Kursänderung; aber allmählich wird es ihm klar, daß sich die Richtung geändert hat. Dies gilt auch für den Fall, daß wir nicht **vom Bösen abweichen,** sondern vom Guten: die Kursänderung ist für den »Weichensteller« und seine Umgebung zunächst kaum bemerkbar! In Ps. 40, 4 ruft David aus: »Glückselig ist der Mann, der JAHWEH zu seiner Zuversicht macht und sich nicht hinwendet zu den Stolzen (Ungestümen, Übermütigen) und zu denen, **die zur Lüge hin abweichen!«** Auch Ps. 1 spricht von dem »glückseligen Mann«, der nicht **wandelt** im Ratkreis der Gottlosen, nicht **stehenbleibt** auf dem Wege der Sünder und nicht **sitzt** auf dem Sitze der Spötter: Wandeln – Stehenbleiben – Sitzen kennzeichnet einen allmählichen Verfallsprozeß; doch die Freude am Worte Gottes und die daraus erwachsende Fruchtbarkeit schenkt eine positive Erfüllung **der Seele** und verhindert ihr Abgleiten zum Bösen hin! In 1. Tim. 6, 11–12 wird dem bloßen »Fliehen« vor dem Bösen das positive »Streben, Kämpfen, Ergreifen und Bewahren« zur Seite gestellt, weil unsere Seele einfach kein Vakuum sein kann. So ist **das Bewahren des Weges ein Behüten der Seele;** wir werden zu einem **Wächter der Seele,** wie es wörtlich heißt. Da gilt es freilich zu fragen, ob es nicht eigentlich Gott selbst ist, der als »Wächter Israels« uns »vor allem Bösen bewahrt« und »das Straucheln des Fußes nicht zuläßt« (Ps. 121). V. 17b kann ja lauten: **Der Wächter der Seele bewahrt seinen** (des Aufrichtigen) **Weg!** Aber das ist kein Widerspruch: Gerade weil Gott sowohl das Wollen als auch das Vollbringen bewirkt, sind wir aufgerufen, unsere Errettung mit Furcht auszuwirken und zu vollenden (Phil. 2, 12–13).

Bewahrung der Seele ist eine wichtige Verpflichtung. Denken wir noch einmal an Spr. 4, 23 zurück: »Behüte dein Herz, mehr als alles; denn von ihm aus sind die Ausgänge des Lebens«, wobei das, »was aus dem Herzen hervorgeht«, nach dem Urteil Jesu böse ist; wenn aber die Seele gereinigt und geheiligt ist, dann kann man auch »Gutes hervorbringen aus dem guten Schatze seines Herzens« (Mtth. 15, 19/12, 35)!

Nach 1. Petr. 1, 8–9 ist ein »Ziel des Glaubens: die Rettung (oder: Heilung) der Seele«, wozu Liebe zu Jesus, Freude am Heil und die Hoffnung auf Seine Wiederkunft am besten dienen.

Es gibt wirklich eine Therapie, die, vom erleuchteten Geiste ausgehend, auch die gestörte, vielbewegte und erregte **Seele** ergreifen will. Das mit Sanftmut empfangene und in die Seele eingepflanzte Gotteswort kann auch »die Seele retten« oder »heilen«, weil es ja »der Same der Wiedergeburt« ist (Jak. 1, 18–21). Wenn man aber **die Seele** nicht **bewahrt,** dann wird sie gestört und durch fleischliche Lüste, die gegen sie streiten, mehr und mehr verfinstert. Denn »wer das Gebot bewahrt, bewahrt seine Seele, aber der Verächter Seiner Wege stirbt«, womit wohl in Spr. 19, 16 die Wege Gottes gemeint sind. Gehorsam gegenüber der Wahrheit kann jedoch »die Seele reinigen« (1. Petr. 1, 22).

Wohl uns, daß wir heimgekehrt sind zu Jesus, »dem Hirten und Aufseher der Seelen« (1. Petr. 2, 25)!

+ + +

181 HOCHMUT KOMMT VOR DEM FALL! (16, 18–19)

Hoffart (Erhabenheit) **geht dem Zusammenbruch, und Hochmut** (Überhebung des Geistes) **dem Falle voraus. – Besser niedrigen Geistes sein mit den Demütigen, als Raub teilen mit den Hoffärtigen!**

Diese Aussagen sind auch psychologisch bedeutsam. Ein unkritisches Verhalten sich selbst, seiner Persönlichkeitsstruktur und seinen Fehlern und Schwachheiten gegenüber führt schnell zu einer psychischen »Erblindung«; ein **Fallen** in Sünde kann durch die begleitende plötzliche Selbsterkenntnis einen seelischen **Zusammenbruch** auslösen. Doch sollte jeder Seelsorger bedenken, daß selbst ein solcher **Zerbruch** durch Gottes Gnade zu einer Heilung vom Hochmut führen kann. Darauf weist uns der tiefe Fall des Simon Petrus hin, der in Selbstüberschätzung und aus Schwachheit seinen Herrn verleugnete. Wozu diente aber sein Fall? »Der Herr aber sprach: Simon! Simon! Siehe der Satan hat dich erbeten, dich zu sieben wie das Getreide. Ich aber habe für dich gebetet, daß dein Glaube nicht aufhöre; und du, bist du einst zurückgekehrt, **so stärke deine Brüder**« (Luk. 22, 31–32)! Doch liegt auch das warnende Beispiel des Königs Asarja (Ussiah) vor, der »stark wurde«, dessen Herz »sich überhob«, so daß er »verderbt und treulos gegen JAHWEH« handelte, indem er das Heiligtum betrat, um dort zu räuchern; er wurde aus dem Heiligtum verwiesen, vom Hause JAHWEHs gänzlich ausgeschlossen und vom Herrn mit Aussatz geschlagen (2. Chron. 26, 15–21; auch ein Musterbild der Selbsterhöhung Luzifers).

Wenden wir uns nun V. 19 zu, den Delitzsch so überträgt: **Besser demütig weilen unter Duldern** (BA: Gedemütigten), **als Beute zu teilen unter Stolzen!** Paulus schließt sich dem an, wenn er uns in Röm. 12, 16 empfiehlt: »Haltet euch herunter zu den Niedrigen …!« Das »Tor« der Bergrede Jesu ist zugleich der Zugang zum Reiche Gottes: »Glückselig sind die Bettler aufgrund des Geistes, das Königtum der Himmel ist ihr Teil« (Mtth. 5, 3 nach dem Grundtext). Nicht die Weltweisen, sondern die »Unmündigen« erfahren nach dem Wohlgefallen Gottes Seine Offenbarung. Diese sind zugleich die »Mühseligen und Belasteten«, denen der Herr Frieden geben will (Mtth. 11, 25–29). Wenn wir aber »Ehre voneinander nehmen«, so können wir nicht glauben (Joh. 5, 44). Wie schön wird dies vorgebildet im Erleben des Königs David, der vor Saul in die Bergfeste der Höhle ADULLAM geflohen war! Wer aber waren jene 400 Männer, die sich dort um ihn scharten und teilnahmen an seinem Leidensweg? Es war »jeder Bedrängte, jeder, der einen Gläubiger hatte, jeder, der erbitterten Gemütes war« (1. Sam. 22, 1–3). In einem solchen Lager wächst **der Hochmut** nicht (vgl. 1. Kor. 1, 27–30)! Diese Männer dienten David, wie wir uns bemühen, Jesus zu dienen. Die Spannung eines Lebens in der Verborgenheit ist auch die unsere, deren »Leben verborgen ist mit dem Christus in Gott« (Kol. 3, 1–3).

Demut aber ist Diene-Mut. »Fürwahr der Spötter spottet Gott, aber den Demütigen gibt er Gnade!« Dieses Wort aus Spr. 3, 34 bewegte Petrus zu dem Rat: »Alle aber seid gegeneinander mit Demut fest umhüllt« (1. Petr. 5, 5).

Nun sollten wir aber in unserem Urteil über **Demütige** und **Hochmütige** vorsichtig sein; gibt es doch auch die fromme Scheindemut des religiösen Schauspielers, nach dem Motto: »Ich bin so stolz, daß ich so demütig bin!«; andererseits kann ein im Wesen geprägter und selbstbewußter Christ durchaus von Herzen demütig sein. »Der Mensch sieht, was vor Augen ist, der Herr aber schaut in das Herz« sagt 1. Sam. 16, 7. Wenn es uns wirklich von Herzen kommt und nicht zu einer frommen Phrase wird, so wollen wir den Rat des Jakobus beherzigen: »Der niedrige Bruder rühme sich seiner Hoheit«, die er in Christo hat, »der reiche aber seiner Niedrigkeit« (Jak. 1, 9–10)!

+ + +

182 ACHTE AUF DAS WORT! (16, 20)

Wer auf das Wort achtet, wird Gutes erlangen; und wer auf JAHWEH vertraut, ist glückselig!

Mit dem **Wort,** auf das man **achten** soll, ist natürlich das göttliche Wort gemeint. Wie so oft in den SPRÜCHEN haben wir auch hier eine Entsprechung zwischen dem Vor- und Nachsatz; demnach ist **das Achten auf das Wort** aufs engste verbunden mit dem **Vertrauen auf JAHWEH,** wir könnten auch sagen, die Liebe zum Herrn mit der Liebe zum Worte Gottes; das verheißene **Gute** aber, das dieser geistlichen Haltung folgt, ist gleichzusetzen mit der **Glückseligkeit** dessen, der auf Gott vertraut. Das **»Gute«,** welches nach Röm. 8, 28 denen verheißen ist, die Gott lieben, und zu dem der Vater »alles mitwirken läßt«, bedeutet eben nicht, daß es den erwählten Heiligen allezeit »gut ergeht«; nach V. 29 ist es vielmehr die Gleichgestaltung in das Bild des Erstgeborenen, auch durch Not und Leiden hindurch!

Dem, der **Gottes Wort im Glauben achtet,** ja, hochachtet, steht der gegenüber, der es im Mißtrauen gegen Gottes Verheißungen mißachtet oder gar verachtet. So sagt Spr. 13, 13: »Wer das Wort verachtet, wird von ihm gepfändet (umstrickt); wer aber das Gebot fürchtet, dem wird erstattet werden!«

Hebr. 6, 11–20 zeigt uns den Weg zur Vollgewißheit des Glaubens und damit zu der **Glückseligkeit des Vertrauenden,** die auch zu einer Verankerung der schwankenden, angefochtenen Seele im Allerheiligsten Gottes führt (V. 11/19). Was sind die Grundlagen eines solchen Weges? Einmal sind es die ungezählten Gottesverheißungen in Seinem Wort; sodann ist es die Wesensbindung und Selbstverpflichtung des Gottes, der »nicht lügen kann«; zusätzlich aber hat Gott Seine Verheißungen »bei sich selbst beschworen«, weil Er weiß, daß wir Menschen »Lügner« und damit voller Mißtrauen sind. Ist das nicht ausreichend Grund dafür, daß wir das Mißtrauen aufgeben und in **das Vertrauen dem Herrn gegenüber** eingehen? Denn Gottes Eidschwüre sind »ein Ende allen Widerspruchs«. **Wer aber IHM vertraut, ist glückselig;** seine Seele wird reichlich gesättigt (Spr. 28, 25), und er wird »in Sicherheit gesetzt« (Spr. 29, 25). Ja, »gesegnet ist der Mann, der auf JAHWEH vertraut, und dessen Vertrauen auf JAHWEH gerichtet ist« (Jer. 17, 7). Nach dem Hebräischen heißt »vertrauen« eigentlich »sich sichern an Ihm«.

Auf der Grundlage eines solchen Vertrauens, das aus Gottes Wesen und Wahrheit erwächst, kann man **Klugheit gewinnen** (nach BA), indem man **auf Sein Wort achtet.** Das ist freilich mehr als ein oberflächliches, stichwortartiges Lesen der Bibel! Psalm 1 stellt uns einen »glückseligen Mann« vor, der vom Bösen weicht und »über Gottes Gesetz (Weisung oder Zielgebung) Tag und Nacht nachsinnt« (V. 2). Für »nachsinnen« ist ein Wort gebraucht, das sonst vom Knurren des Löwen über der frisch geschlagenen Beute spricht (Jes. 5, 29). Nur wer wirklich Gottes Wort liebt, weil Er Jesus liebt, wird einen solchen »Beutehunger« gegenüber dem Worte Gottes haben, mit aller Freude, die damit verbunden ist und aller Liebe zum Detail, die »Wunder schaut in Seinem Gesetz«, die dem Oberflächlichen aber verborgen bleiben (Ps. 119, 18 + 162). Dem in Nehemia 8, 13 angesprochenen **Aufmerken auf Gottes Wort** geht voraus, daß »die Ohren auf das verkündigte Wort gerichtet« sind (V. 3), daß ein Gottesgelehrter die heiligen Schriften für »die Augen des Herzens öffnet« (V. 5), und daß Lehrer und Hirten des Volkes Gottes »den Sinn« des Wortes Gottes »angeben, so daß man es verstehen kann« (V. 8). In Ps. 119, 95 (dem Abschnitt des Buchstabens »lamed«, welcher die »Lehrautorität« darstellt), bekennt der Gottesmann: »Ich achte auf Deine Zeugnisse!« Damit sollte auch verbunden sein, daß wir auf das prophetische Wort **achten,** das ja eine an dunklem Orte leuchtende Lampe ist, die uns zur Orientierung gegeben worden ist, bis mit der Christuswiederkunft »der Morgenstern aufstrahlt«; dies ist allerdings nur dann möglich, wenn man von Herzen bekennt und weiß, daß alle Weissagung vom Heiligen Geiste gegeben ist (2. Petr. 1, 19–21).

Nach Psalm 1 ist der auf JAHWEH vertrauende und auf das Wort achtende **glückselige Mann** dann auch zum Fruchtbringen befähigt, wie ein nie welkender Baum, gepflanzt an den Wasserbächen des Heiligen Geistes!

+ + +

183 MEHRUNG DER LEHRE   (16, 21–23)

Wer weisen Herzens ist, wird verständig genannt; und Süßigkeit der Lippen mehrt (fördert) **die Lehre. – Einsicht ist für ihre Besitzer ein Born des Lebens, aber**

die Erziehung der Narren ist Narrheit. – Das Herz des Weisen gibt seinem Munde Einsicht und mehrt auf seinen Lippen die Lehre.

Wieder werden **Weisheit** und **Einsicht** als **Born des Lebens** dargestellt – ein unerschöpflich fließender und unergründlicher Brunnen, da ja in Christus, als der Weisheit Gottes, »verborgen sind alle Schätze der Weisheit und der Erkenntnis« (Kol. 2, 2–3). Wie eng **Weisheit** (chokmah) und **Leben** (ha chajim) miteinander verbunden sind, kann schon am gemeinsamen Wortsummenwert 73 erkannt werden, der auch der menschlichen Erbanlage (goläm/Keim) eignet, die ja das Leben begründet. So war auch das Leben des Gottespropheten Henoch **von Weisheit und Einsicht** gekennzeichnet, worauf seine 365 (5 × 73) Lebensjahre hinweisen.

Gleich einer **Lebensquelle** strömt die Weisheit aus dem **Herzen** als der Lebensmitte; von dort aus aber wird auch **der Mund einsichtig, die Lippen,** die das Wort formen, erlangen **Süßigkeit;** dadurch wird **die Lehre gemehrt, gefördert.** Es ist der Gott wohlgefällige Weg der Lehrvermittlung vom lehrenden Rabbi zum lernenden Schüler und von diesem aus, in der Weise der Multiplikation, auf viele, die treu und befähigt sind, wiederum andere zu lehren (2. Tim. 2, 2). Wenn aber wirklich die Weisheit aus dem Herzen zum Munde strömt und von dort aus als **Süßigkeit** dem Lernenden dargeboten wird, dann kann dies niemals nur die Vermittlung kalter, dogmatischer Richtigkeiten sein. Für HIRTEN und LEHRER der Gemeinde gilt, was einmal Pastor W. Busch gesagt hat: »Wer ein Menschenfischer sein will, der muß sein Herz an die Angel hängen!« Eph. 4 spricht von »Hirten **und** Lehrern«; solche enge Verbindung will wohl besagen, daß auch der Lehrende der Gemeinde immer auch Ermahnung, Ermunterung und Gottestrost vermitteln sollte. Jesus ist darin ein unerreichbares Vorbild: »Und es geschah, als Jesus diese Worte vollendet hatte, da erstaunten die Volksmengen sehr über Seine Lehre; denn Er lehrte sie wie einer, der Vollmacht hat und nicht wie die Schriftgelehrten« (Mtth. 7, 28–29). Das Volk aber sagte: »Niemals hat ein Mensch so geredet wie dieser Mensch« (Joh. 7, 46)! Nach Hohesld. 5, 16 rühmt die Braut aus Israel, neben vielen anderen Vorzügen, am Messias-Bräutigam: »Sein Gaumen **ist lauter Süßigkeit!«**

Dazu führt Franz Delitzsch aus: »Süßigkeit der Lippen ist für das Lernen ohne Bedeutung, aber um so größer für das Lehren, denn dem Herzen kommende Annehmlichkeit des Ausdrucks und Vortrags gibt der Belehrung Anziehungskraft und verschafft ihr Eingang!« So wird der innere Weisheitsschatz des Lehrenden durch seine Lippen fruchtbar für andere, und **die Lehre wird gemehrt,** sowohl, was ihre Ausbreitung anbetrifft, als auch ihre qualitative Ausgestaltung und Anreicherung.

Im Baumgleichnis von Richt. 9, 7–15 weigert sich das glaubende Israel, vor der gottbestimmten messianischen Zeit »König der Bäume« (d. h. der Völker) zu sein, wenn auch seine gottgeschenkten Qualitäten dereinst der Völkerwelt zukommen werden: die FETTIGKEIT des Ölbaumes (im »Öl« des Geistes), **die SÜSSIGKEIT** des Feigenbaumes (in der lieblichen Lehre) und der FREUDENMOST des Weinstocks (dargereicht als göttliche Freude). Der sich den Völkern als König anbietende »Dornstrauch« hingegen, dessen »Feuer« die »Bäume« verbrennen wird, stellt das Angebot des jüdischen Antichristen dar, der in seiner Weltherrschaft das Königtum des Messias vorwegnehmen will.

Süßigkeit der Lippen, genährt aus der **Weisheitsquelle des Herzens,** wird von den Lehrern der Gemeinde Christi gefordert. Jak. 3 fällt ein vernichtendes Urteil über unsere Zunge und unser Wort; doch sollte man nicht übersehen, daß es geschrieben wurde im Blick auf die schwerere Verantwortung der Lehrer (3, 1). Mögen wir vor dem Gerichtsurteil aus Jes. 5, 20 bewahrt bleiben: »Wehe denen, die das Böse gut heißen und das Gute böse; welche Finsternis zu Licht machen und Licht zu Finsternis; welche Bitteres zu Süßem machen und Süßes zu Bitterem!« »Die **Quelle** sprudelt doch nicht aus derselben Öffnung **das Süße** und zugleich das Bittere« (Jak. 3, 11)?

+ + +

184 »DEIN WORT MACHT LEIB UND SEEL' GESUND …!« (16, 24)

Huldvolle Worte sind eine Honigwabe – Süßes für die Seele und Gesundheit für das Gebein.

Huldvolle Worte (BUB: der Mildigkeit Sprüche; DEL: liebliche Worte; BA: Gesprochene des Beistands) sind Worte, die von Liebe eingegeben und getragen sind; unsere Verkündigung und Seelsorge muß zwar »mit Salz gewürzt sein«, damit dem Hörenden die Heiligkeit Gottes vor Augen gestellt wird; sie darf aber den **süßen Honig,** das heißt, die gewinnende Freundlichkeit, nicht vermissen lassen. So ist die »parakläsis« im Hirtendienst einerseits Ermahnung und Warnung, andererseits aber auch Trost, Zuspruch und Ermutigung. Zum Vergleich dient **die Honigwabe,** das Produkt des Bienenfleißes, so wie auch eine von Liebe getragene Verkündigung dem Fleiße in der Arbeit am Worte Gottes entspringt (vgl. Luk. 1, 3/ 2. Petr. 1, 5/1, 10/Hebr. 4, 11). Wenn Tur-Sinai Spr. 16, 21 übersetzt mit »… wer von (des Lehrers) Lippen saugt, mehrt sich Belehrung«, dann hat auch er die aus Blüten Nektar saugenden Bienen vor Augen. Diese fügen dem Nektar in ihrem Honigmagen wertvollste **gesundheitsfördernde** Stoffe bei, ehe sie ihn als **Honig** in die Honigwaben entleeren. Viele Tausende Bienen bilden ein Bienenvolk; sie besuchen Abertausende von Blüten, ehe der Imker ihrem Stock ein Kilogramm Honig entnehmen kann. Diesen hat man im Alterum nicht geschleudert, wie man es heute tut, sondern ihn mit der Bienenwabe gegessen, wie es auch der Auferstandene tat, um Seinen Jüngern die Wirklichkeit der Auferstehung zu dokumentieren (Luk. 24, 42). Wir wissen heute von vielen erstaunlichen »Sonderproduktionen« der Bienen, wie etwa dem Nahrungssaft für die Königin, dem Gelée Royal, oder dem Kittharz Propolis, mit dem das Bienenvolk sich vor Bakterien und Viren schützt. Von der **gesundheitsfördernden** Kraft (BUB: Heilkraft; DEL: Arznei) des **Honigs** des Wortes Gottes, gespeichert vom Fleiße der Lehrenden, spricht auch der vorliegende Vers. Darum »iß Honig, mein Sohn, denn er ist gut, und Honigseim ist deinem Gaumen süß. Ebenso betrachte die Weisheit für deine Seele …« (Spr. 24, 13). »Hast du Honig gefunden, so iß dein Genüge …« (Spr. 25, 16). Auch in Ps. 19, 9–10 wird das Wort Gottes mit dem Honig verglichen: »Die Rechte JAHWEHs sind Wahrheit, sie sind gerecht allesamt; sie, die köstlicher sind als Gold und viel gediegenes Gold, **süßer als Honig und Honigseim!«** Selbst wenn der Gottesprophet sinnbildlich eine Buchrolle des Gerichtes »essen« mußte, so war diese doch seinem Munde »süß«, weil Gottes Gerichte und Gerichtsziele in Seiner heimsuchenden Liebe begründet sind (Offb. 10, 9/Hes. 2, 8–3, 3). Wer einmal das scheinbar chaotische, aber in Wirklichkeit hoch organisierte »Summen« eines Bienenvolkes gehört hat, wird auch gut die wörtliche Fassung von Ps. 45, 1 verstehen: **»Es summt** mein Herz von gutem Worte. Ich sage: Meine Gedichte dem Könige! Meine Zunge sei der Griffel eines kunstfertigen Schreibers!« Ein geheiligter »Bienenfleiß« in der beständigen Arbeit am Wort der Wahrheit kann es bewirken, daß unser Wort vom Heiligen Geist getragen wird, der in Wahrheit »der kunstfertige Schreiber« ist, wir aber sind bestenfalls sein »Griffel«. Denn der **Honig** gnadenreicher Worte, als auch das »Öl des Geistes«, fließen aus dem »Kieselfelsen«, dem Christus, der Israel durch die Wüste führte (5. Mos. 32, 13).

Wie nun der **Honig** Gesundheit erhalten, fördern oder gar wiederherstellen kann, so ist Gottes Wort eine **Therapie für Seele und Leib.** Wieder wird uns der Zusammenhang von seelisch-leiblicher Gesundheit vor Augen gestellt, wie es auch psycho-somatische Erkrankungen gibt; was heute als »neueste Erkenntnis« der Medizin und Psychologie gilt, wußten die Weisen Israels schon lange. Darum singen wir:

> »Dein Wort bewegt des Herzens Grund,
> Dein Wort macht Leib und Seel' gesund,
> Dein Wort ist' s, das mein Herz erfreut,
> Dein Wort gibt Trost und Seligkeit!«

So dürfen wir außer der Heilung und Rettung **der Seele** auch eine **Heilkraft** des Wortes Gottes für **unseren Körper** erhoffen, wenn dies Gottes gnädiger Wille ist.

Möchten wir doch vor jener Übersättigung bewahrt bleiben, die Israel im Murren gegen den Herrn wegen des Mannah zum Ausdruck brachte: »Unserer Seele ekelt vor dieser elenden Speise!«, worauf es von feurigen Schlangen gepeinigt wurde (4. Mos. 21, 5); denn »eine satte (übersättigte) Seele zertritt selbst **den Honigseim,** aber einer hungrigen Seele ist alles Bittere süß« (Spr. 27, 7)!

+ + +

185 WEGE DES TODES   (16, 25/14, 12)

Da ist ein Weg, der einem Manne gerade erscheint, aber sein Ende sind Wege des Todes.

Die SPRÜCHE zeigen uns verschiedene **Wege des Menschen,** was allein schon eines Vergleiches und Studiums wert wäre; sie nennen uns:
den Weg des Bösen (2, 12/8, 13) – den Weg des fremden Weibes (7, 25) – Wege des Scheols (7, 27) – den Weg des Verstehens (9, 6) – den Weg der Faulen (15, 19) – den Weg des Verkehrten (22, 5) – den Weg der Ehebrecherin (30, 20) – den Weg des Frevlers (15, 9) – den Weg der Frommen (2, 8) – sowie der Gesetzlosen (4, 19/12, 26/15, 9) – den Weg des Lebens (5, 6/6, 23/15, 24), den Weg JAHWEHs (10, 29) – den Weg der Narren (12, 15) – den Weg der Treulosen (13, 15) und den Weg des schuldbeladenen Mannes (21, 8).

Wege sind Lebensgestaltungen, die den Vorentscheidungen des Herzens und den Zielvorstellungen des Verstandes entspringen; denn »wer das ZIEL nicht kennt, kann auch den WEG nicht wissen« (Morgenstern). Auch das neutestamentliche Wort »Wandel« – im Geist oder im Fleisch – meint solche Lebensvollzüge.

Nun kann man sich aber hinsichtlich der eigenen Stellung, der Bewertung der eigenen

Persönlichkeit und der Richtung des eingeschlagenen Lebensweges auch gründlich täuschen, ja, bewußt betrügen. Das von dem Apostel Johannes angesprochene »Tun der Lüge« meint die Praxis der Lebenslüge. So kann es geschehen, daß der eigene **Weg einem gerade erscheint,** es aber in Wirklichkeit nicht ist. Ein Hauptgrund für solchen Selbstbetrug ist die verdrängte, nicht bekannte und unvergebene Schuld sowie ein verhärtetes Gewissen. »Vielgewunden ist der Weg des schuldbeladenen Mannes; der Lautere aber, sein Tun ist gerade!« sagt Spr. 21, 8. Der Weg des Schuldbeladenen ist der vielgewundene Schlangenweg. Darum gilt auch uns die paulinische Ermahnung: »Prüfet euch selbst, ob ihr im Glauben stehet, untersuchet euch selbst; oder erkennet ihr euch selbst nicht, daß Jesus Christus in euch ist« (2. Kor. 13, 5)? »Nicht der Anfang, doch das Ende krönt des Christen Glaubenslauf …« singen wir in einem alten Choral.

So erweist sich **der scheinbar gerade Weg des Mannes** der Lebenslüge als vielgewunden und schlangengleich in Abweg und Irrweg; **sein Ende** (seine Zukunft, sein Ziel) **sind Wege des Todes.** Dies kann bedeuten, daß sein **Weg zum Tode führt.** Vom ehebrecherischen Weibe heißt es in Spr. 7, 27: »Ihr Haus sind Wege zum Scheol, die hinabführen zu den Kammern des Todes!« Doch sind solche **Todeswege** auch schon vor dem Sterben vom Todeswesen geprägt! Paulus deutet die Lage des unerneuerten Menschen in Eph. 2, 1–2 so, daß er »tot ist in Vergehungen und Sünden«, weil der Satan als »Fürst der Gewalt der Luft« und als Bevollmächtigter des Todes, in ihm wirkt (s. auch Hebr. 2, 14). Und weil an einem Toten nichts zu reparieren und zu erneuern ist, kann allein das Wunder der Wiedergeburt durch den Geist des lebendigen Gottes uns beleben und auf den **Weg des Lebens** stellen (Hebr. 10, 19–20). Dann dürfen auch wir bekennen: »Wir sind aus dem Tode in das Leben übergegangen« (1. Joh. 3, 14)!

+ + +

186 BETE UND ARBEITE! (16, 26)

Des Arbeiters Hunger arbeitet für sich selbst, denn sein Mund spornt ihn an.

Hunger, Durst und Sexualität gehören zu den stärksten Triebkräften unserer irdischen Existenz, die unseren biologischen Bestand sichern helfen. Die in 1. Joh. 2, 16 genannten »kosmischen Begierden«, die Lust des Fleisches, die Lust der Augen und der Hochmut des Lebens, sind keine biologischen Grundbedürfnisse, sondern Triebe der von Gott emanzipierten Seele und eines unerleuchteten Verstandes.

So ist es wohl wahr, daß wir nicht leben, um zu arbeiten, wohl aber, daß wir arbeiten, um zu leben! **Der »Hunger« des Arbeiters** ist im Hebräischen **seine Seele,** weshalb Delitzsch von der **Eßlust** oder dem **Nahrungsbedürfnis** dessen spricht, **der sich müht;** diese sind Triebfeder seiner Arbeit, und **sein Mund,** der wie eine leere Schale ist, die gefüllt werden will, **stachelt ihn dazu an.**

Der Fluch JAHWEHs über den gefallenen Adam lautete: »So sei nun der Erdboden verflucht um deinetwillen; mit Mühsal sollst du davon essen alle Tage deines Lebens; und Dornen und Disteln wird er dir sprossen lassen, und du wirst das Kraut des Feldes essen. Im Schweiße deines Angesichts wirst du dein Brot essen, bis du zurückkehrst zur Erde, denn du bist von ihr genommen. Denn Staub bist du, und zum Staube wirst du zurückkehren« (1. Mos. 3, 17–19)! Doch birgt er auch einen Segen; immer schuf die Arbeit am Erdboden auch ein »kleines Paradies« für den hungernden Menschen. Die Frucht **seiner Arbeit** wurde ihm zum Lohn, solange er sich mühte, und seine Seele nicht an Übersättigung litt. Denn »besser ist es, wenig mit Gerechtigkeit zu haben, als viel Einkommen mit Ungerechtigkeit« (Spr. 16, 8)! Die Ordensregel der Benediktinermönche »ora et labora« (bete und arbeite) zeigt uns darin das rechte Maß –den Segen der Frömmigkeit und des Gebets auch für die einfachste Arbeit, aber auch den Segen der Arbeit für eine natürliche und nicht überspannte Frömmigkeit! In den Tagen, da der König Ussiah den Herrn suchte, »liebte er den Ackerbau«, was das Wort Gottes ausdrücklich an ihm rühmt (2. Chron. 26, 10). Auch das NT fordert die eigene Arbeit und lehnt allen frommen Müßiggang ab. So führt Paulus in 2. Thess. 3, 10–11 aus: »Wenn jemand nicht arbeiten will, so soll er auch nicht essen. Denn wir hören, daß einige unter euch unordentlich wandeln, indem sie nichts arbeiten, sondern fremde Dinge treiben!« Die »fremden Dinge« aber sind das »Allotria« des schwärmerischen und andersartigen Geistes! So hat Paulus das Recht, vom Evangelium zu leben, für sich nicht in Anspruch genommen, sondern mit Mühe und Beschwerde Tag und Nacht als Zeltweber gearbeitet, um niemandem beschwerlich zu fallen und das Gebot Jesu erfüllen zu können: »Geben ist seliger als Nehmen!« (2. Thess. 3, 8–9/Apg. 20, 34–35/1. Kor. 4, 12/Apg. 18, 1–3). Freilich darf sich unser Leben nicht in der Arbeit und Existenzsicherung erschöpfen! »Alles Mühen des Menschen **ist für seinen Mund,** und doch wird **seine Seele** (dadurch) nicht erfüllt!« sagt Salomo in Pred. 6, 7. Jesus schloß sich dem an mit dem Wort: »Was hülfe es dem Menschen, wenn er die ganze Welt gewänne und nähme doch Schaden an seiner Seele« (Mtth. 16, 26)! Gerade die in 1. Joh. 2 genannten seelischen Begierden weisen, wenn auch fehlgeleitet, darauf hin, daß die Seele eine größere Erfüllung verlangt, als nur die Befriedigung der irdischen Bedürfnisse; nur sollte sie sich von den Kräften des göttlichen Geistes und Wortes und vom Frieden Jesu erfüllen lassen! Denn »der Mensch **lebt nicht vom Brot allein,** sondern von einem jeden Wort, das aus dem Munde Gottes hervorgeht« (Mtth. 4, 4).

Wie wunderbar erfüllte sich aber der Fluch über den gefallenen ersten ADAM durch Jesus Christus als den »letzten ADAM«, der Fluch in Segen wandelte: Hat Ihm nicht **der Erdboden,** das **Land** Israel insonderheit, **Dornen und Disteln** der Sünde getragen, was sich auch darin auswies, daß Er die Dornenkrone für uns trug (Hebr. 6, 8)? Hat Er nicht **im Schweiße Seines Angesichtes Sein Brot gegessen,** Er, dessen Speise es war, allezeit den Willen Gottes zu tun (Joh. 4, 34)? Die höchste Erfüllung erfuhr dies, als Er sich im Garten Gethsemaneh in Todesschweiß und Tränen in den Willen des Vaters fügte und den edlen Samen Seines Leibes »weinend zur Aussaat trug« (Ps. 126, 6)! So bettete Er sich selbst **als das Weizenkorn** Gottes in die Erde, um viel Frucht bringen zu können (Joh. 12, 24). Darum heißt es in Jes. 53, 11 von dem leidenden Messias: »Von **der Mühsal Seiner Seele** wird Er Frucht sehen und sich sättigen«, oder, wie es Luther übersetzte: »Darum, daß Seine Seele gearbeitet hat, wird Er Seine Lust sehen und die Fülle haben!«

Wie sollte dies auch unsere irdische Arbeit adeln und heiligen, so daß wir sie in Treue tun, als dem Gott und Vater unseres Herrn Jesus Christus!

+ ⁺ +

Ein Mann Belials gräbt nach Bösem, und auf seinen Lippen ist es wie versengendes Feuer. – Ein Mann der Verkehrtheit streut Zwietracht (Rechtsstreit) **aus, und ein Ohrenbläser entzweit Altvertraute. – Ein Mann der Gewalttat überredet seinen Nächsten und führt ihn auf einen Weg, der nicht gut ist.**

»Männer machen Geschichte«, so sagte man in früheren, »heldisch« orientierten Zeiten; nur war dies in den seltensten Fällen Heilsgeschichte, sondern zumeist eine Geschichte des Unheils, der hemmungslosen Eroberungen, des Völkermords und der Unterdrückung! Vier Typen von Männern werden uns in unserem Abschnitt vorgestellt: **der** (nichtswürdige) **Mann Belials, der Mann der Verdrehungen,** selbst verkehrt und verdreht, aber auch Sachverhalte verdrehend, **der Ohrenbläser** (BA: Intrigant) und schließlich **der Mann der Gewalttat.** Doch könnte Spr. 6, 12–14 darauf hinweisen, daß dieses vierfache Wirken auch *einer* Wurzel entspringen und in *einer* Person vereint sein mag: »Ein Belialsmensch, ein heilloser Mann ist, wer umhergeht mit Verkehrtheit des Mundes, mit seinen Augen zwinkert, mit seinen Füßen scharrt, mit seinen Fingern deutet. Verkehrtheiten sind in seinem Herzen; er schmiedet Böses zu aller Zeit, streut Zwietracht aus …!« Ähnlich heißt es in Spr. 16, 30: »Wer seine Augen zudrückt, um Verkehrtes zu ersinnen, seine Lippen zusammenkneift, hat das Böse beschlossen.« Welche Aktivität zum Bösen tut sich in diesen Worten kund, die sich auch in der Mimik, der ruhelosen, neurotischen Bewegung und in der gesamten Körpersprache ausdrückt!

Wer ist **der Mann Belials?** Man übersetzt das Wort mit »Nichtsnutz«, »Nichtswürdiger«, »Ruchloser«; wir würden heute von »Abschaum« und »Gesindel« sprechen (vgl. 5. Mos. 13, 13). Daß BELIAL den gleichen Zahlwert aufweist wie der Volksverderber und Finsternisprophet BILEAM, zeigt die dämonische Quelle beider. F. H. Baader deutet das hebr. BELIAL als einen Menschen, der sich unter keine höhere Autorität beugt, sondern sich selbst zur alleinigen Autorität und zum Maßstab allen Handelns erhebt. Damit sind wir mitten in unserer antiautoritären Zeit der »Selbstverwirklichung«, die jegliche Unterordnung, wie sie auch die Bibel fordert, verneint und »Herrlichkeiten lästert« – irdische wie himmlische (2. Petr. 2, 10)! So ist der BELIAL (griech: Beliar) des NT nach 2. Kor. 6, 15 der Satan, der sich gegen die Autorität Christi und Gottes auflehnte, um sich selbst zur höchsten Autorität zu erheben, weshalb auch sein »Sohn« sich einmal »als Gott darstellen« wird (2. Thess. 2, 4). Diese Finsternismacht ist die Quelle für den moralischen Verfall auch des Menschen.

Der Belialsmann gräbt eine Fallgrube des Unglücks für seinen Nächsten, worauf das hebräische Wort hinweist, das auch das **Ausbohren** eines Brunnens meinen kann. Dies ist eine geplante, zielvolle, heimtückische, mühevoll ausgeführte Arbeit zum Unheil für den Mitmenschen, so wie es Ps. 7, 15 beschreibt: »Er (der Gesetzlose) hat eine Grube gegraben und hat sie ausgehöhlt«; der Psalmist hegt allerdings die Hoffnung, daß der Gesetzlose selbst »in die Grube fallen wird, die er gemacht hat«. Werkzeug seiner Heimtücke zum Verderben des Nächsten ist eine Sprache, die **wie glühendes Eisen versengt, verbrennt** und **Brandmale bewirkt.** Jak. 3, 5–6 hat dieses Bild aufgegriffen, wenn es über unsere verderbte Zunge ausführt: »So ist die Zunge ein kleines Glied, rühmt sich aber vieler großer Dinge. Siehe, ein kleines **Feuer,** welch einen großen Holzstoß **zündet es an!** Und die Zunge ist ein Feuer, eine Welt an Ungerechtigkeit!« Welche Macht ist doch unserer Sprache gegeben – zum Segen und Heil, oder zum Fluch und

Unheil! »Die Macht unsrer Worte zum Guten und Bösen kann teuflisch zerstören und göttlich erlösen. – O möchte die Saat unsrer Worte auf Erden zu bleibender Frucht für die Ewigkeit werden!« dichtete Adolf Heller.

V. 28 zeigt uns im **Ohrenbläser** ein mehr heimliches Tun an; dieser ist der »Flüsterer«, der »geheimes Wissen« über die Schwächen der Mitmenschen weitergibt, nicht ohne den Zuhörer zuvor zum Schweigen zu verpflichten, und das aus gutem Grund: Wenn man nämlich eine Gegenüberstellung des Verleumders mit dem Verleumdeten herbeiführen würde, käme der Spuk schnell zu einem Ende; sonst aber wird das Gerücht von Mund zu Mund, von Ohr zu Ohr immer mehr angereichert und wächst zu einem »vielköpfigen Drachen« aus. **Der Ohrenbläser** ist wohl mit dem **Manne der Verkehrtheit** identisch; so ist vom Gerücht als vom **Ausstreuen einer Saat** die Rede, die zur Ernte heranreift; es ist die Saat der Zwietracht, die zu Rechtsstreitigkeiten führt, und des Giftweizens, den der Feind »in der Nacht« zwischen den edlen Weizen sät (Matth. 13, 24–30). So ist der Schwätzer, **Ohrenbläser** und Gerüchtemacher ein Werkzeug des »diabolos« (= Teufel, Verleumder), der die Glaubenden Tag und Nacht vor Gott zu verklagen sucht (Offb. 12, 10). Wie oft wurde schon eine gesegnete Freundschaft oder Bruderschaft, aber auch eine »Zweierschaft« im Dienste Jesu durch ausgesäte **Zwietracht** zerstört! Das Wort **Altvertraute** (aluph) schließt eine gehobene Stellung und Führerschaft ein. Darum gilt 1. Tim. 5, 19: »Gegen einen Ältesten nimm keine Klage an, außer durch zwei oder drei Zeugen!« Daß wir die Wahl haben, ein Feuer auszutreten oder aber »Öl ins Feuer zu gießen«, sagt uns auch Spr. 17, 9: »Wer Liebe sucht, deckt die Übertretung zu; wer aber eine Sache immer wieder anregt, entzweit Altvertraute!«

V. 29 spricht von der Verführung des Menschen auf **den Weg zum Bösen** durch den **Mann der Gewalttat**, also des Verbrechers, der andere in sein Tun mitreißt. Dürfen wir es so sehen, daß uns die Verse 27–28 Vorstufen des Abweges und der Entartung zeigen, die mehr im Geheimen bleiben, V. 29 aber deren Ausreife im Verbrechen, in der Gewalttat? Auch der »Vater der Lüge«, der teuflische Verleumder, wurde ja zu einem »Mörder von Urbeginn«, wie es uns Joh. 8, 44 zeigt. Wer die »Liebe zur Wahrheit« verläßt, wird schließlich von Gott selbst dem Irrwahn und Verderben preisgegeben (2. Thess. 2, 10)! Röm. 3, 13–18 zeigt uns die Visitenkarte des verfinsterten Menschen: »Ihr Schlund ist ein offenes Grab; mit ihren Zungen handeln sie trüglich. Otterngift ist unter ihren Lippen. Ihr Mund ist voll Fluchens und Bitterkeit. Ihre Füße sind schnell, Blut zu vergießen. Verwüstung und Elend ist auf ihren Wegen, und den Weg des Friedens haben sie nicht erkannt. Es ist keine Furcht Gottes vor ihren Augen!«

188 ALTWERDEN IN GERECHTIGKEIT (16, 31/20, 29)

Das graue Haar ist eine prächtige Krone, auf dem Wege der Gerechtigkeit wird sie gefunden. – Der Schmuck der Jünglinge ist ihre Kraft, und graues Haar die Zierde der Alten.

In der heutigen Zeit, wo sich Werbung, Kaufkraft und Schönheitsideal vorwiegend an der Jugend orientieren, wird der Alterungsprozeß oft nur noch als Degeneration gesehen, deren man sich schämen müsse. Es sind zwei Seiten der gleichen Medaille, wenn alte Menschen sich nicht zu ihrem Alter und zu dessen Würde bekennen, und wenn viele Jugendliche flotte und verächtliche Sprüche über die »Alten« ergießen. Das »Ehren der Eltern« mit der Verheißung eines langen Lebens (Eph. 6, 1–3) ist heute ebensowenig modern wie das Gotteswort aus 3. Mos. 19, 32: »Vor grauem Haare sollst du aufstehen und das Antlitz eines Greises ehren, und du sollst dich fürchten vor deinem Gott . Ich bin JAHWEH!« In dieser Aussage sind Gottesfurcht und Verehrung des Alters eng miteinander verbunden! Freilich hat nach Gottes Willen jedes menschliche Reifealter seinen **Schmuck** und Vorzug, wie es uns Spr. 20, 29 sagt: **Die Kraft der Jugend** und **das graue Haar der Alten** sind gleicherweise **Schmuck und Zierde.** So sind **die Jugendlichen** (bachurim) solche, die wegen ihres Könnens und ihrer Kraft zu besonderen Aufgaben, wie zum Heeresdienst, **erwählt** sind (BA). Alte Menschen aber, die sich in Mode, Verhalten und Redeweise kritiklos einer vermeintlichen Jugendlichkeit anpassen wollen und sich wie ein Teen gebärden, wirken lächerlich. In einem Gerichtswort Gottes über den götzendienerischen Stamm Ephraim heißt es: »Ephraim hat graue Haare bekommen, und er weiß es nicht! Die Hoffart (Eitelkeit) Israels zeugt ihm ins Angesicht – sie kehren nicht um zu JAHWEH, ihrem Gott« (Hosea 7, 9)!

Nun ist **das graue Haar** nicht an und für sich **eine prächtige Krone** (E), **ein stolzer Kranz** (BUB), **ein prangendes Diadem** (DEL) und **eine Krone der Ehre** (PAR)! Auch der Gottlose kann den Alterungsprozeß und das Ergrauen der Haare nicht verhindern. Unser Sprüchewort meint wohl das gottgeschenkte hohe Alter als Lohn für ein Leben **auf dem Wege der Gerechtigkeit, Bewährung** (BUB) oder **Rechtfertigung** (BA). Was Paulus bezeugt, daß »unser äußerer Mensch verfällt, der innere Mensch des Geistes aber Tag für Tag erneuert wird« (2. Kor. 4, 16), drückt das Sabbathlied Psalm 92 in den Versen 12–15 so aus:

»Der Gerechte wird sprossen wie der Palmbaum, wie eine Zeder auf dem Libanon wird er emporwachsen. Die gepflanzt sind in dem Hause JAHWEHs, werden blühen in den Vorhöfen unseres Gottes. **Noch im Greisenalter** sprossen sie, sind saftvoll und grün – um zu verkünden, daß JAHWEH gerecht ist: Er ist mein Fels, und kein Unrecht ist in Ihm!«

Mit Paul Gerhard beten wir im Liede:

> »Erwähle mich zum Paradeis und laß mich bis zur letzten Reis'
> an Leib und Seele grünen!
> So will ich Dir und Deiner Ehr' allein und sonsten keinem mehr
> hier und dort ewig dienen!«

So gesehen gibt es auch in der Gemeinde Gottes leider viele greisenhafte Jugendliche, aber durch Gottes Gnade auch viele **Greise und Greisinnen,** die in der Liebe zu Gott und zu Seinem Wort im Geiste jung geblieben sind! Den biblischen »Generationenvertrag«, in gegenseitiger Verpflichtung von Alter und Jugend, finden wir in Spr. 17, 6 beschrieben: »Kindeskinder sind die Krone der Alten, und der Kinder Schmuck sind ihre Väter!« **Die grauen Haare** sind also lediglich ein Zeichen für das Altern auf dem Gottesweg der Gerechtigkeit. So sieht es auch Spr. 4, 9, wo es von der Weisheit Gottes, die unser Leben bestimmt, heißt: »Sie wird deinem Haupte einen anmutigen Kranz verleihen, wird dir darreichen eine prächtige Krone!«

So laßt uns in der Zeit **der grauen Haare** weiterstreben nach dem, was im kraftvollen Glauben der Jugend begann – nach dem Siegeskranz des Lebens (Offb. 2, 10/Jak. 1, 12), nach dem Siegeskranz der Gerechtigkeit (2. Tim. 4, 8) und nach dem unverwelkbaren Siegeskranz der Herrlichkeit (1. Petr. 5, 4/1. Thess. 2, 19)! Sie sind denen verheißen, die Jesus lieben, und die im Dienst zu »Vorbildern der Herde Gottes« wurden. Daß »stephanos« (Siegeskranz) 18mal (2 × 9mal) im NT erscheint, mag uns hinweisen auf die GEISTESFRUCHT (9), die auf dem SOHNESWEG (2) ausreifen soll, je näher wir dem Ziele kommen. Für jeden Glaubenden, wie auch für die Gesamtgemeinde gibt es eine gottgewollte Altersreife, sowohl im zeitlichen wie im geistlichen Alterungsprozeß (Eph. 4, 13)!

»Schön sind die Blumen, schöner sind die Menschen in der frischen Jugendzeit. Sie müssen sterben, müssen verderben; doch Jesus lebt in Ewigkeit!«

+ + +

189 BEHERRSCHUNG DES GEISTES (16, 32)

Besser ein Langmütiger als ein Kriegsheld, und wer seinen Geist beherrscht, als wer eine Stadt erobert!

In der ganzen Menschheitsgeschichte waren es stets **die Kriegshelden** und **Städtebezwinger** (DEL) – vom Schlage Alexanders, Nebukadnezars, Napoleons und Hitlers –, welche die Annalen der Historiker füllten und oftmals den Beinamen »der Große« erhielten. Wenn der König Salomo **den Beherrscher des Geistes,** den Bezwinger seiner eigenen Begierden, sonderlich der Herrschsucht und Machtgier, höher schätzt als den **heldischen Eroberer,** den **Langmütigen** höher als den **Jähzornigen,** dann ist dies ein Zeichen der Weisheit, die in ihm wohnte! Ist doch der Langmütige **ein langsamer zum Wutschnauben,** der Beherrscher seines Geistes einer, **der seines Aufbrausens waltet** (BUB). In Spr. 14, 29 heißt es hierzu: »Ein Langmütiger hat viel Verstand, aber ein Jähzorniger erhöht die Narrheit«; und in Spr. 15, 18: »Ein zorniger Mann erregt Zank, aber ein Langmütiger beschwichtigt den Streit.«

Allerdings geht solche Selbstbeherrschung völlig gegen unsere alte Natur. Auch heute gilt der vitale Sportler, der machtbesessene Politiker und der erfolgreiche Wirtschaftsmagnat mehr als ein Mensch, der in der Disziplin des Geistes seine Begierden bezwingt, **seinen Geist beherrscht** und Geduld übt! Matthias Claudius dichtete: »Zerbrich den Kopf dir nicht so sehr, zerbrich den Willen – das ist mehr!« Der **Langmütige** kann warten auf das Handeln Gottes, während das Keine-Zeit-Haben mit der damit verbundenen Hetze etwas typisch Dämonisches und Satanisches ist (vgl. Offb. 12, 12)! Doch »wer glaubt, der wird nicht ängstlich eilen« (Jes. 28, 16).

Dagegen begehrt unser altes Wesen auf: Sollen wir denn »dumme, geduldige Schafe« sein? Jesus jedenfalls, der König aller Könige, war ein solches »Lamm«. Wir singen von Seinem Leiden: »O Lamm Gottes, unschuldig am Stamm des Kreuzes geschlachtet, allzeit 'funden geduldig, wiewohl Du warest verachtet …«! Welche königliche Selbstbeherrschung des Geistes erwies Er doch in Seiner Passion durch Sein Schweigen inmitten eines Ozeans von Haß (Mtth. 26, 62–63/Mark. 14, 60–61/15, 4–5/Mtth. 27, 12 + 14/ Luk. 23, 9/Joh. 19, 8–9). Wie erfüllte sich, was in Jes. 53, 7 geschrieben steht: »Er wurde mißhandelt, aber er beugte sich und tat Seinen Mund nicht auf, gleich dem Lamme, welches zur Schlachtung geführt wird, und wie ein Schaf, das stumm ist vor seinen Scherern; und Er tat Seinen Mund nicht auf!« Sein größter Apostel begehrte vor dem gleichen Hohen Synedrium noch auf, als er geschlagen wurde und den Hohenpriester mit den Worten verfluchte: »Gott schlage dich, du getünchte Wand!« (Apg. 23, 1–5).

Jesus allein kann uns erlösen von unserer angeborenen Ungeduld, von unserem Jähzorn und der Sucht nach Herrschaft und Machterweiterung! Er hat uns berufen zu einem »königlichen Priestertum« und uns für dieses Amt mit dem »Geist der Kraft, der Liebe und der Besonnenheit« ausgerüstet (2. Tim. 1, 7). Die **Selbstbeherrschung** ist die letzte Frucht des Heiligen Geistes, die in uns reift (Gal. 5, 22). Es ist wahr, was Spr. 25, 28 bezeugt: »Eine erbrochene Stadt ohne Mauer: so ist ein Mann, **dessen Geist Beherrschung ermangelt!**«

Es waren geistliche Höhepunkte im Leben des Königs David, die sicher dazu beitrugen, daß er »ein Mann nach dem Herzen Gottes« wurde, als er zweimal auf die Machtanwendung gegen Saul verzichtete, obwohl alle Umstände ihn zur »Endlösung« der schwebenden Machtfrage aufforderten; einmal, als der verworfene König Saul in die gleiche Höhle kam, deren hinterer Teil bereits von den Männern Davids besetzt war, und er ihm mit klopfendem Herzen einen Zipfel von seinem Obergewand abschnitt, statt ihn zu töten, was seinen Helden völlig unverständlich war. Welch bewegendes Gespräch zwischen David und Saul führte sein Handeln herbei (1. Sam. 24, 3–22)! Ein zweites Mal bewies David eine solche **Selbstbeherrschung,** als er zusammen mit Abisai den schlafenden Saul in dessen Wagenburg überraschte. Der Speer, der neben seinem Haupte in der Erde steckte, forderte ihn geradezu auf, endlich »Schluß zu machen«. Doch wieder überließ er das richtende Handeln Gott und nahm als Zeichen seiner »Machtaskese« und Selbstbeherrschung nur Sauls Speer und Wasserkrug mit sich (1. Sam. 26, 6–12). Als **Langmütiger** erwies sich David königlicher denn als **Kriegsheld** im Kampfe mit Goliath und bei der Eroberung Jerusalems!

190 DAS GOTTESORAKEL UND DIE FÜHRUNG (16, 33)

Das Los wird im Gewandbausch geworfen, aber alle seine Entscheidung kommt von JAHWEH.

Es gibt viele Fragen und **Entscheidungen** im Leben, die im Sinne Gottes weder gut noch böse sind, und die darum von der Heiligen Schrift nicht angesprochen werden; denken wir nur an die Wahl des Berufes, des Wohnorts, des Ehepartners, der regierenden Volksvertreter; wie hilfreich wäre es bei solchen Weichenstellungen des Lebens, ein klares »Ja« oder »Nein« Gottes zu erfahren! Als anstelle des Verräters Judas ein Ersatzapostel gewählt werden sollte, wurde die Auswahl zunächst nach klaren schriftgemäßen Bedingungen getroffen (Apg. 1, 21–23); dann aber wurde zwischen den beiden verbliebenen Brüdern durch **ein Los** entschieden, allerdings unter Gebet (V. 24–26). Es ist wohl wahr, was Spr. 18, 18 sagt: »Das Los schlichtet Zwistigkeiten und bringt Starke auseinander«, d. h. es errichtet zwischen den Kontrahenten eine Scheidewand, weil erwarteten Tätlichkeiten durch einen Vergleich begegnet wird. Wir sollten allerdings bedenken, daß ein solches Verfahren vor der Begabung der Jünger mit dem Heiligen Geist erfolgte, der ja nach Röm. 8, 14 die Söhne führt und leitet; von nun an finden wir diese Praxis im NT nicht mehr, und auch wir sollten dazu nicht mehr unsere Zuflucht nehmen. Gibt es doch Christen, die in quälender Entscheidungsnot »Hilfen« suchen, wie ein unkontrolliertes Aufblättern der Bibel, das Durchstechen ihrer Seiten, um ein »Führungswort« zu finden, wie einen orakelhaften Gebrauch der »Losungen«. Wahrsagerei, oftmals als »Weissagung« deklariert, sollten wir ohnehin ablehnen, wie alle okkulten Quellen.

Im vorliegenden Wort der SPRÜCHE wird eine alttestamentliche Praxis angesprochen, die ausdrücklich dem Hohenpriester anvertraut war; dieser trug auf seinem Herzen *in* der Stofftasche seines Brustschildes – dem »Brustschild des Rechts« – zwei Edelsteine, die ein »Ja« oder ein »Nein« Gottes repräsentierten. Sie wurden geschüttelt, **geworfen** und dann einer von ihnen erwählt. Ob ihre unterschiedliche Farbe oder das Aufleuchten eines der beiden Steine **die Entscheidung** kundgaben, kann heute nicht mehr geklärt werden. Die Namen der beiden Edelsteine lauteten URIM und THUMMIM (= Lichter und Vollkommenheiten – d. h. Erleuchtung, Klarheit, Zielgebung, Weisung). Man beachte 2. Mos. 28, 30. Von den sieben Vorkommen im AT weist 5. Mos. 33, 8 auf die Führung des Volkes Israel durch den Christus mittels des **Loses im Gewandbausch** hin: »Und von Levi sprach er: Deine URIM und deine THUMMIM sind für den Mann, deinen Frommen, den du versucht hast zu Massa, mit dem du hadertest bei den Wassern zu Meriba« (vgl. 1. Kor. 10, 9–10).

Als nach der Rückkehr Israels aus der babylonischen Gefangenschaft über die Abstammung von Priestern entschieden werden sollte, die ihre Geschlechtsregister verloren hatten, mußte **die Entscheidung** verschoben werden, »bis ein Priester für die URIM und THUMMIM aufstünde« (Esra 2, 63/Neh. 7, 65).

Um welche weiteren Entscheidungen es im Alten Bund ging, mögen noch folgende Stellen zeigen:

Als der Schuldige gekennzeichnet werden sollte, der einen »Bann« über Israel gebracht hatte, wurde durch das Gottesorakel der URIM und THUMMIM Achan getroffen (Josua 7, 13–15);

als Josua zum Nachfolger Moses durch Handauflegung eingesetzt wurde, die ihm »Würde« und »Herrlichkeit« seines Vorgängers verleihen sollte, wurde er – hinsichtlich der Frage der Kriegsführung – unter das Recht der URIM und THUMMIM gestellt (4. Mos. 27, 18–21);

als Saul, im Ungewissen, ob er gegen die Philister ziehen sollte oder nicht, auch durch die URIM und THUMMIM keine Antwort erhielt, wurde auf dem Wege des Ausschlusses »ein vollkommenes Los« erbeten und Jonathan einer Schuld überführt (1. Sam. 14, 36–45);

auch das Land Kanaan wurde den Stämmen Israels durch **Losentscheid** zugeteilt (Jos. 18, 10–11/19, 1 + 17).

Der verworfene König Saul aber wandte sich in seiner ausweglosen Not an die wahrsagende »Hexe zu Endor« (= Quelle der Generationen), als er vom Herrn weder durch TRÄUME, noch durch die URIM und THUMMIM, noch durch Propheten eine Antwort erhielt (1. Sam. 28, 6).

Doch galt auch für dieses gottgesetzte Verfahren im Alten Bund: Nicht das **Los** schaffte Klarheit in der Führung, sondern **alle Entscheidung kam von JAHWEH!** Der Herr, der sich damals an dieses Verfahren gebunden hatte, verfuhr im Sinne des Jesuswortes: »Eure Rede sei JA, und dann auch wirklich ja, oder NEIN, und dann auch wirklich nein, was darüber hinausgeht, stammt aus dem Bösen« (Mtth. 5, 37).

Müssen wir nun neiderfüllt auf jene klare »Außenführung« des Alten Bundes sehen? Oder sind wir in einer weit besseren Lage, wenn wir als Söhne durch den Heiligen Geist »von innen her« geleitet werden? Freilich ist die freiheitliche Führung und Entscheidung mündiger Söhne nicht zu vergleichen mit der »Sicherheit«, die ein Kleinkind im Laufstall des Gesetzes hat; dennoch ist sie überragend! Noch einmal sei betont: Es geht nicht um Gut und Böse, um Sachverhalte, die das Wort Gottes klar für uns kennzeichnet, und die uns der Heilige Geist beleuchtet, der das Wort lebendig macht; vielmehr sind es »neutrale« **Entscheidungen** unseres Lebens, bei denen wir wie Paulus oft nicht wissen, »was wir erwählen sollen«, wenn wir von verschiedenen Möglichkeiten »bedrängt werden«. Wie gut ist dann der Rat geistlicher Brüder! Die letzte **Entscheidung** aber wird die Liebe geben, denn »wer in der Liebe handelt, handelt immer recht« (Phil. 1, 21–26)! Das verhindert jede neurotische Ängstlichkeit. »Gott ist größer als unser Herz« und »leitet uns auf rechtem Wege um Seines Namens willen« (Ps. 23, 3/1. Joh. 3, 20), selbst wenn wir uns in Ungewißheit entscheiden. Auch der Umweg Abrahams über HARAN wurde ihm zu einem Segen, weil er dort nach jüdischer Überlieferung den Reichtum des Gottesnamens JAHWEH in der »theologischen Schule Sems« kennenlernte.

+ ⁺ +

191 DER EINSICHTIGE KNECHT UND DER SCHÄNDLICHE SOHN   (17, 2)

Ein einsichtiger Knecht wird über den schändlichen Sohn herrschen und inmitten der Brüder die Erbschaft verteilen.

Wie soll man diese rätselhafte Aussage verstehen? Offensichtlich handelt es sich bei dem **Schande bereitenden Sohn** (DEL) um einen Erstgeborenen; dieser hatte ja nach dem Tode seines Vaters als Oberhaupt der Familie alle rechtlichen Vollmachten wahrzunehmen, auch die Abwicklung **des Erbes.** Nun aber hat er, zu Lebzeiten des Vaters oder nach seinem Tode, der Familie solche Schande bereitet, daß er von ihr verstoßen wurde. **Der einsichtige Knecht** aber hatte durch treuen Dienst in einem solchen Maße Achtung und Vertrauen der Familie erworben, daß er anstelle des Erstgeborenen unter den unmündigen **Brüdern** des Verstoßenen **das Erbe auszuteilen hatte.** Er selbst nimmt am Erbe nicht teil, empfängt aber dennoch großen Lohn, wie es Spr. 14, 35 in Aussicht stellt: »Des Königs Gunst wird **dem einsichtigen Knechte** zuteil; aber **der Schändliche** wird Gegenstand seines Grimmes sein!« Dem schließt sich 1. Tim. 3, 13 an: »Die gut gedient haben, erwerben sich eine schöne Stufe und viel Freimütigkeit im Glauben!« Solch ein **einsichtiger Knecht** war Abrahams Knecht ELIESER VON DAMASKUS (zu deutsch: Gottes Hilfe). Abraham hätte ihm, falls er kinderlos geblieben wäre, all sein Hab und Gut hinterlassen (1. Mos. 15, 1–4). Elieser bewährte sich vor allem in der »Schlacht der Könige«, als er mit 318 hausgeborenen Knechten Lot und seine Familie aus der Gefangenschaft befreite (1. Mos. 14, 14). Auch die Brautwahl für Isaak, die er im Auftrage Abrahams durchführte, zeigt seinen Gehorsam, seine Treue und die göttliche Führung, unter der er stand (1. Mos. 24).

Es gab in Israel so manchen bewährten, in der Familie seines Herrn geliebten und geachteten Sklaven, der im Halljahr hätte freiwerden können, aber dennoch bei seinem Herrn bleiben wollte. Dieser freiwillige Gehorsam wurde bekundet, indem er sich für kurze Zeit mit einem Pfriem an die Haustüre seines Herrn heften ließ, weshalb die »durchgrabenen Ohren« Zeichen für den vollkommenen Gehorsam **des einsichtigen Knechtes** wurden (Ps. 40, 6/Jes. 50, 4–6/5. Mos. 15, 17).

Was könnte nun neben der natürlichen Bedeutung von Spr. 17, 2 dessen prophetischer Sinn sein? Nach Gal. 3, 24–4, 6 ist das heilige Gesetz Gottes dieser **einsichtige Knecht** Gottes, in der Funktion als »Vormund«, »Verwalter« und »Pädagoge auf Christus hin«, herrschend über die unmündigen Söhne bis zu deren Mündigkeit; denn es überführt von Sünde, Gerechtigkeit und Gericht. So waren ja im Altertum viele Sklaven hochgeachtete »Pädagogen und Hausverwalter«. Wer aber ist nicht nur ein »unmündiger«, sondern ein **Schande bereitender Sohn,** der unter die gerichtsmäßige Vormundschaft des Gesetzes gestellt wurde? Es ist Israel, im völkischen Sinn »Gottes erstgeborener Sohn« (2. Mos. 4, 22/Hos. 11, 1); im Abfall von Gott und im Götzendienst, aber auch im Formalismus erstarrter Frömmigkeit, hat es Gott **Schande bereitet;** allerdings wird sogar Ephraim, als der götzendienerischste aller Stämme, auch im Gericht noch »Gottes erstgeborener und teurer Sohn« genannt (Jer. 31, 9 + 20).

Wir möchten aber auch noch die symbolische, auf Christus weisende Bedeutung aufleuchten lassen, weil ja Gottes Wort »siebenfach gefüllt« ist. Wer ist dann **der einsichtige Knecht,** der »Sklave JAHWEHs«, wie Er oftmals in den Propheten genannt wird? Jesus Christus ist »Gottes Knecht, Zemach oder Sproß genannt« (Sach. 3, 8/Apg. 3, 13/Jes. 41, 8/42, 1 + 19/52, 13/53, 11). »Siehe, mein Knecht **wird einsichtig handeln;** Er wird erhoben und erhöht werden und überaus hoch sein« bezeugt Jes. 52,13 von dem leidenden Christus und Seiner **Herrschaft** . Der dem Vater gleiche Sohn, der **Knechtsgestalt** angenommen hat (Phil. 2, 7), **verteilt** nun **inmitten der Brüder das Erbe** des Vaters. So gesehen, leitet die Mitte des Passionspsalms (Ps. 22, 22) die Heilszeit der Christusgemeinde ein: »Verkündigen will ich Deinen Namen **meinen Brüdern; inmitten** der Versammlung will ich Dich loben!« Zu diesen **Erben Gottes** gehören alle Glaubenden, auch wenn sie zuvor **schandbare Söhne** waren! Doch schämt sich der Christus nicht, sie »Brüder zu nennen«, weil Er als der Heiligende, wie auch sie, die von Ihm geheiligt werden, von einem Gott und Vater stammen (Hebr. 2, 11).

Auch Israel wird durch Gottes **einsichtigen Knecht** dereinst gerettet und in das Heil und **Erbe** heimgeführt werden!

+ + +

192 DER PRÜFER DER HERZEN (17, 3)

Der Schmelztiegel für das Silber und der Ofen für das Gold; aber der Prüfer der Herzen ist JAHWEH.

Mit diesem – eigentlich erschreckenden – Wort werden wir vor den gestellt, »der Augen hat wie Feuerflammen« und »ein Richter der Gedanken und **Herzensgesinnungen** ist, vor dem kein Geschöpf unsichtbar ist, und vor dessen Augen alles bloß und aufgedeckt ist« (Hebr. 4, 12–13). Kann man da noch mit dem Psalmisten beten: **»Prüfe mich, JAHWEH, und erprobe mich, läutere meine Nieren und mein Herz«** (Ps. 26, 2)?

Viele Beispiele nennt die Heilige Schrift, um zu zeigen, wie Gott Menschen »versuchte«, **um sie zu prüfen** in ihren innersten **Herzensgesinnungen** (BA); sie nennt ABRAHAM (1. Mos. 22, 1), MOSES (2. Mos. 32–33), HISKIA (2. Chr. 32, 31), MARTHA und MARIA (Joh. 11, 5–6), den Jünger PHILIPPUS (Joh. 6, 6), um nur einige zu nennen. Doch muß solche »Versuchung«, im Sinne der Prüfung durch den lebendigen Gott, klar unterschieden werden von der »Versuchung zum Bösen«, die niemals von Gott kommt (Jak.1, 13–14)!

Wie hat doch Israel solch schmerzliche Wege **der Prüfung und Läuterung** immer wieder erfahren! Schon sein Aufenthalt in Ägypten war ein »eiserner **Schmelzofen** des Elends« (Jer.11, 4/1. Kön. 8,51/5. Mos. 4, 20), so daß es beten mußte: »Du hast uns geprüft, o Gott, Du hast uns geläutert, **wie man Silber läutert«** – aber schließlich wird es am Ende der Tage aus drückenden Lasten der Menschenfeindschaft zu »überströmender Erquickung« geführt (Ps. 66, 10–12)!

GOLD ist ein Symbol des Glaubens, **SILBER** ein Bild der Erlösung. Die Läuterung **im Schmelztiegel und Schmelzofen** dient dazu, daß diese gottgeschenkten Heilsgüter von Schlacken befreit werden. Darauf weisen uns Worte von der endzeitlichen Reinigung Israels am »Tage Seines Kommens« hin: »Denn ER wird wie das Feuer des Schmelzers sein und wie die Lauge der Wäscher. Und Er wird sitzen und das Silber schmelzen und **reinigen;** und Er wird die Kinder Levi reinigen und **sie läutern wie das Gold und wie das Silber ...«** (Mal. 3, 2–3/Sach. 13, 9). Daß solche Läuterung letztlich nicht um unseretwillen geschieht, sondern um der Ehre Seines heiligen Namens willen, darauf weist uns Jes. 48, 10–11 hin. Wir stellen uns die bange Frage, ob bei solcher Läuterung in uns etwa nur wertlose Schlacke gefunden werden könnte! Ein Petrus, der von sich selbst und seinem Glauben ganz groß dachte, mußte durch den Satan gesichtet werden, um hernach seine Brüder stärken zu können. Bei der Verleugnung seines Herrn hatten sich alle guten Vorsätze seines Herzens als Schlacke erwiesen, alles war im Feuer des Selbstgerichts verbrannt! Und doch, und doch ... als der Herr ihn nach seiner Liebe zu Ihm fragte, konnte er diese, gleichsam als gottgeschenktes **Gold und Silber** in aller Schwachheit bekennen (Joh. 21, 15–22)!

Was wird der Herr in uns finden an jenem letzten Tage der Prüfung? Was wird sich in Seinem Feuer als **Gold, Silber und Edelstein** schlackenlos bewähren? Es ist letztlich nur das, was von Ihm selbst kommt, das Gnadengut dessen, der uns gemacht ist von Gott zur Weisheit, Gerechtigkeit, Heiligung und Erlösung (1. Kor. 1, 30). Dann wird einem jeden sein Lob werden von Gott (1. Kor. 4, 5), wie es auch Spr. 27, 21 verheißt: »Der **Schmelztiegel für das Silber und der Schmelzofen für das Gold;** und ein Mann – nach Maßgabe seines Lobes!« Bis zu jenem Tage wollen wir uns durch »das Feuer zur Erprobung« nicht befremden lassen, da ja unser Glaube sich bewähren und im Feuer erproben lassen muß, damit er »viel köstlicher als das vergängliche **Gold** erfunden werde zu Lob und Herrlichkeit und Ehre bei der Offenbarung Jesu Christi« (1. Petr. 4, 12–13/ 1, 7)!

+ + +

Ein Übeltäter horcht auf die Lippe des Unheils, ein Lügner gibt Gehör der Zunge des Verderbens. – Vortreffliche (anmaßende) **Rede schickt sich nicht für einen gemeinen Menschen; wieviel weniger Lügenrede für einen Edlen!**

Wir fassen beide Sprüche zusammen, weil es in ihnen um die Rede und das rechte Wort, aber auch um das Hören des Wortes geht. Wieviel Wortgeräusch und Wortmüll wird doch in unserer Zeit ausgeschüttet, ohne daß Wesenhaftes darin offenbart würde! **Die Lippe des Unheils** (BA: des Ichhaften), **die Lügenrede und verderberische Zunge** hat im privaten Leben, aber auch in der Weltgeschichte schon unerhörte Verwüstungen angerichtet, wie ein Schneeball, der eine Lawine auszulösen vermag. Denken wir nur an die dämonische Rede Hitlers und die **Lügenrede** seines »Propagandaministers« Goebbels! Dies alles wird sich gesteigert wiederholen im Tier der Endzeit und in seinem »Propheten«, der zwar »Hörner wie ein Lamm trägt«, d. h. »messianische« Vollmacht aufzuweisen scheint, aber »redet wie ein Drache« (Offb. 13, 11). Doch kommen solche **boshaften** Verführer und **Übeltäter** nicht durch ein unabwendbares Verhängnis zur Macht; vielmehr läuft ihre Machtergreifung über die Mitwirkung **der Hörer,** die durch ihr eigenes verderbtes und **lügenhaftes** Wesen zum Medium des Wortes , zum »Empfänger« dämonischer Botschaft werden: **Ein Lügner gibt Gehör der Zunge des Verderbens.** Vom **Hören** geht der Weg zum **Gehorsam** und zum **Angehören** in der Gefolgschaft – auch auf der Finsternislinie. Und wenn der Glaube bewirkt wird durch das gehörte Gotteswort, so der Unglaube durch **die Lippe des Unheils** und **die Zunge des Verderbens** (BUB: die Verhängniszunge). Auch die große Endzeitverführung hat nach 2. Thess. 2, 9–12 einen Wirkungsmechanismus ursächlicher innerer Verkettungen: Die »lügenhaften Zeichen und Wunder« des Tieres geschehen zwar »in der Energie des Satans«, werden aber nicht automatisch und zwangsläufig im Menschen wirksam; vielmehr läßt Gott den Irrwahn nur bei denen wirksam werden, so daß sie der Lüge glauben, welche **die Liebe zur Wahrheit nicht angenommen haben** und die, wie es die SPRÜCHE sagen, in ihrem Wesen **boshafte Übeltäter und Lügner** sind.
Doch gilt auch das andere: »Wer aus Gott ist, der hört Gottes Worte« (Joh. 8, 47); die »Schafe« hören die Stimme des guten Hirten (Joh. 10, 3 + 16 + 27). Der König der Wahrheit sagte dem korrupten römischen Landpfleger: »Jeder, der aus der Wahrheit ist, hört meine Stimme!« – was als grundlegende Vorentscheidung jedem Menschen offensteht (Joh. 18, 37). Immer wieder sollten wir darum um »das geöffnete Ohr« Gott gegenüber bitten, damit wir »hören, gleich solchen, die belehrt werden« (Jes. 50, 4–5)!
Wenn nun V. 7 von einer **vortrefflichen Rede** spricht, so könnte man darin zunächst etwas Positives sehen; doch ist **eine Rede des Überschwangs** und des **Überragenden** gemeint, eine befehlende und **anmaßende Sprache,** die **hochher redet** (DEL); weil das hebr. Wort auch »Spannseil« bedeuten kann, ist vielleicht auch **eine überspannte Sprache** gemeint. Ist dies die Sprache eines weisen und gebildeten Mannes, eines in sich ruhenden vollmächtigen Führers im Volke Gottes? Hat eine wirkliche innere Vollmacht eine solche Ausdrucksform der Selbstaufwertung überhaupt nötig? Es ist vielmehr die Redeweise des **gemeinen, wahnwitzigen** (DEL) und **ruchlosen** Menschen, der in einem solchen Rollenspiel des überhöhten Selbstbewußtseins seine innere Minderwertigkeit kompensieren will. Dies aber **ziemt sich nicht;** gerade dadurch, daß er das große Wort führt, macht er den Eindruck seiner Wesenszerrüttung und Gemeinheit um so widerwärtiger.

Wieviel weniger schickt sich Lügenrede für einen Edlen! Es ist ein Kontrast, der noch widerlicher als der vorherige erscheint, wenn sich **ein edler Mensch,** ein Mensch mit Herzensadel – also mit bevorzugter Lebens-, Lehr- und Berufshoheit – mit einer **Lippe der Falschheit** (BA) kundtut. Obwohl zur Christusgemeinde nicht viele Mächtige, Weise und **Edle** berufen sind, so sollten wir doch zu Weisen werden, die zum Adel des Geistes gehören, wie jene »Edlen« zu Beröa, von denen Apg. 17, 10–13 spricht; wir sollten dem nachsinnen, was wahr, würdig, gerecht, rein, lieblich, wohllautend, tugendhaft und lobenswert ist, und uns auch in einem geheiligten und wahrhaftigen Wort äußern (Phil. 4, 8).

Psalm 12 spricht von einer Zeit, in der die Gesetzlosen dominieren, und **die Gemeinheit** erhöht ist bei den Menschenkindern (V. 8); ist dies nicht eine Beschreibung gerade unserer Zeit? Und so betet der einsame Gerechte angesichts der Tatsache, »daß die Treuen verschwunden sind unter den Menschenkindern« (V. 1): »Sie **reden Falschheit,** ein jeder mit seinem Nächsten. Mit schmeichelnder Lippe, mit doppeltem Herzen reden sie. JAHWEH wird ausrotten alle schmeichelnden Lippen, die Zunge, **die große Dinge redet,** die da sagen: Wir werden überlegen sein mit unserer Zunge, unsere Lippen sind mit uns, wer ist unser Herr?« (V. 2–4).

Inmitten dieser Müllhalde lügnerischen Menschenwortes aber steht die kostbare Aussage: »Die Worte JAHWEHs sind reine Worte, Silber, das geläutert im Schmelztiegel zur Erde fließt, siebenmal gereinigt« (V. 6)!

Nur durch dieses göttliche Wort kann auch unser Wort gesunden!

+ + +

194 VERHÖHNUNG DES SCHÖPFERS (17, 5)

Wer des Armen spottet, verhöhnt seinen Schöpfer; wer über Unglück sich freut, wird nicht ungestraft bleiben!

In der menschlichen Geschichte hat es – unabhängig von der jeweiligen Wirtschafts- und Regierungsform – immer **Arme** und Reiche gegeben, selbst im sozialistischen und kommunistischen System der »Freiheit, Gleichheit und Brüderlichkeit«. Fast möchte man aus Spr. 17, 5 schließen, Gott habe den Armen dazu vorherbestimmt, arm zu sein, den Reichen aber, reich zu sein. Dies ist keineswegs gemeint! Wenn es heißt, daß Gott **der Schöpfer des Armen** sei, dann bezieht sich das auf sein Menschsein »im Bilde Gottes«, das ihn darin völlig mit dem Reichen und Mächtigen gleichstellt. Gerade wenn man diese wesentliche Aussage übersieht, kann man als Reicher dazu kommen, **den Armen zu verspotten** und damit **seinen Schöpfer zu verhöhnen.** Dem **Hohnlachen** (BA) und **Beschimpfen** (DEL) des Rechtlosen begegnet Gal. 6, 7 mit dem ernsten Wort: »Irret euch nicht, Gott läßt sich nicht verspotten; denn was immer ein Mensch sät, eben dies wird er auch ernten!« Nur »die Barmherzigkeit triumphiert über das Gericht« (Jak. 2, 13). So werden wir zurückgeführt auf den ursprünglichen »Adel des Menschen«, der – unabhängig von Stand und Rasse – »im Bilde Gottes« erschaffen wurde, das heißt aber in Christo, dem Ebenbild des Vaters (Kol. 1, 15). Das wird uns auch in

Spr. 22, 2 bestätigt: »Reiche und Arme begegnen sich: ihrer aller Schöpfer ist JAHWEH!« Elihu aber bezeugt in Hiob 34, 19 von Gott, daß Er »die Person des Fürsten nicht ansieht und den Reichen nicht vor dem Armen berücksichtigt, weil sie alle das Werk Seiner Hände sind«.

Mitleid oder **Schadenfreude** ist das Thema der zweiten Verszeile; **wer sich über das Unglück** seiner Mitmenschen und über ihr **Scheitern** (BUB) **freut, wird nicht ungestraft bleiben!** Wir leben in einer Zeit, wo es schnell geschehen kann, daß man in Leben und Beruf scheitert und durch einen Konkurs oder Naturkatastrophen auf das Existenzminimum zurückgeworfen wird. Wir haben schon darauf hingewiesen, daß der Ursprung des amerikanischen Kapitalismus in der calvinistischen Lehre der doppelten Prädestination (Vorherbestimmung) zu suchen ist, die in Wohlstand und Reichtum ein Zeichen dafür sah, daß jemand unter dem göttlichen Wohlgefallen stehe; in gewissen charismatischen Kreisen wird das heute noch als Ausweis des rechten Glaubens gesehen! Ist ein solches Denken nicht auch **ein Spotten und Hohnlachen** über **den Armen und Gescheiterten?** Wie sehr diese Haltung die Frömmigkeit vergiften kann, zeigt die Lehre der Pharisäer, die in Krankheit und **Unglück** eines Menschen die wohlverdiente Strafe Gottes sahen; die Jünger Jesu machten sich zum Sprachrohr dieser Anschauung. »Und als Jesus vorüberging, sah er einen Menschen, der von Geburt an blind war. Und Seine Jünger fragten Ihn und sagten: Rabbi, wer hat gesündigt, dieser oder seine Eltern, daß er blind geboren wurde? Jesus antwortete: Weder dieser hat gesündigt, noch seine Eltern, sondern damit die Werke Gottes an ihm offenbart würden«, was dann auch in seiner Heilung durch den Herrn geschah (Joh. 9, 2–3).

Auch die Schadenfreude über **das Unglück** oder **Scheitern** eines persönlichen Feindes wird uns durch Gottes Wort verwehrt. In K. 31 zählt Hiob mit der Formel »wenn … dann« 16 Gründe für ein mögliches göttliches Gericht auf. Die Schadenfreude über den Fall des Feindes galt ihm dabei als Todsünde: »Wenn ich mich freute über **das Unglück** meines Hassers und aufjauchzte, als Böses ihn traf – nie habe ich ja meinem Gaumen erlaubt zu sündigen, durch einen Fluch seine Seele zu fordern …« (Hiob 31, 29)! Dem schließt sich auch Spr. 24, 17 an: »Freue dich nicht über den Fall deines Feindes, und dein Herz frohlocke nicht über seinen Sturz…!« Es sei noch erwähnt, daß die große Ehrfurcht, die das Judentum dem Leichnam eines Verstorbenen entgegenbringt, auch mit Spr. 17, 5 begründet wird, weil er im umfassendsten Sinne **arm** und **rechtlos** ist.

Abschließend sei Spr. 14, 31 erwähnt, weil es nicht nur eine negative Haltung bekämpft, sondern den positiven Weg im Sinne Gottes zeigt: »Wer den Armen bedrückt, verhöhnt den, der ihn gemacht hat; **wer aber des Dürftigen sich erbarmt, ehrt IHN«,** d.h. er ehrt im Bedürftigen Gott selbst!

+ + +

195   ÜBERTRETUNGEN ZUDECKEN! (17, 9)

Wer Liebe erstrebt, deckt die Übertretung zu; wer aber eine Sache immer wieder hervorholt, entzweit Altvertraute.

Liebe erstreben meint nicht die Suche danach, von anderen geliebt zu werden, sondern das Erstreben eines göttlichen Zieles in der Betätigung unserer Liebe; Zeph. 2, 3 mit seinem dreimaligen Aufruf: »Suchet JAHWEH ... suchet Gerechtigkeit ... suchet Demut!« und 1. Kor. 14, 1: »Strebet nach der Liebe, eifert um die geistlichen Gaben...!« zeigen uns, was gemeint ist.

Wenn Spr. 10, 12 die Aussage verkürzt auf: **Die Liebe deckt alle Übertretungen zu,** so könnte dies geradezu als eine Beschreibung der Gottesliebe in 1. Kor. 13, 4–7 eingeordnet werden. »Er, Gott, hat uns zuerst geliebt«, und nur darum können wir, auf der Grundlage der erfahrenen Gottesliebe, ebenfalls lieben (1. Joh. 4, 19). Hat nicht Gott, noch ehe die Versöhnung durch Christus geschehen war, in Seiner unermeßlichen Geduld »die Sünden hingehenlassen« und **zugedeckt,** wovon der goldene Sühnedeckel der Bundeslade, der die Anklage der Gesetzestafeln in ihrem Inneren bedeckte, ebenso ein Abbild war, wie der »Tag **der Bedeckung«** (jom kippur)? Röm. 3, 24–26 bezeugt uns dies. Der ganze alttestamentliche Opferdienst bewirkte keine wirkliche Vergebung, sondern nur ein **Zudecken von Übertretungen** durch die Liebe Gottes, im Hinblick auf die einmalige und endgültige Regelung der Sündenfrage durch den Tod des Erlösers (Hebr. 9, 26–28).

Dieses göttliche Handeln gibt auch unserem Verhalten Maß und Richtung! »Wer Liebe zu betätigen trachtet, hängt es nicht an die große Glocke, wenn sich der Nächste schwer versündigt hat; er macht nicht in schadenfroher, skandalsüchtiger Weise viel Aufhebens davon, um den zwischen Menschen bestehenden Riß zu erweitern, sondern sucht durch beschwichtigendes, zurechtbringendes, versöhnendes Eingreifen das Übel zu mildern, statt es ärger zu machen« (DEL).

Dem steht der andere gegenüber, der immer wieder Vergehungen und Schwachheiten **ausgräbt,** statt sie zu bedecken, sie **immer wieder hervorholt,** statt sie zu verschweigen, der das Feuer anheizt, statt es auszutreten. Dies kann sich erweisen im Umgang mit der Sünde der Mitmenschen, aber auch im Umgang mit der eigenen Lebensschuld, die man beständig neu hervorholt, obgleich sie längst vergeben ist. »Vergeben, aber nicht vergessen« ist nicht die Gottesregel! Allein das »Vergessen dessen, was vergangen ist«, ermöglicht es uns, daß wir uns »ausstrecken nach dem, was vor uns liegt«, daß wir »dem Kampfpreis der himmlischen Berufung nachjagen« und »ausschauen auf das Ziel« (nach Phil. 3, 14–15)! Wiederholung (ein Wieder-Hervorholen) gilt als »Mutter der Weisheit«; in unserem Zusammenhang aber ist sie »Mutter aller **Entzweiung«!** Wie viele gesegnete Freundesbande, Gemeinschaft mit **Altvertrauten,** wie viele Jochgemeinschaften des Dienstes wurden schon durch ein ständiges **Hervorholen** und »Wiederkäuen« vergangener Schuld auseinandergerissen! Daß es dabei auch um Führerpersönlichkeiten der Gemeinde gehen kann, mag die begründete Lutherübersetzung zeigen, die vom **Uneinswerden der Fürsten** spricht. Die zweite Zeile von Spr. 10, 12 lautet: »... Haß erregt Zwietracht!« In 1. Petr. 4, 8 werden wir darum ermahnt: »Vor allem anderen aber habt untereinander eine inbrünstige Liebe, denn **die Liebe bedeckt eine Menge von Sünden!«** Wer von uns hätte hierin nicht noch zu lernen von dem Gott, dessen Liebe »das Böse nicht zurechnet«, weil Er das Böse Seinem leidenden Sohn zugerechnet und an Ihm gerichtet hat (1. Kor. 13, 5)!

+ + +

Ein Verweis dringt bei einem Verständigen tiefer ein, als hundert Schläge bei einem Narren!

Man könnte Gottes pädagogisches Handeln am Menschen vereinfachend so beschreiben: Seine **Liebe** wendet sich an unseren GEIST, Seine mahnende **Erziehung** an unsere SEELE, Seine **Züchtigung** aber trifft unseren LEIB. Auch unser Sprüchewort stellt uns vor eine Wahl. Da ist zum einen der göttliche **Verweis**, Sein **Schelten** (BUB), Seine Warnung und Ermahnung, die durch das geschriebene und verkündigte Wort Gottes geschieht. Beim **Einsichtigen dringt dieser Verweis tief ein** in den Naturbestand; denn das Wort Gottes ist »lebendig und wirksam und **dringt hindurch**« durch unseren Naturbestand »bis zur Scheidung von Seele und Geist« – wie ein zweischneidiges Messer, das bei einer notwendigen Operation Gelenke und Mark voneinander trennt. Gottes Wort ist nämlich »ein Kritiker aller Gedanken und Gesinnungen des Herzens« (Hebr. 6, 12–13). Solcher Dienst der Ermahnung (griech.: parakläsis) geschieht durch Hirten und Lehrer der Gemeinde in der Kraft des »Parakleten«, des Heiligen Geistes. Das zugrundeliegende Wort »parakaleo« heißt: herausrufen zu einem Gespräch unter vier Augen, warnen, ermahnen, aber auch trösten, ermutigen und ermuntern. Denn der Überführung von Sünde, Gerechtigkeit und Gericht durch den Gottesgeist folgt das Hineingeführtwerden in »das Ganze der Wahrheit« sowie die seelsorgerliche Weisung für den zukünftigen Weg (Joh. 16, 8–14). Sowohl in der irdischen wie in der göttlichen Erziehung läßt sich **der Verständige** und **Einsichtige** leicht leiten, weil er die Demütigung durch Verweis und Warnung anzunehmen bereit ist. »Der Gerechte weist dem Nächsten den Weg« ist die Beschreibung biblischer Seelsorge in Spr. 12, 26. Gottes Wille bekundet sich **dem Verständigen** gegenüber so: »Ich will dich unterweisen und dich den Weg lehren, den du beschreiten sollst; mein Auge auf dich richtend, will ich dir raten!« Luther übersetzte sehr fein: »... ich will dich mit meinen Augen leiten«. Es entspricht wohl nicht dem Wohlgefallen Gottes, wenn Er mit dem **Narren** anders handeln muß: »Seid nicht wie ein Roß, wie ein Maultier, das keinen Verstand hat; mit Zaum und Zügel, ihrem Geschirr, mußt du sie bändigen, sonst nahen sie dir nicht« (Ps. 32, 8–9)! Freilich hatte selbst die Eselin des Bileam mehr »Einsicht« als dieser, denn sie sah dreimal den Engel JAHWEHs und verkündigte schließlich ihrem Herrn seine Torheit (4. Mos. 22, 22–31).
Ein **Verweis** bringt bei einem **Einsichtigen** mehr zustande, als **100 Knüppelschläge für den Narren,** dem diese Züchtigung widerfährt! Ach, daß wir doch den göttlich leichten Weg des Einsichtigen erwählten! Denn ob die Zucht des Gerichtes wirklich ihr Ziel noch in diesem Leben erreicht, bleibt offen: »Wenn du den Narren mit der Keule im Mörser zerstießest, mitten unter der Grütze, so würde seine Narrheit doch nicht von ihm weichen« sagt Spr. 27, 22. Dann aber kann nur noch eines gelten: »Wer Zucht haßt, ist dumm«; und: »Wer Zucht haßt, wird sterben« (Spr. 12, 1/15, 10)!
Alexander, der Schmied, hatte der Wortverkündigung des Paulus widerstanden und ihm viel Böses erzeigt. Mit Hymenäus gehörte er zu den »Schiffbrüchigen im Glauben«, die dem Satan übergeben wurden, damit sie **durch Züchtigung** unterwiesen würden, nicht mehr zu lästern. »Der Herr vergelte ihm nach seinen Werken!« rief der Apostel bei seinem »Anathema« (Bannfluch; 1. Tim. 1, 20/2. Tim. 4, 14). Wie bei dem »Blutschänder« von Korinth ist solche Zucht eine »ultima ratio« Gottes, eine letzte Maßnahme Seiner heimsuchenden Liebe, damit »der Geist errettet werde am Tage des Herrn Jesu«, wenn auch die irdische Existenz vernichtet wird (1. Kor. 5, 3–5).

Wohl uns, wenn wir bei solcher **Züchtigung** in tiefer Beugung rufen: »Der Gerechte schlage mich: es ist Güte; und Er strafe mich: es ist Öl des Hauptes; nicht wird mein Haupt sich weigern, denn noch ist in ihren Unglücksfällen mein Gebet für sie ...« (Ps. 141, 5). Dann könnte es geschehen, daß uns nicht **100 Schläge** treffen, sondern nur »40 Streiche weniger einem«, wie es das Gesetz befiehlt (2. Kor. 11, 24/5. Mos. 25, 3)!

+ + +

197   DIE REVOLTE DES BÖSEN   (17, 11)

Der Böse sucht nur Empörung; aber ein grausamer Bote wird gegen ihn gesandt werden.

Die natürliche Bedeutung dieses Spruches mag darin liegen, daß sich ein machtgieriger Untertan in einer Revolte gegen seinen König erhebt, und dieser einen Beamten mit unbeschränkter Vollmacht entsendet, der **den Empörer** um jeden Preis unschädlich machen soll. Dann wäre der »maleakh«, der »Engel« ein menschlicher **Beauftragter,** was in der heiligen Schrift durchaus nicht ungewöhnlich ist.
Denken wir nur an die Rebellion Absaloms gegen seinen Vater David! 2. Sam. 14–15 zeigt uns in erschütternder Weise die Stationen seines Abfalls und seiner **Empörung,** in der er die Herzen der Israeliten dem König »stiehlt«; dessen dramatische Flucht führt zum Ölberg, doch am Ende steht Absaloms schändlicher Tod durch die Hand Joabs. Die Flucht Davids wird zu einem Abbild für den Leidensweg unseres Herrn und die Begegnung zwischen Judas und Jesus, letztlich aber für die Aeonen währende Auseinandersetzung zwischen dem Christus und *dem* **Bösen,** dem aufrührerisch nach dem Thron des Allmächtigen strebenden Satan. **Der Böse sucht nur Empörung** (BA: Erbitterung; BUB: Widerspenstigkeit), oder aber in anderer Übersetzung: **Der Empörer sucht nur Böses.**
Eine der klarsten Stellen über die Empörung des Bösen gegen Gott ist Ps. 2, 1–5: »Warum toben die Nationen und sinnen Eitles die Völkerschaften? Es treten auf die Könige der Erde, und die Fürsten ratschlagen insgeheim miteinander gegen JAHWEH und Seinen Messias: ‹Lasset uns zerreißen ihre Bande und von uns werfen ihre Seile!› Der im Himmel thront, lacht, der Herr spottet ihrer.«
In einem urchristlichen Gemeindegebet, anläßlich der Verantwortung der Apostel vor dem Hohen Synedrium, wird dieses Psalmwort auf »die Könige der Erde« – auf Pilatus, Herodes, die römische Besatzungsmacht und die Stämme Israels bezogen, also auf die irdischen Feinde Christi (Apg. 4, 24–31); doch hat Ps. 2 auch einen transzendenten Hintergrund, der in der Aussage »die Fürsten ratschlagen« die himmlischen Feinde Gottes und Seines Messias ins Auge faßt, die in ihrer Revolte das Band des Friedens und der Friedensordnung sowie das »vollkommene Band der Liebe« zerreißen wollten (vgl. Eph. 4, 3/Kol. 3, 14). Gibt es doch nach Jes. 24, 21–23 sowohl »eine Heerschar der Höhe in der Höhe«, zu der auch »die Fürsten dieser Weltzeit« gehören, als auch ihre Marionetten, »die Könige der Erde auf der Erde« (1. Kor. 2, 6 + 8)!
Gottes Zorn **entsendet einen grausamen** (DEL: unbarmherzigen, unerbittlichen)

Beauftragten gegen die aufrührerischen Geister und Mächte der Finsternis: Es ist MICHAEL mit seinem himmlischen Heer, der »die Kriege JAHWEHs« führt und auch die endzeitlichen Entscheidungen herbeiführen wird. Er ist »der Fürstenengel Israels«, der nach Dan. 10 mit den finsteren Göttern der Völker kämpft, der auch mit dem Satan um den Leichnam Moses zu dessen Ausauferstehung stritt (Jud. 9). Bei der Entrückung der Gemeinde wird seine Stimme erschallen, um die Heere des Himmels zu mobilisieren (1. Thess. 4, 16). Er wird als **der grausame Engel des Herrn** Satan und all sein Heer besiegen und es aus den Lufthimmeln auf die Erde herabstürzen (Offb. 12). Dann wird sich Ps. 35, 5–6 erfüllen: »Laß sie sein wie Spreu vor dem Winde, und der Engel JAHWEHs treibe sie fort! Ihr Weg sei finster und schlüpfrig, und der Engel JAHWEHs verfolge sie!« Von solcher **Entsendung** der göttlichen Gerichtsengel spricht auch Ps. 78, 49 im Rückblick auf den Auszug Israels aus Ägypten und den damit verbunden Gerichten Gottes: »Er ließ gegen sie los Seines Zornes Glut, Wut und Grimm und Drangsal, **eine Entsendung von Unglücksengeln!**«

Weil auch unser Herz »ein trotzig und verzagt Ding ist« (Jer. 17, 9 nach Luther), wollen wir den Rat von Spr. 24, 21 beachten – in einer Zeit, wo Aufsässigkeit, Opposition, Widerspruch und **empörerische** Demonstrationen mitsamt der Lästerung aller Obrigkeit gleichsam »zum guten (demokratischen) Ton« gehören: »Mein Sohn, fürchte JAHWEH und den König; mit **Aufrührern** laß dich nicht ein! Denn plötzlich erhebt sich ihr Verderben; und ihrer beider Untergang – wer weiß ihn?«

+ ⁺ +

198   VORSICHT, LEBENSGEFAHR!   (17, 12)

Eine Bärin, die der Jungen beraubt ist, möge einem Manne begegnen, aber nicht ein Tor in seiner Narrheit!

Martin Luther gab diesen Spruch treffend so wieder: »Es ist besser, einem Bären begegnen, dem die Jungen geraubt sind, denn einem Narren in seiner Narrheit!«

Es ist unbestritten lebensgefährlich, **eine Bärin,** die Junge führt, anzugreifen, wohl gar, ihr die Jungen wegzunehmen oder zu töten. Sie wird, ungeachtet ihres eigenen Lebens, heldenhaft den Kampf mit dem Jäger aufnehmen. Vor allem, wenn eines ihrer Jungen verletzt wird, ist eine Bärin stets ein furchtbarer Gegner (vgl. Hos. 13, 8/Amos 5, 19).

Einem Narren in seiner Narrheit zu begegnen, kann noch »lebensgefährlicher« sein, weil dabei das Leben aus Gott, das ewige Leben, auf dem Spiel steht. Wie bei der Angriffshaltung der jungenführenden Bärin geht es bei der Torheit des Narren um eine krankhafte Steigerung der Narrheit, um ihre Potenzierung zur Verrücktheit. Hos. 9, 7 weissagt für die Zeit des Gerichtes über Israel: »Der Prophet wird närrisch, der Mann des Geistes wahnsinnig, wegen der Größe der Ungerechtigkeit und der großen Feindseligkeit!« Die größere Gefahr des **Narren** als die der **Bärin** bezeugt auch David in 1. Sam. 17, 35–37: »JAHWEH, der mich aus den Klauen des Löwen und aus den Klauen des Bären errettet hat ...« – Er wird mich auch von Goliath erretten! Und Spr. 28, 15 vergleicht den »gottlosen Herrscher über ein armes Volk« mit einem »brüllenden Löwen und einem gierigen Bären«.

Von den 70 Stellen des AT, die **den Narren** (kösil) erwähnen, stammen allein 49 aus dem Buche der SPRÜCHE. Einige Aussagen mögen uns die lebensgefährliche, gottfeindliche Rolle des Narren zeigen:

- Die Narren verachten Weisheit und Unterweisung (1, 7);
- der Mund des Narren ist ein drohender Unglücksfall (10, 14);
- die Narren sterben durch Mangel an Verstand (10, 21);
- im Munde des Narren ist eine Rute des Hochmuts (14, 3);
- ein Narr verschmäht die Unterweisung des Vaters (15, 5);
- dem Toren ist es ein Greuel, vom Bösen zu weichen (13, 19).

Pred. 2, 14 aber sagt: »Der Narr wandelt in der Finsternis!«

Nach Röm. 1, 22 sind es oft gerade »die Weisen dieser Weltzeit«, die gelehrten Theoretiker des Verstandes, die sich für Weise hielten und doch zu Narren geworden sind! Denken wir nur an die Lehre der Evolution, der Selbstentstehung des Lebens, ja, des Alls. Es ist wahr, was Ps. 14, 1–2 bezeugt: **»Der Narr** spricht in seinem Herzen: Es gibt keinen Gott! Sie haben verderbt gehandelt, sie haben Abscheuliches getan; da ist keiner, der Gutes tue!« Doch gibt es auch »fromme Toren«, die Schlachtopfer geben, vorschnelle Gelübde ablegen, viele Worte schwätzen und sich auf Träume verlassen, die aber dennoch keine Erkenntnis haben, »so daß sie Böses tun« (Pred. 5, 1–7); sie verbreiten lebensgefährliche Irrtümer, von denen auch das NT spricht, was einer eigenen Betrachtung wert wäre (Eph. 4, 13–15/Mtth. 22, 23–32/1. Kor. 6, 8–11/Gal. 5, 19–21/Gal. 6, 7–8/Jak. 1, 13–17/Jud. 11/2. Petr. 2, 15–17/2. Thess. 2, 11/ 2. Petr. 3, 17).

Gott gebe es, daß wir uns Seiner Weisheit öffnen, uns vor der lebensgefährlichen **Begegnung mit der Torheit des Narren** hüten und das ewige Leben als ein anvertrautes, kostbares Gut bewahren! Sonst könnte uns widerfahren, was dem reichen Kornbauern geschah: **»Du Narr,** noch in dieser Nacht wird man deine Seele von dir fordern!« (Luk. 12, 20).

+ ⁺ +

199 DER UNGERECHTE RICHTER (17, 15)

Wer den Gesetzlosen rechtfertigt, und wer den Gerechten verdammt, sie alle beide sind JAHWEH ein Greuel.

Greuel ist alles, was der heiligen Seele des lebendigen Gottes verhaßt ist. Unter dem 21maligen Vorkommen des Wortes **Greuel** findet sich auch der Spruch gegen den bestechlichen, parteiischen und ungerechten Richter. War doch das Bestechungsgeschenk auch in alten Zeiten kein ungebräuchlicher Weg, um falsche Rechtsprechung zu erwirken. »Das Bestechungsgeschenk ist ein Edelstein in den Augen des Empfängers, wohin er sich wendet, gelingt es ihm« heißt es in Spr. 17, 8; denn »Lösegeld für das Leben eines Mannes ist ihm sein Reichtum ...« (Spr. 13, 8), was ihn freilich dann auch erpreß-bar machte, während »der Arme« wenigstens darin »keine Drohung zu hören« brauch-te. Spr. 17, 23 drückt den Tatbestand noch klarer aus: »Der Gesetzlose nimmt ein Ge-schenk aus dem Gewandbausch, um die Pfade des Rechts zu beugen!«

Die Propheten Israels haben sich immer zum Anwalt der sozial Schwachen, der Entrech-teten, der Witwen, Waisen und Unterdrückten gemacht. So heißt es in Jes. 5, 22–23 im Fluchwort über die ungerechten Richter: »Wehe denen, die Helden im Weintrinken sind, tapfere Männer im Mischen von starkem Getränk; **welche den Gesetzlosen** um eines Bestechungsgeschenkes willen **gerechtsprechen, und den Gerechten die Gerech-tigkeit entziehen!«** Wen wundert es, daß Jesus sich in der Bergpredigt nachdrücklich zu denen bekannte, »die da hungern und dürsten nach der Gerechtigkeit« und ihnen Sättigung in der kommenden Welt des Friedens verhieß. Gibt es nicht auch in der Ge-meinde Jesu immer wieder »Richter mit bösen Gedanken«, die den Armen disqualifizie-ren, den Reichen aber begünstigen und hofieren (Jak. 2, 1–4)? Doch gilt auch für sie, wie für alle ungerechten Richter: »Wer Böses für Gutes vergilt, von dessen Hause wird das Böse nicht weichen« (Spr. 17, 13)! Und Spr. 17, 26 ergänzt: »Auch den Gerechten zu bestrafen, ist nicht gut, Edle zu schlagen um der Geradheit willen!« In Spr. 24, 23–25 aber heißt es:

»Auch diese (Sprüche) sind von Weisen verfaßt: Die Person ansehen im Gericht ist nicht gut! Wer **zu dem Gesetzlosen spricht: Du bist gerecht,** den verfluchen die Völker, den verwünschen die Völkerschaften; denen aber, die **gerecht entscheiden,** geht es wohl, und über sie kommt Segnung des Guten!«

Diese Verheißung wird uns in einer ergreifenden Szene der Urgeschichte Israels illu-striert; dort begegnet der greise Patriarch Jakob dem Pharao Ägyptens, dem sein Sohn Joseph als Vizekönig vortrefflich diente. »Und Jakob segnete den Pharao. Und der Pha-rao sprach zu Jakob: Wie viele sind der Tage deiner Lebensjahre? Und Jakob sprach zu dem Pharao: Die Tage meiner Fremdlingschaft sind 130 Jahre ... Und Jakob segnete den Pharao und ging von dem Pharao hinaus« (1. Mos. 47, 7–10). Wir dürfen annehmen, daß dieser Pharao ein guter König und ein gerechter Richter war!

Es ist müßig entscheiden zu wollen, was nun schwerer wiege – **die Gerechtsprechung des Schuldigen** oder **die Verurteilung des Unschuldigen** – beides ist dem Herrn widerwärtig und verhaßt, ist Ihm **ein Greuel.** Darum war es »eine Bitte nach Gottes Wil-len«, als König Salomo Gott um ein verständiges Herz bat, damit er Gottes Volk richten und dabei zwischen Gutem und Bösem unterscheiden könne (1. Kön. 3, 9).

Auch wir sind oft vor dem »Justizirrtum« richtender Brüder oder gar vor ihrer mora-lischen »Bestechlichkeit« im Urteil nicht geschützt. Da kann uns vor der Bitterkeit nur eine Haltung bewahren, wie sie der große Apostel Christi hatte: »Mir aber ist es das Geringste, daß ich von euch oder von einem menschlichen Gerichtstage beurteilt wer-de; ich beurteile mich aber auch selbst nicht. Denn ich bin mir selbst keiner Schuld be-wußt, aber dadurch bin ich nicht gerechtfertigt. **Der mich aber beurteilt, ist der Herr«** (1. Kor. 4, 3–5).

Wenn Gott den bestechlichen Richter haßt, **der den Gerechten verurteilt, den ge-setzlosen Frevler aber freispricht und rechtfertigt,** dann müßte man daraus schließen können, daß Er selbst die Ablehnung solchen Handelns zur Maxime Seines Wesens macht! Und doch ist Er es selbst, **der den Gottlosen rechtfertigt** (Röm. 4, 5) und **den** Gerechten richtet und verdammt – Jesus Christus, den Richter der Lebendigen und der Toten, Seinen gerechten und reinen Sohn (Apg. 3, 14-15 + 18)! Dies ist ohne eine Verleugnung Seines göttlichen Wesens nur darum möglich, weil Er sich selbst als der Richter in Christo an unserer Stelle gerichtet hat, so daß wir, **die gottlosen** Gottesfeinde, nunmehr freigesprochen und **gerechtfertigt werden** (Röm. 5, 5–10)! Welcher Wechsel! »Was sollen wir nun hierzu sagen? Wenn Gott für uns ist, wer könnte wider uns sein? Er, der doch Seines eigenen Sohnes nicht geschont, sondern Ihn für uns alle dahingegeben hat, sollte Er uns mit Ihm nicht alles schenken? Wer wird wider Gottes Auserwählte Anklage erheben? Etwa Gott, der sie rechtfertigt? Wer das Verdammungsurteil sprechen? Etwa Christus, der gestorben, ja noch mehr, der auch auferweckt wurde, der auch zur Rechten Gottes ist und der sich auch für uns verwendet« (Röm. 8, 31–34)?

Das Wort Jesu an die Ehebrecherin gilt auch uns: »Hat niemand dich verurteilt? So verurteile ich dich auch nicht; gehe hin und sündige nicht mehr!« (Joh. 8, 11).

+ + +

200 EIN FREUND – FÜR DIE DRANGSAL GEBOREN (17, 17)

Der Freund liebt zu aller Zeit, und als Bruder für die Drangsal wird er geboren.

»Freunde in der Not gehen 1000 auf ein Lot« hat daraus die weltliche Spruchweisheit gemacht. Und so ist es wirklich: »Reichtum verschafft viele Freunde; aber der Arme – sein Freund trennt sich von ihm« (Spr. 19, 4); war er wirklich ein **Freund?** »Viele schmeicheln einem Edlen, und alles, was Freund heißt, gehört dem Manne, der Geschenke gibt! Alle Brüder des Armen hassen ihn; wieviel mehr entfernen sich von ihm seine Freunde. Er jagt ihren (Treue)-Worten nach, die nichts bedeuten!« Nichts von dem, was Spr. 19, 6–7 sagt, hat sich in Jahrtausenden geändert!

Wer dächte hier nicht an die Geschichte vom verlorenen Sohn: Wie viele »Freunde« und »Freundinnen« umdrängten ihn, wie die Motten das Licht, als er noch den Reichtum seines Vaters mit vollen Händen ausgeben konnte; als er aber dann völlig verarmt am Trog der Schweine saß, war er ganz allein. Doch wurde ihm diese Vereinsamung zum Heil. Hermann Hesse dichtete: »Voll von Freunden war mir die Welt, als noch mein Leben licht war: nun, da der Nebel fällt, ist keiner mehr sichtbar!«

Unser Sprücheowrt sieht den echten **Freund,** der **zu aller Zeit,** also auch in der größten Not und Anfechtung **liebt,** ja, dessen Freundschaft **in der Drangsal zur Bruderschaft reift,** in sie **hineingeboren wird.** Wie wird uns solche Verinnerlichung der Freundschaft zur Bruderschaft in jener wunderbaren Freundschaft zwischen DAVID (= der Geliebte) und JONATHAN (= das Gottesgeschenk) dargestellt, die ja prophetisch auf die Verbindung des Christus mit Seiner Gemeinde hinweist! 1. Sam. 18, 1 berichtet, daß sich die Seele Jonathans mit der Seele Davids verband, weil er ihn »wie seine eigene Seele« liebte. Darum schloß er mit ihm einen Bund und rettete ihn aus höchster Todesgefahr vor dem Zugriff seines Vaters Saul (1. Sam. 19, 1–7/20, 12–23 u. a.).

Die »Freunde Hiobs« hingegen liebten den schwergeprüften Gottesmann in seinem Elend nicht, auch wenn sie lange bei ihm saßen und ihm mit vielen hohlen Worten ihr theologisches System erklärten, wonach der Leidende durch seine Drangsal von Gott für heimliche Sünde bestraft werde. Bei vielen Richtigkeiten, die sie bezeugten, redeten sie doch nicht »recht« oder »geziemend«, das heißt, nicht übereinstimmend mit Gottes Wesen (Hiob 42, 7); sie redeten **Worte, die nichts bedeuten** (Spr. 19, 7). Die **Freunde** liebten Hiob **in der Drangsal nicht,** weshalb sie ihm auch nicht zu **Brüdern in der Not** werden konnten!

Von dem wahren Gottesfreund singen wir:

> »Welch ein Freund ist unser Jesus, o, wie hoch ist Er erhöht;
> Er hat uns mit Gott versöhnet und vertritt uns im Gebet.
> Wer mag sagen und ermessen, wieviel Heil verloren geht,
> wenn wir nicht zu Ihm uns wenden und Ihn suchen im Gebet!«

und:

> »… Sind von Freunden wir verlassen, und wir gehen ins Gebet,
> o so ist uns Jesus alles: König, Priester und Prophet!«

Er, der uns nach Joh. 15, 14 **Freunde** genannt hat, wurde uns zum **Bruder** in der Drangsal Seiner Versuchungen und Anfechtungen, in die Er bei Seinem Kommen in die Welt **hineingeboren wurde,** damit Er nun Mitleid zu haben vermag in allem, worin wir versucht werden (Hebr. 2, 17–18)! Darum schämt Er sich nicht, uns **Brüder** zu nennen, weil wir – wie Er – vom gleichen Gott und Vater stammen! Welche prophetische Kunde liegt doch in Spr. 18, 24: »Ein Mann vieler Freunde« (die diesen Namen nicht verdienen) »wird zugrunde gehen; doch es gibt *einen,* der liebt und anhänglicher ist **als ein Bruder!«**

Als Judas seinen Herrn mit einem Kusse verriet, begrüßte Jesus ihn mit dem Wort, das keineswegs bitter oder zynisch gemeint war, sondern Seiner fortdauernden Liebe entsprang: »Mein Freund, wozu bist du gekommen?« (Mtth. 26, 50/vgl. Ps. 35, 14). In Blankenburg sang man den Chorus: »Er hat mich Freund genannt, Er hat mich Freund genannt, Er starb für mich auf Golgatha, Er hat mich Freund genannt!«

Auf diesem dunklen Hintergrund auch unserer Sünden- und Verratsgeschichte dürfen wir beschämt das Wort von unserem **Bruder in der Drangsal** hören: »Denn welche Gott zuvorerkannt hat, die hat Er auch zuvorbestimmt, dem Bilde Seines Sohnes gleichgestaltet zu werden, damit Er der Erstgeborene **unter vielen Brüdern** sei« (Röm. 8, 29). Jesus wurde **in unsere Drangsal hineingeboren,** um selbst die größte Bedrängnis zu erleiden – und Er nimmt an unseren Nöten und Anfechtungen als ein treuer Freund und Hoherpriester teil!

+ + +

201 DAS HERZ: DIAGNOSTIK UND THERAPIE (17, 16 + 20 + 22)

Wozu doch ein Kaufpreis in der Hand des Toren, um Weisheit zu kaufen, da ihm doch das Herz fehlt?

Zum Verständnis dieser Aussage muß man sich den ganz anderen »Zeitgeist« vor Augen führen, der das gesetzestreue Israel prägte. **Weisheit** galt als ein überaus hohes Gut, höher als Ehre, Geld und Macht, die unsere Zeit so sehr bestimmen. Der Weise war hochgeehrt, und das Studium des Wortes Gottes, der Thora, galt als höchstes aller Lebensziele. Wenn im polnischen Judentum ein reicher Mann keine Zeit für das Studium der Schriften aufbringen konnte, war er verpflichtet, an seiner Stelle einem armen Juden finanziell den Besuch der Talmudschule zu ermöglichen. In einem solchen Umfeld konnte ein Narr schon auf die Idee kommen, **mit Geld Weisheit zu kaufen,** um ihres Ansehens teilhaftig zu werden; er erstellte sich etwa eine wertvolle Bücherei mit kostbaren Werken der Gottesgelehrtheit, erkaufte sich vielleicht einen Gelehrtentitel, oder das Recht, in der Synagoge zur Thoralesung aufgerufen zu werden, oder er streute ein geldgespeistes Gerücht von der eigenen Weisheit aus … Aber wo **das Herz** (BUB: der Herzsinn) **fehlt,** kann keine Weisheit wohnen! Das Herz ist ja nach der Schrift das Zentrum der Gefühle und des Willens, die persönliche Mitte aller Lebensregungen und die Quelle aller wirklichen inneren Werte. »Alles hat seinen Preis!« – das ist wahr, ob es sich nun um Weisheit, Vollmacht der Verkündigung oder um ein Wort zur Aufrichtung der Müdegewordenen handelt, doch ist dieser Preis ein anderer als Geld: Es ist die Furcht des Herrn und die Liebe zu Seinem Wort als Ausdruck der Liebe zu Gott selbst! Mit Geld kann man bestenfalls Wissen erwerben, **Weisheit nur mit dem Herzen.** »Man sieht nur mit dem Herzen gut«, sagte Antoine de St-Exupéry.

+

Wer verkehrten Herzens ist, wird das Gute nicht finden; und wer sich mit seiner Zunge windet, wird ins Böse fallen!

Wir haben schon wiederholt von der grundlegenden Vorentscheidung **des Herzens** im Bekenntnis zur Wahrheit gesprochen, die eine Erleuchtung durch den Gottesgeist und das neue Leben erst ermöglicht; eine Ablehnung der Liebe zur Wahrheit hingegen öffnet uns für jeden dämonischen Irrtum und läßt ihn in Herz und Leben wirksam werden (2. Thess. 2, 11–12). »Wo nicht Wahrheit wohnt im Herzensgrund, ist das tiefste Wesen nicht gesund« (Karl Geyer).
Es ist **der verkehrte** (DEL: schlangenkrumme) **Herzensweg** und die **sich windende,** die Wahrheit umgehende und fälschende **Zunge,** die **das Gute verfehlt und zum Bösen führt,** zum **Fallen** im Abbilde Satans. Hier geht es weniger um »Glück« und »Unglück«, als um **das Gute** und **das Böse** in seinem letzten, absoluten Sinn. Als »der wahre Israelit« Nathanael dem für Jesus werbenden Philippus entgegnete: »Was kann denn aus Nazareth Gutes kommen?« da meinte er das Heil, den Messias, der ja in Bethlehem geboren werden sollte. Weil aber **sein Herz** aus der Wahrheit war, **fand er das Gute** und konnte kurz darauf bekennen: »Rabbi, Du bist der Sohn Gottes, Du bist der König Israels« (Joh. 1, 43–49)!
Wie wichtig ist die geistliche Gesundheit **unseres Herzens,** der Lebensmitte unserer Person! Dann kann jeder Gemeindehirte und »Sohn des Trostes« wie Barnabas, wenn er Ansätze der Gnade Gottes sieht, sich darüber freuen und ermahnen, »mit **Herzensentschluß** bei dem Herrn Jesus zu verharren« (Apg. 11, 22–23)!

+

Ein fröhliches Herz bringt gute Besserung, aber ein zerschlagener Geist vertrocknet das Gebein!

Die **gute Besserung** bedeutet nach Delitzsch eine Linderung krankhafter Vorgänge, eine schnelle Wundheilung, Erleichterung und Genesung; Martin Buber übersetzte unseren Vers so: **Ein frohes Herz macht Wunden gut verharschen, ein geknickter Mut dörrt das Gebein.** Auch die SPRÜCHE sind nicht so naiv zu glauben, daß es möglich wäre, immer **ein fröhliches Herz** zu haben, so wie wir als Kinder sangen: »Immer fröhlich, immer fröhlich, alle Tage Sonnenschein!« Nein – das Leben schlägt **Wunden,** die kaum verheilen und Narben zurücklassen, die uns an harte Kämpfe, auch im geistlichen Leben, erinnern. Aber **der zerschlagene Geist, der geknickte Mut** sollte kein Dauerzustand werden! Gott will und wird **die Wunden heilen,** die Er geschlagen hat – seinem Volke Israel am Ende der Tage, aber auch uns (Hosea 6, 1/Ps. 147, 3/Jes. 30, 26/ Luk. 10, 34).

Wir haben wiederholt auf die enge Beziehung von Seele und Leib hingewiesen, die auch in vorliegendem Vers zum Ausdruck kommt. Es ist vor allem unser Immunsystem, unsere körpereigene Abwehrkraft, die über Gesundheit und Krankheit, etwa die Krebsentstehung, wesentlich entscheidet. Man hat nun festgestellt, daß sie durch einen frohen, lebensbejahenden Sinn in ihrer Funktion wesentlich gestärkt, durch Depressionen, Kummer und Streß aber geschwächt werden kann. So bestätigt sich die jahrtausendealte Weisheit des Gotteswortes. Nicht nur **das mutlose Herz,** sondern auch **der zerschlagene Geist** verursacht Verfallszustände unseres Leibes, **vertrocknet das Gebein.** Ist doch der Geist des Menschen Zentrum seines Selbstbewußtseins, Wächter über alle Lebensvorgänge und Steuerzentrale, aber auch das Empfängnisorgan für den Heiligen Geist. So können wir »in unserem Geist ermüden, indem wir in unserer Seele ermatten« (Hebr. 12, 3). Aber auch das andere gilt: Ein fröhliches Herz kann den Geist beleben und erfrischen und das geistliche Leben erwärmen, so daß es zum »Wiederaufleben des Geistes« kommt, wie es der greise Patriarch Jakob erfuhr, als er seinen totgeglaubten Sohn Joseph nach langer Zeit wiedersah. Zuvor aber war **sein Herz erstarrt,** weil er den Worten seiner Söhne nicht glaubte (1. Mos. 45, 27–28/s. auch Richt. 15, 17–19).

So kann auch unser Herz letztlich nur durch Gottes Wort gesunden, kann unsere Seele geheilt, der Geist aufgerichtet werden, können **unsere Wunden verheilen.** »Die Freude am Herrn ist unsere Stärke« (Neh. 8, 10). Und Ps. 84, 2 sagt: »Mein **Herz** und **mein Leib** freuen sich (jubeln frohlockend) in dem lebendigen Gott!« Dies kann dem widerfahren, dessen »Herzensfreude die Zeugnisse Gottes sind« (Ps. 119, 111). Auch der schwergeprüfte Prophet Jeremias konnte bezeugen: »Deine Worte waren mir zur Wonne und Freude meines Herzens, denn ich bin ja nach Deinem Namen genannt ...« (Jer. 15, 16)!

So gilt Jesu Zusage nicht nur für die Zeit der Heilsvollendung, sondern anbruchweise schon für diese Lebenszeit: »Euer **Herz** wird sich freuen, und eure Freude wird niemand von euch nehmen« (Joh. 16, 22)!

+ + +

Vor dem Angesicht des Verständigen ist Weisheit, aber die Augen des Toren sind am Ende der Erde.

Wir leben in einer Zeit der Weltreisen, wo man in kürzester Zeit »alles sieht, aber doch nichts gesehen hat«! Man reist nicht mehr im eigenen Lande, um seine Schönheit zu erleben, sondern es muß schon Kenia, Marokko, Alaska, Sibirien oder China sein! Dabei kennt man oft die eigene Heimat oder die Umgebung seines Wohnortes kaum! Viele erwarten Wunder der inneren Wandlung vom »Tapetenwechsel«, vergessen aber, daß sie sich selbst auch an den exotischsten Urlaubsort mitnehmen – ihre eigenen Charakterfehler, Mißstimmungen und neurotischen Verspannungen. Viele verlassen auch den angestammten Glauben, um in primitiven Kulten oder in obskuren Sekten ihr »Heil« zu finden. Die schweifenden **Augen** und Gedanken **des Narren** suchen Zerstreuung statt Konzentration, flattern wie ein Schmetterling von einem Fernziel zum anderen, doch ohne wirkliches Interesse. Man muß aber nicht **ans Ende der Erde** oder **zum Rande der Welt** (BUB) fahren, um **Weisheit** zu finden. In dem Heilslied »Ich bin durch die Welt gegangen…« heißt es:

> »Sie suchen, was sie nicht finden in Liebe und Ehre und Glück
> und kommen, belastet mit Sünden und unbefriedigt zurück!«

Der Einsichtige, Verständige findet **die Weisheit** und die Wunder Gottes **vor seinem Angesicht,** in seinem Umfeld und Alltag. Dazu gehört auch die Schöpferweisheit, die man am eigenen Leibe, in der Natur und allen ihren Erscheinungen der Jahreszeiten, im Wetter, sowie in der Tier- und Pflanzenwelt wahrnehmen kann. Wer dies vermag, kann freudig in Gellerts wunderbares Lied einstimmen:

> »Wenn ich, o Schöpfer, Deine Macht, die Weisheit Deiner Wege,
> die Liebe, die für alle wacht, anbetend überlege,
> so weiß ich, von Bewundrung voll, nicht, wie ich Dich erheben soll,
> mein Gott, mein Herr und Vater!
>
> **Mein Auge sieht, wohin es blickt,** die Wunder Deiner Werke:
> der Himmel, prächtig ausgeschmückt, preist Dich, Du Gott der Stärke.
> Wer hat die Sonn an ihm erhöht? Wer kleidet sie mit Majestät?
> Wer ruft dem Heer der Sterne?«

Pred. 2, 14 schildert den »Vorzug der Weisheit vor der Torheit«, der »wie der Vorzug des Lichtes vor der Finsternis« sei, so: »Der Weise **hat Augen** in seinem Kopfe, der Tor aber wandelt in der Finsternis«, das heißt doch, er ist sehend und doch blind, während der Weise »erleuchtete Augen« hat, die wirklich zu schauen vermögen.
»Warum in die Ferne schweifen, sieh, das Gute ist so nah!«
Es hat große Gottesmänner mit einem weiten, alles umfassenden geistigen Horizont gegeben, die nie aus ihrem Wohnort hinausgekommen sind! Um die Wahrheit und **Weisheit** Gottes **in der Nähe** zu sehen, bedarf es allerdings einer Augenöffnung.
»Öffne mir die Augen, damit ich Wunder schaue in Deinem Gesetz« sagt der Psalmist (119, 18). Dann sieht man den »Mikrokosmos« der göttlichen Weisheit in der Natur, aber noch mehr in Seinem Wort durch das »Mikroskop der Liebe«. »Was kein Auge ge-

sehen und kein Ohr gehört hat« – auch nicht mit den stärksten Mikroskopen und kosmischen Lauschantennen – »das hat Gott denen zubereitet, die Ihn lieben«, verheißt uns 1. Kor. 2, 9. Von solcher Weisheit Gottes in der Nähe spricht auch 5. Mos. 30, 11–14: »Denn dieses Gebot, das ich dir heute gebiete, ist nicht zu wunderbar für dich und **ist nicht fern.** Es ist nicht im Himmel, daß du sagen könntest: Wer wird für uns in den Himmel steigen und es uns holen und es uns hören lassen, daß wir es tun? Und es ist nicht jenseits des Meeres, daß du sagen könntest: Wer wird für uns jenseits des Meeres hinüberfahren und es uns holen und es uns hören lassen, daß wir es tun? **Sondern sehr nahe ist dir das Wort,** in deinem Munde und in deinem Herzen, um es zu tun!« Wie der Apostel Paulus dieses Wort deutete, können wir aus Röm. 10, 6–11 erfahren, wo er noch das »Hinabsteigen in die Totenwelt« als Möglichkeit, »in die Ferne zu schweifen«, hinzufügt und »das nahe Wort« auf das verkündigte Glaubenswort bezieht. Es ist das Wunder der göttlichen Offenbarung, daß sie auf Erden durch geistbegabte Menschen geschieht, so daß uns Gottes Wort **vor unserem Angesicht** zur Verfügung steht.

Allerdings stammen die geoffenbarten Wirklichkeiten aus jenem unzugänglichen Licht Gottes »über der Sonne«, um mit dem »Prediger« zu sprechen. Nicht irdische, sondern himmlische und göttliche Weisheit ist es, die in unsere unmittelbare Nähe kam. So löst sich der scheinbare Widerspruch zu Spr. 17, 24, daß wir, die wir »ein himmlisches Vaterland suchen« und in dieser Welt nur in abbruchreifen »Zelten« wohnen, nach Gottes Willen doch **in die Ferne schweifen** sollen: »Wenn ihr nun mit dem Christus auferweckt worden seid, **so suchet, was droben ist,** wo der Christus ist, sitzend zur Rechten Gottes. Sinnet auf das, was droben ist, nicht auf das, was auf Erden ist; denn ihr seid gestorben, und euer Leben ist verborgen mit dem Christus in Gott« (Kol. 3, 1–3)!

+ + +

203 VON DER DISZIPLIN DES SCHWEIGENS (17, 27–28)

Wer seine Worte zurückhält, besitzt Erkenntnis; und wer kühlen Geistes ist, ist ein verständiger Mann. – Auch ein Narr, der schweigt, wird für weise gehalten, für verständig, wer seine Lippen verschließt.

In der Aussage: **Wer seine Worte zurückhält, besitzt Erkenntnis...** wird der disziplinierte Geist gewürdigt, sowie der aus hohem Selbstbewußtsein hervorgehende, würdige Ernst dessen, der in der Wahrheit ruht. Er verzichtet auf unüberlegte Rede und wartet auf den Zeitpunkt Gottes, da er reden soll. »Schweigen hat seine Zeit und Reden hat seine Zeit« sagt uns Pred. 3, 7. Die zweite Zeile fügt ergänzend hinzu: **Wer kühlen Geistes ist, ist ein verständiger Mann!** und wendet sich damit gegen die affektgeladene, leidenschaftliche Hitze des erregten Wortes. »Ein verständiger Mann schweigt still« sagt Spr. 11, 12 und setzt es in Gegensatz zu dem, der »seine Verachtung über den Nächsten« zum Ausdruck bringt. Freilich ist **der Mann kühlen Geistes** nicht der Gefühllose und allezeit Reservierte! In den heißen Gegenden des Orients bedeutet **Kühle** Erquickung; so sind die Israel verheißenen »Zeiten der Erquickung« im Messiasreich nach dem Grundtext eigentlich »Zeiten der Kühle, der Erfrischung« (Apg. 3, 19). Solch **kühler Geist** ist zugleich ein vor Gott **kostbarer Geist,** wie eine Lesart des hebräischen Textes die Wendung wiedergibt.

Spr. 10, 19 fügt noch einen Gedanken hinzu: »Bei der **Menge der Worte** fehlt die Übertretung nicht; wer aber seine Lippen zurückhält, ist einsichtsvoll!« Wir leben in einer Zeit der Wörterflut, nicht aber der gehaltvollen, vollmächtigen Rede. Oft ist es nur inhaltloser »Wortmüll«, der über die Hörer ausgeschüttet wird, leere Verpackungen mit schönen Etiketten, aber ohne Gehalt und ohne eine Möglichkeit der »Wiederverwertung«. Dies mag darin begründet sein, daß vollmächtiges Wort nur aus einem heiligen **Hörschweigen** herausgeboren wird, in dem es heranreift. Wir haben schon mehrfach auf das wichtige Wort in Jes. 50, 4–5 hingewiesen, wo das Hören mit dem geöffneten Ohr erst »die Zunge des Belehrten« verleiht, der »den Müden durch ein Wort aufrichten« kann. Wie nötig ist solches Hörschweigen gerade für Verkündiger des Wortes Gottes, die von »Dienst zu Dienst«, von Vortrag zu Vortrag reisen! Wenn wir uns nicht im Schweigen vor Gott erfüllen lassen, produzieren wir nur Wortgeräusch! Dann mögen wir zwar »Rede haben beim Auftun des Mundes«, aber keine »Freimütigkeit, das Geheimnis des Evangeliums kundzutun« (Eph. 6, 19–20). Dann wäre es besser, das Rezept zu befolgen, das Hiob seinen »theologisch begabten Freunden« gab: »O daß ihr doch stille schwieget! Das würde euch zur Weisheit gereichen!« (13, 5). Das wesenhafte, wirkungsvolle Wort wird durch eine Zeugung des Gottesgeistes in unserem Geiste aus dem Schweigen geboren, wie wir auch in Hiob 33, 32–33 erkennen können: »Wenn du Worte hast, so antworte mir; rede, denn ich wünsche dich zu rechtfertigen. Wenn nicht, dann höre mir zu; schweige, und ich werde dich Weisheit lehren!«

Spr. 17, 28 redet von einem anderen **Schweigen,** das nur scheinbar auf einen Weisen hindeutet: **Auch ein Narr, der schweigt, wird für weise gehalten, für verständig, wer seine Lippen verschließt** (BUB: zustopft; BAD: verrammelt). **Der Narr** hat nicht des Weisen **Zurückhaltung** in der Disziplin des Geistes, sondern er muß die drängende Wortflut **zustopfen;** denn wenn er seine Lippen öffnete und redete, würde seine ganze Hohlheit und Dummheit offenbar! Die Araber sagen: »Das Schweigen ist die Decke des Dummen« (nach DEL). Und wir alle kennen die Mahnung an den Toren: »Wenn du geschwiegen hättest, wärest du ein Philosoph geblieben« –nämlich in den Augen der Unwissenden, die deine Torheit nicht kennen.

Der schweigende Narr gleicht dem Taubstummen aus Mark. 7, 32–37; nachdem Jesus ihn geheilt hatte, »wurden seine Ohren aufgetan, das Band seiner Zunge wurde gelöst, und – **er redete recht!**« Möge dies auch uns widerfahren!

+ + +

204 DER SEKTIERER (18, 1–2)

Wer sich absondert, trachtet nach einem Gelüst; gegen alle Einsicht fletscht er die Zähne. – Der Tor hat kein Gefallen an Verständnis, sondern nur daran, daß sein Herz sich offenbare.

Der Sektierer ist **der Sonderling** (DEL), der **sich absondert** von der Gemeinschaft und ihrem Wohl; dabei sucht er letztlich nicht »die reine Wahrheit«, sondern **sein eigenes Gelüst,** das er ebenso befriedigen will, wie die Phantasiegebilde seines Herzens. Damit wendet er sich gegen alle **Einsicht,** gegen das **Heilsame,** das dem Wohl der Gesamtheit und ihren Ordnungen frommt (DEL). Worin aber besteht sein **Gelüst?** Er hat den fragwürdigen Gewinn, »Papst« seiner Anhänger zu werden, die ihm kritiklos folgen in allem, was er tut, denkt und fühlt, und kann sich so, wenigstens vor dem Tribunal seiner eigenen schwachen Persönlichkeit, selbst erhöhen. Dem steht gegenüber, was das NT über den Verbund des Leibes Christi und seiner inneren geistgewirkten Ordnungen sagt, etwa in Eph. 2, 20–22: »Ihr seid aufgebaut auf dem Fundament der Apostel und Propheten, in welchem Christus selbst der Eckstein ist. In Ihm wächst der ganze Bau, **wohl zusammengefügt,** zu einem heiligen Tempel im Herrn heran. In diesem werdet auch ihr mitaufgebaut zu einer Behausung Gottes im Geiste!«

Die fanatische, maßlose und feindselige Polemik des Sektierers wird sichtbar in seinem **Zähnefletschen** gegen alles, was **fördert, frommt** und **heilsam** ist, wie Delitzsch **die Einsicht** (tuschia) deutet. Die »Abgesonderten« zur Zeit Jesu waren die Pharisäer; sie erhoben sich über »das gemeine Volk, welches das Gesetz nicht kennt« und **sonderten sich** nicht nur **ab** von der Sünde – wozu wir freilich nach 2. Kor. 6, 17 aufgerufen sind –, sondern auch vom Sünder, dem sie jeglichen Rückweg zu Gott verwehrten. Unter den 16 Werken des Fleisches zählt Gal. 5, 20 auch Feindschaft, Hader, Eifersucht, Zornausbrüche, Streitereien, Zwistigkeiten und **Sekten** auf; und Jud. 19 spricht von solchen, **die sich absondern,** als von »Seelischen, die den Geist nicht haben«. Da hilft nur eine Gegenwehr: Der »Selbstaufbau« im Glauben, das Gebet im Heiligen Geiste und ein Bleiben in der Liebe (V. 20). Ja, das »Einführen von Sekten« auf dem Schleichweg und durch die Hintertür zeugt nach 2. Petr. 2, 1 sogar von »falscher Prophetie«. In der Auseinandersetzung mit der Sektiererei fruchtet keine lange, ermüdende Diskussion, vielmehr gilt es, nach Tit. 3, 10 zu handeln: »Einen sektiererischen Menschen weise ab, nach einer ein- oder zweimaligen Zurechtweisung, weil du weißt, daß ein solcher verkehrt ist und das Ziel verfehlt, indem er durch sich selbst verurteilt ist!«

Auch Spr. 18, 2 schildert das Wesen des sektiererischen Sonderlings: Es geht ihm letztlich nicht um **Einsicht, Verständnis** und wahre Erkenntnis; vielmehr will er in einer blinden Selbstgefälligkeit **sein Herz,** d. h. sich selbst »in seiner wahren Größe« **der Öffentlichkeit gegenüber enthüllen** (nach DEL) und so der Welt »einen unverzichtbaren Dienst« erweisen. In Wirklichkeit aber enthüllt er nur seine ganze innere Hohlheit und sein Streben nach eitlen und negativen Zielen!

Die uns vorgeschriebene **Absonderung** ist eine Trennung vom Bösen und von der Sünde, nicht etwa die Absonderung von Glaubenden anderer Prägung! Als solche, die von Gott zum Dienst am Evangelium **abgesondert** sind (Röm. 1, 1/Gal. 1, 15), laßt uns den Ruf zur Einheit des Geistes und zur Geschlossenheit in Dienst und Glaubenskampf aus Phil. 2, 1–4 vernehmen und danach handeln!

Die Worte aus dem Munde eines Mannes sind tiefe Wasser, ein sprudelnder Wirbelbach, ein Born der Weisheit.

Born, Brunnen, Quelle, Wirbelbach – immer geht es um »lebendiges«, d.h. frisches, belebendes Wasser, nie um einen abgestandenen, schlammigen Wasserrest vor der neuen Regenzeit! Darum verwendet die Bibel **das sprudelnde,** lebendige **Wasser** als Bild des Heiligen Geistes und des ewigen Lebens, das er vermittelt. Wenn nun **die Worte aus dem Munde des Weisen** mit solchen Wassern verglichen werden, dann sicher darum, weil auch sie Wirkungen des Gottesgeistes und göttliches Leben mitteilen. So heißt es in 1. Thess. 1, 5: »Denn die von uns verkündigte Frohe Botschaft erwies sich bei euch nicht im Worte allein, sondern auch in Kraft und im Heiligen Geiste und in großer Gewißheit!«

Die geisterfüllten Lebens- und Weisheitsworte werden verglichen mit **tiefen Wassern.** Ihr Sinn liegt also nicht auf der Oberfläche, sondern muß durch tiefes Eindringen erhoben werden, so, wie man Wasser aus einer großen Tiefe erschließt. Ob hierbei nicht an die »Tiefen der Weisheit Gottes« gedacht ist, die wir durch Seinen Geist allein ergründen können (1. Kor. 2, 9–12)? Auch die größte Sommerhitze kann solch **tiefe** Grundwasservorkommen nicht austrocknen, weshalb der Mann, der auf den Herrn vertraut, mit einem Baume verglichen wird, der am Wasser gepflanzt ist und »sich nicht fürchtet, wenn die Hitze kommt«; sein Laub bleibt grün, und er trägt segensreiche Frucht (Jer. 17, 7–8). Die Wasserfluten, die für Israel in der Wüste aus dem Felsen entquollen, waren auch »Wasser aus den Tiefen« (Ps. 78, 15).

Das zweite Bild für die geisterfüllten Weisheitsworte sind **die sprudelnden Wasser eines Wirbelbaches.** Es sind schier unerschöpfliche Wassermengen, die etwa in einem Gebirgsbach zu Tale brausen. So konnte Asaph sagen: »Horche, mein Volk, auf meine Lehre! Neiget euer Ohr zu den Worten meines Mundes! Ich will meinen Mund auftun mit einem Spruche, will Rätsel **hervorströmen lassen** aus der Urzeit« (Ps. 78, 2/s. auch Ps. 119, 171). Oder denken wir daran, daß nach dem NT die Erquickung, die Gnade Gottes, der Dienst zur Auferbauung der Gemeinde, die Dankbarkeit, die Freude, die Herrlichkeit, die innerlichen Gefühle, wie auch die Liebe **überströmend** sein können!

Das dritte Bild für die Weisheitsrede und ihre Erquickung ist das des **Borns,** des Brunnens. Wer würde hierbei nicht an die Brunnen der Erzväter erinnert – an den Brunnen »Beer-Lachai-Roi« (den Brunnen des lebendig Schauenden) oder an »Beerseba« (den Brunnen des Eidschwurs), an denen Abraham und Isaak wohnten (1. Mos. 16, 14/21, 31–34/26, 23 + 25)? Der Streit um diese Wasserbrunnen ging so weit, daß die feindlich gesinnten Philister diese mit Erde, Steinen und Kot zuschütteten. So können manche Väterbrunnen geistlicher Segnungen im Laufe der Zeit verschüttet werden. Wir aber sollten es mit Isaak halten, von dem es in 1. Mos. 26, 18 heißt: »Und Isaak grub die Wasserbrunnen wieder auf, welche sie in den Tagen seines Vaters Abraham gegraben hatten ... und er benannte sie mit denselben Namen!«

Ob unser Sprüchewort von den **quellfrischen Worten aus dem Munde eines Mannes** auch von dem Menschensohn Jesus Christus gelten können? Paulus würde dies sicher, wie in Gal. 3, 16, mit dem Hinweis bejahen: »Er redet als von Einem!« Christi Worte jedenfalls sind »Geist und Leben«, Worte des ewigen Lebens von unerschöpflicher Tiefe (Joh. 6, 63 + 68). Das Gespräch, das der Herr nach Joh. 4 mit der Samariterin am Jakobsbrunnen führte, weist auf Ihn als den wasserspendenden Felsen Israels, auf die Quelle »lebendigen Wassers« hin: »Jeden, der von diesem Wasser trinkt, wird wiederum dürsten, wer aber irgend von dem Wasser trinken wird, das ich ihm geben werde, den wird nicht dürsten in Ewigkeit; sondern das Wasser, das ich ihm geben werde, wird in ihm zu einer Wasserquelle werden, die ins ewige Leben quillt« (Joh. 4, 14/vgl. mit Joh. 7, 37–39).

Das Wort aus dem Munde des Menschensohns und Sein Geist erschließen uns Seinen »unausforschlichen Reichtum« (Eph. 3, 8). Darum gilt auch uns die Einladung : »Und wen da dürstet , der komme; wer da will, nehme das Wasser des Lebens umsonst« (Offb. 22, 17)!

+ + +

206   WORTE – TODESNAHRUNG ODER LEBENSFRUCHT   (18, 8 + 20–21)

Die Worte des Ohrenbläsers sind wie Leckerbissen, und sie dringen hinab in das Innerste des Leibes. – Von der Frucht des Mundes eines Mannes wird sein Leib gesättigt, vom Ertrage seiner Lippen wird er gesättigt. – Tod und Leben sind in der Gewalt (eig.: Hand) **der Zunge, und wer sie liebt, wird ihre Frucht essen.**

Bei der vorliegenden Spruchweisheit geht es wieder um die Wirkungen des Wortes: Es kann **Tod** oder **Leben** bewirken. Beides steht **in der Hand der Zunge,** in ihrer Handlungsmacht oder Aktivität, weshalb Buber übersetzt: **in der Macht der Sprache. Die Worte des Ohrenbläsers** (BUB: des Hetzers; BAD: des Intriganten) bewirken letztlich den Tod, **die fruchtvollen Worte des weisen Mannes** aber das Leben. Wessen Worte, wessen Parolen **lieben wir?** Auch wir werden erfahren, welchen starken Einfluß, bis in das Unterbewußtsein, Worte haben können; sie bilden eine Saat, die **zur Frucht** in uns ausreift. So wird uns beides zur Wahl vorgelegt: Tod oder Leben, Heil oder Unheil, Segen oder Fluch (5. Mos. 30, 15–16 + 19). Wer das Wort Gottes, das Wort des Weisen **liebt, wird von der Frucht** am Lebensbaume Gottes essen und von ihr **gesättigt werden!**

In unseren Versen wird die Wirkung des Wortes mit dem Genuß einer Speise, ja von **Leckerbissen,** verglichen, die **den Leib sättigen.** Dies kennen wir auch aus der Geschichte Jesu. Als der Herr nach 40tägigem Fasten in der Wüste vom Satan versucht wurde, zu eigenem Nutzen Steine in Brot zu verwandeln, wies Er den Feind mit den Worten ab: »Nicht vom Brot allein soll der Mensch leben, sondern von jedem Worte, das vom Munde Gottes ausgeht« (Mtth. 4, 4). Er selbst war ja *der* **Mann,** der Menschensohn und letzte Adam, und Seine »Speise« war es, den Willen Gottes zu tun (Joh. 4, 34). Von der Sättigung durch das Wort lesen wir auch in Spr. 12, 14: »Von der Frucht seines Mundes wird ein Mann mit Gutem gesättigt … « und in Spr. 13, 2 + 25: »Von der Frucht seines Mundes ißt ein Mann Gutes«; »der Gerechte ißt bis zur Sättigung seiner Seele!«

Die Worte des intriganten **Ohrenbläsers** sind also bei den Zuhörern so begehrt wie **ein Leckerbissen.** Die von ihm verbreiteten Gerüchte, Einflüsterungen, Verdächtigungen und Hetzparolen dringen ein **bis in das Innerste des Leibes,** bis ins **Tiefinnerste** (DEL) der Persönlichkeit – des Unterbewußtseins. Es kann sowohl das Innere des Zuhörenden, als auch des Gerüchtemachers selbst gemeint sein, das durch ein solches Wort vergiftet wird; denn es gibt eine Rückwirkung des bösen, auch des verleumderischen Wortes auf uns selbst! Tit. 3, 3 nennt gottferne Menschen, die »sich selbst und auch andere hassen«. Einen Sonderfall stellt der **Ohrenbläser** dar, der Zank und Streit liebt (Spr. 17, 19); er übersieht dabei die Folgen, die wie der Bruch eines Staudammes sind: »Der Anfang des Zankes ist, wie wenn einer Wasser entfesselt; so laß den Streit, ehe es zum Zähnefletschen kommt« (Spr. 17, 14)! Wenn »die Lippen des Toren Streit herbeiführen«, so »ruft er« im Grunde »nach Schlägen«, die ihn unweigerlich dafür treffen werden (Spr. 18, 6). Denn »wer Zank liebt, liebt Übertretung« (Spr. 18, 19). »Des Toren Mund wird ihm zum Untergang, und seine Lippen sind der Fallstrick **seiner Seele**« (Spr. 18, 7). Er »sucht den Einsturz« (17, 19). Wieder wird in diesen Worten die verheerende Wirkung unserer **intriganten Worte** auf uns selbst, auf **das Innerste des Leibes, auf unsere Seele** sichtbar!

Wie anders wirkt dagegen das **fruchtvolle** Lebenswort des Weisen, das seinen eigenen Leib und seine Seele **sättigt,** das Innerste seiner Person wohltuend bereichert, wie auch alle die, welche sein gesegnetes Wort **lieben** und dann auch seiner **Frucht** teilhaftig werden. Karl Geyer sagte einmal: »Mit der Glückseligkeit des Für-IHN-Fruchtbarseins ist keine Erdenwonne zu vergleichen!«

Nun haben unsere Spruchworte auch eine symbolisch-prophetische Seite. Zeugen nicht die Verse 20–21 von den **Worten *des* Mannes,** des Menschensohnes Jesus Christus, die machtvoll das Leben vermitteln? »Meine Worte sind Geist und Leben« sagte Er selbst (Joh. 6, 63). Aber liegt auch **der Tod** in Seiner **Sprache Gewalt?** Nach 2. Kor. 2, 14–16 kann die verkündigte Christusbotschaft bei denen, die gerettet werden, »ein Geruch des Lebens zum Leben« sein, bei denen aber, die verloren gehen, »ein Geruch des Todes zum Tode«!

Wie groß ist doch **die Frucht des Mundes** des Gottesmannes Jesus, auch im Worte der Heiligen Schrift! Wir essen und leben von dieser Frucht am Lebensbaum! Wenn wir aber daran denken, daß wir als Glaubende »Glieder am Leibe Christi« sind, ja, Seinen Leib bilden, dann gewinnt Spr. 18, 20 noch eine kostbarere Bedeutung: **Von der Frucht Seines Mundes, vom Ertrag Seiner Lippen, wird Sein Leib,** also die ganze Christusgemeinde, **gesättigt!** Jedes Christusglied lebt von den Zuflüssen des Geistes und von der Nahrung des Wortes, die vom Haupte her ihm zukommen.

Wer aber ist, prophetisch gesehen, **der Ohrenbläser,** der als »Vater der Lüge« die Heiligen bei Gott verklagen will (Hiob 1, 6–12/Sach. 3, 1–2/Offb. 12, 10)? Es ist der »Diabolus«, der »Durcheinanderbringer« und Verleumder, *der* Intrigant. Seine **Worte** – dämonische Weisheit, falschprophetische Rede, verführerische Philosophie, sowie alle verderblichen Parolen unserer Zeit – manipulieren die Menschen des Ungehorsams, die Söhne des Verderbens; **sie dringen wie Leckerbissen ein in seinen Leib.** Es gibt einen Organismus des Bösen als Gegenbild des Christusleibes, der auch im Monarchienbild von Dan. 2, 31–45 und in Eph. 2, 2–3 dargestellt wird. Wohl uns, wenn wir »Schafe des guten Hirten« sind, die »Seine Stimme hören« und von Seinem Worte leben und gesättigt werden!

+ + +

Auch wer sich nachlässig zeigt in seiner Arbeit, ist ein Bruder des Verderbers.

Die Arbeit (melachah) **ist der Auftrag**, den der Beauftragte (maläach) zu erfüllen hat. Oftmals wird das hebräische Wort »maläach« auch von den »Beauftragten« Gottes gebraucht, die als Lichtesengel »Täter Seines Wohlgefallens« sind. In vorliegendem Vers geht es um unsere irdische Arbeit, die wir fleißig und gewissenhaft, aber auch **nachlässig** (BA: erschlafft), faul, unordentlich und unkorrekt verrichten können. Es ist heutigentags Mode geworden, die Arbeit nur als »Job« zum Geldverdienen anzusehen und sie nur dann gewissenhaft auszuführen, wenn der Vorarbeiter, Abteilungsleiter oder der Chef uns »im Auge haben«. Der **Faule** wird in Spr. 24, 33–34 so beschrieben: »Ein wenig Schlaf, ein wenig Schlummer, ein wenig Händefalten, um auszuruhen, – und deine Armut kommt herangeschritten, und deine Not wie ein gewappneter Mann!« Ich kannte zwei junge Brüder, die immer zu spät zu ihrer Baustelle kamen, weil sie zuvor noch ihre »stille Zeit« haben mußten. Hätten sie nicht früher aufstehen können? Was mögen wohl ihre ungläubigen Arbeitskollegen von ihnen gehalten haben? Wir müssen uns als Christen der Frage stellen, wie wir zu unserer Arbeit stehen!

Die Apostel haben den gläubigen Sklaven, die noch keinen Arbeitsschutz und keine Gewerkschaft hatten, einiges gesagt, was uns heute wohl kaum mehr gefallen mag: Nicht nur den freundlichen und gerechten Herren, sondern auch »den verkehrten« sollten sie dienen »wie dem Herrn Christus«, und zwar von Herzen, mit Furcht, ohne Unrecht zu begehen, nicht in Augendienerei, in Gehorsam und in der Furcht des HERRN (Eph. 6, 5–8/Kol. 3, 22/1. Petr. 2, 18–19). Letztlich gründen diese Forderungen darin, daß Gott »kein Gott der Unordnung, sondern des Friedens« – d.h. der geistlichen Friedensordnung ist (1. Kor. 14, 33). Unordnung, Chaos und Unfrieden – und dazu zählt auch die **Nachlässigkeit** – gehören zum Wesen der finsteren Mächte. Diese haben ja im Aufruhr gegen Gott und Seinen Messias deren »Bande und Seile« zerrissen, wozu auch das »Band des Friedens« und »das vollkommene Band der Liebe« gehörten, die vor der satanischen Urrevolte die Harmonie des Kosmos gewährleisteten (vgl. Eph. 4, 3/Kol. 3, 14).

So wundern wir uns nicht, wenn der Faule und **Nachlässige** zu einem wesensnahen **Bruder des Verderbers** (DEL: der Zerstörung) wird. Im Hebräischen wird **der Verderber** als »baal maschchit« bezeichnet, das ist der **Baal der Zerstörung, des Verderbens** – ein **Meister an Zerstörung** (so Bullinger). Fast meint man einen Baals-Namen zu vernehmen, wenn hier auch mehr an die allgemeine Bedeutung von »baal« als des »Meisters« gedacht ist. In solcher zerstörerischen Meisterschaft übertrifft dieser noch den »Mann des Verderbers« aus Spr. 28, 24: »Wer seinen Vater und seine Mutter beraubt und spricht: Kein Frevel ist es! der ist ein Verbündeter des Mannes des Verderbers!«

So wie überall in den SPRÜCHEN prophetische Kunde von dem Christus als dem Manne Gottes aufleuchtet, so auch von Seinem Widersacher, dem Satan, der hier als der **Meister des Verderbens** erscheint. Dazu einige Schriftstellen:

Der Verderber erhielt keinen Zutritt zu den Häusern der Israeliten (2. Mos. 12, 23); dieser wird auch »der **Zerstörer** der Erstgeburt« genannt (Hebr. 11, 28); 1. Kor. 10, 10 spricht von Israeliten, die wegen ihres Murrens **von dem Verderber** umgebracht wurden; und 1. Kor. 5, 5 erwähnt einen Sünder, den Paulus dem Satan übergab **zum Verderben** des Fleisches.

Wundert es uns, wenn nicht nur der Verräter Judas, dessen Herz der Satan erfüllt hatte,

Sohn des Verderbens genannt wird (Joh. 17, 12), sondern auch der endzeitliche Gegenchristus – der »Mensch der Sünde, der **Sohn des Verderbens**« und damit auch **des Verderbers** (2. Thess. 2, 3)?

Wollen wir durch Unordnung, Auflehnung gegen jede Autorität, durch bewußte **Nachlässigkeit** in unserer **Arbeit** zum **Bruder des Meisters des Verderbens** werden – des Satans, der uns nur allzugerne den Stempel seines chaotischen Wesens aufprägen will? Als solche, die durch den Gottesgeist **Brüder** des Erstgeborenen Gottes sind, wollen wir auch unsere irdischen Aufgaben getreulich erfüllen, wieviel mehr aber das, was uns an Diensten in der Gemeinde Christi aufgetragen ist!

> »Gib, daß ich tu mit Fleiß, was mir zu tun gebühret,
> wozu mich Dein Befehl in meinem Stande führet!
> Gib, daß ich's tue bald, zu der Zeit, da ich soll,
> und wenn ich's tu, so gib, daß es gerate wohl!«

+ ⁺ +

208   Der JAHWEH-Name – EINE ZUFLUCHTSSTÄTTE   (18, 10–11)

Der Name JAHWEHs ist ein starker Turm; in ihn läuft der Gerechte und ist in Sicherheit. – Das Vermögen des Reichen ist seine feste Burgstadt und in seiner Einbildung gleich einer hochragenden Mauer.

Wir leben in einer Zeit innerer Bedrohtheit und furchtvoller Erwartung; Menschen werden durch Erwartungsängste, Berufs-, Lebens- und Todesängste geplagt, und manchmal möchte man darin den Einfluß finsterer Mächte verspüren; ist doch der Satan auch der angsteinflößende »brüllende Löwe«. Viele fürchten den Atomkrieg, den plötzlichen Zusammenbruch ihrer Gesundheit und ihres familiären Glücks, die ökologische Katastrophe, die Arbeitslosigkeit und vieles mehr und verfallen einer Angstneurose. Der gottlose und bindungslose Mensch ist ungeborgen.

Die beiden Verse hätte man auch überschreiben können mit »Wahre und trügerische Sicherheit«. V. 11 berichtet uns vom Selbstbetrug des **Reichen.** In einer seelischen Vorspiegelung, **Ausmalung** (BA) und **Einbildung** erscheint ihm sein gut angelegtes und »vor Krisenfällen sicheres« **Vermögen** wie eine gegen Feinde wohl gesicherte **Burgstadt,** eine **Burg des Trotzes** (BUB), eine **Festung mit hochragender Mauer.** Kann nicht der Fromme angesichts solcher »Wohlfahrt des Gesetzlosen« in Neid verfallen? »Denn keine Qualen haben sie bei ihrem Tode, und wohlgemästet ist ihr Leib. Nicht sind sie im Ungemach der (anderen) Sterblichen ... Deshalb umgibt sie der Hochmut wie ein Halsgeschmeide, Gewalttat umgibt sie wie ein Gewand. Es tritt aus dem Fett hervor ihr Auge, sie wallen über **in den Einbildungen ihres Herzens ...**« (Ps. 73, 3–7). Und doch ist ihre Sicherheit eine trügerische Fata Morgana, weshalb Paulus reiche Brüder ermahnte, »ihre Hoffnung nicht auf die Ungewißheit des Reichtums zu setzen« (1. Tim. 6, 17).

Wie kostbar ist hingegen die Verheißung in V. 10 von der Bergung, Sicherung und Bewahrung **des Gerechten.** Was ist nun der **starke Turm** oder **Turm der Stärke** (BAD), **in den der Gerechte** – Zuflucht suchend – **läuft,** und in dem er **Sicherheit findet?**

(Genauer heißt es nach dem Hebräischen, daß er über alle Gefahr »hoch hinausgerückt« und »erhöht« wird und damit »überragend« und unnahbar gesichert wird). Es ist **der Name JAHWEH** (oder: JAHWEHs). Dieser Name ist »die Umschreibung des über- und innergeschichtlichen Seins Gottes, die Chiffre Seines freien und allmächtigen Waltens in Gnade und Wahrheit, die Selbstbenennung Gottes als des Erlösers« (DEL). Er birgt in sich die Wesensbeständigkeit und Selbstverpflichtung Gottes und damit die Summe Seines göttlichen Wesens und Seines Handelns in der Heilsgeschichte. Darum sahen die Apostel »im Namen Jesu Christi« alle Vollmacht begründet, so daß sie selbst den Dämonen unter Berufung auf Seinen **Namen** geboten. In diesem Namen, der alle Namen überragt, müssen und werden sich einmal aller Knie beugen zur Verherrlichung Gottes des Vaters. Wer als Erstling Jesus anruft, kennt also Gott mit Namen. **Turm der Stärke** (migdal oz) hat den Zahlwert 154, das ist 77 + 77 oder 7 × 22 (die Vollkommenheit des Sohnes).

In der größten Krise seines Lebens und der Reformation hat Luther das Lied gedichtet: »Ein feste Burg ist unser Gott«; und auch wir bergen uns glaubend in Seinem **Namen,** berufen uns also auf Sein Wesen und Heilswerk in Christo. Wie schön wird uns solche, über alle **Einbildung** erhabene **Sicherheit** in Ps. 61, 2–4 beschrieben: »Vom Ende der Erde werde ich zu Dir rufen, wenn mein Herz verschmachtet; Du wirst mich auf einen Felsen leiten, der mir zu hoch ist. Denn Du bist mir **eine Zuflucht** gewesen, **ein starker Turm** vor dem Feinde. Ich werde weilen in Deinem Zelte in Ewigkeit, werde Zuflucht nehmen zu dem Schutze Deiner Flügel. Selah!« Wohl jedem, der, statt vor Gott zu fliehen, in der »Umkehr« der Buße Zuflucht bei Ihm sucht und **in diesen Turm der Stärke läuft!** Auf diese wunderbare Möglichkeit weisen uns prophetisch die Zufluchtsstädte Israels hin, die jedem, der ohne Willen und Vorsatz schuldig wurde, Bergung boten: Golan in Basan, Kadesch in Galiläa, Hebron, Sichem, Ramoth in Gilead und Bezer in der Wüste.

»Menschenfurcht legt einen Fallstrick; wer aber auf JAHWEH vertraut, wird in Sicherheit gesetzt« bezeugt Spr. 29, 25.

»Unser Herz ist unruhig in uns, bis daß es ruhet in Dir, o Gott« (Augustin)!

+ + +

209 KEINE CHANCE FÜR DEN ZERSCHLAGENEN GEIST? (18, 14)

Eines Mannes Geist erträgt seine Krankheit; aber ein zerschlagener Geist – wer richtet ihn auf?

Schon einige Male sind wir dem Thema des **zerschlagenen Geistes** (BUB: des geknickten Mutes) in den SPRÜCHEN begegnet (15, 13/17, 22). Diesmal wird uns eine scheinbar unlösbare Frage gestellt, die den Bedrückten in der Ratlosigkeit und Verzweiflung beließe, würde sie nicht anderenorts im Worte Gottes beantwortet. Es gibt sogar zwei biblische Bücher, die mit einer solchen Frage abschließen, die scheinbar im leeren Raum verhallt (Jona 4, 11/Klagel. 5, 22). Ältere Ausleger haben im Text zwischen einem **männlichen Geist,** der mit Geduld und Selbstbeherrschung Leiden, Schmerzen und Krankheitsnöte **erträgt,** und einem »weiblichen« **zerschlagenen Geist** unterscheiden wollen, der Schmerzen und Leiden beklagt und darin verzweifelt. Das ist nicht aufrecht zu erhalten, denn es ist eine Tatsache, daß Frauen Krankheiten und Schmerzen besser zu ertragen vermögen als die meisten Männer. So gesehen müßte man manchen Mann mit 1. Sam. 26, 15 fragen: »Bist du nicht ein Mann…?« Es ist wohl ein anderer Gegensatz, den unser Sprüchewort sieht: Da ist zum einen der gesunde, geordnete, gefestigte Geist des Menschen, der Belastungen und Schmerzen von Drangsal und Krankheit **zu ertragen vermag;** was aber wird mit dem, der in der gleichen Lage einen zerschlagenen, unbefestigten und müden Geist besitzt, der kaum mehr in der Lage ist, weiterhin sein Elend zu ertragen? **Wer richtet ihn auf? Wer erhebt** (BA) und **trägt** (BUB) **ihn?**

Die Heilige Schrift behandelt **den zerschlagenen Geist** als Grundthema aller Heiligen und spricht oftmals sogar positiv von solcher Zerbruchssituation:
»Die zerschlagenen Geistes sind, rettet Gott« (Ps. 34, 18). »Ein zerbrochenes und zerschlagenes Herz wirst Du, o Gott, nicht verachten« (Ps. 51, 17). Und in Jes. 66, 2 verheißt der lebendige Gott: »Aber auf diesen will ich blicken: auf den Elenden und auf den, **der zerschlagenen Geistes ist,** und der da zittert vor meinem Wort!« (s. auch das kostbare Wort aus Hiob 5, 17–18, das zwar von Eliphas stammt, aber von Hosea 6, 1–2 und Hebr. 12 bestätigt wird).

So beantwortet die Heilige Schrift doch die Frage: **Wer richtet den zerschlagenen Geist auf? Wer erhebt und trägt ihn?** Es ist der Sohn Gottes selbst, der dies vollbringt, und der uns als Hoherpriester trägt – auf Seinem priesterlichen Herzen und auf den starken Schultern Seiner Kraft; darum wird in Gal. 6, 2 das Tragen der Lasten anderer als »messianisches Gesetz« bezeichnet. Wir brauchen keinen menschlichen »Christophorus« (Christusträger); es ist der Christus selbst, der uns durch alle Leiden, alle Drangsale und Nöte und das oft unsagbare Elend unseres Lebens **hindurchträgt** bis zum Ziel im Licht. Er, der uns »zu lieben begonnen hat, liebt uns auch bis zur Vollendung«, wie es im Eingang zur Fußwaschung eigentlich heißt (Joh. 13, 1).

Zwölffach bezeugt die Schrift Christi Tragvermögen:
Er trug weinend den Samen der Welt zur Aussaat; Er trägt Israel wie ein Adler seine Jungen; Er trägt als Hirte die Lämmer an Seiner Brust; Er trägt das All durch das Wort Seiner Kraft; Er hat unsere Leiden getragen; Er hat die Sünden der Welt getragen; Er trug unsere Schwachheiten und Krankheiten; Er trägt uns bis in die Tage unseres Alters; Er trägt einst die Freudenernte der erlösten Welt Seinem Gott und Vater zu; **Er trägt Tag für Tag unsere Last;** Er trägt auch das verlorene Schaf nach Hause; Er trägt sogar die Gefäße des Zorns mit Geduld.

Den zerschlagenen Geist, wer hebt und trägt ihn und richtet ihn auf? Du darfst wissen, daß Du auf den Schultern dessen ruhst, der auch Dich trägt und zum Vater heimführt!

Doch mit Ps. 51 dürfen wir bitten: »Erschaffe mir, Gott, ein reines Herz, und erneuere in meinem Inneren **einen festen Geist**« (V. 10)! »Den Geist Deiner Heiligkeit nimm nicht von mir« (V. 11)! und »… mit einem willigen Geist stütze mich« (V. 12)!

+ + +

Das HERZ des Verständigen erwirbt Erkenntnis, und das OHR des Weisen sucht nach Erkenntnis. – Das hörende OHR und das sehende AUGE, JAHWEH hat sie beide gemacht.

Auge und **Ohr** sind die Organe der wissenschaftlichen Erkenntnisaneignung, **das Herz** hingegen mehr das Organ der religiösen Erkenntnissuche. In unserer hochtechnisierten Welt hat sich die Funktion **des Auges** erweitert – in den Riesenteleskopen, die den Makrokosmos ergründen sollen, und den Elektronenmikroskopen, die den Mikrokosmos zu entdecken suchen; auch **die Ohren** werden in ihrer Funktion milliardenfach verstärkt in jenem »großen Lauschangriff« der Parabolantennen, die Kunde aus den unermeß-lichen Weiten des Universums zu empfangen suchen. Diese naturwissenschaftlichen Bemühungen des Menschen sind nicht von vornherein zu verurteilen, weil sie zur Er-kenntnis des Schöpfergottes führen können. Der staunende Wissenschaftler kann durchaus zu der Ehrfurcht finden, die ein schwedisches Lied so ausdrückt:

> »Du großer Gott, wenn ich die Welt betrachte,
> die Du geschaffen durch Dein Allmachtswort,
> wenn ich auf alle jene Wesen achte,
> die DU regierst und nährest fort und fort,
> dann jauchzt das Herz Dir, großer Herrscher, zu:
> Wie groß bist DU, wie groß bist Du!«

Das menschliche **Herz** hingegen sucht – erregt und bewegt, unruhig und ahnungsvoll – in der religiösen Erhebung das Geheimnis Gottes zu ergründen. Doch weiter als zur Er-kenntnis der Existenz eines Schöpfers kann es nicht vordringen, Gottes Wille und Wesen erschließen sich ihm auf diesem Wege nicht. Ganz klar führt dazu 1. Kor. 2, 9 aus: »Was kein **Auge** gesehen und kein **Ohr** gehört hat, und was in keines Menschen **Herz** auf-gestiegen ist, das hat Gott denen bereitet, die Ihn lieben; uns aber hat es Gott enthüllt durch Seinen Geist, denn der Geist erforscht alles, auch die Tiefen Gottes!«

So ist es **des Verständigen Herz,** welches **Erkenntnis sucht** und sie **erwirbt,** so daß sie endlich in seinem Herzen **ruht** und bleibend wohnt (Spr. 14, 33), während der Mund des Toren sich an Narrheit weidet (Spr. 15, 14). Solches geistliche Wachstum wird treff-lich in Spr. 2, 1–6 wiedergegeben, wo das **Suchen** und **Aufspüren der Weisheit,** so-dann aber auch **das Finden und Verstehen** der Erkenntnis Gottes davon abhängig ge-macht wird, daß wir unser **Ohr** aufmerken lassen und unser **Herz** hinneigen zum Ver-ständnis. Fast könnte man meinen, daß es letztlich an unserem Streben läge, ob wir Weisheit und Erkenntnis erlangen; doch widerspräche das der Aussage in 1. Kor. 2, 9, wo solche Gottesoffenbarung dem Liebenden verheißen wird. Aber auch die SPRÜCHE nennen in K. 2, 6 die eigentliche Quelle der Weisheit: »Denn **JAHWEH** gibt Weisheit; aus Seinem Munde kommen Erkenntnis und Verständnis!« Dem entspricht Jak. 1, 5: »Wem aber Weisheit mangelt, der bitte Gott, der allen bereitwillig gibt und keine Vor-würfe erhebt, und sie wird ihm gegeben werden!«

Dies bestätigt auch Spr. 20, 12: **Das hörende OHR und das sehende AUGE – JAHWEH hat sie beide gemacht!** Während Auge, Ohr und Herz an sich zum Empfang der Gottesoffenbarung untauglich sind, eignen sich dafür die »geöffneten Augen«, das »hörende und gehorsame Ohr« und das »empfängliche Herz«; Gottes Geist hat sie befähigt, die sichtbare, meßbare und hörbare irdische Welt zu überschreiten. »Öffne meine Augen, daß sie Wunder schauen in Deinem Gesetz« betet der Psalmist in Ps. 119, 18. Wenn wir unser Herz jedoch Gott gegenüber verhärten, dann können wir weder »mit den Augen sehen« und »mit den Ohren hören«, noch mit »mit dem Herzen verstehen« (Mtth. 13, 13–17/s. auch 5. Mos. 29, 4).

Sind wir solche, die da **hören** auf das, »was der Geist den Gemeinden sagt«, wie überhaupt auf die Botschaft des Glaubens (Offb. 2, 7/Röm. 10, 17/Apg. 16, 14–15)? Sowohl für das verkündigte Wort als für die seelsorgerliche Antwort gilt: »Wer Antwort gibt, bevor er anhört, dem ist es Narrheit und Schande« (Spr. 18, 13). Haben wir »erleuchtete **Augen** des Verständnisses«, die uns befähigen, auch die unsichtbare göttliche Wirklichkeit zu schauen (Eph. 1, 18/2. Kor. 4, 18/Hebr. 11, 26–27)? Haben wir **ein Herz,** »in das Gott geleuchtet hat zum Lichtglanz der Erkenntnis der Gottesherrlichkeit im Angesichte Christi« (2. Kor. 4, 6/Röm. 10, 10)?

Das sehende Auge, das hörende Ohr und das unermüdliche Herz sind Wunderwerke des Schöpfers; Wunder der Neuschöpfung jedoch ist die geistgewirkte Erweiterung zum Schauen des Unsichtbaren, zum Hören der Gottesoffenbarung und zu Einsicht und Verständnis des Herzens. Daß doch die Mahnung der Gottesweisheit sich an uns erfüllen könnte, die in Spr. 22, 17 spricht: »Neige **dein Ohr** und höre die Worte der Weisen und richte **dein Herz** aus auf mein Wissen!«

+ + +

211 EIN TREULOS BEHANDELTER BRUDER   (18, 19)

Ein Bruder, an dem man treulos gehandelt hat, widersteht mehr als eine starke Burgstadt; und Streitigkeiten sind wie der Riegel eines Palastes.

Treue unter den Menschen ist ein seltenes Gut. Sie ist ausgezeichnet durch Zuverlässigkeit und Glaubwürdigkeit und verbürgt die Beständigkeit eines Charakters in Freundschaft, Bruderschaft und Ehe. Sie ist ein Abglanz der Gottestreue (ämunah) in dieser Welt der Untreue, der Trennungen, Zerwürfnisse und **Rechtsstreitigkeiten** (BA). Von solcher Treue haben die SPRÜCHE Kostbares zu bezeugen:

»Wer treuen Geistes ist, deckt die geheime Sache zu …« (11, 13).
»Ein treuer Gesandter ist Gesundheit« (13, 17).
»Ein treuer Zeuge lügt nicht …« (14, 5).
»Ein treuer Bote erquickt die Seele seines Herrn« (25, 13).
»Ein treuer Mann ist reich gesegnet« (28, 20).

Wenn einmal der **Treuebruch** erfolgt ist, und **Zwietracht** aufbricht, dann kann der Schaden zwischen **Brüdern** und Freunden nur schwer geheilt werden! Die Erfahrungsweisheit der SPRÜCHE lehrt uns, daß der verwundete Bruder sich dann **verschließt** (BA) und **härteren Widerstand leistet als eine Festungsstadt, als die Riegel an den Pforten eines Palastes.** »Streitigkeiten und Rechtshändel unter ehemaligen Freunden bilden ein ebenso unübersteigbares Hindernis ihrer Wiedervereinigung, sind so schwer zu heben wie der große Vorschiebebalken am Tore eines Schlosses … Streitigkeiten bilden eine Scheidewand zwischen solchen, die sich sonst nahestanden, und zwar eine um so mächtigere, je näher sie sich einst standen« (nach DEL). Da mag es manche weltliche Hilfe geben, um einen Streit wenigstens oberflächlich zu bereinigen. So empfiehlt Spr. 18, 17 beide Seiten zu hören und dem Zwist auf den Grund zu gehen, was auch Gotteskindern gut anstehen würde, statt zu frommen Phrasen zu greifen.

Damit es aber zu keinen tätlichen Auseinandersetzungen zwischen verfeindeten Brüdern kam, nahm man Zuflucht zu einem »Vergleich«, indem man »das Los« warf und so beide Parteien einem »Gottesurteil« unterstellte. So »brachte man die Mächtigen auseinander« (18, 18).

Doch was helfen oberflächliche Pflästerchen bei tiefen und großen Wunden? Letztlich kann **Entzweiung durch Treulosigkeit** nur durch Bekenntnis und Buße überwunden werden!

Nach Gal. 5, 20 gehören **Zank und Zwietracht** als Früchte der Treulosigkeit zu den »Werken des Fleisches«. Darum ermahnt Paulus die Glieder der Christusgemeinde: »Habet acht auf die, welche Zwiespalt und Ärgernisse anrichten … und wendet euch von ihnen ab. Denn solche dienen nicht unserem Herrn Christus, sondern ihrem eigenen Bauche, und durch süße Worte und schöne Reden verführen sie die Herzen der Arglosen« (Röm. 16, 17–18). Von den Haushaltern der Gottesgeheimnisse wird nur eines gefordert: daß sie **treu** erfunden werden (1. Kor. 4, 2). Zum treuen Dienst gehört aber auch die Treue gegenüber dem Bruder und Freund.

Wohl uns, daß der Christus, als »der Anfang der Schöpfung Gottes treu und wahrhaftig ist« (Offb. 1, 5/3, 14)! »Der FELS: vollkommen ist Sein Tun; alle Seine Wege sind recht. **Ein Gott der Treue** und ohne Betrug, gerecht und gerade ist Er!« so dürfen wir mit dem Gottesmann Moses bekennen (5. Mos. 32, 3–4). Selbst »wenn wir untreu sind, bleibt Er treu, weil Er sich selbst nicht verleugnen kann« (2. Tim. 2, 13). Dieses Wort sollte uns nicht zum geistlichen Leichtsinn verleiten, sondern uns beugen. Wir haben einen Gott, der nicht anders handeln kann, als Er in Seinem hochheiligen Wesen ist, und der sich in ewiger **Wesenstreue** an sich selbst bindet, weshalb Er auch Seine Verheißungen »bei sich selbst und Seinem Namen« beschwört und sie mit einem »AMEN« besiegelt. AMEN ist das Eideswort und **der Treueschwur** Gottes; auch der Sohn Gottes hat (im Joh.-Evangelium) Seine kostbarsten Verheißungen mit 25 AMEN-AMEN beschworen. Der Herr und Vater, der in Christo unser aller Gericht auf sich selbst genommen hat, **begeht keinen Treuebruch** und leitet keinen **Rechtsstreit** mit uns ein. So bergen wir uns in dem Zuspruch: **»Der Herr aber ist treu,** der euch befestigen und vor dem Bösen bewahren wird« (2. Thess. 3, 3)!

+ + +

212 DIE EHEFRAU – EINE GOTTESGABE   (18, 22/19, 14)

Wer ein Weib gefunden, hat Gutes gefunden und hat Wohlgefallen erlangt von JAHWEH. – Haus und Gut sind ein Erbteil der Väter, aber eine einsichtsvolle Frau kommt von JAHWEH.

Ist das **Finden einer Ehefrau** wirklich so etwas Besonderes, daß es als Zeichen des **göttlichen Wohlgefallens** gedeutet werden kann? Doch weist das **Finden** auf ein vorhergehendes **Suchen** im Sinne der zielbewußten Auswahl hin. Wenn wir die »Kehrseite der Medaille« betrachten, dann gilt Ähnliches für den Mann: »Die meisten Menschen rufen ein jeder seine Güte aus; aber **einen** zuverlässigen Mann – wer wird ihn finden« (Spr. 20, 6)? Pessimistisch ergänzt der »Prediger«: »Was meine Seele fort und fort gesucht, und ich nicht gefunden habe, ist dies: **einen** Mann aus Tausenden habe ich gefunden, aber ein Weib unter diesen allen habe ich nicht gefunden« (K. 7, 28). Salomo war jedoch nicht schuldlos daran, weil er sich 1000 fremdländische, götzendienerische Frauen aus sechs verschiedenen Nationen erwählt hatte, ohne nach Gottes Willen zu fragen, die ihn dann geistlicherweise verdarben und zum Götzendienst verleiteten (1. Kön . 11, 1– 8).

Die vorliegenden Texte denken **an die Ehefrau** als einer Verkörperung **des Guten** und als Zeichen göttlichen **Wohlgefallens. Haus und Habe sind Vätererbteil, die einsichtsvolle Frau aber ein Gottesgeschenk!**

»Rebekka wählen heißt Geschmack, nicht wahr, Kollege Isaak?« so dichtete Matthias Claudius, der eine fromme, aber nichtsdestoweniger rundum glückliche Ehe führte. Abrahams Knecht Elieser (= Gotteshilfe) suchte in dessen Auftrag eine Frau, »die JAHWEH für den Sohn meines Herrn bestimmt hat« (1. Mos. 24, 44). Und er fand sie in Rebekka, und das »Glaubensexperiment« gelang, wie uns die Verse 66–67 berichten. Es ist also an **die Ehefrau** als einer Gehilfin des Mannes gedacht, die diesen Namen wirklich verdient. Als Eva nach ihrer Erschaffung dem Adam zugeführt wurde, rief dieser aus: »Endlich diese!« (BUB: Diesmal ist sie's!), weil sie als Gehilfin ihm völlig entsprach (1. Mos. 2, 18 + 23). Wenn wir später Spr. 31 betrachten werden, so wird uns dort sogar »die ideale Frau« begegnen, weil uns Israel in seinem geistlichen Vollendungszustand als »Weib JAHWEHs« gezeigt werden soll. »Eine tüchtige Frau, wer wird sie finden? Denn ihr Wert steht weit über Korallen« heißt es in Spr. 31, 10.

Wer wüßte nicht um das Gegenstück! Viele gescheiterten Ehen, auch von Christen, legen nicht nur Zeugnis von der Schuld des Mannes ab, sondern wohl ebenso von dem ehezerrüttenden Wirken der Frau! Darum heißt es in Pred. 7, 26: »Und ich fand, was bitterer ist als der Tod: das Weib, welches Netzen gleicht, und dessen Herz Fanggarne, dessen Hände Fesseln sind. **Wer Gott wohlgefällt,** wird ihr entrinnen, aber der Sünder wird durch sie gefangen werden!« So wurde im Judentum der Bräutigam nach der Heirat gefragt, ob er sich »nach dem Spruchbuch« (Spr. 19, 14) oder »nach Koheleth« (dem »Prediger« K. 7, 26) verheiratet habe (DEL).

Das NT scheint im Lob der Ehe und **der einsichtsvollen Ehefrau** zurückhaltender zu sein; zwar sagt auch der Apostel Paulus, die Frau sei »des Mannes Herrlichkeit«, aber in 1. Kor. 7, 25–40 beurteilt er die Ehe scheinbar negativ; doch sollten wir unbedingt V. 29 beachten, um nicht zu falschen Schlüssen zu kommen: Es ist die anfängliche Naherwartung der Wiederkunft Christi samt den damit verbundenen Drangsalen der »verkürzten Endzeit«, die Paulus das **zeitbedingte** Unverheiratetsein empfehlen ließ. In 1. Tim. 4, 1–3 aber sagt er mit geistlichem Nachdruck, daß ein Heiratsverbot zur Dämonenlehre irreführender Geister gehöre. Eph. 5, 30–32 hingegen schildert die Ehe geradezu als »prophetisches Mysterion« und als Widerschein der »Einswerdung zwischen Christus und Seiner Gemeinde«. Als Grundlage einer solchen vom Herrn gesegneten Ehe fordert er von der glaubenden Frau, daß sie sich dem Manne unterordne, vom Manne aber, daß er seine Frau »liebe wie Christus die Gemeinde« (V. 29). An solch hohem Ziel werden wir alle schuldig!

Und doch ist es gerade die vorbildliche Treue Gottes gegenüber Israel, dem »Weibe seiner Jugend«, daß Er »Entlassung haßt« und auch von uns solche Treue fordert. Er, der geboten hat »Du sollst nicht ehebrechen«, hat selbst den »Ehebund« mit Israel niemals aufgekündigt (Hosea 2, 14–20/Mal. 2, 14–16)!

ABRAHAM und SARA, ISAAK und REBEKKA, JAKOB mit RACHEL und LEA, aber auch AQUILA und PRISCILLA rufen es uns zu: **Eine einsichtsvolle Frau kommt von JAHWEH!** Wie war doch HIOB mit einem »Koheleth–Weib« gestraft (Pred. 7, 26), das seinem Leiden mit nichts anderem zu begegnen wußte als mit den Worten: »Hältst du noch immer fest an deiner Vollkommenheit? Sage dich los von Gott und stirb!« (Hiob 2, 9).

+ ⁺ +

213 FEHLTRITTE – IN UNKENNTNIS DER SEELE (19, 1–2)

Besser ein Armer, der in seiner Vollkommenheit wandelt, als wer verkehrter Lippen und dabei ein Tor ist. – Auch Unkenntnis der Seele ist nicht gut; und wer mit den Füßen hastig ist, tritt fehl.

Beide Verse gehören inhaltlich zusammen, weil es bei beiden um den rechten **Wandel** geht, oder aber um **das stürmische Vorwärtshasten** auf dem falschen Wege, das zum **Fehltritt** und Sturz führt. Zunächst wird uns **der Arme** vorgestellt, der nicht Anstoß daran nimmt, daß es »dem Gesetzlosen so gut ergeht« und darum in demütiger Lauterkeit **in seiner Vollkommenheit** wandelt; nach dem damaligen heilsgeschichtlichen Standort konnte ein Mensch durchaus »unsträflich, rechtschaffen, gottesfürchtig und das Böse meidend« sein (Hiob 1, 1). So können auch wir, nach der vollbrachten Erlösung, »vollkommen und vollendet« sein – »vollkommen« durch die Wiedergeburt in Christo Jesu, und »zielstrebig« auf die Vollendung ausgerichtet (Jak. 1, 4)! Dem Armen tritt der reiche **Tor** gegenüber, der **hämisch** und **höhnisch die Lippen verzieht,** weil er in der Armut seines Bruders eine Gottesstrafe sieht. Bei ihm hat die Fleischmasse das Übergewicht erlangt über einen allzu geringen Geist; er hat »das Gold zu seiner Zuversicht gemacht und spricht zum Feingold: Mein Vertrauen!« (Hiob 31, 24). Wie leicht könnte der Arme, dem solche Verhöhnung widerfährt, **einen Fehltritt tun!**

Vers 2 zeigt uns den Weg, um solchen Fehltritten und falschen Schlüssen im Blick auf Gottes Handeln und Seine Gerechtigkeit zu entgehen: **Auch Unkenntnis der Seele ist nicht gut!** Diese Aussage läßt eine zweifache Deutung zu: Einmal ist es **das Nichtwissen der Seele,** das zum Straucheln führen kann. Die erkennende Seele, die sich um das Gleichgewicht göttlicher Wahrheit bemüht, gewinnt intellektuelle und sittliche Klarheit über Weg und Ziel Gottes, aber auch um Weg und Ziel des Gottesfürchtigen! Die weisheitsvolle Seele leitet **die Füße** zum bedachtsamen und vorsichtigen Wandel (Jes. 38, 15); denn, »wer da glaubt, der wird nicht ängstlich eilen« (Jes. 28, 16), sondern im Warten auf die Stunde Gottes und in heiliger Ruhe seinen Weg suchen, ohne **mit den Beinen drauflos zu gehen** (DEL). **Die wissende Seele** sucht nicht ihre »Emanzipation«, sondern ordnet sich willig dem Geiste als dem Wächter und Führer des Lebens unter. Die unwissende Seele des »seelischen Menschen« hingegen wird durch ihre Be gierden unkontrolliert zum Ziel der Sünde getrieben und **strauchelt.** »Seelische, die den Geist nicht haben« (Jud. 19) sind Menschen, die sich der Herrschaft des Geistes nicht unterstellen; ihre Seele nimmt eine dominante Stellung ein, die ihr nicht gebührt, und nimmt damit bleibenden Schaden. Der »seelische Mensch« kann Gottes Weisheit nicht verstehen, ja, er kann mit seiner »seelischen Weisheit« zur Einbruchspforte dämonischen Wissens werden (1. Kor. 2, 14/Jak. 3, 13–18).

Auch Unkenntnis der Seele ist nicht gut ... Dies kann auch bedeuten, daß es vorteilhaft für jeden Glaubenden ist, sich selbst und seine psychische Konstruktion kennenzulernen, wozu auch die Vorteile und Nachteile seiner Wesensart gehören. Die Grundzüge unseres Charakters bleiben nämlich auch nach der Wiedergeburt durch den Heiligen Geist erhalten! Das stürmische Hin- und Hergerissenwerden der Seele zwischen Hochmut und Schwermut und unser geistlicher Umgang damit gehört zur **Kenntnis der Seele,** die wir erwerben sollten. Wenn wir die Funktionsmechanismen und Abläufe des seelischen Geschehens genauer kennenlernen, können wir manchen **Fehltritten** entgehen, die uns zum Straucheln führen würden. Kann doch unser GEIST ermüden, indem wir in unseren SEELEN ermatten (Hebr. 12, 3). Das **Wissen um die Seele** liegt auch im Interesse Gottes, weil Er unsere Seele zur Rettung und Heilung (sooteria) führen will, wovon Jak. 1, 18–21 und 1. Petr. 1, 8–9 sprechen. Solche »Heilung« erfolgt vor allem dadurch, daß wir »mit Sanftmut das eingepflanzte Wort empfangen«.

Wir wollen abschließend Jud. 24 als persönliche Zusage Jesu lesen: »Ich bin mächtig genug, dich zu bewahren vor jedem Straucheln und dich unsträflich darzustellen vor dem Angesicht meiner Herrlichkeit mit Jubel!«

+ ⁺ +

214   EINE WURZEL DER BITTERKEIT (19, 3)

Die Narrheit des Menschen stürzt seinen Weg um, und sein Herz grollt wider JAHWEH.

Viele Menschen leiden unter einem **verkehrten** (PAR), **umgestürzten** (E) und **unterwühlten Weg** (BUB), unter einer zerstörten Laufbahn und durchkreuzten Lebenskonzepten. An der Bitterkeit solcher Lebensverwüstung leidet der Glaubensmensch stärker, wie wir am Beispiel Hiobs sehen, als der Atheist, der alles nur einem blinden Zufall zuschreibt. Hat sich doch der Gottesfürchtige mit der Frage nach dem »Warum?« seines Zerbruchs herumzuschlagen.

Doch zunächst spricht der Text vom unberechtigten **Groll des Narren gegen Gott.** Weil er sich von Gottes Geist nicht leiten ließ, verfiel er schmerzlichen Umwegen, Irrwegen und Abwegen und irrt nun herum in einem selbstverschuldeten Labyrinth. In seiner Torheit hat er es versäumt, die göttlichen Heilstermine in Weisheit »auszukaufen« und »sorgfältig zu wandeln«, wie es uns Paulus in Eph. 5, 15–17 empfiehlt: »Darum seid nicht **töricht,** sondern verständig (zu erkennen), was der Wille des Herrn sei!«

Obwohl **der Narr** selbst die Ursache der Lebenszerrüttung ist, wendet sich seines Herzens **Groll** und Unmut **gegen Gott,** statt gegen sich selbst. Er »schlägt« nicht »in sich«, wie der bußfertige verlorene Sohn, sondern »um sich«. Hat er doch die Gnade Gottes verscherzt, Seine Führung mißachtet, den Gotteswillen für sich selbst vereitelt und ist nun im Gewissen so verhärtet, daß er **Gott beschuldigt** (so die LXX in Spr. 19, 3b). Darum sagt der apokryphe Jesus Sirach in K. 15, 11–12: »Sprich nicht: Durch den Herrn bin ich abtrünnig geworden, denn was Er haßt, das sollst du nicht tun! Sprich nicht: Er selbst verleitete mich; denn Er bedarf keines sündigen Mannes!« Und Klageld. 3, 39 sagt: »Was beklagt sich der lebende Mensch? Über seine Sünden beklage sich der Mann!«

Nun steht außer Zweifel, daß auch der lebendige Gott, wenn Er auch nicht »zum Bösen versucht«, doch unsere Pläne und Lebenswege **umstürzt,** wie uns Hiob 1 zeigt, und wie es die Erfahrung vieler treuer Gotteskinder lehrt! Auch das kann zur Bitterkeit gegen Gott führen, vielleicht gar zum **Groll,** zur Verbitterung, zur Beschuldigung Gottes! Zwar kann die Drangsal letzten Endes »ein Vollgewicht an Herrlichkeit bewirken«, dies kann sie aber nur bei denen, die hinwegschauen auf die Wirklichkeit der künftigen Vollendung (2. Kor. 4, 16–18). Es geschieht keineswegs automatisch; Leiden und Anfechtungen können sogar zum Lästern führen (Offb. 16, 9). Als Naomi mit Ruth aus dem Exil in Moab nach Bethlehem zurückkehrte, sprach sie zu ihren Bekannten: »Nennet mich nicht Naomi (= Huldvolle, Liebliche), nennet mich Mara (= Bittere, Betrübte), denn der Allmächtige hat es mir sehr bitter gemacht …« (Ruth 1, 19–21). Dieses Problem der Bitterkeit, der kaum verheilten Wunden aus den Kämpfen des Glaubens, tragen viele treue Christen mit sich herum, und es bedarf gründlicher seelsorgerlicher Betreuung, um den Schaden auszuheilen. In seiner bewegenden Gottesklage rief Hiob aus: »ER sättigt mich mit Bitterkeiten« (Hiob 9, 16–20)!

Nun kann man aber auch in solcher Anfechtung **zum Narren** werden, wenn man Gott **grollt** und Ihn anklagt, und wenn aus der Bitterkeit des Leidens eine schier unausrottbare »Wurzel der Bitterkeit« wird, die immer wieder neue Giftpflanzen und ungenießbare Früchte treibt; sie gehört neben den »Dornen und Disteln« der Sünde zum Unkraut in Gottes Ackerfeld, das verbrannt werden muß (Hebr. 6, 7–8). Nach Hebr. 12, 15 kann eine solche bittere Wurzel vor allem dann aufsprossen, »wenn jemand an der Gnade Gottes Mangel leidet«, und sie kann auch andere Gotteskinder »beunruhigen« und »viele verunreinigen«.

Eines sollten wir wissen: Die Bitterkeit der MYRRHE gehört als wesentlicher Bestandteil zum heiligen Salböl, das die Geistessalbung vorbildet. Und wie dem Sohne Gottes das »GOLD des Glaubens, der WEIHRAUCH der Gebete und die MYRRHE der Leiden« in die Wiege gelegt wurde, so gehören diese Elemente auch in das Leben der Wiedergeborenen! »Wir müssen durch viele Trübsale in das Reich Gottes eingehen« (Apg. 14, 22)! Wohl dem, der Gott nichts Ungereimtes zuschreibt, der es lernt, Ihm allezeit und für alles Dank zu sagen, und so zum Weisen und nicht **zum Narren** wird! Denn wer »Gott rechtfertigt« in allen Seinen Wegen, den rechtfertigt Gott. Des **Narren Groll gegen Gott** aber zerstört die Gottesfurcht und die Liebe zu Gott, die durch den Heiligen Geist in unser Herz ausgegossen wurde!

+ + +

Ein Lügenzeuge wird nicht ungestraft bleiben, und wer Lügen ausspricht, wird nicht entrinnen. – Ein Lügenzeuge wird nicht ungestraft bleiben, und wer Lügen ausspricht, wird umkommen.

Die Quelle aller **Lüge, Falschheit** und **Täuschungen** (BUB) ist der Satan. Darum sagte Jesus über ihn: »Jener war ein Menschenmörder von Anfang und ist in der Wahrheit nicht bestanden, weil **keine Wahrheit in ihm ist.** Wenn er die Lüge redet, so redet er aus seinem eigenen (Wesen), denn er ist **ein Lügner** und ein Vater derselben« (Joh. 8, 44). Kein Wunder, daß er als »Engel des Lichts« auftreten kann, und daß seine Diener sich als »Diener der Gerechtigkeit« auszugeben vermögen (2. Kor. 11, 13–15). Das NT nennt sechs Möglichkeiten der **lügenhaften Täuschung:** LÜGENBRÜDER (2. Kor. 11, 26/Gal. 2, 4); LÜGENAPOSTEL (2. Kor. 11, 13); LÜGEN-LEHRER (2. Petr. 2, 1); LÜGENPROPHETEN (Mtth. 7, 15 u.a.); ja, LÜGENMESSIASSE (Mtth. 24, 24), aber auch **LÜGENZEUGEN** (Mtth. 26, 60/1. Kor. 15, 15; die LÜGEN-REDENDEN von 1. Tim. 4, 2 erscheinen als Adjektiv). Die Übersetzung »falsche Brüder, falsche Apostel, falsche Lehrer, falsche Christi, falsche Propheten und falsche Zeugen« ist zu schwach.

Der gesetzlose »Sohn des Verderbens«, der endzeitliche Antichrist, wird einmal alle Lüge und Täuschung in sich vereinigen und in der Energie Satans **Zeichen und Wunder der Lüge** tun (2. Thess. 2, 9). Doch wird **der Lügen Aushauchende** (DEL) und **Lügen Einblasende** (BUB/BA) durch den wiederkehrenden Christus und durch den »Hauch Seines Mundes« vernichtet werden (2. Thess. 2, 8). **Der Lügenzeuge wird umkommen; er geht verloren** (DEL), wie es auch Spr. 21, 28 bezeugt, während es dem »hörenden Manne« zusichert, er dürfe »immerdar reden«.

Das Gesetz Israels legte einen strengen Maßstab an die **Zeugen** vor Gericht an: Aus zweier, besser noch, aus dreier Zeugen Mund mußte jede Sache zweifelsfrei bestätigt werden; und jedem Lügenzeugen drohte das gleiche Urteil, das er dem Verleumdeten heraufbeschworen hatte: »Leben um Leben, Auge um Auge, Zahn um Zahn, Hand um Hand, Fuß um Fuß« (5. Mos. 19, 15–21). Nach Spr. 24, 28–29 sollte man überhaupt nicht schnell und ohne wirkliche Begründung Zeuge vor Gericht werden, weil dies durch eine unbewußte Vergeltungssucht und Antipathie gegenüber dem Nächsten motiviert sein könnte. Und doch waren es immer wieder **Lügenzeugen, falsche Zeugen,** die auch in Israel den Prozeßverlauf bestimmten! Denken wir nur an das Vorbild des leidenden Christus, NABOTH (= der Vornehme, der Sproß aus der Höhe), der sich weigerte, seinen Weinberg an den gottlosen König Ahab abzutreten; aber seine Frau Isebel erreichte es durch bestochene Älteste und falsche Zeugen, daß Naboth gesteinigt wurde und Ahab bekam, was er begehrte (1. Kön. 21). So waren es auch **falsche Zeugen,** die im Prozeß des Hohen Synedriums gegen Jesus auftraten und, obgleich sie sich widersprachen, den Ausgang des Verfahrens bestimmten. Nach Apg. 6, 11 widerfuhr solches auch dem Christuszeugen Stephanus.

Spr. 6, 19 urteilt: »Wer Lügen ausspricht als falscher Zeuge, ist JAHWEH verhaßt und ein Greuel!« So wird auch im NT, sonderlich in den Briefen des Johannes, das **Reden und Tun der Lüge,** also die praktizierte Lebenslüge, aufs schärfste verurteilt (s. auch Offb. 22, 15). Und wenn Christus nicht wirklich auferstanden wäre, dann wären Seine Apostel und auch wir nur **Lügenzeugen,** indem wir mit unserem Dienst bestenfalls Illusion und Selbsttäuschung bewirkten (1. Kor. 15, 15)!

Gott sei Dank, daß Jesus Christus »der Amen« ist, »der treue und wahrhaftige Zeuge«, die Quelle der Wahrheit, und auch in Seinen Verheißungen »ohne Betrug« (Offb. 3, 14/ 19, 11/5. Mos. 32, 4). So gewinnen Spr. 14, 5 + 25 einen tieferen als nur moralischen, einen prophetischen Sinn: **»Ein treuer Zeuge lügt nicht,** aber ein falscher Zeuge spricht Lügen aus. – **Ein wahrhaftiger Zeuge** errettet Seelen, **wer aber Lügen ein-bläst,** ist lauter Trug!«

+ + +

216 DIE BRÜDER UND FREUNDE DES ARMEN   (19, 7/14, 20)

Alle Brüder des Armen hassen ihn; wieviel mehr ziehen sich seine Freunde von ihm zurück. Er jagt Worten nach, die nichts sind. – Selbst von seinem Nächsten wird der Arme gehaßt; aber derer, die den Reichen lieben, sind viele!

Der Freund, der auch in der Drangsal brüderlich liebt, ist nicht die Norm, sondern der außergewöhnliche Idealfall (Spr. 17, 17). Das »normale« Verhalten dürfte in Spr. 19, 4 beschrieben sein: »Reichtum verschafft viele Freunde; aber der Arme – sein Freund trennt sich von ihm!« Wenn **die Brüder, Freunde** und **Nächsten** sich von dem Ver-armten **zurückziehen,** so ist dies ein Zeichen ihrer erkalteten Liebe; daß »die Liebe in vielen erkaltet« – also die Freundesliebe, Bruderliebe, Elternliebe, Gattenliebe und die allgemeine Menschenliebe –, wird ja für die letzte Zeit vorausgesagt, wo die Menschen »ohne natürliche Liebe« sein werden (2. Tim. 3, 1–5/Mtth. 24, 12).
Solche menschliche Hartherzigkeit wurde in Israel gemildert, wo Glückseligkeit und Er-rettung am Tage des Übels allen verheißen wurden, die »auf den Armen achthaben« (Ps. 41, 1). Kann doch die Erhörung unserer Gebete schon dadurch verhindert werden, daß wir »unser Ohr verstopfen vor dem Schrei des Armen«, wie uns Spr. 21, 13 belehrt; gleiches geschieht, wenn Männer in einer christlichen Ehe die Ehre ihrer Frau nicht hoch-halten (1. Petr. 3, 7).
Doch **der Arme** (BA:der Rechtlose) **jagt** oftmals **Worten nach, die nichts bedeuten,** oder, wie es Buber übersetzt: **Er jagt dem einst Gesprochenen nach, das nun nichts mehr gilt.** Was die Brüder und Freunde dem Armen zuwenden, ist höchstens eine heuchlerische Teilnahme mit leeren Versicherungen, inhaltlosen Vertröstungen und wirklichkeitsfernen Versprechungen. Und wenn schon **die Nächsten, die Brüder,** sich von dem Verarmten **zurückziehen, wieviel mehr** werden dies **seine Freunde tun!**
Doch noch immer gilt in der Not solchen äußeren Elends und innerer Vereinsamung, was der lebendige Gott verheißt: »Denn nicht für immer wird der Arme vergessen sein, noch für ewig verloren die Hoffnung des Elenden! Stehe auf, JAHWEH! Nicht habe der Mensch die Oberhand!« (Ps. 9, 18–19; dies gilt nach V. 19 auch für das Israel im Feuer-ofen des Elends). *Der* **Arme und Elende** ist jedoch, sonderlich in den Psalmen, der ver-folgte und leidende Messias, der am Ende Seines Weges »nichts hatte« (Ps. 40, 17/70, 5/86, 1/Dan. 9, 26). Zwei Psalmworte sollen dies beleuchten: »Herr, vor Dir ist all mein Begehr, und mein Seufzen ist vor Dir nicht verborgen. Mein Herz pocht, verlassen hat mich meine Kraft; und das Licht meiner Augen, das ist nicht bei mir. Meine Lieben und

meine Freunde stehen fernab von meiner Plage, und meine Verwandten stehen von ferne...« (Ps. 38, 9–11). Erscheint uns in diesem Wort nicht auch die Szenerie der Kreuzigung? Und in Ps. 109, den das NT auf Jesus und Judas bezieht, heißt es in V. 16: »Darum, daß er nicht gedachte, Güte zu üben, und verfolgte den elenden und armen Mann, den, der verzagten Herzens war, um ihn zu töten« (vgl. V. 3–10 mit Apg. 1, 19–20; s. auch V. 22 + 31). Ja, es war die wesenseigene »Gnade unseres Herrn Jesus Christus, daß Er, der da reich war, um unseretwillen **arm wurde,** damit wir **durch Seine Armut** reich würden« (2. Kor. 8, 9). So waren auch Seine Apostel »Arme, die viele reich machen, Habenichtse, die das All besitzen« (2. Kor. 6, 10)!

Haben sich nun auch **die Nächsten** Jesu, Seine **Brüder und Freunde** von Ihm **zurückgezogen** und abgewandt? Schon am Anfang Seines Wirkens wollten viele Jünger Ihn verlassen, so daß Er den Zwölfen die Frage stellen mußte: »Wollt ihr etwa auch weggehen?« (Joh. 6, 66–69). Als »die hohe Geistlichkeit« von Jerusalem Sein Wirken überprüfen wollte, versuchten Seine Mutter samt Seinen Schwestern und Brüdern Ihn mit der Begründung, Er sei »außer sich«, d. h. Er sei nicht schuldfähig, ihrem Zugriff zu entführen; Jesus aber entzog sich ihrem menschlichen Mitleid, indem Er darauf hinwies, daß die Seine Brüder, Schwestern und Mütter seien, die den Willen Gottes tun (Mark. 3, 31–35). Auch Seine leiblichen Brüder »glaubten nicht an Ihn«, sondern forderten Ihn auf, sich »der Welt zu offenbaren«, wenn Er wirklich der Messias sei (Joh. 7, 3–10). Und wie war es mit Seinen Jüngern, die Er **Freunde** genannt hatte (Joh. 15, 14)? Auch der Treueschwur eines Petrus war ein **nichtiges Wort für den Armen.** Alle verließen Ihn in der Stunde Seines Leidens und erfüllten so die Prophetie von Sach. 13, 7, daß »die Herde« des geschlagenen Hirten »sich zerstreuen werde« (s. Mtth. 26, 31).

Die Zusprüche und Vertröstungen treuloser **Freunde und Brüder** sind oftmals **nichtig** und inhaltlos, leer und heuchlerisch, weshalb wir ihnen nicht **nachjagen** sollten. Jesus aber ist **der Freund,** dessen Worte Geist und Leben sind, und dessen Verheißungen sich unwiderruflich erfüllen. Darum singen wir: »... sind von Freunden wir verlassen, und wir gehen ins Gebet, o so ist uns Jesus alles: König, Priester und Prophet!«

+ + +

217 DER EINSICHTIGE IST VERGEBUNGSBEREIT (19, 11/14, 29)

Die Einsicht eines Menschen macht ihn langmütig, und sein Ruhm ist es, Vergehung zu übersehen. – Ein Langmütiger hat viel Verstand, aber ein Jähzorniger erhöht die Narrheit.

Ist es nicht vielmehr die Selbstdisziplin, die den aufflammenden Jähzorn unter Kontrolle bringt? Aber es ist auch die aus der Erfahrung erwachsene **Einsicht,** die uns verstehen läßt, daß der **Jähzorn** nichts Gutes bewirkt, und daß es besser ist, **die Vergehung,** die man erfahren hat, zu **übersehen,** an ihr **vorüberzugehen** (BA/BUB). Es ist **Ruhm, Zierde und Stolz** des Verständigen, sich so zu verhalten und **langsam zum Zorn** zu sein, wie Delitzsch das Wort »langmütig« überträgt. Übereinstimmend damit sagt Spr. 20, 3: »Ehre ist es dem Manne, vom Streite abzustehen; wer aber ein Narr ist, fletscht die Zähne!« Manche Dinge erledigen sich von selbst, und ein Verzicht auf die sofortige zornige Reaktion gibt Gott Raum, an dem Schuldigen zu handeln, so daß er vielleicht zur Besinnung kommt und um Vergebung bittet. **Der Langmütige** und **Einsichtsvolle** verliert dieses Ziel nicht aus den Augen. »Sprich nicht: Ich will Böses vergelten. Harre auf JAHWEH, so wird ER dich retten« sagt Spr. 20, 22.

Ist doch Gott selbst »barmherzig und gnädig, **langsam zum Zorn** und groß an Güte. Er wird nicht immerdar rechten und nicht ewiglich nachtragen … Seine Güte ist gewaltig!« (Ps. 103, 8–9 + 11). So standen die Sünden der Völker und die **Vergehungen** Israels viele Jahrtausende unter der Geduld Gottes; Er sah nach Röm. 3, 25 darüber hinweg und ließ sie ungestraft. »Wer ist ein Gott wie Du, der die Ungerechtigkeit vergibt und die Übertretung des Überrestes Seines Erbteils übersieht? Er behält Seinen Zorn nicht auf immer, denn Er hat Wohlgefallen an Güte« (Micha 7, 18). Nun darf man dies aber nicht so verstehen, als ob Gott die Sünde einfach generös auslöschte. Die Aufrechnung jahrtausendealter Schuld und angehäufter Sünde der Menschheit und Israels erfolgte gegenüber dem Sündenträger, dem gekreuzigten Christus! Nur darum kann Gottes Liebe darauf verzichten, »das Böse zuzurechnen«, weil Er es in unerbittlicher Schärfe Seinem Sohn angerechnet hat, der an unserer Stelle das Gericht trug (vgl. 1. Kor. 13, 5)!

Welche **Langmut** hat der Vater als der »Ackermann« mit seinem Dornen und Disteln tragenden »Land«, auf dessen »köstliche Frucht Er wartet«, die der »Früh- und Spätregen« des Geistes erbringen soll. Dies Wort aus Jak. 5, 7–11 will uns durch Gottes Vorbild auch zur Geduld gegenüber den Schwachheiten unserer Brüder befähigen, sonderlich im Blick auf die nahe Wiederkunft des Herrn. »Der Richter steht vor der Tür!« Und in K. 1, 19–20 sagt Jakobus, der »Praktiker des Glaubens«: »Darum, meine geliebten Brüder, sei jeder Mensch schnell zum Hören, langsam zum Reden, **langsam zum Zorn.** Denn eines Mannes Zorn bewirkt nicht Gottes Gerechtigkeit!« Dies bestätigt uns der Apostel Paulus, der im **Jähzorn** unseres **aufbrausenden Geistes** eine Einfallspforte dämonischen Geistes sieht, ein Vakuum, das sich mit finsteren Kräften anfüllen könnte: »Ihr zürnet? Sündiget nicht! Die Sonne gehe nicht unter über eurem Zorn, und gebet nicht **Raum dem Teufel«** (Eph. 4, 26–27)! Das bedeutet ja doch, daß ich, wenn ich den flammenden Zorn eines Zerwürfnisses mit in die Nacht nehme, die Kräfte des Bösen, vielleicht über das Unterbewußtsein im Schlafe, Raum und Einfluß gewinnen können.

Gott gebe uns, daß wir **Einsichtige** und **Verständige** werden, die auch in diesem Stück erkennen, »was der Wille des Herrn sei« (Eph. 5, 17)!

+ + +

218 DES KÖNIGS ZORN UND WOHLGEFALLEN (19, 12/20, 2)

Des Königs Zorn ist wie das Knurren eines jungen Löwen, aber sein Wohlgefallen ist wie Tau auf das Gras. – Des Königs Schrecken ist wie das Knurren eines jungen Löwen, wer ihn gegen sich aufbringt, verwirkt sein Leben.

Die Übersetzer geben den Laut des beutegierigen **Junglöwen** verschieden wieder: als **Knurren, Schnauben, Fauchen;** doch jeder weiß von der Raubtierfütterung im Zoo her, was hiermit gemeint ist (s. auch Jes. 5, 29–30). Ein Beispiel für solche Verdrießlichkeit und Gereiztheit eines **Königs,** die Anzeichen seines **Zorns und Schreckens** sind, mag Esther 1, 12 bilden, wonach der König Ahasveros »in loderndem Zorn entbrannte«, weil sich die Königin Vasti geweigert hatte, vor ihm zu erscheinen. Wer den König bei solcher Gemütslage **gegen sich aufbringt,** kann **sein Leben verwirken. Das Wohlgefallen des Königs** hingegen läßt auf seine Gunst und Gnade hoffen; es kann sich, wohl genutzt zur rechten Stunde, **wie Tau auf das dürre Gras und Kraut** auswirken!

Wollte aber der weise König Salomo nur von der wechselnden Seelenlage eines willkürlichen Despoten berichten? Da in allen »Schriften« von dem Messias geweissagt ist, wie Luk. 24, 27 bezeugt, sprach er letztlich von dem »König aller Könige, dem Herrn aller Herren«. Weil es aber bei Gott »keine Wesensveränderung gibt«, noch »eines Lichteswechsels Schatten« (Jak. 1, 17), unterliegt *dieser* König keinen wechselnden Stimmungen; zwar kann Er **im Zorn** die Sünde richten, was aber **dem Wohlgefallen** Seines Herzens entspricht, ist jene allesbelebende Gnade, die sich **wie Tau auf das dürre Gras** auswirkt; ist doch »das Gras mit seiner Blume« Symbol der menschlichen Hinfälligkeit und Sterblichkeit (Jes. 40, 6–8/Ps. 90, 5–6). Wer aber Gottes Zorn herausfordert, **versündigt sich gegen seine eigene Seele,** wie Spr. 20, 2 auch wiedergegeben werden kann (PAR).

Zwar ist **der Löwe** gelegentlich auch ein Bild finsterer Gerichtswerkzeuge, etwa des Satans (1. Petr. 5, 8), doch ist er in den meisten Stellen der Heiligen Schrift ein Bild Gottes als des **Königs** und Seines Sohnes als des »Löwen aus Juda« (s. Offb. 5, 5/1. Mos. 49, 9). So standen im salomonischen Tempel als Abbild der Königswürde Gottes zwölf elfenbeinerne Löwen (1. Kön. 10, 19–20). Gottes Gerichtswirken wird in Jes. 31, 4 so beschrieben: »Wie **der Löwe** und **der junge Löwe,** wider den der Hirten Menge zusammengerufen wird, über seinem Raube knurrt … also wird JAHWEH der Heerscharen herniedersteigen, um auf dem Berge Zion … zu streiten!« Das bewegendste Wort über das göttlich-königliche Gericht an Israel steht wohl in Hosea 5, 14–6, 3, wonach der Herr sein Volk **wie ein Löwe** zerreißt und – »an Seinen Ort davongeht«, wie Christus bei Seiner Himmelfahrt in das unzugängliche Licht des Vaters. Doch Er, der Israel zerrissen und geschlagen hat, wird »nach zwei (Gottes)tagen«, bei Seiner Wiederkunft, Israels Wunden heilen und verbinden, und es wiederbeleben und aufrichten, damit es dann »vor dem Angesicht« des großen Königs leben kann.

Dies führt uns zu der Aussage vom **Wohlgefallen des Königs,** das **wie der nächtliche Tau** alles Vertrocknete und Verdorrte, alles Verlorene und Verderbte wiederbeleben wird. Wie leuchtet uns hier das Geheimnis der Gnade Gottes auf! Pastor W. Busch schrieb dazu in einem Andachtsbuch: »Wir sehen im Geist den König Salomo am frühen Morgen auf die Terrasse seines Palastes treten; die taubeglänzten Gärten atmen Erquickung. Und der König ruft aus übervollem Herzen: Die Gnade Gottes ist wie Tau auf dem Grase! So herrlich, so erquickend! Und mit dem großen König Salomo preisen die Kinder Gottes die Gnade, die in Jesu Kreuz allen, von ihrem Gewissen verurteilten Sündern offensteht!«

Der Tau ist nach 5. Mos. 33, 13 »das Köstlichste des Himmels«. So wünschte sich der Gottesmann Moses, daß seine Rede an Israel sei »wie der Tau, wie Regenschauer auf das Gras …« (5. Mos. 32, 2), was auch wir für unseren Dienst am Wort wünschen! Freilich fällt **der Tau** in der Nacht: Durch Gerichte in der Nacht der gegenwärtigen Weltzeit wird

Israel dem Gottesmorgen des Reiches zugeführt, wo ihm »der Tau seiner Jugend« am Tage der messianischen Machtergreifung »aus dem Schoße der Morgenröte geboren wird« (Ps. 110, 3). Spricht nicht Hohesld. 5, 2 davon, daß »das Haupt des Geliebten« des Weibes Israel **»voller Tau«** ist? Und die Auferstehung der Toten Israels und ihre Wiederbelebung wird in Jes. 26, 19 als **»Tau der Lichter«,** als Belebung durch Erleuchtung, gekennzeichnet. In Hosea 14, 4–6 wird die königliche Gnade Gottes so geschildert: »Ich werde ihre Abtrünnigkeit heilen, will sie willig lieben; denn mein Zorn hat sich von ihm abgewendet. Ich werde für Israel sein **wie der Tau:** blühen soll es wie die Lilie und Wurzel schlagen wie der Libanon …!«

Auch in unserem Leben fällt der Tau der göttlichen Gnade und Wiederbelebung oftmals in der Nacht der Leiden, der Ängste, Drangsale, Anfechtungen und Versuchungen; dann können wir uns in Christo Jesu des **Wohlgefallens** Gottes rühmen und singen: »Ich bin einer, den die Gnade fand …!«

+ ⁺ +

219 BLICKE INS FAMILIENLEBEN (19, 13–15)

Ein törichter Sohn ist Verderben für seinen Vater; und die Zänkereien eines Weibes sind eine beständige Dachtraufe. – Haus und Vermögen sind ein Erbteil der Väter, aber eine einsichtsvolle Frau kommt von JAHWEH. – Faulheit versenkt in Tiefschlaf, und eine träge Seele wird hungern.

Vom göttlichen Gnadengeschenk der **einsichtsvollen Frau** haben wir schon gesprochen; sie übertrifft – als ein Geschenk des Höchsten – **das Vermögen,** das als **Erbteil der Väter** den Nachkommen juristisch zusteht. Gottes Geschenk hingegen können wir nicht rechtens einfordern, sondern nur in Demut erbitten. Gotteskinder sollten in ihrer Jugend die rechte Wahl des Berufs, aber auch der Ehefrau in die gnädigen Hände des Herrn legen und von vornherein die Verbindung mit einem Nichtglaubenden ausschließen (2. Kor. 6, 14–16). Aber auch **das Erbteil** gilt es in der rechten Weise zu verwalten und zu gestalten. »Was du ererbt von deinen Vätern, erwirb es, um es zu besitzen!« sagt der Dichter. »Ergreife das ewige Leben, zu dem du auch berufen bist«, so verpflichtet Paulus seinen jungen Mitarbeiter in 1. Tim. 6, 12. Auch im geistlichen **Vermögen** hat das **Vätererbe** eine große Bedeutung. Gibt es doch nicht nur eine »inhaltlose Vätertradition«, von der uns Christus erlöst hat (1. Petr. 1, 18), sondern ein geistliches **Erbe** der Apostel und Lehrer der Gemeinde, das es getreulich zu verwalten und weiterzugeben gilt (s. 2. Tim. 3, 14–15). Darin dürfen wir das Bekenntnis Naboths vor dem götzendienerischen König Ahab übernehmen: »Ich will dir das Erbe meiner Väter nicht geben« (1. Kön. 21, 3)! Als ein solcher geistlicher **Erblasser** sah sich Paulus in 2. Kor. 12, 14: »… ich werde euch nicht zur Last fallen, denn ich suche nicht das Eure, sondern euch; denn die Kinder sollen nicht für die Eltern Schätze sammeln, sondern die Eltern für die Kinder!« So beschreibt er die »Stabübergabe« im »Staffettenlauf« der Generationenfolge in der Christusgemeinde. Als »Erben Gottes und Miterben Christi« haben wir ja eine »bessere und bleibende **Habe«** als die Erzväter Israels. Ja, wir sind berufen und passend gemacht »für das Erbteil der Heiligen in dem Licht« (Kol. 1, 12)!

Da gilt es nun »Fleiß anzuwenden«, um das gottgeschenkte Glaubensgut zu erwerben, zu verwalten und auszugestalten (Hebr. 4, 11/2. Petr. 1, 5 + 10/Eph. 4, 3/Tit. 2, 14). Ob es das wohl auch in der Gemeinde Jesu gibt, was uns die SPRÜCHE von einem »faulen Familienmitglied« sagen: **Faulheit versenkt in Tiefschlaf, und eine lässige Seele wird hungern!?** Wie viele Mangelerscheinungen in der geistlichen Ernährung gibt es doch, die durch **Schlaf und Trägheit** hervorgerufen werden! Da fehlt es sowohl an der »wortgemäßen, unverfälschten Milch des Evangeliums« für die Kindlein in Christo, als auch an der »festen Speise« für zielstrebige Erwachsene (1. Petr. 2, 2/Hebr. 5, 12–14). Der geistliche **Schlaf** aber kann zum betäubenden **Tiefschlaf** werden! Gott bewahre uns vor der Verstockung Israels, dem Gott einen »Geist der Schlafsucht« sandte, so daß der mögliche Segen ihnen zum Fluche ward, und sie das göttliche **Erbteil** verschleuderten wie der verlorene Sohn (Röm. 11, 7–10). Spr. 6, 9–11 fragt auch uns: »Bis wann willst du liegen, **du Fauler?** Wann willst du von deinem **Schlafe** aufstehen? Ein wenig Schlaf, ein wenig Schlummer, ein wenig Händefalten, um auszuruhen: und deine Armut wird kommen wie ein rüstig Schreitender, deine Not wie ein schildbewehrter Mann!« So sang die urchristliche Gemeinde ein Lied, dessen ersten Vers Paulus wiedergab, den zweiten einer der Kirchenväter: »Wache auf, **du Schläfer,** und stehe auf aus den Toten, dann wird dich der Christus erleuchten« (Eph. 5, 14), – »Er, die Sonne der Auferstehung, gezeugt vor dem Morgenstern, Leben spendend mit eigenen Strahlen!«

Welches **Verhängnis** (BUB), ja **Verderben** war für seinen Vater **ein törichter Sohn,** in einer Zeit, wo der Fortbestand der Familie vom ältesten Sohn gesichert wurde. Aber auch **eine närrische Tochter** kann den Frieden einer Familie stören, was viele Eltern in unserer verderbten Zeit erleben müssen! Oftmals liegt dem aber auch eigene Schuld zugrunde, durch eine hemmungslose Anpassung an den Zeitgeist! »Wer einen Toren zeugt, dem wird es zum Kummer, und der Vater eines Narren hat keine Freude«, sagt Spr. 17, 21; und V. 25 ergänzt: »Ein törichter Sohn ist ein Gram für seinen Vater, und Bitterkeit für die, welche ihn geboren hat!« Wieviel mehr gilt dies von dem »Vater der Vaterschaften«, der uns durch das Wort der Wahrheit zu einem unvergänglichen Leben gezeugt hat, wenn Er Seine **Söhne und Töchter** als **Toren** sehen muß! Den Korinthern mußte Paulus schreiben: »Ihr ertraget gerne **die Narren,** da ihr ja ›klug‹ seid« (2. Kor. 11, 19–20). Die Apostel Jesu Christi aber wurden gering geachtet.

Der **einsichtsvollen Frau** steht **das zanksüchtige Weib** mit ihren **Streitereien** gegenüber: Ihr **Gezänk** wird mit einer **beständigen Dachtraufe** bei einem Wolkenbruch verglichen (BUB: Dachgesicker). Das Hebräische ahmt im Wortlaut die Sentenz nach: »Es tropft ... und tropft ... und tropft!« Solches Tropfen kann zur nervlichen Folter werden, was sogar die Geheimdienste mit Erfolg anwendeten. Da ist es »besser, auf einer Dachecke zu wohnen«, als mit einem »zänkischen Weib in einem gemeinsamen Haus« (Spr. 21, 9)! Ja, die SPRÜCHE meinen sogar, ein Wohnen »in der Wüste« sei dem beständigen Zank des Weibes vorzuziehen (21, 19). So wendet sich die Gottesweisheit sowohl gegen den jähzornigen Mann, als auch gegen die streitsüchtige Frau.

Wohl der Familie, in der Gnade und Friede Gottes wohnen, und die zur »Gottesfamilie« wird, zur Brunnenstube geistlicher Wohlfahrt!

+ + +

Wer das Gebot bewahrt, bewahrt seine Seele; wer seine Wege verachtet, wird sterben.

Eigentlich heißt es nach dem Hebräischen: **Der Wächter des Gebots** (schomär mizwah) **ist der Wächter seiner Seele** (schomär naphscho). Dieser Begriff des **Wächters** steht oftmals in einem endzeitlich-prophetischen Zusammenhang; so sind es nach Jes. 21, 11 **die Wächter,** welche die heilsgeschichtlichen Nacht- und Morgenzeiten beurteilen und ausrufen, sie warten sehnsuchtsvoll auf den Herrn und auf den Morgen Seines kommenden Reiches (Ps. 130, 6); die **»Wächter** auf den Mauern Jerusalems«, die Gott an Seine Verheißungen erinnern, und deren Amt auch wir wahrnehmen dürfen, sind wahrscheinlich Engelmächte zum Schutze des endzeitlichen Israel (Jes. 62, 6); sie sind es auch, die in der »Drangsal Jakobs« am Ende dieser Weltzeit die erweckte Braut aus Israel »züchtigen« und ihr den Schleier der Verstockung vom Angesicht reißen (Hohesld. 5, 7); über allem aber steht JAHWEH selbst als der »schomär Jisrael«, **der Wächter Israels,** der Sein Volk bis zum Ziel hindurchbewahren wird (Ps. 121, 3–5).
In diesem bedeutenden Licht sollten wir auch den **Wächterdienst** sehen, der uns im vorliegenden Sprüchewort aufgetragen wird. Es ist der von Gott erleuchtete GEIST, den Er **zum Wächter** über die Vorentscheidungen und Willensäußerungen der SEELE und über die Taten des LEIBES gesetzt hat. Bei der **Bewahrung des Gebots** geht es darum, das Gott Wohlgefällige zu tun und Unrecht sowie Gesetzlosigkeit zu meiden (s. Spr. 2, 1–3). Daß es einer »Erneuerung des Denkens« zur opferbereiten Hingabe des Leibes im »wortgemäßen Gottesdienst« bedarf, ehe man befähigt wird, zu prüfen, »was der gute, wohlgefällige und vollkommene Gotteswille sei«, bezeugt Röm. 12, 1–2. Der Weg vom Kinde zum Manne, vom »bar mizwah« (Sohn des Gebots) zum »schomär mizwah« (Wächter des Gebots) ist ein Weg der Heiligung. Sein »Endziel« ist die »Errettung (oder: Heilung) der Seele«, was der **Bewahrung** aus Spr. 19, 16 entspricht (s. Jak. 1, 18–21/ 1. Petr. 1, 8–9). Nicht nur unser GEIST, sondern auch **SEELE** und LEIB sollen ja unverklagbar bewahrt bleiben durch eine tiefgehende Heiligung bis zur Christuswiederkunft (1. Thess. 5, 23–24). »Der Gott des Friedens« wird dieses in uns bewirken! Sollen wir doch den Herrn, unseren Gott, lieben aus ganzem Herzen und mit unserer **ganzen Seele,** mit aller unserer Kraft und mit all unserem Denken (Luk. 10, 27–28). »Was würde es dem Menschen nützen, wenn er die ganze Welt gewänne und Schaden nähme an seiner **Seele?** Was könnte der Mensch als Lösegeld für seine **Seele** geben« (Mtth. 16, 26)?
Wer aber seine Wege verachtet, wird sterben, ist des Todes (DEL) oder **geht verloren** (LXX). Ein solcher Verächter ist, wer nicht für wert hält, seine Schritte gewissenhaft zu überprüfen und abzuwägen, welchen Weg er nach Gottes Willen einschlagen soll, wenn es um wichtige Lebensentscheidungen geht. Ist es nicht Gottes guter Geist, der die Söhne darin leiten will (Röm. 8, 14)? Wollen wir wirklich solche sein, die den »neuen und lebendigen **Weg«,** den uns Christus eröffnet hat, **verachten?**
Der Wächter des Gebots und **Wächter seiner Seele** ist zugleich auch der **Wächter seines Weges,** wie uns Spr. 16, 17 sagt: »Der Aufrichtigen Straße ist: vom Bösen weichen; der Hüter seines **Weges** ist **der Wächter seiner Seele!«** Vom angedrohten Todesverderben für den Verächter geistlicher Entscheidungen aber spricht auch Spr. 21, 16: »Ein Mensch, der **vom Wege der Einsicht** abirrt, wird ruhen in der Versammlung der Toderschlafften!« Dabei geht es nicht nur um mögliche Unglücksfälle unseres

Lebens, sondern um das Böse in seiner satanischen Gestalt; das bezeugt Pred. 8, 5 und nennt als »Gegenmittel« die prophetische Zeitbestimmung und Entscheidungsfähigkeit: **»Der Wächter des Gebots** (wer das Gebot hält) wird nichts Böses erfahren, und eines Weisen Herz kennt Zeit und richterliche Entscheidung!«

Daß wir doch zu denen gehörten, die als »Weise« die göttlichen Gnadenzeiten und Heilstermine »auskaufen und sorgfältig wandeln«, gerade weil unsere Zeit »böse ist« (Eph. 5, 15–16)!

+ ⁺ +

221 ERBARMEN MIT DEN ARMEN (19, 17)

Wer des Armen sich erbarmt, leiht JAHWEH; und ER wird ihm seine Wohltat vergelten!

Das soziale Gewissen war in Israel durch das Gesetz des Herrn stark ausgeprägt; man lese nur einmal die zwölf »kleinen Propheten«, die manchen Sozialreformer unserer Tage erblassen lassen könnten. Dies war in jener Zeit besonders notwendig, wo es weder Krankenversicherung, Sozial- und Arbeitslosenfürsorge, noch Invaliden-, Waisen- und Witwenversorgung und Altersrente gab! So war es jedem Frommen eine gottwohlgefällige Pflicht, Almosen zu geben: darum setzte man auch die Bettler an die »Brennpunkte der Frömmigkeit«, wie den Lahmen an die »schöne Pforte«, die goldene Osttüre des Gottestempels (Apg. 3). »Wohl dem Manne, der gnädig ist und leiht! Er wird seine Rechtssachen (erfolgreich) durchführen im Gericht!« verheißt Ps. 112, 5; dabei ist sicher nicht nur an ein irdisches Gericht, sondern auch an das göttliche Gericht gedacht, wie es auch unser Sprüchewort tut, das an jenem Tage **Vergeltung, Erstattung** (BA) oder **Bezahlung** (BUB) in Aussicht stellt.

Und doch konnte es geschehen, daß dem Armen das Almosen in der Kälte eines mitleidlosen Herzens gegeben wurde, weil der Fromme nur sein Ansehen wahren wollte und sich selbst suchte. Der Kranke am Teiche Bethesda (= Haus der Barmherzigkeit) mußte nach 38 Jahren des Leidens ausrufen: »Ich habe keinen Menschen!«, bevor er dem Gottesmenschen Jesus begegnete (Joh. 5, 7). Bei den in Mtth. 25, 35–36 von Jesus geforderten Taten der Barmherzigkeit sind wenigstens drei – die Aufnahme von Fremden ins eigene Haus, der Besuch bei Kranken und im Gefängnis – ohne eine persönliche Anteilnahme nicht zu verwirklichen! Das Richterwort des kommenden Christus über die »Gerechten der Völker« folgt genau unserem Sprüchewort von der **Wiedererstattung** dessen, was man **JAHWEH leiht:** »Wahrlich, ich sage euch, insofern ihr es einem der geringsten dieser meiner Brüder getan habt, habt ihr es mir getan« (V. 40)! Ja, »… das Tun eines Menschen kehrt zu ihm zurück« (Spr. 12, 14b), auch dem Reichen, der »nur Hartes antwortete, als der Arme ihn flehentlich bat« (Spr. 18, 23)!

Dem schließt sich Jakobus mit den Worten an: »Denn das Gericht wird ohne Barmherzigkeit gegen den ergehen, der nicht Barmherzigkeit geübt hat. Die Barmherzigkeit triumphiert über das Gericht« (2, 13)! Dies kann natürlich im weitesten Sinne auch prophetisch verstanden werden, wenn wir an die göttliche Zielsetzung aller Gerichte denken und an den Triumph Seiner Barmherzigkeit über die Gerichteten am Ende aller Zeiten! Aber zunächst geht es um den einfachen Gedanken der göttlichen **Vergeltung** der von uns geübten Barmherzigkeit oder Unbarmherzigkeit im endzeitlichen Gericht. Müssen wir nicht diesen »Lohngedanken« im Lichte der paulinischen Rechtfertigungslehre ablehnen? Dächsel erzählte einmal, wie der Reformator Jonas einem Armen Almosen mit den Worten gegeben habe: »Wer weiß, ob Gott wiedergibt?« Da warf der ihn begleitende Luther ein: »Als wenn's Gott nicht längst vorausgegeben hätte!« (nach DEL). Mit dieser Antwort begegnete der Reformator dem Mißbrauch des Lohngedankens, wie er unserem Spruch entnommen werden könnte. Doch muß auch dem falschen Gebrauch des paulinischen »nur aus dem Glauben« begegnet werden, vielleicht mit der geistlichen Antithese des Jakobus: »Der Glaube ohne Werke ist tot« (Jak. 2, 26)! Solche scheinbaren Widersprüche lösen sich dem auf, der sich um die genauen Zusammenhänge der biblischen Texte bemüht und auch Paulus nicht nur oberflächlich kennt. Auch er spricht ja vom Werk des Glaubens und vom Lohn im Gericht (1. Kor. 4, 5 u. a.). Das schon früher zitierte Pauluswort von der »geistlichen Sparkasse« (1. Tim. 6, 17–19) sei einmal, auszugsweise, nach der Mengeübersetzung wiedergegeben: »Denen, die Reichtum in der jetzigen Weltzeit besitzen, schärfe ein … Gutes zu tun, reich an guten Werken zu sein, Freigiebigkeit und Mildtätigkeit zu üben und sich dadurch **ein sicheres Grundvermögen für die Zukunft anzulegen,** damit sie das wirkliche Leben erlangen!« Laßt uns das Wohltun und Mitteilen nicht »vergessen«! Es sind »Opfer, an denen Gott Wohlgefallen hat« (Hebr. 13, 16)!

+ ⁺ +

222 NOCH IST HOFFNUNG DA!   (19, 18–20)

Züchtige deinen Sohn, weil noch Hoffnung da ist; aber deine Seele trachte nicht danach, ihn zu töten. – Wer jähzornig ist, muß dafür Strafe tragen; denn greifst du auch ein, so steigerst du es noch! – Höre auf Rat und nimm Unterweisung an, damit du weise seiest in deiner Zukunft.

Wieder einmal ist von der **Züchtigung und Unterweisung** des Vaters die Rede. Gerade, weil noch **Hoffnung** auf eine bessere **Zukunft** ist, sollte sie erfolgen, solange die junge Seele noch bildsam ist: »Wer seine Rute spart, haßt seinen Sohn; aber wer ihn liebt, sucht ihn **frühe** heim mit Züchtigung« (Spr. 13, 24). Die Züchtigung, Erziehung und strenge Unterweisung sollte aber maßvoll geschehen und von Weisheit und Liebe bestimmt sein, nicht vom **hitzigen Jähzorn** dessen, der den Sohn **zu töten sucht.** Allerdings galt nach 5. Mos. 21, 18–21, daß der widerspenstige und aufsässige Sohn, wenn er nach der Züchtigung im Ungehorsam verharrte, vom Volke gesteinigt werden sollte. Wenn man dies auf unser Volk übertragen wollte, dann wäre es gar bald ausgestorben!

Die Züchtigung ist jedenfalls nicht Selbstzweck, sondern »ultima ratio«, letzte verfügbare Maßnahme der Liebe. So ist auch der Zorn Gottes »das Feuer Seiner leidenschaftlich erregten Liebe« (Markus Barth), die höchste Temperatur Seiner Barmherzigkeit

(s. Hohesld. 8, 6–7)! Auch »der Vater aller Vaterschaften« züchtigt Seine Söhne, gerade weil sie wirklich Söhne und keine Bastarde sind. Er züchtigt sie mit einer Weisheit, wie sie irdische Väter niemals besitzen (Hebr. 12, 8–10). Er will nicht **den Tod** des Sünders und handelt auch in Seinen härtesten Gerichten nach den heilspädagogischen Zielen Seiner heimsuchenden Liebe; Er züchtigt gerade darum, **weil noch Hoffnung vorhanden ist,** daß wir »die friedsame Frucht der Gerechtigkeit« erlangen und »Seiner Heiligkeit teilhaftig würden« (Hebr. 12, 10–11). Selbst dann, wenn wir uns in unwürdigem Genuß des Herrenmahls Gericht zuziehen, »werden wir vom Herrn gezüchtigt, damit wir nicht zusammen mit der Welt dem Verdammungsurteil anheimfallen« (1. Kor. 11, 29–32).

Das NT betont das rechte Maß in der Züchtigung noch mehr, etwa in Eph. 6, 4: »Ihr Väter, reizet eure Kinder nicht zum Zorn, sondern erzieht sie in der Zucht und Ermahnung des Herrn!«, wobei solche »Ermahnung« zugleich Ermutigung, Ermunterung und Trost in sich birgt. Dem fügt Kol. 3, 21 hinzu: »Ihr Väter, ärgert eure Kinder nicht, damit sie nicht mutlos werden!« Wie viele Kinder müssen heutigentags diese gesunde väterliche Erziehung entbehren! So dürfen wir auch von Gott, unserem Vater erwarten, daß Er uns nicht über Tragvermögen auferlegt und zugleich mit aller Züchtigung im Leiden auch Trost, Ermunterung und Ermutigung schenkt!

Der Jähzorn hingegen, der dem Haß entspringt und zum **Tode** des Kindes führen kann, unterliegt der göttlichen Vergeltung: **Der Hitzige** (BA) muß dafür **büßen** und im Gericht bezahlen. Die blutige Spur führt vom **Haß** über **den Jähzorn** zum **Mord,** wie uns nach 1. Joh. 3, 12 das Beispiel Kains lehrt, der »aus dem Teufel war«, dem »Menschenmörder von Anfang«. Darum wird Menschenhaß und Bruderhaß von Jesus als auch von Seinen Aposteln als »Mord« gewertet (Mtth. 5, 21–22/1. Joh. 2, 9). So besehen, stehen wir alle im Gericht und haben es allein der Bewahrung Gottes zu danken, daß wir nie zu Mördern geworden sind! Wer aber der »Berserkerwut« **des jähzornigen Hitzkopfs entgegentreten** und den von seiner Wut Betroffenen bewahren will, wird dadurch dessen Jähzorn noch **steigern,** was schon viele erfahren mußten, die es in Unkenntnis seelischer Abläufe »nur gut meinten«. Freilich ist auch das Handeln jener Bürger in unserer Zeit verachtenswert, die neugierig oder feige zuschauen, wenn Rowdies auf der Straße einen Ausländer, Juden oder Rentner niederschlagen oder berauben!

Die schwer übersetzbare zweite Zeile von Vers 19 wird von Buber anders wiedergegeben und mit V. 18 und 20 zu einer gedanklichen Einheit verschmolzen: »Züchtige deinen Sohn, denn noch gibt es Hoffnung; aber seinen Tod zu verlangen, verhebe sich nicht deine Seele, großer Grimm trägt Strafe davon! – sondern rette ihn und fahre noch fort: Höre Rat, nimm Zucht an, damit du weise wirst in deiner Zukunft!« Das Nicht-Nachlassen in der Erziehung hat die Zukunftssicherung der Kinder im Auge und ist getragen von der **Hoffnung.** So handelt auch Gott an uns in einer geistlichen Zukunftsplanung, da Er allein das Ziel unseres Lebens kennt und uns **zur Weisheit** führen will, die letztlich Jesus Christus ist. Gerade, weil wir **die Hoffnung** haben, dem Sohne Gottes einmal gleich zu sein, ordnen wir uns der Züchtigung Gottes unter und reinigen uns, gleichwie Er selbst rein ist (1. Joh. 3, 1–3/Kol. 3, 1–4)!

+ + +

Viele Gedanken sind in dem Herzen eines Mannes; aber der Ratschluß JAHWEHS, er kommt zustande!

Etliche Male wenden sich die SPRÜCHE dem Verhältnis zwischen menschlicher Planung und deren Verwirklichung zu; es ist letztlich die Frage nach der »Vorherbestimmung« durch den göttlichen Willen, und wie sich in diesen Rahmen die Willensentscheidung des Menschen einfügt. **Im Herzen des Mannes** ist eine Fülle von **Gedanken** (E), **Berechnungen** (BA) und **Plänen** (BUB); dort ist die Lebensmitte und Willenszentrale, der vom Menschen »programmierte Computer«. Für seine Herzensgedanken und Willensentscheidungen wird der Mensch im Gericht Gottes verantwortlich gemacht; doch nur das, was dem **Ratschluß Gottes** entspricht, darf sich verwirklichen! Er mag **manche Wege vordenken und planen,** doch **die Schritte auf diesem Weg** dürfen nur in Übereinstimmung mit dem Gotteswillen gegangen werden (Spr. 16, 9). »Die Entwürfe des Herzens sind des Menschen, aber die Antwort der Zunge kommt von JAHWEH« (Spr. 16, 1)!

»Wenn ein Geschöpf den ihm als Richtschnur geoffenbarten Willen Gottes mißachtet oder ihm zuwiderhandelt, so erntet es kraft seiner Verantwortlichkeit als notwendige Folge Fluch und Gericht. In der Übertretung erfüllt das Geschöpf ohne sein Wissen und Wollen den geheimen und ihm zur Rettung dienenden Gotteswillen« (Adolf Heller in: »Vom geheimen und geoffenbarten Willen Gottes«).

So waren die Führer Israels im höchsten Grade schuldig geworden, als sie den Sohn Gottes zum Tode verurteilten; doch übergaben sie Ihn »nach dem bestimmten **Ratschluß** und der Vorkenntnis Gottes« (Apg. 2, 23 + 3, 18). Der Ausspruch »Männer machen Geschichte« schrumpft so gesehen doch gewaltig zusammen! **Der Ratschluß JAHWEHS, er, er kommt zustande,** betont nachdrücklich der hebr. Text. Der gegen seinen Vater David revoltierende Absalom hatte zwei Berater, Husai und Ahitophel; er verwarf den guten Rat Ahitophels und nahm den schlechten Rat Husais in seiner Verblendung an, doch der Herr selbst hatte diese falsche Entscheidung angeordnet, weil er David erretten und Absalom verderben wollte (2. Sam. 17, 14). In Jes. 46, 10–11 stellt sich Gott als der Ewig Seiende vor, was auch darin seinen Ausdruck findet, daß Er »von Anfang an das Ende verkündigt und von Urbeginn her, was noch nicht Geschichte geworden ist«. Er spricht: **»Mein Ratschluß** soll zustande kommen und all mein Wohlgefallen werde ich tun !« Seine »Entwürfe« werden »ausgeführt« und dazu beruft er als Gerichtswerkzeuge und eroberungsgierige »Raubvögel« »Männer Seines Ratschlusses«!

Über der Vielschichtigkeit menschlicher Meinungen, Ziele und Pläne steht Gottes Wille als erhabene Realität, der in der Weltgeschichte Seine Heilsgeschichte gestaltet. Nur dann, wenn wir unsere **Gedanken und Pläne** in diesen Gottesratschluß einordnen, gewinnen wir Anteil an der göttlichen Wirklichkeit! Wenn wir vom Willen Gottes sprechen, müssen wir unterscheiden:

- den »guten Willen« Seines Ratschlusses, in dem Menschen und Engel gestaltend mitwirken;
- den »wohlgefälligen Willen« Seiner göttlichen Liebe, der in Christo auch auf Seiner Gemeinde ruht;
- schließlich den »vollkommenen Willen« Seines Vorsatzes, den Er vor Grundlegung der

Welt ohne die Mitwirkung irgendwelcher Geschöpfe in Christo gefaßt hat, und dessen Ziele Er am Ende aller Zeiten erreichen wird (s. Röm. 12, 2).

Er hat Seinen Willen durch einen Eidschwur »als unwandelbar bewiesen« (Hebr. 6, 17); alles, was Er will, das tut Er auch, und alles, was Er tut, gelingt (Ps. 115, 3/135, 6/1, 3). **Der Ratschluß JAHWEHS, er, er kommt zustande!** So dürfen wir mit Paulus der Gemeinde »den ganzen Ratschluß Gottes verkündigen«, um nicht schuldig zu werden am Blute der Brüder (Apg. 20, 26–27).

+ + +

224 DAS SANFTE RUHEKISSEN (19, 23/3, 24)

Die Furcht JAHWEHs ist zum Leben; und gesättigt verbringt man die Nacht, wird nicht heimgesucht vom Bösen. – Wenn du dich niederlegst, wirst du nicht erschrecken; und liegst du, so wird dein Schlaf süß sein!

Die Überschrift haben wir dem deutschen Sprichwort entnommen: »Ein gut' Gewissen ist ein sanftes Ruhekissen!« Aber könnte die Verheißung eines **süßen Schlafes** für viele nicht zum Ärgernis werden, die zwar auch **in der Furcht des Herrn** leben, aber dennoch von Schlaflosigkeit geplagt sind? Die moderne Schlaf- und Hirnforschung weiß manches von der hohen Bedeutung des Schlafes zu sagen; so harmonisiert er unverarbeitete seelische Vorgänge, schafft einen nervlichen Ausgleich, stabilisiert das Immunsystem und baut sogar Krebsvorstufen ab, um nur einiges zu nennen; und sie nennt als Ursachen der Schlaflosigkeit: Reizüberflutung durch optische und akustische Reize, beruflichen Streß ohne körperlichen Ausgleich, Berufs-, Lebens- und Todesängste – vom zu langen Fernsehabend ganz zu schweigen! Wenn man Ps. 127, 2 übersetzt mit »ER gibt Seinem Geliebten **den** Schlaf«, dann bleibt entweder die Selbstanklage, daß man offensichtlich nicht zu Gottes geliebten Kindern zählt und keine **Gottesfurcht** im Herzen habe, oder aber der Eindruck, daß Gottes Wort Illusionen nähre. Freilich gilt es die irdischen Verheißungen des Alten Bundes zu unterscheiden von den Gottesverheißungen geistlicher Segnungen für die Gemeinde der Erstlinge (vgl. 5. Mos. 11, 12–17); und doch ist auch diese Unterscheidung nicht »der Stein der Weisen«. Vielmehr lautet Ps. 127, 2: »Seinem Geliebten gibt ER es **im** Schlaf«, was auf die Wirksamkeit des Geistes Gottes an unserer Seele auch im Schlafe hinweist. Dies erfuhr als erster Mensch ADAM, als ihm im Tiefschlaf eine »Zelle« entnommen und zu seiner »Gehilfin« EVA gebildet wurde, so daß er staunend ausrief: »Endlich diese!« (1. Mos. 2, 23). Eines sollten wir aber auch bedenken: In alten Zeiten gab es viele Schlafprobleme unserer Zeit nicht! Da galt Pred. 5, 12: »Der Schlaf des Arbeiters ist süß, mag er wenig oder viel essen; aber der Überfluß des Reichen läßt ihn nicht schlafen!« Unsere seelische und geistige Überforderung ohne körperliche Belastung führt oft allein schon zum Schlafmangel. Damals war, außer besonderen Ängsten und drohendem Unheil, Ursache der Schlaflosigkeit nur der bittere Hunger oder aber die Kälte der Nacht ohne Obdach und Kleidung (Hiob 24, 7). Und doch gilt es festzuhalten: Für den, **der JAHWEH nicht fürchtet,** der in seinem Ge-

wissen belastet und beladen ist, gibt es eine nächtliche **Heimsuchung durch das Böse.**
Wir haben es alle schon erfahren, welche bedrohliche Größe schon geringe Probleme im
Schlafe annehmen können, weil der Wächter, unser Geist, ausgeschaltet ist.
Was gibt der Herr »Seinem Geliebten im Schlafe« (Ps. 127, 2)? Eine Antwort finden wir
in Ps. 91, 5–6: »Du wirst dich nicht fürchten vor dem Schrecken der Nacht … vor der
Pest, die im Finsteren wandelt!« So gilt es, sich mit den »Helden Salomos« nach Hoheld.
3, 8 gegen den Schrecken der Nacht »mit dem Schwerte zu gürten«: Wenn wir die
Sonne nicht untergehen lassen über unserem Zorn, sondern Vergebung suchen oder
anbieten, dann kann auch der Teufel in uns keinen Raum gewinnen (Eph. 4, 26–27).
Dann könnte es vielmehr geschehen, daß unsere, vom Worte Gottes **gesättigte** Seele
auch des Nachts – im Unterbewußtsein– weiter darüber nachsinnt, da es ja »in unsere
Seelen eingepflanzt ist« (Ps. 1, 2/Jak. 1, 21). Und wenn wir einmal ohne Schlaf bleiben,
kann sich Ps. 42, 8 erfüllen: »… des Nachts wird Sein Lied bei mir sein, ein Gebet zu dem
Gott meines Lebens!« Als David vor seinem aufrührerischen Sohn Absalom fliehen
mußte, durfte er es erfahren, daß er sich »niederlegte und schlief«, weil er sich in Gott
geborgen wußte (Ps. 3, 5)!
Als solche, die **in der Furcht des Herrn** geborgen sind, dürfen wir es erfahren, daß
Seine Liebe die Furcht austreibt (1. Joh. 4, 17–18); auch wenn es nur wenige Stunden
des Schlafes sind, dürfen wir es bekennen: »In Frieden werde ich mich sowohl niederle-
gen als auch schlafen; denn Du, JAHWEH, allein lässest mich in Sicherheit wohnen!«
(Ps. 4, 8). Solchen Frieden kann auch die gelegentliche Schlaftablette nicht verschaffen!
Prophetisch betrachtet gibt unser Sprüchewort einen Hinweis auf die gegenwärtige
Weltzeit, welche die Schrift als **Nacht** bezeichnet. Wir aber leben »als Söhne des Tages
wie am Tage«, ohne »von der Nacht zu sein« (1. Thess. 5, 4–5). Wir erfreuen uns der
Speise aus Gottes Wort, die uns **sättigt,** und zugleich der göttlichen Zusage, daß **der
Böse uns nicht heimsuchen** und antasten kann (1. Joh. 2, 13/5, 18)!

+ + +

225 DIE UNTERWEISUNG DER DÄMONEN (19, 27–28)

**Laß ab, mein Sohn, auf Unterweisung zu hören, die abirren macht von den Wor-
ten der Erkenntnis. – Ein Belialszeuge spottet des Rechts, und der Mund der Gesetzlosen verschlingt Unheil.**

Der **Unterweisung des Vaters** wird hier **die Unterweisung** finsterer Mächte gegenübergestellt; auch diese bedienen sich der Erziehung sowie der freiheitsberauben-
den **Züchtigung,** was das hebr. Wort für »Unterweisung« auch beinhaltet, worauf auch
die Praktiken vieler Sekten hinweisen; sie verleiten zum intellektuellen **Irrtum** ebenso
wie zum praktischen **Abirren.** Allein der Geist des Herrn bewirkt Freiheit (2. Kor. 3, 17);
wo aber eine Lehre oder Verkündigung Unfreiheit hervorruft, ist bestenfalls Menschen-
geist, schlimmstenfalls dämonischer Geist wirksam.
Feierlich beschwört unser Weisheitswort den Schüler mit der Anrede »beni«, **mein
Sohn,** die den Abglanz von Ps. 2, 7 trägt. Sie wird im AT 77mal, in den SPRÜCHEN

22mal gebraucht, wovon unser Vorkommen das sechzehnte ist. In ähnlicher Weise beschwor Paulus seinen Mitarbeiter und »echten **Sohn** im Glauben«, Timotheus, in den beiden Timotheusbriefen zur Treue – bei Jesus, beim kommenden Gottesreich, bei den heiligen Engeln und bei seinem persönlichen Glaubenszeugnis. Schon dämmerte ja die dämonische Mischlehre der »Gnosis« herauf, wie sie etwa in 1. Tim. 4, 1–4 beschrieben wird: »Der Geist aber sagt mit Nachdruck, daß in den letzten Zeiten etliche vom Glauben abfallen werden, indem sie hinspähen auf betrügerische Geister und Dämonen, die in Heuchelei Lügen reden …!« Träger solcher **irreführender** Lehren sind die **Belialszeugen, die Lügenzeugen** der Finsternis, deren **Mund Unheil** (E), **Heilloses** (DEL), **Ichhaftes** (BA) verschlingt. Der Apostel Paulus sah für die Zeit nach seinem Tode ein Hereinbrechen »verderblicher Wölfe« in die Gemeinde Gottes voraus (Apg. 20, 29). Und wenn die Bewegung der »Gnosis« zu bloßer »Erkenntnis« ohne einen Wandel im Licht verlockte, dann war auch dies schon ein **Abirren** (s. Jak. 1, 22–27). Letztlich ist dies **ein Abirren** von der Liebe aus reinem Herzen und gutem Gewissen und ungeheucheltem Glauben, – hin zu inhaltlosem Geschwätz (1. Tim. 1, 5–6), oftmals begleitet von der »Geldliebe«, die eine »Wurzel alles Bösen« ist (1. Tim. 6, 10); »wie ein Krebsgeschwür« fressen falsche Lehren um sich und führen ebenfalls zu einem »Abirren von der Wahrheit«, also von Christus selbst (2. Tim. 2, 17–18).

Solches **Abirren** – ein Verlassen des geraden Weges (2. Petr. 2, 15/Jak. 5, 19) – kann unmerklich bei einer falschen Weichenstellung beginnen, die erst am Ziele offenbar wird: »Ein Mensch, der vom Wege der Einsicht **abirrt,** wird ruhen in der Versammlung der Schatten«, d. h. der Toten (Spr. 21, 16).

Doch kann auch **Erziehung und Unterweisung abirren machen,** wie sie zum Teil in unseren Schulen, Hochschulen und Universitäten angeboten wird, wo oft bloße Hypothesen der Wissenschaft, wie die Evolutionslehre, als bewiesene wissenschaftliche Wahrheit ausgegeben werden. Vielem aus der Trickkiste »wissenschaftlicher« und theologischer Verirrungen werden in der Gegenwart auch die Kinder gläubiger Eltern ausgesetzt. Leider gibt ihnen die Gemeinde Jesu oft nicht das intellektuelle und biblische Rüstzeug an die Hand, solchen **Belialszeugen** zu widerstehen, die **des Rechtes spotten, das Unheil** wie einen Leckerbissen **verschlingen** und es dann auch anderen anbieten. Die Christusgemeinde muß angesichts der heutigen Zeitströmung endlich darauf verzichten, ihre Glieder mit dem Existenzminimum geistlicher Schmalkost zu ernähren! Wie sollen sie denn sonst der menschlichen Philosophie, der »Weisheit« dieser Weltzeit und ihrer geheimen Drahtzieher widerstehen können, die »irdisch, seelisch«, ja, »dämonisch« sein kann? (Kol. 2, 8/1. Kor. 2, 6/Jak. 3, 15). Viele glaubende Wissenschaftler lassen uns erkennen, daß Gottesmenschen nicht auf das Denken verzichten und den Verstand aufgeben müssen! Gottes Wort braucht sich in allen seinen Aussagen nicht schamhaft vor der »fälschlich sogenannten Wissenschaft« zu verstecken (1. Tim. 6, 20).

Es sind **Lügenzeugen, Belialszeugen,** die es verhindern können, daß wir »gewurzelt, auferbaut und befestigt« im Glauben sind und »in der Danksagung überströmen«; sie können uns »wegführen durch die Philosophie und durch inhaltlosen Betrug«, die der Menschentradition und den Grundelementen des Kosmos entsprechen (Kol. 2, 7–8).

Dem Abirren durch dämonische **Unterweisung** stellen wir das Bleiben in der **göttlichen Unterweisung** entgegen: »Du aber bleibe in dem, was du gelernt hast und wovon du völlig überzeugt bist, weil du weißt, von wem du es gelernt hast, und weil du von Kind auf die Heiligen Schriften kennst …,die von Gott eingegeben sind« (2. Tim. 3, 14–17/vgl. mit Hebr. 2, 1).

»Ich lief verirrt und war verblendet,
ich suchte Dich und fand Dich nicht;
ich hatte mich von Dir gewendet
und liebte das geschaffne Licht. –
Nun aber ist's durch Dich gescheh'n,
daß ich Dich hab' ersehn!«

+ + +

226 GOTT SPOTTET DER SPÖTTER (19, 25/19, 29/20, 1)

Schlägst du den Spötter, so wird der Einfältige (Zugängliche) **klug; und weist man den Verständigen zurecht, so wird er Erkenntnis verstehen. – Für den Spötter sind Strafgerichte bereitet, und Schläge für den Rücken der Narren. – Der Wein ist ein Spötter, starkes Getränk ein Lärmer; und jeder, der davon taumelt, wird nicht weise!**

An keiner Stelle der Heiligen Schrift werden **die Spötter** und **der Spott** positiv bewertet; zieht er doch »alles, was wahr, würdig, gerecht, rein, lieblich, wohllautend, tugendhaft und lobenswert ist«, in den Dreck. Unsere »wilden Zeiten in den letzten Tagen« (2. Tim. 3, 1) sind übervoll von solchem Spott! »Am Ende der Zeit werden **Spötter** sein, die nach ihren eigenen Begierden der Gottlosigkeit wandeln«, sagt auch Jud. 18. Ihr Spott ergießt sich über alles Erhabene, um es lächerlich zu machen, über jegliche Form der staatlichen, pädagogischen und familiären Autorität, aber auch über die göttlichen Verheißungen; so bezeugt es uns 2. Petr. 3, 3–4 von der Leugnung der Wiederkunft Christi durch **Spötter,** die vom Eigenwillen ihrer Begierden getrieben werden.

Solcher Spottsucht gegenüber helfen auch **Schläge** nicht; zu dem etwas unverständlichen Zusammenhang von Spr. 19, 25 führt Delitzsch aus: »Der Religions- und Tugendspötter ist unverbesserlich; seine Bestrafung nützt ihm nichts, aber verloren ist sie auch nicht, denn sie macht als abschreckendes Beispiel **den Einfältigen** verständig, der sich sonst leicht zu gleicher Frivolität fortreißen lassen könnte!« Der Weise jedoch braucht eine solche Abschreckung nicht; er kommt von sich aus zur Erkenntnis: »Wenn man den Spötter bestraft, so wird der Einfältige (BA: Zugängliche) weise; und wenn man den Weisen belehrt, so nimmt er«, allein dadurch schon, »Erkenntnis an« (Spr. 21, 11). Gerade weil er allezeit über dem Worte Gottes nachsinnt, weil er Lust daran hat, wandelt er nicht im Ratkreis der Gottlosen, steht nicht auf dem Wege der Sünder und sitzt nicht auf dem Sitze **der Spötter** (Ps. 1, 1).

Für den Spötter sind Strafgerichte bereitet; das hebr. Wort meint stets ein göttliches, nicht ein menschliches Strafgericht, das zum festgesetzten Termin hereinbricht. So bezeugt Ps. 2, 4–5 angesichts der kosmischen Revolte der Erdenkönige und Himmelsfürsten gegen Gott und Seinen Messias, daß »der im Himmel Thronende ihrer lacht und **spottet«,** ehe Er »zu ihnen redet in Seinem Zorn, und in Seiner Zornglut sie schreckt«. In einer Zeit, da die Gotteslästerung staatlicherseits nicht mehr unter Strafandrohung steht, gilt das ernste Wort aus Gal. 6, 7 in besonderer Weise: »Irret euch nicht, Gott läßt sich nicht **verspotten!** Denn was irgend der Mensch sät, das wird er auch ernten!« Daß sich **Hohn und Spott der Toren** besonders auf Göttliches und Heiliges konzentriert, erfuhr der Gekreuzigte, als **»Spötter** die Stadt« – Jerusalem – »in Aufruhr versetzten« (Spr. 29, 8), und Ihn die Hohenpriester und Schriftgelehrten verhöhnten, so daß sich Ps. 22, 7 und Hiob 30, 9 erfüllten: »Alle, die mich sehen, spotten meiner ...« und: »Ich bin ihr Spottlied geworden!« **Das Strafgericht** Gottes brach im Jahre 70 über Israel herein, weil es keine »Weisen« gab, »die den Zorn abwendeten«, wozu Pfingsten die Möglichkeit gegeben hätte (vgl. Spr. 29, 8b).

Spr. 20, 1 weist uns darauf hin, daß besonders der Alkohol – **Wein und starkes Getränk** – die Dämme der Ehrfurcht niederreißt, so daß Sittlichkeit und Anstand vom wüsten Treiben und **Toben** der Berauschten niedergebrochen werden. Der Betrunkene hat nun, seiner selbst nicht mehr mächtig, eine zu **zügellosem Spott** »gelöste Zunge«. Die Clique der Betrunkenen reizt sich noch gegenseitig auf und sucht sich in der Verhöhnung des Heiligen zu überbieten.

Enthaltung von jeglichem **Rauschzustand** ist es, was »Königen gebührt«, sonderlich »Lemuel«, dem »Gottgeweihten« (Spr. 31, 4–5). Heilige Rede und ein vollmächtiges Wort sind daran gebunden. So ermahnt uns Paulus: »Berauschet euch nicht mit Wein, in welchem Ausschweifung ist, vielmehr werdet mit dem Geiste erfüllt, indem ihr zueinander redet in Psalmen und Lobliedern und geistgewirkten Hymnen ...« (Eph. 5, 18–19)!

+ + +

227 STILLE WASSER SIND TIEF (20, 5)

Tiefe Wasser, das ist der Ratschluß im Herzen des Mannes, aber ein Mann des Verständnisses schöpft ihn herauf.

Dieses Wort läßt uns an einen tiefen Brunnen denken, dessen **Wasser** an einer Eimerkette **heraufgeschöpft** werden muß – eine mühevolle Arbeit, die aber durch die Reinheit und erquickende Kühle des **tiefen Grundwassers** gesegnet ist. Der Spruch meint zunächst weniger die quellfrischen Worte der Weisheit, sondern das, was **im Herzen eines Menschen** an **Ratschlüssen,** Plänen und Gedanken verborgen ist. Daß diese auch negativ sein können, bezeugt Jes. 29, 15: »Weh denen, die ihre Pläne **tief verbergen** vor JAHWEH, und deren Werke im Finstern geschehen, und die da sprechen: Wer sieht uns, und wer kennt uns?«

Auch in der Seelsorge müssen wir damit rechnen, daß oft viele »Scheinkulissen« frommen Theaters aufgebaut werden, die zur Irreführung über schuldhafte Bindungen und über den wahren Sachverhalt der Gedanken dienen sollen. Die Beweggründe des Herzens und Motive des Willens sind oft uns selbst nicht restlos klar; erst das Seele und Geist scheidende und richtende Gotteswort »dringt hindurch« und macht sie offenbar vor den Augen dessen, vor dem kein Geschöpf unsichtbar ist (Hebr. 4, 12–13). So sollte ein vollmächtiger Seelsorger **ein Mann der Einsicht und des Verständnisses** sein, um die »stillen« und **tiefen Wasser** aus **dem Herzen eines Menschen heraufzuschöpfen.**

Um sich dem Ursprungsherd der Not eines Menschen und seiner seelisch-geistlichen »Erkrankung« nähern zu können, bedarf er der göttlichen Kriterien zur Unterscheidung des Guten und des Bösen; ja, vielmehr: er benötigt Geist der Weissagung, der **die Herzen** »überführt, beurteilt und das Verborgene enthüllt«; wer solches erfährt, wird, von der Gegenwart Gottes überwältigt, anbeten (1. Kor. 14, 24–25).

Wir dürfen Spr. 20, 5 aber auch prophetisch-symbolisch sehen; meint es nicht auch **die Quellwasser** der Offenbarung, die **aus der Tiefe des Herzens** und Willens Gottes strömen, eines Willens, der auch Seinen **Ratschluß** und alle Vorsätze Seines Heilsplanes umfaßt? Müssen wir uns nun nicht Paul Gerhardt anschließen, der da dichtete:

> »Sein Sohn ist Ihm nicht zu teuer, nein, Er gibt Ihn für mich hin,
> daß Er mich vom ewgen Feuer durch Sein teures Blut gewinn.
> O Du ergründter Brunnen, wie will doch mein schwacher Geist,
> ob er sich gleich hoch befleißt, Deine Tief ergründen können?
> Alles Ding währt seine Zeit, Gottes Lieb in Ewigkeit!«?

Gilt nicht nach Röm. 11, 34 eine strenge Selbstbescheidung hinsichtlich dessen, was **im Herzen Gottes** und im **Herzen des Mannes Gottes,** des Christus, an Gedanken und Plänen ruht? »Denn wer hat des Herrn Denken erkannt, oder wer ist Sein Mitberater gewesen?« Mit diesem Wort wird oft jedem **Schöpfen** nach tieferer Gotteserkenntnis und dem **Ausschöpfen** der biblischen Offenbarung das Recht abgesprochen, weil man es falsch versteht. Dem gilt es 1. Kor. 2, 6–16 entgegenzuhalten. Dort wird zwar die Blindheit der Weltweisen gegenüber den Gottesgedanken bezeugt, jedoch auch, daß Gott denen, die Ihn lieben, schon jetzt Sachverhalte geoffenbart hat, die »kein Auge gesehen und kein Ohr gehört hat, und die in keines Menschen Herz aufgestiegen sind« (V. 9–10). »Uns aber hat Gott es geoffenbart durch Seinen Geist, denn der Geist erforscht alles, **auch die Tiefen Gottes!«** Diese gottgeschenkten Wirklichkeiten sollen wir kennen und verkündigen (V. 12–13). Denn »wir haben Christi Denken« (V. 16).

Solche **Tiefen Gottes** gehören zu der »Breite und Länge und **Tiefe** und Höhe« Seiner allumfassenden Liebe (Eph. 3, 18)! Hierzu sind **die Männer des Verständnisses** und der **Einsicht** gerufen, welche **die Tiefen der Ratschlüsse** und Vorsätze **im Herzen Gottes** aus dem Brunnen der biblischen Offenbarung **heraufschöpfen!** Gehören wir zu ihnen? Dazu bedarf es allerdings des »Geistes der Weisheit und der Enthüllung« (Eph. 1, 17). Durch die Parallele in Spr. 18, 4 wird uns auch der Weg zum Worte Gottes gewiesen: **»Die Worte aus dem Munde eines Mannes** sind tiefe Wasser, ein sprudelnder Bach, ein Born der Weisheit!«

Wer wollte es leugnen, daß **der Mann der Einsicht** der Apostel Paulus war, der als der »Vollender des Wortes Gottes« beauftragt war, den »unausforschlichen Reichtum des Christus« und die Geheimnisse des göttlichen Heilsplanes in besonderer Weise zu offenbaren (Eph. 3, 7–10/Kol. 1, 25)! Doch auch uns wurde »kundgetan das Geheimnis Seines Willens, Seinem Wohlgefallen gemäß, das Er sich vorgesetzt hat in sich selbst für die Haushaltung der Zeitenfülle …« denn auch wir »sind zuvorbestimmt nach dem Vorsatz dessen, der alles bewirkt **nach dem Ratschluß Seines Willens«** (Eph. 1, 7-11)!

+ + +

Die meisten Menschen rufen ein jeder seine Güte aus; aber einen Mann der Treue – wer wird ihn finden?

Der Sinn der ersten Zeile ist wohl: Es gibt so viele Menschen, und doch empfiehlt sich jeder nur selbst …! Ist uns dies heute nicht auch bekannt? Sogar auf christlichen Werbeplakaten werden Männer mit Ruf und Titel und mit hohen Attributen bekanntgemacht; noch schlimmer ist es, wenn Diener Gottes für sich selbst werben und sich selbst empfehlen! Es wäre besser, nach Spr. 27, 2 zu handeln: »Es rühme dich ein anderer und nicht dein eigener Mund, ein Fremder und nicht deine Lippen!« Luther übersetzte Spr. 20, 6 so: »Viele Menschen werden fromm gerühmt …!« Ja, es gibt **viele,** die dem Hilfesuchenden gönnerhaft Aussichten eröffnen und fromme Versprechungen machen, dann aber solche, die darauf bauen, im Stich lassen. Der Segenswunsch »Gehet hin in Frieden, wärmet und sättiget euch!« klingt zwar sehr fromm im Sinne der **ausgerufenen Güte,** kann aber den Nackten nicht kleiden und den Hungernden nicht sättigen; »der Glaube ohne Werke ist in sich selbst tot« (Jak. 2, 14–17)! Auch Jesus hat vor der Heuchelei der frommen »Schauspieler« gewarnt, die einer staunenden Menge ihre Almosengabe durch Posaunenton ankündigen ließen; Er riet, die Barmherzigkeit im Verborgenen zu wirken (Mtth. 6, 1–4). Jesus bezeichnete es auch als frommes Schauspiel, wenn Menschen eine freiwillige Enthaltsamkeit öffentlich kundwerden ließen; er empfahl, »das Haupt zu salben und das Angesicht zu waschen, um den Menschen nicht als Fastender zu erscheinen« (Mtth. 6, 16–18). Nur wenige sind es, die nicht nur »fromme Sprüche machen«, sondern ihre Ankündigungen auch wahr machen: der großen **Menschenmenge** gegenüber (BUB) steht **ein zuverlässiger Mann** (E), **ein Mann der Treue** (BA); seine Glaubwürdigkeit äußert sich darin, daß er sich selbst in Wort und Tat treu bleibt und dann auch anderen die Treue hält, so daß sie sich auf ihn verlassen können. Der Prophet Jeremias forderte in traurigem Spott zu Streifzügen durch die Gassen Jerusalems auf, um einen zu finden, der Recht übt und der **Treue sucht** (Jer. 5, 1). **Die meisten Menschen rufen ein jeder seine Güte aus;** neben der »Begierde des Fleisches« und der »Lust der Augen« gehört »die Prahlerei des Lebens« zu den Grundprinzipien dieser Welt (1. Joh. 2, 16). So müssen wir es mit Paulus beklagen, daß auch bei den Dienern Gottes sich oftmals »einer aufbläht gegen den anderen« und »höher von sich denkt, als zu denken sich gebührt«, obwohl auch der vollmächtigste Dienst letztlich nur ein Gottesgeschenk ist (1. Kor. 4, 6–7/Röm. 12, 3). Damals wie heute legt man viel Wert auf »Empfehlungsbriefe« (2. Kor. 3, 1) und rühmt sich dem Ansehen nach und nicht dem Herzen gemäß (2. Kor. 5, 12). Diesen frommen Werbefeldzügen gegenüber verzichtete Paulus weitgehend auf Eigenruhm; er rühmte sich lieber seiner Schwachheiten und des Kreuzes Christi in seinem Leben (2. Kor. 12, 9/Gal. 6, 14). »Ihr rühmet euch in euren Großtuereien? Alles solches Rühmen ist böse!« stellte Jakobus in K. 4, 16 fest.

Einen **Mann der Treue – wer wird ihn finden?** Scheinbar ohne Antwort verhallt diese resignierende Frage im Raum! Wie darf aber unser Herz frohlocken, daß es *EINEN* gibt, der uns **Treue hält,** und der im Wort der Wahrheit nicht nur seit langen Zeiten **Seine Güte ausgerufen hat,** sondern Seine ewige **Treue** in der Menschwerdung Christi unter Beweis stellte! »Er bleibt treu, denn er kann sich selbst nicht verleugnen«, ist der Grund unseres Heils, auch wenn wir untreu sind (2. Tim. 2, 13)! Und Tit. 3, 4 bezeugt: »Als aber **die Güte** und die Menschenliebe unseres Rettergottes erschien, errettete Er uns … nach Seiner großen Barmherzigkeit!«

+ + +

229 DIE AUGEN DES RICHTENDEN KÖNIGS   (20, 8–9)

Ein König, der auf dem Throne des Gerichts sitzt, zerstreut alles Böse mit seinen Augen. – Wer darf sagen: Ich habe mein Herz gereinigt, ich bin rein geworden von meiner Sünde?

Vielfach spricht Gottes Wort vom **Thron des Gerichts.** Als der »König der ganzen Erde« hat Gott sich »auf den Thron Seiner Heiligkeit gesetzt« (Ps. 47, 8); dies wird sich am Ende dieser Weltzeit erfüllen, wenn der wiederkehrende Christus »auf dem Thron Seiner Herrlichkeit sitzen« und alle Völker des Erdkreises, aber auch die zwölf Stämme Israels richten wird, um sie durch Gericht hindurch zur Wiedergeburt zu führen (Mtth. 25, 31–46/19, 28). Schließlich aber findet vor dem »großen weißen Thron« das Endgericht über alle Toten statt, die bis zu diesem Zeitpunkt noch nicht auferstanden sind (Offb. 20, 11–15). Wie groß ist demgegenüber die Tatsache, daß es für solche, die in Christo Jesu sind, kein Verdammungsurteil mehr gibt, sondern nur noch ein letztes Reinigungsgericht vor dem Throne Christi (Röm. 8, 1/2. Kor. 5, 10)!

Letztlich dienen alle Gottesgerichte dazu, **das Böse zu zerstreuen** und zu vertilgen, so wie ja der wiederkehrende Christus »durch den Hauch Seines Mundes« den Antichristen und alle, die ihm dienten, vernichten wird (2. Thess. 2, 8). Wie das göttliche Gerichtsverfahren eröffnet wird, schildert uns Dan. 7, 9–10: »Und ich schaute, bis Throne aufgestellt wurden, und ein Alter an Tagen sich setzte; Sein Gewand war weiß wie Schnee, und das Haar Seines Hauptes wie reine Wolle; Seinen Thron umgaben Feuerflammen, und dessen Räder waren ein loderndes Feuer … Das Gericht setzte sich, und Bücher wurden geöffnet.«

Doch sind es **des Königs** furchterweckende, durchbohrende **Augen,** die **alles Böse zerstreuen** (s. 1. Kön. 3, 28). »Vor dem Blick eines Königs, dem es um Recht und Gerechtigkeit zu tun ist, hält nichts Böses stand; verbrecherische Werke und Pläne, von diesen Augen durchschaut und damit auch gerichtet, werden auseinandergesprengt und zerstieben mit der dem Gemeinwesen drohenden Gefahr in alle Winde« (DEL). »Die Augen JAHWEHs sind an jedem Orte, sie schauen aus auf Böse und Gute« bezeugt Spr. 15, 3. Es sind »die Augen dessen, vor dem alles bloß und aufgedeckt ist« – »Augen, wie Feuerflammen« (Hebr. 4, 13/Offb. 1, 14). Der Apostel Johannes durfte das Lamm Gottes schildern – ausgerüstet mit »sieben Hörnern«, d. h. mit absoluter Vollmacht, und mit »sieben Augen«, dem Bilde vollkommener Allwissenheit (Offb. 5, 6). Angesichts dieser allesdurchdringenden Augen gilt es: **Wer darf sagen: Ich habe mein Herz gereinigt, ich bin rein geworden von meiner Sünde?** Ist doch selbst unsere Gerechtigkeit »wie ein unflätiges Kleid« (Jes. 64, 6)! Auch »die Großen im Reiche Gottes«, wie der Hohepriester Josua, stehen in solchem Gericht und werden bei der Anklage Satans vor Gottes Thron als »mit schmutzigen Kleidern angetan« erfunden. Erst die Neueinkleidung durch den Herrn, »der Jerusalem erwählt hat«, konnte von Josua das Gericht abwenden (Sach. 3, 1–5).

Wer darf sagen: Ich habe mein Herz gereinigt …? Nur der Christus, als der »König der Herrlichkeit«, darf »steigen auf den Berg JAHWEHs«, weil Er »unschuldiger Hände und reinen Herzens ist, nicht zur Falschheit erhebt Seine Seele und nicht betrügerisch schwört« (Ps. 24)!

Und doch gibt es auf die Frage aus Spr. 20, 9 durch die Gnade Gottes noch eine andere Antwort: »Das Blut Jesu Christi, Seines Sohnes, reinigt uns von aller Sünde!« Dieser grundsätzlichen Reinigung und **Läuterung unseres Herzens und Lebens** sollte die tägliche Reinigung im Wasserbad des Wortes folgen; dann gilt uns der Zuspruch Jesu: »Ihr seid schon rein um des Wortes willen, das ich zu euch geredet habe!« (vgl. 1. Joh. 1, 7 mit Joh. 15, 3).

Der König … zerstreut alles Böse mit seinen Augen. Als Petrus seinen Herrn dreimal verleugnet hatte, zuletzt mit dem Schwur einer Selbstverfluchung, krähte der Hahn, »und der Herr wandte sich um und blickte Petrus an« (Luk. 22, 61)! Mit welchen **Augen** hat **der König** Seinen ungetreuen Knecht angeschaut? Mit den furchterweckenden, durchbohrenden Augen lodernden Zornes und richterlicher Unbestechlichkeit? Oder vielmehr mit den Augen dessen, der am Grabe des Lazarus Tränen vergoß, den barmherzigen Augen dessen, der für Petrus betete, daß sein Glaube nicht aufhöre? Seine Güte leitete den gefallenen Jünger zur Buße!

So gibt es auch in unserem Leben besondere Höhepunkte, wo wir **den Augen Gottes und Christi** gegenübergestellt werden. In 1. Tim. 6, 13–14 lesen wir nach dem Grundtext: »Ich gebiete dir **vor den Augen Gottes,** der das All ins Leben zeugt, und **vor den Augen Christi Jesu,** der vor Pontius Pilatus das gute Bekenntnis bezeugt hat: Bewahre das Gebot unbefleckt und unsträflich bis zur Erscheinung unseres Herrn Jesus Christus!« Wie wird uns sein, wenn wir Jesus sehen werden wie Er ist und Ihm dadurch gleichgestaltet werden! Wer diese Hoffnung hat, **der reinigt sich** (1. Joh. 3, 1–3)!

+ + +

230   DIE »PROPHETIE« KINDLICHER HANDLUNGEN   (20, 11)

Schon der Knabe gibt sich durch seine Handlungen zu erkennen, ob sein Tun lauter, und ob es aufrichtig ist.

Immer wieder wird in der Psychologie und Pädagogik die Frage neu gestellt, was denn in der Charakterbildung eines Menschen ausschlaggebender sei: die äußeren Umstände, denen ein Kind und Jugendlicher ausgesetzt ist, oder aber die »Disposition« durch die Erbanlagen. Materialistische Ideologien haben stets die Macht der äußeren Umstände überbetont; doch zeigt die Zwillingsforschung, daß selbst nach einer frühen Trennung eineiiger Zwillinge und trotz völlig verschiedener Lebensumstände, ihr Erscheinungsbild, ihre Persönlichkeitsstruktur und ihre Handlungsweisen fast völlig gleich blieben.

Darum läßt schon das Kind in seinem **Verhalten, seiner Gemütsart und seinen Spielhandlungen** (DEL), wie in all seinem **Wirken** (BA) den künftigen Erwachsenen erkennen, auch wenn es noch einige Reifestufen zu durchlaufen hat. Luther hat so übersetzt: »Auch kennet man einen Knaben an seinem Wesen, ob er fromm und redlich werden will!« Und Angelus Silesius dichtete: »In jedem ist ein Bild des, das er werden soll, solang er das nicht ist, ist nicht sein Friede voll!« Und ein aramäisches Sprichwort sagt: »Was ein Kürbis werden will, zeigt sich an der Knospe« (nach DEL). Wer ein sensibles Ahnungsvermögen hat, kann am Kinde schon den künftigen Erwachsenen »schauen« und seine Erziehung nach Spr. 22, 6 gestalten: »Erziehe den Knaben seinem Wesen gemäß; er wird nicht davon weichen, auch wenn er alt wird!«

Von solchen »prophetischen« **Spielhandlungen der Kinder** berichten auch die Evangelien. Jesus, der ein Herz für Kinder hatte, hat sie beim Spielen offensichtlich gut beobachtet. So heißt es in Mtth. 11, 16–17: »Wem aber soll ich diese Generation vergleichen? Sie ist Kindern gleich, die auf den Märkten sitzen und ihren Spielkameraden zurufen: Wir haben euch gepfiffen, und ihr habt nicht getanzt! Wir haben euch Klagelieder gesungen, und ihr habt nicht gewehklagt!« In dieser Spielszene geht es um Kinder, die andere »nach ihrer Pfeife tanzen lassen« wollen, die aber nicht auf ihre Spielvorschläge eingehen – einmal ist es das Spiel einer Hochzeit, einmal das eines Begräbnisses. Was wollte Jesus damit gleichnishaft sagen? Während Israel von dem Bußprediger Johannes lieber die »Hochzeitsmelodie des Bräutigams« hören wollte, verlangte es von Jesus, der es zum »Hochzeitsfest der Gnade« rief, die düstere Buß- und Totenklage. Der Vergleichspunkt ist also das Launische im kindlichen Spiel, sowie das Verlangen nach einer unverzüglichen Erfüllung der Spielforderungen.

Nach Mtth. 21, 15–16 haben Kinder Jesu Einzug in Jerusalem »nachgespielt« und »Hosianna dem Sohne Davids!« geschrieen, was bei den Schriftgelehrten zu starken Unmutsäußerungen führte. Doch der Herr sah in ihrem Spiel Ps. 8, 2 erfüllt: »Aus dem Munde der Kinder und Säuglinge hast Du Dir eine Macht bereitet um Deiner Bedränger willen, um zum Schweigen zu bringen den Feind und den Rachgierigen!« In einem Punkt sah Jesus die Kinder auch für die Erwachsenen als vorbildlich: in ihrem mangelnden Mißtrauen und ihrem kindlichen Vertrauen; letzteres sollte auch unser Verhältnis zu Gott bestimmen (Mtth. 18, 2–5). So sollen wir nach 1. Kor. 14, 20 zwar nicht »Kinder im Verstande«, im Denken sein, sondern »Unmündige, was die Bosheit anbetrifft, Erwachsene aber im Verstande!«

Jesus selbst zeigte **schon als Kind** Seine göttliche Herkunft und Sündlosigkeit und ließ dadurch die, welche Ihn kannten, Seine Messianität **erahnen.** Nach Luk. 2, 40 »wuchs und erstarkte das Kindlein und wurde erfüllt mit Weisheit, und Gottes Gnade ruhte auf Ihm«. Er »nahm zu an Weisheit und Altersreife und Gnade bei Gott und den Menschen« (V. 52).

Ob auch an denen, die geistlicherweise **Kinder** im Glauben sind, schon das **zu erkennen ist,** was Gott in ihnen an Reifezielen, Gnadengaben und Diensten durch den Heiligen Geist angelegt hat? Es gehört zur Aufgabe der Ältesten in einer Gemeinde, dies im Geiste der Weissagung **zu erkennen,** zu benennen und in den Dienst einzuordnen. So bezeichnete Paulus seinen Mitarbeiter Timotheus, den er zum neuen Leben führen durfte, als sein »echtes und geliebtes Kind im Glauben« (1. Tim. 1, 2 + 18/2. Tim. 1, 2/2, 1); in seinen beiden Briefen an ihn wies er ihn seelsorgerlich in das ein, **was er werden sollte** (s. auch Tit. 1, 4 und Philem. 10). Dies ist die Erziehungsaufgabe eines »Vaters« im Glauben (vgl. 1. Joh. 2, 12–13).

+ + +

Schlecht, schlecht! spricht der Käufer; aber seines Weges gehend, rühmt er sich alsdann. – Es gibt Gold und Korallen die Menge; aber ein kostbares Gerät sind Lippen der Erkenntnis!

Öfters verwendet die Heilige Schrift das Bild eines orientalischen Basars; so erschallt in Jes. 55, 1–2 der laute Ruf des göttlichen Gnadenangebotes: »He! Ihr Durstigen alle, kommet zu den Wassern! Die ihr kein Geld habt, kommet, kaufet ein und esset! Ja, kommet, kaufet ohne Geld und ohne Kaufpreis Wein und Milch! Warum wäget ihr Geld dar für das, was nicht Brot ist, und euren Erwerb für das, was nicht sättigt? Höret doch auf mich und esset das Gute, und eure Seele labe sich an Fettem!« Welche Selbsterniedrigung Gottes ist es, daß er in der Verkündigung Seiner Boten wie ein »Markthändler« Sein Gnadenangebot ausbreitet! Dies greift Eph. 5, 15 mit der Ermahnung auf, sorgfältig zu wandeln und als Weise »die Gotteszeit auszukaufen«, wobei das griech. Wort »exagorazomai« den »Totalausverkauf« von Waren auf dem »Markt« meint.

So führt uns auch Spr. 20, 14 auf einen orientalischen Markt, wo es immer auch um das genußvolle Aushandeln des Preises im gestenreichen Feilschen geht. Ein gerissener **Käufer** setzt die Ware, die er kaufen will, auf jegliche Weise herab, um sie möglichst billig zu bekommen; hat er sie einmal erworben und **geht mit ihr davon, so prahlt er bei sich selbst,** ein gutes Geschäft gemacht zu haben. Doch gibt es auch das Gegenteil, wo der Verkäufer »Gut! gut!« ruft und den Käufer mit schlechter Ware betrügt.

Von solcher gerissenen Geschäftstüchtigkeit spricht auch Jesu Gleichnis vom klugen Kaufmann, das uns zeigen will, wie wir dem Angebot des Reiches Gottes gemäß handeln sollten: »Das Königtum der Himmel ist gleich einem im Acker« (dieser Welt) »verborgenen Schatz, welchen ein Mensch fand und **verbarg;** und vor Freude darüber geht er hin, verkauft alles, was er hat, **und kauft jenen Acker!«** Er erwirbt den vergleichsweise billigen und steinigen Acker und damit das Anrecht am weitaus kostbareren Schatz!

Auch Spr. 20, 15 empfiehlt uns die Wahl des »Vorzüglicheren«, das im Sinne Gottes weitaus wertvoller ist **als Gold und Korallen** und darum auch seltener als diese: **Lippen der Erkenntnis als ein Gerät der Kostbarkeit** (BA) oder **ein kostbarer Schmuck** (BUB). Es gibt in dieser Welt vielerlei edle und gute Dinge, die man erwerben könnte, aber nur wenig **Vorzügliches,** wie es die **Lippen** des Lehrenden sind, der **Erkenntnis** vermittelt. Auch diesem Sachverhalt entspricht ein Gleichnis Jesu: »Wiederum ist das Königtum der Himmel einem Kaufmann gleich, der schöne Perlen sucht; als er aber *eine* **überaus kostbare Perle** gefunden hatte, ging er hin und verkaufte alles, was er besaß, und kaufte sie« (Mtth. 13, 45–46)!

Denn der Erwerb der Weisheit »ist besser als der Erwerb von Silber, und ihr Gewinn besser als feines Gold; kostbarer ist sie als Korallen, und alles, was immer du begehren magst, kommt ihr an Wert nicht gleich …« (Spr. 3, 14–15; s. auch 8, 10–11). Pred. 7, 12 ergänzt: »Im Schatten ist Weisheit verborgen, im Schatten ist Geld, aber **der Vorzug der Erkenntnis** ist der, daß die Weisheit ihre Besitzer ins Leben zeugt!« So ist mancher »Schatten« der notvollen Heilsgeschichte, der »Schatten« mancher Not und Drangsal unserer Lebensgeschichte, aber auch der »Schatten« des Gesetzes, Fundort und Geburtsstätte der göttlichen Weisheit (s. Kol. 2, 16–17/Apg. 5, 15).

Nach Phil. 1, 9–11 befähigt uns die zu Erkenntnis und Einsicht überströmende Liebe

dazu, prüfen zu können, was – unter allen Welt- und Heilsangeboten – **das Vorzüglichere sei;** so kann man dann lauter und unanstößig werden auf den Tag Christi, erfüllt mit Frucht der Gerechtigkeit.

Lippen der Erkenntnis sind ein kostbares Gerät. Erinnert uns das nicht an Jesu Verkündigung in der Synagoge zu Nazareth, wo alle Ihm ein gutes Zeugnis gaben »und erstaunten über die Worte der Gnade, die aus Seinem Munde hervorgingen« (Luk. 4, 22)?
Wir denken aber auch an »das auserwählte Rüstzeug«, den Apostel Paulus, dem der erhöhte Herr durch den Geist »die Vollendung des Wortes Gottes« anvertraute, so daß er
die Länge, Breite, Höhe und Tiefe der allumfassenden Gottesliebe offenbaren konnte!
An ihm erfüllte sich, was auch uns zuteil werden möge: »Ein guter Name ist **vorzüglicher** als großer Reichtum; besser als Silber und Gold ist Gnade« (Spr. 22, 1).

+ ⁺ +

232   NIMM DEM BÜRGEN DAS KLEID!   (20, 16)

**Nimm ihm das Kleid, denn er ist für einen Fremden Bürge geworden; und we-
gen der Fremden pfände ihn.**

Der Spruch, der sich in K. 27, 13 wiederholt, redet vom Verhängnis einer vorschnellen
Bürgschaft **für Fremde,** die in ihrem Verhalten unberechenbar sind und den **Bürgen**
eigentlich auch nichts angehen. Wenn Buber und Baader im Gegensatz zu Delitzsch in
der zweiten Zeile **das Fremdweib, die Auswärtige** sehen, dann könnte der Bürge vielleicht durch eine sexuelle Verlockung zu seinem übereilten Handeln gekommen sein. Der
Spruch meint wohl im Zusammenhang: Nimm dem **das Gewand,** der für einen anderen
vorschnell gebürgt hat, und der ihn bei der Einlösung der Schuld im Stich läßt, so daß er
nun durch eigenen Schaden klug werden muß; halte dich an seine Person, damit du
nicht **durch fremde Leute,** für die er eingestanden ist, zu Schaden kommst (nach DEL).
Wieviel Leid und Unglück ist schon durch Bürgschaften und ihre Rechtsfolgen im Falle
der Untreue entstanden! Die SPRÜCHE warnen ausdrücklich davor, wie wir schon in
K. 6, 1–2 sahen. Und Spr. 11, 15 sagt: »Sehr schlecht ergeht's einem, wenn er für einen
anderen Bürge geworden ist; wer aber das Handeinschlagen haßt, ist sicher!« Konnte
doch eine Pfändung zu existenzieller Not in den Grundbedürfnissen führen, wie es
Spr. 22, 26–27 beschreibt: »Sei nicht unter denen, die in die Hand einschlagen, unter
denen, welche für Darlehen Bürgschaft leisten. Wenn du nicht hast, um zu bezahlen,
warum soll er (der Gläubiger) dein Bett unter dir wegnehmen?«

Zu der in Mtth. 5, 40 angesprochenen Wegnahme des Leibrocks schreibt die »Wupper-
taler Studienbibel«: »In der Praxis der Pharisäer hatte ein Gläubiger das Recht, vom
Schuldner ein Pfand zu verlangen, etwa sein Ober- oder sein Untergewand. Wenn er es
nicht gutwillig erhielt, konnte er es durch einen Prozeß erzwingen. Nach 5. Mos. 24,
10–13 sollte er diese je nach dem Bedürfnis für den notwendigen Tages- oder Nacht-
gebrauch wieder herausgeben.« Jesus setzte diesem engherzigen Rechtsstandpunkt das
Liebesgebot entgegen, wonach »die Jünger Jesu zu beidem bereit sind, sowohl zu dem
Verzicht auf das Pfand, als auch zu dessen Herausgabe« (ebenda).

Halte dich an den Bürgen! Nimm ihm das Kleid, er hat für Fremde gebürgt! Ist es erlaubt, hierbei auch an den Sohn Gottes zu denken, den »Bürgen eines besseren Bundes« (Hebr. 7, 22), der uns geliebt hat, als wir noch Feinde waren und **Fremdlinge** betreffs der Bündnisse der Verheißung, wie es Eph. 2, 12–13 sagt? Bürgte Er nicht für die Schuld einer ganzen Welt, Er, in dem alle Gottesverheißungen »Ja und Amen« sind (2. Kor. 1, 20)? Auch nach Seiner Auferstehung und Himmelfahrt ist Er **Bürge** und Rechtsbeistand bei dem Vater gegenüber allen **Schuldforderungen** der finsteren Mächte (vgl. 1. Joh. 2, 1–2 mit Sach. 3, 1–5)! Nach Jes. 38, 13–14 rief Hiskia aus höchster Todesnot, als »seine Augen schmachtend zur Höhe blickten«: »O Herr, mir ist bange! Tritt **als Bürge** für mich ein!« Und auch wir beten mit Ps. 119, 122: »Sei Bürge für Deinen Knecht zum Guten; laß die Übermütigen mich nicht bedrücken!«

Nimm dem Bürgen das Kleid …! Als Jesus an das Kreuz genagelt wurde, damit Er dort die Schuld der ganzen Welt trug und für alle Rechtsforderungen das Lösegeld bezahlte, zog man Ihm **die Kleider aus,** »damit die Schrift erfüllt würde«, und die Soldaten losten um Sein kostbares, nahtloses Gewand (Joh. 19, 23–24/Ps. 22, 18). Das »Ausgezogenwerden« Christi war mehr als ein äußerer Vorgang; es war ein letzter Abglanz dessen, daß Er sich zuvor all Seiner Gottgleichheit »entäußert« hatte, bis er schließlich im Tode auch das Kleid Seines Leibes auszog (vgl. Phil. 2, 6–8).

+ + +

233 BROT DER FALSCHHEIT (20, 17)

Das Brot der Falschheit ist einem Manne süß, aber hernach wird sein Mund voll Kies.

Das sättigende **Brot,** die wichtigste Speise im Lande der Bibel, vermittelt Kraft und erhält das Leben, weshalb der einfache Mann nach ihm verlangte wie nach einem **süßen Leckerbissen** (vgl. Spr. 23, 3); **Brot der Falschheit** (DEL: Brot des Trugs; BUB: erlogenes Brot), das dem gottlosen **Manne süß ist,** stellt uns vor die Frage, wonach er begehrt: nach dem **Betrug** selbst oder nach dem Besitz und Genuß, die ihm auf diesem Wege zuwachsen? So berichtet Spr. 4, 17 davon, daß die Gesetzlosen vom Brote der Gesetzlosigkeit essen und den Wein der Gewalttaten trinken, wobei ihnen Frevel und Gewalttat nur Mittel zum Zweck sind – dem Erlangen von Macht und Reichtum (vgl. Spr. 21, 6). Der starke Trieb danach wird uns durch Hunger und Durst versinnbildlicht. Nach Spr. 9, 16 spricht »Frau Torheit«, die uns auf Abwege verleiten will: »Gestohlene Wasser sind süß, und heimliches Brot ist lieblich« – sie sind Mittel zum Erlangen eines gesetzwidrigen Genusses im Verborgenen. Doch der Gerechte trennt sich von den »unfruchtbaren Werken der Finsternis, die heimlich geschehen« (Eph. 5, 11–12) und meidet die »heimliche Schande« (2. Kor. 4, 2), wie es auch »die ideale Frau« von Spr. 31, 27 tut: »Sie überwacht die Vorgänge in ihrem Hause und ißt nicht das Brot der Faulheit« – jener Faulheit, die uns einen mühelosen Weg zum Lebensgenuß nur vorspiegelt!

Man beachte auch Spr. 23, 1–3, wonach eine Einladung zum Tische des Herrschers dem nur »Lügenspeise« beschert, der da annimmt, allein durch den reichgedeckten Tisch auch schon der schrankenlosen Gunst des Königs sicher sein zu können. Wie schnell kann sich solches **Brot** in **Kies** verwandeln – wie Sand im Munde und wie »Steine im Magen«! So kann manche Speise, die uns wie ein **Leckerbissen** erscheint, letztlich »trügerische Speise« sein! Hiob 20, 12–16 berichtet von solch einer unerwarteten Wandlung: »Wenn das Böse in seinem (des Gesetzlosen) Munde **süß** war, und er verbarg es unter seiner Zunge, und er es aufsparte und nicht fahren ließ, und es zurückhielt unter seinem Gaumen: so ist nun seine Speise in seinen Eingeweiden verwandelt; Natterngalle ward sie in seinem Inneren …!« Das jesuitische Handlungsmotiv: »Der Zweck heiligt die Mittel«, das heißt, der gute Endzweck rechtfertigt schlechte, ja, böse Methoden, ist jenes satanische Grundprinzip, gegen das sich die Sprücheweisheit wendet. Leider wird es bis heute auch in frommen Aktivitäten immer wieder von jenen »Demas-Jüngern« eingesetzt, die »diesen Aeon« mit allen seinen werbewirksamen Praktiken mehr achten und lieben als die Richtlinien des Wortes Gottes.

Die Wandlung vom **Brot der Falschheit,** als einem Mittel, durch Betrug und Verrat Besitz zu erlangen, **zu** unverdaulichem **Kies,** erfuhr auch Judas, der für 30 Silberdenare seinen Herrn verriet. Doch er wurde ihrer nicht froh, warf sie den Hohenpriestern in den Tempel, wurde trotz seines Schuldbekenntnisses von ihnen in seiner Not allein gelassen und – erhängte sich (Mtth. 27, 3–7).

Wohl uns, wenn wir uns nicht **vom Brot der Falschheit und der Lüge** nähren, sondern von Christus, dem »Brote des Lebens«, das »der Welt das Leben gibt«, und vom Brot des Wortes Gottes (Joh. 6, 33–35/Mtth. 4, 4)! Während **das Brot der Falschheit** Kräfte des Verderbens, der Lüge und des Todes wirksam werden läßt, vermittelt »das Brot aus dem Himmel« die Lebenskräfte Christi! Sie fließen uns in besonderer Weise zu, wenn wir Anteil haben am Leibe Christi durch das Brechen des Brotes am Tische des Herrn; denn so oft wir dieses Brot essen und den Kelch trinken, verkündigen wir Seinen Tod bis zu Seiner Wiederkunft (1. Kor. 10, 16/11, 26)!

+ + +

234 DIE GEISTSEELE ADAMS – EINE LEUCHTE JAHWEHS (20, 20 + 27)

Wer seinem Vater oder seiner Mutter flucht, dessen Leuchte wird erlöschen in tiefster Finsternis. – Der Geist des Menschen ist eine Leuchte JAHWEHs, durchforschend alle Kammern des Leibes.

Das Gebot der Elternliebe hat auch noch im NT eine große Bedeutung (s. Eph. 6, 2). Nach dem Gesetz Israels mußte jedes Kind gesteinigt werden, wenn es die Eltern verfluchte (2. Mos. 21, 17/3. Mos. 20, 9). Als Vorstufe solcher Verfluchung nennt Spr. 19, 26: »Wer den Vater zugrunde richtet, die Mutter verjagt, ist ein Sohn, der Schande und Schmach bringt!« Über den Leichnam eines solchen »Rabensohnes« sagt Spr. 30, 17: »Ein Auge, das den Vater verspottet und den Gehorsam gegen die Mutter verachtet, das werden die Raben am Bache aushacken und die Jungen des Geiers fressen!« Wie schnell wäre doch unser deutsches Volk ausgestorben, wenn das Gesetz des Herrn

Richtlinie unseres Grundgesetzes wäre! Ausdrücklich stellte auch Jesus dem Gebot: »Ehre den Vater und die Mutter!« die Strafe Gottes gegenüber: »Wer Vater oder Mutter **verflucht,** soll des Todes sterben« (Mtth. 15, 4)!

Dieser menschlich-juristischen Strafe stellt unser erstes Sprüchewort ein göttliches Gerichtsurteil zur Seite: **die Geistseele des Fluchenden, seine Leuchte, soll erlöschen in tiefster Finsternis** (DEL: in Mitternachtsdunkel, im Zentrum der Finsternis). Welch furchtbares Gerichtswort, das uns von Spr. 13, 9 bestätigt wird: »Das Licht des Gerechten brennt fröhlich, aber **die Leuchte des Gesetzlosen erlischt!**«

Nach V. 27 ist **die Leuchte JAHWEHs** die **Geistseele des Menschen** (die »neschamah Adams«). Dieser menschliche **Geist** als Sitz des Bewußtseins, der Erkenntnis und der Selbsterfahrung kann der Tierseele (nephesch) nicht zugesprochen werden. Denn »der Geist (ruach) ist es in den Menschen, und die Geistseele (neschamah) vom Allmächtigen, der sie verständig macht« (Hiob 32, 8). Er selbst hat den Geist des Menschen in seinem Inneren gebildet (Sach. 12, 1). Dieser ist »der Ort«, in dem sich die Wiedergeburt durch den Heiligen Geist ereignet, der ja »in Kooperation mit unserem **Geiste**« wirkt (Röm. 8, 16); im Erdenzelte der menschlichen Dreieinheit aus Geist, Seele und Leib ist **der Geist** das »Allerheiligste« und der »Sprachort« Gottes. Unsere Geistseele ist es, die uns zur Selbsterkenntnis, aber auch zur Erkenntnis anderer Menschen befähigt: »Denn wer von den Menschen weiß, was im Menschen ist, als nur der Geist des Menschen, der in ihm ist« (1. Kor. 2, 11)?

Aber auch im Schöpfungsmäßigen wirkt **die Geistseele des Menschen; sie durchdringt alle Kammern,** d. h. alle Zellen **des Leibes,** steuert alle Systeme biologischer Abläufe in uns – die Nervenbahnen mit ihren hochkomplizierten chemischen Prozessen, den Zellstoffwechsel und die Zellerneuerung, die Reparaturmechanismen des Erbguts, das Hormonsystem und die Energieabläufe des Körpers, um nur einiges zu nennen. Das Staatswesen aus 50 Billionen eigenständiger Lebewesen, die wir »Zellen« nennen, wird gesteuert, gestaltet und koordiniert von diesem **Lebensgeist** (vgl. 1. Mos. 7, 22, wo von der »Geistseele« [näschamah] des »Geisthauchs des Lebens« [ruach] gesprochen wird). Diese wunderbare **Leuchte Gottes erlosch** in ihrem strahlenden, ungeminderten Feuer und Licht **in dem Adam,** als er sich von Gott abwandte; was ihm verblieb, war ein »glimmender Docht«, den allerdings der Christus nicht auslöschte, sondern in der Sendung des Heiligen Geistes zu neuer, lebendiger Flamme anfachte (Jes. 42, 3/2. Tim. 1, 6). Wie nun schon in kreatürlicher Wirkung der **Odem JAHWEHs** den Tempel unseres **Leibes durchdringt, erforscht** und erfüllt, so tut dies in weit unvergleichlicherer Weise der Heilige Geist als **Leuchte und Licht des Herrn** im Tempel des Leibes Christi, der Gemeinde: Er **durchdringt und erforscht** alle ihre **Kammern** und **Zellen,** neutestamentlich gesprochen die »Glieder« des letzten **Adams** (Hebr. 4, 12–13/Ps. 139, 1–12). Als solche, die erneuert wurden »im Geiste ihres Denksinns« dürfen wir nun alle Flucht und alles Versteckspiel vor dem lebendigen Gott aufgeben und uns dem offenbaren, »vor dessen Augen alles bloß und aufgedeckt ist«; alles aber, was offenbar gemacht wird, ist Licht (Eph. 5, 13). Nunmehr wirkt in uns und im Leibe Christi, der Gemeinde, nicht nur **Lebensgeist,** göttlicher **Lebensodem,** sondern der »lebendigmachende Geist« des letzten Adam, des Christus. Dieser wird unseren »seelischen Leib« umgestalten in einen »geistbeherrschten Leib« (1. Kor. 15, 44–46). Wir aber beten und singen:

> »Du durchdringest alles,
> laß Dein schönstes Lichte,
> Herr, berühren mein Gesichte!

Wie die zarten Blumen willig sich entfalten
und der Sonne stillehalten,
laß mich so, still und froh, Deine Strahlen fassen
und Dich wirken lassen!«

+ ⁺ +

235 HARRE AUF DEN HERRN! (20, 22 + 24)

Sprich nicht: *Ich* **will Böses vergelten. Harre auf JAHWEH, so wird** *ER* **dich retten.
– Des Mannes Schritte werden bereitet von JAHWEH; und der Mensch – wie sollte er seinen Weg verstehen?**

»Harre, meine Seele, **harre des Herrn,** alles Ihm befehle, hilft Er doch so gern …« singen wir – in angenehmen Zeiten unseres Lebens wohl besonders gefühlsbetont und »glaubensstark«. Was aber spielt sich in unserer Seele ab, wenn in Unglück und Not, in schwerer Krankheit und Versuchung, oder bei erlittenem Unrecht unser dringliches Gebet scheinbar nicht erhört wird? Geht es nicht oft nach der Weise Hiobs: »Denn ich fürchtete einen Schrecken, und er traf mich, und wovor mir bangte, das kam über mich« (3, 25)? Ersticken nicht solche »Erwartungsängste« die feste Glaubenshoffnung? Diese Fragen sind ernst zu nehmen; gibt es doch mehr Glaubende, als wir vermuten, die in starken Anfechtungen stehen, ohne je davon zu sprechen – vielleicht, weil sie sich im Bekennen ihres Zweifels nicht selbst disqualifizieren möchten! Doch Jud. 22 gebietet uns: »Erbarmet euch der Zweifelnden … «, damit der keimende Zweifel nicht in die Verzweiflung führt (rev. Elberf.).
Daß wir im Glauben leben und nicht im Schauen (2. Kor. 5, 7) wird oft nicht klar genug verkündigt, was auch zu einer schwachen Glaubensgrundlage beiträgt. Freilich ist das Ziel des Glaubens das Schauen in Herrlichkeit (1. Kön. 10, 4–7/Hiob 42, 1–5/1. Joh. 3, 2–3); so begehren wie schon jetzt mit Moses, Gottes WEGE zu wissen und Seine HERRLICHKEIT zu schauen (2. Mos. 33, 13 + 18). Aber im Glauben zu leben, ohne zu schauen, heißt, die Spannung auszuhalten, die zwischen dem »schon jetzt« des Glaubensbesitzes und dem »noch nicht« zukünftiger Glaubensverwirklichung besteht. So bezeugt Röm. 8, 23–25: »Obgleich wir den Geist als Erstlingsgabe haben, seufzen wir in unserem Inneren beim Warten auf die (Vollausgestaltung der) Sohnschaft, nämlich auf die Erlösung unseres Leibes. Denn wir sind zwar gerettet worden, aber doch nur auf Hoffnung hin. Eine Hoffnung aber, die man schon verwirklicht sieht, ist keine Hoffnung mehr; denn wozu braucht man noch auf etwas zu hoffen, was man schon sieht! Wenn wir dagegen auf das hoffen, was wir noch nicht verwirklicht sehen, **so warten wir darauf in Geduld!**«
Warum aber beläßt Gott Seine »Erben«, die auch »Miterben Christi« sind, so lange in diesem spannungsvollen Wartezustand, obgleich Er die Macht hätte, sie sogleich beim Glaubensanfang zu vollenden? Der Erbe muß durch die Züchtigung Gottes erzogen werden, um schließlich »die friedsame Frucht der Gerechtigkeit« zu erlangen! Wie der Erstgeborene durch Leiden und Versuchungen im Gehorsam vollendet werden mußte, um ein barmherziger Hoherpriester zu werden, so müssen auch wir, die wir in kommenden

Weltzeiten königlich herrschen und richten und priesterlich dienen sollen, diese Gesinnung erst in der Schule Gottes erlernen! Spr. 20, 21 sollte in diesem Lichte verstanden werden: »Ein Erbe, das hastig erlangt wird im Anfang«, also, bevor es eigentlich zusteht, »dessen Ende wird nicht gesegnet sein!« Der »verlorene Sohn« bietet uns ein Beispiel für »ein Eigentum, das im Anbeginn zusammengeschnappt wurde« (nach BUB). Darum darf auch kein »Neuling« Ämter in der Gemeinde Jesu übernehmen, kein »Knabe König sein« (1. Tim. 3, 6/Pred. 10, 16)!

Und doch ist es wahr, was Spr. 10, 28 bezeugt: »Das Harren der Gerechten wird Freude werden, aber die Hoffnung der Gesetzlosen wird zunichte!« Gott hört gewißlich unser Gebet; aber die Art und die Zeit der Erhörung und Verwirklichung unterliegt Seinem allesentscheidenden Willen! So gesehen, gehört Spr. 20, 24 inhaltlich zu unserem Gedankengang. **Der Mensch** macht wohl **viele Schritte** hin und her, in scheinbar selbstgewählter Richtung und freier Entscheidung. Aber schon **die Schritte hängen von JAHWEH ab, sind von Ihm bereitet** (BA); Er bezieht sie ein in Seinen übergeordneten Plan und gestaltet mit **unseren Schritten** *Seinen* **Weg** in unserem Leben. **Wie sollten wir Gottes Weg mit uns verstehen können,** oder gar das Ziel dieses Weges, die wir oft noch nicht einmal unsere Schritte zu überschauen vermögen? Die Enträtselung unseres **Weges** bleibt der Zukunft vorbehalten! »Jeder unserer Schritte ist Glied einer Kette, die wir weder nach rückwärts noch vorwärts überschauen, wohingegen Gottes Wissen Anfang, Mitte und Ende unseres Weges umfaßt, und Gottes geschichtsgestaltende Weisheit alle menschliche freie Bestimmung Seinem Weltplan dienstbar macht« (nach DEL). Wenn es einmal von Henoch heißt, daß er »mit Gott wandelte« – dann meint dies, daß Seine Schritte den Fußspuren Gottes folgten. Das sollte auch unser Glaubensziel sein!

Dies gilt nun auch bei erlittenem Unrecht, etwa, wenn unser guter Name in den Schmutz gezogen wird und unsere Absichten mißdeutet werden! **Sprich nicht:** *Ich* will Böses **vergelten!** »Vertraue still dem JAHWEH und harre auf Ihn! Erzürne dich nicht über den, dessen Weg gelingt, über den Mann, der böse Anschläge ausführt« (Ps. 37, 7)! »Sprich nicht: Wie er mir getan hat, will ich ihm tun, will dem Manne vergelten nach seinem Werke« (Spr. 24, 29)! »Vergeltet nicht Böses mit Bösem oder Schimpfwort mit Schimpfwort, sondern im Gegenteil segnet … « (1. Petr. 3, 9)! Auch der König David »harrte auf JAHWEH« und auf die Gottesstunde, als er zweimal darauf verzichtete, sich an Saul zu rächen und sich mit Gewalt zur falschen Stunde Recht zu verschaffen (1. Sam. 24, 1–8/26, 6–12).

Doch will Spr. 20, 22 nicht besagen, daß der Herr den, **der auf IHN harrt,** in der Weise erhört, daß Er schon jetzt an seiner Stelle die Vergeltung durchführt. **ER wird dich retten, wird dir helfen!** spricht die Verheißung. So stellen wir Gott nicht nur den Zeitpunkt der Rechtfertigung frei, sondern auch die Weise Seines Handelns; ob »die feurigen Kohlen«, die Er auf das Haupt unserer und Seiner Feinde sammelt, nicht den »Gluten Seiner göttlichen Liebe« entstammen könnten? (Vgl. Röm. 12, 20 mit Hohesld. 8, 6–7). Es gibt orientierungslose Fromme, die in falscher, »charismatischer« Belehrung Gottes Handeln erzwingen wollen; wir aber sollten es mit dem Erzvater Jakob halten, der im Segen über seine Söhne, kurz vor seinem Tode ausrief: »Herr, ich warte auf Deine Rettung«, »auf Dein Heil« (1. Mos. 49, 18)!

+ + +

Ein weiser König zerstreut (worfelt) **die Gesetzlosen und rollt das Dreschrad über sie hin. – Güte und Wahrheit behüten den König, und durch Güte stützt er seinen Thron.**

Wieder wird, wie schon in Spr. 20, 8, das Idealbild **des weisen Königs** gezeichnet. Es werden zwei Seiten seines Wesens und seines Regierens dargestellt, die sich scheinbar widersprechen, die aber doch, genau besehen, unauflöslich miteinander verbunden sind: Einmal Erweisungen **der Güte und Wahrheit** (BUB: Huld und Treue), zum anderen Aktionen **des gerechten Gerichts** gegenüber den **Gesetzlosen.** Dieses wird im Bilde des **Dreschwagens** geschildert, der mit seinem **Rade** über das ausgebreitete Getreide **rollt** und so das folgende **Worfeln,** die Trennung zwischen dem Korn und der Spreu, vorbereitet. Auch Ps. 1 prophezeit den **Gesetzlosen,** daß sie »wie Spreu sind, die der Wind davontreibt«, und daß sie »im Gericht nicht bestehen werden« (V. 4–5). Doch auch Jünger Jesu müssen gelegentlich solches Gericht **des weisen Königs** ertragen, wie der selbstbewußte Petrus, den der Satan begehrt hatte, um ihn »zu worfeln wie den Weizen«; doch mußte dieser Anschlag nach dem Plane Gottes und der Fürbitte Jesu dazu dienen, daß sich in seinem Leben Weizen und Spreu, Wertvolles und Wertloses, trennte (Luk. 22, 31–32). Daß aber selbst das härteste Gericht nicht losgelöst ist von der Barmherzigkeit Gottes, zeigt Ps. 89, 14: »**Gerechtigkeit und Gericht** sind Deines Thrones Grundfeste; **Güte und Wahrheit** gehen vor Deinem Angesicht einher!« So erfüllt Gott selbst am klarsten das Musterbild **des weisen Königs** und »drischt auf Hoffnung«, um einmal 1. Kor. 9, 10 symbolisch zu deuten. In Seinem Dienste wird »das Würmlein Jakob« in der Endzeit zu einem »scharfen, neuen **Dreschschlitten** mit Doppelschneiden« werden, der Berge und Hügel, d. h. die feindlichen Mächte ringsum, »zu Spreu zermalmen wird« (Jes. 41, 15–16).

Aber wir sollten auch Jes. 28, 23–29 sorgfältig bedenken; dort gibt der lebendige Gott als »der **König,** der den Ackerbau liebt«, was »durchaus ein Vorteil für das Land ist«, den Bauern in Israel genaue Anweisungen für die Feldbestellung; die »Unterweisung Gottes zum richtigen Verfahren« besteht beispielsweise darin, daß man den feinen Dill »nicht mit dem Dreschschlitten ausdrischt und das Wagenrad nicht über den Kümmel rollt«; und Er stellt die Frage: »Wird Brotkorn zermalmt? Nein, nicht unaufhörlich drischt er es; und wenn er das **Rad seines Wagens** und Seine Pferde darüber hintreibt, so zermalmt er es doch nicht!« Solches maßvolles, differenziertes Gericht, das sinnvoll ein Ziel erstrebt, »geht aus von JAHWEH der Heerscharen, der wunderbar an Rat ist und groß an Verstand« (s. auch 2. Chr. 26, 10/Joh. 15, 1/Pred. 5, 9).

Dieser Zusammenhang überbrückt den scheinbaren Widerspruch unserer vorliegenden SPRÜCHE. Niemals steht bei unserem Gott und Vater Sein Gericht gegen Seine Barmherzigkeit, Seine Gnade und Huld im Widerspruch zu Seiner Gerechtigkeit! **Der weise König** handelt nicht willkürlich – einmal im Zorn und einmal im gütigen Wohlwollen! Weil Gott EINER ist, bleiben Seine Wesenszüge bei allem Seinen Handeln miteinander verbunden! Wenn Er **Güte und Huld** erweist, so geht dies immer auch durch Gericht und Selbstgericht hindurch; all Seine Gerichte aber gründen in Seiner heimsuchenden Liebe, die auch das Feuer einsetzt, um die Ziele Seiner Heilspädagogik zu erreichen (s. Hoheslied. 8, 6–7)! Wie wunderbar ist Gottes **Huld und Treue,** Gottes **Güte und Wahrheit!**

329

Mehr als durch harte Machterweise **wird der Thron eines Königs gefestigt und ge-stützt** durch Seine **Güte.** Zwar müssen in seinem Reiche **die Gesetzlosen zerstreut und geworfelt werden,** daß sie **auseinanderstieben** (DEL); denn »wird dem Ge-setzlosen Gnade erwiesen, so lernt er nicht die Gerechtigkeit« (Jes. 26, 10). Aber wohin Härte ohne Maß und ohne innewohnende Güte führen kann, zeigt das Verhal-ten Rehabeams, der Salomos harte Regentschaft noch zu übertreffen suchte, was zur Spaltung Israels in das Nord- und Südreich führte, zum **Sturz des Thrones** im Hause Davids, mit all den verhängnisvollen Folgen, die daraus erwuchsen (2. Chr. 10, 1–5/ 10–11/16–19).

Vom künftigen Thron des Messias aber heißt es: »Und **ein Thron** wird durch **Güte** auf-gerichtet werden; und auf ihm wird im Zelte Davids einer sitzen **in Wahrheit,** der da richtet und nach Recht trachtet und **der Gerechtigkeit** kundig ist« (Jes. 16, 5)!

Als Kinder Gottes, **des weisen Königs,** sollten wir »im Wesensspiegel unseres Herzens« **Strenge und Güte, Liebe und Wahrheit, Huld und Treue** tragen und vereinen (Spr. 3, 3/Eph. 4, 15); denn nur durch diese allein wird die Missetat gesühnt (Spr. 16, 6)!

+ + +

237 SCHLÄGE – MEDIZIN GEGEN DAS BÖSE? (20, 30)

Wundstriemen scheuern das Böse weg, und Schläge (treffen) **die Kammern des Leibes.**

Kann man eine solche Aussage aufrechterhalten in einer Zeit, die jede Züchtigung als menschenunwürdig verurteilt, wo andererseits psychisch gestörte Eltern ihre Kinder mißhandeln? Die **Wundstriemen** sind **einschneidende Wunden** (DEL) und ein Bild strengster Züchtigung, die als letzte Maßnahme der Liebe **gegen das absolut Böse** ein-gesetzt wird –nicht etwa nur in einer nervösen Übererregung, die mit dem natürlichen Geräuschpegel und dem Bewegungsdrang der Kinder nicht fertig wird! Im übrigen kann eine konsequente Erziehung, die von beiden Elternteilen getragen wird, solche körper-liche Züchtigung meist umgehen. Und doch bleibt es sowohl Weisung des AT wie des NT, was Luther so übersetzt hat: »Man muß dem Bösen wehren mit harter Strafe und mit ernsten Schlägen, die man fühlt!« Der Text sieht im **Wegscheuern** sogar eine »Me-dizin«, ja sogar eine **»Massage gegen das Böse«.**

Dies gilt nun auch für Gottes Verfahren mit Seinen Kindern, die Seiner Erziehung und Züchtigung teilhaftig werden, gerade weil sie Söhne und keine Bastarde sind (Hebr. 12, 7–8). Der Vater aller Vaterschaften (Eph. 3, 14–15) zeugt nicht nur neues Leben und läßt dieses wachsen, wie immer es will, sondern Er beschneidet, setzt Grenzen, erzieht und führt. Hebr. 12, 9–10 sagt dazu: »Zudem hatten wir auch unsere Väter als Erzieher und haben ihnen Ehrerbietung erwiesen; sollten wir uns nicht viel mehr dem Vater der Geister unterordnen und dadurch zum Leben gelangen?«

1. Kor. 4, 15 ist oftmals mißverstanden worden; dort stellt Paulus fest, daß es »nicht viele Väter« in der Gemeinde zu Korinth gibt, die befähigt sind, durch das Evangelium neues Leben zu zeugen, sondern »Zehntausende von Erziehern« (Zuchtmeistern). Die Zahl

10 000 hat es sicher auch mit dem Gesetz zu tun, das ja »ein Erzieher auf Christus hin« ist (Gal. 3, 24); doch dürfen wir nicht übersehen, daß von »Erziehern in Christo« die Rede ist. Freilich ist es unsinnig, eine Unzahl von Pädagogen anzustellen, wenn es überhaupt keine zeugungsfähigen Väter und demnach keine Kinder gibt! Gegen dieses Mißverhältnis wendet sich der Apostel. Andererseits haben Väter eben nicht nur »liebe Papas«, sondern auch Erzieher zu sein!

Die jüdische Überlieferung sagt im Beraroth 5a: »Leidensschickungen spülen alle Verschuldungen des Menschen hinweg« (nach DEL). Ist dies nicht zu hoch gegriffen? Doch auch der Apostel betont in 1. Petr. 4, 1–2, daß, »wer im Fleische leidet, aufhört mit Sündigen«. Und in K. 4, 14 führt er aus, daß »der Geist der Herrlichkeit auf uns ruht« (wörtl.: zur Ruhe kommt), wenn wir die Leiden annehmen, die durch Gottes Züchtigung hervorgerufen werden.

Auch Israel unterliegt der Züchtigung Gottes und hat **einschneidende Wunden** zu ertragen, die ihm von Gott selbst zugefügt worden sind, damit **das Böse weggescheuert würde;** aber derselbe Gott wird »die Wunden verbinden und heilen«, wenn Er am Ende der Tage Israel wiederbeleben und aufrichten wird (Hosea 5, 14–6, 3/ Ps. 147, 3/Jes. 30, 26)!

Schläge scheuern die Kammern des Leibes. Wir lasen von den **Kammern** oder Zellen **des Leibes** schon in Spr. 20. 27 und deuteten sie prophetisch auf die Glieder des Leibes Christi, des »letzten Adam«. Ja, es ist wahr: Gerade weil wir Glieder am Leibe des Christus sind, unterliegen wir Seiner **Zucht** und Erziehung und erfahren oftmals **Schläge** zur Heilung vom Bösen. Aber »treugemeint sind die Wunden, zugefügt von dem, der liebt!« (Spr. 27, 6). So gesehen könnte 1. Kor. 9, 24–27, das von der »sportlerischen« Selbstdisziplin und Enthaltsamkeit des Apostels Paulus berichtet, auch zum Bilde für das Verfahren Christi mit Seinem Leibe werden: »… ich kämpfe also, nicht wie einer, der die Luft mit Hieben schlägt; **sondern ich zerschlage meinen Leib** und führe ihn in Knechtschaft, damit ich nicht, nachdem ich andere als Herold gerufen habe, selbst disqualifiziert werde!«

+ ⁺ +

238 HERZEN – IN DER HAND DES HERRN (21, 1–2)

Gleich Wasserbächen ist eines Königs Herz in der Hand JAHWEHs; wohin immer Er will, leitet Er es. – Jeder Weg eines Mannes ist gerade in seinen Augen, aber JAHWEH wägt die Herzen.

Wieder steht vor uns ein Königsspruch. **Die Wasserbäche** sind eigentlich **Wasserkanäle,** die das Wasser von Quellen und Bächen, vielfach in Gräben verteilt, den Feldern zuleiten. Das zufließende Wasser ist **lenkbar,** indem man es mit Sperrsteinen abdämmt und in andere Kanäle umleitet. Solche **Lenkbarkeit** ist der Grundgedanke des Spruches, wenn er behauptet, **der HERR leite das Königsherz, wohin immer Er will.** Zunächst scheint uns dies viel zu hoch gegriffen; denken wir nur an die vielen abtrünnigen und götzendienerischen Könige Israels und schon gar der Weltvölker! Aber so naiv war der

Verfasser der SPRÜCHE nicht, daß er gemeint hätte, das **Herz aller Könige** stünde allezeit dem Herrn offen, so daß Er es mühelos **leiten** könne!

Wie erschien denn damals der König seinem Volke? Als Autokrat (Selbstherrscher) und Despot, der frei und unbeschränkt, willkürlich und anmaßend seine Beschlüsse faßte und durchführte! Aber dies ist nur die eine Seite der Wirklichkeit in der Welt- und Heilsgeschichte! Es ist letztlich doch **JAHWEH,** der HERR, der **die Herzen der Könige,** ob sie nun wollen oder nicht, **wie Wasserkanäle lenkt,** so daß SEIN Ratschluß erfüllt wird! Dies kann allerdings nur der prophetisch erleuchtete Glaube schauen. Delitzsch führt einen jüdischen Midrasch an, der da sagt: »Gott gibt der Welt gute oder schlechte Könige, je nachdem Er ihr wohltun oder sie strafen will; alle Entschließungen, die aus des Königs Mund hervorgehen, kommen in ihrem letzten Grund von dem HEILIGEN –gesegnet sei Er!« Dies will auch, recht verstanden, Röm. 13, 1 sagen, mit seiner Forderung, daß wir uns der Obrigkeit unterordnen sollen »denn es gibt keine Obrigkeit, sie stehe denn **unter Gott«,** weshalb sie auch letztlich von Ihm »verordnet« und verantwortet ist. Zwar ist sie nicht »aus ihm« oder »unmittelbar von ihm«, aber **Er leitet** alles Weltgeschehen und formt es zum Gefäß Seiner Heilsgeschichte um.

Dan. 4 berichtet von einer solchen **Herzensleitung** Gottes an dem größenwahnsinnigen König Nebukadnezar: Gott läßt ihn in Wahnsinn verfallen und wie zu einem Tiere werden; schließlich aber beugt er sich, erkennt Gott als den Einzigeinen an und wird wiederhergestellt. Offb. 17, 17 bezeugt sogar von den »sieben Hörnern des Tieres«, den Regenten des endzeitlichen Staatenbundes, Gott habe es »in ihre Herzen gegeben, in einem Denken nach SEINEM Sinne zu handeln«, indem sie ihre Regierungsgewalt an das Tier abtreten. So gestaltet Gott die Weltgeschichte, um Sein Wort zu erfüllen.

Dennoch findet Spr. 21, 1 seine letzte Erfüllung in Jesus, dem **»König** der Wahrheit«, der allezeit den Willen Gottes tat und nichts wirkte außer dem, was Er den Vater tun sah. Sein **Herz** wurde allezeit von Gott gelenkt und geleitet! Jes. 32, 1–2 bezeugt von dem Messiaskönig: »Siehe, **ein König** wird regieren in Gerechtigkeit; und die Fürsten, sie werden dem Rechte gemäß herrschen. Und **der Mann** wird sein wie ein Bergungsort vor dem Winde und ein Schutz vor dem Regensturm, **wie Wasserkanäle in dürrer Gegend,** wie der Schatten eines gewaltigen Felsens in lechzendem Lande!«

Wenn es in Vers 1 um **die Lenkung des Herzens** geht, so in Vers 2 um **das Wägen, das Ermessen der Herzensgesinnungen.** So wie der autoritative König meint, in völlig freier Selbstherrlichkeit handeln zu können, denkt der selbstbewußte und willensstarke **Mann, sein Weg sei gerade;** sein Denken, Wollen und Tun ist **in seinen eigenen Augen recht,** so daß er in seiner Selbstgefälligkeit »höher von sich denkt, als zu denken sich gebührt« (2. Kor. 3, 5/1. Kor. 4, 6/Röm. 12, 3). Im Blick auf den, **der für die Herzensgesinnungen maßgebend ist** (BA), wagte es Paulus nicht, »sich selbst zu beurteilen«. Er war sich zwar »keiner Schuld bewußt«, fühlte sich aber dadurch »noch nicht gerechtfertigt«. Dann aber sagte er: »Der mich aber beurteilt ist der Herr. So richtet nicht etwas vor der Zeit, da der Herr kommt, welcher auch das Verborgene der Finsternis ans Licht bringen **und die Ratschläge der Herzen enthüllen wird«** (1. Kor. 4, 1–5/Spr. 17, 3). Damit stimmt Jer. 17, 10 überein: »Ich, JAHWEH, erforsche das Herz und prüfe die Nieren, und zwar, um einem jeden zu geben nach seinen Wegen, nach der Frucht seiner Handlungen!«

Als die Medoperser unter Cyrus bereits vor den Toren Babylons standen, hielt der König Beltsazar mit all seinen Beamten und Frauen ein gewaltiges Fest ab, wobei er sich der heiligen Gefäße des Tempels zu Jerusalem bediente; da erschienen »geisterhafte« Finger, die an die Wand des Palastes schrieben: MENE, TEKEL, UPHARSIN. Dem entsetzten

König deutete Daniel die Schrift: Gott hat dich **gewogen** und zu leicht befunden und dein Königreich den Persern gegeben! So hielt **der Prüfer und Maßgeber der Herzen** Gericht über den selbstsicheren Regenten, der **seinen Weg in den eigenen Augen für gerade hielt.**

Alle Gotteskinder aber beten mit Ps. 139, 23–24: »Erforsche mich, Gott, und erkenne mein Herz; prüfe mich und erkenne meine Gedanken! Und sieh, ob ein Weg der Mühsal bei mir ist, und leite mich auf ewigem Wege!«

+ ⁺ +

239 DIE LEUCHTE DER GESETZLOSEN (21, 4 + 7)

Stolz der Augen und Aufgeblasenheit des Herzens, die Leuchte der Gesetzlosen, sind Sünde. – Die Gewalttätigkeit der Gesetzlosen rafft sie (selbst) **hinweg, denn Recht zu üben, weigern sie sich.**

Nach Spr. 20, 27 ist die Geistseele Adams eine Leuchte JAHWEHs. Wie uns nun der Fall Adams lehrt, kann diese durch die Zielverfehlung **der Sünde** verdunkelt werden; ihr göttlicher Glanz »erlischt«, und die Seele der **Gesetzlosen** wird von dunklen, dämonischen Mächten erfüllt (vgl. Spr. 13, 9 mit Mtth. 12, 43–45); »irdisch – seelisch – dämonisch«, so heißen die Marksteine ihres Verfallsweges (Jak. 3, 15). Nunmehr »begehrt die Seele des Gesetzlosen das Böse«, und auch »sein Nächster findet keine Gnade in seinen Augen« (Spr. 21, 10). **Die Leuchte der Gesetzlosen** ist nun statt des Gotteslichtes ein trübes, kosmisches Ersatzlicht: **Stolz der Augen und Aufgeblasenheit des Herzens** (oder: Erweiterung des Herzens; BUB: ein Herz, das sich breitmacht). Wer dächte hierbei nicht an 1. Joh. 2, 15–16, wonach die kosmische Liebe sich äußert als »Begierde des Fleisches, als Lust der **Augen** und als **Hochmut** des Lebens«, die nicht aus dem Vater sind. So leben **die Gottlosen** in völliger Übereinstimmung mit den kosmischen Grundprinzipien, indem sie sich in maßlosem Selbstgefühl **in ihrem Herzen aufblähen.** Gott selbst spricht in Ps. 101, 5 das Urteil über sie: »Wer seinen Nächsten heimlich verleumdet, den will ich vertilgen; wer **stolzer Augen und aufgeblasenen Herzens** ist, den werde ich nicht dulden!« Dabei könnte sich **die Weite des Herzens,** wenn sie aus der Liebe Gottes stammte, durchaus positiv von kleinlicher Enge abheben, wie uns 2. Kor. 6, 11–13 bezeugt: »… unser Herz ist weit geworden. Ihr seid nicht verengt in uns, sondern ihr seid verengt in eurem eigenen Inneren! So vergeltet nun Gleiches mit Gleichem: Laßt auch eure Herzen sich weit erschließen!«

Vers 7 meint wohl, daß die **Gewalttat,** mit der die Gesetzlosen ihre Machtgier und Habsucht befriedigen wollen, sie schließlich selbst **hinwegraffen** wird; die Lawine, die sie ausgelöst haben, reißt sie selbst mit in den Abgrund des Verderbens. »Nach dem Gesetz, wonach du angetreten, so mußt du sein, dir kannst du nicht entfliehn!« sagt der Dichter. Und Hiob 18, 5–8 führt aus: »Doch **das Licht der Gesetzlosen wird erlöschen,** und nicht leuchten wird seines Feuers Flamme. Das Licht wird finster sein in seinem Zelte, und seine Lampe erlischt über ihm. Die Schritte seiner Kraft werden eingeengt werden, und **sein Ratschlag wird ihn stürzen.** Denn durch seine eigenen Füße wird er ins

Netz getrieben, und auf Fallgittern wird er einherwandeln!« Dem schließt sich Spr. 1, 19 an: »So sind die Pfade aller derer, **welche der Habsucht frönen:** sie nimmt ihrem eigenen Herrn das Leben!« Zwar muß der Fromme oftmals unter der Frage leiden, warum es dem Gesetzlosen so gut ergehe, was letztlich die Frage nach der rätselhaften Verborgenheit Gottes in dieser Weltzeit ist; von der »mühevollen Arbeit« des Nachdenkens wird er erst erlöst, wenn er, prophetisch erleuchtet, im Heiligtum ihr Ende gewahrt (Ps. 73, 16–17)!

Wie nun **die Gerechten** auf Erden ein Hinweis auf *den* **Gerechten,** also auf den Sohn Gottes, sind (1. Petr. 3, 18), so sind die irdischen **Gesetzlosen** ein Abbild *des* **Gesetzlosen;** in einer anderen, kosmischen Dimension, erfassen die SPRÜCHE auch Satan mit seinen Finsternismächten. So schildert uns Ps. 82 das göttliche Gericht über »die Götter, die in Finsternis wandeln«, weil ihre **Leuchte erloschen ist,** was zum »Wanken der Grundfesten der Erde« führt; daß nicht nur von den ungerechten Richtern auf Erden die Rede ist, will uns V. 7 zeigen: »Doch **wie ein Mensch** werdet ihr sterben, und wie **einer der Fürsten** werdet ihr fallen!« War nicht der Christus Augenzeuge, als der Satan »wie ein Blitz« aus dem Himmel hinweggeschleudert wurde (Luk. 10, 18)?

Mit dem gerechten Israel bitten wir im Blick auf alle Gesetzlosen und **ihre Gewalttätigkeit:** »Stehe auf, o Gott, richte die Erde! Denn Du wirst zum Erbteil haben alle Nationen« (Ps. 82, 8)!

+ ⁺ +

240 DER GEKRÜMMTE UND DER GERADE WEG   (21, 8)

Vielgewunden ist der Weg des schuldbeladenen Mannes; der Lautere aber, sein Tun ist gerade!

Der vielfach gewundene Weg, der **im Zickzack** verläuft (BUB/BA), ist der Schlangenweg; der **schuldbeladene** (BUB: gaunerische) **Mann** hat sich diesem Weg der »uralten Schlange« angepaßt. In Hiob 22, 12–18 wird dieser Urzeitweg des Abfalls in der Himmelswelt beleuchtet; freilich ist zu seiner Erkenntnis ein prophetisch geweiteter Blick erforderlich, der »den Gipfel der Sterne sieht«, d.h. der die kosmische Weite des Heils- und Unheilsgeschehens einbezieht. V. 15 aber wendet sich an den, der **den geraden Weg des Lichtes** verlassen will: »Möchtest du den Pfad der Urzeit einschlagen, den die Frevler betraten, die weggerafft wurden vor der Zeit …, die zu Gott sprachen: Weiche von uns?« (vgl. 2. Petr. 2, 4/Jud. 5–6)! Und Hiob 26, 13 zeigt uns den Ursprung des gekrümmten, **vielgewundenen Weges** der Schlange, der zugleich **der Zickzackweg** des Blitzes ist: »Gottes Hand litt Geburtswehen um die gekrümmte Schlange«.

Franz Delitzsch führt zu Spr. 21, 8 aus: »Der Schuldbelastete und Lasterhafte schlägt **allerlei krumme** Wege ein, um seiner Lust zu frönen und der Strafe zu entgehen, aber der Lautere braucht keine Schleichwege; er steht nicht unter dem Druck der Sündenknechtschaft, dem Bann der Sündenschuld; seine Handlungsweise **ist gerade,** nach Gottes Willen und nicht nach schlauer Berechnung ausgerichtet.« Den **vielgewundenen Weg** schlägt nur der ein, der undurchsichtig sein und bleiben will!

Der Lautere aber, sein Tun ist gerade! Können wir das einfach auf unser Leben und Wirken übertragen, die wir doch auch schon auf krummen Wegen liefen? Die Verheißung des Evangeliums spricht von einer rettenden Möglichkeit: »Das Krumme soll gerade werden!« (Luk. 3, 5); noch klarer wird es in Jes. 26, 7, wo die Aussage: »Der Pfad des Gerechten **ist** gerade!« so gedeutet wird: »DU **bahnest gerade** den Weg des Gerechten!« Es ist also ein »Werden« in der Schule Gottes, das uns schließlich auf den **geraden Weg des Lauteren** führt! Denken wir doch an die Lebensgeschichte des Patriarchen Jakob: Wieviel Leid mußte er auf den krummen Wegen seiner listigen Versuche der Selbstverwirklichung erfahren! Und doch brachte der Herr ihn zurecht auf dem geraden Gottesweg. Von IHM geläutert werden auch wir lauter, durchsichtig und klar und können so dem Tag der Wiederkehr Christi entgegensehen (Phil. 1, 10/2, 15).

Im tiefsten Sinn aber weist dieses Wort vom **geraden Weg des Gerechten, vom geraden Wirken des Lauteren** wiederum auf Jesus Christus. Das wunderbare Zeugnis aus dem Liede Moses gilt gleicherweise vom Vater wie vom Sohn: »Der Fels: vollkommen ist Sein **Tun,** denn **alle Seine Wege** sind recht. Ein Gott der Treue und ohne Betrug, **gerecht und gerade** ist ER!« So dürfen auch wir, wie die Braut aus Israel beim Schauen des Bräutigams, schon jetzt ausrufen: »Alles an IHM ist lieblich« (Hohesld. 5, 16)! Wir dürfen es glauben, daß trotz aller **gekrümmten** Irr- und Umwege der kosmischen Unheilsgeschichte Gott dennoch die Ziele Seiner Heilsgeschichte **auf dem geraden Wege,** auf dem kürzesten Wege, erreicht! So wollen auch wir, so viel an uns liegt, **auf dem geraden Wege des Lauteren,** auf dem kürzesten Weg zum persönlichen Lebens- und Gottesziel bleiben, den der Heilige Geist uns leitet! Denn »das Abirren vom Wege der Einsicht« führt zum Tode (Spr. 21, 16).

+ + +

241 VORSICHT, DU WIRST BEOBACHTET! (21, 12/12, 7)

Ein Gerechter hat acht auf das Haus des Gesetzlosen, er stürzt die Gesetzlosen ins Unglück. – Man stürzt die Gesetzlosen um, und sie sind nicht mehr; aber das Haus der Gerechten bleibt stehen!

Wir singen gerne: »Herr, **habe acht auf mich** und reiß mich kräftiglich von allen Dingen; denn ein gefesselt Herz kann sich ja himmelwärts durchaus nicht schwingen!«
Und wirklich besteht nach Ps. 8, 4 das Geheimnis des sterblichen Menschensohnes darin, daß Gott – trotz der Unermeßlichkeit des Universums – »auf ihn sieht und ihn beachtet«. Daß **das Haus des Gerechten feststeht und bestehen bleibt,** ist auch in diesem **Achthaben Gottes** begründet; wer dächte hierbei nicht an die Gemeinde Christi als den »Tempel des lebendigen Gottes«, die »Behausung Gottes im Geiste, erbaut aus lebendigen Steinen«, auferbaut auf einem Felsen und nicht auf Sand und darum unerschütterlich in ihrem Bestand (Eph. 2, 20–22/1. Petr. 2, 5/Mtth. 7, 24–25)! Dieses **Haus** ist erbaut von **der Weisheit,** von Jesus Christus, **dem Gerechten,** wie wir schon in Spr. 9, 1 sahen.
Gott **achtet auf das Haus des Gerechten;** dies bedeutet aber keine absolute Lebens-

versicherung im Irdischen. Hiob mußte es erleben, daß **sein Haus** und seine Familie in der Glaubensprobe zerstört wurden, weil Gott den Satan angewiesen hatte, »auf ihn achtzuhaben«. In seinem Elend klagte er seine Not Gott als dem »Beobachter der Menschen«: »Was ist der Mensch, daß Du ihn hochhältst, und daß Du Dein Herz auf ihn richtest und alle Morgen ihn heimsuchst, alle Augenblicke ihn prüfst« (Hiob 7, 17–20)? Doch dürfen wir von dieser Ausnahmesituation absehen und beständig darauf hoffen, daß die Augen JAHWEHs zum Guten auf die gerichtet sind, die Ihn fürchten und auf Seine Güte hoffen (Ps. 33, 18).

Spr. 21, 12 hat jedoch den gottlosen Gegenpol im Auge: **Ein Gerechter hat acht auf das Haus des Gesetzlosen und stürzt die Gesetzlosen ins Unglück.** Denn »wenn JAHWEH das Haus nicht baut, vergeblich arbeiten daran die Bauleute, wenn JAHWEH die Stadt nicht bewacht, vergeblich wacht der Wächter« (Ps. 127, 1)! Schon Raschi hat (nach DEL) in *dem* **Gerechten** den Allgerechten, den Ewigen geschaut, der auf die vom Hause der Gesetzlosen ausgehenden Gefahren genauestens achtet und ihnen das Böse, das sie planen, zum eigenen Verderben werden läßt, das sie wie eine Lawine erfaßt und mit sich reißt. Delitzsch übersetzt: **Er stürzt Gottlose dem Unglück zu.** Baader: **Er verdreht den Frevler zum Bösen,** und Buber spricht vom **Unterwühlen der Frevler zum Bösgeschick.** So verheißt Hiob 8, 21–22 dem Gottesfürchtigen: »Während Er deinen Mund mit Lachen füllen wird und deine Lippen mit Jubelschall, werden deine Hasser bekleidet werden mit Scham, **und das Zelt der Gesetzlosen wird nicht mehr sein!«** Dies wird uns von Spr. 14, 11 bestätigt: »Das Haus der Gesetzlosen wird vertilgt werden, aber das Zelt der Aufrichtigen wird emporblühen!« (s. Spr. 15, 25).

Prophetisch-symbolisch besehen ist **das Haus des Gesetzlosen** das Reich Satans, das alle Fürstentümer, Mächte und Geister der Finsternis im Widerstand gegen Gott einigt (Mtth. 12, 25–29). Doch Gott, **der Allgerechte, hat** auch **acht auf dieses Haus** und auf die von ihm ausgehenden Gefahren, und **Er wird die gesetzlosen** Finsternismächte **ins Unglück stürzen.** Ist doch Christus als »der Stärkere in das Haus des Starken eingedrungen«, hat »seinen Hausrat geraubt und den Starken gebunden«, um schließlich sein Haus »auszuplündern«. »Wenn der Starke bewaffnet **sein Haus** bewacht, so ist seine Habe in Frieden; wenn aber **ein Stärkerer als er** über ihn kommt und ihn besiegt, so nimmt er seine Vollwaffenrüstung weg, auf die er vertraute, und seine Beute teilt er aus« (Luk. 11, 20–22)! Wie viele Stellen aus Gottes Wort könnten wir diesen Aussagen zuordnen, die vom **Hause des Gesetzlosen** wirklich als vom Reiche Satans sprechen (z. B. Eph. 4, 8–11: das Austeilen der Beute). In Seiner Menschwerdung ist der Sohn Gottes »heimlich« in den Kosmos, als dem Hause des »Fürsten dieser Welt«, eingedrungen, hat ihn mit allen finsteren Mächten seiner Waffenrüstung beraubt und **durch das Kreuz** über sie triumphiert; auf diese Weise vernichtete Er auch die Schuldakten, die sich in der Hand »des Starken« befanden (Kol. 2, 14–15). Wer weiß, wie bald der Herr Seinen Sieg vollenden wird – **im Sturze Satans** und seiner Mächte auf die Erde und hernach in den Feuersee (Offb. 12, 7–10/20, 1–3). Der Streit zwischen **dem Haus** des verworfenen Königs SAUL (dem Typus Satans) und **dem Hause** des gottgesalbten DAVID (der ein Bild Christi ist) wird sich so entscheiden, daß »David immerfort stärker«, das Haus Sauls aber »immerfort schwächer wird«! Dann **sind die Gesetzlosen nicht mehr** (2. Sam. 3, 1 + 5, 10/Spr. 12, 7).

> »Jesus ist kommen, der starke Erlöser,
> bricht dem gewappneten Starken ins Haus,
> sprenget des Feindes befestigte Schlösser,

führt die Gefangenen siegend heraus.
Fühlst du den Stärkeren, Satan, du Böser?
Jesus ist kommen, der starke Erlöser!«

+ + +

242 EINE GABE IM VERBORGENEN (21, 13–14 + 26)

Wer sein Ohr verstopft vor dem Schrei des Armen, auch er wird rufen und nicht erhört werden. – Eine Gabe im Verborgenen wendet den Zorn ab, und ein Geschenk im Gewandbausch den heftigen Grimm. – Den ganzen Tag begehrt und begehrt man, aber der Gerechte gibt und hält nicht zurück.

Wieder greifen die SPRÜCHE das Thema der Mildtätigkeit auf. V. 13 sieht in der **Taubheit gegenüber dem Wehgeschrei des Armen** eine mögliche Gebetsverhinderung – wie auch 1. Petr. 3, 7 die Verunehrung der Frau in der Ehe als Grund für nicht erhörte Gebete nennt. Gemeint ist eigentlich ein Sich-Taubstellen, als habe man den Notschrei nicht gehört, oder ein Sich-Blindstellen, als habe man die Not des Armen nicht gesehen; dies hinzuzufügen erscheint uns nötig, weil der Arme in seiner Beschämung oftmals verstummt und keinen **Notschrei** vernehmen läßt! Jesus nahm dieses Thema auf, als Er sagte: »Glückselig sind die Barmherzigen, denn sie werden Barmherzigkeit erlangen« – am Tage des Gerichts –, weshalb auch V. 14 davon spricht, daß **eine Gabe im Verborgenen den Zorn abwenden kann,** wobei sicher an den »kommenden Zorn« des göttlichen Endgerichts gedacht ist. Mtth. 18, 22–35 zeigt uns im Gleichnis vom »Schalksknecht«, wie es dem ergehen mag, dem vom »König« eine riesengroße Schuld vergeben wurde, der aber dann die geringe Schuld seines Mitbruders unbarmherzig einfordert; deutlich weist Jesus darauf hin, daß man so die Vergebung Gottes verlieren kann (s. auch Jak. 2, 13). So gebe uns Gott ein feines Gehör für den lauten oder aber den »unhörbaren« **Schrei** dessen, der in Not geraten ist! – **Eine Gabe im Verborgenen wendet den Zorn ab.** Auch unser Herr hat deutlich darauf hingewiesen, daß unsere barmherzige Gabe im Verborgenen zu geschehen habe, so daß noch nicht einmal die linke Hand wissen solle, was die rechte tut; das aus **dem Gewandbausch** gezogene Geschenk weist auch auf heimliches Geben und den Verzicht auf fromme Propaganda hin. »Dein Vater, der **im Verborgenen** sieht, wird dir vergelten« sagt Mtth. 6, 3–4. Wie viele **heimliche** Gottesgaben **im Verborgenen** haben wir doch selbst von unserem Gott und Vater empfangen, oft, ohne daß es uns bewußt geworden wäre!
Vers 26 stellt uns eine Situation vor Augen, wo **der Gerechte** durch eine unaufhörliche Kette von Anforderungen, Bittgesuchen und Wünschen, in dem Bemühen wohlzutun müde werden könnte. So ist die Frage des Petrus menschlich verständlich: »Herr, wie oft soll ich meinem Bruder, der wider mich gesündigt hat, vergeben? Bis siebenmal …?« Die Antwort Jesu kennen wir (Mtth. 18, 21–22). **Der Gerechte** läßt sich nicht ermüden und irremachen im Tun der Barmherzigkeit: **Er gibt und hält nicht zurück.** Es ist »das Wollen« oder »die Willigkeit des Menschen«, die seine »Mildtätigkeit auslöst«, wohl auch, weil er weiß, daß »ein Armer besser ist als ein Mann der Lüge« (Spr. 19, 22). Das Wort Jesu: »Geben ist seliger als Nehmen!« (Apg. 20, 35) hat Er selbst als **der Ge-**

rechte zuerst erfüllt, ehe Er es uns auferlegte. »Wir lieben, weil ER uns zuerst geliebt hat« heißt es in 1. Joh. 4, 19. Was hätte Er an Segnungen des Wortes und des Geistes Seiner Gemeinde gegenüber **zurückgehalten?** »Jedem einzelnen von uns ist die Gnade gegeben worden nach dem Maße des Geschenkes Christi« sagt Eph. 4, 7. Die dem Salomo typische »Freigebigkeit« gegenüber der Königin von Scheba ist ein schwaches prophetisches Vorbild für Christi unausforschlichen Reichtum, der nicht nur »die Güter Seines Hauses«, d.h. Seiner Schöpfung, sondern die Liebe Seines Herzens schenkt (1. Kön. 10, 13/Hohesld. 8, 7). Lesen wir dazu noch Jak. 1, 5: »Wenn aber jemand von euch Weisheit mangelt, so bitte er von Gott, der allen **rückhaltlos gibt** und keine Vorwürfe erhebt, und sie wird ihm gegeben werden!« Daß auch die Geistes- und Gnadengaben Christi den Gliedern Seiner Gemeinde **im Verborgenen** gegeben werden, kann uns Kol. 3, 1–3 zeigen, wo bezeugt wird, daß die Wirklichkeit des neuen Lebens »mit Christus in Gott **verborgen ist«** – bis zum Tage Seiner Machtergreifung.

Ob die Gottesverheißung aus Ps. 37, 26 und 112, 9 auch heute noch gilt, daß »der Same des Gerechten gesegnet sein wird, weil er den ganzen Tag gnädig ist und leiht«, und daß »sein Horn erhöht wird in Herrlichkeit, weil er ausstreut und den Armen gibt«? In Christus Jesus, **dem Gerechten,** ist es Wirklichkeit geworden!

+ ⁺ +

243 FREUDE AM RECHT (21, 15)

Dem Gerechten ist es Freude, Recht zu üben; aber denen, die Frevel tun, ein Schrecken.

Dem Frevler sind **Recht und Gerechtigkeit** wesensfremd. Die Ungerechtigkeit ist ihm so zur zweiten Natur geworden, daß er sich **mit Entsetzen** (BUB) gegen **das Tun des Rechts** sträubt; nur mit Zwang und unter Androhung härtester Strafen ist er zur zähneknirschenden Einhaltung der göttlichen Rechtsnormen des Gesetzes zu bringen. Dessen Gerichtsdrohung empfindet er **als Schrecken** und als eine schwere Last. Diese Seite des Gesetzes JAHWEHs, die dem Gerechten nicht gilt, spricht Paulus in 1. Tim. 1, 8–10 an: »Wir wissen aber, daß das Gesetz gut ist, wenn jemand es gesetzmäßig gebraucht, indem er beachtet, daß für einen Gerechten das Gesetz nicht bestimmt ist, sondern für Gesetzlose und Zügellose, für Gottlose und Sünder, für Heillose und Ungöttliche, Vaterschläger und Mutterschläger, Menschenmörder, Hurer, Knabenschänder, Menschenräuber, Lügner, Meineidige, und wenn etwas anderes der gesunden Lehre zuwider ist.« Doch kann das gleiche Gesetz **zur Freude für den Gerechten** seine innere Schönheit offenbaren, so daß auch Paulus vor seiner Christusbegegnung »Wohlgefallen am Gottesgesetz nach dem inneren Menschen« haben konnte (Röm. 7, 22). Diese beiden Seiten des Gesetzes – **für den Gerechten Freude, für den Ungerechten Schrecken,** hat auch Spr. 10, 29 im Auge: »Eine Schutzwehr ist für die Unschuld der Weg JAHWEHs, aber Untergang bedeutet es für die, welche Frevel tun!«

Dem Gerechten ist **die Ausübung des Rechts** kein bedrohlicher Schrecken, sondern **eine Freude.** Der gerechte Schreiber von Ps. 119 zeigt uns, **welche Freude** ihm Gottes Recht und heiliges Gesetz war; es offenbarte ihm nämlich Gottes Willen und Wesen, aber auch die prophetischen Grundrisse künftiger Heilsereignisse. In 8 × 22 Versen und in zehn verschiedenen Bezeichnungen rühmt er Gottes Wort und Gesetz, etwa in V. 111: »Deine Zeugnisse sind meines Herzens Freude« oder in V. 162: »Ich freue mich über dein Wort wie einer, der große Beute findet!« Es braucht freilich erleuchteter Augen und der »Lampe des prophetischen Wortes«, daß sich **am Gerechten** Spr. 10, 23 erfüllen kann: »Dem Toren ist es wie ein (vergnügliches) Spiel, Schandtat zu verüben, und Weisheit zu üben (wie Freude und Spiel) dem verständigen Manne!«

Ps. 106, 3 sieht beide in prophetischer Perspektive vereint: *die* **Gerechten** und *den* **Gerechten** – Jesus Christus (vgl. Gal. 3, 15–16): »Glückselig, **die** das Recht bewahren, **der** Gerechtigkeit übt zu aller Zeit!« ER allein, unser hochgelobter Herr, **übt Gerechtigkeit zu aller Zeit,** und **es ist Ihm Freude, Recht zu üben!** Hebr. 1, 8–9 bezeugt von dem geistgesalbten Sohn: »Dein Thron, o Gott, besteht in die Aeonen der Aeonen, und ein Zepter der Aufrichtigkeit ist das Zepter Deines Königtums; Du **hast Gerechtigkeit geliebt** und Gesetzlosigkeit gehaßt; darum hat Gott, Dein Gott, Dich (zum König) gesalbt mit **Freudenöl** über Deine Gefährten hinaus«, – d. h. mit Geist der Freude, worin Er alle Fürstentümer und Gewalten der Engelwelt weit übertrifft!

So wollen auch wir, die wir durch Ihn auch zu Königen und Priestern gesalbt sind, das Wort und Gebot Gottes nicht mit Verdruß und im Geiste mürrischer Pflichterfüllung lesen, sondern **in der Freude, Recht zu üben!**

+ + +

244   ROLLENWECHSEL   (21, 18)

Der Gesetzlose ist ein Lösegeld für den Gerechten, und der Treulose tritt an die Stelle der Aufrichtigen.

Dieses schwer verständliche Gotteswort meint einen Rollentausch im Gericht; **der gesetzlose Frevler, der treulose** und **tückische** (BUB) **Verräter** (BA) zieht das Gottesgericht – gleich einem Blitzschlag – auf sich selbst, so daß der **Gerechte** davon verschont bleibt; er erfährt einen **schirmenden Schutz,** wie man (nach BA) das Wort **Lösegeld** auch übersetzen kann.

Es waren vor allem historische Ereignisse, die uns solches Wirken Gottes zeigen: Hat Er nicht den Pharao mit seiner ganzen Streitmacht im Schilfmeer vernichtet, das Israel zuvor trockenen Fußes durchschritten hatte? Oder denken wir an den Amalekiterfürsten HAMAN, der Israel in maßlosem Haß im Perserreich ausrotten wollte; doch die geplante »Endlösung der Judenfrage« führte zu einem Rollentausch: MORDOKAI, der Repräsentant des Judentums, wurde hoch geehrt und erhöht, HAMAN mit seinen zehn Söhnen jedoch an dem Galgen erhängt, den er für Mordokai bestimmt hatte (Esth. 7, 10). Auch CYRUS (Kores), der mit den Medern und Persern zum göttlichen Gerichtswerkzeug für Babylon und andere heidnische Völker wurde, durfte im Auftrag Gottes als »gesalbter Gottesknecht« Israel aus der babylonischen Gefangenschaft befreien (Jes. 45, 1 ff.). Wir dürfen auch an das Prophetenwort aus Jes. 43, 3–4 denken: »Denn ich bin JAHWEH, dein Gott, ich, der Heilige Israels, dein Retter! Ich gebe **als Lösegeld** Ägypten hin, Äthiopien und Scheba **an deiner Statt.** Weil du teuer und wertvoll in meinen Augen bist, und ich dich liebhabe, so werde ich Menschen **hingeben an deiner Statt** und Völkerschaften anstatt deines Lebens!«

Doch müssen wir bedenken, daß dies nicht die Norm in der Geschichte Israels war, sondern eher der historische Ausnahmefall, daß die Gerichte von ihm **auf die Gottlosen abgeleitet wurden.** Auch persönlich können wir Spr. 21, 18 nicht absolut setzen; läßt doch Gott die Sonne scheinen und regnen über Gerechte und Ungerechte (Mtth. 5, 45), und oftmals muß der Fromme mit dem Sünder unter der gleichen Not der Zeit leiden! Doch gilt in jedem Falle: »Wenn der Gerechte nur mit Not errettet wird, wo will dann der Gottlose und Sünder erscheinen« (1. Petr. 4, 18)? So ist es nicht der Normalfall, sondern bleibt ein Wunder Gottes, was auch Spr. 11, 8 bezeugt: »Der Gerechte wird aus der Drangsal befreit, und der Gesetzlose tritt an seine Stelle!«

Im Blick auf das stellvertretende Leiden Christi aber offenbart Spr. 21, 18 einen köstlichen prophetischen Sinn, wenn wir es umkehren: **Der Gerechte ist das Lösegeld für den Gesetzlosen, und der Aufrichtige tritt** im Gericht **an die Stelle des Treulosen!** Dies ist ein Rollentausch besonderer Art, denn »Versöhnung« heißt im Grundtext eigentlich »Austausch«! Der Sohn Gottes hat **an unserer Stelle** das Gottesgericht übernommen; als Er zum Fluch und zur Sünde gemacht wurde, hat Er für die Sünden der ganzen Welt **das Lösegeld** bezahlt. Nun »rechtfertigt Er die Gottlosen« (Röm. 4, 5); ist Er doch für uns gestorben, als wir noch »kraftlos« und »Gottlose« waren, und hat uns geliebt, als wir »noch Sünder und Feinde waren«, und uns also mit Gott versöhnt (Röm. 5, 3–10). »Als **der Gerechte für die Ungerechten** hat Er für unsere Sünden gelitten«, damit Er uns zu Gott führen könne (1. Petr. 3, 18). Nun haben wir »einen Fürsprecher bei dem Vater, Jesum Christum, **den Gerechten.** Und ER ist **die Sühnung** für unsere Sünden, nicht allein aber für die unseren, sondern auch für die ganze Welt« (1. Joh. 2, 1–2)!

+ + +

245 VORRÄTE IN DER WOHNUNG DES WEISEN   (21, 20)

Ein kostbarer Schatz und Öl ist in der Wohnung des Weisen, aber ein törichter Mensch verschlingt es.

»Was du ererbt von deinen Vätern, erwirb es, um es zu besitzen!« sagt der Dichter. In unserer Spruchweisheit ist von einem in harter Arbeit erworbenen **Vermögen** die Rede, das ein **Narr** erbt, dann aber nicht bewahrt und mehrt, sondern **verschlingt** und verpraßt. Dies ist auch unserer Zeit nicht fremd; was von fleißigen, arbeitsamen Menschen in harten Zeiten nach dem Krieg geschaffen wurde, wird von verwöhnten Kindern und Enkeln, die dessen Wert nicht zu schätzen wissen, zu »schnellem Geld« gemacht und **vergeudet.** In Spr. 21, 5 wird uns von den planvollen »Gedanken des Fleißigen« berichtet, die schließlich »zum Überfluß führen«, aber auch von den »allzu Hastigen«, die im »Mangel« enden. Und Spr. 21, 17 spricht im Blick auf permanente Festgelage mit ihrer Verschwendungssucht: »Wer Freude liebt, wird ein Mann des Mangels werden; wer Wein und Öl liebt, wird nicht reich!«

Aber sollte **der kostbare Schatz und das Öl in der Wohnung des Weisen** wirklich nur die Vorräte in Küche und Keller, Geld und Gut und Olivenöl meinen – wobei gerade

der Weise oftmals gar nicht zu den Vermögenden gehört!? Sollte Gottes Wort wirklich nur die Anhäufung irdischen Besitzes empfehlen?

Die Wohnung des Weisen entspricht dem häufig erwähnten **Haus des Gerechten.** Die ganze Heilsgeschichte ist bestimmt von der »Suche« Gottes nach einer »Wohnung«: Von Gottes »Wohnung im unzugänglichen Lichte« (1. Tim. 6, 16) bis zur »Hütte Gottes unter den Menschen« auf der neuen Erde spannt sich ein gewaltiger Bogen. In der gegenwärtigen Heilszeit aber ist die Gemeinde der Erstlinge »der Tempel Gottes«, die **Behausung Gottes im Geiste** (Eph. 2, 20–22/1. Kor. 3, 16).

Der Weise aber, dem **die Wohnung gehört,** ist der Christus Gottes; Er hat **Seine Behausung** erfüllt mit einem **kostbaren Schatz** und mit **Öl.** Wir brauchen nur einmal nachzulesen, was das NT über den Reichtum der Gnadengaben aussagt, die der Christus durch den Heiligen Geist in Seinem Tempelhause niedergelegt hat (Eph. 4/1. Kor. 12/Röm. 12 u. a.). Welche **Schätze** des Glaubens, des Lobes, der Anbetung, der Erkenntnis des Wortes und des Dienstes sind doch der Gemeinde Christi übergeben! So kann der Apostel Petrus von der »buntfarbigen Gnade Gottes« im Dienste sprechen (1. Petr. 4, 10). Was bedeutet nun **der kostbare Schatz** und **das Öl** in der Symbolsprache der Heiligen Schrift? Da ist einmal der unausforschliche Reichtum des Wortes Gottes, verbunden mit der Furcht des Herrn, beide »köstlicher als Gold und Feingold, süßer als Honig und Honigseim« (Ps. 19, 10–11/119, 162/Eph. 3, 8); dieses Wort aber offenbart auch den »Reichtum der göttlichen Gnade« (Eph. 2, 7), den »Reichtum Seiner Herrlichkeit« (Eph. 3, 16) und die »Tiefe des Reichtums« in der göttlichen Heilsgeschichte (Röm. 11, 33).

Dann aber ist das **Haus des Weisen** gleicherweise erfüllt **mit dem Öl,** d. h. mit der Fülle des Heiligen Geistes, der, vom Sohne ausgehend, alle seine »Kammern« durchdringt; die »Kammern des Hauses« aber sind im anderen Bilde die »Glieder des Leibes Christi«. Der Heilige Geist macht uns das Wort Gottes lebendig und zeugt uns durch dieses Wort in das göttliche Leben. Wahrlich: **»Das Haus des Gerechten ist eine große Schatzkammer ...«** (Spr. 15, 6)!

Das Gotteswort, das Israel in Hagg. 2, 5 für die Drangsalszeit am Ende dieses Aeons mitgegeben wird, gilt auch der Gemeinde als der **Wohnung** Christi: »Mein WORT und mein GEIST bestehen in eurer Mitte. Fürchtet euch nicht!« (s. auch Ps. 112, 3).

Doch kann auch der Reichtum der göttlichen **Schätze** und die **Fülle Seines Hauses** von einem **Narren verschlungen,** vergeudet und verpraßt werden, wie es uns auch das Gleichnis vom verlorenen Sohne lehrt, der des Vaters Vermögen »vergeudete, indem er ausschweifend lebte« (Luk. 15, 13/Spr. 21, 17). Gegen solche geistliche Torheit erhebt sich die ernste Mahnung des Wortes Gottes: »Vernachlässige nicht die Gnadengabe in dir ... habe acht auf dich selbst und auf die Lehre« (1. Tim. 4, 14 + 16). Und in 1. Tim. 6, 20 wird »der Gott Fürchtende«, Timotheus, ermahnt: »Bewahre **das anvertraute Gut,** indem du dich von den ungöttlichen, inhaltlosen Reden und Streitsätzen der fälschlich so genannten ›Gnosis‹ (Erkenntnis) wegwendest ...!« Und 2. Tim. 1, 12–14 ergänzt hierzu: »Ich bin überzeugt, daß Gott mächtig genug ist, das mir Anvertraute auf jenen Tag zu bewahren ... Halte fest das Muster gesunder Worte ... Bewahre das schöne **anvertraute Geschenk** durch den Heiligen Geist, der in uns wohnt!«

Möchten doch auch wir uns nicht nur **am Reichtum des Hauses Gottes erfreuen,** sondern diesen als Gottes treue Verwalter bewahren, mehren und weitergeben!

+ + +

Wer der Gerechtigkeit und der Güte nachjagt, wird Leben finden, Gerechtigkeit und Herrlichkeit. – Wer der Gerechtigkeit nachjagt, den liebt JAHWEH.

Gerechtigkeit und **Gnade** (»zädaka« und »chäsed«) sind die wesentlichen Merkmale des Gesetzes Gottes und übertreffen die rituellen Opfer bei weitem, weshalb »Gerechtigkeit und Recht üben JAHWEH angenehmer ist als Opfer« (Spr. 21, 3). Darum werden diese alttestamentlichen Heiligungsmerkmale nach Spr. 15, 9 dem zugesprochen, **den JAHWEH liebt.** Neben Hos. 6, 6 bestätigt uns Micha 6, 8 diese Vorrangstellung von **Gerechtigkeit und Güte** vor den Opfern: »ER hat dir kundgetan, o Mensch, was gut ist; und was fordert JAHWEH von dir, als **Recht** zu üben und **Güte** zu lieben und demütig zu wandeln mit deinem Gott!«

Baader übersetzt das hebr. »zädakah« mit **Rechtfertigung;** diese Heilswirklichkeit ist als ZIEL wohl auch im Gesetz vorgeplant, wird aber volle Wirklichkeit erst in Christus.

Wenn man nun **Gerechtigkeit und Güte** erlangen will, um schließlich **Leben, Rechtfertigung und Herrlichkeit zu finden** (Luk. 10, 25–28), so gilt es, diesen Heilsgütern mit aller Entschlossenheit **nachzujagen.** Dies mag man nun wieder als »eigenes Tun« und »Werkgerechtigkeit« empfinden, doch sollten wir bedenken, daß davon überwiegend im NT gesprochen wird, wie folgende Stellen zeigen:

»Weiche vom Bösen und tue Gutes, suche Frieden und **jage ihm nach!**« (Ps. 34, 14; s. auch 1. Petr. 3, 11).

»**Jaget** allezeit dem Guten **nach,** gegeneinander und allen gegenüber!« (1. Thess. 5, 15).

»**Jage aber nach** Gerechtigkeit, Gottseligkeit, Glauben, Liebe, Ausharren, Sanftmut des Geistes!« (1. Tim. 6, 11).

»**Jaget** dem Frieden **nach** mit allen und der Heiligung, ohne die niemand den Herrn sehen wird!« (Hebr. 12, 14).

Paulus aber »**jagte zielwärts dem nach,** was vor ihm lag: dem Kampfpreis der Berufung Gottes nach droben« (Phil. 3, 14).

Weil die Wirklichkeit des neuen Lebens durch den Heiligen Geist in uns wohnt, und damit »das wirkliche Licht schon leuchtet«, ist **das alte Gebot** für uns zu einem **neuen Gebot** geworden – »wahr« in Jesus und in uns. Durch die Realität des Geistes Christi wird das Gesetz erfüllt (1. Joh. 2, 7–8).

Als Lohn für das **Nachjagen** wird uns **Leben, Gerechtigkeit** (oder: Rechtfertigung) **und Herrlichkeit** verheißen. Denn Gott hat Herrlichkeit und Ehre und Frieden jedem zugesagt, der das Gute tut (Röm. 2, 10). Denn »welche Er gerechtfertigt hat, diese hat Er auch verherrlicht« (Röm. 8, 30). Wird Er doch nichts Gutes vorenthalten, sondern »Gnade und Herrlichkeit« denen schenken, die in Lauterkeit wandeln, wie es Ps. 84, 11 bezeugt.

Nun gibt es aber sowohl eine »Weisenkrone« als auch ein »Narrenerbe« – eine Vollendung in der Weisheit, aber auch in der Torheit. So sagt Spr. 14, 18: »Die Einfältigen erben Narrheit, die Klugen aber werden mit Erkenntnis gekrönt!« Und Spr. 14, 24 ergänzt: »Der **Weisen Krone** ist ihr Reichtum«, womit wohl der innere Reichtum des Geistes gemeint ist, aber »die Narrheit der Toren ist und bleibt Narrheit!« Es geht um die Krone, um die Krönung eines Lebens; wir aber **jagen** darum dem Kampfpreis **nach!** Das NT nennt uns eine dreifache Krönung mit einem »Siegeskranz«, der genau dem Gottesangebot unseres Sprüchewortes entspricht:

- Der in Versuchungen Bewährte, der Gott liebt, empfängt an jenem Tage **den Siegeskranz des LEBENS.**
- Der gerechte Richter wird am Tage Seiner Machtergreifung allen, »die Seine Erscheinung lieben«, **den Siegeskranz der GERECHTIGKEIT** verleihen;
- und den treuen Hirten der Gemeinde Christi wird »der Hirtenfürst« bei Seiner Offenbarung den unverwelkbaren **Siegeskranz der HERRLICHKEIT** schenken (Jak. 1, 12/ 2. Tim. 4, 8/1. Petr. 5, 4).

Das **Leben** Gottes, die **Gerechtigkeit** und **Rechtfertigung** in Christo und die **Herrlichkeit** sind uns dann vollkommen und vollendet gegeben! Lohnt dies nicht einen entschlossenen Einsatz?

> »Ich will streben nach dem Leben, wo ich selig bin;
> ich will ringen, einzudringen, bis daß ich's gewinn.
> Hält man mich, so lauf ich fort; bin ich matt, so ruft das Wort:
> Fortgerungen, durchgedrungen bis zum Kleinod hin!«

+ ⁺ +

247 GEISTLICHE KRIEGSFÜHRUNG (21, 22 + 24, 5–6)

Der Weise ersteigt die Stadt der Helden und stürzt hinab das Bollwerk ihres Vertrauens. – Ein weiser Mann ist mächtig, und ein Mann von Erkenntnis verstärkt seine Kraft. Denn mit weiser Überlegung wirst du glücklich Krieg führen, und bei der Ratgeber Menge ist Rettung (Sieg).

Sollte man in einer Zeit des Pazifismus (mit weltweiten Kriegen!) nicht solche Bilder der Bibel meiden? Doch sie werden im Alten wie im Neuen Testament gebraucht, um prophetische oder seelsorgerliche Zusammenhänge darzustellen! Die Sachlage ist klar: »Mag eine Stadt von noch so vielen Tapferen verteidigt werden, der Weise erkennt den Punkt, wo ihr beizukommen ist, und weiß den Ansturm so zu organisieren, daß er zur Überwindung der stolzen Festung führt« (DEL) – trotz ihrer **Bollwerke,** ihrer gewaltigen Stadtmauern, die **erstiegen** werden müssen, und trotz ihrer mächtigen Tore und hohen Türme. So war Cyrus als Führer der Perser gut beraten, als er den Euphrat in einen See ableiten ließ, um durch das trockene Flußbett in Babel einzudringen und die Stadt zu überwältigen. **Weise Überlegungen** (E), **strikte Weisungen** (BA), **Lenkungskunde** (BUB) **verstärkten seine Kraft** und brachten schließlich **den Sieg,** der für die Juden zum **Heil** und zur **Rettung** aus der babylonischen Gefangenschaft wurde.
Zur Ergänzung sei noch Pred. 9, 13–16 genannt, wo die Situation umgekehrt ist: Die durch einen großen König belagerte kleine Stadt wird **durch einen armen weisen Mann** errettet, der aber trotz der von ihm geschaffenen Rettung mit seiner Botschaft verachtet wird. Wer dächte hierbei nicht an Jes. 53, 3–4?
Bei der Menge der Ratgeber ist Rettung! »Welcher König, der auszieht, um sich mit einem anderen König in Krieg einzulassen, setzt sich nicht zuvor nieder und **ratschlagt,** ob er imstande sei, dem mit 10000 entgegenzutreten, der gegen ihn mit 20000 her-

anzieht?« sagt Jesus im Gleichnis über die Vorentscheidung zur Nachfolge, aber auch über den Gottesplan der Heilsgeschichte (Luk. 14, 28–32). »Pläne kommen **durch Beratung** zustande, und mit weiser Überlegung führe Krieg!« (Spr. 20, 18). »Viele Köche verderben den Brei« gilt hier nicht; die Kampfgemeinschaft **kluger Ratgeber** mit ihrem König führt vielmehr den Sieg herbei. Wenn Jerobeam den Rat der Alten beachtet hätte, so wäre es nicht zur Spaltung Israels in ein Süd- und Nordreich gekommen (1. Kön. 12, 6–8)! Und die Kampfgemeinschaft in der Amalekiterschlacht, wo Josua die Heere Israels anführte, Moses, Hur und Aaron aber auf dem Berge um Kraft aus der Höhe beteten, ist uns ein Bild für die brüderliche Kampfgemeinschaft am Evangelium, die uns in Phil. 1, 27 empfohlen wird, wozu das Feststehen in **einem** Geist und das Mitkämpfen mit **einer** Seele gehört.

Letztlich wird die ganze Heilsgeschichte von der Auseinandersetzung zwischen dem Christus und dem Satan bestimmt. Nach dem Durchzug durch das Schilfmeer und dem Triumph über die Heeresmacht Pharaos sang Moses im Blick auf den Christus: »JAHWEH ist ein Kriegsmann, JAHWEH ist Sein Name« (2. Mos. 15, 3)! Und nach dem Siege Israels in der Amalekiterschlacht sagte der Herr: »Krieg hat JAHWEH wider **den** Amalek von Generation zu Generation« (2. Mos. 17, 16).

Wir haben schon einmal auf den bedeutsamen Zusammenhang von Luk. 11, 20–22 hingewiesen, wonach der Christus bei Seiner Geburt als »der Stärkere« heimlich in »das Haus des Starken« eingedrungen ist, den Er dann am Kreuz mit allen seinen Mächten »beraubt«, »gefesselt« und besiegt hat (Kol. 2, 14–15); nun warten wir auf **den Sturz** Satans und auf die endgültige Verwirklichung des Christussieges in den Zeiten, die mit Seiner Wiederkunft beginnen (1. Kor. 15, 23–28). Spr. 21, 22 stellt uns in seiner wörtlichen Wiedergabe die Erhöhung Christi im **Emporsteigen des Weisen,** den endgültigen Sturz der Finsternismächte im **Niederwerfen ihres Bollwerks des Vertrauens** dar. Dies alles vollzieht sich nach klarer Vorkenntnis und **Vorplanung** Gottes mit Seinem Sohn, die – ohne weitere Ratgeber – vor Grundlegung der Welt geschehen ist (Röm. 11, 34).

In diesem aeonenlangen Christuskampf ist nun auch Seine Gemeinde einbezogen. Er hat uns darum Seine »Vollwaffenrüstung« zur Verfügung gestellt, die uns dazu befähigt, an »den bösen Tagen« unseres Lebens – wie in einem Trainingskampf – standzuhalten und an »dem bösen Tage« endzeitlichen Kampfes zu »siegen, zu stehen und das Feld zu behalten« (Eph. 6, 10–20). Der Staatenbund des Antichristen, dargestellt in den zehn Zehen des »Monarchienstandbildes« aus Dan. 2 läßt uns an Pred. 7, 19 denken: »Die Weisheit macht **den Weisen** stärker als zehn Machthaber, die in der Stadt sind!«

So dürfen wir »den guten Kampf des Glaubens kämpfen« und im Dienste Gottes »mit göttlich mächtigen Waffen **Festungen zerstören«,** Vernunftschlüsse und jede Höhe, »die sich erhebt wider die Erkenntnis Gottes«; dazu gehört freilich, daß wir selbst »jeden Gedanken in Kriegsgefangenschaft führen in den Gehorsam des Christus« (2. Kor. 10, 4–6). Denn »niemand, der Kriegsdienste tut, verwickelt sich in die Beschäftigungen des Lebens, damit er dem gefalle, der ihn angeworben hat. Wenn aber auch jemand kämpft, so wird er nicht gekrönt, er habe denn gesetzmäßig gekämpft« (2. Tim. 2, 4–5)!

+ + +

Ein aufgeblasener Vermessener – Spötter ist sein Name – handelt mit überwallender Vermessenheit. – Das Begehren der Gerechten ist nur Gutes; die Hoffnung der Gesetzlosen ist die Vermessenheit.

Der Spötter ist der Freidenker, der die Wahrheit verdreht, der »Starkherzige« (Jes. 46, 12); er fühlt sich erhaben über alle Gottesoffenbarung und setzt sich, im Gefühl der Mündigkeit, höhnisch darüber hinweg (s. 2. Petr. 3, 1–5). Seine **stolze** Selbstsicherheit ist aber kein wirklicher innerer Wertgewinn, sondern ein **Aufgeblasensein** wie das eines Luftballons. Dies aber meint die Vortäuschung eines Wertes, der eigentlich gar nicht vorhanden ist; das kann es auch in der Gemeinde Jesu geben, wo man »eine Form der Gottseligkeit ohne deren Kraft« besitzt (2. Tim. 3, 5).

Dabei **handelt der Spötter in überwallender Vermessenheit** (BUB). Er ist **maßlos** in seinem zynischen **Übermut** und findet keine Ruhe, ehe er nicht frivol und in aller Öffentlichkeit das in den Dreck zieht, »was wahr, würdig, gerecht, rein, lieblich ist und wohllautet, was eine Tugend und Lobenswertes bildet« (Phil. 4, 8). In **maßloser** Selbstüberschätzung will er die Grenzen des von Gott »beschiedenen Teils« überrennen, was nach Spr. 30, 7–9 zur Verleugnung JAHWEHs und zur Lästerung Seines Namens führen kann. Als Saulus von Tarsus in **maßloser Wut** Christus und Seine Gemeinde verfolgte, wurde er zum »größten der Sünder«, zum »Lästerer, Verfolger und Gewalttäter« (1. Tim. 1, 12–16). Ein riesengleicher Schatten erwuchs hinter dem **Maßlosen,** und er wurde zum Gleichnisbild der **Vermessenheit** Satans, der göttliche Maßstäbe an sich anlegte und nach dem Throne Gottes griff. Von Nebukadnezar, einem anderen Typus Luzifers, sagt Dan. 5, 20: »Als aber sein Herz sich erhob, und sein Geist sich **bis zur Vermessenheit** verstockte, wurde er von seinem königlichen Thron gestürzt, und man nahm ihm seine Königswürde.«

Nachdem Paulus »das Übermaß der Gnade Christi, verbunden mit Glauben und Liebe« empfangen hatte (1. Tim. 1, 14), schrieb er im Auftrag Christi eine Grundregel für die Glaubenden nieder: »Denn ich sage durch die Gnade, die mir geschenkt worden ist, Jedem in eurer Mitte, ja nicht **höher von sich zu denken, als zu denken sich gebührt,** sondern immer so zu denken, daß er besonnen sei, wie ja Gott einem jeden **das Maß des Glaubens** zugeteilt hat!« (Röm. 12, 3).

Vermessenheit, Maßlosigkeit, Selbstüberschätzung und Selbsterhöhung sind meist mit Verachtung, Spott und Zynismus gepaart, dies aber auf Kosten anderer. So »vertrauten« die Pharisäer »auf sich selbst, daß sie gerecht seien und achteten die übrigen **für nichts**« (Luk. 18, 9). Luther übersetzte dies sehr fein mit: »Sie vermaßen sich selbst, daß sie fromm wären …«. Doch ist mit dem Anlegen eines falschen Maßstabs kein wirklicher Wertgewinn verbunden, auch wenn **die Gesetzlosen auf ihre Vermessenheit hoffen;** denn »die Kenntnis bläht auf, die Liebe allein baut auf« (1. Kor. 8, 1; s. auch 1. Kor. 4, 18–19/2. Kor. 12, 20/Kol. 2, 18/1. Tim. 6, 4/2. Tim. 3, 4/1. Kor. 4, 6/13, 4).

Daß diese Gefahr nicht nur **dem Gesetzlosen,** sondern auch dem Glaubenden droht, zeigt uns 2. Kor. 10, 12–15 mit seinem Urteil über eine unwahrhaftige, heuchlerische Frömmigkeit: »Wir nehmen uns allerdings nicht heraus, uns mit gewissen Leuten, die sich selbst anpreisen, auf eine Stufe zu stellen oder uns mit ihnen zu vergleichen. Gerade diese Leute sind unverständig genug, **sich an sich selbst zu messen** und sich im eigenen Bilde zu bespiegeln. Wir dagegen wollen uns nicht **ins Maßlose ruhmen,** sondern nach dem Maße des Wirkungskreises, den **der Gott des Maßes** uns zugeteilt hat – und dazu gehört auch ihr. Denn wir strecken uns nicht über Gebühr aus … und rühmen uns nicht **ins Maßlose,** auf der Grundlage fremder Arbeitsleistungen« (nach Menge)!

Wenn wir in der von Gott verordneten Begrenzung **maßvoll** bleiben, wird der EWIGE und UNERMESSLICHE uns nach der irdischen Drangsal »ein alle Maßstäbe überschreitendes Gewicht an Herrlichkeit geben« (2. Kor. 4, 17–18). Denn »Er vermag über alles hinaus zu tun, über alle Maßstäbe dessen, was wir bitten oder denken« (Eph. 3, 20)!

+ ⁺ +

249   GREUELOPFER   (21, 27)

Das Opfer der Gesetzlosen ist ein Greuel; wieviel mehr, wenn er es für eine Schandtat (oder: in böser Absicht) **bringt.**

Schon bei Spr. 15, 8 haben wir Grundsätzliches zum Verhältnis von Opfer und Herzenshingabe gesagt. Nicht die Opfer an sich waren dem Herrn **zuwider** – Er hatte sie ja selbst ausdrücklich angeordnet! –, sondern deren Mißbrauch, als Alibi eines unbußfertigen Herzens und eines **gesetzlosen,** ja, **verbrecherischen** Lebens. Wenn man Jes. 1, 10–17 liest, verspürt man den ganzen Widerwillen des lebendigen Gottes gegenüber der Heuchelei »des Volkes und der Vorsteher von Sodom und Gomorra« (Israels und Jerusalems): »Bringet keine lügenhafte Opfergabe mehr! Räucherwerk ist mir **ein Greuel.** Neumond und Sabbath, das Einberufen von Versammlungen: Frevel und (zugleich) Festversammlungen mag ich nicht! Eure Neumonde und Festzeiten haßt meine Seele; sie sind mir zur Last geworden, ich bin des Tragens müde« (V. 13–14)! Und gegenüber den Gebeten **der Gesetzlosen** verschließt »der Hörer des Gebets« sein Ohr (V. 15). Ein Neubruch müßte geschehen, eine Generalbuße des Volkes mit einer achtfachen Auswirkung, die den Opferdienst Gott wieder angenehm machte: »Waschet euch, reiniget euch! Lasset ab vom Übeltun! Lernet Gutes tun! Trachtet nach Recht! Leitet den Bedrückten! Schaffet Recht der Waise! Führet die Rechtssache der Witwe!« (V. 16–17). »Der Glaube ohne Werke ist tot!« Auch im Lichte des Jesajaswortes erscheint uns der »Kontrapunkt« dieser Jakobusaussage in der großartigen »Sinfonie« der Rechtfertigung aus Glauben notwendig und geistgewirkt!

Die in Spr. 21, 27 erwähnte **Schandtat** ist nach dem Hebräischen ein präzise **geplantes** Verbrechen mit Gewinn- und Betrugsabsicht (BA), manchmal sogar ein Vergehen der Unzucht, das **durch ein Opfer** auf die Schnelle gesühnt werden soll, welches aber **der Gesetzlose** ohne Bußfertigkeit darbringt; dadurch macht er jedoch Gott zum »Sündendiener«. »Häufig genug wird es vorgekommen sein, daß reiche Wollüstlinge Sündopfer und andere Opfer brachten, um damit ihre Vergehungen aufzuwiegen und sich für ihr liederliches Leben Gottes Billigung zu erkaufen« (DEL). Über diese Haltung sagt sehr ernst Pred. 5, 1: »Bewahre deinen Fuß, wenn du zum Hause Gottes gehst; und nahen, um zu hören, ist besser, als wenn Toren Schlachtopfer geben: denn sie haben keine Erkenntnis, **so daß sie Böses tun!**«

Solche Haltung begegnet uns auch bei den Männern der Rotte Korah, die räuberisch nach dem Priestertum griffen und mit ihren Räucherpfannen und »fremdem Feuer« vor

JAHWEH erschienen; der erzürnte Moses aber rief zum Herrn: »Wende dich nicht zu ihrer Opfergabe! Nicht einen Esel habe ich von ihnen genommen und keinem einzigen unter ihnen ein Leid getan« (4. Mos. 16, 15)!

Und in Spr. 7, 10–22 wird uns ein Ehebruch unter frommem Vorzeichen geschildert; das »fremde Weib« verführt, in Abwesenheit ihres Gatten, einen jungen Mann »mit glatten Worten«, indem sie auf ihre Frömmigkeit hinweist, auf »Friedensopfer und Gelübde«, die sie soeben dargebracht und abgelegt habe. Sollte solches etwa auch heute noch bei frommen Menschen zu finden sein? Selbst unter dem Vorwand, »seelsorgerliche Beratung« zu suchen, werden gelegentlich sexuelle Ziele angesteuert. Ganz ernst müssen wir auf die Möglichkeit hinweisen, »mit Willen« (freiwillig und mit Planung) »zu sündigen«, wofür dann »kein Schlachtopfer für Sünden mehr bleibt, sondern nur noch ein gewisses furchtvolles Erwarten des Gerichts« in allesverzehrendem Feuer (Hebr. 10, 26). **Das Opfer der Gesetzlosen ist dem HERRN ein Greuel;** es gerät unversehens in die Nähe zum Dämonenopfer der Nationen (1. Kor. 10, 20–21). Wir aber wollen nach dem »Endziel des Gebotes« streben, welches ist »Liebe aus reinem Herzen und aus gutem Gewissen und ungeheucheltem Glauben« (1. Tim. 1, 5). Dann wird uns der zweite Teil aus Spr. 15, 8 als göttliche Verheißung offenstehen: »Das Opfer der Gesetzlosen ist JAHWEH ein Greuel, **aber das Gebet der Aufrichtigen findet Sein Wohlgefallen!«**

+ + +

250 UNVERGLEICHLICHE GOTTESWEISHEIT (21, 30)

Da ist keine Weisheit und keine Einsicht und kein Rat gegenüber JAHWEH.

Der SPRUCH will sagen: Es gibt keine **Weisheit,** die sich mit der göttlichen Weisheit messen oder aber der **Gegenwart JAHWEHs** (BA) standhalten kann. Nach Kol. 2, 9 »wohnt« mit der »Fülle der Gottheit« auch die Fülle der göttlichen Weisheit »in Christo«, ja, Er selbst ist **die Weisheit Gottes.** Wer je die **Gegenwart des Herrn** und Seine unvergleichliche **Weisheit** erfahren hat, wird mit Paulus ausrufen: »O Tiefe des Reichtums, sowohl der Weisheit als auch der Erkenntnis Gottes! Wie unausforschlich sind Seine GERICHTE und unausspürbar Seine WEGE! Denn wer hat des Herrn Gedanken erkannt, oder wer ist Sein Ratgeber gewesen?« (Röm. 11, 33–34).

Unser Spruch nennt uns **Weisheit, Einsicht und Rat.**

WEISHEIT ist die Erkenntnis der Wahrheit und deren Anwendung; **EINSICHT** ist ein tiefgehendes Verständnis nach dem kritischen Abwägen aller Möglichkeiten; der **RAT** aber erstellt die angemessene Methode zu ihrer Umsetzung in die Praxis.

Das NT unterscheidet:

– die Redeweisheit geschulter Diskussionsredner (1. Kor. 1, 17 + 20);
– die Weisheit als Philosophie dieser Welt (1. Kor. 1, 20);
– die Weisheit des gegenwärtigen Aeons (1. Kor. 2, 6);
– die Weisheit der unsichtbaren Fürsten dieses Aeons (1. Kor. 2, 6);
– und menschliche Weisheit (1. Kor. 2, 4), die sich nach Jak. 3, 15 als »irdische, seelische« oder aber als »dämonische Weisheit« darstellen kann.

Wenn wir solche irdische Weisheit **der Weisheit JAHWEHs** und **Seiner Gegenwart** gegenüberstellen, so bleibt nur das Urteil von 1. Kor. 1, 19–20: »Ich will die Weisheit der Weisen vernichten und den Verstand der Verständigen will ich hinwegtun. Wo bleibt nun der Weise? Wo der Schriftgelehrte? Wo die Diskussionsredner dieser Weltzeit? Hat Gott nicht die Weisheit des Kosmos zur Torheit gemacht?« Alle Weisheit der finsteren unsichtbaren Mächte und der Menschen scheiterte so grundlegend an der »Torheit des Kreuzes Christi«, daß sie selbst zur Torheit wurde, das Kreuz aber zum Zeichen der triumphierenden Gottesweisheit in ihrer unüberwindlichen Kraft!

Daß der Christus als **die Gottesweisheit** in Seiner überhimmlischen Herkunft »den Augen aller Lebendigen verborgen ist«, leuchtet uns ein; aber auch »vor den Vögeln des Himmels« ist sie verhüllt, d. h. nach der Deutung Jesu, vor den dämonischen Mächten (Offb. 13, 4 + 19/Offb. 18, 2); selbst »der Abgrund und der Tod« samt allen, die im Tode liegen, »haben nur ein Gerücht von ihr gehört« (Hiob 28, 20–22)!

So stimmen wir in den Lobgesang des gotterleuchteten Daniel ein: »Gepriesen sei der Name Gottes von Ewigkeit zu Ewigkeit! Denn Weisheit und Macht, sie sind Sein. Und Er ändert Zeiten und Zeitpunkte, setzt Könige ab und setzt Könige ein; Er gibt den Weisen Weisheit und Verstand den Verständigen; Er offenbart das Tiefe und das Verborgene; Er weiß, was in der Finsternis ist, **und bei IHM wohnt das LICHT!**« (Dan. 2, 20–22).

Durch den Geist des lebendigen Gottes sind auch wir befähigt, »die Tiefen Gottes zu erkennen« (1. Kor. 2, 10).

Mit der LXX kann man Spr. 21, 30 auch so lesen: **Da ist keine Weisheit und keine Einsicht und kein Rat – »für den, der gegen JAHWEH ist«.** Das führt uns unmittelbar zu V. 31 weiter.

+ ⁺ +

251 KAMPFROSSE UND SIEG (21, 31)

Das Roß wird gerüstet für den Tag der Schlacht, aber die Rettung (der Sieg) **steht bei JAHWEH.**

Die schlagkräftigste Kampfmaschinerie antiker Zeiten waren die **Streitrosse,** die eiserne Kampfwagen, besetzt mit Bogenschützen, zogen; man kann sie mit den Panzern unserer Zeit vergleichen. Denken wir nur an **die Rosse,** Reiter und Kampfwagen des Pharao, die der Herr im Schilfmeer versinken ließ, nachdem Israel es trockenen Fußes durchwandert hatte. Im Liede Moses heißt es dann auch: »Hoch erhaben ist JAHWEH; **das Roß** und seinen Reiter hat Er ins Meer gestürzt. Meine Stärke und mein Gesang ist JAH, denn **Er ist mir zur Rettung geworden**« (2. Mos. 15, 1–2). Es bedarf noch eines tiefen Zerbruchs, bis das heutige Israel nicht mehr auf seine hochmoderne Waffenrüstung und den Beistand der USA vertraut, sondern allein auf das Eingreifen JAHWEHs und **Seine Rettung, Seinen Sieg!** Im Endkampf um Jerusalem wird dieses Vertrauen zuerst in den Bewohnern von Jerusalem erwachen und dann auf die »Sitzhaber«, die Siedler von Judäa übergreifen (Sach. 12, 5). In Jer. 17, 5–7 steht dem verfluchten Manne, »der auf den Menschen vertraut und Fleisch zu seinem Arm macht, und dessen Herz von JAHWEH weicht« der »gesegnete Mann« gegenüber, »der auf JAHWEH vertraut«!

Denn letztlich ist »**das Roß zur Rettung** ein Betrug, und durch die Größe seiner Stärke wird es nicht entrinnen« (Ps. 33, 17). Dies haben schon manche antiken Schlachten, aber auch moderne Panzerschlachten deutlich gemacht. Auch Israel wird nach der Zurechtbringung in den endzeitlichen Gerichten, die »seine Macht zerschmettern werden«, sprechen: »Diese gedenken der Kampfwagen und jene **der Rosse,** wir aber gedenken **des Namens JAHWEHs,** unseres Gottes!« (Ps. 20, 7; s. auch Dan. 12, 7b und Jes. 31, 1).

Aber neigen nicht auch wir, die wir uns als »Glieder am Leibe Christi« oft über das »verblendete Israel« erheben, sogar im Dienste Jesu dazu, auf Menschenkraft und weltliche Methoden, auf finanzielle Mittel und Erfolgsbilanzen zu vertrauen?

Das Roß stellt nach A. Heller »Kampfbegierde, Stolz und Fleischeslust«, aber auch »Menschenmacht« dar (darauf weist auch der Buchstabenwert des hebr. «sus« hin: 60 + 6 + 60, eine Anhäufung der Zahl der Sünde und des Fleisches). So werden wir auch in Ps. 32, 9 ermahnt: »Seid nicht **wie ein Roß,** wie ein Maultier, das keinen Verstand hat; mit Zaum und Zügel, ihrem Geschirre, mußt du sie bändigen, sonst nahen sie dir nicht« (s. Jak. 3, 3). Und Spr. 26, 3 fügt hinzu: »Die Peitsche **dem Pferde,** der Zaum dem Esel, und der Stock dem Rücken der Narren!«

Der HERR allein kann **Heil, Sieg** und **Rettung schaffen!** »Er hat nicht Lust an der Stärke des Rosses, noch Wohlgefallen an den Beinen des Mannes; JAHWEH hat Wohlgefallen an denen, die Ihn fürchten, an denen, die auf Seine Güte hoffen. Rühme, Jerusalem, JAHWEH! Lobe, Zion, Deinen Gott!« (Ps. 147, 10–12).

In vielen Metropolen der Weltvölker stehen Denkmäler von siegreichen Despoten, Fürsten und Königen, die auf einem emporsteigenden Rosse sitzen, – eine Darstellung **der Fleischesmacht** und des hochmütigen Siegeswillens; wie viel Leid haben doch die »Schlachtenlenker« über die Menschen gebracht! So sehnen wir uns nach dem Gottestermin der Machtergreifung Christi, da Er zum Gericht über alle Menschenmacht, aber auch **zu Rettung und Heil** erscheinen wird: »Und ich sah den Himmel geöffnet, und siehe, **ein weißes Pferd,** und der darauf sitzt, trägt den Namen TREU und WAHRHAFTIG, und Er richtet und führt Krieg in Gerechtigkeit« (Off. 19, 11)!

+ + +

252 EIN VORZÜGLICHER NAME   (22, 1)

Vorzüglicher ist ein (guter) **Name als großer Reichtum, besser als Silber und Gold ist Anmut.**

Wiederum stellt die Weisheit Gottes der »Ungewißheit des Reichtums« die wahren Werte inneren Reichtums gegenüber. Auch ohne den Zusatz »gut« bedeutete **der Name** in alten Zeiten, geehrt und angesehen zu sein und ein gutes Gerücht zu haben. Das hebräische »schäm« (Name) ist verwandt mit »schamah« (hoch, hervorragend) und »schamajim« (die Himmel). Dagegen werden Verworfene und Ehrlose in Hiob 30, 8 als »Namenlose« gekennzeichnet, während »Männer des Namens« als ruhmreiche Helden galten (1. Mos. 6, 4b). So ist wirklich **ein Name,** der Geltung besitzt, **vorzüglicher als großer Reichtum,** vor allem, wenn sein Träger mit **Anmut,** Beliebtheit, Freundlichkeit,

Gunst und Gnade ausgezeichnet ist; er hat **Gnade des Guten, die mehr ist als Silber und Gold** (BA). Wie viele Gottesmenschen gab es doch, von denen man sagen kann: »Des Gerechten Andenken bleibt im Segen«, während »der Name der Gesetzlosen verwest« (Spr. 10, 7).

Überaus feierlich eröffnet Mtth. 10, 2 den Aussendungsbericht der Jünger mit den Worten: **»Die Namen** der zwölf Apostel sind diese …!«, wenn auch Judas sich später als ehrlos erwies. So stehen »die Namen« der Glaubenden »im Himmel geschrieben«, die Namen der Mitarbeiter am Evangelium »im Buche des Lebens« (Luk. 10, 20/Phil. 4, 3). Wenn uns solche Würdigung von Gott zuteil wird, der uns als Sein Eigentum bei unserem Namen gerufen hat, dann sollten wir auch »Glückselige« sein und uns freuen, wenn unsere Namen von Feinden Christi gelästert und »als böse verworfen werden« (Luk. 6, 22–23)!

Ein Name ist vorzüglicher als großer Reichtum, oder: **Erwählt ist ein Name, mehr als viel Reichtum** (BA). Dies darf uns an den **vorzüglichen Namen** des Sohnes Gottes erinnern, den Er vor allen Engelmächten ererbt hat! Die Namensfülle des »voll ausgebreiteten JAHWEH-Namens« deutet uns unüberbietbar Hebr. 1. Darum singen wir:

> »Jesusnam', wer kann ergründen Deine Tiefen, Deine Höh',
> wer die Gnad und Lieb verkünden, deren End'ich nirgends seh'!
> Unausforschlich bleibet hier Deines Namens Fülle mir!«

Diese Namensfülle wurde noch gemehrt, als der Vater den Sohn nach Seinem Todesleiden, Seiner Auferstehung und Himmelfahrt mit *»dem* Namen« begrüßte und beschenkte, der alle anderen Namen überragt (Phil. 2, 9)! Allein die volle Offenbarung dieser Namensherrlichkeit wird dazu führen, daß einmal aller Knie sich vor dem Sohne Gottes beugen werden (Phil. 2, 10–11). In dem Namen Jesu ist die ganze **Huld und Freundlichkeit** Gottes enthüllt, all Seine **Lieblichkeit und Gnade.** »Ihr kennet **die Gnade unseres Herrn Jesus Christus,** daß Er, obwohl Er reich war, um euretwillen arm wurde !« bezeugt Paulus in 2. Kor. 8, 9 – nicht nur von der Gnade, die der Herr schenkte, sondern **die Ihm eignete,** die Er selbst besaß. »Ein ausgegossenes Salböl ist Dein Name!« darf deshalb die Braut aus Israel von ihrem Bräutigam bekennen, der von Gott zum Messias, als König, Priester und Prophet, gesalbt wurde (Hohesld. 1, 3).

Und was uns in Pred. 7, 1 zunächst als pessimistischer Lebensüberdruß erscheint, eröffnet im Blick auf den Messias Gottes eine herrliche Offenbarung: **»Besser ein guter Name** als gutes Salböl, und der Tag des Todes (besser) als der Tag, da einer geboren wird!« Anerkanntermaßen groß war der Tag, da Christus in unserer menschlichen Knechtsgestalt geboren ward; doch größer war der Tag Seines Todes, da Er auf Golgatha das All mit Gott versöhnte und ausrief: »Es ist vollbracht!« Darum hielt Moses »die Schmach des Messias«, die er prophetisch vorausschaute, »für größeren Reichtum als alle Schätze Ägyptens« (Hebr. 11, 26)!

> »Jesusname, Lebenssonne, Du, des Vaters ewge Freud,
> bist auch meine Lust und Wonne, jetzt und bis in Ewigkeit.
> Deine Strahlen, voll und frei, machen auch die Schöpfung neu!«
>
> (Carl Brockhaus)

+ + +

Reiche und Arme treffen sich: JAHWEH hat sie alle gemacht! – Der Reiche herrscht über die Armen, und der Borgende ist ein Knecht des Leihenden. – Beraube nicht den Armen, weil er arm (rechtlos) **ist, und zertritt nicht den Elenden im Tore. Denn JAHWEH wird ihre Rechtssache führen, und ihre Berauber des Lebens** (der Seele) **berauben.**

Die vorliegenden SPRÜCHE zeigen, daß Gottes Wort kein »Wolkenkuckucksheim« für Illusionisten aufbaut und keine Vorspiegelung falscher Tatsachen betreibt, sondern sich dem wirklichen Geschehen in dieser Welt stellt; dies betrifft auch die immerwährende Frage nach dem Verhältnis von Reichtum und Armut, von **Reichen und Armen.** Zwar ließ die Revolution unter der Parole »Freiheit, Gleichheit und Brüderlichkeit« den Knecht über den Fürsten herrschen, den Narren über den Weisen, wie es Spr. 19, 10 sagt; und doch blieben auch in den Machtsystemen des Sozialismus und der Demokratie stärkste Unterschiede bestehen zwischen Mächtigen und Ohnmächtigen, zwischen Herrschenden und Unterdrückten, zwischen **Reichen und Armen.** Dieses Mißverhältnis zwischen **wenigen Reichen** und **vielen Armen und Rechtlosen** wird auch in V. 7 angesprochen: **Der Reiche herrscht über die Armen, und der Borgende ist ein Knecht des Leihenden.** Denken wir nur an die Macht der Geldinstitute! V. 7 will die Glieder des Gottesvolkes davor warnen, Schulden zu machen, damit sie nicht in Abhängigkeit und Sklaverei verfallen. Dabei gab es in Israel die einmalige Rechtsbestimmung des Hall- und Jubeljahres, das eine »Lösung« der Knechtschaft, die Rückgabe verkauften Eigentums und Befreiung aus der Schuldhaft anbot (3. Mos. 25). **Reiche und Arme treffen sich** (PAR: stoßen aufeinander): **JAHWEH hat sie alle gemacht!** Das will nicht heißen, daß Gott den Reichen reich, den Armen arm geschaffen habe, sondern vielmehr, daß beide »im Bilde Gottes« erschaffen sind. So wie der Silberschekel mit dem Prägebild des Tiberius dem Cäsar in Rom zugehörte, der ihn zu Steuern und Abgaben forderte, so gehört der im Bilde Gottes erschaffene Mensch voll und ganz dem lebendigen Gott, was zu der Äußerung Jesu führte. »Gebt dem Kaiser, was dem Kaiser gehört, und Gott, was Gott gehört« (Mtth. 22, 15–22). Als **Menschen** sollen sich **Arme und Reiche begegnen** – »im Wechselverhältnis der Tugenden« (DEL), so daß der Arme den Reichen nicht beneidet, der Reiche den Armen nicht erpreßt und verachtet (Spr. 3, 31). Denn »wer den Armen unterdrückt, verhöhnt den, der ihn gemacht hat; wer aber des Dürftigen sich erbarmt, der ehrt IHN« (Spr. 14, 31/s. auch Spr. 17, 5)! Hiob 34, 18–19 bezeugt von dem Allmächtigen, daß Er »die Person des Fürsten nicht ansieht und den Reichen nicht vor dem Armen berücksichtigt. Denn sie alle sind das Werk Seiner Hände!« Zur rechten, gottgemäßen **Begegnung zwischen dem Armen und seinem Bedrücker** gibt Gott beiden die Gnade erleuchteter Augen (Spr. 29, 13). Auch wir sind »erleuchtet an den Augen des Herzens« durch den Heiligen Geist; wie sehr muß es uns da beschämen, daß es in der Christusgemeinde noch immer eine Bevorzugung und Erhöhung des Reichen, des Mächtigen und Titelträgers vor dem Armen gibt, wovor Jak. 2, 1–5 mit deutlichen Worten warnt.

Und dennoch gilt: »Hat nicht Gott die weltlich Armen auserwählt, reich zu sein im Glauben und zu Erben des Reiches, welches Er denen verheißen hat, die Ihn lieben?« (V. 5). Spr. 22, 22–23 stellt der Rechtlosigkeit des Armen vor dem irdischen Gerichtshof, dem **»TORE«,** die Rechtfertigung durch den Herrn vor dem himmlischen Gericht entgegen:

Beraube nicht den Armen, weil er arm ist, und zertritt nicht den Elenden im TORE. Denn JAHWEH wird seine Rechtssache führen, und ihre Berauber des Lebens berauben! Im Altertum war **das TOR** die Gerichtsstätte, wo die Ältesten einer Stadt Gericht hielten (5. Mos. 16, 18/2. Sam. 15, 2/Jes. 29, 21/Hiob 29, 7 u. a.). Weil **die rechtlosen Armen** dort keine Gönner und Fürsprecher besaßen, wurden sie oftmals von den **mächtigen Reichen beraubt und niedergetreten** (BA: zermalmt). So lag »Lazarus am Tor des reichen Mannes« (Luk. 16, 20); er war also »völlig dessen Gewalt und richterlichen Entscheidungen unterworfen« (A. Heller: 200 biblische Symbole). Auch in diesem Geschehen **trafen sich reich und arm;** die blinde und taube Unbarmherzigkeit des Reichen bewirkte, daß Lazarus »keinen Menschen hatte«, und daß nur »die Hunde seine Geschwüre leckten«, weil ja oft die Tiere »barmherziger« sind als die Bestie Mensch. Doch hatte der arme Lazarus einen Fürsprecher und Sachwalter am himmlischen Gerichtshof (1. Joh. 2, 1–2). **JAHWEH** selbst **führte seine Rechtssache, und der Räuber wurde beraubt,** der Verwüster verwüstet, wie uns der Blick in das »Jenseits« des reichen Mannes und des armen Lazarus zeigt (Luk. 16, 19–31/Ps. 103, 6/Jes. 33, 1). Wir sollten wissen, »daß JAHWEH die Rechtssache des Elenden ausführen wird, das Recht des Armen« (Ps. 140, 12). »Denn ihr Erlöser ist mächtig« (Spr. 23, 11). Nur in diesem Lichte kann man die Aussage von Spr. 22, 16 verstehen, daß »die Bedrückung des Armen ihm zur Mehrung ausschlägt«, die fortwährende Bereicherung aber schließlich den Reichen »zum Verlust« führt.

Denen, die um des Reiches Gottes willen leiden, wird Gott »Ruhe geben«, wenn Jesus Christus sich mit den Engeln Seiner Macht offenbaren wird; doch den **Bedrängern** der Leidenden wird »Vergeltung in flammendem Feuer widerfahren« (2. Thess. 1, 4–10). Im Blick auf diese Endabrechnung werden **die Herren** in der Christusgemeinde von den Aposteln unterwiesen, ihre **Knechte** verantwortlich zu behandeln, das Drohen zu unterlassen, ihnen zu gewähren, was recht und billig ist, und gläubige Sklaven »wie geliebte Brüder« zu behandeln (Eph. 6, 9/Kol. 4, 1/Philem. 16).

+ + +

254 DER VERHERRLICHUNG GEHT DEMUT VORAUS!   (15, 33/22, 4)

Die Furcht JAHWEHs ist Unterweisung (Erziehung) **zur Weisheit, und der Verherrlichung geht Demut voraus** (15, 33).

Das Hebräische legt zwei Deutungen nahe: Einmal ist **die Gottesfurcht** die Frucht einer **Erziehung *zur* Weisheit,** zum anderen aber kann sie auch das Erziehungsziel *der* **Weisheit** sein, letztlich also Christi, des göttlichen Lehrers und Erziehers.

Die kostbare Geistesgabe **der *Furcht* des Herrn** ist allerdings klar von jeder selbstquälerischen, neurotischen Angst zu unterscheiden! In seinem Buche »Das Christentum und die Angst« hat Pfister die angsteinflößende Macht kirchlicher Dogmenbildung nachgewiesen; denken wir nur an die mittelalterliche Theologie, aber auch an die »doppelte Prädestination« Calvins. Dr. Kurt Blatter, der Präsident der schweizerischen »Stiftung für ganzheitliche Medizin«, hat darauf hingewiesen, daß 95 Prozent der mehr als 800 von seiner Stiftung bislang betreuten Patienten »bekennende Christen« seien; Ursache ihrer psychisch-somatischen Leiden sei vielfach eine falsche, gesetzliche oder auch falsche Hoffnungen erweckende Predigt. So steige die Zahl psychischer Erkrankungen nach Großevangelisationen spürbar an (nach »Idea«).

Gottesfurcht und religiöse Angst verhalten sich zueinander wie etwa Weisheit und Gerissenheit; sie haben so wenig miteinander gemeinsam, daß der Apostel Johannes bezeugt, daß die ausgereifte, »zum Ziel gekommene Liebe« in uns die peinigende Angst »austreibt« und sogar »Freimütigkeit im Blick auf den Tag des Gerichtes« vermittelt (1. Joh. 4, 17–19). In diesem Sinne der angsterzeugenden und krankmachenden Furcht gilt: »Wer sich aber fürchtet, ist noch nicht vollendet in der Liebe«! Ja, es ist wahr: »Wir lieben Gott nicht, weil wir Ihn fürchten, sondern wir fürchten Ihn, weil wir Ihn lieben!« Der Vater selbst hat uns lieb, und weil Er uns zuerst geliebt hat, können wir Ihn lieben, fürchten und ehren (1. Joh. 4, 19/Joh. 16, 27). Nur so ist es verständlich, daß die dem Messias verheißene Geistesfülle sich wachstümlich als »Geist JAHWEHs, als Geist der Weisheit und des Verstandes, als Geist des Rates und der Kraft« und erst auf der letzten Stufe als »Geist der Furcht JAHWEHs« entfaltet. Ja, der Christus »hatte Wohlgefallen an **der Furcht JAHWEHs«!** (Jes. 11, 1–2).

Diese Gottesfurcht ist nun eng verbunden mit der **Demut** (BUB: dem Hingebeugtsein). Nur auf dem Christusweg der Selbsterniedrigung und des Dienens erlangt man göttliche **Ehre** und **Herrlichkeit.** Darum fordert uns 1. Petr. 5, 5–7 auf: »Alle aber seid mit Demut fest umhüllt; denn Gott widersteht den Hochmütigen, den Demütigen aber gibt Er Gnade. So demütiget euch nun unter die mächtige Hand Gottes, damit **Er euch erhöhe** zur rechten Zeit, indem ihr alle eure Sorge auf Ihn werft« (vgl. Spr. 3, 34). Die **Erhöhung und Verherrlichung** geschieht zur »rechten Zeit«, d. h. bei der Wiederkehr Jesu Christi. Jede machtmäßige Vorwegnahme von Ehre, Anerkennung und Verherrlichung, die den Demütigen niedertritt, zählt zur »Prahlerei des Lebens« (1. Joh. 2, 16).

»Wer sich selbst erhöht, der wird erniedrigt werden, wer sich selbst erniedrigt, wird erhöht werden« (Mtth. 23, 12) – dies gilt auch für unseren Weg, und wir sollten darum auf eine kurzfristige Selbsterhöhung verzichten, wie sie den Abfall Luzifers von Gott kennzeichnet!

+

Die Folge der Demut ist die Furcht JAHWEHs, ist Reichtum und Herrlichkeit und Leben (22, 4)!

Hier wird **die Demut** als eine Vorbedingung zum Erlangen der Gottesfurcht genannt, die dann zu dem ganzen **Reichtum** des göttlichen Erbes führt. Doch gilt beides: So wie die Demut zur Gottesfurcht führt, so verstärkt die Gottesfurcht auch unsere Demut; diese bringt Gott Ehrerbietung entgegen, ordnet sich Ihm und Seinem Willen unter und gibt die Revolte des Eigenwillens auf.

Wenn auch der eigentliche Lohn **der Demut die Furcht des HERRN** ist, so führt sie noch zu weiteren Segnungen Gottes, zu **Reichtum, Verherrlichung, Ehre und Leben.** Schon die vorige Betrachtung über »reich und arm« zeigte uns, daß der Heilige Geist nicht allein irdischen Reichtum, Ehre bei Menschen und ein langes irdisches Leben im Auge hat, wenngleich auch diese den Frommen des Alten Bundes verheißen wurden; vielmehr dürfen wir an den inneren **Reichtum** des Herzens und der Erkenntnis, an die **Verherrlichung** bei Gott und an das **ewige Leben,** das Leben der kommenden Weltzeiten der Vollendung, denken. Den Gliedern der Christusgemeinde steht der göttliche »Reichtum der Gnade«, der »Reichtum der Weltregierung und Heilsgestaltung Gottes«, der »unerforschliche Reichtum der Herrlichkeit Christi« offen (Eph. 1, 7/2, 7/Röm. 11, 33/Eph. 3, 8 + 16). In Jes. 61 wird »den Trauernden Zions«, also den Demütigen, die um Gottes Volk in Beugung trauern, ein wunderbarer **Lohn der Demut** verheißen, der aus der **Gottesfurcht** erwächst: Der Messias wird ihnen geben: Kopfschmuck statt Asche, Freudenöl statt Trauer, ein Ruhmesgewand statt eines verzagten Geistes (V. 3)! So gilt auch uns , wenn wir wirklich Demütige sind, die Gottesverheißung aus Ps. 22, 26: »Die Sanftmütigen werden essen und satt werden, es werden JAHWEH loben, die Ihn suchen; euer Herz wird leben immerdar!«

+ + +

255 BLIND für DIE GEFAHREN DES WEGES (22, 3 + 5)

Der Kluge sieht das Unglück (voraus) **und verbirgt sich; die Einfältigen aber gehen weiter und erleiden Strafe. – Dornen, ja, Schlingen** (Fanghaken und Klappnetze) **sind auf dem Wege des Verkehrten; wer seine Seele bewahrt, hält sich fern von ihnen.**

Unser Lebensweg kann durchaus von plötzlichen Gefahren bedroht werden. Diese gilt es, nach Möglichkeit **vorherzusehen,** um ihnen zu entgehen – sei es nun der Einsturz eines baufälligen Hauses, eine plötzliche Überschwemmung durch sintflutartige Regenfälle, oder seien es die katastrophalen Folgen eines Vulkanausbruchs, eines Erdrutsches oder eines zuvor angekündigten Erdbebens. Dann sollte man möglicherweise **Vorsorge treffen und sich bergen,** womöglich auch **verbergen.** Wer aber blind für die Gefahren seines Weges ist und stur **weitergeht,** weil er der Devise vertraut: »Es wird schon gutgehen; Unkraut vergeht nicht !«, **erleidet die Strafe,** die er selbst provoziert hat! Unser Sprüchewort will natürlich keine neurotische Überängstlichkeit hervorrufen, die ständig und überall »Gespenster« und drohendes Unheil sieht! Diese Haltung kann die Gesundheit der Seele, ja, ein ganzes Leben verderben. Es ist ja sicher auch zu beherzigen, was Pred. 11, 9 gebietet: »Freue dich, junger Mann, in deiner Jugend, und dein Herz mache dich fröhlich in den Tagen deiner Jugendzeit, und wandle in den Wegen deines Herzens und im Anschauen deiner Augen; doch wisse, daß um dies alles Gott dich ins Gericht bringen wird !« So bewegt uns die Gottesfurcht – bei aller Unbekümmertheit der Jugend und Freude des Lebens –, »vorsichtig zu wandeln« (Jes. 38, 15). Kann doch das dreiste, sture, blinde **Weitergehen** und Drauflosmarschieren wirklich **ins Unglück führen.**

Dies gilt nun vor allem für die Gefahren, die Seele und Geist widerfahren können; hier droht **das Böse, das Unglück** in anderer Gestalt: Es sind **die Dornen** (BUB: die Fanghaken) der Sünde, **die Schlingen** (BA: Klappnetze) Satans, die **auf dem Wege des Schlangenkrummen** (DEL) ausgelegt sind, der dem Schlangenweg Satans gleicht. Von dem Gesetzlosen heißt es in Hiob 18, 7–11: »Die Schritte seiner Kraft werden eingeengt werden, und sein Ratschlag wird ihn stürzen. Denn durch seine eigenen Füße wird er ins Netz getrieben, und auf Fallgittern wird er einherwandeln. Der Fallstrick wird seine Ferse erfassen, die Schlinge ihn ergreifen …!«

Da müßte man das prophetische »Frühwarnsystem« des Elisa besitzen, der genau die Punkte an den Grenzen Israels zu benennen wußte, wo der Feind eindringen wollte, was den König befähigte, die notwendigen Verteidigungsmaßnahmen zu ergreifen, um den drohenden Gefahren zu begegnen. Dazu bedarf es allerdings »erleuchteter Augen« (2. Kön. 6, 8–17)! **Der Weise** kann in prophetischer Erleuchtung **das Böse vorhersehen; er birgt sich** in Christo, dem Zufluchtsort Gottes, hält sich fern von dem, was sein innerstes Leben mit Gott gefährden könnte, und **bewahrt** dadurch **seine Seele.** Er stimmt von Herzen dem Worte Jesu zu: »Fürchtet euch nicht vor denen, die den Leib töten, die Seele aber nicht zu töten vermögen; fürchtet aber vielmehr den, der sowohl Seele als Leib in der Hölle zu verderben vermag« (Mtth. 10, 28)!

Einen Sonderfall des blinden und sturen **Weitergehens** ohne geistliche **Voraussicht** gibt es überall dort in der Gemeinde Christi, wo man »offene Türen« des Wortes und des Evangeliums einfach übersieht, und »Türen«, die der Herr »geschlossen hat, so daß sie niemand öffnen kann«, einrennen will (Offb. 3, 7–8/1. Kor. 16, 9/2. Kor. 2, 12/Kol. 4, 3). Dies gilt sowohl für eine falsche Missionsstrategie, als auch für eine ungeistliche Lebensplanung.

Gott schenke uns ein geistliches Prüfungsvermögen und die **weise Voraussicht, das Böse auf dem Wege des Schlangenkrummen und alle seine Fanghaken und Wurfnetze** zu erkennen, damit wir sie umgehen und uns in Christo bergen können!

> »Jesu, geh voran auf der Lebensbahn,
> und wir wollen nicht verweilen, Dir getreulich nachzueilen.
> Führ uns an der Hand bis ins Vaterland!«

+ + +

256 WESENSGEMÄSSE ERZIEHUNG (22, 6)

Erziehe den Knaben seinem Wege gemäß; er wird nicht davon abweichen, auch wenn er alt wird.

Israel war wohl das einzige Land der Antike, wo Kinder einen, auf Lesen, Schreiben und formales Denken ausgerichteten Unterricht empfingen. Überdies bemühte sich die Mutter von Anfang an um die religiöse Erziehung ihrer Kinder; diese umschloß die Unterweisung in der Gottesgeschichte mit Israel, die Lebensbilder der Erzväter, die Gebete und Bräuche Israels, die Weisungen der Thora und den jährlichen Festkreis; das schuf eine erste Grundlage dafür, daß sich auch späterhin Juden nicht mit den Völkern vermischten, unter die sie vertrieben waren. Auch die Mutter Maria hatte einen wesentlichen Anteil an der Erziehung ihres Kindes Jesus, so daß es »zunahm an Alter, Weisheit und Gnade bei Gott und den Menschen« (Luk. 2, 52). Sein Gebet am Kreuz: »Abba, in Deine Hände befehle ich meinen Geist« war Teil des Abendgebetes, das er als Kind von ihr gelernt hatte. 5. Mos. 6, 4–7 gab die Anweisung zu solcher Erziehung, die von Paulus in Eph. 6, 4 bestätigt wird. So ist eine »Erziehung zum Glauben« im Kindesalter wichtiger als eine frühzeitig erzwungene »Bekehrung«, die ja meist dem Umbruch in der Pupertät nicht standhält. Der Elternerziehung schloß sich in Israel die Schulung in der

Synagoge durch den »melamed«, den Kinderlehrer, an. Diese geschah, nicht ohne Strenge, nach Spr. 22, 15: »Narrheit ist gekettet an das Herz des Knaben; die Rute der Zucht wird sie davon entfernen!«

Erziehe den Knaben seinem Wege gemäß – wie die »Elberfelder« anmerkt »seiner Weise gemäß, d. h. der Natur des Knaben angemessen«. Gleiches gilt selbstverständlich auch für die Erziehung des Mädchens, wenn auch in den SPRÜCHEN das männliche »Modell« im Vordergrund steht. **Wesensgemäße Erziehung** bedeutet auch die »kindgemäße« Auswahl des Lehrstoffs, wobei die Art der Darbietung – im fruchtvollen Wechsel von Tadel und Lob und in angemessener, entwicklungsgemäßer Methode – **der Natur und dem Wesen des Kindes** angepaßt sein soll. Es ist wohl die eigentliche erzieherische Begabung, die Grundstrukturen des Wesens und der Anlagen und Begabungen in einem Kinde zu erkennen, sowohl, was die Stärken, als auch, was die Schwächen anbetrifft, und danach die Instrumente der Erziehung einzusetzen. Erst bei solcher Übereinstimmung wird sie fruchtbar; sie führt dann zur Einübung und Gewöhnung in wesensangepaßte Strukturen, zu einer Charakterprägung, die später kaum wieder gelöscht werden kann. So bedeutet »Charakter« eigentlich »das Eingeprägte, Eingegrabene«. Daß solche »bildhauerische Arbeit« am lebenden »Material« eine höhere Kunst ist als die am toten Stein, ist leicht zu verstehen.

Angeklebtes Wissen kann im späteren Leben oft als nutzlos empfunden und abgetan werden; charaktergemäße Prägung auf der weichen Tafel der kindlichen Seele bleibt durch die Jugend hindurch bis ins Erwachsenenalter hinein erhalten: **... er wird nicht davon abweichen, auch wenn er alt wird.** Wie gut wäre es, wenn solche Erziehungsstrukturen und Seelenprägungen nicht nur **der Natur des Kindes angemessen,** sondern auch »dem Willen und Wesen Gottes gemäß« sind. »Das Kind im Manne« könnte sich dann im Sinne Jesu verwirklichen, der da sagte: »Wenn ihr nicht werdet wie die Kinder, so könnt ihr nicht in das Gottesreich kommen« (Mtth. 18, 2–4/Luk. 18, 17/ Mark. 10, 15). Wer in sich »die Kindheit« bleibend aufbewahrt, wird nie zu einem erstarrten und vergreisten Erwachsenen werden! Gläubige Eltern sind in unserer glaubensfeindlichen Zeit jedenfalls zu solcher **wesensgemäßen Erziehung** aufgerufen.

Nun gibt es aber auch geistlicherweise Wachstums- und Reifestufen: 1. Joh. 2, 12–14 nennt KINDER, mit der Erfahrung der Sündenvergebung durch den Namen Jesu; ferner JUNGE MÄNNER, die das Wort Gottes in sich tragen und, also gestärkt, ein Überwinderleben führen; sodann VÄTER, die den Vater erkannt haben und mit Ihm in der Gemeinschaft des Lichtes leben. Auch im Wachstum des Glaubens sollten **Kinder ihrem Wege und Wesen gemäß erzogen,** eingeübt und eingewiesen werden. Dieser **Weg** ist der Christusweg, **das Wesen,** demgemäß sie erzogen werden müssen, ist das Wesen der Sohnschaft (Apg. 9, 2/Hebr. 10, 20). Der Reifestufe der Kindlein in Christo entspricht es, daß sie das Evangelium als »wortgemäße, unverfälschte Milch« dargeboten bekommen (1. Petr. 2, 1–3), während »Erwachsene im Glauben« die feste Speise des Wortes genießen sollten (Hebr. 5, 11–14). **Wesensgemäße** und **wortgemäße Erziehung** verzichtet auf die Methoden dieser Weltzeit, und seien sie noch so »modern«. Seinem »echten Kinde im Glauben«, Timotheus, schrieb der Apostel Paulus: »Du aber **bleibe in dem, was du gelernt hast,** und wovon du völlig überzeugt bist, weil du weißt, **von wem du gelernt hast,** und weil du **von Kind auf** die heiligen Schriften kennst, die dich weise machen können zur Errettung durch den Glauben, der in Christo Jesu ist« (2. Tim. 3, 14–15).

+ † +

Wer Unrecht sät, wird Unheil ernten, und seines Zornes Zepter (Stecken) **wird ein Ende nehmen. – Wer gütigen Auges ist, der wird gesegnet werden; denn er gibt von Seinem Brot den Armen.**

Oftmals ist in der Heiligen Schrift von Saat und Ernte die Rede. So hat der Herr Jesus in Seinen Gleichnissen von einer – Weltzeiten umfassenden – Saat des Guten und des Bösen, von der »Weizensaat« des Gotteswortes und der »Giftweizensaat« des Satans, gesprochen und die »Ernte« für das Ende der gegenwärtigen Weltzeit verheißen. Darum darf man auch bei der Aussage: **Wer Unrecht sät, wird Unheil ernten,** nicht mit einer unverzüglichen Abrechnung Gottes mit den Tyrannen dieser Welt rechnen! Denn sowohl die kleinen Alltagstyrannen, die ihren **Zorn** in Familie, Beruf und Geschäft austoben, als auch die großen Herrscher und Tyrannen , mit ihrem **kochenden, überwallenden Zorn,** sind hier ins Auge gefaßt. Der **Tyrannenzorn** wird im Bilde einer **Zuchtrute** oder eines **Zepters** geschaut (s. 1. Mos. 49, 10/Spr. 10, 13). Die lieblose, brutale Mißhandlung des Nächsten, sowie die Tyrannei der unsichtbaren Mächte der Finsternis und ihrer Handlanger auf Erden, wird in einer **Gerichtsernte** Gottes **ihr Ende finden.** »Irret euch nicht, Gott läßt sich nicht verspotten! Denn was immer ein Mensch **sät,** das wird er auch **ernten** … vom Fleische … Verderben, vom Geiste … ewiges Leben!« (Gal. 6, 7–8). »Die Unheil pflügen und Mühsal säen, ernten es« (Hiob 4, 8); aber »wer Gerechtigkeit sät, schafft sich wesenhaften Lohn« (Spr. 11, 18). Die Ernte wird sogar um ein Vielfaches die verderbte Saat übertreffen: »Denn WIND säen sie, aber STURM ernten sie« (Hosea 8, 7). Man kann die ganze Welt- und Heilsgeschichte unter diesem Gesetz von Saat und Ernte verstehen; das Gute wie das Böse reift gleichsam von selbst aus und bringt – ohne direktes göttliches Eingreifen – Verderben oder Heil hervor!

Dies gilt auch vom **Tyrannenzepter** Satans. Im Gottesbericht über den Fall des »glänzenden Morgensterns« wird u. a. ausgeführt: »Zerbrochen hat JAHWEH den **Stab** der Gesetzlosen, **den Herrscherstab,** welcher Völker schlug im Grimme und mit Schlägen ohne Unterlaß, Nationen unterjochte im **Zorn** mit Verfolgung ohne Einhalt« (Jes. 14, 5–6); ist doch der Satan als »Fürst dieses Weltsystems« ein »Menschenmörder von Urbeginn«. Wie wird die Völkerwelt, aber auch die ganze Schöpfung aufatmen, wenn, erstmals für die tausend Jahre des Messiasreiches, dann aber für immer Satans Macht gebrochen wird (Offb. 12, 9/20, 10). Dann wird der Christus »mit **eisernem Zepter«** die gesetzlosen Völker »weiden«, ohne daß sie zuvor darüber abstimmen dürften, und sie über das Gesetz des Herrn schließlich zum Heil führen (Ps. 2/Offb. 2, 27/12, 5/19, 15). Dann wird Er **»mit der Rute** heimsuchen ihre Übertretung, und mit Schlägen ihre Ungerechtigkeit«, falls sie sich Ihm nicht unterordnen (Ps. 89, 32). Dann werden alle die verderbt, welche heute noch die Erde verderben (Offb. 11, 18).

Wer gütigen Auges ist, der wird gesegnet werden, denn er gibt von seinem Brot den Armen! so schaut Spr. 22, 9 die gottgewollte Saat des Guten (s. Spr. 28, 27). Martin Luther hat zum »täglichen Brot« des Vaterunsers auch die Gesundheit, die Freundlichkeit des Nachbarn, das Gelingen im Beruf und die Harmonie in der Familie gezählt. So ist das **Brot für die Armen** nur *eine* Wesensäußerung dessen, der gütigen Auges ist. Wie viel Trost kann doch allein in einem freundlichen Angesicht und einem liebevollen Zuspruch liegen! »Ich lächelte ihnen zu, wenn sie kein Vertrauen hatten, und das Licht meines Angesichts konnten sie nicht trüben«, bezeugt Hiob in K. 29, 24 von sich selbst

als einem prophetischen Vorbilde Christi. Wie vieles verrät doch **das Auge!** Es kann jemand das Gesicht eines Cherubs haben, und doch können aus seinen Augen die Dämonen schauen! So wird uns in Spr. 21, 29 das freche und trotzige Gesicht des Gesetzlosen vorgestellt. Im Laufe des Lebens aber erlischt die Kunst der Tarnung in Mimik und Gestik, und die Runen dessen, was wir lebenslang waren und wirkten, graben sich in unser Gesicht, so daß auch dieses im Alter eine Ernte dessen sein kann, was wir **säten.**
Gott aber verheißt dem, der **gütigen Auges und freigebig ist, Seinen Segen.** »Die segnende Seele wird reichlich gesättigt, und der Tränkende wird auch selbst getränkt« heißt es in Spr. 11, 25; dabei vergilt Gott oftmals die irdische Gabe des Gütigen mit geistlichem Segen, mit einer Lebensmehrung im Heiligen Geiste. So liegt auf dem, der **gütigen Auges** und hilfsbereiter Hände ist, der Namenssegen JAHWEHs: »JAHWEH segne dich und bewahre dich! JAHWEH lasse leuchten Sein Angesicht über dir und sei dir gnädig! JAHWEH erhebe Sein Antlitz auf dich und gebe dir Frieden!«

+ + +

258 REINHEIT DES HERZENS (22, 11)

Wer Reinheit des Herzens liebt, wessen Lippen Anmut sind, dessen Freund ist der König!

Wer dächte hier nicht an die Seligpreisung Jesu aus Mtth. 5, 8: »Glückselig die, welche reinen Herzens sind, denn sie werden Gott schauen!«? In einem Photoband zum NT fand ich neben diesem Wort das Photo eines Jungen mit strahlenden, »reinen« Augen. Aber hat Jesus wirklich angenommen, es gäbe von Natur aus Menschen mit reinem Herzen? Hat Er nicht vielmehr auf die ganze Sünde und Verderbnis hingewiesen, die aus unserem Herzen kommt (Mtth. 15, 18–20)? Er wird dieses Wort gesprochen haben im Hinblick auf Seine erneuernde Gnade und auf die Reinigung unseres Lebens durch den Heiligen Geist, der uns dahin führt, daß wir **Reinheit des Herzens lieben** und schließlich reinen Herzens werden! Dies wird aber erst an jenem Tage vollendet werden, wo der Christus von uns »jeden Flecken und jede Runzel und dergleichen etwas« entfernen wird, um uns dann Seinem Gott und Vater darstellen zu können (Eph. 5, 27). Am Ziel der Vollendung steht das Schauen Gottes; dann wird es sich auch an uns erweisen, daß wir **Freunde des Königs** sind.
Unser SPRUCH hat auch eine natürliche Bedeutung; fördern doch Herzenslauterkeit und anmutige Sprache auch die Freundschaft des irdischen Königs! So war SABUTH (= Gottesgeschenk), der Sohn NATHANS (= des Schenkenden), des Königs geheimer Rat **und Freund** (1. Kön. 4, 5). Es ist wahrlich ein »Gottesgeschenk«, wenn uns **Liebe** zur Wahrheit und **Herzensreinheit** geschenkt wird, verbunden mit **anmutsvoller, gnadenreicher Rede! »Wessen Lippen Anmut sind«** gibt Baader wieder mit **»Gnade ist seinen Lippen!«** Weil aber alles seinen Preis hat, ist solche gnadenreiche, herzgewinnende Rede abhängig von der Herzenslauterkeit und inneren Reinheit. Solche **»Lippengnade«** hatte auch der Korahsohn in seinem »Lehrgedicht von dem Geliebten«: »Es summt mein Herz von gutem Worte. Ich sage: Meine Gedichte **dem Könige!** Meine Zunge ist der Griffel eines kunstfertigen Schreibers« (Ps. 45, 1); wie wunderbar ist hierin

auch das Geheimnis der göttlichen Inspiration des Wortes umschrieben! Wieviel mehr besaß unser Herr **Herzensreinheit** und **Lippengnade,** dem alle »erstaunt Zeugnis gaben« wegen der »Worte der Gnade, die aus Seinem Munde hervorgingen« (Luk. 4, 22).

Nun ist aber **der König,** dessen **Freundschaft** wir durch Herzensreinheit und gnadenreiche Rede gewinnen können, im tiefsten Sinne Gott und Jesus, der »König aller Könige«. Schon der jüdische Ausleger Raschi hat Spr. 22, 11 auf Gott gedeutet; auch die SPRÜCHE haben ja nach Christi Zeugnis prophetischen Charakter (Luk. 24, 27)! Darum sollen wir nach Phil. 1, 10 »lauter und unanstößig sein auf den Tage Jesu Christi«; dies befolgte Paulus selbst, der »in Einfalt und Lauterkeit vor Gott wandelte« und darum auch befähigt war, »mit Lauterkeit aus Gott und vor Gott in Christo« **zu reden.** (2. Kor. 1, 12/2, 17). Doch gibt es zu allen Zeiten der Gemeinde auch immer wieder Brüder, die Christus »aus Neid und Streitsucht und nicht in Lauterkeit« verkündigen (Phil. 1, 15)!

Der Herr schenke es uns, daß wir **Reinheit des Herzens lieben,** denn **ein Liebender ist der Reine des Herzens** (BA), und daß wir **Lippen der Gnade** und damit Freimütigkeit haben, das Geheimnis der Frohen Botschaft zu verkündigen! Dann kann uns auch eine »offene Tür« zu den Herzen derer geschenkt werden, die ebenfalls **Freunde des Königs** sind (Eph. 6, 19–20). Und es wird sich an uns Spr. 16, 13 erfüllen: »Der Könige Wohlgefallen sind gerechte Lippen; und wer Aufrichtiges redet, **den liebt ER!«**

+ + +

259 WACHSAME AUGEN (22, 12)

Die Augen JAHWEHs behüten die Erkenntnis, und er stürzt um die Worte der Treulosen.

Welche dämonische Spur haben doch schon Worte in dieser Welt hinterlassen, welche Lawinen der Gottlosigkeit haben **Treulose** (BA: Verräter; PAR: Abtrünnige) ausgelöst! Denken wir nur an Marx und Engels, an Hitler und Goebbels, an Lenin und Stalin …! Kann man in Anbetracht der entsetzlichen, oft Jahrzehnte währenden Folgen für ganze Völker wirklich davon sprechen, daß der Herr **ihre Worte vereitelt, verdreht** (BA) und **umstürzt?** Läßt Er nicht vielmehr, wie bei dem kommenden Antichristen, »den Irrwahn wirksam werden«, so daß alle, welche »die Liebe zur Wahrheit nicht angenommen haben, der Lüge glauben« und schließlich dem Gericht anheimfallen (2. Thess. 2, 11–12)? Und doch steht am Ende der Mächtigen die Ohmacht, die »Wende«, der **Umsturz!**

Allerdings geht es in unserem Zusammenhang um **die Erkenntnis** der Gottesoffenbarung, die durch »falsche Brüder, falsche Apostel und falsche Propheten« verfälscht werden kann! Aber gerade im Blick auf eine weltumfassende Verirrung und Verwirrung, auf eine dämonische Flut der Lüge und der okkulten Selbstberauschung gilt die alte Zusage Gottes: **Die Augen JAHWEHs behüten die Erkenntnis,** sie **beschirmen sie felsenhaft** – wie wichtige Dokumente und bleibende Werte in einem Safe gesichert werden. Es sind die Augen des »Wächters Israels«, von denen 2. Chron. 16, 9 bezeugt, daß sie »die ganze Erde durchlaufen, um sich mächtig zu erweisen an denen, deren Herz ungeteilt auf Ihn gerichtet ist«! Er will sie »mit Seinen Augen leiten« (Ps. 32, 8/33, 18/ 34, 15).

Die Augen JAHWEHs behüten die Erkenntnis! Schon zu Lebzeiten der Apostel liefen gefälschte Briefe unter ihrem Namen um, so daß Paulus seinen Briefen als Echtheitssiegel einen besonderen, handschriftlichen Segensgruß anfügte, der auch den Hebräerbrief beschließt (2. Thess. 2, 2/3, 16–18/Hebr. 13, 25)! Welcher Kampf um die rechte Verkündigung und Darstellung des göttlichen Heilsplans und Wortes entbrannte doch schon in der Apostelzeit; wieviel mehr aber geschah dies in der nachapostolischen Zeit, wo die »räuberischen Wölfe« der »Gnosis« in die Gottesherde einbrachen (Apg. 20, 29)! Durch dämonischen Geist, durch ein »fremdartiges Evangelium« und einen »andersartigen Jesus« bildeten sich gefährliche Sekten (2. Kor. 11, 4), und schon die erste Kirche stand im Abwehrkampf gegen »Dämonenlehre«, Abfallprediger und falsche Propheten, in denen der greise Johannes die Vorboten des Antichristen erkannte (1. Joh. 2, 18–19/4, 1–3). Und welchen Kampf hat die Gemeinde der Gegenwart mit den Verführungsmächten einer neuen, endzeitlichen Mischreligion zu führen! Doch der treue Gott **beschirmt mit Seinen Augen die Erkenntnis, vereitelt die Worte der treulosen Verräter und stürzt sie um!** Ihre Schlangenlist kommt letztlich nicht zum Ziel!

Dies gilt auch von der Kanonbildung des Alten und des Neuen Testaments; einem Wunder gleich hat sich die Offenbarung des lebendigen Gottes gegen alle apokryphischen Machwerke der Sektenpropheten durchgesetzt! Sorgfältig hat Gott die Textüberlieferung der Heiligen Schriften überwacht, so daß heute nur einige wenige Textvarianten wirkliche Unterschiede erkennen lassen! Wie hat Gott durch die Entdeckung alter Texthandschriften (z. B. des Sinaitikus oder der Qumran-Jesajasrolle) die Untrüglichkeit Seines Wortes erwiesen! Immer wieder hat Er in einer erstarrten Kirche durch neue Glaubensansätze (wie der Reformation oder des Pietismus) verschüttete Wahrheiten Seines Wortes ans Licht gebracht, in unseren Tagen sogar »die Leuchte des prophetischen Wortes« neu angezündet! Wieder und wieder schenkte Er Seiner Gemeinde gesegnete Lehrer des Wortes und **der Erkenntnis!**

So dürfen wir damit rechnen, daß **die Irreführer,** trotz aller Verheerungen, die sie angerichtet haben, **dahinschwinden werden!**

Möchte doch das Sprüchewort auch durch uns Wahrheit werden, wenn anders wir »Haushalter über Gottes Geheimnisse« und Verwalter Seiner Offenbarung sind, von denen Er Treue erwartet im Kampf mit dem Irrwahn unserer Zeit: **Die Augen des HERRN beschirmen die Erkenntnis!**

+ + +

260/61   DIE RICHTSCHNUR DES WORTES (22, 17–21)

Neige dein Ohr und höre die Worte der Weisen und richte dein Herz auf mein Wissen! – Denn lieblich ist es, wenn du sie in deinem Inneren bewahrst; möchten sie allzumal auf deinen Lippen Bestand haben! – Damit dein Vertrauen auf JAHWEH gerichtet sei, habe ich heute dich, ja dich, belehrt! – Habe ich dir nicht Vortreffliches aufgeschrieben an Ratschlägen und Erkenntnis – um dir kundzutun die Richtschnur (die Richtigkeit) **der Worte der Wahrheit: damit du denen, die dich senden, Worte zurückbringst, welche Wahrheit sind?**

In diesem Abschnitt sind die Abschiedsworte eines weisen Lehrers an seinen Schüler zusammengefaßt; der Schüler, der die rabbinische Lehre durchlaufen hat, kann nach seiner Entlassung die Weisheit des göttlichen Wortes »treuen Leuten« weitergeben, die ihrerseits »tüchtig sind, andere zu lehren« (2. Tim. 2, 2). **Die Worte der Wahrheit,** der göttlichen Wirklichkeit und Wesenhaftigkeit, **kann er nun als Antwort denen mitbringen, die ihn** zum Studium des Wortes **entsandt haben; ihre Fragen kann er nun im Wahrheitswort beantworten,** wie man V. 21 auch deuten kann. Auf diese Weise **erstattet er** (BUB), was sie an finanziellen Opfern für sein Studium erbrachten. Es ist typisch für die rabbinische Lehrunterweisung, daß der Schüler »empfängt« und das Empfangene getreulich als Lehrtradition seiner eigenen »Schule« weitergibt; auch der Apostel stand in der Traditionskette der Apostel vor ihm (1. Kor. 11, 23/15, 3), wenn auch die von ihm verkündigte Frohe Botschaft im Wesentlichen auf direkte Christusoffenbarung zurückgeht (Gal. 1, 12).

Noch einmal ermahnt **der weise Lehrer** seinen treuen Schüler, ehe er ihn entläßt, ihn, der nun »der Zeit nach« auch zur Lehre befähigt ist (Hebr. 5, 12): **Neige dein OHR und höre die Worte der Weisen und richte dein HERZ auf mein Wissen** (V. 17)! Der Weg des Wortes, das den Glauben erweckt, geht über das »Hören« – über **das Ohr** ins **Herz** (Röm. 10, 17). Der Zugang zum Glauben eröffnet sich nicht über das Schauen, wie die Religionen dieser Welt es im frommen Theater, in Pantomime, Mummenschanz und götzendienerischen Aufzügen dem Auge darbieten. Nicht umsonst heißt »das Götzenbild« nach dem Hebräischen »das Maskentragende«. Vielmehr erwächst der Gehorsam des Herzens aus dem Hören; **das geneigte Ohr** geht der **Ausrichtung des Herzens** voraus; so wird die Braut des Messiaskönigs in Ps. 45, 10–11 mit den Worten zur »Hochzeit des Lammes« geladen: **»Höre,** Tochter, **und sieh,** und **neige dein Ohr;** und vergiß deines Volkes und deines Vaters Hauses! Und der König wird deine Schönheit begehren, denn Er ist dein HERR: so huldige Ihm!« Dem ganzen Volke Israel gilt Ps. 78, 1–2: **»Horche,** mein Volk, auf mein Gesetz! Neiget **euer Ohr** zu den Worten meines Mundes! Ich will meinen Mund öffnen mit einem Spruche, will Rätsel hervorströmen lassen aus der Urzeit!« In Ps. 119, 36 aber spricht der fromme Beter: »Neige mein Herz zu deinen Zeugnissen und nicht zum Gewinn!«

Der Weg des Wortes führt **vom Ohr zum Herzen,** vom Äußeren zum **Inneren: Denn lieblich ist es, wenn du die Worte der Weisen in deinem Inneren bewahrst** (18a). Wenn Gottes Weisung und Zielgebung im Inneren unseres Herzens gespeichert ist, dann sind wir befähigt, Seinen wohlgefälligen Willen zu tun und auch unsere Lippen zu öffnen, um Seine Offenbarung in der großen Versammlung weiterzugeben (Ps. 40, 7–9). So heißt es in V. 18b: **Möchten sie** (die Worte der Weisen) **allzumal auf deinen Lippen Bestand haben!** Wenn erst einmal unser **Herz** »von gutem Worte summt«, dann können wir auch unsere Sprachorgane dem Heiligen Geist als dem »kunstfertigen Schreiber« und Lehrer zur Verfügung stellen, damit unsere Lippen Jesus als den König verherrlichen: »Du bist schöner als die Menschensöhne!« (Ps. 45, 1–2).

+

Was aber hat der weise Lehrer, der fromme Rabbi, seinem Schüler als das Beste aus dem »guten Schatze seines Herzens« zum Abschied mitgegeben? Ganz gewiß eine reiche Erkenntnis des Willens und der Heilswege Gottes, Weisheitsschätze aus Gottes unerforschlichem Reichtum, eine Prägung durch seinen eigenen, gottgeheiligten Charakter; aber letztlich wollte er eines in seinem Schüler ausgebildet sehen: **Damit dein Ver-**

trauen auf JAHWEH sei, habe ich heute dich, ja dich, belehrt (V. 19)! Ganz persönlich steht der scheidende Schüler noch einmal im Mittelpunkt des geistlichen Interesses seines geliebten Lehrers; er wird aus dem Kreise seiner Mitschüler zu einer letzten »parakläsis« (Ermunterung, Ermahnung, Ermutigung, Trost) herausgerufen: ... dich, ja dich, habe ich belehrt. Das **Heute** spielt dabei eine besondere Rolle; es ist der heilsgeschichtliche und biographische »kairos«, der unwiederbringliche Heilstermin einer großen Gottesstunde (Ps. 95, 7/Luk. 2, 11/4, 21/19, 5 + 9/Hebr. 3, 7 + 15/4, 7). Wer von uns wüßte nicht auch von solchen Gnadentagen Gottes in seinem Leben zu berichten? So erinnerte Paulus seinen Mitarbeiter Timotheus an den Tag, da er »ein schönes Bekenntnis abgelegt hatte«, worauf ihm die Ältesten zusammen mit dem Apostel Dienstgnade »weissagten« und ihm »die Hände auflegten« (1. Tim. 1, 18/4, 14/6,12)! Es ist gut, solcher Gottesstunden zu gedenken, wenn wir einmal vom Mißtrauen befallen und im Glauben wankend werden, damit wir »das **Vertrauen** nicht wegwerfen, welches eine große Belohnung hat« (Hebr. 10, 35).

Die Verse 20–21 zeigen uns den weiteren Weg der göttlichen Offenbarung, vom gehörten zum geschriebenen Wort, von der mündlichen zur schriftlichen Überlieferung: **Habe ich dir nicht Vortreffliches aufgeschrieben** (DEL: Kernsprüche aufgezeichnet) **an Ratschlägen und Erkenntnis, um dir kundzutun die Richtschnur der Worte der Wahrheit ...?** Das **Vortreffliche** oder **Auserlesene** kann auch **»ein Dreifaches«** bedeuten, worin die alten jüdischen Ausleger nach Pred. 4, 12 »die dreifach geflochtene Schnur, die nicht so schnell zerreißt«, aus THORA (Gesetz), NEBIIM (Propheten) und KETUBIM (Schriften) sahen. Jedenfalls offenbart das ganze Wort Gottes sowohl einen unermeßlichen Reichtum **der Erkenntnis,** als auch eine Fülle seelsorgerlicher **Ratschläge** als »Licht für den Weg«, so **vortrefflich und auserlesen,** daß 2. Tim. 3, 16–17 sagen kann: »Alle Schrift ist gottgehaucht und nütze zur Lehre, zur Überführung, zur Zurechtweisung, zur Unterweisung in der Gerechtigkeit, damit der Gottesmensch vollkommen sei, zu jedem guten Werke völlig ausgerüstet«. So darf nun der mündig gewordene Schüler im Vertrauen auf den HERRN seinen verehrten Lehrer verlassen, um denen die Botschaft weiterzugeben, die ihn zum Studium des Wortes entsandt haben. Er soll ihnen **Antwort erstatten in Treue** (BUB). Alle **vortrefflichen Ratschläge und Erkenntnisse** des Lehrers aber dienen dazu, **eine Richtschnur** zu spannen, nach der nun der entlassene Schüler mithelfen kann, den Tempel Gottes zu erbauen. Solche **Richtschnur** aber ist »die Summe« oder »das Endergebnis des Wortes Gottes« im Kanon (= Richtschnur) der Heiligen Schriften. Sowohl das AT wie das NT bietet eine solche »Wortsumme« an; Pred. 12, 13–14 bezeugt: »Als Zusammenfassung (oder: Endergebnis) des ganzen Wortes laßt uns hören: Fürchte Gott und halte Seine Gebote, denn das ist der ganze Mensch. Denn Gott wird jedes Werk, es sei gut oder böse, in das Gericht über alles Verborgene bringen!« Dies ist die »Wortsumme« für den Gottesmenschen, den »Vollmenschen«, den uns das AT nennt. Hebr. 8, 1–2 aber nennt uns die Wortsumme des Neuen Testaments: »Die Summe (das Endergebnis) dessen aber, was wir verkündigen, ist: Wir haben einen solchen Hohenpriester, der sich gesetzt hat zur Rechten des Thrones der Majestät in den Himmeln, ein Diakon des Heiligtums und der wesenhaften Hütte, die der Herr errichtet hat und nicht der Mensch!«

Für uns aber gilt es, die **Richtschnur,** das »Muster gesunder Worte« festzuhalten, das uns der Lehrer aller Lehrer, der Heilige Geist, gegeben hat (2. Tim. 1, 13)!

+ ✝ +

Geselle dich nicht zu einem Zornigen, und geh nicht um mit einem überaus hitzigen Mann, damit du seine Pfade nicht lernest und einen Fallstrick davontragest für deine Seele!

»Sage mir, mit wem du umgehst, und ich sage dir, wer du bist!« so umschreibt eine deutsche Redensart den geschilderten Tatbestand. Wer Pech anfaßt, besudelt sich, wer mit Schmutz umgeht, wird schmutzig, wer sich mit Heiligem und Göttlichem befaßt, wird heilig, wer im Licht steht, wird erleuchtet, wer sich mit Unreinem beschäftigt, wird unrein, wer dem Geiste sich öffnet, wird geistlich, und nur, wer Christus in sich aufnimmt, wird wirklich »christlich«! Die Zeit der Gnade ermöglicht uns eine innere Lösung von seelischen und geistlichen Selbstverstümmelungen; dies wird aber in der eigentlichen Endzeit nach Offb. 22, 11 kaum noch möglich sein: »Wer unrecht tut, tue weiterhin unrecht, wer unrein ist, verunreinige sich fernerhin, und wer gerecht ist, übe weiterhin Gerechtigkeit, und wer heilig ist, sei auch in Zukunft geheiligt!«

Unsere Spruchweisheit nennt **die Vergesellschaftung** (DEL) mit dem **Zornmütigen** (BUB), mit **einem überaus hitzigen Manne,** einem Hitzkopf höchsten Grades (eigentlich: dem BAAL, dem Meister des Zornschnaubens). Dies ist dann keine »Gesellschaft mit beschränkter Haftung« (GmbH), sondern eine »Gesellschaft ohne Haftung«. Denn wenn man sich einem solchen Menschen als Freund oder Gesellschafter anschließt, so **lernt man seine Pfade;** man wird in sein Handeln, seine Methoden und Unsitten, seine Unmoral und List so **eingeübt,** daß man sie sich **lernend aneignet** (DEL) und sich in ihnen wie in einen **Fallstrick verwickelt. Die Seele wird verstrickt** und verderbt, die nach Gottes Willen eigentlich keinen Schaden nehmen, sondern unverklagbar bewahrt bleiben sollte bis auf den Tag Jesu Christi (Mtth. 16, 26/1. Thess. 5, 23)! »In der Übertretung des bösen Menschen ist ein Fallstrick; aber der Gerechte jubelt und ist fröhlich«, offensichtlich, weil er sich solcher **Verstrickung** entzieht (Spr. 29, 6). Das »Spinnengewebe« des Bösen wird in Jes. 59, 7–8 so beschrieben: »Ihre Füße laufen zum Bösen und eilen, unschuldiges Blut zu vergießen: ihre Gedanken sind Gedanken des Unheils, Verwüstung und Zertrümmerung ist **auf ihren Pfaden.** Den Weg des Friedens kennen sie nicht, und kein Recht ist in ihren Geleisen; ihre Pfade machen sie krumm: wer irgend sie betritt, kennt keinen Frieden!«

Der überaus hitzige Mann, der Meister (Baal) **des Zornesschnaubens,** ist, heilsgeschichtlich gesehen, Satan als der »Menschenmörder von Anfang«. Weil er weiß, daß er nur noch wenig Zeit zur Entfaltung seiner Pläne hat, »hat er große Wut«, die sich nach seinem Sturze auf die Erde noch einmal besonders mächtig erweisen wird (Offb. 12, 12)! Nach 1. Kor. 6, 15–16 und 2. Kor. 6, 14–16 werden die Glieder der Christusgemeinde eindrücklich vor einer **Vergesellschaftung** und **Verstrickung** mit satanischem Wesen gewarnt:

– vor der Verbindung mit der Hure;

– vor einer engeren Verbindung mit Ungläubigen;

– vor einer Teilnahme an der Gesetzlosigkeit;

– vor einem Eintauchen in die Finsternis;

– vor Kontakten mit dem Beliar (Satan);

– vor dem Einfluß von Götzenbildern.

»Denn ihr seid der Tempel des lebendigen Gottes« (2. Kor. 6, 16), »der Tempel des Leibes Christi« (Joh. 2, 20–21)!

Daß zur Heiligung in Christo nicht nur »der gute Kampf des Glaubens« und das Streben nach den Heilsgütern Gottes, sondern auch die Flucht vor allem gehört, was uns in das satanische Wesen verstricken will, bezeugt uns 1. Tim. 6, 11–12.

+ ⁺ +

263 VERRÜCKE NICHT DIE ALTE GRENZE! (22, 28/23, 10–11)

Verrücke nicht die uralte Grenze, die deine Väter gemacht haben. – Verrücke nicht die uralte Grenze, und dringe nicht ein in die Felder der Waisen. – Denn ihr Erlöser ist stark; er wird ihren Rechtsstreit wider dich führen!

Grundstücksgrenzen werden in unserer Zeit vom Katasteramt nach genauester Vermessung festgestellt, in die Katasterpläne eingezeichnet und durch Grenzsteine gesichert. Auch nach unserem Recht ist es strafbar, die Grenzsteine zum eigenen Vorteil zu **versetzen.** Während heute die weltlichen Gerichte über die Innehaltung der Grenzmarkierungen wachen, ordnete in Israel das Gesetz im Namen Gottes die Grenzrechte an: »Du sollst nicht die Grenze deines Nachbarn verrücken, welche die Vorfahren in deinem Erbteil gesetzt haben, das du erben wirst in dem Lande, das JAHWEH, dein Gott, dir zum Besitztum gibt« (5. Mos. 19, 14)! »Verflucht sei, wer die Grenze seines Nächsten verrückt! Und das ganze Volk spreche: Amen!« (5. Mos. 27, 17). Der HERR selbst gab das Land, dessen Eigentümer Er ist, dem Volk »zu Lehen«. Darum hatte das Erbe im Lande der Verheißung eine solch große Bedeutung. »Ich will dir das Erbe meiner Väter nicht geben!« antwortete Naboth dem König Ahab, der seinen Weinberg besitzen und in einen königlichen Gemüsegarten umwandeln wollte; daß der König durch Betrug und List schließlich doch an das Erbe Naboths gelangte, kostete ihn und seiner Frau Isebel das Leben (1. Kön. 21).

Die uralte Grenze (DEL: die ewige Gemarkung; BUB: die Vorzeitgrenze) umschreibt die Unverletzlichkeit des Grenzrechts, »die von jeher geltende Grenzmarke, die zu verrücken doppelter Frevel wäre, weil sie durch die **Urzeit** geheiligt ist« (DEL). Es gehört zu den Schandtaten der »Feinde des Lichts«, daß sie »die Grenzen verrücken, die Herde rauben, die Esel der Waisen wegtreiben und das Rind der Witwe pfänden« (Hiob 24, 2–3). Aber gerade das **Recht der Witwe** und **der Waisen** will JAHWEH selbst als mächtiger **Erlöser** sichern und **ihren Rechtsstreit führen** (s. 2. Mos. 22, 22–23/Ps. 68, 5). Dieser Rechtsschutz ist auch dem von Feinden bedrängten Israel verheißen: »So spricht JAHWEH der Heerscharen: Die Kinder Israel sind Bedrückte allzumal; und alle, die sie gefangen weggeführt, haben sie festgehalten, haben sich geweigert, sie zu entlassen. **Ihr Erlöser ist stark,** JAHWEH der Heerscharen ist Sein Name; Er **wird ihre Rechtssache gewißlich führen,** damit Er dem Lande Ruhe verschaffe …« (Jer. 50, 33–34).

Nun gilt **das Gesetz der Grenze** auch ganz allgemein. In Hosea 5, 10 wird den götzendienerischen Fürsten Judas vorgeworfen, sie seien **»wie solche geworden, welche die Grenze verrücken!«** Hinter allen Grenzverächtern stehen jene **urzeitlichen** Mächte, welche **die ewige Grenze** frevlerisch übertraten, die Gott zwischen der Engel-

und Menschenwelt gezogen hatte, weil sie sich in der Menschheit verkörpern wollten (1. Mos. 6, 1–4/1. Petr. 3, 18–19/2, 4/Jud. 6–7). Es gibt aber auch göttliche **Grenzen** für unser Leben, die zu unserem Heile dienen, damit wir nicht zu Grenzverletzern werden, wenn wir unser menschliches Maß in der Auflehnung gegen Gott überschreiten! Die »vermessene« Selbstverwirklichung unserer Tage, die sich selbst keine Grenzen setzt, weder im Griff nach Besitz, Macht und Genuß, noch in der Moral, hat alle göttlichen **Grenzsteine von ewiger Gültigkeit** niedergerissen! Nun schwemmt die endzeitliche Verderbensflut auch noch deren letzte Spuren hinweg!

Auch in der Frömmigkeit, sogar im Dienste Jesu, kann es solcherlei Grenzverletzung geben, worauf uns 2. Kor. 10, 12–16 hinweist: Das Eingreifen in fremde Wirkungskreise und Arbeitsverhältnisse gehört ebenso dazu, wie der Diebstahl geistigen Eigentums unter Brüdern! Der »unermeßliche« Gott wird uns gegenüber zum »Gott des Maßes«, der uns Dienst und Geist und Gnadengabe maßvoll zuteilt (Eph. 4, 7).

Verrücke nicht die Vorzeitgrenze, die deine Väter gemacht haben. Dies bedeutet auch, zu bleiben in der geistgewirkten »Lehre« und Tradition »der Apostel«, von der wir nichts wegnehmen, zu der wir aber auch nichts hinzufügen dürfen (Apg. 2, 42/1. Joh. 1, 1/2, 7/Hebr. 2, 3–4/1. Kor. 15, 3/Offb. 22, 18–19). Nur »treuen Leuten« sollten wir weitergeben, was wir aus Gottes Offenbarung empfangen haben (2. Tim. 2, 2)! Der Ausgestaltung apostolischer Tradition wird in 2. Tim. 1, 13 eine »Form, ein Umriß, ein Musterbild« vorgegeben; innerhalb dieser **gottgesetzten Grenzen** sollten wir mit Timotheus unseren Dienst vollziehen: »Ich bin vollgewiß, daß Gott mächtig genug ist, das mir Anvertraute auf jenen Tag zu bewahren. Halte fest **das Muster gesunder Worte,** die du von mir gehört hast, in Glauben und Liebe, die in Christo Jesu sind. Bewahre das schöne anvertraute Gut durch den in uns wohnenden Heiligen Geist!«

Auch wir antworten mit NABOTH (dem »Vornehmen«, dem »Sproß aus der Höhe«) allen modernistischen Versuchern, die **den Grenzstein verrücken wollen:** »Das lasse JAHWEH ferne von mir sein, daß ich dir das Erbe meiner Väter geben sollte!«

+ I +

264 LIEBLOSE LECKERBISSEN   (23, 1–3 + 6–8)

Wenn du dich hinsetzt, um mit einem Herrscher zu speisen, so beachte wohl, wen du vor dir hast; – und setze ein Messer an deine Kehle, wenn du gierig bist. – Laß dich nicht gelüsten nach seinen Leckerbissen, denn sie sind trügliche Speise (Brot der Lügen).

Welche Ehre, welche Würdigung, zum königlichen Tische geladen zu sein, um mit ihm und seinen Höflingen und Würdenträgern zu speisen! Man fragt sich nach dem Grund und erwartet vielleicht eine besondere Anerkennung und Ehrung, vielleicht sogar eine Auszeichnung und Erhebung im Amte. Doch ist Vorsicht geboten! Die königlichen **Leckerbissen** können über des Herrschers wahre Absichten hinwegtäuschen und **trügliche Speise, Lügenbrot** sein, welches die Huld des Fürsten nur scheinbar verheißt. So ahnte der Judenfeind Haman nicht, als er zum Gastmahl mit dem König Ahasveros und

seiner jüdischen Gemahlin Esther geladen war, daß dies zur Aufdeckung seiner Mord-
pläne und zu seinem Tode führen würde (Esth. 7). Darum gilt es, mit großer Vorsicht der
Einladung eines Herrschers zu folgen, und **die Begierde nach Leckerbissen** so im
Zaume zu halten, als drohe der Tod: **Setze ein Messer an deine Kehle!** Wie treu war
hierin Daniel, der auch im heidnischen Babylon die Speisevorschriften des Gesetzes
JAHWEHs beachten wollte: »Er nahm sich in seinem Herzen vor, sich nicht mit der
Tafelkost des Königs und mit dem Weine, den er trank, zu verunreinigen.« Er suchte eine
Sondervereinbarung mit dem Obersten der Kämmerer und erlangte seine Gunst (Dan.
1, 8). So gilt es, auch im Angesicht höchster Ehrungen den Glauben zu bekennen!
Als David an Mephiboseth, dem Nachkommen aus dem Hause Sauls, »Güte Gottes« erweisen wollte, lud er diesen Krüppel ein, »beständig an seinem Tische zu essen« und »in
Jerusalem zu wohnen«. Mephiboseth empfand des Königs Ehrung als unverdient und
sprach: »Was ist dein Sklave, daß du dich zu einem toten Hunde gewandt hast, wie ich
einer bin?« (2. Sam. 9, 3–8 + 13). Mußte er nun mit äußerster Vorsicht und mit tiefem
Mißtrauen dem König an seiner Tafel gegenübersitzen, wie es unser Sprüchewort empfiehlt? Keineswegs, denn in David war ihm »die Güte Gottes« begegnet! Dieser Gott
lädt auch uns zum Tische des großen Königs Jesus in lauterer Liebe und voller Erbarmen;
statt der **Lügenspeise** irdischer Könige reicht Er uns »wesenhafte Speise und wesenhaften Trank« (Joh. 6, 55)!

+

**Iß nicht das Brot des Scheelsehenden, und laß dich nicht gelüsten nach seinen
Leckerbissen! – Denn wie einer, der es abmißt in seiner Seele, so ist er! ›Iß und
trink!‹ spricht er zu dir, aber sein Herz ist nicht mit dir. – Deinen Bissen, den du
gegessen hast, mußt du ausspeien, und deine freundlichen Worte wirst du verlieren!** (V. 6–8).

Auch in diesem Zusammenhang geht es um **Leckerbissen,** die bei einer »Party« als
Pflichtleistung des Gastgebers gereicht werden, und denen nur eine **»herzlose** Freundlichkeit« und ein »interesseloses Interesse« zugrundeliegen. Scheinbar spontan fordert
er **zum Essen und Trinken** auf, doch weil es nicht **von Herzen kommt, mißt er in
seiner Seele** die Bissen **ab,** die der Gast verzehrt. »Hinter der Maske des freigebigen
Wirtes lauert ein mißgünstiger Kalkulator, der dem Gast mit seinem rechnerisch-nei-
dischen Blick jeden Bissen, jeden Schluck vergiftet. Eine solche Mahlzeit kann dem Gast
unmöglich bekommen« (DEL). Seine **schönen Worte** des Lobes und der Anerkennung
waren vergeudet (DEL). Über das **scheelsehende Auge des Bösen** sagt Gottes Wort:
»Hüte dich, … daß dein Auge böse sei gegen deinen armen Bruder … Willig sollst du
ihm geben, **und dein Herz soll nicht ärgerlich sein,** wenn du ihm gibst!« (5. Mos. 15,
9–10/Mtth. 20, 15). Auch das NT fordert uns auf, »gastfrei zu sein ohne Murren«
(1. Tim. 3, 2/1. Petr. 4, 9/Hebr. 13, 1).
… aber sein Herz ist nicht mit dir … Zu solcher scheinheiligen Haltung sagt Ps. 12, 2:
»Sie reden Falschheit, ein jeder mit seinem Nächsten, ihre Lippen schmeicheln, **mit doppeltem Herzen reden sie«** (vgl. Ps. 28, 3)! Und Spr. 26, 24–25 ergänzt: »Der Hasser
verstellt sich mit seinen Lippen, aber in seinem Inneren hegt er Trug. Wenn er seine
Stimme holdselig macht, traue ihm nicht! Denn sieben Greuel sind in seinem Herzen.«
Wenn aber Gott in Christo Jesu uns an Seinen Tisch lädt, den Er bereitet hat angesichts

unserer Feinde, dann ist **Sein Herz mit uns,** Seine ganze göttliche Liebe und Barmherzigkeit! »Mich hat herzlich verlangt, dieses Passahmahl mit euch zu essen«, sagte der Herr Seinen Jüngern, als Er sie, angesichts Seines nahen Todes, zum letzten Mahle lud. »Nehmet, **esset,** das ist mein Leib …; **trinket** alle daraus, denn dies ist mein Blut des Neuen Bundes …« (Luk. 22, 15/Mtth. 26, 26–28). So wandelt sich das Sprüchewort: **Iß und trink, spricht ER zu dir, und Sein Herz ist … mit dir!** »Ich verordne euch, gleichwie mein Vater mir verordnet hat, ein Reich, damit ihr esset und trinket an meinem Tische in meinem Reiche und auf Thronen sitzet, richtend die zwölf Stämme Israels!« verhieß der Herr Seinen Jüngern (Luk. 22, 28–30).

> »O gib Dein Manna mir zu essen; Dein Freudenwein erfülle mich!
> O laß mich Deiner nie vergessen; in meinem Geist verkläre Dich!
> So halt ich täglich Abendmahl; denn Dein Verdienst ist ohne Zahl!«

+ + +

265   DIE FLÜCHTIGKEIT DES REICHTUMS   (23, 4–5)

Bemühe dich nicht, reich zu werden, laß ab von deiner Klugheit. – Willst du deine Augen darauf hinfliegen lassen, und siehe – fort ist es! Denn es schafft sich, ja es schafft sich Flügel, dem Adler gleich, der gen Himmel entfliegt.

Wieder spricht die Weisheit von der »Ungewißheit des Reichtums«, zu flüchtig und unsicher, um darauf hoffen zu können (1. Tim. 6, 17)! Denn »die da reich werden **wollen,** fallen in Versuchung und Fallstrick und in viele unvernünftige und schädliche Begierden, welche die Menschen versenken in Verderben und Untergang« (1. Tim. 6, 9). In diesem Wort spricht auch Paulus ein krampfhaftes, zähes und kämpferisches **Bemühen** an, ein **Sich-Abplagen** (BUB), das zum **Ermuden** fuhrt (BA), freilich verbunden mit **Klugheit** und Raffinesse. Wie vieles opfern doch Menschen an Gesundheit und innerer Harmonie, an Familienfrieden und Charakterwerten, um dieses einen Zieles willen! Was aber bleibt am Ende, außer einem bitteren Nachgeschmack über ein vergeudetes Leben? Gottes Wort empfiehlt uns keineswegs die bittere Armut, die auch ihre Gefahren hat, aber auch nicht den zum Leichtsinn führenden Reichtum; beides sieht es als Quelle möglicher Gottlosigkeit; das »beschiedene Teil« liegt in der maßvollen Mitte zwischen Verarmung und Reichtum (Spr. 30, 7–9). So ist durchaus nicht der Faule, sondern der Fleißige Favorit der SPRÜCHE. »Ein treuer Mann hat viele Segnungen, wer aber hastig ist, reich zu werden, wird nicht schuldlos sein« mahnt Spr. 28, 20. Ist doch »die Geldliebe eine Wurzel alles Bösen«, worauf unsere Zeit in aller Deutlichkeit hinweist (1. Tim. 6, 10). Wie schnell kann der angehäufte Reichtum **dahinschwinden;** der Verlust kann sich vollziehen **wie ein Augenflattern:** Kaum hatte der reiche Kornbauer seinen Reichtum als Lebenssicherung **besehen,** da ereilte ihn der plötzliche Tod. Das Vermögen **schafft sich, ja es schafft sich Flügel, dem Adler gleich, der gen Himmel entfliegt** (DEL). So empfiehlt der Apostel Jakobus den Reichen, »die sich Schätze sammelten in der Endzeit«, zu »weinen und zu heulen«, angesichts des drohenden Elends. »Euer Reichtum ist verfault, und eure Kleider sind mottenfräßig geworden. Euer Gold und Silber ist verrostet, und ihr Rost wird zum Zeugnis sein wider euch und euer Fleisch fressen wie Feuer« (Jak. 5, 1–3). Daß ihr Reichtum daraus erwuchs, daß sie ihren Arbeitern den Lohn vorenthielten, macht ihre Haltung besonders verwerflich und macht sie gerichtsreif (V. 4–6). Wie **augenblicklich** schnell der Reichtum verlorengehen kann, erfuhr auch Hiob in der Versuchungs- und Feuerprobe des HERRN, als er seine Söhne und Töchter, seine Herden, all sein Hab und Gut und seine blühende Gesundheit über Nacht verlor. Freilich erstattete ihm der Herr nach seiner Bewährung alles doppelt wieder. Doch dürfen wir annehmen, daß er nun seinem Vermögen in anderer Haltung gegenüberstand als vor seinem Leiden! Nun war jeder Goldmünze (Kesita), die er zum Geschenk erhielt, »ein Lamm eingeprägt« – Charaktersiegel dessen, den er in seinem Leiden prophetisch vorgebildet hatte (Hiob 42, 11 im Text der LXX; nach Companion Bible). Lot, der Neffe Abrahams, verlor seinen Reichtum »über Nacht« durch ein göttliches Strafgericht über die verderbten Städte Sodom und Gomorra, in denen er sich, verführt »durch die Lust seiner Augen«, angesiedelt hatte (1. Mos. 13, 10)!

Möge doch unser Streben und **Mühen,** unsere **Klugheit** und unser **Eifer** sich darauf richten, das zu suchen, »was droben ist, da der Christus ist, sitzend zur Rechten Gottes«, und den »unausforschlichen **Reichtum** Christi« zu ergründen, zu erkennen und zu erlangen (Kol. 3, 1–2)!

+ + +

266 WAS ZUM UNTERRICHT MITZUBRINGEN IST (23, 9 + 12)

Rede nicht zu den OHREN eines Toren, denn er wird die Einsicht deiner Worte verachten! – Bringe dein HERZ her zur Unterweisung, und deine OHREN zu den Worten der Erkenntnis!

Muß sich ein angehender Bibelschüler nicht wirklich fragen, was er an Voraussetzungen mitzubringen habe, um seine Ausbildung zu bestehen: eine gute Beredsamkeit, die Fähigkeit, Sprachen zu erlernen, ein gutes Zeugnis der sendenden Gemeinde, gewandtes Auftreten und einen guten Abschluß der Schulbildung? Der erfolgreiche Missionar Samuel Hebich, der in seiner Ausbildung an einem Missionsseminar kläglich scheiterte und als »ungeeignet« eingestuft wurde, warf resignierend seine Hebräischgrammatik in einen Fluß und rief aus: »Auf daß du nicht sagest, du habest Abraham reich gemacht!« Doch ist dies eine der wenigen Ausnahmen und keineswegs eine beherzenswerte Regel!

Gottes Wort verweist auf Wesentlicheres, wenn es davon spricht, was **zur Unterweisung mitzubringen sei:** ein aufgeschlossenes **Herz** und geöffnete **Ohren!** Denn **die Ohren des Toren** erfassen die **einsichtigen Worte der Weisheit** nicht, sondern **verachten die Sinnkraft der Worte** (BUB). Bringt doch der Narr weder **sein Herz** noch **seine Ohren** zum »Hören« mit, woraus der »Glaube« und der »Gehorsam« erwächst (Röm. 10, 17). Während der Fromme »Wonne hat an Gottes Gesetz«, ist **das Herz** des übermütigen Gesetzlosen »dick geworden wie Fett«, unbeweglich, träge und unempfänglich (Ps. 119, 70). So warf auch der auferstandene Herr Seinen nach Emmaus wandernden Jüngern vor, sie seien »unverständig und trägen **Herzens«** und könnten darum nicht alles glauben, was die Propheten in allen Schriften geredet haben« (Luk. 24, 25). Von wie vielen Christen und christlichen Theologen muß doch in diesem Lichte gelten, was sonst nur von den ins Gericht dahingegebenen Völkern gesagt wird: »... ihr unverständiges **Herz** wurde verfinstert« (Röm. 1, 21). Das »Heute« göttlicher Gnaden-stunden und prophetischer Heilstermine gebietet uns, **»die Herzen** nicht zu ver-stocken« und »nicht **im Hören** träge zu werden« (Hebr. 3, 7–8/6, 11–12)! Möchten wir doch dem »guten Lande« gleichen, als solche, »die in einem redlichen und guten **Her-zen** das gehörte Wort bewahren und mit Ausharren Frucht bringen« (Luk. 8, 15)! – Ein feines Beispiel für ein **aufnahmebereites Herz** und **geöffnete Ohren** bietet die Pur-purkrämerin Lydia (= die Gottgeborene): Sie betete Gott an; sie **hörte** der Botschaft be-reitwillig zu; der Herr öffnete ihr **das Herz;** sie gab genau acht auf das, was Paulus rede-te; und **die Worte der Erkenntnis, die Unterweisung** Gottes, erweckten in ihr den Glauben. Jesus hingegen mußte Seinen Jüngern einmal sagen: »Begreift ihr noch nicht und verstehet auch nicht? Habt ihr **euer Herz** noch verhärtet? Augen habt ihr und sehet nicht? **Ohren** habt ihr und höret nicht?« (Mark. 8, 17–18). Man kann Augen haben und doch keine »geöffneten Augen des Herzens« besitzen! Auch unsere Ohren müssen oft erst durch ein »Hephata« Jesu geöffnet werden, ehe wir, die wir geistlicherweise »Taub-stumme« sind, recht reden und hören! (Mark. 7, 32–35). Das heilige Hörschweigen (Langenberg) ist der embryonale Raum für das Werden des Wortes. Wenn wir dann **Herz und Ohr zur Unterweisung mitbringen,** öffnen sich dem Weisheitslehrer die »Türen des Wortes«, und er kann mit Freimütigkeit das Geheimnis des Evangeliums re-den (Eph. 6, 19–20). Wie schwer aber ist es, den Reichtum des Wortes Gottes zu eröff-nen und darzubieten, wenn die Hörer stumpf und träge sind, und wenn sie vergessen haben, das Wesentliche **zur Unterweisung mitzubringen** (Hebr. 5, 11–12). Das Wort aus Jesu Erdentagen: »Wer **Ohren** hat, zu hören, der höre!« klingt aus dem Munde des erhöhten Herrn im Blick auf die Wirren der Endzeit noch einmal auf: »Wer **ein Ohr hat,** der höre, was der Geist den Gemeinden sagt« (Offb. 2, 7)!

+ † +

267 VERHÜTE DIE ZUCHTLOSIGKEIT! (23, 13–14)

Entziehe dem Knaben nicht die Züchtigung; wenn du ihn mit dem Stocke schlägst, wird er nicht daran sterben. – Du schlägst ihn mit dem Stocke, und du errettest seine Seele vom Scheol.

Zwei Extreme bestimmen die Frage nach körperlicher **Züchtigung** in unserer Zeit – ein-mal die immer mehr um sich greifende Kindesmißhandlung, zum anderen die Forde-rung, daß Eltern auf Strafe und Züchtigung überhaupt verzichten sollten; es gibt sogar Bestrebungen, Kindern zu erlauben, gegen ihre Eltern gerichtlich vorzugehen, falls diese zum Mittel der Zucht greifen. Ist also das göttliche Weisheitswort durch die »Einsicht un-serer pädagogisch fortschrittlichen Zeit« überholt? Andererseits nehmen Gottlosigkeit, Zügellosigkeit, Gewalttätigkeiten und Verbrechen unter Kindern und Jugendlichen im-mer mehr überhand! Die heutige Psychologie sieht in körperlicher Züchtigung sogar eine Ursache für spätere psychische Fehlentwicklungen und Verbrechen, und mancher Gutachter vor Gericht kann nur unser Kopfschütteln erregen! Man sollte sich ernstlich fragen, ob nicht der Schaden durch die fehlende väterliche Autorität weit größer ist, als durch eine körperliche Züchtigung! Unser Wort sieht einen **Entzug, ein Vorenthalten** darin, wenn Kinder ungestraft bleiben. Der Nutzen der **Züchtigung** überwiegt den vermeintlichen Schaden: **Du errettest seine Seele vom Scheol, von der Hölle ... er wird nicht an der Züchtigung sterben!** Jedenfalls ist es im Sinne Gottes, wenn der Vater seine Pflichten wahrnimmt und in Wesensautorität, in Wort und Tat seine Kinder erzieht, wobei die körperliche Strafe mit Maßen zu geschehen hat: »Züchtige deinen Sohn, weil noch Hoffnung da ist; aber trachte nicht danach, ihn zu töten« (Spr. 19, 18)! Doch »wer seine Rute spart, haßt seinen Sohn; aber wer ihn liebt, sucht ihn frühe heim mit Züchtigung« (Spr. 13, 24). Die bittere Arznei der Züchtigung wird als heilsam und nicht als todbringend angesehen; sie stellt »das geringere Übel« dar, um das größte Übel, **das Verderben der Seele im Scheol,** zu verhindern. Die Krankheit, die geheilt werden muß, ist »die Narrheit«, wie es Spr. 22, 15 sagt: »Narrheit ist gekettet an das Herz des Knaben; die Rute der Zucht wird sie davon entfernen«.

Im Blick auf die angesprochenen Ziele müssen wir uns allerdings fragen, was überhaupt »strafwürdig« ist; viele geringe kindliche Grenzverletzungen können mit dem Wort geregelt werden, das der inneren Autorität entspringt und »zum Herzen redet«. Das größte Übel wäre es aber, nach der Mode unserer Zeit mit dem Kind darüber zu diskutieren, wenngleich es im erziehlichen Rahmen durchaus zu Wort kommen sollte. Wirkliche seelische Wunden kann jedoch **ungerechte** Strafe hervorrufen, die ohne Ursache und Begründung geschieht und nur der Tagesnervosität der Eltern entspringt! Wer selbst keine Disziplin besitzt, kann nicht erziehen!

Was aber wirklich eine körperliche Strafe erfordert, die ja durchaus »einprägsamer« ist als bloßes Gerede, sind Verletzungen des familiären Miteinanders; so sollte man scharf gegen Unwahrheit vorgehen! Das Kind muß bei einer »Missetat« das Gefühl haben, besser damit zu fahren, den Eltern die Wahrheit zu gestehen, als sich in die Lüge zu flüchten. Ist doch »die Liebe zur Wahrheit« eine grundlegende Vorentscheidung für die spätere Glaubensentscheidung (2. Thess. 2, 10–11)! Wichtig ist es auch, daß sich die Autorität des Vaters so darbietet, daß durch sie das Kind in die überragende Autorität des »Vaters aller Vaterschaften« eingewiesen und eingeübt wird (Eph. 3, 14–15). Nur so kann es sich verwirklichen, was Spr. 29, 15 bezeugt: »Rute und Zucht geben Weisheit; ein sich selbst überlassener Knabe macht seiner Mutter Schande!«

Dies alles gilt nun auch geistlicherweise. Im Werben um die Herzen der Korinther schrieb Paulus: »Ich ermahne euch als meine geliebten Kinder. Denn wenn ihr auch 10 000 Erzieher in Christo hättet, so doch nicht viele Väter; denn in Christo Jesu habe ich euch gezeugt durch die Frohe Botschaft« (1. Kor. 4, 15)! Diese Aussage wird oftmals mißverstanden. Wenn wir sie im Lichte von Hebr. 12 betrachten, müssen wir sagen, daß Vaterschaft und **Erziehung, Züchtigung,** nicht im Gegensatz stehen; ein rechter Vater muß auch erziehen! Das Wesentliche aber, das die geistliche Vaterschaft ausmacht, ist die Zeugung neuen Lebens durch das Wort Gottes! Was nützt es, viele Pädagogen einzusetzen, wenn überhaupt keine Kinder vorhanden sind? Was nützt es, »zum Glauben hin zu erziehen« – durch Glaubenslehre und Konfirmation, schulischen Religionsunterricht und christliche Jugendarbeit –, wenn nicht das Eigentliche geschieht: die Wiedergeburt aus Gottes Geist! »Nicht viele Väter ... aber 10 000 Erzieher«, dies ist ein Mißverhältnis in der Zahl und Gewichtung, nicht aber ein grundsätzlicher Widerspruch. Sind doch auch die »Zuchtmeister ... Erzieher in Christo«! Auch die Gemeinde Gottes braucht Ordnung, Erziehung, Gemeindezucht; wenn auch solche Maßnahmen in der Nähe des Gesetzes stehen, das ja für »unmündige Söhne« ein »Erzieher auf Christus hin« ist (Gal. 3, 24) und »von Sünde, Gerechtigkeit und Gericht überführt«. Die wärmende Liebe des Vaters, der für sein krankes Kind Nächte durchwacht, und dem es schier das Herz zerreißt, wenn er sein Kind züchtigen muß, übertrifft alle erzieherischen Maßnahmen der »Pädagogen«, so wertvoll auch die ihnen zugewiesene Aufgabe ist!

Den aufgeblasenen Korinthern stellte Paulus zur Auswahl: »Das Reich Gottes besteht nicht im Worte, sondern in Kraft! Was wollt ihr? Soll ich **mit der Rute** zu euch kommen, oder in Liebe und im Geiste der Sanftmut« (1. Kor. 4, 21)? Und der erhöhte Herr sagt auch uns: »Die ich liebe, diese überführe und **züchtige ich**« (Offb. 3, 19/vgl. 1. Kor. 11, 29–32)! Ist es doch nach Tit. 2, 11–12 »die heilsame Gnade Gottes«, die »uns erzieht«!

+ + +

268 DES RABBIS FREUDE (23, 15–16)

Mein Sohn, wenn dein Herz weise ist, so wird auch mein Herz sich freuen; und meine Nieren werden frohlocken, wenn deine Lippen Geradheit reden.

Die Frucht der Erziehung reift nun **zur Freude** des Erziehers, der seine Absichten verwirklicht sieht. Die Anrede **»mein Sohn«** kann vom Vater an seinen eigenen Sohn ergehen, aber auch aus dem Munde des Rabbis, des Weisheitslehrers, an seinen Schüler. Sie erscheint hier zum 17. Male in den SPRÜCHEN und deutet damit auch zahlensymbolisch »die geistliche Vollendung« auf dem Sohnesweg an. Wenn wir Hebr. 5, 11–6, 3 lesen, so erfahren wir dort Wesentliches über die Reifung vom »Kinde« zum »Manne in Christo«; die anfängliche Ernährung des Kindleins mit der »unverfälschten und wortgemäßen Milch« des Glaubensanfangs weicht dem Vermögen des »Erwachsenen«, feste Speise des Wortes zu genießen; vom »Elementarunterricht« der Kindlein in Christo geht es nun zur »Vollreife« derer, die »der Zeit nach Lehrer« sein können. Wie der Lehrer und Erzieher, ist auch der Vater in Christo betrübt darüber, wenn ein frühkindlicher Reifezustand nicht überwunden wird, und wenn er nicht den ganzen Reichtum der göttlichen Offenbarung ausbreiten kann!

Die Freude des Erziehers, seines **Herzens** und seiner **Nieren** (die in der Schrift den Sitz der edelsten Gefühle und des Gewissens meinen), kommt auch in anderen SPRÜCHEN zum Ausdruck: »Sei weise, mein Sohn, und **erfreue mein Herz,** damit ich Antwort geben könne meinem Schmäher«; dieses Wort aus Spr. 27, 11 könnte auch auf die Freude Gottes, des Vaters, hinweisen, die er an gehorsamen Söhnen hat, deren Gehorsam und Lob in Seiner Auseinandersetzung mit Satan eine gewichtige Rolle spielt (s. Hiob 1, 8/Ps. 8, 2). Und in Spr. 29, 3 heißt es: »Ein Mann, der Weisheit liebt, **erfreut seinen Vater,** wer sich aber zu Huren gesellt, richtet das Vermögen zugrunde!«

Welche erzieherischen Ziele sind erreicht und geben dem Lehrer und Vater Anlaß zur Freude? Zum ersten ist es **ein weises Herz,** das nun auch der Sohn und Schüler besitzt. Ein arabisches Sprichwort sagt: »Der Weise weiß, wie dem Narren zumute ist, denn er ist auch einmal ein Narr gewesen; ein Narr aber weiß nicht, wie es einem Weisen zumute ist, denn er ist nie ein Weiser gewesen« (nach DEL)! Denn die Weisheit ist weder angeboren noch vererbbar, sondern sie muß **erworben** werden (Spr. 4, 5 + 7/16, 16/18, 15 u. a.).

Nun aber verbindet sich die **Freude** des gereiften Sohnes und Schülers mit der Freude seines Vaters und Lehrers: **Mein Sohn, wenn dein Herz weise ist, freuen wird sich dann mein Herz, auch meines** (PAR)! Die zweite Reifefrucht ist **die Wahrheitsrede der Lippen.** Dies meint nicht nur einen Verzicht auf das Lügenwort, sondern vielmehr, daß **die Lippen des Sohnes** Wahrheit aussprechen, Wesentliches im Sinne geistlicher und göttlicher Realität. Es ist **die Geradheit** des Gottes, der »gerecht und gerade ist« (5. Mose 32, 4). So schrieb der Apostel Johannes dem geliebten Gajus: »Ich freute mich sehr, als die Brüder kamen und dein Festhalten an der Wahrheit bezeugten … Ich habe keine größere Freude als diese, wenn ich höre, daß meine Kinder in der Wahrheit wandeln«, d. h. in der Wirklichkeit des neuen Lebens und im Wesen des Vaters (3. Joh. 3–4). So schrieb er seine Briefe den Glaubensgefährten, damit »*ihre* Freude völlig sei« (1. Joh. 1, 4), aber auch zur Erfüllung der *eigenen* Freude (2. Joh. 12b), und aller »Mitarbeiter der Wahrheit« (3. Joh. 4 + 8). Welcher Gleichklang der geistlichen Gefühle, welche innere Befriedigung des Weisheitslehrers, wenn sich Freude mit Freude trifft!

Doch drückt sich, prophetisch gesehen, in unserem Sprüchewort auch etwas aus von der Freude des glückseligen Gottes an Seinem geliebten, einziggezeugten Sohn, an dem Er »Wohlgefallen hat«; dies kommt auch in dem Urzeitwort aus Ps. 2, 7 zum Ausdruck: »JAHWEH hat zu mir gesprochen: **Mein Sohn** bist Du, heute habe ich Dich gezeugt!«

+ + +

269 ZUKUNFT UND HOFFNUNG DURCH DIE GOTTESFURCHT (23, 17–18)

Dein Herz ereifere sich nicht über die Sünder, sondern eifere jeden Tag um die Furcht JAHWEHs. Wahrlich, es gibt eine Zukunft, und deine Hoffnung wird nicht vernichtet werden!

Wie sollte der Gottesfürchtige in Gefahr kommen, um **den Sünder zu eifern** und ihn **zu beneiden** (E)? Vielleicht darum, weil das Glück und die Wohlfahrt des Sünders in ihm Glaubenszweifel oder gar ein Begehren nach der »zeitlichen Ergötzung der Sünde« erwecken (Hebr. 11, 25)? Darum mahnt uns Gott: **»Beneide nicht** den Mann der Gewalttat und erwähle keinen von seinen Wegen. Denn der Verkehrte ist JAHWEH ein Greuel, aber Sein Geheimnis ist bei den Aufrichtigen« (Spr. 3, 31–32)! **»Beneide nicht** böse Menschen, und laß dich nicht gelüsten, mit ihnen zu sein, denn ihr Herz sinnt Gewalttat, und ihre Lippen reden Mühsal« (Spr. 24, 1–2)! **Das Eifern** um Gerechtigkeit und **das Beneiden der Sünder** und ihrer Wohlfahrt kann zum **Zürnen** gegen Gott auswachsen: **»Erzürne dich nicht** über die Übeltäter, **beneide nicht** die Gesetzlosen; denn für den Bösen wird keine Zukunft sein, die Leuchte der Gesetzlosen wird erlöschen« (Spr. 24, 19–20)! Das Problem, warum es dem Gottlosen so wohl ergeht, kann in uns zu einer »Wurzel der Bitterkeit« werden, wie es Hebr. 12, 15 beschreibt; es ist auch in der gegenwärtigen Zeit des »verborgenen Gottes« unlösbar, sondern wird gelöst in der heilsgeschichtlichen **Zukunft,** wo der Gesetzlose im Gericht **seiner Hoffnung beraubt,** der Glaubende aber von Gott erhöht wird. »Hat nicht Gott die Armen der Welt erwählt, reich zu sein im Glauben und zu Erben des Königreiches, welches Er denen bereitet hat, die Ihn lieben« (Jak. 2, 5)? Darum sollte sich **Eifer,** Fleiß und Begehren der Heiligen auf das höchste Gut, **die Gottesfurcht,** richten, welche der »eifernde Geist« in ihnen ausgestalten will. Auf welches Ziel richten wir unsere Lebenskraft aus? Wir können alle unsere geistigen und psychischen Kräfte in dem Widerspruch der scheinbaren Ungerechtigkeit dieser Weltzeit »zerreiben« lassen, wie es der Psalmist erlebte, ehe er dieselben Kräfte auf Gottes Handeln in der Heilsgeschichte ausrichtete, und so seine Seele genas (Ps. 77, 10 statt »Krankheit« – »Zerriebenwerden«; s. auch V. 11–20!). So sagt uns auch Spr. 23, 17: Wenn du begehrlich bist **und eiferst, dann um die Gottesfurcht!,** die sich dir begehrenswert in gottgeheiligten Menschen darstellt!

Von solchem **Eifer** und Fleiß spricht das NT oftmals (Röm. 12, 11/1. Kor. 14, 1 + 12 + 39/2. Kor. 7, 7 + 11–12/8, 16/9, 2/11, 2/Gal. 4, 18/2. Tim. 1, 17/Hebr. 4, 11/6, 11/2. Petr. 1, 5/Jud. 3). Diese Haltung widerspricht keineswegs dem göttlichen Gnadengeschenk, sondern ist das Begehren um dessen Ausgestaltung. »Nicht erjagt der Lässige sein Wild; aber kostbares Gut eines Menschen ist es, wenn er fleißig ist« (Spr. 12, 27). Nennt nicht Tit. 2, 14 als Ziel der Selbsthingabe Christi, »daß Er uns erkaufte von aller Gesetzlosigkeit und reinigte sich selbst ein Eigentumsvolk, **eifrig** in guten Werken«? Freilich gilt es, die Spannung auszuhalten zwischen dem Wohlergehen der Gottlosen und den oft leidensvollen Wegen der Glaubenden; doch ist ihre **Heilszukunft** mit einem **»Wahrlich«** göttlichen Eidschwurs gesichert (23, 18). Zur Zeit der vollendeten Hoffnung werden sich alle Widersprüche auflösen, unter denen wir hier noch leiden, weil sich die Gerechtigkeit Gottes noch nicht offenbart hat. Dies sichert uns auch Spr. 24, 14 zu: »Ebenso betrachte die Weisheit für deine SEELE: Wenn du sie gefunden hast, **so gibt es eine Zukunft,** und **deine Hoffnung** wird nicht vernichtet werden!«

In Jer. 29, 11 ist diese göttliche Zusage ausdrücklich dem Volke Israel gewidmet, für jene Zeit, da der HERR es aus allen Völkern wieder ins Land der Väter zurückgeführt hat, wie wir es in unserer Generation miterlebt haben: »Denn ich weiß ja die Gedanken, die ich über euch denke, spricht JAHWEH: Gedanken des Friedens und nicht zum Unglück, um euch **Zukunft und Hoffnung** zu gewähren!« Auch für uns möchte **die Hoffnung** eine Verankerung unserer Seele im Allerheiligsten Gottes sein, wie es Hebr. 6, 19 zusichert.

+ + +

270 GERADEAUS AUF DEM WEGE!   (23, 19–21)

Höre, du, mein Sohn, und werde weise und leite dein Herz geradeaus auf dem Wege! Sei nicht unter den Weinsäufern, noch unter denen, die Fleisch verprassen; denn ein Säufer und Schlemmer verarmt, und in Lumpen kleidet Schläfrigkeit!

Im 18. Sohnesspruch wird **der Sohn** vom unterweisenden Vater durch ein hervorgehobenes **»du«** in besonders persönlicher Weise »beim Namen gerufen«. Dies tut auch Gott, wenn Er uns durch den Heiligen Geist in unseres Wesens Tiefe anrührt und uns aus dem Versteck der bergenden Menge herausruft, um in der »Paraklesis« (dem Trost, der Ermunterung, Warnung und Ermahnung) mit uns zu sprechen. »Simon, ich habe mit dir zu reden !« sagte Jesus dem Schriftgelehrten (Luk. 7, 40); und den Jünger, der Ihn verleugnet hatte, nahm er beiseite und fragte ihn: »Simon, Sohn des Jonas, liebst du mich …« (Joh. 21, 15)?

Die Weisheit, die der Vater dem Sohn anbietet, soll **sein Herz geradeaus auf dem Wege leiten.** Im Alten Bund war dieser **Weg** die Weisung der Thora, im Neuen Bund ist »der lebendige **Weg«,** der uns den Zugang zu dem Vater eröffnet, Christus selbst (Hebr. 10, 20); darum wurden die ersten Christen solche genannt, »die des Weges sind« (Apg. 9, 2). Diese Erfüllung läßt auch die Übersetzung von Buber erahnen: … **laß dein Herz den einen Weg wandern!**

In unseren Betrachtungen haben wir schon oft von dem krummen, verkehrten und schlangengleichen Weg des Bösen gelesen; doch die väterliche Direktive weist uns **geradeaus,** damit wir nicht abweichen »zur Rechten« der gesetzlichen Scheinfrömmigkeit, noch »zur Linken« der Gesetzlosigkeit. »Ebne die Bahn deines Fußes, und alle deine Wege seien geradeaus gerichtet; biege nicht ab zur Rechten noch zur Linken, wende deinen Fuß ab vom Bösen!« lesen wir in Spr. 4, 26. Doch leitet uns die väterliche Führung nicht zum gesetzlichen Zwang persönlicher Versklavung, sondern zu wahrer Freiheit und Glückseligkeit; die Wortverwandtschaft von »geradeaus« und »direkt« zu »glückselig« legt folgende Wiedergabe nahe: **Dein Herz sei glückselig auf dem Wege!** Wie viele Fromme gibt es auch heute, die den Glaubensweg in Zwang und Gesetzlichkeit gehen, ohne wirklich frei zu sein, wie es der Sohn Gottes verheißen hat! Aber »der Mann, der nicht wandelt im Ratkreis der Gesetzlosen, nicht stehenbleibt auf dem Wege der Sünder und sich nicht niedersetzt auf dem Sitze der Spötter, ist **glückselig«** (Ps. 1, 1)!

»Frechheit zeigt der Gottlose mit seinem Gesicht, aber der Aufrichtige, er merkt auf seinen Weg«, sagt Spr. 21, 29. Als von Gott gelenkt und **geleitet,** wird er sich nicht unter Weinsäufern, Spöttern und Schlemmern **als ihnen zugehörig** (BA) **niederlassen.**

V. 20–21 meint zunächst, in des Wortes natürlicher Bedeutung, den übermäßigen Weingenuß, Schlemmerei und Eßgelage, die von Lästerungen und Spott begleitet werden; dies führt zu fortschreitender **Schläfrigkeit** nach Geist, Seele und Leib, zur Abstumpfung aller natürlichen Geistesgaben, ja, des Gehirns, und schließlich zur **Verarmung.** Zeigt uns dies nicht aufs deutlichste das Gleichnis vom verlorenen Sohn? Nachdem er all seinen Reichtum verpraßt und verschleudert hatte, saß er, von allen Freunden verlassen, am Trog der Säue. Dies ist letztlich das Ende des unerlösten Menschen, der die Auferstehung leugnet und nach der Devise lebt: »Lasset uns essen und trinken, denn morgen sind wir tot!«, weshalb Paulus für Glaubende hinzufügt: »Laßt euch nicht verführen: Böser Verkehr verdirbt gute Sitten!« (1. Kor. 15, 32–33).

Schon das Gesetz Gottes befahl, den Sohn, der trotz einer Züchtigung im Ungehorsam gegen seine Eltern verharrte, zu steinigen. »Tue das Böse aus deiner Mitte hinaus« (5. Mos. 21, 18–21). Dem schließt sich der Apostel Paulus auf einer höheren Heilsstufe an, wenn er den Hurern, Götzendienern, Ehebrechern, Wollüstigen, Knabenschändern, Dieben, Habsüchtigen, Lästerern, Räubern und **Trunkenbolden** sagt, daß sie »das Reich Gottes nicht ererben werden« (1. Kor. 6, 9–10/Eph. 5, 3–5). Solche, **die Fleisch verprassen,** werden von Baader mit **Getriebene des Fleisches,** d. h. als sittlich Haltlose, wiedergegeben, worauf uns auch Gal. 5, 19–21 hinweist. Zur Illustration des Tatbestandes möge Spr. 23, 29–34 dienen: »Wer hat Ach, wer hat Weh, wer Zänkereien, wer Klage, wer Wunden ohne Ursache, wer Trübung der Augen? Die spät beim Weine sitzen, die einkehren, um Mischtrank zu kosten. Sieh den Wein nicht an, wenn er sich rot zeigt, wenn er im Becher blinkt, leicht hinuntergleitet! Sein Ende ist, daß er beißt wie eine Schlange und sticht wie ein Basilisk. Deine Augen werden Seltsames sehen, und dein Herz wird verkehrte Dinge reden. Und du wirst sein wie einer, der im Herzen des Meeres liegt, und wie einer, der da liegt auf der Spitze eines Mastes …!«

Doch wenden wir uns der geistlichen Bedeutung zu! Offensichtlich steht jegliche Drogensucht und Selbstberauschung dem Erfülltwerden mit dem Heiligen Geiste entgegen, weshalb es in Eph. 5, 18 heißt: »Berauschet euch nicht mit Wein, **vielmehr** werdet erfüllt mit dem Geiste!« Nicht nur Trunksucht und Freßsucht, Drogensucht und Nikotinhunger, sondern auch die emotionale religiöse Selbstberauschung führen uns in Verstockung und geistliche **Schlafsucht,** schließlich aber zu einer inneren **Verarmung,** in der alle gottgeschenkten Gaben verfallen! Lesen wir doch das ernste Wort von der Verstockung Israels in Röm. 11, 8–10, das vom göttlichen Gericht durch einen **Geist der Schlafsucht** spricht; es ist auch zu unserer Ermahnung geschrieben!

+ + +

271 HOCH FROHLOCKT DER VATER DES GERECHTEN   (23, 22–25)

Höre auf deinen Vater, der dich gezeugt hat, und verachte deine Mutter nicht, wenn sie alt geworden ist! – Kaufe Wahrheit und verkaufe sie nicht – Weisheit und Unterweisung und Einsicht! – Hoch frohlockt der Vater eines Gerechten; und wer einen Weisen gezeugt hat, freut sich seiner. – Freuen mögen sich dein Vater und deine Mutter, und frohlocken, die dich geboren hat!

Wieder spricht der Vater mit dem geliebten Sohn. Das Gebot der Elternehrung zieht sich durch die ganze Heilige Schrift, denn es ist »das erste Gebot mit Verheißung«, wie es Eph. 6, 1–3 bezeugt; auch in der Gemeinde Christi haben die Gebote ihre Bedeutung nicht verloren! Kol. 3, 20 fügt dem Gebot die Erläuterung hinzu: »Ihr Kinder, gehorchet den Eltern in jeder Beziehung, denn dies ist wohlgefällig im Herrn!« Dabei verliert dieses Gebot sein Gewicht nicht von einem bestimmten Lebensalter an, so daß es nur den Kleinkindern gelte; auch »wenn ein Mensch seinen Vater und seine Mutter verläßt, um seiner Frau anzuhangen« (Eph. 5, 31), welches einer jungen Ehe wohl bekommt, bleibt die lebenslange Pflicht der Ehrerbietung gegenüber **dem alten Vater, der greisen Mutter.** Das gilt es auch in einer Zeit festzuhalten, wo man respektlos von alten Menschen als vom »Friedhofsgemüse« spricht, und wo auch die Jugend in der Gemeinde Christi sich von den »Älteren« (Ältesten) emanzipiert und den Weg der Unterordnung ablehnt, der zur Erfüllung mit dem Heiligen Geiste führt (Eph. 5, 21). Aber so wenig sich Vaterschaft und Mutterschaft allein schon in Zeugung und Geburt von Kindern darstellen, so wenig ist der formale, obligatorische Gehorsam gegen die Eltern schon die wesenhafte Erfüllung des Gebots! **Das Frohlocken des Vaters** und die tiefe **Freude der Mutter** erwachsen erst dann, wenn der Sohn oder die Tochter **die Wahrheit** Gottes finden! »Ein weiser Sohn erfreut den Vater, aber ein törichter Sohn ist seiner Mutter Kummer« (Spr. 10, 1)! **Die Wahrheit,** die der Sohn **gekauft,** d. h. erworben hat, äußert sich in der **WEISHEIT** (dem Wissen um das Wesen der Dinge), in der **UNTERWEISUNG** (der sittlichen Bildung) und der **EINSICHT** (der kritischen Fähigkeit zur Prüfung und Unterscheidung des Guten und des Bösen; Hebr. 5, 14). Und nach dem Zeugnis des Neuen Testaments ereignet sich das **Finden der Wahrheit** erst in der Wiedergeburt aus Gottes Wort und Geist –durch das Leben dessen, der selbst *die* Wahrheit ist. Welche **Freude** für einen **gerechten Vater und eine fromme Mutter** ist es, wenn sie diese »Geburt von oben« an ihren Kindern erleben dürfen! Wenn dies aber ein freies Gnadengeschenk Gottes ist, wie kann es dann heißen: **Kaufe Wahrheit und verkaufe sie nicht!?** Der Erwerb der Wahrheit kostet immer einen »Preis«, denn er führt über Demut, Geduld, Gottesfurcht und Gehorsam. »Nur Lügen bekommt man umsonst; sie sind billig und überall massenhaft zu haben« (W. Nee). Hat nicht Jesus in Joh. 7, 17 gesagt: »Wer Gottes Willen *tut,* wird von meiner Lehre *wissen,* ob sie aus Gott ist«? Alles im Glaubensleben hat seinen Preis, und nur allzu schnell kann man die gottgeschenkte Gnade wieder verkaufen und verschleudern und erhält doch nur »die armen Güter dieser Erden« dafür – löchrige Brunnen ohne Wasser, Steine statt Brot! So gilt dem Wiedergeborenen das Christusgebot im Blick auf den »Vater aller Vaterschaften«: **Höre auf deinen Vater, der dich gezeugt hat** – wiedergeboren zu einer lebendigen Hoffnung durch die Auferstehung Jesu Christi (1. Petr. 1, 3). Solcher Sohnesgehorsam erlangt das ganze Wohlgefallen Gottes.

Hoch frohlockt der Vater eines Gerechten! Hat sich diese Aussage nicht voll an *dem* **Gerechten,** Jesus Christus, erfüllt, über dem der Vater das Bekenntnis sprach: »Du bist mein geliebter Sohn, in Dir ist all mein Wohlgefallen«? Allzeit und ohne jegliche Einschränkung stand der Sohn Gottes, in Wesen, Wort und Tat, in völligem Gehorsam, in Gottesfurcht und Liebe Seinem Vater gegenüber! Aber auch **Seine Mutter, die Ihn geboren hatte, frohlockte** über Ihn: »Und Maria sprach: Meine Seele erhebt den Herrn, und mein Geist **frohlockt** in Gott, meinem Retter; denn Er hat hingeblickt auf die Niedrigkeit Seiner Magd. Denn siehe, von nun an werden mich glückselig preisen alle Geschlechter« (Luk. 1, 47–48)!

+ ⁺ +

272 GIB MIR, MEIN SOHN, DEIN HERZ!   (23, 26–28)

Gib mir, mein Sohn, dein Herz, und laß deine Augen Wohlgefallen haben an meinen Wegen! – Denn die Hure ist eine tiefe Grube, und die Fremde ein enger Brunnen; – ja, sie lauert auf wie ein Räuber, und sie mehrt die Treulosen unter den Menschen.

In diesem 19. Sohneswort der SPRÜCHE erbittet **der Vater** des Sohnes **Wohlgefallen** an seiner väterlichen Handlungsweise, an seinen **Wegen** und Methoden; dies ist eigenartig, denn wäre nicht der Sohn verpflichtet, um des Vaters Wohlgefallen an *seinen* Wegen zu bitten? Doch begegnet uns hierin die unbeschreibliche Güte Gottes, unseres Vaters, der uns als Seine **Söhne** auffordert, an Seinen oftmals unverständlichen **Wegen,** sowohl in unserer Lebensgeschichte, als auch in der Welt- und Heilsgeschichte, **Gefallen zu haben!** Die Wirklichkeit, die wir **vor Augen haben,** zeigt uns, daß »dem Christus noch nicht das All untergeordnet ist« (Hebr. 2, 8–9), mit allen Konsequenzen der Nöte, Schrecken, Ängste, Katastrophen und Verwüstungen, die das nach sich zieht. Nur wenn wir hinwegschauen auf das Unsichtbare der göttlichen Wirklichkeit, sehen wir IHN »mit Herrlichkeit und Ehre gekrönt« und erkennen, daß Drangsale unermeßliche Herrlichkeit bewirken (2. Kor. 4, 16–18). Solche Glaubensschau wird uns nur über **die Hingabe unseres Herzens** an den Vater geschenkt. Denn die Gedanken und **Wege** Gottes sind höher als unsere Gedanken und Wege, weshalb auch der bußfertige Gottlose Seine überströmende Barmherzigkeit erfahren kann (Jes. 55, 7–9). Zwar sind Gottes Gerichte »unausforschlich« und Seine Wege »unausspürbar«; dennoch bitten wir mit Moses: Laß mich doch Deine Herrlichkeit schauen! Laß mich doch **Deine Wege** wissen, damit ich *Dich* erkenne! (vgl. Röm. 11, 33 + 2. Mos. 33, 13 + 18). Die Erkenntnis des göttlichen WESENS wird nämlich über die Erkenntnis Seiner heilsgeschichtlichen WEGE erschlossen. »Erleuchtet an den **Augen** des Herzens« können wir in der »Berufung Christi« auch unsere Berufung erkennen und werden durch das Anschauen Seiner Herrlichkeit umgewandelt in Sein wunderbares Bild (Eph. 1, 18/2. Kor. 3, 18).

Nun steht aber der Ruf des Vaters **zur Hingabe des Herzens** und zum **Wohlgefallen der Augen an Seinen Wegen** in einem besonderen sittlichen Zusammenhang. Ist doch **das Auge** die Eingangspforte der **Herzensbildung** und -gesinnung. Wieder ist es **die Fremde, die Ausländerin,** mit ihren andersartigen Kulten und Göttern, die mit ihrer Sexualität den frommen Israeliten zum Abfall verleiten will; fast jeder heidnische Götzendienst war ja mit »religiöser Unzucht« verbunden. So **mehrt die Hure wie ein Räuber** – nämlich des wahren Gottesdienstes – **die Treulosigkeit unter den Menschen** durch deren Untreue gegenüber dem lebendigen Gott. »Sie macht nicht nur den Gatten treubrüchig gegen die Gattin, sondern auch den Sohn gegen seine Eltern, den Schüler gegen seinen Lehrer und Seelsorger, den Diener an seinem Herrn. Die Verführerin … häuft also die Zahl derer, die treulos an Menschen handeln, denen sie zu treuer Liebe, treuem Gehorsam verpflichtet wären« (DEL).

Auch auf diesem Abfallsweg spielen **Auge** und **Herz** eine führende Rolle. Wer »Augen hat voll der Ehebrecherin« wird immer »ruhelos blicken nach der Sünde« (so 2. Petr. 2, 14 wörtl.). In unserer schamlosen und sexistischen Zeit, die immer mehr die Darstellung aller Abartigkeiten in der Öffentlichkeit sucht, gilt es, wie Hiob »einen Bund mit den Augen zu schließen«, um den begehrlichen Blick zu verhindern; denn »das Auge wird des Sehens nicht satt« (Pred. 1, 8); Hiob tat dies in dem Wissen, daß Gott alle seine Wege sieht und seine Schritte zählt (Hiob 31, 1–4). Ein Bewahren **des Auges** ist ein Bewahren **des Herzens,** unserer persönlichen Lebensmitte. Wir lasen es schon in Spr. 4, 23: »Behüte **dein Herz** mehr als alles, denn von ihm aus sind die Ausgänge des Lebens!« Doch die Flucht vor der Sünde, das Hinwegschauen und das Bemühen, sich innerlich rein zu erhalten, muß ergänzt werden vom »Streben«, »Ergreifen« und »Ausgestalten« göttlicher Gnadengaben, weil es keine Bewahrung ohne wirkliche Erfüllung gibt! Darum: **Gib mir, mein Sohn, dein Herz, und laß deine Augen Wohlgefallen an meinen Wegen haben!** Wessen **»Augen** stets auf JAHWEH gerichtet sind«, der wird es erfahren, daß der Herr auch »seine Füße herausführt aus dem Fangnetz« (Ps. 25, 15); seine Augen werden den König sehen in Seiner Schönheit (Jes. 33, 17)!

»König, gib uns Mut und Klarheit,
einen willgen, einen muntern Jüngersinn,
helle Augen in die Wahrheit
und ein leichtes lichtes Herze zum Gewinn,
das einmütig, ehrerbietig wie die Engel vor dir stehe,
bis Dein Leben unsern Geist mit Kraft durchgehe!«

+ + +

273 DURCH WEISHEIT WIRD EIN HAUS GEBAUT   (24, 3–4/14, 1)

Durch Weisheit wird ein Haus gebaut, und durch Verständnis wird es befestigt, und durch Erkenntnis füllen sich die Kammern mit allerlei kostbarem und lieblichem Gut. – Der Weiber Weisheit baut ihr Haus, doch ihre Narrheit reißt es mit eigenen Händen nieder!

Oberflächlich betrachtet, geht es in dieser Spruchweisheit um irdische Dinge, – um Familiengründung, Wohlfahrt und Reichtum, Hausbau und Lebensqualität, vielleicht auch um den Bestand von Generationen, die vom Reichtum des Begründers als begünstigte Erben leben. Doch wurde solches Vermögen oftmals durch Krieg und Raub oder durch Gewinnsucht auf Kosten der Mitmenschen gewonnen!
Zu Wohlfahrt und Gedeihen auf der Grundlage der Gebote Gottes bedarf es jedoch dreier tragender Säulen **des Hauses,** damit es **festgegründet** sei (PAR): diese sind **Weisheit, Verständnis** und **Erkenntnis,** die uns nach Jes. 11, 1–3 »der Geist JAHWEHs« verleiht, der sich entfaltet als »Geist der Weisheit und des Verständnisses, als Geist des Rates und der Kraft, als Geist der Erkenntnis und der Furcht JAHWEHs«.
Was aber ist **das kostbare und liebliche Gut,** mit dem sich **die Kammern des Hauses des Gerechten** füllen? Ist es unermeßlicher Reichtum, der jedes Begehren erfüllt? Die Tendenz des Sprüchebuches weist dies eher ab; es nimmt Partei für den bescheidenen und verarmten Frommen und lehnt den hartherzigen Geizhals ab. Sollte bei dem **kostbaren und lieblichen Gut** nicht eher an das gedacht sein, was **Weisheit, Verständnis und Erkenntnis** an Segen in eine Familie einbringen können – oft über viele Generationen hinweg?
Einen anderen Gedanken legt uns Spr. 14, 1 im Blick auf **»das Haus** Israel« nahe; erschöpft sich seine Aussage doch nicht in der Beschreibung weiblicher Klugheit und Dummheit! Nach A. Heller (200 Biblische Symbole) versinnbildlichen »Weiber« in der Schrift Neigungen und Grundsätze (s. Gal. 4, 21–31); so dürfen wir in dem Gedeihen und der Ausgestaltung **des Hauses** durch **der Weiber Weisheit** das mit Weisheit erfüllte und in Einsicht handelnde Israel sehen, das **sein Haus mit dem kostbaren und lieblichen Gut erfüllte,** das uns in Röm. 3, 2 + 9, 4–5 beschrieben wird. Das **Niederreißen des Hauses Israel** begann mit der **Narrheit der Weiber** Salomos, die mit ihren Göttern und Religionen Israel verderbten, und endete im Jahre 70 n. Chr., als sich in der Zerstörung Jerusalems Jesu Voraussage erfüllte: »Euer **Haus** wird euch wüste zurückgelassen werden« (Mtth. 23, 38)! Doch gehen wir dem Zeitpunkt entgegen, wo »die zerfallene Hütte Davids« nach Apg. 15, 16 wieder aufgerichtet wird! Tiefer erschließt

sich Spr. 24, 3–4, wenn wir es im Lichte des Neuen Testaments prophetisch-symbolisch sehen. Hat nicht Paulus das Christusfundament, die Grundlage der Apostel und Propheten, als ein weiser Baumeister überall dort gelegt, wo er Gemeinden ins Leben rief (1. Kor. 3, 10/Eph. 2, 20)? **Das Haus** aber **erbaut** Christus selbst als »die Weisheit Gottes« (Spr. 8, 1); es ist die Gemeinde als »heiliger Tempel im Herrn«, als »Behausung Gottes im Geist« (Eph. 2, 19–22)! Alle Mitarbeiter am Evangelium aber sind aufgerufen, **in Weisheit, Einsicht und Erkenntnis** auf diesem Grunde weiterzubauen, damit **das Haus festgegründet sei** – mit »Gold, Silber und Edelsteinen«, nicht aber »mit Holz, Heu und Stoppeln«, die am Gerichtstag Christi nur verbrennen werden (1. Kor. 3, 10–15)! Alle **Kammern des Christushauses aber** – in einem anderen Bilde die Glieder des Leibes Christi – **füllen sich mit allerlei kostbarem und lieblichem Gut.** Welcher Reichtum ist doch der Gottesgemeinde durch den Heiligen Geist geschenkt: der »unausforschliche Reichtum Christi«; vielerlei Dienste und Gnadengaben samt den zugehörigen Bauanweisungen (Röm. 12/1. Kor. 12/Eph. 4, 1–16); das prophetische Wort als »Licht an einem dunklen Ort«; die Christuszeugen aller Jahrhunderte in ihren Schriften und Liedern; nicht zuletzt aber das Licht Christi und der Lobpreis Seines Sieges »in den Zelten der Gerechten«, den Wohnungen der Heiligen (Ps. 118, 15). Zinsendorf dichtete:

> »Wir wolln uns gerne wagen in unsern Tagen
> der Ruhe abzusagen, die's Tun vergißt.
> Wir wolln nach Arbeit fragen, wo welche ist,
> nicht an dem Amt verzagen, uns fröhlich plagen
> und unsre Steine tragen aufs Baugerüst!«

Gehören wir zu denen, die das Christushaus **mitbauen und befestigen mit Weisheit, Verständnis und Erkenntnis?**

+ + +

274   PLANUNGEN DES NARREN   (24, 7–9)

Diese drei Verse stehen in einem inneren Zusammenhang, der durch Wesen und Lebenskonzept **des Narren** gegeben ist.

Weisheit ist dem Narren zu hoch, im Tore tut er seinen Mund nicht auf (V. 7)!

Zu hoch ist dem Narren die Weisheit Gottes und Seines Wortes, nach dem Hebräischen »selten, kostspielig, unerschwinglich« wie Schmuckwaren, Edelkorallen (DEL) oder teures Leder (BA). In gewisser Weise hat der Narr mit dieser Einschätzung recht, denn »geläutertes Gold kann nicht für die Weisheit gegeben, und Silber nicht dargewogen werden als Kaufpreis für sie. Sie wird nicht aufgewogen mit Gold von Ophir, mit kostbarem Onyx und Saphir, Gold und Glas kann man ihr nicht gleichstellen, noch sie eintauschen gegen ein Gerät von gediegenem Feingold. Korallen und Kristall kommen neben ihr nicht in Erwähnung; und der Besitz der Weisheit ist mehr wert als Perlen« (Hiob 28, 15–19)!

Der Narr unterliegt dem fundamentalen Irrtum, alles könne »auf die Schnelle« mit Gold erworben werden; dabei kostet der Gewinn der Weisheit aufwendige Geduld, ja Opfer und Verzicht, kurz, den »Preis« eines ganzen Lebens; und das ist ihm **zu teuer,** der Erwerb zu mühselig! Wer sich bemüht, als »Haushalter der Gottesgeheimnisse« in den vollen Reichtum der Schriftoffenbarung einzuführen, wird es immer wieder erlebt haben, daß ihm Menschen sagten: »Das ist mir alles **zu hoch!**« Damit meinten sie den »Preis« der für die unermeßlichen Gottesschätze »bezahlt« werden muß.

Daß der Narr dann **im Tore,** d. h. in der Gerichtsversammlung der Ältesten, aus Weisheitsmangel und Unwissenheit **schweigen muß,** folgt daraus. Dies ist aber noch das Gescheiteste, was er tun kann, damit seine geistige und seelische Leere nicht offenbar wird. »Wenn du geschwiegen hättest, wärest du ein Philosoph geblieben«, empfiehlt die Mundart dem Toren, der es gewagt hat, sich im Ratkreis der Weisen und Alten niederzulassen. Kennen wir solches **Schweigen** nicht auch in der Gemeinde Christi, wo eigentlich »ein jeder etwas« beitragen sollte zur allgemeinen Auferbauung, wie es Paulus in 1. Kor. 14, 26 wünscht?

Wer darauf sinnt, Böses zu tun, den nennt man einen Ränkeschmied (V. 8).

Der Narr ist zwar nicht **weise,** jedoch zum eigenen Vorteil durchtrieben, berechnend und gerissen; **er plant** mit Hinterlist und Heimtücke, immer nahe am Rande der Legalität. In solchem **Planen,** im Ausbrüten der sündigen Tat, ist er **ein Meister** (BUB: Ränkemeister; eig.: Baal der Planungen). Für einen solchen ist das Handwerk des **Schmiedes** ein trefflicher Bildhintergrund; ist doch in der Heiligen Schrift der Schmied immer ein Bild des Verderbens und der Zerstörung, ja, des Verderbers (1. Mos. 4, 22/Jes. 54, 16). So lesen wir in 2. Tim. 4, 14: »Alexander, der Schmied, hat mir viel Böses erwiesen; der Herr wird ihm vergelten nach seinen Werken. Vor ihm hüte auch du dich, denn er hat unseren Worten sehr widerstanden!« Ihm drohte das Gericht der Überlieferung an den Satan (1. Tim. 1, 20), während Brüdern, die Paulus aus Schwachheit verließen, diese Sünde nicht zugerechnet wurde (2. Tim. 4, 16). Hierin wird der Unterschied deutlich zwischen der Schwachheitssünde, der wir alle unterliegen, und die wir tief bereuen, und vorsätzlicher, willentlicher, **geplanter Sünde;** für den **Pläneschmied des Bösen** bleibt nur noch das Gericht (Hebr. 10, 26–27).

Auch Vers 9 schildert uns die raffiniert geplante Sünde des Narren, denn dafür ist der Dümmste nicht zu dumm:

Das Vorhaben (BA: Planen) **der Torheit ist Sünde, und der Spötter ist den Menschen ein Greuel!** (V. 9).

Mit seinen **Planungen** zerstört der Narr das Verhältnis des Menschen zu Gott und »verfehlt das Ziel«, das Gott ihm gesetzt hat; **Sünde** ist Zielverfehlung! Den **Spötter** empfinden nicht nur geheiligte Menschen **als Greuel,** sondern er selbst wird zur Verkörperung des Greuels, wie das »Greuelbild« dämonischer Mächte; überdies ist er ständig bemüht, auch andere Menschen in seine greuelhafte Gesinnung mit hineinzuziehen! »Der Übermütige, Stolze – **Spötter ist sein Name** – handelt mit vermessenem Übermut« (Spr. 21, 24)! Und weil er stets Streit und Schande hervorruft, soll man ihn nach Spr. 22, 10 »forttreiben«, damit mit ihm auch der Zank weiche! So führt auch das »Verrücken der Grenzsteine« gottesfürchtiger Väter und Lehrer zu den Narrheiten und »Verrücktheiten« unserer so tief gestörten Zeit! Der Preis, der für diesen Abweg gezahlt werden muß, ist unermeßlich hoch – höher, als der Narr den Preis für den Erwerb der Gottesweisheit ansetzte, als er sprach: **Sie ist mir zu hoch!** Doch er ahnte nicht, daß sie letztlich ein Gnadengeschenk ist, das uns »umsonst« zuteil wird (Jes. 55, 1–2)!

+ ⁺ +

275 KRAFTLOS AM TAGE DER DRANGSAL (24, 10)

Zeigst du dich schlaff am Tage der Drangsal, so ist deine Kraft beschränkt.

Unser Text spricht das Problem der Tragkraft an, die sich erst in der Not, im Leid und in der **Drangsal** erweist. Luther hat mit seiner Übersetzung den Sinn gut getroffen: »Der ist nicht stark, der in der Not nicht fest ist!« Soll sich doch unser Glaube gerade im Leidensfeuer wie schlackenloses Gold bewähren (1. Petr. 1, 7)! **Das Schlaffsein am Tage der Drangsal** birgt in sich Kraftlosigkeit, Wankelmütigkeit, Zaghaftigkeit und Resignation. Jes. 13, 7–8 beschreibt den »Tag JAHWEHs« mit seinen Belastungen und Schrecken so: »Darum werden alle Hände **erschlaffen,** und jedes Menschenherz wird zerschmelzen. Und sie werden bestürzt sein, Wehen und Schmerzen werden sie ergreifen, sie werden sich winden gleich einer Gebärenden; einer starrt den anderen an, ihre Angesichter glühen« (vgl. Hes. 21, 12/Luk. 21, 26).

Doch sollte unser Glaube der Sieg sein, der die Welt überwindet; denn »wer sonst könnte es sein, der die Welt überwindet, wenn nicht der, welcher glaubt, daß Jesus der Sohn Gottes ist?« (1. Joh. 5, 4–5)! Darum schließen alle Sendschreiben der Offenbarung, die verschiedene Gemeindetypen beschreiben, zugleich aber verschiedene kirchengeschichtliche Zeiten und Versuchungen, mit einem »Siegerspruch für den Überwinder«. Wir können die Tatsache nicht umgehen, daß wir als »Mitgekreuzigte« zu einer Gemeinde gehören, die als »Leib Christi« teilhat an Seinem Leiden! So ist es eine wesentliche Aufgabe ihrer Hirten, »die Seelen der Jünger zu befestigen und sie zu ermutigen, im Glauben zu verharren, weil wir durch viele Trübsale in das Reich Gottes eingehen müssen« (Apg. 14, 22)!

Viele Glaubende leiden an diesem Punkte Not; wie oft fühlten wir selbst uns schon über Tragvermögen hinaus belastet und konnten die Zusage Gottes nicht mehr verstehen, daß Er uns »nicht über unsere Tragkraft hinaus versucht« (1. Kor. 10, 13)! Wenn Paulus einmal »übermäßig und über Tragvermögen hinaus« beschwert wurde und »sogar am Leben verzweifelte« (2. Kor. 1, 8), dann widerfuhr ihm dies, weil er in seiner Person Leiden übernahm, die Christus anderen verordnet hatte (Kol. 1, 24). In dieser äußerst gespannten, notvollen Lage lernte er Gott in besonderer Weise als den Retter kennen, so daß er hernach befähigt war, als ein Priester Gottes die Leidenden »mit dem Trost Christi zu trösten«, der ihm selbst widerfahren war (2. Kor. 1, 4/9–10). So gewann er – wie die Glaubenshelden des Alten Bundes – »aus der Schwachheit Kraft und wurde im Kampfe stark« (Hebr. 11, 34). Auf Glaubenskampf und geistliche Kriegsführung dürfen wir sicher Spr. 24, 5–6 anwenden: »Ein weiser Mann ist stark, und ein Mann von Erkenntnis **befestigt seine Kraft.** Denn mit weiser Überlegung wirst du glücklich Krieg führen, und bei der Ratgeber Menge ist Sieg!«

In dem Andachtsbuch »Manna am Morgen« (H. E. Alexander) las ich dazu: »Bist du schon einmal in Ohnmacht gefallen? Kennst du dieses beklemmende Gefühl? Das Leben scheint zu schwinden, die Beine versagen ihren Dienst, die Arme sinken kraftlos herab. Hast du dasselbe Gefühl nie auf geistlichem Gebiet gehabt? Viele Christen neigen dazu, sich **in Schwierigkeiten schwach zu zeigen.** Was sie sagen, ist schwächlich. Sie verlangsamen den Schritt, kreuzen die Arme, werden schwächer und schwächer und verlieren schließlich unter dem Druck der Ereignisse das (geistliche) Bewußtsein« (S. 204). Das klingt gut – aber nicht für den, der vor Not, Angst und Grauen wie versteinert ist und nicht mehr aus noch ein weiß! In dem Pfingstpsalm Israels heißt es von den »Brunnengräbern im Tränental«: »Sie gehen von Kraft zu Kraft« (Ps. 84, 7); doch dürfen wir dies nicht so verstehen, als wüchsen unsere Kräfte immer mehr an, wie in einem geistlichen Muskeltraining, so daß wir schließlich als Unbesiegbare dastehen! Ist es nicht vielmehr wie bei einem Fahrzeug, das den Benzinvorrat bei weiten Strecken an jeder neuen Tankstelle wieder auffüllen muß? So wandern wir als die Schwachen, die von Gott gehalten sind, von »Kraft zu Kraft« und »erscheinen« schließlich »vor Gott in Zion« (V. 7b).

Wir gehen mit Paulus »durch Ehre und Unehre, durch böses und gutes Gerücht«; wir gelten »als Verführer und sind doch Wahrhaftige; als Unbekannte und sind doch wohlbekannt; als Sterbende, und siehe: Wir leben! Als Gezüchtigte, und doch nicht zu Tode gebracht; als Traurige, die sich doch allezeit freuen; als Arme, die viele reich machen; als Habenichtse, die das All besitzen« (2. Kor. 6, 8–10)!

+ ⁺ +

276 HALTE DIE TODGEWEIHTEN ZURÜCK!　　　　　　　(24, 11–12)

Errette, die zum Tode geschleppt werden, und die zur Würgung hinwanken, o halte sie zurück!– Wenn du sprichst: Siehe, wir wußten nichts davon – wird nicht Er, der die Herzen wägt, es merken, und Er, der deine Seele bewacht, es wissen? Und Er wird dem Menschen vergelten nach seinem Tun!

Fürwahr, ein eigenartiges Weisheitswort! Zunächst meint es die Rettung derer, die nach Recht und Gerechtigkeit zum Tode verurteilt und auf dem Wege zur Richtstätte sind. Aber ist nicht der Obrigkeit nach Röm. 13, 4 »das Schwert gegeben«, als einer »Dienerin Gottes«, die Strafe übt an denen, »die das Böse tun«? Doch wie oft ist sie nicht Obrigkeit im Sinne Gottes, daß sie »das Gute belohnt und das Böse bestraft«; denken wir nur an die vielen Justizirrtümer, die Religionsverfolgungen, etwa in der ersten Christenheit, an die Abertausende Opfer der kirchlichen Inquisition, die auf den Scheiterhaufen verbrannten, nicht zuletzt an die hingemordeten Juden während der Naziherrschaft! Wie oft wurde da das Gute bestraft und das Böse belohnt! Ps. 82, 4 aber weist uns an: »Befreiet den Geringen und den Dürftigen, errettet ihn aus der Hand der Gesetzlosen!« Zu Recht hat der Staat Israel solche Menschen als »Gerechte der Völker« geehrt, die unter Einsatz ihres eigenen Lebens in der Nazizeit Juden vor dem Abtransport ins KZ und vor schrecklichem Leiden und Tod bewahrten! Viele Deutsche haben sich nach dem Krieg in die Entschuldigung geflüchtet, sie hätten **nichts davon gewußt,** sie hätten angenommen, daß es nicht zum Äußersten kommen werde. Dabei war in der »Nazibibel ›Mein Kampf‹« die »Endlösung der Judenfrage« klar vorausgesagt! Auch Jesus wird bei Seinem Kommen in Herrlichkeit »die Gerechten der Völker« auszeichnen, die barmherzig an Seinen »geringsten Brüdern« aus Israel handelten (Mtth. 25, 34–40)!

Der fadenscheinigen Entschuldigung und Selbstrechtfertigung der Unbarmherzigen begegnet das Sprüchewort mit dem Hinweis auf die Allwissenheit des Gottes, **der die Herzen wägt,** welcher der **Wächter der Seele ist,** und der »die Nieren prüft«, d. h. unser Gewissen. Vor Ihm ist alles offenbar – auch die Beweggründe der Herzen und die Vorentscheidungen des Willens im Unterbewußtsein (Hebr. 4, 11–13). Sein Wort ist »Richter der Gedanken und Gesinnungen des Herzens«. Daß Er **dem Menschen vergelten** (BUB: erstatten) **wird nach seinem Tun,** sagt auch das NT (Mtth. 16, 27/Röm. 2, 6/1. Kor. 3, 13/2. Tim. 4, 14/Hebr. 6, 10/Offb. 2, 22/20, 12/22, 12)!

Wie hat sich aber unser Herr, in dem die Menschenfreundlichkeit und Barmherzigkeit Gottes erschienen war, derer erbarmt, **die zum Tode geschleppt wurden und zur Würgung hinwankten!** – der Sünder, Zöllner und Huren. Lesen wir nur Joh. 8, 1–11; dort spricht er die rechtens angeklagte Ehebrecherin frei zu einem neuen Leben in Reinheit und erweist ihr so Barmherzigkeit, nachdem alle ihre Ankläger, vom eigenen Gewissen überführt, sie verlassen hatten. Der Richter Israels, der selbst das Gesetz gegeben hat, spricht sie frei! Nur Er kann solches tun! Oder denken wir an den mitgekreuzigten Verbrecher, dem Er die Teilnahme am kommenden Reich verhieß!

So dürfen wir in denen, **die zum Tode geschleppt werden,** die ganze verlorene Menschheit sehen, da ja dem Menschen gesetzt ist, einmal zu sterben und danach das Gericht zu erleiden (Hebr. 9, 27). Die ersten Menschheitsglieder ADAM – SETH – ENOSCH künden es mit ihren Namen: Der Mensch (Adam) ist gesetzt (Seth) zur Vergänglichkeit (Enosch). Die ganze Menschheitsgeschichte ist ein »Totentanz« auf dem »Blutacker Hakeldama« (Mtth. 27, 6–8/Apg. 1, 19), ein **Hinwanken zur Würgung,** ein **Sich-Hinschleppen zum Tode!**

Von jenem schrecklichen Ende kann uns nur Jesus Christus **erretten und zurückhalten,** Er, der als Erlöser unsere Strafe getragen hat, damit wir Frieden hätten! So wird Spr. 24, 11 zur Weisung des Vaters an Seinen Sohn, als Er Ihn in diese Welt sandte. Er aber sprach: »Vater, ich komme, Deinen Willen zu tun!« (Hebr. 10, 7). Wir sollten diesen Gottesbefehl aufnehmen und uns in das Rettungswerk Christi eingliedern lassen, als solche, die selbst »vom Tode ins Leben übergegangen sind« (1. Joh. 3, 14), indem wir anderen die Frohe Botschaft des Heils weitersagen, damit auch sie **vom Tode errettet würden!** Hes. 3, 18–19 verpflichtet uns in allem Ernst dazu!

+ + +

277 ISS HONIG, MEIN SOHN! (24, 13–14)

Iß Honig, mein Sohn, denn er ist gut, und Honigseim ist deinem Gaumen süß. Ebenso betrachte die Weisheit für deine Seele; wenn du sie gefunden hast, so gibt es eine Zukunft, und deine Hoffnung wird nicht vernichtet werden!

Sollte es wirklich so wichtig sein, daß der Vater seinem Sohn, der Lehrer seinem Schüler, den Genuß **des Honigs** als heilsam nahelegt? Dies könnte heutigentags jede Reformhauszeitung übernehmen! Zweifellos eignen dem Honig wertvollste Inhaltsstoffe, so daß er dem Zucker weit überlegen ist; denken wir auch an die Nebenprodukte des Bienenfleißes, wie das Königinnenfutter »Gelée royal« und das antibakterielle »Propolis«, das wie ein Antibiotikum den Bienenstock immunisiert! **Der Honigseim** ist der aus den Waben von selbst ausfließende Honig, der als besonders wertvoll erachtet wurde.

Das **»Ebenso«** im vorliegenden SPRUCH will besagen: Wie **der Honig** nutzbringend ist für den Leib und seine Gesundheit, so ist **die göttliche Weisheit** heilbringend für die **Seele.**

Der Honig ist in der Heiligen Schrift ein Bild für die Freundlichkeit Gottes, sonderlich für die **Süßigkeit** Seines belebenden Wortes! So heißt es in Ps. 119, 103: »Wie **süß** sind meinem Gaumen Deine Worte, **mehr als Honig** meinem Munde!« An den Bienenstock und das fleißige Honigsammeln als Bevorratung für die Zeit des Mangels ist auch gedacht, wenn der Dichter von Ps. 45 ausführt: »Es **summt** mein Herz von gutem Worte« (wie die Bienen in einem Bienenstock; nach BUB). Wer so Gottes Wort in sich speichert, kann in Zeiten der Not auf das zurückgreifen, was er sich aufschließen ließ und sammelte! Als der Kriegsmann Jonathan unwissentlich und gegen Sauls Befehl von dem Honigstrome aß, der im Wald floß, da »wurden seine Augen hell« (1. Sam. 14, 24–27; 29 + 44–45). So werden auch wir »erleuchtet an den Augen unseres Herzens«, wenn wir den **»Honig«** des Wortes Gottes genießen, den uns der Heilige Geist freundlich anbietet, während der verworfene und gewalttätige Fürst dieser Welt ihn uns verweigern will (Eph. 1, 18)! Gott aber in Seiner Freundlichkeit »reicht uns alles reichlich dar zum Genuß« (1. Tim. 6, 17b); dies gilt in besonderer Weise von geistlichen Gütern und Segnungen!

Aber wie man damals **den Honig** in der Natur **suchen** mußte, so muß man auch die Weisheit Gottes suchen und **finden.** Von den sieben Vorbedingungen, die nach Spr. 2, 1–6 zum Finden der Weisheit führen, nennt uns V. 4 als die siebente: »Wenn du ihn« (den Verstand und damit die Weisheit) »suchst wie Silber, und wie nach verborgenen Schätzen ihm nachspürst, dann wirst du die Furcht JAHWEHs verstehen und die Erkenntnis Gottes **finden!«** Die gefundene **Weisheit** Gottes aber ist letztlich der Christus selbst, der uns von Gott gemacht wurde »zur Weisheit und Gerechtigkeit und Heiligung und Erlösung« (1. Kor. 1, 30); wer Ihn gefunden hat, hat alles gefunden! Mit Ihm und in Ihm ist unsere **Hoffnung und Heilszukunft** gesichert, weil in Ihm alle Gottesverheißungen JA und AMEN sind. Darum sollten wir »das Bekenntnis **der Hoffnung** unerschütterlich festhalten, weil ER treu ist, der die Verheißungen gegeben hat« (Hebr. 10, 23).

Was aber hat es zu bedeuten, wenn der gleiche Sohn in Spr. 25, 16 ermahnt wird, **nicht ein Zuviel an Honig zu essen,** damit er seiner nicht überdrüssig werde!? Die natürliche Bedeutung ist klar; aber kann solches auch vom »Honig der Weisheit und des Wortes Gottes« gelten? Delitzsch führte hierzu aus: »Wie man auch durch die edelsten Speisen sich schaden kann, wenn man den Magen damit überlädt, so gibt es auch im Bereich der Wissenschaft, der Lektüre, der Erbauung eine schädliche Überladung des Geistes.« Die Erkenntnis und Weisheit, die wir durch Gottes Wort in der Gemeinde und in manchen Bibelkonferenzen aufnehmen, muß in die Tat des Alltags und im Bau der Gemeinde umgesetzt werden! Ohne solche Ausgewogenheit unseres Glaubens könnten sie uns, wie **zu reichlicher Honiggenuß,** »Widerwillen erwecken« und in sich selbst verderben.

Doch sind wir im allgemeinen nicht durch ein **Zuviel** im Studium der verborgenen Schätze des Wortes der Weisheit gefährdet, als vielmehr durch einen großen Mangel! So ist das Gleichgewicht der Aussage in Spr. 25, 27 wohl zu beachten: »Zuviel Honig essen ist nicht gut, aber Schweres erforschen ist Ehre!«

+ + +

278 AUCH DER GERECHTE KANN FALLEN! (24, 15–16)

Belaure nicht, Gesetzloser, die Wohnung des Gerechten, zerstöre nicht seine Lagerstätte! – Denn der Gerechte fällt siebenmal und steht wieder auf, aber die Gesetzlosen stürzen nieder im Unglück.

Ein Beispiel für **Fall und Auferstehen des Gerechten** bietet die Schrift im Bericht über Hiob. Hatte nicht *der* **Gesetzlose,** Satan, seiner begehrt und ihn **belauert,** um **sein Heim,** seine Familie, seine Herden und seine Gesundheit zu zerstören? Gott aber gewährte Satan diesen Vernichtungsschlag, um den Glauben Hiobs zu prüfen. Was ihn jedoch am meisten belastete, war der zynische Unglaube seiner Frau, die ihm empfahl, Gott abzusagen, und der »theologische« Rat seiner Freunde, die ihm Sünde als Ursache seines Leidens nachweisen wollten! Mit Ps. 38, 16 hätte er befürchten können, daß die Gottlosen sich über ihn freuen und beim Wanken seines Fußes wider ihn großtun könnten: »Ich bin nahe daran, zu hinken, und mein Schmerz ist beständig vor mir!« klagt der Psalmist in Ps. 38, 17. Doch wurde Hiob zum großen Vorbild des Leidens und der Auferstehung des Messias, den auch dieser Psalm prophetisch vorausschaut. Hiob 42 zeigt Gott als den Wiedererstatter; Er, der Hiob Wunden schlug, heilte seine Seele und richtete ihn wieder auf, wie Er es auch einmal mit Seinem Volke Israel tun wird (Hosea 6, 1 3). Hiob erfuhr, was Gottes Wort vom **siebenmaligen Fallen des Gerechten** bezeugt: »Siehe, glückselig ist der Mensch, den Gott straft! So verwirf denn nicht die Züchtigung des Allmächtigen. Denn Er bereitet Schmerz und verbindet, er zerschlägt, und Seine Hände heilen. In sechs Drangsalen wird Er dich erretten, und in sieben wird dich kein Übel antasten« (Hiob 5, 17–19)!

Daß **der Gerechte fallen kann,** lehrt auch Jak. 3, 2, wo es heißt: »Wir alle straucheln oftmals« (oder: in vielerlei Hinsicht). »Wenn wir sagen, daß wir keine Sünde haben, so betrügen wir uns selbst, und die Wahrheit ist nicht in uns!« (1. Joh. 1, 8 + 10). Doch gilt solches nur von der Schwachheitssünde der Glaubenden, die sie vor dem Herrn tief bereuen; sie **stehen** zu Seiner Verherrlichung **wieder auf** und gehen den Glaubensweg nach empfangener Vergebung weiter; dies ist Kennzeichen des »gerechten Sünders«, wie es auch Ps. 37, 23–24 ausspricht: »Von JAHWEH werden befestigt des Mannes Schritte, und an seinem Wege hat Er Wohlgefallen; wenn er fällt, wird er nicht hingestreckt werden, denn JAHWEH stützt seine Hand!« Selbst vom »Straucheln Israels« in der gegenwärtigen Heilszeit konnte Paulus sagen, daß es nicht »zum Fallen« führe (Röm. 11, 11). Denn »JAHWEH stützt alle Fallenden und richtet auf die Niedergebeugten« (Ps. 145, 14). **Die Gesetzlosen** hingegen, die mit Willen, Vorsatz und Planung sündigen, **stürzen nieder im Unglück** und – bleiben liegen! Ihnen bleibt nur noch »ein gewisses, furchtvolles Erwarten des Gerichts und der Eifer eines Feuers, das die Widersacher verschlingen wird« (Hebr. 10, 26–27). Welcher Unterschied besteht doch zwischen **dem Fallen des Gerechten** und dem **Stürzen des Gesetzlosen!**

Wie ist aber der scheinbare Widerspruch zu klären, der zwischen Jak. 3, 2 und 2. Petr. 1, 10 besteht? Dort ermahnt der Apostel: »Brüder, befleißiget euch um so mehr, eure Berufung und Erwählung festzumachen; denn wenn ihr diese Dinge tut, so werdet ihr **keinesfalls je straucheln!«** (s. auch Ps. 119, 165 + Ps. 121, 3). Wie so oft bietet der Textzusammenhang die Lösung: 2. Petr. 1, 11 spricht von einem Weg zum Ziel, welches ist »der Eingang in das Königtum unseres Herrn und Retters Jesus Christus«; im Blick darauf wird uns verheißen, daß wir es nicht durch ein Straucheln, Fallen und **endgültiges** Liegenbleiben verfehlen werden, sondern vielmehr »durch Gottes Macht durch Glauben bewahrt werden bis zur Vollerrettung in der Endzeit« (1. Petr. 1, 5).

Der Zufluchtsort steht uns offen, wenn wir in Schwachheit fallen. Wir straucheln als Gerechte, **stürzen** jedoch nicht nieder wie **die Gesetzlosen.** »Der Name JAHWEHs ist ein starker Turm; der Gerechte läuft dorthin und ist in Sicherheit« (Spr. 18, 10)! **Das Wiederaufstehen** im Abglanz der **Auferstehung** Christi ist uns allezeit gewährt! ER selbst **fiel** als **der Gerechte** in die schaurige Tiefe des Abgeschnittenseins von Gott, aber »der Wiederbringer aus Toten« ließ Ihn **auferstehen** (vgl. Hebr. 13, 20)!

+ + +

279   FREUE DICH NICHT AN DEINES FEINDES STURZ!   (24, 17–20)

Freue dich nicht über den Fall deines Feindes, und dein Herz frohlocke nicht über seinen Sturz; damit JAHWEH es nicht sehe, und es böse sei in Seinen Augen, und Er Seinen Zorn von ihm abwende. – Erzürne dich nicht über die Übeltäter, beneide nicht die Gesetzlosen; denn für den Bösen wird es keine Zukunft geben, die Leuchte der Gesetzlosen wird erlöschen.

In der vorigen Betrachtung sahen wir den Unterschied zwischen dem Fallen und Aufstehen des Gerechten und dem endgültigen Sturz **des Gesetzlosen.** Unser Textzusammenhang fordert eine hohe sittliche Haltung des Glaubenden, die weit entfernt ist von der Volksmeinung, die in der Redewendung zum Ausdruck kommt: »Schadenfreude ist die reinste Freude!« **Freue dich nicht über den Fall deines Feindes!** Auch Seele und Gemüt, **das Herz,** soll nicht **über seinen Sturz** frohlocken. »Wer über Unglück sich freut, wird nicht für schuldlos gehalten werden« (Spr. 17, 5b). Eine solche Haltung ist **böse in den Augen Gottes,** letztlich darum, weil Er selbst sich über den Sturz Seiner Feinde nicht freuen kann, was auch das »Klagelied« Gottes über den Fall Luzifers beweist (Hes. 28, 11ff.). Gott liebt den Kosmos (Joh. 3, 16), ja Er hat auch uns geliebt, als wir noch Feinde waren (Röm. 5, 10). Es entspricht Gottes eigenem Wesen, Seinem Willen und Seinem Tun, wenn Er von uns fordert, daß wir unseren Feind speisen und tränken und auf diese Weise »feurige Kohlen« auf sein Haupt sammeln (Mtth. 5, 44/Röm. 12, 20–21). *Darum* ist die Freude über den Fall des Feindes **in Seinen Augen böse!** Solche Fehlhaltung könnte es bewirken, daß Er das Gericht, welches Er über den Gottlosen verhängte, **von ihm abwendet** und ihn wiederherstellt!

Vers 19 will uns auch warnen vor jeder emotionalen **Ereiferung und Erhitzung** (DEL) in der Frage der Gesetzlosen, denen es oft so wohl ergeht (vgl. Ps. 73, 1–17); dies kann sich äußern in einem **Erzürnen** wegen des Schweigens Gottes ihnen gegenüber und der Duldung ihrer Machtarroganz, aber auch in einem **Beneiden** ihres glücklichen Weges. Der Ärger über die scheinbar ungerechte Verteilung der Geschicke auf Erden gründet in einer geistlichen Kurzsichtigkeit, die nur die Gegenwart im Auge hat und nicht das Ziel, das Ende, beschaut! Wie aber sieht das Ende des Gesetzlosen aus? **Für den Bösen wird keine Zukunft sein, die Leuchte der Gesetzlosen wird erlöschen.** Dies gilt jedoch nicht nur für die irdischen Gottlosen, sondern auch für die »Weltbeherrscher der Finsternis«, die »Geistermächte der Bosheit in der Himmelswelt« (Eph. 6, 12), ja letztlich von Satan, **dem** Bösen, selbst! Satans **Fall** hat seine ursprüngliche Herrlichkeit verderbt; seine finstere Restherrlichkeit, die selbst der Fürstenengel Michael nicht zu lästern wagte, wird auch **erlöschen** (s. Jud. 8–10)! Der »Lichtträger« (Luzifer = Morgenstern) verliert auf ewig sein Licht; er weiß, daß er »wenig Zeit« und **keine Zukunft hat,** und ist darum von »großer Wut« erfüllt (Offb. 12, 12). Das bestätigt uns die Schrift in manchen Aussagen: »Das Licht der Gerechten brennt fröhlich, aber die Leuchte der Gesetzlosen erlischt« (Spr. 13, 9/vgl. Spr. 20, 20, wo vom Erlöschen der Leuchte in tiefster Finsternis gesprochen wird). Auch Hiob 15, 20–35 gibt uns viele tiefgründige Aussagen über die **Zukunftslosigkeit** *des* Gesetzlosen, von denen wir nur einige wiedergeben wollen:

– Der Gesetzlose glaubt nicht an eine Rückkehr aus der Finsternis;
– er weiß, daß neben ihm ein Tag der Finsternis bereitet ist;
– er hat seine Hand wider Gott ausgestreckt und wider den Allmächtigen getrotzt;
– er entweicht nicht der Finsternis … er muß weichen durch den Hauch Seines Mundes (V. 22–23; 25; 30). Dazu aus Hiob 18, 5–18:
– Das Licht der Gesetzlosen wird erlöschen;
– sein Ratschlag wird ihn stürzen;
– man wird ihn aus dem Licht in die Finsternis stoßen, und aus der Welt ihn verjagen (V. 5/7/18; siehe auch Hiob 20, 26–28).

Während **die Leuchte der Gesetzlosen erlischt,** ist »der Pfad des Gerechten wie das glänzende Morgenlicht, das immer heller leuchtet bis zur Tageshöhe. Der Weg der Gesetzlosen ist dem Dunkel gleich; sie erkennen nicht, worüber sie straucheln« (Spr. 4, 18–19)!

+ ⁺ +

280 FÜRCHTE GOTT – EHRE DEN KÖNIG (24, 21–22)

Mein Sohn, fürchte JAHWEH und den König! Mit Andersgesinnten (Aufrührern) **vermische dich nicht! Denn plötzlich erhebt sich ihr Verderben; und ihrer beider Untergang – wer weiß ihn?**

Die vorliegenden Verse haben den Aufruhr **gegen Gott und den König** im Auge; beides geht in seinem antiautoritären Grundbestreben meist Hand in Hand, weshalb **der Sohn** aufgefordert wird, **JAHWEH und den König zu fürchten,** zu ehren. Die Träger der Revolte werden **Andersgesinnte** genannt – Aufrührer, die Delitzsch als Dissidenten, Oppositionelle und Revolutionäre deutet. Sie erkennen weder die Monarchie JAHWEHS noch die Seines Königs in Israel an und versuchen, mit wohllautenden Weltbeglückungsparolen Menschen hinter sich herzuziehen, was in Bubers Übertragung **»Schillernde«** zum Ausdruck kommt. Denken wir nur an den Aufruhr Absaloms gegen seinen Vater David, der an den Toren Jerusalems »die Herzen der Männer Israels stahl«, indem er sie dem König abspenstig machte (2. Sam. 15, 1–6)!

Aber gibt es nicht Gründe genug, die es gebieten, sich in politisches Fehlverhalten **einzumischen** und sich mit außerparlamentarischen Protestgruppen oder gar Aufrührern zu **verflechten** (DEL)? So nennen uns die SPRÜCHE in K. 24, 23–25 das Ansehen der Person vor Gericht und die Freisprechung von Gesetzlosen in einer korrupten Rechtsprechung; wer solches tut, »den verfluchen die Völkerschaften« wohl zu recht, während sie die gerechten Könige und Richter »segnen«! Muß sich nicht gerade in einer Demokratie der Bürger in politische Entscheidungen **einmischen,** wozu ihn auch die Kirchen oftmals aufrufen, die ihre religiösen Aufgaben vernachlässigen, aber »mit hängender Zunge« jedem Zeitereignis hinterherlaufen, um sich politisch zu betätigen?

Unser Sprüchewort untersagt dem gottesfürchtigen Frommen zwar nicht eine religiöse Stellungnahme zu politischen Fragen, jedoch jegliche revolutionäre Auflehnung gegen die Obrigkeit und einen Anschluß an politische Rattenfänger und Rädelsführer! Es mag uns befremden, daß in ihm **die Furcht Gottes und des Königs** gleichgestellt sind; sicher hat dies auch Petrus empfunden, der in seinem Wort über die Obrigkeit: **»Fürchtet** Gott, **ehret** den König« das Gebot der SPRÜCHE differenziert (1. Petr. 2, 13 + 17). Wenn wir Röm. 13, 1–7 ernst nehmen, dann müssen auch wir Christen uns der Obrigkeit »unterordnen«, weil sie als Ordnungsfaktor Gottes in dieser Welt eingesetzt ist und »das Gute belohnt und das Böse bestraft«. »Gebet allen, was ihnen gebührt: die Steuer, dem die Steuer, den Zoll, dem der Zoll, die Furcht, dem die Furcht, die Ehre, dem die Ehre gebührt!« mahnt uns V. 7.

Wenn auch die Apostel »in Christo« weder die Unterschiede von Mann und Frau, von Jungen und Alten, von Sklaven und Freien, von Armen und Reichen anerkannten, so forderten sie doch »im Herrn«, d. h. unter Beachtung der Schöpfungsordnung in der gefallenen Welt, die »Unterordnung«. Niemals wäre es ihnen eingefallen, sich revolutionär zu Bannerträgern der Sklavenbefreiung, der Frauenemanzipation oder eines Aufruhrs gegen das Kaisertum zu machen! Es waren die Römer, die das urchristliche Bekenntnis »Herr (kyrios) ist Jesus Christus« politisch als »Cäsar ist Jesus« mißverstanden und darum die Christen verfolgten. In 1. Tim. 2, 1–2 empfiehlt der Apostel Paulus das treue Gebet für den König und für alle, die obrigkeitliche Befugnisse wahrnehmen, was auch für Christen in unserer Zeit unverändert gilt!

Vers 22 bezeugt: Selbst wenn **der Aufrührer** sich zeitweilig der Strafe zu entziehen vermag, so droht doch im Gericht Gottes **der Untergang beider** – der Aufrührer und ihrer Parteigänger; oder aber derer, die sich gegen JAHWEH, als auch derer, die sich gegen die gottgesetzte Obrigkeit erheben. Doch den Zeitpunkt des Gerichtes kennen wir nicht: **ihrer beider Untergang, wer weiß ihn?** Man kann mit DEL. auch der Fassung des hebr. Textes den Vorzug geben, wonach es heißt: **Ihrer Jahre Untergang** (d. h. den Zeitpunkt ihres Untergangs) – **wer kennt ihn?** Das »mene, mene, tekel, upharsin« (gezählt, gezählt, gewogen und zerteilt; Dan. 5) wird zum rechten Zeitpunkt nicht nur über den

Weltmächten und ihren Herrschern, sondern auch über den Revolutionären dieser Welt erschallen, die trotz wohllautender Heilsversprechungen die mächtigste Opferbahn und Blutspur hinterließen und die schöne Gotteswelt zum »Blutacker« machten!

+ + +

281 DIE RICHTIGE ANTWORT – EIN KUSS! (24, 26)

Die Lippen küßt, wer richtige Antwort gibt!

Das Wort des Fragenden begehrt **die Antwort** des Lehrers und seelsorgerlichen Hirtens. Diese sollte in großer Verantwortung geschehen, in der Achtung vor der Person eines Menschen, der im Bilde Gottes geschaffen ist! Wenn sie dem Geist der Weissagung entspringt, der alle Dienste, auch die des Lehrers und Hirten, befruchtet, dann ist sie **treffend** (BUB), **redlich** (BA), ja, **zum Ziele führend** (DEL); dann ist sie, von den Lippen des Antwortenden zu den Lippen und Ohren des Fragenden strömend, **wie ein Kuß.** Dieser aber ist in der Symbolsprache der Heiligen Schrift ein Ausdruck inniger Liebe, der Huldigung und Verehrung (Adolf Heller: 200 Biblische Symbole).
Wer jedoch Antwort finden will, muß eine Frage stellen. Ohne innere Fragehaltung gibt es auch keine Antworten aus dem Buche der Offenbarung und der Weisheit Gottes.
Über **die Antwort** göttlicher Offenbarung sagt Spr. 8, 8–9: »Alle Worte meines Mundes sind in Gerechtigkeit; es ist nichts Verdrehtes und Verkehrtes in ihnen. Sie sind alle **richtig** (geradeaus weisend, zielführend) dem Verständigen, und gerade denen, die Erkenntnis erlangt haben!« Wer wollte nicht leben von den Worten, »die aus dem Munde Gottes hervorgehen« (Mtth. 4, 4)? In diesem Lichte dürfen wir das Begehren der Braut aus Israel sehen, die von dem Messiasbräutigam, dem Friedefürsten, begehrt: »Er **küsse mich** mit den Küssen Seines Mundes, denn Deine Liebe ist besser als Wein« (Hohesld. 1, 2)! Wenn Israel Jesus schauen wird, und wenn wir Ihn sehen, wie Er ist, dann wird diese Begegnung allein letzte, völlige, allumfassende **Antwort** sein, die alle unsere Fragen verstummen läßt (Joh. 16, 23)! Als der Gottesknecht Moses starb – sicherlich mit vielen ungelösten Fragen in seinem Herzen –, da »starb er am Munde Gottes«, oder, wie es die alten Rabbinen deuteten, **»am Kusse Gottes«:** Er erlangte **die Antwort Gottes** im Schauen Seiner Herrlichkeit und ging ein in Seinen Frieden (5. Mos. 34, 5).
Die Worte der Weisheit und die **Antwort** aller, die ihr im Wesen dienen, entsprechen der Herzenslage und den Lebensumständen und **führen** den Fragenden **zum Ziele.** War es nicht »ein Kuß der Liebe Gottes«, als dem greisen Simeon vom Heiligen Geiste ein göttlicher Ausspruch zuteil wurde, daß er den Tod nicht sehen solle, ehe er den Messias JAHWEHs gesehen habe (Luk. 2, 26)? Gleiches könnte der letzten Gemeindegeneration auf Erden unmittelbar vor ihrer Entrückung zuteil werden!
Noch ein köstliches prophetisches Wort aus Ps. 85, 10 sei erwähnt: »GÜTE und WAHRHEIT sind sich begegnet, GERECHTIGKEIT und FRIEDEN **haben sich geküßt!**« Ist es nicht wirklich eine ernste Frage, die göttliche Antwort verlangt, wie sich denn Güte und Friede Gottes einerseits und Wahrheit und Gerechtigkeit andererseits zueinander verhalten?! A. Heller schrieb hierzu: »Das will sagen, daß einmal – im Königreiche Christi – ein Zustand erreicht wird, wo nicht nur der unbedingten Wahrheit und der unantast-

baren Gerechtigkeit Gottes Genüge getan ist, sondern wo sich auch die Gnade und der Friede voll auswirken können, ohne daß der Heiligkeit Gottes dadurch Abbruch getan wird« (200 Biblische Symbole). Dem entspricht, daß der Zahlwert von »chesed« (Gnade = 72) und »emet« (Wahrheit = 441) die gleiche Summe 513 ergibt, wie »kalah« (Braut = 55) und »chatan« (Bräutigam = 458): vollkommene Aussöhnung und Verschmelzung! Wie **die treffliche Antwort einem Kusse** gleicht, so kann auch **der Kuß** eine Antwort sein: Als der verlorene Sohn seinem Vater wiederbegegnete und sein Bußbekenntnis ablegen wollte, verschloß der Vater ihm den Mund mit dem Kuß der Liebe!

+ + +

282 RECHTE ARBEITSPLANUNG (24, 27)

Besorge draußen deine Arbeit und bestelle sie dir auf dem Felde; danach magst du dann dein Haus bauen!

Wenn ein junger Bauer im Orient eine Familie gründen wollte, dann mußte er umsichtig planen. Seine Arbeit vollzog sich in drei Schritten: Zum ersten mußte er das erworbene Grundstück für den Ackerbau vorbereiten: **Besorge *draußen* deine Arbeit ...!** Die Steine mußten abgelesen und als Mauer um das Feld geschichtet werden; Zäune wurden erbaut und ein Wachtturm errichtet, wenn es sich um einen Weinberg handelte. Dornsträucher und Disteln mußten ausgegraben und verbrannt werden (s. Jes. 5, 1–2); sodann konnte er **das Feld bestellen,** es umgraben, düngen, einsäen und eine erste Ernte einbringen; erst nach diesen Arbeiten konnte er daran denken, eine Familie zu gründen, **ein Haus zu erbauen.** Manche Firmengründung unserer Tage würde nicht so schnell im Konkurs enden, wenn ihr eine solch umsichtige Planung zugrundeläge! Und die Regel der Alten, daß man erst eine berufliche Sicherung anstreben müsse, ehe man sich verheiratet, ist auch heute noch gültig. Glaube und Frömmigkeit entbinden uns nicht von weisheitsvoller und vernünftiger Lebensplanung! Der Dreitakt – **draußen ... auf dem Felde ... der Hausbau** – erinnert uns an die drei Bereiche des Heiligtums: Vorhof – Heiligtum – Allerheiligstes. So dürfen wir Spr. 24, 27 auch prophetisch im Sinne des Heilsplanes Gottes deuten, den Er durchführt in Seinem Sohn – als ein Sendungswort des Vaters an den Christus. **Besorge draußen deine Arbeit** (BA: deinen Auftrag): Dies umschreibt die Sendung des Sohnes Gottes zur Erschaffung der Welt, ihrer Materie und ihrer Zeit. Sodann wurde **das Feld** von Ihm **bestellt.** »Der Acker ist die Welt« sagte Jesus in Mtth. 13, 38. Als dem »zweiten Adam« brachte Ihm der Acker dieser Welt zwar Dornen und Disteln, und Er mußte »im Schweiße Seines Angesichtes Sein Brot essen«, als Er den Willen Gottes erfüllte und den edlen Samen Seines Leibes, das Weizenkorn, mit Tränen in die Erde bettete, um viel Frucht bringen zu können (vgl. 1. Mos. 3, 17–19/Joh. 4, 34/12, 24/Hebr. 5, 7/6, 7–8/Joh. 19, 2). Doch wird sich auf diesem Wege des Christus Spr. 12, 11 erfüllen, wo es heißt: »Wer sein Land bebaut, wird mit Brot gesättigt werden!« Und Ps. 126, 6 bezeugt: »ER geht hin unter Weinen und trägt den Samen zur Aussaat; ER kommt heim mit Jubel, tragend die Garben!« Seit Seinem Kreuzesleiden steht der Christus als »das Brot der Welt« allen Hungernden zur Verfügung. Daß Er zudem noch

»einen Schatz im Acker (dieser Welt) fand«, weist hin auf die Gemeinde der Erstlinge, um deretwillen Er »alles verkaufte, was Er besaß« und den Acker mitsamt dem in ihm liegenden Schatz um den teuren Preis Seines Blutes erwarb (Mtth. 13, 44/1. Petr. 1, 19). Der dritte Vollzug des Heilsplanes Gottes durch den Sohn wäre dann **der Bau Seines Hauses;** dies ist zum einen die Gemeinde als »die Behausung Gottes im Geiste« (Eph. 2, 22), aber dann auch – im engeren prophetischen Sinn – der »Wiederaufbau der verfallenen Hütte Davids«, die Erneuerung und Wiederherstellung Israels.

So führte Jakobus auf dem Apostelkonzil folgenden Schriftbeweis und bekannte sich damit zur Missionsarbeit des Apostels Paulus in der Völkerwelt: »Simon hat berichtet, wie Gott **zuerst** die Nationen heimgesucht hat, um **aus ihnen** ein Volk zu nehmen für Seinen Namen. Und hiermit stimmen die Worte der Propheten überein, wie geschrieben steht: **Nach diesem** will ich zurückkehren und wieder aufbauen die verfallene Hütte Davids, und ihre Trümmer will ich wieder bauen und sie wieder aufrichten; damit (dann auch) die übrigen der Menschen den Herrn suchen und alle Nationen, über denen mein Name angerufen ist, spricht der Herr, der dieses tut« (Apg. 15, 16–17/s. auch den Dreitakt in Jes. 49, 6)!

So vollbringt der Christus das Werk des Vaters – als Mittler der Schöpfung, als Mittler in der Erwählung und Führung Israels, als Mittler der Erlösung und Haupt der Gemeinde, als Mittler der Erneuerung Israels und der Weltvollendung. Er vollzieht alles nach dem Vorsatz und der präzisen Arbeitsplanung, die Er vor Grundlegung der Welt mit dem Vater erstellt hat, und die wir den »Heilsplan Gottes« nennen. Denn auch die Weltzeiten sind in Ihm, dem »Vater der Aeonen« konzipiert (Jes. 9, 6/Hebr. 1, 2).

+ ⁺ +

283 MUND UND ZUNGE BEWAHREN! (20, 19/20, 25/21, 23/24, 28–29)

Wer seinen Mund und seine Zunge bewahrt, bewahrt vor Drangsalen seine Seele! (21, 23).

Dem fügt Spr. 13, 3 noch hinzu: »… wer seine Lippen aufreißt, dem wird's zum Untergang!«

Wir fassen unter diesem Leitwort mehrere Stellen zusammen, in denen wir zu Disziplin und Selbstbeherrschung im Umgang mit dem Wort aufgerufen werden. Sie wenden sich gegen alles ungesteuerte, unbedachte, vorschnelle und emotionale Reden, das in den Beziehungen zum Nächsten so viel nicht wiedergutzumachenden Schaden auslösen kann! Der Apostel Jakobus sagt darum in K. 1, 19: »Darum, meine geliebten Brüder, sei jeder Mensch schnell zum HÖREN, langsam aber zum REDEN, langsam zum Zorn!« Offensichtlich verbindet er mit der schnellen, unkontrollierten Rede den Zorneserguß.

Worin bestehen nun **die Drangsale,** die **der Seele** des Menschen widerfahren, wenn er **seine Zunge nicht bewahrt?** Es können schlimme Folgen und äußere Verwicklungen sein, die durch das unbedachte Wort ausgelöst werden, für das die Geschädigten Rechenschaft fordern; es kann aber auch die Gewissensnot der inneren Selbstanklage sein wegen des Übels, das man angerichtet hat und das nicht wiedergutzumachen ist. Jeder braucht einen getreuen Freund und Bruder, eine treue Schwester, mit denen er auch einmal geheime Not und Schuld besprechen kann – nicht nur eigene Seelennot, sondern auch Fehlentwicklungen bei Menschen und Gemeinden, denen er dient. Nur sollte er darauf achten, wem er solches anvertraut! Es gibt ja nur wenige wirklich getreue Menschen, die auch zu schweigen vermögen! So mahnt uns Spr. 20, 19:

Wer mit Klatschkram umhergeht, enthüllt das Geheimnis; und mit dem, der seine Lippen aufreißt (DEL: mit dem Plaudermaul), **vermische dich nicht!**

Meist ist es ja so, daß gerade die Gerüchteköche sich in unser Vertrauen einzuschmeicheln verstehen und sich als »echte Freunde« anbiedern, »die schweigen können«. Doch sind sie gefährliche Freunde! In Windeseile weiß der ganze Ort, die Gemeinde oder Gemeinschaft, was verborgen hätte bleiben sollen! Der Drache des Gerüchts aber, von Mund zu Mund weiterwachsend, gewinnt immer neue Drachenhäupter, und am Ende kommt eine »Botschaft« heraus, die nie gesagt worden ist! Die Gefahr der **Vermischung** sieht Gott nicht nur zwischen Licht und Finsternis, Gerechtigkeit und Gesetzlosigkeit, zwischen Glaubenden und Nichtglaubenden, Christusbotschaft und Belialswort, sondern auch zwischen einem treuen **Geheimnisträger** und **dem Klatschmaul, der Plaudertasche.** Auch mit den **Geheimnissen Gottes** gilt es in treuer Haushalterschaft umzugehen und »die Perlen« nicht »vor die Säue« zu werfen (Mtth. 7, 6/ 2. Kor. 6, 14–16). Gott behüte uns vor dem vorschnellen, unbedachten Wort!
Dies gilt auch von vorschnellen, unüberlegten Gelübden, wie es uns Spr. 20, 25 sagt:

Ein Fallstrick für den Menschen ist es, vorschnell zu sprechen »geheiligt!« und erst nach den Gelübden zu überlegen!

Wie bald könnte dem religiösen Übereifer im Gelübde der Gedanke folgen, daß man »es nicht habe, hinauszuführen«, und die Reue, daß man in einer Entscheidung so vorschnell war, die Gott so nicht gefordert hat ! In Luk. 14, 26–33 mahnt auch Jesus zu besonnener Überlegung in der Jüngerschaft; diese Haltung aber vermeidet das emotionale **Herausplatzen** (DEL). Nicht der Gedanke und Herzensvorsatz, sondern das im Gelübde ausgesprochene **Wort** bindet uns vor Gott. Pred. 5, 2–7 führt hierzu aus: »Sei nicht vorschnell mit deinem Munde, und dein Herz eile nicht, ein Wort vor Gott hervorzubringen; denn Gott ist im Himmel, und du bist auf der Erde: darum seien deiner Worte wenige! Denn Träume kommen durch viel Geschäftigkeit, und der Tor wird laut durch viele Worte. Wenn du Gott ein Gelübde ablegst, so säume nicht, es zu bezahlen, denn Er hat kein Gefallen an den Toren. Was du gelobst, bezahle! Besser, daß du nicht gelobst, als daß du gelobst und nicht bezahlst. Gestatte deinem Munde nicht, daß er dein Fleisch sündigen mache; und sprich nicht vor dem Engel, es sei ein Versehen gewesen: warum sollte Gott über deine Stimme zürnen und das Werk deiner Hände verderben? Denn bei vielen Träumen und Worten sind auch viele Eitelkeiten! Vielmehr fürchte Gott !«
Das vorschnelle Wort gibt es auch in einem Gerichtsverfahren. Spr. 24, 28–29 führt dazu aus:

Werde nicht ohne Ursache Zeuge wider deinen Nächsten; wolltest du denn täuschen mit deinen Lippen? Sprich nicht: Wie *er* mir getan hat, so will *ich* ihm tun, will dem Manne vergelten nach seinem Werke!

Zu einer grundlosen, nicht geforderten Zeugenschaft vor Gericht sollte man sich nicht

drängen, schon gar nicht aus Rachsucht, die gar schnell aus dem Zeugnis ein Lügen-zeugnis macht! Doch kann die Askese des Schweigens – auch einem Feind und Beleidi-ger gegenüber – nur der leisten, der in allem, was ihm angetan wurde, auf JAHWEH und Seine Rettung harrt. »Sprich nicht: Ich will Böses vergelten!« (Spr. 20, 22).
Zwar fordert 3. Mos. 24, 19–23 von der Obrigkeit des Gottesstaates Israel, sie müsse je-des Vergehen juristisch so ahnden, daß »Auge um Auge, Bruch um Bruch, Zahn um Zahn« gefordert wird, was ein angemessenes Gerichtsurteil meint und eine übermäßige Bestrafung umgeht; doch darf der Einzelne im Gottesvolk das Gesetz des Handelns nicht in die eigenen Hände nehmen; vielmehr ist er aufgerufen, sittlich zu handeln, damit er Gott gleiche, der dem Sünder Gnade erweist. Auch das NT untersagt uns, daß wir Böses mit Bösem, Fluchwort mit Fluchwort vergelten, sondern gebietet uns, unsere Feinde zu lieben und zu segnen, damit wir uns als Kinder unseres Vaters im Himmel erweisen (Mtth. 5, 44–45/1. Petr. 3, 9/1. Thess. 5, 15).
Gott schenke uns eine heilige Selbstkontrolle, daß wir uns des übereilten, vorschnellen, gefühlsbeladenen Wortes zu enthalten vermögen und in Weisheit erwägen und beden-ken, was wir reden!

+ + +

284 DER VERDERBTE WEINBERG (24, 30–34)

An dem Acker eines faulen Mannes kam ich vorüber, und an dem Weinberg eines unverständigen Menschen. – Und siehe, er war ganz mit Disteln über-wachsen, seine Fläche war mit Brennesseln bedeckt, und seine steinerne Mauer eingerissen. – Und ich schaute es, ich richtete mein Herz darauf; ich sah es, emp-fing Unterweisung: – Ein wenig Schlaf, ein wenig Schlummer, ein wenig Hände-falten, um auszuruhen – und deine Armut kommt herangeschritten, und deine Nöte wie ein schildgerüsteter Mann!

Während uns Spr. 24, 27 den fleißigen, planvoll handelnden Landmann beschrieb, ist es hier **der faule Mann,** von dem der Erzähler berichtet: Er ging an einem verwahrlosten **Acker und Weinberg vorbei, schaute** sich die Verwüstung **an,** blieb stille stehen und **nahm es sich zu Herzen,** um selbst **Unterweisung zu empfangen;** daß nämlich solche Faulheit, die **den Schlaf** und **das Däumchendrehen** der fleißigen Arbeit vor-zieht, **die schnelle Armut heraufbeschwört,** die unaufhaltsam herbeistürmt, wie ein **hochgerüsteter Krieger** zum Kampf. »Die Seele des Faulen begehrt, und nichts ist da; aber die Seele der Fleißigen wird reichlich gesättigt« sagt Spr. 13, 4, und in Spr. 28, 19 heißt es: »Wer sein Land bebaut, wird mit Brot gesättigt werden; wer aber nichtigen Dingen nachjagt, wird mit Armut gesättigt werden!« Der Beobachter des Zeitgesche-hens kann auch heute noch »im Vorübergehen« zu mancherlei Erkenntnis kommen (vgl. Ps. 37, 35–36); so mancher Zeitgenosse benutzt ja den »sozialen Wohlfahrtsstaat« als Zugpferd seiner Faulheit. Die billige Ausrede kann dabei groteske Formen annehmen: »Der Faule spricht: Ein Löwe ist draußen; ich möchte ermordet werden mitten auf den Straßen« (Spr. 22, 13)!
Welcher Verwüstung unterlag **der Acker und Weinberg** des Faulen! **Seine steinerne Mauer war zerstört,** seine Flächen **mit Disteln,** Dornen und Brennesseln überwuchert!

DORNEN und DISTELN sind in der Heiligen Schrift ein Symbol der Sünde und Widerspenstigkeit, des Fluches und der Unfruchtbarkeit. So gibt es auch eine religiöse »Schlafsucht«, die nicht nur die geistliche Verarmung Israels in der Zeit seiner Verstockung kennzeichnet, sondern die auch unser Leben beherrschen und uns in eine innere, geistliche Verarmung führen kann (beachte das ernste Wort in Röm. 11, 7–10, welches sogar von einem gottgesandten »Geist der Schlafsucht« im Gericht spricht!). So kann trotz »reichlichen Segensregens« Gottes »das Land« statt nützlichen Gemüses und süßen Weines nur »Dornen und Disteln« aufsprossen lassen, was sowohl Israel als auch uns in die »Verbrennung« des Gerichtes führen kann; dann werden wir zwar errettet »wie durchs Feuer hindurch«, verlieren aber alle Erträge des gottgeschenkten Heilsgutes (Hebr. 6, 7–9)! Wir alle sollten das urchristliche Lied in Eph. 5, 14 beachten: »Wache auf, du Schläfer, und stehe auf aus den Toten, und der Christus wird dir aufleuchten!« Clemens überlieferte uns die zweite Strophe: »ER, die Sonne der Auferstehung, gezeugt vor dem Morgenstern, Leben spendend mit eigenen Strahlen!« Dem fügt Spr. 6, 9 hinzu: »Bis wann willst du liegen, du Fauler? Wann willst du von deinem Schlafe aufstehen?« (s. auch V. 10–11).

Wie anders ist es bei dem Christus, dem »Geliebten« Israels, der Seinen **Weinberg** Israel mit unüberbietbarem Fleiß bebaute: Er grub ihn um, säuberte ihn von Steinen, Dornen und Disteln, baute in ihm einen Wachtturm, sowie eine Kelter, umgab ihn mit einer Mauer und bepflanzte ihn mit den »Edelreben« der Väter und Heiligen Israels (Jes. 5, 1–7). Doch brachte **das Land, der Weinberg,** keine Frucht, sondern Sauertrauben und Dornen und Disteln. Der verfluchte Acker trug dem Sohne Adams jene Dornen, die Ihm hernach in Seiner Passion zur Dornenkrone geflochten wurden! In der Gerichtsverhandlung zwischen Gott und Israel kann der Christus fragen: »Was war noch **an meinem Weinberg** zu tun, das ich nicht an ihm getan hätte?« (Jes. 5, 4; man vergleiche damit Jer. 8, 13/Ps. 80/Jes. 27, 1–6/1. Kön. 21/Mtth. 21, 33–42).

Die biblische Symbolik sieht im **WEINBERG** das ganze Volk Israel, im FEIGENBAUM Juda, in der KELTER das Leiden, das letztlich Freudenwein hervorbringt, im WACHTTURM die Weitsicht des prophetischen Wortes, in der EDELREBE die Heiligen Israels, in der MAUER den Schutz des Gesetzes. Die Ursache für solchen Verfall aber war, daß Israel, die Braut JAHWEHs, als »Hüterin der Weinberge« versagte und »ihren eigenen Weinberg nicht bewahrte« (Hohesld. 1, 5–6). Doch für die Heilszukunft Israels gilt, daß der Herr »die Dornen und Disteln verbrennt« und zu Seinem geliebten Volke spricht: »In Zukunft wird Jakob Wurzel schlagen, Israel blühen und knospen; und sie werden mit Früchten füllen die Fläche des Weltkreises!« (Jes. 27, 1–6). Dann wird es zu einem »Weinberg feurigen Weines« werden!

+ ⁺ +

285 REFORMATION: ZURÜCK ZUM WORT! (25, 1)

Auch diese sind Sprüche Salomos, welche die Männer Hiskias, des Königs von Juda, zusammengetragen haben.

Die Männer HISKIAS waren die Kampfgefährten einer umfassenden geistlichen Reformation, die von dem frommen König **Hiskia** ausgelöst wurde, und die sich unter seinem

Enkel Josia noch einmal wiederholte, ehe Juda in die babylonische Gefangenschaft geführt wurde. Welches großes, letztes Gnadenangebot! Wie mögen **die Männer Hiskias** mitgebetet, mitgelitten und mitgetragen haben, daß das Werk der Rückkehr zu dem HERRN gelinge! Wer erinnerte sich hierbei nicht an die Gefährten der Reformatoren, etwa Luthers! Da ging ein geistliches Wehen durch Deutschland: »Wach auf, wach auf, du deutsches Land, du hast so lang geschlafen! Gedenk, was Gott an dich gewandt, wozu er dich erschaffen!« so sang man damals. Aber die eigentliche Waffe der Reformation war das ins Deutsche übersetzte und »wiedererweckte« Gotteswort, die Bibel in der genialen Übersetzung Martin Luthers.

So waren zu aller Zeit Erweckungen im Volke Gottes begleitet von der Wiederentdeckung und Neubelebung des Wortes Gottes!

MOSES selbst war der Verfasser der größten Teile der THORA (5. Mos. 31, 24–26), die dann von JOSUA vollendet wurde (Jos. 24, 26). Die künftigen Könige Israels sollten eine Abschrift davon erhalten, um lebenslang darin zu lesen und ihr Wirken danach auszurichten (5. Mos. 17, 18 ff.). HISKIA zerstörte die Götzenhöhen und Götzenbilder in Israel und stellte den Gottesdienst JAHWEHs wieder her; dies führte zu einer umfassenden Buße und zur erneuten Feier des Passah (2. Chr. 29–30). Diese Bundeserneuerung vollendete Hiskias Enkel JOSIA; es war das im Tempel wiedergefundene Buch des Gesetzes, das nach einer Verlesung vor dem König, den Ältesten und allem Volke zu einer umfassenden Erneuerung der Herzen führte. Ähnliches geschah nach der Rückkehr Israels aus Babylon unter NEHEMIA und ESRA, wo die Lesung und Erläuterung des Wortes Gottes zu einer tiefgreifenden Buße des Volkes führte (Neh. 8). Aber auch die Weissagungen der Propheten wurden also **gesammelt** und **zusammengetragen,** wie jene JEREMIAS durch seinen Schreiber Baruch (dem »Gesegneten«); auch wenn der götzendienerische König sie nach der Lesung verbrennen ließ, so wurden sie doch erneut geschrieben und sogar erweitert (Jer. 30, 2/36, 8–32/45, 1). So hat der lebendige Gott selbst über dem Zusammenwachsen Seines Wortes in der Kanonbildung Heiliger Schriften gewacht und es durch die Zeiten hindurch aufs Treueste bewahrt, wozu auch die präzisen Dienste der Abschreiber und »Masoreten« dienten! Der atheistische Philosoph Voltaire setzte seinem Leben das Ziel, die Bibel in Frankreich auszurotten; nachdem er gestorben war, etablierte sich in seinem Hause eine Bibelgesellschaft!

Welchen Fleiß, welche Treue zu Gottes Wort und welche Ehrfurcht vor ihm bewiesen doch »heilige Männer Gottes« – Schreiber und Überlieferer –, welche das göttliche Offenbarungswort **zusammengetragen haben,** wie **die Männer Hiskias die Sprüche Salomos!** Nach der Übersetzung der LXX und Aquilas war dieses **Zusammentragen** ein »Entnehmen« und »Herüberrücken« aus anderen – bisher zerstreuten schriftlichen und mündlichen Quellen, wozu oft auch Sammlungen von Tontäfelchen gehörten. Wie hat doch Gottes Geist über der Schriftwerdung gewacht, die sich über viele Jahrhunderte hinweg vollzog, so daß er niemals den »Willen des Menschen« dominieren ließ, sondern selbst die Schreiber antrieb, führte und inspirierte (s. 2. Petr. 1, 20–21).

Wenn auch »des vielen Büchermachens kein Ende ist, und viel Studieren zur Ermüdung des Leibes führt« (Pred. 12, 12), so gilt dies wohl mehr für die weltliche Weisheit, aber nicht für das belebende, erquickende Gotteswort (Ps. 119, 88–89)! In ihm wirken »die Worte der Weisen wie Treiberstacheln, und wie eingeschlagene Nägel **die Gesammelten** – sie sind gegeben von einem Hirten«, dem Hirten Israels, Jesus, dem Messias. Pred. 12, 11 kann auch lauten: »Die Worte der Weisen sind wie Nägel und wie eingeschlagene Zeltpflöcke. Sie sind geschrieben durch **Meister der Sammlung** und von einem Hirten gegeben!«

Auch in unseren Tagen gilt es: Sowohl die persönliche geistliche Erneuerung, als auch die Neubelebung des Volkes Gottes insgesamt, kann nur durch eine Wiedererweckung, Wiederentdeckung und Neubelebung des Wortes Gottes erfolgen!

+ + +

286 GOTTES EHRE UND DER KÖNIGE EHRE (25, 2–3)

Gottes Ehre (Herrlichkeit) **ist es, eine Sache zu verbergen, aber der Könige Ehre** (Herrlichkeit) **eine Sache zu erforschen. – Der Himmel an Höhe, und die Erde an Tiefe, und das Herz der Könige sind unerforschlich.**

Steht es nicht im Widerspruch zur Offenbarung Gottes, wenn hier von Seinem Bemühen gesprochen wird, **Sachverhalte zu verbergen?** Angesichts der Rätsel der Welt- und Heilsgeschichte und auch unserer Lebensgeschichte gilt es zunächst einmal in Demut zu bekennen:»Wahrlich, Du bist ein Gott, der sich verborgen hält, Du Gott Israels, Du Retter« (Jes. 45, 15), obgleich dieses Wort inmitten köstlicher Aussagen über die Heilszukunft Israels steht! Auch Röm. 11, 32–34 kennzeichnet die Gerichtswege Gottes als »unausforschlich und unausspürbar«. Die göttliche Weisheit ist so verborgen und »in einem Geheimnis chiffriert«, daß selbst die mächtigen unsichtbaren »Fürsten dieses Aeons« sie nicht erkennen können. Über Christus, die Weisheit Gottes, sagt Hiob 28, 20–22:»Die Weisheit nun, woher kommt sie, und welches ist die Stätte des Verstandes? Denn sie **ist verborgen** vor den Augen aller Lebendigen, und vor den Vögeln des Himmels« (in der biblischen Symbolsprache: vor den Dämonen) »ist sie verhüllt. Der Abgrund und der Tod sagen: Mit unseren Ohren haben wir ein Gerücht von ihr gehört. Gott versteht ihren Weg, und Er kennt ihre Stätte!«

Letztlich war die Verhüllung der heilsgeschichtlichen Wege und Gedanken Gottes darum nötig, daß die Weisheit Gottes über die Weisheit aller unsichtbaren Mächte am Kreuze Christi triumphierte; denn wenn diese die Erlösungswirklichkeit des Kreuzes erkannt hätten, hätten sie »den Herrn der Herrlichkeit nimmermehr gekreuzigt« (1. Kor. 2, 8).

Auf ihrer Wirkungsebene aber ist es **Königen,** die nach dem Herzen Gottes wandeln, gegeben, **Sachverhalte zu erforschen;** denn »wo keine Führung ist, verfällt ein Volk; aber Heil ist bei der Menge der Ratgeber« (Spr. 11, 14). Darum erbat der junge Salomo vor allem anderen »ein verständiges Herz« von Gott, um Israel richten und »unterscheiden zu können zwischen Gutem und Bösem«, was Gott im vollen Maße erhörte (1. Kön. 3, 9/4, 29–34). Delitzsch führt hierzu sinngemäß aus: »Die Ehre der Könige, welche das Staatsschiff lenken und das Recht ermitteln, besteht darin, Probleme und Streitfälle gemäß ihrer hohen Stellung mit Einsicht zu lösen«.

Und doch gilt es der Spannung standzuhalten, die zwischen dem göttlichen **Verbergen und Verborgensein** und Seiner **Enthüllung** der Wahrheit besteht! So bezeugt 5. Mos. 29, 29: **»Das Verborgene** ist JAHWEHs, unseres Gottes; aber **das Geoffenbarte** ist unser und unserer Kinder ewiglich, damit wir alle Worte dieses Gesetzes tun!«

Dies führt uns zum dritten Vers aus Spr. 25. Zu den **unerforschlichen** Sachverhalten gehört bis heute – trotz aller wissenschaftlichen Bemühungen – **»der Himmel an HÖHE** und die Erde an TIEFE«, wie auch **das unerforschliche Herz der Könige.** Wer würde hierdurch nicht erinnert an Jes. 55, 8–9, wo von den »himmelhohen« Gedanken und Wegen Gottes bezeugt wird, daß sie alle Gedanken und Planungen der Geschöpfe weit überragen. Gottes »Gedanken« meinen Seinen Vorsatz und Plan, Gottes »Wege« die göttliche Heilsgeschichte. Dem schließt sich Hiob 11, 7–9 mit der Frage an: »Kannst du die TIEFE Gottes erreichen, oder das Wesen des Allmächtigen ergründen? HIMMEL-HOCH sind sie – was kannst du tun? TIEFER als der Scheol sind sie – was kannst du wissen? LÄNGER als die Erde ist ihr Maß und BREITER als das Meer!«

Für die **Könige, deren Herrlichkeit es ist, eine Sache zu erforschen,** gilt jedoch eher, was in Dan. 2, 22/28 + 47 geschrieben steht: »Gott offenbart das Tiefe und das Verborgene; Er weiß, was in der Finsternis ist, und bei Ihm wohnt das Licht!« »Aber es ist ein Gott im Himmel, der Geheimnisse offenbart ...!« »In Wahrheit: Euer Gott ist der Gott der Götter und der Herr der Könige, und ein Offenbarer der Geheimnisse ...!« Dies gewinnt im Heilsfortschritt der Zeiten durch die damit verbundenen Offenbarungen noch ein stärkeres Gewicht. Sind wir doch durch Christi Blut erkauft, mit dem Geiste getauft und als Glieder Christi **zu Königen** und Priestern Gottes gemacht (Offb. 5, 10). Nun bereitet Gott denen, die Ihn lieben, ungehörte, ungeschaute und nie gefühlte Offenbarung Seines Wesens und selbst der »Tiefen Gottes« (1. Kor. 2, 9–11). Während die Welt mit ihren Regierungen weiterhin im Dunkel tappt, sind uns durch den Heiligen Geist die Gottesoffenbarungen erschlossen (V. 12), auch die prophetische Einsicht in den Erlösungsplan. »Der Geistesmensch beurteilt alles, auch wenn er selbst von niemandem recht beurteilt wird« (V. 15). Dies ist kein Hochmut, sondern königliche Demut in der Annahme des Gnadengeschenks. Es ist **die Ehre und Herrlichkeit der Könige** Gottes.

Lesen wir dazu noch Spr. 25, 27: »Viel Honig essen ist nicht gut, aber schwere Dinge erforschen ist Ehre (Herrlichkeit)!« Lechzen nicht viele Gotteskinder beständig nach dem süßen, schmackhaften, leicht eingänglichen »Honig« einer Erbauung, die auch die Seele auf ihre Kosten kommen läßt? Dies ist gewiß nicht falsch, doch gibt es darin ein »Zuviel«, das zur Übersättigung führt! Gottes Wille ist es, daß wir auch in der Erkenntnis wachsen und als »Lehrer der Zeit nach« »schwere Dinge« im Reichtum Seiner Offenbarung »erforschen«! Wir sind aufgerufen, mit allen Heiligen völlig zu erfassen und zu erkennen die alle Erkenntnis überragende Christusliebe: Ihre BREITE (die Weiten des Universums umfassend), ihre LÄNGE (die Heilszeiten umgreifend), ihre TIEFE (die Tiefe des Abgrunds und der Gerichte durchdringend) und ihre HÖHE (die auch die unsichtbare Himmelswelt mit ihren Wesen erreicht); so erbittet es der Apostel in Eph. 3, 18–20. **Gottes Herrlichkeit** wird so zu **der Könige Herrlichkeit!**

+ + +

287 SCHLACKEN ENTFERNEN! (25, 4–5)

Man entferne die Schlacken von dem SILBER, so geht für den Goldschmied ein Gerät hervor. Man entferne den Gesetzlosen vor dem König, so wird sein Thron feststehen durch Gerechtigkeit.

Vers 4 preist die vorzügliche handwerkliche Arbeit eines Meisters in der **Gold-**

schmiedekunst, eines **Feinschmieds** (BUB), der bei der **Silberschmelze** darauf achtet, daß die Beimengungen im Silbererz, die als **Schlacken** erscheinen, **beseitigt werden.** Nur so kann ein meisterliches **Gerät** gelingen! **Silber** meint in der biblischen Symbolik die Erlösung, die Entfernung der **Schlacken** den sittlichen und geistlichen Läuterungsprozeß, der durch Gerichte dazu führt, daß das »Silber der Erlösung« ebenso wie das »Gold des Glaubens« schlackenlos erstrahlt.

Vers 5 schaut die Beseitigung **der Schlacken** in der Entfernung gottloser Frevler aus der Nähe und dem Dienste **des Königs** – offensichtlich durch den König selbst, der sie nicht vor seinen Augen duldet. Korruption gefährdet ja auch in unseren Tagen Politiker und kann eine Regierung stürzen, während **der Königsthron durch Gerechtigkeit befestigt wird.** »Der Könige Greuel ist es, Gesetzlosigkeit zu tun; denn durch Gerechtigkeit steht ein Thron fest« (Spr. 16, 12) ! In Jes. 1, 21–26 beklagt Gott den Verfall des Königtums in Israel mit den Worten: »Dein Silber ist zu Schlacken geworden …!« Gerechte wurden abgelöst durch Mörder, die Fürsten wurden zu Widerspenstigen und Diebesgesellen, empfänglich für Bestechungen der Mächtigen (vgl. Spr. 18, 16); keiner nahm sich der Waisen und Witwen an. Gott aber klagt über Jerusalem: »Wie ist zur Hure geworden die treue Stadt!« Doch wird Er durch Gerichte Israels Schlacken ausschmelzen und »seine Richter wiederherstellen wie zuerst, seine Räte wie im Anfang«. Durch solche Läuterung wird auch das endzeitliche Israel gehen müssen, wie uns Hes. 22, 18–22, Sach. 13, 9 und Mal. 3, 1–4 deutlich ankündigen, damit es endlich im Silberglanz der Erlösung und im Goldglanz des Glaubens ein auserwähltes **Gerät und Rüstzeug** Gottes werde, zu Seinem Ruhme auf Erden! Dann werden sie mit Ps. 66, 10+12 bekennen: »Denn Du hast uns geprüft, o Gott, Du hast uns geläutert, **wie man Silber läutert«,** aber alles zu jenem heilspädagogischen Ziel, daß Israel herausgeführt würde »zu überströmender Erquickung!« Der königliche Tugendspiegel in Ps. 101 gilt nicht nur für den König Israels auf Erden, sondern auch von Gott als dem »König aller Könige und dem Herrn aller Herren«, der den Gottlosen aus Seiner Nähe entfernen wird: »Meine Augen werden gerichtet sein auf die Treuen im Lande, damit sie bei mir wohnen … nicht soll wohnen im Inneren meines Hauses, wer Trug übt; wer Lügen redet, soll nicht bestehen vor meinen Augen. Jeden Morgen will ich vertilgen alle Gesetzlosen des Landes, um aus der Stadt JAHWEHs auszurotten alle Freveltäter« (V. 6–8). Was sich in der Urzeit vollzog, als Luzifer »wie ein Blitz« hinweggeschleudert wurde aus der Nähe Gottes, wird sich auf Erden wiederholen, wenn der Messias Jesus als König regieren wird, da ja »Gerechtigkeit und Gericht Seines Thrones Grundfeste« sind (Ps. 89, 14), was uns von Ihm auch Hebr. 1, 8 nachdrücklich bestätigt.

Auch unser Glaube soll durch die Erziehung Gottes geläutert und schlackenlos erwiesen werden, wozu schmerzliche Prozesse der Züchtigung und des Leidens notwendig sind – wie bei **Silber und Gold,** die »im Feuer bewährt« werden (1. Petr. 1, 7). Nur so können wir in dem »großen Hause« der Gemeinde zu einem **Gefäß** werden, das dem Hausherrn zur Ehre gereicht und zu jedem guten Werk gereinigt ist; gibt es doch neben goldenen und silbernen Gefäßen auch hölzerne und irdene – die einen zur Ehre Christi, die anderen zu Seiner Unehre (2. Tim. 2, 20–21)!

Zu solcher Reinigung trägt nicht zuletzt das Wort Gottes bei, das »wohlgeläutert« ist (Ps. 119, 140), weil es von allen menschlichen Schlacken und Beimengungen gereinigt wurde. »Die Worte JAHWEHs sind reine Worte: **Silber,** das **geläutert** im Schmelztiegel zur Erde fließt, siebenmal gereinigt« (Ps. 12, 6)!

+ + +

**Brüste dich nicht vor dem König, und stelle dich nicht an den Platz der Großen! –
Denn besser ist es, daß man zu dir sage: Komme hier herauf, als daß man dich
erniedrige vor einem Edlen, den deine Augen doch gesehen haben!**

Wir leben in einer Zeit der Eigenwerbung und Selbstdarstellung, wo man sich selbst »gut
verkaufen« will und den besten Platz in der Gesellschaft und religiösen Gemeinschaft erstrebt; aber offensichtlich gehörte solches Bestreben immer schon zum Wesen des gefallenen Menschen, der in der Nachfolge Luzifers steht. Dieser wollte sich selbst »hoch
über die Gottessterne erheben« und »zum Himmel hinaufsteigen«, ja, »sich dem Höchsten gleichmachen« (Jes. 14, 12–14/Hes. 28, 14–16); doch wurde er aus der Nähe Gottes hinweggeschleudert und »wie ein Blitz« vom Himmel gestürzt (Luk. 10, 18/Offb. 12,
7–12)! Wie fern stehen wir doch der Gesinnung des Sohnes Gottes, der die Gleichheit
mit Gott nicht wie einen Raub festhielt und sich selbst entäußerte und erniedrigte !
»*Darum* hat Gott Ihn auch überaus hoch erhöht und Ihm den Namen gegeben, der jeden anderen Namen überragt« (Phil. 2, 5–11). Das **Königswort »Komme hier herauf!«** (BUB: **Steige empor!**) ist zutiefst besehen ein Wort des Vaters an den geliebten
Sohn, als Er Ihn aus den Toten wiederbrachte und zur Rechten Seines Thrones nieder-
setzte!

So wurde für Jesus der Kampf um den Ehrenplatz bei einem Gastmahl zum prophetischen Modell für beide Wege – den Weg Satans und Seinen eigenen Sohnesweg!
»Denn jeder, der sich selbst erhöht, wird erniedrigt werden, und wer sich selbst erniedrigt, wird erhöht werden!« In Übereinstimmung mit unserem Sprüchewort mahnte Er:
»Wenn du eingeladen bist, so geh hin und lege dich auf den letzten Platz, damit der,
welcher dich eingeladen hat, kommt und zu dir spreche: Freund, **rücke höher hinauf!**
Dann wirst du Ehre haben vor allen, die zu Tische liegen« (Luk. 14, 7–11).

Die Situation des vorliegenden Spruches ist noch extremer: Ringt doch der unbeschei-
dene Narr um den ersten Platz in einer Versammlung von **Würdenträgern und Edlen,**
die der **König** einberufen hat. **Seine Augen haben den anwesenden Fürsten und
Edlen zwar gesehen,** dennoch will er ihm zuvorkommen und seinen Platz einnehmen.
Vielleicht hat er gar ein Bestechungsgeschenk gegeben, um sich »Raum zu machen und
Zutritt zu den Mächtigen zu verschaffen« (Spr. 18, 16)! Welche Erniedrigung, wenn er
dann demonstrativ vom angemaßten Ehrenplatz entfernt wird!

Welches feine Vorbild ist uns Daniel, der einer Versammlung Beltsazars und seiner Mächtigen ferne blieb, die in gotteslästerlicher Entweihung mit den Tempelgefäßen aus Jerusalem zechten und praßten ! Nachdem die geheimnisvolle Hand ihr Gerichtsurteil an die
Wand des Palastes geschrieben hatte, kamen die »Weisen« des Königs eilfertig herbei
und mußten doch ihr Nichtwissen eingestehen; Daniel aber wartete, bis er von der alten
Königin zur Deutung geholt wurde (Dan. 5, 8–13).

Jedenfalls ist es nach Gottes Sinn, daß der Niedrige, der um seine Ohnmacht weiß, vor
dem Selbstgerechten erhöht wird (Luk. 18, 9–14). »Denn schaut eure Berufung an, Brüder, daß es nicht viele Weise nach dem Fleische, nicht viele Mächtige, nicht viele Edle
sind; sondern das Törichte der Welt hat Gott auserwählt, damit Er die Weisen zu Schanden mache; und das Schwache der Welt hat Gott auserwählt, damit Er das Starke zu
Schanden mache; und das Unedle der Welt und das Verachtete hat Gott auserwählt und
das, was nichts ist, damit Er das, was etwas ist, zu nichts mache, damit sich vor Gott kein
Fleisch rühme« (1. Kor. 1, 27–29/vgl. Mtth. 11, 25–26)!

Dann sollte allerdings in der Gemeinde Gottes »der Glaube an Jesus Christus nicht mit dem Ansehen der Person verbunden« sein, so daß man dem Reichen und Mächtigen in der Gemeindeversammlung einen Ehrenplatz sichert, indem man den Armen »auf die hinteren Ränge« verweist (Jak. 2, 1–5). »Hat nicht Gott die Armen der Welt auserwählt, reich zu sein im Glauben, und zu Erben des Reiches, welches Er denen verheißen hat, die Ihn lieben?« Ist es angesichts solcher Worte verwunderlich, daß das Brieflein des Jakobus in der »Gemeindetheologie« nicht allzu hoch bewertet wird?

Rühme dich nicht vor dem König … ! gilt uns in besonderer Weise für unsere Haltung vor dem »König aller Könige«! Es ist pure Ironie, wenn Paulus in 2. Kor. 12, 1 ausruft, was oft auch die Devise vieler frommer »Werke« ist: »Gerühmt muß werden!« Er ließ sich durch die Korinther dazu zwingen und ist dadurch ein »Narr« geworden, obwohl er sich viel lieber »seiner Schwachheiten rühmte«, damit niemand zu hoch von ihm denke (V. 5–6 + 11). Gott bewahre uns vor dem Selbstruhm und der religiösen Selbstdarstellung!

+ + +

289 WIE MAN PROZESSE FÜHRT (25, 8–10/15 + 18)

Geh nicht eilig aus zu einem Streithandel, damit nicht am Ende davon fraglich werde, was du zu tun beabsichtigst, wenn dein Nächster dich beschämt. – Führe _deinen_ Streithandel mit deinem Nächsten, aber enthülle nicht das Geheimnis eines anderen; damit dich nicht schmähe, wer es hört, und dein übler Ruf nicht mehr weiche. – Ein Richter wird überredet durch Langmut, und eine gelinde Zunge zerbricht Knochen. – Hammer und Schwert und ein geschärfter Pfeil: so ist ein Mann, der gegen seinen Nächsten Lügenzeugnis ablegt.

Der Streithandel meint einen Gerichtsprozeß, **der Nächste** den Prozeßgegner, der ja wirklich oft der Nachbar ist, mit dem man in Rechtsstreit gerät. Wenn man schnell, **übereilt** und maßlos reagiert, steht man schneller vor Gericht, als man denkt! Der Ausgang unüberlegter Worte und Handlungen, die den Prozeß herbeiführen, ist oftmals **eine Beschämung,** die sehr teuer werden kann. Noch auf dem Wege zum Gericht kann man mit der »Gegenpartei« einen Vergleich schließen oder gar eine »Versöhnung« herbeiführen, um Geldstrafen oder Gefängnis zu umgehen, wie es uns Jesus in Seiner Bergrede empfiehlt (Mtth. 5, 22–26); dabei geht es in diesem Herrenwort um fromme »Brüder«, die unversöhnlich zum gemeinsamen Opferfest wandern; dies legt auch uns eine Verpflichtung auf, nicht zuletzt im Blick auf die Gemeindefeier des Herrenmahls, wo wir der unsichtbaren Welt den Tod und Sieg Christi und zugleich die Einheit Seines Leibes, der Gemeinde, verkündigen und darstellen! In unserer Zeit mehren sich die Prozesse zwischen Brüdern, ja sogar zwischen christlichen Missions- und Liebeswerken! Ob es da den künftigen »Richtern über Engel und Menschen« nicht wohl anstünde, »die geringen Dinge dieses Lebens« unter sich und nicht vor den Gerichten Ungläubiger zu regeln? »Es ist nun schon überhaupt ein Fehler **in** euch, daß ihr **Rechtshändel** miteinander austragt! Warum laßt ihr euch nicht lieber unrecht tun? Warum laßt ihr euch nicht lieber übervorteilen?« sagt der Apostel Paulus und fügt hinzu: »Aber ihr tut unrecht und übervorteilet, und das Brüder!« (1. Kor. 6, 1–8).

Noch schlimmer ist es, wenn der Prozessierende als Beweis- und Entlastungsmittel für seine Aussagen die persönlichen **Geheimnisse** eines außenstehenden Dritten offenbart, die ihm unter dem Siegel der Verschwiegenheit anvertraut worden sind! Solche Treulosigkeit und Klatschsucht schafft zu recht **die Schmähung** anderer und einen nicht mehr zu tilgenden **üblen Ruf:** Dieser Mensch will fromm sein und kann kein Geheimnis anderer für sich bewahren, wenn es um seinen Vorteil und seine Verteidigung geht! Gibt es das auch unter Glaubensmenschen? Gott sei es geklagt, mehr als genug! Was wurde schon an Personalgeheimnissen ausgeplaudert, die in der Seelsorge »vor dem Angesicht Gottes« einem Bruder oder einer Schwester anvertraut worden waren; und dann verbreitete es sich krebsartig und länderübergreifend als Gerücht!

Vers 15 bespricht unsere Haltung vor dem Richter. Wenn wir maßlos, auffahrend, scharf verletzend und mit emotionalem Zorn unsere Sache vertreten, so steigern wir im Grunde die Gegnerschaft, die wir doch überwinden wollen. »Darum, meine geliebten Brüder, sei jeder Mensch schnell zum Hören, langsam zum Reden, langsam zum Zorn« bezeugt uns Jakobus der »Gerechte« (1, 19–20). Er hat dabei mehr als einen menschlichen den göttlichen Richter vor Augen. Der Zornwütige ist letztlich seiner Sache unsicher, der Besonnene zeigt auch, wenn ihm Unrecht geschieht, die Ruhe eines sicheren und überlegenen Geistes. Seine **linde, sanfte Zunge** hat größere Wirkung auf den Richter und auf das Zerbrechen harten Widerstands, als leidenschaftliche Erregung! Sie **zerbricht Knochen.** Ob wir darin nicht alle noch vieles zu lernen haben? Gerade weil die Wiederkunft des Herrn nahe ist, sollen wir unsere »Gelindigkeit« und Sanftmut allen Menschen erweisen (Phil. 4, 5)! Und wenn wir um Jesu willen vor Gericht gestellt werden sollten, so müssen wir nicht besorgt sein um das, was wir reden sollen, weil ja »der Geist unseres Vaters in und durch uns reden wird«, wie es uns Jesus verheißt (Mtth. 10, 19–20). Wie viele treue Zeugen Gottes haben dies schon erfahren!

Vers 18 schließlich nennt uns die schlimmste Erscheinung, die es vor Gericht geben kann – den **Lügenzeugen** mit seinem falschen Zeugnis. Was 2. Mos. 20, 16 klar untersagt, widerfuhr unserem Herrn, als Er vor dem Hohen Synedrium stand und – zu allen Lügen schwieg. Die Mordwaffen der Lügenzeugen – **Hammer, Schwert und scharfer Pfeil** – entstammen nicht der Waffenrüstung Gottes, sondern der Rüstung aus der Waffenkammer des Vaters der Lüge, der ja auch »Brandpfeile des Bösen« gegen Gottes Heilige entsendet; diese können wir nur mit dem »Langschild des Glaubens« auslöschen (Eph. 6, 12/16/Luk. 11, 22). Einmal wird alles offenbar, wenn vor Christi Richterstuhl mit den »Ratschlägen der Herzen alles in der Finsternis Verborgene« ans Licht kommt (1. Kor. 4, 1–5)! Dies sollte uns schon jetzt zu Wahrheit, Treue und Gerechtigkeit verpflichten!

+ + +

290 EIN WORT ZUR RECHTEN ZEIT (25, 11–12)

Goldene Äpfel in silbernen Prunkgeräten: so ist ein Wort, geredet zu seiner Zeit. Ein goldener Ohrring und ein Halsgeschmeide von Feingold: so ist ein weiser Tadler für ein horendes Ohr.

Wieder schildern uns die erwähnten Edelmetalle Wesentliches: **Die goldenen Äpfel** stellen **Worte** dar, die aus der Glaubenshaltung des Redenden geboren sind; **die silbernen Schalen** (LU), **Prunkgeräte** (E) oder **Schaugeräte** (DEL/BUB) weisen auf die Lösung und Erlösung hin, die aus dem seelsorgerlichen Wort dem Hörenden zuteil wird. Dazu muß es allerdings **zur rechten Zeit** oder **den Umständen angemessen** (DEL) gesagt werden! Es ist überaus wichtig, daß unser Zeugnis nicht ungestüm und blindlings, sondern zum rechten Zeitpunkt erfolgt, den nur Gott bereiten kann. Pastor W. Busch schrieb hierzu: »Wir kennen alle die unangenehme Situation: Wir haben einen betrübten Menschen getroffen. Verlegen stammeln wir einige törichte Worte. Eine halbe Stunde danach fällt uns ein, was wir hätten sagen sollen. Nun ist es zu spät« (aus: »365mal ER«). Wie groß war darin Jesus, unser Herr! Dem wegen der Sünderliebe Jesu verärgerten Pharisäer und Gastgeber Simon stellt Er in kurzen, treffenden Gleichnisworten unser aller Schuld vor Gott dar: »Simon, ich habe dir etwas zu sagen« (Luk. 7, 40–50)! Und seinen untreuen Jünger Petrus nimmt Er still zur Seite und fragt ihn: »Simon, Sohn des Jonas, liebst du mich mehr als diese?« Dies war der Auftakt zu einem seelsorgerlichen Gespräch **zur rechten Zeit,** das diesen in sich selbst zerrissenen Mann wieder zurechtbrachte. So ist das **Wort, das den Umständen gemäß geredet wird,** immer ein seelsorgerliches Wort, das im Geiste der Weissagung die innere Situation eines Menschen in das Licht Gottes stellt. Möchte doch diese Geistesgabe nicht nur Verkündigung und Lehre, sondern auch das Hirtenwort befruchten! »Euer Wort sei allezeit in Gnade, mit Salz gewürzt, um zu wissen, *wie* ihr jedem einzelnen antworten sollt« sagt Kol. 4, 6. Wenn das Wort so als Gottesgeschenk gegeben wird, dann kann »ein Mann Freude an der Antwort seines Mundes« haben; denn »ein Wort zu seiner Zeit: Wie gut!« (Spr. 15, 23)! Erst dann werden **die goldenen Äpfel** des fruchtbaren Wortes in Geist und Seele des Hörenden voll wirksam, wenn sie in **silbernen Schaugeräten und Prunkschalen** dargeboten werden, damit die verkündigte ERLÖSUNG zu wirklicher LÖSUNG von Gebundenheiten führt ! Das gehörte Wort muß übereinstimmen mit dem Wesen und Wandel des Redenden, mit allem, was man an ihm **schaut.** Wie sehr wird doch auch in der Seelsorge gesündigt, wenn geschlossene Türen »eingetreten«, Menschen niedergeredet und in ihrer Person vor Gott nicht ernst genommen werden! Um zum innerlich treffenden, d. h. zum trefflichen Wort zu werden, muß Gottes Wort immer wieder neu als »gegenwärtige Wahrheit« aktualisiert und weitergegeben werden (2. Petr. 1, 12). Das bedeutet nicht, daß wir es verändern, sondern nur, daß wir es **in die Umstände** und die innere Seelenlage eines Menschen hineinsagen; dies gilt in besonderer Weise, wenn es sich um Ermahnung, Verweis und **Tadel** handelt: Wie der **goldene Ohrring und das Halsgeschmeide aus Feingold** aufeinander abgestimmt sind und ein harmonisches »Ensemble« bilden, so sollten es **der weise Lehrer und Hirte** und sein **empfänglicher Hörer sein** (V. 12).

Ob wir in den **Goldäpfeln** wirklich erzgetriebene Kunstwerke zu sehen haben, wie es die Granatäpfel von 2. Kön. 25, 17 waren? Die SPRÜCHE haben sonst mehr die natürliche Frucht im Auge, weil sie das innere Wachsen, Werden und Ausreifen besser darstellt (10, 31/12, 14/13, 2/18, 20). So sieht Delitzsch in den **Goldäpfeln** Goldorangen (das Wort Orange enthält den Wortbestandteil »Gold«). Während das erstere die kunstvolle Gestaltung des Gotteswortes beschreiben würde, könnte die natürliche Frucht mehr das Ausreifen des Wortes in unserem Geiste versinnbildlichen! Ist doch vom »Auftun des Mundes« zur Gabe der »Rede« und schließlich zur »Freimütigkeit » und Freudigkeit, »das Geheimnis des Evangeliums zu reden«, oftmals ein langer Weg, der durch Gebete bereitet werden muß (Eph. 6, 18–20). Und ehe man mit einer »Zunge von Belehrten« einen Müden in seiner Not, Angst und Verzweiflung »durch ein Wort aufrichten kann«, muß uns ein »geöffnetes Ohr« geschenkt sein, um jeden Morgen neu »zu hören, wie ein Jünger hört« – in der Hörschule Gottes (Jes. 50, 4–5).

Solches Wort ist dann **wie güldene Äpfel in silbernen Schalen,** wie es Luther so treffend wiedergab.

+ ⁺ +

291   ERQUICKUNG FÜR SEELE UND GEIST   (25, 13–14 + 25)

Wie Kühlung durch Schnee an einem Erntetage ist ein treuer Bote denen, die ihn senden: er erquickt die Seele seines Herrn (V. 13)!

Wer jemals an einem glutheißen Sommertag geholfen hat, Heu oder Getreide einzubringen, weiß um die Erquickung durch kalte Getränke oder in einem kühlen Bach! Noch stärker wirkt eine **Kühlung durch Schnee.** Aber wo sollte in Israel zur Erntezeit Schnee herkommen? Mit diesem Paradox will die Spruchweisheit sagen: So selten wie der zuverlässig kühlende und erquickende Schnee – wenn er nur vorhanden wäre – ist **der treue und zuverlässige Bote,** der schnell und in vollkommener Übereinstimmung mit seinem **sendenden Herrn** dessen Botschaft überbringt. Dies ist für den Herrn eine **Erquickung der Seele,** ja deren **Wiederaufleben** und **Wiederbringung** (BA). Die Bibel berichtet etliche Male von diesem Wiederaufleben der Seele und des Geistes; als der greise Jakob die Nachricht erhielt, daß sein totgeglaubter Sohn Joseph noch lebe, »da lebte sein Geist wieder auf« (1. Mos. 45, 27)! Auch Simson erfuhr eine solche »Wiederbringung des Geistes«, als er ermattet vom Kampfe und dürstend zu Lechi niedersank, und Gott ihm dort eine Quelle eröffnete (Richt. 15, 19). Dürfen wir dies nicht alle in Nöten, Ängsten und Kämpfen erfahren, wenn Gott uns »mitten in der Angst« erquickt (Ps. 138, 7)? »Ein gottloser Bote stürzt in Unglück, aber ein treuer Gesandter ist Heilung« ergänzt Spr. 13, 17. Wer aber sind solche **Boten,** welche **die Seele des sendenden Herrn erquicken?** Wir dürfen doch in diesem Herrn, der gute Botschaft, Evangelium des Heils entsendet, auch den lebendigen Gott sehen! Gewiß sind es auch die von Gott »beauftragten« Engel, die als Seine Diener – wie Geistwinde und flammendes Feuer – »Täter Seines Wohlgefallens« sind und darum auch zu Schutzdiensten denen gegeben sind, die das Heil ererben sollen (Ps. 103, 20–21/104, 4/Hebr. 1, 14)! Sind sie doch »Täter Seines Wortes, gehorsam der Stimme Seines Wortes«. Dies gilt jedoch nur für die Gott gehorsame, lichte Engelwelt!

Aber nun dürfen wir, wie Paulus es in Gal. 3, 16 tat, ganz genau lesen: Es ist von *einem* **treuen Boten** Gottes die Rede, der **»die Seele«** Seines Vaters erquickt, der an Ihm Wohlgefallen hat und darum »der glückselige Gott« genannt wird (1. Tim. 1, 11): Es ist Sein Sohn, »der Amen, der treue und wahrhaftige Zeuge, der Anfang der Schöpfung Gottes« (Offb. 3, 14). Ihn hat Gott in die Welt gesandt, damit Er »Zeugnis gebe von der Wahrheit« (Joh. 3, 17 + 34/5, 24/17, 3 + 18/18, 37). Doch gilt dieses Wort auch von uns, wenn wir im Dienste Christi, des eigentlichen **Boten** Gottes, stehen und »Verwalter der Gottesgeheimnisse« sein dürfen – der größten **Botschaft,** die je in diese Welt kam;

dann wird allerdings auch von uns gefordert, »daß wir treu erfunden werden« (1. Kor. 4, 1–2)! Mit dieser Treue und Zuverlässigkeit – so selten wie der **kühlende Schnee an einem heißen Erntetag** – können auch wir Gottes Wohlgefallen erlangen und **Seine Seele erquicken!**

Spr. 25, 25 stimmt mit V. 13 vortrefflich überein:

Frisches Wasser auf eine lechzende Seele, so ist eine gute Nachricht aus fernem Lande!

Denken wir etwa an eine Familie, deren Sohn in der Ferne weilt, und die endlich, nach langer Zeit der Ungewißheit, **eine gute Botschaft** von ihm erreicht, welche die müde, **ermattete** (BUB/BA), nach Kunde **dürstende Seele** seiner Eltern wie **frisches,** eiskaltes Quellwasser belebt. Ja, »das Leuchten der Augen erfreut das Herz; **eine gute Nachricht** labt das Gebein« (Spr. 15, 30)!

Aber sollte die Spruchweisheit damit erschöpft sein? Dürfen wir sie nicht auch tiefer fassen? So sehen wir wieder in der **guten Botschaft aus fernem Lande** das Evangelium, die frohe Botschaft unserer Errettung, die uns durch Christus als den **treuen und zuverlässigen Boten** aus dem **fernen Lande** des unzugänglichen Lichtes zugekommen ist (1. Tim. 6, 16); gottgesandte Apostel haben sie weitergetragen in die Völkerwelt! Durch **das frische und lebendige Wasser** des Wortes Gottes erschließt sie sich uns und belebt unser **ermattetes Herz,** unsere **müde Seele** und unseren **dürstenden Geist!** So beten wir mit dem Psalmisten: »Am Staube klebt meine Seele; belebe mich nach Deinem Worte« (Ps. 119, 25)! Wie anders wirkt Gottes Wort als Menschenwort, Gottes Verheißung als menschliche Scheinversprechungen! Letztere werden uns in Spr. 25, 14 gezeigt:

Wolken und Wind, und doch kein Regen: so ist ein Mann, welcher mit lügnerischem Geschenke prahlt!

Wie oft bietet Menschenwort nur lügenhafte und vorgespiegelte Geschenke und Versprechungen an, die nicht eingelöst werden – wie der dunkle, von Blitzen erhellte Wolkenhimmel, der doch den sehnlichst erwarteten Regen nicht bringt. Erneut kommt ein glühender Tag und verweigert dem Lande Regen und Fruchtbarkeit, so daß es verdorrt. Ja, es ist wahr, was Spr. 25, 19 ergänzt: »Ein zerbrochener Zahn und ein hinkender Fuß: so ist das Vertrauen auf einen Treulosen am Tage der Drangsal!« In Hos. 6, 4 wird die »Frömmigkeit« Israels mit einer solch trügerischen Verheißung verglichen: »Was soll ich noch an dir tun, EPHRAIM, was soll ich dir tun, JUDA, weil eure Frömmigkeit wie eine Morgenwolke ist und wie der Tau, der doch frühe verschwindet!« so klagt der lebendige Gott.

Vollgewißheit, und damit eine Verankerung der unruhigen Seele im Allerheiligsten der Hoffnung, können wir nur erlangen, wenn wir uns auf den Gott stützen, der nicht lügen kann, und der Seine Verheißungen bei sich selbst beschworen hat; Seine Gnadengaben und Berufungen sind unwiderrufbar! (Hebr. 6, 11–19/Röm. 11, 29). Jesus Christus hat es uns verheißen: »Frieden lasse ich euch, **meinen** Frieden gebe ich euch; nicht wie die Welt gibt, gebe ich euch!« (Joh. 14, 27). **Trügerisches** Menschenwort – **untrügliches** Gotteswort!

»Amen, Amen, lauter Amen hat des treuen Gottes Mund!
Ewig träget Er den Namen, daß Er aller Wahrheit Grund;
was Er sagt, trifft alles ein, es muß JA und AMEN sein!«

+ + +

292 HAUSBESUCHE (25, 17)

Mache deinen Fuß selten im Hause deines Nächsten, damit er deiner nicht satt werde und dich hasse.

Das hat es also auch schon in alten Zeiten gegeben, daß Nachbarn und Freunde so oft beisammen waren und »aufeinander hockten«, daß darüber ihre gute Nachbarschaft und Freundschaft mehr und mehr erlosch. Man konnte sich schließlich »nicht mehr riechen«, weil man einander **übersatt** geworden war (BUB). So sagt die Redensart: »Wer was will gelten, der kommt selten« (DEL)! **Mache selten deinen Fuß** kann nach dem Hebräischen auch heißen: **Mache kostbar deinen Fuß!** Der seltene Besuch wird um so kostbarer empfunden, wenn er getragen ist von Takt, Höflichkeit und Respektierung der persönlichen Freiheit des Besuchten. Er gleicht darin dem kleinen Geschenk, das die Liebe des schenkenden Herzens verrät. So wird auch der **seltene** Besuch **kostbar** sein und sich nicht im Reden über das Wetter, in Klatsch und Tratsch erschöpfen, sondern bemüht sein, gehaltvolle Werte anzusprechen, damit kein »saurer Nachgeschmack« zurückbleibt.

Um wievieles mehr hat dies für das seelsorgerliche Gespräch und den damit verbundenen »Hausbesuch« zu gelten! Es ist wieder der Praktiker Jakobus, der da sagt: »Ein reiner und unbefleckter Gottesdienst vor Gott dem Vater ist dieser: Waisen und Witwen in ihrer Drangsal besuchen!« (Jak. 1, 27). Dies dürfen wir auf jeden Angefochtenen und Gefährdeten erweitern. Doch auch hierbei gilt es zu vermeiden, in permanenter Zudringlichkeit »geschlossene Türen einzurennen«! Der Taktvolle und Höfliche (dies ist durchaus auch eine Frucht des Heiligen Geistes) wird die persönliche Freiheit des anderen, die immer auch die Freiheit zum »Nein« ist, achten; er wartet gerne auf die »offene Tür«, die Gott schenkt, und die der Betrübte und Angefochtene zu erkennen gibt. Man kann im Übereifer das Wort aus Hebr. 10, 24, daß wir im Dienst der Ermunterung »einander anreizen sollten zur Liebe und zu guten Werken« auch gründlich mißverstehen – im Sinne des Zwanges, der die persönliche Freiheit des anderen einschränken will. Wenn aber Gott uns die Türe zum Herzen und Hause **des Nächsten** öffnet, dann sollten wir zu jenen Weisen aus Pred. 12, 11 gehören, deren Worte »wie eingeschlagene Nägel« sind, d. h. die den »Nagel auf den Kopf treffen«, im gehaltvollen, ermunternden, aufrichtenden Zuspruch.

Wie fein hat doch unser Herr den Hirtendienst der Seelsorge ausgeübt! Denken wir nur an die Begegnung mit Simon Petrus, in der er den gefallenen Knecht und Jünger zum Dienst wiederherstellte (Joh. 21, 15ff.)! Niemals hat Er geschlossene Türen gewaltsam geöffnet! »Siehe, ich stehe vor der Tür und klopfe an; wenn jemand meine Stimme hört und die Türe öffnet, zu dem werde ich eingehen und das Abendmahl mit ihm essen, und er mit mir« (Offb. 3, 20)! Wohl uns, wenn wir Ihm die Türe unseres Herzens und Hauses öffnen, so daß Er bei uns und in uns wohnen kann durch den Heiligen Geist!

+ + +

293 FRÖHLICHE LIEDER – EINE ARZNEI FÜR TRAURIGE? (25, 20)

Einer, der das Oberkleid ablegt am Tage des Frosts, Essig auf Natron: so wer einem traurigen Herzen Lieder singt.

Wer jemals geistliche und seelische Hilfe für entmutigte, ermüdete und depressive Menschen leisten wollte, wird um diese Gesetzmäßigkeit wissen und sie beachten. Phrasen wie »Kopf hoch! Es wird schon wieder werden!« sind da wie pures Seelengift, und auch fromme Redensarten und oberflächlicher »geistlicher« Rat können geradezu glaubenszerstörend wirken. Wieviel mehr, **wer mit Gesänglein ansingt ein mißmutiges Herz** (BUB); dies wirkt wie ein eisiger Luftzug **am Tage des bitteren Frostes** auf den, der sich **seiner Kleidung entledigt hat:** Es droht ihm »geistliche Lungenentzündung«! Noch ein anderer Vergleich wird für solcherlei unweise Seelsorge herangezogen; sie wirke **wie Essig auf Natron.** Ich habe mir sagen lassen, daß dies zu einer chemischen Reaktion führt, bei der u. a. Natrium-Acetat entstehe – ein ungenießbares, wenn nicht giftiges Salz, das keineswegs der geforderten Salzkraft des Evangeliums entspricht, sondern nur als unbrauchbar und schädlich weggeschüttet werden kann (Mtth. 5, 13).

Wenn sich betrübte, abgrundtief traurige und depressive Menschen in der Seelsorge mit ihrer Not offenbaren, dann bedeutet dies allein schon eine seelische Entblößung – **das Ablegen des schützenden Gewandes!** Statt des Frostes billiger frommer Rezepte bedarf es da der wärmenden Liebe, die sich »mit den Fröhlichen freut«, aber auch »mit den Weinenden weint« (Röm. 12, 15). »Aber den Kummer des anderen übernehmen, als sei es der eigene – wer kann das? Hier wird unsere ganze Armut offenbar« (Pastor W. Busch in »365mal ER«), zumal, wenn wir uns an unserem Hohenpriester Jesus messen, der in Seiner großen Barmherzigkeit »Mitleid zu haben vermag mit unseren Schwachheiten, weil Er in allem versucht worden ist wie wir und in der gleichen Weise« (Hebr. 4, 15). Dies ist jedoch der einzige Weg, Hilfe **für Betrübte** zu leisten, wenn man ähnliche dunkle Gotteswege geführt wurde und darin den Christus in einer Weise erlebte, daß man nun »mit **Seinem** Trost trösten kann« (2. Kor. 1, 3–11)!

Wie erfuhren die in Babylon gefangenen Juden den Hohn ihrer Feinde, die nicht nur **mit Gesänglein ansangen das traurige Herz,** sondern als ihre »Folterer« sie aufforderten, ihnen eines von ihren freudevollen Zionsliedern zu singen! Sie antworteten: »Wie sollten wir ein Lied JAHWEHs singen auf fremdem« – anderen Mächten angehörenden – »Territorium? Wenn ich deiner vergäße, Jerusalem, so verdorre meine Rechte« (Ps. 137, 1–6)!

Der Apostel Jakobus weist uns in die rechte Ordnung: »Leidet jemand unter euch Trübsal? Er bete! Ist jemand guten Mutes? Er singe Loblieder!« (Jak. 5, 13)! Dazu gehört dann wohl auch jenes heilende Selbstgespräch mit unserer seufzenden Seele, das wir in Ps. 42, 5 + 11 sowie in Ps. 43, 5 aufgezeichnet finden: »Was beugst du dich nieder, meine Seele, und stöhnst in mir? Harre auf Gott! Denn ich werde Ihn noch preisen für die Rettungen Seines Angesichts!« Dem entspricht in Eph. 5, 19 die Mahnung, daß »wir **uns selbst** zusprechen sollten in Psalmen, Lobliedern und geistlichen Liedern ... in unseren Herzen« – wie es gute Handschriften des Grundtextes wiedergeben. Was wir in unseren Tagen brauchen, ist nicht **das Ansingen und Anpredigen,** sondern die Hirtengabe derer, die sich im heiligen Hörschweigen »das Ohr öffnen ließen« und dann befähigt wurden, mit gereinigter Zunge »Müde durch einen Zuspruch aufzurichten« (Jes. 50, 4–5); leben wir doch auch als Gotteskinder in einer durch und durch kranken und krankmachenden endzeitlichen Welt!

+ + +

294 FEURIGE KOHLEN (25, 21–22)

Wenn deinen Hasser hungert, so speise ihn mit Brot, und wenn ihn dürstet, so tränke ihn mit Wasser; denn glühende Kohlen wirst du auf sein Haupt häufen, und JAHWEH wird dir erstatten (vergelten).

Erstaunlicherweise wird schon im Alten Bund gefordert, dem Feinde, der sich in Existenznot befindet, Liebe zu erweisen – nicht die Liebe des Gefühls, sondern die »agapä« willentlicher Liebestat. Die von Jesus genannte Überlieferung, wonach »der Nächste zu lieben und der Feind zu hassen« sei, entstammt nicht dem AT, sondern den Traditionen der zelotischen Qumran-Sekte (vgl. Mtth. 5, 43–44). Aber wird nicht im Gesetz Gottes eine Vergeltung »Auge um Auge, Zahn um Zahn, Bruch um Bruch« gefordert (2. Mos. 21, 24/3. Mos. 24, 20)? Diese Forderung eines angemessenen, maßvollen Gerichtes gilt jedoch der gottgesetzten staatlich-richterlichen Gerechtigkeit, wie es auch in Röm. 13, 1–4 von ihr als einer »Dienerin Gottes« verlangt wird, die damit dem gesetzlosen Chaos begegnen soll. Das Gebot der Feindesliebe hingegen ist persönlich gemeint, als Verzicht auf Vergeltung. Wenn man die neutestamentliche Ausweitung mit einbezieht, welche sogar die Vergeltung des Bösen mit Gutem, des Schimpfwortes mit Segensgebet empfiehlt, dann könnten wir das als »ungeheuerliche Überforderung« empfinden, die der Mensch unmöglich erfüllen kann (s. Röm. 12, 20–21/1. Petr. 3, 8–9/Luk. 6, 27–29/35–36). Doch sollten wir bedenken, welche innere Befreiung und Erlösung solches Handeln gegenüber dem Feinde bewirkt, uns, die wir »verhaßt sind und andere hassen« (Tit. 3, 3) – wenn nicht gar uns selbst –, eine Befreiung vom Zwang zu hassen! Welche kostbaren Gottesverheißungen werden in Jes. 58, 8–12 dem zugesprochen, der »seine Speise«, ja, »seine Seele dem Hungrigen darreicht und die niedergedrückte Seele sättigt«, indem er auf Verachtung und Haß verzichtet. »Sein Licht wird aufstrahlen in der Finsternis«, und »sein Dunkel wird sein wie der Mittag«!

Das Speisen des Hassers mit Brot und das Tränken mit Wasser bedeutet **Feuerkohlen auf seinem Haupte aufzuhäufen.** Glühende Kohlen sind ein Symbol für Gericht und Läuterung. Delitzsch deutet sie als »den brennenden Schmerz und das Schamgefühl über unverdiente, vom Feinde empfangene Wohltaten« – ein schmerzlicher, aber heilsamer Läuterungsprozeß –, so wie alle Gottesgerichte heilspädagogische Maßnahmen Seiner »feurigen Liebe« sind (vgl. Hohesld. 8, 6–7)! Es ist überhaupt bedeutsam, wie Jesus die Forderung der Feindesliebe begründet: Er führt sie auf das Wesen Gottes zurück, der »Seine Sonne aufgehen läßt über Gerechte und Ungerechte, und es regnen läßt über Fromme und Gottlose«; weil Er selbst »barmherzig ist«, erweisen wir uns, wenn wir Feindesliebe üben, in der Darstellung Seiner »vollkommensten« Wesensqualität als »Söhne des Höchsten« (Mtth. 5, 43–48/Luk. 6, 35–36). Ohne Gottes Feindesliebe, der auf dem **Haupte** Seines Sohnes **die Feuerkohlen** aller Gerichte **aufhäufte,** hätte keiner von uns je das Heil erlangt! Gerne möchten wir Adolf Heller zustimmen, der da schrieb (in: »200 biblische Symbole«): »Ob wohl Gott am Ende auch Seinem hungernden und dürstenden Feind … mit dem Christus-Lebensbrot speisen und mit dem Lebenswasser Seiner Segnungen tränken wird? Wer Spr. 25, 1 + 21 und Röm. 12, 20 nicht nur als Gebot für arme, schwache Menschen, sondern vielmehr … als Selbstoffenbarung Gottes verstanden hat, der vermag in heiliger Freude des Glaubens eine klare Antwort darauf zu geben!«?

In 2. Kön. 6, 14–23 wird von einem Gotteswunder durch Elisa an den feindlichen Heeren der Syrer berichtet, das zu ihrer Einkesselung durch das Heer Israels führte. »Und der König Israels sprach zu Elisa …: Soll ich schlagen, soll ich schlagen, mein Vater? Aber dieser sprach: Du sollst nicht schlagen. Würdest du die schlagen, die du mit deinem Schwerte und deinem Bogen gefangen genommen hättest? Setze ihnen **Brot und Wasser** vor, daß sie essen und trinken und dann zu ihrem Herrn ziehen« (V. 21–22)! Möge Gott uns zurüsten, Seinem Wesen gemäß zu handeln und uns als Seine Söhne zu erweisen!

+ ⁺ +

295 EIN VERDERBTER BRUNNEN (25, 26)

Eine getrübte Quelle, ein verdorbener Brunnen: so ist der Gerechte, der vor dem Gesetzlosen wankt.

Die Quelle ist der Ursprungsort »lebendigen Wassers« – d. h. frischer und ursprünglicher Segnungen; ausgemauert wird sie zum **Brunnen,** der zur beständigen Entnahme solchen Wassers einlädt und viele Jahrhunderte überdauern kann (s. Joh. 4, 12, wo uns der Brunnen Jakobs genannt wird). So sieht unser Sprüchewort in der **reinen, unverderbten Quelle** und im **Brunnen** die Segnungen, die von **dem Gerechten** ausgehen. Wer dächte hierbei nicht an Joh. 7, 37–38, wo vom Leibe Christi, *des* Gerechten bezeugt wird, daß von Ihm »Ströme lebendigen Wassers« für alle Dürstenden und Glaubenden fließen. Aber auch der Leib des Glaubenden kann zu einem solchen Quellort werden: Das Wasser, das er von dem Christus durch Seinen Geist empfängt, »wird in ihm zur Wasserquelle, die ins ewige Leben quillt« (Joh. 4, 14).

Doch spricht unser Weisheitswort von der ernsten Möglichkeit, daß diese **Geistesquelle** und dieser **Gottesbrunnen verderbt** und **getrübt** werden kann (BUB), so daß ihr Wasser ungenießbar wird; der bisher reine Segensstrom wird – durch Schuld und Sünde verderbt – zum Fluch. Von der Zunge »voll tödlichen Giftes« sagt Jakobus: »Mit ihr segnen wir den Herrn und Vater, und mit ihr fluchen wir den Menschen, die nach dem Bilde

Gottes geworden sind? Aus demselben Munde geht Segen und Fluch hervor? Dies, meine Brüder, sollte nicht also sein! Die Quelle sprudelt doch nicht aus derselben Öffnung das Süße und das Bittere zugleich?« (3, 9–11). Und Hes. 34, 18 richtet die falschen Hirten Israels, weil sie »das abgeklärte Wasser trinken, den Rest des Wassers aber mit ihren Füßen trüben« und das schlammige Wasser den Schafen anbieten.

Wodurch kann aber **die Segensquelle verderbt und getrübt** werden? Es ist **das Wanken, Gleiten** (BA) und **Nachgeben** (DEL) **des Gerechten vor dem Gesetzlosen** und seiner Gottlosigkeit, wodurch er selbst in die Vermischung zwischen Licht und Finsternis, Frömmigkeit und Gottlosigkeit, Gut und Böse, Segen und Fluch, Christusgeist und Satansgeist hineingezogen wird (vgl. 2. Kor. 6, 14–16). Immer war es das »Mischvolk«, das Gottes Volk im Alten Bund verderbte, und das auch heute noch Gottes Gemeinde verdirbt (2. Mos. 12, 38/4. Mos. 11, 4/Neh. 13, 3/5. Mos. 25, 17–19). Durch Menschenfurcht, Menschengefälligkeit, Lässigkeit und Anpassungssucht **wankt der Gerechte** und **gleitet** mehr und mehr zurück ins Lager der Gottesfeinde (s. Ps. 1, 1–3). Ein typischer Vertreter einer Mischung zwischen Licht und Finsternis, Gottesdienst und Götzendienst, Prophetie und magischer Wahrsagerei war Bileam, der »Vater aller Gnosis«. Daran ändert auch die »Wolke der Selbstbeweihräucherung« nichts, mit der er sich in 4. Mos. 24, 15–16 in ein günstiges Licht zu setzen versucht: Bileam, der Sohn Beors – der Mann geöffneten Auges – der Hörer von Gottesworten – der Erkenntnis des Höchsten besitzt – der eine Vision des Allmächtigen sieht – der da hinfällt und enthüllter Augen ist. – Kennen wir nicht auch heutigentags solches »Hinfallen« durch eine scheinbare Geisteswirkung, die letztlich dämonischen Ursprungs ist? Auf die Finsternisbindung Bileams weist uns auch sein Beiname »Zauberer« hin (Jos. 19, 22).

Aber bleiben wir bei uns selbst. Die Empfehlung, die Paulus seinem Mitarbeiter Timotheus gab, gilt auch uns: »Bewahre das schöne anvertraute Gut durch den Heiligen Geist, der in uns wohnt« (2. Tim. 1, 14)! Wie vieles mag schon durch eigene Schuld **verderbt und getrübt** worden sein, was Gott uns durch Seinen guten Geist anvertraut hat?! Da gilt es dann mit Isaak die Brunnen Abrahams »wieder aufzugraben«, welche die Philister, die Gottesfeinde, mit Steinen, Ton und Kot zugeschüttet haben (1. Mos. 26, 18)! Und wer »ein Gefäß zur Ehre des Hausherrn« sein will, muß sich von den »Gefäßen zur Unehre« hinwegreinigen, damit er »heilig und nützlich« für Christus werde (2. Tim. 2, 20–21)!

296 EIN UNBEHERRSCHTER GEIST (25, 28/30, 32–33)

Eine erbrochene Stadt ohne Mauer: so ist ein Mann, dessen Geist Selbstbeherrschung mangelt.

Die Heilige Schrift nennt allerlei **Mangelzustände** im Glauben und Wandel, so den Mangel an Weisheit (Jak. 1, 5), an Ruhm bei Gott (Röm. 3, 23), an Selbstreinigung (2. Petr. 1, 9), in den Gnadengaben (1. Kor. 1, 7), im Dienst (Phil. 2, 30) und in der Gnade Gottes (Hebr. 12, 15). Vorliegender Spruch nennt uns einen **Mangel an Selbstbeherr**

schung. Die Enthaltsamkeit, Geistesdisziplin und Selbstbeherrschung ist die letzte Entfaltung in der neunfachen Frucht des Heiligen Geistes (Gal. 5, 22). So versichert Paulus seinem Mitarbeiter Timotheus, daß Gott uns einen Geist der Kraft, der Liebe und der Besonnenheit (oder: Selbstzucht) gegeben hat (2. Tim. 1, 7). Diese Gabe ist darum so wichtig, weil unser GEIST die Schaltstelle der Person und der Wächter über alle Vorgänge des Leibes und der Seele ist. Er ist **die Mauer** um unsere ganze Persönlichkeit und **Wächter auf den Mauern** zugleich (vgl. Jes. 62, 6–7, wo von den Wächtern auf den Mauern Jerusalems gesprochen wird). Jegliches Begehren – Leidenschaften, Geldgier, ungezügelte Sinnlichkeit, Jähzorn, Ehrsucht, Hochmut, Rachsucht – hat seinen Sitz in unserer SEELE, aber ohne den GEIST als unserem Wächter erstarkt es zur unersättlichen Sucht.

Die Mauer ist in der Bibel ein Bild der Scheidung (s. Eph. 2, 14), aber auch der Bewahrung und des Schutzes, weil sie uns vor den feindlichen Mächten der Gesetzlosigkeit behütet. Wenn die Mauer um den Weinberg Israel im Gericht niedergerissen wurde, konnte der Weinberg zertreten und verwüstet werden (Jes. 5, 5). Von solchem Verfall Israels spricht Hes. 38, 20: »Jede Mauer wird zu Boden fallen«; andererseits wird der Herr selbst in den Gefahren der Endzeit »eine feurige Mauer um Jerusalem herum sein«, wie es Sach. 2, 5 verheißt.

Eine Stadt ohne Mauern oder **mit Mauerdurchbrüchen** steht jedem Feinde offen und kann ohne große Mühe von ihm eingenommen, geplündert und verwüstet werden! Diese Gefährdung droht auch unserem **Geiste,** wenn er sein Wächteramt nicht versieht und den satanischen Feindesmächten offensteht! Wie ernst spricht Jesus im Gleichnis von dem geheilten Besessenen, dessen Lebenshaus zwar von Dämonen befreit, gereinigt und geschmückt wurde, aber nicht von Christus und Seinem Geiste bewohnt ist; siebenfach verstärkt kehren die Dämonen zurück und wohnen erneut in ihm (Mtth. 12, 43–45).

Wie gut ist es, wenn wir in der heiligen Selbstdisziplin des Geistes stehen und auch in der Auseinandersetzung mit den Gegnern des Evangeliums in der Ruhe und im Frieden Gottes bleiben, der auch um uns her »wie eine feurige Mauer« ist! Nichts schadet der Verkündigung des Evangeliums mehr, als neurotische Unruhe, **mangelnde Selbstbeherrschung** und jähzornige Erregtheit! Dazu führt Spr. 30, 32–33 aus:

Magst du toll sein, indem du dich zur Geltung bringst, oder bei Sinnen, so lege die Hand auf den Mund! Denn Druck auf Milch bringt Butter hervor, und Druck auf die Nase bringt Blut hervor, und Druck auf die Reizbarkeit erzeugt Zank.

Der Zänkische, der sich um jeden Preis **Geltung verschaffen will,** übt Druck auf die Reizbarkeit des anderen aus, er provoziert ihn und schürt damit den Streit, wie wenn man Kohle und Holz auf die Feuersglut legt (Spr. 26, 21). Der erpresserische Druck wird durch die beiden humorvollen Vergleiche von der »Buttererzeugung« und dem »Nasendrücken« versinnbildlicht. Wer dagegen **bei Sinnen ist** und **Selbstbeherrschung** übt, legt rechtzeitig **die Hand auf den Mund.** »Reden ist Silber, Schweigen ist Gold« so lautet die Grundregel, die nur dann eine Ausnahme erlaubt, wenn es um die Verteidigung wesenhafter und ewiger Werte geht und nicht um **Geltungsstreit** und Selbsterhöhung.

Die beherrschende Lust des Fleisches, die Begierde der Augen und der prahlerische Hochmut des Lebens stammen nicht aus dem Vater, sondern gehören zu den Grundprinzipien der Welt und ihrer Mächte. »Die Welt aber vergeht und ihre Begierde; wer aber den Willen Gottes tut, bleibt in Ewigkeit« (1. Joh. 2, 16–17)!

Es ist Gottes guter Heiliger Geist, der unseren **Geist** zum Wächterdienst ermächtigt, so daß wir uns selbst beherrschen können und einer **befestigten Stadt** mit einer **mächtigen Festungsmauer** gleichen!

+ ⁺ +

297 EIN FLUCH, DER NICHT EINTRIFFT (26, 2)

Wie der Sperling hin- und herflattert, wie die Schwalbe wegfliegt, so ist ein unverdienter Fluch: er trifft nicht ein!

SEGEN ist Anerkennung und Lebensmehrung, **Fluch** hingegen Aberkennung von Vorrechten, Herabsetzung und Lebensminderung. Wie viele Menschen mußten es schon erleben, daß ihnen geflucht wurde, und zu welchen seelischen Spannungen und Verbiegungen kann **unverdienter Fluch** führen, besonders, wenn Eltern ihre Kinder verfluchen. Adolf Heller dichtete hierzu:
»In eisigem Schweigen wohnt Finsterniswesen, doch herzliche Worte erwärmen und lösen. – Verbittertes Drohen muß Feindschaft entfachen, doch liebender Zuspruch kann glücklich uns machen. – Ein grausames Wort kann ein Leben vernichten, doch freundliches Bitten hilft Spannungen schlichten. – Die Macht unsrer Worte zum Guten und Bösen kann teuflisch zerstören und göttlich erlösen!«
So wird in Ps. 10, 7 von dem Gottlosen gesagt, daß sein Mund **voller Fluchens** und Truges und Bedrückung und unter seiner Zunge Mühsal und Unheil ist. Auch wenn er – in frommer Heuchelei– mit dem Munde segnet, so flucht er doch oftmals »in seinem Inneren« (Ps. 62, 4/Röm. 3, 13–14).
Gottes heiliges Gesetz schloß **den Flucher** vom Leben des »heiligen Lagers« aus (3. Mos. 24, 14). Es untersagte, Vater und Mutter zu fluchen (Spr. 20, 20/30, 11), einem Fürsten Israels oder gar dem Könige (2. Mos. 22, 28/Pred. 10, 20), sowie einem Tauben (3. Mos. 19, 24). Paulus, der vor dem Synhedrium dem Hohenpriester geflucht hatte, mußte dies mit der Begründung zurücknehmen, er habe ihn nicht erkannt (Apg. 23, 3–4). Wie verderbt unser ganzes Wesen ist, vermag zu zeigen, daß wir – von Haß und Jähzorn getrieben – schneller zum Fluchen als zum Segnen bereit sind; darum ermahnt uns der Apostel in Röm. 12, 14, wir sollten segnen und nicht fluchen. Wenn Pred. 7, 20–22 dazu rät, nicht zu genau den Worten zu lauschen, die geredet werden, damit man nicht höre, wie uns der eigene Knecht verflucht – »denn auch vielmals, dein Herz weiß es, hast auch du anderen geflucht« –, so wird bei diesem Rat zum »Überhören« zu wenig die dämonische Macht des Fluches gesehen. Deutlicher wird das in Pred. 10, 20, wo uns dazu geraten wird, auch in Gedanken dem Könige nicht zu fluchen, dem Reichen im verborgenen Schlafgemach; »denn das Gevögel des Himmels möchte die Stimme entführen, und das Geflügelte das Wort anzeigen«, womit nach Mark. 4, 4 + 15 und Offb. 18, 2 satanische Mächte gemeint sind.
Doch **der unverdiente, grundlose Fluch trifft nicht ein;** wie der ziellos **umherflatternde Sperling** und die in ferne Länder entfliegende **Schwalbe** bleibt er »in der Schwebe«, trifft er nicht sein Ziel! Die jüdischen Ausleger lasen den Text nach anderer

Schreibweise auch ohne das »nicht«: **Der Fluch trifft *ihn*** – das heißt, den Fluchenden selbst. Wie ein Bumerang kommt er auf ihn selbst zurück!

Wie mußte es den König David auf seinem Flucht- und Leidensweg vor Absalom treffen, als Simei aus dem Hause Sauls ihm schrecklich fluchte (2. Sam. 16, 5–14)! Die Schriftgelehrten Israels deuteten die Buchstaben von »heftiger Fluch« (1. Kön. 2, 8) als die Anfangsbuchstaben von »Ehebrecher – Moabiter – Mörder – Gewalttätiger – Greuelhafter«. Manches davon traf David nicht ohne Schuld. Daß er auch dieses Fluchen auf den züchtigenden Willen des Herrn zurückführte und von Ihm »Erstattung des Guten« dafür erwartete, zeigt uns 2. Sam. 16, 10–12. Er wußte um das wunderbare göttliche Gesetz, daß Gott nicht nur Finsternis in Licht, Tod in Leben, sondern auch **Fluch in Segen** verwandeln kann. Von dieser Gesinnung aus ist kein weiter Weg mehr zurückzulegen bis zum Jüngergesetz Jesu: »Segnet, die euch fluchen …« (Mtth. 5, 44)!

Wie aber sollen wir es verstehen, wenn unter den 13 Würdenamen JAHWEHs (2. Mos. 34, 5–7), die uns Seine Wesensbarmherzigkeit schildern sollen, auch gesagt wird: »… der die Ungerechtigkeit der Väter heimsucht an den Kindern und Kindeskindern in der 3. und 4. Generation«? Ist dies nicht auch ein **unverdienter Fluch,** vielleicht in den Erbmerkmalen unauslöschlich eingegraben und weitergegeben? Im Lichte von 5. Mos. 24, 16 kann dies so nicht gemeint sein! »Heimsuchen« kann sowohl ein »Heimsuchen im Gericht«, als auch ein »Heimsuchen in der Gnade« sein, wie es uns Jes. 24, 21–22 bezeugt. Letzteres gilt hier: Die Vätersünde, die als Fluch weiterwirkt, wird spätestens in der 3. oder 4. Generation in Gnaden gelöscht und getilgt! Ja, sie wird mächtig überlagert von der »Güte, die sich auf Tausende hin« erstreckt! So dürfen wir vollgewiß im Blick auf das **unverdiente Fluchwort** unserer Feinde und der Gottesfeinde bekennen: »Mögen sie fluchen, DU aber segne« (Ps. 109, 28)! Denn »der Fluch JAHWEHs ist im Hause der Gesetzlosen, aber Er segnet die Wohnung der Gerechten« (Spr. 3, 33)!

»JAHWEH segne dich und behüte dich!

JAHWEH lasse leuchten Sein Angesicht über dir und sei dir gnädig!

JAHWEH erhebe Sein Angesicht auf dich und gebe dir Frieden!«

+ + +

298/299   WIE SOLL MAN MIT NARREN UMGEHEN?   (26, 1/3–12)

Vor uns steht ein ganzer Abschnitt, der dem Umgang mit **dem Narren** gewidmet ist. Das »Lexikon der Bibel« führt zu diesem Thema aus: **»Narr** gibt eine Vielzahl hebräischer Wörter wieder, unter denen »kesil« oder »baar« den Menschen mit geringem geistigen Vermögen, das häufigere »nabal« den Menschen von geistiger Zuchtlosigkeit und Unbeherrschtheit meint … Der Narr steht im Gegensatz zum Weisen, manchmal auch zum Frommen … Gemeint ist gelegentlich der verstandesarme Mensch überhaupt, in der Regel allerdings der Mensch, der sein vorhandenes Denk- und Urteilsvermögen falsch gebraucht und dadurch in seinem Leben zu falschen Entscheidungen kommt.«

Der in den vorliegenden Versen angesprochene **Narr** ist ein solcher nicht nur in den Karnevalstagen, sondern in seinem ganzen Leben. Es fällt auf, daß im Sprüchebuch kaum eine Änderung seines Verhaltens und Denkens erwartet wird.

Damit der Tor wenigstens von seiner **Narrheit** überführt wird, ist es völlig falsch, ihm **Ehre zu erweisen,** ihn mit Ehrentiteln zu schmücken oder ihm öffentliche Ehrenämter zu verleihen. Dies würde nur über den Verfall seiner Persönlichkeit hinwegtäuschen und wäre eine erfolglose Verschwendung: **Wie Schnee im Sommer und wie Regen in der Ernte, so ist Ehre dem Toren nicht geziemend,** ebensowenig wie Wohlleben (V. 1/Spr. 19, 10). **Schnee im Sommer** ist in Israel überhaupt nicht zu erwarten, auch **Regen in der Erntezeit** nicht. Vielmehr würde das Gegenteil durch eine Ehrung des Narren erreicht: Wenn man auf eine treffliche, ihn **beschämende Antwort** verzichtet und sich an seine niveaulose Narrheit anpaßt, würde man sich **ihm gleichstellen,** und er würde **in seinen eigenen Augen als weise erscheinen** (V. 4–5). Solche Selbstverblendung aber würde den ganzen Fall hoffnungslos machen: **Siehst du einen Mann, der in seinen eigenen Augen weise ist – für einen Narren ist mehr Hoffnung als für ihn** (V. 12), d.h., wenn er seine Torheit erkennen sollte. Spr. 3, 7 bestätigt dies für jeden Menschen: »Sei nicht weise in deinen Augen, fürchte JAHWEH und weiche vom Bösen!« In 1. Kor. 3, 18 warnt auch der Apostel Paulus vor solchem Selbstbetrug: »Niemand betrüge sich selbst. Wenn jemand sich einbildet, weise zu sein in diesem Zeitlauf, so werde er töricht, damit er (dann) weise werde!« Die Erkenntnis der eigenen Torheit ist nämlich der erste Schritt auf dem Wege zur Weisheit!

Von der erfolglosen Bemühung, einem Narren **Ehre zu erweisen,** spricht auch V. 8: **Wie das Binden eines Steines in der Schleuder, so ist, wer einem Narren Ehre erweist!** Alle Bemühung und Aufwendung ist wirklich »verschleudert«, weggeworfen. Dieser Vers wird von anderen Übersetzern so wiedergegeben: **Wie ein Juwelengebinde in einem Steinhaufen, so ist es, wer einem Narren Ehre spendet** (BUB/BA). Nicht die Gnade kann dem Narren Besserung bringen, sondern Erziehung und Zucht. Während die Freiheit in der Geistesführung den mündigen Söhnen zuteil wird, ist für die »Unmündigen« das züchtigende Gesetz notwendig, das als »Erzieher auf Christus hin« von Sünde, Gerechtigkeit und Gericht überführt (Gal. 3, 23–26/4, 1–5). **Die Peitsche dem Pferde, der Zaum dem Esel, und der Stock dem Rücken des Narren!** sagt V. 3. **Der Zaum** dient dabei mehr der Führung und Lenkung des Tieres, **die Peitsche** mehr der Züchtigung des widerspenstigen Tieres. Darum spricht Gott uns in Ps. 32, 9–10 freundlich zu: »Seid nicht wie ein Roß, wie ein Maultier, das keinen Verstand hat; mit Zaum und Zügel, ihrem Geschirr, mußt du sie bändigen, sonst nahen sie dir nicht!« Daraus folgt: »Viele Schmerzen hat der Gesetzlose« – durch Züchtigung und Gericht –, »wer aber auf JAHWEH vertraut, den wird Güte umgeben!«

Einen scheinbaren Widerspruch weisen die Verse 4–5 auf, wo die Frage behandelt wird, ob man dem Narren auf seine Fragen antworten solle, denn »ein Narr kann mehr fragen, als zehn Weise antworten«: **Antworte dem Toren nicht nach seiner Narrheit, damit nicht auch du ihm gleichwerdest** (V. 4)! Das Sich-Herabbegeben auf sein Frageniveau würde zu einer Anpassung und Wertminderung der Weisheit führen. Als Martin Luther einmal gefragt wurde, was Gott vor Grundlegung der Welt getan habe, antwortete er: Er saß in einem Birkenwäldchen und schnitt Ruten für solche, die dumme Fragen stellen! – Doch zeugte seine Antwort – eine dumme Antwort auf eine dumme Frage – nicht von Weisheit, weil ja die Hl. Schrift gar manches über Gottes Tun und Planen vor der Schöpfung bezeugt. Auch Jesus schwieg gegenüber der Torheit, Lüge und Heuchelei Seiner Ankläger, sowohl vor Kaiphas als auch vor Pilatus (Mtth. 26, 62–63/Joh. 19, 9). Was aber bedeutet es, wenn Vers 5 fast das Gegenteil bezeugt: **Antworte dem Narren seiner Narrheit gemäß, damit er nicht weise sei in seinen Augen!** Jüdische Ausleger sahen in V. 4 die Verweigerung der Antwort des Weisen auf törichte weltliche Fragen, in V. 5 jedoch die gebotene Antwort auf religiöse Fragen. In diesem Stück gilt es, dem Narren gegenüber Farbe zu bekennen, damit er nicht **in seinen eigenen Augen** scheinbar über die Weisheit triumphiert und »Ehre davonträgt«. So ermahnt uns der Apostel Petrus: »Seid aber **jederzeit** bereit zur Verantwortung **gegen einen jeden,** der Rechenschaft von euch fordert über die Hoffnung, die in euch ist« (1. Petr. 3, 15); und Kol. 4, 6 fügt dem hinzu: »Euer Wort sei allezeit in Gnade, mit Salz gewürzt, um zu wissen, wie ihr **jedem einzelnen** antworten sollt!«

+

Einige Verse suchen die Frage zu beantworten, ob man die Dienste des Narren beanspruchen solle; könnte er doch vielleicht schnell dafür gewonnen und sogar wegen seiner Torheit ausgenutzt werden! Vers 6 führt dazu aus: **Die Füße haut sich ab, Unbill trinkt, wer Bestellungen ausrichten läßt** (oder: Botschaft entsendet) **durch einen Narren!** »Der Sendende meinte vielleicht, seine Beine würden durch die des Boten ergänzt, aber in Wirklichkeit **haut er sie sich ab.** Der Auftrag wird schlecht ausgerichtet; statt sich an der schnellen, treuen Erledigung zu erfreuen, bekommt er nur Schaden zu schlucken« (nach DEL; vgl. den treuen Boten in K. 13, 17 und 25, 13). Die aufgetragene Botschaft wird wirkungslos und völlig entstellt, vielleicht in ihr Gegenteil verkehrt: **Schlaff hängen die Beine an dem Lahmen herab; so ist ein Spruch im Munde der Narren** (V. 7). Der Weisheitsspruch, das Sittenwort ist im Torenmund so vollmachtslos und unwirksam wie die **Beine eines Gelähmten,** die ihre Aufgabe nicht mehr erfüllen können. Das an und für sich gute, heilsame und sinnvolle Wort wird im Munde des Narren lahm und hinkend. **Wie ein Schütze, der alles verwundet, so ist, wer einen Narren dingt, den Landstreicher in den Dienst stellt** (V. 10). Noch drastischer beschreibt V. 9 das Wort im Torenmund: **Ein Dorn, der in die Hand eines Betrunkenen gerät, so ein Sinnspruch im Narrenmund!** Das geistvolle Sinnwort oder Witzwort, das im Munde des Weisen einer »Rose mit Dornen« vergleichbar ist, wird im Torenmund zu einem »Dorn ohne Rose«, zu einer gefährlichen Waffe, unberechenbar wie in der Hand eines sinnlos **Betrunkenen!** Das Wort wird rücksichtslos mißbraucht und führt zu Verwundung und Erbitterung, ohne daß der **Narr** daran denkt, welchen Schaden er damit anrichtet. Das sinnvolle, heilende Wort verfällt zum Witzwort, dieses zum satirischen und zynischen Wort. Darum fordert 1. Petr. 3, 15–16 vom »Wort der Rechenschaft gegen jedermann«, daß es mit »Sanftmut und Furcht« verbunden sein sollte, so daß man, wenn man es ausgesprochen hat, »ein gutes Gewissen haben kann«.

Vers 11 setzt den letzten Pinselstrich unter das »Narrengemälde« unseres Abschnitts: **Wie ein Hund, der zurückkehrt zu seinem Gespei, so ist ein Narr, der seine Narrheit wiederholt!** Die Verfasser der SPRÜCHE sehen wenig Aussicht zur Wesensänderung und Umkehr der Toren. 2. Petr. 2, 22 wendet diesen Spruch an auf Erleuchtete mit einem Glaubensanfang, die zur Sünde ihres vorchristlichen Lebens wieder zurückkehren, und ergänzt es noch drastischer: »Der Hund kehrt um zu seinem eigenen Gespei und die gewaschene Sau zum Wälzen im Kot!«

Ist es möglich, einen Narren zum Heil zu führen? Wir antworten mit dem Jesuswort: »Bei Menschen ist dies unmöglich, bei Gott aber sind alle Dinge möglich« (Mtth. 19, 26)!

+ ⁺ +

Die Aussagen über **den Faulen** und die Faulheit sprechen meist klar für sich, so auch Spr. 26, 15 (s. auch 19, 24):
Hat der Faule seine Hand in die Schüssel gesteckt, beschwerlich wird es ihm (BUB: es erschöpft ihn), **sie zu seinem Munde zurückzubringen!** Hier ist an die alte Bauernsitte zu denken, wonach die gemeinsame Schüssel mit dem Essen für alle erreichbar in der Mitte des Tisches stand, und ein jeder mit der Hand daraus schöpfte. Daß der Flinke sich dabei mehr sättigte als der Gemächliche und Faule, ist klar. Man könnte auch sagen: »Er ist zu faul zum Essen!«
Ähnlich deutlich spricht V. 14:
Die Türe dreht sich in ihrer Angel: so dreht sich der Faule in seinem Bett! Er kann nicht genug Schlaf haben und möchte sich am liebsten den ganzen Tag in seinem Bette suhlen. Ihm gilt die Mahnung von Spr. 20, 13: »Liebe nicht den Schlaf, damit du nicht verarmest; tue deine Augen auf, so wirst du satt Brot haben!« Dabei könnte gerade **die Türe** in ihrem »Drehmoment« den Faulen zum Hinausgehen auffordern, wie es uns Ps. 104, 23 von dem Menschen berichtet, der mit der Sonne aufsteht: »Er geht hinaus an sein Werk und an seine Arbeit, bis zum Abend!«
Wenn man die heutigen Arbeitnehmerforderungen ernst nähme, so müßte es bald eine 20-Stunden-Woche mit vollem Lohnausgleich geben! Doch müssen wir es bekennen, daß die Trägheit in unserer Natur verankert ist; dabei ist das erfüllte Leben nie das Leben eines ewig Faulen! Schon mancher, der sich auf das Rentnerdasein freute, ist am Vakuum seiner Langeweile und Interessenlosigkeit innerlich zugrundegegangen, weil er mit sich selbst nichts mehr anzufangen wußte. Ihm widerfuhr, was Spr. 21, 25 bezeugt: »Die Begierde des Faulen tötet ihn, denn seine Hände weigern sich zu arbeiten!«
J. W. von Goethe bekannte sich zu beidem, zur Arbeit und zur entspannenden Muße: »Tages Arbeit! Abends Gäste! Saure Wochen! Frohe Feste! sei dein künftig Zauberwort!« Denn auch die pausenlose Arbeit kann zur Droge und Ersatzreligion werden, wenn sie nicht von Zeiten der Ruhe und der Entspannung begleitet wird.
Der **Faule** wendet vielerlei Ausreden an, um seine Trägheit zu begründen. **Der Faule ist weiser in seinen eigenen Augen, als sieben, die verständig antworten!** sagt V. 16. Die Sieben als die Zahl der Vollkommenheit stellt hier das vollkommene Wissen und Urteilsvermögen dar. Doch der Faule geht der Mühe des Studierens und des Erlernens der Weisheit aus dem Wege, weil er keinen Preis zahlen will für deren Erwerb. Er könnte sogar mit Pred. 12, 12 einen biblischen Scheinbeweis für seine Trägheit führen, wo es heißt: »... des vielen Büchermachens ist kein Ende, und viel Studieren führt zur Ermüdung des Leibes«, ohne zu bedenken, daß dies nicht für Gottes Wort gilt, das uns belebt, wenn wir über alle Maßen gebeugt sind (Ps. 119, 107).
Eine Redensart sagt: »Faulheit ist Dummheit des Körpers, und Dummheit ist Faulheit des Geistes« (Seume; nach DEL).

+

Zu den Ausreden des Faulen muß auch Spr. 20, 4 gerechnet werden:
Mit Eintritt des Herbstes mag der Faule nicht pflügen; zur Erntezeit wird er (zu essen) **begehren, und nichts ist vorhanden!**
Gemeint ist nicht »der Winter«, sondern der herbstliche Frühregen, der das Wirt

schaftsjahr in Israel mit dem Pflügen und Säen eröffnete. Ob dem Faulen »der ungemütliche Regen« die Ausflucht bot, die Arbeit zu verweigern? Gottes Verheißung, daß der Gerechte mit seinen Kindern niemals um Brot betteln müsse (Ps. 37, 25), gilt jedenfalls nicht **dem Faulen,** der **in der Erntezeit um Brot betteln muß,** aber zu Recht **nichts empfängt,** weil jedermann seine Faulheit kennt.

In Spr. 26, 13 werden die Ausreden des Faulen auf die Spitze getrieben:
Der Faule spricht: Der Brüller ist auf dem Wege, ein Löwe inmitten der Straßen;
Spr. 22, 13 ergänzt dies mit: **... ich möchte ermordet werden mitten auf den Straßen!**

Diese Einbildung bietet dem Faulen die Gelegenheit, im Hause zu bleiben und noch nicht einmal die Straße zu betreten. Er sieht die Welt nicht so, wie sie ist, sondern erschafft sich von ihr ein Wunschbild, so wie er sie gerne sehen möchte; er paßt sie seinen Trieben, Begierden und seiner seelischen Veröderung an.

Auch gegenüber dem Rufen Gottes in Seinem Sohn und durch den Geist in Seinem Wort kann **der geistlicherweise Faule** solche Ausreden gebrauchen, um einer Entscheidung auszuweichen. Past. W. Busch nennt solche »Entschuldigungen, warum man es nicht ganz mit Gott wagen kann: ›Ich habe keine Zeit, mich um diese Dinge zu kümmern!‹ oder: ›Meine gesellschaftliche Stellung erlaubt mir nicht, solche Schritte zu tun!‹ oder: ›Meine wissenschaftlichen Überzeugungen lassen mich die Dinge anders sehen!‹ oder: ›Es eilt ja nicht, ich bin ja noch jung!‹ oder: ›Ich habe schlechte Erfahrungen mit Christen gemacht!‹«Und dann fügte er hinzu: »Es gibt viele Löwen-Entschuldigungen. Das Unheimliche ist: Über all diesen Entschuldigungen werden wir wirklich die Beute **des Löwen.** Denn so sagt die Bibel: ›Der Teufel geht umher **wie ein brüllender Löwe** und sucht, welchen er verschlinge!‹ Diesem Löwen fallen wir zur Beute, wenn wir zu träge sind, aufzustehen vom Schlaf der Sünde oder der eigenen Gerechtigkeit!« (aus: »365mal ER«; s. 1. Petr. 5, 8).

Gottes Wort jedenfalls ermahnt uns zu geistlichem Fleiß:

– wir sollen allen Fleiß anwenden, um in die Ruhe Gottes einzugehen;
– wir sollen Fleiß beweisen bis zur Vollgewißheit in der Hoffnung;
– wir sollen Fleiß aufbieten, unsere Berufung und Erwählung festzumachen;
– wir sollen allen Fleiß anwenden, um die Geisteseinheit zu bewahren;
– Diener am Wort sollen sich befleißigen, sich selbst Gott als bewährt darzustellen;
– ja, wir sollen uns befleißigen, ohne Flecken erfunden zu werden
  (Hebr. 4, 11/6, 11/2. Petr. 1, 10/Eph. 4, 3/2. Tim. 2, 15/2. Petr. 3, 14).

Wir können die Verheißungen der SPRÜCHE für den Fleißigen auch geistlicherweise verstehen:

– Die Hand des Fleißigen macht reich – Reichtum im Glauben (10, 4)!
– Die Hand des Fleißigen wird herrschen – königlich mit Christus (12, 24).
– Die Seele des Fleißigen wird reichlich gesättigt – mit dem Brot des Lebens (13, 4)!
– Die Gedanken des Fleißigen führen zum Überfluß – zur Fülle Gottes in Christo und in Seinen unausforschlichen Reichtum (21, 5)!

So gilt nicht nur der Jagd im Wald und auf der Heide, sondern auch vom »Nachjagen nach Frieden und Heiligung« (Hebr. 12, 14), was Spr. 12, 27 verheißt: **Nicht erjagt der Lässige sein Wild; aber kostbares Gut eines Menschen ist, wenn er fleißig ist!**

+ ⁺ +

Das Intrigantentum **des Ohrenbläsers** wird in den vorliegenden Versen mit einem **Feuer** verglichen, auf dessen **Glut** der **zänkische Mann** immer neue Kohle, neues Holz auflegt, **um den Streit zu schüren,** um den Klatsch zu mehren und zu verbreiten (V. 20–21). **Das Feuer** bedeutete in der Menschheitsgeschichte einen großen Kulturfortschritt und Entwicklungsschritt: Der Mensch war nun in der Lage, wann immer er es wollte, Feuer zu entzünden und sich an dessen Wohltaten zu erfreuen – an Wärme, Licht, Gemeinschaftsgefühl, Gesundheit, Trockenheit, Möglichkeiten der Brandrodung und der Metallbearbeitung usw. »Wohltätig ist des Feuers Macht, wenn es der Mensch bezähmt, bewacht, und was er bildet, was er schafft, das dankt er dieser Himmelskraft!« dichtete Friedrich von Schiller. Doch welche verheerenden Folgen kann das unkontrollierte Feuer auch verursachen: Ganze Städte wurden im Mittelalter von den Flammen ausgelöscht, riesige Wälder mit ihrer Tierwelt niedergebrannt, ganz zu schweigen von den Scheiterhaufen der Inquisition und den Gaskammern und Verbrennungsöfen der Konzentrationslager der Nazischergen. Solcherlei **Feuer** wurden wahrlich von **dem Ohrenbläser** und seinen »Feuerpfeilen« angezündet (Eph. 6, 16), die der Gotteskämpfer nur mit dem »Langschild des Glaubens« auszulöschen vermag. Dazu sagt Spr. 26, 18–19:

Wie ein Wahnsinniger, der Brandgeschosse, Pfeile und Tod schleudert: so ist ein Mann, der seinen Nächsten betrügt und spricht: Habe ich nicht Scherz getrieben?

Es ist wirklich unsere Zunge, die das satanische **Feuer** des vergiftenden Klatsches, der Zwietracht, der Verleumdung und des Streites anzündet. »So ist auch die Zunge ein kleines Glied und rühmt sich großer Dinge. Siehe, ein kleines **Feuer** – welch einen großen **Holzstoß** zündet es an! Und die Zunge ist wirklich ein Feuer, eine Welt an Ungerechtigkeit! Die Zunge ist unter unseren Gliedern gesetzt, als die den **ganzen Leib befleckt** und den Lauf der Natur **anzündet** und selbst von der Hölle **angezündet wird**« (Jak. 3, 5–6)! Von dieser »Befleckung des Leibes« durch die zum Streite »feurigen Lippen« spricht auch Spr. 26, 22:

Die Worte des Ohrenbläsers (Intriganten) **sind wie Leckerbissen, und sie dringen hinab in das Innerste des Leibes!**

Hier kann sowohl an die Vergiftung anderer durch das Wort der Verleumdung gedacht sein, als auch an die Selbstvergiftung des Verleumders, wie wir schon bei der Betrachtung von Spr. 18, 8 sahen. Gibt es doch auch eine belastende Rückwirkung auf uns selbst, wenn wir uns als Werkzeug des Streites und des Zankes, der Verleumdung und der Gerüchte zur Verfügung stellen! Vielleicht hat der Apostel Jakobus in seinem Wort über die Brandwirkung der Zunge auch an Spr. 26, 23 gedacht:

Ein irdenes Geschirr, mit Schlackensilber glasiert: so sind feurige Lippen und ein böses Herz!

Mit den **feurigen Lippen** ist nicht die vollmächtige Redegabe gemeint, wohl aber die

Möglichkeit der Brandstiftung durch das Wort. Die Glasur mit Bleioxyd, das bei der Silbergewinnung ausgeschieden wird, täuscht über den geringen Wert des **irdenen Gefäßes** hinweg – so wie **die feurigen Lippen** über das **böse Herz,** aus dem letzten Endes alles Schlechte hervorströmt, wozu auch »falsche Zeugnisse und Lästerungen« gehören (Mtth. 15, 19 ff.)! Möchte Gott es uns schenken, daß in uns als in **irdenen Gefäßen** nicht das Ohrenbläserwort des Teufels, sondern »der Lichtglanz des Evangeliums der Herrlichkeit des Christus« wohnt (2. Kor. 4, 4–7)!

+

Der zänkische Mann heizt dem Streit ein (BUB), indem er jegliche Art von Brennmaterial sammelt und dem Feuer hinzufügt: **Schwarzkohle, Holzkohle und Holz** (DEL), damit der Streit nicht erlösche, das Gerücht und die Verleumdung nicht verstumme, sondern immer mehr angereichert und ausgeweitet werden (Spr. 26, 21). Dem fügt Spr. 29, 22 hinzu: »Ein zorniger Mann erregt Zank, und ein Hitziger (Jähzorniger) ist reich an Übertretung!« Doch zum **zänkischen Mann** gehört auch das **zänkische Weib;** manche Ehe wird so zur Geburtsstätte höllischen Feuers! Diese Frau kann nicht mit dem fruchtbringenden Westwind oder mit dem warmen Südwind, sondern nur mit dem eiseskalten Nordwind verglichen werden, der alles erstarren läßt: »Nordwind gebiert Regen, und eine heimliche Zunge verdrießliche Gesichter. Besser (allein) auf einer Dachecke wohnen, als ein zänkisches Weib und ein gemeinsames Haus« (Spr. 25, 23–24)!
Die Streitsucht kann in einem Menschen so mächtig wirken, daß er sich sogar in fremden Streit einmischt, der ihn gar nicht berühren sollte. Spr. 26, 17 führt dazu aus:

Der ergreift einen vorüberlaufenden Hund bei den Ohren – nicht den eigenen Hund, sondern einen fremden! –, **wer sich über einen Streit ereifert, der ihn nichts angeht.**

So wie der streunende fremde Hund ihn beißen würde, wenn er ihn zu berühren wagt, so wird er in den fremden Rechtsstreit mit hineingezogen und hat dann auch die schlimmen Folgen einer solchen unbefugten Einmischung zu tragen.
Wie aber kann »der Friedensstifter« **das Feuer des Ohrenbläsers** zum Erlöschen bringen, wie Streit, Verleumdung und Unversöhnlichkeit beenden helfen? Indem er darauf verzichtet, **Brennmaterial nachzulegen. Denn wo es an Holz fehlt, erlischt das Feuer, und wo kein Ohrenbläser ist, hört der Zank auf** (V. 20)! Wenn wir selbst diese Gesinnung pflegen, werden wir auch andere »zur Liebe und zu guten Werken anreizen« können, wie es uns Hebr. 10, 24 gebietet.
Auch die prophetisch-symbolische Seite sei hier noch einmal angesprochen; ist doch *der* **Intrigant und Ohrenbläser** der Teufel; sein Name »diabolos« bedeutet »Zwischenträger, Verleumder«. Indem er »die Brüder Tag und Nacht vor Gott verklagt«, ja, sie vor Gott, wie einen Hiob, verleumdet, häuft er Brandmaterial auf das »unlöschbare Feuer«, welches ja ein Bild für die Feuergerichte Gottes ist ((Offb. 12, 9–10/Jes. 66, 24). Wir dürfen mit Adolf Heller fragen: »Wie lange werden die Feuergerichte des brennenden Holzes dauern? Werden sie endlos sein? Hat Gott … nie endende Qual zuvorbestimmt? Das sei ferne! Einmal wird alle Gesetzlosigkeit durch den Feuerprozeß hindurchgegangen und kein Holz mehr vorhanden sein, was geschieht dann? **Wo es an Holz fehlt, erlischt das Feuer!** Glückselig, wer das im Glauben zu fassen vermag« (»200 biblische Symbole«).

So singen wir mit Christoph Blumhard:

> »Ja, Jesus siegt, obschon das Volk des Herrn
> noch hart darniederliegt.
> Wenn Satans Pfeil ihm auch von nah und fern
> mit List entgegenfliegt, löscht Jesu Arm die Feuerbrände:
> das Feld behält der HERR am Ende. Ja, Jesus siegt!«

+ + +

304 SCHAUSPIELER UND MASKENTRÄGER (26, 23–26)

Seit dem Sündenfall ist der Mensch ein hervorragender Schauspieler und Maskenträger; dies begann mit dem Versteckspiel der Ureltern vor der Begegnung mit dem lebendigen Gott. Das »Maskentragende« ist im übrigen nach dem Hebräischen eine Bezeichnung für das Götzenbild, hinter dessen Bildnis sich dämonische Mächte verbergen. Je erwachsener nun der Mensch wird, um so geschickter wird er in der Vortäuschung falscher Tatsachen; erst im Alter, wo die Fähigkeit zur Verstellung mehr und mehr entschwindet, erfolgt eine Demaskierung, und es wird offenbar, was ein Mensch innerlich geworden ist – zum Guten oder zum Bösen. »Was der Mensch sät, das wird er ernten« gilt auch hierin. Bis in Mimik und Gestik und die Prägung der Gesichtszüge hinein wird Innerstes offenbar für den, der solches zu lesen versteht. »Denn es ist nichts verdeckt, was nicht aufgedeckt, und verborgen, was nicht kundwerden wird« (Mtth. 10, 26). Wenn Jesus von Seinen frommen Feinden als von »Heuchlern« sprach, dann bedeutet dieses Wort nach dem Griechischen »Schauspieler«, die es auch auf der Bühne der frommen Selbstdarstellung gibt. Noch einmal lesen wir Spr. 26, 23 (nach DEL):

Ein irdenes Gefäß, mit Schlackensilber glasiert: so sind liebesfeurige Lippen und – ein böses Herz.

Der irdene Ton des Keramikgefäßes weist in der biblischen Symbolsprache hin auf irdisch-fleischliche Gesinnung, auf Wertlosigkeit und Vergänglichkeit; aber auch die zur Glasur verwendete **Silberschlacke** meint Wertloses, da sie von der ausgeschiedenen Schlacke stammt; sie bietet lediglich »eine Vortäuschung falscher Tatsachen«. So kann sich hinter **brünstigen, liebesfeurigen Lippen,** die, wie die »betrügerischen Geister« der Endzeit, »in Heuchelei Lügen reden«, abgrundtiefer **Haß und Bosheit des Herzens** verbergen! Man mißtraue allen »überfrommen« Worten mit falschem Zungenschlag; was mancher für einen »Heiligenschein« hält, ist in Wirklichkeit »Scheinheiligkeit«! Ehe unser Wort zum Gefäß des Wortes Gottes werden kann, umkleidet mit dem wesenhaften **Silber** der Erlösung, muß wenigstens ansatzweise die Gesinnung in uns sein, die auch in Christo Jesu war (Phil. 2, 5)! Ein männliches, klares und streng ermahnendes Wort kann durchaus von der Liebe Christi getragen sein und damit ein wahres »Silbergefäß« der Erlösung, ein weinerliches, gefühlsseliges und »liebes« Wort hingegen aus einem **bösen Herzen** quillen und nur der Selbstbestätigung und Selbstdarstellung dienen!

Der Hasser verstellt sich mit seinen Lippen, aber in seinem Inneren nährt er Betrug. Wenn er seine Stimme holdselig (lieblich) **macht, so traue ihm nicht; denn sieben Greuel sind in seinem Herzen!** sagt uns Spr. 26, 24–25.

Mißtrauen ist geboten! Die **sieben Greuel im Herzen** des frommen Schauspielers und Rhetorikers werden von Jesus in Mtth. 15, 18–19 als »aus dem Herzen hervorgehend« genannt: böse Gedanken – Mord – Ehebruch – Unzucht – Diebstahl – Lügenzeugnis – Lästerung; und in Mark. 7, 21–23 fügt der Herr **sieben weitere Greuel** hinzu: Habsucht – Bosheit – List – Ausschweifung – neidischer Blick – Hochmut – Narrheit. Wenn man solches bedenkt, dann können die Worte von der »herzlichen Bruderliebe« schnell dahinwelken! Nur durch die Gnade Jesu und durch die Erziehung Seines Geistes können wir zur Wahrhaftigkeit befreit und von der Herrschaft unserer Herzenstriebe gelöst werden! Dies wird uns auch bestätigt in Spr. 10, 18: »Wer Haß verbirgt, hat Lügenlippen; und wer Verleumdung ausbringt, ist ein Tor.« Dem fügt Spr. 12, 19–20 hinzu: »Die Lippe der Wahrheit besteht ewiglich, aber nur einen Augenblick die Lügenzunge. Trug ist im Herzen derer, die Böses schmieden; bei denen aber, die Frieden planen, ist Freude!« Möge das letztere sich mehr und mehr in unserem Leben erfüllen, damit wir als »Friedensstifter« Söhne Gottes genannt werden können (Mtth. 5, 9). Das ist freilich mehr als das bloße Geschwätz der falschen Propheten, die »Friede, Friede« rufen und damit Sünde und Verderbtheit des Volkes Gottes zudecken wollen (Jer. 6, 13–14). Aber das Verborgene wird offenbar, das Versteckte enthüllt!

Versteckt sich der Haß in Trug (in Heuchelei und Verstellung), **seine Bosheit wird sich in der Versammlung enthüllen!** bezeugt Spr. 26, 26.

Die **Versammlung** (hebr.: kahal) ist die öffentliche Volksversammlung, vielleicht sogar die spätere Synagoge; eben dieses Wort liegt aber auch dem neutestamentlichen »ekklesia« (Gemeinde) zugrunde. Ist es nicht wirklich so, daß im engen Verbund einer Gemeinde schließlich doch offenbar wird, was jemand in seinem Innersten denkt und fühlt? Dies kann auf zweifache Weise geschehen. Mtth. 18, 15–17 zeigt uns das wortgemäße Verfahren zur Regelung von Sünde und Schuld zwischen Gemeindegliedern: Ein Einzelgespräch zwischen beiden Beteiligten gehe voraus; wenn dies ergebnislos bleibt, sei ein Gespräch mit dem Schuldigen in Anwesenheit von zwei oder drei Zeugen zu führen; wenn wieder keine Überführung von Sünde geschieht, soll der Schuldige **vor die Versammlung gestellt** und sein Tun entlarvt werden; wenn er jetzt noch nicht in sich geht, solle er der Gemeinde »wie ein Heide« gelten. Dies ist gewiß ein schwieriges Verfahren von »Friedensstiftern«, die sich nicht mit einem »Friedensgeschwätz« begnügen, das den Schaden nur verschleiert!

Noch anders aber kann es geschehen, wenn der Heilige Geist als »Geist der Weissagung« aus dem Munde eines Bruders **das Verborgene des Herzens** eines Menschen **offenbart.** Wohl ihm, wenn er dann – überführt vom Geiste Gottes – auf sein Angesicht fällt, Gott anbetet und bekennt: »Gott ist wirklich unter euch« (1. Kor. 14, 24–25). »Alles aber, was durch das Licht bloßgestellt wird, wird offenbar gemacht; denn alles, was offenbar gemacht wird, ist Licht« (Eph. 5, 13)! Wie viele Gotteskinder haben es schon im Bekenntnis ihrer Schuld erfahren, daß Gott der Herr Finsternis in Licht verwandelt!

Noch eines sei gesagt. Oftmals dient das heuchlerische Versteckspiel des Herzens und die Lügentäuschung frommer Sprüche nur als taktisches Mittel, um eine Anhängerschaft zu gewinnen und sich selbst in eine herrschende Stellung zu bringen. Denn »ein Mann, der seinem Nächsten schmeichelt, breitet ein Netz vor seinen Schritten aus« (Spr. 29, 5). »Diotrephes, der gern unter ihnen der erste sein will, nimmt uns nicht an ..., indem er mit bösen Worten wider uns schwatzt; und sich hiermit nicht begnügend, nimmt er selbst die Brüder nicht an und wehrt auch denen, die es wollen, und stößt sie aus der Versammlung« mußte schon der Apostel Johannes beklagen (3. Joh. 9–10).

Bald kommt der Tag, wo alle Heuchelei und alles Maskenspiel ein Ende hat. Wer jetzt schon Gott und dem Christus »Auge in Auge gegenübersteht«, wie es in 1. Tim. 6, 13 wörtlich heißt, wird sich auf diesen Gottestag freuen, wo alles, was im Verborgenen der Finsternis ist, ans Licht gebracht wird, und wo wir IHN nach einem letzten Reinigungs- gericht sehen werden von Angesicht zu Angesicht (1. Kor. 4, 2–5)!

+ + +

305 WER ANDERN EINE GRUBE GRÄBT ...   (26, 27–28)

Wer eine Grube gräbt, fällt (selbst) **hinein; und wer einen Stein hinaufwälzt, auf den rollt er zurück. – Eine Lügenzunge haßt diejenigen, die sie zermalmt, und ein glatter Mund bereitet Sturz.**

Vers 27 spricht – wie Pred. 10, 8–9 – anscheinend nur von den Gefahren des Alltags, den häuslichen Unfällen:

– in **eine Grube,** zum Fang des Beutetiers gegraben, stürzt man durch Unachtsamkeit selbst hinein;
– **der Stein,** der am äußersten Rand des Abgrundes dazu bestimmt ist, das Beutetier zu erschlagen, kommt durch eine Erschütterung ins Rollen und erschlägt den, der ihn ge- legt hat;
– eine Mauer, die jemand einreißt, jagt die Schlange aus ihrem Versteck, und sie beißt den Arbeiter;
– beim Brechen von Steinen kann man sich schwer verletzen;
– und wer Holz spaltet, kann sich ebenso gefährden.

Doch will Vers 27 eigentlich von den Hinterhältigkeiten berichten, die jemand seinem Nächsten zubereitet, um ihm zu schaden, indem er ihm **eine Grube gräbt,** in die er un- versehens hineinstürzen soll; auch **der Rollstein** soll den Nächsten vernichten, der ver- trauensvoll seinen Weg geht. Mit dem ganzen **Haß der Lügenzunge** will er seinen Nachbarn und Nächsten **zermalmen,** mit dem **glatten Mund,** der fromme Worte der Liebe spricht, **bereitet er** in Wirklichkeit seines Nächsten **Sturz!**
Aber da sagt Gottes Wort: **Wer anderen eine Grube gräbt, fällt selbst hinein! Der Stein,** im Hinterhalt des Abhanges gelegt, **rollt auf den Heimtückischen selbst her- ab** und vernichtet ihn. »Schön wär's!« mögen da manche sagen, die von den Gehäs- sigkeiten anderer Menschen schon betroffen wurden. Wäre es doch wirklich so, daß das heimtückisch bereitete Verderben auf den Verderber selbst zurückfiele!
Dies ist ja wirklich das Ziel des heilsgeschichtlichen Handelns Gottes, »der die Weisen fängt in ihrer List« (Hiob 5, 13/1. Kor. 1, 19)! Aber wir müssen wahrheitsgemäß sagen,

daß dies im gegenwärtigen Zeitlauf eher ein Ausnahmefall im Leben der Heiligen war, daß der Verderber durch den Tod, den er bereitete, selbst vernichtet wurde. Zwei Beispiele aus der Geschichte Israels seien genannt:

Nach dem Buche Esther versuchte der Amalekiterfürst HAMAN den Perserkönig dafür zu gewinnen, die Juden in seinem Reiche zu vernichten. Die Pläne zur »Endlösung der Judenfrage« waren bereits genauestens ausgearbeitet und für Mordokai, den Oheim der Königin Esther und den Sprecher der Judenschaft, war bereits der Galgen aufgestellt. Durch das Offenbarwerden der Verdienste Mordokais und durch die Fürsprache der jüdischen Königin wurde der Anschlag vereitelt; Haman aber wurde mit seinen zehn Söhnen getötet und an jenem Galgen aufgehängt, den er Mordokai bereitet hatte. Wie selten aber widerfuhr Israel in den Zeiten der Diaspora solches Eingreifen Gottes!

Auch der Gottesprophet und Staatsmann DANIEL erfuhr die Wahrheit unseres Sprüchewortes, als der König DARIUS ihn auf Anraten seiner Minister **in die Löwengrube** werfen und diese mit einem **Stein** verschließen ließ (Dan. 6, 17–18). Der Herr aber errettete ihn – in einer Vorschattung der Auferstehung Christi – »aus dem Rachen der Löwen« und **aus der Grube.** Doch die Fürsten, die Daniel beim König verklagt hatten, wurden nun selbst in die Grube geworfen und von den Löwen zerrissen (V. 25).

Ähnliches wird auch das endzeitliche Israel erfahren, wenn »die Völker ringsum« durch einen neuen Krieg »die Jerusalem-Frage« lösen wollen. Dann wird durch das unmittelbare Eingreifen Gottes Jerusalem für sie **zu einem Laststein** werden. »Alle, die ihn sich aufladen wollen, werden sich gewißlich an ihm zerschneiden« bezeugt Sach. 12, 3. Daß **der glatte Mund** und **die Lügenzunge** der arabischen »Friedensvermittler« mit ihren Verträgen nur **den Sturz** Israels vorbereiten und ihm **die Grube graben** will, ist jedem Kenner des prophetischen Wortes offenbar. Gott wird ihre Pläne vereiteln und die Verderber verderben!

Vers 27 ist auch im deutschen »Volksmund« wohl bekannt. Wir finden seine Aussage auch in Ps. 7, 12–16 wieder, wo Gott als der gerechte Richter den »Gesetzlosen« und seine »Waffenrüstung« beschreibt, die er im Kampf gegen die Gerechten gebraucht; daß es eine solche »Vollwaffenrüstung Gottes« für die Heiligen gibt, erfahren wir aus Eph. 6; doch gibt es auch eine solche Satans, wie es uns Luk. 11, 22 sagt; so können wir in den neun Aussagen aus Ps. 7 die Waffenrüstung Satans, des Gesetzlosen, sehen:

Er wetzt sein Schwert; er spannt und richtet seinen Bogen; er hat Werkzeuge des Todes bereitet; seine Pfeile macht er brennend; er liegt in Geburtswehen, um Unheil zu gebären; schwanger mit Mühsal gebiert er Falschheit; **er hat eine Grube gegraben und ausgehöhlt, und er ist in die Grube gefallen, die er gemacht hat;** die Mühsal, die er anderen bereitet, wird auf sein Haupt zurückkehren; auf seinen Scheitel wird die Gewalttat herabstürzen!

Ja, es wird sich einmal erfüllen, was Paulus im Geiste der Hoffnung für die Glieder der Gemeinde Christi vorausschaute: »Der Gott des Friedens wird in Kürze den Satan unter eure Füße zertreten« (Röm. 16, 20)! So dürfen die Glaubenden schon jetzt mit dem Messias den Lobpreis der Errettung anstimmen und ihre Häupter emporheben:

»Ein Netz haben sie meinen Schritten bereitet, es beugte sich nieder meine Seele; **eine Grube haben sie vor mir gegraben,** *sie* **sind mitten hineingefallen.** Selah/Empor! Befestigt ist mein Herz, o Gott, befestigt ist mein Herz! Ich will singen und Psalmen singen« (Ps. 57, 6–7)!

+ + +

Rühme dich nicht des morgigen Tages, denn du weißt nicht, was ein Tag gebiert. Es rühme dich ein anderer und nicht dein eigener Mund, ein Fremder und ja nicht deine eigenen Lippen!

Allein Gott gehört die Verfügungsgewalt über die Zeit, auch über kommende Jahrhunderte, Jahrtausende, ja Aeonen! Vor Ihm ist alles Zukünftige ebenso offenbar wie das Vergangene – Endzeit wie Urzeit. Vor Ihm sind 1000 Jahre wie ein Tag, und ein Tag wie 1000 Jahre. »Er gebietet, und es geschieht, Er spricht, und es steht da« (Ps. 33, 9)! Aber nicht nur die Zeit, sondern auch das Werden in der Zeit, die Umgestaltung der Weltgeschichte in die Heilsgeschichte – das »zeitfüllende Geschehen« – gestaltet ER selbst. Als der »Gott der Hoffnung«, der die Ziele Seines Vorsatzes bereits wie erfüllt vor sich stehen sieht, kann ER allein **sich des Zukünftigen rühmen,** auch **des kommenden Tages** des Messiasreiches. »In Seiner eigenen Machtvollkommenheit hat der Vater Zeitenläufe (chronoi) und Heilstermine (kairoi) festgesetzt« (Apg. 1, 7). »Gedenket des Anfänglichen von der Urzeit her, daß ich Gott bin, und sonst ist keiner Gott, und gar keiner wie ich; der ich von Anfang an das Ende verkündige, und von alters her, was noch nicht geschehen ist; der ich spreche: Mein Ratschluß soll zustande kommen, und all mein Wohlgefallen werde ich tun« (Jes. 46, 9–10)! Allein die Propheten sind als Künder des Zukünftigen in diese ewige Zeitqualität Gottes einbezogen.

Der Mensch in seiner geschöpflichen Abhängigkeit von Gott **weiß nicht, was der kommende Tag gebiert.** Zwar mag der heutige Tag schon die »embryonale Vorstufe« dessen sein, was morgen und künftig geschieht, aber wir können es nicht **erkennen** (BA), wie es sich gestalten wird. Dies war der große Irrtum des »reichen Kornbauern«, der in seinen Vorsorgemaßnahmen, in Scheunenbau und Lagerhaltung Zukunftssicherung betreiben wollte. Er sah seinen Tod nicht voraus, der dies alles zunichte machte, und wurde darum von Gott als ein »Narr« eingestuft (Luk. 12, 18–20). Auch uns gilt Jesu Wort: »So seid nun nicht besorgt um den morgigen Tag, denn der kommende Tag wird für sich selber sorgen« (Mtth. 6, 34)! Wieviel zermurbender Streß und welche Seelenangst könnten uns erspart bleiben, wenn wir uns diese Haltung zu eigen machten!

In dieser Lage als »Eintagsfliegen« vor Gott, ist auch jegliches **Rühmen** ausgeschlossen, denn es ist ein Anmaßen göttlicher Verfügungsgewalt; darum ermahnt uns Jakobus: »Wohlan denn, die ihr saget: Heute oder morgen werden wir in die und die Stadt gehen und dort ein Jahr zubringen und Handel treiben und Gewinn machen (die ihr nicht wisset, was der morgige Tag bringen wird) … statt daß ihr saget: wenn der HERR will und wir leben, so werden wir auch dieses oder jenes tun! Nun aber **rühmet ihr euch** in euren Großsprechereien! Alles solches **Rühmen** ist böse« (Jak. 4, 13–16)!

Dies gilt nun auch für den **Eigenruhm.** Nach Delitzsch ist er »unsittlich, da er eine Selbstbespiegelung darstellt, unanständig, weil er andere abwertet, unklug, weil er uns letztlich nur schadet.« Dies nimmt die Redensart auf, wenn sie sagt: »Eigenlob stinkt – Freundes Lob hinkt, fremdes Lob klingt!« Wir haben schon auf die unangenehme »Selbstbeweihräucherung« des Mischpropheten Bileam an anderer Stelle hingewiesen (4. Mos. 24, 16).

Wie angenehm hebt sich von solchem Eigenruhm die Gesinnung des Apostels Paulus ab, wie sie in 2. Kor. 10, 12 + 17–18 zutage tritt:

»Denn wir wagen es nicht, uns mit gewissen Leuten unter denen, die sich selbst empfehlen, auf eine Stufe zu stellen oder uns mit ihnen zu vergleichen; nein, sie sind unverständig genug, sich an sich selbst zu messen und sich mit sich selbst zu vergleichen ... Nein, wer sich rühmt, **der rühme sich des Herrn!** Denn nicht wer sich selbst empfiehlt, ist bewährt, sondern der, den der Herr empfiehlt!«

Freilich mußte er dann einmal – in der Verteidigung seines Apostolats – zum »Toren« werden und sich »nach dem Fleische rühmen« (2. Kor. 11, 18–19), was er dann auch in 2. Kor. 12, 1–6 zu tun wagte. Doch war sein Hinweis auf eine überragende Gottesoffenbarung »der Wahrheit gemäß« (12, 6). Der »Pfahl im Fleisch«, der Satansbote, der ihn »mit Fäusten schlug«, hielt ihn in der Demut und in der Schwachheit, so daß er sich der hohen Offenbarungen wegen nicht überhob, sondern sich an der Gnade Gottes genügen ließ, an der Kraft, die sich in der Schwachheit vollendet!

Es rühme dich ein anderer und nicht dein eigener Mund, ein Fremder und ja nicht deine eigenen Lippen!

Was wird das einmal sein, wenn der Herr selbst den »guten und treuen Knecht« ehren und rühmen wird (Mtth. 25, 21); denn »wenn jemand mir dient, wird ihn der Vater ehren«, so hat es Jesus verheißen (Joh. 12, 26 b). Dann wird einem jeden sein Lob werden vor Gott (1. Kor. 4, 5).

+ ⁺ +

307 SCHWER ZU ERTRAGEN! (27, 3–4)

Schwer ist der Stein, und der Sand eine Last; aber der Unmut des Narren ist schwerer als beide. – Grimm ist grausam, und Zorn eine überströmende Flut; wer aber kann bestehen vor der Eifersucht?!

Diese Verse kann jeder leicht verstehen. **Der Unmut des Narren** meint seine ungezügelten Emotionen, seien es nun Wut, Jähzorn, Ärger, Fluchen und Haßausbrüche: Sie sind **schwerer zu ertragen** als **der schwere Stein und die Traglast des Sandes.** Ist dieser doch nicht nur unzählbar und unermeßlich, sondern auch schwer an Gewicht. So beklagte Hiob seine Leiden, sie seien »schwerer als der Sand der Meere«, wenn sie gewogen würden (K. 6, 1–3).

Vom **Unmut des Narren** reden auch Spr. 29, 11 und 22: »Der Tor läßt seinen ganzen Unmut herausfahren, aber der Weise hält ihn beschwichtigend zurück!« und: »Ein zorniger Mann erregt Zank, und ein Hitziger ist reich an Übertretung!« »Der Narr im Zustand ärgerlicher, zorniger Erregtheit ist seiner selbst so wenig mächtig, daß das Schlimmste zu befürchten ist; er schmollt und grollt und tobt, ohne sich beschwichtigen zu lassen; sein Handeln ist unberechenbar, sein Gebaren nur schwer zu ertragen!« (nach DEL).

Vers 4 vergleicht nun **die Eifersucht** mit dem **grausamen Grimm** und dem **alles überflutenden Zorn,** die ja auch ein Bild für die Gerichte Gottes sind, denken wir nur an den Gotteszorn, der die **Sintflut** bewirkte.

Doch wird die **Eifersucht** als gefährlicher erachtet als selbst der wütende Grimm und der alles überschwemmende Zorn: beiden kann man, wenn man die Gefahr erkannt hat, wenigstens vorübergehend ausweichen, der **Eifersucht** jedoch nicht. Während andere Emotionen schnell »verrauchen«, ist die Eifersucht anhaltend, oft über Jahre und Jahrzehnte hinweg; sie ist sowohl eine tobende, als auch eine kalt berechnende Leidenschaft, die Verstandesgründen und Einwänden nicht zugänglich ist. Meist wird sie verursacht aus geschmähter, gekränkter und enttäuschter Liebe zwischen Ehepartnern. Spr. 6, 32–33 setzt einen Ehebruch voraus und fährt in V. 34–35 fort: »Denn **Eifersucht** ist eines Mannes Grimm, und am Tage der Rache schont er nicht. Er nimmt keine Rücksicht auf irgendwelche Sühne und willigt nicht ein, magst du auch das Geschenk vergrößern!«

Daß aber **die Eifersucht** sich nicht auf die sexuelle Partnerschaft beschränkt, mag uns Pred. 4, 4 zeigen: »Und ich sah all die Mühe und alle die Geschicklichkeit in der Arbeit, daß es Eifersucht des einen gegen den anderen ist!« Leider gilt dies nicht nur vom Konkurrenzkampf irdischer Arbeit, sondern auch in der »Reichsgottesarbeit«, wo Neid, Streit und Eifersucht oftmals das Verhältnis zwischen dienenden Brüdern bestimmen (vgl. Phil. 1, 15–17). Dies sollte nicht also sein!

Ich habe lange gezögert, ob ich Spr. 27, 3–4 in die Betrachtung aufnehmen solle, weil sie leichthin verstanden werden können. Wenn wir jedoch die Beschreibung **der eifernden Liebe** aus Hohesld. 8, 6–7 mit heranziehen, eröffnet sich uns ein weiterer Horizont; dort sagt die Braut aus Israel zu ihrem Bräutigam-Messias: »Lege mich wie Siegelstecherei an Dein HERZ, wie Siegelstecherei auf Deinen ARM! Denn die Liebe ist gewaltsam wie der Tod, hart wie der Scheol **ihr Eifer;** ihre Gluten sind Feuergluten, eine Flamme JAHs! Große Wasser vermögen nicht die Liebe auszulöschen, und Ströme überfluten sie nicht. Wenn ein Mann allen Reichtum seines Hauses anstelle der Liebe geben wollte, man würde ihn nur verachten!«

Es wird deutlich, daß es in diesem reich gefüllten Wort letztlich um **den Eifer der Liebe Gottes** geht, die auch die Feuergluten der Gerichte einsetzt, um den Geliebten ans Ziel zu bringen; so ist der Zorn Gottes nichts anderes als ein Erweis Seiner Liebe!

Wenn Gottes Wort davon spricht, daß »JAHWEH **ein eifernder Gott«** sei, dann meint dies »die **Eifersucht** Gottes« gegenüber Seinem hurerischen »Weibe« Israel, das sich anderen Göttern verschrieben hat (2. Mos. 20, 5/34, 14/5. Mos. 4, 24/Jos. 24, 19/Nah. 1, 2–3). So heißt es in 5. Mos. 32, 16 + 21 von den abtrünnigen Söhnen Israels: »Sie reizten IHN **zur Eifersucht** durch fremde Götter, durch Greuel erbitterten sie Ihn! – Sie haben mich zur **Eifersucht** gereizt durch Nicht-Götter, haben mich erbittert durch ihre Nichtigkeiten!«

Will doch Gott Seine Ehre keinem anderen lassen!

In Ps. 69, 9 lesen wir als Messiaswort: »Denn **der Eifer** um Dein Haus hat mich verzehrt, und die Schmähungen derer, die Dich schmähen, sind auf mich gefallen!« Dies erfüllte sich, als Jesus im lodernden Zorn den Tempel zu Jerusalem reinigte, der zu einer »Räuber- und Mörderhöhle« und zu einem »Kaufhaus« verkommen war.

Wir dürfen damit rechnen, daß der Christus auch um das »Haus« Seiner Gemeinde in der Gegenwart eifert, so wie Er es durch den Apostel Paulus sagen läßt: »Denn ich eifere um euch **mit Gottes Eifer,** denn ich habe euch einem Manne verlobt, um euch als eine keusche Jungfrau dem Christus darzustellen« (2. Kor. 11, 2)!

Wer von uns gleichzeitig in Licht und Finsternis, Gottesdienst und Götzendienst, Christusliebe und Weltliebe lebt, muß sich die Frage aus 1. Kor. 10, 22 gefallen lassen: »Oder reizen wir den Herrn **zur Eifersucht?** Sind wir etwa stärker als Er?«

So gewinnt das Sprüchewort von der menschlichen Eifersucht eine tiefere Bedeutung, wenn wir es auf Gottes Eifer um uns beziehen: **Grimm ist grausam, und Zorn eine überströmende Flut; wer aber kann bestehen vor der Eifersucht?**

+ ⁺ +

308 DIE SCHLÄGE DES LIEBENDEN   (27, 5–6)

Besser offener Tadel als verborgene Liebe. – Treu (gemeint) **sind die Wunden dessen, der liebt** (DEL: des Liebenden Schläge), **und überreichlich des Hassers Küsse.**

Der offene Tadel des Lehrers oder Freundes gehört zur liebenden Unterweisung, ist Teil der seelsorgerlichen »parakläsis«, welches sowohl Ermunterung und Trost, als auch Ermahnung, Warnung und Zurechtweisung bedeuten kann. Der Heilige Geist selbst übt als der »Paraklet« dieses Hirtenamt aus. Verhehlt man **den Tadel,** so verzichtet man auf eine Freundes- und Liebespflicht; selbst ein erzieherischer Tadel kann ein größerer Liebesbeweis sein, als die völlige Stummheit **verborgener Liebe.** Liebe will und soll sich offenbaren. **Heimliche Liebe,** die sich nicht erzieherisch zu erkennen gibt, ist wie ein verborgen brennendes Feuer, das nicht leuchtet und wärmt. Solche »Liebe« ist weichlich und blind und ohne Erziehungsziel. Offb. 3, 19 sagt uns als Wort des erhöhten Christus: »Alle, die ich liebe, überführe und züchtige ich!« So ist das von Jesus in Mtth. 18, 15–17 empfohlene Verfahren der Ermahnung zwar scheinbar hart, aber dennoch besser als jede heuchlerische Schmeichelei. »Wer einen Menschen zurechtweist, wird hernach mehr Gunst finden, als wer mit der Zunge schmeichelt« (Spr. 28, 23)! Solche Schmeichelei, die sich kundtut **in überreichlichen Küssen,** kann in Wirklichkeit die Äußerung eines Menschen sein, der uns **haßt,** während **die Wunden,** die **der Liebende** durch **seinen Tadel** unserer Seele zufügt, ihren Ursprung in der Treue seiner Liebe haben. Dies dürfen wir auch von der Erziehung und Züchtigung Gottes glauben, die dazu dient, daß wir »Seiner Heiligkeit teilhaftig werden«, und die uns widerfährt, gerade weil wir Söhne Gottes sind (vgl. Hebr. 12, 4–11). Darum haben wir Verständnis für **die Wunden,** die der liebende Herr schlägt, auch wenn sie unserem Fleische und unserer Seele oft keineswegs angenehm sind! Wir sprechen mit Ps. 141, 5: »Der Gerechte schlage mich: es ist Güte, und Er strafe mich: es ist Öl des Hauptes« (d. h. eine Mehrung des Geistes Gottes); »nicht wird mein Haupt sich weigern!«
Gilt diese heilspädagogische Absicht auch dem Volke Israel, das der Herr geschlagen hat, und das seither kaum vernarbte Wunden ohne Zahl trägt? Er selbst wird **in die Wunden** »Öl« gießen und sie »verbinden« und heilen! Von solchem endzeitlichen Samariterdienst des lebendigen Gottes sprechen u. a. Ps. 147, 3/Jes. 30, 26 und Hos. 6, 1–2 (vgl. auch Luk. 10, 33–34)!
Treugemeint sind die Wunden des Liebenden. Außer der Bedeutung, daß der Liebende Schläge und Wunden zufügt, kann man diese Wendung auch so verstehen, daß die Wunden gemeint sind, die der Liebende selbst **empfangen hat!** Dann eröffnet sich ein tiefer prophetischer Sinn, der uns in das Geheimnis der Passion Christi schauen läßt. Sach. 13 schildert uns in bewegender Weise, wie das verblendete Israel Ihn zuerst für

einen »falschen Propheten« hielt und Ihn »durchbohrte«, dann aber – in seiner end-zeitlichen Erweckung – sprechen wird: »Was sind das für Wunden in Deinen Händen?« Er aber wird antworten: »Es sind die Wunden, womit ich geschlagen worden bin im Hause derer, die mich lieben!« (Daß Sach. 13 so verstanden werden muß, ergibt sich aus Sach. 12, 10–14 und 13, 7, welche Mtth. 26, 31 und Mark. 14, 27 klar auf Jesus bezie-hen.) **Seine Wunden sind Treuezeichen Seiner Liebe!** Es entspricht der unver-brüchlichen Treue Gottes in Christo, daß wir »durch Seine Wunden geheilt worden sind« (Jes. 53, 5). Mit den Jüngern werden wir froh, wenn der Auferstandene uns Seine Wun-den zeigt und damit Seine **Liebe** beweist (Joh. 20, 20).

Wo aber sind in der Passionsgeschichte **die überreichlichen Küsse des Hassenden?** Wer dächte hier nicht an den Verräter Judas, der Seinen Herrn mit einem Kuß verriet? In Mtth. 26, 49 heißt es wörtlich: »Und sofort, als er zu Jesus gekommen war, sagte er: Heil dir, Rabbi! und küßte Ihn viele Male« (kataphilein = wiederholt herzlich küssen). Wer von uns hätte nicht dem Verräter Judas an Jesu Stelle ins Gesicht geschlagen? Jesus aber sprach: »Mein **Freund,** wozu bist du gekommen?« Auch wir stehen in der Schuld des Verleugners Petrus und des Verräters Judas. In Bad Blankenburg wurde auf den Allianz-konferenzen oft der Chorus gesungen:

> »Er hat mich Freund genannt, Er hat mich Freund genannt,
> Er starb für mich auf Golgatha, Er hat mich Freund genannt!«

+ + +

309   DIE SATTE UND DIE HUNGRIGE SEELE (27, 7–8)

Eine satte Seele zertritt Honigseim; aber einer hungrigen Seele ist (sogar) **alles Bittere süß. – Wie ein Vogel, der fern von seinem Neste flattert: so ein Mann, der fern von seinem Wohnort umherschweift.**

Beide Verse sprechen von der Mißachtung dessen, was man an Gutem hat. Es ist weni-ger der satte Leib, als die übersättigte **Seele,** die in ihrem Überdruß selbst das Edelste, **den Honigseim, zertrampelt** (BA). Daß die Übersättigung des Reichen, der keine Wünsche mehr offen hat und auf allen Lebensgebieten nach immer neuen Sinnesreizen strebt, schließlich zum Lebensüberdruß der Seele führen kann, läßt sich gerade in unse-rer Zeit beobachten. In Seiner Bergrede sagte Jesus: »Aber wehe euch Reichen, denn ihr habt euren Trost dahin. Wehe euch, die ihr voll seid, denn ihr werdet hungern« (Luk. 6, 24–25)! Dagegen ist »Hunger der beste Koch«. **Der Hungrige** strebt nicht nach immer feineren Delikatessen – die oftmals der Gesundheit gar nicht zuträglich sind –, sondern begnügt sich mit einfacher Kost, um seinen Hunger zu stillen: Ihm ist sogar **alles Bittere süß.**

Wenn aber von der **übersättigten** und **hungrigen SEELE** gesprochen wird, dann geht es auch um den seelisch-geistlichen Hunger und Durst, oder deren Übersättigung. »Se-lig, die da hungert und dürstet nach der Gerechtigkeit, denn sie sollen satt werden!« sagt Jesus in Mtth. 5, 6.

Immer wieder rief Er die Dürstenden zum Trunk an den ewigen Wasserquellen des Lebens, die Hungernden zum Genuß des Brotes, das als »Brot des Lebens« aus dem Himmel kommt (Joh. 4, 14/6, 35 + 51/7, 37/Offb. 22, 17). Zur geistlichen Unterernährung derer zu Laodicea gehörte es, daß sie sprachen: »Ich bin reich und bin reich geworden und bedarf nichts«, obgleich sie in Wirklichkeit »jämmerlich, arm, blind und bloß« waren (Offb. 3, 17). Das geistliche Essen und Trinken im Reiche Gottes bietet den Hungernden »Gerechtigkeit und Friede und Freude im Heiligen Geiste« als Speise an (Röm. 14, 17). Allerdings teilt Gott auch geistlicherweise einem jeden »nach dem Maße seines Essens«, d. h. seines Hungers, zu (2. Mos. 12, 1–4). Er gebe uns solch geistliches Dürsten und Hungern: Dann verachten wir weder **den Honigseim** der Erquickungen, Freundlichkeiten und Gnaden, die Gott uns gibt, noch **das Bittere,** das Er als Züchtigung unserem Leben zuordnet, und das **süß wird;** was uns zunächst Schmerzen bereitet, schafft uns schließlich »die friedsame Frucht der Gerechtigkeit« und vermittelt uns »Anteil an Seiner Heiligkeit« (Hebr. 12, 10–11).

Auch Vers 8 spricht von einer Übersättigung: Während **der Vogel** nur in Gefahr und Bedrohung **sein Nest verläßt, schweift** der übersättigte Mensch freiwillig **in die Ferne, »entflattert« seinem Wohnort.** Getrieben von der »Prahlerei des Lebens« sucht er in fernen Ländern und Kontinenten und an immer exotischeren Orten die Erfüllung seiner Sehnsüchte, ohne auch nur seine eigene Heimat zu kennen. Dabei vergißt er, daß er sich selbst – mit all seinen Verbiegungen und Problemen – mitnimmt und auch durch den bloßen Ortswechsel keinen Frieden findet. So heißt es im Liede »Ich bin durch die Welt gegangen« von den »Weltreisenden«: »Sie suchen, was sie nicht finden, in Liebe und Ehre und Glück, und sie kommen belastet mit Sünden und unbefriedigt zurück!« Es ist wahrlich keine Abwehr von Bildungsreisen und einer Erweiterung des geistigen Horizonts, wenn Ps. 37, 3–4 sagt: »Vertraue auf JAHWEH und wirke Gutes; **wohne im Lande** und weide dich an Treue; und ergötze dich an JAHWEH, so wird Er dir geben die Bitten deines Herzens!« Denn der Herr selbst ist ja »die Wohnung Israels von Generation zu Generation« (Ps. 90, 1). Es ist die Auswirkung eines Fluches über die Gottesfeinde, wenn sie »fern von ihren verwüsteten Wohnungen nach Brot suchen« (Ps. 109, 10).

So geht es letztlich um das Verlassen **der Wohnstätte** bei dem lebendigen Gott und der Quellen Seines Heils! Schon Adam und Eva verließen die Geborgenheit bei ihrem väterlichen Gott, um **in die Ferne,** die Gottesferne, **zu schweifen** – und mit ihnen und nach ihnen Millionen solcher Flüchtlinge vor Gott. Dürfen wir hier nicht von **einem Vogel** lernen, **der sein Nest nicht verläßt?** Ps. 84, 3 bezeugt: »Selbst der Sperling hat ein Haus gefunden, und die Schwalbe ein Nest für sich, wo sie ihre Jungen erbrütet … Deine Altäre, JAHWEH der Heerscharen, mein König und mein Gott!« Die Stätte, da neues Leben entsteht, ist, wie für den Vogel das Nest, für uns Menschen der Altar Gottes, das Kreuz Jesu Christi. An diesem Zufluchtsort wollen wir bleiben und nicht **in die Ferne schweifen!** Das eingangs erwähnte Lied schließt mit dem Vers:

> »Es ist eine Ruh gefunden für alle, fern und nah:
> In des Gotteslammes Wunden, am Kreuze auf Golgatha!«

+ + +

Öl und Räucherwerk erfreuen das Herz, und die Süßigkeit seines Freundes kommt aus dem Rate der Seele. – Verlaß nicht deinen Freund und deines Vaters Freund, und geh nicht am Tage der Not in deines Bruders Haus: besser ein naher Nachbar als ein ferner Bruder!

Sind **Salböl** und **Räucherwerk** wirklich nur, wie es Delitzsch annimmt, eine Ehrenbezeigung für willkommene Gäste? Die LXX hat es offenbar so verstanden, weshalb sie noch (wie Ps. 104, 15) den WEIN hinzufügt: »Damit WEIN des Menschen Herz erfreue, um das Angesicht glänzen zu machen von ÖL, und damit BROT des Menschen Herz stärke!« Doch war **das heilige Salböl** das Wahrzeichen gesalbter Priester, Könige und Richter Israels, und auch **das Räucherwerk** durften auf dem Rauchaltar nur geweihte Priester darbringen. »Du hast mein Haupt mit ÖL gesalbt« rief der Gotteskönig in Ps. 23, 5 aus (s. auch Pred. 9, 8). So ist **das Öl** ein Symbol des Gottesgeistes, **das Räucherwerk** ein Bild der Gebete der Heiligen (Offb. 5, 8), weshalb der Psalmist bittet: »Lasse als Räucherwerk vor Dir bestehen mein Gebet!«

Doch sei zunächst auch die natürliche Bedeutung bedacht. Wie hilfreich und erfreulich dem Herzen ist es, wie Öl und Räucherwerk, wenn uns ein guter Freund mit herzlichem **Rat** und freundlicher Tat zur Seite steht; denn **seine Süßigkeit** (BUB: sein süßer Zuspruch) ist nichts anderes als ein Bild der Freundlichkeit und Hilfsbereitschaft. So will auch Vers 10 verstanden sein: **Der Freund des Vaters** – bewährt in mancherlei Nöten – soll auch zum **Freund des Sohnes** werden, als sei er ein »Familienerbstück«; **am Tage der Not** (BUB: des Scheiterns; BA: des Unglücks) wird er uns näher stehen als der mit Blutsbanden verbundene **Bruder;** wenn wir dessen **Haus aufsuchen,** werden wir oft schmerzvoll erkennen müssen, wie **ferne er uns steht.** Wie viele mußten dies schon erfahren, was auch Spr. 18, 24 ausspricht: »Ein Mann vieler Freunde wird zu Grunde gehen; doch es gibt einen, der liebt und anhänglicher ist als ein Bruder!«

Wenden wir uns nun der geistlichen Bedeutung zu, die unser Wort für die hat, die der Christus »zu Königen und Priestern für Seinen Gott und Vater gemacht hat« (Offb. 1, 6/5, 10)! Das **»Öl** des Geistes« und der **»Weihrauch** des Gebets« stellen für sie keine bedrückende Last einer frommen, gesetzlichen Pflicht dar, sondern **erfreuen das Herz** und stärken es auf dem Wege durch diese notvolle Welt. Die Erfüllung mit dem Geiste und das Gebet bringen Freude in unser Leben. Soll doch auch unser **Herz,** unsere Seele in den Lichtesbereich des Geistes Gottes einbezogen werden und »mitklingen«, so wie der Resonanzkörper eines Instruments den Klang der Musik verstärkt.

Ob wohl **Öl und Räucherwerk** auch **Gottes Herz erfreuen?** Steigt doch das Gebet der geistgesalbten Könige und Priester empor zu Gottes Thron (Offb. 8, 1–4).

In enger Verbindung zu dem »Öl des Geistes« und dem »Räucherwerk des Gebets« steht nun auch der Nachsatz: **Die Süßigkeit seines Freundes** (d. h. des Herzensfreundes) **kommt aus dem Rate der Seele.** Diese **Süßigkeit des Herzensfreundes** ist seine uns erquickende Freundschaft und Hilfsbereitschaft, sein Trost und sein Tragen, seine Barmherzigkeit und sein Mitleiden. Ist doch **der Freund** nach dem Hebräischen **der beigesellte Mithirte** (BA), der den Hirtendienst an unserer Seele tut (vgl. 1. Petr. 5, 1–4, wo die HIRTEN der Gemeinde und der HIRTENFÜRST Jesus zusammengeschaut werden). Wer dächte hier nicht an das Gebetslied:

»Welch ein Freund ist unser Jesus, o wie hoch ist Er erhöht!
Er hat uns mit Gott versöhnet und vertritt uns im Gebet ...«

»Sind von Freunden wir verlassen, und wir gehen ins Gebet,
o, so ist uns Jesus alles: König, Priester und Prophet!«

Wie aber ist der Nachsatz zu verstehen, daß **die Süßigkeit des Freundes aus dem Ratschluß der Seele** komme? Gewiß entspringt die tatkräftige Freundlichkeit Jesu Seinem
Ratschluß, dem Vorsatz Seiner heiligen Seele! Doch ist wohl mit Ps. 13, 2 mehr an **den
Willensentschluß** gedacht, den unsere eigene Seele faßt! Welcher »Herzensvorsatz«
aber könnte es sein, der uns die ganze Hilfsbereitschaft **unseres Mithirten und Freundes** erst voll erschließt? Nach Apg. 11, 23 ist dies »der Herzensentschluß, bei dem Herrn
Jesus zu verharren«. Dazu gehört auch die Bereitschaft unserer Seele, ihre bisher beherrschende Stellung in unserer Person aufzugeben und sich dem GEISTE, und damit
auch dem Geiste Gottes, wieder unterzuordnen; dies ist eine außerordentlich wichtige
Entscheidung! Sie macht den »seelischen Menschen«, der »nicht versteht, was des Geistes Gottes ist«, zu einem »Geistesmenschen« (1. Kor. 2, 14/Jud. 19/Jak. 3, 15).
Gott möge uns helfen, daß wir durch solche Vorentscheidung unserer Seele **der Süßigkeit des Freundes und Hirtenfürsten** Jesus teilhaftig werden! Der Heilige Geist selbst
mahnt uns: **Verlaß nicht deinen Freund,** der auch **deines Vaters Freund ist!** Dann
erfahren wir, was Spr. 17, 17 bezeugt: »Der Freund liebt zu aller Zeit, und als Bruder für
die Drangsal wird Er geboren!«

+ + +

311   WERDE WEISE, MEIN SOHN!   (27, 11)

**Sei weise, mein Sohn, und erfreue mein Herz, damit ich Antwort geben könne
meinem Lästerer!**

Während Vers 9 von der Freude unseres Herzens sprach, geht es hier um die Freude und
das Wohlgefallen Gottes – dargestellt an der **Herzensfreude** des Vaters und Lehrers an
seinem Sohn und Schüler. Es ist das 22. Sohneswort in den Sprüchen. Ähnliches hörten
wir schon in Spr. 23, 24: »Hoch frohlockt der Vater eines Gerechten; und wer einen Weisen gezeugt hat, der freut sich seiner ...!« Doch wird wohl niemand schon als weise
gezeugt und geboren, vielmehr wird die Weisheit in einem geistlichen Wachsen und
Werden heranreifen. Darum heißt es: *Werde* **weise, mein Sohn!** (DEL/BUB). Nach dem
jüdischen Ausleger Malbim könnte sonst der **Lästerer** sagen: »Verflucht sei, wer diesen
Narren gezeugt und geboren hat!« Diesem Übel möchte der Vater im voraus begegnen
und führt darum seinen Sohn in die Geheimnisse der Weisheit ein. Vers 12 könnte also
durchaus im gedanklichen Zusammenhang mit Vers 11 stehen: **Der Kluge sieht das
Übel voraus und verbirgt sich; die Einfältigen gehen** (in ihrer Torheit) **weiter und
erleiden Strafe!**
Wie in einem Transparent erscheint hier hinter dem irdischen der himmlische Vater, der
sich am Wege und an **der Weisheit Seines Sohnes erfreute** und sprach: »Dies ist
mein geliebter Sohn, an dem ich Wohlgefallen habe!« Schon als Kind nahm Jesus zu »an

Weisheit und Gestalt, sowie an Gnade bei Gott und den Menschen«; Er »wuchs und erstarkte, erfüllt **mit Weisheit,** und Gottes Gnade war auf Ihm« (Luk. 2, 52/40). So **wurde** Er Sohn Seinem Vater, angesichts Seiner Mutter, wie es Spr. 4, 1–3 so fein sagt. In der Zeit Seiner Erniedrigung stand Er in einem **Werden:** So spricht Mtth. 1, 1 vom »Buche des Werdens Jesu Christi«, da Er ja »aus dem Samen Davids geworden ist« (Röm. 1, 3), wie Er überhaupt in der Gleichheit des Fleisches und Blutes der Brüder geworden ist (Hebr. 2, 14), um ein barmherziger Hoherpriester werden zu können (Hebr. 2, 17). In der Versuchung ist Er in Seinem Gehorsam vollendet worden (Hebr. 5, 9), und durch Seine gesamte Mittlertätigkeit ist in Ihm das JA und das AMEN zu allen Gottesverheißungen geworden (2. Kor. 1, 20).

War dieses **Werden** Jesu Christi nicht Grund für die höchste **Freude des Herzens Gottes, des Vaters?** Welche vollgültige **Antwort** hat Gott dem Satan als **dem Lästerer und Schmäher** durch das Werk Seines Sohnes gegeben, durch **die Weisheit** des Kreuzes, die alle Mächte der Finsternis besiegte und entwaffnete (Kol. 2, 14–15)!

Doch möchte Gott **dem Lästerer** und Verkläger der Brüder auch durch uns **Bescheid geben und antworten** und ihm den Mund verstopfen, wenn er uns verklagt (Offb. 12, 10). Denken wir nur an die Hiobsgeschichte, wo der Satan Gottes treuen Knecht bezichtigte, er glaube nur solange an Gott, als es ihm in seinem Leben gut ergehe. Da gab der Herr ihn in tiefste Leiden dahin, damit er auch darin noch Gott verherrliche und Ihm danksage »für alles«. So wurde Hiob, und so werden auch wir, wenn wir den Vater als solche, die **weise geworden sind,** in allem und allezeit verherrlichen, einbezogen in die **Antwort Gottes an Seinen Lästerer;** als »Schauspiel für Engel und Menschen« soll in der Gegenwart »durch die Gemeinde den Fürstentümern und Gewalten in der Himmelswelt die buntfarbige **Gottesweisheit** kundgetan werden« – nicht zuletzt in den Leidenswegen, die zu unserem höchsten Heil dienen (Eph. 3, 10/Röm. 8, 28/1. Kor. 4, 9). So hat sich Gott »aus dem Munde der Kinder und Säuglinge« – also bereits im Anfang unseres geistlichen Werdens – »eine Macht begründet um Seiner Bedränger willen: **um zum Schweigen zu bringen** den Feind und den Rachgierigen« (Ps. 8, 2). Darum beten wir mit dem Psalmisten: »So werde ich **Antwort geben** dem mich Höhnenden; denn ich vertraue auf Dein Wort« (Ps. 119, 42)! Unsere Antwort wird zur Antwort Gottes **an den Lästerer.**

In welcher Weise Gott als der höchste Richter den Verkläger der Brüder abweist, können wir in Sach. 3, 1–5 lesen, wo Er durch Seinen Christus den Satan straft, aber den Hohenpriester Josua freispricht.

Gott **freut sich über das Werden des Sohnes und der Söhne, über unser Wachsen in der Weisheit!** Was in 3. Joh. 4 der Mund des Apostels sagt, dürfen wir auch als Wort Gottes, unseres Vaters, hören: »Ich habe keine größere Freude als diese, wenn ich höre, daß meine Kinder in der Wahrheit wandeln!«

+ + +

312 EIN UNERWÜNSCHTER SEGENSGRUSS (27, 14)

Wer frühmorgens aufsteht und seinem Nächsten mit überlauter Stimme Segen zuwünscht – als ein Fluch wird es ihm angerechnet!

Man muß sich das einmal vorstellen: Wie ein krähender Hahn, der im ersten Morgengrauen die Leute aus dem Schlafe weckt, so grüßt einer **seinen Nachbarn mit mächtiger Stimme** und entbietet ihm **den Segen.** Wie mag dies gemeint sein? Vielleicht ist es jemand, der seinem reichen Gönner, von dem er noch größere Vergünstigungen erwartet, in der ersten Morgenfrühe Komplimente macht und seine Güte ausposaunt. Er will damit anderen zuvorkommen, die auch von dem mächtigen Reichen abhängig sind. In einer servilen Sklavengesinnung will er durch seinen **Segensgruß** einen Eindruck tiefster Ehrerbietung hervorrufen; vielleicht will er auch allen Zuhörern zeigen, daß er einen solch einflußreichen Gönner besitzt, und so ihren Neid erwecken. Kein Wunder, daß der so aus dem Schlaf Gerissene ihn deswegen **verflucht!**

Eine jüdische Auslegung erfaßt den Vers gründlicher, indem sie betont, man solle niemanden grüßen und segnen, ehe man das Morgengebet verrichtet habe, weil alle Ehre Gott gebührt (Berachoth 14a; nach DEL). Könnte es ein **Fluch Gottes** sein, der ihm widerfährt, weil er den Menschen mehr Ehre gibt als Gott?

In Ps. 130, 6 heißt es: »Meine Seele harrt auf den Herrn, mehr als die Wächter auf den Morgen, die Wächter auf den Morgen!« Sind wir doch dazu aufgerufen, »am Morgen« Gott jubelnd zu preisen und Seine Güte zu verkündigen (Ps. 92, 2/59, 16). »Ich aber, JAHWEH, schreie zu Dir, und am Morgen kommt mein Gebet Dir entgegen« heißt es in Ps. 88, 13. Der Gottesmann Hiob »stand des Morgens früh auf und opferte Brandopfer«, um seine Kinder zu heiligen, falls sie gesündigt und sich von Gott losgesagt hätten (Hiob 1, 5). Gott aber segnet solche »Morgenwache«, indem Er uns »jeden Morgen das Ohr weckt, damit wir hören wie Lernende« und von Ihm ein Trostwort für die Müden empfangen (Jes. 50, 4).

Wem geben wir die Ehre? Wer seine irdischen Gönner **lauthals** in der Öffentlichkeit **preist** und sogar **am frühesten Morgen ihre Güte segnet** und Gottes Güte, Hilfe und Heil schamhaft verschweigt, wo er sie bezeugen müßte, braucht sich nicht zu wundern, wenn er nicht glauben kann. Er liebt »die Ehre bei Menschen mehr als die Ehre bei Gott« (Joh. 12, 43/5, 44). Die Menschenverherrlichung wird ihm **als Fluch zugerechnet.** Mit wem beginnen wir den Tag? Wem gilt der erste Segen des Morgens?

> »Mein erst Gefühl sei Preis und Dank; erheb Ihn, meine Seele!
> Der Herr hört deinen Lobgesang; lobsing Ihm, meine Seele!
> Gelobt seist Du, Du Gott der Macht, gelobt sei Deine Treue,
> daß ich nach einer sanften Nacht mich dieses Tags erfreue!«
>
> (Gellert)

+ + +

313   HEMME DEN BÖSEN GEIST!   (27, 15–16)

Ein aufdringliches Dachgesicker am Tage des Platzregens und ein zänkisches Weib gleichen sich. – Wer dieses zurückhält, hält den Wind zurück, und seine Rechte greift in Öl.

Vom **streitsüchtigen Weibe,** die so nervenzermürbend sein kann wie **das beharr-**

liche Dachgesicker (BUB) **am Tage des Platzregens** hörten wir schon mehrmals in der Spruchsammlung; wie für den Vater der törichte Sohn zum Verderben wird, so **die zänkische Frau** für den Mann (Spr. 19, 13), so daß es für diesen besser wäre zu entfliehen und auf der äußersten Dachecke zu wohnen als im gemeinsamen Haus (Spr. 21, 9).

Mit Vers 16 tun sich sowohl die Übersetzer als auch die Ausleger schwer. Manche deuten ihn so, daß der Versuch, ein **zänkisches Weib zurückzuhalten,** es **zu hemmen** und zu **verwahren** (BUB) von vornherein so vergeblich sei, wie der Versuch, **den Sturmwind aufzuhalten** und mit den Händen **Öl zu ergreifen und festzuhalten.**

Doch spricht V. 16 nicht von der Unmöglichkeit, sondern von der Möglichkeit, die streitsüchtige Frau **zurückzuhalten** und **zu hemmen** samt dem **Geistwind** (hebr.: ruach), der von ihr ausgeht. Solches Tun hat etwas von einem »Exorzismus« an sich, einem Austreiben böser Geister. Der hier genannte »Wind« ist nicht allein die Luftbewegung, sondern der Geisthauch in einem zweifachen Sinne: Einmal als göttliche Geistesströmung in der Sendung des Heiligen Geistes (s. Apg. 2, 2), zum anderen als »dämonischer Sturmwind«, der das Völkermeer erregt und aufwühlt. So soll die Geisteseinheit der Endzeitgemeinde dem dämonischen »Wind der Lehre« gebieten (Eph. 4, 14); daß es dazu der Vollmacht Jesu bedarf, dem Wind und Wellen gehorchten, ist einleuchtend. So kann auch die **Zanksucht des streitsüchtigen Weibes** durchaus ein Symptom dafür sein, daß in ihr finsterer **Geist** wirkt, dem geboten werden muß, um ihn **aufzuhalten.**

Was aber mag es bedeuten, daß **die rechte Hand** dessen, der dem Streitgeist gebietet, **in Öl zu greifen habe?** (BA: seine Rechte ruft nach Öl). Ist uns schon mit dem Hinweis geholfen, daß **die rechte Hand** ein Bild der göttlichen Wirksamkeit, Macht und Segensdarreichung ist, ferner, daß **das Öl** ein Symbol für die Segensweihe mit dem Heiligen Geiste darstellt?

An die Salbung von Priestern, Königen, Richtern und Propheten kann hier nicht gedacht sein, weil diese mit dem Ausgießen eines mit Öl gefüllten Hornes über dem Haupt des Amtsträgers geschah. Wenn wir Gottes Wort danach befragen, wo denn **die rechte Hand das Öl ergreift** (oder: herbeiruft), dann finden wir nur den Schriftzusammenhang von 3. Mos. 14, 14–18, wo von der Reinigung vormals Aussätziger gesprochen wird. Zunächst nimmt der Priester vom Blute des Sündopfers und tupft es dem Geheilten auf das Ohrläppchen , auf den rechten Daumen und die rechte Fußzehe – als Zeichen der Heiligung im Gehorsam (Ohr), im Handeln (Daumen, Hand) und des Wandels (Fuß). Dann aber füllt der Priester seine linke Hand **mit Öl,** taucht seinen **rechten Finger** in das Öl und betupft die gleichen Stellen mit dem Öl, dessen Rest er ihm nun über das Haupt schüttet, um damit anzudeuten, daß der Heilige Geist die ganze Persönlichkeit heiligen will. Ist doch der Aussatz in der Hl. Schrift ein Bild der Sünde. Der Ausleger C. F. Keil schrieb über diese Handlung:

»Wenn also durch Besprengung mit sühnendem Opferblut die Seele in die Gnadengemeinschaft mit dem Herrn gesetzt wird, so gilt die Salbung mit dem Öl dem Leib und Seele belebenden Geiste, der durch diese mit der Kraft des göttlichen Geistes begabt wird« (»Levitikus, Numeri, Deuteronomium«).

Fassen wir zusammen. Wie können neurotische, zwanghafte Wesenszüge, wie etwa **die Streitsucht des zänkischen Weibes,** göttlich **gehemmt** und **zurückgedrängt,** ja, gelöst werden? Einmal durch den Widerstand gegen den **Geisthauch** böser, dämonischer Mächte in einem Menschen, zum anderen durch die erneute Weihe und Heiligung vermöge des **Öls** des Heiligen Geistes. So ermahnt uns auch der Apostel Christi:

»Alle Bitterkeit und Wut und Zorn und Geschrei und Lästerung seien von euch weggetan, zusammen mit aller Bosheit! Seid aber gegeneinander gütig, mitleidig, einander vergebend, gleichwie auch Gott in Christo euch vergeben hat« (Eph. 4, 31)!

+ + +

314 EISEN WIRD DURCH EISEN GESCHÄRFT (27, 17)

Eisen wird durch Eisen geschärft, und ein Mann schärft das Angesicht seines Gefährten.

Israel stand damals im Übergang von der Bronze- zur Eisenzeit. Die ersten Eisenschmelzer waren die Hethiter, Schmelzöfen aus der damaligen Zeit fand man im Libanon, und das Schmiedehandwerk befand sich in den Händen der Philister (1. Sam. 13, 19–23). Die eisernen Gefäße, Wagen, Waffen und Werkzeuge der Kanaaniter waren aus Tyrus importiert. Für einen Israeliten stellte darum ein eisernes Werkzeug oder eine eiserne Waffe einen hohen Wert dar, und es war schon ein Grund zum »Schreien«, als einem Prophetenschüler des Elisa beim Bäumefällen die Schneide einer geliehenen Axt in den Jordan fiel (2. Kön. 6, 1–7). Ein solch wertvolles eisernes Werkzeug mußte gepflegt werden; während man dies heute am Schleifstein verrichtet, wurde damals **Eisen durch Eisen geschärft,** etwa wie beim »Dengeln« der Sensenschneide. Nur mit einem scharfen Werkzeug konnte man wirklich gut arbeiten!
So ist auch unsere Person, unser Leib samt Seele und Geist, ein »Werkzeug« – entweder ein solches »der Sünde und der Ungerechtigkeit« im Dienste Satans, oder ein »Werkzeug der Gerechtigkeit« in Gottes Dienst (Röm. 6, 13–14).
Um auch dieses Werkzeug **scharf** und profiliert zu halten, **schärft** (DEL: schleift) **ein Mann das Angesicht seines Gefährten.** Das Angesicht meint seine Erscheinungsweise, seine Wesensart und sein Verhalten; der Umgang eines Mannes mit seinem Gefährten und Freund, des Bruders mit dem Bruder, sollte charakterbildend und verfeinernd wirken, so daß einer dem anderen die Ecken und Schroffheiten abschleife, damit beide zum guten Werkzeug im Dienste Gottes würden! Gott will ja nicht den in sich selbst verliebten, anpassungssüchtigen, unauffälligen »Normalbürger« in Seinem Reiche, sondern durchaus geprägte Persönlichkeiten. Diese sollen sich begegnen, ergänzen, korrigieren und zum besseren Dienst befähigen. Freilich darf solches **»Schleifen«** nicht in der **Schärfe** des Fleischeswesens geschehen, sondern so, daß man »die Wahrheit festhält in Liebe«, aber auch »die Liebe in der Wahrheit« (Eph. 4, 15). Und wenn wir gar, wie der Prophetenschüler seine Axt, das »geliehene« Gotteswerkzeug »verloren haben«, indem wir unseren Dienst nicht mehr wahrnehmen, dann bedarf es oft eines Propheten Elisa, der durch das »grüne Holz des Kreuzes« das Verlorene wiederbringt, so daß wir mit erneuerter Gnadengabe Gott dienen können – im Aufbau der »Prophetenschule« zu einer Behausung Gottes im Geiste (2. Kön. 6, 1–7/Eph. 2, 22)!
Die Grenze zwischen der Profilierung des Bruders durch uns und unserer Profilierung und Schärfung durch den Bruder, ist freilich schmal: nicht Zank und Streit, Neid, Mißgunst und Eifersucht sollten solch brüderlichen Dienst bestimmen!

In Antiochien »widerstand« Paulus dem Petrus »ins Angesicht« und bezichtigte ihn der Heuchelei, weil er aus Furcht vor besuchenden Judenchristen die Tischgemeinschaft mit den Gläubigen aus den Völkern verließ und sich – wegen der Speisegesetze – an den Tisch der jüdischen Gläubigen setzte. Damit gab er aber in der Praxis die Freiheit in Christo auf, die er längst im Geiste erkannt und bejaht hatte (Gal. 2, 11–18). Es wird uns nicht berichtet, was Petrus dem Paulus geantwortet hat, aber offensichtlich hat er sich sagen lassen. Dies aber ist eine Eigenschaft der »Weisheit von oben« (Jak. 3, 17).

Ob aber der erbitterte Wortstreit des Apostels Paulus mit seinem gesegneten Mitarbeiter Barnabas – in der Frage, ob Markus sie fernerhin begleiten sollte – noch zu dem gottgewollten **Schärfen des Angesichts** gezählt werden kann, ist fraglich; zerbrach doch darüber eine gesegnete Arbeitsgemeinschaft (Apg. 13, 13/15, 37–39).

Gott möge uns davor bewahren, daß unsere Zunge »ein scharfes Schwert« ist (Ps. 57, 4). Er gebe uns vielmehr, daß wir »das zweischneidige Schwert des Wortes Gottes« als Sein kostbarstes Werkzeug im Dienst allezeit »scharf halten« (Hebr. 4, 12)!

+ ⁺ +

315   NUR GEDULD!   (27, 18)

Wer des Feigenbaumes wartet, wird dessen Frucht essen; und wer über seinen Herrn wacht, wird geehrt werden!

Auf die süßen und saftigen **Früchte des Feigenbaums zu warten,** erfordert Geduld; solches **Warten** kann nach dem Hebräischen auch bedeuten: **etwas Kostbares umgeben und behüten.** So hat im Gleichnis Jesu der Bauer, der in seinem Weinberg einen Feigenbaum hatte, drei Jahre vergeblich auf Frucht gewartet. Darum wollte er ihn umhauen, aber der Weingärtner bat ihn, doch noch ein Jahr **zu warten,** damit er ihn umgrabe und dünge und pflege, um ihn vielleicht doch noch zu retten.

So hat sich auch Jesus um den **Feigenbaum Juda** im Weinberge Israel während Seiner dreieinhalbjährigen Wirksamkeit gemüht, ehe Er ihn dem Gericht des Verdorrens preisgab (Luk. 13, 6–9).

Aber auch im natürlichen Ablauf ergeben sich bei einem gesunden Feigenbaum Wartezeiten: Im zeitigen Frühjahr bringt er kleine, nicht saftige VORFEIGEN hervor (paggim; s. Hohesld. 2, 13); wo diese fehlen, ist der Baum trotz seiner Blätter unfruchtbar; im Mai/Juni erscheinen die FRÜHFEIGEN (bikkurah; auch: »Erstlinge«), die zwar saftig, aber nicht haltbar sind; erst im August bringt der Feigenbaum die SPÄTFEIGEN (teenah), die süß und saftig sind, aber auch getrocknet und gelagert werden können (s. Richt. 9, 11).

Wer des Feigenbaumes wartet, wird dessen Frucht essen!

So ist es auch mit dem Diener, der treulich **über seinem Herrn wacht** und auf dessen Angelegenheiten fleißig **achthat** (DEL). Weil er zunächst nicht immer Dank erfährt, mag er meinen, seine Treue sei vergebliche Liebesmühe. Doch eines Tages wird er **von seinem Herrn** für seinen treuen Dienst **geehrt.** Das gilt nicht nur im Irdischen, sondern auch im geistlichen Dienst für den »Herrn aller Herren, den König aller Könige«. »Wenn jemand mir dient, so wird der Vater ihn ehren« hat der Herr in Joh. 12, 26 verheißen (vgl. auch 1. Kor. 4, 5).

Nun aber zu der kostbaren prophetischen Seite dieses Wortes, wo es um Gott als den »Ackerbauer und Weingärtner« und um **den Feigenbaum Juda** im Weinberge Israel geht (Joh. 15, 1/Jes. 5, 1ff./Luk. 13, 6). Jesus, den **nach der Frucht des Feigenbaumes hungerte,** fand an ihm nur Blätter, weil es »noch nicht die Zeit der Feigen war« und »verfluchte« ihn für die Zeit bis zum Ende des gegenwärtigen Aeons. Die Jünger aber erstaunten, daß er »sofort« verdorrte (Mtth. 21, 18–20/Luk. 13, 6–9/Mark. 11, 13–14). Geht es hierbei wirklich nur um den leiblichen Hunger des Messias, der Seinen zornigen Fluch gegen einen »unschuldigen« Baum schleuderte, oder war dies eine prophetische Offenbarungshandlung, um die Verstockung Israels in der gegenwärtigen Heilszeit anzukündigen, wo der Herr auch an ihm vergeblich **die Frucht** des Geistes sucht?

Nach Mtth. 24, 32–34 ist es ein Zeichen für die letzte Endzeitgeneration und für die Nähe des Reiches Gottes, wenn der Zweig des verfluchten und verdorrten **Feigenbaums** wieder saftig wird und Blätter an ihm wachsen – wahrlich »Leben aus Toten« (Luk. 21/29–32/Röm. 11, 15). Saft und Blätter aber sind »die Propheten der künftigen Frucht«, die Israel bringen wird; diese Frucht wird dann auch ein Heilungsmittel für alle Wunden sein, die der Herr Seinem Volke geschlagen hat, und die er nun heilen will (vgl. Jes. 38, 21). So sind wir Augenzeugen gewaltiger prophetischer Ereignisse – seit der Heimkehr Israels ins Land der Väter –, die zu seiner Erneuerung führen werden. Auch die Zahlwerte von »Feigenbaum« und »Spätfeige« (456 = 12 × 2 × 19) weisen hin auf die Wiedergeburt (19) Israels (12).

Wie aber Gott »der Gott der Geduld und des Trostes« ist (Röm. 15, 5), so **wartet** auch der Christus in Geduld **des Feigenbaums,** weil Er dessen vollgewiß ist, daß Er **seine Frucht essen wird.** Er ist »der Gerechte«, von dem es heißt, daß »sein Harren Freude werden wird« (Spr. 10, 28).

In feiner Weise beschreibt der Apostel Jakobus das Warten Gottes und Christi über Seinem LANDE Israel als Vorbild für unsere Geduld, die in der letzten Zeit besonders auf die Probe gestellt werden wird: »Habt nun Geduld, Brüder, bis zur Ankunft des Herrn. Siehe, der Ackersmann **wartet auf die köstliche Frucht** des LANDES und hat Geduld ihretwegen, bis es den Früh- und Spätregen empfange. Habt nun auch ihr Geduld, denn die Ankunft des Herrn hat sich genaht« (Jak. 5, 7–8/s. auch 9–11)!

Was muß es für den Sohn Gottes bedeuten, wenn Er bei Seiner Wiederkunft **die Frucht des Feigenbaumes** Israel **essen kann,** die Er in Seinen Erdentagen vergeblich suchte! Die Glaubenden.in Israel sind heute schon die »Früh- und Vorfeigen«, aber gar bald kommt die Vollernte mit den »Spätfeigen«, wenn »ganz Israel gerettet werden wird« (Röm. 11, 25)!

+ + +

316 DAS SPIEGELBILD   (27, 19)

Wie im Wasser das Angesicht dem Angesicht entspricht, so (entspricht) **das Herz des Menschen dem Menschen.**

Lange vor der Erfindung des Spiegels erkannte der Mensch sich selbst und **sein Angesicht** in einem stillen **Wasserspiegel.** Solches »Wiedererkennen« verursacht immer eine Irritation, vergleichbar einer ersten Tonbandaufnahme, die unsere wirkliche Stimme wiedergibt; wir hören uns normalerweise beim Sprechen nicht so, wie andere uns hören, auch sehen wir uns nicht so, wie andere uns sehen und empfinden. Und doch ist **die Spiegelung** eine **Entsprechung,** die unsere Selbsterkenntnis fördern kann. Übrigens haben wir »zwei Gesichter«: Man kann die linke Gesichtshälfte und ebenso die rechte getrennt voneinander photographisch verdoppeln, und es ergeben sich zwei unterschiedliche Gesichter, die auch verschiedene Wesenszüge widerspiegeln.

Wie nun im Wasser **das Angesicht dem Angesicht entgegentritt** oder **sich darin spiegelt** (BA), so **entspricht das Herz des Menschen** dem Menschen selbst. Nach Delitzsch deuteten dies jüdische Ausleger so: Wie das fließende Wasser seinen Lauf vorwärts richtet, ist das Herz des Menschen dem Menschen – in Barmherzigkeit, Mitleid und Verständnis – zugewandt. »Denn wer von den Menschen weiß, was im Menschen ist« (was das innerste Wesen des Menschen ist und in ihm vorgeht), »als nur der Geist des Menschen, der in ihm wohnt?« (1. Kor. 2, 11). Wesenserkenntnis des Menschen eignet nur dem Menschen selbst, der alle seine eigenen Wesenszüge, Verhaltensmuster und psychischen Abläufe in dem anderen wiedererkennt. Dies ist die Grundlage aller Psychologie, Psychotherapie und Seelsorge. In V. 11b fährt Paulus fort: »Also weiß auch niemand, was Gottes (Wesen) ist, als allein der Geist Gottes!«

Nun können wir aber **die Spiegelung des Menschenherzens in dem Menschen** noch anders deuten: Alles, was im Herzen an Gefühlen, Begierden, Wünschen, Gedanken und Willensentscheidungen vor sich geht, wird im Ganzen des Menschen **entsprechend widergespiegelt.** Die Gestik, Mimik, Gesichtsprägung und Körperhaltung eines Menschen spiegelt seine innersten und geheimsten Triebe, Gefühle und Gedanken. Nach dem Gesetz von Saat und Ernte werden in den Runen des Angesichts die Wesenszüge ausgeprägt, so daß der Kundige am Äußeren eines Menschen das Innere ablesen kann!

Wenn nun **der Spiegel** für das Angesicht die stille **Wasserfläche** sein kann, was ist dann **der Spiegel** für unser Herz, in dem wir uns selbst im Wesen erkennen können? Es ist der Spiegel des Wortes Gottes! Dieser bildet uns schärfer ab als jeder andere Spiegel es kann. »Denn wenn jemand ein Hörer des Wortes ist und nicht ein Täter, der ist einem Manne gleich, der sein natürliches Angesicht **in einem Spiegel betrachtet.** Denn er hat sich selbst beschaut und ist weggegangen, und er hat alsbald vergessen, wie er beschaffen war«, bezeugt Jak. 1, 23–24. Da gilt es nun, »in das vollkommene Gesetz der Freiheit nahe hineinzuschauen und dabei zu bleiben« (V. 25).

Daß uns **der Spiegel des Wortes Gottes** nicht nur Eigenerkenntnis, sondern auch Christuserkenntnis vermittelt, verheißt uns 1. Kor. 13, 12. Zwar sehen wir Ihn »wie in einem Bronzespiegel nur undeutlich«, gemessen an dem Tage, wo wir Ihn »schauen werden von Angesicht zu Angesicht«; dennoch genügt dieses hervorragende Christusbild im Worte Gottes, daß wir »Seine Herrlichkeit ... anschauen und widerspiegeln« und also verwandelt werden in Sein Bild – von Klarheit zu Klarheit (2. Kor. 3, 18)!

+ + +

Scheol und Abgrund sind unersättlich: so unersättlich sind die Augen des Menschen.

Die Unersättlichkeit unserer Augen wird an der Unersättlichkeit von **Scheol und Abgrund** verdeutlicht (DEL: Unterwelt und Hölle; BUB: Gruftreich und Verlorenheit; PAR: Totenwelt und Abgrund; hebr: scheol und abbadon). Wenn wir bedenken, wie viele Milliarden Menschen seit Adams Fall schon in die abgrundtiefe Verlorenheit des Totenreichs gesunken sind, so müssen wir mit Spr. 30, 16 feststellen: »Der Scheol und der verschlossene Mutterleib, die Erde, welche des Wassers nicht satt wird, und das Feuer, das nicht sagt: Genug!« Zu **Totenreich** und **Unterwelt** fügt dieser Spruch noch die **Feuer** des Feuersees hinzu; doch sind auch diese, wie Scheol und Tod, »Feuergluten der Liebe«, Maßnahmen der Heilspädagogik Gottes, wie uns Hohesld. 8, 6 versichert. In Hab. 2, 5 wird gar der unersättliche Weinsäufer, der gierig »seinen Schlund aufsperrt« mit dem Tode verglichen, »der alle Nationen an sich rafft«!

Weil das Verrätergeld des Judas »Blutgeld« war, kauften die Hohenpriester dafür den »Töpferacker« Hakeldama (= Blutacker) und machten ihn zum Friedhof für die »Fremdlinge« (Mtth. 27, 3–10/Sach. 11, 12–13/Apg. 1, 18–19). Wird uns dies nicht zum prophetischen Bild für den »Acker dieser Welt«, der des »Töpfers«, also Gottes ist, und doch ein »Blutacker« unzähliger Toter und Hingemordeter? Jesus aber hat um den Preis Seines kostbaren Blutes diesen »Acker« erkauft – mitsamt dem »Schatz im Acker«, der Gemeinde, aber auch mitsamt allen Verstorbenen (Mtth. 13, 38 + 44/Jer. 18, 1–10). Nach dem Gottesprogramm »Leben aus Toten« (Röm. 11, 15) werden Auferstehungen die Totenwelt einst völlig leeren!

Gleich der Unersättlichkeit der Totenräume **sind unersättlich** auch **die Augen des Menschen.** Und wie die Seelen der Toten im Scheol versinken, so versinken die Bilder unserer Augen im Unbewußten der Seele, von wo sie unser Gehirn nur »schattengleich« ins Bewußtsein zurückholen kann. Gottfried Keller dichtete:

> »Augen, meine lieben Fensterlein,
> gebt mir schon so lange holden Schein,
> lasset freundlich Bild um Bild herein:
> Einmal werdet ihr verdunkelt sein!«

Und er folgerte daraus:

> »Trinkt, o Augen, was die Wimper hält,
> von dem goldnen Überfluß der Welt!«

Aber ist dies – angesichts der Wunder einer herrlichen Schöpfung – denn zu tadeln? Wird nicht nach Röm. 1, 19–20 »die unsichtbare Kraft und Göttlichkeit« des Schöpfers »an den Werken der Schöpfung geschaut«? So singen wir Paul Gerhards Lied zu recht:

> »Geh aus, mein Herz, und suche Freud in dieser lieben Sommerzeit
> an deines Gottes Gaben! Schau an der schönen Gärten Zier
> und siehe, wie sie mir und dir sich ausgeschmücket haben!«

Wie kann dann aber der Apostel Johannes **»die Begierde der Augen«** zusammen mit der »Begierde des Fleisches« und dem »Hochmut des Lebens« zu den Grundprinzipien des gefallenen und gottfeindlichen Kosmos rechnen (1. Joh. 2, 14–17)? Sicher ist die schauende Bewunderung der göttlichen Schöpfungswerke damit nicht gemeint! Aber **das Auge** ist – als Organ der verfeinerten Habsucht und als »Türe der Seele und des Leibes« – offen auch für alles Böse. Es gibt kein wirkungsvolleres Medium als die Augenlust, weshalb Bildwerbung, Fernsehen, Film und Bildpresse mit all den Bildern von Gewalt, Kriminalität, Sex und Gemeinheit in unseren Tagen solche seelenverwüstenden Folgen auslösen! Auf die Frage aus Jes. 33, 14: »Wer von uns kann weilen bei dem verzehrenden Feuer? Wer von uns kann weilen bei den ewigen Gluten?« wird die Antwort gegeben: »Wer sein Ohr verstopft, um nicht von Bluttaten zu hören, wer seine Augen verschließt, **um Böses nicht zu sehen:** der wird auf Höhen wohnen, Felsenfesten sind seine Burg; sein Brot wird ihm dargereicht, sein Wasser versagt nie. **Deine Augen** werden den König **schauen** in Seiner Schönheit!« Wer hier die Augen dem Bösen gegenüber verschließt, dem werden sie dort geöffnet für die Herrlichkeit Jesu! Doch ist ein solches Leben nur durch Seine Gnade möglich!

In Pred. 1, 5–9 werden **dem Auge, als dem unersättlichen Organ** der Seele noch die OHREN als das Organ des GEISTES hinzugefügt, denn »der Glaube kommt aus dem Gehörten« (Röm. 10, 17). »Alle Dinge mühen sich ab; niemand vermag es mit Worten völlig auszuschöpfen; **das AUGE wird des Sehens nicht satt,** und das OHR nicht voll vom Hören!«

Gott gebe uns ein unersättliches Ohr für Sein wunderbares, Glauben und Leben weckendes Wort!

+ + +

318   DEM NARREN IST NICHT ZU HELFEN   (27, 22)

Wenn du den Narren mit dem Kolben im Mörser zerstießest, mitten unter der Grütze, so würde seine Narrheit doch nicht von ihm weichen!

Fast jede Apotheke hat als Innungszeichen aus alter Zeit **einen Mörser mit Schlegel** stehen; in ihm wurden früher arzneiliche Substanzen zu Pulver zerstoßen – so wie der Bauer in alter Zeit die Getreidekörner **zu Grütze zerstampfte.** Wir werden also in die »Apotheke Gottes« geführt. Könnte aus dem **Narren** oder aber für ihn Arznei bereitet werden? Mehr noch als beim mittelalterlichen **Zerstampfen** wird in der Homöopathie eine Grundsubstanz **verrieben** und zu immer höheren »Potenzen« verdünnt; auf diese Weise können krankheitserzeugende Gifte zu wirksamer Arznei werden. Aber kann **aus dem Narren** ein Weiser werden? Kann **Narrheit** – in homöopathischen Dosen eingegeben – schließlich zur Gesundung, zur Weisheit führen? Unser Sprüchewort bezeugt: Narrheit ist auch durch stärkste Züchtigungsmaßnahmen Gottes nicht zu beseitigen! Diese dienen nur dem Weisen, Gerechten und Glaubenden als göttliche Heilsmaßnahme, um »die friedsame Frucht der Gerechtigkeit« hervorzubringen (Hebr. 12, 11). Er, der oft in der Drangsal und im Nachdenken über Weltenlauf und Gottesgeschick »wie zu Sand **zerrieben wird«,** findet dann doch beim Nachsinnen über Gottes Heilshandeln innerlich zurecht (Ps. 77, 10: »Kranksein« bedeutet nach dem Hebräischen eigentlich »zu Sand zerrieben« oder »durchbohrt werden«). So kann uns das Leiden dazu dienen, daß wir dem Erstgeborenen der Söhne gleichwerden, es kann aber auch zur Verbitterung führen. Vorliegender Spruch erscheint uns zuerst wie ein Scherz, der uns zum Lachen über andere bringen will, er ist aber doch bitterernst gemeint, auch im Hinblick auf uns selbst! Wenn in den endzeitlichen Gerichten Gottes ein Drittel der Menschheit getötet wird, so tun die übrigen doch nicht Buße von Dämonenanbetung und bösen Werken, von Mord, Zauberei, Hurerei und Raub (Offb. 9, 18–21). **Auch wenn man den Narren mit dem Kolben im Mörser zerstampfte ... so würde seine Narrheit nicht von ihm weichen!** Dem Narren auf der Flucht vor dem lebendigen Gott ist nicht zu helfen. Dies ist Gottes erschütterndes Urteil über unser aller Leben; denn auch Jünger Jesu sind oftmals »Toren und trägen Herzens, um zu glauben« (Luk. 24, 25).

Und doch gibt es den Weg der Gnade Jesu, eröffnet durch Sein Blut, worauf zu der neuen Heilsgemeinde nicht viele Weise, Edle, Mächtige und Geachtete geführt werden, sondern die Schwachen, **Törichten** und Verachteten (1. Kor. 1, 26–29). Das resignierende Wort aus den SPRÜCHEN muß dem Jubelruf Jesu weichen:

»Ich preise Dich, Vater, Herr des Himmels und der Erde, daß Du dieses vor Weisen und Verständigen verborgen hast und hast es **Unmündigen** geoffenbaret. Ja, Vater, denn also war es wohlgefällig vor Dir ... Kommet her zu mir, alle ihr Schwermütigen und Belasteten, ich werde euch zur Ruhe bringen« (Mtth. 11, 25–28)!

So dürfen auch wir zu jenen **Narren** gehören, die einst in der **Narrheit** des Unglaubens wandelten, nun aber durch Gottes unbegreifliche Güte zu »Weisen« geworden sind, weil uns Christus selbst zur Weisheit, Gerechtigkeit, Heiligung und Erlösung geworden ist (1. Kor. 1, 30)!

319 HAB ACHT AUF DIE HERDEN! (27, 23–27)

Sorgsam beachte das Aussehen deines Kleinviehs, richte dein Herz (deine Aufmerksamkeit) **auf die Herden! – Denn Wohlstand ist nicht ewig; und währt ein Diadem von Generation zu Generation? – Ist geschwunden das Heu, und erscheint das junge Gras, und sind eingesammelt die Kräuter der Berge, – so dienen Schafe zu deiner Kleidung, und der Kaufpreis für ein Feld sind Leitböcke; – und Fülle von Ziegenmilch ist da zu deiner Nahrung, zur Nahrung deines Hausstandes, und zum Lebensunterhalt für deine Mägde.**

Ist dies »die Idylle vom fröhlichen Landmann«, wie sie Paul Gerhard mit dem Vers beschrieb:

»Die Bächlein rauschen in dem Sand und malen sich und ihren Rand mit schattenreichen Myrten; die Wiesen liegen hart dabei und klingen von dem Lustgeschrei der Schaf und ihrer Hirten!«?

In einer Zeit, wo der Bauer Werkzeugmechaniker, Chemiker und Kaufmann zugleich sein muß – ausgesetzt dem europäischen Wettbewerb und Preisdruck – könnten wir dies vergessen. Aber auch in alten Zeiten mußte »der Ackerbauer, um die Früchte zu genießen, zuerst arbeiten« sicherlich »im Schweiße seines Angesichts« –, was nach 2. Tim. 2, 6 auch für die Arbeit am Worte Gottes in der Gemeinde gilt, die da »Gottes Ackerfeld« ist (1. Kor. 3, 9)!

Sorgsam achte auf das Aussehen deines Kleinviehs (der Ziegen und Schafe), **richte deines Herzens Aufmerksamkeit auf die Herden!** Da galt es, Heu und Grummet einzubringen, wozu auch **die Bergkräuter** an den steilen Hängen gehörten; dann wurden **die Schafe geschoren,** wurde ihre Wolle gesponnen und zu Kleidung verarbeitet; **Leitböcke** wurden als Zuchttiere verkauft und dafür **Felder erworben; die Ziegenmilch** mußte zu Käse verarbeitet werden, damit **die ganze Familie mitsamt den Mägden den Lebensunterhalt** auch in der Winterzeit besaß; das Heu wurde für diese Zeit in die Scheunen und Stadel eingebracht.

Solches »Landvolk« (das von den Pharisäern verachtete »am ha aretz«, welches nicht immer die kultischen Gesetze beachten konnte) war bei kriegerischen Ereignissen besser zum Überleben gerüstet als die städtische Bevölkerung mit ihren **Schätzen und Diademen** – den Zeichen einer Ehrenstellung oder eines hohen Amtes. Diese wurden dem Menschen leichter entrissen als der ruhige, bescheidene Wohlstand in der Landwirtschaft! So ist es »Bauernlob«, das Gott in Ps. 104, 13–14 dargebracht wird: »DU, der die Berge tränkt aus Seinen Obergemächern; von der Frucht Deiner Bemühungen wird die Erde gesättigt. Der Gras hervorsprossen läßt für das Vieh und Kraut zum Dienste der Menschen: um Brot hervorzubringen aus der Erde!« Und in Spr. 28, 19 heißt es: »Wer sein Land bebaut, wird mit Brot gesättigt werden; wer aber nichtigen Dingen nachjagt, wird mit Armut gesättigt werden!«

So war der Bauer in alter Zeit, durch sein Wissen um Natur und Schöpfung, sowie durch seine Abhängigkeit von Wind und Wetter, von einer natürlichen Frömmigkeit erfüllt – anders als der naturferne Städter. Auch »ein König, der sich dem Ackerbau widmet, ist durchaus ein Vorteil für das Land« (Pred. 5, 9), weil er von den Gesetzen der Natur wie von der Last der Arbeit weiß; so wird von dem König Ussiah gerühmt, daß er »den Ackerbau liebte« (2. Chr. 26, 10). Wurde nicht das Ereignis der Geburt des Messias in der Hirtenstadt Bethlehem zuerst den verachteten Hirten durch Engelbotschaft verkündet, die als »unrein« galten und auch als Zeugen vor Gericht nicht zugelassen waren? Gerade sie wurden zu Zeugen des größten Ereignisses der Weltgeschichte – der Menschwerdung des Sohnes Gottes!

Nimm sorgsam wahr das Aussehen deines Kleinviehs, richte dein Herz auf die Herden! Dies gilt auch im geistlichen Sinne als göttlicher Befehl für die Hirten des Volkes Gottes im Alten Bund und der Gemeinde des Neuen Bundes! Man muß einmal in Hes. 34, 1–10 die Wehesprüche Gottes gegen die falschen »Hirten Israels, die sich selbst weiden«, lesen! »Siehe, ich will an die Hirten, und ich werde meine Schafe von ihrer Hand fordern und dafür sorgen, daß sie aufhören, die Schafe zu weiden …!« spricht Gott (V. 10). Dann aber erschallt die Verheißung des künftigen Messias, des »guten Hirten«: »Wie ein Hirte sich seiner Herde annimmt, an dem Tage, da er unter seinen zerstreuten Schafen weilt, also werde ich mich meiner Schafe annehmen und werde sie erretten aus allen Orten, wohin sie zerstreut worden sind am Tage des Gewölks und des Wolkendunkels« (V. 12; lies auch die 21 göttlichen Verheißungen der Verse 14–31!).

Der Apostel Petrus mußte durch einen dunklen Weg der Versuchung gehen, als er Jesus verleugnete, ehe er fähig war, »seine Brüder zu stärken«, und als erprobter Hirte Christi, aufgrund seiner Liebe zu Ihm, »die Lämmlein und die Schafe weiden« konnte (Joh. 21, 15–18)! Am Ende seines Lebens schrieb er ein kostbares Wort an die »Hirten« von ihrem »Hirtenfürsten« Jesus: »Die Ältesten in eurer Mitte ermahne ich als der Mitälteste und Zeuge der Christusleiden und auch als Teilhaber der Herrlichkeit, die im Begriff steht, geoffenbart zu werden: **Hütet die Herde Gottes,** die bei euch ist, indem ihr die Aufsicht nicht aus Zwang führet, sondern freiwillig, auch nicht wegen schändlichen Gewinnes, sondern bereitwillig, nicht als solche, die da herrschen über ihre Besitztümer, sondern indem ihr Vorbilder der Herde seid. Und wenn der Hirtenfürst offenbar geworden ist, so werdet ihr den unverwelkbaren Siegeskranz der Herrlichkeit empfangen« (1. Petr. 5, 1–4)!

+ ⁺ +

320 GETROST WIE EIN JUNGER LÖWE   (28, 1)

Die Gesetzlosen fliehen, obwohl kein Verfolger da ist; die Gerechten aber sind getrost gleich einem jungen Löwen.

Der erste Teil des Sprüchewortes weist hin auf eine Erscheinung, die in unserer Zeit übermächtig ist: die Angst. Angstneurosen jeglicher Art suchen heute die Menschen heim – die Angst vor dem Erwachsenwerden, vor der Verantwortung, Berufsangst, Lebensangst, Zukunftsangst, Raumangst, Todesangst und viele andere Zwänge, die der ganzen Ungeborgenheit unserer glaubenslosen Zeitgenossen entspringt. Freilich gilt den Menschen aller Zeiten, was Jesus nüchtern feststellte: »In der Welt habt ihr Angst …« (Joh. 16, 33), und auch der Glaubende ist nicht davon ausgenommen, aber er ist geborgen in dem, der hinzufügte: »… aber seid getrost, ich habe die Welt überwunden!« Darum darf er bekennen: »Wer will uns scheiden von der Liebe Gottes … Trübsal oder Angst?« (Röm. 8, 35). Aber auch er muß erleben, was Maria Schmalenbach in ihrem Ewigkeitslied dichtete:

>»Hier ist Müh morgens früh und des Abends spät;
>Angst, davon die Augen sprechen; Not, davon die Herzen brechen;
>kalter Wind oft weht!«

Doch wird in unserem Vers von einer anderen, unbegründeten, ursachenlosen Angst gesprochen, von der angstvollen Flucht vor dem raschelnden Laub und vor den Schreckensbildern des bösen Gewissens: **Die Gesetzlosen fliehen, obwohl kein Verfolger da ist …!** So war den Söhnen Israels für die Zeiten der Untreue als Fluch angekündigt: »Und es wird sie jagen das Rauschen eines verwehten Blattes, und sie werden fliehen, wie man vor dem Schwerte flieht, und fallen, obwohl niemand sie jagt« (3. Mos. 26, 17 + 36)! Dies ist die Angstkrankheit auch unserer gottlosen und doch so gequälten Zeitgenossen!

Wie kann es aber dann heißen: **Die Gerechten sind getrost gleich einem jungen Löwen?** Man muß einmal Bilder von spielenden jungen Löwen – geborgen bei der Löwin und ihren Rudelgefährtinnen – gesehen haben, um dieses Bild der Geborgenheit und Sicherheit verstehen zu können! Will diese Aussage aber nicht doch nur eine fromme Illusion erwecken, die vielleicht nur von begeisterungsfähigen und kraftvollen jungen Menschen geglaubt wird? Das wäre dem überaus realistischen Worte Gottes völlig fremd!

Der Löwe ist ja ein Doppelbild – einmal von dem Christus als dem »Löwen aus Juda«, einmal von Satan als dem furchterweckenden »brüllenden Löwen« (Offb. 5, 5/1. Mos. 49, 9–10/1. Petr. 5, 8). Daraus wird eines klar: Die Sicherheit und Geborgenheit **des Ge-**

rechten, als eines **jungen Löwen,** kommt nur aus der Nähe des erfahrenen alten Löwen, des »Löwen aus Juda« – aus der Nähe unseres treuen Herrn, der die Welt überwunden hat! So dürfen es Gotteskinder immer wieder erleben, was Ps. 138, 7 bezeugt: »Wenn ich mitten in der Angst wandle, so erquickst DU mich!« (nach Luther).

Man muß einmal Apg. 27 von dem Schiff im Sturm lesen, das mit 276 Männern vor dem drohenden Schiffbruch steht. Alle, auch die sturmerprobten Seeleute und römischen Soldaten, verlieren die Nerven und werden von Todesangst überfallen. Da steht der Gefangene Paulus auf, spricht von dem Gott, dem er zu eigen ist und von Seiner Zusage, und fordert die Leute auf, Speise zu sich zu nehmen, Brot, für das er Gott vor allen dankt (V. 35). **Die Gerechten sind getrosten Mutes** (DEL) **gleich einem jungen Löwen!**

Vielleicht liegt noch ein wachstümlicher Weg in der Erziehung Gottes vor uns, bis wir es erleben, daß »die vollkommene Gottesliebe«, die in uns »zum Ziel gekommen ist, die Angst austreibt«, die uns nur Qual bereitet, und daß wir dann hindurchdringen zur Freimütigkeit, auch im Blick auf den Tag des Gerichts (1. Joh. 4, 17–19)!

+ + +

321/322   MANCHERLEI REGIERUNGSFORMEN   (28, 2–3 + 12 + 15–16)

Durch die Frevelhaftigkeit eines Landes werden der Fürsten viele; aber durch einen Mann von Einsicht und Wissen dauert der Rechtsbestand fort (V. 2).

Die Menschen haben schon mancherlei Regierungsformen erprobt und erduldet und von ihnen allen die große »Wende« und Besserung der Zustände erhofft! Wir kennen die MONARCHIE (Königsherrschaft), die OLIGARCHIE (Herrschaft vieler), die DIKTATUR (die tyrannische Alleinherrschaft) und die DEMOKRATIE (»Volksherrschaft«), von der man behauptet, sie sei »die beste aller schlechten Herrschaftsformen«. Es gibt auch die ANARCHIE (Herrschaftslosigkeit) eines in moralischer Degeneration oder in der Revolution zu **Frevelhaftigkeit** (E), **Ausschreitungen** (BA) und **Abtrünnigkeit** (BUB) zerfallenden Volkes. In solcher um sich greifenden Gesetzlosigkeit und im Verlust der Ordnungen **werden der Fürsten viele;** es wollen im Grunde alle mitreden und herrschen, auch die unfähigsten Dummköpfe!

Nach der Absicht Gottes herrschte in Israel der gesetzestreue und gottesfürchtige **König,** es galt also die THEOKRATIE (Gottesherrschaft). Es entsprach darum den Plänen Gottes, als »der Mann nach dem Herzen Gottes«, David, nach 18 Jahren der Herrschaft über JUDA auch König über die restlichen Stämme ISRAELS wurde. »Und alle Stämme Israels kamen zu David nach Hebron, und sie sprachen: Siehe, wir sind dein Gebein und dein Fleisch. Schon früher, als Saul König über uns war, bist du es gewesen, der Israel ein- und ausführte; und JAHWEH hat zu dir gesagt: Du sollst mein Volk Israel weiden, und du sollst Fürst sein über Israel!« (2. Sam. 5, 1–5; vgl. mit Eph. 5, 31–33). Doch immer, wenn Gottes Volk gegen die Führung Gottes durch Gesetz und Königtum rebellierte, wurde es »zum Spielball des Parteiengeistes und zum Zankapfel der Machtgelüste« (DEL). So beklagt Hosea 8, 1–7, daß Israel den Bund übertreten und gegen Gottes Gesetz gefrevelt habe, weil sie das Gute verworfen hätten, solle sie nun der Feind verfolgen; Wind hätten sie gesät, und Sturm würden sie ernten. »Sie haben Könige gemacht, aber nicht von mir aus«, sagt Gott, »sie haben Fürsten eingesetzt, von denen ich nicht wußte!« Die verhängnisvolle Zersplitterung Israels in das Nordreich der zehn Stämme und das Südreich (mit Juda und Benjamin), die sich schon einmal bei David anbahnte, wurde durch Rehabeams Torheit zur schrecklichen Wirklichkeit (2. Sam. 20, 1–2/1. Kön. 12, 16).

Was kann hingegen **ein Mann voller Einsicht und Wissen, Verständnis und Erkenntnis für die Fortdauer des Rechtsbestandes,** für völkisches Glück und Wohlfahrt tun (s. Spr. 21, 22)! Daß sich dieses Wort erst voll erfüllt in dem **einen gerechten König,** dem Messias in seiner göttlichen Gerechtigkeit, sei nicht unerwähnt (vgl. Hebr. 1, 8–9). Seine MONARCHIE und DIKTATUR, wo keine Menschenmassen befragt, zur Wahl gerufen und um Verständnis gebeten werden, wird der ganzen Erde und Weltbevölkerung tausendjährigen Frieden und Wohlstand bringen! Doch wird Er über die Nationen herrschen »mit eisernem Zepter« und alle Gesetzlosigkeit ausräumen (Ps. 2, 9)! Er wird, als »der letzte Adam«, **der Mann voller Einsicht und Wissen, voller Verständnis und Erkenntnis** sein – in der Fülle des Heiligen Geistes. Vom Niedrigkeitsweg des **EINEN,** des »Königs der Juden«, spricht in verhüllter prophetischer Weise Pred. 9, 13–17:

»Auch dieses habe ich als Weisheit unter der Sonne gesehen, und sie kam mir groß vor: Es war eine kleine Stadt, und wenige Männer waren darin; und wider sie kam ein großer König, und er umzingelte sie und baute große Belagerungswerke wider sie. Und es fand sich darin **ein armer weiser Mann,** der die Stadt durch seine Weisheit rettete; aber kein Mensch gedachte dieses armen Mannes. Da sprach ich: Weisheit ist besser als Kraft; aber die Weisheit des Armen wird verachtet, und seine Worte werden nicht gehört. Worte der Weisen, in Ruhe gehört, sind mehr wert als das Geschrei des Herrschers unter den Toren!« Dürfen wir in der »kleinen Stadt« Jerusalem sehen, in ihrer Belagerung die drohenden Ereignisse des Jahres 70 n. Chr., in dem **armen weisen Mann** aber den Christus Gottes, der vom Volke Israel verachtet und dessen Botschaft nicht gehört wurde ? (vgl. Jes. 53, 1–3).

+

Vers 3 spricht von dem Tyrannen und seiner verhängnisvollen DIKTATUR:

Ein rechtloser Machtmensch, der die Armen erpreßt (unterdrückt) **ist wie ein fortschwemmender Regen, und da ist kein Brot** (so im Vergleich verschiedener Übersetzungen/Elberf. ist nicht haltbar).

Der **gesetzlose, das Recht verachtende Machtmensch** kommt über ein Volk, vernichtend wie ein gewaltiger Wolkenbruch, der die edle Ackerkrume **wegschwemmt,** so daß für lange Zeit nicht mehr mit Getreide und **Brot** gerechnet werden kann. Alle Bemühungen um Wohlstand werden unter seiner rechtlosen Diktatur zunichte. Um seine Machtherrschaft aufrechtzuerhalten, bedient er sich seines speziellen »Geheimdienstes«; das fröhliche Leben in der Öffentlichkeit erlischt, Mißtrauen, Furcht und Argwohn bemächtigen sich aller Untertanen, und um eigensüchtiger Vorteile willen bespitzelt einer den anderen und verrät ihn gar. Wir Deutschen haben dies unter der »Gestapo« Hitlers und unter dem »SSD« des Sozialismus stalinistischer Prägung erleben müssen! Vers 12 schildert uns die gespenstische »Stille« der Überwachten:

Wenn die Gerechten triumphieren, ist die Pracht groß; wenn aber die Gesetzlosen emporkommen, lassen sich die Menschen suchen – das heißt, sie verstecken sich. Spr. 28, 28 ergänzt: »Wenn die Gesetzlosen emporkommen, verbergen sich die Menschen; und wenn sie umkommen, mehren sich die Gerechten.« Und Spr. 29, 2: »Wenn die Gerechten sich mehren, freut sich das Volk; wenn aber ein Gesetzloser herrscht, seufzt ein Volk!«

Hierbei denken wir nicht nur an die vielen Diktatoren der Weltgeschichte, sondern an den »Unheiligen und Gesetzlosen, den Fürsten Israels, dessen Tag gekommen ist zur Zeit der Ungerechtigkeit des Endes«, wie es Hes. 21, 30 bezeugt. Paulus nennt ihn »den Gesetzlosen, den Menschen der Sünde, den Sohn des Verderbens« (2. Thess. 2, 3 + 8). Was wird es sein, wenn der Christus bei Seiner Wiederkunft den Antichristen und seinen Anhang »vernichten wird durch den Hauch Seines Mundes« (2. Thess. 2, 8), und wenn Er mit allen **Gerechten und Bewährten** (BUB) Seine königliche und priesterliche Herrschaft antreten wird! Dann werden sich **die Gerechten mehren, sie werden in großer Pracht triumphieren,** das **Seufzen** wird entfliehen, und alle Völker werden sich freuen! Hofft doch die ganze Schöpfung auf ihre Erhebung »zur Freiheit der Herrlichkeit der Söhne Gottes« (Röm. 8, 19–21). **Der Triumph der Gerechten** wird dann zur Erneuerung der ganzen Erde führen.

Aber bis zum Tage der Machtergreifung Jesu Christi gilt noch immer, was die Verse 15–16 bezeugen:

Ein brüllender LÖWE und ein gieriger BÄR; so ist ein gesetzloser Herrscher über ein armes Volk! Du Fürst, ohne Verstand und reich an Erpressungen! Wer unrechtmässigen Gewinn haßt, wird seine Tage verlängern!

Der Löwe verbreitet durch sein Brüllen Angst und Schrecken (1. Petr. 5, 8); **der Bär** geht aggressiv und raubgierig auf Beutesuche.

In Dan. 7 wird uns die Abfolge der Weltreiche in den »Zeiten der Nationen« bis zur Wiederkunft Christi gezeigt: im Bilde **des Löwen** das babylonische Weltreich; im Bilde **des Bären** das medopersische Weltreich; im Panther das griechische Weltreich und im Bilde der BESTIE, die alle tierischen Wesenszüge vereint, das römische Weltreich, das im Weltreich des Antichristen, des »Tieres«, in der Endzeit wiedererstehen wird. So strebten und streben die Tyrannen nach Weltherrschaft, Weltkultur, Weltwirtschaft, Welteinheit und Weltreligion im Geiste der Dämonen. Immer wieder mußte **das arme Volk** – Israel – dem Tierwesen der Weltreiche begegnen: Ägypten – Assyrien – Babylonien – Medopersien– Griechenland – römisches Weltreich – und schließlich auch die Herrschaft DES TIERES sind die Stationen **der Erpressung und Unterdrückung** Israels, aber auch der Völker, durch die politische Weltmacht. Es gehört jedoch zur Dummheit des Herrschers, **der arm ist an Verstand und reich an Erpressungen,** daß er durch seine Gottlosigkeit weder seine Herrschaft noch **seine Tage verlängert** (vgl. Jer. 22, 13–19)!

Der »alttestamentliche Antichrist« Antiochus Epiphanes (= der erschienene Feind) wurde wegen seiner maßlosen Untaten von den gesetzestreuen Israeliten »Epimanes«, der »Verrückte«, genannt. Dies erinnert an Dan. 4, 27 + 33–37, wo Daniel dem König Nebukadnezar sagte: »Darum, o König, laß dir meinen Rat gefallen und brich mit deinen Sünden durch Gerechtigkeit und mit deinen Missetaten durch Barmherzigkeiten gegen Elende, wenn deine Wohlfahrt Dauer haben soll!« Doch der König **verlor den Verstand** und verfiel in Wahnsinn, bis Gott Ihn endlich wiederherstellte, und er den verherrlichte, »dessen Werke allesamt Wahrheit, und dessen Wege Recht sind, und der zu erniedrigen vermag, die in Hochmut wandeln!«

Wir aber gehen durch die Wirren dieser Zeit dem großen Tage entgegen, von dem F. A. Krummacher sang:

> »Eine Herde und ein Hirt! Wie wird dann dir sein, o Erde,
> wenn Sein Tag erscheinen wird? Freue dich, du kleine Herde!
> Mach dich auf und werde licht! Jesus hält, was Er verspricht!
>
> O des Tag's der Herrlichkeit: Jesus Christus, Du die Sonne,
> und auf Erden weit und breit Licht und Wahrheit, Fried und Wonne!
> Mach dich auf, es werde Licht! Jesus hält, was Er verspricht!«

+ + +

323/324   ARM UND REICH   (28, 6 + 8 +11+18 + 20 + 22–23 + 27)

Ein Lieblingsthema der SPRÜCHE ist Armut und Reichtum, sind die Armen und die Reichen. Liegt dies an dem Neid der »ewig Armen« gegenüber den Vermögenden? Keineswegs. Der Hauptverfasser der SPRÜCHE, Salomo, weiß in Pred. 2, 4–9 zu berichten, wie er Reichtümer aller Art – auch an Kultur und Wissen – aufhäufte, so daß er »groß und immer größer wurde«. Doch was war das Resultat solcher Schatzsuche ? »– und siehe, das alles war Eitelkeit und Haschen nach Wind; und es gibt keinen Gewinn unter der Sonne« (2, 11)! So ist es ein Reicher, der in den vorliegenden Sprüchen sein Urteil abgibt! Vers 6 bezeugt:

Besser ein Armer, der in seiner Vollkommenheit wandelt, als ein Heuchler (Verkehrter), **der auf zwei Wegen geht und dabei reich ist!**

Hier wird (wie in 19, 1) vorausgesetzt, daß **der Arme** nach dem Gesetz Gottes **in Lauterkeit, Unschuld und Vollkommenheit** sein Leben führt; **der Reiche** hingegen gibt in frommer Heuchelei vor, gottwohlgefällig zu wandeln, während er in Wirklichkeit zur Mehrung seines Reichtums böse Wege geht; er will seine wirkliche Handlungsweise verbergen.

So gilt das Eliasurteil gegen das götzendienerische Volk Israel auch ihm: »Wie lange hinket ihr auf beiden Seiten? Wenn JAHWEH Gott ist, so wandelt Ihm nach; wenn aber der Baal, so wandelt ihm nach!« (1. Kön. 18, 21). Der apokryphe Jesus-Sirach sagt über einen solchen Weg in 2, 12: »Wehe den furchtsamen Herzen und den erschlafften Händen und dem Sünder, der auf zwei Pfaden einherschreitet!« Wenn der Reiche **ein Verkehrter des Doppelweges** genannt wird (BA/PAR), so entspringt diese Lebenshaltung letztlich der von Jakobus gerügten »Doppelherzigkeit« des »wankelmütigen Mannes« (1, 8). Spr. 28, 18 faßt diesen Gedanken zusammen:

Wer vollkommen wandelt, wird gerettet werden; wer aber heuchlerisch auf zwei Wegen geht, wird mit einem Male fallen!

Gottes Urteil wird am Ende der Tage unsere Gedanken und Gesinnungen, aber auch unsere **Wege** offenbaren und richten!

Spr. 28, 8 nennt uns als Quelle zur Mehrung des Reichtums den Geldzins und den Wucher (das ist der Sachzins für geliehene Materialien):

Wer sein Vermögen durch Zins und Wucher mehrt, häuft es auf für einen, der sich der Armen erbarmt!

So stellte Gott dem »reichen Kornbauern« vor seinem plötzlichen Tode die Frage: »Wem wird es nun gehören, was du bereitet hast?« (Luk. 12, 20/s. auch Hiob 27, 16–23). War doch der Kornbauer einer, »der es eilig hatte mit dem Reichwerden«, wie es Spr. 28, 20 brandmarkt:

Ein treuer Mann hat viele Segnungen; wer aber hastig ist, reich zu werden, wird nicht schuldlos sein!

Darin bestand ja die »Narrheit« des reichen Kornbauern, daß er meinte, »seine Seele« in dieser gefährdeten Welt durch die »Unsicherheit des Reichtums« sichern zu können. Wem wird nun sein Reichtum zufallen? Im Idealfall dem, der besser damit umzugehen weiß, und der »reich ist an guten Werken«, indem er sich **des Armen erbarmt,** wie es Spr. 28, 8 annimmt (s. auch in 1. Tim. 6, 17–19 die göttliche Rezeptur für die Reichen). Lesen wir ergänzend noch Spr. 13, 22: »Der Gute vererbt auf Kindeskinder, aber des Sünders Reichtum ist aufbewahrt für den Gerechten!« Und Spr. 28, 27 stellt in Aussicht: »Wer dem Armen gibt, wird keinen Mangel haben; wer aber seine Augen (vor dem Elend) verhüllt, wird mit Flüchen überhäuft werden!«

Wenn Spr. 28, 8 als Weg zum schnellen Reichtum **Zins und Wucher** erwähnt, so sei anzumerken, daß es dem Israeliten nach 3. Mos. 25, 35–37 verboten war, Zins von seinem Nächsten und Bruder zu nehmen.

+

Oftmals liegt dem Sinnen und Trachten dessen, **der hastig reich werden will,** eine innere Selbstverblendung zugrunde, da ja die Weisheit eine vom irdischen Besitz unabhängige Gabe ist. So sagt Spr. 28, 11:

Ein reicher Mann ist weise in seinen eigenen Augen, aber ein verständiger Armer durchschaut ihn.

Mit dem reichen Kornbauern verglich Jesus jeden, »der für sich Schätze sammelt und dabei nicht reich ist in Gott« (Luk. 12, 21); deshalb belegt auch Jes. 5, 21 die vorgetäuschte und eingebildete Weisheit mit dem Fluchwort: »Wehe denen, die in ihren eigenen Augen weise und bei sich selbst verständig sind!« Andererseits können »die weltlich Armen reich sein im Glauben und auserwählt zu Erben des Gottesreiches« (Jak. 2, 5). **Der verständige Arme** schaut sich den Reichen mit den Augen der Weisheit genau an, statt ihn zu beneiden; **er durchschaut ihn** und erkennt hinter seinen prächtigen Lebenskulissen eine tiefe seelische und geistige Armut, eine innere Hohlheit, und oft auch familiäre Zerrüttung!

Auch Vers 22 hat »das schnelle Geld« zum Thema:

Ein scheelsehender Mann jagt nach dem Reichtum, und er erkennt nicht, daß Mangel über ihn kommen wird!

Der Scheelsehende mit dem bösen Auge ist der Mißgünstige, Neidische und darum auch Habsüchtige, der aus solch unlauteren Motiven zum Wettkampf mit dem Reicheren antritt, weil er meint, er könne das gleiche »Niveau« auch ohne einen langen Weg der Anstrengung erreichen. Darum **überstürzt er sich** (DEL) in seiner Jagd nach dem Reichtum und **ist rastlos** darin (BA), ja, **schnappt nach Habe** (BUB), wie ein raubgieriges Tier. Doch führt die Unzufriedenheit mit dem von Gott beschiedenen Gut und Wirkungskreis nicht vorwärts, sondern rückwärts aus dem Segensbereich Gottes hinaus. Judas 16 sagt in diesem Zusammenhang: »Diese sind Murrende, mit ihrem Lose Unzufriedene, die nach ihren Begierden wandeln; und ihr Mund redet stolze Worte, weil sie vorteilshalber Personen bewundern!« Solche Schmeichelei, die geschieht, um Anteil am Vermögen des Reichen zu gewinnen, lehnt Gottes Wort ab; es gibt vielmehr in Spr. 28, 23 einen seelsorgerlichen Rat, der dem Abweg von Gott zu begegnen vermag:

Wer einen Menschen zurechtweist, der rückwärts geht, findet mehr Dank als einer, der ihm mit der Zunge schmeichelt!

Wem jagen wir nach? »Jaget nach der Heiligung, ohne welche niemand den Herrn sehen wird!« (Hebr. 12, 14).

+ + +

325/326   DIE GOTTES GESETZ VERLASSEN   (28, 4–5 + 7 + 9)

Wer im Alten Bund Gottes Gesetz verließ, wandte sich damit ab vom göttlichen Offenbarungswort für die damalige heilsgeschichtliche Zeit. Gesetz (thora) ist »Weisung« (BUB) oder »Zielgebung« (BA) Gottes für den Gerechten; es ist »ein Erzieher auf Christus hin«, weil es von Sünde, Gerechtigkeit und Gericht überführt (Gal. 3, 24/s. auch Joh. 16, 8). Spr. 28, 4 bezeugt:

Die das Gesetz verlassen, rühmen den Gesetzlosen; die aber das Gesetz beobachten, entrüsten sich über sie (die Gesetzlosen).

Ps. 73, 1–17 zeigt uns ausführlich, daß die Anfechtung durch das Wohlergehen der Gottlosen einen Gottesfürchtigen zum »Abweichen der Füße und zum Ausgleiten« führen kann (V. 3), so daß er dann den hochmütigen Weg der Gesetzlosen zu **preisen** beginnt; nicht das »mühevolle Nachdenken« über unverständliche Wege befreit ihn von solchem **Verlassen der göttlichen Weisung,** sondern die neue Gottesoffenbarung im Allerheiligsten Gottes (V. 16–17). Sollten aber **die Beobachter** (Wächter, Hüter) **des Gesetzes** sich nicht **über die Gottlosen entrüsten,** ihren verderblichen Weg anprangern, ja, »mit vollkommenem Hasse die Feinde Gottes hassen« (Ps. 139, 21–22)? So bekennt der Gesetzestreue in Ps. 119, 113: »Die Doppelherzigen hasse ich, ich aber liebe Dein Gesetz!«

Mit welchem Eifer der Schriftgelehrte Esra und der Gouverneur Nehemia die Rückkehrer des Volkes Israel neu auf Gottes **Weisung** verpflichteten, mögen uns die gleichnamigen Bücher nachweisen; etwa Neh. 13, 10–13 in der Frage der Wiederherstellung des Priesterdienstes! Aus dieser Gesetzeserneuerung entstand das Pharisäertum; es war jedoch ein verhängnisvoller Abweg, daß die Pharisäer der Zeit Jesu sich nicht nur gegen Sünde und Gesetzlosigkeit entrüsteten, sondern die Gott suchenden Sünder, Zöllner und Ehebrecher, wie auch alles »Volk des Landes« verachteten und ihnen die Rückkehr zu Gott und Seiner Weisung verbauten; daraus erwuchs ihr Konflikt mit Jesus. Unser Herr aber beschränkte sich nicht darauf, sich **über den Gottlosen** und die Sünder **zu entrüsten,** sondern Er liebte uns, als wir noch Feinde und Sünder waren und bahnte uns durch Seinen Opfertod den Weg zurück zu Gott.

Spr. 28, 5 scheint uns das Verhältnis zwischen dem Gottlosen und dem Gerechten allzusehr zu vereinfachen, wenn es ausführt:

Böse Menschen verstehen das Recht nicht, die aber JAHWEH suchen, verstehen alles!

Und doch ist Gottes Weisung und Wort wie ein Kompaß, der uns in einer nebelhaft verschleierten Todeswelt zur Orientierung verhilft, zum Erkennen des Weges und damit auch des Ziels. **Die Menschen der Bosheit** (PAR) stehen in einer zunehmenden Verwirrung aller sittlichen Grundbegriffe, die schließlich zur »Verhärtung des Gewissens« führt. Der Gerechte jedoch weiß selbst in schwierigen Lebenslagen, was in Gottes Augen **recht ist,** was Seiner **Gerechtigkeit** und **zurechtbringenden** Pädagogik entspricht; so kann er dem Anschlag gottfeindlicher Menschen, aber auch widergöttlicher Geistermächte entfliehen. »Weiser als meine Feinde machen mich Deine Gebote, denn ewiglich sind sie mein. Verständiger bin ich als alle meine Lehrer, denn Deine Zeugnisse sind mein Sinnen. Mehr Einsicht habe ich als die Alten, denn Deine Vorschriften habe ich bewahrt«, so darf sich der Psalmist in Ps. 119, 98–100 rühmen. Wieviel mehr kann dies die Gemeinde Christi, die durch den innewohnenden Heiligen Geist »**alles weiß,** weil sie die Salbung von dem Heiligen besitzt« (1. Joh. 2, 20). Ist dieses Rühmen, alles zu wissen, nicht Selbstüberhebung? Wäre es nicht »demütiger«, mit dem griechischen Philosophen zu bekennen: »Ich weiß, daß ich nichts weiß!«? Man muß den Zusammenhang von 1. Joh. 2, 18–23 beachten: Die Christusgemeinde ist durch den Heiligen Geist so umfassend unterrichtet, daß sie alle Kenntnisse und Unterscheidungskriterien besitzt, um antichristlichen Geist und dämonische Lehre erkennen und abwehren zu können! Sie »weiß die Wahrheit«; freilich brauchen wir alle darüber hinaus immer neu die Belehrung durch Gottes Wort und geistgesalbte Lehrer, um in den Vollumfang des göttlichen Reichtums eingeführt zu werden!

+

Vom Bewahren des Wortes Gottes spricht Spr. 28, 7:

Ein verständiger Sohn bewahrt das Gesetz; wer sich aber zu Schlemmern gesellt, macht seinem Vater Schande!

Der einsichtvolle Sohn (PAR), der **die göttliche Weisung bewahrt,** wurde uns schon in Spr. 2, 1–7 beschrieben, auch die Vorentscheidungen seines Herzens, die ihn dahin führten, »die Furcht JAHWEHs zu verstehen und die Erkenntnis Gottes zu finden«; auch im Alten Bunde wuchs solche köstliche Frucht, wie das **Bewahren des Gesetzes,** aus einem inneren Werden heraus. Auch heute noch erwächst »die friedsame Frucht der Gerechtigkeit denen, die durch Gottes Erziehung geübt sind« (Hebr. 12, 11). Doch zeigt unser Vers auch den möglichen Irrweg und Abweg auf; es ist **der Umgang mit den Schlemmern, Prassern** oder **Getriebenen** (BA) – getrieben von den Begierden der Seele und des Leibes. Immer steht auch **der verständige Sohn,** stehen auch wir als »Söhne Gottes« in der Gefahr, uns ihnen **beizugesellen** und unser Vermögen, unsere Gesundheit, mehr noch, unseren geistlichen Besitz und alle Gottesgaben zu vergeuden (vgl. Spr. 23, 19–21 mit 2. Kor. 6, 13–16). Wie aber »der Sohn des Gesetzes« (bar mizwa) seinem irdischen Vater oder Lehrer durch solchen Abweg **Schande bereiten wird,** so verunehren Kinder Gottes durch einen gemeinsamen Weg mit Ungläubigen, mit Gesetzlosigkeit und Finsternis den »Vater aller Vaterschaften«. Vor diesem Abweg will Er uns durch Seine Zucht und Erziehung bewahren (Hebr. 12, 4–11).

Auch Spr. 28, 9 gehört noch zu vorliegendem Themenkreis:

Wer sein Ohr abwendet vom Hören des Gesetzes: selbst sein Gebet ist (Gott) **ein Greuel!**

Nicht nur das offensichtlich Böse, wie der Götzendienst, ist Gott **ein Greuel,** sondern auch das Gute, wie Opfer und **Gebet,** wenn sie nicht mit dem Glauben und der Wahrheit verbunden sind. »Wo nicht Wahrheit wohnt im Herzensgrund, ist das tiefste Wesen nicht gesund« (Karl Geyer). Nicht die Art der Opfergaben, sondern die unterschiedliche Gesinnung unterschied das Opfer KAINS vom Opfer ABELS, wie es uns Hebr. 11, 4 sagt: »Durch Glauben brachte Abel Gott ein vorzüglicheres Opfer dar als Kain!« Denn »das Opfer der Gesetzlosen ist JAHWEH ein Greuel, aber das Gebet des Aufrichtigen Sein Wohlgefallen«, sagte uns schon Spr. 15, 8. So können Gebete verhindert werden, wenn Männer ihrer Frau nicht die Ehre als einer »Miterbin des ewigen Lebens« erweisen; ja, das Gebet kann »zur Sünde werden« (1. Petr. 3, 7/Ps. 109, 7).

Samuel lehrte den König Saul, belehrt aber auch uns, daß »Gehorsam besser als Opfer« sei, die in Heuchelei oder Ungehorsam dargebracht werden. Ist doch Gehorsam ein **Hören** (und sich dem Gehörten Unterstellen), Ungehorsam hingegen ist **Weghören, Überhören,** ein **Abwenden der Ohren vom Hören der Weisungen Gottes,** des göttlichen Wortes. »Denn der Glaube kommt aus dem Gehörten«, die Predigt aber, wo sie recht geschieht, »aus Gottes Wort« (Röm. 10, 17)! Auch uns gilt die Mahnung des Apostels Paulus: »Du aber bleibe in dem, was du gelernt hast, und wovon du völlig überzeugt bist, weil du weißt, von wem du gelernt hast, und weil du von Kind auf die heiligen Schriften kennst, die dich weise machen können zur Errettung durch den Glauben, der in Christo Jesu ist!« (2. Tim. 3, 14–15).

+ + +

Wer seine Übertretungen verbirgt, wird kein Gelingen haben: wer sie aber bekennt und läßt, wird Barmherzigkeit erlangen (28, 13).

Kennen wir das nicht alle – ein Verleugnen, Entschuldigen, Beschönigen und Rechtfertigen eigener Sünde und Schuld? Wie viele Verbrechen werden durch »seelische Wunden in der Kindheit« vor Gericht entschuldigt; wie viel Geld wird in aller Welt für Psychotherapeuten ausgegeben, um solches Freigesprochenwerden durch Menschen zu erkaufen! Doch die »Couch« des Psychiaters entlastet nicht vor dem lebendigen Gott! Welcher geheime und belastende Bann durch ein **Leugnen** (DEL), **Verhüllen** (BUB), **Verbergen** und **Zudecken** (PAR) **der Sünde** in unser Leben kommen kann, erfuhr auch der königliche Sünder David; Gottes Hand lastete schwer auf ihm, seine Lebenskraft vertrocknete wie Pflanzen in der Sommerdürre, seine Gebeine zerfielen (Ps. 32, 3–4). Solches »Versteckspiel« vor Gott ererbten wir von unseren Ureltern, so daß wir wie Adam, in der Furcht vor der Öffentlichkeit, unsere Übertretungen zudecken, unsere Missetat in unserer Brust verbergen (Hiob 31, 33–34). Doch Gott wird das Verborgene ins Gericht bringen, Er »sucht das Verdrängte wieder hervor« (Pred. 3, 15/12, 14). Darum ist es ein erbärmlicher Versuch, vor Gott zu fliehen, statt die einzige Möglichkeit zur Befreiung zu finden in der Zuflucht zu Ihm, der uns Gnade erweist! Dies erfuhr David heilbringend nach seinem Schuldbekenntnis: »Ich tat Dir kund meine Sünde und habe meine Ungerechtigkeit nicht zugedeckt. Ich sagte: Ich will JAHWEH meine Übertretungen bekennen; und DU, DU hast vergeben die Ungerechtigkeit meiner Sünde. Selah!« ((Ps. 32, 5). Ehebruch und Mord wurden ihm vergeben.

In welch unsägliche Gewissensnot und Drangsal, in welche peinigende Angst und Unruhe gerät unser Leben, wenn wir unsere Sünde nicht bekennen – vor Gott, und wenn es not tut, auch vor Menschen. Denn erst »wenn wir unsere Sünden bekennen, ist ER treu und gerecht, daß Er uns die Sünden vergibt und uns reinigt von jeglicher Ungerechtigkeit« (1. Joh. 1, 9). Dann wendet sich uns des Vaters ganze Güte zu, und wir **erlangen Seine Barmherzigkeit.**

Solches Erleben müßte uns nun zu entspannter Glückseligkeit im Glauben führen; doch wie ist es zu verstehen, wenn Spr. 28, 14 diese Glückseligkeit mit beständiger Furcht verbindet?

Glückselig der Mensch, der sich beständig fürchtet; wer aber sein Herz verhärtet, wird ins Unglück fallen!

Haben wir nicht genug Ängste auszustehen in dieser gepeinigten, neurotischen, angstvollen Zeit und Welt? Soll uns von solcher peinigenden Angst nicht »die zum Ziel gekommene Liebe Gottes« befreien (1. Joh. 4, 17–18)? Denn »Furcht« (im Sinne der quälenden Angst) »ist nicht in der Liebe, sondern die zum Ziel gekommene Liebe treibt die Furcht aus«, die Peinigung bewirkt!

Nun, **die Furcht und Scheu des glückseligen Menschen Gottes** ist die ängstliche Sorge, Gott Schande zu bereiten, die Sorge, Schaden an Geist und Seele zu nehmen, die Ehrfurcht vor dem heiligen Gott, den wir fürchten, weil wir Ihn lieben! Gottesfurcht ist Sündenfurcht und nicht Menschenfurcht! Wenn man Gott und Sein Wort ganz ernst nimmt, dann möchte man »mit Furcht und Zittern die Errettung auswirken«, gerade weil

Er selbst »in uns beides bewirkt, sowohl das Wollen als auch das Vollbringen« (Phil. 2, 12–13). Auf diesem Wege wird man befreit vom »bösen Gewissen« (Hebr. 10, 22); man erhält durch Gottes Gnade »ein gutes Gewissen« (Hebr. 13, 18) und kann Ihm dienen »mit reinem Gewissen« (2. Tim. 1, 3). Doch gibt es auch die schreckliche Möglichkeit, im Gewissen wie mit einem Brenneisen **verhärtet** zu sein (1. Tim. 4, 2); oder, wie es unser Spruch sagt: **Wer sein Herz verhärtet, wird ins Unglück fallen!**

+

Auch Spr. 29, 1 warnt vor Herzenshärtigkeit und Halsstarrigkeit:

Ein Mann, der, oft zurechtgewiesen, den Nacken verhärtet, wird plötzlich zerschmettert werden ohne Heilung!

Dies verdeutlicht uns die Bibel am Pharao des Auszuges Israels aus Ägypten, der zunächst selbst sein Herz verstockte, ehe dann schließlich auch Gott ihn verstockte und **verhärtete** und ihn ins Gericht dahingab (2. Mos. 8, 15/19/32/9, 12).
»Nach deiner Störrigkeit und deinem unbußfertigen Herzen häufst du dir selbst Zorn auf am Tage des Zorns und der Offenbarung des gerechten Gerichtes Gottes …«, sagt Paulus in Röm. 2, 5. Wer sich in dieser Weise **verhärtet** – gegen Gottes Wort, gegen Seine Stimme im Gewissen und gegen den Zuspruch von Lehrern und Hirten der Gemeinde – rennt schließlich ins Verderben, wie es uns auch Spr. 17, 20 vor Augen führt: »Wer schlangenkrummen Herzens ist, wird das Gute nicht finden; und wer sich mit seiner Zunge windet, wird ins Unglück fallen!« Wir aber wollen mit Ps. 119, 161–162 bekennen: »… vor Deinem Wort hat mein Herz sich gefürchtet. Ich freue mich über Dein Wort wie einer, der große Beute findet!«
Dem **verhärteten,** unbußfertigen **Herzen** bleibt nur noch die Flucht, wie es uns auch Spr. 28, 17 bezeugt:

Ein Mensch, belastet mit dem Blute einer Seele, flieht bis zur Grube: man unterstütze ihn nicht!

Die Flucht von Ort zu Ort – **belastet** (E), **geängstigt** (DEL), **erpreßt** (BA) **durch Blutschuld** – war in Israel die Flucht vor dem »Bluträcher«. Niemand war berechtigt, den Mörder **zu unterstützen** und ihn vor dem Bluträcher in Schutz zu nehmen! Doch wurde die geplante Mordtat ausdrücklich unterschieden von einem unglückseligen, ungewollten Totschlag, etwa durch einen Unfall beim Bäumefällen. Für den »Totschläger« wider Willen gab es die Bergung in einer »Zufluchtsstadt«, wo er sicher vor jeder Verfolgung war; ja, nach dem Tode des amtierenden Hohenpriesters durfte er in sein früheres Eigentum zurückkehren.
In Israel gab es sechs solcher levitischer Zufluchtsstädte. – Auch das NT kennt den Unterschied zwischen Schwachheitssünde (1. Joh. 1, 6) und willentlicher, geplanter, vorsätzlicher Sünde. Wer »den Sohn Gottes mit Füßen tritt«, »das Blut des Bundes für gemein achtet« und »den Geist der Gnade lästert«, für den gibt es nur noch ein gewisses, furchtvolles Erwarten des Gerichts (Hebr. 10, 26–30). So ist die vom Apostel Johannes erwähnte »Sünde zum Tode«, für deren Täter man nicht einmal im Gebet eintreten solle, keine »besonders schwere Sünde, die sich von einer leichteren abhebt«, sondern willentlicher Abfall, der »zum Tode« führt, wie bei dem »Blutschänder von Korinth«; die-

ser wurde dem Satan übergeben zum Verderben des Fleisches, damit am Tage des Herrn Jesus sein Geist gerettet würde (1. Kor. 5, 3–5). Satan aber ist »der Bluträcher« im Gerichtsvollzug Gottes (s. 1. Joh. 5, 16–17). **Der mit Blutschuld Beladene, Geängstigte, Belastete flieht bis zur Grube des Todes; er soll keine Unterstützung erfahren,** die dem Mitleid entspringt. Warum? Gnade kann nicht eher erfolgen, als der göttlichen Gerechtigkeit Geltung verschafft worden ist.

Oftmals sind auch wir – wenn auch ohne wissentliche und vorsätzliche Sünde – mit vielerlei Sünden, die aus der Schwachheit unseres Fleisches geboren sind, auf der Flucht vor Gott. Möchte diese – wie beim verlorenen Sohn – durch eine echte Umkehr zur Zuflucht bei Gott werden, so daß wir in Christus, unserer »Zufluchtsstadt«, geborgen sind!

+ + +

329 VERTRAUEN ODER HABGIER (28, 24–26)

Wer seinen Vater und seine Mutter beraubt und spricht: Kein Frevel ist es!, der ist ein Genosse des Verderbers. – Der Habgierige erregt Zank; wer aber auf JAHWEH vertraut, wird reichlich gesättigt! – Wer auf sein Herz vertraut, der ist ein Narr; wer aber in Weisheit wandelt, der wird entrinnen.

Die Verse 24 und 25 sprechen von **der Habgier** dessen, der **giergeweiteter Seele ist** (BUB: statt »Habgieriger«); durch Beraubung der Eltern möchte er sein Erbe vorwegnehmen, weil er deren Lebensende nicht erwarten kann. Wie wird auch heutigentags bei Besuchen von Eltern und Verwandten in Altersheimen gesündigt, die oftmals nur dazu dienen, Rente und Vermögen abzukassieren! Noch schlimmer war es, wenn die frommen Pharisäer das Gebot der Elternliebe durch ihre »Vätersatzung« zu unterlaufen suchten, indem sie ihnen Geld, das ihnen für ihr Alter zukommen sollte, als »Korban« (Tempelspende) entzogen (Mark. 7, 9–13). Jesus hielt ihnen entgegen: »Trefflich hebt ihr das Gebot Gottes auf, damit ihr eure Überlieferungen haltet!« und: »Ich will Barmherzigkeit und nicht Schlachtopfer« (Mtth. 9, 13)!

Habgieriges Handeln macht Menschen zu **Genossen des Verderbers;** damit kann **der Mann des Verderbens** (BUB/BA), also der Kriminelle, gemeint sein; im tiefsten Sinne aber ist Satan **der Verderber** (1. Kor. 10, 10), so wie einmal der Antichrist »der Sohn des Verderbens« sein wird (2. Thess. 2, 3). Spr. 19, 26 warnt uns: »Wer den Vater zugrunderichtet, die Mutter verjagt, ist ein Sohn, der Schande und Schmach bringt!« Auch hierin sollen wir als Gerechte keinen Anteil an der Gesetzlosigkeit, als Lichteskinder keine Teilhabe an der Finsternis und als Christusglieder keine Gemeinschaft mit dem Satan haben (2. Kor. 6, 14–16)!

Vers 25 sieht im Gegensatz zu dem, **der dem HERRN vertraut und sich an IHM sichert, den Habgierigen,** der niemals befriedigt ist und darum ins Unermeßliche strebt. Habgier ist jedoch nicht nur die Gier nach Geld! So unterliegt der Hochmütige einem überspannten Selbstbewußtsein; sein Herz ist aufgebläht von der »Prahlerei des Lebens« (1. Joh. 2, 16); auch vertrauensloses Sorgen kann aus einer seelischen Habgier erwachsen, wenn man sich nicht »unter die gewaltige Hand Gottes demütigen« will, sondern vielmehr versucht, eigenmächtig das Leben zu planen (1. Petr. 5, 5–7); der

Schlemmer hat einen weit aufgesperrten und unersättlichen Rachen, einen »Gier-schlund«; er wird darin zum Bild für den **Habgierigen** und Ehrgeizigen, der in über-spannter Begierde und mit **giergeweiteter Seele** (BUB) nach Anerkennung, Macht und Reichtum strebt. Er ist und bleibt innerlich und äußerlich »unzufrieden«; weil er selbst keinen Frieden hat, stiftet er durch sein Handeln Unruhe, Unfrieden und **Zank** in seiner Umgebung (vgl. Spr. 29, 22). **Glaube und Vertrauen auf den HERRN** und Dankbar-keit für das, was Er uns beschieden hat, sind unvereinbar mit dem Hochmut des auf-geblähten Herzens und mit der Habgier der unersättlichen Begierde! Wer aber auf JAHWEH vertraut, wird »seine Seele zur Beute haben« (Jer. 39, 18); er wird »in Sicher-heit gesetzt« (Spr. 29, 25) und **reichlich gesättigt** – durch Gotteswort und Geistestrank und Fülle von Frieden, auch **in seiner Seele** (Spr. 10, 3/13, 25/11, 25). Je mehr er sol-chen Zufluß aus der Quelle des Lebens erfährt, um so weniger sind ihm Selbstbeschei-dung und Demut ein Opfer.

Wie aber ist es mit dem **Vertrauen auf das eigene Herz** (V. 26)? Wir sind **Narren** und schlecht beraten, wenn wir ein Haus auf Fließsand errichten, ebenso schlecht auch, wenn wir unseren Glauben gründen wollen auf dem Fundament wechselnder Emotio-nen, Trugbilder, Einfälle und Launen unserer Seele, unseres **Herzens!** Ist doch »das Dich-ten und Trachten des Herzens böse von Jugend auf«, samt allen seinen »Gebilden und Gedanken« (1. Mos. 6, 5/8, 21). Das göttliche Gerichtswort über Babel in Jes. 47, 10 könnte auch unserem Herzen gelten: »Und du vertrautest auf deine Bosheit, du sprachst; niemand sieht mich. Deine Weisheit und dein Wissen, das hat dich irregeführt; und du sprachst in deinem Herzen: Ich bin's und gar keine sonst!«

Unser Herz mit seinem ganzen Spektrum sich widerstreitender Gefühle kann auch keine Grundlage für unsere Frömmigkeit sein; der fromme Subjektivismus, der sich auf Gefühle und nicht auf **die Weisheit Gottes** und das Felsenfundament Seines Heilshan-delns gründet, wird das Geschick der Seefahrer aus Ps. 107, 24–29 erleiden: bald »fah-ren sie hinauf zum Himmel«, bald »sinken sie hinab in unergründliche Tiefen« und dann »zerschmilzt in der Not ihre Seele«!

Wer auf sein Herz vertraut, der ist ein Narr; wer aber in Weisheit wandelt, der wird entrinnen! Wandeln in Weisheit heißt, sein Leben zu führen im festen Blick auf Gottes Handeln in Christo, auch und gerade in größten Stürmen, Nöten und Anfech-tungen des Lebens! Solches **Vertrauen** ist die einzige Sicherheit und Autorität. Wir ha-ben uns zu entscheiden, ob wir uns an IHM, dem Felsen der Ewigkeiten, sichern, oder in Selbstbewußtsein, Sucht nach Selbstverwirklichung und Habgier unseren stolzen Weg gehen – ins Verderben. »Wer in Lauterkeit wandelt, ist sicher« (Spr. 10, 9).

330/331   GEHT ES AUFWÄRTS?   (29, 2–4 + 8–9)

Im Gesichtsfeld der vorliegenden Sprüche steht das Allgemeinwohl des **Volkes** (V. 2), **des Landes** (V. 4) und **der Stadt** (V. 8). Geht es nun beständig »aufwärts« mit Kultur, Wissenschaft, Technik und Politik, wie es uns manche Futurologen im Blick auf das näch-ste Jahrtausend verkünden? Wenn wir Gottes Wort – nicht nur der Endzeitreden Jesu und Seiner Apostel, sondern auch der SPRÜCHE – ernst nehmen, dann geht es »abwärts«, und zwar mit »zunehmender Fallgeschwindigkeit«, wie es die Physik lehrt. Es wird sich mit Sicherheit erfüllen, was Spr. 14, 34 feststellt: »Gerechtigkeit erhöht eine Nation, aber die Sünde ist der Völker Schande (oder: Verderben)!«Lesen wir nun Spr. 29, 2:

Wenn die Gerechten sich mehren, freut sich das Volk, wenn aber ein Gesetzloser (Gottloser, Frevler) **herrscht, seufzt ein Volk!**

Was hier im Blick auf das Volk gesagt wird, gilt nach Spr. 11, 10 auch für die Stadt: »Die Stadt frohlockt beim Wohle der Gerechten, und beim Untergang der Gesetzlosen ist Jubel!« Dies mag nun in gottwohlgefälligen Zeiten Israels gegolten haben, aber von unserem Volk können wir dies nicht behaupten! Die »christlichen Völker« Europas, unser deutsches Volk eingeschlossen, freuen sich keineswegs über eine »Erweckung«, die eine Zunahme der Glaubenden brächte. Im Gegenteil! Von der völligen Gleichgültigkeit bis zur offenen Verhöhnung geht heute die Reaktion unserer Mitbürger, christliche »Fundamentalisten« (die sich der absoluten Wahrheit der Bibel verpflichtet fühlen), werden als eine Gefahr für das Volk hingestellt, und Evangelisationen laufen – trotz größter Bemühungen – weithin ins Leere. **Der gottlose Herrscher** wird toleriert, auch wenn er die Gebote Gottes offen übertritt, mit betrügerischen Mitteln arbeitet und sich offen zum Atheismus bekennt! Dennoch wird **das Volk** über kurz oder lang unter den Auswirkungen der Gottlosigkeit und der **Herrschaft Gottloser seufzen** und zu leiden haben! Mit Spr. 29, 12 werden wir zu erwarten haben, daß der gesetzlose Herrscher um sich gleichgesinnte Politiker scharen wird, die, wie er, der Lüge verpflichtet sind und das Volk betrügen: »Ein Herrscher, der auf Lügenrede horcht, dessen Diener sind alle gesetzlos!«

In Pred. 4, 1 heißt es: »Und ich wandte mich um und sah alle Bedrückungen, welche unter der Sonne geschehen: und siehe, da waren Tränen der Bedrückten, und sie hatten keinen Tröster; und von der Hand ihrer Bedrücker ging Gewalttat aus, und sie hatten keinen Tröster!« Wieviel mehr gilt dies aber von der **Herrschaft des Gesetzlosen,** also Satans! **Seufzt** nicht die ganze Schöpfung unter dem Joch der Unfreiheit, das ihr durch die Sünde in der Geister- und Menschenwelt auferlegt wurde? Sehnt sie sich nicht »mit vorgerecktem Halse«, zu jener Freiheit erhoben zu werden, welche die Söhne Gottes im Stande der Verherrlichung besitzen werden (Röm. 8, 18–22)? Doch was wir singend bekennen, wird sich erfüllen:

> »Ja, Jesus siegt! Seufzt eine große Schar noch unter Satans Joch,
> die sehnend harrt auf das Erlösungsjahr, das zögert immer noch;
> so wird zuletzt aus allen Ketten der Herr die Kreatur erretten.
> Ja, Jesus siegt!«

Spr. 29, 3 scheint mehr einen persönlichen Abweg im Auge zu haben; doch bietet der zweite Teil der Aussage auch Anlaß zu einer gesellschaftlichen Verallgemeinerung:

Ein Mann, der Weisheit liebt, erfreut seinen Vater; wer sich aber zu Huren gesellt, richtet das Vermögen zu Grunde.

Wenn Weisheitsliebe und hurerisches Wesen wirklich in einem solchen Gegensatz stehen, wie wenig Weisheit dürfte dann heute in unserem Volke vorhanden sein! Wir wollen hier nicht auf die unaussprechlichen Einzelerscheinungen dessen eingehen, was durch die »sexuelle Revolution« vergangener Jahrzehnte ausgelöst worden ist; doch bleibt festzustellen, daß die Bewohner von Sodom und Gomorra noch eine ganze Menge »lernen« könnten von dem, was heute von großen Teilen unseres Volkes getrieben und sogar von Politik und Recht geschützt wird, denken wir nur an die schrankenlose Pressefreiheit und an die »künstlerische Freiheit« der Pornographie! Wenn nun in Spr. 6, 26 **der Vermögensverlust** durch Hurerei im persönlichen Mangel an Brot gesehen wird, so ist es doch, kollektiv gesehen, eine Verschwendung von Volksvermögen: Italienische, russische und chinesische Mafiasyndikate ziehen aus Drogensucht und Prostitution ungeheure Gewinne, die dann über die Banken »reingewaschen« werden; ebenso hoch sind aber die Mittel, die zur Bekämpfung solcher Kriminalität eingesetzt werden müssen! Wahrlich, **das Volksvermögen wird zugrunde gerichtet.** Glaubende aber wenden sich von solchen Irrwegen ab, nicht, weil sie die Strafe des Gesetzes fürchten, sondern weil sie die Weisheit, also Christus, **lieben und ihren Vater im Himmel erfreuen wollen.** Sie leben leidend »inmitten einer verdrehten und verkehrten Generation« (Phil. 2, 15), sind aber dankbar für alle Politiker, die noch die Gebote achten und am Dammbau gegen die Gesetzlosigkeit mitwirken; sie leisten Fürbitte für sie, und überhaupt »für alle, die in Hoheit sind« (1. Tim. 2, 1–2).

Spr. 29, 4 zeigt uns sowohl das Idealbild einer gottesfürchtigen Regierung, aber auch die Möglichkeit einer Abwärtsentwicklung:

Ein König gibt durch Recht dem Lande Bestand; aber ein Mann, der Geschenke (Abgaben) **liebt, bringt es herunter!**

Der gerechte König, der Pflichten, Lasten und soziale Hilfen gleichmäßig und angemessen verteilt, steht dem **Manne** der Diktatur oder »Volksherrschaft« gegenüber, **der Geschenke liebt,** der also Bestechungsgeschenke annimmt. Wie oft haben wir dies auch unter unseren Politikern erleben müssen, wobei wir allerdings jene nicht übersehen wollen, die treu und zuverlässig ihre Pflicht erfüllen und damit auch den Eid, den sie zum Wohl des Volkes geschworen haben! Noch immer steht auch die Möglichkeit offen, die Spr. 29, 14 nennt: »Ein König, der die Geringen in Wahrheit richtet, dessen Thron wird feststehen immerdar!«

Das Hebräische kann aber statt der **Geschenke** auch das Aufbürden unerträglicher **Abgaben** meinen (BA), die das Volk in seiner Wohlfahrt **herunterbringen** oder gar **zerstören** (BUB).

Der Niedergang eines VOLKES und LANDES zieht auch die STADT in die Abwärtsentwicklung hinein, wie uns Spr. 29, 8 zeigen will:

Männer des Spottes versetzen eine Stadt in Aufruhr (PAR: setzen sie in Brand), **aber Weise wenden den Zorn ab.**

Die Spötter zündeln mit ihren zynischen Reden, bis **die Stadt lichterloh brennt,** d. h., bis Aufruhr und Revolte alle natürlichen Bindungen zerreißen. Ihnen ist nichts heilig; sie setzen sich über jede Autorität hinweg, sie verspotten und lästern auch Göttliches und Heiliges. Welches Verhängnis war es, daß in unserem Volk der Gesetzesparagraph abgeschafft wurde, der Gotteslästerung unter Strafe stellte! Welche schrecklichen Spätwirkungen zeitigt die »antiautoritäre Pädagogik«, deren Quelle die atheistische Philosophie war! Auch die totale Emanzipation der Frau und die ungezügelte Selbstverwirklichung der Kinder haben dazu beigetragen, daß Familienbande gelöst und Leidenschaften und Gewalttätigkeiten entfesselt wurden. Mehr und mehr werden Gruppeninteressen gegeneinander aufgestachelt. Ist solcher **Flächenbrand** noch abzuwenden? Können **Weise ihn löschen, den Zorn umkehren und dämpfen?** Spr. 29, 9 scheint dies zu verneinen:

Wenn ein weiser Mann mit einem närrischen Mann rechtet, so braust dieser auf oder lacht, und es gibt keine Ruhe!

Und doch kann durch Gebet eine Mauer des »Aufhaltens« gegen Sünde und Ungerechtigkeit errichtet werden, wie uns die Fürbitte Abrahams für Lot zeigt (1. Mos. 18). Ist doch die Gemeinde Christi und der in ihr wohnende und wirkende Gottesgeist »das Aufhaltende«, das die Verkörperung des »Geheimnisses der Gesetzlosigkeit« in dem »Gesetzlosen und Sohn des Verderbens« noch zurückhält, solange sie in dieser Welt weilt (2. Thess. 2, 7).
Doch täuschen wir uns nicht: Es geht abwärts! Die Stellung der Gotteskinder in solchem Verfall soll uns die nächste Betrachtung zeigen.

+ + +

332 DENNOCH JUBELT DER GERECHTE! (29, 6 + 16)

In der Übertretung des bösen Mannes ist ein Fallstrick; aber der Gerechte jubelt und ist fröhlich. – Wenn die Gesetzlosen sich mehren, mehrt sich die Übertretung; aber die Gerechten werden ihrem Sturze zusehen!

Wenn wir im vorigen Leseabschnitt die Abwärtsentwicklung in Politik, Moral, Religion und Wirtschaft schauten, so wird dies hier nochmals unterstrichen: **Eine Mehrung der Gottlosen** wird sich **im Anwachsen der Ausschreitungen** (BA) im ganzen Volke zeigen. Wenn Spr. 29, 2 noch »eine Mehrung der Gerechten zur Freude des Volkes« als Möglichkeit sah, wird hier von der **Mehrung der Gesetzlosen** (Gottlosen, Frevler) gesprochen, von einer Potenzierung von Sünde und Ungerechtigkeit, was gerade in unserer letzten Zeit gilt. Doch wohnt der zunehmenden Sünde **des bösen Mannes** und aller boshaften Menschen **ein Fallstrick inne;** gleichsam automatisch führt das Verhalten der heutigen Menschheit zu ihrem **Sturz** (PAR), **zum Gefälltwerden** (BA) wie bei einem Baume. Der vom Himmel »wie ein Stein« kommende Gottessohn wird, einem Geschosse gleich, auf die »Füße« des Monarchienbildes fallen, wodurch dieses dann in sich selbst zusammenstürzt; die »Zeiten der Nationen« und ihrer Weltherrschaft werden bald beendet, um dem Reiche Christi Raum zu machen, das dann »wie ein Berg« die ganze Erde erfüllen wird (Dan. 2, 34–35).
Wie haben sich nun **die Gerechten** zu verhalten, angesichts der zunehmenden »Fallgeschwindigkeit« unserer, von Gott verkürzten Zeit des Endes? Dürfen sich die Frommen erschöpfen in permanenter Klage über den moralisch-politischen Verfall? Ganz gewiß

werden sie auch **dem Sturze der Gottlosen zuschauen,** wenn sie Augenzeugen der endzeitlichen Gottesgerichte sein werden – hier auf Erden oder schon beim Herrn in der Vollendung! Dann wird auch der Satan »unter ihren Füßen zertreten werden«, wenn er vom Lufthimmel auf die Erde gestürzt wird (Röm. 16, 20/Offb. 12).

Aber es wird noch Größeres von ihnen ausgesagt: **Der Gerechte jubelt und freut sich!** Während **der Jubel** ein plötzlicher Freudenausbruch ist, der durch ein bestimmtes Ereignis hervorgerufen wird, ist **die Freude** eine ruhige, andauernde Grundstimmung des Geistes, der sich »freuen will« – auch in der Drangsal (Phil. 1, 18). Grund für den Jubel der Gerechten aber sind die »kairoi« Gottes, die endzeitlichen »Heilstermine« Seines Eingreifens in die Weltgeschichte, welche die baldige Wiederkunft Christi ankündigen. Jesus sagte den Seinen: »Wenn aber diese Ereignisse beginnen zu geschehen, so blicket auf und hebet eure Häupter empor, weil eure Errettung naht!« (Luk. 21, 28). Damit meinte Er vor allem das »Saftigwerden des Feigenbaumes« Juda im Lande der Väter, die Staatswerdung Israels, als das entscheidende Zeichen der Endzeit! Welcher Grund zu **plötzlichem Jubel,** aber auch zu willentlicher, lang anhaltender **Freude,** sind doch die Zeichen der Zeit, die Signale des baldigen Kommens Christi! Dem Niedergang der Weltverhältnisse steht entgegen, daß die Glaubenden »ihre Häupter emporheben«, bis sie bald auch wirklich »zur Herrlichkeit erhoben werden«! So bezeugt Spr. 10, 28: »Das Harren der Gerechten wird Freude, aber die Hoffnung der Gesetzlosen wird zunichte«; und Ps. 97, 11 verheißt: »Licht ist gesät dem Gerechten und Freude den von Herzen Aufrichtigen!«

Wir wundern uns darum nicht, wie sehr der Feind bemüht ist, der Gemeinde das prophetische Wort vorzuenthalten, um ihre Hoffnung und damit den eigentlichen Beweggrund ihrer Reinigung zunichte zu machen (vgl. 1. Joh. 3, 3). Weil aber »die Tage böse sind«, sollten wir genau darauf achten, wie wir wandeln sollen, und als Weise die Gotteszeit auskaufen (Eph. 5, 15–17)! Und Phil. 2, 14–16 ermahnt uns: »Tut alles ohne Murren und zweifelnde Überlegungen, damit ihr unverklagbar und durchsichtig seid, unbescholtene Kinder Gottes inmitten einer verdrehten und verkehrten Generation, unter welcher ihr strahlet als Himmelslichter in der Welt, indem ihr das Wort des Lebens darstellt …!« So ist es sicher kein Zufall, daß in dem erschütternden Endzeitkapitel Habakuk 3 dreimal das Wort »Selah« erscheint, daß Buber mit »Empor!« wiedergibt!

+ + +

333 DIE BLUTMENSCHEN UND DER UNSTRÄFLICHE (29, 10)

Blutmenschen hassen den Unsträflichen, aber die Aufrichtigen bekümmern sich um seine Seele (suchen seine Seele).

Immer wieder gab es solche **Blutmänner** (BUB), welche die Heiligen, Gerechten, Propheten und Apostel verfolgten und ihr Blut vergossen. Auch Paulus war vor seiner Begegnung mit Christus ein »Lästerer, Verfolger und Gewalttäter« (1. Tim. 1, 13). Bis heute ist es der gottesfürchtige Wandel der **Unsträflichen** (E), **Redlichen** (DEL) oder **Vollendeten** (BA), der den Haß der Welt auslöst: »Es befremdet sie, daß ihr nicht mitlaufet zu demselben Treiben überströmender Ausschweifung, und sie lästern euch …« (1. Petr. 4, 4). Diesen Haß der Gottesfeinde mußte auch Jeremias erleben, als sie ihn in die wasserlose Grube warfen, und er dort im Schlamm versank. Aber da war es der äthiopische Eunuch am Königshof, der sich beim König für ihn verwendete und **seine Seele** am Leben zu erhalten **suchte** (E/eig.). Dies wurde ihm von Gott mit der Rettung des eigenen Lebens gelohnt (Jer. 38, 6–13/39, 17–18). Dabei erfüllte sich Spr. 12, 6: »Die Worte der Gesetzlosen sind ein Lauern auf Blut; aber der Mund der Aufrichtigen rettet sie« – d. h. die vom Tode Bedrohten.

Wer aber ist letztlich **der Unsträfliche und Vollendete,** der in der Gottesferne eines unermeßlichen Gerichts – nicht nur am Kreuz, sondern auch in der »wasserlosen Grube« des Totenreichs – zum Brennpunkt des Hasses aller Gottesfeinde wurde? Es war der Christus Gottes, auf den die Lästerungen aller derer, die Gott schmähen, hereinstürzten (Röm. 15, 3/Ps. 69, 9). Es waren nicht nur **die Blutmenschen** auf Erden – Kaiphas und das Hohe Synedrium, samt Pilatus und den römischen Soldaten –, die Ihn ans Kreuz brachten, sondern die Fürstentümer und Gewalten der Bosheit in der unsichtbaren Welt. Der Gekreuzigte war umgeben von einer Welt der Finsternis, wie sie Sein Leidenspsalm in Tierbildern schildert: Mächtige Farren, Stiere aus Basan, brüllende Löwen und wilde Hunde umgaben Ihn; er war der Tatze des Hundes, dem Rachen des Löwen, den Hörnern der Büffel preisgegeben (Ps. 22, 12–13/16/20–21). Wie bemühten sich Seine Jünger, allen voran Petrus, **Seine Seele zu suchen, um sie am Leben zu erhalten;** selbst der schwächliche Pilatus mühte sich um die Lossprechung Jesu! Und der Verräter Judas erkannte zu spät, daß er »unschuldiges Blut verraten hatte«. Aber ihnen allen war verborgen, daß all der **Haß der Blutmenschen** und der unsichtbaren Satansmächte dazu diente, Gottes geheimen Willen zur Erlösung zu verwirklichen (Apg. 3, 14–18).

So wurde Jesus selbst zum **Blutmenschen,** zum Leidensknecht im Sinne Gottes! Dies ist vorgebildet in den Lästerungen Simeis, der David auf seiner Flucht vor Absalom, Steine und Staub emporschleudernd, mit den Worten fluchte: »Hinweg, hinweg, du **Mann des Blutes …!**« (2. Sam. 16, 5–7). Diesen »Mann des Blutes« lobpreisen wir:

> »O Haupt voll Blut und Wunden, voll Schmerz und voller Hohn,
> o Haupt, zum Spott gebunden mit einer Dornenkron,
> o Haupt, sonst schön gezieret mit höchster Ehr und Zier,
> jetzt aber hoch schimpfieret: Gegrüßet seist Du mir!«

Eine jüdische Auslegung ergänzt die Aussage: **Die Aufrichtigen suchen seine Seele** so: »… um sich mit ihm zu befreunden«, nämlich mit dem, der von den Blutmenschen gehaßt wird (nach DEL). Wie hat sich dies im Leben des verfolgten Königs David erfüllt, als sich bei ihm in der Höhle ADULLAM (= verborgener Schlupfwinkel; Gerechtigkeit des Volkes) 400 Männer sammelten, die ihm als »Helden der ersten Stunde« auch späterhin die Treue hielten – »jeder Bedrängte, jeder, der einen Gläubiger hatte, jeder, der erbitterten Gemütes war« (1. Sam. 22, 1–2). Wie ist seitdem die Schar des wahren Gotteskönigs JESUS millionenfach gewachsen, **die das Leben und die Seele Jesu suchen,** um Ihm in Treue zu dienen und zu bekennen: »Welch ein Freund ist unser Jesus!« Auch sie sind Schwermütige und Belastete, Törichte, Unedle, Schwache und Einflußlose, und auch wir dürfen zu ihnen gehören und **dem Unsträflichen und Vollendeten** dienen. Ist der Höhlenpsalm Davids (Ps. 142) nicht ein prophetischer Abriß des Christusleidens? Er schließt mit den Worten: »Die Gerechten werden mich umringen, wenn Du mir wohlgetan hast!«

Gott gebe es, daß auch wir zu jenen gehören, die bekennen:

>>Bei Dir, Jesu, will ich bleiben, stets in Deinem Dienste stehn;
nichts soll mich von Dir vertreiben, will auf Deinen Wegen gehn.
Du bist meines Lebens Leben, meiner Seele Trieb und Kraft,
wie der Weinstock seinen Reben zuströmt Kraft und Lebenssaft!<<

+ ⁺ +

334 IN DER SCHULE GOTTES (29, 15 + 17 + 19)

Rute und Zucht geben Weisheit; aber ein sich selbst überlassener Knabe macht seiner Mutter Schande. – Züchtige deinen Sohn, so wird er dir Befriedung verschaffen und Wonne gewähren deiner Seele. – Durch Worte wird ein Knecht nicht zurechtgewiesen; denn er versteht, aber er folgt nicht!

Wieder wird einer Erziehung, die ordnet, zurechtweist und führt, eine »antiautoritäre Pädagogik« entgegengestellt, die eine grenzenlose Freiheit und ein Wachsenlassen ohne Führung zum Leitziel erhebt. **Der Knabe,** das Kind, **das sich selbst überlassen wird** oder **freigelassen wird** (PAR), »verwirklicht sich selbst«. Pastor Mössinger schrieb hierzu: »Viele junge Menschen sind heute von einer erschreckenden Labilität … Selbstzucht ist nicht mehr gefragt, das Lustprinzip regiert. Aber Lust als Prinzip hat noch immer Ekel erzeugt. Die Seele, die keine Last übernimmt, wird an ihrer Lust krank« (aus: »Heil für die Seele«). Heute ernten wir die bösen Früchte der antiautoritären Pädagogik in einer unerhörten Zunahme der Verweichlichung und Drogensucht, oder aber der Kriminalität und Gewalt unter Kindern und Jugendlichen. Da hilft auch alles »Predigen« mit Worten nichts: Zwar **versteht der Knecht die Worte der Zurechtweisung, aber er folgt** ihnen **nicht.** Auch in der Gemeinde Jesu löst die Forderung nach der von Gott gebotenen »Unterordnung« vielfach nur noch Gelächter aus. So »mehrt sich« allüberall »mit der Zahl der Gesetzlosen« auch »die Übertretung« (Spr. 29, 16). Die einmal losgetretene Lawine wächst in ungeheurem Maße an und reißt alles mit sich, was sich ihr entgegenstellt. Weil aber Worte oftmals so vergeblich sind, empfehlen die SPRÜCHE **Rute und Zucht** (DEL: Stecken und Rüge). **Die Rüge** oder **der Rechterweis** (BA) sind Zurechtweisungen im Wort, aber auch mit körperlicher **Züchtigung,** womit auch das göttliche **Gericht** beschrieben wird. Können wir wirklich annehmen, daß eine solche »Prügelpädagogik« **Weisheit verleiht?** Wir sollten uns in der Kindererziehung wenigstens an das Verfahren halten, das der große Pädagoge Theodor Litt mit seinem Buche »Führen **und** Wachsenlassen« empfohlen hat; damit wäre schon viel geholfen! Doch wenden wir uns der Pädagogik Gottes zu, in dessen »Schule« wir alle stehen! In Seiner erbarmenden Liebe wendet Er sich an unseren GEIST, um ihm **durch Sein Wort** zuzusprechen und durch Seinen guten Geist in das neue Leben zu führen; nur **ein Knecht** wird Ihm **nicht folgen,** während der Sohn Gottes Weisung willig annimmt. In Seiner erziehenden Liebe möchte Er durch mancherlei Leiden und Anfechtungen unsere SEELE zur Bejahung Seiner Wege führen und sie unter die Herrschaft des Geistes stellen; wenn aber weder Geist noch Seele sich von Ihm leiten lassen wollen, kann Seine Liebe als letzte Maßnahme **Zucht und Gericht** über unseren LEIB verhängen (1. Tim. 1, 18–20/1. Kor. 11, 30–32/1. Kor. 5, 1–5/2. Tim. 1, 7). Der »Vater aller Vaterschaften« erzieht und züchtigt uns; Er überführt uns sowohl durch die Pädagogik des Gesetzes, viel mehr aber durch den Heiligen Geist von Sünde, Gerechtigkeit und Gericht (Gal. 3, 24/Joh. 16, 8). Gerade weil wir Söhne Gottes und keine Bastarde sind, unterliegen wir nach Hebr. 12, 4–11 der göttlichen Erziehung, aber auch **Züchtigung;** es ist sogar die Gnade, die uns »erzieht« (Tit. 2, 11–14). Bei aller zeitweiligen Trübsal, die durch Gottes **Rute, Zucht, Zurechtweisung** und Erziehung ausgelöst wird, ist es Sein heilspädagogisches Ziel, »die friedsame Frucht der Gerechtigkeit« in uns reifen zu lassen und uns **zur Weisheit zu führen.** Wenn wir diese Erziehungsleiden als »messianische Leiden« annehmen, kann »der Geist der Herrlichkeit« von seinem unablässigen Werk an uns und in uns »zur Ruhe kommen« (1. Petr. 4, 12–14). **Der gezüchtigte Sohn verschafft seinem Vater,** indem er Seine Zucht annimmt und deren Frucht bringt, **Befriedigung** und **Erquickung** (DEL), ja, **Wonne** (PAR) **Seiner heiligen Seele.** Ob dann auch über uns das Wohlgefallen Gottes ausgesprochen werden kann? Hat Er doch »zu den Heiligen gesagt, die auf Erden sind, und zu den Herrlichen: An ihnen ist alle meine Lust!« (Ps. 16, 3).

> »Laß die Deinen noch auf Erden ganz nach Deinem Herzen werden;
> mache Deine Kinder schön,
> abgeschieden, klein und stille, sanft, einfältig, wie's Dein Wille,
> und wie Du sie gern willst seh'n!« (Tersteegen)

+ + +

335 EIN VOLK OHNE VISION (29, 18)

Wenn keine Schauung da ist, wird ein Volk zügellos; aber glückselig ist es, wenn es das Gesetz beobachtet.

Dies kann man auf jedes Volk anwenden, auch wenn es im eigentlichen Sinn Israel gilt; denn ohne **Gesicht** (E), **Voraussicht** (BA)und **Schauung** (DEL), d. h. ohne vorausschauende Konzeption und Zukunftsplanung, die ihm die Regierenden eröffnen, verfällt jedes Volk in **Zügellosigkeit;** es **verwildert** (DEL) und ist nicht mehr **zu bändigen** (nach BA). Die Basis des Gesetzes muß ergänzt werden durch eine ideelle Schau und Zukunftsweisung für die kommende Generation.

In Israel hatte unsere Spruchweisheit ein besonderes Gewicht: Besteht doch das Alte Testament aus GESETZ (thora), PROPHETEN (nebiim) und SCHRIFTEN der Weisheitslehrer (ketubim), die sich gegenseitig ergänzen und beleuchten. Auch hier ist die Weisung **des Gesetzes** das Fundament, und wer auf diesem Grunde steht und das **Gesetz beobachtet und bewahrt,** wird **glückselig** gesprochen; dies ist der Einzelperson wie auch dem ganzen Volke Israel verheißen. Außerordentlich wichtig aber war die Ergänzung des Gesetzes und der Weisheitsschriften durch die aktuelle Botschaft der gottgesandten Propheten und durch die von ihnen vermittelte **Offenbarung** (PAR), die sich im **Gesicht** (E) und der **Schauung** (DEL) erschloß. Das hebräische »chabon« ist auch der »das Gewölk zerschneidende Blitzstrahl«, der die Nacht erhellt; es wird abgeleitet von »chasah«, d. h.

»prophetisch sehen, scheiden, schneiden, zuschneiden, (vom eigenen Denken) unterscheiden«. In diesem Lichte ist die Forderung aus 2. Tim. 2, 15, »das Wort der Wahrheit recht zu schneiden« die Aufforderung, es in weissagender Schau und Verkündigung zu erhellen und weiterzugeben (Hebr. 4, 12–13). So waren die Propheten Israels das soziale Gewissen der Könige und des Volkes, die Offenbarer der geheimen Verflechtung zwischen Sünde und Gericht, aber auch die Vermittler der messianischen Heilszukunft. Welcher Verfall widerfuhr Israel, als nach der Rückkehr aus Babylon bis auf Johannes den Täufer die »prophetenlose Zeit« begann; das Gesetz JAHWEHs verfiel zu toter Vätertradition. Ohne das weissagende Prophetenwort wurde Gottes Volk **zügellos und zuchtlos** (vgl. 2. Mos. 32, 25), es wurde »wild und wüst« (Luther). In Ps. 74 wird prophetisch das Gericht über Israel, aber auch der antichristliche Frevel im »Greuel der Verwüstung« geschaut; in V. 9 heißt es: »Unsere Zeichen sehen wir nicht; kein Prophet ist mehr da, und keiner bei uns, welcher weiß, bis wann« (die Gerichte noch währen).

Auch dem »Volke Gottes« des Neuen Bundes, der Gemeinde Jesu Christi, drohen **Zügellosigkeit** und **Verwilderung,** wenn die Predigt im prophetischen Geiste der Weissagung erlischt, die das Verborgene ans Licht bringt, die straft, ermahnt und tröstet (1. Kor. 14, 1–4/6–7/23–25). Denn sie enthüllt vor aller Augen die Tatsache, »daß Gott wirklich in unserer Mitte weilt« (V. 25b). Dazu gehört auch »das Wort in die Zeit«, die Standortbestimmung in der Heilsgeschichte und die prophetische Deutung der Zeitereignisse (Mtth. 16, 1–3). Wie viel »Wildwuchs« weltlicher Methoden und des Zeitgeistes sind doch heute schon in die Gemeinden eingebrochen!

Doch **glückselig** alle **Hüter der Zielgebung** (BA), die **Gottes Gesetz beobachten,** das Wort Gottes **bewahren!** »Glückselig, die im Wege untadelig sind, die da wandeln im Gesetz JAHWEHs! Glückselig, die Seine Zeugnisse bewahren, die von ganzem Herzen Ihn suchen« (Ps. 119, 1–2)! Jesus hat dies in einer Seligpreisung Seiner Bergrede aufgegriffen: »Ja, vielmehr sind glückselig, die das Wort Gottes hören und bewahren!« (Luk. 11, 28; Jak. 1, 25).

So gilt dem Volke Israel, aber auch unserem Volke, vor allem aber dem »Volke Gottes«, der Gemeinde, der dreifache Gottesruf aus Jer. 22, 29: »Land, Land, Land, höre das Wort JAHWEHs!« (vgl. Micha 1, 2). Und in Jer. 23, 1 heißt es: »Wehe den Hirten, welche die Schafe meiner Weide zugrunde richten und zerstreuen!«

+ + +

336 EIN MANN HASTIGER WORTE (29, 20)

Siehst du einen Mann, der hastig ist in seinen Worten – für einen Toren ist mehr Hoffnung als für ihn.

Kennen wir nicht alle solche Vielredner, die sich **mit ihren Worten überstürzen** (PAR) und mit einem Wasserfall an Wörtern ihre Gedankenarmut zu verschleiern suchen? Auf dem Gebiet der Verkündigung des Wortes Gottes kann ein solches Verhalten die göttliche Offenbarung geradezu verschütten! **Das hastige Wort** ist auch das voreilige, unbedachte Wort, das oftmals gefährliche Wirkungen auslöst. »Gefürchtet ist in seiner Stadt der geschwätzige Mann, und wer mit seinem Worte vorwärtsstürzt, ist verhaßt!«

sagt der apokryphe Jesus-Sirach in K. 9, 18. Vor dem Reden sollte das gründliche Besinnen und Denken erfolgen, das der Jude »Klären« nennt; das Wort muß »im embryonalen Raum« der Seele und des Geistes erst heranreifen, ehe es ausgesprochen wird. Hierzu führt Spr. 21, 5 aus: »Die Gedanken des Fleißigen führen nur zum Überfluß; und jeder, der hastig ist – es ist nur zum Verlust!« So kann sich selbst der Weise durch die Fülle **der Wörter** das bedeutungsvolle Wort göttlicher Offenbarung versperren und damit den weiteren Zugang zur Weisheit; **dem Toren** jedoch bleibt immer noch **mehr Hoffnung,** weil er trotz seiner Schwerfälligkeit noch etwas werden und erlangen kann. Das bezeugt auch Spr. 26, 12: »Siehst du einen Mann, der in seinen eigenen Augen weise ist – für einen Toren ist mehr Hoffnung als für ihn!« Der Weise kann jedoch wieder zu einem Toren werden, wie uns Eph. 5, 15–16 vor Augen führt: »Sehet nun zu, wie ihr sorgfältig wandelt, nicht als Unweise, sondern als Weise, die den Gottestermin (kairos) auskaufen, denn die Tage sind böse. Darum **werdet nicht Törichte,** sondern gewinnet Einsicht in das, was der Wille des Herrn ist!«

Dies gilt nun sonderlich für die Verkündigung des Wortes Gottes! Wer nur auf plötzliche »Einfälle« und »Improvisation« setzt, kann zwar auch so manche Stunde »füllen« – aber oftmals mit Müllhalden **hastiger Wörter.** Der große Apostel Paulus wußte um die Notwendigkeit der Gebetsunterstützung für seinen wichtigen Dienst; dabei genügte es ihm nicht, »den Mund aufzutun« und, »daß ihm Rede verliehen würde«, sondern er erstrebte die »Freimütigkeit« in der Verkündigung und die Fähigkeit, »das Geheimnis der Frohen Botschaft zu offenbaren« und »in Übereinstimmung mit dem göttlichen Auftrag zu reden« (Eph. 6, 18–20).

Das **überhastete Reden** führt oft auch zum schnell sich entflammenden Zorn, weshalb Jakobus uns ermahnt: »Daher, meine geliebten Brüder, sei jeder Mensch schnell zum Hören, **langsam zum Reden,** langsam zum Zorn« (1, 19)! Gott gebe uns, daß wir Weise sind, in denen Sein Offenbarungswort reifen kann, ehe denn es ausgesprochen wird!

+ ⁺ +

337 ANTEILHABEN AM BÖSEN?   (29, 27 + 24)

Der ungerechte Mann ist ein Greuel für den Gerechten, und wer geraden Weges wandelt, ein Greuel für den Gottlosen. – Wer mit einem Diebe teilt, haßt seine eigene Seele: er hört den Fluch und zeigt es nicht an.

Weshalb besteht zwischen dem **Gerechten** und dem **Gottlosen** eine solche Abneigung, daß sie sich gegenseitig **zum Greuel** werden? Sie hassen sich nicht als Menschen an sich, sondern wegen ihrer Andersartigkeit: **Der ungerechte Mann** ist **ein Schurke** (DEL), **der Gerechte** der Fromme, der **in Gottes Wegen wandelt.** Welche unüberbrückbare Kluft!« »Der Gerechte sieht in dem schurkischen Mann, der in frecher Weise der Sittlichkeit und Ehre entgegenhandelt, den Widersacher und eine Schande für seinen Gott, umgekehrt sieht der Gottlose in dem, der gerade wandelt, seinen Widersacher« (nach DEL), weil dieser in ihm Gewissensanklagen auslöst. Zwei Stellen mögen dies beleuchten:

In Ps. 139, 21 ruft der fromme Sänger aus: »Hasse ich nicht, JAHWEH, die Dich hassen, und verabscheue ich nicht, die wider Dich aufstehen?« Das widerspricht nicht dem Gebot der Feindesliebe! Es ist vielmehr Ausdruck einer inneren Distanzierung von jeglicher Frevelhaftigkeit, deren Träger die Gottlosen sind, und die Ablehnung jeder Anteilnahme an ihrem Weg und Wesen. Man vergleiche Jesu Wort aus Luk. 14, 25–27, wo das empfohlene »Hassen« der Verwandten nur ein »An-die-zweite-Stelle-Rücken«, eine innere Distanzierung bedeutet, weil die Rücksichtnahme auf Verwandtschaftsverpflichtungen die Jüngernachfolge gefährden würde!

Daß andererseits **der Gerechte für den Gottlosen ein Greuel ist,** geht aus 1. Petr. 4, 3–4 hervor, wo von den »Ausschweifungen, Begierden, Trunkenheit, Festgelagen, Trinkgelagen und frevelhaftem Götzendienst« der Nationen die Rede ist; dann aber heißt es: »Es befremdet sie, daß ihr nicht mitlaufet zu demselben Treiben der Ausschweifung, und darum lästern sie euch!«

So wie es **dem Frommen** widerwärtig ist, was er im frevelhaften Tun **der Gesetzlosen** wahrnehmen muß, weil es die Ehre Seines Gottes beleidigt, ebenso erweckt es **dem Gottlosen** eine beständige Gewissensanklage, wenn er sieht, daß **der Gerechte in Gottes Wegen wandelt!**

Einen speziellen Fall der Anteilhabe am Bösen nennt uns Vers 24:

Wer mit einem Diebe teilt, haßt seine eigene Seele: er hört den Fluch und zeigt es nicht an!

Gemeint ist der Partner **des Diebs,** vielleicht auch der Augenzeuge oder Hehler, der trotz der **Beschwörung** (DEL) und des **Eidfluchs** (BA) des Richters nicht bereit ist, gegen den Täter auszusagen, das Verbrechen **anzuzeigen.** Unter Eid gestellt begeht er einen Meineid und **haßt** und belastet damit **seine eigene Seele** mit einer schweren Gewissensschuld. Hat doch Gottes Gesetz geboten: »Und wenn jemand sündigt, daß er die Stimme der Beschwörung (des Eidfluchs) hört, und er war Zeuge, sei es, daß er es gesehen oder gewußt hat – wenn er es nicht anzeigt, so soll er seine Ungerechtigkeit tragen …« (3. Mos. 5, 1)!

Letztlich geht es um die Frage der Vermischung und der Anteilhabe, die auch eine große geistliche Bedeutung hat. Dazu führt 2. Kor. 6, 14–16 aus: »Seid nicht in einem ungleichen Joch mit Ungläubigen! Denn welche Genossenschaft hat Gerechtigkeit mit der Gesetzlosigkeit, oder welche Gemeinschaft Licht mit der Finsternis? Und welche Übereinstimmung hat Christus mit Beliar (Satan), oder welches Teil ein Glaubender mit einem Ungläubigen? Und welchen Zusammenhang hat der Tempel Gottes mit Götzenbildern?«

Gott, der das Licht von der Finsternis schied, will nicht die Vermischung zwischen Gut und Böse, heiligem Geist und Satansgeist, sondern deren scharfe Trennung! Man könnte bei oberflächlicher Betrachtung meinen, es gäbe nur »schwarz« oder »weiß«, Engel oder Dämonen, lupenreine Gerechte oder tiefdunkle Gottlose, ohne Vermischung und ohne »Grauzonen«! Doch zeigt schon Bileam als der Vater aller Gnostiker, welche grauenvollen Möglichkeiten der Vermischung es gibt! Die Aussage: **Wer mit einem Diebe teilt …** erweitert sich in geistlicher Sicht zu einer Anteilhabe am Bösen, wo **der Widerwille des Gerechten** gegenüber allem Finsterniswesen erlischt und vielleicht sogar zu jener grauenhaften Neugierde verfällt, welche »die Tiefen Satans erkennen« will, wie es die »Sekte der Nikolaiten« betrieb (Offb. 2, 15 + 24).

Gott jedenfalls **beschwört uns,** auf jegliche Gemeinschaft mit dem Bösen zu verzichten, das sich oft hinter der Devise verbirgt:«Man muß alles erst einmal selbst kennenlernen, um es beurteilen zu können!« Genügt uns das warnende Wort des Richters nicht? Der Apostel Paulus ermahnt uns: »Ich will aber nicht, daß ihr Gemeinschaft mit den Dämonen habt! Ihr könnt nicht des Herrn Kelch trinken und auch der Dämonen Kelch! Ihr könnt nicht Anteil haben am Tische des Herrn und zugleich am Dämonen-Tisch. Oder reizen wir den Herrn zur Eifersucht? Sind wir etwa stärker als Er« (1. Kor. 10, 20–22)? Dies gilt besonders in unserer Zeit, wo Satanismus und Okkultismus, Hexenkult und obskure »Esoterik« allüberall an Boden gewinnt!

+ + +

338 MENSCHENFURCHT UND GOTTVERTRAUEN (29, 25–26)

Menschenfurcht legt einen Fallstrick; wer aber JAHWEH vertraut, wird in Sicherheit gesetzt. – Viele suchen das Angesicht eines Herrschers, doch von JAHWEH kommt das Recht des Mannes.

Aus dem reichen Spektrum heutiger Ängste – der Berufsangst, Lebensangst und Angst zu versagen, der Kontaktarmut und Raumangst, der Angst vor Katastrophen, Krankheit, Krieg und Tod – wird hier **die Menschenfurcht,** das **Zittern vor Menschen** (PAR), **das Erbeben vor Menschen** (BUB), herausgegriffen. Wenn wir an die lichten und finsteren Gestaltungsmöglichkeiten des Menschen – auf der weiten Skala zwischen Engel und Bestie – denken, dann können wir nur mit David urteilen, der lieber das göttliche als das menschliche Gericht erwählte: »Mir ist sehr angst! Mögen wir doch in die Hand JAHWEHs fallen, denn Seine Erbarmungen sind groß! Aber in die Hand der Menschen laß mich nicht fallen!« (2. Sam. 24, 14).

Menschenfurcht jedoch steht im Gegensatz zur **Sicherheit des Vertrauens auf den Herrn** – des Geborgenseins bei Ihm und in Ihm –, das aus der Gottesfurcht erwächst. In Jes. 51, 12–13 spricht Gott uns zu: »Ich, ich bin es selbst, der euch tröstet! Wer bist du, daß du dich vor dem Menschen fürchtest, der hinstirbt, und vor dem Sohne Adams, der wie Gras dahingegeben wird? Und daß du JAHWEH vergissest, deinen Schöpfer … und dich beständig, den ganzen Tag vor dem Grimme des Bedrängers fürchtest …?«

Es ist keine wirkliche Zuflucht, wenn Menschen in solcher Drangsal **das Angesicht des Herrschers,** des Mächtigen und Einflußreichen, suchen, wenn auch »ein Mann, der in seinen Geschäften gewandt ist, vor Königen stehen wird« und schnell Zugang zum Herrscher gewinnt (Spr. 22, 29). Doch geht oftmals gerade von ihm ungeahnte und unberechenbare Drangsal aus, so daß man ihm letztlich nicht vertrauen kann.

Der peinigenden Angst wird man nur dann wirklich **entrückt** (DEL/LXX) und **in Sicherheit versetzt,** wenn man **dem HERRN vertraut** und von Ihm **Recht und Gerechtigkeit** erwartet. Darum betete David in Ps. 17, 2: »Von Deiner Gegenwart gehe mein Recht aus; laß Deine Augen Aufrichtigkeit anschauen!«

Zur **Menschenfurcht** gehört auch das kriecherische Bemühen, den Menschen allezeit gefallen zu wollen, und das um so mehr, je einflußreicher sie sind. **Viele suchen das Angesicht des Herrschers … Das Zittern vor Menschen** ist vor allem für Verkündiger des Evangeliums gefährlich; gerade weil wir durch das Blut Christi teuer erkauft worden sind, sollen wir nicht zu Menschensklaven werden (1. Kor. 7, 23)! In 1. Thess. 2, 4 bezeugt Paulus: »… als von Gott mit dem Evangelium Betraute reden wir, nicht um Menschen zu gefallen, sondern dem Gott, der unsere Herzen prüft!« Und in Gal. 1, 10: »Denn suche ich jetzt Menschen zufriedenzustellen oder Gott? Oder suche ich Menschen wohlzugefallen? Wenn ich noch Menschen gefiele, so wäre ich Christi Knecht nicht!« Ist doch Menschengefälligkeit Augendienerei (Eph. 6, 6). Gott bewahre uns, wenn wir am Worte dienen, vor dieser verführerischen Form der **Menschenfurcht!**

Wie lösend und entspannend ist es, **auf JAHWEH zu vertrauen!** Es **entrückt uns** den seelischen Spannungen und Überspanntheiten und versetzt uns in **die Sicherheit** der zum Ziel gekommenen Liebe, welche die Angst austreibt (1. Joh. 4, 17–18). Doch fällt uns dies nicht einfach in den Schoß, vielmehr gilt es, darum zu ringen, daß wir stille seien (1. Thess. 4, 11). Dann kann sogar geschehen, was David in der drangvollen Zeit der Verfolgung durch Saul erlebte: »Im Frieden lege ich mich nieder und schlafe alsogleich; denn Du, JAHWEH, allein lässest mich in Sicherheit wohnen!« (Ps. 4, 8).

+ + +

339 WORTE AGURS, DES SOHNES JAKES (30, 1–3)

Worte AGURS, des Sohnes JAKES, der (prophetische) **Ausspruch. Treuewort des Mannes zu ITHIEL, zu ITHIEL und UKAL: Fürwahr, ich bin unvernünftiger als irgendjemand, und Menschenverständnis habe ich nicht. Und Weisheit habe ich nicht gelernt, daß ich Erkenntnis des Allerheiligsten erkennen könnte.**

Kapitel 30 bringt uns mit den **Worten AGURS** eine neue, kurze Spruchsammlung. Der rätselhafte Text der Verse 1–3 hat die Übersetzer und Ausleger zu vielen Spekulationen veranlaßt. Ich halte mich an den masoretischen Text, wie er in der »Elberfelder Übersetzung« und ihren Anmerkungen und bei Baader wiedergegeben ist.

AGUR spricht **Worte** aus, die zu einem **prophetischen Gottesspruch** werden, den er sogar eidlich **beteuert** (BA: Treuewort). Welche feierliche Eröffnung einer Rede an seine Söhne oder Schüler **Ithiel** und **Ukal!** Werden wir mit dieser »Visitenkarte« Agurs nicht an die weihevolle Selbsterhöhung Bileams erinnert (4. Mos. 24, 15–16)? Doch würden wir damit dem Weisheitslehrer Agur unrecht tun, wie wir an seiner demütigen Selbstbeschreibung und an der nachfolgenden Gottesoffenbarung noch erkennen werden. Wie mag ihm **die Rede prophetischen Geistes und Inhaltes** geschenkt worden sein, wie jüdische Ausleger **»Ausspruch«** deuten?

AGUR heißt zu deutsch »Sammler, Versammelter«, aber auch »Lohnarbeiter«, der den kümmerlichen Ertrag seines Tagelohnes sammelt (im neuzeitlichen Israel waren die »aguroth« Pfennige). Er ist **der Sohn JAKES,** der Sohn des »Hörenden, des Gehorsams«. Weist uns dies nicht wieder darauf hin, daß aus dem Hören Glaube und Gehorsam und ein Trostwort zur Stärkung für die Müden erwachsen, wie uns Jes. 50, 4–5 und Röm. 10, 17 ausdrücklich bestätigen? So **sammelte** dieser Weisheitslehrer die Gottesoffenbarungen in der »Kleingeldmünze des Alltags«, bis sein Herz »mit gutem Worte« erfüllt war (Ps. 45, 1). Nun konnte er reden, als rede er Aussprüche Gottes (1. Petr. 4, 11).

Mit seinen Schülern ITHIEL und UKAL erwarten wir nun eine gewaltige Gottesoffen-barung; doch es ist, als hörten wir die Selbstbeschreibung eines Toren; so gibt es Aus-leger, die in unseren Versen die Wiedergabe einer Diskussion zwischen dem Weisheits-lehrer und einem Narren finden wollen. Doch gibt uns Agur einen Einblick in sein geist-liches Werden, in die Anfänge und Grundlagen seiner Weisheit, wenn er davon spricht, daß er **unvernünftiger** sei **als jedermann,** daß er **kein Menschenverständnis be-sitze, Weisheit nicht gelernt** habe und darum keinen Zugang habe **zur Erkenntnis des Allerheiligsten.** Um dies recht zu verstehen, muß man 1. Kor. 1 und 2 kennen; dort erfährt man, daß die Weisheit der Menschen keinen Zugang zur Wesenserkenntnis Gottes und der göttlichen Wirklichkeit finden kann, und daß Gott Seine Weisheit nur je-nen »Toren« und »Unmündigen« offenbaren kann, die Ihn lieben. »Niemand betrüge sich selbst. Wenn jemand unter euch sich einbildet, in diesem Aeon weise zu sein, so werde er (erst einmal) töricht, damit er (dann) weise werden kann«, sagt der Apostel in 1. Kor. 3, 18. Und »wem Weisheit mangelt, der bitte Gott, und Gott, der bereitwillig gibt und keine Vorwürfe macht, wird sie ihm geben« (Jak. 1, 5)! Dies ist der heilsbiographi-sche Anfang auf dem Wege zur Weisheit. Es eröffnet sich zuerst die »Erkenntnis des VORHOFS« (die Erkenntnis der Existenz und Schöpferweisheit Gottes), sodann die »Er-kenntnis des HEILIGTUMS« (die Erkenntnis unserer Verlorenheit und der Notwendigkeit der Erlösung) und schließlich **die Erkenntnis des ALLERHEILIGSTEN,** die uns zur Er-kenntnis des Wesens und Planes Gottes führt. Damit stimmen die drei geistlichen Rei-festufen »Kinder, junge Männer, Väter« aus 1. Joh. 2, 12–14 überein.

Wenn wir den biographischen Rückblick AGURS auf den Anfang seines Weges zur Weis-heit einmal außer acht lassen und nur auf die Bedeutung seines Namens achten, dann dürfen wir in ihm auch etwas vom Wirken des Heiligen Geistes erkennen. **AGUR, der Sammler,** ist der **Sohn JAKES, des Hörenden und Gehorsamen.** Redet doch Gottes Geist »nicht aus sich selbst, sondern vielmehr das, was er vom Sohne hört«, der ihn sen-det. Er gibt lediglich weiter, was er von dem Christus empfing (Joh. 16, 13–14). So **sam-melt** er Gottes Wort (vgl. Pred. 12, 11) und führt im Auftrage Jesu die große »Samm-lungsbewegung« des Volkes Gottes, Seiner Gemeinde (Eph. 4/Mtth. 12, 30/Joh. 16, 8 14). Sein eidlich beschworenes Verheißungs- und **Treuewort** ergeht gleicherweise an ITHIEL und UKAL:

ITHIEL   (= mit mir ist Gott; Erbbesitz Gottes – ein Bild für die Christusgemeinde; s. Eph. 1, 18/Kol. 1, 12);

UKAL   (= abgehärmt, kummervoll; ein Bild des Volkes Israel in seinem Leidensweg).

Wenn wir an das unaufhörliche Mühen des Heiligen Geistes – auch in uns – denken, dann könnte vielleicht auch die andere Lesart des Eingangstextes bedeutsam sein: **Es spricht der Mann: Ich habe mich abgemüht, o Gott, ich habe mich abgemüht, o Gott, und bin verschmachtet** (E/eig.).

So kann nur der »Lohnarbeiter« im Dienste Jesu Christi sprechen, der in unaufhörlichem Bemühen uns die Gedanken und das Wesen des Sohnes Gottes offenbaren und einprä-gen will, und der unsere Gebete »mit unaussprechlichem Seufzen« vor den Thron des Vaters trägt!

+ ⁺ +

Worte AGURS, des Sohnes JAKES: der (prophetische) **Ausspruch …: Wer ist hinaufgestiegen zum Himmel und herniedergefahren? Wer hat den Wind in seine Fäuste gesammelt? Wer hat die Wasser in ein Tuch gebunden? Wer hat aufgerichtet alle Enden der Erde? Welches ist Sein Name, und welches der Name Seines Sohnes, weißt du es?**

In den vorliegenden sieben Fragen leuchtet die prophetische Schau AGURS auf, wird seine **Erkenntnis des Allerheiligsten** sichtbar, zu der er letztlich doch geführt wurde. Es ist zunächst eine Offenbarung der »unsichtbaren Kraft und Göttlichkeit« des Schöpfers, wie sie sich in den Werken der Schöpfung darstellt (Röm. 1, 19–20). In seiner Seelenführung ist AGUR, der Weisheitslehrer, ein echter Pädagoge, der zunächst eine Fragehaltung erzeugt, um dann zur Antwort zu führen. Ohne Fragestellung und Fragehaltung – auch dem Worte Gottes gegenüber – findet man zu keiner wirklichen Antwort; die Fragen, die Agur **ITHIEL und UKAL** stellt, sind auch Fragen an die suchende Synagoge, die er über die Schöpferweisheit Gottes zur Erkenntnis des Namens und der Mittlertätigkeit des Sohnes Gottes führen will.

Wir greifen zunächst voraus und stellen die dritte Frage: **Wer hat den Wind in seine Fäuste gesammelt?** Es ist wirklich etwas Erstaunliches um die Luftströmungen in der Atmosphäre der Erde, die durch Druckunterschiede in Hochdruck- und Tiefdruckgebieten entstehen und sich als Wind, Sturm oder Hurrikan äußern! Gott beherrscht sie alle, **sammelt** gleichsam den Nord- und Ostwind in der einen, den Süd- und Westwind in der anderen **Faust,** um sie daraus nach Seinem Willen zu entlassen. Dazu führt Pred. 11, 4–5 aus: »Wer auf den Wind achtet, wird nicht säen, und wer auf die Wolken sieht, wird nicht ernten. Gleichwie du nicht weißt, welches der Weg des Windes ist«, nämlich so geheimnisvoll, »wie die Gebeine in dem Leibe der Schwangeren sich bilden, ebenso weißt du das Werk Gottes nicht, der das All erschafft!« Die übergroße Ängstlichkeit des Bauern gegenüber den Wettererscheinungen soll dem Vertrauen auf den Schöpfer und Sein wunderbares Wirken weichen!

Die vierte Frage lautet: **Wer hat die Wasser in ein Tuch gebunden?** Was scheinbar selbstverständlich ist, wie die Wolkenbildung im »Kreislauf des Wassers«, ist in Wirklichkeit ein großes Schöpfungsgeheimnis. Die elektrische Ladung verdunsteter Wassertröpfchen bewirkt es, daß sie sich um ein Staubkörnchen der Atmosphäre niederschlagen und schließlich durch eine gemeinsame Oberflächenspannung in der Wolke – **wie in einem Tuche** – zusammengehalten werden. So ist der Blitz nichts anderes als ein Energieausgleich zwischen den Wolken oder zwischen einer Wolke und der Erde. Dazu sagt Hiob 26, 7–8: »ER spannt den Nordhimmel aus über der Leere, hängt die Erde auf über dem Nichts« – des Weltenraums. »Er bindet die Wasser in seine Wolken, und das Gewölk zerreißt nicht unter ihnen« (s. Hiob 38, 37–38).

Die fünfte Frage AGURS an seine Schüler lautet: **Wer hat aufgerichtet alle Enden der Erde,** oder wie es Baader übersetzt: **Wer ließ alle Ränder des Erdlands erstehen?** Hier eröffnet sich ein Blick, wie er uns erst in unserer Zeit von Satelliten aus dem Weltraum gegeben ist: die Umrisse der Kontinente und Inseln sind deutlich zu erkennen und erstmals genau auszumessen. Doch schon seit Jahrtausenden orientieren sich die Vögel bei ihren jährlichen Wanderzügen an diesen Figurgestaltungen der Länder und ihrer Küstenformen. So loben wir Gott als den, »der festgestellt hat alle Begrenzungen des Erdlandes« (Ps. 74, 17) und hoffen, daß durch Christi Erlösungsleiden einmal »eingedenk werden und zu JAHWEH umkehren **alle Enden der Erde,** und daß vor Ihm huldigen werden alle Generationen der Völker«, wie es uns Ps. 22, 27 verheißt. Auch der Zweifler wird immer wieder vor die Frage nach dem Schöpfer gestellt: »Wer hat der Erde Maße bestimmt, weißt du es? Wer hat über sie die Meßschnur gezogen?« und: »Hast du Einsicht genommen in die Breiten der Erde? Sag an, wenn du dies alles weißt« (Hiob 38, 5 + 18)!

+

Die erste und zweite Frage AGURS weist ebenso auf die allumfassende Schöpfermacht Gottes: **Wer ist hinaufgestiegen zum Himmel und herniedergefahren?** Wer besitzt dieses schrankenlose Können, wer erfaßt, durchmißt und erfüllt das scheinbar unendliche Universum? Daß Gott größer ist als alles, ist von vornherein klar und von dieser Doppelfrage ausgeschlossen; wo aber ist der Mensch, der kühn alle Dimensionen der Schöpfung durchschreiten könnte – ihre Länge, Breite, Höhe und Tiefe (Eph. 3, 18/Hiob 11, 7–9)? Es gibt keinen! Und doch sagt uns das Neue Testament, daß der Gottmensch Jesus Christus **»hinabgestiegen** ist in die untersten Örter der Erde und **hinaufgestiegen** ist über alle Himmel, damit Er das All erfülle« (oder: durchmesse, gänzlich zur Fülle führe; Eph. 4, 8–10)! Schon der Täufer bezeugte nach Joh. 3, 31: »Der von oben, vom Himmel kommt, steht über dem All!« Und in Röm. 10, 6–8 heißt es: »Die Gerechtigkeit aus Glauben aber sagt also: Sprich nicht in deinem Herzen:Wer wird in den Himmel hinaufsteigen? – das wäre, um Christum herabzuholen; oder: Wer wird in den Abgrund hinabsteigen? – das wäre, um Christum aus den Toten heraufzuführen; sondern was sagt sie? DAS WORT ist dir nahe, in deinem Munde und in deinem Herzen, das ist das Glaubenswort, welches wir verkündigen!« Die Höllenfahrt und Himmelfahrt Christi und Seine unermeßliche Liebe umfaßt die LÄNGE der Zeiten, die WEITEN des Universums, die HÖHE der lichten und finsteren Engelwelt und die TIEFEN der Toten und Gerichteten!

Da bleibt freilich die sechste und siebente Frage nach dem Namen des Weltschöpfers und dem Namen des geheimnisvollen Menschensohnes, der zugleich Gottes Sohn sein muß: **Welches ist Sein Name, und welches der Name Seines Sohnes? Weißt du es?**

Der Name des Vaters ist der Name JAHWEH, der Ewigseiende; als der »Ich bin, der ich bin« bewirkt Er die Statik und als der »Ich werde sein, der ich sein werde« die Dynamik der Schöpfung und der Heilsgeschichte. Dieser Name des Vaters – und damit Sein Wesen, Seine Würde, Herrlichkeit und Gottesfülle – ist nur in EINEM niedergelegt: **in Seinem Sohn,** der vor allen Engeln diesen Namen empfangen hat und noch einmal nach vollbrachter Erlösung »den Namen, der alle Namen überragt« empfing. So darf Er dem Vater bekennen: »Alles, was mein ist, ist Dein, und alles, was Dein ist, ist mein« (Joh. 17, 10). Wie muß das Judentum, das wir in **UKAL** sahen, wie die Synagoge mit ihren Gelehrten vor dieser prophetischen Frage AGURS stehen, die schon die Zeit der Heilsvollendung in Christo schaute! **Wie ist der Name Seines Sohnes? Weißt du es?**

Wir dürfen zu denen gehören, die den Namen des Sohnes Gottes lieben gelernt haben; schon jetzt beugen wir als Erstlinge Seiner Schöpfung unsere Knie vor Ihm und bekennen: »Allherr (kyrios) ist Jesus, der Messias!« (Phil. 2, 11). Und mit der Braut aus Israel sagen wir: »Dein Name ist ausgegossenes Salböl!« (Hohesld. 1, 3). Und wir singen:

»Jesusnam , wer kann ergründen Deine Tiefe, Deine Höh'?
Wer die Gnad und Lieb verkünden, deren End ich nirgend seh?
Unausforschlich bleibet hier Deines Namens Fülle mir!«

+ ⁺ +

342   GOTTES WORT IST SCHLACKENLOS   (30, 5–6)

Alle Rede Gottes ist geläutert; ein Schild ist Er denen, die Ihm vertrauen. – Füge nichts zu Seinen Worten hinzu, damit Er dich nicht überführe, und du als ein Lügner erfunden werdest!

Gott erscheint in diesem Text mit dem Namen **ELOAH,** den Jukes als den »Schwurgott, der Bundestreue hält«, deutete. Wie könnte Er jemals in Seinen Eidschwüren lügen, Seine Verheißungen bereuen und widerrufen (Hebr. 6, 13–19)? Darum ist **Seine Rede,** aber auch Sein geschriebenes Wort **geläutert** und wie das Gold beim Schmelzprozeß **von allen Schlacken gereinigt,** zum Feingold **ausgeschmolzen** (nach BA). Hierbei dürfen wir wieder an das Werden des biblischen Kanons denken und an die sorgfältige Überlieferung der heiligen Texte, die von Gott aufs genaueste überwacht wurde. Alles, was der Offenbarung der Gedanken Gottes nicht entsprach, wurde in diesem Prozeß als »apokryph« ausgeschieden. »Die Worte JAHWEHs sind reine Worte – Silber, das geläutert in dem Schmelztiegel zur Erde fließt, siebenmal gereinigt« (Ps. 12, 6); und nur darum können wir Sein Wort vorbehaltlos lieben, weil es wohlgeläutert ist, wie es uns Ps. 119, 140 bezeugt.

Aller Ausspruch, alle Rede Gottes ist geläutert; dies muß eingeschränkt werden auf das göttliche Reden innerhalb der uns vorliegenden Offenbarung. Das muß in einer Zeit betont werden, wo selbsternannte »Propheten« ihre Eingebungen zum Worte Gottes hinzufügen wollen. Dies bekräftigt auch der Apostel Paulus, wenn er seinem Mitarbeiter bezeugt: »Alle Schrift ist gottgehaucht und nützlich zur Lehre, zur Überführung, zur Zurechtweisung, zur Unterweisung in der Gerechtigkeit, damit der Gottesmensch vollkommen sei, zu jedem guten Werke voll ausgerüstet« (2. Tim. 3, 16–17). Wer da meint, auf Teile der göttlichen Offenbarung im Wort verzichten zu können, beraubt sich und andere eines wesentlichen Stückes der göttlichen Ausrüstung zum Dienst! So stehen vorliegende Verse im engen Zusammenhang mit Spr. 30, 1–4: Gerade, weil der Mensch im völligen Nichtwissen über Gott steht – es sei denn, daß der Geist ihn durch Offenbarung in die Tiefen Seines Planes und Wesens einführt –, muß er sich um so enger an das unverfälschte und irrtumslose Wort Gottes halten; nur auf diese Weise ist er wirklich **gesichert, geborgen wie in einer Zuflucht,** wie der Krieger **durch den Schild** bewahrt bleibt vor den Feuerpfeilen des Bösen (Eph. 6, 16). »Gott – Sein Weg ist vollkommen; JAHWEHs Wort ist geläutert; **ein Schild** ist Er allen, die sich an Ihm bergen« bestätigt auch Ps. 18, 30. So bringt Gottes Wort dem Unterwiesenen, wie es Dr. Lukas schrieb, »untrügliche Sicherheit« (Luk. 1, 4). Darum wundert es uns nicht, daß der Angriff Satans zu allen Zeiten gegen **das schlackenlose Wort** als der Quelle allen Lebens und aller Weisheit gerichtet war!

Die Heilsoffenbarung im Alten Bund war dadurch gefährdet, daß deren Verwalter **zu Gottes Worten hinzufügten,** indem sie es in ihrer frommen Phantasie anreichern und ergänzen wollten, wo sie meinten, Lücken der Offenbarung zu sehen! Wie sehr hat beispielsweise die jüdische »Vätersatzung« der Thora Gottes geschadet, das Wesentliche der göttlichen Weisung verschüttet und immer neue Zäune der Überlieferung um sie gebaut, so daß sie kaum mehr verständlich war. Solche selbsternannten Gesetzeslehrer mußte Gott **von ihrer Sünde überführen,** wozu vornehmlich das Wort der Propheten diente, das sie vor der Volksgemeinde **als Lügner entlarvte.** Auch heute noch gibt es Menschen, »die Gesetzeslehrer sein wollen und nicht verstehen, weder was sie sagen, noch was sie fest behaupten« (1. Tim. 1, 7)!

Während nun die Gefahr des Alten Bundes mehr **das Hinzufügen** war (vgl. auch 5. Mos. 4, 2/12, 32), besteht im Neuen Bund, wo die Offenbarung Gottes abgeschlossen ist, eher die Gefahr des Hinwegtuns! So lesen wir in Offb. 22, 18–19 im Blick auf beides: »Wenn jemand zu diesen Dingen **hinzufügt,** so wird Gott ihm die Plagen hinzufügen, die in diesem Buche geschrieben sind! Und wenn jemand von den Worten dieses Buches der Weissagung **hinwegnimmt,** so wird Gott seinen Anteil wegnehmen vom Baume des Lebens und von der heiligen Stadt ...« (vgl. auch Pred. 3, 14)! Wie vieles wird heute in christlicher Theologie und kirchlicher wie freikirchlicher Verkündigung vom Reichtum der Heiligen Schrift hinweggetan, sowohl vom apostolischen als auch vom prophetischen Wort! Und doch gilt Gottes Zusage für den, **der Ihm vertraut:** Mein Wort und mein Geist haben Bestand in eurer Mitte: Fürchtet euch nicht! (nach Hagg. 2, 5).

+ + +

343 BITTEN NACH DEM WILLEN GOTTES   (30, 7–9)

Zweierlei erbitte ich von Dir; verweigere es mir nicht, bevor ich sterbe: Eitles und Lügenwort entferne von mir; Armut und Reichtum gib mir nicht, speise mich mit dem mir beschiedenen Brote; damit ich nicht satt werde und Dich verleugne und spreche: Wer ist JAHWEH? Und damit ich nicht verarme und stehle und mich vergreife an dem Namen meines Gottes.

Mit diesen Versen beginnen die »Zahlensprüche« Agurs, die sich über das weitere Kapitel erstrecken. Hier dominiert das **Zweifache.** Wer von uns hätte sich dies noch nicht gewünscht: Zwei Bitten frei zu haben bei Gott, Gebete nach Seinem Willen, die nicht nur erhört, sondern auch erfüllt werden (1. Joh. 5, 14–15)! Und was hätten wir dann erbeten? Reichtum? Gesundheit? Langes Leben? Macht und Einfluß? Berufliche Meisterschaft? Oder wie Salomo Weisheit, Einsicht und ein verständiges Herz, wie es 1. Kön. 3, 5–14 berichtet?

AGUR begründet seine Bitte mit den Worten: **Verweigere es mir nicht, bevor ich sterbe ...** Ob er wohl beim Sterben ohne Gewissensqualen auf sein Leben zurückblicken will? Ist doch unser Leben das »Embryonaldasein« der Ewigkeit, das unserem Wachsen und Werden eine tiefe und wesentliche Bedeutung verleiht! So konnte der fromme König Hiskia nach seiner Errettung aus Todesnot den Herrn mit den Worten rühmen: »Der Lebende, der Lebende preist Dich, wie ich heute; der Vater gibt den Kindern Kunde von Deiner Treue!« (Jes. 38, 19).

AGURS erste Bitte lautet: **Eitles und Lügenwort entferne von mir! Das Eitle** ist »das Wüste, Gehaltlose, Hohle« (DEL), die Form ohne Gehalt, aber auch **das Wahnhafte** (BA), worin Delitzsch auch »die Verführungsmacht gottentfremdeten abgöttischen Denkens und Treibens« sieht; das hebr. Wort kann auch okkulte Handlungen beschreiben. Mehr noch als **das Lügenwort** bestimmt **das Eitle** als »Form der Gottseligkeit ohne deren Kraft« unser Wesen (2. Tim. 3, 5); wo aber das wirkliche Gottvertrauen fehlt, strömen die Kräfte des Aberglaubens und Irrglaubens ein. So wichtig, wie das Reden der Wahrheit ist, so wichtig ist das »Tun der Wahrheit«, von dem der Apostel Johannes spricht; denn es ist die unser Herz, unser Wesen und Handeln reinigende und bestimmende Wahrheit!

Ist es aber nicht unsere ureigene Sache, aus unserem Leben **Eitles** und **Lügenwort** zu entfernen? Offensichtlich wußte schon AGUR darum, wie wir alle in Wort und Wesen so sehr in die Lüge verkettet sind, daß wir ohne das gnädige Eingreifen Gottes nicht daraus befreit werden können! Viel gilt vor Gott schon eine entschiedene Bitte, ein klarer Herzensvorsatz: »Der Gerechte haßt Lügenrede …« (Spr. 13, 5); er bittet darum: »Wende von mir ab den Weg der Lüge … den Weg der Treue habe ich erwählt« (Ps. 119, 29–30)!

Die zweite Bitte AGURS erstrebt die Bewahrung vor **Reichtum und Armut** (BA: Machtlosigkeit), weil beide Extreme ihre eigenen Versuchungen in sich tragen. So kann **die Übersättigung** mit Wohlstand und Reichtum zur Verleugnung Gottes und Seines heiligen Namens führen. 5. Mos. 6, 10–13 warnt Israel ausdrücklich vor der Verführung durch den Wohlstand im Lande der Verheißung, weil er zum »Vergessen JAHWEHs« und Seiner Heilstaten führen könne (vgl. Hosea 13, 6).

Doch auch **die Verarmung** birgt Gefahren und Anfechtungen, nicht nur durch die Verführung zum **Diebstahl,** sondern durch ein **Sich-Vergreifen am Namen JAHWEHs,** das aus dem Murren, der Verbitterung, dem Lästern und Aufbegehren gegen Seine Führung entstehen kann (vgl. Offb. 16, 11 + 21). Darum steht im »Vaterunser« die Bitte um das »auskömmliche Brot« (das Brot für die Existenzsicherung) in unmittelbarer Nähe zur Bitte um die Heiligung des Gottesnamens. So betet AGUR: **Speise mich mit dem mir beschiedenen Brote** (BUB: Füttre mich mit dem Brot, das mir festgesetzt ist; BA: das Brot, das mein Gesetzesteil, d. h. das nach der Satzung Gottes Zugemessene). Es ist die Vorsehung Gottes, die uns das rechte Teil zumißt, so daß wir uns mit Seiner »Bemessungsgrundlage« einverstanden erklären können, auch wenn es um höhere Güter, etwa um die Gnadengaben Seines Geistes geht, die uns »nach dem Maße des Geschenkes Christi« zugeteilt sind (Eph. 4, 7). War doch das dem Christus **von Gott beschiedene Brot** das Tun Seines göttlichen Willens (Joh. 4, 34), und darin wollen wir Ihm als Seine Glieder gleichen.

»Murrende sind mit ihrem Lose Unzufriedene« (Jud. 16) und kommen darum nicht zum inneren Frieden. Wir aber wollen uns in Gottes Vorbestimmung fügen, maßvoll jegliche **Übersättigung** ablehnen und dankbar sein für das **uns beschiedene Teil!**

+ + +

Da ist eine Generation, die ihrem Vater flucht und ihre Mutter nicht segnet; – eine Generation, die rein ist in ihren eigenen Augen und doch nicht gewaschen ist von ihrem Unflat; – eine Generation – wie stolz sind ihre Augen, und ihre Wimpern erheben sich! – eine Generation, deren Zähne Schwerter sind, und Messer ihr Gebiß, um wegzufressen die Elenden von der Erde und die Dürftigen aus der Menschen Mitte!

Welche **Generation** (DEL/BA/PAR) hat der Weisheitslehrer AGUR im Auge, die er in einem prophetischen Zeitbild erfaßt, wie es auch Ps. 14 tut? Die Heilige Schrift hebt vier Generationen aus dem Zeitenstrom besonders hervor: die vorsintflutliche Generation, die keine Buße tat; die Generation Israels, die in vierzigjähriger Wüstenwanderung dem Tode verfiel; die »ehebrecherische«, d. h. götzendienerische Generation der Zeit Jesu; und die endzeitliche Generation des saftigwerdenden Feigenbaumes Juda, wo der Glaubende als Augenzeuge die Wiederherstellung Israels miterlebt, aber auch »inmitten einer verdrehten und verkehrten Generation« leben muß (Phil. 2, 15). Es bleibt nicht aus, daß die Gerechten in ihrer Seele gequält werden durch den »ausschweifenden Wandel der Ruchlosen«, wie es Lot widerfuhr (2. Petr. 2, 7–8)! Es ist interessant, daß schon die jüdische Auslegung die allgemeine Wendung **»eine Generation«** auf jene Zeit bezog, die der Messias bei Seinem Kommen vorfinden werde (Mischna Sota IX, 14; nach DEL). Und tatsächlich finden wir das Bild und die Charakterzüge der Generation des Endzeitmenschen auch in allen Beschreibungen durch die Apostel Christ wieder: PAULUS: 2. Tim. 3, 1–8/1. Tim. 4, 1–3; PETRUS: 2. Petr. 2, 9–19/3, 1–7; JOHANNES: 1. Joh. 2, 18–22/4, 1–3; JUDAS: 8–13/16–19.

Wodurch ist nun die Zeit des Endes gekennzeichnet? Es ist **eine Generation, die ihrem Vater flucht und ihre Mutter nicht segnet ...** Es offenbart sich darin eine Gesinnung größter Herzlosigkeit und bodenlosen Undanks, ein Verlust jeder natürlichen Liebe. Das **»die Mutter nicht segnen«** ist nahezu gleichbedeutend mit der **Verfluchung des Vaters;** beides gehörte nach dem Gesetz Israels zu den todeswürdigen Verbrechen (2. Mos. 21, 17/3. Mos. 20, 9). So wertet es auch Spr. 30, 17: »Ein Auge, das den Vater verspottet und den Gehorsam gegen die Mutter verachtet, das werden die Raben des Baches aushacken und die Jungen des Geiers fressen!« Würden diese Gesetze auf unser Volk angewendet, so wäre es bald ausgestorben!

Die zweite Kennzeichnung des Endzeitmenschen ist: Er gehört zu **einer Generation, die rein ist in ihren eigenen Augen und doch nicht gewaschen von ihrem Unflat** (DEL: Schmutz; BA: Exkremente; BUB: Kot). Wie drastisch werden in diesen Ausdrücken viele unserer Zeitgenossen geschildert in dem, was sie an sich tragen und womit sie besudelt sind! Die ekelhafte Selbstgerechtigkeit wird noch darin verschärft, daß sie auf dem Wege der »Selbstverwirklichung« von jedem Sündenbewußtsein gänzlich »befreit« sind – **rein in den eigenen Augen!** Bestenfalls sprechen sie von »Kavaliersdelikten« und stehen darum auch den vielfältigen Evangelisationsbemühungen nicht mehr offen. So hat Jesus die heuchlerischen Pharisäer als »schöne, übertünchte Gräber« bezeichnet, die aber »inwendig voller Totengebeine und jeglicher Unreinigkeit sind« (Mtth. 23, 27–28). Was würde Er erst in unseren Tagen sagen, wo der ganze **Kot, Schmutz und Unflat** medienwirksam in der Öffentlichkeit breitgetreten und dargestellt wird – denken wir nur an Sex und Gewalt im Fernsehen, an Kinderpornographie und Sexvideos, an die

Selbstdarstellung von Lesben und Homosexuellen, um nur einiges zu benennen. Dem entspricht auch Hosea 12, 9 mit der Aussage: »Und Ephraim spricht: Ich bin doch reich geworden, habe mir Vermögen erworben; in all meinem Erwerb wird man mir keine Ungerechtigkeit nachweisen, welche Sünde wäre!«

Dem entspricht die Mimik und Gestik in der Selbstdarstellung der Endzeitmenschen; sie gehen einher **mit stolzen Augen und erhobenen Wimpern;** es ist die freche Arroganz derer, die, Gott verleugnend, der »Prahlerei des Lebens« frönen (1. Joh. 2, 16). Aber »Stolz der Augen und Aufgeblasenheit des Herzens, die Leuchte der Gesetzlosen, sind Sünde« (Spr. 21, 4). Schon Kindergesichter weisen heute oftmals die ganze Frechheit und Egozentrik des künftigen Erwachsenen auf! So taumeln sie, wie Noahs Zeitgenossen, dem Untergang entgegen! Dann aber werden sie gleichsam zu Kannibalen, indem sie alles Schwache, Elende und Bedürftige, alles »lebensunwerte Leben«, wie sie es zu nennen pflegen, niedermetzeln – **eine Generation, deren Zähne Schwerter sind und Messer ihr Gebiß, um wegzufressen die Elenden von der Erde und die Bedürftigen aus der Menschen Mitte.** Ps. 14, 4 sagt über diesen sozialen Kannibalismus und seine menschenverachtende, unbarmherzige Habgier: »Haben keine Erkenntnis alle, die Frevel tun, die mein Volk fressen, als äßen sie Brot? JAHWEH rufen sie nicht an!« Der Messias selbst mußte mit Seiner heiligen Seele »mitten unter Löwen weilen« und »unter Flammensprühenden liegen, unter Menschenkindern, deren Zähne Speere und Pfeile, und deren Zunge ein scharfes Schwert ist« (Ps. 57, 4)! Auch wir Gotteskinder müssen uns sagen lassen, was Gal. 5, 15 über unseren Umgang miteinander bezeugt: »Wenn ihr aber einander beißet und fresset, so sehet zu, daß ihr euch nicht untereinander auffresset!«

Der Glaubende sollte als »Sohn des Lichtes« und als »Himmelslicht in einem dunklen Kosmos« – inmitten der verkehrten und verdrehten Generation des Endes – »lauter und unbescholten sein und das Wort des Lebens darstellen«, bis der Tag des Reiches Christi anbricht (Phil. 2, 15–16)!

+ + +

345/346   VIER UNERSÄTTLICHE   (30, 15–16)

Der Blutegel hat zwei Töchter: Gib her! Gib her!
Drei sind es, die nicht satt werden, vier, die nicht sagen: Genug! – Der Scheol und der verschlossene Mutterleib; die Erde, welche des Wassers nicht satt wird; und das Feuer, das nicht sagt: Genug!

Es folgen eine Reihe von Sprüchen, wo **drei,** die einen Grundgedanken darstellen, durch ein **Viertes** überboten werden; AGUR nennt **den Scheol, den unfruchtbaren Mutterleib, die wassersaugende Erde** und – in unüberbietbarer Unersättlichkeit – **das Feuer.** Hat er sich aber nicht verzählt, da er ja doch auch **den Blutegel** erwähnt? Wir müssen jedoch nicht mit den Auslegern übereinstimmen, die den Blutegelspruch für eigenständig und verstümmelt halten! Offensichtlich sah AGUR in der Unersättlichkeit des **Blutegels** einen naturgesetzlichen Anschauungshintergrund für die Unersättlichkeit schlechthin.

Der Blutegel hat zwei Töchter: Gib her! Gib her! Es entbehrt nicht eines gewissen Humors, wenn wir an die **beiden Töchter** des Blutegels denken; Delitzsch sieht in ihnen die zweigliedrige Oberlippe des vorderen Saugnapfes; noch verständlicher aber wird es, wenn wir in der Personifikation der **Töchter** den vorderen Saugnapf mit der Mund-öffnung und den anderen Saugnapf am Hinterende sehen, die – gleichsam aus zwei-fachem Munde – sprechen: **Gib her! Gib her!** Ein Blutegel kann an Tier oder Mensch bis zu einer Stunde unablässig Blut saugen und dabei das Viereinhalbfache seines Kör-pergewichts aufnehmen! Nach dieser Naturbeobachtung nennt AGUR nunmehr die **drei** und **vier** Unersättlichen, die alle unter einem negativen Vorzeichen stehen:

Der Scheol ist die Totenwelt, die bislang Abermilliarden Geschöpfe, Tiere wie Men-schen, verschlungen hat, ohne daß man darin einen Sinn erkennen kann, außer dem, daß alles Erschaffene »dem Gesetz der Sünde und des Todes« unterliegt. Ja, »Scheol und Abgrund sind unersättlich« (Spr. 27, 20)! In Jes. 5, 14 heißt es: »Darum sperrt der Scheol weit auf seinen Schlund und reißt seinen Rachen auf ohne Maß; und hinab fährt seine (Israels) Pracht und sein Menschengetümmel und sein Getöse, und wer darin frohlockt!« Das Totenreich wird von sich aus niemals sagen: **Genug!**

Der verschlossene, unfruchtbare **Mutterleib** kann auch durch Billionen Samenzellen nicht befruchtet werden und Leben erzeugen. Denken wir nur an den »erstorbenen Mutterleib der Sara«, oder an die zunächst unfruchtbare Erzmutter Rachel, die nach 1. Mos. 30, 1 angesichts der Gebärfreudigkeit ihrer Schwester Lea zu Jakob sagte: »Gib mir Kinder, und wenn nicht, so will ich sterben!« Auch hierin gibt es kein: **Genug!**

Sodann ist es **die Erde,** die im unablässigen »Kreislauf des Wassers« **des Wassers nicht satt wird,** so daß sie **genug!** sagen könnte. Niemals verlieren die Weltozeane ihr Fas-sungsvermögen, nie werden die Grundwasserspeicher überfüllt, trotz des unablässigen Regens und Schnees auf der einen Seite, und trotz der unaufhörlichen Verdunstung und Wolkenbildung auf der anderen Seite.

Aber unüberbietbar in seiner unersättlichen Freßgier ist **das Feuer!** Denken wir nur an allesverzehrende Wald- und Flächenbrände oder an Feuersbrünste, wie sie im Altertum ganze Städte verwüsteten! In einer biblischen Erweiterung dürfen wir aber auch an den »Feuersee« der Gerichteten denken. Scheinbar brennt alles sinnlos und unaufhörlich!

+

Und doch gibt es bei dem Gott, dem nichts unmöglich ist, ein **Genug,** ein **Aufhören,** das der Unersättlichkeit und scheinbaren Sinnlosigkeit der Zornesgerichte gebietet! Lesen wir nicht in Spr. 26, 20: »Wo es an Holz fehlt, erlischt **das Feuer!«?** Wo in den Feuern der Gerichte die Gesetzlosigkeit ausgebrannt ist, und die heilspädagogische Lie-be Gottes ihr Ziel erreicht hat, wird auch einmal der Feuersee sagen: **Genug!**

Und wenn die Toten die Stimme des Sohnes Gottes und Weltenrichters hören werden (Joh. 5, 25), dann wird auch das Meer, der Tod und **der Hades** die Toten wieder her-ausgeben, wenn auch zunächst zum Gericht (Offb. 20, 13). Schließlich aber wird »der Tod nicht mehr sein« (Offb. 21, 4)! Jes. 49, 24–25 bejaht klar die Frage, ob wohl dem »Helden«, dem Tode, »seine rechtmäßig Gefangenen entrissen werden« – durch den Christus. Um des Blutes Seines Bundes willen wird Gott die Gefangenen aus der was-serlosen Grube des Totenreichs entlassen. Schon heute spricht Er zu ihnen: »Kehret zur Festung zurück, ihr Gefangenen auf Hoffnung! Ich werde euch das Doppelte wiederer-statten!« (Sach. 9, 11–12). Gott wird sagen: **Genug!**

Oder denken wir an das Weib JAHWEHs, das im Verstockungsgericht **unfruchtbare**

Israel! Bald wird die Zeit kommen, da die Annahme Israels Leben aus den Toten bringen wird (Röm. 11, 15). Dann wird sich Jes. 54, 1 erfüllen: »Jubele, **du Unfruchtbare,** die nicht geboren hat; brich in Jubel aus und jauchze, die keine Wehen gehabt hat! Denn der Kinder der Vereinsamten sind mehr als die Kinder der Vermählten, spricht JAHWEH« (vgl. Gal. 4, 27). Und Jes. 49, 20–21 bestätigt dies: »Die Kinder deiner Kinderlosigkeit werden noch vor deinen Ohren sagen: Der Raum ist mir zu eng; und du wirst in deinem Herzen sprechen: Wer hat mir diese geboren, da ich doch der Kinder beraubt und **unfruchtbar** war, verbannt und umherirrend?« Dann kann das erneuerte Israel in den Jubelruf eines dankbaren **»Genug!«** ausbrechen.

So ergeht es auch **dem Lande** Israel, wie auch der **Erde** insgesamt: Zunächst bringt der reichliche Segensregen nur Dornen und Disteln hervor, die fürs Feuer bestimmt sind (Hebr. 6, 7–9); doch wird der vom Himmel fallende Regen und Schnee die Erde tränken, sie befruchten und sprossen machen und dann auch Samen und Brot geben: »Also wird mein Wort sein, das aus meinem Munde hervorgeht; es wird nicht leer zu mir zurückkehren, sondern wird ausrichten, was mir wohlgefällt, und durchführen, wozu ich es gesandt habe«, bezeugt Gott von Jesus Christus, dem »Logos«, der auf unsere Erde kam und zu Gott zurückkehrte (Jes. 55, 10–11). **Das Land** Israel wird, nachdem es einmal den Frühregen und den Spätregen des Geistes empfangen haben wird, sagen: **»Genug«** und »köstliche Frucht« bringen (Jak. 5, 7)!

So sättigt Gott auch das scheinbar Unersättliche!

Nachdem der Erzvater Jakob erfahren hatte, daß sein geliebter Sohn Joseph noch lebe, rief er aus: **Genug!,** und sein Geist lebte wieder auf (1. Mos. 45, 27–28). Wir aber haben schon jetzt **volle Genüge** in Jesus, unserem Herrn (Joh. 10, 10–11)! Als Paulus aus tiefster Drangsalsnot den Herrn um Befreiung anrief, erhielt er die Antwort: »Meine Gnade **genügt dir,** denn meine Kraft vollendet sich in der Schwachheit« (2. Kor. 12, 9)! Gottes Gnade reicht auch aus für dich und mich! (2. Kor. 9, 8).

347/348   VIER WUNDERBARE WEGE   (30, 18–19)

Drei sind es, die zu wunderbar für mich sind, und vier, die ich nicht erkenne: der Weg des Adlers am Himmel, der Weg einer Schlange auf dem Felsen, der Weg eines Schiffes im Herzen des Meeres und der Weg eines Mannes an einer Jungfrau.

Wieder schafft AGUR in den **drei** Sachverhalten, die er zuerst bezeugt, eine Basis naturkundlicher Beobachtung, um dann den Schwerpunkt seiner Betrachtung **im Vierten** zu finden; während er schon bei Dreien solche Wunder sieht, daß sie seine volle Erkenntnismöglichkeit überschreiten, tritt **das Vierte** ganz in den Bereich **des Wunderbaren** (DEL: dessen, was jenseits vom Betrachter liegt). Während die **Drei** keine bleibende Spur hinterlassen – weder der Vogel, der am Himmel fliegt, noch das Schiff, welches die hohe See durchschwimmt, noch die Schlange, die über eine Felsplatte gleitet –, hinterläßt **der Weg des Mannes mit** (wörtl.: in) **einer Jungfrau** eine bleibende Spur, nämlich die Frucht der Vereinigung, das Kind.

Was dem Menschen des Altertums **zu wunderbar** erschien und **jenseits seiner Erkenntnisfähigkeit lag,** stellt auch heute noch Wissenschaftler vor das Geheimnis der Schöpfung:

Wer einmal **den Flug eines Adlers am Himmel** beobachtet hat, weiß zu bewundern, wie er – und alle Vögel auf ihre artspezifische Weise – die Schwerkraft im Fluge überwindet; die aerodynamischen Gesetze, die sich an der Vogelfeder und den Vogelflügeln auswirken, offenbaren sich erst heute den Ornithologen; ganz zu schweigen vom eigentlichen **Weg** der Vögel, dem Vogelzug und seinen Orientierungsgeheimnissen. In Hiob 39, 26–28 wird dazu gefragt: »Schwingt sich der Habicht durch deinen Verstand empor, breitet seine Flügel aus gegen Süden? Oder erhebt sich auf deinen Befehl der Adler und baut in der Höhe sein Nest? In den Felsen wohnt und verweilt er, auf Felsenzacken und den Spitzen der Berge.«

So bewunderte der Mensch des Altertums auch **den Weg eines Schiffes im Herzen der Meere,** d. h. auf hoher See; noch heute staunen wir darüber, wie es ohne Radar und Navigationsgeräte die Naturgewalten von Sturm und Wellen überwand, und wie seine Besatzung, die sich nur an den Sternen orientieren konnte, Weg und Ziel fand. Der Mensch der Antike konnte noch staunen und vor den Geheimnissen der Schöpfung erschauern; der heutige Mensch mit seinen oberflächlichen wissenschaftlichen Kenntnissen meint, es sei alles erforscht und lebt in einer »entzauberten Welt«. Nur der wirkliche Forscher und Wissenschaftler beugt sich wieder vor dem Geheimnis des Mikrokosmos und Makrokosmos, das sich seinem gründlichen Wissen eröffnet!

Auch bei **dem Weg einer Schlange an einem Felsen,** etwa über eine schräge und glatte Felsplatte, gibt es Erstaunliches; warum gleitet sie nicht ab? Es ist die Art ihrer Muskulatur und ihre Fortbewegung als »Seitenwinderin«, und es sind die feinen Hornschuppen, die ihr Haftung beim Überwinden einer glatten Steigung geben.

Was aber ist Wunderbares an der Liebesvereinigung zwischen Mann und Jungfrau, die **im Wege des Mannes in der Jungfrau** angesprochen wird, wie es wörtlich heißt? Auch Paulus sah in der gottgewollten sexuellen Einswerdung zwischen Mann und Frau »ein großes Geheimnis« und deutete es sogar prophetisch auf die Einheit zwischen der Gemeinde und dem Christus (Eph. 5, 31–33). Auch der »Prediger« spricht von dem unerforschlichen »Weg des Geistes« (des Geistwindes), der letztlich das Werden »der Gebeine im Leibe der Schwangeren«bewirkt (Pred. 11, 5/Ps. 139, 13–16; vgl. den in Hiob 10, 8–12 beschriebenen Zeugungsvorgang).

+

Nun hat aber der vorliegende Text auch eine biblisch-prophetische Tiefe, die uns völlig **ins Wunderbare** und Geheimnisvolle führt! Können wir in **dem Weg des Adlers in den Himmeln** nicht den Weg Christi erkennen, der aus dem »unzugänglichen Lichte« der Wohnung Gottes herabkam in unser Fleisch, der »herabstieg und emporstieg« über alle Himmel hinaus? (Spr. 30, 4/Joh. 3, 13/Eph. 4, 8–10). Der ewige »Logos«, das göttliche Wort, »ward Fleisch« bezeugt uns Johannes (1, 14 + 18); sein Evangelium trug von alters her das Bildzeichen **des Adlers,** weil er Jesus als den Sohn Gottes beschreibt.

Nach 5. Mos. 32, 4 + 31 und 1. Kor. 10, 4 ist Christus **der Fels** Israels. Wird in dem **Weg der Schlange an dem Felsen** nicht die heilsgeschichtliche »Berührung« und Auseinandersetzung Christi, **des Felsens,** mit Satan als der »uralten **Schlange«** angedeutet? Steht Er doch als der göttliche Mittler in einem aeonenlangen Kampf mit **der Schlange,** dem Gottesfeind – sowohl als der »Gott und Heilige Israels«, der sich auf die Ebene der Engel erniedrigt hatte, als auch in Seiner Erniedrigung in unser Fleisch und Blut, aber auch im Glaubenskampf Seiner Glieder auf Erden! Und doch hinterläßt **die Schlange** keine bleibende Spur **auf dem Felsen,** gibt es keinen wirklichen Kontakt, keine Verschmelzung und keinen Wesensaustausch zwischen dem Christus und Beliar (2. Kor. 6, 14–16). Die dramatische Heilsgeschichte des göttlichen Aeonenplans fand ihre Lösung in der Überwindung aller Feindesmächte auf Golgatha, als der Same der Eva »der Schlange den Kopf zertrat«. **Der Felsen** hat in Seinem Leiden als **die Schlange am Pfahl** »die Werke des Teufels aufgelöst« (1. Joh. 3, 8). Am Ende aller Zeiten wird es sich erweisen: Die Schlange hinterließ keine bleibende Spur!

Was aber soll **der Weg des Schiffes im Herzen der Meere** andeuten? In etlichen Stellen sieht die Bibel im sturmgepeitschten Meer die Völkerwelt. Dreimal erwähnt sie auch ein Schiff im Sturm – sicher mit prophetischer Absicht: Der erste Bericht handelt von dem Propheten Jonas, der auf dem Schiff nach Tarsis fliehen will; der mit der »Völkermission« Beauftragte wird ins Meer geworfen, wie hernach Israel ins Meer der Völker; dann berichten uns die Evangelien vom Jüngerschiff mit dem schlafenden Herrn auf dem sturmgepeitschten See Genezareth. Der Herr aber gebietet Sturm und Wellen und bringt sie zum Schweigen; dies war schon immer ein Bild für die »Fahrt« der Jüngergemeinde durch diese Weltzeit bis zum Herrschaftsanbruch Christi (s. auch Ps. 107, 24–30!). Die dritte Schiffahrt durch Sturm und Wellen, die sogar zum Kentern führte, erzählt uns Apg. 27; sie führte den Apostel Paulus von Jerusalem nach Rom und mit ihm das Evangelium in die Heidenwelt, so wie es ihm seine Dienstanweisung in Jes. 49, 1–6 vorschreibt. Er vollendet, was in Jonas Flucht abgebrochen wurde! Gleicherweise wird das erneuerte Israel die paulinische Lichtesmission in der Völkerwelt im Reiche Christi aufgreifen und vollenden.

Das größte prophetische Geheimnis aber stellt **der Weg des Mannes in der Jungfrau** dar. Dies war das Wunderzeichen, das Gott Ahas und Israel gab: »Siehe, **die Jungfrau** wird schwanger werden und einen Sohn gebären, und man wird Seinen Namen IMMANUEL heißen« (Jes. 7, 14); dieses, aus Gottes Geist gezeugte Kind, das zu königlicher Herrschaft berufen ist, trägt den vollen Namen: »Wunderbarer Berater, starker Gott, Vater der Aeonen, Fürst des Friedens« (Jes. 9, 6–7). Er ist das vom Herrn gesandte WORT, das herniederstieg in Israel (Jes. 9, 8). Die **Jungfrau** Maria erfüllte als die wahre EVA das rätselhafte Wort aus Jer. 31, 22: »JAHWEH hat ein Neues geschaffen auf der Erde: das Weib wird den Mann umgeben«, was buchstäblich beim embryonalen Werden **des Mannes Gottes in der Jungfrau** geschah.

Doch wird in dem **Weg des Mannes mit der Jungfrau** auch das heilsgeschichtliche Thema der Auserwählung Israels angesprochen, das, erwählt als BRAUT, vermählt als WEIB JAHWEHs, abtrünnig als götzendienerische HURE und als scheinbar im Gericht verworfene WITWE in den prophetischen Schriften erscheint. Man vergleiche Spr. 30, 20, wo es von der HURE heißt: »Also ist der Weg eines ehebrecherischen Weibes: sie ißt und wischt ihren Mund ab und spricht: Ich habe kein Unrecht begangen!« Damit ist auch der Götzendienst Israels gebrandmarkt. Die Beiseitestellung Israels währt solange, »bis die Gebärende geboren hat«, was sich vorerfüllt hat in der Geburt Jesu, aber voll erfüllen wird bei der Neuvermählung Israels mit dem HERRN und in der Geburt von »Leben aus den Toten« (Micha 5, 1–3/Hosea 2, 19–20/Offb. 12, 1–6/Röm. 11, 15/Hes. 16/Jes. 66, 7–9). Was wird es sein, wenn Israel als die »Königin« in der Hochzeit des Lammes zur Rechten des Messias stehen wird, wie es uns Ps. 45 verheißt! Dann wird zu Recht gesungen werden können: »Tochter Zion, freue dich, jauchze laut, Jerusalem! «

Welches Geheimnis ist es doch um **den Weg eines Mannes** – des letzten Adam – **in** und **mit der Jungfrau!** Wahrlich, **wunderbar** und unfaßbar für menschliches Erkennen sind Gottes **Wege** (vgl. Röm. 11, 33–36)!

+ + +

349 UNERTRÄGLICHE EMPORKÖMMLINGE (30, 21–23)

Unter dreien erzittert die Erde, und unter vieren kann sie es nicht aushalten: unter einem Knechte, wenn er König wird, und einem gemeinen Menschen, wenn er satt Brot hat; unter einem gehaßten (unleidlichen) **Weibe, wenn sie zur Frau genommen wird, und einer Magd, wenn sie ihre Herrin beerbt.**

Wenn **die Erde erzittert,** dann unter einer unerträglichen Last, die sie **kaum aushalten kann,** wie etwa unter einer heranstürmenden tausendköpfigen Büffelherde. In den vorliegenden Versen werden viererlei Emporkömmlinge genannt, die **der Erde** und damit der Erdbevölkerung unerträglich sind, und die durch einen politischen Umsturz oder durch die Änderung der sozialen und privaten Verhältnisse plötzlich zu Reichtum und Macht gekommen sind. Auch wir kennen in unserer Zeit die Blasiertheit und den Scheinadel der »Neureichen«, die aus dem Schlammgrund ihrer Amoralität durch besondere Umstände, meist ohne Fleiß und Leistung nach oben geschwemmt worden sind! Denn trotz der gewaltigen Fortschritte von Technik und Wissenschaft ist doch der Mensch noch heute in seinem Grundwesen der gleiche wie vor Jahrtausenden!

Aber ist solch ein sozialer Umsturz nicht erstrebenswert und dem geringen Volk zu gönnen? So heißt es im Lobgesang der Maria: »Gott hat Mächtige von den Thronen hinabgestoßen und Niedrige erhöht. Hungrige hat er mit Gütern erfüllt und Reiche leer fortgeschickt« (Luk. 1, 52–53); doch ist dies Prophetie der messianischen Zeitenwende und nicht eine Aufforderung zur sozialen und politischen Revolte (vgl. V. 54–55).

Im allgemeinen aber können wir, schon aus eigener Erfahrung, der Aussage unserer Spruchweisheit zustimmen. Es ist **der Erde** (es kann auch gemeint sein: dem **Lande** Israel) **unerträglich, wenn ein Knecht König wird.** »Nicht geziemt einem Toren Wohlleben; wieviel weniger einem Knechte, über Fürsten zu herrschen« (Spr. 19, 10)! Auch Spr. 29, 21 warnt vor dieser Gefahr: »Wenn einer seinen Knecht von Jugend auf verhätschelt, so wird dieser am Ende zum Sohne werden!«

Durch Königsmord und Revolte, oder aber durch die Wahl des Volkes ins Herrscheramt erhoben, sucht sich der emporgekommene **Knecht** für seine bisherige Niedrigkeit zu entschädigen; dabei kann er sich über die primitiven Gewohnheiten und den beschränkten Gesichtskreis seines früheren Sklaventums kaum erheben. Die jüngere Geschichte bietet mit Hitler, Stalin, Lenin, Honegger und anderen Potentaten genügend Anschauungsmaterial!

Auch **der Gemeine** (BA: der Verruchte; DEL: der Ruchlose), der unverdient zur Fülle, **zur Übersättigung** kommt – wovon das erwähnte **Brot** nur stellvertretend genannt wird –, wird dadurch frecher, lästiger, gefährlicher, aufdringlicher.

Ähnlich ist es mit dem »sitzengebliebenen« Weib, das von allen gemieden, ja, **gehaßt** wurde, weil sie nur Abstoßendes hatte, was ihre **Unleidlichkeit** wiederum verstärkte;

wenn sie dennoch – verspätet– **zur Frau genommen wird,** dann trägt sie den Kopf ganz hoch und zahlt es ihren Geschlechtsgenossinnen heim, daß sie früher von ihnen mißachtet wurde; sie sind nunmehr für sie »Luft«. Wie eine Fürstin unter den Frauen thront sie zur Rechten ihres Mannes, den sie als erobertes Eigentum ansieht, und der unter ihrer **Unleidlichkeit** auch nicht froh werden kann.

Unerträglich kann es auch sein, **wenn eine Magd ihre Herrin beerbt,** die kinderlos verstorben ist, oder die sie gar verdrängt hat. Herrschaft über Haus und Hof und Geld geht mit der erschlichenen **Erbschaft** auf sie über. Solches mußte auch Sara mit ihrer Magd Hagar erfahren: »Sie sprach zu Abram: Das Unrecht, das mir widerfährt, soll auf dich fallen! Ich habe meine Magd in deinen Schoß gegeben; und weil sie sieht, daß sie schwanger geworden ist, bin ich gering geachtet in ihren Augen. JAHWEH richte zwischen mir und dir!« (1. Mos. 16, 5).

Wie ist dies aber geistlicherweise? Sind nicht auch wir, die wir »Sklaven der Sünde« und »Feinde Gottes« gewesen sind, durch die Wiedergeburt zu Söhnen Gottes, ja, zu Königen und Priestern geworden? »Bettler des Kosmos« wurden »reich und zu Erben des göttlichen Königtums« sagt uns Jak. 2, 5. Doch ist uns dies aus Gnaden widerfahren; wie Mephiboseth aus dem Hause Sauls, wurden wir an den Tisch des großen Königs geladen, beugen uns nieder und sprechen mit ihm: »Was ist dein Knecht, daß du dich zu einem toten Hunde gewandt hast, wie ich einer bin?« (2. Sam. 9, 7–8). Immer wieder fordert uns Gottes Wort auf, dessen zu gedenken, woher wir kamen, und aus welcher Niedrigkeit uns Gott in Sein Heil erhob. So sagt uns 1. Kor. 1, 26: »Sehet eure Berufung an, Brüder, daß es nicht viele Weise nach dem Fleische, nicht viele Mächtige, nicht viele Edle sind …!« In unserer Herkunft waren wir nicht anders als die vielen »Ungerechten, die das Reich Gottes nicht ererben werden«, aber wir wurden »abgewaschen, geheiligt und gerechtfertigt im Namen des Herrn Jesus« (1. Kor. 6, 9–11)!

Erzittert unter uns die Erde, sind wir unerträglich **dem Lande** und der Gemeinde, zu der wir gehören, so daß sie uns **nicht aushalten können?** Oder gleichen wir Mordokai, der »wohlgefällig der Menge seiner Brüder« war, weil er »das Wohl seines Volkes suchte und zur Wohlfahrt seiner ganzen Generation redete« (Esth. 10. 3)? Dann stehen wir auch in der demütigen Gesinnung der Maria, die nach Luk. 1, 47–48 bekannte: »Meine Seele erhebt den Herrn, und mein Geist frohlockt in Gott, meinem Retter; denn Er hat hingeblickt auf die Niedrigkeit Seiner Magd; denn siehe, von nun an werden mich glückselig preisen alle Generationen!«

+ + +

350/351   WIE GROSS IST GOTT IM KLEINEN!   (30, 24–28)

Vier sind die Kleinen der Erde, und doch sind sie mit Weisheit wohl versehen: die AMEISEN, kein starkes Volk, und doch bereiten sie im Sommer ihre Speise; die KLIPPDACHSE, kein kräftiges Volk, und dennoch setzen sie ihr Haus auf den Felsen; die HEUSCHRECKEN haben keinen König, und doch ziehen sie allesamt aus in geordneten Scharen; die EIDECHSE kannst du mit den Händen fangen, und doch weilt sie in den Palästen der Könige!

Dem Weisheitslehrer AGUR stand die Natur sehr nahe. Er spricht in Spr. 30 von elf Tieren, welche ihm die Gesamtheit der Schöpfung repräsentieren; er nennt den Raben, den Adler (oder:Geier), den Blutegel, die Schlange, die Ameisen, die Klippdachse, die Heuschrecken, die Eidechse, den Löwen, den Hahn, den Bock. Er hätte sicher dem Dichter Goethe zugestimmt, der in seinem »Faust« sagte: »Alles Vergängliche ist nur ein Gleichnis!« So sollte ein Christ – wenigstens in bescheidenem Maße – ein »Historiker« sein (um die Propheten verstehen zu können), ferner ein »Biologe« (um die Wunder Gottes in der Schöpfung zu erkennen), und ein »Theologe«, der das Wort Gottes erforscht.

In den vorliegenden Versen werden Tiere genannt, die trotz eines Mangels an Kraft und Körpergröße **mit Weisheit wohl versehen sind** (BUB/DEL: gewitzigt weise sind); darin sind sie manchem menschlichen Toren weit überlegen. Ihre **Weisheit** schließt auch Anpassungsfähigkeit und Instinktsicherheit ein.

AGUR führt uns zuerst in das Reich der staatenbildenden Insekten, zu denen außer den Ameisen auch Bienen und Termiten gehören. **Die Ameisen sind kein starkes Volk, und doch bereiten sie im Sommer ihre Speise.** Der soziale Zusammenhalt dieser Insekten, der durch einen gemeinsamen Duft gesichert wird, ist so groß, daß man ein ganzes Volk geradezu als *ein* Individuum ansprechen könnte; so nennt man ein Bienenvolk beispielsweise »der Bien«. Die den Ameisen gegebene **gewitzigte Weisheit** besteht nicht zuletzt in ihrer klugen Arbeitsorganisation; es wimmelt in einem Ameisenhaufen scheinbar alles chaotisch durcheinander, und doch unterliegen die Ameisen einem übergeordneten, jeweils wechselnden Plan, innerhalb dessen sie ihre spezifischen Arbeiten erfüllen. **Das Zurüsten der Speise im Sommer** geschieht nicht zur Schaffung eines Wintervorrats, wo sie ja in eine Starre verfallen, sondern als Nahrung für die heranwachsende Brut. In ihrem Fleiß wird **die Ameise** zur Mahnung für den Faulen, der durch die Beobachtung ihres Verhaltens weise werden könnte; dabei hat sie »keinen Richter, Vorsteher und Gebieter« (vgl. Spr. 6, 6–8). Es sind bestimmte »Ameisenstraßen«, die sie immer wieder benutzen, wenn sie zum Sammeln von Nahrung, Pflanzenresten und Blättern, aber auch zu Kriegszügen ausziehen; manche Blattschneiderameisen legen sich sogar gedüngte unterirdische Pilzgärten als »Speisekammer« an; andere halten gefangene Läuse wie »Kühe« und »melken« ihre süßen Ausscheidungen. Können wir törichten Menschen nicht von der **Weisheit der Ameisen** lernen, sonderlich wir Glaubenden, die wir einen Richter, Herrn und Gebieter haben und Ihm als Glieder **eines** Leibes zugeordnet sind, auch in unseren so verschiedenartigen Diensten?! Obwohl auch wir in uns selbst **kein starkes Volk sind** – die Gegenwart des Leibes Christi ist schwach –, können wir doch, in der Harmonie des Geistes Christi verbunden, mit Fleiß unseren Auftrag vollziehen!

+

Nun richtet AGUR seinen Blick auf **die Klippdachse; auch sie sind kein kräftiges Volk und setzen dennoch ihr Haus** (PAR: ihre Wohnung) **auf den Felsen** (BA: Steilfelsen). Denn »die hohen Berge sind die Heimat der Steinböcke, die Felsen eine Zuflucht für die Klippdachse« sagt Ps. 104, 18. Brehm führt hierzu aus: »Je zerklüfteter die Felswände sind, um so häufiger trifft man die Tiere an!« Murmeltieren ähnlich bauen sie ihre Wohnungen in unzugängliche Felsenhöhlen. Wenn der wachende Klippdachs mit einem schrillen Pfiff Feinde ankündigt, dann klettern sie meisterhaft selbst steilste Felswände hinan und vollziehen dabei Sprünge von drei bis fünf Metern Höhe. Sie gelten als sehr gesellig und ortstreu. Können wir auch von ihrer **gewitzigten Weisheit** lernen? Jesus warnte einmal seine Nachfolger, **das Haus** ihres Lebens und Glaubens auf Sand zu bauen; vielmehr ermahnte er sie, es **auf den Felsen** zu gründen, so wie Er selbst es mit dem Hause Seiner Gemeinde tut. **Der Fels** aber ist Er selbst! So sollten auch wir, die wir **kein kräftiges Volk sind, dennoch unser Haus auf den Felsen** der Ewigkeit **bauen!**

Wie groß ist Gott im Kleinen! AGUR lenkt nun unseren naturkundlichen Blick auf **die Heuschrecken** – offensichtlich die Zug- oder Wanderheuschrecken; **sie haben zwar keinen König, und ziehen doch allesamt in geordneten Scharen aus** (DEL: in Reih und Glied; BUB: in Schlachtreihen; BA: dem Pfeile gleichend). Wer einmal Heuschreckenschwärme gesehen hat, meint zuerst, ihre einfallenden Wolken zögen in einem völligen Chaos; dann aber kann er bemerken, wie die Wolke plötzlich und wie auf Kommando Zugrichtung und Höhe ändert, und wie sie eben doch geheimnisvoll durch einen gemeinsamen Trieb gesteuert wird. Wo sie aber Pflanzennahrung finden, fallen sie ein und fressen alles ab. Zwar haben sie **keinen König,** keine Führerheuschrecke mit dominierendem Willen, und doch bestimmt ein übergeordneter Befehl Trieb und Ziel **der Gesamtheit** (vgl. 2. Mos. 10, 13–15). In Jes. 40, 22 werden die Menschen auf Erden aus der Perspektive Gottes »wie Heuschrecken« geschaut. Dürfen wir von **der Weisheit** dieser Insekten lernen, wir, die wir **einen König haben** und uns Seinem Willen unterordnen, der Bauplan und »Zugrichtung« der Gemeinde bestimmt?

Zuletzt nennt AGUR die geschwind huschende **Eidechse,** die normalerweise die Ritzen und Höhlungen von Felsen und Steinmauern bewohnt; wer flink und geschickt ist, **kann sie mit den Händen fangen.** Wie aber kommt er auf die Idee, **sie weile** auch **in den Palästen der Könige** (BUB: in Königshallen)? Ob er dies einmal selbst mit Erstaunen erlebt hat, wie sie dort über Wände und Gesimse huschte? Wie mag er gelächelt haben, daß sie trotz der grimmigen Schloßwachen und trotz verriegelter Türen und Tore Zugang zum König fand! »Die Heimatlose findet Heimat beim König« mag er gedacht haben . Und so ist es auch mit uns, die wir schwach und wehrlos und **mit Händen zu greifen sind,** den Mächten der Finsternis scheinbar schutzlos ausgeliefert: Auch wir **weilen in Königshallen,** finden Zuflucht und Heimat bei IHM, dem König aller Könige, bei Jesus, der größer ist als Salomo.

So verkündigt uns das Kleine Großes, das Vergängliche Bleibendes, das Verhalten geringer Tiere **Weisheit!**

+ + +

352 SELBSTBEWUSSTES AUFTRETEN (30, 29–30)

Drei haben einen stattlichen Schritt, und vier einen stattlichen Gang: der LÖWE, der Held unter den Tieren und der vor keinem zurückweicht; der lendenstraffe HAHN, oder der LEITBOCK; und ein König, bei dem der Heerbann ist (oder: dem nichts widerstehen kann).

Auch in der Sage gilt **der LÖWE** als der **König der Tiere,** als deren **Held** und **Mächtiger** (BA). Sein dominantes Auftreten – auch im Löwenrudel – äußert sich wirklich in einem **stattlichen Gang.** Da er keinen ernsthaften Feind hat, **weicht er vor keinem**

zurück. So heißt es in Jes. 31, 4: »Denn also hat JAHWEH zu mir gesprochen: Wie der Löwe und der junge Löwe, wider den der Hirten Menge zusammengerufen wird, über seinem Raube knurrt, vor ihrer Stimme nicht erschrickt und sich vor ihrem Lärmen nicht ergibt, also wird JAHWEH der Heerscharen herniedersteigen, um auf dem Berge Zion … zu streiten!« Hier wird dem JAHWEH – Christus als dem HERRN der himmlischen Engelheere – im Blick auf Sein Kommen in Herrlichkeit der Löwentitel beigelegt; so auch in Offb. 5, 5: »Weine nicht! Siehe, es hat gesiegt der **Löwe,** der aus dem Stamme Juda, die Wurzel Davids … !« (vgl. auch 1. Mos. 49, 9).

Wie beim **Löwen** das herrschaftliche Auftreten, wird am **lendenstraffen Hahn** das selbstbewußte Stolzieren im Kreise seiner Hennen geschaut; beim **Leitbock** einer Ziegen- oder Gazellenherde steht der Gedanke der Führung im Vordergrund, weil er die Gefahren für die Herde erkennt und über sie wacht. Keiner kann ihm die Führerstellung in der Herde streitig machen. Durch ein »und« ist nun **der Leitbock** mit **dem Könige** verbunden, **der den Heerbann anführt** (oder: dem niemand widerstehen kann); beiden wird das Merkmal der Repräsentation und Führung zugesprochen. In Jes. 14, 9 werden alle Machthaber der Erde als **Leitböcke** angesprochen, auch wenn sie auf Thronen im Totenreich sitzen. »Die Majestät des königlichen Ganges zeigt sich, wenn der König an der Spitze derer marschiert, die sich auf seinen Ruf hin zum Kampfe erhoben haben. Er ist für seine Armee, was der Leitbock für die Herde« (nach DEL). Es ist weniger die stolze Schaustellung **des Hahns,** die den König in seiner reichgeschmückten Uniform kennzeichnet, sondern der dominierende **Gang des Löwen, der vor nichts zurückweicht und dem niemand widerstehen kann,** und die Führungsqualität **des Leitbocks.**

So geht nun auch **der Löwe aus Juda seinen stattlichen Gang** durch die Heilsgeschichte und weicht vor keiner Macht der Finsternis zurück, wenn Er die aeonenlange Auseinandersetzung mit dem Satan führt! Er ist der HERR der Himmelsheere, mit denen Er einmal wiederkommen wird (2. Thess. 1, 7). Er ist »JAHWEH–isch–milchana«, der HERR als Kriegsmann (2. Mos. 15, 3). Nur einmal ist Er **zurückgewichen,** als er auf **den Heerbann** jener zwölf Legionen Engel verzichtete, die zu Seiner Hilfe bereitstanden, und zur Versöhnung der Welt einging in die alleräußerste Ohnmacht Seines Leidens! Aber gerade durch das Kreuz hat Er alle Feindesmächte besiegt und entwaffnet.

Gehören auch wir **zum Heerbann dieses Königs, der einen stattlichen Gang hat und vor nichts zurückweicht?** Dann gehören wir nicht zu denen, »die zurückweichen zum Verderben«, sondern zu jenen, »die glauben zur Errettung der Seele« (Hebr. 10, 39). Jesus hat einmal im Blick auf eine konsequente Nachfolge das gleichnishafte Wort gesprochen: »Denn welcher König, der auszieht, um sich mit einem anderen König in Krieg einzulassen, setzt sich nicht zuvor nieder und berät, ob er imstande ist, dem mit 10 000 entgegenzutreten, der gegen ihn mit 20 000 heranzieht« (Luk. 14, 31)?

Als Martin Luther am 18. April 1521 abends um 18.00 Uhr auf dem Reichstag zu Worms vor Kaiser und Reich und katholischer Weltkirche das Evangelium der Gnade Gottes zu verteidigen hatte, waren die Augen von 500 Menschen auf ihn gerichtet, ja, die ganze deutsche Nation schaute auf ihn und hielt den Atem an: Was wird er sagen? Wird er schwach werden und widerrufen? Doch der schwarze Mönch mit den brennenden Augen stand fest: »Daher kann und will ich nichts widerrufen, weil wider das Gewissen etwas zu tun weder sicher noch geraten ist. Hier stehe ich, ich kann nicht anders. Gott helfe mir. Amen!« (nach Preuss: »Der Weg der Kirche …«). Da war er **der Löwe, der Mächtige und Heldenhafte mit einem stattlichen Gang,** der Führer der Glaubenden.

Gehören auch wir zum **Heerbann,** der den guten Kampf des Glaubens kämpft, und den

der König aller Könige **anführt, der Löwe** aus Juda? Gott gebe uns in Glaubensdingen Festigkeit, einen **stattlichen Gang** durch unsere Lebenszeit und die Fähigkeit, auch anderen geistliche Führung zu geben und ihnen das Ziel zu weisen!

+ ⁺ +

353 DIE WARNUNG EINER KÖNIGSMUTTER (31, 1–3)

Worte LEMUELS, des Königs: der Ausspruch, mit dem seine Mutter ihn unterwies: Was, mein Sohn, und was, Sohn meines Leibes, und was, Sohn meiner Gelübde ... Gib nicht Weibern deine Kraft, noch deine Wege den Verderberinnen der Könige!

Neben der »Vaterunterweisung« gibt uns hier **der König LEMUEL eine Unterweisung seiner Mutter** weiter (DEL: Ermahnung; BUB: Warnung). Dies entspricht Spr. 1, 8: »Höre, mein Sohn, die Unterweisung deines Vaters, und verwirf nicht die Belehrung deiner Mutter!« (s. auch Spr. 6, 20). So obliegt auch im heutigen gesetzestreuen Judentum ein wesentlicher Anteil der Erziehung der Mutter; doch wird von vornherein vorausgesetzt, daß »Vaterunterweisung« und mütterliche Erziehung miteinander im Einklang und nicht im Widerspruch zueinander stehen. Daß **LEMUEL,** zu deutsch **der Gottgeweihte,** noch als **König** seine Mutter ehrte, tut sich darin kund, daß er selbst die mütterliche Weisung weitergab, ja, daß er diese als **»gewichtigen«,** prophetischen **Ausspruch** bezeichnete (BA: Traglast).

Ein 23. und letztes Mal erscheint in den SPRÜCHEN die Anrede **mein Sohn,** hier mit dem ungewöhnlichen Wort »bar«, das sonst nur im Aramäischen »Sohn« bedeutet, nach dem Hebräischen aber wohl **mein Verklärter** (BA). Diese Anrede aber beschreibt die ganze mütterliche Liebe einem Manne gegenüber, der **Sohn ihres Leibes,** ja, **Sohn ihrer Gelübde** ist und, nach der Namengebung dieser frommen jüdischen Frau, sogar **ein Gottgeweihter.**

Wie das Seufzen einer besorgten Mutter erklingt das dreimalige **Was ... ,** dem die Satzergänzung fehlt; vielleicht dürfen wir es so fortsetzen: **Was ... was ... was soll ich dir raten für deinen zukünftigen Weg?** Sie ist auf der Suche nach einem gottgemäßen, »gewichtigen«, weissagenden **Ausspruch;** ihrem Sohn ist sie wohl auch darum besonders verbunden, weil er der **Sohn ihres Gelübdes** war. Wer dächte hier nicht an Hannah, die nach anfänglicher Kinderlosigkeit und nach ihrem Gelübde, daß ein gottgeschenkter Sohn einmal dem lebenslangen Dienst Gottes geweiht sein solle, SAMUEL empfing (1. Sam. 1, 11 + 27–28). Auch die **Mutter Lemuels weihte** ihren Sohn **Gott,** was wohl auf ein ähnliches Geschick hinweist.

Worin bestehen nun ihre Weisungen? Zum ersten: **Gib nicht Weibern deine Kraft** (Manneskraft; BA: Wappnung), **noch deine Wege den Verderberinnen der Könige!** Diese **Wappnung** des Mannes ist die Rüstung der Keuschheit und Selbstdisziplin. So hat Gott auch uns, die wir in einem höheren Sinne **gottgeweihte Könige** und Priester sind, einen Geist der Kraft, der Liebe und der *Zucht* gegeben, und die letzte Frucht des Heiligen Geistes ist die Selbstbeherrschung oder Enthaltsamkeit (2. Tim. 1, 7/Gal. 5, 22)! Sicherlich hat die Mutter **Lemuels** dabei an den Ehebruch des Königs DAVID gedacht, der so schwere persönliche Konsequenzen nach sich zog; wir erinnern uns auch an SALOMO, der vielleicht selbst die Mutterbelehrung an Lemuel seiner Spruchsammlung eingefügt hat; hatte er sich doch im Alter 1000 Frauen und Nebenfrauen aus den umliegenden heidnischen Völkerschaften erwählt – im klaren Widerspruch zu Gottes Weisung –, die »sein Herz fremden Göttern zuneigten, so daß sein Herz nicht mehr ungeteilt mit JAHWEH war, wie das Herz seines Vaters David!« Er begann, der ASTORETH, dem MILKOM, dem KAMOS und dem MOLECH zu dienen und verfiel **den Verderberinnen der Könige,** auch in seinem Wandel und **Weg.** Sein Götzendienst rief letztlich die spätere Reichsteilung in Nord- und Südreich hervor (1. Kön. 11, 1–7 + 11).

Viele Ausleger sehen in **Lemuel** keine historische Person, sondern eine Symbolfigur für den idealen, gottgeweihten König. Ich meine, beides schlösse sich nicht aus. Wir werden in den kommenden Versen noch sehen, welche Bedeutung **die Worte der Mutter Lemuels** für **den** **gottgeweihten König** und **verklärten Sohn,** für den Messias, haben.

Nach Seiner Selbstoffenbarung im Tempel zu Jerusalem ging der Zwölfjährige mit seinen Eltern wieder nach Nazareth zurück und »war ihnen untertan«, also auch der väterlichen und mütterlichen Erziehung. So nahm er nicht nur »an Größe« zu, was allen Erdenkindern zu eigen ist, sondern auch »an Weisheit und an Gunst bei Gott und den Menschen« (Luk. 2, 49–52)!

+ + +

354 RAUSCHTRANK – NICHT FÜR KÖNIGE! (31, 4–7)

Nicht für Könige geziemt es sich, LEMUEL, nicht für Könige, Wein zu trinken, noch für Fürsten, zu fragen: Wo ist berauschendes Getränk? – damit er nicht trinke und des Vorgeschriebenen vergesse, und verdrehe die Rechtssache der Kinder des Elends. – Gebet berauschendes Getränk dem Umkommenden, und Wein denen, die betrübter Seele sind: – er trinke und vergesse seine Armut und gedenke seiner Mühsal nicht mehr!

Noch immer mahnt und warnt die Mutter Lemuels: Nicht alles, was »jedermann« tut, ist auch **dem gottgeweihten König LEMUEL** und seinen **erlauchten Fürsten** erlaubt; ihre Stellung gebietet es ihnen, auch in diesem Stück vorbildlich zu sein und sich der niederen Sinnenlust zu enthalten! Denn »der Wein ist ein Spötter, berauschendes Getränk ein Lärmer; und jeder, der davon taumelt, wird nicht weise!« (Spr. 20, 1). Auch Spr. 23, 29–35 beschreibt umfassend den Zustand eines Betrunkenen, wozu auch gehört, daß »seine Augen Seltsames sehen, und sein Herz verkehrte Dinge redet« (V. 33).

Was wären die unausbleiblichen Folgen für den König, wenn er von Trinkgelage zu Trinkgelage, von Berauschung zu Berauschung eilt? Er würde **die vorgeschriebene Satzung vergessen,** falsche Gerichtsurteile fällen und dabei **die Rechtssache der Kinder des Elends verdrehen,** d. h. derer, die von Geburt an zu den verarmten Volksschichten gehören (PAR: Kinder des Dahinschwindens; BA: Söhne der Demütigung). Der berauschte Machthaber, der nur an sein Eigenleben und die protzige Repräsentation denkt, verliert die leidenden Menschen völlig aus den Augen. Darum sagt Jes. 5, 21–23: »Wehe denen, die Helden im Weintrinken sind und tapfere Männer im Mischen von Rauschtranken; sie sprechen die Gesetzlosen um eines Geschenkes Willen gerecht und entziehen den Gerechten die Gerechtigkeit!« Vielmehr sollte der weise Herrscher erfüllen, was ihm die Mutter Lemuels in Spr. 31, 8–9 empfiehlt: »Öffne deinen Mund für die Stummen, für die Rechtssache aller Kinder des Dahinschwindens. Öffne deinen Mund, richte gerecht, und schaffe Gerechtigkeit dem Elenden und dem Dürftigen!«

Dies sind wahrlich große Ansprüche, die nach dem Maßstab des göttlichen Gesetzes in Israel an Könige gestellt wurden! Dem Wehespruch des Jesajas schließt sich Pred. 10, 16–17 an: »Wehe dir, Land, dessen König ein Knabe ist, und dessen Fürsten am Morgen schon schmausen! Glücklich, du Land, dessen König ein Sohn der Edlen ist, und dessen Fürsten zur rechten Zeit speisen – mit Mannhaftigkeit und nicht mit Trunkenheit!« Dieses Gebot, sich im Dienste von Wein und Rauschtrank zu enthalten, galt nach 3. Mos. 10, 9–11 auch den Priestern, damit sie Heiliges und Unheiliges zu unterscheiden vermochten und lehrfähig blieben!

Suchen wir in der Heiligen Schrift nach Beispielen für die Trunkenheit von Königen, dann erinnern wir uns an Beltsazar, der sich noch in der Nacht vor dem Untergang seines Reiches mit Tausenden seiner Diener, Frauen und Kebsweiber aus den eroberten goldenen und silbernen Tempelgefäßen Jerusalems berauschte (Dan. 5); oder wir denken an den trunkenen König Herodes, der, entzückt vom Schleiertanz seiner Tochter einwilligte, Johannes den Täufer enthaupten zu lassen und ihr auf einer Schüssel sein Haupt zu überreichen.

Und doch gilt auch: **Gebet Rauschtrank dem Umkommenden** (Todgeweihten), **und Wein denen, die betrübter** (BUB: erbitterter) **Seele sind;** er könnte dadurch wenigstens zeitweilig **seine Armut vergessen und seiner Mühsal nicht mehr gedenken!**

Delitzsch berichtet aus Sanhedrin 43a, daß die edlen Frauen Jerusalems den zum Tode Verurteilten einen Rauschtrank reichen sollten; so wollte man auch Jesus, ehe er ans Kreuz genagelt wurde, zur Betäubung »Wein mit Myrrhe vermischt« anbieten (Mark. 15, 23); doch Er lehnte das Betäubungsgetränk ab; nicht berauscht und betäubt, sondern mit klarem Bewußtsein wollte Er, **der Todgeweihte,** für uns leiden und bis zuletzt im Gespräch mit Gott und den Menschen bleiben! Ist ER doch im tiefsten Grunde *der* **gottgeweihte König und verklärte Sohn.** Er wollte nicht das im Prophetenwort Ihm **Vorgeschriebene vergessen,** sondern die Schriften erfüllen; litt Er doch **für die Kinder des Elends und ihre Rechtssache,** ihre Rechtfertigung, und betete für Seine Feinde. Auch wir gehörten zu den **Söhnen des Dahinschwindens** und des Ungehorsams, also zu den Feinden Gottes, und wurden durch Seinen Tod mit Gott versöhnt!

Die Selbstberauschung und Betäubung **geziemt dem Könige nicht;** das Gott und Seinem Sohn **Geziemende** ist Seine unverbrüchliche Wesenstreue, mit der Er sich selbst nicht verleugnen kann und zu Seinen Verheißungen und Berufungen steht (vgl. Hebr. 2, 10).

Zu solcher Freiheit und Klarheit des Geistes sind auch wir als Könige und Priester gerufen; Trunkenheit und Trinkgelage schließen uns vom Erbteil im Reiche Gottes aus (1. Kor. 5, 11/6, 10/Röm. 13, 13). Doch auch die seelische Selbstberauschung, Willensbetäubung, Massenhysterie und die damit verbundene Unfreiheit stammen nicht aus dem Heiligen Geist! Darum ermahnt uns Eph. 5, 18: »Berauschet euch nicht mit Wein, in welchem Ausschweifung ist, sondern vielmehr werdet mit dem Geiste erfüllt!« Denn »Wo der Geist des Herrn wirksam ist, dort ist Freiheit« (2. Kor. 3, 17). Dies gilt auch von religiöser Umnebelung und den frommen Rauschzuständen unserer Tage, die nichts mit dem »Charisma« des Geistes Gottes zu tun haben!

+ + +

Eine tüchtige Frau, wer wird sie finden? Denn ihr Wert steht weit über Korallen!

LEMUEL eröffnet nun einen Lobpreis der »idealen«, **tüchtigen, rüstigen Frau;** er schildert ihre Vorzüge in prächtigen Bildern und stellt sie »sich selbst verherrlicht dar«, wie es auch von gläubigen Männern gefordert wird (Eph. 5, 27). Sein »Frauenspiegel« besteht aus 22 Versen, die in ihrer Abfolge jeweils mit einem Buchstaben des hebräischen Alphabets beginnen. Deutlich wird in allen Versen, daß die edlen Charakterzüge dieser Frau aus der Gottesfurcht erwachsen. In unserer Zeit hingegen ist das bevorzugte Lebensziel der meisten Frauen neben der totalen Emanzipation die sexuelle und finanzielle Selbstverwirklichung. Da wird man Lemuels Beschreibung der **idealen Frau** als »längst überholtes Sklavendasein« ansehen!

Doch weil »weder die Frau ohne den Mann etwas ist in dem Herrn, noch der Mann etwas ohne die Frau« (1. Kor. 11, 11), kann Gottes Wort, wie es im Hohenlied geschieht, sowohl Schönheit, Charakter und Tüchtigkeit der Braut und Frau, als auch des geliebten Mannes preisen. So sagt auch Spr. 12, 4: »Eine tüchtige Frau ist ihres Mannes Krone, aber Fäulnis in seinen Gebeinen ist eine schändliche!« Und Spr. 18, 22 fügt hinzu: »Wer eine Frau gefunden, hat Gutes gefunden und hat Wohlgefallen erlangt von JAHWEH!«

Aber wo ist ein solches Musterbild von Frau **zu finden,** könnte man fragen. Matthias Claudius dichtete: »Rebekka wählen ist Geschmack, nicht wahr, Kollege Isaak?« Von der Schwierigkeit des Suchens und des Findens spricht auch Salomo in Pred. 7, 26: »Und ich fand, was bitterer ist als der Tod: das Weib, welches Netzen gleicht, und dessen Herz Fanggarne, dessen Hände Fesseln sind. Wer Gott wohlgefällt, wird ihr entrinnen, aber der Sünder wird durch sie gefangen werden!« Und er fügt sehr skeptisch hinzu, er habe wohl einen wirklichen Mann unter Tausenden gefunden, jedoch keine rechte Frau (V. 28). Vielleicht hat er in der falschen Richtung gesucht, als er 1000 heidnische Frauen und Nebenfrauen erwählte, wie es uns 1. Kön. 11, 1–8 berichtet! Wenn es wirklich so wäre, wie er sagt, dann wäre es »besser«, einsam »auf einer Dachecke zu wohnen«, als ein zänkisches Weib und ein gemeinsames Haus zu haben« (Spr. 25, 24)!

Schon immer haben Ausleger in den Versen 10–31 eine allegorische Darstellung vermutet; ein christlicher Ausleger sah in dem Weibe den Heiligen Geist in seiner erziehlichen Wirksamkeit, jüdische Ausleger sahen in ihr die Thora, der Kirchenvater Augustin die Kirche, ein anderer »die suchende Seele« (nach DEL); doch befragen wir Gottes Wort, dann steht hinter allen seinen Aussagen über das »ideale Weib« des HERRN Lobpreis, aber auch Seine Klage über die BRAUT und das WEIB **Israel.** Ob wir nun Spr. 31, 10–31, Psalm 45, das Hohelied, Offb. 12, 1–6, Joh. 8, 1–11, Hosea 2, 14–20 und Joh. 2, 1–11 lesen, überall leuchtet die Freude des Gottes der Hoffnung über das vollendete Israel auf, das Er bereits in der Schönheit der vollendeten Erlösung und am Ziele sieht! Ihm will Er sich »verloben in Ewigkeit, verloben in Gerechtigkeit und Gericht«, aber hernach auch »in Güte, Barmherzigkeit und Treue« (Hosea 2, 19–20). Alles Heilsgeschehen mit Israel zielt hin auf die »Hochzeit des Lammes«, wo in Auferstehung und Wiedergeburt »Leben aus Toten« ersteht (Röm. 11, 15). Ganz gewiß muß **das Weib** JAHWEHs – das im Götzendienst zur HURE, im Gericht zur einsamen WITWE wurde – noch schmerzliche Wege gehen, ehe Er es sich »herrlich darstellen kann, ohne Flecken und Runzeln und dergleichen etwas«, wie es heute schon der Gemeinde widerfährt (Eph. 5, 27). So ist **der Mann,** der in vorliegenden Versen sein **Weib** rühmt, **der gottgeweihte König LEMUEL, der verklärte Sohn,** der Christus Gottes!

Eine tüchtige Frau – wer wird sie finden? Weit über Korallen steht ihr Kurswert! Doch wer da sucht, wird finden! Hat nicht der Christus als der Bräutigam Israels, **die tüchtige Frau** in Seiner Liebe oftmals vergebens gesucht? Denken wir nur an Sein Klagewort aus Mtth. 23, 37–39 an die Bewohner von Jerusalem: »Wie oft habe ich deine Kinder sammeln wollen …, ihr aber habt nicht gewollt!« Doch wird Er bei dieser Klage nicht stehenbleiben, sondern Israel suchen, heimsuchen und schließlich **finden!** Die »Hochzeit des Lammes« – also des Bräutigams Christus aus Haupt und Gliedern mit Seinem **Weibe** Israel – wird die Erfüllung von Spr. 31, 10 bringen und die Neugeburt der Welt einleiten! Der Buchstabe »aleph«, mit dem dieser Vers beginnt, ist der Buchstabe des Anfangs und Neubeginns.

Weit über Korallen (DEL: Perlen) **steht des Weibes Wert.** War der Messias Jesus nicht der »Kaufmann«, der zur Verwirklichung des Reiches Gottes »schöne Perlen suchte«? »Als Er aber eine kostbare Perle gefunden hatte, ging Er hin, verkaufte alles, was Er besaß, und kaufte sie« (Mtth. 13, 45–46). Ja, **weit über Perlen und Korallen steht der Kurswert Israels, weil** es »um einen teuren Preis erkauft wurde«. Phil. 2, 5–8 will uns sagen, was der Herr alles »verkaufte« und verließ, als Er auf diese Erde kam, um uns und Sein Volk Israel aus der Gewalt der finsteren Mächte loszukaufen! Er zahlte »den teuren Preis Seines Blutes« (s. 1. Petr. 1, 18–19). Nun sind wir dem Vater **kostbar** in dem geliebten Sohn, der uns Ihm angenehm machte durch Sein Blut! So beruht **der Wert** der Erlösten – also auch des erneuerten Volkes und Weibes Israel – nicht auf ihrem eigenen Vermögen, sondern in der Größe des Preises, mit dem sie erkauft wurden!

+ + +

356 DIE VERTRAUENSWÜRDIGE FRAU (31, 11–12)

Das Herz ihres Mannes vertraut auf sie, und an Ausbeute wird es ihm nicht fehlen. – Sie erweist ihm Gutes und nichts Böses alle Tage ihres Lebens.

Wo gibt es das heute noch, daß ein Mann völlig seiner Frau vertrauen kann, oder eine Frau ihrem Manne? Freilich sollte es dort vorhanden sein, wo Glaubende eine Ehe miteinander führen, und einer des anderen Belastung zu tragen bereit ist (Gal. 6, 2) – fern dem Geiste dieser Weltzeit, wo viele nur Lustgewinn und Selbstverwirklichung anstreben. Jedoch gibt es auch Ungläubige, die eine gute Ehe führen, und Glaubensmenschen, die miteinander in einem lebenslangen Krieg liegen; dies sei um der Wahrheit willen nicht verschwiegen. Die Liebe der »idealen Frau« des Berichterstatters LEMUEL beruht nicht auf schwankenden romantischen Gefühlen und altersbedingtem hormonellem Antrieb, sondern ist sittlich tief gegründet und währt darum **lebenslang.** Luther übersetzte: **Sie tut ihm Liebs und kein Leids, all sein Lebelang.** Vers 11 beginnt mit dem hebräischen Buchstaben »beth«, der das Haus und die Familie bedeutet. So überließ der arbeitende Mann unserer Spruchweisheit Haus und Hof, Kinder und Vermögen **in herzlichem Vertrauen** seiner Frau, die es so zu mehren wußte, daß er nur dabei **gewann;** daß Vers 12 mit dem Buchstaben »gimel« anlautet – dem »Lastkamel« oder dem »Knecht«, mag auf die Mühen und Belastungen der Frau hinweisen, die ihr aus solcher Unterordnung erwuchsen. Auch das NT bestätigt es uns, daß es »der gottesfürchtigen Frau geziemt, gute Werke zu tun«, wodurch sie dann sogar zu einer »Lehrerin des Guten« werden kann (1. Tim. 2, 10/Tit. 2, 4).

Kommen wir nun zur prophetischen Deutung im Blick auf ISRAEL und die Gemeinde. Kann man wirklich von Christus und Israel, von Christus und Seiner Verbindung zur Gemeinde sagen, was scheinbar nur die Beschreibung einer guten Ehe ist: **Das Herz ihres Mannes vertraut auf sie!?** Es gehört zum Geheimnis der Gnade Christi, daß Er im Blick auf das Ziel der Vollendung Sein Vertrauen auf uns setzt, die wir Seines Vertrauens völlig unwürdig sind, und daß Er uns für treu erachtet und uns mit einem Dienst betraut (1. Tim. 1, 12). Er selbst ist es doch, der uns durch Paulus ermuntert: »Bewahre das schöne anvertraute Gut durch den Heiligen Geist, der in uns wohnt« (2. Tim. 1, 14)! Kann es auch einmal von uns an jenem Tage heißen: **An Ausbeute wird es IHM nicht fehlen?**

Im Blick auf die Vollendung vertraut der »Eheherr« (adon) auch Seinem geliebten Volke Israel; er hat ihm darum »das Wort Gottes, die Sohnschaft, die Herrlichkeit, die Bündnisse, die Gesetzgebung, den Gottesdienst, die Verheißungen, die Glaubensväter, ja, den Messias im Fleische« **an-vertraut** (Röm. 3, 2/9, 4–5).

Welcher Gedanke: Der HERR **vertraut** uns! Sein **Herz** ist vertrauensvoll auf uns gerichtet! Seine Barmherzigkeit gilt uns! Sogar, wenn Ephraim durch seinen Götzendienst dem Gericht anheimfiel, rief Gott: »Mein Herz hat sich in mir umgewendet, erregt sind alle meine Erbarmungen …«(Hosea 11, 8–9). **Im Herzen** Jesu wohnt **Vertrauen.** Liebe und Mißtrauen schließen sich bei Ihm aus, auch wenn Er um alles weiß, was in Seinen Geschöpfen vor sich geht.

Das Weib erweist ihrem Manne Gutes und nichts Böses, alle Tage ihres Lebens!
Ist dies die romantische Schwärmerei einer idealisierenden Wunschvorstellung von der Ehe, die an der Wirklichkeit zerbrechen muß? Nicht im Worte Gottes! Auch gibt es immer wieder Männer, die solches von ihrer Frau, auch im Rückblick auf ein langes gemeinsames Leben, bekennen dürfen!

Doch klafft das Bild **des idealen Weibes** mit dem Handeln Israels gegenüber seinem Messias weit auseinander! Denken wir nur an das Wort aus Joh. 1, 11: »Er kam in Sein Eigentum, jedoch die Seinigen nahmen Ihn nicht auf!« Noch stärker aber wird der Mißklang, wenn wir an die Schuld Israels bei der Kreuzigung Christi denken! Der Tag aber wird kommen, an dem auch Spr. 31, 12 sich an Israel erfüllt. Dann wird der Christus – wie Sein großes Vorbild Joseph seinen gebeugten Brüdern – Seinem bußfertigen Volke Israel sagen: »Fürchtet euch nicht, denn ich stehe unter Gott! Ihr zwar, ihr ersannet **Böses** gegen mich; **Gott aber ersann es für mich zum Guten,** damit Er bewirke, wie es an diesem Tage ist, ein großes Volk am Leben zu erhalten!« (1. Mos. 50, 19–20). Die schärfste Äußerung des Bösen – in der Kreuzigung Jesu – ersann Gott vor aller Zeit und Welt für Seine Geschöpfe **zum Guten** der Erlösung. Von diesem Geheimnis wußte Israel ebenso wenig wie die Brüder Josephs.

Bald wird sich der innerste Sinn des Neuen Bundes mit Israel erfüllen: »Denn JAHWEH hat ein Neues geschaffen auf Erden: **Das Weib wird den Mann** (liebend) **umgeben«** (Jer. 31, 22). Dann wird Israel Jesus nennen **»Mein Ehemann!«** und nicht mehr : »Mein Baal!« (vgl. Hosea 2, 16 mit Mtth. 12, 24).

+ + +

SPRUCH vom tüchtigen Weibe: **Sie sucht Wolle und Flachs und arbeitet dann mit Lust ihrer Hände** (V. 13).

Woher rührt **die Lust der arbeitenden Hände,** wenn die lobenswerte Frau **Wolle und Flachs** verspinnt und webt und zu Gewändern verarbeitet? (s. auch V. 19 + 24). Man kann seine Arbeit mit Widerwillen und Verdruß tun, dann werden auch die Hände keine **Lust** verspüren; man kann sie aber auch in einer freudevollen Haltung des Geistes und der Seele verrichten, was sich dann auch in der **Lust der Hände** äußert. So ist es auch bei Gott selbst; weil Er Israel »nach der Lauterkeit Seines Herzens weidete«, leitete Er sie auch »mit der Geschicklichkeit Seiner Hände« (Ps. 78, 72). Die vom Gesetz geforderten Werke des Glaubens können dem einen eine drückende Last sein, dem anderen aber »Lust und Wonne«, wie es uns der Verfasser von Ps. 119 in den Versen 16, 24, 35, 47, 70 und 77 bezeugt. Wenn einmal **dem Weibe JAHWEHs** durch die Wiedergeburt das Gottesgesetz ins Herz geschrieben wird, wie es uns Mtth. 19, 28 und Jer. 31, 31–33 verheißen, dann wird es ihm zum »königlichen, vollkommenen Gesetz der Freiheit« werden – durch die Liebe, die seine eigentliche Erfüllung darstellt (Jak. 1, 25/2, 8); diese Liebe wird sich dann **im Liebeswerk für den Mann,** für den Christus, bekunden!

Das »Frauenlob« fährt in Vers 14 fort:

Sie ist Kaufmannsschiffen gleich; von fernher bringt sie ihr Brot herbei!

Die tüchtige Frau hat die Art solcher Handelsschiffe; gut ausgerüstet und nach einem klugen Plan segeln sie über die Meere, um **von ferne her** Nahrung und Handelswaren in Fülle **herbeizuholen.** Die Frau richtet voller Unternehmungsgeist ihren Blick weit über den engen Familienkreis hinaus; sie erspäht auch »ferne Gelegenheiten«, um ihre Familie und das Gesinde gut zu versorgen.

Das Schiff ist ein biblisches Symbol für den Glauben in seiner Fülle, in seiner kostbaren Fracht und Sendung für andere. Darum wird auch ein Zerbrechen des Glaubens in 1. Tim. 1, 19 als »Schiffbruch« bezeichnet. Im Hinblick auf Christi Menschwerdung singen wir das alte Lied:

> »Es kommt **ein Schiff,** geladen bis an den höchsten Bord,
> trägt Gottes Sohn in Gnaden, des Vaters ewges Wort!«

Barg der Glaube **des Weibes ISRAEL** wirklich jene kostbare Fracht – den Messias, **das Brot** der Welt? Wir können dies nur bejahen, weil ja unser Herr aus dem Samen Davids entsprossen ist, so daß Er selbst bezeugte: »Die Rettung« – das ist der Messias – »kommt aus den Juden« (Joh. 4, 22)! Als das lebendige und wesenhafte himmlische **Gottesbrot,** das der Welt das Leben gibt, kam Er **von fernher,** ging aber »durch die Hände Israels«, wie es Matthias Claudius vom Brote sagt: »Es geht durch unsre Hände, kommt aber her von Gott!« (vgl. Joh. 6, 32–33/35/51). Der Brotverwalter Gottes trug den edlen Samen Seines Leibes – das Weizenkorn Gottes – weinend zur Aussaat, um viel Frucht bringen zu können; diese trug Er dann jubelnd dem Vater bei Seiner Heimkehr zu (Ps. 126/Joh. 12, 24/Hebr. 5, 7–8). »Gott bricht den Hungrigen **Sein Brot!**« verheißt Ps. 146, 7; auch wir feiern beim »Brechen des Brotes« die wunderbare Brotvermehrung, die dereinst zur Sättigung aller heilsverlangenden Wesen und Welten führen wird!

Israel brachte in der Menschwerdung Christi aus dem Samen Davids **von fernher Brot herbei;** es wird im Messiasreich, **Kaufmannsschiffen gleich,** dieses **Brot** zu den Völkern hinausbringen. Diese werden dann den ihnen zugesandten Glaubensreichtum ebenfalls als eine Fracht **von fernher** empfinden. Dann wird **das Weib Israel** nach Spr. 25, 21 handeln: »Wenn deinen Hasser hungert, so speise ihn **mit Brot ...«** und nach Pred. 11, 1: »Wirf **dein Brot** hin auf die Fläche der Wasser« – das sind die Nationen im Völkermeer –, »denn nach vielen Tagen wirst du es finden!«

Schon heute birgt Israels Glaubensschiff die Aussprüche Gottes , die Sohnschaft, die Herrlichkeit, die Bündnisse, die Gesetzgebung, den Gottesdienst, die Väterverheißung, die Erzväter, den Messias nach dem Fleisch – ein neunfacher Reichtum schon in der Vorerfüllung (Röm. 3, 2/9, 4–5)! Was wird es sein, wenn es im neuen Leben den ganzen »unausforschlichen Reichtum Christi« mit sich führen wird! Dieser endzeitliche Missionsauftrag Israels hat sich in der paulinischen Völkermission nach Jes. 49 angebahnt.

Das Wort vom **Kaufmannsschiff des Weibes** ist insofern eigentümlich, weil Israel nie ein Seefahrervolk, sondern immer das Volk des Landes war. So gibt es in der Heiligen Schrift nur wenige Berichte von seefahrenden Israeliten. Sie leuchten aber dem Kundigen prophetisch auf; da ist

– die Flotte Salomos, die **von fernher** (aus Ophir) Gold herbeibrachte;
– das Mietschiff des flüchtenden Propheten Jona, der nach Tarsis in Spanien vor dem Auftrag des Herrn fliehen wollte;
– das Jüngerschiff in Sturm und Wellen des Sees Genezareth, das der Herr durch die Stillung der tobenden Elemente rettete;
– und das **mit Weizen** beladene Schiff des gefangenen Paulus, durch den Gottes Wort nach Rom und schließlich nach Spanien gelangte, wodurch sich die Flucht Jonas nunmehr nach Gottes Willen wiederholte. Apg. 27, 38 berichtet, daß **der Weizen ins Meer** geworfen wurde – wie das Wort Gottes ins Völkermeer.

Zum urchristlichen Glaubensbekenntnis in 1. Tim. 3, 16 gehört auch die Aussage über den Christus: »Er wurde gepredigt unter den Nationen!«

+ + +

358/359   DIE TÜCHTIGE FRAU: NACHTARBEIT   (31, 15 + 18 + 25)

Und sie steht auf, wenn es noch Nacht ist, und bestimmt die Speise für ihr Haus, und das Tagewerk für ihre Mägde. – Sie erfährt, daß ihr Erwerb gut ist; des Nachts geht ihr Licht nicht aus. – Macht und Hoheit sind ihr Gewand, und so lacht sie des künftigen Tages.

Die tüchtige Frau braucht ja wohl auch den erquickenden Schlaf, weil sie sonst nicht so vieles leisten könnte! Und doch **geht** oftmals **des Nachts ihr Licht nicht aus.** Wie können wir dies verstehen? So manche Mutter hat schon die Nacht hindurch den Schlaf ihrer kranken Kinder überwacht, hat vielleicht auch ihre persönlichen Dinge betreut, zu denen sie am Tage nicht kam. Delitzsch vermutet, sie habe des Nachts noch am Spinnrocken gearbeitet, wovon Vers 19 spricht. Nach kurzem Schlafe aber ist sie wieder die erste im gesamten Hauswesen, die **schon aufsteht, wenn es noch Nacht ist;** welche Überwindung eigener Bequemlichkeit und Behaglichkeit bedeutet dies für sie, wenn sie noch vor Morgengrauen den Tag und seine Arbeiten plant, wozu auch **das Tagewerk der Mägde** gehört, und **die Speise** für alle Hausbewohner vorbereitet! Das Jesuswort: »Sorget nicht für den morgigen Tag!«, da jeder Tag seine eigene Plage habe (Mtth. 6, 34), ist nicht für den Faulen gedacht, der leichtfertig in den Tag hineinlebt! Gerade weil die Frau aus Spr. 31 solch gute Vorsorge betreibt, braucht sie um den kommenden Tag nicht zu sorgen: **Macht und Hoheit sind ihr Gewand, und so lacht sie dem künftigen Tag entgegen.** Sie ist in **Macht und Hoheit** (DEL: Glanz und Erhabenheit; PAR: Kraft und Würde) gekleidet; »ein berechtigter Stolz und wahre Vornehmheit erhebt sie über das Niedere und Kleinliche, über das Dickicht von Streß und quälenden Sorgen, und läßt sie getrost in die Zukunft blicken« (nach DEL). Wie so oft in der Heiligen Schrift sind auch hier **die Kleider** ein Bild der inneren Verfassung und Charakterprägung.

Nun wenden wir uns der prophetischen Beleuchtung der vorliegenden Verse zu. **Die Nacht** ist, prophetisch gesehen, die Zeit der Abwesenheit Christi, der ja »die Sonne der Gerechtigkeit« und »das Licht der Welt« ist; sie kennzeichnet das Dunkel der gegenwärtigen bösen Weltzeit, bis mit der Wiederkunft Christi strahlend der Tag Seines Reiches aufleuchtet. Auch wenn **das Weib** ISRAEL insgesamt noch in der Verblendung verharrt, und nur wenige Erstlinge aus ihm zu den »Söhnen des Lichtes und des Tages« gehören (1. Thess. 5, 4–5), so gilt V. 18 dennoch dem ganzen Volke Gottes als Verheißung: **Des Nachts geht ihr Licht nicht aus!** Israels Licht ist das Zeugnis der Väter im Worte Gottes und vor allem »die Lampe des prophetischen Wortes«; dies leuchtet auch **in dunkler Nacht** und an einem dunklen Ort, bis **der Tag** mit dem Aufstrahlen des Morgensternes anbricht (2. Petr. 1, 19/Offb. 22, 16). **Diese Leuchte geht auch in der Nacht nicht aus!** Sie steht dem **Weibe** Israel ständig zur Verfügung, wenn auch die Decke noch über seinem Herzen liegt, die das eigentliche Verständnis des Wortes verhüllt. Auch gläubige orthodoxe Juden bedienen sich dieser **Lampe** schon, indem sie fleißig die Propheten erforschen und die göttlichen Heilstermine zu ergründen suchen (1. Petr. 1, 11). Der Messias drückt jedenfalls auch »den glimmenden Docht« der Synagoge nicht aus!

Das Aufstehen des arbeitsbereiten **Weibes** Israel beginnt, **wenn es noch Nacht ist,** also noch vor dem ersten Morgengrauen und dem Aufglänzen des Morgensterns bei der Heimholung der vollendeten Gemeinde. Schon zu diesem Zeitpunkt beginnt das orthodoxe Israel **Speise für sein Haus** und **das Arbeitsprogramm für die Mägde** zu erstellen. Ps. 119, 55 bezeugt: **»Des Nachts** habe ich Deines Namens gedacht, JAHWEH, und habe Dein Gesetz gehalten!« Und Ps. 119, 147 sagt: »Der Morgendämmerung bin ich zuvorgekommen und habe geschrien, auf Dein Wort habe ich geharrt«, d. h. auf das Eintreffen der Verheißungen Gottes. Und mit Jes. 26, 9 ruft Israel: »Mit meiner Seele verlangte ich nach Dir **in der Nacht!«** Über die kommende Erweckung Israels führte der Judenchrist Dr. Centz in einem Vortrag aus: »Wie Elisa dem Propheten Elia vor dessen Entrückung nachlief und ihn um die Mitteilung der göttlichen Kraft bat, so wird die Entrückungsgemeinde ihren Prophetenmantel auf die Schultern Israels werfen!« Dann wird sich auch prophetisch Eph. 5, 14 erfüllen: »Wache auf, du Schläfer! **Stehe auf** aus den Toten! Dann wird dich der Christus erleuchten!«

✝

Auch Hohesld. 5 schildert uns, wie die Braut **in der Nacht** aus dem Schlafe erwacht – durch das Klopfen ihres geliebten Bräutigams, der sich ihr mit der Hand zu erkennen gibt, die er durch die Öffnung der Türe streckt. Diese Erweckung beginnt in der Stadt Jerusalem. Wie sehr muß sich der Herr nach der Erweckung Seines geliebten Volkes und »Weibes« Israel sehnen, wenn Er **noch in der Nacht,** noch vor dem großen Tage Seines Kommens, ein solches **Aufstehen** und geistliches **Erwachen** schenkt! Der Arbeitstag des letzten Adam und damit auch Seines Weibes beginnt! **Die Speise für das Haus** ISRAEL wird von den erweckten Erstlingen zuvor bereitet! Das Gottesprogramm **für das Werk der Mägde** wird noch **vor Tagesanbruch** erstellt (vgl. Ps. 104, 19–23/Spr. 9, 3/ Joel 2, 29). Wie fein wird dieser Tatbestand in NIKODEMUS vorgebildet, der mit der Frage nach der Wiedergeburt Israels **in der Nacht** zu Jesus kam (Joh. 3)!

Lesen wir noch einmal Vers 25: **Macht und Hoheit sind ihr Gewand, darum lacht sie dem kommenden Tage entgegen!**

Müßte es von der WITWE Israel, die »einsam geworden ist unter den Nationen«, nicht vielmehr wie in Klageld. 1, 2 heißen: »Bitterlich weint sie **des Nachts,** und ihre Tränen sind auf ihren Wangen«? Wer kennt nicht die beiden Frauengestalten SYNAGOGE und EKKLESIA am Straßburger Münster: die »Herrin« Ekklesia triumphierend mit Kreuzesfahne und Abendmahlskelch, arrogant auf ihre Konkurrentin Synagoge herabschauend; diese aber mit zerbrochenem Wanderstab und verhüllender Augenbinde, demütig zu Boden schauend, jedoch mit festem Griff die Heiligen Schriften in der Linken haltend. Aber sowohl die Glaubenden Israels als auch der wahren Gemeinde »säten« zu allen Zeiten immer nur »mit Tränen«, wie es im Pfingstpsalm 126 heißt.

Und doch kann **das Weib lachend dem kommenden Tag** des Messiasreiches **entgegensehen** und, da »die Nacht weit vorgerückt ist«, dem Aufstrahlen der »Sonne der Gerechtigkeit« entgegenharren (Röm. 13, 12/Mal. 4, 2)! Das **Lachen** der Heiligen erwächst oft dem bittersten Leid. »Gott gibt Lobgesänge **in der Nacht«,** sagt Hiob 35, 10. **Das Kleid der tüchtigen Frau** aber wird zum Bild für **die Macht und Hoheit** des erneuerten Gottesvolkes und seiner Auferstehungsherrlichkeit in der kommenden Weltzeit. Nach sechs Gottestagen, sechs Jahrtausenden der Arbeitswoche Israels, bricht in den 1000 Jahren der Christusherrschaft der Sabbat der Ruhe Gottes an! So gewinnt Jesu Seligpreisung aus Luk. 6, 21 im Blick auf Israels endzeitliche Errettung eine prophetische Dimension: »Glückselig, die ihr jetzt weinet, denn ihr werdet **lachen!«** Darum heißt es auch in Ps. 126, 1–2 von den »Heimkehrern Zions«: »Dann werden wir sein wie die Träumenden. Dann wird gefüllt **mit Lachen** unser Mund, und unsere Zunge voll helltönenden Jubels!«

Lachend schaut das Weib dem kommenden Tag entgegen! Bis zu jenem Tage aber **überwacht** die ideale Frau – die wir zunächst in den glaubenden Erstlingen Israels erkennen dürfen – **alle Vorgänge in ihrem Hause und ißt nicht das Brot der Faulheit,** sondern »das Brot des Lebens« (Spr. 31, 27). **Noch in der Nacht steht sie auf, bestimmt die Speise für ihr Haus und plant die Tagesarbeit ihrer Mägde.**

Sind auch wir solche, die »lachend« dem kommenden Christustag entgegenschauen können, weil wir »als Söhne des Tages wie am Tage wandeln« (1. Thess. 5, 5/Röm. 13, 13)? Oder bleibt uns nur »ein gewisses, furchtvolles Erwarten des Gerichts«, weil wir mit Willen gesündigt haben, nachdem wir die Erkenntnis der Wahrheit empfangen haben (Hebr. 10, 26)? **Das Weib überwacht alle Vorgänge in ihrem Hause,** dem Hause Israel. Das tun auch »die Wächter auf den Mauern Jerusalems«, die JAHWEH den ganzen Tag **und die ganze Nacht** an Seine Verheißungen erinnern und Ihm »keine Ruhe gönnen«, bis Er selbst Jerusalem zum Ruhme auf Erden macht (Jes. 62, 6–7). Zu diesen Wächtern gehören auch wir als Glieder am Leibe Christi! Seit der Feigenbaum saftig wurde, beobachten auch wir gespannt **alle Vorgänge im Hause des Weibes** und freuen uns über die Heimkehr der »Gefangenen Zions«, die der Herr ins Land der Väter zurückführte. Mit Ps. 126, 2–3 bekennen wir: »JAHWEH hat Großes an ihnen getan!« So stimmen wir in **das Lachen des Weibes** ein, das den **kommenden Tag** des Messiasreiches jauchzend begrüßt.

+ ⁺ +

360   DIE TÜCHTIGE FRAU: DER ERWERB IHRER HÄNDE   (31, 16–18a)

Sie sinnt auf einen Acker und kauft ihn; von der Frucht ihrer Hände pflanzt sie einen Weinberg. – Sie gürtet ihre Hüften mit Kraft und stärkt ihre Arme. – Sie erfährt, daß ihr Erwerb gut ist ...

Es dürfte wohl kaum ein Zukauf zu bereits vorhandenen Ackerflächen gewesen sein, den **die Frau** in sorgfältigem **Nachsinnen plante;** war sie doch mit ihrer Familie Städterin, wie es Vers 23 ausweist; doch möchte sie ihren Hausstand auch außerhalb der Stadtmauern **durch einen Acker und einen Weinberg** erweitern. Offensichtlich kaufte sie diese von ihrem Ersparten – **von der Frucht ihrer Hände.** Nachdem Acker und Weinberg von ihrem Manne und ihren Söhnen in mühevoller Arbeit urbar gemacht worden sind, nimmt sie **an der Bepflanzung des Weinbergs** selbst teil. Solche Vergrößerung des Hauswesens bringt ihr vermehrte, landwirtschaftliche Arbeit. Da muß sie **ihre Hüften mit Kraft gürten und ihre Arme stärken.** Die neu erschlossene Nahrungsquelle spornt ihren Fleiß zusätzlich an. Aber **der Erwerb** mit seinen **Erträgen** (DEL) **ist gut, und sie schmeckt das Erworbene** in dessen Früchten.
Was bedeuten nun **ACKER und WEINBERG** in prophetischer Sicht? Jesus selbst deutete es in Mtth. 13, 37 so: »Der Acker ist die Welt!« Von Anfang an war der Segen Abrahams auf die Völkerwelt ausgerichtet. In ihm und seinen Nachkommen sollten alle Geschlechter auf Erden gesegnet werden. Israel ist die Brücke, über die der Abrahamssegen den Völkern zukommen soll, im engeren Sinne aber ist es »*der* Same Abrahams«, der Christus (Gal. 3, 16). **Von der Frucht der Hände des Weibes** wurde der ACKER wie auch der WEINBERG gekauft. So faßte **das Weib Israel** mit Recht **den Ankauf dieses Ackers ins Auge und plante seinen Erwerb** – in Übereinstimmung mit den »Katasterauszügen« des prophetischen Wortes im »Grundbuch Gottes«; denn hinter der Planung des Weibes steht der planende Vorsatz Gottes.
Womit aber bezahlte **das Weib? Von der Frucht ihrer Hände!** Dies ist nach Röm. 3, 2 und 9, 4–5 eine neunfache **Frucht** (vgl. die neunfache Frucht des Heiligen Geistes in Gal. 5, 22): die Aussprüche Gottes – die Sohnschaft – die Bundesherrlichkeit – die Bündnisse – die Gesetzgebung – der Gottesdienst – die Verheißungen – die Erzväter – und: der Messias aus Juda, der Sohn Davids, der Same Evas und Abrahams: JESUS. Dies alles war dem Weibe »anvertraut«, doch nicht ohne Zutun ihrer **Hände.** »Es geht durch unsre Hände, kommt aber her von Gott!« (M. Claudius). Alles erfüllte sich in dem Christus. Erst durch Ihn wurde **der volle Kaufpreis erstellt.** Das planende Suchen und **Sinnen des**

Weibes Israel, seine Sehnsucht und sein Verlangen zielen auf den Messias hin (1. Mos. 3, 16b/Dan. 11, 37). So ist es kein Widerspruch, wenn **der Kauf des Ackers** durch den Christus selbst durchgeführt wurde, der ihn für den teuren Preis Seines Blutes erwarb (Mtth. 13, 38 + 44/Joh. 3, 16/Jak. 1, 18).

Worauf weist uns aber **der Weinberg** hin, den **das Weib von der Frucht ihrer Hände erwarb und bepflanzte?** Jes. 5, 1–7 und Mtth. 21, 33–43 deuten ihn als das ganze Volk ISRAEL; inmitten des Weinberges aber wächst als Feigenbaum der Stamm JUDA. Aber **der Mann des Weibes,** der »Geliebte« aus Jes. 5, machte den Weinberg urbar, kultivierte ihn, grub ihn um und säuberte ihn von Steinen; Er bepflanzte ihn mit den Edelrebe der Heiligen Israels, baute den Zaun des Gesetzes zur Bewahrung um ihn, errichtete den Wachtturm des prophetischen Wortes in ihm und eine Kelter, um schließlich – mit Seinem »Weibe« – die köstliche **Frucht der Freude als Ertrag** zu ernten. Dann übergab der Mann **den Weinberg der Frau** als der »Hüterin der Weinberge«. Doch mußte Israel, als das Weib JAHWEHs bekennen: »Meinen eigenen Weinberg habe ich nicht gehütet« (Hohesld. 1, 6). So wurde der Herr des Weinbergs, Jesus, von dessen Wächtern, den Führern und Ältesten Israels, getötet (Mtth. 21, 39). Doch nach Hohesld. 2, 10–16 wird sich in der Endzeit die »Freundin« zur Begegnung mit ihrem Manne »aufmachen«; dann beginnt »die Zeit des Gesanges«; auch der Feigenbaum im Weinberg wird – nach 2000 Jahren der Dürre – »seine Feigen röten, und die blühenden Weinstöcke werden ihren Duft verströmen«. Dann erfüllt sich auch Jer. 31, 4: »Ich will dich wieder bauen, Israel, und du wirst gebaut werden, **Jungfrau Israel!** … Du wirst wieder **Weinberge pflanzen!«**

Das Weib erfährt (spürt, fühlt, schmeckt), **daß ihr Erwerb gut ist,** daß ihr Wirken Segen bringt! Manche Frau, die in zermürbender Alltags- und Haushaltsarbeit steht, macht diese Erfahrung leider nicht; wie oft muß sie annehmen, daß ihre Arbeit als selbstverständlich empfunden wird! Ihr Tun hat keine bleibende Wirkung – es bleibt der kurze Weg der Speise vom Herd zum Tisch und in den Magen. Wie enttäuschend kann es sein, niemals davon zu erfahren, daß die eigene Arbeit Segen bringt! Gott aber segnet uns, Er sagt uns ein gutes, frohes und anerkennendes Wort des Zuspruchs (griech.: eulogeoo). Darum sollen auch wir die Glaubensgemeinschaft in der Weise wirksam werden lassen, daß wir alles Gute und Geistgewirkte in dem anderen anerkennen (Philem. 6/1. Kor. 16, 18/2. Kor. 1, 13/Gal. 2, 9/1. Thess. 5, 12). Welche segensvolle Wirkung kann doch ein anerkennendes Wort haben! Eine übergeistliche, unnatürliche Frömmigkeit will hier oft »frömmer« sein als Gott selbst!

Wie »vergeblich« hat sich auch **das Weib,** das glaubende Israel, in den Jahrtausenden seines Weges abgemüht! Es teilte darin den Weg seines leidenden Messias (Jes. 49, 1–6!). Was wird es sein, wenn **das Weib JAHWEHs** erfahren wird, wie überfließend **der Erwerb** seiner Heiligen, seiner Priester, Propheten und Apostel durch den Christus Segen gebracht hat! Israel **wird erfahren,** spüren, fühlen, schmecken, sehen, hören, **daß sein Erwerb gut ist,** wenn der Segen Abrahams »hinauskommt zu den Nationen« (Gal. 3, 14). »Tröstet, tröstet mein Volk!« wird dann der Leitspruch Gottes sein (Jes. 40, 1)!

+ + +

Sie legt ihre Hände an den Spinnrocken, und ihre Finger erfassen die Spindel. – Sie fürchtet für ihr Haus den Schnee nicht, denn ihr ganzes Haus ist in Karmesin gekleidet. – Sie verfertigt sich Teppiche; Byssus und Purpur sind ihr Gewand. – Sie fertigt Hemden an und verkauft sie, und Gürtel liefert sie dem Kaufmann. – Macht und Hoheit sind ihr Gewand ...

Nun lernen wir **die tüchtige Frau** noch von einer anderen Seite aus kennen; ist sie doch auch im textilen Wirken so begabt, daß wir inzwischen bald an eine »Traumfrau« denken möchten. Doch wird der Verfasser dieses Abschnitts schon ein solches Musterbeispiel vor Augen gehabt haben! **Ihre Hände arbeiten mit Lust an Wolle und Flachs** (V. 13), sie **spinnt Schafwolle, webt Leinen,** ja, färbt die Stoffe und fertigt daraus **Gewänder für ihr ganzes Haus, ihre ganze Familie;** auch **Teppiche** (PAR: Decken; DEL: Matratzen) fertigt sie für das Nachtlager an; sie **schneidert Hemden und knüpft Gürtel,** die sie dem phönizischen Kaufmann zum Tausch gegen andere Waren anbietet. Kein Wunder, wenn auch **des Nachts ihr Licht nicht ausging** (V. 18).

Wenn Vers 21 davon spricht, daß sie angesichts des kommenden Winters für die Mitglieder ihrer Familie **Kleider aus Karmesin** (PAR: aus Scharlachwolle) anfertigt, so daß sie **den Schnee nicht zu fürchten braucht,** so müssen wir bedenken, daß auch in Israel in den höheren Lagen gelegentlich Schnee fällt. Solche wollenen **Scharlachkleider** halten warm, und sie sehen stattlich aus (2. Sam. 1, 24).

Besehen wir nun die vorliegenden Verse im Lichte des prophetischen Wortes: Des Weibes **ganzes Haus ist in Scharlach** (Karmesin) **gekleidet** (V. 21). Hebr. 3, 1–6 gibt uns dazu einen wertvollen Hinweis. Moses war Diener im Hause Gottes, das ist im Volke Israel. Als solcher wurde er treu erfunden; größer als er aber ist Jesus Christus als der Baumeister und Herr dieses Hauses! Seine Treue ist unvergleichlich! Das von Ihm erbaute **Haus** ist im weitesten Sinne das ganze All, dann aber Gottes Auswahlvolk Israel, **das Haus des Weibes,** schließlich auch Seine Erstlingsgemeinde als »Behausung Gottes im Geiste« (Eph. 2, 22). Um **das ganze Haus** ISRAEL und damit um die Errettung aller Stämme Israels geht es im vorliegenden Wort. Wenn auch dieses **Haus** jetzt noch wie eine »verfallene Hütte« erscheint, so hat doch der Herr schon begonnen, diese wieder aufzurichten (Apg. 15, 16). Bald wird »Ganz-Irael« errettet werden (Röm. 11, 26)!

Wie wunderbar wird dies in der Prophetie der SPRÜCHE dadurch vorgebildet, daß **das ganze Haus des Weibes in Scharlach gekleidet** oder eingehüllt ist! **Scharlach** oder **Karmesin** war der leuchtendrote Farbstoff doppelt eingefärbter Stoffe, die darum auch besonders kostbar waren; ihre Farbe wurde aus den Körpern und Eiern der Kermesschildlaus gewonnen. Nach Jes. 1, 18 bedeutet dieses Rot zunächst die allesverhüllende Sünde. So wird die endzeitliche »Hure Babylon« als »mit Purpur und Scharlach bekleidet« gesehen – dem PURPUR der königlichen Macht und dem SCHARLACH der Sünde (Offb. 17, 4/18, 16). Im Hinblick auf Israels Zukunft aber spricht der Herr: »Wenn eure Sünden wie **Scharlach** sind, sie sollen weiß wie Schnee werden; wenn sie rot sind wie **Karmesin,** weiß wie Baumwolle sollen sie werden« (Jes. 1, 18).

Doch ist **Scharlach** auch die Farbe des Blutes! Wenn Israel auch rief: »Sein Blut komme über uns und unsere Kinder!« und so das Gericht heraufbeschwor, so wird sich dieser Ruf doch einst segensreich auswirken, wenn das Versöhnungsblut Christi **wie Scharlach das ganze Haus des Weibes** Israel einhüllen wird. Ist doch das »Kleid« des Messias aus Juda im Segen Jakobs schon als »blutrot wie Traubensaft« gesehen (1. Mos. 49, 11). Weil Er das Purpurkleid und die Dornenkrone trug und für uns zur Sünde gemacht wurde, wird auch Israel bald »abgewaschen, geheiligt und gerechtfertigt sein in dem Namen des Herrn Jesus und durch den Geist unseres Gottes« (1. Kor. 6, 11)!

+

Ferner bezeugt Vers 22 vom **Weibe Israel: FEINLEINEN** (Byssus) **und ROTPURPUR sind ihr Gewand;** und Vers 25 ergänzt: **Macht und Hoheit** (Stärke und Würde) **sind ihr Gewand.**
Gewänder oder Kleider sind in der Heiligen Schrift ein Bild für unseren Leib und die ihm anhaftende Niedrigkeit oder Herrlichkeit, Schwachheit oder Kraft, auch der ihm innewohnenden Gesinnung. So spricht Paulus in 2. Kor. 5, 1–9 vom Sterben als von einem »Entkleidetwerden«, von der Verwandlung in die christusgleiche Leibesherrlichkeit aber als von einem »Überkleidetwerden«.
Die vorliegende »Modenschau« unserer Verse kündigt die künftige Herrlichkeit der »Braut des Lammes« im Messiasreiche an. **Das Weib** selbst ist an der Zubereitung ihrer Kleidung beteiligt, weshalb Vers 22a berichtet: **Sie bereitet sich Teppiche** (DEL: Matratzen; BA: Ausstattungsdecken) und Vers 24: **Sie verfertigt Hemden ...** Wir dürfen uns auch an die buntgewirkten Vorhänge des Heiligtums erinnern, die Bezaleel und Oholiab anfertigten.
Die Auferstehung der Gerechten zur »Hochzeit des Lammes« wird dem neuen Leben auch einen gebührenden Ausdruck in einer herrlichen Leiblichkeit geben, damit die Braut hoheitsvoll zur Rechten des Messiaskönigs stehen kann. »Ganz herrlich ist des Königs Tochter inwendig, von Goldgeflecht ist ihre Kleidung, in buntgewirkten Kleidern wird sie zum König geführt werden ...« (Ps. 45, 13–14). Die Verse 22 und 25a deuten sich gegenseitig: Dem **Feinleinen** oder Byssus entspricht **die Würde** der priesterlichen Gerechtigkeit und Reinheit (vgl. Hiob 29, 14); **der Rotpurpur** weist auf die **Hoheit** königlicher **Macht** hin.
Demnach wird das Königspriestertum Christi nicht nur bei Seinem vollendeten Leibe, der Gemeinde, zu finden sein, sondern auch bei Seinem erneuerten **Weibe Israel;** dies bestätigt uns Offb. 19, 8: »Und es wurde ihr (der Braut des Lammes) gegeben, daß sie sich kleide in feine Leinwand, glänzend und rein; denn die feine **Leinwand** sind die Gerechtigkeiten der Heiligen!« (vgl. auch Offb. 7, 13–15). Was wird es sein, wenn nach dem »Tag« der Rache Gottes alle Trauernden getröstet werden; wenn die »Trauernden Zions« von dem Christus als Gnadengeschenk ein Kopfdiadem statt der schmutzigen Asche auf dem Haupte erhalten, Freudenöl des Geistes statt der Trauerkleidung, und ein **Herrlichkeitsgewand** statt des verglimmenden Geistes (Jes. 61, 1–3)!

> Die Königin in Prachtgewändern zur Rechten des Messias steht;
> sie kündet allen Heidenländern, daß nun die alte Welt vergeht.
> In Byssus, Purpur, Karmesin ziert sie des Reiches Anbeginn!
>
> Wie herrlich ist sie doch inwendig, die da dem König zugesellt!
> Des Lammes Braut ist nun lebendig, durch Gnade wiederhergestellt;
> von Goldgeflecht ist all ihr Kleid, gewirkt aus Christi Herrlichkeit!

(W. J.)

+ I +

Sie breitet ihre Hand aus zu dem Elenden und streckt ihr Hände dem Dürftigen entgegen.

Dreimal lesen wir in Spr. 31 von **den Händen der tüchtigen Frau.** Nach Vers 13 »arbeitet sie mit Lust ihrer Hände an Wolle und Flachs«; Vers 19 (beginnend mit dem Buchstaben »jod«, der »Schwurhand«) berichtet, daß sie »ihre Hände an den Spinnrocken legt, und daß ihre Finger die Spindel erfassen«; Vers 20 aber beginnt mit dem Buchstaben »kaph«, welcher sowohl die »offene Hand« des Gebers als auch des Bittenden bezeichnen kann.

Was verraten uns doch die Hände eines Menschen! Sie können derb, zierlich, plump, fleischig, aber auch künstlerisch sein, und man braucht nicht die okkulten Künste eines Handlinienlesers, um ihre Charaktermerkmale zu erkennen! Ob **das gesegnete Weib** wohl jene gepflegten Hände hatte, die unsere kosmetikbewußte Zeit so gerne an der Frau sieht? Wohl kaum, wenn wir an ihre mühevolle Arbeit in Haus und Landwirtschaft denken! Eher waren es kraftvolle, schwielige Arbeitshände, vielleicht sogar knotige Altershände, wie sie Dürer in seinen »betenden Händen« darstellte. So gibt es geizige Hände, wie mit »Krallen der Habgier«, aber auch gütige und mildtätige Segenshände. Diese waren gewiß unserer **tüchtigen Israelitin** zu eigen! Bei allem Fleiß in Haus, Garten und Weinberg hätte sie doch nur ihrem Manne und ihrer Familie gefallen; aber durch ihre Mildtätigkeit gefiel sie auch Gott wohl. **Sie breitete ihre Hand dem Elenden aus** (PAR: dem Niedergedrückten; BA: dem Gedemütigten; DEL: dem Unglücklichen), **beide Hände** sogar **streckte sie** (BA: entsandte sie) **dem Dürftigen entgegen.** Die Hände der Gebenden begegneten den Händen des Bittenden. Das erste ist **die ausgebreitete Hand,** die offene Hand mit der barmherzigen Gabe, das zweite aber meint **die ausgestreckten Hände,** welche die Hände des Armen herzlich ergreifen, ihn umarmen und segnen. So können Menschenhände zum Instrument der Segenshände Gottes werden! Solchem Tun gilt die Seligpreisung aus Ps. 41, 1: »Glückselig, wer achthat auf den Armen! Am Tage des Übels wird JAHWEH ihn erretten!« Und Eph. 4, 28 ermahnt uns: »Wer gestohlen hat, stehle nicht mehr, sondern arbeite vielmehr und wirke **mit seinen Händen** das Gute, damit er **dem Dürftigen** mitzuteilen habe!« Als der große Rabbi Hillel einmal von einem Heiden aufgefordert wurde, er möge ihm die Summe des Gesetzes mitteilen, solange er auf einem Bein stehen könne, antwortete er diesem: »Du sollst den Herrn, deinen Gott, lieben mit deinem ganzen Herzen und mit deiner ganzen Seele und mit deinem ganzen Verstande!« und: »Du sollst deinen Nächsten lieben wie dich selbst!« Jesus hat diese zentralen Gottesgebote ausdrücklich bestätigt (Mtth. 22, 37-40/5. Mos. 6, 5/3. Mos. 19, 18).

So ist der Glaube ohne Werke tot, wie es Jak. 2, 17 sagt. Was nützt alles Rennen und Schaffen, alles Mühen und Arbeiten, alles Ringen um den »Aufstieg« ohne die Barmherzigkeit des Herzens und **der Hände dem Elenden und Niedergedrückten gegenüber. Entsenden wir ihm unsere Hände?** Was für Hände haben wir?

Das Weib Israel wird am Ziele sein, wenn das Gesetz Gottes ihm durch den Gottesgeist ins Herz geschrieben ist; wenn es, im lebendigen Glauben und in der göttlichen Liebe stehend, seine Hände segnend ausbreitet und **Barmherzigkeit entsendet** zu den heilsbedürftigen Nationen im Reiche des großen Königs, des Messias!

+ + +

Sie tut ihren Mund auf mit Weisheit, und liebreiche Lehre ist auf ihrer Zunge.

Der Buchstabe, der diesen Vers eröffnet, ist der Buchstabe »pe«, der »Mund« bedeutet. Demgemäß ist auch vom **Mund der tüchtigen Frau** die Rede. **Sie öffnet** ihn. Was geht aus ihm hervor? Geschwätz, bösartige Nachrede, sinnloses Wortgeräusch, Klatsch und Tratsch, Rede, die nur das Alltägliche der Hausfrauenpflichten mitteilt …? Nein, es ist **Wort der Weisheit, liebreiche Lehre** (BA: Zielgebung der Huld; PAR: Unterweisung der Liebe). Dies ist nun eine neue Entdeckung am Bilde der **idealen Frau:** Sie ist nicht nur **tüchtig** in allen Sparten der Hauswirtschaft, des Textilgestaltens und der Landwirtschaft, in Haushaltsplanung und Geldverwaltung – nein, sie hat auch geistliche Substanz. Ihr Lebenssinn bestand nicht nur in der Familienführung und Vermögensmehrung, sondern sie stand auch in einem, vom Geiste Gottes gestalteten inneren Wachstum; es wuchsen ihr Früchte der **Weisheit** zu, so daß sie **lehrfähig** wurde, um **huldvolle Liebe** weiterzugeben und dem Irrenden **Ziele zu weisen!**
In manchen Gemeinden und Gemeinschaften meint man, alles geistliche Wachstum in Gnade und Erkenntnis dem Manne überlassen zu müssen; wenn er aber vor der Frau stirbt, bleibt eine geistig und geistlich unmündige und im Worte Gottes unerfahrene Witwe zurück. Das von Paulus gebotene Schweigen der Frau in der Gemeinde, sonderlich, was die Lehre anbetrifft, meint nicht, daß sie geistlicherweise unmündig bleiben müsse. Gebietet doch der Apostel auch: »Die alten Frauen sollen in ihrem Verhalten so sein, wie es den Heiligen geziemt: nicht verleumderisch, nicht Sklavinnen von vielem Wein, **Lehrerinnen des Guten,** damit sie die jüngeren Frauen unterweisen …« (Tit. 2, 3–4). Unser Sprüchewort wird vor allem das persönliche Zeugnis der Frau, den zielweisenden Rat, die Alltagsweisheit und die Mitteilung der **Huld und Liebe Gottes** durch ihr Wort meinen, so, wie es Eph. 4, 29 entspricht:
»Kein verderbtes Wort gehe aus eurem Munde hervor, sondern alles, was gut ist zur notwendigen Auferbauung, damit es dem Hörenden **Gnade darreiche!**« Dies ist auch der glaubenden Frau geboten, und sie kann es um so leichter tun, wenn sie durch ihr Tun ein gutes Zeugnis in der Öffentlichkeit hat!

+ + +

365   DER MANN UND EHEHERR ISRAELS   (31, 23)

Ihr Mann ist anerkannt (wohlbekannt) **in den Toren, indem er sitzt bei den Ältesten des Landes.**

Ich habe die Übersetzung vorgezogen, wonach **der Mann des tüchtigen Weibes in den Toren *anerkannt* ist** (BA/BUB). Mit einer solchen Frau, deren Ruhmeslied der Weisheitslehrer sang, kann sich ihr Mann in der Öffentlichkeit sehen lassen! Bald wird er selbst mit seinen Söhnen die Frau und Mutter rühmen (V. 28–31). Ja, es gilt bis in unsere Zeit, was Spr. 12, 4 aussagt: »Eine tüchtige Frau ist ihres Mannes Krone, aber wie Fäulnis in seinen Gebeinen ist eine Schande Bereitende!«

Hat nun der Ehemann **der tüchtigen Frau** nichts anderes zu tun, als im Stadttor mit den Alten herumzusitzen, über vergangene Zeiten zu plaudern und »Wasserpfeife zu rauchen«? Überläßt er wie ein orientalischer Pascha die ganze Arbeit seiner Frau? Ganz gewiß nicht! Auch er hatte einen anstrengenden Beruf. **Die Tore** einer Stadt samt dem zugehörigen Platz waren im Altertum Tagungsstätte der Stadtverwaltung und Gerichtsstätte, wo Rechtsverträge abgeschlossen und Gerichtsurteile gefällt wurden. Die erwählten **Ältesten des Landes** und der Stadt **saßen** dort – würdevoll herrschend, beratschlagend und richtend, während die Angeklagten, die Recht Suchenden und Diener **standen.** Um so bezeichnender ist es, daß **der Mann** mit seinen Söhnen **sich erhebt,** um seine Frau **im Tore,** das heißt in aller Öffentlichkeit **zu preisen** (V. 28 + 31).

Die Würdestellung, Macht und **Anerkennung** des Mannes erhöht auch seine Frau; dies gilt auch für den EHEHERRN Israels und das WEIB Seines Bundes. Wie der Mann des Weibes Haupt ist, so ist die Frau des Mannes Ehre und Herrlichkeit, wie Paulus in 1. Kor. 11, 7 ausführt. Der Ruhm der Manneswürde in Vers 23 erklingt wie ein Widerhall zum Ruhm der Frauenwürde in Vers 28. Der Buchstabe »nun«, der Vers 23 eröffnet, bedeutet »Fisch« und »unermeßliche Fruchtbarkeit«, der Buchstabe »koph« zum Beginn von Vers 28 ist das Zeichen der »Geburt« durch die Frau.

Der Mann ist anerkannt in den Toren, indem er bei den Ältesten des Landes sitzt. Erinnert uns dies nicht an den Sohn Gottes, der da **sitzt** zur Rechten der Majestät in der Höhe – inmitten der Himmelswelt und der himmlischen Mächte –, um auf den Zeitpunkt zu warten, da der Vater Ihm alle Feinde zum Schemel Seiner Füße legen wird? Joh. 5, 22 und 27 sprechen von Christi Richtervollmacht **»im Tore«:** »Der Vater selbst richtet niemanden, sondern das gesamte Gericht hat Er dem Sohn übergeben, damit alle den Sohn verherrlichen!« und: »Der Vater hat Ihm Rechtsvollmacht gegeben, Gericht zu halten, weil Er der Sohn des Menschen ist.«

Dieser Tatbestand ist den unsichtbaren Mächten **wohlbekannt,** bei den Lichtesmächten und **Ältesten** des Himmels auch **anerkannt.** Sie huldigen dem Lamme, indem sie ihre Kronen vor Ihm niederwerfen und Seine alleinige Würde besingen (Offb. 4, 10–11/5, 8–10 + 11–14). So sitzt der Christus **»inmitten der Himmlischen«;** doch auch wir haben im Geiste schon jetzt diesen Platz inne, weil wir Seine Glieder sind (Eph. 2, 6)! Die Fürstentümer und Gewalten der Finsternis jedoch stehen Ihm anders gegenüber: Auch ihnen ist Christi Sieg und Herrschaft durch Auferstehung und Himmelfahrt **bekanntgeworden,** und auch durch die Gemeinde wird ihnen die »buntfarbige Weisheit Gottes« **bekanntgemacht** (Eph. 3, 10); doch haben sie dies noch keineswegs **anerkannt.** Es bleibt der erneuten feierlichen Einführung des Sohnes in den Erdkreis durch den Vater vorbehalten, daß es sich erfüllt: *»Alle* Engel Gottes werden Ihn anbeten« (Hebr. 1, 6)! Als der Richter, **der im Tore sitzt,** hat ER die »Fürsten« gefesselt und ihrer Wirksamkeit beraubt (Kol. 2, 15); doch lehrt Er auch **Seine Ältesten** Weisheit, da sie in das Gnadengeheimnis des Evangeliums hineinzuschauen begehren (Eph. 3, 10/1. Petr. 1, 12/Ps. 105, 22). Erstmals bei Seiner Himmelfahrt geschah es, und es wird erneut bei Seiner Wiederkunft geschehen, daß **»die Tore** ihre Häupter erhoben« und die **»Pforten** der Urzeit«** sich ehrfurchtsvoll von ihren Sitzen erhoben haben; seitdem haben sie allesamt ihre Gerichtsvollmacht an den abgegeben, der **in ihrer Mitte sitzt und anerkannt ist in den Toren.** Sogar der Satan mußte seine »Vollmacht über den Tod« an Ihn abtreten (Hebr. 2, 14). Jene »Pforten der Urzeit«, die ihre »Häupter« erheben sollen beim Einzug des Königs der Herrlichkeit, sind ja gewaltige urzeitliche Mächte der unsichtbaren Welt.

Was hat nun die Aussage über **den Mann** und seine richterliche Würde mit dem **idealen Weibe** ISRAEL zu tun? Gewiß eines: Die Sache **des Weibes** ist in der repräsentativen Gerichtsvollmacht **des Mannes** aufs beste vertreten. Wenn Er bei Seinem Kommen mit den zwölf Aposteln auf dem Thron Seiner Herrlichkeit sitzen und die zwölf Stämme Israels richten wird, dann dient dies zur Herbeiführung der Wiedergeburt Israels, wozu das Gericht nur den Weg vorbereitet (Mtth. 19, 28); wenn dann endlich Israel gerichtet, gereinigt und wiederhergestellt ist, wird **der Mann, der Christus, Sein Weib rühmen.** Er hat es sich dann erneut anvermählt in Gerechtigkeit und Gericht, in Güte, Barmherzigkeit und Treue (Hosea 2, 19–21)!

+ + +

366 DAS FINALE DES FRAUENLOBS (31, 28–31)

Ihre Söhne erheben sich und preisen sie glücklich, ihr Mann steht auf und rühmt sie: Viele Töchter haben tüchtig gehandelt, du aber übertriffst sie alle! – Die Anmut ist Trug, und die Schönheit Eitelkeit; eine Frau, die JAHWEH fürchtet, sie wird gepriesen werden. – Gebet ihr von der Frucht ihrer Hände; und in den Toren mögen ihre Werke sie preisen!

Welche Seligpreisung **der tüchtigen Frau! Ihre Söhne und ihr Mann erheben sich** zu ihren Ehren, um sie **zu rühmen und zu preisen.** Das »Sitzen« ist in der Heiligen Schrift eine Umschreibung des Ruhens, der Herrschaft, der richterlichen Würde, das »Stehen« ein Symbol für die Dienstbereitschaft, für Unterordnung und Ehrerbietung. Vers 28 beginnt mit dem Buchstaben »koph«, welcher den Mutterschoß darstellt; so sind es **die Söhne,** die sie geboren hat, die sie als erste **glücklich preisen.** Ist aber nicht ein solch umfangreiches, mühevolles Arbeitsleben eher bedauernswert? Und doch: Weit mehr als ein genußvolles Vakuum verschafft die fleißige Wirksamkeit Erfüllung und Glückseligkeit! Hat die Frau doch ihr Haus und ihre Familie zur Stätte des Wohlstandes, der Weisheit, der Liebe und Geisteseinheit gemacht!

Dann aber **erhebt sich ihr Mann, um sie zu rühmen: »Viele Töchter haben tüchtig gehandelt, du aber übertriffst sie alle!«** So lautet sein Lobpreis in Vers 29, der mit dem Buchstaben des »Hauptes« (resh) beginnt. Bei seiner Silbernen Hochzeit widmete Matthias Claudius seiner Frau Rebekka ein Gedicht, in dem es u. a. heißt:

> »Ich habe dich geliebet, und ich will dich lieben,
> solang du gold'ner Engel bist;
> in diesem wüsten Lande hier und drüben
> im Lande, wo es besser ist.
>
> Ich will nicht von dir sagen, will nicht von dir singen;
> was soll uns Loblied und Gedicht?
> Doch muß ich heut der Wahrheit Zeugnis bringen
> denn unerkenntlich bin ich nicht.

Ich danke dir mein Wohl, mein Glück in diesem Leben.
Ich war wohl klug, daß ich dich fand;
doch ich fand nicht. Gott hat dich mir gegeben;
so segnet keine andre Hand!«

Mehr noch als **das unübertreffliche Handeln** seiner Frau rühmt der Mann nun das Wesentliche: **Die Anmut ist ein Trug, die Schönheit Eitelkeit** (BUB: ein Hauch; BA: Dunst); **eine Frau, die JAHWEH fürchtet, sie wird gepriesen werden!** Ja, es ist wahr: **Anmut und Schönheit** täuschen oftmals den heiratswilligen jungen Mann über das Wesen der »angebeteten« Frau hinweg, so daß sie wirklich **trügerisch** sein können; überdies schwinden sie im Alter dahin **wie Hauch und Dunst,** sind also **Eitelkeit** und »Haschen nach Wind«, wie es der »Prediger« auszudrücken pflegte. Daß Vers 30 mit dem Buchstaben »schin« beginnt, dem »Zahn« und der »Zerstörung«, weist auf den »Zahn der Zeit« hin, der den jugendlichen Reiz verzehrt. Doch »der innere Mensch des Geistes« kann auch in einer langen Lebenszeit nicht zerstört werden, sondern wird »Tag für Tag erneuert«, auch wenn »unser äußerer Mensch verfällt« (2. Kor. 4, 16). Was der Heilige Geist an **Gottesfurcht** in uns ausprägte, bleibt durch alle Zerstörung, allen Verfall hindurch, ja, über Grab und Tod hinaus erhalten! Gottes guter Geist verleiht eine zeitenüberdauernde Holdseligkeit (Luk. 1, 28)! Wenn Gott eine glaubende Frau anschaut, so bewundert Er nicht deren äußere Schönheit, oder ihre modebewußte Selbstdarstellung; vielmehr ist »der verborgene Mensch des Herzens in dem unverwesbaren Schmuck eines sanften und stillen Geistes« vor Ihm »sehr köstlich« (1. Petr. 3, 3–4).

»Schön sind die Blumen, schöner sind die Menschen
in der frischen Jugendzeit.
Sie müssen sterben, müssen verderben,
doch Jesus lebt in Ewigkeit!«

So hat **der Mann** in seinem **Lobpreis der Frau** die Akzente richtig gesetzt und in ihr das Wesenhafte und Bleibende erkannt.

Vers 31 des Kapitels 31 ist nun mit seinen sieben Wörtern das **letzte Wort des Mannes,** aber auch das letzte der SPRÜCHE, weshalb es mit dem Buchstaben »taw« beginnt; dieser aber bedeutet »Abschluß, Ende«, aber auch »Kreuz«. In der Erkenntnis des »Kreuzes« Christi und im Schauen des »Zerstochenen« wird **das Weib ISRAEL** das Ende seiner irdischen Geschichte und seine Vollendung in der Heilsgeschichte erlangen! Vers 31 lautet: **Gebet ihr von der Frucht ihrer Hände; und in den Toren werden ihre Werke sie preisen,** d. h. in der Öffentlichkeit der Gerichtsstätte. »Denn Gott wird jedes Werk, es sei gut oder böse, in das Gericht über alles Verborgene bringen« (Pred. 12, 14/ 1. Kor. 4, 5/Röm. 2, 16). **Die tüchtige Frau** kann in solchem Gericht bestehen, nicht durch ihren Fleiß und ihre Schaffenskraft, sondern durch Gottesfurcht und Gottesliebe, die sich dankbar im guten Werke äußerten, wie es auch bei uns sein sollte (2. Tim. 3, 17). Ob wohl auch wir **im Tore** des Gerichtes Christi von der **Frucht unserer Hände** empfangen dürfen? Von Vergeltung, Lohn und Lob für das, »was wir getan haben im Leibesleben, es sei gut oder böse« spricht auch Paulus. So betet der Psalmist in Ps. 28, 4: »Gib ihnen nach ihrem Tun und nach der Bosheit ihrer Handlungen; nach **dem Werke ihrer Hände** gib ihnen, vergilt ihnen ihr Verhalten!« Wir haben die Möglichkeit, Holz, Heu und Stoppeln auf dem Christusfundament zu bauen, die im Gerichtsfeuer verbrennen werden, oder aber Gold, Silber und Edelsteine künftiger und bleibender Herrlichkeit (1. Kor. 3, 11–15)!

Ein Schlußwort zum Lobpreis **der tüchtigen Frau** mag notwendig erscheinen. Erhebt sich doch die Frage, ob wir nicht einer allzu eifrigen Idealisierung **des Weibes Israel** erlegen sind, weil der Liebende ja gemeinhin die Fehlerhaftigkeit der Geliebten übersieht. Dies mag bei Menschen so sein! Es gilt aber nicht bei dem Christus, der in unseren Versen als **der Mann** Israels auftritt. Der »Gott der Hoffnung« sieht auch das abtrünnige **Weib** bereits am Ziele der Vollendung, so wie Er auch uns »in Christo« als Ihm angenehm und wohlgefällig schaut. So durften auch wir in die Idealschau der Christushoffnung einstimmen, der sich als »adon«, als Eheherr, Seines Weibes rühmt und in der Heilsvollendung rühmen wird, so wie es uns das Hohelied Salomos und Psalm 45 prophetisch ankündigen!

Stellenverzeichnis

Die Nummern nach der Versangabe bezeichnen die jeweiligen Leseabschnitte; bei Nummern in **Fettdruck** werden die SPRÜCHE ausführlich behandelt, bei solchen in Schwachdruck nur in der Abhandlung zitiert.

SPR. 19

10	253/298–299 349
11	**217**
12	178/**218**
13	313
14	212
13–15	**219**
16	180/**220**
17	**221**
18	267
18–20	**222**
21	49/169/**223**
22	242
23	**224**
24	300–301
25	**226**
26	234/329
27–28	**225**
28	60
29	39/**226**

SPR. 20

1	**226**/354
2	**218**
3	37/217
4	**300–301**
5	**227**
6	212/**228**
8–9	**229**
10	104
11	**230**
12	**210**
13	300–301
14–15	**231**
15	69
16	56/**232**
17	47/**233**
18	163/247
19	**283**
20	129/**234**/297
21	235
22	217/**235**/283
23	104/170
24	169/**235**
25	**283**
26	**236**
27	62–63/129/

SPR. 20

27	**234**/239
28	**236**
29	**188**
30	**237**

SPR. 21

1–2	**238**
2	**170**
3	246
4	**239**/344
5	245/336/300–301
6	233
7	**239**
8	185/**240**
9	219
10	239
11	226
12	**241**
13	216
13–14	**242**
15	**243**
16	220/225/240
17	245
18	**244**
19	219/313
20	69/74/156 **245**
21	98/109/**246**
22	**247**
23	**283**
24	**248**/274
25	300–301
26	**242**
27	**249**
28	215
29	257/270
30	**250**
31	**251**

SPR. 22

1	109/231/**252**
2	194/**253**
3	**255**
4	31/**254**
5	18–19/180/**255**
6	230/**256**
7	**253**

SPR. 22

8–9	**257**
10	274
11	**258**
12	**259**
13	284/300– 301
14	20–21
15	256/267
16	253
17	210
17–21	**260–261**
1 9	22/25
22–23	**253**
24–25	133/**262**
26–27	56/232
28	**263**
29	338

SPR. 23

1–3	233/**264**
4–5	**265**
6–8	**264**
9	86/**266**
10–11	**263**
11	253
12	4/**266**
13–14	**267**
15–16	**268**
16	136
17	37
17–18	**269**
19–21	**270**
22–25	**271**/91
24	311
26–28	**272**
27	20–21
29–34	270
33	354

SPR. 24

1–2	269
3–4	**273**
5–6	**247**/275
6	108/163
7–9	**274**
10	**275**
11–12	**276**
13	184

SPR. 30

20	347–348
21–23	**349**
24–28	**350–351**
25	56
29–30	**352**
32–33	**296**

SPR. 31

1–3	**353**
4–7	**354**
8–9	354
10	212/**355**
11–12	**356**
13	363/361–362
13–14	**357**
15	**358–359**
16–18a	**360**
18	106/**358–359**
19	**361–362**/363
20	363
21–22	**361–362**
23	**365**
24–25	**361–362**
25	**358–359**
26	**364**
27	233/**358–359**
28–31	365/**366**